2022

Cristiano **Colombo**
Wilson **Engelmann**
José Luiz de Moura **Faleiros Júnior**

COORDENADORES

Prefácio de **Danilo Doneda**

TUTELA JURÍDICA *DO* CORPO ELETRÔNICO

Novos Desafios ao Direito Digital

Adriano Marteleto **Godinho** • Alexandre Libório Dias **Pereira** • Alexandre Pereira **Bonna** • Alexandre **Quaresma** • Ana **Frazão** • Andressa de Brito **Bonifácio** • Ângela **Kretschmann** • Arthur Pinheiro **Basan** • Bruno Torquato de Oliveira **Naves** • Carlos de Cores **Helguera** • Charles Emmanuel **Parchen** • Cristiano **Colombo** • Daniela Copetti **Cravo** • Daniele Verza **Marcon** • Débora **Gozzo** • Duílio Landell de Moura **Berni** • Eugênio **Facchini Neto** • Fabiano **Menke** • Fabrício Germano **Alves** • Felipe da Veiga **Dias** • Fernanda **Schaefer** • Frederico **Glitz** • Gabriela Samrsla **Möller** • Giacomo **Pongelli** • Graziella Trindade **Clemente** • Guilherme Damasio **Goulart** • Guilherme Magalhães **Martins** • Gustavo Silveira **Borges** • Haide Maria **Hupffer** • Henrique Alves **Pinto** • Inês Fernandes **Godinho** • Iuri **Bolesina** • João Alexandre Silva Alves **Guimarães** • José Julio Fernández **Rodríguez** • José Luiz de Moura **Faleiros Júnior** • Juliane Altmann **Berwig** • Leandro Miranda **Ernesto** • Leonardo **Schilling** • Lucas de Bulhões **Gomes** • Luciana **Dadalto** • Mafalda Miranda **Barbosa** • Maique Barbosa de **Souza** • Maria de Fátima Freire de **Sá** • Mariana Ferreira **Figueiredo** • Nelson **Rosenvald** • Paola **Cantarini** • Pietra Daneluzzi **Quinelato** • Rafaella **Nogaroli** • Raquel Von **Hohendorff** • Roberta **Scalzilli** • Silvio Bitencourt da **Silva** • Sthéfano Bruno Santos **Divino** • Taís Fernanda **Blauth** • Talita Bruna **Canale** • Tássia A. **Gervasoni** • Wilson **Engelmann**

Dados Internacionais de Catalogação na Publicação (CIP) de acordo com ISBD

T966

Tutela jurídica do corpo eletrônico: novos desafios ao direito digital / Adriano Marteleto Godinho ... [et al.] ; coordenado por Cristiano Colombo, José Luiz de Moura Faleiros Jr., Wilson Engelmann. - Indaiatuba, SP : Editora Foco, 2022.

768 p. : 17cm x 24cm.

Inclui bibliografia e índice.

ISBN: 978-65-5515-566-2

1. Direito. 2. Direito digital. I. Godinho, Adriano Marteleto. II. Pereira, Alexandre Libório Dias. III. Bonna, Alexandre Pereira. IV. Quaresma, Alexandre. V. Frazão, Ana. VI. Bonifácio, Andressa de Brito. VII. Kretschmann, Ângela. VIII. Basan, Arthur Pinheiro. IX. Naves, Bruno Torquato de Oliveira. X. Helguera, Carlos de Cores. XI. Parchen, Charles Emmanuel. XII. Colombo, Cristiano. XIII. Cravo, Daniela Copetti. XIV. Marcon, Daniele Verza. XV. Doneda, Danilo. XVI. Gozzo, Débora. XVII. Berni, Duílio Landell de Moura. XVIII. Facchini Neto, Eugênio. XIX. Menke, Fabiano. XX. Alves, Fabrício Germano. XXI. Dias, Felipe da Veiga. XXII. Schaefer, Fernanda. XXIII. Glitz, Frederico. XXIV. Möller, Gabriela Samrsla. XXV. Pongelli, Giacomo. XXVI. Clemente, Graziella Trindade. XXVII. Goulart, Guilherme Damasio. XXVIII. Martins, Guilherme Magalhães. XXIX. Borges, Gustavo Silveira. XXX. Hupffer, Haide Maria. XXXI. Pinto, Henrique Alves. XXXII. Godinho, Inês Fernandes. XXXIII. Bolesina, Iuri. XXXIV. Guimarães, João Alexandre Silva Alves. XXXV. Rodríguez, José Julio Fernández. XXXVI. Faleiros Jr., José Luiz de Moura. XXXVII. Berwig, Juliane Altmann. XXXVIII. Ernesto, Leandro Miranda. XXXIX. Schilling, Leonardo. XL. Gomes, Lucas de Bulhões. XLI. Dadalto, Luciana. XLII. Barbosa, Mafalda Miranda. XLIII. Souza, Maique Barbosa de. XLIV. Sá, Maria de Fátima Freire de. XLV. Figueiredo, Mariana Ferreira. XLVI. Rosenvald, Nelson. XLVII. Cantarini, Paola. XLVIII. Quinelato, Pietra Daneluzzi. XLIX. Nogaroli, Rafaella. L. Hohendorff, Raquel Von. LI. Scalzilli, Roberta. LII. Silva, Silvio Bitencourt da. LIII. Divino, Sthéfano Bruno Santos. LIV. Blauth, Taís Fernanda. LV. Canale, Talita Bruna. LVI. Gervasoni, Tássia A. LVII. Engelmann, Wilson. LVIII. Título.

2022-1845

CDD 340.0285   CDU 34:004

Elaborado por Vagner Rodolfo da Silva - CRB-8/9410

Índices para Catálogo Sistemático:

1. Direito digital 340.0285   2. Direito digital 34:004

Cristiano **Colombo**
Wilson **Engelmann**
José Luiz de Moura **Faleiros Júnior**
COORDENADORES

Prefácio de **Danilo Doneda**

TUTELA JURÍDICA *DO* CORPO ELETRÔNICO

Novos Desafios ao Direito Digital

Adriano Marteleto **Godinho** • Alexandre Libório Dias **Pereira** • Alexandre Pereira **Bonna** • Alexandre **Quaresma** • Ana **Frazão** • Andressa de Brito **Bonifácio** • Ângela **Kretschmann** • Arthur Pinheiro **Basan** • Bruno Torquato de Oliveira **Naves** • Carlos de Cores **Helguera** • Charles Emmanuel **Parchen** • Cristiano **Colombo** • Daniela Copetti **Cravo** • Daniele Verza **Marcon** • Débora **Gozzo** • Duílio Landell de Moura **Berni** • Eugênio **Facchini Neto** • Fabiano **Menke** • Fabrício Germano **Alves** • Felipe da Veiga **Dias** • Fernanda **Schaefer** • Frederico **Glitz** • Gabriela Samrsla **Möller** • Giacomo **Pongelli** • Graziella Trindade **Clemente** • Guilherme Damasio **Goulart** • Guilherme Magalhães **Martins** • Gustavo Silveira **Borges** • Haide Maria **Hupffer** • Henrique Alves **Pinto** • Inês Fernandes **Godinho** • Iuri **Bolesina** • João Alexandre Silva Alves **Guimarães** • José Julio Fernández **Rodríguez** • José Luiz de Moura **Faleiros Júnior** • Juliane Altmann **Berwig** • Leandro Miranda **Ernesto** • Leonardo **Schilling** • Lucas de Bulhões **Gomes** • Luciana **Dadalto** • Mafalda Miranda **Barbosa** • Maique Barbosa de **Souza** • Maria de Fátima Freire de **Sá** • Mariana Ferreira **Figueiredo** • Nelson **Rosenvald** • Paola **Cantarini** • Pietra Daneluzzi **Quinelato** • Rafaella **Nogaroli** • Raquel Von **Hohendorff** • Roberta **Scalzilli** • Silvio Bitencourt da **Silva** • Sthéfano Bruno Santos **Divino** • Taís Fernanda **Blauth** • Talita Bruna **Canale** • Tássia A. **Gervasoni** • Wilson **Engelmann**

2022 © Editora Foco

Coordenadores: Cristiano Colombo, José Luiz de Moura Faleiros Júnior e Wilson Engelmann

Autores: Adriano Marteleto Godinho, Alexandre Libório Dias Pereira, Alexandre Pereira Bonna, Alexandre Quaresma, Ana Frazão, Andressa de Brito Bonifácio, Ângela Kretschmann, Arthur Pinheiro Basan, Bruno Torquato de Oliveira Naves, Carlos de Cores Helguera, Charles Emmanuel Parchen, Cristiano Colombo, Daniela Copetti Cravo, Daniele Verza Marcon, Danilo Doneda, Débora Gozzo, Duílio Landell de Moura Berni, Eugênio Facchini Neto, Fabiano Menke, Fabrício Germano Alves, Felipe da Veiga Dias, Fernanda Schaefer, Frederico Glitz, Gabriela Samrsla Möller, Giacomo Pongelli, Graziella Trindade Clemente, Guilherme Damasio Goulart, Guilherme Magalhães Martins, Gustavo Silveira Borges, Haide Maria Hupffer, Henrique Alves Pinto, Inês Fernandes Godinho, Iuri Bolesina, João Alexandre Silva Alves Guimarães, José Julio Fernández Rodríguez, José Luiz de Moura Faleiros Jr., Juliane Altmann Berwig, Leandro Miranda Ernesto, Leonardo Schilling, Lucas de Bulhões Gomes, Luciana Dadalto, Mafalda Miranda Barbosa, Maique Barbosa de Souza, Maria de Fátima Freire de Sá, Mariana Ferreira Figueiredo, Nelson Rosenvald, Paola Cantarini, Pietra Daneluzzi Quinelato, Rafaella Nogaroli, Raquel Von Hohendorff, Roberta Scalzilli, Silvio Bitencourt da Silva, Sthéfano Bruno Santos Divino, Taís Fernanda Blauth, Talita Bruna Canale, Tássia A. Gervasoni e Wilson Engelmann

Diretor Acadêmico: Leonardo Pereira

Editor: Roberta Densa

Assistente Editorial: Paula Morishita

Revisora Sênior: Georgia Renata Dias

Revisora: Simone Dias

Capa Criação: Leonardo Hermano

Diagramação: Ladislau Lima e Aparecida Lima

Impressão miolo e capa: DOCUPRINT

DIREITOS AUTORAIS: É proibida a reprodução parcial ou total desta publicação, por qualquer forma ou meio, sem a prévia autorização da Editora FOCO, com exceção do teor das questões de concursos públicos que, por serem atos oficiais, não são protegidas como Direitos Autorais, na forma do Artigo 8º, IV, da Lei 9.610/1998. Referida vedação se estende às características gráficas da obra e sua editoração. A punição para a violação dos Direitos Autorais é crime previsto no Artigo 184 do Código Penal e as sanções civis às violações dos Direitos Autorais estão previstas nos Artigos 101 a 110 da Lei 9.610/1998. Os comentários das questões são de responsabilidade dos autores.

NOTAS DA EDITORA:

Atualizações e erratas: A presente obra é vendida como está, atualizada até a data do seu fechamento, informação que consta na página II do livro. Havendo a publicação de legislação de suma relevância, a editora, de forma discricionária, se empenhará em disponibilizar atualização futura.

Erratas: A Editora se compromete a disponibilizar no site www.editorafoco.com.br, na seção Atualizações, eventuais erratas por razões de erros técnicos ou de conteúdo. Solicitamos, outrossim, que o leitor faça a gentileza de colaborar com a perfeição da obra, comunicando eventual erro encontrado por meio de mensagem para contato@editorafoco.com.br. O acesso será disponibilizado durante a vigência da edição da obra.

Impresso no Brasil (07.2022) – Data de Fechamento (06.2022)

2022

Todos os direitos reservados à
Editora Foco Jurídico Ltda.
Avenida Itororó, 348 – Sala 05 – Cidade Nova
CEP 13334-050 – Indaiatuba – SP

E-mail: contato@editorafoco.com.br
www.editorafoco.com.br

"Nelle grandi banche dati delle società telefoniche, dei provider di Internet si trova un nostro doppio, una rappresentazione di noi desumibile dalle tracce che lasciamo tutte le volte che telefoniamo o mandiamo un messaggio di posta elettronica. Qui diventa straordinariamente visibile quel doppio corpo, fisico ed elettronico, che caratterizza ormai la persona immersa nel flusso della comunicazione elettronica.

Così l'ascolto non determina soltanto una invasione di una sfera privata. Costruisce identità, addirittura un corpo inconoscibile e parziale, un corpo mobile, che può circolare autonomamente, indipendentemente dalle vicende del corpo fisico (...).

Si produce anche una mutazione sociale, si modifica il rapporto tra i cittadini e lo Stato e la logica delle relazioni interpersonali. Si fa esplicito il mutamento antropologico, visibile nella stessa vita quotidiana delle persone, nelle modalità d'uso del corpo".

— Stefano Rodotà
Persona, libertà, tecnologia. Note per una discussione.
Diritto & Questioni Pubbliche: Rivista di Filosofia del Diritto e Cultura Giuridica,
n. 5, dez. 2005, p. 28-29.

AGRADECIMENTOS

Esta obra jamais seria concretizada sem o esmero de nossas coautoras e de nossos coautores. Avançando no conceito originalmente proposto pelo saudoso Professor Stefano Rodotà – que cunhou a expressão "corpo eletrônico" –, tivemos a honra de contar com juristas de escol para a consolidação dos textos que compõem os eixos temáticos investigados, propiciando verdadeiro amálgama para o avanço do Direito Digital contemporâneo. A cada um, expressamos nossos sinceros agradecimentos!

Igualmente, ressaltamos nossa gratidão ao Professor Danilo Doneda, que muito gentilmente aceitou nosso convite e nos brindou com o maravilhoso Prefácio à obra!

Também não poderíamos deixar de registrar a importância do apoio editorial que nos foi prestado pela Editora Foco, com acompanhamento detido da Dra. Roberta Densa desde a gênese do projeto, para que este trabalho – inovador por diversas razões para o mercado editorial brasileiro – fosse, enfim, levado ao público. Muito obrigado!

Por fim – e o mais importante –, registramos nossos agradecimentos mais efusivos a nossas leitoras e nossos leitores! Cientes de que poderemos contar com vosso *feedback*, esperamos que a obra se torne verdadeiro repositório de ideias para o avanço das investigações acadêmicas sobre a tutela jurídica do corpo eletrônico.

Muito obrigado!

Porto Alegre/Belo Horizonte, maio de 2022.

Cristiano Colombo
José Luiz de Moura Faleiros Jr.
Wilson Engelmann

PREFÁCIO

Assistimos, nos últimos anos, a uma renovação no vocabulário e na temática de parcela relevante da literatura jurídica. Aquilo que se pode descrever como a digitalização de vários aspectos das nossas vidas passou a se apresentar como realidade inexorável, em parte intensificada pela pandemia, porém, seguindo um processo que já consolidado e autônomo. Transações e contratos de várias ordens são realizados em meio digital. Encontros familiares se transformam em chamadas de vídeos. Salas de aula se tornam classes virtuais. Atividades culturais e palestras científicas viram *lives* ou *webinars*, e o ambiente de trabalho se mistura com nossos lares. Tudo isso não poderia passar incólume para o direito.

As respostas que o ordenamento jurídico propõe a este cenário refletem processos que, ainda que iniciados há décadas, atingiram um primeiro estágio de maturação com a consolidação de marcos normativos que, por meio de abordagens diversas, giram em torno do tema da informação. Este é o caso de vários diplomas normativos mais recentes, criados ou reformados sob este imperativo: desde a Lei de Acesso à Informação à Lei de Proteção de Dados Pessoais, passando pela Lei do Cadastro Positivo, pela modernização da legislação de direito de autor, por políticas públicas de governo aberto e tantas outras.

A crescente centralidade da informação, no entanto, não é fenômeno meramente estrutural e vai muito além de uma mudança nas potencialidades de estruturais sociais e econômicas que são proporcionadas por uma nova tecnologia. As possibilidades que hoje temos de capturar, analisar, armazenar e utilizar informações das mais variadas formas e em volume que era inimaginável até pouco tempo acabam igualmente proporcionando mudanças drásticas em como o ser humano se relaciona com o mundo e até mesmo questionamentos sobre as próprias balizas e limites do que tradicionalmente entendemos como "humano".

Assim, metáforas e, consequentemente, institutos tradicionalmente associados a um elemento humano passaram a alcançar espaços que, a princípio, iriam além. Talvez seja o caso mais ilustrativo o do 'habeas data', uma garantia da pessoa sobre os seus dados que derivou, especificamente, de uma garantia – ou mesmo da garantia entre as garantias! – em relação ao próprio corpo e pessoa em seu atributo de liberdade, que é a do 'habeas corpus'. O forte simbolismo que a analogia carrega não é caso isolado, pelo contrário! – e abre espaço para um novo paradigma no qual a proteção da pessoa passa a se concentrar com cada vez maior detalhe e vigor em elementos que, ao menos "fisicamente", estariam a ela alheios.

A metáfora do "corpo eletrônico", tema e mote da bem-vinda obra organizada pelos professores Cristiano Colombo, José Luiz de Moura Faleiros Júnior e Wilson

Engelmann, permite a visualização de fenômenos hoje tão comuns no cotidiano e também produtores de efeitos jurídicos cujos contornos estão em plena discussão e evolução. Este corpo eletrônico pode representar um amálgama de informações sobre nós – dados pessoais, nos termos da legislação de proteção de dados – que, efetivamente, faz às vezes de nós próprios em um crescente número de circunstâncias: em solicitações de serviços públicos, na utilização de redes sociais ou tantos outros serviços, somos identificados por meio de nossas credencias; na busca de crédito ou emprego, podemos ser avaliados em função de um conjunto de nossos dados que fornecerão elementos para que decisões muito relevantes para as nossas vidas sejam tomadas. E por aí afora, em uma espiral que permite observar que, em tantas situações, o cuidado e as garantias referentes a este "corpo eletrônico" são, crescentemente, essenciais para a legítima fruição de uma série de direitos e para a própria cidadania.

Como não poderia deixar de ser, o elemento do corpo eletrônico adiciona uma nova camada de complexidade na proteção da pessoa, cuja análise o presente volume se incumbe com esmero e sucesso. Novas técnicas e métodos devem ser construídos para a efetiva tutela de direitos que, não raro, deve procurar meios para incidir diretamente em processos que, aparentemente, estariam alheios à pessoa em si, como o da implementação e uso de novas tecnologias, porém cujos reflexos incidem direta – e por vezes cruelmente – sobre a arquitetura de nossas vidas, quando não sobre nós mesmos.

O mote do corpo eletrônico foi muito utilizado pelo professor Stefano Rodotà em suas obras e discursos. Rodotà foi, além de homem político de seu tempo, civilista de primeira grandeza e professor emérito da Universidade de Roma *La Sapienza*, percursor de tantos dos atuais debates sobre proteção de dados, associava o corpo eletrônico a esta projeção informacional do próprio homem que, paulatinamente, ia ganhando importância. Tendo antevisto ao menos desde o início da década de 1970 os efeitos das tecnologias da informação para a sociedade com seu livro *Elaboratori elettronici e Controllo sociale*, dedicou boa parte de seu trabalho posterior ao exame de situações e problemas relacionados justamente com a metáfora do "corpo eletrônico", por ele utilizada com frequência. Assim foi com o seu trabalho na construção das bases do nascente direito à proteção de dados pessoais em diversas dimensões e por temas que lhe eram aproximados, compreendendo vários aspectos de ética e bioética.

A presente obra, "Tutela jurídica do corpo eletrônico: novos desafios ao direito digital", que prefacio com orgulho imerecido, sinaliza momento em que se consolidam as trajetórias dos três professores organizadores no vértice dos debates em torno de temas relacionados ao direito e novas tecnologias, representa passo corajoso e necessário ao apresentar ao leitor brasileiro debates necessários e, não raro, difíceis. Os artigos discorrem sobre variadas temáticas desde a apreensão em si do corpo eletrônico nas categorias jurídicas tradicionais, passando por aspectos de bioética, como o transhumanismo e o *biohacking*, abordando Inteligência

Artificial, incluindo a singularidade; além de temas de regulação do espaço ciber-nético, de proteção de dados e muitos outros. Desta forma, realizam a apreciação jurídica da expansão do fenômeno tecnológico para as fronteiras não somente da pessoa, porém, da nossa própria realidade biológica e identitária, pavimentando o caminho para uma nova rodada de debates sobre os limites – e garantias – do humano que serão certamente uma tônica para novas gerações de juristas. Que tenham excelente leitura!

Curitiba, maio de 2022

Danilo Doneda

APRESENTAÇÃO

O direito vem sendo desafiado pelo desenvolvimento de novas tecnologias em vários segmentos e, cientes dos desafios recentes que já se impõem à compreensão da dimensão existencial da proteção de dados pessoais, bem como a centralidade humana pela qual se compreende a extensão dessa proteção, seus desdobramentos e releituras, observamos uma significativa carência na literatura nacional quanto à análise mais específica dos temas de direito relacionados ao chamado "corpo eletrônico", delineado pelo saudoso Professor Stefano Rodotà.

A referida proposta, dessumida da constatação de que os conjuntos de dados constituem projeções relacionadas à personalidade, abre margem a discussões variadas sobre a proteção da pessoa na internet. Por isso, os debates são transdisciplinares e envolvem a ciência jurídica em caráter transversal e, inclusive, em conexão com outras ciências humanas e sociais aplicadas.

Pensando nisso e, sabendo da qualidade das pesquisas já engendradas sobre o tema, tivemos a honra de contar com a aceitação de um grupo altamente qualificado de autoras e autores que contribuíram para este projeto, cujo título *Tutela jurídica do corpo eletrônico: novos desafios ao direito digital* bem ilustra o amplo escopo das discussões apresentadas.

Como dito, o conceito é multifacetado e dá ensejo a diversas linhas investigativas, o que nos inspirou a delinear cinco eixos temáticos principais:

I – Dimensões jurídicas do corpo eletrônico;

II – Pós-humanismo, transhumanismo e *biohacking*;

III – Singularidade tecnológica, cibernética jurídica e regulação do ciberespaço;

IV – Proteção de dados, intimidade e extimidade nas plataformas digitais;

V – Aspectos éticos para o desenvolvimento algorítmico.

Ao todo, 37 capítulos formam o conjunto investigativo que compõe a obra a partir dos cinco eixos. Cada texto expande os horizontes investigativos da matéria e abre margem a diversas indagações e reflexões que ressignificam a própria expressão "corpo eletrônico", despertando olhares para os influxos da técnica sobre a Ciência do Direito.

De início, já no primeiro eixo, "Dimensões jurídicas do corpo eletrônico", seis trabalhos explicitam as diversas facetas do conceito, explorando suas interações com temas fundamentais para sua completa assimilação.

O primeiro capítulo, de autoria de José Luiz de Moura Faleiros Júnior e Cristiano Colombo, cujo título é "A tutela jurídica do corpo eletrônico: alguns conceitos introdutórios", propõe-se a ser um guia preliminar ao leitor que ainda não teve contato com as investigações de Rodotà. Antes, porém, os autores perpassam por assuntos da Filosofia da Tecnologia e da Ciência da Computação, reportando-se a autores como Don Ihde, Ken Hillis e Roger Clarke, para firmar as bases da conceituação fulcral sobre 'corpo eletrônico', que permeará todos os demais trabalhos.

Na sequência, Fabiano Menke e Daniele Verza Marcon assinam o capítulo intitulado "A dimensão do corpo eletrônico a partir de *be right back*: reflexões sobre a "softwarização" da personalidade". No texto, relembram o episódio *Be right back,* da segunda temporada de *Black Mirror*, que conta a história de um produto de IA desenvolvido para "reproduzir" a personalidade de pessoas já falecidas a partir de algoritmos de aprendizado alimentados com dados publicados pelo sujeito a ser imitado em redes sociais, ilustrando metaforicamente o problema investigado, que equipara a personalidade remontada a partir de dados pessoais a um *software* e o corpo biológico a um *hardware* (suporte físico), dando margem a discussões sobre se há limites – ou se eles de fato existem – para a reconstrução da personalidade de uma pessoa a partir das informações disponíveis a seu respeito no mundo virtual (o seu corpo eletrônico).

No terceiro capítulo, Cristiano Colombo e Duílio Landell de Moura Berni tratam da "*Privacy* no direito italiano: tríade de decisões judiciais rumo a *insights* sobre limites conceituais, deslocamento geográfico e transparência do corpo eletrônico". De fato, tendo as pesquisas de Rodotà se originado em seu país natal a Itália, é importantíssimo compreender o *balancing* entre a *privacy* e a evolução tecnológica, e os autores o fazem a partir da observação de três julgados das cortes italianas na intenção de responder aos seguintes questionamentos: Quais são os limites do corpo eletrônico? Como se opera o fenômeno do deslocamento geográfico? E quais são os novos ares e olhares sobre a transparência dos dados de seus titulares pelo Poder Público?

O quarto capítulo da obra, intitulado "A ressuscitação digital dos mortos", de autoria de Maria de Fátima Freire de Sá e Bruno Torquato de Oliveira Naves, é uma instigante reflexão sobre como a datificação pode dar margem ao contato póstumo com a reprodução da imagem e da voz de pessoas falecidas, com exatidão equiparável à realidade de outrora. No texto, os autores citam exemplos de como essa tecnologia vem sendo utilizada e lembram de documentários como "Roadrunner", que reproduz 45 segundos de um áudio jamais falado pelo chefe de cozinha Anthony Bourdain, morto em 2018, e "Meeting You", documentário sul-coreano que registra um encontro em realidade virtual da mãe com sua filha falecida. Outro exemplo é o holograma do pai de Kim Kardashian, que canta, dança e que também reproduz falas jamais ditas por ele em vida. Tais exemplos abram margem à complexa constatação de que, em um mundo repleto de "eus" digitais, o veredito desses corpos está nas mãos dos vivos, que julgam ser herdeiros das repercussões patrimoniais dos dados reconstruídos digitalmente ou que têm dificuldade de despedirem-se de seus entes queridos e, talvez, de deixá-los partir.

Ainda no contexto da averiguação dos reflexos *post mortem* da tutela jurídica dos dados, Fernanda Schaefer e Frederico Glitz assinam o capítulo intitulado "Responsabilidade contratual *post mortem*: breves notas a partir da série *upload*", no qual buscam inspiração em seriado televisivo que reverbera indagações sobre a consciência em ambiente de realidade aumentada, dando azo a questionamentos de natureza contratual sobre o acesso a esses serviços, não só porque há enormes diferenças entre os pacotes de dados oferecidos por diversas empresas, mas também porque se indaga se o *upload* deveria ser considerado um direito fundamental de acesso universal; o consentimento (ou a ausência dele) dado em situações-limite para a autorização de carregamento; quem pode manter interação com o falecido; que obrigações o falecido pode assumir virtualmente e as consequências de eventual inadimplemento contratual.

O sexto capítulo do primeiro eixo, de autoria de João Alexandre Silva Alves Guimarães, com o título "O direito ao esquecimento como ferramenta de defesa nas novas tecnologias", explora como o direito a esquecer e ser esquecido pode ser uma ferramenta eficaz em um mundo no qual que nada se esquece, que tudo se filma e fotografa, onde o não compartilhar o seu cotidiano e sua vida privada é visto como 'erro'.

No segundo eixo da obra, são analisados os aspectos concernentes ao pós-humanismo, ao transumanismo e ao *biohacking*. Esses três temas são extremamente polêmicos e complexos, mas se conectam umbilicalmente às discussões sobre 'corpo eletrônico' quando analisados do ponto de vista da datificação.

O sétimo capítulo da obra inaugura o segundo eixo e é assinado pela professora portuguesa Mafalda Miranda Barbosa. Com o título "Pós-humanismo, transumanismo e *biohacking*: breve reflexão jurídica", a pesquisa indaga até que ponto pode o ser humano procurar superar-se a si mesmo, ultrapassando os limites da sua humanidade, ainda que com isso tenha de comprometer a verdade, a beleza do ser humano e a sua própria liberdade. Segundo a autora, se a primeira questão se afigura fundamental, num tempo de invocação de direitos que, em rigor, não o são (pense-se no tão propalado direito a morrer), a segunda torna-se incontornável a partir do momento em que voluntariamente (ou não) se abrem as portas a técnicas de alteração da biologia e da mente do ser humano, de forma a atingir um homem perfeito, pós-humano ou transumano. Também é analisado o *biohacking*, enquanto tentativa de manipulação biológica do homem, por forma a tornar o corpo mais produtivo e a mente mais aguçada, sempre com a criticidade em torno da questão que paira em relação ao tema: em que medida pode ser aceitável, em geral, tal prática?

O oitavo trabalho da obra foi escrito por Adriano Marteleto Godinho, Débora Gozzo, Graziella Trindade Clemente e Rafaella Nogaroli. O título, "Viver, envelhecer e morrer no contexto das novas tecnologias no séc. XXI e as reflexões jurídico-filosóficas da revolução transumanista" é representativo da profundidade dogmática da pesquisa desenvolvida, que assevera haver consenso entre bioprogressistas e bioconservadores de que as tecnologias terão um notável papel em um futuro relativamente próximo, estabelecendo um ponto de ruptura entre o passado e presente, de um lado, e o futuro da humanidade, de outro. Nas palavras dos autores, a despeito da pluralidade de situações polêmicas que os avanços tecnológicos revelam, não se pode negar que, diante das inúmeras possibilidades que se descortinam, amplia-se o alcance e conteúdo de nossas liberdades individuais. Entretanto, ao se pretender o exercício dessas liberdades há de se ter responsabilidade com a espécie humana, não permitindo abrir as portas para uma eugenia liberal, mas que não relegue, ao acaso da natureza, tudo que se pode interferir sob pena de responsabilidade pela omissão.

Na sequência, Gustavo Silveira Borges e Leonardo Schilling assinam o capítulo intitulado "O transumano, o corpo em transição por meio do *doping* e as novas tecnologias". Trata-se de investigação lastreada na percepção de que a tentativa de melhorar o corpo, a mente e a condição humana sempre impulsionaram a sociedade a uma busca eterna pela evolução de suas ferramentas e meios, que recentemente, por meio do avançar da neurociência, da neurofarmacologia, da biotecnologia, da nanotecnologia, da inteligência artificial, do *doping* genético e da realidade virtual aplicadas ao corpo humano, possibilitaram um desenvolvimento exponencial da espécie. Em termos jurídicos, os autores problematizam o desafio de se controlar o avançar indiscriminado da ciência e da tecnologia, que perpassa o direito internacional por meio dos Direitos Humanos e da bioética.

O décimo capítulo da obra, assinado por Luciana Dadalto e intitulado "Reflexões bioéticas sobre a imortalidade da humanidade transumana", parte de uma questão fundamental e absolutamente profunda, colocada pela autora já em sua primeira linha: "O que nos faz humanos?" Em suas ponderações, assevera que, com o advento da biotecnologia, a busca pelo elemento que diferencia o indivíduo humano dos demais animais criou novos termos e novas fronteiras: qual a diferença do humano para o transumano? Qual a diferença do humano para o pós-humano? Continuaremos humanos quando formos imortais? Continuaremos humanos quando nos misturarmos com máquinas ou transplantarmos nossas consciências para elas? Essas são algumas das indagações que, de forma extremamente instigante, a autora explora em sua rica investigação.

O terceiro eixo de investigação versa sobre singularidade tecnológica, cibernética jurídica e regulação do ciberespaço. São três conceitos fundamentais para a exploração das novas dimensões do 'corpo eletrônico' em razão do vislumbre que se constrói quanto a um futuro iminente e que já apresenta desafios aos operadores do Direito.

O décimo primeiro capítulo da obra, escrito por Silvio Bitencourt da Silva, recebe o título "O futuro da inteligência artificial, inovações disruptivas e o direito: a singularidade jurídica está próxima?" Como denota a própria indagação lançada, o texto explora as linhas gerais do tema concernente à singularidade tecnológica, explicitando os principais nome da doutrina comparada que trabalharam com o conceito, destacando-se Vernor Vinge e Ray Kurzweil. Nas linhas investigativas do autor, são apresentados, ainda, pontos centrais para o debate em torno da inovação disruptiva em função dos novos horizontes inaugurados pela alavancagem tecnológica irrefreável.

No décimo segundo capítulo, "Reflexiones (provisionales) sobre los derechos de los robots", o professor espanhol José Julio Fernández Rodríguez nos brinda com reflexões atualíssimas acerca do conceito de liberdade, perpassando por aspectos sociológicos e jurídicos que concernem à dúvida sobre o reconhecimento de direitos a robôs, em importante sinalização quanto ao debate sobre a singularidade tecnológica e a personalidade eletrônica que há alguns anos é debatida na Europa. São apresentados argumentos favoráveis e contrários à proposta, o que realça a importância do debate, do ponto de vista teorético, para o avanço da ciência jurídica nesse momento de transição.

Adiante, Cristiano Colombo e Maique Barbosa de Souza assinam o décimo terceiro capítulo da obra, cujo título é "Metaverso e a presença profunda pelo olhar imersivo: riscos ao corpo eletrônico e *guidelines* para uma proteção eficiente". Os autores relembram que os limites conceituais do Metaverso vibram entre a Realidade Virtual (*Virtual Reality* – VR) – quando os usuários experienciam a imersão em um novo espaço – e a Realidade Aumentada (*Augmented Reality* – AR), com a harmonização dos elementos virtuais com "paisagens reais". Abordam, a partir dessa premissa, os novos riscos ao corpo eletrônico, bem como, ao final, *guidelines* para uma proteção eficiente.

No décimo quarto capítulo da obra, de Charles Emmanuel Parchen, com o título "Virtude e rebeldia contra a normose da tecnologia", é apresentada ponderação atualíssima acerca do papel das tecnologias digitais emergentes. Como explica o autor, depender tanto de *softwares* e tecnologias de terceiros faz com que as chamadas *Big Techs* (grandes empresas de tecnologia) se aproximem muito, em sua forma de atuar no Mercado, de uma concepção de autoridade tirânica que tem o potencial de obliterar direitos e com consequências graves e ruins para todos a sociedade. Ciente disso, apresenta sua constatação no sentido de que a rebeldia também deve ser entendida como viável solução de reerguimento e empoderamento do Ser Humano, permitindo a este ser quem efetivamente é: essencialmente errático, etéreo e ao mesmo tempo, fascinantemente inconstante, complexo e plural.

O décimo quinto capítulo, de autoria de Talita Bruna Canale e Gabriela Samrsla Möller e intitulado "A responsabilidade civil dos atos autônomos da inteligência artificial", investiga as importantíssimas repercussões da automação decisional de algoritmos de inteligência artificial para a responsabilidade civil, explorando, em análise compreensiva, os principais projetos de lei brasileiros sobre a matéria e contrastando-os à dogmática mais atual sobre a matéria na busca por respostas à seguinte indagação: qual a atual resposta jurídica reconhecida pelo ordenamento jurídico brasileiro aos atos autônomos praticados pela inteligência artificial?

Adiante, o professor italiano Giacomo Pongelli nos brinda com o artigo intitulado "Autonomous vehicles and Italian legal system. How to deal with civil liability and motor insurance rules?", no qual o autor avalia outro ponto fundamental para o desenvolvimento de estruturas regulatórias concernentes aos atos autônomos de algoritmos de inteligência artificial: o dos seguros para veículos autônomos. Seu principal objeto de análise é a legislação italiana, há tempos desafiada pela indagação lançada no próprio título e muito bem condensada para a elucidação de respostas a questões como a garantia de reparação às vítimas de acidentes automobilísticos envolvendo carros autônomos e a própria discussão em torno dos fundos de compensação.

O décimo sétimo capítulo da obra, escrito por Wilson Engelmann e Raquel von Hohendorff, recebeu o título "As nanotecnologias e os desafios regulatórios: transbordando as fontes do direito". No trabalho, os autores voltam olhares para os desdobramentos da Quarta Revolução Industrial, ressaltando que essa categoria conceitual abre margem à compreensão sobre como as pesquisas e os desenvolvimentos inovativos elaborados na escala nanométrica, ou seja, aquela equivalente à bilionésima parte de um metro, dando origem às nanopartículas, podem contribuir para formulações normativas condizentes com as principais fontes do direito, ressignificadas no século XXI para conglobar a agilidade e criatividade normativa, agora combinadas com fórmulas permeáveis e flexíveis de estruturas regulatórias orientadas pelos princípios jurídicos.

No décimo oitavo capítulo da obra, intitulado "Criptoactivos y circulación jurídica", o professor uruguaio Carlos de Cores Helguera nos presenteia com importante e atualíssima reflexão acerca da conexão entre singularidade tecnológica e o pujante mercado de criptativos, que cresce em ritmo acelerado graças à pujança da rede *blockchain* e impõe desafios regulatórios para a cibernética jurídica pelo fato de representar verdadeira ressignificação dos mercados, agora balizados por algoritmos e pela descentralização inerente a tais redes.

Em seguida, Fabrício Germano Alves e Andressa de Brito Bonifácio assinam o capítulo intitulado "Proteção do consumidor contra a publicidade digital nativa furtivamente veiculada em redes sociais", no qual avaliam as dificuldades enfrentadas para a regulação da atividade publicitária no ciberespaço, que possui características próprias e sinaliza importantes desafios para o contexto das relações de consumo. Analisam, em especial, o potencial de ampla reprodução ("viralização") dos anúncios veiculados em plataformas digitais, que podem atingir diversos públicos ao mesmo tempo, inclusive os consumidores de vulnerabilidade mais acentuada, como as crianças e os idosos.

O vigésimo capítulo da obra conclui com chave de ouro o terceiro eixo temático da obra e é assinado por Haide Maria Hupffer, Taís Fernanda Blauth e Juliane Altmann Berwig. Com o título "Nanotecnologias impulsionadas por inteligência artificial: benefícios, desafios éticos e riscos", o trabalho explora a pujança do mercado das nanotecnologias, especialmente em áreas como nanomedicina, nanotextil, nanobiotecnologia, nanofármacos, nanoeletrônica, nanoalimentos, agora catalisadas pela pujança de algoritmos de Inteligência Artificial. Abre-se margem a diversas discussões interessantes, que as autoras sintetizam a partir das seguintes linhas investigativas: primeiro, apresenta-se a nanotecnologia, seu conceito, as principais aplicações, benefícios e riscos; em seguida, é apresentada a Inteligência Artificial com seus benefícios e riscos; para finalizar, são examinadas aplicações de IA e nanotecnologia como uma oportunidade tecnológica para responder a diferentes desafios, buscando compreender os riscos e questionando se princípios éticos serão suficientes para reduzir os riscos.

O quarto eixo temático da obra contempla pesquisas sobre proteção de dados, intimidade e extimidade nas plataformas digitais, dando azo à perquirição dos pontos de entrelaçamento da teorização que desborda do conceito de 'corpo eletrônico' com vários temas atuais da dogmática jurídica sobre plataformas digitais.

O vigésimo primeiro texto da obra, escrito por Cristiano Colombo e Eugênio Facchini Neto, recebe interessante título: "Corpo eletrônico como vítima de ofensas em matéria de tratamento de dados pessoais e a viabilidade da aplicação da noção de dano estético ao mundo digital". Na pesquisa, os autores reconhecem a importância do conceito de Rodotà e elucidam a viabilidade de reconhecimento de dano estético por ofensa aos conjuntos de dados consolidados em razão de projeções da personalidade em meio digital, tal como já se reconhece em relação ao dano concreto, que acarreta deformidade física.

Na sequência, Cristiano Colombo e Guilherme Damásio Goulart assinam o capítulo intitulado "Novo perímetro do corpo e a biometria como dado pessoal: princípios da finalidade e da necessidade aplicados e recomendações para o caso do metrô de São Paulo". Na pesquisa, avaliam como o dado biométrico, que é considerado dado pessoal sensível pela legislação brasileira, pode ser analisado para o delineamento de novo perímetro para o corpo eletrônico, abrindo margem a interessantes discussões pela violação dessa estirpe de dado. O tema é averiguado, inclusive, à luz de recente precedente concreto que envolveu a malversação de dados biométricos por empresa que explorava zonas de espera de estações de metrô.

No vigésimo terceiro capítulo da obra, Nelson Rosenvald e José Luiz de Moura Faleiros Júnior assinam o capítulo intitulado "A despersonalização da personalidade: reflexões sobre corpo eletrônico e o artigo 17 da Lei Geral de Proteção de Dados Pessoais". Invocando os conceitos de Rodotà e reconhecento a complexidade inerente ao fenômeno da 'despersonalização da personalidade', os autores investigam os propósitos do artigo 17 da LGPD, que consagra o conceito de titularidade (mais do que a propriedade) sobre os dados a partir de tríplice dimensão que engloba os direitos fundamentais à intimidade, a privacidade e à liberdade.

Adiante, Daniela Copetti Cravo trata da "Portabilidade de dados e a tutela do corpo eletrônico", atendo-se ao direito do titular a portar seus dados que, pelos inegáveis entrelaçamentos teóricos com as proposições de Rodotà, passam a consubstanciar importante campo investigativo quanto à esfera de controle dos dados. A autora ressalta que a portabilidade de dados tem como essência permitir o reuso dos dados, em uma nova atividade de tratamento. Com isso, os titulares se sentem mais estimulados a usar novos serviços e funcionalidades, especialmente aqueles que tenham políticas que mais lhe agradem, inclusive no que toca à proteção de dados. A partir disso, propõe o reconhecimento da portabilidade de dados como uma ferramenta de gestão e de facilitação na tomada de decisões pessoais, ou, noutros termos, como importante instrumento *user-centred*, que promove a autodeterminação informativa, possibilitando que o titular também seja protagonista no ecossistema de dados.

O vigésimo quinto capítulo da obra, de autoria de Iuri Bolesina, Tássia A. Gervasoni e Felipe da Veiga Dias, cujo título é "O controle da extimidade pelo neoliberalismo", apresenta as balizas essenciais para o reconhecimento desse peculiar direito (a extimidade), no contraponto à intimidade, a partir das formulações de consagrados autores, como Serge Tisseron. Destacam que a extimidade ressignifica e até mesmo expande o próprio direito à intimidade, favorecida sobremaneira pelos diversos recursos tecnológicos disponíveis, sendo, no paradigma neoliberal, cooptada por esses mesmos recursos, não só dispostos a financeirizar qualquer bem da vida, como capazes de capturar e conduzir a extimidade, moldando e controlando subjetividades de maneiras perigosamente imperceptíveis à maioria dos indivíduos.

Em continuidade, Alexandre Pereira Bonna assina o capítulo intitulado "Perfilização, estigmatização e responsabilidade civil: a proteção do corpo eletrônico a partir de projeções da personalidade", no qual se dedica a explorar com redobrada atenção o problemático tema da perfilização (*profiling*), que necessariamente envolve a utilização de dados pessoais e os direciona à formação de perfis, com potencial estigmatizante e afrontoso à privacidade.

No vigésimo sétimo capítulo da obra, Arthur Pinheiro Basan e Guilherme Magalhães Martins tratam dos "Limites ao *neuromarketing*: a tutela do corpo eletrônico por meio dos dados neurais", tema que se tornou atualíssimo devido à tramitação do Projeto de Lei 1.229/2021, que pretende reformar a LGPD para prever, de forma expressa, a possibilidade de tutela dos chamados "dados neurais", assim entendidos como "qualquer informação obtida, direta ou indiretamente, da atividade do sistema nervoso central e cujo acesso é realizado por meio de interfaces cérebro-computador invasivas ou não invasivas". Realçando a necessidade de proteção específica no contexto de um emergente mercado de *neuromarketing*, os autores analisam com prudência e criticidade a referida proposta, ponderando-a em relação à necessidade de efetiva proteção ao corpo eletrônico.

Em conclusão ao penúltimo eixo temático, tem-se o capítulo escrito por Pietra Daneluzzi Quinelato, Mariana Ferreira Figueiredo e Lucas de Bulhões Gomes, intitulado "Paradoxo da privacidade em plataformas digitais: a (des)proteção do usuário". No texto, os autores contrastam diversos objetos atualíssimos: redes sociais, relações pessoais, exposição pública, dados pessoais, segurança do usuário, tecnologia da

APRESENTAÇÃO **XXI**

informação... E o fazem de maneira elucidativa, reportando-se ao direito fundamental à privacidade para analisar como a facilidade de tratamento dos dados pessoais permitiu que todos esses objetos se associassem, demandando análise cuidadosa para que não se crie confusão quanto à existência de um pretenso paradoxo.

O eixo derradeiro trata dos aspectos éticos para o desenvolvimento algorítmico e tem sua razão de ser no reconhecimento de que a pujança dos algoritmos de inteligência artificial está intimamente entrelaçada ao fenômeno da datificação, que, por sua vez, é decorrência hodierna das projeções da personalidade que reconfiguram direitos a partir da formação do corpo eletrônico. Assim, importantes reflexões sobre o panorama regulatório que se pretende estabelecer passam a envolver, também, aspectos éticos que merecem averiguação mais detalhada.

Continuando a abordagem, tem-se o capítulo inaugural do eixo, escrito pelo professor português Alexandre Libório Dias Pereira, com o título "Automação decisória no Direito: da aplicação da inteligência artificial no ato de julgar". No texto, são explicitadas as principais ponderações concernentes ao 'Livro Branco' sobre inteligência artificial da Comissão Europeia, que reconhece o papel dos algoritmos na aplicação da lei e para o sistema judicial como um todo. Com abordagem crítica, o autor investiga se a decisão jurisprudencial estaria contemplada por essa função dos algoritmos.

Na sequência, a professora Ana Frazão nos brinda com o capítulo intitulado "Julgamentos algorítmicos: a necessidade de assegurarmos as preocupações éticas e o devido processo legal", que dá continuidade à temática concernente à utilização de algoritmos nos processos de julgamento, que geram inegáveis impactos para cidadãos, para a sociedade e para a política. Em suas reflexões, a autora se propõe a oferecer uma compreensão da repercussão de tais julgamentos e a propor algumas reflexões para que se possa conciliar as eficiências e a acurácia que tais julgamentos almejam com a proteção dos direitos fundamentais dos titulares de dados e com a necessária consideração das questões éticas mais importantes para o mencionado debate.

Em seguida, Alexandre Quaresma assina o trigésimo primeiro capítulo da obra, intitulado "Inteligência artificial, subemprego e desemprego tecnológico", no qual se aprofunda em investigações sobre as repercussões dos algoritmos de inteligência artificial para as relações laborais, embora reconheça que o desemprego tecnológico seria o menor dos nossos problemas, pois estaríamos certamente às voltas com a própria possibilidade de perpetuação ou não da espécie humana ao longo do tempo e do espaço, e isso para nós supera qualquer outro assunto em termos de prioridade.

O trigésimo segundo capítulo da obra é assinado por Ângela Kretschmann, com o título "Impactos da inteligência artificial nos fundamentos da propriedade intelectual", e avança nas investigações concernentes ao desenvolvimento algorítmico baseado em parâmetros éticos e na necessidade de compatibilização da pujança tecnológica com os aspectos regulatórios que envolvem a propriedade intelectual. São explorados assuntos atualíssimos como a criação intelectual com auxílio de IA, a atribuição de coautoria à IA, a produção intelectual levada a efeito, autonomamente, por algoritmos e até mesmo a análise crítica sobre os custos ou benefícios sociais da proteção das criações geradas por IA.

Em seguida, Eugênio Facchini Neto e Roberta Scalzilli assinam o capítulo intitulado "Pode a ética controlar o desenvolvimento tecnológico? O caso da inteligência artificial, à luz do direito comparado". Como ilustra a indagação lançada no título, os autores nos brindam com investigação extremamente importante sobre os aspectos éticos relacionados ao desenvolvimento algorítmico buscando arrimo na experiência comparada, com destaque para três modelos distintos: o norte-americano, o alemão e o chinês. Ao final, contrastam os modelos analisados ao caso brasileiro, ressaltando a necessidade de que a experiência brasileira aprimore as balizas estabelecidas para o desenvolvimento de um modelo próprio.

O trigésimo quarto capítulo da obra é assinado por Henrique Alves Pinto e Leandro Miranda Ernesto. O texto, que recebeu o título "Inteligência artificial aplicada ao direito: por uma questão de ética", também se coaduna com exatidão aos propósitos do derradeiro eixo de investigação da obra, pois analisa como sistemas baseados em algoritmos de inteligência artificial já estão sendo utilizados pelo Superior Tribunal de Justiça e pelo Supremo Tribunal Federal, e traz importantes reflexões sobre os limites éticos dessa utilização. Avançam no tema e trabalham, ademais, com o direito à explicação como elemento componente da fundamentação das decisões judiciais.

No capítulo seguinte, a professora portuguesa Inês Fernandes Godinho trata da "Regulação da inteligência artificial na União Europeia e protecção de dados", destacando os principais pontos da proposta europeia de regulamentação da inteligência artificial (*Artificial Intelligence Act*) e contrastando-a ao paradigma normativo da proteção de dados pessoais na Europa. Em suas considerações, ainda destaca a perspectiva global apresentada pela UNESCO sobre a regulação da IA.

Quanto ao panorama ético-regulatório da matéria no Brasil, na sequência, Paola Cantarini assina o capítulo intitulado "Marco Legal da IA (PL 21/20) – análise comparativa à luz da Regulamentação Europeia (AI Act) e a questão da proteção do segredo industrial", em que são contrapostas a mais recente proposta legislativa brasileira e a recentíssima proposta europeia, com ênfase à questão da proteção do segredo industrial de algoritmos em ambientes ainda nada ou pouco regulados, que a autora avalia em função que fenômeno da "risquificação".

Por fim, concluindo com galhardia a obra, tem-se o trabalho escrito por Sthéfano Bruno Santos Divino, cujo título é "Desigualdade codificada: como o uso de algoritmos pode reduzir, ocultar e aumentar a desigualdade?". As inúmeras interrogações lançadas pela pergunta-problema do próprio título sinalizam a pujança do debate sobre a ética para regulação de algoritmos, e o autor traz toda essa problematização à tona com aportes do panorama europeu e criticidade elogiável em relação ao modo como elucida as dimensões de um problema que concerne a todos. No que diz respeito especificamente à ocultação e à amplificação dos vieses discriminatórios, reafirma que Algoritmos não são ferramentas que modulam o comportamento social, mas ao contrário: é a sociedade que delimita o espectro de atuação dos algoritmos, desencadeando vieses do mundo real no virtual, o que reacende a necessidade debates sobre os limites da tutela jurídica do corpo eletrônico.

Ao final dessa ampla incursão temática, desejamos que a obra seja importantíssimo repositório para a pesquisa acadêmica e para a ampliação do espectro de pesquisas sobre as inúmeras repercussões jurídicas vislumbradas a partir da tutela do corpo eletrônico.

Com nossos agradecimentos, desejamos uma excelente leitura!

Porto Alegre/Belo Horizonte, maio de 2022.

Cristiano Colombo
José Luiz de Moura Faleiros Jr.
Wilson Engelmann

SUMÁRIO

AGRADECIMENTOS

Cristiano Colombo, José Luiz de Moura Faleiros Jr. e Wilson Engelmann VII

PREFÁCIO

Danilo Doneda.. IX

APRESENTAÇÃO

Cristiano Colombo, José Luiz de Moura Faleiros Jr. e Wilson Engelmann XIII

PARTE I
DIMENSÕES JURÍDICAS DO CORPO ELETRÔNICO

A TUTELA JURÍDICA DO CORPO ELETRÔNICO: ALGUNS CONCEITOS IN-TRODUTÓRIOS

José Luiz de Moura Faleiros Júnior e Cristiano Colombo 3

A DIMENSÃO DO CORPO ELETRÔNICO A PARTIR DE *BE RIGHT BACK*: REFLE-XÕES SOBRE A "SOFTWARIZAÇÃO" DA PERSONALIDADE

Fabiano Menke e Daniele Verza Marcon 33

PRIVACY NO DIREITO ITALIANO: TRÍADE DE DECISÕES JUDICIAIS RUMO A *INSIGHTS* SOBRE LIMITES CONCEITUAIS, DESLOCAMENTO GEOGRÁFICO E TRANSPARÊNCIA DO CORPO ELETRÔNICO

Cristiano Colombo e Duílio Landell de Moura Berni 53

A RESSUSCITAÇÃO DIGITAL DOS MORTOS

Maria de Fátima Freire de Sá e Bruno Torquato de Oliveira Naves 73

RESPONSABILIDADE CONTRATUAL *POST MORTEM*: BREVES NOTAS A PARTIR DA SÉRIE *UPLOAD*

Fernanda Schaefer e Frederico Glitz 85

O DIREITO AO ESQUECIMENTO COMO FERRAMENTA DE DEFESA NAS NO-VAS TECNOLOGIAS

João Alexandre Silva Alves Guimarães 101

PARTE II
PÓS-HUMANISMO, TRANSUMANISMO E *BIOHACKING*

PÓS-HUMANISMO, TRANSUMANISMO E *BIOHACKING*: BREVE REFLEXÃO JURÍDICA

Mafalda Miranda Barbosa 123

VIVER, ENVELHECER E MORRER NO CONTEXTO DAS NOVAS TECNOLOGIAS NO SÉC. XXI E AS REFLEXÕES JURÍDICO-FILOSÓFICAS DA REVOLUÇÃO TRANSUMANISTA

Adriano Marteleto Godinho, Débora Gozzo, Graziella Trindade Clemente e Rafaella Nogaroli.. 147

O TRANSUMANO, O CORPO EM TRANSIÇÃO POR MEIO DO DOPING E AS NOVAS TECNOLOGIAS

Gustavo Silveira Borges e Leonardo Schilling 173

REFLEXÕES BIOÉTICAS SOBRE A IMORTALIDADE DA HUMANIDADE TRAN-SUMANA

Luciana Dadalto.. 191

PARTE III
SINGULARIDADE TECNOLÓGICA, CIBERNÉTICA JURÍDICA E REGULAÇÃO DO CIBERESPAÇO

O FUTURO DA INTELIGÊNCIA ARTIFICIAL, INOVAÇÕES DISRUPTIVAS E O DIREITO: A SINGULARIDADE JURÍDICA ESTÁ PRÓXIMA?

Silvio Bitencourt da Silva... 209

REFLEXIONES (PROVISIONALES) SOBRE LOS DERECHOS DE LOS ROBOTS

José Julio Fernández Rodríguez... 227

METAVERSO E A PRESENÇA PROFUNDA PELO OLHAR IMERSIVO: RISCOS AO CORPO ELETRÔNICO E *GUIDELINES* PARA UMA PROTEÇÃO EFICIENTE

Cristiano Colombo e Maique Barbosa de Souza 245

VIRTUDE E REBELDIA CONTRA A NORMOSE DA TECNOLOGIA

Charles Emmanuel Parchen 263

A RESPONSABILIDADE CIVIL DOS ATOS AUTÔNOMOS DA INTELIGÊNCIA ARTIFICIAL

Talita Bruna Canale e Gabriela Samrsla Möller 281

SUMÁRIO

AUTONOMOUS VEHICLES AND ITALIAN LEGAL SYSTEM. HOW TO DEAL WITH CIVIL LIABILITY AND MOTOR INSURANCE RULES?

Giacomo Pongelli 319

AS NANOTECNOLOGIAS E OS DESAFIOS REGULATÓRIOS: TRANSBORDANDO AS FONTES DO DIREITO

Wilson Engelmann e Raquel von Hohendorff 331

CRIPTOACTIVOS Y CIRCULACIÓN JURÍDICA

Carlos de Cores Helguera 343

PROTEÇÃO DO CONSUMIDOR CONTRA A PUBLICIDADE DIGITAL NATIVA FURTIVAMENTE VEICULADA EM REDES SOCIAIS

Fabrício Germano Alves e Andressa de Brito Bonifácio 357

NANOTECNOLOGIAS IMPULSIONADAS POR INTELIGÊNCIA ARTIFICIAL: BENEFÍCIOS, DESAFIOS ÉTICOS E RISCOS

Haide Maria Hupffer, Taís Fernanda Blauth e Juliane Altmann Berwig 377

PARTE IV

PROTEÇÃO DE DADOS, INTIMIDADE E EXTIMIDADE NAS PLATAFORMAS DIGITAIS

CORPO ELETRÔNICO COMO VÍTIMA DE OFENSAS EM MATÉRIA DE TRATAMENTO DE DADOS PESSOAIS E A VIABILIDADE DA APLICAÇÃO DA NOÇÃO DE DANO ESTÉTICO AO MUNDO DIGITAL

Cristiano Colombo e Eugênio Facchini Neto 403

NOVO PERÍMETRO DO CORPO E A BIOMETRIA COMO DADO PESSOAL: PRINCÍPIOS DA FINALIDADE E DA NECESSIDADE APLICADOS E RECOMENDAÇÕES PARA O CASO DO METRÔ DE SÃO PAULO

Cristiano Colombo e Guilherme Damasio Goulart 425

A DESPERSONALIZAÇÃO DA PERSONALIDADE: REFLEXÕES SOBRE CORPO ELETRÔNICO E O ARTIGO 17 DA LEI GERAL DE PROTEÇÃO DE DADOS PESSOAIS

Nelson Rosenvald e José Luiz de Moura Faleiros Júnior 445

PORTABILIDADE DE DADOS E A TUTELA DO CORPO ELETRÔNICO

Daniela Copetti Cravo 477

O CONTROLE DA EXTIMIDADE PELO NEOLIBERALISMO

Iuri Bolesina, Tássia A. Gervasoni e Felipe da Veiga Dias 487

PERFILIZAÇÃO, ESTIGMATIZAÇÃO E RESPONSABILIDADE CIVIL: A PROTEÇÃO DO CORPO ELETRÔNICO A PARTIR DE PROJEÇÕES DA PERSONALIDADE

Alexandre Pereira Bonna 503

LIMITES AO *NEUROMARKETING*: A TUTELA DO CORPO ELETRÔNICO POR MEIO DOS DADOS NEURAIS

Arthur Pinheiro Basan e Guilherme Magalhães Martins............................. 525

PARADOXO DA PRIVACIDADE EM PLATAFORMAS DIGITAIS: A (DES)PROTE-ÇÃO DO USUÁRIO

Pietra Daneluzzi Quinelato, Mariana Ferreira Figueiredo e Lucas de Bulhões Gomes.. 545

PARTE V
ASPECTOS ÉTICOS PARA O DESENVOLVIMENTO ALGORÍTMICO

AUTOMAÇÃO DECISÓRIA NO DIREITO: DA APLICAÇÃO DA INTELIGÊNCIA ARTIFICIAL NO ATO DE JULGAR

Alexandre Libório Dias Pereira 559

JULGAMENTOS ALGORÍTMICOS: A NECESSIDADE DE ASSEGURARMOS AS PREOCUPAÇÕES ÉTICAS E O DEVIDO PROCESSO LEGAL

Ana Frazão 579

INTELIGÊNCIA ARTIFICIAL, SUBEMPREGO E DESEMPREGO TECNOLÓGICO

Alexandre Quaresma... 597

IMPACTOS DA INTELIGÊNCIA ARTIFICIAL NOS FUNDAMENTOS DA PRO-PRIEDADE INTELECTUAL

Ângela Kretschmann.. 615

PODE A ÉTICA CONTROLAR O DESENVOLVIMENTO TECNOLÓGICO? O CASO DA INTELIGÊNCIA ARTIFICIAL, À LUZ DO DIREITO COMPARADO

Eugênio Facchini Neto e Roberta Scalzilli.. 647

INTELIGÊNCIA ARTIFICIAL APLICADA AO DIREITO: POR UMA QUESTÃO DE ÉTICA

Henrique Alves Pinto e Leandro Miranda Ernesto 673

REGULAÇÃO DA INTELIGÊNCIA ARTIFICIAL NA UNIÃO EUROPEIA E PROTEC-ÇÃO DE DADOS

Inês Fernandes Godinho.. 691

SUMÁRIO **XXIX**

MARCO LEGAL DA IA (PL 21/20) – ANÁLISE COMPARATIVA À LUZ DA REGULA-
MENTAÇÃO EUROPEIA (AI ACT) E A QUESTÃO DA PROTEÇÃO DO SEGREDO
INDUSTRIAL

Paola Cantarini 703

DESIGUALDADE CODIFICADA: COMO O USO DE ALGORITMOS PODE RE-
DUZIR, OCULTAR E AUMENTAR A DESIGUALDADE?

Sthéfano Bruno Santos Divino 723

PARTE I
DIMENSÕES JURÍDICAS DO CORPO ELETRÔNICO

A TUTELA JURÍDICA DO CORPO ELETRÔNICO: ALGUNS CONCEITOS INTRODUTÓRIOS

José Luiz de Moura Faleiros Júnior

Doutorando em Direito Civil pela Universidade de São Paulo – USP/Largo de São Francisco. Doutorando em Direito, na área de estudo 'Direito, Tecnologia e Inovação', pela Universidade Federal de Minas Gerais – UFMG. Mestre e Bacharel em Direito pela Universidade Federal de Uberlândia – UFU. Especialista em Direito Digital. Especialista em Direito Civil e Empresarial. Associado do Instituto Avançado de Proteção de Dados – IAPD. Membro do Instituto Brasileiro de Estudos de Responsabilidade Civil – IBERC. Advogado e Professor.

Cristiano Colombo

Pós-Doutor em Direito junto à Pontifícia Universidade Católica do Rio Grande do Sul (PUCRS). Doutor em Direito pela Universidade Federal do Rio Grande do Sul (UFRGS). Mestre em Direito pela Universidade Federal do Rio Grande do Sul (UFRGS). Bacharel em Ciências Jurídicas e Sociais pela Pontifícia Universidade Católica do Rio Grande do Sul – PUCRS (1999) e em Ciências Contábeis pela Universidade Federal do Rio Grande do Sul – UFRGS (2004). Especialista em Direito Tributário pelo Instituto Brasileiro de Estudos Tributários – IBET. Concluiu Curso de Formação Avançada do Centro de Estudos Sociais do Laboratório Associado à Universidade de Coimbra (Portugal) denominado: "Ciberespaço: Desafios à Justiça". Atua na área cível, tributária, previdenciária e empresarial. É Professor do Mestrado Profissional em Direito da Empresa e dos Negócios da UNISINOS, Professor dos cursos de graduação em Direito, Comércio Exterior e Relações Internacionais da UNISINOS e na Faculdade de Direito das Faculdades Integradas São Judas Tadeu (Mantenedora Instituição Educacional São Judas Tadeu). Coordenador do LLM em Lei Geral de Proteção de Dados Pessoais. Pesquisador FAPERGS. Foi membro da Comissão de Ensino Jurídico (CEJ) da Ordem dos Advogados do Brasil do Rio Grande do Sul.

Sumário: 1. Introdução – 2. Virtualização, privacidade e a proteção de dados pessoais – 3. Conjuntos de dados e a formação do corpo eletrônico; 3.1 A filosofia da tecnologia e os contributos de Ihde e Hillis; 3.2 A *digital persona* de Clarke; 3.3 O corpo eletrônico de Rodotà e sua reconfiguração do sujeito à pessoa – 4. Considerações finais – 5. Referências.

1. INTRODUÇÃO

A virtualização surge como fenômeno atrelado à ascensão dos dados e à 'datificação', propiciando o lançamento desses dados à Internet para a formação de conjuntos informacionais que refletem diversas nuances sobre a personalidade. Fala-se em "*profiling*", mas é fato que essa tendência ultrapassa a formação de perfis e, a partir de leituras que evoluíram em escritos da Sociologia e da Filosofia, indica a formação de verdadeiras projeções da personalidade na rede.

Com isso, expressões como *digital persona* ou 'corpo eletrônico' se tornaram epítomes de um modelo que visa caracterizar os conjuntos de dados como estruturas passíveis de tutela jurídica específica e que, com o reconhecimento de um direito fundamental à proteção de dados pessoais, apresentam contornos merecedores de análise mais detida, porquanto passíveis de resguardo em cenários desdobrados da modernidade hipercomplexa.

Escritos extraídos da Filosofia da Tecnologia, como as clássicas obras de Don Ihde e de Ken Hillis, já indicavam uma propensão teórica à formulação de conceitos para a proteção de projeções virtualizadas da personalidade (semelhantes a 'avatares'). Na Ciência da Computação, a construção teórica do australiano Roger Clarke acerca das *digital personas* avançou no tema, inaugurando uma discussão mais específica e necessária sobre a modelagem do indivíduo pelos dados.

De todo modo, foi Stefano Rodotà o responsável por conceber uma construção capaz de oferecer respostas mais concretas à problemática explicitada, mas do ponto de vista jurídico. O referido autor fala no *corpo elettronico* (ou 'corpo eletrônico', em tradução do italiano) e tal teoria é o ponto de partida para o tema-problema que esta obra buscará explorar, sob variados pontos de vista e em diversos contextos.

Neste capítulo introdutório, serão apresentados alguns conceitos essenciais e suas bases doutrinárias para assentar, com maior segurança, as premissas que viabilizam a tutela de direitos sob essa renovada configuração, sem que isso desacelere o ritmo da inovação tecnológica ou coloque em xeque as estruturas fundamentais da livre iniciativa. Trabalha-se, em verdade, com a perspectiva de uma construção doutrinária mais delimitada e adequada à proteção da personalidade, agora virtualizada.

2. VIRTUALIZAÇÃO, PRIVACIDADE E A PROTEÇÃO DE DADOS PESSOAIS

Há certa controvérsia sobre as origens da expressão "sociedade da informação", mas, sendo certo que o próprio conceito de 'informação'[1] dá a tônica de uma sociedade virtualizada e que depende de seus vastos e incessantes fluxos para sua (re)estruturação ontológica[2], deve-se ressaltar, de início, que o tema não é novo, tampouco indica uma revolução.

Há quem defenda que autores norte-americanos foram os primeiros a tratar de uma futura "sociedade da informação", em trabalhos dos anos 1960 e 1970, especialmente Fritz Machlup, em sua obra *The production and distribution of knowledge in the United States*, de 1962[3]. Porém, há quem sustente que a expressão foi primeiramente utilizada pelos doutrinadores japoneses Kisho Kurokawa e Tudao Umesao, na década

---

1. Confira-se, por todos: ADRIAANS, Peter. Information. In: ZALTA, Edward N. (Ed.). *Stanford Encyclopedia of Philosophy*. Stanford: Stanford University Press, 1995; BORGMANN, Albert. *Holding onto reality*: The nature of information at the turn of the Millennium. Chicago: Chicago University Press, 1999.
2. FLORIDI, Luciano. *The philosophy of information*. Oxford: Oxford University Press, 2011, p. 320. O autor comenta: "When discussing digital ontology, two separate questions arise: *a*. Whether the physical universe might be adequately modelled digitally and computationally, independently of whether it is actually digital and computational in itself; and *b*. Whether the ultimate nature of the physical universe might be actually digital and computational in itself, independently of how it can be effectively or adequately modelled."
3. MACHLUP, Fritz. *The production and distribution of knowledge in the United States*. Princeton: Princeton University Press, 1962, p. 15.

de 1960, mas com efetiva conceituação a partir dos trabalhos de Yujiro Hayashi e Yoneji Masuda, com a expressão japonesa 情報化社会 (lê-se: *jōhōka shakai*) sendo cunhada pelo último, e que se traduz como "sociedade de base informacional" ou "sociedade baseada na informação".[4-5] Por outro lado, há autores que rejeitam essa expressão, a exemplo de Zbigniew Brzezinski, que prefere se reportar a uma "sociedade tecnotrônica", tendo em vista que, para ele, "a nova tecnologia das comunicações eletrônicas é que havia inaugurado a nova era".[6] Rodotà conceitua a "sociedade da informação" como a "sociedade dos serviços tecnologicamente sofisticados", em que as pessoas deixam uma "quota relevante de informações pessoais" aos fornecedores, com a "interconexão entre bancos de dados e disseminação das informações."[7]

Não se questiona que a tutela jurídica da informação surge como nova fronteira inter-relacional do Direito com a tecnologia. Já se fala no excedente cognitivo desdobrado do acúmulo informacional[8] que propicia a edição de regulamentações específicas para temas que estão na vanguarda de um arquétipo reestruturado a partir dos impactos dos novos meios de comunicação sobre os domínios sociais[9] e o fato de se pensar a tecnologia sob tal prisma dá ensejo a debates capazes de incorporar o conceito de 'reticularidade', ou seja, a ideia de que dispositivos técnicos integrados conduzem à superação do paradigma aristotélico do hilemorfismo.[10] Noutras palavras, significa abandonar a ideia de que as tecnologias digitais emergentes devem

---

4. MASUDA, Yoneji. *The information society as post-industrial society*. Tóquio: Institute for the Information Society, 1980, p. 13. Comenta: "One of the most interesting actions has occurred in Japan, where in 1972 a non-profit organization called the Japan Computer Usage Development Institute presented to the government 'The Plan for Information Society – A national goal toward the year 2000'. This plan had been developed for presentation as a model plan for the realization of Japan's information society. It gives a picture of an information society that is desirable and can be realized by 1985. It also includes an integrated plan involving various projects for the construction of the blue-printed information society. I am very honored and consider myself fortunate to have been appointed project manager of this ambitious national plan. The goal of the plan is the realization of a society that brings about a general flourishing state of human intellectual creativity, instead of affluent material consumption."

5. DUFF, Alistair A. *Information society studies*. Londres: Routledge, 2000, p. 3.

6. WEBSTER, Frank. *Theories of the information society*. 3. ed. Londres: Routledge, 2006, p. 13. Anota: "In principle straightforward, but in practice an extraordinarily complex exercise, much of the pioneering work was done by the late Fritz Machlup (1902–83) of Princeton University (Machlup, 1962). His identification of information industries such as education, law, publishing, media and computer manufacture, and his attempt to estimate their changing economic worth (...) [distinguishes] the major arenas of economic activity are the information goods and service producers, and the public and private secondary information sector) bureaucracies'. (...) In the round it may be possible to say that growth in the economic worth of advertising and television is indicative of an information society, but one is left with an urge to distinguish between informational activities on qualitative grounds. The enthusiasm of the information economists to put a price tag on everything has the unfortunate consequence of failing to let us know the really valuable dimensions of the information sector."

7. BRZEZINSKI, Zbigniew K. *Between two ages*: America's role in the technetronic era. Nova York: Viking Press, 1971, p. 11, tradução livre.

8. RODOTÀ, Stefano. *Tecnologie e diritti*. Bologna: Il Mulino, 1995, p. 111.

9. Confira-se, sobre o tema: HIDALGO, Cesar. *Why information grows*: The evolution of order, from atoms to economies. Nova York: Basic Books, 2015; SUNSTEIN, Cass R. *Too much information*: Understanding what you don't want to know. Cambridge: The MIT Press, 2020.

10. *Cf.* TOFFLER, Alvin. *The third wave*. Nova York: Bantam Books, 1980.

ser entendidas como pouco mais do que simples ferramentas que permitem a troca de dados e a coordenação da interação humana. É preciso pensar o fenômeno tecnológico como um ecossistema, do qual o indivíduo humano faz parte como agente principal.[11] A imagem da ciência do século XXI é a "web semântica", que ainda carece de centralidade epistêmica.[12]

Tudo se reconfigura a partir de uma infinidade de pontos conectados a outros pontos. Em outras palavras, os dispositivos tecnológicos não são ferramentas para um determinado propósito, mas para o atingimento de uma multiplicidade de seres vivos e artificiais – humanos e máquinas – que realizam um conjunto de ações graças a determinados procedimentos que viabilizam sua interconexão e interoperação.

O técnico não se opõe ao humano; um e outro estão ligados pelo que Simondon chamou de relação transdutiva[13]: um termo não pode existir sem o outro, e uma relação de tensão é mantida entre eles. Recentemente, muitos sociólogos e pensadores destacaram essa tensão, que é precisamente a que impulsiona a evolução de um sistema e de outro. Essa tensão, segundo Stiegler, é consequência do tempo.[14] Dito de outro modo, o tempo é o elemento que conecta os dois sistemas de acordo com um grau específico de tensão, configurando um ecossistema que os integra.

Em suma, a Ciência Jurídica não pode mais desconsiderar a perspectiva dos entrelaçamentos sofisticados entre 'poder', 'saber' e 'ser', mas em um ambiente mais sofisticado, no qual as Tecnologias de Informação e Comunicação, essencialmente baseadas na aglutinação de dados e no implemento de algoritmos de inteligência artificial, têm favorecido a consolidação da Infosfera, na qual organismos informacionalmente corporificados (*inforgs*)[15] – para citar a terminologia de Floridi – assumem novos formatos, ressignificando conceitos como 'matéria' e 'forma' a partir dos dados que adquirem valor semântico.

Em uma escala progressiva, diversos ordenamentos têm adotado legislações diretamente voltadas à regulamentação da Internet e das novas tecnologias e, em decorrência da assunção e do reconhecimento dos direitos humanos no âmbito da globalidade, com a positivação ínsita aos ordenamentos internos desses direitos em diversas Constituições, também a proteção de dados pessoais tem ganhado destaque.

---

11. Referido conceito alude à composição dos seres corpóreos, descrevendo-os a partir da identificação de matéria e forma como componentes essenciais.

12. MUNTADAS, Borja. Algoritmos en la vida cotidiana: apps, gadgets y dependencia tecnológica. In: BARBOSA, Mafalda Miranda; BRAGA NETTO, Felipe; SILVA, Michael César; FALEIROS JÚNIOR, José Luiz de Moura (Coord.). *Direito digital e inteligência artificial*: diálogos entre Brasil e Europa. Indaiatuba: Foco, 2021, p. 641-658.

13. SADIN, Éric. *La vie algorithmique*: critique de la raison numérique. Paris: Éditions L'Échappée, 2015, p. 261. Anota o autor: "Il s'agit là d'un enjeu et d'un défi pratique décisifs, dont notre degré de réponse individuelle et collective définit d'ores et déjà la nature de notre présent et déterminera celle de l'humanité à venir. La tension entre ce mode de rationalité devenu quasi exclusif et la *technè* contemporaine, qui participe avec force de sa consolidation et de son expansion, doit faire l'objet de débats et de controverses publiques".

14. *Cf.* SIMONDON, Gilbert. *Du mode d'existence des objets techniques*. Paris: Aubier, 2008.

15. STIEGLER, Bernard. *La technique et le temps*: la désorientation. Paris: Editions Galilée, 1998, t. II, p. 8.

Segundo Aurelia Tamò-Larrieux:

O processamento de dados pessoais tornou-se um aspecto integrante da atividade social e econômica na esfera digital. Através do desenvolvimento de novos produtos e serviços, os mercados estimulam a demanda e respondem ao clamor social por eficiência e conveniência. Esses serviços antecipam o que os clientes querem e fornecem opções. (...) Além disso, as empresas podem classificar as preferências do consumidor por meio do uso de algoritmos de criação de perfil. Esses algoritmos extraem grandes e distintos conjuntos de dados para padrões e correlações e classificam os assuntos em grupos e categorias. Essas bases de dados digitais permitem a construção de registros inclusivos e persistentes de hábitos individuais, informações demográficas, crenças, preferências ou comportamento psicológico.[16]

Trata-se, a rigor, do chamado 'profiling', que será mencionado mais adiante, mas que resumidamente se constrói a partir da aglutinação informacional, demandando regulação mais específica. De acordo com José Eduardo Faria, "(...) a revolução das técnicas de comunicação 'diminuiu' o mundo, tornando-o mais independente. Dito de outro modo, tornou-o mais integrado do ponto de vista econômico, porém mais fragmentado do ponto de vista político"[17], o que também é possível constatar a partir da substituição da proximidade física dos indivíduos, de forma progressiva, pela interligação tecnológica calcada no incremento comunicacional e na ressignificação do valor da informação, a ponto de se cogitar de uma 'informática jurídica'.[18]

Segundo Laura Schertel Mendes, "(...) a vitalidade e a continuidade da Constituição dependem da sua capacidade de se adaptar às novas transformações sociais e históricas, possibilitando uma proteção dos cidadãos contra novas formas de poder que surgem na sociedade".[19] Nessa linha, iniciativas legislativas tramitaram durante anos no Congresso Nacional brasileiro com o intuito de regulamentar o escopo dessa proteção, que não se limita ao *front* legislativo, na medida em que diversas políticas de boa governança se imiscuem, também, a uma preocupação difusa com a segu-

---

16. FLORIDI, Luciano. *The philosophy of information*, cit., p. xiii. Eis a definição: "Semantic information is wellformed, meaningful, and truthful data; knowledge is relevant semantic information properly accounted for; humans are the only known semantic engines and conscious *inforgs* (informational organisms) in the universe who can develop a growing knowledge of reality; and reality is the totality of information (notice the crucial absence of 'semantic')".

17. TAMÒ-LARRIEUX, Aurelia. *Designing for privacy and its legal framework*: data protection by design and default for the Internet of Things. Cham: Springer, 2018, p. 3, tradução livre. No original: "The processing of personal data has become an integral aspect of social and economic activity in the digital sphere. Through development of new products and services, markets spur the demand for and respond to the societal call for efficiency and convenience. Such services anticipate what customers want in advance and provide them with those options. (...). Additionally, companies can classify consumer preferences through the use of profiling algorithms. These algorithms mine large, disparate datasets for patterns and correlations and sort subjects into groups and categories. Such digital databases allow for the construction of inclusive and persistent records of individual habits, demographic information, beliefs, preferences, or psychological behavior."

18. FARIA, José Eduardo. Informação e democracia na economia globalizada. In: SILVA JUNIOR, Ronaldo Lemos; WAISBERG, Ivo (Org.). *Comércio eletrônico*. São Paulo: Revista dos Tribunais, 2001. p. 20.

19. SCHNEIDER, Jochen. Processamento electrónico de dados: informática jurídica. In: KAUFMANN, Arthur; HASSEMER, Winfried (Org.). *Introdução à filosofia do direito e à teoria do direito contemporâneas*. Trad. Marcos Keel e Manuel Seca de Oliveira. Lisboa: Fundação Calouste Gulbenkian, 2002. p. 548-549.

rança informacional. Marcos regulatórios passaram a ser editados em todo o globo. No Brasil, o primeiro deles foi a Lei 12.965, de 23 de abril de 2014 (Marco Civil da Internet) e, posteriormente, o Decreto 8.771/2016, que a regulamentou. E, na esteira do implemento do Regulamento Geral de Proteção de Dados europeu (RGPD, ou GDPR na sigla em inglês), mais recentemente, editou-se a Lei 13.709, de 14 de agosto de 2018 (Lei Geral de Proteção de Dados), que recebeu alterações posteriores e, em setembro de 2020, está prestes a entrar em vigor, após longas e angustiantes discussões legislativas.[20]

A privacidade é, quiçá, um dos temas de maior relevância no estudo dos efeitos jurídicos experimentados na sociedade da informação. Suas origens remontam ao clássico artigo de Samuel Warren e Louis Brandeis, de 1890, no qual os autores investigaram a existência de um direito à privacidade[21], posteriormente analisdo por vários doutrinadores[22], especialmente à luz do avanço em torno da proteção aos direitos fundamentais.[23]

Fato é que, para além da preocupação com a proteção de dados em contextos econômicos, sociais e políticos, tem-se que ter em conta uma preocupação com a proteção da pessoa, haja vista a inerência de tais informações à própria configuração da personalidade e de seus atributos qualitativos, cuja identificação e eventual difusão configuram inegável ruptura à privacidade. Danilo Doneda sustenta a busca pela "promoção de um equilíbrio entre os valores em questão, desde as consequências da utilização da tecnologia para o processamento de dados pessoais, suas consequências para o livre desenvolvimento da personalidade, até a sua utilização pelo mercado".[24]

Não se olvida da facilidade de acesso, coleta e armazenamento de dados pessoais em praticamente qualquer contexto[25], tamanho o impacto que a Internet representou na difusão dos mais variados conteúdos e, como não poderia deixar de ser, a utilização de tais dados para inúmeros objetivos tornou as informações pessoais um elemento essencial de diversos tipos de atividades, notadamente daquelas voltadas ao mercado

---

20. MENDES, Laura Schertel. *Privacidade, proteção de dados e defesa do consumidor*: linhas gerais de um novo direito fundamental. São Paulo: Saraiva, 2014, p. 169.
21. LIMA, Cíntia Rosa Pereira de; DE LUCCA, Newton. Polêmicas em torno da vigência da Lei Geral de Proteção de Dados. *Migalhas*, 7 ago. 2020. Disponível em: Acesso em: https://http://s.migalhas.com.br/S/E1178. Acesso em: 25 jan. 2022.
22. WARREN, Samuel D.; BRANDEIS, Louis D. The right to privacy. *Harvard Law Review*, Cambridge, v. 4, n. 5, p. 193-220, dez. 1890. Disponível em: http://www.cs.cornell.edu/~shmat/courses/cs5436/warren-brandeis. pdf. Acesso em: 25 jan. 2022.
23. STAPLES, William G. *Encyclopedia of privacy*. Westport: Greenwood Press, 2007, p. 93. Comenta: "Key issues in the debate over the authority to violate personal privacy concern racial or ethnic profiling, wiretapping, monitoring of personal communications via cellular telephones, access to personal records that show the reading habits of private citizens, monitoring of electronic mail and other Internet use, monitoring of personal movement via the Global Positioning System (GPS), and the use of radio frequency identification (RFID) chips to track the movement of pets, personal goods, and items shipped, among others."
24. FROOMKIN, A. Michael. The death of privacy? *Stanford Law Review*, Stanford, v. 32, p. 1461-1544, maio 2000, p. 1465.
25. DONEDA, Danilo. *Da privacidade à proteção de dados pessoais*. Rio de Janeiro: Renovar, 2006, p. 407.

de consumo e inspiradas por padronizações algorítmicas. Nessa linha, como salienta Zeno-Zencovicch, os dados pessoais, "do nascimento à morte," são tratados "milhares de vezes ao dia", passando a ser uma "disciplina da vida quotidiana do sujeito e de suas quotidianas relaçõe sociais".[26]

Desde longa data já se sinaliza a necessidade de aprofundamentos teoréticos na investigação dos reflexos da *informação* em sua dimensão jurídica.[27] Na medida em que a formação do pensamento sociológico amadureceu e desvelou visões de uma sociedade de base informacional, posteriormente designada de "sociedade em rede"[28], foram redesenhados os modais inter-relacionais que configuram a base fundamental de sustentação das atividades humanas dependentes de novos instrumentos e novas técnicas.

Rompeu-se com o aspecto rudimentar de períodos anteriores da história humana para abrir espaço a um modelo de sociedade pós-industrial[29], na qual as mudanças que a tecnologia da informação causou na vida cotidiana, a nível individual, organizacional e societal, ultrapassaram as preocupações emanadas do conceito de vigilância explorado na literatura, dentre outros, por George Orwell[30], para romper com a oclusão gerada pela empolgação visionária, inovadora e proeminente nos estágios iniciais desse novo modelo. Foi, a partir de então, deflagrada uma ampliação

---

26. Nesse plano, Nissenbaum defende a utilização de uma "privacidade contextual" como um processo decisional heurístico em que o centro de análise está lastreado na captura do significado completo da privacidade e nos sucedâneos de eventual violação. NISSENBAUM, Helen. *Privacy in context*: Technology, policy, and the integrity of social life. Stanford: Stanford University Press, 2010, p. 231. Anota a autora: "We have a right to privacy, but it is neither a right to control personal information nor a right to have access to this information restricted. Instead, it is a right to live in a world in which our expectations about the flow of personal information are, for the most part, met; expectations that are shaped not only by force of habit and convention but a general confidence in the mutual support these flows accord to key organizing principles of social life, including moral and political ones. This is the right I have called contextual integrity, achieved through the harmonious balance of social rules, or norms, with both local and general values, ends, and purposes. This is never a static harmony, however, because over time, conditions change and contexts and norms evolve along with them."
27. ZENO-ZENCOVICH, Vincenzo. La 'Comunione' di dati personali. Un contributo al Sistema dei Diritti della Personalità. *Il Diritto dell'Informazione e Dell'Informatica*, Roma, Ano XXV, n. 1, p. 5-22, jan.-fev. 2009, p. 22.
28. CATALÀ, Pierre. Ebauche d'une théorie juridique de l'information. *Informatica e Diritto*, Nápoles, ano IX, jan./apr. 1983, p. 20. Afirma o autor: "Mesmo que a pessoa em questão não seja a "autora" da informação, no sentido de sua concepção, ela é a titular legítima de seus elementos. Seu vínculo com o indivíduo é por demais estreito para que pudesse ser de outra forma. Quando o objeto dos dados é um sujeito de direito, a informação é um atributo da personalidade." (tradução livre).
29. CASTELLS, Manuel. The rise of the network society. 2. ed. Oxford/West Sussex: Wiley-Blackwell, 2010. (The information age: economy, society, and culture, v. 1), p. 469; VAN DIJK, Jan. *The network society*. 3. ed. Londres: Sage Publications, 2012, p. 6.
30. Com efeito: "Mankind is now entering a period of transformation from an industrial society to an information society (...) When we look back over the development of human society, we see that human history has embraced three types of society: hunting, agricultural, and industrial. It is important to note that rapid innovations in the system of societal technology have usually become the axial forces that have brought about these societal transformations." MASUDA, Yoneji. *The information society as post-industrial society*, cit., p. VII.

do conceito de vigilância para três esferas: (i) física; (ii) psicológica; (iii) de dados (*dataveillance*[31-32]).[33]

A despeito disso, cumpra anotar que Ian Lloyd já afirmava que, "com a capacidade de digitalizar qualquer espécie de informação, os limites entre as várias formas de vigilância estão desaparecendo"[34], e isto se deve ao incalculável potencial da *personalização informacional*, que é fruto do vínculo entre a informação e um determinado sujeito, na medida em que o acesso à informação permita estabelecer alguma conexão quanto às características ou ações desse sujeito, seja em decorrência da lei, como na atribuição do nome civil ou do domicílio, ou quando forem provenientes de seus atos, como os dados relacionados a hábitos de consumo, opiniões que manifesta, localização, entre outros.[35]

Tudo se combina e conduz a um ambiente no qual se "operam e se autoproduzem regras sociais de comportamento suas e próprias"[36], sendo evidente que essa proteção da esfera privada é garantida em todas as ordens de direito privado, mas é, como sempre, justificada de diferentes maneiras, na medida em que tal proteção não é infinita; há lacunas em que a privacidade abre margem a interferências limitadoras.

Analisando a proteção de dados pessoais como 'chanfro' para o enquadramento do direito fundamental à privacidade na sociedade da informação, obtempera-se a necessidade de que sejam salvaguardados parâmetros de proteção e defesa contra infrações eventualmente cometidas em detrimento deste elemento da personalidade humana:

> O argumento construído por Warren e Brandeis era simples e direto. Primeiro, de-duziram causas existentes de ação em uma demanda judicial para salvaguardar sentimentos humanos de interferência indevida por parte de outros. Então, bus-cando estabelecer uma base factual para apoiar a necessidade de proteção legal adi-cional, eles descreveram as novas maneiras pelas quais uma mídia de massa agres-sivamente intrusiva poderia infringir esses sentimentos, publicando informações precisas, mas pessoalmente sensíveis, contra os desejos de seus súditos. A partir dis-so, chegaram à conclusão de que o direito comum (*common law*) poderia e deveria proteger

---

31. Eis a famosa passagem da obra: "There was of course no way of knowing whether you were being watched at any given moment. How often, or on what system, the Thought Police plugged in on any individual wire was guesswork. It was even conceivable that they watched everybody all the time, but at any rate they could plug in your wire whenever they wanted to. You have to live – did live, from habit that became instinct – in the assumption that every sound you made was overheard, and, except in darkness, every movement scrutinized." ORWELL, George. *1984*. Nova York: Penguin/Signet Classics, 1961, *E-book*, p. 3.
32. Trata-se de um acrônimo para "*data surveillance*" (vigilância de dados), a indicar uma nova espécie ou técnica de vigilância em razão do surgimento de novos métodos de monitoramento, como a vigilância de dados pessoais e a vigilância de dados em massa, que exigem salvaguardas mais eficazes e uma estrutura política formal.
33. Confira-se: CLARKE, Roger A. Information technology and dataveillance. *Communications of the ACM*, Nova York, v. 31, n. 5, p. 498-512, maio. 1988.
34. *Cf.* WESTIN, Alan F. *Information technology in a democracy*. Cambridge: Harvard University Press, 1971.
35. LLOYD, Ian J. *Information technology law*. 6. ed. Nova York/Oxford: Oxford University Press, 2011, p. 5.
36. DONEDA, Danilo. O direito fundamental à proteção de dados pessoais. In: MARTINS, Guilherme Magalhães; LONGHI, João Victor Rozatti. *Direito digital*: direito privado e Internet. 3. ed. Indaiatuba: Foco, 2020, p. 34 et seq.

A TUTELA JURÍDICA DO CORPO ELETRÔNICO: ALGUNS CONCEITOS INTRODUTÓRIOS **11**

sentimentos feridos por essas novas invasões, moldando uma nova forma de responsabilidade extracontratual que proporcionaria compensação às vítimas e, assim, impediria uma conduta excessivamente intrusiva no futuro. Concluindo seu *tour de force*, eles delinearam cuidadosamente os parâmetros da nova causa de ação, principalmente listando as defesas que poderiam ser levantadas contra ela e outras limitações à responsabilidade.[37]

Tudo isso revela verdadeira dimensão 'negativa' quanto aos riscos da tecnologia do porvir – marcas predominantes do pensamento de autores adeptos à "distopia da técnica"[38], como Hans Jonas[39], Martin Heidegger[40] e Herbert Marcuse[41] – mas que viria a consolidar, em exploração ulterior, aquilo que Hans Achterhuis batizou de "Filosofia da Tecnologia"[42], marcando a chamada 'virada empírica' da técnica para a tecnologia.[43] E, exatamente no que concerne à almejada proteção do livre desenvolvimento da personalidade, propostas como a de Bruno Bioni indicam a imperiosidade do enquadramento da proteção de dados como categoria autônoma dos direitos da personalidade – na categoria de liberdade positiva – em contraste ao próprio direito fundamental à privacidade, tido como liberdade negativa.[44]

O tema é de tamanha relevância que a Emenda à Constituição 115/2022 alçou o direito à proteção de dados a direito fundamental, inserindo o inciso LXXIX ao rol do artigo 5º da Carta, dispondo que: "é assegurado, nos termos da lei, o direito

---

37. ROSSELLO, Carlo. Riflessioni. De jure condendo in materia di responsabilità del provider. *Il Diritto Dell'Informazione e Dell'Informatica*, Roma, v. 26, n. 6, p. 617-629, nov./dez. 2010, p. 618.
38. PAGE, Joseph A. American tort law and the right to privacy. In: BRÜGGEMEIER, Gert; CIACCHI, Aurelia Colombi; O'CALLAGHAN, Patrick (Ed.). *Personality rights in European tort law*. Cambridge: Cambridge University Press, 2010, p. 41, tradução livre. No original: "The argument constructed by Warren and Brandeis was simple and straightforward. They first deduced from existing causes of action in tort a judicial willingness to safeguard human feelings from undue interference on the part of others. Then, seeking to establish a factual basis to support the need for additional legal protection, they described the new ways by which an aggressively intrusive mass media could infringe upon these feelings by publishing accurate but personally sensitive information against the wishes of their subjects. From this they drew the conclusion that the common law could and should protect feelings bruised by these novel invasions by fashioning a novel form of tort liability that would provide compensation to victims and thereby deter excessively intrusive conduct in the future. Concluding their tour de force, they carefully delineated the parameters of the new cause of action, mainly by listing defenses that might be raised against it and other limitations on liability".
39. Na leitura etimológica do termo distopia, anota-se que o prefixo grego *dys* (δυσ-) significa "doente", "mal" e "anormal", e, somado a *tópos* (τόπος, literalmente: lugar), designa uma "utopia às avessas"; seria a distopia técnica, portanto, uma realidade em que a presença da técnica perpetuaria um novo modelo de dominação social.
40. JONAS, Hans. *Frontiere della vita, frontiere della tecnica*. Trad. Giovanna Bettini; edição italiana de Vallori Rasini. Bologna: Il Mulino, 2011, passim.
41. HEIDEGGER, Martin. *The question concerning technology, and other essays*. Trad. William Lovitt. Nova Iorque: Harper Perennial, 2013, *passim.*
42. MARCUSE, Herbert. *One-dimensional man*: studies in the ideology of advanced industrial society. Boston: Beacon, 1964, passim.
43. ACHTERHUIS, Hans. Introduction: American philosophers of technology. In: ACHTERHUIS, Hans (Ed.). *American philosophy of technology*: the empirical turn. Trad. Robert P. Crease. Indianapolis: Indiana University Press, 2001, p. 1-10.
44. VERBEEK, Peter-Paul. Don Ihde: The technological lifeworld. In: ACHTERHUIS, Hans (Ed.). *American philosophy of technology*: the empirical turn. Trad. Robert P. Crease. Indianapolis: Indiana University Press, 2001, p. 145-146.

à proteção dos dados pessoais, inclusive nos meios digitais.". Entretanto, por todo o exposto, é de fácil constatação que esse mencionado direito já existia, ainda que implicitamente, antes de sua literal recepção constitucional.

3. CONJUNTOS DE DADOS E A FORMAÇÃO DO CORPO ELETRÔNICO

No rasto do crescimento e da potencialização dos aparelhos tecnológicos, decorrentes da lógica do desenvolvimento da informação, cresce também na sociedade o costume de as pessoas possuírem duas espécies de vida[45], isto é, uma vida concreta, real, de contato físico e material com pessoas e bens; e outra virtual[46], composta por redes sociais, *e-mails*, *blogs*, canais de vídeo, páginas pessoais etc., em interativa relação com outras pessoas e bens, mas em plano virtual.[47] Essa situação, segundo Stefano Rodotà, promoveu a mudança na própria forma de construção da personalidade, tendo em vista que, para o autor:

> [a] Internet 2.0, a das redes sociais, tornou-se um instrumento essencial nos processos de socialização e construção livre da personalidade. Nesta perspectiva, a liberdade de expressão assume um novo significado como elemento essencial do ser da pessoa e da sua situação na sociedade. A construção da identidade tende a se apresentar cada vez mais como meio de comunicação com os outros e de cada um se apresentar no cenário do mundo. Isso modifica a relação entre as esferas pública e privada, e a própria noção de privacidade.[48]

No atual contexto, a existência real pode ser até reduzida se não tiver lugar na Internet, revelando, portanto, a nova dimensão do ser humano. Rodotà afirma que a perda do *status* em rede "pode representar a máxima privação", comparando-a com a "prisão da carne", na medida em que a exclusão da internet afeta diretamente as relações humanas, que são transmitidas à dimensão eletrônica, de um "corpo terminal" para um "ser interativo".[49] Portanto, impõem-se medidas jurídicas diferentes, que

---

45. BIONI, Bruno Ricardo. *Proteção de dados pessoais*: a função e os limites do consentimento. Rio de Janeiro: Forense, 2019, p. 92-93.

46. Aliás, neste ponto, vale mencionar o famoso jogo denominado "second life", isto é, "segunda vida". O jogo oferece uma espécie de vida paralela, ou seja, uma vida além vida real das pessoas, dentro do mundo virtual. Disponível em: https://secondlife.com/?lang=pt-BR. Acesso em: 25 jan. 2022. Stefano Rodotà chega a destacar a necessidade de extensão de garantias ao mundo virtual (*second life*), já proposta pela Declaração de Direitos do Avatar. RODOTÀ, Stefano. *A vida na sociedade da vigilância*: a privacidade hoje. Trad. Danilo Doneda e Luciana Cabral Doneda. Rio de Janeiro: Renovar, 2008. p. 20.

47. Conforme aduz Stefano Rodotà, "(...) se exhibe un conjunto de informaciones personales, el cuerpo electrónico, como se exhibe el cuerpo físico mediante los tatuajes, los piercings y otras señas de identidad. La identidad se hace comunicación". RODOTÀ, Stefano. *El derecho a tener derechos*. Tradução do italiano para o espanhol de Jose Manuel Revuelta López. Madri: Trotta, 2014, p. 296.

48. ZAMPIER, Bruno. *Bens digitais*. Indaiatuba: Foco, 2017, p. 18.

49. RODOTÀ, Stefano. *El derecho a tener derechos*, cit., p. 294, tradução livre. No original: "[la] Internet 2.0, el de las redes sociales, se ha convertido en un instrumento esencial en los procesos de socialización y en la libre construcción de la personalidad. En esta perspectiva asume un significado nuevo la libertad de expresión como elemento esencial del ser de la persona y de su situación en la sociedad. La construcción de la identidad tiende a presentarse cada vez más como un medio para la comunicación con los demás y para presentarse cada cual en la escena del mudo. Esto modifica la relación entre la esfera pública y la privada, y la noción misma de privacidad."

ampliem o âmbito dos direitos fundamentais da pessoa, inclusive no que se refere ao ambiente virtual.[50] Como ensina Giusella Finocchiaro, o direito à identidade pessoal "é direito que nasce na época das comunicações de massa e é filho da comunicação.", o que revela atenção aos que se dedicam ao estudo do Direito.[51]

Desde logo, importa destacar que o estudo não visa diferenciar o mundo físico do mundo virtual, presente na Internet, pois, conforme aduz Pierre Lévy, "em geral, é um erro pensar as relações entre antigos e novos dispositivos de comunicação em termos de substituição".[52]

Neste mesmo sentido, afirma Iuri Bolesina que "a distinção entre o 'mundo real' e o 'mundo virtual' é um mito"[53], tendo em vista que a própria expressão "virtual" é polissêmica. Daí porque o que se pretende, em linhas gerais, é investigar o modo como o ambiente tecnológico reconfigura e exige uma nova hermenêutica das relações jurídicas previamente existentes, sem provocar sua exclusão, afinal, o que é inadequado na vida real continua sendo inadequado no "mundo virtual". Consoante aponta Danilo Doneda, os impactos das tecnologias são tão intensos nas várias instâncias da vida das pessoas, sejam estas, usuárias diretos ou não, que separar os fenômenos relativos à informática de outros denominados "tradicionais" tornou-se tanto impossível quanto irrelevante.[54]

Atualmente, as pessoas absorvem a tecnologia em suas vidas, entrelaçando o real e o virtual, o social e o individual. Assim, "reconhece-se que cada vez mais as pessoas vivem na Internet, trabalham com e na Internet, pareiam seus acessórios, veículos e casas com a Internet, entretém-se na e com Internet, sofrem e são violadas e expostas na Internet"[55], além de outras infinitas situações que demonstram a convergência entre o concreto e o virtual. Isso demonstra que, no ambiente ciberespacial, a presença física não é um elemento necessário para a manipulação e nem mesmo para o exercício da comunicação de uma maneira geral, seja no sentido de criar, explorar, modificar ou transferir informações. O ciberespaço, compreendido em espaço derivado de meios de comunicação como o rádio, a telefonia ou mais precipuamente a Internet, confunde e mistura as próprias concepções de "real" e "virtual".[56]

---

50. RODOTÀ, Stefano. *Tecnopolitica. La democracia e le nuove tecnologie della comunicazione*. Bari-Roma: Editori Laterza, 1997, p. 142.
51. RODOTÀ, Stefano. *El derecho a tener derechos*, cit., p. 289
52. FINOCCHIARO, Giusella. La memoria della rete e il diritto all'oblio. *Il Diritto dell'Informazione e Dell'Informatica*, Roma, Ano XXVI, n.4-5, p. 391-404, jul.-out. 2010, p. 389.
53. LÉVY, Pierre. *Cibercultura*. Trad. Carlos Irineu da Costa. São Paulo: Editora 34, 2010, p. 131.
54. Aduz o autor que: "Portanto, não existe um 'mundo real' e um 'mundo virtual'. O virtual é um elemento do real. Neste sentido, os 'mundos virtuais (entendidos como ambientes criados/mediados por computadores em que se pode habitar e coexistir), notadamente aqueles online, não são outro mundo, outro universo; eles são como novos continentes, extensões do já descoberto." BOLESINA, Iuri. *Direito à extimidade*: as inter-relações entre identidade, ciberespaço e privacidade. Florianópolis: Empório do Direito, 2017, p.177.
55. DONEDA, Danilo. *Da privacidade à proteção de dados pessoais*. Rio de Janeiro: Renovar, 2006, p. 200.
56. BOLESINA, Iuri. *Direito à extimidade*, cit., p. 167.

Esse fenômeno[57], que é uma das marcas preponderantes da sociedade da informação, torna cada vez mais plausível a migração de atos outrora praticados no plano físico, real, material, para o plano virtual, imaterial, lastreado em projeções também mais fidedignas dos caracteres que formam, essencialmente, a personalidade de quem pratica atos nesse novo plano. O atual contexto, denominado por alguns autores como inerente à Quarta Revolução Industrial, promove a fusão de tecnologias e a interação entre os aspectos físicos, digitais e biológicos.[58] Tudo isso graças à presença cada vez mais marcante da tecnologia no cotidiano das pessoas, com destaque para os *smartphones*.[59]

Nesse diapasão, vale ressaltar que essa "vida virtual" também é merecedora de tutela, uma vez que faz parte do plexo de situações jurídicas da pessoa, sendo decorrência do direito ao livre desenvolvimento da personalidade, valor fundamental ao ordenamento.[60] Afinal, conforme expõe Laura Knoener, o contrabalancear entre a realidade e a virtualidade é criador do espaço de remodelação do modo de construção social, influenciando não só a identidade coletiva mas, principalmente, a formação das identidades individuais.[61]

Com base nessa premissa, várias inovações tecnológicas capazes de gerar impacto social acabam por irradiar efeitos sobre inúmeros institutos jurídicos tradicionais,

---

57. Cite-se como exemplo o jogo desenvolvido pela empresa de games Nintendo, chamado "Pokémon GO", onde a partir da tecnologia desenvolvida as pessoas podiam "caçar" os pókemons no mundo real, tendo em vista que por meio de *tablets* ou celulares eram projetadas as criaturas, como se estivessem no ambiente físico que o usuário estava focando. Destaca-se que a própria doutrina já se preocupou em analisar tal fato, ao expor que "O Pokémon Go é um jogo que se utiliza da tecnologia da realidade aumentada, em que criaturas, chamadas de Pokémons, estão espalhadas pelo mundo real para serem capturadas pelos jogadores, os quais devem abrir a câmera do celular e os monstrinhos surgirão na tela, como um desenho no mundo real. O objetivo é que o jogador capture o máximo de Pokémons, o que é feito acertando uma pokébola (virtual) no bichinho. Assim, deve o jogador se deslocar, fisicamente, na busca de Pokémons, a fim de capturá-los" ADOLFO, Luiz Gonzaga Silva; BAGATINI, Julia. Sociedade de informação e direito do consumidor: uma abordagem a partir do jogo Pokémon GO. *Revista de Direito do Consumidor*, São Paulo, v. 110, p. 259-279, mar./abr. 2017.

58. A discussão é tão ampla que, com relação aos usos da Internet para a virtualização dos *games*, já se fala até mesmo em uma "*Internet of Toys*", no trocadilho com a expressão "*Internet of Things*" (Internet das Coisas), propiciando explorações sobre o engajamento gerado na Rede a partir do uso de jogos que projetam aspectos dos usuários nas respectivas plataformas. Sobre isso, veja-se: LEAL, Lívia Teixeira. Internet of Toys: os brinquedos conectados à Internet e o direito da criança e do adolescente. *Revista Brasileira de Direito Civil*, Belo Horizonte, v. 12, p. 175-187, abr./jun. 2017; YAMADA-RICE, Dylan. Including children in the design of the Internet of Toys. In: MASCHERONI, Giovanna; HOLLOWAY, Donell (Ed.). *The Internet of Toys*: Practices, affordances and the political economy of children's smart play. Londres: Palgrave Macmillan, 2019.

59. SCHWAB, Klaus. *A quarta revolução industrial*. Trad. Daniel Moreira Miranda. São Paulo: Edipro, 2016, p. 16.

60. Em recente reportagem nas mídias sociais, o chefe da BRK Ambiental, empresa privada de saneamento básico no Brasil, afirmou, de maneira crítica, que "há criança no celular, mas pisando no esgoto", demonstrando que no país as pessoas têm mais acesso à telefonia do que ao saneamento básico. In: ESTADÃO CONTEÚDO. "Há criança no celular, mas pisando no esgoto", diz chefe da BRK Ambiental. *Exame*. 13 maio 2019. Disponível em: https://exame.abril.com.br/brasil/ha-crianca-no-celular-mas-pisando-no-esgoto-diz-chefe-da-brk-ambiental/. Acesso em: 25 jan. 2022.

61. PERLINGIERI, Pietro. *O direito civil na legalidade constitucional*. Trad. Maria Cristina de Cicco. Rio de Janeiro: Renovar, 2008, p. 123.

propiciando uma releitura de diversos conceitos que, logo, se reconfiguram à luz de novas inter-relações sociais permeadas pela dicotomia entre sua aplicação no mundo físico e no mundo virtual.

Com efeito, Javier Iniesta e Francisco Serna indicam a necessidade de uma regulação voltada ao meio digital exatamente para que seja possível situar as transformações oriundas do desenvolvimento tecnológico[62], tudo isso levando em consideração que a atual sociedade pode ser caracterizada como complexa, plural e fragmentada, dando indícios de que os modelos jurídicos tradicionais são insuficientes, "impondo-se à ciência do direito a construção de novas e adequadas estruturas jurídicas de resposta, capazes de assegurar a realização da justiça e da segurança em uma sociedade em rápido processo de mudança."[63]

Fala-se, assim, em uma "nova era" da tecnologia e, diante disso, rapidamente se questiona acerca do papel da *Internet* como principal força-motriz revolucionária do cenário atual das inovações e da concepção da pessoa na construção da sua própria personalidade. A sociedade tecnológica promove o surgimento de uma nova espécie de pessoa, segundo Vittorio Frosini, o "homem artificial", que vive no mundo artificial, e foi criado e desenvolvido pelo homem, e não pela natureza.[64] Consoante se percebe, "se a lógica de que existe um mundo 'real' e um mundo 'virtual' apartados é dada como uma falácia, a mesma lógica pode se aplicar, agora, para a questão da identidade pessoal (virtual)."[65]

Sendo assim, é preciso levantar possibilidades a serem analisadas e repensadas no que se refere à tutela das pessoas frente a esse contexto social, sempre destacando o paradigma de que o ser humano deve ser protegido em sua integridade, agora nos vieses real e virtual. Não obstante, vale destacar que o mundo virtual, de livre acesso,

---

62. KNOENER, Laura Eroles. *Sociedade em Rede*: Facebook como personificação da Hipermodernidade. São Paulo: ECA/USP, 2015, p. 20.

63. INIESTA, Javier Belda; SERNA, Fracisco José Aranda. El paradigma de la identidad: hacia una regulación del mundo digital. *Revista Forense*, Rio de Janeiro, v. 422, jul./dez, p. 181-202, 2015, p. 184. Veja-se: "Pero, realmente, ¿en qué lugar podemos situar lo virtual? Con la aparición de Internet se da un cambio fundamental, la comunicación fluye de todos a todos. Hasta ahora, se ha visto esta realidad como un cambio cuantitativo, más que cualitativo, en las relaciones interpersonales, que habla de la disponibilidad ininterrumpida del otro y de formas de acercamiento afectivo, que hasta ahora requerían inexorablemente la co-presencia física de los actores. Evidentemente, esta variación de parámetros ha provocado un desenfoque de la visión que se tenía hasta el momento, dando lugar al surgimiento de conflictos de complejo enfoque jurídico. Así, Internet se nos presenta como un espacio abierto que permite interactuar en diversos contextos tomando distintas identidades, estas identidades – denominadas virtuales – se alejan de la noción de identidad basada en los presupuestos culturales de la persona que hasta ahora eran el paradigma de nuestra visión del ser humano".

64. AMARAL, Francisco. O direito civil na pós-modernidade. In: NAVES, Bruno Torquato de Oliveira; FIUZA, César; SÁ, Maria de Fátima Freire de (Coord.). *Direito civil*: atualidades. Belo Horizonte: Del Rey, 2003. p. 63.

65. PÉREZ LUÑO, Antonio-Enrique. La Filosofía del Derecho en perspectiva histórica. In: *Estudios conmemorativos del 65 aniversario del Autor*. Homenaje de la Facultad de Derecho y del Departamento de Filosofía del Derecho de la Universidad de Sevilla. Sevilla: Servicio de Publicaciones de la Universidad de Sevilla, 2009, p. 448.

deve ser considerado um espaço público[66], onde haja a mais ampla liberdade, sem se descuidar das devidas garantias de proteção.

Neste sentido, vêm surgindo indagações acerca dos limites e das perspectivas para a tutela jurídica de situações danosas ao conjunto de dados formado pelas projeções da personalidade individual no plano virtual – noutros dizeres, o *corpo elettronico*, descrito por Stefano Rodotà, ou a *persona* digital de Roger Clarke.

Veja-se, portanto, que a personalidade humana, de uma maneira geral, está sofrendo fortes mutações em razão das mudanças sociais promovidas pela ampliação do uso tecnológico. Em verdade, essa mutação demanda novos estudos jurídicos, em especial, visando compreender as novas situações jurídicas que demandam tutela, afinal, "a virtualização dos corpos que experimentamos hoje é uma nova etapa na aventura de autocriação que sustenta nossa espécie."[67]

3.1 A Filosofia da Tecnologia e os contributos de Ihde e Hillis

Se há uma origem para as reflexões acerca da presença da virtualização no cotidiano individual, esta certamente se deve à Filosofia da Tecnologia e aos autores pioneiros na matéria: Don Ihde e Ken Hillis.

O primeiro autor é um dos principais expoentes do tema e suas explorações a partir do estudo da virtualização das experiências sensoriais, como no caso da realidade virtual (*virtual reality*, ou VR), trouxe respostas a demandas culturais que já alteraram o modo de vida dos indivíduos:

> Algumas tecnologias de realidade virtual se relacionam a um conjunto mais amplo de experiências dimensionais sensoriais corporais do que as tecnologias mais antigas. Este tipo de tecnologia VR adiciona algum aspecto de efeito tátil e/ou cinestésico aos efeitos audiovisuais já adotados por padrão. Atualmente, é provavelmente justo observar que as tecnologias audiovisuais são a norma implícita para muitas das produções de imagem, comunicação e entretenimento de hoje. Cinema, televisão, alguns aspectos da Internet, teleconferência e assim por diante são tecnologias audiovisuais. Aqui, as relações experimentadas são aquelas que envolvem parcialmente as personificações perceptivas dos humanos em uma escala individual e social. Quase não damos valor à norma audiovisual.[68]

Esta mesma constatação foi analisada por Ken Hillis, ao destacar que "a tecnologia virtual imersiva parece oferecer uma sensação mais real do que as tecnologias visuais mais antigas".[69] Do ponto de vista filosófico, tem-se a materialização de

---

66. BOLESINA, Iuri. *Direito à extimidade*, cit., p. 128.
67. "Hoje, a internet é eminentemente pública, aberta e interativa." ERENBERG, Jean Jaques. *Publicidade patológica na Internet à luz da legislação brasileira*. São Paulo: Juarez de Oliveira, 2003, p. 12.
68. LÉVY, Pierre. *O que é o virtual?* Tradução Paulo Neves. São Paulo: Editora 34, 2011, p. 27.
69. IHDE, Don. *Bodies in technology*. Minneapolis: University of Minnesota Press, 2002, p 128, tradução livre. No original: "Some virtual reality technologies relate to a wider set of bodily sensory dimensional experience than older technologies. This kind of VR technology adds some aspect of tactile and/or kinesthetic effect to already standard audiovisual effects. Presently it is probably fair to observe that audiovisual technologies are the implicit norm for many of the imaging, communicational, and entertainment productions of today.

respostas, mas isto não altera o fato de que novos desafios se colocam diante do intérprete para fazer valer a proteção constitucional que o sistema ostenta com a centralidade do indivíduo.

Fato inegável, e já percebido na segunda década do século XXI, é que a Internet se tornou elemento nuclear de um novo "modo de vida", que epitomiza a 'sociedade da informação' e consagra novas interações sociais.[70] É a "vida *online*" (ou *Onlife*, para citar o acrônimo cunhado por Luciano Floridi[71]). É por esse motivo que as bases naturalmente orientadas à identificação do indivíduo nesse plano 'virtual' instigam reflexões mais profundas. É nesse cenário que a compreensão passa a demandar contornos para além dos filosóficos.

3.2   A *digital persona* de Clarke

Diante desta mesma problemática, outra expressão cunhada que ganhou relevância para definir essa situação é a de Roger Clarke, que descreve a existência da *persona* digital.[72] Segundo o autor, uma *persona* digital é um modelo de um indivíduo e, portanto, uma representação simplificada de apenas alguns aspectos da realidade relacionada à pessoa. A eficácia do modelo, portanto, depende da medida em que ele captura as características da realidade que são relevantes para o uso do modelo.

Assim como acontece com qualquer atividade de modelagem, esta sofre as fraquezas do tratamento e da abordagem reducionista, ou seja, os indivíduos são tratados não holisticamente, mas como se um conjunto relativamente simples de

---

Cinema, television, some aspects of the Internet, teleconferencing, and on and on, are audiovisual technologies. Here, experienced relations are those that partially engage the perceptual embodiments of humans on both an individual and a social scale. We pretty much take the audiovisual norm for granted."

70.   HILLIS, Ken. *Digital sensations*: space, identity, and embodiment. Minneapolis: University of Minnesota Press, 1999, p. 164. Ainda segundo o autor: "Immersive virtual technology seems to offer more real sensation than older visual technologies for at least two reasons. First, it radically shrinks, if not eliminates, the actual distance between the user's eyes and the HMD screen to less than an inch. One's head feels thrust into the perceptual field of vision. The second reason involves the technology's ability to facilitate the adoption, trying on, or acting out of multiple aspects of the self. VR offers conceptual access to a space perhaps best appreciated by people manifesting multiple personalities, and who, by their interest in VR, are responding to cultural demands that fracture identities previously held to be more unified (Stone 1992b). VR can be seen to support the fragmentation of identity and render proliferating individual subidentities and their experiences into commodity form. A VR also provides a space of performance, a multipurpose theater-in--the-round for the many components of the self."

71.   Isto passou a ser especialmente sentido em razão da pandemia da Covid-19, em 2020, como a 'virtualização' mais presente no cotidiano de pessoas que se viram em quarentenas e *lockdowns*, passando a ter, na Internet, sua principal fonte de contato com o mundo externo. Sobre isso, ver: FALEIROS JÚNIOR, José Luiz de Moura. Informação, pós-verdade e responsabilidade civil em tempos de quarentenas e *lockdowns*: a Internet e o controle de danos. In: MONTEIRO FILHO, Carlos Edison do Rêgo; ROSENVALD, Nelson; DENSA, Roberta (Coord.). *Coronavírus e responsabilidade civil*: impactos contratuais e extracontratuais. Indaiatuba: Foco, 2020.

72.   FLORIDI, Luciano. Introduction. In: FLORIDI, Luciano (Ed.). *The onlife manifesto*: being human in a hyperconnected era. Cham: Springer, 2015, p. 1. O autor explica: "We decided to adopt the neologism "onlife" that I had coined in the past in order to refer to the new experience of a hyperconnected reality within which it is no longer sensible to ask whether one may be online or offline."

estruturas de informações e de dados adequado para representar suas características pertinentes. A título de síntese, os dados pessoais, que representam o que uma pessoa "é" no mundo virtual, acabam sendo utilizados das formas mais criativas, mas nem sempre com o devido consentimento do titular, com consequências negativas para a autonomia da pessoa.[73]

Nesse sentido, um dos grandes problemas da *persona digital* é que organismos sociais, públicos ou privados, reconhecem e classificam as pessoas por meio de códigos computadorizados, e com base neles são tomadas decisões que afetam a personalidade e, em última análise, a própria vida desses sujeitos.[74] Assim, há a classificação e a segmentação das pessoas com base nas informações colhidas, criando-se verdadeiros estereótipos, que estigmatizam os titulares dos dados.[75]

Por outro lado, segundo Roger Clarke, a *persona digital* oferece alguns benefícios significativos, afinal, ao contrário de uma personalidade humana real, pode desempenhar papel em rede o tempo todo sem que, para isso, a pessoa precise ser interrompida de seu trabalho, jogo ou sono. Dessa forma, a ideia de *persona digital* tem poder descritivo, ou seja, de constatar que as pessoas digitais estão efetivamente surgindo e que é preciso que seja feita a construção desse conceito como um elemento da compreensão do mundo emergente e aprimorado pelas redes.[76]

A essas representações (verdadeiros "avatares"), formadas a partir de notáveis conjuntos de dados, se atribui tratamento jurídico. Em um contexto como esse, entrelaçamentos do físico com o virtual propiciam mudanças e ressignificam a maneira com que alguns institutos jurídicos devem ser encarados. Nesse sentido, essa espécie de "pessoa digital" é formada por dados pessoais, conforme destaca Iuri Bolesina:

> Essa identidade [virtual] é formada pela confluência dos dados de identificação (nome, data e local de nascimento, número de telefone, filiação, profissão etc.), de feição subjetiva (opiniões, veiculação da intimidade, sites e informações que são marcadas como positivas/negativas e/ou compartilhadas etc.), de comportamento (histórico de navegação, de negócios, de geolocalização, notícias, fotografias em eventos etc.) e de dados derivados (dados calculados por terceiros de modo analítico que geram uma espécie de perfil comportamental – quem é e o que (não) gosta – de alguém baseado em sua conduta *online*).[77]

Desse modo, a formação de uma projeção da personalidade, um avatar, ou *persona digital* aponta para um novo arcabouço de valores da dignidade individual – passível de proteção e tutela jurídica –, que faz nascer preocupação desdobrada das

---

73. CLARKE, Roger. Profiling: a hidden challenge to the regulation of data surveillance. *Journal of Law, Information and Science*, Hobart, v. 4, n. 2, p. 403, dez. 1993.
74. BOLESINA, Iuri. *Direito à extimidade*, cit., p. 127.
75. LYON, David. *The electronic eye*: the rise of surveillance society. Minneapolis: University of Minnesota, 1994, p. 3.
76. SOLOVE, Daniel J. *The digital person*: Technology and Privacy in the Information Age. Nova York: New York University Press, 2006, p. 46.
77. CLARKE, Roger. The digital persona and its application to data surveillance. *Journal of Law, Information and Science*, Hobart, v. 10, n. 2, p. 83, jun. 1994.

inúmeras consequências que este indivíduo enfrentará em sua "vida tecnológica". Ora, se "cada ser humano possui um valor intrínseco e desfruta de uma posição especial no universo"[78], com uma dimensão individual e própria, dotada de valor, e outra extrínseca, orbitada por deveres para com outrem, será desumano, portanto, tudo aquilo que puder reduzir o indivíduo à condição de objeto.[79]

Como se não bastasse, para que se viabilize a solução de problemáticas relativas aos conflitos tecnológicos, deve a liberdade ser exercida "dentro e conforme o direito, e não fora dele".[80] Dito de outra forma, é esperado que o sistema jurídico garanta meios para que os direitos fundamentais e de personalidade das pessoas produzam seus efeitos, em todas as relações existentes, inclusive interprivadas, com destaque para as situações de consumo.

Nesse contexto, torna-se possível afirmar que as interações humanas ocorrem de forma completamente peculiar na *Internet*, em comparação ao modo como se operam no mundo físico e concreto, e grande parte dos usuários fica exposta às práticas abusivas, instigando os desejos mais primitivos dos consumidores.[81-82]

3.3   O corpo eletrônico de Rodotà e sua reconfiguração do sujeito à pessoa

Partindo das ideias expostas, Stefano Rodotà descreve a formação de um 'corpo eletrônico', um novo aspecto da pessoa natural que não ostenta apenas a massa física, ou um *corpus*, mas também uma dimensão digital.[83] Isso significa que, no atual contexto, a integralidade da pessoa humana diz respeito tanto ao seu corpo físico quanto ao seu corpo eletrônico, composto pelo conjunto de seus dados pessoais sistematizados. Neste ponto, importante lembrar do chamado fenômeno de "datifi-

---

78. BOLESINA, Iuri. *Direito à extimidade*, cit., p. 131.
79. BARROSO, Luís Roberto. *A dignidade humana no direito constitucional contemporâneo*: a construção de um conceito jurídico à luz da jurisprudência mundial. Belo Horizonte: Fórum, 2013, p. 14.
80. LEAL, Lívia Teixeira. *Internet e morte do usuário*: propostas para o tratamento jurídico post mortem do conteúdo inserido na rede. Rio de Janeiro: GZ Editora, 2018, p. 34.
81. TEPEDINO, Gustavo. Liberdades, tecnologia e teoria da interpretação. *Revista Forense*, Rio de Janeiro, ano 110, v. 419, p. 77-96, jan.-jun. 2014, p. 84.
82. CALAZANS, Flávio Mário de Alcântara. *Propaganda subliminar multimídia*. São Paulo: Summus Editorial, 2006, p. 60.
83. Essa situação dá origem à figura do "turboconsumidor" descrito por Gilles Lipovetsky e Jean Serroy, na exata medida em que "o universo do consumo vê dissolver as antigas culturas de classe que enquadravam os comportamentos dos diferentes meios sociais por pressões e outras intimidações". E os autores prosseguem: "As classes superiores já não consideram indigno comprar em *low cost*, e as marcas de luxo são conhecidas e desejadas por todos os grupos, inclusive os mais modestos. As atividades e as paixões transcendem as diferenças sociais, criam "tribos" transversais e diversificadas. As publicações, a publicidade, as ofertas comerciais ecoam isso, visando alvos a uma só vez ampliados a todo o corpo social e segmentados em função de sua inclusão neste ou naquele universo de consumo. O comprador de novo estilo deixou de ser compartimentado e previsível: tornou-se errático, nômade, volátil, imprevisível, fragmentado, desregulado. Porque liberto dos controles coletivos à antiga, o hiperconsumidor é um sujeito zapeador e descoordenado". LIPOVETSKY, Gilles; SERROY, Jean. *A cultura-mundo*: resposta a uma sociedade desorientada. Trad. Maria Lúcia Machado. São Paulo: Cia. das Letras, 2011, p. 57.

cação", isto é, expor em dados praticamente toda a vida das pessoas.[84] Neste aspecto, tanto a dimensão informacional, quanto a dimensão corpórea convergem para uma unidade intangível, que é a pessoa humana. E, assim, a depender dos players e de suas demandas, o corpo eletrônico se combina e recombina, vibrando do *blurring* aos contornos firmes dos retratos renascentistas, atingindo o indivíduo onde até então se via apenas a multidão. Por meio de instruções algorítmicas, os perfis orquestram as partículas binárias, elevando os dados a estruturados, potencializando a vocação de identificação de seus titulares e revelando características, que aceleram funções analíticas e preditivas.

Dessa maneira, sob a ótica do corpo eletrônico, que compõe a existência virtual, cabe aproximar as tutelas dos direitos da personalidade do corpo físico aos elementos digitais, como forma de consolidar a promoção integral do livre desenvolvimento da pessoa humana. Afinal, a escolha da própria identidade virtual, na Internet, deve ser considerada como um elemento essencial do desenvolvimento da personalidade, ainda mais considerando as comunidades virtuais como verdadeiras "formações sociais"[85], ao se avaliar, por exemplo, o Facebook como a plataforma de uma nova era, um novo "povo", que compõe a terceira "nação" do mundo, atrás somente da China e da Índia.[86]

Neste aspecto, oportuno mencionar que o próprio Facebook já está desenvolvendo mecanismos digitais para promover a interação de pessoas por meio de hologramas, isto é, projetando a imagem tridimensional da pessoa conectada, compondo um verdadeiro "corpo eletrônico" capaz de interagir virtualmente.[87]

Aqui, oportuno mencionar o caso julgado pelo Tribunal de Justiça do Estado do Rio de Janeiro, condenando a produtora de *games* Activision Blizzard Brasil a pagar indenização por danos morais a um homem banido do jogo *World of Warcraft*. No caso, o consumidor que, há tempos, mantinha relação com a empresa de jogos, ocupando posição relevante dentre os mais de 10 milhões de usuários da plataforma, teve o seu perfil excluído do jogo por política de conduta da própria empresa. O Tribunal entendeu que o *site* que organiza jogo de videogame *online* não pode banir o jogador sem provas de ilegalidade de sua conduta, em especial porque, segundo o entendimento exarado na decisão, não se pode dissociar a imagem virtual da imagem real.[88]

---

84. RODOTÀ, Stefano. *Intervista su privacy e libertà*. Roma/Bari: Laterza, 2005, p. 121-122. Comenta: "La necessità di una tutela forte del corpo fisico, dunque, fa parte della tradizione giuridica e civile dell'Occidente. Però non c'è ancora altrettanta sensibilità per il «corpo elettronico» che pure rappresenta oggi la nostra identità. (...) Possiamo in effetti parlare di una rivincita del corpo fisico, di un suo ritorno alla ribalta proprio nel momento in cui sembrava soppiantato dal corpo virtuale, «elettronico». L'incontro tra corpo fisico e tecnologie d'avanguardia è stato alla base di questa nuova attenzione proprio nel momento in cui l'esperienza mostrava i limiti dell'identificazione elettronica."
85. BIONI, Bruno Ricardo. *Proteção de dados pessoais*, cit., p. 87.
86. RODOTÀ, Stefano. *A vida na sociedade da vigilância*, cit., p. 116.
87. RODOTÀ, Stefano. *El derecho a tener derechos*, cit., p. 305.
88. Em entrevista nas mídias sociais, Mark Zuckerberg, o presidente executivo do Facebook, afirmou que: "Estamos focados em criar o que deve ser a nova plataforma de computação. Nós ajudamos a moldar a experiência das pessoas com aplicativos. Agora, queremos moldar sua experiência de interação. A cada

A TUTELA JURÍDICA DO CORPO ELETRÔNICO: ALGUNS CONCEITOS INTRODUTÓRIOS

Como ensina Santaella, trata-se da "construção do corpo como parte de um circuito integrado de informação e matéria que inclui componentes humanos e não humanos, tanto chips de silício quanto tecidos orgânicos, bits de informações e bits de carne e osso".[89] Nessa mesma linha, "de fato, a oposição entre a carne mortal e pesada, por um lado, e o corpo etéreo que navega na informação – o eu desencarnado – por outro, é um dos dualismos fundamentais da cibercultura".[90] Apresenta-se uma nova dimensão ao conceito de corpo, ultrapassando os limites físicos, estremando-se de uma visão estritamente biologista para uma visão virtual, merecedora de proteção jurídica.

Como se nota, a sociedade da informação promove mudanças que dizem respeito até mesmo à própria antropologia[91] e, diante dessa nova perspectiva da "qualidade de ser" da pessoa, nasce também uma emergente necessidade de tutela integral do que é considerado "humano", cujo instrumento jurídico pertinente é a proteção do corpo em seu conjunto, que é, atualmente, tanto "físico" quanto "eletrônico"[92], exigindo ambos o devido respeito legal. Consoante se nota, "em nosso mundo cada vez mais conectado, a vida digital está se tornando intimamente associada à vida de uma

---

15 anos, há uma plataforma de computação diferente. Eu vivi três delas: quando eu crescia, usava um computador Windows. Depois, vieram a internet e os smartphones. Estamos prontos para a próxima experiência: será uma combinação de óculos de realidade virtual (RV) com óculos de realidade aumentada (RA). A principal característica dessa geração será a presença: a sensação de que você está no mesmo lugar que outra pessoa. No futuro, você não teria de voar do Brasil para conversar comigo: nossos hologramas estariam no mesmo ambiente virtual e sentiríamos que estamos interagindo." CAPELAS, Bruno. 'Temos de proteger a privacidade e a saúde mental das pessoas', diz Mark Zuckerberg. *O Estado de São Paulo*, São Paulo, 26 set. 2019. Disponível em: https://link.estadao.com.br/noticias/empresas,-temos-que-proteger-a-privacidade-e-a-saude-mental-das-pessoas-diz-mark-zuckerberg,70003026190. Acesso em: 25 jan. 2022.

89. Apelação cível. Indenizatória. Banimento de jogos virtuais. Falta de comprovação de conduta desleal do consumidor/jogador. Dano moral configurado. Participante de jogos virtuais que, em razão de alegada atitude ilícita no jogo, foi permanentemente banido do site. Conduta ilícita não comprovada. Sentença de parcial procedência que determinou o reingresso do Autor no jogo, preservadas as características que seu personagem possuía no momento do banimento, com a reativação de sua conta, conforme requerido. O mundo virtual demanda hoje novas formas de soluções dos problemas da vida, ou mesmo que sejam aplicadas às novas realidades soluções preexistentes. Por isso a internet e sua realidade virtual não podem ficar de fora dessa interação. Levando em conta uma interpretação evolutiva, afigura-se razoável impor à imagem virtual um valor, como ocorre com a imagem humana real, notadamente em casos concretos semelhantes, além do que sempre por trás de um participante de competição virtual existe uma pessoa com sentimentos e dignidade, pelo que resta claramente configurado dano moral, posto que o nome virtual do Autor permaneceu à vista de todos como banido. Dano moral configurado. Lesão ao direito da personalidade. Patente a quebra da legítima expectativa em relação ao site, no qual o Autor era assinante e muito bem classificado, em meio a mais de dez milhões de jogadores em todo o mundo. Quantum reparatório. Elementos que justificam o arbitramento em R$ 5.000,00 (cinco mil reais). Valor que se afigura em harmonia com o princípio da proporcionalidade. Honorários advocatícios majorados para 15% do valor da condenação, na forma do art. 85 § 11 do CPC. Reforma parcial da sentença. Provimento do recurso. RIO DE JANEIRO. Tribunal de Justiça do Estado do Rio de Janeiro, Vigésima Quarta Câmara Cível, Apelação Cível nº 0033863-56.2016.8.19.0203, Relator Desembargador Alcides da Fonseca Neto, j. em 16.10.2019.

90. SANTAELLA, Lucia. *Navegar no ciberespaço*: o perfil cognitivo do leitor imersivo. São Paulo: Paulus, 2011, p. 39.

91. SANTAELLA, Lucia. *Navegar no ciberespaço*, cit., p. 123.

92. RODOTÀ, Stefano. *A vida na sociedade da vigilância*, cit., p. 240.

pessoa física."[93] É dizer que a expansão da dimensão do que é a pessoa exige medidas jurídicas também inovadoras, que ampliem a efetivação dos direitos fundamentais em comparação com os direitos humanos.[94]

Com destaque, Stefano Rodotà, ao analisar à variabilidade inter-relacional propiciada pela presença das novas tecnologias e, em especial, da Internet, que toma o lugar da estabilidade das identidades individuais, destaca que:

> [A] assunção de identidades múltiplas não é possível somente na dimensão diacrônica, no desenrolar dos vários momentos de uma jornada, assumindo diversos papeis, correspondentes a diversas funções. Agora as várias identidades podem ser assumidas também sincronicamente, manifestando-se todas no mesmo instante graças à presença ubíqua em vários lugares da rede.[95]

Conforme se nota, "em definitivo, não existe uma 'identidade real' e uma 'identidade não real'; o que existe é uma identidade física e uma identidade virtual, as quais podem ser idênticas ou não, mas ambas reais e incessantemente relacionais."[96] Nesse contexto, pode-se dizer que a vida na sociedade da informação está alterando – inclusive do ponto de vista filosófico – a maneira pela qual o ser humano pratica atos e se relaciona nas diversas circunstâncias da vida.[97-98] Tem-se uma nova percepção do homem sobre si mesmo[99], que contribui para a formação de arquétipos da personalidade, projetados a um novo "universo".

Isso demanda grande acuidade na análise do diálogo entre as esferas de interesse individual, social e estatal – decorrência da despatrimonialização do direito privado,

---

93. Neste ponto, Pierre Lévy destaca que: "meu corpo pessoal é a manifestação temporária de um enorme 'hipercorpo' híbrido, social e tecnobiológico. O corpo contemporâneo se assemelha a uma chama. Ele costuma ser minúsculo, isolado, separado, quase imóvel. Depois, ele chega a fugir de si mesmo, intensificado pelos esportes ou pelas drogas, passa através de um satélite, ergue ao céu um braço virtual bem alto em direção ao céu, ao longo de redes de interesses ou de comunicação. Retorna em seguida, transformado, a uma esfera quase privada, e assim sucessivamente, ora aqui, ora em toda parte, ora em si, ora misturada. Um dia, separa-se completamente do hipercorpo e se extingue." LÉVY, Pierre. *O que é o virtual?*, cit., p. 13.
94. SCHWAB, Klaus. *A quarta revolução industrial*, cit., p. 118.
95. RODOTÀ, Stefano. *El derecho a tener derechos*, cit., p. 289.
96. RODOTÀ, Stefano. *A vida na sociedade da vigilância*, cit., p. 120.
97. BOLESINA, Iuri. *Direito à extimidade*, cit., p. 129.
98. Essa é, em essência, a base do pensamento de Don Ihde, que trabalha com sua visão em torno de um *technological lifeworld* imantado de visões fenomenológicas, assim analisadas por Verbeek: "Classical philosophy of technology tended to reify technology, treating it as a monolithic force, "Technology". Ihde, por outro lado, evita os pronunciamentos gerais sobre tecnologia, temendo perder o contato com o papel que as tecnologias concretas desempenham em nossa cultura e no cotidiano das pessoas. Ele se propõe a explorar esse papel das tecnologias. Ihde faz isso de dentro da tradição fenomenológica, que ajudou a conectar à filosofia da tecnologia." VERBEEK, Peter-Paul. Don Ihde: the technological lifeworld, cit., p. 120.
99. IHDE, Don. *Bodies in technology*, cit., p. 104. Comenta: "The antinomy can be stated simply: if philosophers are to take any normative role concerning new technologies, they will find, from within the structure of technologies as such and compound historically by unexpected uses and unintended consequences, that technologies virtually always exceed or veer away from intended design. How, then, can any normative or prognostic role be possible? (...) Of course, the objections in turn imply the continuance of a status quo among the technocrats, who remain free to develop anything whatsoever and free from reflective considerations."

que advém do descompasso entre conceitos essenciais da civilística frente a novos contextos e realidades.[100]

A própria noção dos direitos fundamentais, inerentes ao ser humano, como a privacidade e a liberdade, sofrem incisivas mutações. Conforme expõe Paulo Lôbo, no atual contexto, as pessoas fornecem constantemente informações, deixando verdadeiros rastros quando desejam produtos ou serviços, ou mesmo quando obtêm informações ou se "movimentam" no espaço real ou virtual, de modo que "a grande massa de dados pessoais, recolhidos em escala sempre mais larga e postos em circulação intensamente, modifica o conhecimento e a identidade mesma da pessoa".[101]

É diante desse contexto que surge a ideia de proteção da pessoa em sua integridade não apenas física, estendendo a tutela também aos dados pessoais que são movimentados no ambiente da Rede. Daí porque, ao descrever a relação entre os dados pessoais e a própria identidade da pessoa, têm-se pistas de ser oportuna a ideia de se defender a proteção de um verdadeiro "corpo eletrônico", conforme expõe Stefano Rodotà.

E, nesse contexto, há que se superar o conceito de sujeito para o de pessoa, "como categoria que melhor permite colocar em evidência a vida individual e suas imersões sociais", uma "nova antropologia", pelo fenômeno da constitucionalização.[102] Dessa forma, é possível perceber que a nova concepção da pessoa, nos seus aspectos físico e eletrônico, corporal ou psíquico, evidencia que a privacidade, intimamente relacionada à própria liberdade, se tornou um dos mais importantes direitos para a promoção da pessoa, tendo em vista que foi um dos direitos fundamentais mais flexibilizados pelo uso recorrente da Internet. Afinal, conforme expõe Stefano Rodotà, sem a proteção do corpo eletrônico, isto é, do conjunto de informações recolhidas a respeito da pessoa, a liberdade pessoal será fortemente posta em perigo. O corpo eletrônico é parte integrante de "nossa identidade", ligado ao corpo físico, reconstituindo a "integridade da pessoa humana", evitando que a pessoa seja "uma mina a céu aberto".[103] É por isso que o autor destaca a importância da tutela do direito à privacidade, tendo em vista que é ele o instrumento necessário para defender a sociedade da liberdade e para se opor à construção de uma sociedade da vigilância, da classificação, da discriminação social baseada em dados.[104]

Dessa forma, diante do aspecto virtual da composição da identidade no atual contexto, é preciso destacar a necessidade de novas formas de tutela, alinhadas à

---

100. FLORIDI, Luciano. *The Fourth Revolution*: how the infosphere is reshaping human reality. Oxford: Oxford University Press, 2014, p. 118-119.
101. BODIN DE MORAES, Maria Celina. *Na medida da pessoa humana*: estudos de direito civil-constitucional. Rio de Janeiro: Renovar, 2010, p. 72.
102. LÔBO, Paulo. Direito à privacidade e sua autolimitação. In: EHRHARDT JÚNIOR, Marcos; LOBO, Fabíola Albuquerque (Coord.) *Privacidade e sua compreensão no direito brasileiro*. Belo Horizonte: Fórum, 2019. p. 25.
103. RODOTÀ, Stefano. *La rivoluzione della dignità*. Napoli: La Scuola di Pitagora, 2013, p. 13.
104. RODOTÀ, Stefano. *La rivoluzione della dignità*. Napoli: La Scuola di Pitagora, 2013, p. 33.

proteção da pessoa em sua projeção por meio dos dados pessoais. Assim, partindo da promessa oriunda desde a Magna Carta de 1215, de que as pessoas não seriam apriosionadas, representada à época pelo *habeas corpus*, no atual contexto, deve ser renovada e transferida do corpo físico ao corpo eletrônico, conforme a nova considera-ção da integridade da pessoa humana, rejeitando qualquer forma de reducionismo.[105] Afinal, "neste novo mundo a *data protection* cumpre a função de assegurar aquele *habeas data* que os novos tempos exigem, tornando-o, desta forma, como ocorreu com o *habeas corpus*, um elemento indissociável da civilidade".[106]

Nesse sentido, a título de exemplo, em direção à proteção do consumidor, surge a ideia concebida pela metafóra do habeas mente[107-108], isto é, como garantia que proteja as pessoas de práticas abusivas no âmbito virtual, impulsionadas a partir de dados pessoais, e que importunam o consumidor, perturbando o seu sossego, invadindo a sua privacidade e violando a sua liberdade substancial. Isso porque essas práticas são capazes de induzir o destintário ao consumo irrefletido e impulsivo, na figura do assédio de consumo.[109] Contribuindo com esse raciocínio, expõe Stefano Rodotà que:

> Deriva-se uma nova forma de garantia que supera a dicotomia entre *habeas corpus*, vinculado ao corpo físico, e *habeas data*, concebido como extensão dessa garantia histórica ao corpo eletrônico. Não são mais dois objetos distintos que devem ser protegidos, mas um único objeto: a pessoa em suas várias configurações, gradativamente determinadas por sua relação com as tecnologias, que não são apenas eletrônicas.[110]

Em razão disso, é possível perceber que o advento e o desenvolvimento de novas oportunidades tecnológicas, somada à expansão da coleta, manipulação e comparti-lhamento de dados pessoais, colocam as pessoas em risco a partir do momento em que esses instrumentos são usados pelos sistemas das empresas, na lógica do mercado[111], sem filtros éticos e morais e sem as devidas limitações jurídicas. É o que Rodotà de-

---

105. RODOTÀ, Stefano. *A vida na sociedade da vigilância*, cit., p. 19.
106. RODOTÀ, Stefano. *A vida na sociedade da vigilância*, cit., p. 19.
107. RODOTÀ, Stefano. *A vida na sociedade da vigilância*, cit., p. 240.
108. Destaca-se desde já que se pretende ir além da concepção outrora dada à metafóra do *habeas mente* por Fernando Martins, na medida em que se visa ampliar o objeto de tutela dessa garantia, isto é, ir além de ser considerada uma garantia contra *spams* que abordem dados sensíveis do usuário da rede. MARTINS, Fernando Rodrigues. Sociedade da Informação e proteção da pessoa. *Revista da Associação Nacional do Ministério Público do Consumidor*, Juiz de Fora, v. 2, n. 2, 2016, p. 20.
109. Explorando a questão da perturbação do sossego na Internet, tem-se, como sugestão, a seguinte leitura: MARTINS, Guilherme Magalhães; FALEIROS JÚNIOR, José Luiz de Moura; BASAN, Arthur Pinheiro. A responsabilidade civil pela perturbação do sossego na Internet. *Revista de Direito do Consumidor*, São Paulo, v. 128, p. 239-265, mar.-abr. 2020.
110. BASAN, Arthur Pinheiro; JACOB, Muriel Amaral. Habeas Mente: a responsabilidade civil como garantia fundamental contra o assédio de consumo em tempos de pandemia. *Revista IBERC*, Belo Horizonte, v. 3, n. 2, p. 161-189, maio/ago. 2020, p. 175 et seq.
111. RODOTÀ, Stefano. *El derecho a tener derechos*, cit., p. 292, tradução livre. No original: "Se deriva una nueva forma de garantía que supera la dicotomía entre el *habeas corpus*, ligado al cuerpo físico, y el *habeas data*, concebido como extensión de esa histórica garantía al cuerpo electrónico. Ya no son dos objetos distintos los que hay que tutelar sino un objeto único: la persona en sus diversas configuraciones, determinadas paulatinamente por su relación con las tecnologías, que no son solo las electrónicas."

nominou de *commodification*, apontando como risco a migração dos dados de direito fundamental para "título a ser trocado no mercado".[112] Isso faz com que seja necessário realocar a pessoa, intangível em sua dignidade, ao centro do sistema jurídico, promovendo uma verdadeira "reinvenção" dos direitos, inclusive para determinar novas formas de integridade que necessitam de tutela, como se destaca, por exemplo, a partir da autodeterminação informativa (fundamento previsto no art. 2º, II, da LGPD).

Daí porque ressalta Laura Mendes que, embora os riscos do tratamento de dados pessoais sejam notáveis nos vários setores da sociedade, destacam-se os desafios desse fenômeno nas relações de consumo, uma vez que, sendo o consumidor presumidamente vulnerável, este possui grande dificuldade de controlar o fluxo dos seus dados pessoais, bem como de adotar medidas de autoproteção contra os riscos do tratamento dessas informações.[113]

Como se não bastasse, visando a coleta de dados pessoais, as empresas se apropriam das novas ferramentas de vigilância eletrônica, capazes de identificar diversas informações importantes dos consumidores.[114] Nesse sentido, se, antigamente, a vigilância se relacionava com a ideia de controle, pelo Estado, como apregoado na figura do "Big Brother orwelliano", atualmente, a vigilância tornou-se algo trivial na sociedade, posto que empresas a realizam o tempo todo para análises comportamentais e ajustamentos de práticas comerciais[115], no denominado "capitalismo da vigilância"[116]. Neste ponto, Stefano Rodotà alerta que:

> (...) a hipótese de liberdade infinita e anárquica garantida pela Internet entra em conflito com outra realidade que está diante de nossos olhos. Câmeras de vídeo para vigilância, a implacável coleta dos rastros deixados pelo uso do cartão de crédito ou durante a navegação na Internet, a produção e venda de perfis pessoais cada vez mais analíticos, as possibilidades de interconexão entre os mais diversos bancos de dados indicam a expansão progressiva de uma sociedade do controle, da vigilância e da classificação. Ao lado dos arquivos tradicionais, como aqueles das forças policiais, assumem importância crescente um sem-número de "arquivos", principalmente aqueles ligados ao consumo.[117]

---

112. RODOTÀ, Stefano. *El derecho a tener derechos*, cit., p. 309.
113. RODOTÀ, Stefano. *Tecnopolitica. La democracia e le nuove tecnologie della comunicazione*. Bari-Roma: Editori Laterza, 1997, p. 155.
114. Por essa razão, destaca a autora que "(...) muitas vezes, esse conhecimento da empresa advém da coleta de dados do consumidor, sem sequer que ele saiba dessa coleta ou dê o seu consentimento para tanto. A vulnerabilidade do consumidor nesse processo de coleta e tratamento de dados pessoais é tão patente que se cunhou a expressão "consumidor de vidro" para denotar a sua extrema fragilidade e exposição no mercado de consumo, diante de inúmeras empresas que tomam decisões e influenciam as suas chances de vida, a partir das informações pessoais armazenadas em bancos de dados." MENDES, Laura Schertel. A vulnerabilidade do consumidor quanto ao tratamento de dados pessoais. In: MARQUES, Claudia Lima; GSELL, Beate. *Novas tendências do direito do consumidor*: rede Alemanha-Brasil de pesquisas em direito do consumidor. São Paulo: Revista dos Tribunais, 2015. *E-book*.
115. BIONI, Bruno Ricardo. *Proteção de dados pessoais*, cit., p. 49.
116. MENDES, Laura Schertel. A vulnerabilidade do consumidor quanto ao tratamento de dados pessoais, cit., *E-book*.
117. LÔBO, Paulo. Direito à privacidade e sua autolimitação. In: EHRHARDT JÚNIOR, Marcos; LOBO, Fabíola Albuquerque (Coord.) *Privacidade e sua compreensão no direito brasileiro*, cit., p. 24.

Também nesse sentido, Christian Fuchs aponta que, na área de consumo, as empresas se utilizam da vigilância eletrônica para conhecerem as preferências do consumidor, tornando-se capazes de mirá-lo com publicidades *online* personalizadas. E essas corporações fazem isso de maneira aparentemente legal, a partir do consentimento do titular, no momento da celebração do contrato eletrônico, pelo qual suas preferências serão acessadas para fins de perfil publicitário; ou, de maneira ilegal, enviando *spam* ou *spyware* invisíveis que registram o comportamento *online*.[118]

Como consequência desse tipo de prática, surge o problema da classificação dos consumidores em "categorias", de acordo com os dados pessoais coletados, capazes de afetar significativamente a liberdade e a autonomia das pessoas.[119] A formação de perfis a serem categorizados, por meio de instruções algorítmicas, orquestram os dados pessoais, elevando-os a estruturados, ascendendo sua vocação de identificação de seus titulares e revelando características, que aceleram funções analíticas e preditivas. Isso importa em evidente diminuição da autonomia do consumidor a partir do momento em que é fortemente dissecado pelos seus comportamentos e hábitos de consumo, que compõem seu histórico, além do perigo de que ocorram discriminações no mercado, a partir do conhecimento prévio, pelas empresas, de informações como a renda, os hábitos, os gastos frequentes, as responsabilidades etc. Cite-se como exemplo do avanço tecnológico e, ao mesmo tempo, dos riscos de vigilância, a investigação das expressões faciais do consumidor enquanto faz compras *online*.[120]

Diante disso, é inegável que a proteção do corpo eletrônico, por meio da tutela dos dados pessoais, para além de ser reconhecida como direito fundamental e, também direito da personalidade, necessário ao desenvolvimento da autonomia privada da pessoa, deve também ser tutelada no âmbito de consumo, como direito básico do consumidor. Rodotà, neste ponto, assim refere: "A unidade da pessoa somente pode ser reconstituída estendendo ao corpo eletrônico o sistema de garantais elaborado para o corpo físico."[121]

---

118. RODOTÀ, Stefano. *A vida na sociedade da vigilância*, cit., p. 146.
119. FUCHS, Christian. *Internet and society*: social theory in the information age. Londres: Routledge, 2008, p. 273.
120. Neste sentido, destaca Ana Frazão que "se os cidadãos não conseguem saber nem mesmo os dados que são coletados, têm dificuldades ainda maiores para compreender as inúmeras destinações que a eles pode ser dada e a extensão do impacto destas em suas vidas." FRAZÃO, Ana. Fundamentos da proteção dos dados pessoais: noções introdutórias para a compreensão da importância da Lei Geral da Proteção de Dados. In: FRAZÃO, Ana; TEPEDINO, Gustavo; OLIVA, Milena Donato (Coord.) *Lei Geral de Proteção de Dados Pessoais e suas repercussões no direito brasileiro*. São Paulo: Thomson Reuters Brasil, 2019, p. 26.
121. Sobre o tema, Darren Bridger aponta que existem 'neurosoftwares' capazes de interpretar as reações das pessoas de acordo com a webcam. Segundo o autor, os olhares dos consumidores são rastreados, de modo a buscar informações sobre os locais da tela que mais chamaram atenção, ou mesmo as emoções vivenciadas no ato da compra. Conforme aponta o estudioso, "o software até pode medir os batimentos cardíacos e detectar flutuações minúsculas na cor da pele do rosto, imperceptíveis para olhos humanos." BRIDGER, Darren. *Neuromarketing*: como a neurociência aliada ao design pode aumentar o engajamento e a influência sobre os consumidores. Trad. Afonso Celso Cunha da Serra. São Paulo: Autêntica Business, 2018, p. 19.

Rodotà apontou medidas práticas para a tutela do corpo eletrônico, como o direito ao esquecimento (diritto all'oblio) – que merece ser rediscutido pelo direito brasileiro, superando a solução tudo ou nada, para a análise do caso concreto-, prevendo que determinadas "categorias de informações" sejam destruídas, de forma automatizada, ao longo do tempo, bem como que, sempre que possível, os dados sejam conservados "de forma agregada e anônima", respeitada a sua finalidade no tempo. Outrossim, advertiu sobre colocar um "freio à acumulação de enorme quantidade de dados", especialmente, no que toca às questões de *traccia*, ou seja, os vestígios deixados ao longo da vida, como na aquisição de bens e serviços, bem como no uso das televisões por assinatura.[122] Nesse mesmo sentido, advertia sobre "conflitos que podem nascer", como entre a transparência e a privacidade, que devem ser resolvidas a partir dos direitos fundamentais, reforçando que os fornecedores devem promover a conservação dos dados pessoais, com cuidado com a privacidade e as medidas de segurança.[123]

4. CONSIDERAÇÕES FINAIS

Em breves linhas conclusivas, pode-se salientar que a 'virtualização' das relações humanas é um fenômeno inevitável, já há muito previsto, e que trará consequências variadas a partir do contexto informacional.

Se a própria expressão 'sociedade da informação' foi vislumbrada décadas atrás, seus impactos, ao menos, puderam ser mapeados no que diz respeito à transcendência de certos aspectos concernentes à formação da personalidade do real para o virtual, em verdadeira projeção que consolida os chamados 'avatares' da personalidade. Com investigações colhidas da Filosofia da Tecnologia, as propostas de Don Ihde e Ken Hillis sempre indicaram exatamente isso: a transposição da vivência sensorial para um plano eminentemente baseado no acúmulo informacional.

Isto está se tornando possível (e cada vez mais visível) em um mundo rico em dados, com fluxos constantes e massivos sendo utilizados para delimitar conjuntos que formam, ao fim e ao cabo, essas mencionadas projeções. São as *digital personas* descritas por Roger Clarke, que consolidam o "*corpo elettronico*" estabelecido nos escritos de Stefano Rodotà. Tais conceitos, em essência, indicam um profícuo e necessário debate acerca da proteção aos aspectos humanos da personalidade transposta à Internet.

Regramentos protetivos, como a LGPD brasileira ou o RGPD europeu – bem como a consagração de um direito fundamental à proteção de dados pessoais – são passos importantes para o atingimento desse desiderato, mas sua efetivação demandará ampla sistematização do próprio conceito de personalidade para que, em combinação

---

122. RODOTÀ, Stefano. Transformações do Corpo. *Revista Trimestral de Direito Civil*, Rio de Janeiro, v. 19, p. 91-107, jul.-set. 2004.
123. RODOTÀ, Stefano. *Tecnopolitica*. La democracia e le nuove tecnologie della comunicazione. Bari-Roma: Editori Laterza, 1997, p. 156-158.

com a leitura que se faz de outros direitos fundamentais (como intimidade, liberdade e privacidade), se possa convolar a referida proteção em arquétipo de direitos para a efetivação de uma proteção completa e independente de análise contextual.

Vale dizer, em rememoração às citadas conceituações de Helen Nissenbaum, que, se, por um lado, a privacidade apresenta contornos contextuais, podendo ser analisada a partir de nuances concretas, a personalidade impõe proteção apriorística, mormente quando plenamente adquirida no plano "real" e simplesmente projetada ao plano "virtual" a partir de dados igualmente protegidos a nível constitucional.

A tendência à virtualização – e sua corolária "datificação" – representam não mais que um desdobramento de um fenômeno mais amplo. Compreendê-lo é imprescindível para conhecer seus impactos. De todo modo, a tutela jurídica do "corpo eletrônico", enquanto emanação mais detalhada dessa tendência, oferece justamente isso.

5. REFERÊNCIAS

ACHTERHUIS, Hans. Introduction: American philosophers of technology. In: ACHTERHUIS, Hans (Ed.). *American philosophy of technology*: the empirical turn. Trad. Robert P. Crease. Indianapolis: Indiana University Press, 2001.

ADOLFO, Luiz Gonzaga Silva; BAGATINI, Julia. Sociedade de informação e direito do consumidor: uma abordagem a partir do jogo Pokémon GO. *Revista de Direito do Consumidor,* São Paulo, v. 110, p. 259-279, mar.-abr. 2017.

ADRIAANS, Peter. Information. In: ZALTA, Edward N. (Ed.). *Stanford Encyclopedia of Philosophy*. Stanford: Stanford University Press, 1995.

AMARAL, Francisco. O direito civil na pós-modernidade. In: NAVES, Bruno Torquato de Oliveira; FIUZA, César; SÁ, Maria de Fátima Freire de (Coord.). *Direito civil*: atualidades. Belo Horizonte: Del Rey, 2003.

BARROSO, Luís Roberto. *A dignidade humana no direito constitucional contemporâneo*: a construção de um conceito jurídico à luz da jurisprudência mundial. Belo Horizonte: Fórum, 2013.

BASAN, Arthur Pinheiro; JACOB, Muriel Amaral. Habeas Mente: a responsabilidade civil como garantia fundamental contra o assédio de consumo em tempos de pandemia. *Revista IBERC*, Belo Horizonte, v. 3, n. 2, p. 161-189, maio/ago. 2020.

BIONI, Bruno Ricardo. *Proteção de dados pessoais*: a função e os limites do consentimento. Rio de Janeiro: Forense, 2019.

BODIN DE MORAES, Maria Celina. *Na medida da pessoa humana*: estudos de direito civil-constitucional. Rio de Janeiro: Renovar, 2010.

BOLESINA, Iuri. *Direito à extimidade*: as inter-relações entre identidade, ciberespaço e privacidade. Florianópolis: Empório do Direito, 2017.

BORGMANN, Albert. *Holding onto reality*: The nature of information at the turn of the Millennium. Chicago: Chicago University Press, 1999.

BRIDGER, Darren. *Neuromarketing*: como a neurociência aliada ao design pode aumentar o engajamento e a influência sobre os consumidores. Trad. Afonso Celso Cunha da Serra. São Paulo: Autêntica Business, 2018.

BRZEZINSKI, Zbigniew K. *Between two ages*: America's role in the technetronic era. Nova York: Viking Press, 1971.

CALAZANS, Flávio Mário de Alcântara. *Propaganda subliminar multimídia*. São Paulo: Summus Editorial, 2006.

CAPELAS, Bruno. 'Temos de proteger a privacidade e a saúde mental das pessoas', diz Mark Zuckerberg. *O Estado de São Paulo*, São Paulo, 26 set. 2019. Disponível em: https://link.estadao.com.br/noticias/empresas,temos-que-proteger-a-privacidade-e-a-saude-mental-das-pessoas-diz-mark-zuckerberg,70003026190. Acesso em: 25 jan. 2022.

CASTELLS, Manuel. The rise of the network society. 2. ed. Oxford/West Sussex: Wiley-Blackwell, 2010. (The information age: economy, society, and culture, v. 1).

CATALÀ, Pierre. Ebauche d'une théorie juridique de l'information. *Informatica e Diritto*, Nápoles, ano IX, jan.-apr. 1983.

CLARKE, Roger A. Information technology and dataveillance. *Communications of the ACM*, Nova York, v. 31, n. 5, p. 498-512, maio. 1988.

CLARKE, Roger. Profiling: a hidden challenge to the regulation of data surveillance. *Journal of Law, Information and Science*, Hobart, v. 4, n. 2, p. 403, dez. 1993.

CLARKE, Roger. The digital persona and its application to data surveillance. *Journal of Law, Information and Science*, Hobart, v. 10, n. 2, p. 83, jun. 1994.

DONEDA, Danilo. *Da privacidade à proteção de dados pessoais*. Rio de Janeiro: Renovar, 2006.

DONEDA, Danilo. O direito fundamental à proteção de dados pessoais. In: MARTINS, Guilherme Magalhães; LONGHI, João Victor Rozatti. *Direito digital*: direito privado e Internet. 3. ed. Indaiatuba: Foco, 2020.

DUFF, Alistair A. *Information society studies*. Londres: Routledge, 2000.

ERENBERG, Jean Jaques. *Publicidade patológica na Internet à luz da legislação brasileira*. São Paulo: Juarez de Oliveira, 2003.

ESTADÃO CONTEÚDO. "Há criança no celular, mas pisando no esgoto", diz chefe da BRK Ambiental. *Exame*. 13 maio 2019. Disponível em: https://exame.abril.com.br/brasil/ha-crianca-no-celular-mas-pisando-no-esgoto-diz-chefe-da-brk-ambiental/. Acesso em: 25 jan. 2022.

FALEIROS JÚNIOR, José Luiz de Moura. Informação, pós-verdade e responsabilidade civil em tempos de quarentenas e *lockdowns*: a Internet e o controle de danos. In: MONTEIRO FILHO, Carlos Edison do Rêgo; ROSENVALD, Nelson; DENSA, Roberta (Coord.). *Coronavírus e responsabilidade civil*: impactos contratuais e extracontratuais. Indaiatuba: Foco, 2020.

FARIA, José Eduardo. Informação e democracia na economia globalizada. In: SILVA JUNIOR, Ronaldo Lemos; WAISBERG, Ivo (Org.). *Comércio eletrônico*. São Paulo: Revista dos Tribunais, 2001.

FINOCCHIARO, Giusella. La memoria della rete e il diritto all'oblio. *Il Diritto dell'Informazione e Dell'Informatica*, Roma, Ano XXVI, n. 4-5, p. 391-404, jul.-out. 2010.

FLORIDI, Luciano. Introduction. In: FLORIDI, Luciano (Ed.). *The onlife manifesto*: being human in a hyperconnected era. Cham: Springer, 2015.

FLORIDI, Luciano. *The Fourth Revolution*: how the infosphere is reshaping human reality. Oxford: Oxford University Press, 2014.

FLORIDI, Luciano. *The philosophy of information*. Oxford: Oxford University Press, 2011.

FRAZÃO, Ana. Fundamentos da proteção dos dados pessoais: noções introdutórias para a compreensão da importância da Lei Geral da Proteção de Dados. In: FRAZÃO, Ana; TEPEDINO, Gustavo; OLIVA, Milena Donato (Coord.) *Lei Geral de Proteção de Dados Pessoais e suas repercussões no direito brasileiro*. São Paulo: Thomson Reuters Brasil, 2019.

FROOMKIN, A. Michael. The death of privacy? *Stanford Law Review*, Stanford, v. 32, p. 1461-1544, maio 2000.

FUCHS, Christian. *Internet and society*: social theory in the information age. Londres: Routledge, 2008.

HEIDEGGER, Martin. *The question concerning technology, and other essays*. Trad. William Lovitt. Nova York: Harper Perennial, 2013.

HIDALGO, Cesar. *Why information grows*: The evolution of order, from atoms to economies. Nova York: Basic Books, 2015.

HILLIS, Ken. *Digital sensations*: space, identity, and embodiment. Minneapolis: University of Minnesota Press, 1999.

IHDE, Don. *Bodies in technology*. Minneapolis: University of Minnesota Press, 2002.

INIESTA, Javier Belda; SERNA, Francisco José Aranda. El paradigma de la identidad: hacia una regulación del mundo digital. *Revista Forense*, Rio de Janeiro, v. 422, jul.-dez, p. 181-202, 2015.

JONAS, Hans. *Frontiere della vita, frontiere della tecnica*. Trad. Giovanna Bettini; edição italiana de Vallori Rasini. Bologna: Il Mulino, 2011.

KNOENER, Laura Eroles. *Sociedade em Rede*: Facebook como personificação da Hipermodernidade. São Paulo: ECA/USP, 2015.

LEAL, Lívia Teixeira. *Internet e morte do usuário*: propostas para o tratamento jurídico post mortem do conteúdo inserido na rede. Rio de Janeiro: GZ Editora, 2018.

LEAL, Lívia Teixeira. Internet of Toys: os brinquedos conectados à Internet e o direito da criança e do adolescente. *Revista Brasileira de Direito Civil*, Belo Horizonte, v. 12, p. 175-187, abr.-jun. 2017.

LÉVY, Pierre. *Cibercultura*. Trad. Carlos Irineu da Costa. São Paulo: Editora 34, 2010.

LÉVY, Pierre. *O que é o virtual?* Trad. Paulo Neves. São Paulo: Editora 34, 2011.

LIMA, Cíntia Rosa Pereira de; DE LUCCA, Newton. Polêmicas em torno da vigência da Lei Geral de Proteção de Dados. *Migalhas*, 7 ago. 2020. Disponível em: Acesso em: https://http://s.migalhas.com.br/S/E1178. Acesso em: 25 jan. 2022.

LIPOVETSKY, Gilles; SERROY, Jean. *A cultura-mundo*: resposta a uma sociedade desorientada. Trad. Maria Lúcia Machado. São Paulo: Cia. das Letras, 2011.

LLOYD, Ian J. *Information technology law*. 6. ed. Nova York/Oxford: Oxford University Press, 2011.

LÔBO, Paulo. Direito à privacidade e sua autolimitação. In: EHRHARDT JÚNIOR, Marcos; LOBO, Fabíola Albuquerque (Coord.) *Privacidade e sua compreensão no direito brasileiro*. Belo Horizonte: Fórum, 2019.

LYON, David. *The electronic eye*: the rise of surveillance society. Minneapolis: University of Minnesota, 1994.

MACHLUP, Fritz. *The production and distribution of knowledge in the United States*. Princeton: Princeton University Press, 1962.

MARCUSE, Herbert. *One-dimensional man*: studies in the ideology of advanced industrial society. Boston: Beacon, 1964.

MARTINS, Fernando Rodrigues. Sociedade da Informação e proteção da pessoa. *Revista da Associação Nacional do Ministério Público do Consumidor*, Juiz de Fora, v. 2, n. 2, 2016.

MARTINS, Guilherme Magalhães; FALEIROS JÚNIOR, José Luiz de Moura; BASAN, Arthur Pinheiro. A responsabilidade civil pela perturbação do sossego na Internet. *Revista de Direito do Consumidor*, São Paulo, v. 128, p. 239-265, mar.-abr. 2020.

MASUDA, Yoneji. *The information society as post-industrial society*. Tóquio: Institute for the Information Society, 1980.

MENDES, Laura Schertel. A vulnerabilidade do consumidor quanto ao tratamento de dados pessoais. In: MARQUES, Claudia Lima; GSELL, Beate. *Novas tendências do direito do consumidor*: rede Alemanha-Brasil de pesquisas em direito do consumidor. São Paulo: Revista dos Tribunais, 2015. *E-book*.

MENDES, Laura Schertel. *Privacidade, proteção de dados e defesa do consumidor*: linhas gerais de um novo direito fundamental. São Paulo: Saraiva, 2014.

MUNTADAS, Borja. Algoritmos en la vida cotidiana: apps, gadgets y dependencia tecnológica. In: BARBOSA, Mafalda Miranda; BRAGA NETTO, Felipe; SILVA, Michael César; FALEIROS JÚNIOR, José Luiz de Moura (Coord.). *Direito digital e inteligência artificial*: diálogos entre Brasil e Europa. Indaiatuba: Foco, 2021.

NISSENBAUM, Helen. *Privacy in context*: Technology, policy, and the integrity of social life. Stanford: Stanford University Press, 2010.

ORWELL, George. *1984*. Nova York: Penguin/Signet Classics, 1961.

PAGE, Joseph A. American tort law and the right to privacy. *In*: BRÜGGEMEIER, Gert; CIACCHI, Aurelia Colombi; O'CALLAGHAN, Patrick (Ed.). *Personality rights in European tort law*. Cambridge: Cambridge University Press, 2010.

PÉREZ LUÑO, Antonio-Enrique. La Filosofía del Derecho en perspectiva histórica. *In: Estudios conmemorativos del 65 aniversario del Autor*. Homenaje de la Facultad de Derecho y del Departamento de Filosofía del Derecho de la Universidad de Sevilla. Sevilla: Servicio de Publicaciones de la Universidad de Sevilla, 2009.

PERLINGIERI, Pietro. *O direito civil na legalidade constitucional*. Trad. Maria Cristina de Cicco. Rio de Janeiro: Renovar, 2008.

RODOTÀ, Stefano. *Tecnologie e diritti*. Bologna: Il Mulino, 1995.

RODOTÀ, Stefano. *Tecnopolitica*. La democracia e le nuove tecnologie della comunicazione. Bari-Roma: Editori Laterza, 1997.

RODOTÀ, Stefano. Transformações do Corpo. *Revista Trimestral de Direito Civil*, Rio de Janeiro, v. 19, p. 91-107, jul.-set. 2004.

RODOTÀ, Stefano. *Intervista su privacy e libertà*. Roma/Bari: Laterza, 2005.

RODOTÀ, Stefano. *A vida na sociedade da vigilância*: a privacidade hoje. Trad. Danilo Doneda e Luciana Cabral Doneda. Rio de Janeiro: Renovar, 2008.

RODOTÀ, Stefano. *La rivoluzione della dignità*. Napoli: La Scuola di Pitagora, 2013.

RODOTÀ, Stefano. *El derecho a tener derechos*. Tradução do italiano para o espanhol de Jose Manuel Revuelta López. Madri: Trotta, 2014.

RODOTÀ, Stefano. Speciale SMW. Rodotà: "Il web sia libero come il mare" – Vodafone. *Youtube*, 22 set. 2010. Disponível em: https://www.youtube.com/watch?v=OcxKOSJdllo. Acesso em: 29 jan. 2022.

ROSSELLO, Carlo. Riflessioni. De jure condendo in materia di responsabilità del provider. *Il Diritto Dell'Informazione e Dell'Informatica*, Roma, v. 26, n. 6, p. 617-629, nov.-dez. 2010.

SADIN, Éric. *La vie algorithmique*: critique de la raison numérique. Paris: Éditions L'Échappée, 2015.

SANTAELLA, Lucia. *Navegar no ciberespaço*: o perfil cognitivo do leitor imersivo. São Paulo: Paulus, 2011.

SCHNEIDER, Jochen. Processamento electrónico de dados: informática jurídica. *In*: KAUFMANN, Arthur; HASSEMER, Winfried (Org.). *Introdução à filosofia do direito e à teoria do direito contemporâneas*. Trad. Marcos Keel e Manuel Seca de Oliveira. Lisboa: Fundação Calouste Gulbenkian, 2002.

SCHWAB, Klaus. *A quarta revolução industrial*. Trad. Daniel Moreira Miranda. São Paulo: Edipro, 2016.

SIMONDON, Gilbert. *Du mode d'existence des objets techniques*. Paris: Aubier, 2008.

SOLOVE, Daniel J. *The digital person*: Technology and Privacy in the Information Age. Nova York: New York University Press, 2006.

STAPLES, William G. *Encyclopedia of privacy*. Westport: Greenwood Press, 2007.

STIEGLER, Bernard. *La technique et le temps*: la désorientation. Paris: Editions Galilée, 1998, t. II.

SUNSTEIN, Cass R. *Too much information*: Understanding what you don't want to know. Cambridge: The MIT Press, 2020.

TAMÒ-LARRIEUX, Aurelia. *Designing for privacy and its legal framework*: data protection by design and default for the Internet of Things. Cham: Springer, 2018.

TEPEDINO, Gustavo. Liberdades, tecnologia e teoria da interpretação. *Revista Forense*, Rio de Janeiro, ano 110, v. 419, p. 77-96, jan.-jun. 2014.

TOFFLER, Alvin. *The third wave*. Nova York: Bantam Books, 1980.

VAN DIJK, Jan. *The network society*. 3. ed. Londres: Sage Publications, 2012.

VERBEEK, Peter-Paul. Don Ihde: The technological lifeworld. In: ACHTERHUIS, Hans (Ed.). *American philosophy of technology*: the empirical turn. Trad. Robert P. Crease. Indianapolis: Indiana University Press, 2001.

WARREN, Samuel D.; BRANDEIS, Louis D. The right to privacy. *Harvard Law Review*, Cambridge, v. 4, n. 5, p. 193-220, dez. 1890. Disponível em: http://www.cs.cornell.edu/~shmat/courses/cs5436/warren-brandeis.pdf. Acesso em: 25 jan. 2022.

WEBSTER, Frank. *Theories of the information society*. 3. ed. Londres: Routledge, 2006.

WESTIN, Alan F. *Information technology in a democracy*. Cambridge: Harvard University Press, 1971.

YAMADA-RICE, Dylan. Including children in the design of the Internet of Toys. In: MASCHERONI, Giovanna; HOLLOWAY, Donell (Ed.). *The Internet of Toys*: Practices, affordances and the political economy of children's smart play. Londres: Palgrave Macmillan, 2019.

ZAMPIER, Bruno. *Bens digitais*. Indaiatuba: Foco, 2017.

ZENO-ZENCOVICH, Vincenzo. La 'Comunione' di dati personali. Un contributo al Sistema dei Diritti della Personalità. *Il Diritto dell'Informazione e Dell'Informatica*, Roma, Ano XXV, n. 1, p. 5-22, jan.--fev. 2009.

A DIMENSÃO DO CORPO ELETRÔNICO A PARTIR DE *BE RIGHT BACK*: REFLEXÕES SOBRE A "SOFTWARIZAÇÃO" DA PERSONALIDADE

Fabiano Menke

Doutor em Direito pela Universidade de Kassel, Alemanha. Mestre em Direitos Especiais pela Universidade Federal do Rio Grande do Sul. Professor Associado de Direito Civil no Departamento de Direito Privado e Processo Civil e do Programa de Pós-Graduação da Universidade Federal do Rio Grande do Sul. Membro fundador do Centro de Estudos Europeus e Alemães (CDEA UFRGS-PUCRS). Membro Titular do Conselho Nacional de Proteção de Dados e da Privacidade. Advogado e Árbitro.

Daniele Verza Marcon

Mestranda em Direito Civil e Empresarial pela Universidade Federal do Rio Grande do Sul. Graduada em Direito pela mesma universidade. Advogada.

Sumário: I. Introdução – II. Direito à privacidade e as fronteiras do corpo eletrônico – III. A pessoa humana em linguagem informática: reflexões a partir de *Be Right Back* – IV. Considerações finais – V. Referências.

I. INTRODUÇÃO

Os tempos atuais têm sido marcados por um expansivo crescimento tecnológico, popularização do acesso à internet e uso exponencial de redes sociais. O símbolo dessa nova realidade geralmente cabe na palma da mão: *smartphones*, que revolucionaram as comunicações e as relações sociais.

O resultado desse novo contexto delineado a partir da conectividade e da tecnologia aproximou a sociedade de realidades futurísticas descritas em contos de ficção como os de Isaac Asimov. As "Leis da Robótica" apresentadas por Asimov no conto *Runaround* foram inclusive apontadas na Resolução do Parlamento Europeu de 16 de fevereiro de 2017, com recomendações à Comissão sobre disposições sobre direito civil e robótica, como parâmetro ético para o desenvolvimento de produtos de inteligência artificial ("IA")[1].

---

1. "T. Considerando que as Leis de Asimov têm de ser encaradas como dirigindo-se aos criadores, aos produtores e aos operadores de robôs, incluindo robôs com autonomia integrada e autoaprendizagem, uma vez que não podem ser convertidas em código de máquina" (UNIÃO EUROPEIA. *Resolução do Parlamento Europeu, de 16 de fevereiro de 2017, que contém recomendações à Comissão sobre disposições de Direito Civil sobre Robótica (2015/2103(INL))*. Disponível em: http://www.europarl.europa.eu/doceo/document/TA-8-2017-0051_PT.html?redirect).

Em paralelo ao avanço tecnológico e o constante desenvolvimento de produtos de IA, reforçou-se a necessidade de implementação de legislações nacionais específicas voltadas à proteção de dados pessoais. Embora a proteção de dados pessoais e a inteligência artificial sejam temas distintos que exigem tratamento específico, há pontos relevantes de intersecção entre ambos que demandam compreensão. A pesquisa ora apresentada está em um desses pontos de intersecção: a dimensão do corpo eletrônico, constituído pelo agrupamento de dados pessoais processados por algoritmos e coletados na dinâmica relação entre intimidade e extimidade nas redes sociais.

A análise parte do episódio *Be right back,* da segunda temporada de *Black Mirror*, que conta a história de um produto de IA desenvolvido para "reproduzir" a personalidade de pessoas já falecidas a partir de algoritmos de aprendizado alimentados com dados publicados pelo sujeito a ser imitado em redes sociais. Usuários que interagem com essa IA poderão fornecer mais informações não publicadas para aprimorar a performance, de modo a tornar a IA cada vez mais parecida com a pessoa falecida. Os dados de *input*, como se verá, são o que se associará mais adiante com a noção de "corpo eletrônico", ao passo que o *output* resulta na reprodução da personalidade como se a pessoa falecida pudesse ser equiparada a um software.

O problema de pesquisa é descrito metaforicamente[2], equiparando a personalidade remontada a partir de dados pessoais a um *software* e o corpo biológico a um *hardware* (suporte físico). A pergunta que se busca responder é se há limites – ou se eles de fato existem – para a reconstrução da personalidade de uma pessoa a partir das informações disponíveis sobre ela no mundo virtual (o seu corpo eletrônico) para criar um *software* à sua imagem e semelhança, possível inclusive de ser implantado em outra forma física diversa do corpo biológico, fazendo-a viver mesmo após a sua morte.

A pesquisa é empírica e lastreia-se no método indutivo. Para responder ao questionamento proposto, o artigo será desenvolvido em duas partes: na primeira, será explorada a intersecção entre o direito à privacidade (em especial, a intimidade), os dados pessoais e as fronteiras do corpo eletrônico. Na segunda parte, passa-se a abordar a visão da pessoa humana em linguagem informática, quando o corpo é

---

2. Conforme apontam Richards e Smart, "In designing and implementing new technologies, we must be mindful of the metaphors we use to understand the technologies. As these cases suggest, metaphors matter at several levels. At the conceptual-design level, designers of cutting-edge technologies frequently understand the problem or the solution in terms of something else. The metaphorical choice (either implicit or explicit) to design technology as a new version of an existing thing has real effects on how research questions are framed and pursued, expanding or limiting the range of possible results that can be tested and engineered. [...] in the context of robots, appropriate metaphors are particularly important. How we think about, understand, and conceptualize robots will have real consequences at the concept, engineering, legal and consumer stages. At the concept stage, how we think about robots (and their human operators) will affect their design." (RICHARDS, Neil M.; SMART, William D. How should law think about robots? In: CALO, Ryan; FROOMKIN, A. Michael; KERR, Ian (Org.). *Robot Law*. Cheltenham: Edward Elgar Publishing, 2016. p. 16).

equiparado a um *hardware* e a personalidade é transformada em um *software*. Ao final, serão apresentadas as conclusões.

II. DIREITO À PRIVACIDADE E AS FRONTEIRAS DO CORPO ELETRÔNICO

A. Intimidade, extimidade e os dados pessoais compartilhados na rede

A origem mais marcante do direito à privacidade tem como marco o artigo "*The Right to Privacy*", de Warren e Brandeis, publicado na Harvard Law Review em 1890[3]. Os autores, dois advogados americanos, defenderam a existência de um direito à privacidade que assegurava o direito de um indivíduo determinar em que extensão os seus pensamentos, sentimentos e produções intelectuais poderiam ser compartilhados com terceiros[4] e, essencialmente, o direito de ser "deixado só" (*right to be let alone*). A proteção à privacidade aparece, assim, com um forte traço individualista, caracterizada como um "direito negativo, como a exigência absoluta de abstenção do Estado na esfera privada individual para a sua garantia"[5].

Nesse sentido, a moldura original do direito à privacidade "identificava-se com a proteção à vida íntima, familiar, pessoal de cada ser humano [...], em essência, de um direito à intimidade"[6]. Conforme aponta Tércio Sampaio Ferraz Júnior, a intimidade constitui "o âmbito do exclusivo que alguém reserva para si, sem nenhuma repercussão social, nem mesmo ao alcance de sua vida privada que, por mais isolada que seja, é sempre um viver entre os outros (na família, no trabalho, no lazer em comum)"[7]. O autor destaca o "estar só" como atributo básico da intimidade, que está atrelada às informações mais íntimas sobre uma pessoa, que não são compartilhadas ou o são apenas com um núcleo exclusivo eleito pela pessoa.

O direito à privacidade integra o rol de direitos da personalidade e foi inserido no art. 21 do Código Civil, que trata da inviolabilidade da "vida privada da pessoa natural". Partindo de uma construção filosófica, Hannah Arendt adota um critério de "privatividade" para distinguir o espaço público do privado[8]. Para a filósofa, a esfera

---

3. Mas não se pode ignorar os estudos que localizam as origens, talvez não do direito, mas da privacidade, ou de um anseio de privacidade, nas origens animais do ser humano e posteriormente na Grécia Antiga. WESTIN, Alan F. *Privacy and freedom*. New York: Atheneum, 1967, p. 7.
4. WARREN, Samuel D.; BRANDEIS, Louis D. The Right to Privacy. *Harvard Law Review*, vol. 4, n. 5, dec. 1890, p. 193-220.
5. MENDES, Laura Schertel. *Privacidade, proteção de dados e defesa do consumidor*: linhas gerais de um novo direito fundamental. São Paulo: Saraiva, 2014, p. 29.
6. SCHREIBER, Anderson. *Direitos da Personalidade*. São Paulo: Atlas, 2014, p. 137.
7. FERRAZ JÚNIOR, Tércio Sampaio. Sigilo de dados: o direito à privacidade e os limites à função fiscalizadora do Estado. *Revista da Faculdade de Direito, Universidade de São Paulo*, v. 88, 1993, p. 442.
8. A construção filosófica de Arendt complementa a crítica de Jürgen Habermas à teoria das esferas estruturada por Ludwig Raiser, que distinguia os segmentos do direito privado em três camadas: a primeira era protagonizada pela autonomia privada e abrangia as relações de propriedade privada, casamento e laços familiares, por exemplo, demandando uma maior intervenção do Estado para tutela jurídica; a segunda abrangia as necessidades de "moradia, alimentação e vestuário a partir de uma perspectiva de troca comercial", compreendendo as "modernas relações de consumo", como aponta Cachapuz; a terceira, por fim, abrangeria "o tráfico econômico em sentido estrito, isto é, os negócios entabulados entre empresas,

da privacidade ou da vida privada "não é regida pela igualdade, nem pela discriminação, mas pela exclusividade"[9]. Assim, coexistem com essa esfera a social (marcada pelo princípio da discriminação) e a política (marcada pelo princípio da igualdade). No âmbito privado, a escolha de cada indivíduo "não é guiada por nenhum padrão ou regra objetivo –, mas recai, inexplicável e infalivelmente, numa pessoa pela sua singularidade, sua diferença de todas as outras pessoas que conhecemos"[10].

A extimidade se apresenta, de certo modo, como uma oposição à intimidade. O conceito é debatido na psicologia e na psicanálise e diz respeito, em apertada síntese, à exteriorização da intimidade[11]. A dicotomia entre a intimidade e a extimidade aparece com frequência em redes sociais, nas quais, no mais das vezes, os usuários acabam compartilhando informações que outrora teriam permanecido restritas à esfera privada com "amigos" da rede[12]. O resultado acaba sendo um enfraquecimento – para não se dizer a perda – da privacidade e a constante exposição do que antes era íntimo nas esferas social e política.

Zygmunt Bauman aponta, nesse sentido, a mudança do significado de "confissão", que, na modernidade, passa a referir-se à "exteriorização e afirmação de uma 'verdade interior', da autenticidade do 'self', alicerce da individualidade e da privacidade do indivíduo". Nessa "sociedade confessional", em que tudo é compartilhado (e reina, por isso, a extimidade), "a privacidade invadiu, conquistou e colonizou o domínio público – mas à custa da perda de seu direito ao sigilo"[13]. O fim do anonimato está diretamente relacionado com o constante compartilhamento de informações antes reservadas à esfera privada, disponibilizadas ao consumo público por tempo indeterminado, já que "a internet 'não pode ser forçada a esquecer' nada registrado em algum de seus inumeráveis servidores"[14].

---

por exemplo. Nas duas últimas camadas, a intervenção do Estado deveria ser mais restrita, apenas para fiscalizar o uso do poder, já que se pressupunha uma autossuficiência dos particulares. A teoria das esferas entrou em decadência e, como apontado por Cachapuz, "a adoção de um critério à separação do público e do privado, para fins jurídicos, só toma consistência se se propõe a resolver, frente ao caso concreto, a conformação de liberdades subjetivas". In: CACHAPUZ, Maria Cláudia. *Intimidade e vida privada no novo Código Civil brasileiro*: uma leitura orientada no discurso jurídico. Porto Alegre: Sérgio Antonio Fabris Editor, 2006, p. 101-104.

9. ARENDT, Hannah. *Responsabilidade e julgamento*. São Paulo: Companhia das Letras, 2004, p. 276.

10. Ibidem, p. 276.

11. "In Lacanian theory and the uses of this theory in critical psychology (e.g., Parker, 2004, 2005), the term extimacy refers primarily to the presence of exteriority in the intimacy, or deepest interiority, of the subject, and secondarily to the resultant nondistinction and identity of the exterior and the intimate or most interior. The term may also designate, in a noncritical psychological-psychoanalytical perspective (e.g., Tisseron, 2001), the human desire to show or exteriorize the intimate life". In: PAVÓN-CUÉLLAR, David. Extimacy. In: TEO, Thomas. (eds) *Encyclopedia of Critical Psychology*. Springer, New York, 2014. https://doi.org/10.1007/978-1-4614-5583-7_106.

12. Alan Westin chama a atenção de que o anseio do indivíduo por privacidade, aqui intimidade, nunca será absoluto, uma vez que a participação na sociedade também é um desejo poderoso equivalente. WESTIN, Alan F. *Privacy and freedom*. New York: Atheneum, 1967, p. 7.

13. BAUMAN, Zygmunt; LYON, David. *Vigilância Líquida*. Rio de Janeiro: Zahar, 2013, p. 33.

14. Ibidem, p. 28-29.

De fato, o avanço tecnológico impactou severamente a noção do que restou da "privacidade". As ameaças à privacidade já são outras – e talvez muito mais perigosas justamente pela sua sutileza[15]. Se alguma empresa questionar se pode instalar uma câmera dentro da casa de um consumidor, provavelmente causaria ultraje. Mas qual a efetiva diferença entre uma câmera e *cookies* que rastreiam a navegação *on-line* e permitem identificar os hábitos e preferências de alguém a partir de um dispositivo utilizado sem maiores preocupações?[16]

Quanto às mudanças que afetaram o perfil da privacidade, acrescenta-se a observação de Danilo Doneda:

> As demandas que agora moldam o perfil da privacidade são de outra ordem, relacionadas à informação pessoal e condicionadas pela tecnologia. A exposição indesejada de uma pessoa aos olhos alheios se dá hoje com maior frequência através da divulgação de seus dados pessoais do que pela intrusão em sua habitação, pela divulgação de notícias a seu respeito na imprensa, pela violação de sua correspondência – enfim, pelos meios outrora "clássicos" de violação da privacidade.[17]

Doneda também destaca a doutrina de Stefano Rodotá para lembrar que a alteração de interesses e valores relacionados à privacidade também promoveu uma alteração estrutural, deslocando-se do eixo "pessoa-informação-segredo" para o eixo "pessoa-informação-circulação-controle"[18].

Com efeito, o direito à privacidade há muito se distanciou da clássica associação à intimidade e ao direito de estar só. O avanço tecnológico impôs uma ampliação significativa do direito à privacidade, de modo a abranger também a proteção de dados pessoais. Essa mudança de paradigma afasta-se da privacidade enquanto uma liberdade *negativa*[19] para impor também condutas *positivas* e a necessidade de um reconhecimento internacional, já que o direito à privacidade "passou a ser considerado uma garantia de controle do indivíduo sobre as próprias informações e um pressuposto para qualquer regime democrático"[20]. Laura Schertel Mendes aponta ainda, nas pegadas da decisão do censo, de 1983, do Tribunal Constitucional Federal alemão, que a privacidade passou a significar também a possibilidade de que indiví-

---

15. Para um amplo panorama dessas sutilezas, ver o excelente livro de Carissa Véliz. VÉLIZ, Carissa. *Privacidade é poder*: porque e como você deveria retomar o controle de seus dados. Trad. Samuel Oliveira. São Paulo: Editora Contracorrente, 2021.

16. Nesse sentido, Schreiber comenta: "Mais sutil, mas não menos perigosa que a intromissão na intimidade doméstica de uma pessoa, é a sua exposição ao olhar alheio por meio de dados fornecidos ou coletados de forma aparentemente inofensiva, no preenchimento de um cadastro de hotel ou no acesso a um site qualquer da internet. O uso inadequado desses dados pessoais pode gerar diversos prejuízos ao seu titular." In: SCHREIBER, Anderson. *Direitos da Personalidade*. São Paulo: Atlas, 2014, p. 138.

17. DONEDA, Danilo. *Da privacidade à proteção de dados pessoais*. São Paulo: Revista dos Tribunais. Disponível em: https://proview.thomsonreuters.com/launchapp/title/rt/monografias/215543393/v3/page/XI. *E-book*.

18. Ibidem, *E-book*.

19. Ibidem, *E-book*.

20. MENDES, Laura Schertel. *Privacidade, proteção de dados e defesa do consumidor*: linhas gerais de um novo direito fundamental. São Paulo: Saraiva, 2014, 29.

duos tenham o controle sobre os próprios dados pessoais, a fim de decidir quando, como e onde esses dados devem circular[21].

Esse avanço também se observa pelo desenvolvimento geracional das legislações sobre proteção de dados pessoais. O marco mais relevante para o estudo da disciplina é a referida decisão do Tribunal Constitucional Federal Alemão, em que se reconheceu o direito fundamental à autodeterminação informativa, que significa, basicamente, o direito de um indivíduo decidir sobre a divulgação e o uso dos dados pessoais a si relacionados. Trata-se de um direito mais próximo de um direito da personalidade, não se verificando uma titularidade como se dá, por exemplo, com o direito de *propriedade*[22].

No Brasil, esse cenário impôs uma atualização legislativa – talvez tardia com relação ao panorama europeu, que já conta com legislações de proteção de dados pessoais desde a década de 1970[23] –, que culminou com a promulgação da Lei 13.709/2018 ("Lei Geral de Proteção de Dados Pessoais" ou "LGPD"), em grande parte inspirada na tradição europeia de proteção de dados. A relevância do tema também ensejou a aprovação da PEC 17/2019 pela Câmara dos Deputados, para incluir a proteção de dados pessoais no rol de direitos e garantias fundamentais do art. 5º da Constituição, bem como para estabelecer a competência privativa da União Federal para legislar sobre a matéria – atualmente, aguarda-se nova votação no Senado Federal[24]. O Congresso Nacional discute também a regulamentação para o uso de inteligência artificial, embora os textos legais discutidos, tanto o texto original do PL 21/2020 quanto o substitutivo aprovado em setembro de 2021 elenquem princípios e diretrizes genéricas com baixa chance de eficácia, além de não endereçarem com clareza temas relevantes como a responsabilidade civil e eventuais limites para o uso de produtos de IA. Há de se questionar, inclusive, acerca da pertinência da edição, neste momento, de uma regulamentação acerca da inteligência artificial, ou se não seria mais adequado amadurecer as discussões.

O histórico do direito à privacidade demonstra uma constante remodelação com mudanças significativas na sociedade. A dificuldade de se estabelecer espaços

---

21. Ibidem, p. 36.
22. MENKE, Fabiano. As origens alemãs e o significado da autodeterminação informativa. *Migalhas*, 2020. Disponível em: https://www.migalhas.com.br/coluna/migalhas-de-protecao-de-dados/335735/as-origens--alemas-e-o-significado-da-autodeterminacao-informativa. Sobre a inaplicabilidade da categoria do direito de propriedade aos dados pessoais, ver VÉLIZ, Carissa. *Privacidade é poder*: porque e como você deveria retomar o controle de seus dados. Trad. Samuel Oliveira. São Paulo: Editora Contracorrente, 2021, p. 112 e Roßnagel, A. Einleitung. In: ROßNAGEL, A. (Org.). *Handbuch Datenschutzrecht*: Die neuen Grundlagen für Wirtschaft und Verwaltung. Munique Beck Verlag, 2003, p. 8.
23. MAYER-SCHÖNBERGER, Viktor. Generational Development of Data Protection in Europe. In: AGRE, Philip E.; ROTENBERG, Marc (Org.). *Technology and Privacy*: The New Landscape. Cambridge: The MIT Press, 1997. p. 219-241.
24. Disponível em: https://www12.senado.leg.br/noticias/materias/2021/09/03/pec-que-inclui-a-protecao-de--dados-pessoais-na-constituicao-volta-para-o-senado. Acesso em: 10 out. 2021.

efetivamente privados[25] em um mundo globalizado e conectado e a nova delimitação da – talvez já inexistente – privacidade demonstra uma relação constante entre intimidade, dados pessoais e as esferas social e política. É nesse cenário misto e incerto que se insere o corpo eletrônico, cuja definição se passa a abordar.

B. A delimitação do corpo eletrônico

Os dados pessoais relacionados a determinada pessoa podem servir a diversos objetivos quando inseridos no fluxo informacional. O avanço da tecnologia e o desenvolvimento de técnicas que permitem a formação de perfis de indivíduos a partir das suas informações são objeto de grande preocupação, na medida em que podem afetar diretamente o pleno exercício da autodeterminação informativa por titulares de dados pessoais. Anderson Schreiber aponta que a reunião de um conjunto de informações relacionadas a mesma pessoa permite classificar as informações a partir de critérios estabelecidos com a finalidade de criar perfis destinados a orientar decisões estratégicas, seja de entidades do setor público, seja de empresas privadas[26].

Da precisão com que análises de dados pessoais permite identificar titulares de dados e preferências decorre a noção de que esse conjunto de dados figura como uma verdadeira representação virtual da pessoa, isto é, uma extensão do indivíduo em uma dimensão diversa da física. É esse conjunto de dados que constitui a figura do "corpo eletrônico" referida por Stefano Rodotá no livro "El derecho a tener derechos". Conforme explica o autor, o corpo eletrônico:

> está formado por un conjunto de informaciones que afectan a un sujeto, pero que, cuando salen al exterior, se transforman: se distribuyen por el mundo, quedan a disposición de una multiplicad de sujetos los cuales, a su vez, contribuyen a la definición de las identidades de otro, construyendo y difundiendo perfiles individuales, de grupo, sociales.[27]

Embora a expressão "corpo eletrônico" não seja replicada, o seu significado aparece em outras importantes obras sobre proteção de dados pessoais. Para Doneda, por exemplo, os dados pessoais estruturados de tal forma a se assemelharem a uma representação virtual da pessoa podem ser denominados por "avatar":

> Nossos dados, estruturados de forma a significarem uma representação virtual – um avatar – de nós mesmos, são cada vez mais o principal fator levado em conta na avaliação de uma concessão

---

25. Stefano Rodotá aponta que a dificuldade de estabelecer fronteiras "es bastante evidente cuando se transfieren, por ejemplo, a la esfera pública hechos y comportamientos que antes estaban en la esfera privada: se verifica una menor y diferente «expectativa de privacidad», por un lado por razones conexas a una cualidad del sujeto (persona «pública», colocada por tanto en un espacio diferente a aquel en el que se hallan las personas «comunes»), por otro por la naturaleza misma de la información (es decir, por una cualidad suya «objetiva», no determinada por el sujeto al que se refieren)." In: RODOTÁ, Stefano. *El derecho a tener derechos*. Trad. José Manuel Revuelta. Madrid: Editorial Trotta, 2014, p. 34.

26. SCHREIBER, Anderson. *Direitos da Personalidade*. São Paulo: Atlas, 2014, p. 139.

27. RODOTÁ, Stefano. *El derecho a tener derechos*. Trad. José Manuel Revuelta. Madrid: Editorial Trotta, 2014, p. 34.

de crédito, na aprovação de um plano de saúde, na obtenção de um emprego, na passagem pela migração em um país estrangeiro, entre tantos outros casos.[28]

Já Daniel Solove chama o banco de dados que reconstrói a pessoa natural de "pessoa digital"[29]. A pessoa digital vem acompanhada de um paradoxo: apesar de os bancos de dados serem formados por uma extensa gama de informação sobre a vida das pessoas, são limitados, porque falham em capturar quem as pessoas realmente são. Nesse sentido, Solove dá o exemplo de um dado sobre uma prisão ocorrida nos anos 1970: esse dado pode tanto decorrer de desobediência civil, em prol de uma causa justa, quanto de um crime cometido no passado. O dado "prisão" é incapaz de dizer os motivos e circunstâncias em que se deu a prisão e, portanto, embora diga algo sobre a pessoa, essa informação acaba distorcida ou incompleta.

Afora a incompletude da pessoa digital que resulta da combinação de dados pessoais, David Lyon e Zygmunt Bauman apontam para o problema da "adiaforização", refletido na dissociação entre os sistemas e processos e "qualquer consideração e caráter moral"[30]. Ou seja, apesar de não refletirem a completude dos fatos (ou da nossa personalidade), nossos dados são utilizados sem que haja uma obrigação moral que norteie a finalidade desse uso. Essa imagem "neutra" dos dados acaba sendo mais confiável que o próprio sujeito. A passagem abaixo é bastante elucidativa quanto ao ponto:

> Outro ângulo da adiaforização em termos de vigilância é a forma como dados do corpo (dados biométricos, DNA) ou por ele desencadeados (por exemplo, situações em que se faz um login, usa-se um cartão de acesso ou mostra-se a identidade) são sugados para bases de dados a fim de serem processados, analisados, concatenados com outros dados e depois cuspidos de volta como 'replicação de dados'. As informações que fazem as vezes da pessoa são constituídas de 'dados pessoais' apenas no sentido de que se originaram em seu corpo e podem afetar as suas oportunidades e escolhas existenciais. A 'replicação e fragmentação de dados' tende a inspirar mais confiança que a própria pessoa – que prefere contar sua própria história. Os designers de software dizem que estão simplesmente 'lidando com dados', de modo que seu papel é 'moralmente neutro' e suas avaliações e distinções são apenas 'racionais'.[31]

O resultado das mutações impostas à personalidade humana, que não mais emana exclusivamente do corpo físico, é a necessidade de se repensar a tutela da pessoa em dimensões distintas, quais sejam, a real e a virtual. É importante considerar, porém, que a pessoa "digital" não é inteiramente dissociada da pessoa "real"; pelo contrário, são "personalidades" que habitam dimensões distintas, mas estão interrelacionadas e podem afetar diretamente uma a outra. Rodotá aponta, nesse sentido, que o corpo

---

28. DONEDA, Danilo. *Da privacidade à proteção de dados pessoais*. São Paulo: Revista dos Tribunais. Disponível em: https://proview.thomsonreuters.com/launchapp/title/rt/monografias/215543393/v3/page/XI. *E-book*. Acesso em: 10 out. 2021.
29. SOLOVE, Daniel. *The digital person*: technology and privacy in the information age. New York: New York University, 2004, p. 49.
30. BAUMAN, Zygmunt; LYON, David. *Vigilância Líquida*. Rio de Janeiro: Zahar, 2013, p. 15.
31. Ibidem, p. 15.

físico é também afetado pela dimensão virtual da pessoa, especialmente porque as suas fronteiras já não mais existem de forma clara:

> Este juego interno/externo acaba afectando incluso al mismo cuerpo físico. La unidad física, el perímetro delineado por la piel, ya no define el espacio del cuerpo, pues este se dilata en otra cosa que exige un constante y paciente trabajo de reconocimiento: ¿quién gobierna las partes del cuerpo situadas en ese «otro lugar», constituido por los bancos de sangre, el cordón umbilical, los gametos, los embriones, las células, los tejidos? ¿Diríamos que es el cuerpo el que ocupa el mundo? [32]

Talvez o exemplo mais palpável dessa afetação do corpo eletrônico com relação ao corpo físico seja o perfilamento. Basan e Faleiros comentam que "organismos sociais, públicos ou privados, reconhecem e classificam as pessoas por meio de códigos computadorizados, e com base neles são tomadas decisões que afetam a personalidade e, em última análise, a própria vida desses sujeitos"[33]. O resultado desse processamento muitas vezes pode ser a formação de estereótipos e padrões enviesados que fundamentam decisões relevantes na vida privada e no convívio social. Cathy O'Neill traz alguns exemplos de como decisões automatizadas treinadas a partir de dados pessoais equivocada ou irrefletidamente selecionados afetaram avaliações de professores universitários, rankings educacionais, seleções de emprego e o próprio processo democrático estadunidense[34].

Nesse conturbado e ainda pouco compreendido cenário de "duplicação" da personalidade, Basan e Faleiros apontam que "o corpo eletrônico da pessoa, enquanto conjunto de dados pessoais que compõe a sua existência eletrônica, deve ser protegido tanto quanto o próprio corpo físico, sob pena de impedir a autodeterminação informática como vetor da liberdade substancial"[35]. A nosso ver, a compreensão do corpo eletrônico vai além da autodeterminação informativa: ela diz respeito, ao fim e ao cabo, ao exercício da autonomia e à própria dimensão existencial da pessoa.

Em tempos normais, lembra-nos José Saramago que "cada um de vós tem a sua própria morte, transporta-a consigo num lugar secreto desde que nasceu, ela pertence-te, tu pertences-lhe"[36]. Por isso, "As mortes de cada um são mortes por assim dizer de vida limitada, subalternas, morrem com aquele a quem mataram, mas acima delas haverá outra morte maior, aquela que se ocupa do conjunto dos seres humanos desde o alvorecer da espécie, Há portanto uma hierarquia"[37]. A memória dos servidores da Internet e os algoritmos de aprendizagem que processam dados pessoais e replicam perfis virtuais afetam o histórico equilíbrio entre existência e esquecimento, intimidade e convívio social. O corpo virtual não morre com o corpo biológico, de

---

32. Ibidem, p. 34.
33. BASAN, Arthur Pinheiro; FALEIROS JÚNIOR, José Luiz de Moura. A tutela do corpo eletrônico como direito básico do consumidor. São Paulo: *Revista dos Tribunais*, v. 1021/2020, p. 133-168.
34. O'NEILL, Cathy. *Weapons of Math Destruction*: how big data increases inequality and threatens democracy. New York: Crown, 2016.
35. BASAN, Arthur Pinheiro; FALEIROS JÚNIOR, José Luiz de Moura. Op. cit.
36. SARAMAGO, José. *As intermitências da morte*. São Paulo: Companhia das Letras, 2017, p. 73.
37. Ibidem, p. 73.

modo que já não é mais possível afirmar que a morte pertence ao próprio morto, que continua "vivo" em uma dimensão na qual não exerce autonomia.

É sob essa perspectiva que passamos a analisar, na segunda parte do artigo, a pessoa humana em linguagem informática.

III. A PESSOA HUMANA EM LINGUAGEM INFORMÁTICA: REFLEXÕES A PARTIR DE *BE RIGHT BACK*

A. Dados pessoais, inteligência artificial e a perspectiva de *Be right back*

Antes de analisar o episódio de Black Mirror, convém apresentar alguns conceitos essenciais para a discussão proposta na segunda parte deste artigo.

O primeiro deles é o de inteligência artificial, definida por Silvia Dias Alabart como *"una ciencia que trata de estudiar el comportamiento inteligente a través de modelos matemáticos"*[38]. Hoffmann-Riem complementa que a IA refere-se à tentativa de reproduzir, artificialmente, programas capazes de tomar decisões à semelhança dos humanos, isto é, de programar um computador "usando as chamadas redes neurais, de tal forma que possa processar os problemas da maneira mais independente possível e, se necessário, desenvolver ainda mais os programas utilizados"[39].

O desenvolvimento da IA está associado ao desenvolvimento de algoritmos. O conceito de algoritmo é antigo e nada mais é que uma sequência de instruções. Quando escritos em linguagem de máquina, os algoritmos podem ser lidos por programas de computador, que executam determinadas tarefas. A inteligência artificial está baseada em algoritmos complexos de aprendizagem[40], "programados não só para resolver problemas específicos, mas também para aprender como os problemas são

---

38. ALABART, Silvia Díaz. *Robots y Responsabilidad Civil*. Madrid: Reus, 2018, p. 14.
39. HOFFMANN-RIEM, Wolfgang. *Teoria geral do direito digital*: transformação digital: desafios para o direito. Trad. Italo Fuhrmann. Rio de Janeiro: Forense, 2021, p. 14.
40. A noção de "aprendizado de máquina" foi esboçada ainda em 1950 pelo britânico Alan Turing. No artigo "Computing Machinery and Intelligence", Turing se propôs a responder se máquinas poderiam "pensar", partindo da hipótese do chamado "Jogo da Imitação". As máquinas deveriam ser desenvolvidas para imitar o comportamento humano, de tal modo a enganar um observador quando postas lado a lado com uma pessoa humana. Turing apontou que uma "learning machine" poderia ser desenvolvida e ensinada pelo seu programador à semelhança do ensino dado às crianças, em uma programação diversa da computação tradicional, em que o programa de computador leria algoritmos predefinidos passo a passo. Turing indicou que "[t]his object can only be achieved with a struggle. The view that "the machine can only do what we know how to order it to do" appears strange in face of this. Most of the programmes which we can put into the machine will result in its doing something that we cannot make sense (if at all, or which we regard as completely random behavior)." (TURING, Alan M. COMPUTING MACHINERY AND INTELLIGENCE. *Mind, New Series*, [s.l.], v. 59, n. 236, 1950, p. 459). O desenvolvimento de máquinas inteligentes a partir da *ação* de imitar o comportamento humano é uma das possíveis definições para "inteligência artificial" indicadas por Russell e Norvig – os autores também apontam que a IA pode resultar (1) de um *pensar* (raciocínio) que imita o comportamento humano; (2) de um modo de *agir* racional; ou (3) de um *pensar* racional, sendo estes dois últimos relacionados à matemática e à engenharia e os dois primeiros (no que se inclui o modelo de Turing), decorrentes da ciência empírica e hipóteses de confirmação experimental (RUSSELL, Stuart Jonathan; NORVIG, Peter. *Artificial Intelligence*: a modern approach. New Jersey: Prentice Hall, 1995, p. 5).

resolvidos", o que significa que devem "ser capazes de se desenvolver independentemente da programação humana"[41].

O "combustível" para que algoritmos de IA aprendam e tomem decisões está nos dados processados. Os dados são "entendidos como sinais ou símbolos de mensagens que podem ser formalizados e (arbitrariamente) reproduzidos e facilmente transportados com a ajuda de meios técnicos adequados"[42]. Quando esses dados entram em processos de comunicação, podem ser transformados em "informação". Esse processo de comunicação pode ter como interlocutores apenas humanos, humanos e máquinas ou apenas máquinas[43]. Por fim, quando a informação estiver relacionada a pessoa natural identificada ou identificável, será considerada "dado pessoal", conforme art. 5º, I, da LGPD.

Por óbvio, sistemas de IA não aprenderão com bancos de dados escassos. É nesse ponto que ganha relevância a noção de *Big Data*, geralmente identificada a partir de cinco características: expressivo volume de dados; grande variedade (tipos, qualidade, forma de coleta, armazenamento e acesso) de dados; velocidade de processamento, veracidade e valor dos dados (relacionado à possibilidade de utilização dos dados para diferentes atividades)[44]. A partir da análise de *Big Data* (chamada de *Big Data Analytics*) é possível otimizar e ampliar o uso de dados em diferentes setores, o que é potencializado pelo uso de inteligência artificial[45].

Em razão disso, é comum encontrar textos equiparando dados pessoais ao petróleo ou ao gás natural[46]. Hoffmann-Riem[47] afasta essa equiparação, pois, ao contrário do petróleo ou do gás natural, dados pessoais (*i.*) não são recursos limitados (na verdade, estão em constante expansão); (*ii.*) existem em praticamente todo lugar e podem ser obtidos e armazenados facilmente; (*iii.*) há diversas "refinarias" que processam dados brutos e os transformam em conhecimento e poder, que pode ser utilizado não apenas no mercado econômico, mas também em qualquer área social; (*iv.*) os mesmos dados podem ser otimizados com outros "refinamentos" e podem servir de matéria prima para o "refinamento" de outros dados; (*v.*) dados não são "consumidos"; podem ser sempre reaproveitados, embora corram o risco de se tornarem desatualizados.

A noção de dados pessoais como "matéria prima" é também apontada por Shoshana Zuboff. A autora destaca que a expressão "se for de graça, então o produto

---

41. HOFFMANN-RIEM, Wolfgang. Op. cit., p. 15.
42. Ibidem, p. 13.
43. Ibidem, p. 14.
44. Ibidem, p. 17.
45. Ibidem, p. 18.
46. Nesse sentido, e fugindo das abordagens mais usuais, conferir Dennis Hirsch, que traça a analogia dos dados pessoais com o petróleo para fins de ilustrar a similitude dos nefastos efeitos dos danos quando da ocorrência de vazamentos de dados pessoais e do petróleo. HIRSCH, Dennis D. The glass house effect: Big Data, the new oil, and the power of analogy. *Maine Law Review*, v. 66, 2013.
47. Ibidem, p. 19-21.

é você"[48] é incorreta, porque os dados são "os objetos de uma operação de extração de matéria-prima tecnologicamente avançada e da qual é cada vez mais impossível escapar". Ou seja, a informação relacionada a alguém, por si só, não é o produto; o produto é o resultado de uma combinação de informações, já que "[o]s verdadeiros clientes do capitalismo de vigilância são as empresas que negociam nos mercados de comportamento futuro"[49].

Como uma versão "virtual" da personalidade, o corpo eletrônico é capaz de subsistir mesmo após o falecimento da pessoa. O resultado da combinação de dados pessoais disponíveis no ambiente virtual pode, a depender da quantidade de informação disponível, representar uma verdadeira "duplicação" da personalidade na dimensão virtual. Nesse contexto, poderia a personalidade "virtual" ser reproduzida em um robô? Na construção metafórica apresentada no início deste trabalho, propõe-se a equiparação da personalidade virtual a um software e do corpo humano a um "hardware", isto é, ao suporte físico onde o "software" é instalado. A ideia surgiu do primeiro episódio da segunda temporada de *Black Mirror*, que merece uma breve contextualização – com o perdão de *spoilers* aos leitores que ainda não o tenham assistido.

Be right back conta a história de um jovem casal: Ash e Martha. Ash é um usuário frequente de redes sociais e registra boa parte das suas opiniões e momentos da vida privada em *tweets* e posts no Facebook e Instagram. Em uma viagem a trabalho, ele sofre um acidente e morre.

Ainda no velório de Ash, uma amiga comenta com Martha que ele seria o candidato perfeito para um produto de inteligência artificial ("IA") desenvolvido para reproduzir a personalidade de pessoas falecidas a partir de informações disponíveis em suas redes sociais. As informações sobre Ash seriam inseridas em um programa de computador baseado em algoritmos com capacidade de aprendizado, de modo que as interações futuras do produto de IA "aprenderiam" com o comportamento externado por Ash no mundo virtual e agiriam de forma semelhante.

De início, Martha resiste à ideia. A amiga, porém, a inscreve contra a sua vontade no programa, e Martha recebe um e-mail em que o remetente se identifica como Ash. Atordoada pelo luto e vendo-se sozinha com a recém-descoberta gravidez da primeira filha do casal, Martha aos poucos se rende às conversas por e-mail, que avançam, após o *upload* de áudios e vídeos do Ash-real, para conversas telefônicas. O clímax da interação de Martha com o produto de IA é atingido quando ele sugere que ela compre um corpo artificial que toma a forma do Ash-real a partir

---

48. A expressão é utilizada há anos para tratar da relação das redes sociais e funcionalidades *online* com a sociedade e também é mencionada no documentário "*The Social Dilemma*", produzido pela Netflix. Sobre o assunto, ver: https://www.forbes.com/sites/marketshare/2012/03/05/if-youre-not-paying-for-it-you-become-the-product/#2aecf9945d6e. Acesso em: 10 out. 2021.

49. ZUBOFF, Shoshana. *A era do capitalismo de vigilância*: a luta por um futuro humano na nova fronteira do poder. Trad. George Schlesinger. Rio de Janeiro: Intrínseca, 2020, p. 22.

das imagens capturadas das fotos e vídeos e o reproduz no mundo real. É assim que Ash vira um *androide*.

Quanto mais informações sobre o Ash-real são fornecidas ao programa de IA, mais parecido o software fica com a pessoa.

O convívio com o androide mostra a Martha, porém, que a inteligência artificial é limitada. Os traços da personalidade do Ash-artificial e as suas ações ficam restritas às informações publicadas pelo Ash-real nas redes sociais ou disponibilizadas por Martha a partir dos e-mails e fotografias salvas no celular. As imperfeições do Ash-real e a sua espontaneidade não registrada na nuvem são desconhecidas pelo androide. Isso é lembrado em um momento em que o androide comenta para Martha que é mais bonito que o Ash-real, já que as fotos disponibilizadas para reproduzir a sua aparência são apenas de seus melhores momentos. Lembranças cotidianas, como gírias criadas por Ash e Martha, não são compreendidas pelo Ash artificial, que tampouco reconhece a cunhada que, de surpresa, visita Martha durante o luto.

São pequenos detalhes que fazem Martha perceber que o androide não será capaz de reproduzir o namorado falecido. Afinal, algoritmos de aprendizagem conferem aos produtos de IA a capacidade de aprender, mas não a de *pensar*. E é nesse ponto que reside o obstáculo supostamente intransponível entre a artificialidade e a realidade. Como lembra Hannah Arendt,

> pensar e lembrar, dissemos, é o modo humano de deitar raízes, de cada um tomar seu lugar no mundo a que todos chegamos como estranhos. O que em geral chamamos de uma pessoa ou uma personalidade, distinta de um mero ser humano ou de um ninguém, nasce realmente desse processo do pensamento que deita raízes.[50]

Ou seja, por mais perfeitos que sejam os traços físicos da máquina, seus algoritmos não a tornam uma pessoa – ao menos não *a priori*[51]. Ao perceber isso, Martha desiste de recriar uma versão artificial de Ash e pede ao androide que se atire de um penhasco, ao que ele sinaliza obedecer. Martha se frustra e questiona se a máquina é incapaz até mesmo de implorar pela própria vida. De fato, falta ao Ash-artificial a característica que Robert Alexy e Alfonso Garcia Figueroa denominam de reflexividade volitiva, isto é, a capacidade de reger o próprio comportamento mediante atos de vontade, com autodomínio[52]. O androide então implora pela própria vida; o episódio termina no aniversário da filha de Martha, que sobe ao sótão para levar ao Ash-artificial um pedaço de bolo.

---

50. ARENDT, Hannah. *Responsabilidade e julgamento*. São Paulo: Companhia das Letras, 2004. p. 166.
51. Nesse sentido, remetemo-nos às reflexões partilhadas por Alexy e Figueroa ao analisar a possibilidade de se reconhecer o androide "Data", da série americana de ficção *Star Trek,* como uma pessoa: ALEXY, Robert; FIGUEROA, Alfonso G. *Star Trek y los derechos humanos*. Valencia: Tirant lo Blanch, 2007.
52. ALEXY, Robert; FIGUEROA, Alfonso G. *Star Trek y los derechos humanos*. Valencia: Tirant lo Blanch, 2007, p. 98.

B. A "softwarização" da personalidade (e o corpo como um *hardware*)

Como indicado acima, algoritmos são lidos por um "programa"[53] ou um "*softwa-re*"[54] que estará abrigado em um suporte físico, denominado *hardware*. Além disso, um produto de IA pode aparecer apenas como um software que roda em um computador ou *smartphone*, ou na forma de um robô. Nesse sentido, Richards e Smart explicam que um robô é uma máquina que se move pelo mundo, isto é, apresenta ação física e mental e parece tomar decisões racionais, mas não está vivo no sentido biológico. Essa definição de robô, Segundo os autores, "*excludes wholly software-based artificial intelligences that exert no agency in the physical world*"[55]. Além disso, robôs podem ser remotamente controlados por seres humanos ou por programas de computador inteligentes; a IA está presente apenas no segundo grupo.

Em *Be right back*, o Ash-artificial apareceu nas duas formas descritas acima: primeiro, na forma exclusiva de um software que interagia a partir de e-mails ou chamadas telefônicas. Depois, "evoluiu" para um androide (robô com forma humana), cujos movimentos eram controlados pela inteligência artificial treinada a partir do processamento dos dados pessoais de Ash. Nesse segundo momento, o "corpo eletrônico" de Ash, aprimorado por informações adicionais disponibilizadas por Martha, serviu de subsídio para a implantação da personalidade replicada em uma nova forma física (construída, no caso, à imagem e semelhança do corpo biológico do falecido).

O episódio suscita discussões diversas e pode servir de parâmetro para debates sobre uma variada gama de assuntos, a começar pelos contornos da chamada "herança digital" e a clonagem, como já abordado em artigo escrito por Laleska Rigatto Walder[56]. Um ponto interessante levantado pela autora diz respeito ao art. 6º do Código Civil: "a existência da pessoa natural termina com a morte". A regra leva ao

---

53. A definição de "programa de computador" aparece no art. 1º da Lei 9.609/98, também conhecida como Lei do Software: "Programa de computador é a expressão de um conjunto organizado de instruções em linguagem natural ou codificada, contida em suporte físico de qualquer natureza, de emprego necessário em máquinas automáticas de tratamento da informação, dispositivos, instrumentos ou equipamentos periféricos, baseados em técnica digital ou análoga, para fazê-los funcionar de modo e para fins determinados".

54. Conforme Ian Sommerville, "Muitas pessoas pensam que software é simplesmente outra palavra para programas de computador. No entanto, quando falamos de engenharia de software, não se trata apenas do programa em si, mas de toda a documentação associada e dados de configurações necessários para fazer esse programa operar corretamente. Um sistema de software desenvolvido profissionalmente é, com frequência, mais do que apenas um programa; ele normalmente consiste em uma série de programas separados e arquivos de configuração que são usados para configurar esses programas. Isso pode incluir documentação do sistema, que descreve a sua estrutura; documentação do usuário, que explica como usar o sistema; e sites, para usuários baixarem a informação recente do produto" (SOMMERVILLE, Ian. *Engenharia de software*. 9. ed. São Paulo: Pearson Prentice Hall, 2011, p. 3). A despeito dessa distinção técnica, adotaremos, no texto, o termo "software".

55. RICHARDS, Neil M.; SMART, William D. How should law think about robots? In: CALO, Ryan; FROOMKIN, A. Michael; KERR, Ian (Org.). *Robot Law*. Cheltenham: Edward Elgar Publishing, 2016. p. 6.

56. WALDER, Laleska Rigatto. Be right back – a incidência do direito no pós-mortem e o reflexo obscuro da sociedade digital. São Paulo: *Fronteiras Interdisciplinares do Direito*, v. 1, n. 1, 2019, p. 152-177. Disponível em: https://doi.org/10.23925/2596-3333.2019v1i1a9. Acesso em: 10 out. 2021.

questionamento acerca da extensão de sua eficácia aos direitos da personalidade e de se nesse contexto vigora ou não o brocardo *mors omnia solvit* (a morte tudo resolve). Trata-se de relevante discussão existente no âmbito da dogmática dos direitos da personalidade[57].

E, nesta seara, nos parece que a posição mais adequada é a de que a regra do art. 6º do Código Civil deverá ser aplicada não de forma absoluta, mas de modo a reconhecer que em determinadas hipóteses se faz necessária a tutela da personalidade humana mesmo após a morte[58].

A questão é que a tutela do corpo eletrônico afeta tanto a vida biológica quanto a agora criada vida artificial ou virtual. Não é mais possível dizer que a existência cessa com a morte natural, porque ainda há que se decretar a "morte virtual". E ainda em vida, a existência da pessoa em dimensões paralelas talvez exija mais do que o direito fundamental à autodeterminação informativa. Para fins de tutela jurídica do corpo virtual, não basta garantir aos titulares de dados pessoais o conhecimento sobre o que é feito com seus dados pessoais. Há bases legais que justificam o tratamento de dados independentemente do consentimento, como é o caso do legítimo interesse, cumprimento de obrigação legal ou regulatória do controlador, execução de políticas públicas e realização de estudos, por exemplo (art. 7º, II, III, IV e IX, LGPD). Além disso, é possível reconstruir informações pessoais a partir da combinação de dados, obtendo-se informações que o titular de dados nem sequer imagina que estejam no poder de terceiros. Um caso paradigmático da vida real é o da *Target*, que descobriu a gravidez de uma adolescente a partir da análise das compras realizadas por ela em um período específico antes mesmo de ela contar para a sua família[59].

Assim, até que ponto a proteção de dados e o controle sobre a divulgação e uso de informações assegura uma tutela efetiva do corpo eletrônico?

A história do Ash-artificial também confirma o alerta de Solove[60] de que a simples reprodução ou combinação de dados não reconta a história completa, mas permite visualizar a precisão com que algoritmos de aprendizado podem replicar o comportamento humano. Por mais que ainda não tenhamos serviços semelhantes ao que é retratado na ficção criada em *Black Mirror*, as recomendações que recebemos a

---

57. Ver, por todos, RIBEIRO, Ney Rodrigo Lima. Direito à proteção de pessoas falecidas. In: MIRANDA, Jorge; RODRIGUES JUNIOR, Otavio Luiz; FRUET, Gustavo Bonato (Org.). *Direitos da Personalidade*. São Paulo: Atlas, 2012, p. 424-462.

58. Na linha do defendido, RIBEIRO, Ney Rodrigo Lima. Direito à proteção de pessoas falecidas. In: MIRANDA, Jorge; RODRIGUES JUNIOR, Otavio Luiz; FRUET, Gustavo Bonato (Org.). *Direitos da Personalidade*. São Paulo: Atlas, 2012, p. 443-445. O autor menciona hipóteses em que a regra incidirá de forma a dela se extrair efetivamente a consequência de extinção de relações a partir da morte, como nos casos de contratos personalíssimos (mandato, prestação de serviços), de vínculos conjugais e de regime matrimonial, bem como do poder familiar.

59. HILL, Kashmir. *How Target figured out a teen girl was pregnant before her father did*. Disponível em: https://www.forbes.com/sites/kashmirhill/2012/02/16/how-target-figured-out-a-teen-girl-was-pregnant-before--her-father-did/?sh=5f55a9026668. Acesso em: 12 set. 2021.

60. SOLOVE, Daniel. *The digital person*: technology and privacy in the information age. New York: New York University, 2004, p. 49.

partir da análise do nosso comportamento online já nos dão uma prévia do que pode ocorrer com a aprimoração do processamento de dados no futuro.

Nesse sentido, Cristiano Colombo e Eugênio Facchini Neto apontam que o uso inadequado de dados que compõem o corpo eletrônico pode acarretar dano estético aos titulares se causar a deformação das suas feições, isto é, na "forma pela qual nos apresentamos e somos identificados no mundo virtual"[61]. Com efeito, o corpo eletrônico abrange direitos de personalidade e pode ser lesado por decisões automatizadas enviesadas, por exemplo.

A metáfora da "softwarização" da personalidade serve não apenas para o *post mortem*. Há "softwares" que podem ser instalados em mais de um dispositivo. O que se busca demonstrar, a partir da comparação proposta em termos informáticos, é que a personalidade virtual não pode ser vista de forma dissociada da personalidade que emana do corpo biológico – a qual a princípio e para certos e determinados efeitos cessa com a morte natural. O avanço tecnológico permite, hoje, manter uma sobrevida da personalidade que independe da vida biológica. A questão é que o fenômeno que Zuboff denomina de "capitalismo de vigilância" não assegura uma autonomia plena aos indivíduos nos dois planos – o real e o virtual.

Socorrendo-nos novamente da metáfora informática, o que se sugere é que seja feito um esforço para "sincronizar" a tutela jurídica hoje assegurada à personalidade real para a personalidade virtual, bem como que sejam discutidas algumas ideias sobre o uso desta última, respeitando-se limites morais. A "softwarização" da personalidade parece-nos ser já irreversível. Nossos avatares já "circulam" nas plataformas digitais e sistemas informáticos utilizados inclusive por governos. Nosso acesso ao crédito e a seleções de emprego já considera decisões automatizadas e o *Big Data Analytics*.

O estabelecimento de parâmetros éticos para o uso de inteligência artificial e a implementação e execução de direitos e garantias hoje assegurados pelas legislações de proteção de dados pessoais serão fundamentais para impor limites mínimos ao uso de dados e ao que aqui tratamos como "softwarização" da personalidade. O processamento de dados a partir de técnicas de *privacy by design* e *prvacy by default* é um bom começo, mas também é necessário compreender o alcance dado às decisões automatizadas para a formação de perfis (o art. 20 da LGPD retirou o direito de se postular uma revisão por pessoa natural, por exemplo, "automatizando" por completo a explicação de decisões automatizadas).

Outro tema espinhoso que toca o fenômeno da "softwarização" da personalidade é o término do tratamento de dados pessoais. Curiosamente, o art. 15 da LGPD não prevê expressamente o término do tratamento de dados pessoais em caso de morte

---

61. COLOMBO, Cristiano; FACCHINI NETO, Eugênio. "Corpo elettronico" como vítima em matéria de tratamento de dados pessoais: responsabilidade civil por danos à luz da Lei de Proteção de Dados Brasileira e dano estético no mundo digital. In: *Direito, governança e novas tecnologias II*. Organização: Conpedi/Unisinos. Coord.: CELLA, José Renato Gaziero; BOFF, Salete Oro; OLIVEIRA, Júlia Francieli Neves de. Florianópolis: CONPEDI, 2018, p. 81.

do titular. Deveríamos começar a pensar em dispor em testamento sobre isso, para aplicação analógica do art. 15, III, da LGPD? E no caso de ausência de disposição testamentária, cabe a questão da disposição dos dados após a morte, o que novamente toca no debate da herança digital[62]. De todo modo, a tutela da personalidade deve se dar também em vida, permitindo a cessação do tratamento de dados também quando implicar em lesão à personalidade virtual.

De outro lado, talvez ainda seja possível evitar a visão do corpo biológico como um simples *hardware*: a personalidade precisa ser compreendida como algo individual e vinculado à existência da pessoa, à sua vida natural. O tratamento de dados pelos setores públicos e privados deve assegurar um protagonismo aos titulares dos dados processados, em vida e após a morte. Porém, os direitos e garantias fundamentais associados à proteção de dados pessoais serão suficientes para isso?

IV. CONSIDERAÇÕES FINAIS

A abordagem do tema nos convida a diversas reflexões e nos traz perplexidades. Devemos evitar a visão do corpo como um simples "hardware" que abriga a nossa personalidade real, que, por sua vez, é a fonte da nossa personalidade virtual? A compreensão da questão parece ser o décimo terceiro trabalho de Héracles – embora se assemelhe à luta do herói com a Hidra de Lerna: a cada cabeça cortada, surgem outras vinte em seu lugar.

Como se viu, a temática suscita ainda relevantes questões que propiciam a releitura de categorias dogmáticas, como a do fim da personalidade jurídica da pessoa natural e a sua relação com os direitos da personalidade. Agita, também, o debate acerca da denominada herança digital e sobre a disponibilidade das informações relacionadas à pessoa falecida, que restam por formar o acervo digital que reflete a sua personalidade com aptidão de reprodução para depois de sua morte.

Espera-se que os aspectos trazidos no âmbito dessa discussão possam lançar luzes para fomentar o debate, e, ao fim, viabilizar o encontro de soluções razoáveis que preservem os valores fundamentais da pessoa humana, que são tão caros à nossa sociedade.

V. REFERÊNCIAS

ALABART, Silvia Díaz. *Robots y Responsabilidad Civil*. Madrid: Reus, 2018.

ALEXY, Robert; FIGUEROA, Alfonso García. *Star Trek y los derechos humanos*. Valencia: Tirant lo Blanch, 2007.

---

62. Ver o excelente trabalho de Karina Nunes Fritz acerca da discussão de se as famílias podem ter ingerência sobre os dados pessoais da pessoa falecida no embate que travam com as redes sociais acerca dos perfis *online* dos mortos. FRITZ, Karina Nunes. Herança digital: Corte alemã e TJ/SP caminham em direções opostas. *Migalhas*, 2021. Disponível em: https://www.migalhas.com.br/coluna/german-report/345287/heranca-digital-corte-alema-e-tj-sp-caminham-em-direcoes-opostas Acesso em: 10 out. 2021.

ARENDT, Hannah. *Responsabilidade e julgamento*. São Paulo: Companhia das Letras, 2004.

BASAN, Arthur Pinheiro; FALEIROS JÚNIOR, José Luiz de Moura. A tutela do corpo eletrônico como direito básico do consumidor. São Paulo: *Revista dos Tribunais*, vol. 1021/2020, p. 133-168.

BAUMAN, Zygmunt; LYON, David. *Vigilância Líquida*. Rio de Janeiro: Zahar, 2013.

BLACK MIRROR: be right back. Criação: Charlie Brooker. Produção executiva: Annabel Jones. Endemol, 2013. Disponível em: https://www.netflix.com/br/title/70264888. Acesso em: 10 out. 2021.

CACHAPUZ, Maria Cláudia. *Intimidade e vida privada no novo Código Civil brasileiro*: uma leitura orientada no discurso jurídico. Porto Alegre: Sérgio Antonio Fabris Editor, 2006.

COLOMBO, Cristiano; FACCHINI NETO, Eugênio. "Corpo elettronico" como vítima em matéria de tratamento de dados pessoais: responsabilidade civil por danos à luz da Lei de Proteção de Dados Brasileira e dano estético no mundo digital. In: *Direito, governança e novas tecnologias II*. Organização: Conpedi/Unisinos. Coord.: CELLA, José Renato Gaziero; BOFF, Salete Oro; OLIVEIRA, Júlia Francieli Neves de. Florianópolis: CONPEDI, 2018.

DONEDA, Danilo. *Da privacidade à proteção de dados pessoais*. São Paulo: Revista dos Tribunais. Disponível em: https://proview.thomsonreuters.com/launchapp/title/rt/monografias/215543393/v3/page/XI. Acesso em: 10 out. 2021.

FERRAZ JÚNIOR, Tércio Sampaio. Sigilo de dados: o direito à privacidade e os limites à função fiscalizadora do Estado. *Revista da Faculdade de Direito, Universidade de São Paulo*, v. 88, p. 439-459, 1993.

FRITZ, Karina Nunes. Herança digital: Corte alemã e TJ/SP caminham em direções opostas. *Migalhas*, 2021. Disponível em: https://www.migalhas.com.br/coluna/german-report/345287/heranca-digital-corte-alema-e-tj-sp-caminham-em-direcoes-opostas Acesso em: 10 out. 2021.

HILL, Kashmir. *How Target figured out a teen girl was pregnant before her father did*. Disponível em: https://www.forbes.com/sites/kashmirhill/2012/02/16/how-target-figured-out-a-teen-girl-was-pregnant--before-her-father-did/?sh=5f55a9026668. Acesso em: 12 set. 2021.

HIRSCH, Dennis D. The glass house effect: Big Data, the new oil, and the power of analogy. *Maine Law Review*, v. 66, 2013.

HOFFMANN-RIEM, Wolfgang. *Teoria geral do direito digital*: transformação digital: desafios para o direito. Trad. Italo Fuhrmann. Rio de Janeiro: Forense, 2021.

MAYER-SCHÖNBERGER, Viktor. Generational Development of Data Protection in Europe. In: AGRE, Philip E.; ROTENBERG, Marc (Org.). *Technology and Privacy*: The New Landscape. Cambridge: The MIT Press, 1997. p. 219-241.

MENDES, Laura Schertel. *Privacidade, proteção de dados e defesa do consumidor*: linhas gerais de um novo direito fundamental. São Paulo: Saraiva, 2014.

MENKE, Fabiano. As origens alemãs e o significado da autodeterminação informativa. *Migalhas*, 2020. Disponível em: https://www.migalhas.com.br/coluna/migalhas-de-protecao-de-dados/335735/as-origens-alemas-e-o-significado-da-autodeterminacao-informativa. Acesso em: 10 out. 2021.

O'NEILL, Cathy. *Weapons of Math Destruction*: how big data increases inequality and threatens democracy. New York: Crown, 2016.

PAVÓN-CUÉLLAR, David. Extimacy. In: TEO, Thomas (eds.). *Encyclopedia of Critical Psychology*. Springer, New York, 2014. https://doi.org/10.1007/978-1-4614-5583-7_106. Acesso em: 10 out. 2021.

RIBEIRO, Ney Rodrigo Lima. Direito à proteção de pessoas falecidas. In: MIRANDA, Jorge; RODRIGUES JUNIOR, Otavio Luiz; FRUET, Gustavo Bonato (Org.). *Direitos da Personalidade*. São Paulo: Atlas, 2012, p. 424-462.

RICHARDS, Neil M.; SMART, William D. How should law think about robots? In: CALO, Ryan; FROOMKIN, A. Michael; KERR, Ian (Org.). *Robot Law*. Cheltenham: Edward Elgar Publishing, 2016. p. 3-22.

RODOTÁ, Stefano. *El derecho a tener derechos*. Trad. José Manuel Revuelta. Madrid: Editorial Trotta, 2014.

ROßNAGEL, Alexander (Org.). *Handbuch Datenschutzrecht*: Die neuen Grundlagen für Wirtschaft und Verwaltung. Munique: Beck Verlag, 2003.

RUSSELL, Stuart Jonathan; NORVIG, Peter. *Artificial Intelligence*: a modern approach. New Jersey: Prentice Hall, 1995.

SARAMAGO, José. *As intermitências da morte*. São Paulo: Companhia das Letras, 2017.

SCHREIBER, Anderson. *Direitos da Personalidade*. São Paulo: Atlas, 2014.

SOLOVE, Daniel. *The digital person*: technology and privacy in the information age. New York: New York University, 2004.

SOMMERVILLE, Ian. *Engenharia de software*. 9. ed. São Paulo: Pearson Prentice Hall, 2011.

TURING, Alan M. Computing machinery and intelligence. *Mind, New Series*, [s.l.], v. 59, n. 236, p. 433-460, 1950.

UNIÃO EUROPEIA. *Resolução do Parlamento Europeu, de 16 de fevereiro de 2017, que contém recomendações à Comissão sobre disposições de Direito Civil sobre Robótica (2015/2103(INL))*. Disponível em: http://www.europarl.europa.eu/doceo/document/TA-8-2017-0051_PT.html?redirect. Acesso em: 10 out. 2021.

VÉLIZ, Carissa. *Privacidade é poder*: porque e como você deveria retomar o controle de seus dados. Trad. Samuel Oliveira. São Paulo: Editora Contracorrente, 2021.

WALDER, Laleska Rigatto. Be right back – a incidência do direito no pós-mortem e o reflexo obscuro da sociedade digital. São Paulo: *Fronteiras Interdisciplinares do Direito*, v. 1, n. 1, 2019, p. 152-177. Disponível em: https://doi.org/10.23925/2596-3333.2019v1i1a9. Acesso em: 10 out. 2021.

WARREN, Samuel D.; BRANDEIS, Louis D. The Right to Privacy. *Harvard Law Review*, vol. 4, n. 5, dec. 1890, p. 193-220.

WESTIN, Alan F. *Privacy and freedom*. New York: Atheneum, 1967.

ZUBOFF, Shoshana. *A era do capitalismo de vigilância*: a luta por um futuro humano na nova fronteira do poder. Trad. George Schlesinger. Rio de Janeiro: Intrínseca, 2020.

PRIVACY NO DIREITO ITALIANO: TRÍADE DE DECISÕES JUDICIAIS RUMO A *INSIGHTS* SOBRE LIMITES CONCEITUAIS, DESLOCAMENTO GEOGRÁFICO E TRANSPARÊNCIA DO CORPO ELETRÔNICO[1]

Cristiano Colombo

Pós-Doutor em Direito junto à Pontifícia Universidade Católica do Rio Grande do Sul (PUCRS). Doutor em Direito pela Universidade Federal do Rio Grande do Sul (UFRGS). Mestre em Direito pela Universidade Federal do Rio Grande do Sul (UFRGS). Bacharel em Ciências Jurídicas e Sociais pela Pontifícia Universidade Católica do Rio Grande do Sul – PUCRS (1999) e em Ciências Contábeis pela Universidade Federal do Rio Grande do Sul – UFRGS (2004). Especialista em Direito Tributário pelo Instituto Brasileiro de Estudos Tributários – IBET. Concluiu Curso de Formação Avançada do Centro de Estudos Sociais do Laboratório Associado à Universidade de Coimbra (Portugal) denominado: "Ciberespaço: Desafios à Justiça". Atua na área cível, tributária, previdenciária e empresarial. É Professor do Mestrado Profissional em Direito da Empresa e dos Negócios da UNISINOS, Professor dos cursos de graduação em Direito, Comércio Exterior e Relações Internacionais da UNISINOS e na Faculdade de Direito das Faculdades Integradas São Judas Tadeu (Mantenedora Instituição Educacional São Judas Tadeu). Coordenador do LLM em Lei Geral de Proteção de Dados Pessoais. Pesquisador FAPERGS. Foi membro da Comissão de Ensino Jurídico (CEJ) da Ordem dos Advogados do Brasil do Rio Grande do Sul.

Duílio Landell de Moura Berni

Doutorando e Mestre em Direito pelo Programa de Pós-Graduação da Escola de Direito da Pontifícia Universidade Católica do Rio Grande do Sul – PPGDIR/PUCRS. Advogado e parecerista.

Sumário: 1. Introdução – 2. *Privacy* no direito italiano – 3. *Insights* interpretativos sobre limites conceituais, deslocamento geográfico e transparência do *corpo elettronico* – 4. Conclusão – 5. Referências.

1. INTRODUÇÃO

Os avanços tecnológicos se, por um lado, promovem inúmeros benefícios, na prestação de serviços, propulsando o estado de bem-estar aos seus destinatários, de outro, facilitam a intromissão progressiva nos fatos da vida privada e no uso de dados pessoais de seus titulares. Por meio de operações que contam com exponencial granularidade, os algoritmos adestram progressivamente suas funções descritivas e preditivas, trazendo inúmeros questionamentos éticos-jurídicos. O problema de

---

1. Artigo originalmente publicado na Revista IBERC, v. 5, n. 1, p. 112-131, jan.-abr. 2022, disponível em: https://revistaiberc.responsabilidadecivil.org/iberc/article/view/205.

pesquisa, partindo do *balancing* entre a *privacy* e a evolução tecnológica, bem como valendo-se da observação de três julgados das cortes italianas, pretende promover *insights* sobre: Quais são os limites do corpo eletrônico? Como se opera o fenômeno do deslocamento geográfico? E quais são os novos ares e olhares sobre a transparência dos dados de seus titulares pelo Poder Público?

Na primeira parte do estudo, serão abordadas a recepção do termo *privacy*, no ordenamento jurídico itálico, as fontes de direito aplicáveis e sua abrangência conceitual. Na segunda parte do escrito, estudar-se-á o conceito de corpo eletrônico, e, analisar-se-ão três decisões judiciais das Cortes Italianas, com o objetivo de serem propostos *insights* acerca de limites conceituais, deslocamento geográfico e transparência do corpo eletrônico, inclusive, como elementos para fins de apuração de dano.

As reflexões a serem empreendidas devem ter como pressuposto o fluxo de novas tecnologias, em contínuo aperfeiçoamento, e, com saltos de qualidade, a exigir do observador que esteja atento a novos fenômenos e revisite soluções que já se encontram, aparentemente, cristalizadas. A metodologia da pesquisa foi teórica, tratando de forma exploratória e descritiva, valendo-se de procedimentos técnicos bibliográficos e análise jurisprudencial.

2. *PRIVACY* NO DIREITO ITALIANO

A tutela da privacidade, como direito fundamental e autônomo, ligado ao direito à personalidade, notabilizou-se com a publicação seminal do artigo *The Right to Privacy* pela *Harvard Law Review*, no ano de 1890.[2] Os motivos para sua redação decorreram da propagação, por meio da imprensa, de fatos da vida privada do senador Samuel Warren nas colunas sociais[3], envolvendo questões familiares e de seu círculo de amizades. A divulgação contava com imagens resultantes de recente tecnologia embarcada, à época, nas câmeras fotográficas. Warren convenceu o magistrado Louis Brandeis da dificuldade que estava passando, tendo despertado seu interesse em escrever conjuntamente o estudo, resultando no célebre ensaio. A exposição da vida, muito além do desejado, fez com que se criasse ambiente propício para oportuna reflexão, no sentido de que não somente imagens protegidas por direito autoral, no âmbito da propriedade intelectual, mereciam a tutela jurídica, mas fatos da vida comum, quotidianos, de dimensão existencial, também deveriam ser destinatários de salvaguarda. Naquele momento, as pessoas já experienciavam, em certa medida, ao que, hoje, o uso massivo das Tecnologias da Informação e Comunicação (TIC) imprimem no dia a dia da humanidade, via computadores pessoais, telefones celulares, câmeras de vigilância. Como pedra de toque, o escrito concluiu pela configuração de

---

2. WARREN, Samuel D.; BRANDEIS, Louis D. The right to privacy. *Harvard Law Review,* Boston, v. 4, n. 5, p. 193-200, dez. 1890.

3. GOMES, Mário M. Varges. *O Código da Privacidade e da Protecção de Dados Pessoais:* na lei e na jurisprudência (nacional e internacional). Lisboa: Centro Atlântico, 2006, p. 23.

PRIVACY NO DIREITO ITALIANO

ato ilícito quando há violação da *Privacy*, com ampla aceitação no mundo jurídico, tornando-se modelo de fundamentação jurídica para as Cortes Estadunidenses.[4]

O Direito italiano, tradicionalmente vocacionado à abertura a outras culturas jurídicas, transplantou o conceito e empregou a expressão *Privacy* na doutrina e nas fundamentações de seus julgados.[5] Guido Alpa refere que a técnica jurídica de utilizar o vocábulo na língua materna do instituto, pelo direito italiano, tem amparo em diversas razões, como a tradição, a prática, bem como o fato de que a tradução pode vir a prejudicar a precisão do fenômeno ou definição objeto de estudo.[6] E, observe-se que, no que toca à *Privacy*, mesmo com a presença de expressões itálicas vertidas da língua inglesa, tais como: *diritto alla riservatezza, diritto al riserbo, al segretto della vita privata e diritto ad essere lasciati soli*, não se operou o enfraquecimento de seu uso, decorrente da importação semântica da *Common Law*.[7]

A recepção do *Right to Privacy* pelo ordenamento jurídico italiano operou-se via jurisprudencial[8], ganhando força com a sensibilização da opinião pública e dos operadores do Direito.[9] Foram três os casos que inauguraram o circuito de debates sobre a temática e que, ao final, resultaram na entrada no ordenamento jurídico italiano. O primeiro episódio versou sobre o tenor Enrico Caruso. O filho e os netos do cantor italiano processaram a produtora cinematográfica do filme *Leggenda di una voce* por terem sido expostos fatos da vida privada do cantor, como, por exemplo, a situação de extrema pobreza familiar, dificuldades de relacionamento com seu pai, episódio de embriaguez, de sua tentativa de suicídio e questões envolvendo relacionamento amoroso. A Corte de Cassação Italiana, no ano de 1956, assim decidiu:

> No ordenamento jurídico italiano não existe um *Right to Privacy*, mas somente são reconhecidos e tutelados, de modo diverso, os direitos subjetivos da pessoa, portanto, não é proibido comunicar, seja privada ou publicamente, situações, ainda que imaginárias, da vida de outrem, quando seu conhecimento não tenha sido obtido com meios ilícitos ou que imponham o dever de segredo.[10]

---

4. ALPA, Guido. *Manuale di diritto privato.* Padova: CEDAM, 2013, p. 196-197.
5. ALPA, Guido. The protection of privacy in Italian Law. Trad. Anne Thompson. In: MARKESINIS, Basil S. (Org.). *Protecting privacy.* New York: Oxford University Press, 1999, p. 105. *"Terminology in law is never a matter of chance. It is manifestly result of tradition, or of practice (especially commercial or contractual practice), or of its own foreign origins."*
6. ALPA, Guido. The protection of privacy in Italian Law. Trad. Anne Thompson. In: MARKESINIS, Basil S. (org.). *Protecting privacy.* New York: Oxford University Press, 1999, p. 105-130, p. 105.
7. ALPA, Guido. The protection of privacy in Italian Law. Trad. Anne Thompson. In: MARKESINIS, Basil S. (Org.). *Protecting privacy.* New York: Oxford University Press, 1999, p. 106.
8. ALPA, Guido. *Manuale di diritto privato.* Padova: CEDAM, 2013, p. 196-197.
9. ALPA, Guido. The protection of privacy in Italian Law. Trad. Anne Thompson. In: MARKESINIS, Basil S. (Org.). *Protecting privacy.* New York: Oxford University Press, 1999, p. 114. *"Terminology in law is never a matter of chance. It is manifestly result of tradition, or of practice (especially commercial or contractual practice), or of its own foreign origins."*
10. ITÁLIA. Corte di Cassazione. Cassazione Civile – 22 dicembre 1956 n. 4487; Pres. Pasquera P., Est. Avitabile, P. M. Colli (concl. conf.); Soc. produzione associata Tirrena Asso film (Avv. Graziadei) c. Caruso (Avv. Leone). Disponível em: http://www.jus.unitn.it/users/caso/dpi07-08/topics/privacy/materiali/Cass_%201956_%204487.htm

Portanto, em um primeiro momento, o ordenamento jurídico italiano demonstrou-se refratário ao *Right to Privacy*, refutando o direito aos herdeiros de Enrico Caruso.

O segundo julgado tratou do caso Claretta Petacci, em face de uma série de artigos publicados por Zita Ritossa, no periódico denominado "Tempo". As publicações narravam a vida íntima da amante de Benito Mussolini, com detalhes de seu contexto familiar, desqualificando o caráter e a moral de seus genitores. Episódios que descreviam o pai de Claretta como um homem abúlico, sem vontade, e, quanto à mãe, descrita como investida no espírito de um "roedor", pois haveria solicitado à sua filha que pedisse dinheiro ao amante. A Corte de Cassação Italiana analisando o caso referiu que:

> Ainda que não seja admitido um *Right to Privacy*, viola o direito absoluto da personalidade, entendido aquele direito *erga omnes* à liberdade de autodeterminação no desenvolvimento da personalidade do homem como indivíduo, a divulgação de notícias relativas à vida privada, com ausência de um consentimento ao menos implícito, e onde não subsista, pela natureza da atividade desenvolvida pela pessoa e do fato divulgado, um premente interesse público de conhecimento.[11]

Tendo sido dado um passe adiante, em que pese recusada a existência do *Right to Privacy*, foi reconhecida a violação ao princípio da autodeterminação e do livre desenvolvimento da personalidade, que, nos dias atuais, pautam o *framework* principiológico, em matéria de proteção de dados pessoais.

O *leading case* acerca da recepção do *Right to Privacy*, no direito italiano, é o caso Soraya Esfandiari.[12] A ex-imperatriz da Pérsia foi fotografada com o diretor cinematográfico Franco Indovina, em trajes íntimos, no interior de sua residência. As fotografias foram publicadas no periódico "Gente", em seu n. 29, em 1968. Soraya pleiteou, em um primeiro momento, o sequestro das cópias do periódico e das fotografias. O pedido foi deferido pelo Pretor de Milão. A Editora, por sua vez, buscou a condenação de Soraya por compreender, a seu turno, ser sido ilícito o sequestro dos periódicos, com a retirada de circulação da notícia. A decisão do Tribunal de Apelação de Milão reconheceu a violação com base somente ao direito de imagem, no entanto, excluía, de forma expressa, a violação ao "*diritto alla riservatezza*", na linha da inexistência do *Right to Privacy*, no ordenamento jurídico italiano, não podendo ser reconhecido como direito autônomo de personalidade.

No entanto, em recursos interpostos por ambas as partes, a Corte de Cassação Italiana, em 27 de maio de 1975, ao analisar o caso lecionou que:

> O *Right to Privacy*, além de encontrar fundamento em diversas normas do nosso ordenamento e estar em harmonia com os princípios constitucionais é reconhecida expressamente por atos

---

11. ITÁLIA. Corte di Cassazione. Cassazione Civile - 20 aprile 1963 n. 990; Pres. Celentano, Est. Rossano, P. M. Cutrupia (concl. diff.); Petacci (Avv. Tarquini) c. Palazzi (Avv. Libonati, Nicolò, Paggi, Zazo) e altri. http://www.jus.unitn.it/users/caso/dpi07-08/topics/privacy/materiali/Cass_1963_990.html.

12. ITÁLIA. Corte di Cassazione. Italia. Cass. Civ. Sez. III, 27 maggio 1975, n. 2129. Disponível em: http://www.jus.unitn.it/users/caso/dpi07-08/topics/privacy/materiali/Cass_%201975_%202129.htm.

internacionais, entre as quais a Convenção para a salvaguarda dos Direitos do Homem e das Liberdades Fundamentais, assinada em Roma, no dia 4 de novembro de 1950, sendo regulamentada pela Lei nº 848, de 4 de agosto de 1955. Tal direito consiste na tutela daquelas situações e eventos estritamente pessoais e familiares que, também se verificadas fora do ambiente doméstico, não tem por terceiros um interesse socialmente apreciável, contra às ingerências que, sejam cumpridas com meios lícitos, por objetivo não exclusivamente especulativos e sem ofensa à honra, a reputação e o decoro, não sejam justificadas por interesses públicos prementes. A esfera privada das pessoas conhecidas, quanto mais essa é restrita, mais deve ser tutelada a intrusão não justificada por alguma relevância social.[13]

Entre os fatos ensejadores para a superação dos precedentes, foi apontado o contínuo desenvolvimento da moderna tecnologia, de "penetrante controle sobre a vida das pessoas" e de veloz propagação, merecendo "natural evolução jurisprudencial", que não podia ser ignorada.[14] Em suma, a decisão da Corte de Cassação, em *overruling*, a partir do direito à *privacy*, trouxe três importantes observações: a primeira, que já existiam, à época, no ordenamento jurídico italiano, normas implícitas a dar fundamento ao *Right to Privacy*; a segunda, que existiam referências legislativas, em que seria possível inferir este direito; e, por último, que há coerência do *Right to Privacy* aos princípios constitucionais e tratados internacionais vigentes no ordenamento jurídico italiano.[15]

No âmbito normativo, os comandos que dizem respeito à personalidade e à esfera íntima do sujeito estão insculpidos na Constituição da República Italiana, sobretudo, nos artigos 2, 13, 14 e 15. O artigo 2, em que pese não disponha de forma explícita acerca do *diritto alla riservatezza*, garante os "direitos invioláveis do homem", tanto como "indivíduo", como nas "formações sociais onde se desenvolve a sua personalidade".[16] É comando fundante a preservar um ambiente imune de intrusões pelos outros.[17] A doutrina reconhece tratar-se tecnicamente de "lacuna meramente aparente", concluindo que o *diritto alla riservatteza* é "direito fundamental constitucionalmente tutelado", decorrente do "tom constitucional" e das "exigências da sociedade".[18]

---

13. ITÁLIA. Corte di Cassazione. Italia. Cass. Civ. Sez. III, 27 maggio 1975, n. 2129. Disponível em: http://www.jus.unitn.it/users/caso/dpi07-08/topics/privacy/materiali/Cass_%201975_%202129.htm.
14. LA PIETRA, Mônica. Il Diritto alla privacy. In: BIANCA, Mirzia; GAMBINO, Alberto; MESSINETTI, Raffaella. (Org.). *Libertà di manifestazione del pensiero e diritti fondamentali*: profili applicativi nei social networks. Milano: Giuffrè 2016, p. 171.
15. LA PIETRA, Mônica. Il Diritto alla privacy. In: BIANCA, Mirzia; GAMBINO, Alberto; MESSINETTI, Raffaella. (Org.). *Libertà di manifestazione del pensiero e diritti fondamentali*: profili applicativi nei social networks. Milano: Giuffrè 2016, p. 171.
16. ITÁLIA. *Constituição da República Italiana*. Disponível em: https://www.senato.it/sites/default/files/media-documents/COST_REG_luglio_2020_archivio.pdf. Disponível em: 01 jan. 2022.
17. ALPA, Guido. *Manuale di diritto privato*. Padova: CEDAM, 2013, p. 195.
18. COLAPIETRO, Carlo. Il diritto alla protezione dei dati personali. In: UN SISTEMA delle Fonti Multilivello. Napoli: Scientifica, 2018, p. 23. "La Constituzione italiana non prevede esplicitamente un diritto alla riservatezza; allo stesso modo, non si occupa della protezione dei dati personali, tematica oggi di grandissima attualità, ma di altrettanto recente affermazione. Tuttavia, tale lacuna innanzi rilevata – che può dirsi meramente apparente, dovendosi considerare il diritto alla riservatezza un diritto fondamentale costituzionalmente tutelato – "non scalfisce la sua forza, insita in quelle vitale capacità di assorbire e dare 'tono costituzionale' alle esigenze che man mano si fanno largo nella società: e quando il processo di con-

Na sequência, o artigo 13 dispõe não ser admitida qualquer forma de inspeção ou perquisição pessoal, a não ser por determinação motivada de autoridade judiciária, observados os casos dispostos em lei. Nos termos do artigo 14, está a inviolabilidade do domicílio, ressalvando sua excepcionalidade às hipóteses de lei. Enquanto o artigo 15, preceitua a liberdade, o segredo de correspondência e de "qualquer outra fora de comunicação", somente havendo limitação por ordem judicial, com a manutenção das garantias, também nos termos da lei.[19] Dessa forma, trazem comandos a orquestrar as liberdades do cidadão, com eficácias perante o próprio Estado e horizontal, entre os particulares, a infirmar o *Right to Privacy*.

Quanto às normas infraconstitucionais, o Código Civil italiano não incluiu, de forma expressa, o *diritto alla riservatezza* entre os direitos de personalidade, sendo que parte da doutrina refere sua existência na "base da normativa civilista", no direito ao nome e imagem, respectivamente, em seus artigos 6 e 10.[20] Massimo Franzoni pontua que o "aparecimento explosivo" do direito à *Privacy*, no ordenamento italiano, foi com a publicação da Lei 675, "*Tutela delle persone e di altri soggetti rispetto al trattamento dei dati personali*", sendo, sucessivamente, substituído pelo "*Codice in materia di protezione dei dati personali*", Decreto Legislativo 196/2003, também conhecido como *Codice Privacy*, que trouxe uma proteção mais coesa, com fundamento no artigo 8º, da Carta dos Direitos Fundamentais da União Europeia.[21] Dividido em três partes principais, o Código em questão tem como primeira parte a definição de disposições gerais e princípios, além de assegurar direitos fundamentais ligados à proteção de dados pessoais.[22] A segunda parte é dedicada a regulamentações de setores específicos, como a polícia, as forças de defesa nacional, os âmbitos sanitário, laboral e das telecomunicações. A terceira e última parte é dedicada a tutela do cidadão interessado, seja do ponto de vista administrativo, seja do ponto de vista jurisdicional.

Por estar a Itália inserida em um sistema multinível, com a simultânea incidência, no mesmo espaço normativo, da legislação de cada país membro e o direito comunitário da União Europeia, a opção pelo Regulamento Geral de Proteção de Dados Pessoais 2016/679, em substituição à Diretiva 95/46, significou a busca pelo tratamento homogêneo, já que este instrumento normativo não necessita de "inter-

---

sapevolizzazione di questi interessi civili e sociali giunge ad effettiva maturazione, allora diventa possibile riconoscerne l'ingresso nell'ordinamento costituzionale pur se non previsti nel catologo originario".

19. ITÁLIA. *Constituição da República Italiana*. Disponível em: https://www.senato.it/sites/default/files/media-documents/COST_REG_luglio_2020_archivio.pdf. Disponível em: 01 jan. 2022.

20. COLAPIETRO, Carlo. Il diritto alla protezione dei dati personali. In: UN SISTEMA delle fonti multilivello. Napoli: Scientifica, 2018, p. 24.

21. FRANZONI, Massimo. XIX Lezione lesione dei diritto della persona e tutela della privacy. In: RUFFOLO, Ugo (org.). XXVI lezioni di diritto dell'intelligenza artificiale. Turaim: Giappichelli, 2021, p. 339-340.

22. Conforme leciona Giovanni Ziccardi, os sistemas informáticos devem ser configurados "solo per il perseguimento delle finalità consentite, escludendo così il trattamento ogni qualvolta sia possibile perseguire dette finalità attraverso l'utilizzo di dati anonimi o di modalità tali da consentire l'identificazione solo nel momento di necessità". ZICCARDI, Giovanni. *Informatica giuridica: privacy, sicurezza informatica, computer forensics e investigazioni digitali*. 2. ed. Milano: Giuffrè, 2012, t. 2, p. 127.

mediação legislativa", bem como por sua aplicação "completa e imediata".[23] Além de ser um comando vinculante, o Regulamento 2016/679 propõe um divisor de águas de um sistema binário, estático e de uma lógica unidirecional (interessado e titular) para um mundo multidirecional, de plataformas e redes sociais, em que inúmeras relações e dinâmicas se estabelecem e desaparecem, a dar evidência ao controle pelo titular de seus dados pessoais.[24] Saliente-se que o Decreto Legislativo de 10 de agosto de 2018, sob o n. 101, promoveu a adequação do *Codice Privacy* ao Regulamento Geral de Proteção de Dados Pessoais, em território italiano.[25]

Nesse sentido, a expressão *Privacy*, no direito italiano, é compreendida como "macrocategoria" ou "metadireito", uma vez que abrange tanto o seu "núcleo originário", em que está contido o *diritto alla riservatezza*, que, no Brasil, quanto este elemento tem seu equivalente semântico ao direito de privacidade, como, por outro lado, o Direito à Proteção de Dados Pessoais.[26] Na lição de Carlo Colapietro:

> O caráter complexo deste direito se manifesta concretamente em dois perfis: o primeiro mais geral e clássica prerrogativa à não-interferência, na sua conhecida acepção de *right to be let alone*; o segundo, ao invés, coincide com a ideia de autorrealização, com ser patrão de si, ou, com o ser, em potência, aquele que projeta a vida na própria sociedade, que forja a sua história.[27]

Assim, sua extensão vai além do "direito de ser deixado só", apontando para a autodeterminação informativa e o livre desenvolvimento da personalidade, buscando salvaguardar a dignidade humana dos riscos decorrentes do progresso tecnológico.[28] A autodeterminação informativa se volta ao "direito do indivíduo controlar seus dados pessoais"[29], no sentido de "poder escolher o que será feito de suas informações".[30] Por sua vez, o direito fundamental ao livre desenvolvimento da personalidade destaca o cidadão como um "indivíduo conformador de si próprio e da sua vida segundo o seu

---

23. COLAPIETRO, Carlo. Il diritto alla protezione dei dati personali. In: UN SISTEMA delle Fonti Multilivello. Napoli: Scientifica, 2018, p. 42-43.
24. COLAPIETRO, Carlo. Il diritto alla protezione dei dati personali. In: UN SISTEMA delle Fonti Multilivello. Napoli: Scientifica, 2018, p. 64.
25. Sobre o tema recomenda-se a leitura de FALEIROS JÚNIOR, José Luiz de Moura; MADALENA, Juliano. *Proteção de dados pessoais e aspectos criminais*: breves reflexões. Disponível em: https://www.migalhas.com.br/coluna/migalhas-de-protecao-de-dados/333515/protecao-de-dados-pessoais-e-aspectos-criminais--breves-reflexoes. Acesso em: jan. 2022.
26. COLAPIETRO, Carlo. Il diritto alla protezione dei dati personali. In: UN SISTEMA delle Fonti Multilivello. Napoli: Scientifica, 2018, p. 21.
27. COLAPIETRO, Carlo. Il diritto alla protezione dei dati personali. In: UN SISTEMA delle Fonti Multilivello. Napoli: Scientifica, 2018, p. 31.
28. COLAPIETRO, Carlo. Il diritto alla protezione dei dati personali. In: UN SISTEMA delle Fonti Multilivello. Napoli: Scientifica, 2018, p. 35.
29. BIONI, Bruno Ricardo. O dever de informar e a teoria do diálogo das fontes para a aplicação da autodeterminação informacional como sistematização para a proteção dos dados pessoais dos consumidores: convergências e divergências a partir da análise da ação coletiva promovida contra o Facebook e o aplicativo "Lulu". *Revista de Direito do Consumidor*, v. 94, p. 283-324, jul.-ago. 2014.
30. PUPP, Karin Anneliese. O direito de autodeterminação informacional e os bancos de dados dos consumidores: a Lei 12.414/2011 e a Bundesdatenschutzgesetz (BDSG) em um estudo de casos comparados sobre a configuração do dano indenizável nas Cortes de Justiça do Brasil e da Alemanha. *Revista de Direito do Consumidor*, v. 118, p. 247-278, jul.-ago. 2018.

próprio projecto espiritual".[31] Garante que a pessoa humana possa eleger o seu modo de vida, sem que cause danos aos outros, tratando-se de uma "personalidade livre, sem qualquer imposição de outrem, preconizando um direito à individualidade".[32] Abarca, de igual forma, na linha da complexidade do direito à *Privacy, a* "faculdade de cada indivíduo de dispor principalmente sobre a revelação e o uso de seus dados pessoais"[33] Essa nova perspectiva para o *Right to Privacy* decorre exatamente das exigências atuais, sensíveis às "contraindicações produzidas pelo impetuoso desenvolvimento tecnológico", assumindo uma "dimensão social".[34]

Em síntese, nos ensinamentos de Stefano Rodotà, a *privacy* permite ao sujeito escolher quando "se exibir" ou quando permanecer longe dos "olhos do público"[35], impondo-se como direito fundamental para determinar "as modalidades de construção da esfera privada", sendo "condição prévia para a cidadania na idade eletrônica".[36] Como se depreende do texto da Constituição Italiana, a pessoa humana é colocada no centro do ordenamento jurídico, não como um "indivíduo abstrato", mas como um "ser social", oportunizando o livre desenvolvimento da personalidade.[37] Enxergar a pessoa humana como centro é garantir que seja destinatária do princípio da Centralidade no Ser Humano, desdobramento e detalhamento do Princípio da Dignidade da Pessoa Humana, que ganha exuberância no contexto tecnológico.[38] Se a expressão "centro" é medida de relação, vez que esse trata do "ponto central equidistante de todos os pontos da circunferência"[39], é princípio que garante a preservação e menor sacrifício do ser humano, como eixo, no sopesamento de interesses, diante das novas tecnologias (Inteligência Artificial, robótica, veículos autônomos,

---

31. MOTA PINTO, Paulo. O direito ao livre desenvolvimento da personalidade. *Boletim da Faculdade de Direito de Coimbra,* Portugal-Brasil Ano 2000, 1999, p. 149-246.
32. MIRANDA, Felipe Arady. O *direito fundamental ao livre desenvolvimento da personalidade.* Disponível em: https://www.cidp.pt/revistas/ridb/2013/10/2013_10_11175_11211.pdf. Acesso em: 2021.
33. LIMBERGER, Têmis. A informática e a proteção à intimidade. *Revista de Direito Constitucional e Internacional,* v. 33, p. 110-124, out.-dez. 2000.
34. COLAPIETRO, Carlo. Il diritto alla protezione dei dati personali. In: UN SISTEMA delle Fonti Multilivello. Napoli: Scientifica, 2018, p. 22.
35. RODOTÀ, Stefano. *Intervista su privacy e libertà.* Roma-Bari: Laterza, 2005, p. 10. Tradução livre dos autores.
36. RODOTÀ, Stefano. *Tecnopolitica:* la democracia e le nuove tecnologie della comunicazione. Bari-Roma: Laterza, 1997, p. 152-153. Tradução livre dos autores.
37. COLAPIETRO, Carlo. Il diritto alla protezione dei dati personali. In: UN SISTEMA delle Fonti Multilivello. Napoli: Scientifica, 2018, p. 16; 23. "La Constituzione italiana non prevede esplicitamente un diritto alla riservatezza; allo stesso modo, non si occupa della protezione dei dati personali, tematica oggi di grandissima attualità, ma di altrettanto recente affermazione. Tuttavia, tale lacuna innanzi rilevata – che può dirsi meramente apparente, dovendosi considerare il diritto alla riservatezza un diritto fondamentale costituzionalmente tutelato – "non scalfisce la sua forza, insita in qualle vitale capacità di assorbire e dare 'tono costituzionale' alle esigenze che man mano si fanno largo nella società: e quando il processo di consapevolizzazione di questi interessi civili e sociali giunge ad effettiva maturazione, allora diventa possibile riconoscerne l'ingresso nell'ordinamento costituzionale pur se non previsti nel catologo originario".
38. COLOMBO, Cristiano; GOULART, Guilherme Damásio. Inteligência artificial em softwares que emulam perfis dos falecidos e dados pessoais de mortos. In: SARLET, Gabrielle Bezerra Sales; TRINDADE, Manoel Gustavo Neubarth; MELGARÉ, Plínio (Org.). *Proteção de Dados:* temas controvertidos. Indaiatuba: Foco, 2021, v. 1, p. 95-114.
39. CENTRO. In: DICIONÁRIO Priberam da Língua Portuguesa. 2008-2021. Disponível em: https://dicionario.priberam.org/centro. Acesso em: 15 jan. 2022.

por exemplo), que estão em posições periféricas.[40] Eis a importância do conceito de *privacy*, no sentido de estar atento a novas leituras, para, a partir de novos *inputs*, à luz de *insights* interpretativos, chegar a novas soluções, novos *outputs*, como elementos para apuração de danos.

3. *INSIGHTS* INTERPRETATIVOS SOBRE LIMITES CONCEITUAIS, DESLOCAMENTO GEOGRÁFICO E TRANSPARÊNCIA DO *CORPO ELETTRONICO*

O corpo eletrônico, na lição de Stefano Rodotà é o conjunto de informações que constituem a identidade das pessoas. Portanto, assim como deve se operar a salvaguarda do corpo físico, da mesma forma, deve ser merecedor de tutela jurídica seus tecidos e estruturas virtuais. A pessoa humana não pode ser uma espécie de "mina a céu aberto", em que possam os dados serem acessados por qualquer um, em que perfis sejam construídos, ou que possa haver qualquer forma de falsificação, bem como construção de uma sociedade com base na "vigilância, seleção social ou cálculo econômico".[41] Dessa forma, a preocupação é que se evite a discriminação e estigmatização[42], a promover violação ao corpo eletrônico, tendo como resultante dano estético digital.[43]

Nesse rastro, passar-se-á a analisar três julgados das Cortes Italianas que auxiliarão a perceber algumas características interessantes do corpo eletrônico.

a) Limites Conceituais: Ordinanza n. 25686/2018 da 2ª Seção Cível da Corte de Cassação.

O primeiro caso, apreciado pela 2ª Seção Cível da Corte Suprema de Cassação, Ordinanza n. 25686/2018, publicada em 15/10/2018,[44] em face de recurso interposto pela autoridade *Garante per la protezione dei dati personali*, trata acerca da decisão que envolve os limites do corpo eletrônico, tendo sido exarada pelo Tribunal de Catânia. O julgado anulou a multa que havia sido aplicada pela autoridade *Garante*, no valor de sessenta e seis mil euros, em desfavor de uma empresa do setor de limpeza urbana,

---

40. COLOMBO, Cristiano; GOULART, Guilherme Damásio. Inteligência artificial em softwares que emulam perfis dos falecidos e dados pessoais de mortos. In: SARLET, Gabrielle Bezerra Sales; TRINDADE, Manoel Gustavo Neubarth; MELGARÉ, Plínio (Org.). *Proteção de Dados*: temas controvertidos. Indaiatuba: Foco, 2021, v. 1, p. 95-114.

41. RODOTÀ, Stefano. *La rivoluzione della dignità*. Napoli: La Scuola di Pitagora, 2013, p. 33.

42. RODOTÀ, Stefano. *Intervista su privacy e libertà*. Roma-Bari: Laterza, 2005, p. 122.

43. Para aprofundamento sobre dano estético digital, ler: COLOMBO, Cristiano; FACCHINI NETO, Eugênio. "Corpo elettronico" como vítima em matéria de tratamento de dados pessoais: responsabilidade civil por danos à luz da Lei Geral de Proteção de Dados brasileira e danos estéticos no mundo digital. In: ROSENVALD, Nelson; DRESCH, Rafael de Freitas Valle; WESENDONCK, Tula (org.). *Responsabilidade civil*: novos riscos. Indaiatuba, SP: Foco, 2019, p. 61-62. Disponível em: http://www.italgiure.giustizia.it/xway/application/nif/clean/hc.dll?verbo=attach&db=snciv&id=./20181015/snciv@s20@a2018@n25686@tO.clean.pdf. Acesso em: 06 nov. 2018.

44. ITÁLIA. Corte di Cassazione. *Ordinanza nº 25686/2018*. Publ. 15 out. 2018. Disponível em: http://www.italgiure.giustizia.it/xway/application/nif/clean/hc.dll?verbo=attach&db=snciv&id=./20181015/snciv@s20@a2018@n25686@tO.clean.pdf. Acesso em: 06 nov. 2018.

pelo inadequado tratamento de dados pessoais sensíveis de seus empregados. Outrossim, condenou a autoridade de proteção de dados italiana à pena de *responsabilità aggravata*, no valor de trinta mil euros, por ter resistido de má-fé ou com culpa grave, nos termos do artigo 96, do *Codice di procedura civile* italiano.

A empresa alvo de fiscalização pela autoridade alegou que apenas coletava a imagem da mão de seus colaboradores com a finalidade de aferir a presença, sendo insubsistente a multa, visto que não fazia qualquer tratamento dos referidos dados pessoais coletados. O Tribunal de Catânia, ao apreciar o caso, afirmou que o dado biométrico era utilizado como "individualizante, mas não como identificador", concluindo não haver tratamento de dados pessoais pela sociedade. O argumento se apoiava no fato de que a imagem da mão era transformada em um modelo de nove bytes, associado a um código numérico, que não permitia correlacionar o registro da palma armazenada ao respectivo empregado.

Ocorre que a decisão recorrida, como proclamou a Corte de Cassação italiana "está em contraste com as normas em matéria de tratamento de dados pessoais", já que, após o dado biométrico ser transformado em um modelo de nove bytes e associado a um código numérico, a cifra era memorizada no crachá do empregado da respectiva mão, operando-se sua identificação. A Corte de Cassação, dessa forma, manteve a multa em desfavor da empresa, entendendo que foram violados os artigos 13, 17, 23, 33, 37, 38, 161 e 162 do *Codice in materia di protezione dei dati personali*, em face da falta de informação, de consentimento livre e expresso por parte dos empregados para o tratamento de seus dados e, também, quanto ao dever prévio de notificação do Garante, sempre que alguma empresa pretenda realizar o tratamento de dados biométricos, o que não fora feito nesta ocasião.

O caso em tela versa exatamente acerca dos limites do corpo eletrônico, na medida em que o conjunto de dados pessoais constroem a identidade digital de seus titulares, visto que o "perímetro delineado pela pele"[45] não é mais suficiente para delimitar a totalidade da pessoa humana. O agrupamento de dados pessoais do titular, ou seja, o corpo eletrônico, passa a compor, juntamente à realidade física, unidade totalizante. Como adverte Luciano Floridi, o ser humano vive uma *onlife experience*, quando interações físicas e virtuais se operam simultaneamente e a todo momento[46]. A definição de corpo se amplia, sendo orquestrado por partículas materiais e imateriais.

É o que se opera com a imagem da palma da mão dos empregados da empresa de limpeza. O julgado põe em evidência a "noção dinâmica de dado pessoal"[47], que

---

45. RODOTÀ, Stefano. *Il diritto de avere diritto*. Roma: Laterza, 2012, p. 26. Como consequência, aponta Rodotà que a "máxima privação" não será o encarceramento físico, mas a própria perda do *status* de estar nas redes sociais, o banimento do ciberespaço.

46. FLORIDI, Luciano. *The 4th revolution*: how the infosphere human reality. Oxford: Oxford University Press, 2014, p. 43.

47. COLAPIETRO, Carlo. Il diritto alla protezione dei dati personali. In: UN SISTEMA delle Fonti Multilivello. Napoli: Scientifica, 2018, p. 22.

não necessariamente se liga ao *"nome anagrafico"*[48], como, por exemplo, "João da Silva", tampouco à fotografia ou imagem do rosto do indivíduo.[49] Como se verifica, passa a ser atribuída uma concepção ampliativa ao tema, como preceitua o Parecer 4, de 2007, do antigo Grupo de Trabalho de Protecção do Artigo 29º [50], e, está disposto, de forma expressa, no Regulamento Geral de Proteção de Dados da União Europeia, nos termos do artigo 4, 1:

> «Dados pessoais», informação relativa a uma pessoa singular identificada ou identificável («titular dos dados»); é considerada identificável uma pessoa singular que possa ser identificada, direta ou indiretamente, em especial por referência a um identificador, como por exemplo um nome, um número de identificação, dados de localização, identificadores por via eletrónica ou a um ou mais elementos específicos da identidade física, fisiológica, genética, mental, económica, cultural ou social dessa pessoa singular;[51]

E, neste sentido, o Considerando 30, de forma expressa, exemplifica a amplitude:

> As pessoas singulares podem ser associadas a identificadores por via eletrónica, fornecidos pelos respetivos aparelhos, aplicações, ferramentas e protocolos, tais como endereços IP (protocolo internet) ou testemunhos de conexão (cookie) ou outros identificadores, como as etiquetas de identificação por radiofrequência. Estes identificadores podem deixar vestígios que, em especial quando combinados com identificadores únicos e outras informações recebidas pelos servidores, podem ser utilizados para a definição de perfis e a identificação das pessoas singulares.[52]

Interessante destacar a importância da figura do Considerando, no âmbito do Regulamento de Proteção de Dados da União Europeia, que desempenha *Funzione di indirizzo interpretativo*, ou seja, "as disposições do ato normativo devem ser analisadas tendo em conta não somente a letra da lei, mas também o seu contexto e os objetivos perseguidos pela normativa."[53]

Outro ponto relevante é que o caso se liga ao tema dos "dados biométricos", envolvendo dados dactiloscópicos, nos termos do artigo 4, parágrafo 14:

---

48. COLAPIETRO, Carlo. Il diritto alla protezione dei dati personali. In: UN SISTEMA delle Fonti Multilivello. Napoli: Scientifica, 2018, p. 72.
49. Importa destacar que existem muitos julgados que somente reconhecem danos morais com a exposição de nome ou da imagem. A ideia de identificação deve passar por uma noção ampliativa, pois a combinação de fatos ou mesmo a identificação por ligar a pessoa a objetos pode macular direitos de personalidade. Como exemplo: apelação cível. Indenizatória. Alegação de uso indevido de imagem. Matéria de conteúdo jornalístico. Dano moral não configurado. Manutenção da sentença de improcedência. [...] 6. Além disso, não foi divulgado o nome do autor na reportagem. 7. inexistência de ofensa à honra e à imagem do autor com a publicação realizada, não dando ensejo à indenização por danos morais pleiteada. (TJ/RJ 0062485-34.2014.8.19.0004 – Apelação. – Julgamento: 28/04/2020 – Oitava Câmara Cível)
50. PARECER 4/2007 sobre o conceito de dados pessoais. Disponível em: https://www.gpdp.gov.mo/uploadfile/others/wp136_pt.pdf. Acesso em: 2022.
51. UNIÃO EUROPEIA. *Regulamento Geral de Proteção de Dados*. Disponível em: https://eur-lex.europa.eu/legal-content/PT/TXT/HTML/?uri=CELEX:02016R0679-20160504&from=EN. Acesso em: 2022.
52. UNIÃO EUROPEIA. *Regulamento Geral de Proteção de Dados*. Disponível em: https://eur-lex.europa.eu/legal-content/PT/TXT/HTML/?uri=CELEX:02016R0679-20160504&from=EN. Acesso em: 2022.
53. COLAPIETRO, Carlo. Il diritto alla protezione dei dati personali. In: UN SISTEMA delle Fonti Multilivello. Napoli: Scientifica, 2018, p. 50. A tradução da expressão seria "função de endereçamento ou orientação interpretativa."

«Dados biométricos», dados pessoais resultantes de um tratamento técnico específico relativo às características físicas, fisiológicas ou comportamentais de uma pessoa singular que permitam ou confirmem a identificação única dessa pessoa singular, nomeadamente imagens faciais ou dados dactiloscópicos;

E, portanto, estão classificados como dados que merecem tratamento especial, por serem sensíveis, como preceitua o artigo 9º, parágrafo 1, do Regulamento Geral de Proteção de Dados Pessoais. Na lição de Danilo Doneda, os dados sensíveis "seriam determinados tipos de informação que, caso sejam conhecidas e submetidas a tratamento, podem se prestar a uma potencial utilização discriminatória ou lesiva e que apresentaria maiores riscos potenciais do que outros tipos de informação."[54] Dessa forma, o julgado permitiu refletir sobre a "noção dinâmica de dados pessoais", bem como sobre os dados biométricos e sua classificação como dado sensível, a exigir maior cuidado, no atendimento ao consentimento expresso e destacado e nos veios dos princípios da finalidade e da necessidade, que orientam a disciplina de proteção de dados pessoais, compreendida no conceito de *privacy*, no ordenamento jurídico italiano.

b) Deslocamento Geográfico: Sentenza R.G. nº 39913/2015 do Tribunal de Roma

A segunda decisão a ser examinada foi proferida pelo Tribunal de Roma, R.G. 39913/2015,[55] na qual atribuiu-se a um adolescente italiano, com mais de 14 anos de idade, uma ampla margem de autodeterminação nas escolhas da sua vida, seja sobre as informações pessoais que lhe dizem respeito, seja na condução da própria vida. O jovem, com o suporte do pai, decidiu parar seus estudos na Itália e prossegui-los em um *college* nos Estados Unidos da América, pois considerava a vida insustentável no país de origem. Isso em razão de amplo conhecimento por seus colegas de fatos de sua vida pessoal disponibilizados em rede social, via internet, por sua mãe, de maneira sistemática, constante e massiva. A genitora fazia isso relatando fatos de sua vida pessoal e colocando imagens, submetendo o filho a uma intensa pressão midiática. O jovem sustentou que, em face da exposição de sua vida nas redes sociais, teria dificuldade de encontrar oportunidade de trabalho na Itália, já que se sua genitora comparava sua condição à mesma de um "doente mental".

O Tribunal de Roma, com o consentimento do tutor do adolescente e apoio em laudo de seu psicoterapeuta, autorizou a sua viagem e saída do país de origem, desde que o pai assumisse os custos com os estudos e cobrisse as despesas com as viagens de retorno para Itália nas férias. Para a mãe, foi determinada a obrigação de não colocar mais informações ou imagens relativas ao adolescente, sem o seu consentimento, bem como a obrigação de retirar as informações e imagens já colocadas, sob pena de incorrer em multa de dez mil euros.

---

54. DONEDA, Danilo. *Da privacidade à proteção de dados pessoais*. São Paulo: Thompson Reuters Brasil, 2019, p. 142-143.

55. ITÁLIA. Tribunale di Roma. *Sentenza nº 39913/2015*. Publ. 23/12/2017. Disponível em: https://www.privacyitalia.eu/wp-content/uploads/2018/01/tribunaleromaordinanza23dicembre2017.pdf. Acesso em: 06 nov. 2018.

O julgado apresenta, como fundamentação, que a mudança de ares geográficos a este adolescente representava franquear-lhe um novo "projeto de vida", decorrente de um direito de liberdade, que, no momento, evitaria o risco de fechamento e interrupção das relações sociais com seus colegas italianos, que, provavelmente, ocorreria, em razão dos constrangimentos midiáticos quotidianos. De outra forma, o alçaria a futuras possibilidades profissionais, agregando conhecimentos linguísticos e tecendo novas relações sociais. Como se verifica, o adolescente observava, diariamente, o seu corpo eletrônico ser atingido por fatos dirigidos a uma rede social, encadeado por pessoas que viviam em solo italiano, provavelmente, colegas de aula, bem como amigos seus e dos pais. Os limites de atingimento das publicações, em face da forma como se constroem as redes sociais, não seriam, em um primeiro momento, capazes de atingir novas relações a serem construídas em solo estadunidense sobre diferentes contextos, já que, em regra, contam com mecanismos de aceitação e bloqueio dos participantes.

No caso concreto, houve a necessidade de desvio do centro de interesse originário a promover a mudança do corpo físico, na construção de um novo ambiente digital livre de danos e seguro, impondo o adolescente a se deslocar do solo italiano para o estadunidense. O deslocamento geográfico de seu corpo físico permite novas relações sociais físicas que impactam no meio ambiente virtual do jovem italiano, a estabelecer espaço de convivências e experiências também para o corpo eletrônico. Isto ocorre visto que o protocolo de internet (IP), a recolha dos *logs*, a própria existência de sensores de geolocalização em smartphones[56], tratados como *inputs* pelos provedores de aplicação, como redes sociais e prestadores de serviços em geral, acabam por influenciar nos caminhos a serem ofertados ao usuário da web, o que também se volta na construção de grupos e comunidades no mundo virtual. A geolocalização se configura dado pessoal, sendo de grande importância aos *players* do mercado, inclusive, na formação de perfis, identificando-se, infelizmente, hipóteses de tratamento ilegal e discriminatório na construção de perfis reputacionais.[57]

Neste sentido, o Regulamento Geral de Proteção de Dados Pessoais da União Europeia, artigo 3, parágrafo 15, determina que a localização e os deslocamentos dos cidadãos merecem atenção, na formação de perfis e, consequentemente, em decisões automatizadas:

> «Definição de perfis», qualquer forma de tratamento automatizado de dados pessoais que consista em utilizar esses dados pessoais para avaliar certos aspetos pessoais de uma pessoa singular,

---

56. COLOMBO, Cristiano; ENGELMANN, Wilson. Inteligência artificial em favor da saúde: proteção de dados pessoais e critérios de tratamento em tempos de pandemia. In: PINTO, Henrique Alves; GUEDES, Jefferson Carús; CÉSAR, Joaquim Portes de Cerqueira. (Org.). *Inteligência artificial aplicada ao processo de tomada de decisões*. Belo Horizonte: D'Plácido, 2020, v. 1, p. 225-246.

57. Para estudo sobre Weblining consultar FACCHINI NETO, Eugênio; COLOMBO, Cristiano. Decisões automatizadas em matéria de perfis e riscos algorítmicos: Diálogos entre Brasil e Europa acerca das vítimas do dano estético digital. In: MARTINS, Guilherme Magalhães; ROSENVALD, Nelson. (Org.). *Responsabilidade civil e novas tecnologias*. Indaiatuba: Foco, 2020, v. 1, p. 163-184.

nomeadamente para analisar ou prever aspetos relacionados com o seu desempenho profissional, a sua situação económica, saúde, preferências pessoais, interesses, fiabilidade, comportamento, localização ou deslocações;[58]

O dado pessoal de localização é bastante utilizado também na publicidade comportamental:

> A publicidade comportamental é aquela que analisa os padrões do uso de internet dos usuários e utiliza tais padrões para oferecer anúncios mais alinhados às suas preferências. Entre outras formas de vulneração do consumidor, neste caso, é possível a ocorrência do chamado adaptative pricing, que é a variação do preço a ser cobrado por um produto ou serviço com base na análise dos dados comportamentais provenientes da análise de perfis na Internet. Em Fevereiro de 2018, por exemplo, o MP/RJ ajuizou ação civil pública contra a empresa Decolar.com em face de ela praticar o chamado geo-blocking e geo-princing, que importam, respectivamente, no bloqueio de ofertas em face da localização do consumidor e a alteração de preços com base no local de acesso do usuário.[59]

Depreende-se que, em que pese a imaterialidade e a desterritorialização das relações telemáticas, as redes sociais e os serviços, ao considerar a geolocalização na identificação e na formação de perfis de seus destinatários, reconhece que o corpo eletrônico vibra em uma ambiência territorial. A assertiva decorre do fato de que são aplicadas em suas funcionalidades o local onde se dá o desenvolvimento da vida da pessoa humana, como dado pessoal, havendo, portanto, relação entre o corpo físico e o eletrônico, sendo possível delimitar geograficamente a prática de atos e a promoção de danos, reforçando a teoria da existência de um "centro de interesses da vítima" e de "atividade dirigida".[60]

c) Transparência: Ordinanza n. 15075/2018 da 1ª Seção Cível da Corte de Cassação

A terceira e última decisão apresentada foi proferida também pela 1ª Seção Cível da Corte de Cassação, Ordinanza n. 15075/2018, publicada em 11 de junho de 2018,14 na qual o Fisco italiano foi considerado responsável por violação à privacidade dos contribuintes, ao publicar em seu site da internet listas de declarações de imposto de renda referentes ao ano de 2005. Tal ação foi movida por uma associação civil de usuários de serviços públicos e consumidores. Na época do ocorrido, o Garante requereu a imediata retirada as listas, declarando a atuação da agência do Fisco como violadora da privacidade dos contribuintes, sendo uma ação desproporcional e,

---

58. UNIÃO EUROPEIA. *Regulamento Geral de Proteção de Dados*. Disponível em: https://eur-lex.europa.eu/legal-content/PT/TXT/HTML/?uri=CELEX:02016R0679-20160504&from=EN. Acesso em: 2022.

59. COLOMBO, Cristiano; GOULART, Guilherme Damásio. Hipervulnerabilidade do consumidor no ciberespaço e o tratamento dos dados pessoais à luz da lei geral de proteção de dados. In: 9 CONGRESO IBEROAMERICANO DE INVESTIGADORES Y DOCENTES DE DERECHO E INFORMATICA, 9. 2019, Montevidéu.

60. COLOMBO, Cristiano; FACCHINI NETO, Eugênio. Violação dos direitos de personalidade no meio ambiente digital: a influência da jurisprudência europeia na fixação da jurisdição/competência dos tribunais brasileiros. *Civilistica.com*, v. 8, n. 1, 2019. Disponível em: http://civilistica.com/violacao-dos-direitos-de-personalidade/. Acesso em: 19 jan. 2021.

portanto, ilegítima, a publicação on-line de tais listas de declarações de imposto de renda, diante, sobretudo, das características da internet, com a difusão massiva dos dados. O ato de publicar listas de imposto de renda foi muito além da necessidade de transparência ditada pelas regras aplicáveis na Itália, incluindo o Decreto del Presidente della Repubblica n. 600/1973 e o Código da Administração Digital (Decreto Legislativo nº 82/2005). Na decisão final, contudo, a Corte de Cassação rejeitou a ação coletiva (espécie de uma *class action*, na linha do direito norte-americano), que veiculava pedido de 20 bilhões de euros em compensação, definindo que os direitos relativos à proteção de dados pessoais são individuais e não podem, portanto, estarem sujeitos a ações judiciais coletivas.

O caso permite refletir acerca da discussão sobre a forma de acesso em portais da transparência, do nome completo e de quantias auferidas de titulares de dados, sejam por figurarem como destinatários de programas sociais, ou, ainda, por estarem investidos em cargos públicos.

Destaque-se que o Regulamento Geral de Proteção de Dados da União Europeia, nos termos do artigo 4º, 1, compreende, de forma literal, que tais fatos são qualificados como "dados pessoais", quando refere "elementos específicos da identidade [...] econômica". Dessa forma, no *balancing* em promover a salvaguarda da *Privacy* ao cidadão europeu e, por outro lado, cumprir o princípio da transparência, foi objeto de aprofundamento pelo antigo Grupo de Trabalho sobre Proteção de Dados Pessoais do Artigo 29, no Parecer 2/2016, que destaca medidas concretas para resolver este conflito aparente:

> Ao decidir se os dados pessoais devem estar acessíveis a nível mundial, através de motores de busca externos, é conveniente ter em conta o objetivo de garantir a ampla disponibilização das informações. Se houver interesse público a nível mundial na disponibilização desses dados, sobretudo tendo em conta a categoria dos seus titulares, tal divulgação poderá ser justificada, desde que os potenciais impactos nos direitos e liberdades dos titulares tenham sido tidos em conta. No entanto, se não existir interesse público a nível mundial ou essa ampla divulgação for considerada inadequada, poderá ser preferível disponibilizar os dados através de motores de busca internos ou de outros mecanismos de acesso seletivo (por exemplo, com um nome de utilizador ou «captcha»).[61]

Gian Marco Pellos, em comentário ao referido Parecer 2/2016, ressalta que os sítios devem "ter fielmente o rastreamento dos registros", bem como que deve o Poder Público estar atento "à utilização de dados para fins diferentes daqueles previstos no momento da coleta".[62] A mineração de dados, como *input* à Inteligência Artificial para a realização de análises descritivas e preditivas representa elevado risco aos seus

---

61. PROTEÇÃO de dados: Parecer n. 11. Disponível em: https://www.uc.pt/protecao-de-dados/protecao_dados_pessoais/pareceres_do_EPD/P011. Acesso em: 2022.
62. PELLOS, Gian Marco. Privacy e pubblica amministrazione fra tutela della persona e interesse publico. In: MAGLIO, Marco; POLINI, Miriam; TILLI, Nicola. (org.). *Manuale di diritto ala protezione dei dati personali*. Santarcangelo di Romagna: Magiolli, 2019, p. 629-660, p. 649.

titulares. Os portais devem evitar que se tornem uma "mina ao céu aberto"[63] para as empresas que oferecem estes serviços. Destaque-se que a própria Autoridade de Proteção de Dados Pessoais pode vir a fiscalizar *players* que se servem destes dados para obter fatos econômicos dos titulares de dados pessoais, com motivações dissonantes do atendimento ao princípio da transparência.

O referido Parecer 2/2016 adverte:

> Os Estados-Membros devem analisar cuidadosamente o espetro de pessoas singulares abrangidas pelas medidas relativas ao conflito de interesses e à transparência. Podem também querer formular critérios objetivos pertinentes para determinar que dados serão tratados, tais como o poder público da pessoa em causa, a sua capacidade para gastar ou atribuir fundos públicos, o salário, a duração do mandato, os benefícios auferidos etc., tendo em conta que o tratamento não deve ir além do que é «necessário para a realização dos objetivos legítimos prosseguidos, tendo especialmente em conta o facto de que essa publicação prejudica os direitos consagrados nos artigos 7.º e 8.º da Carta».[64]

Nesse sentido, a Administração Pública, no tratamento de dados pessoais de seus cidadãos, deve preservar o titular, observando os "princípios clássicos de proteção de dados" como a finalidade, a transparência, a segurança, a minimização e a proporcionalidade.[65] Dessa forma, a adoção de medidas concretas, como identificar o utilizador ou mesmo valer-se do *captcha*, evitando consulta massiva de dados, que possa direcioná-los a finalidades diversas da originária, é medida que se impõe.

Quanto ao princípio da minimização, o Parecer 2/2016 adverte não dever ser publicado o número do contribuinte (correspondente ao CPF, no Brasil), dados bancários, correio eletrônico, número de telefone, eis que o nome e os valores recebidos, *per se*, atendem ao princípio da transparência.

Ainda, o mencionado Parecer 2/2016 também estabelece que pode ser observada diferenciação quanto à responsabilidade hierárquica e de tomada de decisões dos agentes:

> De um modo geral, pode ser adequado fazer uma diferenciação, de acordo com as responsabilidades hierárquicas e de tomada de decisões, entre políticos, quadros dirigentes do setor público e outras figuras públicas com cargos que implicam responsabilidades políticas; pessoas singulares que ocupam cargos de gestão «comuns» no setor público, não exercendo cargos eletivos, mas apenas cargos de direção executiva, e «titulares de dados com funções públicas comuns» sem autonomia em matéria de tomada de decisões. Neste aspeto, embora para o primeiro grupo a divulgação em linha de dados pessoais através do sítio Web da instituição competente em causa possa ser considerada proporcionada, a mesma solução poderá não ser aplicável ao segundo ou terceiro grupos. Quanto ao segundo grupo, o nome e o cargo podem ser disponibilizados ao

---

63. RODOTÀ, Stefano. *La rivoluzione della dignità*. Napoli: La Scuola di Pitagora, 2013, p. 33.
64. PROTEÇÃO de dados: Parecer n. 11. Disponível em: https://www.uc.pt/protecao-de-dados/protecao_dados_pessoais/pareceres_do_EPD/P011. Acesso em: 2022.
65. DONEDA, Danilo. *A proteção de dados em tempos de coronavírus:* a LGPD será um elemento fundamental para a reestruturação que advirá após a crise. Jota, opinião e análise, 25 mar. 2020a. Disponível em: https://www.jota.info/opiniao-e-analise/artigos/a-protecao-de-dados-em-tempos-de-coronavirus-25032020. Acesso em: 16 jan. 2022.

público, embora não se publiquem dados pessoais dos agentes por defeito (ainda que se refiram apenas a atos realizados na sua qualidade de funcionários do setor público ou respeitantes às suas atividades profissionais).[66]

Dessa forma, em observância à proporcionalidade, operar-se-iam diferentes camadas de exposição, ou de proteção, relacionadas à publicação de dados pessoais.

4. CONCLUSÃO

A partir dos estudos desenvolvidos, conclui-se que:

A uma, que a expressão *Privacy*, no direito italiano, é "macrocategoria" ou "metadireito", abrangendo o *diritto alla riservatezza* e o Direito à Proteção de Dados Pessoais;[67]

A duas, o corpo eletrônico, na lição de Stefano Rodotà, é o conjunto de informações que constituem a identidade das pessoas, sendo merecedor de tutela jurídica seus tecidos e estruturas virtuais;[68]

A três, que a jurisprudência italiana permitiu refletir, à luz da *privacy* que: i) deve ser observada a "noção dinâmica de dado pessoal"[69], ultrapassado o seu conceito estático, unidirecional que, em alguns casos, somente considerado com a expressa referência ao nome e à fotografia da pessoa; ii) que o corpo eletrônico, em face da geolocalização, pode sofrer deslocamento geográfico, vibrando seus efeitos em territórios direcionados pela tecnologia; e, por último, iii), no que toca à transparência dos dados econômicos dos destinatários de programas sociais e daqueles investidos em cargos públicos, a forma de consulta deve estar orquestrada com os clássicos princípios de proteção de dados pessoais, evitando que softwares utilizem os dados em finalidade diferente daquela a que se propõe, mediante decisões técnicas que preservem a pessoa humana. Revelam-se elementos importantes para fins de apuração de danos.

5. REFERÊNCIAS

ALPA, Guido. *Manuale di diritto privato*. Padova: CEDAM, 2013.

ALPA, Guido. The protection of privacy in Italian Law. Tradução de Anne Thompson. In: MARKESINIS, Basil S. (Org.). *Protecting privacy*. New York: Oxford University Press, 1999.

BIONI, Bruno Ricardo. O dever de informar e a teoria do diálogo das fontes para a aplicação da autodeterminação informacional como sistematização para a proteção dos dados pessoais dos consumidores:

---

66. PROTEÇÃO de dados: Parecer n. 11. Disponível em: https://www.uc.pt/protecao-de-dados/protecao_dados_pessoais/pareceres_do_EPD/P011. Acesso em: 2022.
67. COLAPIETRO, Carlo. Il diritto alla protezione dei dati personali. In: UN SISTEMA delle Fonti Multilivello. Napoli: Scientifica, 2018, p. 21.
68. RODOTÀ, Stefano. *La rivoluzione della dignità*. Napoli: La Scuola di Pitagora, 2013, p. 33.
69. COLAPIETRO, Carlo. Il diritto alla protezione dei dati personali. In: UN SISTEMA delle Fonti Multilivello. Napoli: Scientifica, 2018, p. 22.

convergências e divergências a partir da análise da ação coletiva promovida contra o Facebook e o aplicativo "Lulu". *Revista de Direito do Consumidor*, v. 94, p. 283-324, jul.-ago. 2014.

CENTRO. In: DICIONÁRIO priberam da língua portuguesa. 2008-2021. Disponível em: https://dicionario.priberam.org/centro. Acesso em: 15 jan. 2022.

COLAPIETRO, Carlo. Il diritto alla protezione dei dati personali. In: UN SISTEMA delle Fonti Multilivello. Napoli: Scientifica, 2018.

COLOMBO, Cristiano; ENGELMANN, Wilson. Inteligência artificial em favor da saúde: proteção de dados pessoais e critérios de tratamento em tempos de pandemia. In: PINTO, Henrique Alves; GUEDES, Jefferson Carús; CÉSAR, Joaquim Portes de Cerqueira. (Org.). *Inteligência artificial aplicada ao processo de tomada de decisões*. Belo Horizonte: D'Plácido, 2020. v. 1, p. 225-246.

COLOMBO, Cristiano; FACCHINI NETO, Eugênio. Violação dos direitos de personalidade no meio ambiente digital: a influência da jurisprudência europeia na fixação da jurisdição/competência dos tribunais brasileiros. *Civilistica.com*, v. 8, n. 1, 2019. Disponível em: http://civilistica.com/violacao--dos-direitos-de-personalidade/. Acesso em: 19 jan. 2021.

COLOMBO, Cristiano; GOULART, Guilherme Damásio. Hipervulnerabilidade do consumidor no ciberespaço e o tratamento dos dados pessoais à luz da lei geral de proteção de dados. *In:* 9 Congreso Iberoamericano de Investigadores y Docentes de Derecho e Informatica, 9. 2019, Montevidéu.

COLOMBO, Cristiano; GOULART, Guilherme Damásio. Inteligência artificial em softwares que emulam perfis dos falecidos e dados pessoais de mortos. *In:* SARLET, Gabrielle Bezerra Sales; TRINDADE, Manoel Gustavo Neubarth; MELGARÉ, Plínio (Org.). *Proteção de Dados:* temas controvertidos. Indaiatuba: Foco, 2021, v. 1, p. 95-114.

DONEDA, Danilo. *A proteção de dados em tempos de coronavírus:* a LGPD será um elemento fundamental para a reestruturação que advirá após a crise. Jota, opinião e análise, 25 mar. 2020. Disponível em: https://www.jota.info/opiniao-e-analise/artigos/a-protecao-de-dados-em-tempos-de-coronavirus-25032020. Acesso em: 16 jan 2022.

DONEDA, Danilo. *Da privacidade à proteção de dados pessoais*. São Paulo: Thompson Reuters Brasil, 2019.

FACCHINI NETO, Eugênio. "Corpo elettronico" como vítima em matéria de tratamento de dados pessoais: responsabilidade civil por danos à luz da Lei Geral de Proteção de Dados brasileira e danos estéticos no mundo digital. In: ROSENVALD, Nelson; DRESCH, Rafael de Freitas Valle; WESENDONCK, Tula (Org.). *Responsabilidade civil:* novos riscos. Indaiatuba, SP: Foco, 2019.

FACCHINI NETO, Eugênio; COLOMBO, Cristiano. Decisões automatizadas em matéria de perfis e riscos algorítmicos: Diálogos entre Brasil e Europa acerca das vítimas do dano estético digital. In: MARTINS, Guilherme Magalhães; ROSENVALD, Nelson. (Org.). *Responsabilidade civil e novas tecnologias*. Indaiatuba: Foco, 2020, v. 1, p. 163-184.

FALEIROS JÚNIOR, José Luiz de Moura; MADALENA, Juliano. *Proteção de dados pessoais e aspectos criminais*: breves reflexões. Disponível em: https://www.migalhas.com.br/coluna/migalhas-de--protecao-de-dados/333515/protecao-de-dados-pessoais-e-aspectos-criminais--breves-reflexoes. Acesso em: jan. 2022.

FLORIDI, Luciano. *The 4th revolution:* how the infosphere human reality. Oxford: Oxford University Press, 2014.

FRANZONI, Massimo. XIX Lezione lesione dei diritto della persona e tutela della privacy. In: RUFFOLO, Ugo (Org.). XXVI lezioni di diritto dell'intelligenza artificiale. Turaim: Giappichelli, 2021. p. 339-353.

GOMES, Mário M. Varges. *O Código da Privacidade e da Protecção de Dados Pessoais:* na lei e na jurisprudência (nacional e internacional). Lisboa: Centro Atlântico, 2006.

ITÁLIA. *Constituição da República Italiana*. Disponível em: https://www.senato.it/sites/default/files/media-documents/COST_REG_luglio_2020_archivio.pdf. Disponível em: 01 jan. 2022.

ITÁLIA. Corte di Cassazione. Cassazione Civile – 20 aprile 1963 n. 990; Pres. Celentano, Est. Rossano, P. M. Cutrupia (concl. diff.); Petacci (Avv. Tarquini) c. Palazzi (Avv. Libonati, Nicolò, Paggi, Zazo) e altri. http://www.jus.unitn.it/users/caso/dpi07-08/topics/privacy/materiali/Cass_1963_990.html.

ITÁLIA. Corte di Cassazione. Cassazione Civile – 22 dicembre 1956 n. 4487; Pres. Pasquera P., Est. Avitabile, P. M. Colli (concl. conf.); Soc. produzione associata Tirrena Asso film (Avv. Graziadei) c. Caruso (Avv. Leone). Disponível em: http://www.jus.unitn.it/users/caso/dpi07-08/topics/privacy/materiali/Cass_%201956_%204487.htm.

ITÁLIA. *Garante per la protezione dei dati personali*. Disponível em: https://www.garanteprivacy.it/web/guest/home/autorita/garante. Acesso em: 05 nov. 2018.

ITÁLIA. *Garante per la protezione dei dati personali*: archivi storici on line dei quotidiani e reperibilità dei dati dell'interessato mediante motori di ricerca esterni. Disponível em: https://www.garanteprivacy.it/web/guest/home/docweb/-/docweb-display/docweb/2286820. Acesso em: 05 nov. 2018.

ITÁLIA. *Garante per la protezione dei dati personali*: violenza sessuale a piacenza: garante privacy ai media, no a dettagli che rendono identificabile la vittima. Disponível em: https://www.garanteprivacy.it/web/guest/home/docweb/-/docweb-display/docweb/9021425. Acesso em 05 nov. 2018.

ITÁLIA. Corte di Cassazione. Italia. Cass. Civ. Sez. III, 27 maggio 1975, n. 2129. Disponível em: http://www.jus.unitn.it/users/caso/dpi07-08/topics/privacy/materiali/Cass_%201975_%202129.htm. *vato*. Padova: CEDAM, 2013.

ITÁLIA. Corte di Cassazione. Italia. Cass. Civ. Sez. III, 27 maggio 1975, n. 2129. Disponível em: http://www.jus.unitn.it/users/caso/dpi07-08/topics/privacy/materiali/Cass_%201975_%202129.htm.

ITÁLIA. Corte di Cassazione. *Ordinanza n° 15075/2018*. Publ. 11/06/2018. Disponível em: http://www.italgiure.giustizia.it/xway/application/nif/clean/hc.dll?verbo=attach&db=snciv&id=./20180611/snciv@s10@a2018@n15075@tO.clean.pdf. Acesso em: 06 nov. 2018.

ITÁLIA. Corte di Cassazione. *Ordinanza n° 25686/2018*. Publ. 15/10/2018. Disponível em: http://www.italgiure.giustizia.it/xway/application/nif/clean/hc.dll?verbo=attach&db=snciv&id=./20181015/snciv@s20@a2018@n25686@tO.clean.pdf. Acesso em: 06 nov. 2018.

ITÁLIA. Corte di Cassazione. *Sentenza n° 17278/2018*. Publ. 02/07/2018. Disponível em: https://www.privacy.it/2018/07/02/cass-civ-17278-2018-newsletter-pubblicita/. Acesso em: 06 nov. 2018.

ITÁLIA. Tribunale di Roma. *Sentenza n° 39913/2015*. Publ. 23/12/2017. Disponível em: https://www.privacyitalia.eu/wp-content/uploads/2018/01/tribunaleromaordinanza23dicembre2017.pdf. Acesso em 06 nov. 2018.

LA PIETRA, Mônica. Il Diritto alla privacy. *In*: BIANCA, Mirzia; GAMBINO, Alberto; MESSINETTI, Raffaella. (Org.). *Libertà di manifestazione del pensiero e diritti fondamentali*: profili applicativi nei social networks. Milano: Giuffrè 2016.

LIMBERGER, Têmis. A informática e a proteção à intimidade. *Revista de Direito Constitucional e Internacional*, v. 33, p. 110-124, out.-dez. 2000.

MIRANDA, Felipe Arady. O *direito fundamental ao livre desenvolvimento da personalidade*. Disponível em: https://www.cidp.pt/revistas/ridb/2013/10/2013_10_11175_11211.pdf. Acesso em: 2021.

MOTA PINTO, Paulo. O direito ao livre desenvolvimento da personalidade. *Boletim da Faculdade de Direito de Coimbra*, Portugal-Brasil Ano 2000, 1999.

PARECER 4/2007 sobre o conceito de dados pessoais. Disponível em: https://www.gpdp.gov.mo/uploadfile/others/wp136_pt.pdf. Acesso em: 2022.

PELLOS, Gian Marco. Privacy e pubblica amministrazione fra tutela della persona e interesse publico. In: MAGLIO, Marco; POLINI, Miriam; TILLI, Nicola. (Org.). *Manuale di diritto ala protezione dei dati personali*. Santarcangelo di Romagna: Magiolli, 2019, p. p. 649.

PROTEÇÃO de dados: Parecer n. 11. Disponível em: https://www.uc.pt/protecao-de-dados/protecao_dados_pessoais/pareceres_do_EPD/P011. Acesso em: 2022.

PUPP, Karin Anneliese. O direito de autodeterminação informacional e os bancos de dados dos consumidores: a Lei 12.414/2011 e a Bundesdatenschutzgesetz (BDSG) em um estudo de casos comparados sobre a configuração do dano indenizável nas Cortes de Justiça do Brasil e da Alemanha. *Revista de Direito do Consumidor*, v. 118, p. 247-278, jul.-ago. 2018.

RODOTÀ, Stefano. *Intervista su privacy e libertà*. Roma-Bari: Laterza, 2005.

RODOTÀ, Stefano. *Il diritto de avere diritto*. Roma: Laterza, 2012.

RODOTÀ, Stefano. *La rivoluzione della dignità*. Napoli: La Scuola di Pitagora, 2013.

RODOTÀ, Stefano. *Tecnopolitica*: la democracia e le nuove tecnologie della comunicazione. Bari-Roma: Laterza, 1997.

UNIÃO EUROPEIA. *Regulamento Geral de Proteção de Dados*. Disponível em: https://eur-lex.europa.eu/legal-content/PT/TXT/HTML/?uri=CELEX:02016R0679-20160504&from=EN. Acesso em: 2022.

WARREN, Samuel D.; BRANDEIS, Louis D. The right to privacy. *Harvard Law Review*, Boston, v. 4, n. 5, p. 193-200, dez. 1890.

A RESSUSCITAÇÃO DIGITAL DOS MORTOS

Maria de Fátima Freire de Sá

Doutora em Direito pela UFMG e Mestre em Direito pela PUC Minas; Advogada; Professora do Curso de Graduação em Direito da PUC Minas; Professora do Mestrado e Doutorado em Direito da PUC Minas; Coordenadora do Curso de Especialização em Direito Médico e Bioética do IEC-PUC Minas; pesquisadora do Centro de Estudos em Biodireito – CEBID.

Bruno Torquato de Oliveira Naves

Doutor e Mestre em Direito pela PUC Minas; Advogado e sócio do Torquato Naves Advogados; Professor dos Cursos de Graduação em Direito da PUC Minas e da Dom Helder Câmara; Professor do Mestrado e Doutorado em Direito Ambiental e Desenvolvimento Sustentável da Dom Helder Câmara; Coordenador dos Cursos de Especialização em Direito Médico e Bioética do IEC-PUC Minas e em Direito Urbanístico e Ambiental da PUC Minas Virtual; pesquisador do Centro de Estudos em Biodireito – CEBID.

> Não serei poeta de um mundo caduco.
> Também não cantarei o mundo do futuro.
> Estou preso à vida presente e olho meus companheiros.
> Estão taciturnos mas nutrem esperanças.
> Entre eles vejo a grande realidade.
> O presente é tão grande, não nos afastemos.
> Não nos afastemos muito, vamos de mãos dadas.
> [...] O tempo é a minha matéria, o tempo presente, os homens presentes,
> a vida presente.
> (Carlos Drummond de Andrade, *Mãos Dadas*)

Sumário: 1. Introdução – 2. Dados vivos de pessoas mortas – 3. Sobrevida dos direitos da personalidade; 3.1 O consentimento e seus limites – 4. O caminho da singularidade – 5. Considerações finais – 6. Referências.

1. INTRODUÇÃO

Já imaginou ter um encontro virtual com algum morto querido? Não apenas vê-lo, mas ouvir sua voz, conversar e até ter a sensação de tocá-lo?

Parece a narrativa de uma cena de filme de ficção científica, mas não é. E essa é uma realidade cada vez mais presente. O aprimoramento de tecnologias que permitem a reprodução exata da imagem e da voz de pessoas já falecidas tem permitido a chamada "ressuscitação digital", que é feita por meio da manipulação digital dos registros de som e de imagem da pessoa que morreu.

Alguns exemplos de como essa tecnologia vem sendo utilizada são retratados nos documentários "Roadrunner", que reproduz 45 segundos de um áudio jamais falado pelo chefe de cozinha Anthony Bourdain, morto em 2018, e "Meeting You", documentário sul-coreano que registra um encontro em realidade virtual da mãe com sua filha falecida. Outro exemplo é o holograma do pai de Kim Kardashian, que canta, dança e que também reproduz falas jamais ditas por ele em vida.[1]

Apesar da programação e da reprodução por hologramas ainda ser um serviço de alto custo, existem outras formas menos complexas e mais acessíveis de ressuscitação digital, como sites que permitem a animação de fotos de parentes mortos, de forma gratuita, como vem sendo feito pelo site de genealogia MyHeritage.

Essa realidade chama atenção para importantes questionamentos sobre ética na utilização da imagem, da voz e dos dados digitais de pessoas falecidas que, em vida, não manifestaram consentimento para tal, seja para reprodução de falas e imagens seja para a criação de áudios e vídeos inéditos. A quem cabe o uso de dados pessoais de pessoas falecidas? Mesmo existindo consentimento para a utilização após a morte, há limite de uso?

Esse tipo de situação revolve aspectos patrimoniais e existenciais. O primeiro nos remete à comercialização dos dados originais e dos produtos criados pela inteligência artificial. O segundo nos faz questionar se há uma sobrevida dos direitos da personalidade do morto.

Embora a vivência do luto não seja um tema jurídico e, portanto, não ocupe papel central nesse capítulo, ela se torna presente aqui, principalmente se recordarmos a frase de Jean-Paul Sartre: "estar morto é ser presa dos vivos". Ou seja, na morte não há possibilidade de revogação de consentimento nem de explicações ou oposições específicas. Em um mundo repleto de "eus" digitais, o veredito desses corpos está nas mãos dos vivos, que julgam ser herdeiros das repercussões patrimoniais dos dados reconstruídos digitalmente ou que têm dificuldade de despedirem-se de seus entes queridos e, talvez, de deixá-los partir.

2. DADOS VIVOS DE PESSOAS MORTAS

Por meio da inteligência artificial, a criação das pessoas se dá pela sua projeção no mundo virtual. A ideia de que, para ser pessoa natural, é preciso ter um corpo físico vem sendo fragilizada.

---

1. MATEI, Adrienne. Reencarnação digital de famosos levanta dúvida sobre dados dos mortos. *Folha de S. Paulo*, Ilustrada, 4 ago. 2021. Disponível em: https://f5.folha.uol.com.br/cinema-e-series/2021/08/reencarnacao-digital-de-famosos-levanta-duvida-sobre-dados-dos-mortos.shtml. Acesso em: 15 out. 2021.

Sobre o tema, na obra *La vida y las reglas*, Stéfano Rodotà se refere a corpos virtuais. Nela, o professor italiano debate a influência da tecnologia sobre a identidade. Em certo trecho, cita o livro de Sherry Turkle, *La vida en la pantalla: la construcción de la identidad en la era de internet*, em que a autora relata uma experiência pessoal que se deu em razão da sua decisão de organizar um foro de debate na internet. A ideia era analisar e explorar as reações das pessoas que discutem na rede. Como Sherry Turkle era pessoa conhecida, optara por dirigir o debate utilizando um pseudônimo, a fim de evitar que as opiniões dos participantes fossem condicionadas por sua atividade laboral, caso se fizesse conhecer.[2]

A discussão desenvolveu-se de maneira satisfatória até que alguém se apresentou na rede como a Professora Turkle, máxima autoridade na matéria. Sherry Turkle havia encontrado, na internet, alguém que se passava por Sherry Turkle. Como a autenticidade do debate foi afetada, a professora resolveu desvelar sua real identidade.[3]

Trouxemos esse exemplo a fim de iniciar um debate sobre as ilimitadas possibilidades que se descortinam na criação e na modificação de identidades e pessoalidades. Da mesma forma que Sherry Turkle criou um ser fictício e virtual e outra pessoa assumiu a identidade da escritora, em rede, perspectivas semelhantes após a morte ganham concretude.

Em comemoração ao dia dos pais, o Mercado Livre, em parceria com a Soundthinkers, exibiu uma propaganda com a recriação da voz de José Antunes Coimbra, pai do ex-jogador Zico, construindo uma frase nunca dita, em que pedia que o filho fizesse um gol em sua homenagem. Zico fizera 334 gols no Maracanã, mas seu pai nunca presenciara um jogo do filho no estádio. O ex-jogador, postado no meio do campo, foi surpreendido pela voz de seu pai com o pedido, veiculado no sistema de som do estádio. Para que isso fosse possível, a Soundthinkers usou um vídeo do arquivo pessoal de Zico e um sistema de síntese neural, e criou um dicionário de voz personalizado e um novo texto com fala digitalizada.

Esse caso aparentemente é inofensivo, o que não retira a dificuldade de justificá-lo juridicamente, em especial no que toca aos direitos da personalidade.

Os aspectos que reduzem a problematicidade do evento vertem no sentido de que (a) Zico voluntariamente forneceu arquivos com a voz e a imagem do pai; (b) não houve violação da imagem-atributo[4], porquanto a propaganda não distorceu a identidade socialmente construída; e (c) não se está diante de *deepfake*[5], pois o comercial identifica a voz como construção de inteligência artificial.

---

2. RODOTÀ, Stéfano. *La vida y las reglas*: entre el derecho y el no derecho. Madrid: Trotta, 2010.
3. RODOTÀ, Stéfano. *La vida y las reglas*: entre el derecho y el no derecho. Madrid: Trotta, 2010.
4. Imagem-retrato é a materialização audiovisual do indivíduo por meio de representação da personalidade. E imagem-atributo se relaciona aos aspectos de construção da pessoalidade, ali inseridos valores e construção de vida.
5. *Deepfake* é a imagem ou som que passou por processo de edição, por meio de inteligência artificial, com o intuito de gerar aparência de fato real. Com o uso da técnica de edição, se pode modificar o conteúdo da fala, inserir uma pessoa em um contexto, substituir uma pessoa por outra etc.

No entanto, além do problema de se "reviver" os mortos em contextos por eles não vividos, está-se diante da falta de consentimento do retratado para tal reconstrução. Os direitos da personalidade são intransmissíveis, logo o simples consentimento dos parentes próximos não importaria em validade do negócio jurídico.

No entanto, na prática, nada disso é revolvido ou condenado se o ato não estiver atrelado a uma situação de contrafação ou *deepfake*.

Para ficar nos contornos nacionais, trazemos um dos exemplos mencionados por Felipe Medon[6], que envolveu as eleições para o governo de São Paulo, em 2018. O então candidato João Dória foi vinculado a um vídeo, em que supostamente participava de orgia com mulheres. Pelo material ter sido divulgado na véspera do pleito e havendo necessidade de perícia para constatar a falsidade, a montagem pretendia gerar direta influência na acirrada disputa eleitoral. Esse caso é caracterizado como *deepfake*.

Felipe Medon indica *fakevideo* como a origem do termo e explica que a palavra:

> *deepfake* se popularizou a partir da história de um usuário do site *Reddit*, que se apelidou de *Deepfake* e, especializado em inteligência artificial, passou a substituir rostos de pessoas em filmes. O termo passou então a ser associado a essa técnica, que opera a fusão de imagens em movimento, gerando um novo vídeo, cujo grau de fidedignidade é elevado a um patamar que somente com muita atenção se consegue notar se tratar de uma montagem.[7]

Ainda que o uso da imagem seja autorizado pelos parentes ou herdeiros, há que se questionar sobre a permanência do direito da personalidade à imagem propagada após a morte. O uso do corpo, no todo ou em parte, após a morte, já é assunto regulamentado normativamente, por meio de norma ordinária para doação de órgãos e tecidos (Lei n. 9.434/1997); doação de cadáver para pesquisa (Lei n. 8.501/1992); e, com o avanço da tecnologia reprodutiva, torna-se cada dia mais frequente a utilização de sêmen, óvulo ou embriões, desde que anteriormente autorizado pelo detentor do material genético. Avolumam-se casos de reprodução humana assistida *post mortem*.

Mas, em se tratando da cessão da imagem do morto, vivencia-se novo problema, pois não basta a referência a material específico, como uma foto ou um vídeo em que a imagem representada materialmente, em determinado momento, é estática quanto ao ineditismo. Toma-se, por exemplo, o depoimento de um casal no dia do seu matrimônio. Essa fala pode ser repercutida no futuro por seus filhos e amigos, que detêm a gravação que imortalizou o evento. Trata-se de mera reprodução de fato passado, que comumente é utilizado na satisfação de lembranças.

---

6. MEDON, Felipe. O direito à imagem na era das *deepfakes*. *Revista Brasileira de Direito Civil* (RBDCivil), Belo Horizonte, v. 27, p. 251-277, jan.-mar. 2021.
7. MEDON, Felipe. O direito à imagem na era das *deepfakes*. *Revista Brasileira de Direito Civil* (RBDCivil), Belo Horizonte, v. 27, p. 251-277, jan.-mar. 2021, p. 262.

A RESSUSCITAÇÃO DIGITAL DOS MORTOS **77**

Outra é a situação de manipulação desse depoimento por meio de inteligência artificial de modo a dar voz a quem não mais existe. Da *reprodução* do passado passa-se à *produção* de atuações manipuladas.

A tecnologia nos faz perceber que a associação da fala à pessoa já não é mais uma evidência, da mesma forma que o brocardo latino *mater semper certa est* se fragilizou diante da tecnologia reprodutiva.

E, nesse contexto, quem responde pela titularidade dessa nova fala? Há, ainda, direito da personalidade ou este se extinguiu com a morte?

3. SOBREVIDA DOS DIREITOS DA PERSONALIDADE

O tema em análise nos remete a pensar se há sobrevida dos direitos da personalidade. Em princípio, o titular de um direito detém o poder de agir em garantia de bens que compõem a "essência de sua personalidade", como o direito à vida, aos dados pessoais e ao próprio corpo. Os direitos da personalidade pressupõem a existência da pessoa, em sentido jurídico. Dito de outra forma: a personalidade é o atributo jurídico que permite que alguém seja sujeito de direitos e deveres e os direitos da personalidade, componentes da personalidade, têm por objeto os diversos aspectos da pessoa humana. Logo, há uma relação de titular e objeto de direito entre, respectivamente, a personalidade e os direitos da personalidade.

Depara-se, no entanto, com um paradoxo: se apenas a pessoa pode ser titular de direitos que guarnecem seus próprios atributos físicos e psíquicos, como explicar a manipulação da imagem do morto?

A personalidade jurídica termina com a morte (art. 6º do Código Civil brasileiro). Logo, com ela extinguem-se todas as situações subjetivas que lhe são inerentes, inclusive os direitos da personalidade. Além do mais, diz-se, comumente, que os direitos da personalidade não admitem transferência, só podendo ser exercidos por seu titular.

Por várias vezes, todavia, o ordenamento protege ao que aparenta ser uma "continuidade da personalidade do morto". Quanto à honra e imagem do morto, especificamente, o parágrafo único do art. 20 expressa:

> Art. 20. Salvo se autorizadas, ou se necessárias à administração da justiça ou à manutenção da ordem pública, a divulgação de escritos, a transmissão da palavra, ou a publicação, a exposição ou a utilização da imagem de uma pessoa poderão ser proibidas, a seu requerimento e sem prejuízo da indenização que couber, se lhe atingirem a honra, a boa fama ou a respeitabilidade, ou se se destinarem a fins comerciais.
>
> Parágrafo único. Em se tratando de morto ou de ausente, são partes legítimas para requerer essa proteção o cônjuge, os ascendentes ou os descendentes.

Detecta-se, aparentemente, um conflito entre o conceito doutrinário de personalidade, até então pacífico, e a localização dos direitos da personalidade no ordenamento jurídico. Como explicar direitos da personalidade de quem não é mais pessoa?

A doutrina clássica estabeleceu que os direitos da personalidade seriam direitos subjetivos, isto é, comporiam relações jurídicas intersubjetivas, na posição de sujeito ativo, o detentor do direito, e sujeitos passivos determinados ou não, com o dever de se absterem de quaisquer atos lesivos à dignidade da pessoa.

Mas, e o morto, como atribuir a ele direitos subjetivos? Haveria reflexos de direitos a justificar a tutela jurídica, uma vez lesada a imagem do indivíduo que ele foi?

Pela teoria clássica, a relação jurídica procura explicar a existência de direitos, conjugando dois sujeitos, dotados de personalidade, que se relacionam em polos distintos. Afirma, ainda, que os direitos da personalidade são intransmissíveis e se esvaem com a morte.

Os adeptos dessa ideia buscam explicar a situação do morto por meio de um dos quatro argumentos seguintes: a) não haveria um direito da personalidade do morto, mas um direito da família, atingida pela ofensa à memória de seu falecido membro; b) há tão somente reflexos *post mortem* dos direitos da personalidade, embora personalidade não exista de fato; c) os direitos da personalidade, que antes estavam titularizados na pessoa, com a sua morte passam à titularidade coletiva, já que haveria um interesse público no impedimento de ofensas a aspectos que, ainda que não sejam subjetivos, guarnecem a própria noção de ordem pública; e, por fim, d) com a morte, transmitir-se-ia a legitimação processual, de medidas de proteção e preservação, para a família do defunto.[8]

Analisaremos as quatro fundamentações, de forma sucinta. Pela primeira opção (a), a família seria vítima em razão de ofensa à memória do morto. Mas referida ofensa traria a possibilidade de representatividade por parte da família em defender essa memória? Haveria um direito subjetivo violado em razão de ofensa a alguém que já morreu e que, portanto, não mais possui personalidade jurídica?

Sobre esse aspecto, Adriano De Cupis justifica a possibilidade de manifestação da família pelo sentimento de piedade que tem pelo falecido. Ao discorrer sobre direito à imagem afirma:

> Com a morte da pessoa o direito à imagem atinge o seu fim. Determinadas pessoas que se encontram em relação de parentesco com o extinto, têm direito de consentir ou não na reprodução, exposição ou venda do seu retrato e, não consentindo, podem intentar as ações pertinentes. [...]. Isto, naturalmente, não significa que o direito à imagem se lhe transmita, mas simplesmente que aqueles parentes são colocados em condições de defender o sentimento de piedade que tenham pelo defunto. Trata-se, em suma, de um direito novo, conferido a certos parentes depois da morte da pessoa.[9]

Não obstante a tentativa louvável de conferir coerência à argumentação referente aos direitos da personalidade – tema que tornou célebre Adriano De Cupis –, não

---

8. Tal divisão em quatro fundamentações se faz presente por razões didáticas, sem que, com isso, possamos afirmar a existência de correntes doutrinárias claras e bem definidas.

9. DE CUPIS, Adriano. *Os direitos da personalidade*. Campinas: Romana Jurídica, 2004, p. 153-154.

podemos concordar com o surgimento de um novo direito porque se encontra despido de qualquer conteúdo, criado, simplesmente, para satisfazer à fundamentação da tutela judiciária. Há um forte tom axiológico na ideia de defesa de "sentimento de piedade". Como se os direitos devessem invocar sentimentos e desses dependessem, criando uma falsa relação entre o sentir subjetivo e o agir jurídico.

Ao se dizer que há reflexos de direitos da personalidade (b), embora essa já não mais exista, pressupõe-se que pode haver consequência sem causa. Se o acessório segue o principal, e repetimos isso sem pensar, porque inserido na tradição, estamos a criar uma nova categoria de "reflexos de direitos sem direitos" ou, pior, "reflexos de direitos sem personalidade".

Como terceira corrente, a noção de titularidade coletiva de direitos (c) nada mais é do que um lugar comum para se tentar justificar um paternalismo, típico do Estado Social, e uma posição funcionalista sem qualquer fundamentação. É estranho passar a titularidade de informações personalíssimas, definidoras da própria pessoa, a uma coletividade que não possui sequer os mesmos interesses. Seria desconsiderar a autonomia da pessoa e a contemporânea noção de sociedade pluralista.

Por fim, apresenta-nos a ideia de que a *legitimatio* é transmitida aos parentes (d). Caio Mário da Silva Pereira chega mesmo a afirmar que o direito de ação é transferido a determinadas pessoas.[10] O problema dos "direitos da personalidade do morto" resumir-se-ia a uma questão de tutela processual. No entanto, a legitimidade processual tem existência própria e distinta do direito material. Além do mais, há interesses e expectativas de direitos que podem proporcionar a alguém a atuação processual. É o caso dos legitimados referidos pelo parágrafo único do art. 20 do Código Civil.

Dessa maneira, admitimos a existência de um interesse legítimo (situação jurídica subjetiva) da família e, portanto, de alteração da legitimidade. Mas direito subjetivo não há. Ele se extinguiu com a morte. Resta agora um interesse, cuja legitimação processual é dada às pessoas especificadas no Código.

Em relação aos dados pessoais, por exemplo, direito realmente não há. Dentre as situações jurídicas subjetivas, não há que se confundir direito subjetivo e interesse legítimo. O primeiro se traduz em um poder de atuação, guarnecido por diversas faculdades e por pretensão. Já o segundo, é uma situação que só pode ser reclamada judicialmente, pois não se concede um espaço de atuação extrajudicial, mas tão somente "uma pretensão razoável cuja procedência ou não só pode resultar do desenvolvimento do processo"[11].

---

10. "Não obstante seu caráter personalíssimo, os direitos de personalidade projetam-se na família do titular. Em vida, somente este tem o direito de ação contra o transgressor. Morto ele, tal direito pode ser exercido por quem ao mesmo esteja ligado pelos laços conjugais, de união estável ou de parentesco. Ao cônjuge supérstite, ao companheiro, aos descendentes, aos ascendentes e aos colaterais até o quarto grau, transmite-se a *legitimatio* para as medidas de preservação e defesa da personalidade do defunto." PEREIRA, Caio Mário da Silva. *Instituições de direito civil*: introdução ao direito civil; teoria geral do direito civil. 20. ed. rev. e atual. por Maria Celina Bodin de Moraes. Rio de Janeiro: Forense, 2004, v. 1, p. 243.
11. REALE, Miguel. *Lições preliminares de direito*. 26. ed. São Paulo: Saraiva, 2002, p. 263.

O morto não tem direito aos dados pessoais, mas pode existir interesse legítimo da família na proteção dos mesmos. Nesse sentido, estamos a falar em eventual violação de dados pessoais por parte de outrem, de modo a merecer a reação de seus legitimados. No entanto, a proteção pode se dar inclusive contra a própria família. Isso ocorre porque o interesse não possibilita um campo de atuação, como é comum nos direitos subjetivos. Assim, a família não pode atuar sobre os dados da pessoa falecida, a não ser que esta, em vida, tenha expressamente concedido o direito de exploração da imagem manipulada. E sendo assim, admitimos a existência de um direito subjetivo, criado negocialmente pela outorga do titular.

Sem o consentimento, à família se defere apenas a legitimidade processual na defesa da situação jurídica de interesse.

3.1 O consentimento e seus limites

Em se tratando de direitos da personalidade, a Bioética impõe o consentimento livre e esclarecido como expressão da autonomia do sujeito. Os mesmos cuidados devem ser aplicados à cessão da imagem para produzir efeitos após a morte.

Há, pois, que se observar os pressupostos de emissão de vontade válida, que incluem não somente a capacidade e a legitimidade material, mas também a idoneidade do objeto.

A manifestação de vontade é necessária e validada por três princípios jurídicos: boa-fé, informação e autonomia. Como já dissemos em outra ocasião:

> A boa-fé informa toda a construção interna da vontade e sua manifestação, pois exige que ambas as partes atuem segundo um padrão de lealdade e lisura, não gerando, no outro, falsas expectativas e procedendo com a segurança que a intervenção de saúde exige. A informação garante que a manifestação de vontade não se forme unilateralmente, mas dialogicamente, permitindo que as partes ponderem argumentos e alternativas. E a autonomia privada protege o livre desenvolvimento da personalidade pela satisfação de interesses críticos e experienciais na tomada de decisão, respeitado o grau de discernimento.[12]

O consentimento para a manipulação e o uso da imagem deve se dar por documento escrito, que explicite tal permissão no âmbito de limites temporais, temáticos e pessoais. Os limites temporais deverão ser fixados por meio de termo final ou de condição resolutiva, porquanto temerário seria o uso por tempo indeterminado. Os limites temáticos referem-se à dimensão de conteúdo dada pelo titular da imagem, o que diz respeito ao contexto em que a imagem será colocada ou à atuação fictícia que se imporá a ela. Logo, é improvável que a cessão ultrapasse os contornos da pessoalidade edificada em vida, configurada na imagem-atributo. Por fim, os limites pessoais vertem na determinação das pessoas a quem se concede a cessão de uso e manipulação da imagem.

---

12. NAVES, Bruno Torquato de Oliveira; SÁ, Maria de Fátima Freire de. *Direitos da personalidade*. 2. ed. Belo Horizonte: Arraes, 2021, p. 139-140.

Atribuindo-se ao consentimento tamanha abertura, o rol de legitimados no parágrafo único do art. 20 do Código Civil não será taxativo, na medida em que a cessão cria direito subjetivo àquele mencionado no documento de consentimento.

Como não há forma prescrita em lei, defendemos a necessidade de um documento escrito, particular ou público, podendo, inclusive, ser o próprio testamento.

4. O CAMINHO DA SINGULARIDADE

Ray Kurzweil, no documentário *O Homem Transcendente*[13], a certa altura, elege o pai como uma das pessoas mais importantes de sua vida. No entanto, seu tempo com ele não foi dos maiores, posto que a morte prematura interrompeu uma relação de cumplicidade e amizade. Kurzweil pretende trazer de volta seu pai. Em um dos cômodos de sua casa, o engenheiro retém inúmeras caixas contendo documentos, cartas e partituras musicais de seu pai, e sugere que essas informações aliadas às partículas de DNA recolhidas no cemitério poderão ser um dia utilizadas para a ressuscitação do pai.

Loucura ou bravura? Horror ou fascínio?

Ray Kurzweil cunhou a nomenclatura Singularidade Tecnológica[14], que pretende explicar o fenômeno da ascensão exponencial da interação entre a biologia humana e a tecnologia. A primeira menção à Singularidade se deu no livro *A Era das Máquinas Espirituais*, no entanto o autor aprofundou o assunto em publicação posterior, *A Singularidade está Próxima*. Nas palavras do autor: "Veremos uma grande disparidade por volta de 2040, quando a inteligência não biológica que criamos será um bilhão de vezes mais rápida que os 1.026 cálculos por segundo do nosso cérebro. A palavra 'singularidade' é uma metáfora para explicar este fenômeno."[15]

Andrés Vaccari, ao se debruçar sobre os estudos de Kurzweil, afirma que "a Singularidade não implica apenas que a inteligência artificial superará a inteligência humana, mas que haverá uma fusão dos dois, que marcará a chegada de um modo de ser 'pós-biológico'."[16]

---

13. PTOLOMEU, Barry. O homem transcendente. [filme] 2009. Disponível em: https://www.youtube.com/watch?v=XLOv92K2jQI
14. Para Vaccari: "De modo geral, os profetas do Vale do Silício adotam a perspectiva do *substantivismo*, que considera a tecnologia um sistema autônomo largado às suas próprias leis de desenvolvimento. No entanto, o substantivismo adquire, nesse contexto, um viés curiosamente utópico e otimista. Podemos designá-lo de *neosubstantivismo*. A Singularidade é a forma mais virulenta de neosubstantivismo." VACCARI, Andrés. Porque não sou transumanista. In: OLIVEIRA, Jelson; LOPES, Wendell E. S. (Orgs.). *Transumanismo*: o que é, quem vamos ser. Caxias do Sul: EDUCS, 2020, p. 199.
15. PIAUÍ. Ray Kurzweil e o mundo que nos espera: uma entrevista com o inventor e futurólogo americano. *Revista Piauí*, n. 43, abril 2010. Disponível em: https://piaui.folha.uol.com.br/materia/ray-kurzweil-e-o--mundo-que-nos-espera/.
16. VACCARI, Andrés. Porque não sou transumanista. In: OLIVEIRA, Jelson; LOPES, Wendell E. S. (Orgs.). *Transumanismo*: o que é, quem vamos ser. Caxias do Sul: EDUCS, 2020, p. 200.

Se a tecnologia pode representar uma transcendência espiritual dos seres humanos, ainda que para poucos, ela não virá por meio da ressuscitação material da pessoa humana, mas pela superação do corpo biológico com vistas a um protótipo pós-biologia. E se assim for, novas dimensões semânticas descortinarão para as ideias de pessoa e de pessoalidade.

Nesse contexto da Singularidade, haverá um novo ser, mesmo que o ponto de partida seja as experiências de uma vida biológica. Enquanto isso não acontece, as possibilidades de recriação de voz e imagem por meio da inteligência artificial são mais modestas, pois não enfrentam a ressignificação da ideia de humano, de transumano ou de pós-humano. A nova discussão já não estaria apenas nas bases de direitos da personalidade do "morto", mas de personalidade do pós-humano.

5. CONSIDERAÇÕES FINAIS

Em sua obra *Teoria da Situação Jurídica em Direito Privado Nacional*, Torquato Castro escreveu:

> Eis que nem sempre resulta em sucesso tomarem-se, de partida, as categorias do espírito para delas alcançar as coisas que são – quando muitas vezes se chega ao desapontamento de verificar que as coisas, tais como elas são, não cabem naquelas categorias. Nesse caso, muita coragem e humildade são necessárias para que se respeitem as coisas, tais como elas são.[17]

Esse trecho dialoga bem com o tema aqui desenvolvido. Categorias são excludentes e não enfrentam o desafio das transformações pelas quais o mundo passa. A inteligência artificial, na sua dimensão revolucionária, prolonga o ineditismo da imagem para além da vida. Por quê?

Saudade, apego, medo da morte são sentimentos desde sempre experimentados pelo ser humano, que é confrontado com a inevitabilidade do fim. Seremos esquecidos?

Se a inteligência artificial nos permite sermos lembrados a qualquer momento pela manipulação de nossa imagem e voz e pela possibilidade de sentir o outro pelo toque, a ruptura não será total. Mas esse ambiente criado é uma verdade?

Os casos relatados nesse capítulo retratam uma momentânea ressuscitação digital dos mortos, levando-nos a revolver duas características dos direitos da personalidade: a intransmissibilidade e a vitaliciedade. A primeira pretende exaltar o caráter personalíssimo desses direitos, que não podem, em essência, mudar de titularidade. A segunda apresenta-se no fato de acompanhar a vida humana, extinguindo-se com a morte.

Mas quando uma imagem reflete a pessoa que existiu, com suas características peculiares, a morte já não parece ser o fim. No entanto, entre o real e o construído digitalmente há um hiato.

---

17. CASTRO, Torquato. *Teoria da situação jurídica em direito privado nacional*: estrutura, causa e título legitimário do sujeito. São Paulo: Saraiva, 1985, p. 60.

O uso da imagem manipulada pode não ter maiores consequências jurídicas se respeitados os limites impostos pelo titular. E exatamente por isso propusemos que a cessão se efetive por meio de documento escrito.

Não se trata de cessão de direito da personalidade. Não existe direito da personalidade do morto. Com a morte, cessa a personalidade e, ato contínuo, os direitos da personalidade.

Direito da personalidade é, tradicionalmente, considerado direito subjetivo, pois concede a seu titular um poder de atuação e de pretensão sobre aquele que o viole. A morte extingue este direito, que não é transferido para a família.

A situação jurídica subjetiva a envolver o morto na proteção da imagem é de interesse legítimo. É nesse ponto que se instaura a confusão entre legitimidade processual e titularidade material.

Não se trata de uma discussão nova, basta pensar nos direitos morais de autor. A repercussão patrimonial é transmitida, mas não a titularidade da obra. Quanto à imagem, o documento de cessão cria direito subjetivo de uso e manipulação para o cessionário, embora esse direito não se confunda com direito da personalidade.

Por fim, a Singularidade abre uma nova possibilidade de ressignificação do ser humano pela inteligência artificial. Não apenas se utilizando de aspectos de alguém que não é mais, mas (re)construindo um ser pós-humano, tendo, como ponto de partida, dados pessoais arquivados e partículas de DNA. Se o futurologista Ray Kurzweil estiver certo, a partir de 2040 haverá muita matéria para discussão no Direito, com a transcendência das limitações de corpos e cérebros biológicos.

6. REFERÊNCIAS

AMARAL, Francisco. *Direito civil*: introdução. 5. ed. rev. aum. e atual. Rio de Janeiro: Renovar, 2003.

ANDRADE, Carlos Drummond de. Mãos dadas. In: *NOVA reunião*: 23 livros de poesia. São Paulo: Companhia das Letras, 2015, p. 75.

CABRAL, Isabela. O que é deepfake? Inteligência artificial é usada pra fazer vídeo falso. *TechTudo*, 28 jul. 2018. Disponível em: https://www.techtudo.com.br/noticias/2018/07/o-que-e-deepfake-inteligencia-artificial-e-usada-pra-fazer-videos-falsos.ghtml. Acesso em: 15 out. 2021.

CASTRO, Torquato. *Teoria da situação jurídica em direito privado nacional*: estrutura, causa e título legitimário do sujeito. São Paulo: Saraiva, 1985.

CHAMON JUNIOR, Lúcio Antônio. *Teoria geral do direito moderno*: por uma reconstrução crítico-discursiva na Alta Modernidade. Rio de Janeiro: Lumen Juris, 2006.

DE CUPIS, Adriano. *Os direitos da personalidade*. Campinas: Romana Jurídica, 2004.

MATEI, Adrienne. Reencarnação digital de famosos levanta dúvida sobre dados dos mortos. *Folha de S. Paulo*, Ilustrada, 4 ago. 2021. Disponível em: https://f5.folha.uol.com.br/cinema-e-series/2021/08/reencarnacao-digital-de-famosos-levanta-duvida-sobre-dados-dos-mortos.shtml. Acesso em: 15 out. 2021.

MEDON, Felipe. O direito à imagem na era das deepfakes. *Revista Brasileira de Direito Civil* (RBDCivil), Belo Horizonte, v. 27, p. 251-277, jan.-mar. 2021

NAVES, Bruno Torquato de Oliveira; SÁ, Maria de Fátima Freire de. *Direitos da personalidade*. 2. ed. Belo Horizonte: Arraes, 2021.

PEREIRA, Caio Mário da Silva. *Instituições de direito civil*: introdução ao direito civil; teoria geral do direito civil. 20. ed. rev. e atual. por Maria Celina Bodin de Moraes. Rio de Janeiro: Forense, 2004, v. 1.

PIAUÍ. Ray Kurzweil e o mundo que nos espera: uma entrevista com o inventor e futurólogo americano. *Revista Piauí*, n. 43, abril 2010. Disponível em: https://piaui.folha.uol.com.br/materia/ray-kurzweil-e-o-mundo-que-nos-espera/

PTOLOMEU, Barry. *O homem transcendente*. [filme] 2009. Disponível em: https://www.youtube.com/watch?v=XLOv92K2jQI.

REALE, Miguel. *Lições preliminares de direito*. 26. ed. São Paulo: Saraiva, 2002.

RODOTÀ, Stéfano. *La vida y las reglas*: entre el derecho y el no derecho. Madrid: Trotta, 2010.

SÁ, Maria de Fátima Freire de; NAVES, Bruno Torquato de Oliveira. *Bioética e biodireito*. 5. ed. Indaiatuba: Foco, 2021.

VACCARI, Andrés. Porque não sou transumanista. In: OLIVEIRA, Jelson; LOPES, Wendell E. S. (Orgs.). *Transumanismo*: o que é, quem vamos ser. Caxias do Sul: EDUCS, 2020, p. 85-204.

RESPONSABILIDADE CONTRATUAL *POST MORTEM*: BREVES NOTAS A PARTIR DA SÉRIE *UPLOAD*

Fernanda Schaefer

Pós-Doutora no Programa de Pós-Graduação *Stricto Sensu* em Bioética da PUC-PR, bolsista CAPES. Doutora em Direito das Relações Sociais na Universidade Federal do Paraná, curso em que realizou Doutorado Sanduíche nas Universidades do País Basco e Universidade de Deusto (Espanha) como bolsista CAPES. Professora do UniCuritiba. Coordenadora do Curso de Pós-Graduação em Direito Médico e da Saúde da PUC-PR. Assessora Jurídica CAOP Saúde MPPR. Contato: ferschaefer@hotmail.com

Frederico Glitz

Advogado. Pós-Doutorado em Direito e Novas Tecnologias (Reggio-Calabria). Doutor e Mestre em Direito das Relações Sociais pela Universidade Federal do Paraná. Professor de Direito Internacional Privado e Contratual. Componente da lista de árbitros da Câmara de Arbitragem e Mediação da Federação das Indústrias do Paraná (CAMFIEP) e da Câmara de Mediação e Arbitragem do Brasil (CAMEDIARB). Presidente da Comissão de Educação da OAB-PR. frederico@fredericoglitz.adv.br

Sumário: 1. Introdução – 2. Esquivando-se do definitivo? Como a inteligência artificial e a tecnologia estão explorando os limites da finitude humana – 3. Relações negociais para além da vida? – 4. Considerações finais – 5. Referências.

1. INTRODUÇÃO

A série *Upload* foi lançada pela *Amazon Prime* em 2020 e retrata sociedade futura em que alguns seres humanos poderiam optar por dar continuidade à sua vida em um mundo virtual *post mortem* por meio do *upload* de sua consciência em ambiente de realidade aumentada.

Alicerçada, então, na antiga temática do prolongamento da vida a série se desdobra nos contornos que esta 'vida' passaria a ter e os conflitos que dela surgem para os principais personagens envolvidos. A grande questão que fomenta o desenrolar da série é a forma como o *de cujus* ainda interage com os vivos, relacionando-se com eles e, para os fins deste ensaio, contraindo obrigações e executando termos do contrato.

Dentre os diversos questionamentos trazidos, destacam-se: o acesso a esses serviços, não só porque há enormes diferenças entre os pacotes de dados oferecidos por diversas empresas, mas também porque se indaga se o *upload* deveria ser considerado um direito fundamental de acesso universal; o consentimento (ou a ausência dele) dado em condições *extremis* para a autorização de carregamento; quem pode manter interação com o falecido; que obrigações o falecido pode assumir no ambiente virtual e as consequências de eventual inadimplemento contratual.

O presente trabalho, a partir de pesquisa bibliográfica e normativa, propõe-se, justamente, a questionar as possíveis nuances de responsabilidade contratual que poderiam advir deste cenário. Para tanto, neste ambiente puramente especulativo, buscou-se por meio de ensaio prospectivo, lançar os contornos exploratórios possíveis de serem antevistos neste momento com a finalidade precípua de começar a fomentar a discussão sobre o tema. É em razão disso que, ao final, o leitor irá se deparar com mais indagações do que respostas.

Para que este breve ensaio possa alcançar estes objetivos, partiu-se da coleta de exemplos de já existentes de possibilidades tecnológicas deste tipo de interação para, em um segundo momento, discutir as possíveis formas de inadimplemento destes contratos e, claro, questionar suas consequências.

2. ESQUIVANDO-SE DO DEFINITIVO? COMO A INTELIGÊNCIA ARTIFICIAL E A TECNOLOGIA ESTÃO EXPLORANDO OS LIMITES DA FINITUDE HUMANA

O leitor pode estar se perguntando por que deveria ler um texto que versa sobre a transmissão de consciência e extensão de vida virtual após a morte se essas tecnologias nem existem ainda. E é verdade, tecnologias de transferência de consciência realmente ainda não foram patenteadas, mas tecnologias que emulam a pessoa morta estão em desenvolvimento, algumas já foram patenteadas e, em breve, pretendem chegar ao mercado; outras tantas já estão por aí disponíveis e são utilizadas inclusive em campanhas publicitárias.

Empresas como a *Microsoft* estão desenvolvendo *softwares* de inteligência artificial (IA) que, baseados em dados pessoais do morto coletados a partir de redes sociais, imagens, gravações, textos escritos etc., permitem que familiares e amigos conversem com o falecido por meio de *chatbots* conversacionais[1] que simulam a personalidade do falecido. A patente não é nova (data de 2017), mas sua aprovação só ocorreu em 2020[2] e prevê não apenas a interação por texto, mas também por voz e imagem.

---

1. Vide: KLEINA, Nilton. Patente da Microsoft prevê criar chatbot até de quem já morreu. In: *Tecmundo*, 4 de jan. 2021. Disponível em: https://www.tecmundo.com.br/software/208870-patente-microsoft-preve-criar--chatbot-morreu.htm. Acesso em 4 de out. 2021.
2. Acesse a íntegra da patente em: https://pdfpiw.uspto.gov/.piw?PageNum=0&docid=10853717&IDKey=6E72242A6301%0D%0A&HomeUrl=http%3A%2F%2Fpatft.uspto.gov%2Fnetacgi%2Fnph-Parser%-3FSect1%3DPTO2%2526Sect2%3DHITOFF%2526p%3D1%2526u%3D%25252Fnetahtml%25252FP-TO%25252Fsearch-bool.html%2526r%3D31%2526f%3DG%2526l%3D50%2526co1%3DAND%2526d%-3DPTXT%2526s1%3Dmicrosoft.ASNM.%2526OS%3DAN%2Fmicrosoft%2526RS%3DAN%2Fmicrosoft. Acesso em 4 de out. 2021.

Em 2019 se falava de 'ressuscitar grandes nomes da música' internacional para apresentação em *shows*[3]. Coloca-se, no entanto, como um desafio para o Direito uma vez que as novas imagens são inéditas, ou seja, não foram originalmente produzidas ou autorizadas pelo retratado. Pior: obrigações contratuais e créditos (de diferentes naturezas) estariam sendo criados por alguém e para aqueles que até pouco tempo eram meros titulares (sucessórios, muitas vezes) de direitos já existentes. O próprio acervo patrimonial do *de cujus* poderia estar sendo inflado não por fruto de trabalhos pretéritos, mas futuros.

No começo de agosto de 2021 o Mercado Livre em parceria com a *Soundthinke-rs* surpreendeu em campanha publicitária que utilizou técnicas de reconstrução digital de imagem e da voz do já falecido pai do jogador Zico, para surpreendê-lo em homenagem[4]. A técnica que aplica sistema de síntese neural não é novidade em si, já havia sido utilizada em duas oportunidades em filmes da franquia *Star Wars* e até em fins ilícitos como os *deepfakes*, o que chamou atenção foi a sua utilização em uma campanha publicitária.

Em 22 de setembro de 2021 noticiou-se que a Plataforma *Projetc December*, criada por Jason Rohrer em setembro de 2020 e mantida pela *OpenAI*, permitia que qualquer pessoa criasse seu *chatbot* utilizando um avançado sistema de inteligência artificial (GPT-3). A plataforma tinha como proposta permitir que seus usuários adaptassem *chatbots* para as suas realidades, não fazendo qualquer ressalva sobre o uso para emular pessoas já falecidas. Por isso, o escritor chamado Joshua, aproveitando a lacuna contratual, resolveu utilizar a tecnologia para simular conversas com sua falecida noiva, o que estaria lhe auxiliando a superar o trauma de sua morte e a processar o luto. Quando a história foi noticiada a empresa *OpenAI* exigiu que o programador inserisse restrições no sistema para que esse tipo de situação não voltasse a ocorrer[5].

Outro tipo de tecnologia já disponível no mercado permite que fotos sejam transformadas em vídeos de alguns segundos (10 a 20 segundos). Esse serviço é oferecido pela *Deep Nostalgia* (hospedada na plataforma de genealogia *MyHeritage* e em outros aplicativos), lançado e fevereiro de 2021, que também utiliza inteligência artificial para dar vida a fotos. O programa utiliza vídeos pré-gravados de movimen-

---

3. Vide: ANDRION, Roseli. Hologramas 'ressuscitam' grandes nomes da música mundial em 2019. In: *Olhar Digital*, 18 de julho de 2019. Disponível em: https://olhardigital.com.br/2019/07/18/noticias/hologramas--sao-cada-vez-mais-presentes-em-shows-de-musica/. Acesso em: 14 de out. 2021.
4. Vide: MONTEIRO FILHO, Carlos Edison do Rêgo; MEDON, Filipe. A reconstrução digital póstuma da voz e da imagem: critérios necessários e impactos para a responsabilidade civil. *In: Migalhas*, 19 de ago. 21. Disponível em: https://www.migalhas.com.br/coluna/migalhas-de-responsabilidade-civil/350356/a-reconstrucao-digital-postuma-da-voz-e-da-imagem. Acesso em: 4 out. 2021.
5. Vide em: Homem cria chatbot para falar com noiva morta e empresa encerra Plataforma. *IstoÉ Dinheiro*, 22 de set. 2021. Disponível em: https://www.istoedinheiro.com.br/homem-cria-chatbot-para-falar-com-noiva-morta-e-empresa-encerra-plataforma/. Acesso em: 4 out. 2021.

tos da face humana e, após melhorar a qualidade do documento, aplica-os sobre a imagem disponibilizada pelo usuário[6].

No entanto, para além dos momentos nostálgicos e do auxílio com o luto, é necessário refletir sobre os direitos do morto. Há tempos já se sabe que a tutela dos direitos de personalidade se estende para depois da morte de seu titular, mas, com essas tecnologias, para além de se discutir autodeterminação corporal[7] após a morte e direitos relacionados à herança digital, dá-se um passo além, é preciso proteger a identidade pessoal e os valores existenciais do falecido.

Com a morte, extingue-se a personalidade jurídica, mas não se aniquila por completo direitos do falecido, em especial aqueles que se referem à sua personalidade. Estende-se para além da existência física a tutela do nome, imagem, honra, vida privada etc., protegendo-se, de forma perene, sua dignidade. Por isso, tutelar identidade pessoal e valores existenciais em face dessas tecnologias que visam emular a pessoa é tão imprescindível quanto tutelar a própria pessoa ainda em vida.

O bem jurídico aqui tutelado são os aspectos da personalidade do falecido, preservando-se a sua memória, os seus desejos, os seus valores, a sua forma de conduta e, eventualmente, até mesmo a 'lenda' em torno de si. Trata-se de verdadeiro direito de autodeterminar seu legado e como será lembrado. Destaca Godinho[8],

> O correto dimensionamento do princípio da dignidade da pessoa humana presta notável contributo para que se estabeleça, também, adequada equação dos direitos da personalidade. Todo ser humano é pessoa, e todo ser humano é digno. Personalidade (e, por conseguinte, os direitos da personalidade) e dignidade, são, portanto, atributos indispensáveis, inerentes a todos os homens, em todo tempo e sob quaisquer condições. Só cabe invocar estas figuras, entretanto, quando o que estiver em pauta for a essência dos seres humanos. Só são direitos da personalidade aqueles que afetem diretamente a personalidade humana; do mesmo modo, só se pode falar na eminente dignidade da pessoa humana quando se impõe como fim e fundamento, a defesa da personalidade e dos valores existenciais das pessoas humanas.

É exatamente isso que se está a afirmar aqui: recriar uma pessoa *post mortem* exige, obrigatoriamente, o respeito à sua identidade pessoal e a seus valores, limites que deverão ser pensados não só do ponto de vista moral e jurídico, mas também técnico. É possível aos *softwares* de inteligência artificial trabalhar com esses limites? A quem caberia defini-los? Seria possível conciliar a autodeterminação com os parâmetros desses programas ou até com os desejos de quem contrata o serviço? Como

---

6. Vide em: TOUEG, Gabriel. IA ressuscita quem já morreu e rende enxurradas de memes na internet. *In: UOL*, 4 de mar. 2021. Disponível em: https://www.uol.com.br/tilt/noticias/redacao/2021/03/04/ferramenta-ressuscita-quem-ja-morreu-e-rende-memes-nas-redes-sociais.htm. Acesso em: 4 out. 2021.

7. Sobre autodeterminação corporal vide DALSENTER, Thamis. Criogenia e tutela post mortem da autodeterminação corporal. In: *Migalhas*, 2 de abr. 2020. Disponível em: https://www.migalhas.com.br/coluna/migalhas-de-vulnerabilidade/323415/criogenia-e-tutela-post-mortem-da-autodeterminacao-corporal. Acesso em: 4 out. 2021.

8. GODINHO, Adriano Marteleto. *Direito ao próprio corpo*. Curitiba: Juruá, 2015. p. 53.

poderia o sujeito continuar o seu processo de desenvolvimento e aperfeiçoamento *post mortem* uma vez que necessário comportamento ativo?

O Código Civil estabelece ampla e controversa legitimidade nos arts. 12 e 20, parágrafo único, CC, para que cônjuge ou parentes de até quarto grau em linha reta ou colateral exerçam a defesa dos direitos de personalidade *post mortem* (e, muitas vezes, patrimoniais de forma indireta). Aqui, vale a ressalva de que os direitos de personalidade adquiridos pelos herdeiros, enquanto tais, continuam a pertencer ao *de cujus* e, portanto, não podem ser livremente exercidos, renunciados ou disponibilizados por aqueles. "A transmissão dos direitos de personalidade, quando seja possível, não pode ser tratada como a transmissão de um direito de caráter patrimonial"[9].

Assim, se a personalidade jurídica do morto se mantém em homenagem ao que era, é a capacidade de exercício que se transmite aos herdeiros que passam a exercer os direitos de acordo com os interesses do falecido. Por isso, a importância de se saber previamente quais seriam os desejos do falecido em relação à eventual perpetuação digital de sua personalidade e, principalmente, que seu consentimento sempre seja expresso.

O que está aqui em jogo não são questões apenas de caráter patrimonial, mas a proteção da pessoa de acordo com o seu passado e seus valores. "A pessoa humana cria 'ipso facto' o seu estatuto jurídico, os seus direitos fundamentais, objectivando-se em normas. Antes e acima do Direito legislado; servindo de fundamento primeiro e necessário deste. Em termos de a personalidade jurídica não terminar com a morte, mantendo-se em outro estado – o estado (da vida) do falecido. Extinguindo-se, sim, a capacidade jurídica de exercício de direitos"[10].

Ainda é oportuno lembrar que "a tutela da personalidade do homem no direito brasileiro dá-se mediante um sistema misto. Realiza-se através da cláusula geral protetora da personalidade, tendo o legislador recepcionado a categoria do direito geral de personalidade ao lado de direito especiais de personalidade tipificados na Constituição e em lei"[11].

No entanto, a lei não pensou que essas mesmas pessoas poderiam um dia servir-se das memórias do morto para recriá-lo e, se permitida a analogia, reobrigá-lo. Diante das tecnologias antes apresentadas é preciso pensar em freios e talvez o primeiro e mais simples seja a necessidade de consentimento do falecido para a perpetuação de sua vida *post mortem*.

---

9. CAMPOS, Diogo Leite. O estatuto jurídico da pessoa depois da morte. In: *Revista Jurídica Luso-Brasileira*, ano 2 (2016), n. 4. p. 484.

10. CAMPOS, op. cit., p. 484.

11. SZANIAWSKI, Elimar. *Direitos de personalidade e sua tutela*. 2. ed. São Paulo: Revista dos Tribunais, 2005. p. 182-183.

3. RELAÇÕES NEGOCIAIS PARA ALÉM DA VIDA?

Em 2017 foi publicada, nos Estados Unidos, a patente WO/2007/010427[12] que registra método e instrumento que permite a herança digital por meio de uma licença específica que dá acesso a conteúdo criptografado. A referida licença detalha, ainda, as possíveis operações que poderiam ser executadas com o conteúdo digital depois da morte do titular do bem digital. Está, então, a instituir a gestão – por licença – de bens digitais no pós-vida.

Como se sabe, os mecanismos sucessórios atualmente previstos pela legislação brasileira foram projetados em um contexto muito distinto daquele que atualmente está começando a ser explorado. A lógica por detrás do Direito Sucessório foi estabelecida a partir da ideia de transferência de titularidade, mais associada aos direitos reais que, propriamente, ao Direito Contratual (marcado não pela perenidade). Dentro de uma perspectiva patrimonialista que perpassa a legislação civil brasileira, tal política fazia sentido: o patrimônio não poderia permanecer sem titular (além de o Estado precisar ter alguém a tributar).

Esta tendência, aliás, de contratualização de áreas mais atinentes à pessoa não é estranha no Brasil. O Direito das Famílias vem sendo objeto de crescente avanço obrigacional: seja para apuração da responsabilidade civil em caso de violação de deveres relacionais, seja para ampliação dos espaços negociais de gestão da vida privada (para além da mera definição do regime de bens).

O desafio que se colocava, contudo, era, justamente, a definição de espaços negociais que poderiam vir a conviver com categorias jurídicas formatadas sob outra premissa. Este obstáculo fazia, então, com que a 'colonização' contratual tivesse limites.

Contemporaneamente, contudo, passou-se a reconhecer que certas liberdades ínsitas ao ser humano (por exemplo de autodeterminação ou de expressão de personalidade) podem ser abrangidas pelo regime negocial – ainda que não puramente contratual – de modo a permitir expressões de decisões relacionais não patrimoniais. É aqui que se inserem os negócios popularmente conhecidos como contratos de namoro e as diretivas antecipadas de vontade[13].

De qualquer forma, a disposição sobre o destino patrimonial após a morte de seu titular permaneceu relativamente refratário a estas disposições. Em parte, talvez porque seu regime decorre, em muito, do tratamento legislativo e porque seu principal instrumento – o testamento – é ato extremamente formal, custoso e pouco prático para o cidadão brasileiro comum.

---

12. Disponível em: https://patentscope.wipo.int/search/en/detail.jsf?docId=WO2007010427, acesso em: 28 out. 2021.
13. Vide: SCHAEFER, Fernanda; MEIRELLES, Jussara Maria Leal. Eficácia jurídica das diretivas antecipadas de saúde à luz do ordenamento brasileiro. In: *Civilistica*, a. 7, n. 3, 2018, p. 1-26.

A brecha aberta por estes negócios não patrimoniais, contudo, passa a insinuar aquilo que se conhecia apenas da informalidade: é possível – independentemente das formalidades previstas pela legislação – influir decisivamente na tomada de decisões concomitantes ou posteriores à morte. Todos conhecem as disposições informais de última vontade que acabam influenciando, justamente, a composição das cerimônias fúnebres, doação de órgãos, o local de depósito das cinzas ou corpo e, claro, as pequenas e ignoradas dotações patrimoniais. O exemplo que abre este item é uma tentativa tecnologicamente atualizada de registrar estas ideias. Pode-se até mesmo dizer que a tradição legislativa luso-brasileira era ignorar estas pequenas concessões. Seja pela irrelevância do bem, seja pela conveniência de se atender um último desejo restrito a um aspecto de personalidade.

Ocorre, contudo, que o desenvolvimento dos direitos de personalidade expôs - na atual civilização do espetáculo[14] - um aspecto importante da tutela da personalidade: a possibilidade de sua monetização. Adotando-se propositalmente a expressão atualmente em voga, isto quer dizer que a exposição pública e a exploração de certos aspectos da personalidade (intimidade, sexualidade, liberdade de expressão, privacidade) acabaram vindo a ser percebidos como componentes do patrimônio.

Eis que surge um interessante binômio composto de personalidade-patrimônio a demandar não apenas a reavaliação das formas de sua tutela (inclusive contratuais), mas que esgarçou a possibilidade (e o interesse) de que estes aspectos venham a ser explorados indefinidamente: a morte de seu titular não seria mais definitiva, já que aquele aspecto da personalidade poderia vir a ser transformado em patrimônio e, com isso, ser objeto de sucessão.

Em parte, este fenômeno não é novidade. A expressão autoral – alçada à categoria de direito real – já havia explorado tais fronteiras[15]. A novidade está, então, não em uma expressão da criatividade ou liberdade (autoral, artística etc.) ser valorada economicamente e vir a ser objeto de relação negocial, mas o fato de que a expressão de um direito de personalidade passou a sê-lo e, hoje, exige atenção para sua permanência mesmo depois da extinção da pessoa que lhe dá origem.

---

14. Utiliza-se aqui a expressão que dá título ao livro de Mario Vargas Llosa, descrita como "a civilização de um mundo onde o primeiro lugar na tabela de valores vigente é ocupado pelo entretenimento, onde divertir-se, escapar do tédio, é a paixão nacional. [...] Mas transformar em valor supremo esta propensão natural a divertir-se tem consequências inesperadas: banalização da cultura, generalização da frivolidade e, no campo da informação, a proliferação do jornalismo irresponsável da bisbilhotice e do escândalo" (VARGAS LLOSA, Mário. *A civilização do espetáculo*: uma radiografia do nosso tempo e da nossa cultura. Rio de Janeiro: Objetiva, 2013, p. 29-30).

15. "A separação entre o direito da personalidade, atributo efetivo da personalidade humana e condição elementar de sua existência e dignidade, e os aspectos patrimoniais que derivam do exercício dos direitos da personalidade, que já não colocam em jogo o núcleo duro destes direitos nem o seu conteúdo ético, encontra eco na concepção da dignidade elaborada por Immanuel Kant: "no reino dos fins tudo tem um preço ou uma dignidade. Quando uma coisa tem um preço, pode-se por em vez dela qualquer outra como equivalente; mas quando uma coisa está acima de todo o preço, e, portanto, não permite equivalente, então ela tem dignidade" (GODINHO, op. cit., p. 53-54).

Admitir que 'grandes nomes da música' sejam revividos para um show extrapola a mera nostalgia de seus fãs. É possibilitado e motivado pela tentativa de exploração comercial de atributos daqueles sujeitos. A experiência que se busca, talvez não fosse completa apenas com a música (sobre a qual talvez já estejam resolvidos os aspectos de transmissão dos direitos autorais). Quem sabe? O suporte negocial e empresarial por detrás desta questão, entretanto, é mais complexo e diversas questões (muitas ainda sem resposta) passam a ser possíveis.

A utilização da imagem e eventualmente as possibilidades de nova contratação sobre aqueles traços de memória e mídia não instrumentalizam a pessoa? O titular do direito de definir a continuidade de exploração de um direito de personalidade é o sucessor? Seria este tópico necessário a constar de disposição de última vontade? O silêncio em disposição de última vontade seria entendido como permissão? Parafraseando a famosa atriz Greta Garbo, não se poderia exigir "ser deixado só"? Quais os limites da interpretação dos arts. 17 e 18 do Código Civil brasileiro? Haveria um direito de afirmar que a morte é definitiva ou a tecnologia poderia decretar a morte da finitude humana?

Se assim o for, o testamento, por exemplo, concebido como instrumento de gestão sucessória parcial de patrimônio passaria a ter seu objeto ampliado para abranger outros aspectos não patrimoniais: doação de órgãos, decisão sobre paternidade/maternidade em caso da existência de gametas ou embriões congelados, concessão ou não de autorização para exploração de imagem, concessão ou não para *performances*, autorização para ser emulado em ambientes de realidade aumentada ou *chatbots* etc.

A defesa da memória do falecido é condição de preservação de seus valores existenciais. Sem essa autorização expressa, seja porque ele mesmo contratou o serviço, seja porque em outros documentos autorizou que terceiros o fizessem, não se pode falar em legitimidade do uso de direitos de personalidade *post mortem*. Não há, um direito de propriedade dos herdeiros sobre direitos de personalidade do morto e, por consequência, sobre seus frutos ou exploração de prestações futuras.

As fronteiras patrimoniais (e os limites de exploração patrimonial) daquele direito, contudo, ainda estão em construção. Daí porque há quem entenda, por exemplo, que o "direito autoral sobre a performance numa obra de ressureição digital são de titularidade do artista que a efetivamente a desenvolveu, ficando o artista recriado numa situação próxima a de uma maquiagem digital"[16], cabendo ao retratado a proteção de seu direito de imagem, eventualmente pelos seus herdeiros[17], dentro dos limites já esboçados neste artigo. Em uma analogia que hoje soa jurássica, é a discussão anunciada pelo debate em tornos das biografias póstumas.

---

16. D'AMICO, Gustavo Fortunato. *Ressureição digital*: as consequências jurídicas da recriação digital post mortem de artistas e intérpretes. Dissertação de Mestrado. Faculdade de Direito da Universidade Federal do Paraná, 2021, p. 111.

17. BELTRÃO, Silvio Romero. Tutela jurídica da personalidade humana após a morte: conflitos em face da legitimidade ativa. *Revista de Processo*, v. 247, setembro de 2015, p. 07.

Mas, voltemos à proposta inicial deste artigo. Partindo-se da premissa de que o morto tenha deixado expressa autorização para o uso de tecnologias que o recriem após a sua morte (inclusive para fins patrimoniais), é necessário discutir os eventuais reflexos do inadimplemento contratual seja por parte do prestador de serviço, seja pela pessoa encarregada de gerenciar o serviço após a morte do titular.

Um primeiro desafio a ser enfrentado é justamente a interpretação desta autorização a partir da legislação brasileira em vigor:

a) Em que condições esta autorização foi dada (art. 104, I, CC)? No exemplo do seriado *Upload*, arrisca-se afirmar que o consentimento foi obtido com dolo (art. 145, CC e seguintes) ou, no mínimo, em estado de perigo (art. 156, CC), uma vez que a noiva convence o personagem a autorizar o procedimento durante atendimento médico de urgência após grave acidente. Sendo o consentimento obtido nessa situação, poderia ser ele considerado válido? Ou ainda, inexistindo prévia declaração de vontade sobre o serviço, poderia ser ele contratado por terceiros?

b) Seria este um objeto lícito (art. 104, II, CC)? O silêncio importaria anuência (art. 111, CC)? Sabe-se, que não apenas o direito de personalidade precisará ser interpretado como tal – colocando-se eventuais limites à exploração de seus aspectos patrimoniais – como eventual disposição de última vontade que dele trate não poderá ser interpretada extensivamente[18]. Adicionalmente nenhuma interpretação poderia ocorrer no sentido de tornar perene sua exploração (há a necessidade de delimitação do tempo – lembre-se que é direito do titular revogar o consentimento para exploração de seus dados art. 8º, §5º da Lei n. 13.708/2018, LGPD – ainda que isto possa se inviabilizar no caso de um morto com as tecnologias hoje disponíveis). Lembre-se, ainda, que até mesmo consentimento dado para exploração de dados pessoais é nulo se dado de forma genérica e não transparente (art. 8º, §4º e art. 9º, §1º, respectivamente, da Lei n. 13.708/2018).

c) Qual o *standard* informacional necessário para obtenção do consentimento válido (art. 113 e art. 113, §1º, III; art. 6º, III e parágrafo único, do CDC)? Considerando o distanciamento do conhecimento tecnológico da compreensão do cidadão comum, como lhe esclarecer – de forma clara, objetiva, didática e prévia as condições de realização do serviço e as consequências futuras (muitas ainda não sabidas já que a execução se projeta para a eternidade)? Aparentemente se estaria a demandar o reconhecimento de um outro tipo de vulnerabilidade (para além da informacional), uma vez que parece ser inviável esperar que os contratantes tenham condição de compreensão, avaliação e decisão (menos ainda de se preocupar e negociar regras de interpretação – art. 113, §2º e 421-A, I, CC). Neste sentido, portanto, como assegurar,

---

18. "A interpretação aos negócios jurídicos relacionados ao direito à imagem não é extensiva, assim o titular quando dá seu consentimento deve delimitar o objeto e o conteúdo, do ponto de vista temporal, espacial, atos que poderão ser praticados, meios a serem utilizados, finalidade da utilização. Quanto mais informações especificar a autorização, maior a proteção do titular da imagem" (TOAZZA, Gabriele Bortolan; GLITZ, Frederico Eduardo Zenedin. O contrato para disposição da imagem na perspectiva dos direitos de personalidade. *Revista Justiça do Direito*, v. 31, n. 2, maio/ago 2017, p. 381).

analogicamente, a interpretação que "melhor assegure a observância da vontade do testador" (art. 1.899, CC)?

Com certeza o exemplo da série, não reflete esta preocupação em que o personagem – recém informado de sua condição terminal - é convidado a assinar um termo preformulado. Neste caso, a regra de interpretação mais favorável (art. 113, § 1º, IV e 422, CC ou 47 do CDC) seria suficiente (considerando que o upload já teria sido realizado)?

d) Ainda que não seja – hoje – caso de obrigação constante de instrumento público, seria hipótese a recomendar sua adoção em razão do disposto no art. 221, do Código Civil?

Um segundo desafio seria avaliar como deveria ser determinada a responsabilidade civil contratual pelo desaparecimento da pessoa *ad eternum*? Tal análise poderia, aliás, perpassar vários níveis. Retoma-se aqui a primeira temporada da referida série para retratar alguns deles.

Ao deixar de arcar com os custos de perpetuação da consciência de seu falecido noivo, o personagem passa a sofrer diversas limitações de carregamento de dados. Já de partida tem-se uma consequência não patrimonial para eventual inadimplemento contratual: deixar de existir (até a regularização do pagamento).

Como se sabe, o Direito Privado contemporâneo tem se afastado progressivamente da ideia de punição para a de compensação, distanciando-se, portanto, da noção de imputação corporal das consequências do inadimplemento para a de consequências patrimoniais. Assim, analisando-se o Direito brasileiro atualmente em vigor, ter-se-iam as hipóteses de pressão ao adimplemento circunscritas ao patrimônio (vide, por exemplo, o art. 789 do CPC e art. 391 do CC). Admitir-se, portanto, que alguém deixasse de existir – ainda que momentaneamente – por conta do inadimplemento seria extrapolar em muito os limites postos pela atual legislação brasileira. Isso para não dizer que se estaria condicionando o exercício de uma série de direitos de personalidade (e humanos) ao adimplemento pecuniário.

Além disso, entendendo-se que se trate de uma relação de consumo, o consumidor em questão estaria tendo violado seu direito básico à segurança (art. 6º, I, CDC) e eventual cláusula neste sentido seria nula pois abusiva (art. 51, §1º, I e II, CDC).

A saída encontrada pelo seriado, neste sentido, foi perspicaz: tal como um serviço de fornecimento de *Internet*, 'congelou' ou lhe atribuiu banda de dados tão limitada que o personagem, embora existisse, virtualmente vegeta até que novo crédito fosse pago. Mas nisso, o sujeito (beneficiário) tornou-se o próprio objeto da prestação. Neste caso, ainda que se possa admitir esta como uma alternativa válida, continuar-se-ia exigindo a segurança dos dados (em especial sua integridade) e a impossibilidade de simplesmente deletar o sujeito virtual.

Estas conclusões também podem ser questionadas pela perspectiva do novo 'eu' do personagem. Ele é agora um conjunto de dados que, até aqui, foram presumidos como extensão extracorpórea daquele seu antigo 'eu'. Como até o momento em que este ensaio é escrito não se conhece – em definitivo e cientificamente comprovada - hipótese de vida extracorpórea, tal presunção faria sentido. Por outro lado, também esta certeza é líquida.

(i) Na série, o hóspede do pós-vida é consumidor utente, beneficiário de contrato executado por sua então noiva (e talvez parte de uma estratégia de prisão emocional). A questão aqui é, justamente, a legitimação contratual para escolha de condições contratuais que possam vir a limitar ou condicionar a expressão do exercício das liberdades civis mais básicas e, por consequência, de uma série de direitos de personalidade correlatos.

No cenário exposto pelo seriado, parece ser uma hipótese de pagamento de dívida por terceira, ainda que sem o consentimento expresso do devedor. Que tipo de terceiro ela seria? Haveria interesse a justificar o direito a pagar (art. 304, CC)? Ou ela teria o direito de se reembolsar (art. 305, CC) uma vez que não seria juridicamente interessada no adimplemento? Se ela deixasse de pagar e fosse considerado extinto o contrato por resolução, ela estaria cometendo um crime contra a pessoa? Considerando a tipicidade necessária, esta última indagação parece – hoje – ter resposta negativa.

Desta forma, partindo da premissa de que esta é uma estratégia de prisão emocional (em que o inadimplemento proposital ganha contornos de vingança), como alguém (ainda mais um terceiro na relação contratual) poderia dispor/decidir sobre os direitos de personalidade de outrem ou ainda, sobre os direitos decorrentes dos dados pessoais (art. 18, LGPD)?

Note que o personagem poderia vir a ter sua experiência de consciência limitada pelo eventual inadimplemento daquela que assume a obrigação justamente pelo fato, por exemplo, de ter se distanciado ou terem rompido emocionalmente. É a esta altura que o seriado ganha contornos de presídio e o pós-vida imaginado pela série se transforma em um panóptico benthamniano.

O Direito brasileiro contemporâneo embora admita a contratação em favor de terceiros (art. 436 e seguintes, CC) e a assunção de dívida por terceiro (art. 299 e seguintes, CC), impede o estabelecimento de condições puramente potestativas. As salvaguardas necessárias para a proteção da pessoa, contudo, fugiriam a estes estreitos limites.

(ii) Como seria tratado o eventual inadimplemento das prestações mensais de manutenção da consciência ativa? Seria obrigação preservá-la independente de pagamento (*favor debitoris*) ou, ao invés de mera mora, haveria resolução a permitir a extinção do contrato (e da consciência)? Qual o limite, portanto, do interesse creditício?

A partir destes questionamentos pode-se entender que será necessária a redefinição do que atualmente se entende como interesse do credor que justifica a definição da espécie de inadimplemento. Ainda que progressivamente venha se admitindo que este interesse é menos egoístico e mais objetivo, para se atingir um grau necessário de proteção da personalidade do sujeito-objeto do contrato, nenhum espaço para escolha existiria. Estar-se-ia a demandar que, para estas hipóteses, fosse afastada a possibilidade de resolução do contrato. Lembre-se, por exemplo, que o Direito Contratual anglo-saxão tende a exigir um *"serious failure"*[19] para a extinção do contrato.

Esta é, em algum sentido, a noção abraçada pelo enredo: não há fim definitivo, apenas uma nova expressão de purgatório, em que a hospedagem ganha um *downsizing* considerável em qualidade e velocidade. E a experiência persiste, como uma existência descolorida e lenta.

(iii) No seriado, o personagem principal consome bens e serviços digitais. Algo nada longe de uma realidade que já se experimenta com o *non fungible tokens* (NFT)[20] e adereços, cenários, expansões e equipamentos nos jogos de realidade aumentada. Como endereçar este consumo? Como tratar seus vícios (arts. 18 e 19, CDC), defeitos (arts. 12 e 14, CDC) e auferir consentimento? É possível que alguém com consciência ativada em realidade aumentada seja considerado capaz e possa validamente consentir? De quem é a responsabilidade pelo pagamento? Eventuais herdeiros estariam obrigados apenas até o montante da herança deixada?

Estes questionamentos abordam, na verdade, dois temas: o sujeito passa a também ser objeto da relação. Com isso, pelo atual sistema legislativo brasileiro, por exemplo, potencializar-se-iam as hipóteses de acidentes de consumo (qualquer travamento no tráfego de dados, seria alçado ao grau de crise existencial). Todas as ameaças digitais, aliás, exigiriam que os fornecedores passassem a garantir de modo muito mais efetivo a segurança e o tráfego de dados, bem como, a existência de *backups* seguros capazes de garantir a continuidade da vida virtual, mesmo após eventual ataque ou queda do sistema. A vida, neste sentido, seria não só um dado sensível (art. 11, LGPD) como demandaria proteção mais precisa.

Além disso, o sujeito-objeto, como fica claro ao longo do seriado, também toma decisões contratuais: ele consome experiências sensoriais. Se ele for entendido como

---

19. "Performance may be in the agreed order, but the deficient in quantity or quality, may be tendered after the agreed time. The general rule in such cases is that the right to rescind depends on the seriousness of the failure in performance. The question is said to be whether the failure deprives the injured party of 'substantially the whole benefit', which it was intended that he should obtain; or whether it 'goes to the root' of the contract" (TREITEL, G. H. *An outline of the law of contract.* 6. ed. Oxford: Oxford press, 2004, p. 321. Excepcionalmente este requisito pode vir a ser afastado por cláusula expressa de resolução, indissociabilidade das prestações, tratar-se de condição ou garantia, tratar-se de condição fundamental (assim definida), dentre outras hipóteses (gerenciáveis por termos contratuais).

20. Tokens não fungíveis que empregam tecnologia *blockchain* para criação de criptoativos exclusivos que possam ser negociados. Alguns exemplos práticos já existem, tais como obras de arte digitais (por exemplo: https://g1.globo.com/pop-arte/noticia/2021/03/16/nft-como-funciona-o-registro-de-colecoes-digitais--que-ja-valem-milhoes-de-dolares.ghtml), 'memes' (por exemplo: https://www.istoedinheiro.com.br/alem-dos-memes-e-obras-de-arte-existe-futuro-para-o-nft/) e mais recentemente no mercado brasileiro, o investimento imobiliário (por exemplo: https://g1.globo.com/rs/rio-grande-do-sul/noticia/2021/10/23/professora-de-82-anos-de-porto-alegre-compra-primeiro-apartamento-digitalizado-do-brasil.ghtml).

um conjunto de dados, seria o equivalente às discussões atuais em torno da AI e dos *smart contracts*. A própria categoria de sujeito de direito precisaria ser reavaliada e, por consequência, os contornos do consentimento também. Atualmente a premissa é a de pré-configuração do exercício da liberdade negocial (dentro de certos parâmetros pré-definidos – são os 'robôs' que oferecem atendimento ou negociam[21]). Ocorre, contudo, que no ambiente do seriado a consciência daquele conjunto de dados está ativa e aparenta ser capaz de decidir, lembrar, avaliar e se relacionar afetivamente.

Além disso, seria necessário medir as cláusulas penais e as cláusulas de limitação de responsabilidade. Como fazê-lo? O defeito do serviço que apague a consciência é hipótese de perda de uma chance? Isso porque o dano 'morte' sempre foi encarado como definitivo no Direito brasileiro contemporâneo. Não que deixe de ser, mas a morte – no ambiente do seriado – seria mais definitiva: o completo apagamento de todos os dados existenciais. Se a cláusula penal reflete a predefinição de danos, como quantificá-los neste cenário?

Por outro lado, parece factível que a necessidade de que o fornecedor garanta mecanismos de mitigação de prejuízos (invertendo-se a lógica do *duty to mitigate the loss*) na medida em que o sistema e o controle dos dados que garantem o pós-vida são seus. Seria, hoje, o equivalente interpretativo a um contrato de fornecimento de equipamentos de suporte à vida e de prestação de serviços de sua manutenção. Assim, fatores externos precisariam ser avaliados: falha no fornecimento de energia elétrica/*Internet* etc. Basear-se, exclusivamente, nas atuais noções de exoneração pelo fato de terceiro (*hacker*) ou por força maior pode, portanto, não ser justificável sem a exigência do cumprimento de um dever (ampliado) de mitigação.

O mesmo pode ser avaliado a partir de fenômenos obrigacionais que têm encontrado espaço dentro do Direito brasileiro, especialmente, por trabalho doutrinário e jurisprudencial: a quebra antecipada do contrato ou de *frustation* para fins de preservação da existência seria possível (com a noção de direito de migração de dados)? O interessante é que ambas as noções são pensadas para a extinção, mas não – necessariamente – como conservativas do vínculo.

É neste contexto, portanto que se endereçaria reforço da noção de conservação do contrato já que, neste exemplo, "parece ser mais oportuno o ajuste e a manutenção da relação jurídica que a sua extinção pura e simples."[22].

(iv) Considerando a existência consciente em um pós-vida, qual seria o regime jurídico deste negócio para fins até mesmo de interpretação de execução e identificação dos deveres decorrentes do *standard* esperado? A identificação deste novo padrão

---

21. Vide, por exemplo, https://www.mobiletime.com.br/noticias/14/09/2020/com-bot-no-whatsapp-mrv-re-negocia-r-21-milhoes-em-dividas/.

22. GLITZ, Frederico Eduardo Zenedin. Favor contractus: alguns apontamentos sobre o princípio da conservação do contrato no Direito positivo brasileiro e no Direito comparado. *Revista do Instituto do Direito Brasileiro da Faculdade de Direito da Universidade de Lisboa*, v. 1/2013, 2013, p. 524.

de deveres esperados e exigíveis ajudará não só entender os contornos da execução do contrato, mas, também, a endereçar muitos dos questionamentos anteriores.

As realidades complexas e dinâmicas trazidas pelas novas tecnologias desafiam o Direito e, agora, desafiam também a morte. "Há, pois, que avançar para muito além da concepção da pessoa natural como mero personagem do mundo jurídico, a atuar como parte em atos e relações diversas"[23]. Não é possível pensar sobre essas novas inquietações a partir de velhas teorias sobre direitos de personalidade e tampouco da responsabilidade civil. É preciso dar um passo além, agora com os olhos de quem é tentado por tecnologias que prometem a imortalidade.

4. CONSIDERAÇÕES FINAIS

As perguntas aqui formuladas direcionam à necessidade de uma investigação mais profunda não apenas sobre os diretos de personalidade, mas também sobre as noções de responsabilidade contratual hoje conhecidas.

A existência humana e sua consequente finitude são traços conhecidos da própria pessoalidade. No entanto, quando tecnologias colocam à prova essas noções e sugerem a perpetuação da pessoa nos mais diferentes ambientes virtuais, a própria essência humana ganha novos contornos modificáveis pelo agir do homem, exploráveis comercialmente inclusive por terceiros (com fins patrimoniais, ou simplesmente emocionais). A continuidade autêntica da vida humana deixa de ser parte exclusiva do processo natural.

As diferentes tecnologias apontadas neste artigo permitem que a essência humana deixe de ser aquilo que o homem faz de si mesmo (condição humana), para agora ser definida por *softwares* de inteligência artificial ou de realidade aumentada. A complexidade da vida passa a ser, também, a complexidade do *post mortem* e as certezas que a morte natural antes nos trazia, passam a ser substituídas por dúvidas existenciais e jurídicas da vida eterna. As promessas tecnológicas agora ameaçam a noção, tão humana, de finitude o que conduz à inevitável pergunta: quais devem ser os limites do possível e do desejável?

Se "no passado os riscos decorriam da incapacidade humana de realização, devido à limitação tecnocientífica, na atualidade o perigo decorre não da incapacidade de fazer da técnica, mas do excesso de poder e de sua capacidade de realização, independente da esfera moral"[24]. As contradições, portanto, são evidentes: o fato de a tecnologia poder perpetuar a vida humana, significa que ela deve ser infinita? Seria a realização de um velho desejo humano, a eternidade?

---

23. GODINHO, op. cit., p. 23.
24. SGANZERLA, Anor; SCHAEFER, Fernanda; MEIRELLES, Jussara Maria Leal. Direito à liberdade, à finitude e avanços biotencológicos: vida humana autêntica ameaçada? In: *Revista NUPEM*, v. 9, n. 18, set.-dez. 2017. p. 111.

Para além do domínio da vida, pretende-se também um domínio sobre a morte. Não como o imaginado há séculos, mas como algo possível de ser alcançado, ainda que não seja propriamente o próprio morto a exercer essa vida virtual. Para além dos dilemas morais complexos, os dilemas jurídicos se apresentam e precisam ser desde já discutidos.

A proposta do presente artigo foi dar início ao debate porque as tecnologias começam a aparecer no mercado e tratando-se da própria finitude humana e dos diversos direitos que da prática podem resultar, não é possível esperar que se tornem uma realidade social para depois se discutir seu uso e limites.

5. REFERÊNCIAS

ANDRION, Roseli. Hologramas 'ressuscitam' grandes nomes da música mundial em 2019. In: *Olhar Digital*, 18 de julho de 2019. Disponível em: https://olhardigital.com.br/2019/07/18/noticias/hologramas-sao-cada-vez-mais-presentes-em-shows-de-musica/. Acesso em 14 out. 2021.

BELTRÃO, Silvio Romero. Tutela jurídica da personalidade humana após a morte: conflitos em face da legitimidade ativa. *Revista de Processo*, v. 247, setembro de 2015.

CAMPOS, Diogo Leite. O estatuto jurídico da pessoa depois da morte. In: *Revista Jurídica Luso-Brasileira*, ano 2 (2016), n. 4. p. 484.

D´AMICO, Gustavo Fortunato. *Ressureição digital*: as consequências jurídicas da recriação digital post mortem de artistas e intérpretes. Dissertação de Mestrado. Faculdade de Direito da Universidade Federal do Paraná, 2021.

DALSENTER, Thamis. Criogenia e tutela post mortem da autodeterminação corporal. *In*: *Migalhas*, 2 de abr. 2020. Disponível em: https://www.migalhas.com.br/coluna/migalhas-de-vulnerabilidade/323415/criogenia-e-tutela-post-mortem-da-autodeterminacao-corporal. Acesso em 4 de out. 2021.

GLITZ, Frederico Eduardo Zenedin. Favor contractus: alguns apontamentos sobre o princípio da conservação do contrato no Direito positivo brasileiro e no Direito comparado. *Revista do Instituto do Direito Brasileiro da Faculdade de Direito da Universidade de Lisboa*, v. 1/2013, p. 475-542, 2013.

GODINHO, Adriano Marteleto. *Direito ao próprio corpo*. Curitiba: Juruá, 2015.

KLEINA, Nilton. Patente da Microsoft prevê criar chatbot até de quem já morreu. In: *Tecmundo*, 4 de jan. 2021. Disponível em: https://www.tecmundo.com.br/software/208870-patente-microsoft-preve-criar-chatbot-morreu.htm. Acesso em: 4 out. 2021.

MONTEIRO FILHO, Carlos Edison do Rêgo; MEDON, Filipe. A reconstrução digital póstuma da voz e da imagem: critérios necessários e impactos para a responsabilidade civil. In: *Migalhas*, 19 de ago. 21. Disponível em: https://www.migalhas.com.br/coluna/migalhas-de-responsabilidade-civil/350356/a-reconstrucao-digital-postuma-da-voz-e-da-imagem. Acesso em 4 de out. 2021.

SCHAEFER, Fernanda; MEIRELLES, Jussara Maria Leal. Eficácia jurídica das diretivas antecipadas de saúde à luz do ordenamento brasileiro. *In*: *Civilistica*, a. 7, n. 3, 2018, p. 1-26.

SGANZERLA, Anor; SCHAEFER, Fernanda; MEIRELLES, Jussara Maria Leal. Direito à liberdade, à finitude e avanços biotencológicos: vida humana autêntica ameaçada? In: *Revista NUPEM*, v. 9, n. 18, set.-dez. 2017, p. 109-124.

SZANIAWSKI, Elimar. *Direitos de personalidade e sua tutela*. 2. ed. São Paulo: Revista dos Tribunais, 2005.

TOAZZA, Gabriele Bortolan; GLITZ, Frederico Eduardo Zenedin. O contrato para disposição da imagem na perspectiva dos direitos de personalidade. *Revista Justiça do Direito*, v. 31, n. 2, p. 358-385, maio/ago. 2017.

TOUEG, Gabriel. IA ressuscita quem já morreu e rende enxurradas de memes na internet. In: *UOL*, 4 de mar. 2021. Disponível em: https://www.uol.com.br/tilt/noticias/redacao/2021/03/04/ferramenta-ressuscita-quem-ja-morreu-e-rende-memes-nas-redes-sociais.htm. Acesso em: 4 out. 2021.

TREITEL, G. H. *An outline of the law of contract*. 6. ed. Oxford: Oxford Press, 2004.

VARGAS LLOSA, Mário. *A civilização do espetáculo*: uma radiografia do nosso tempo e da nossa cultura. Rio de Janeiro: Objetiva, 2013.

O DIREITO AO ESQUECIMENTO COMO FERRAMENTA DE DEFESA NAS NOVAS TECNOLOGIAS

João Alexandre Silva Alves Guimarães

Doutorando em Direito pela Universidade de Coimbra, Portugal. Mestre em Direito da União Europeia pela Universidade do Minho, Portugal. Associado do Instituto Brasileiro de Estudos de Responsabilidade Civil – IBERC, Associado Fundador do Instituto Avançado de Proteção de Dados - IAPD, Membro do Comitê Executivo do Laboratório de Direitos Humanos – LabDH da Universidade Federal de Uberlândia e Investigador no Observatório Jurídico da Comunicação do Instituto Jurídico de Comunicação da Universidade de Coimbra. joaoalexgui@hotmail.com

Sumário: 1. Introdução – 2. Os riscos das novas tecnologias – 3. O direito ao esquecimento – 4. Ser esquecido como uma ferramenta – 5. Conclusão – 6. Referências.

1. INTRODUÇÃO

A cada novo dia surgem novos aparelhos tecnológicos e avanços nas ferramentas que a sociedade usa no dia a dia. Ao mesmo tempo que facilitam o cotidiano geram uma dependência da tecnologia e da internet para acender uma lâmpada, se comunicar ou dirigir pelas ruas da cidade.

A tecnologia, sem dúvida alguma, foi uma importante ferramenta para que o ser humano evoluísse, para que novas descobertas na ciência fossem feitas, para que os dias fossem mais fáceis, e para que a distância não se tornasse mais um problema. A questão principal é que renunciamos a direitos fundamentais, como a privacidade, para nos tornamos mais conectados, populares e influentes.

Os novos dispositivos, sistemas, softwares ao trazer benefícios a sociedade, também trazem risco. A venda de uma lembrança eterna de momentos inesquecíveis, das viagens, dos momentos em famílias, com o avanço da qualidade das fotos e vídeos e do grande compartilhamento de informações, desde a foto do café no aeroporto, da comida no restaurante bem-conceituado, ou mesmo da risada em um parque, deixam rastros eternos que podem trazer risco no futuro a cada um que utiliza a tecnologia no seu dia a dia.

Esse trabalho discorrerá sobre como o direito a esquecer e ser esquecido pode ser uma ferramenta eficaz em um mundo que nada se esquece, que tudo se filma e fotografa, onde o não compartilhar o seu cotidiano e sua vida privada é errado, e um mundo que está caminhando a um metaverso e uma segunda vida *on-line*.

2. OS RISCOS DAS NOVAS TECNOLOGIAS

O mundo *online* e offline se coexistem e se comunicam há muito tempo. Ao cruzar corpo e movimento com a dimensão usualmente denominada de "virtual", parece que um agrupamento de coisas que pertence a mundos distintos é tecido. A começar pela conceituação do que é o "virtual", termo tão repetido em tempos de proliferação das tecnologias digitais, cujo significado polissêmico transita, sem acordo, por diferentes perspectivas oriundas do senso-comum, da filosofia, das ciências sociais e humanas.[1]

Os jogos *online*, por exemplo, sendo uma mídia de consumo individual que permite a conexão com outros jogadores em escala global, tornaram-se similares a programas de conversação virtual em tempo real — como WhatsApp, Discord, e Skype, por exemplo — ao utilizarem-se de *chatboxes* (caixas de texto para conversação) na interface da tela do jogo para a comunicação entre seus jogadores, conformando uma semelhança com a comunicação interpessoal e em rede. Parece, portanto, que nos mundos virtuais, criados pelos jogos em rede, existem laços afetivos sendo feitos e desfeitos a todo instante. Muitas vezes sem a preocupação de reconhecimento de alguma das partes, estes laços originam "amizades improvisadas" por algum tipo de afinidade sem explicação, talvez, apenas, para materem o tempo juntos, ou com os mais variados propósitos, nos quais, os jogadores se solidarizam para contemplarem seus objetivos comuns, em uma categoria de jogo cuja finalidade (e singularidade) se encontra nas conexões estabelecidas entre seus participantes.[2]

Essa experiência de criar um mundo ou uma nova realidade, como o metaverso que a META, anteriormente *Facebook Inc.,* começa a criar não é novidade. No início dos anos 2000 tínhamos os populares *The Sims* e *Second Life*. Ambos permitiam uma comunicação de forma síncrona, utiliza-se da construção e uso de avatares para que se possa existir dentro do jogo.[3]

O *The Sims*, que ainda hoje, seja o exemplo mais popular de jogos de simulação, foi criado, em 2000, pelo designer de jogos Will Wright e distribuído pela Máxis, o jogo concentra-se inteiramente em pessoas virtuais, avatares, chamadas *sims*, deixando o jogador no controle de uma família virtual e de suas variadas atividades diárias.[4]

Dentro do jogo deve-se tomar decisões pelo seu avatar e se relacionar interativamente, sem objetivos preestabelecidos. A única meta é a organização do tempo dos *sims*, na forma de uma agenda de tarefas que os bonecos virtuais têm de cumprir para melhorar o desempenho pessoal do jogador. Se os *sims* não receberem os cuidados

---

1. ZANETTI, Marcelo Callegari. *Second Life®*: Corpo ou Avatar? Realidade Ou Fantasia? Tese (Doutorado em Desenvolvimento Humano e Tecnologias Área de Tecnologias, Corpo e Cultura) – Universidade Estadual Paulista "Júlio de Mesquita Filho" (UNESP). Rio Claro, 2013. p. 15.
2. Idem, p. 15.
3. Idem.
4. PIMENTA, Francisco José Paoliello; VARGES, Julia Pessoa. Second Life: vida e cidadania além da realidade virtual? *Comunicação e Sociedade*, São Bernardo do Campo, v. 28, n. 47, 2007. p. 20.

O DIREITO AO ESQUECIMENTO COMO FERRAMENTA DE DEFESA NAS NOVAS TECNOLOGIAS **103**

necessários, eles adoecerão e, consequentemente, morrerão. Apesar de o controle do jogador ser imprescindível, os *sims* são capazes de responder a condições externas sem qualquer tipo de comando. Os avatares estão sempre condicionados a algum tipo de interação com os objetos do jogo, desde os mais simples aos mais complexos.[5]

A interação social também é muito relevante nesta plataforma, e, assim, os avatares podem frequentar festas, ir ao trabalho ou simplesmente telefonar para outros *sims*. Os *sims* também podem receber visitas de outras famílias, que ficam arquivadas no jogo. Os visitantes têm ações automáticas, isto é, o jogador não pode controlar o *sim* que está visitando sua casa, apesar de poder interagir com ele. Daí, o ato de receber visitas é muito importante para uma vida social saudável, que, como já foi dito, é um aspecto fundamental na longevidade de um *sim*.[6]

Baseado no princípio da imersão e da interação, o *Second Life* se autodefine como "um mundo de posse e construção exclusivas dos seus habitantes". Ao contrário de muitas plataformas similares, esta foi desenvolvida para o trabalho criativo. Isto quer dizer que o mundo virtual que vemos no *Second Life* é inteiramente construído dentro da própria plataforma, pelos usuários dela.[7]

A plataforma foi aberta ao público em 2003, pela microempresa californiana Linden Lab, o projeto ficou popular rapidamente, crescendo em grande escala, e em 2007 já possuía cerca de 100.000 habitantes do mundo inteiro. Existe um plano de acesso básico e gratuito, com algumas limitações, e dois planos que acumulam possibilidades de ações e ferramentas de acordo com o que se paga mensalmente. Qualquer que seja a forma de acesso, é surpreendente o enorme território a ser explorado, com vastas opções de entretenimento, experiências, contatos pessoais e oportunidades.[8]

E esse entretenimento avança e cada vez mais a sociedade compartilha sua privacidade dentro da internet. Nos ensinamentos de Zygmunt Bauman e David Lyon, em Vigilância Líquida, a vigilância suaviza-se especialmente no reino do consumo. Velhas amarras se afrouxam à medida que fragmentos de dados pessoais obtidos para um objetivo são facilmente usados com outro fim. A vigilância se espalha de forma até então quando propriedade comum de todos, que todos desejam compartilhar. Exibi-los publicamente tornar uma condição marcada pela ausência de ouvintes ávidos por extrair e remover os segredos que se ocultam por trás das trincheiras da privacidade, reagindo à liquidez e reproduzindo-a. Sem um contêiner fixo, mas sacudida pela demanda de segurança e aconselhada pelo marketing insistente das empresas de tecnologia, a segurança se esparrama por toda parte.[9]

Para Bauman, nos dias de hoje, o que nos assusta não é tanto a possibilidade de traição ou violação da privacidade, mas o oposto, o fechamento das saídas. A área da

---

5. Idem.
6. Idem.
7. Idem. p. 21.
8. Idem. p. 22.
9. BAUMAN, Zygmunt; LYON, David. *Vigilância Líquida.* Cambridge: Zahar, 2013. p. 10.

privacidade transforma-se num lugar de encarceramento, sendo o dono do espaço privado condenado e sentenciado a padecer expiando os próprios erros; forçado a uma condição marcada pela ausência de ouvintes ávidos por extrair e remover os segredos que se ocultam por trás das trincheiras da privacidade, por exibi-los publicamente e torná-los propriedade comum de todos, que todos desejam compartilhar.[10]

Bauman também afirma parecer que não sentimos nenhum prazer em ter segredos, a menos que sejam do tipo capaz de reforçar nossos egos atraindo a atenção de pesquisadores e editores de *talk shows* televisivos, das primeiras páginas dos tabloides e das capas das revistas atraentes e superficiais. No cerne das redes sociais há um intercâmbio de informações pessoais. Os usuários sentem-se felizes por revelar detalhes íntimos de suas vidas pessoais postar informações precisas e compartilhar fotos.[11]

Em uma dimensão que se torna cada vez mais diferenciada e complexa, nas ideias de Stéfano Rodotà, a demanda por privacidade não se manifesta apenas na sua forma tradicional, como direito de impedir aos outros a coleta e a difusão de informações sobre o interessado. No âmbito da comunicação eletrônica, ela pode se exprimir sobretudo como uma necessidade de anonimato ou, melhor dizendo, como exigência de assumir a identidade preterida, apresentando-se com um nome, um sexo, uma idade que podem ser diferentes daqueles efetivamente correspondentes aos dados do indivíduo. Requer assim a tutela de uma identidade nova, de uma intimidade construída, como condição necessária para o desenvolver a própria personalidade, para alcançar plenamente a liberdade existencial.[12]

Para Rodotà foi dito muitas vezes que a tecnologia põe cada um de nós na condição de encontrar um lugar virtual no qual satisfazer nossos próprios interesses. Mas esse processo de seleção dos interesses levaria a uma maior fragmentação social, e não ao fortalecimento do sentido de comunidade. Os dados disponíveis, de qualquer forma, mostram com clareza que as comunidades virtuais já oferecem também a possibilidade de estabelecer ligações sociais particularmente intensas, ou se apresentam até mesmo como o único modo de se fazer parte de uma formação social para aquele sujeito que, de outra forma, estaria condenado ao isolamento.

Stéfano Rodotà afirma que o juízo qualitativo sobre as relações assim estabelecidas não pode fundar um juízo de realidade, negando que se esteja diante de uma formação social. E a valoração negativa daquelas relações não pode levar à conclusão de que é preferível desencorajá-las, para evitar distorções no processo formativo da personalidade. Como são baseadas em um dado objetivo a existência de uma entidade social na qual um sujeito decide se inserir as garantias constitucionais devem ser ampliadas também a essas novas realidades, reconhecendo a legitimidade das

---

10. Idem. p. 34.
11. Idem.
12. RODOTÀ, Stefano. *A Vida na Sociedade da Vigilância:* A privacidade hoje. Rio de Janeiro: Renovar, 2008. p. 116.

escolhas dos indivíduos que privilegiam a presença nas redes e fazem desta um momento significativo para a definição global de sua identidade.

No paradigma da sociedade da informação, os processos decisórios, antes atribuídos a seres humanos, são cada vez mais definidos por sistemas automatizados sob o argumento de maior racionalização e eficiência. A capacidade humana de processar uma grande número de dados não se compara à de sistemas como os de Inteligência Artificial. Porém, são gerados múltiplos desafios que transcendem a esfera jurídica, mas que dela demandam resposta.[13]

Para Eli Pariser, a democracia exige que os cidadãos enxerguem as coisas pelo ponto de vista dos outros; em vez disso, o autor alerta que "estamos cada vez mais fechados em nossas próprias bolhas. A democracia exige que nos baseemos em fatos compartilhados; no entanto, estão nos oferecendo universos distintos e paralelos".[14]

Ao utilizar as diversas plataformas do mundo digital, as pessoas vão deixando rastro de gostos, preferências, desejos e demais características, as quais, a partir da prática do *profiling* são catalogadas e formatam um certo perfil digital do usuário, porém muitas vezes o fazem sem anuência do consumidor e com fins e mercadológicos. Sendo assim, a identidade passa a ser manipulada e deixa de estar dentro da esfera exclusivamente pessoal daquele sujeito que deveria ser o único protagonista de sua esfera privada de construção de identidade, principalmente porque esta pode ser constantemente alterada ao longo do tempo.[15]

Tudo isso significa que nosso comportamento se transformou em uma mercadoria, um pedaço pequenino de um mercado que serve como plataforma para a personalização de toda a internet.[16] Em última análise, a bolha dos filtros pode afetar nossa capacidade de decidir como queremos viver. Para sermos os autores da nossa própria vida temos que estar cientes da variada gama de opções e estilos de vida disponíveis. Quando entramos numa bolha de filtros, permitimos que as empresas que a desenvolveram escolham as opções das quais estaremos cientes. Talvez pensemos ser os donos do nosso próprio destino, mas a personalização pode nos levar a uma espécie de determinismo informativo, no qual aquilo em que clicamos no passado determina o que veremos a seguir – uma história virtual que estamos fadados a repetir. E com isso ficamos presos numa versão estática, cada vez mais estreita de quem somos – uma repetição infindável de nós mesmos.[17]

---

13. KORKMAZ, Maria Regina Rigolon; SACRAMENTO, Mariana. Direitos do Titular de Dados: Potencialidade e Limites na Lei Geral de Proteção de Dados Pessoais. *Revista Eletrônica da Procuradoria Geral do Estado do Rio de Janeiro – PGE-RJ*, Rio de Janeiro, v. 4, n. 2, maio/ago. 2021. p. 20.
14. PARISER, Eli. *O Filtro Invisível – O que a internet está escondendo de você*. Trad. Diego Alfaro. Rio de Janeiro: Editora Zahar. Edição digital: março 2012. p. 9.
15. BONNA, Alexandre Pereira. Dados Pessoais, Identidade Virtual e a Projeção da Personalidade: "Profiling", Estigmatização e Responsabilidade Civil. In: MARTINS, Guilherme Magalhães; ROSENVALD, Nelson. (Coord.). *Responsabilidade Civil e Novas Tecnologias*. Indaiatuba, SP. Editora Foco, 2020. p. 22.
16. PARISER, Eli. *O Filtro Invisível – O que a internet está escondendo de você*. Trad. Diego Alfaro. Rio de Janeiro: Editora Zahar. Versão para Kindle. Edição digital: março 2012. Locais do Kindle 646-647
17. PARISER, Eli. *O Filtro Invisível*, cit., Locais do Kindle 250-255.

E o capitalismo de vigilância reivindica de maneira unilateral a experiência humana como matéria-prima gratuita para a tradução em dados comportamentais. Embora alguns desses dados sejam aplicados para o aprimoramento de produtos e serviços, o restante é declarado como superávit comportamental do proprietário, alimentando avançados processos de fabricação conhecidos como "inteligência de máquina" e manufaturado em produtos de predição que antecipam o que um determinado indivíduo faria agora, daqui a pouco e mais tarde. Por fim, esses produtos de predições são comercializados num novo tipo de mercado para predições comportamentais que chamo de mercados de comportamentos futuros. Os capitalistas de vigilância têm acumulado uma riqueza enorme a partir dessas operações comerciais, uma vez que muitas companhias estão ávidas para apostar no nosso comportamento futuro.[18]

Para Shoshana Zuboff, a dinâmica competitiva desses novos mercados leva os capitalistas de vigilância a adquirir fontes cada vez mais preditivas de superávit comportamental: nossas vozes, personalidades e emoções. Os capitalistas de vigilância descobriram que os dados comportamentais mais preditivos provêm da intervenção no jogo de modo a incentivar, persuadir, sintonizar e arrebanhar comportamento em busca de resultados lucrativos. Pressões de natureza competitiva provocaram a mudança, na qual processos de máquina automatizados não só conhecem nosso comportamento, como também moldam nosso comportamento em escala. Com tal reorientação transformando conhecimento em poder, não basta mais automatizar o fluxo de informação sobre nós; a meta agora é automatizar o ser humano.[19]

Nessa fase da evolução do capitalismo de vigilância, para Zuboff, os meios de produção estão subordinados a meios de modificação comportamental cada vez mais complexos e abrangentes. Dessa maneira, o capitalismo de vigilância gera uma nova espécie de poder que chamo de instrumentarismo. O poder instrumentário conhece e molda o comportamento humano em prol das finalidades de terceiros. Em vez de armamentos e exércitos, ele faz valer sua vontade através do meio automatizado de uma arquitetura computacional cada vez mais ubíqua composta de dispositivos, coisas e espaços "inteligentes" conectados em rede.[20]

O desenvolvimento e crescente uso dos meios tecnológicos que deixam "pegadas eletrônicas" tornam cada vez mais importantes as garantias contra o tratamento e a utilização abusiva de dados pessoais informatizados. A sua relação de tensão com vários direitos, liberdades e garantias – tais como o desenvolvimento da personalidade, a dignidade da pessoa, a intimidade da vida privada – é inquestionável.[21]

A personalização não define apenas aquilo que define apenas aquilo que compramos. A personalização está moldando os fluxos de informação muito além das redes

---

18. ZUBOFF, Shoshana. *A Era do Capitalismo de Vigilância*. São Paulo: Editora Intrínseca, 2019. p. 22 e 23.
19. Idem. p. 23.
20. Idem.
21. CANOTILHO, J.J. Gomes; MOREIRA, Vital. *Constituição da República Portuguesa Anotada*: artigos 1º a 107º, Volume I, 4º edição revista. Coimbra Editora, 2007. p. 550-551.

sociais, pois sites de notícia estão passando a nos fornecer manchetes segundo nossos interesses e desejos pessoais. A personalização influencia os vídeos a que assistimos nas plataformas de vídeo, além das postagens em blogs que acompanhamos. Afeta os e-mails que recebemos, os possíveis namoros que encontramos nos aplicativos de relacionamento, ou namoro, e os restaurantes que os aplicativos de delivery nos recomenda – ou seja, a personalização pode facilmente afetar não só quem sai para jantar com quem, mas também aonde vão e sobre o que conversam. Os algoritmos que orquestram a nossa publicidade estão começando a orquestrar nossa vida.[22]

Para a Comissão Europeia, as tecnologias de Inteligência Artificial (IA) podem apresentar novos riscos de segurança para os utilizadores quando estão integradas em produtos e serviços. Tal como acontece com os riscos para os direitos fundamentais, estes riscos podem ser causados por falhas na concepção da tecnologia com IA, estar relacionados com problemas com a disponibilidade e a qualidade dos dados ou com outros problemas decorrentes da aprendizagem automática. Embora alguns destes riscos não se limitem aos produtos e serviços que dependem de IA, a utilização da IA pode aumentar ou agravar os mesmos.[23]

Caso os riscos de segurança se materializem, a falta de requisitos claros e as características das tecnologias de IA anteriormente mencionadas tornam difícil rastrear as decisões potencialmente problemáticas tomadas em relação ao envolvimento de sistemas de IA. Isto, por sua vez, pode tornar difícil para as pessoas que sofreram danos obterem uma indemnização ao abrigo da atual legislação da UE e nacional em matéria de responsabilidade.[24]

Assim, a dificuldade em rastrear decisões potencialmente problemáticas tomadas pelos sistemas de IA, acima referida em relação aos direitos fundamentais, aplica-se igualmente às questões relacionadas com segurança e responsabilidade. As pessoas que sofreram danos podem não ter acesso efetivo aos elementos de prova necessários para instruir um processo em tribunal, por exemplo, e podem ter possibilidades menos eficazes de recurso do que em situações em que os danos são causados por tecnologias tradicionais. Estes riscos aumentarão à medida que a utilização da IA se generalizar.[25]

A vigilância, então, vai na direção oposta à do sonho digital dos primeiros tempos. Em vez disso, despe a ilusão de que a forma conectada em rede tem algum tipo de conteúdo moral inerente, que estar "conectado" seja, de alguma forma, intrinsecamente pró-social e inclusivo ou com uma tendência natural à democratização do conhecimento. A conexão digital é agora um meio para fins comerciais de terceiros. Em sua essência, o capitalismo de vigilância é parasítico e autorreferente.[26]

---

22. PARISER, Eli. *O Filtro Invisível*, cit., Locais do Kindle 139-149.
23. UNIÃO EUROPEIA. Comissão Europeia. *Livro Branco sobre a inteligência artificial*: uma abordagem europeia virada para a excelência e a confiança. COM (2020) 65 final, Bruxelas, 19 de fevereiro de 2020. p. 13.
24. UNIÃO EUROPEIA. Comissão Europeia. *Livro Branco sobre a inteligência artificial*, cit., p. 14.
25. Idem.
26. ZUBOFF, Shoshana. *A Era do Capitalismo de Vigilância*, cit., p. 25.

3. O DIREITO AO ESQUECIMENTO

O direito ao esquecimento, para o Ministro Ricardo Villas Bôas Cueva, do Superior Tribunal de Justiça, origina-se na proteção da intimidade e da vida privada e tem sido invocado, sobretudo no mundo digital, como direito ao apagamento de dados pessoais no contexto da internet, mas também no contexto da mídia em geral, como direito à não veiculação de informação desprovida de atualidade e relevância para o público, mas ofensiva ao interessado.[27]

Ao retornarmos aos ensinamentos franceses, o *droit à l'oubli* (esquecimento analógico) elaborado na França envolvia três requisitos: divulgação de uma informação lícita, a ressurgência de fatos passados na televisão e, um lapso temporal suficiente para ensejar a perda de interesse público na informação. Nesta fase, o direito ao esquecimento incorpora o controle temporal de dados, que preenche com o fator cronológico as ferramentas protetivas da privacidade, complementada pelos controles espacial e contextual.[28]

O *droit à l'oubli* pode ser considerado como um direito mais antigo, remetendo sua origem à legislação e jurisprudência francesa e italiana do final dos anos de 1970, e "historicamente tem sido aplicado em casos excepcionais envolvendo indivíduos que foram condenados penalmente e não desejam mais serem associados à sua conduta criminal. Seria, portanto, o direito que o indivíduo tem de se prevenir que terceiros possam divulgar fatos que estejam associados a um passado que possui episódios delituosos. Assim, o seu direito à privacidade deve ser ponderado com o direito da sociedade de ter acesso a esta informação, que poderá ou não ser considerada newsworthy.[29]

A ideia associada ao esquecimento no âmbito criminal é de que os indivíduos deveriam ter uma segunda chance, e aponta para a capacidade dos seres humanos de mudarem. O *droit à l'oubli* não se limita, apenas, à seara criminal, uma vez que há casos em que tal direito é invocado, fundado no direito à privacidade e nos direitos da personalidade, envolvendo pessoas que temporariamente ganharam o interesse público, não conseguindo desviar de si a atenção indesejada, passado algum tempo.[30]

Neste contexto, aquele direito estaria fundado na ideia de proteção contra danos causados à dignidade, aos direitos da personalidade, a reputação e a identidade, e, por sua natureza, possui potencial em colidir com outros direitos fundamentais, como o direito à liberdade de expressão e de acesso à informação. Seu objetivo, portanto,

---

27. CUEVA, Ricardo Villas Bôas. Proteção de Dados Pessoais e Direito ao Esquecimento. In: MENDES, Laura Schertel et al. *Tratado de Proteção de Dados Pessoais*. Rio de Janeiro: Editora Forense, 2020. p. 627.

28. BOITEUX, Elza A. P. C. O direito ao esquecimento: uma lacuna na LGPD. In: MONACO, Gustavo F. D. C.; MARTINS, Amanda C. E. M. S.; CAMARGO, Solano. *Lei Geral de Proteção de Dados*: Ensaios e Controvérsias da Lei 13.709/18. São Paulo: Quartier Latin, 2020. p. 235.

29. FRAJHOF, Isabella Z. *O Direito ao Esquecimento na Internet*: Conceito, Aplicação e Controvérsia. São Paulo: Almedina, 2019. p. 58.

30. Idem.

é limitar que informações consideradas privadas sejam difundidas e expostas, pois o interesse público não justificaria esta divulgação.[31]

Deve-se, então, entender o que o direito ao esquecimento é um direito pessoal. Em 1879 o direito pessoal foi considerado a classe principal abrange os direitos que pertencem à pessoa. Nele estão incluídos o direito à vida, o direito à imunidade contra ataques e lesões, e o direito, igualmente com os outros, de forma semelhante, para controlar a própria ação. Em todos os países iluminados, a mesma classe também incluiria o direito ao benefício de cada reputação que o condado lhe concedeu e o gozo de todos os direitos civis concedidos por lei. Os direitos políticos também podem ser incluídos sob o mesmo entendimento.[32]

Brandeis e Warren, em 1890, afirmaram que o direito de quem permaneceu um particular, de impedir seu retrato público, apresenta o caso mais simples para tal extensão; o direito de se proteger de retratos à caneta, de uma discussão pela imprensa sobre seus assuntos particulares, seria mais importante e de longo alcance. Se afirmações casuais e sem importância em uma carta, se são trabalhos manuais, por mais inartísticos e sem valor, se bens de todos os tipos são protegidos não apenas contra a reprodução, mas também contra a descrição e enumeração, quanto mais deveriam os atos e ditos de um homem em sua vida social e as relações domésticas devem ser protegidas de publicidade implacável. Se você não pode reproduzir o rosto de uma mulher fotograficamente sem seu consentimento, quanto menos deveria ser tolerada a reprodução de seu rosto, sua forma e suas ações, por descrições gráficas coloridas para se adequar a uma imaginação grosseira e depravada.[33]

Colocaram ainda que o direito à privacidade, como tal deve necessariamente ser limitado, já encontrou expressão no direito francês.[34] Resta considerar quais são as limitações desse direito à privacidade e quais recursos podem ser concedidos para a aplicação desse direito. Seria uma tarefa difícil determinar de antemão a linha exata em que a dignidade e a conveniência do indivíduo devem ceder às demandas do bem-estar público ou da justiça privada; mas as regras mais gerais são fornecidas pelas analogias jurídicas já desenvolvidas na lei da calúnia e difamação e na lei da propriedade literária e artística.[35]

O direito à privacidade, para Brandeis e Warren, não proíbe a publicação de matéria de interesse público ou geral. Na determinação do alcance desta regra, o auxílio seria concedido pela analogia, no direito da difamação e da calúnia, de casos

---

31. Idem, p. 59.
32. COOLEY. Thomas M. A treatise on the law of torts, or, The wrongs which arise independent of contract. Callaghan and Company, Chicago, 1879. p. 24.
33. WARREN, Samuel D.; BRANDEIS, Louis D.. The Right to Privacy. *Harvard Law Review*, v. IV (n. 5), 15 dez. 1890. p. 213 e 214.
34. Nesse sentido cf. França. Loi du 29 juillet 1881 sur la liberté de la presse, Version en vigueur au 15 février 2021. Disponível em https://www.legifrance.gouv.fr/affichTexte.do?cidTexte=LEGITEXT000006070722.
35. WARREN, Samuel D.; BRANDEIS, Louis D.. The Right to Privacy, cit., p. 214.

que tratam do privilégio qualificado de comentário e crítica sobre assuntos de interesse público e geral. [36]

Nesse sentido, nos EUA, um dos primeiros casos em que se pode perceber traços do direito ao esquecimento é o Melvin vs. Reid. Em 1919, Gabrielle Darley, prostituta, é acusada e absolvida da prática de homicídio. Ela refaz sua vida, abandona a prostituição, casa-se com Melvin e tem filhos. Nessa nova fase as pessoas do seu círculo social desconhecem o seu passado, mas, em 1925, Doroty Davenport Reid produziu o filme Red Kimono, que retratava com precisão a vida pregressa de Gabrielle, inclusive identificando-a com seu nome verdadeiro.

Segundo a Corte de Apelação da Califórnia, em sua decisão, o uso do nome verdadeiro da recorrente em conexão com os incidentes de sua vida anterior na trama e nos anúncios foi desnecessário, indelicado, um desrespeito deliberado e arbitrário daquela caridade que deveria nos atuar em nossas relações sociais e que deveria nos impedir de manter desnecessariamente outra pessoa até o desprezo e ao desprezo dos membros justos da sociedade. [37]

Para a Corte, um dos principais objetivos da sociedade, tal como está agora constituída, e da administração de nosso sistema penal, é a reabilitação dos caídos e a reforma do criminoso. Segundo essas teorias da sociologia, nosso objetivo é erguer e sustentar o infeliz, em vez de derrubá-lo. Onde uma pessoa se reabilitou por seus próprios esforços, nós, como membros da sociedade que pensam corretamente, devemos permitir que ela continue no caminho da retidão em vez de jogá-la de volta em uma vida de vergonha ou crime. Até mesmo o ladrão na cruz teve permissão para se arrepender durante as horas de sua agonia final. [38]

No cenário contemporâneo, sucessivas atualizações ao longo do dia inscrevem e apagam em minutos manchetes e chamadas que antes os jornais imprimiam em um intervalo de 24 horas, caracterizando a desmaterialização das primeiras páginas *online*. Se, por um lado, as primeiras páginas *online* são fluidas e estão em mudança constante, os links que direcionam para as reportagens estampadas nas capas dos sites, por outro lado, são perenes: tudo está indexado e arquivado nos mecanismos de busca ou nos bancos de dados dos próprios veículos. Donde se conclui: o combustível para a memória social continua sendo produzido. [39]

Entretanto, tal memória no jornalismo em rede é agora mais fragmentada. Em acervos digitais de jornais, é possível pesquisar as primeiras páginas – muitas delas memoráveis – de acordo com as datas ou assuntos. No jornalismo em rede, entre-

---

36. WARREN, Samuel D.; BRANDEIS, Louis D.. The Right to Privacy, cit., p. 214.
37. COURT OF APPEAL OF CALIFORNIA, Fourth District. *Melvin v. Reid*, 112 Cal.App. 285, de 28 de Fevereiro de 1931. p. 291.
38. Court of Appeal of California, Fourth District. *Melvin v. Reid*, cit., p. 292.
39. BARSOTTI, Adriana. Memória e esquecimento no jornalismo: Do papel à desmaterialização digital. *ALCEU – Revista de Comunicação, Cultura e Política*. Rio de Janeiro: PUC-Rio, v. 20 n. 40, Edição 40, p.10-26, 2020. p. 19.

tanto, não há *uma home page* do dia, mas várias delas, conforme o desenrolar dos acontecimentos. Nenhuma delas, no entanto, é arquivada.[40]

É indiscutível que todos nós somos titulares de ambos os direitos. Podemos afirmar que cada um de nós tem um direito subjetivo a se expressar, assim como um direito subjetivo à proteção de nossa imagem, honra, privacidade, intimidade. Todavia, quando em choque – quando um indivíduo exerce seu direito subjetivo de se expressar em contraponto ao direito subjetivo de outro proteger sua privacidade – qual deles deve subsistir? O que até os anos 1960 ou 1970 seria possível depois de um deslize qualquer, de maior ou menor gravidade, já não é mais uma possibilidade no mundo contemporâneo.[41]

O Direito ao Esquecimento surge como uma forma de resposta também a Liberdade de Expressão, em sua forma negativa. Ao invadir a privacidade, ou mesmo, ao impedir o livre desenvolvimento da personalidade humana, poderá o ofendido, quando não existe um interesse coletivo comprovado no fato, de solicitar que a postagem que se refere ao ofendido seja apagada e esquecida. Todavia, ao entender que ambos são direitos fundamentais, porém não absolutos, deverá a corte do juízo decidir para que lado a justiça irá pender.

A recente decisão da Corte Infraconstitucional Alemã, *Bundesgerichtshof* (BGH), de 27 de julho de 2020, que colocou que o direito ao apagamento e, por conseguinte, o direito à desindexação, não é absoluto. Para a Corte, o Art. 17, parágrafo 1, do RGPD não se aplica como um todo se o processamento de dados for necessário para o exercício do direito à liberdade de expressão. Esta circunstância é a expressão de que o direito à proteção de dados pessoais não é um direito irrestrito. Como afirma o quarto considerando do RGPD, no que diz respeito à sua função social e mantendo o princípio da proporcionalidade contra outros direitos fundamentais, devem ser ponderados e, esta ponderação dos direitos fundamentais, é baseada em todas as circunstâncias relevantes do caso individual. Deve-se também, levar em consideração, a gravidade da interferência com os direitos fundamentais da pessoa em causa.[42]

No contexto da avaliação, deve-se levar em consideração que a Internet não seria utilizável por indivíduos sem a ajuda de um mecanismo de busca, devido à inundação de dados não mais gerenciáveis. Em última análise, a utilização da Internet como um todo está dependente da existência e disponibilidade de motores de pesquisa, cujo modelo de negócio foi, portanto, aprovado pelo ordenamento jurídico e socialmente desejável. Por outro lado, a atividade dos motores de busca desempenha um papel importante na divulgação global dos dados pessoais, visto que os disponibiliza a qualquer utilizador da Internet que procure pelo nome do interessado, incluindo quem visite o sítio onde se encontra. Os dados são publicados, casos contrários não teriam

---

40. BARSOTTI, Adriana. Memória e esquecimento no jornalismo, cit., p. 19.
41. BRANCO, Sérgio. *Memória e esquecimento na internet (Pautas em Direito)*. Porto Alegre: Arquipélago Editorial, 2017. Edição do Kindle. p. 115 e 117.
42. Bundesgerichtshof. VI ZR 405/18, Verkündet am: 27. Juli 2020, OLG Frankfurt am Main.

sido encontrados. Isso pode levar ao fato de os usuários do mecanismo de pesquisa com a lista de resultados receberem uma visão geral estruturada das informações sobre a pessoa em questão na Internet, com base na qual eles podem criar um perfil mais ou menos detalhado da pessoa.[43]

Neste contexto, o peso dos interesses econômicos do gerente do mecanismo de pesquisa por si só geralmente não é suficientemente pesado para limitar os direitos das pessoas afetadas. Em contrapartida, tem maior peso o interesse do público pela informação e, sobretudo, os direitos fundamentais de terceiros a aqui incluídos. Portanto, não há presunção de prioridade da proteção dos direitos pessoais, mas os direitos fundamentais opostos devem ser avaliados em pé de igualdade. Assim como os indivíduos não podem determinar unilateralmente, em relação aos meios de comunicação, quais informações são divulgadas sobre eles no contexto da comunicação pública, eles não têm esse poder de determinação em relação aos operadores de mecanismo de pesquisa.[44]

Ou seja, o *Bundesgerichtshof,* mesmo que no processo tenha negado o direito à desindexação ao autor, colocando como princípio o interesse geral e a não possibilidade de desvincular os acontecimentos ao autor, a Corte foi bem clara em colocar a existência do direito ao esquecimento como um direito fundamental e que deve ser julgado em cada caso particular, ao confronto de dois ou mais direitos fundamentais.[45]

O direito ao esquecimento possui abrangência diversa, pois envolve fatos que, pelo decurso do tempo, perderam relevância histórica, de modo que sua divulgação se torna abusiva, por causar mais prejuízos aos particulares do que benefícios à sociedade. O direito ao esquecimento, é verdade, é um direito excepcional, não podendo ser banalizado, mas sua exclusão, em sede de repercussão geral, pode implicar um grave retrocesso em face do princípio da dignidade da pessoa humana, conforme o artigo 1º, III, da Carta Magna, consideradas ainda a privacidade e a identidade pessoal, que o compõem em sua estrutura. A exigência de norma específica, a depender da vontade legislativa, é um incentivo à inação, semelhantemente ao entendimento do próprio Supremo Tribunal Federal, que no passado sepultou a garantia fundamental do mandado de injunção.[46]

O direito ao esquecimento visa apagar traços ou dados deixados pelo seu titular, não tendo o traço uniforme de uma escrita, como nas biografias não autorizadas; ademais, a prevalência apriorística da liberdade de expressão e de informação, ao ensejo de evitar eventual censura, iria de encontro a outros valores igualmente caros à Constituição da República, ligados ao livre desenvolvimento da pessoa humana.[47]

---

43. Bundesgerichtshof. VI ZR 405/18, Verkündet am: 27. Juli 2020, OLG Frankfurt am Main.
44. Bundesgerichtshof. VI ZR 405/18, Verkündet am: 27. Juli 2020, OLG Frankfurt am Main.
45. GUIMARÃES, J. A. S. A. O direito ao esquecimento: a última chance de sermos nós mesmos? *Migalhas*, 3 de setembro 2021.
46. MARTINS, Guilherme Magalhães; GUIMARÃES, João Alexandre S. A. Direito ao esquecimento no STF: a dignidade da pessoa humana em risco. *Consultor Jurídico*, São Paulo, 10 fevereiro 2021.
47. Idem.

Reconhecer o Direito ao Esquecimento, pode ser a única forma para exercermos aquilo que queremos ser e o que realmente é a nossa essência. Principalmente dentro de um ambiente que estamos constantemente sendo vigiados, perfilados e sempre recebendo recomendações daquilo que acham ser interessante para cada um.[48]

4. SER ESQUECIDO COMO UMA FERRAMENTA

O conceito de sociedade da informação adquiriu importância em escala mundial, segundo Guilherme Magalhães Martins, fundamentado na crença de que sua consolidação favorece a integração global nos diferentes aspectos da vida humana: na economia, no conhecimento, na cultura, no comportamento humano e nos valores.[49]

A expressão sociedade da informação surgiu na Europa, na conferência internacional de 1980, onde a Comunidade Econômica Europeia reuniu estudiosos para avaliar o futuro de uma nova sociedade assim denominada, tendo em vista a regulamentação da liberdade de circulação de serviços e medidas para a implementação de acesso aos bens e serviços por parte dos Estados membros. Foi então utilizada pela primeira vez a expressão TIC – Tecnologias da Informação e Comunicação.[50]

O Paradigma da Sociedade da Informação tem como base material, primeiramente, a característica do novo paradigma e que a informação é a sua matéria-prima são tecnologias para agir sobre a informação, não apenas informação para agir sobre a tecnologia. O segundo aspecto refere-se à penetrabilidade dos efeitos das novas tecnologias. Como a informação e uma parte integral de toda atividade humana, todos os processos de nossa existência individual e coletiva são diretamente moldados pelo novo meio tecnológico.[51]

Encontra-se a terceira característica na lógica de redes em qualquer sistema ou conjunto de relações, usando essas novas tecnologias da informação. A estrutura da rede parece estar bem adaptada à crescente complexidade da interação e aos modelos imprevisíveis do desenvolvimento derivado do poder criativo dessa interação.[52]

A quarta característica refere-se ao sistema de redes, mas sendo um aspecto claramente distinto, o paradigma da tecnologia da informação é baseado na flexibilidade. Não apenas os processos são reversíveis, mas organizações e instituições podem ser modificadas, e até mesmo fundamentalmente alteradas, pela reorganização de seus componentes. Torna-se possível inverter as regras sem destruir a organização, porque a base material da organização pode ser reprogramada e não pode ser alterada.[53]

---

48. Idem.
49. MARTINS, Guilherme Magalhães. *Responsabilidade Civil por Acidente de Consumo na Internet*. 3. ed. São Paulo: Thomson Reuters Brasil, 2020. p. 285.
50. Idem
51. Idem, p. 286.
52. Idem.
53. Idem.

A quinta característica dessa revolução tecnológica pode ser visto a partir da crescente convergência de tecnologias específicas para um sistema altamente integrado, no qual trajetórias tecnológicas antigas ficam literalmente impossíveis de se distinguirem separado. Assim, a microeletrônica, as telecomunicações, a optoeletrônica e os computadores são todos integralizados nos sistemas de informação. A sociedade da informação, portanto, muda e dita comportamentos, regendo as formas de comunicação, os relacionamentos interpessoais, o consumo e a própria vida em sociedade.[54]

Trata-se de uma nova fase na especificação dos direitos humanos fundamentais, uma nova orientação internacional em busca do direito ao desenvolvimento através da interação da comunicação, da telemática e das informações em tempo real, com transmissão global e assimilação simultânea.[55]

Na sociedade da informação as ameaças aos direitos fundamentais, como à vida, à liberdade e à segurança podem vir do poder sempre maior que as conquistas da ciência e das aplicações dela derivadas dão a quem está em condição de usá-las.[56]

Em razão da grande quantidade de informações disponibilizadas por meio da Internet, os mecanismos de busca tornaram-se o principal intermediário existente entre o usuário da Internet e a obtenção de informações por meio da Rede. Essa nova fase do esquecimento é voltada para a proteção da privacidade e da própria identidade do indivíduo na rede.[57]

Se considerar que o princípio do consentimento ou da autodeterminação é a pedra angular sobre a qual se estrutura o tratamento dos dados pessoais. Certo que não é a vontade do titular dos dados que define o nível de proteção a que eles ficam sujeitos, dependendo a proteção outorgada a cada tipo ou categoria de dados da vontade do legislador, mas existe uma relação necessária entre o consentimento e a licitude da recolha e tratamento dos dados que apenas poderá ser afastada ou derrogada nos casos particulares previstos na lei.[58]

O direito de ser esquecido permite que um indivíduo controle seus dados pessoais se não for mais necessário para seu propósito original, ou se, por algum outro motivo, desejar retirar o consentimento quanto ao seu processamento, entre outras razões.[59]

E nesse momento deve-se atentar a palavra consentimento, que só pode constituir fundamento legal adequado se, ao titular dos dados, for oferecido controlo e uma verdadeira opção de aceitar ou recusar os termos propostos ou recusá-los sem

---

54. Idem.
55. Idem.
56. BOITEUX, E. A. P. C. O direito ao esquecimento: uma lacuna na LGPD, cit., p. 235.
57. Idem, p. 235 e 236.
58. MIRANDA, Jorge; Medeiros, Ruy. *Constituição Portuguesa Anotada*. Volume I, 2º ed., Revista – Lisboa: Universidade Católica Editora, 2017. p. 574.
59. SAFARI, Beata A. Intangible Privacy Rights: How Europe's GDPR Will Set a New Global Standard for Personal Data Protection. *Seton Hall Law Review*, Volume 47, 809-848, 2017. p. 835.

ser prejudicado. Ao solicitar o consentimento, os responsáveis pelo tratamento têm o dever de avaliar se irão cumprir todos os requisitos para obter um consentimento válido. Caso seja obtido em conformidade com o RGPD, o consentimento é um instrumento que permite aos titulares dos dados controlarem se os dados pessoais que lhes dizem respeito vão ou não ser tratados. Caso não o seja, o controlo do titular dos dados torna-se ilusório e o consentimento será um fundamento inválido para o tratamento, tornando essa atividade de tratamento ilícita.[60]

Para Alexandre Sousa Pinheiro "o consentimento válido para um tratamento implica o conhecimento dos fins a que se destina a recolha", pois, caso contrário, "a declaração de vontade mostra-se oca e destituída de conexão com o tratamento de dados". Se deve exigir uma definição clara e completa das finalidades, não sendo admissíveis meras referências a objetivos ou grandes metas e nesta relação consentimento-finalidade que o autor baseia a ideia de autodeterminação informacional.[61]

Enquanto a proteção de dados é pensada como uma garantia, o seu fundamento, ou seja, a autodeterminação informacional, exprime-se como uma liberdade, ou seja, a autodeterminação informacional reveste a natureza de posição jurídica complexa, abrangendo elementos próprios das diferentes posições ativas que compõem os direitos fundamentais.[62]

A questão principal, em um ambiente globalizado, é que o ordenamento jurídico tem sido provocado pela revolução tecnológica operada com a introdução da inteligência artificial nos sistemas e nas novas tecnologias. Diversos e com múltiplas aplicações, esses novos entes caracterizados pela sua autonomia, capacidade de auto aprender, pela possibilidade de interagir com o meio, pela capacidade de operar as suas próprias escolhas, ainda que determinadas por uma pré-programação, colocam problemas cada vez mais desafiantes ao direito.[63]

A impossibilidade de personificarem os *robots* e assim de os responsabilizarmos diretamente, e em face das dificuldades com que somos confrontados ao nível das estruturas tradicionais de responsabilidade civil, melhor seria, por isso, se edificasse uma hipótese de responsabilidade objetiva, assente no risco de utilização do ente dotado de inteligência artificial, que recairia sobre aquele que o utilizasse no seu próprio interesse.[64]

---

60. GRUPO DE TRABALHO DO ARTIGO 29.º. *Orientações relativas ao consentimento na aceção do Regulamento (UE) 2016/679*, Última redação revista e adotada em 10 de abril de 2018, 17/PT, WP259, rev. 01, p. 3. Disponível em: https://www.uc.pt/protecao-de-dados/suporte/20180410_orientacoes_relativas_ao_consentimento_wp259_rev01.

61. PINHEIRO, Alexandre de Sousa. *Privacy e Protecção de Dados Pessoais*: A Construção Dogmática do Direito à Identidade Informacional. Lisboa: AAFDL, 2015, p. 806.

62. PINHEIRO, Alexandre de Sousa. *Privacy e Protecção de Dados Pessoais*, cit., p. 805.

63. BARBOSA, Mafalda Miranda. Inteligência Artificial e *Blockchain*: Desafios para a Responsabilidade Civil. *Revista de Direito da Responsabilidade*, Ano 1, Coimbra, 2019. p. 701

64. BARBOSA, Mafalda Miranda. Inteligência Artificial e *Blockchain*, cit., p. 792 e 793.

Os desafios que a inteligência artificial coloca ao direito, contudo, não se resumem a esta realidade complexa, mas linear, de utilização de um qualquer mecanismo robótico dotado de um *software* que lhe transmite esse modo de operar autônomo e automatizado.[65]

Importantes decisões para a vida das pessoas têm sido tomadas única ou preponderantemente com base em mecanismos automatizados comandados por Inteligência Artificial. O grande medo reside no risco de que as pessoas acabem se tornando reféns de uma ditadura dos algoritmos.[66]

A autoridade, antes confiada aos seres humanos, é agora delegada aos algoritmos, que passam a ter poder de decisão sobre a vida e os corpos das pessoas. Esses algoritmos são dotados de verdadeira onisciência diacrônica. Ou seja, quando se reúnem dados suficientes, torna-se possível, além de aplicar algoritmos preditivos do futuro, capturar também o passado. E não se trata apenas de mera captura ou predição, mas de uma aparente verdade matemático-estatística, que tem levado a danos diante da cegueira deliberada quanto ao resultado produzido por tais algoritmos. Pode-se dizer, então, que trata do paradigma de Pôncio Pilatos": entrega-se a decisão para o algoritmo e lavam-se as mãos.[67]

Os agentes se esconderiam por trás da aparente neutralidade dos processos decisórios algorítmicos, reforçando mais uma vez a ideia de que a matemática suprimiria a subjetividade inerente às decisões humanas.[68]

Essa delegação decisória para algoritmos pode ser explicada por um argumento central de que a Inteligência Artificial (IA) faria escolhas mais eficientes, objetivas e imparciais, ao passo que as decisões humanas tenderiam ao enviesamento e estariam mais sujeitas a falhas.[69]

Para a Comissão Europeia, as tecnologias de IA podem apresentar novos riscos de segurança para os utilizadores quando estão integradas em produtos e serviços. Tal como acontece com os riscos para os direitos fundamentais, estes riscos podem ser causados por falhas na concepção da tecnologia com IA, estar relacionados com problemas com a disponibilidade e a qualidade dos dados ou com outros problemas decorrentes da aprendizagem automática. Embora alguns destes riscos não se limitem aos produtos e serviços que dependem de IA, a utilização da IA pode aumentar ou agravar os mesmos.[70]

---

65. BARBOSA, Mafalda Miranda. Inteligência Artificial e *Blockchain*, cit., p. 793.
66. MEDON, Filipe. *Inteligência Artificial e Responsabilidade Civil:* Autonomia, Riscos e Solidariedade. 2. ed. São Paulo: JusPodivm, 2021. p. 299.
67. Idem, p. 300.
68. Idem, p. 302.
69. Idem.
70. UNIÃO EUROPEIA. Comissão Europeia. *Livro Branco sobre a inteligência artificial*: uma abordagem europeia virada para a excelência e a confiança. COM (2020) 65 final, Bruxelas, 19 de fevereiro de 2020. p. 13.

O DIREITO AO ESQUECIMENTO COMO FERRAMENTA DE DEFESA NAS NOVAS TECNOLOGIAS **117**

Caso os riscos de segurança se materializem, a falta de requisitos claros e as características das tecnologias de IA anteriormente mencionadas tornam difícil rastrear as decisões potencialmente problemáticas tomadas em relação ao envolvimento de sistemas de IA. Isto, por sua vez, pode tornar difícil para as pessoas que sofreram danos obterem uma indemnização ao abrigo da atual legislação da UE e nacional em matéria de responsabilidade.[71]

Assim, a dificuldade em rastrear decisões potencialmente problemáticas tomadas pelos sistemas de IA, acima referida em relação aos direitos fundamentais, aplica-se igualmente às questões relacionadas com segurança e responsabilidade. As pessoas que sofreram danos podem não ter acesso efetivo aos elementos de prova necessários para instruir um processo em tribunal, por exemplo, e podem ter possibilidades menos eficazes de recurso do que em situações em que os danos são causados por tecnologias tradicionais. Estes riscos aumentarão à medida que a utilização da IA se generalizar.[72]

Atualmente, além da crescente complexidade dos computadores e sistemas informáticos, não conseguimos descobrir se a IA atua eticamente, independentemente de um modelo ético que alguém tenha inserido no sistema. Pelo contrário, cada decisão autônoma assumida por um ente dotado de inteligência artificial resulta de uma prévia determinação do programador, ainda que modificada pela autoaprendizagem. No campo da inteligência artificial, a ação é sempre determinística, o que implica que o *robot* não poderia atuar de outro modo. Claro que podemos argumentar que, a partir do momento em que os computadores aprendem por si mesmos, com base na interação com o meio, esse determinismo é imprevisível. Ao terem capacidade para operar escolhas diferentes das que foram previstas, torna-se difícil fazer retroceder a responsabilidade para a esfera do programador, que deixa de conseguir controlar o sistema e prever os resultados. Mas essa dificuldade – que se terá de enfrentar em termos jurídicos, sobretudo – não apaga a presença do ser humano na retaguarda de atuação do *software*.[73]

Ou seja, o sucessivo progresso a nível tecnológico trouxe-nos uma nova realidade que veio para ficar: os entes dotados de inteligência artificial. Esta nova era traz-nos problemas para os quais o Direito ainda não contém uma resposta inequívoca.[74]

No final a escolha entre segurança e liberdade: você precisa de ambas, mas não pode ter uma sem sacrificar pelo menos parte da outra; e quanto mais tiver de uma,

---

71. UNIÃO EUROPEIA. Comissão Europeia. *Livro Branco sobre a inteligência artificial*, cit., p. 14.
72. Idem.
73. BARBOSA, Mafalda Miranda. O Futuro da Responsabilidade Civil Desafiada pela Inteligência Artificial: As Dificuldades dos Modelos Tradicionais e Caminhos de Solução. *Revista de Direito da Responsabilidade*, Ano 2, Coimbra, 2020. p. 299.
74. MENDES, Pedro Manuel Pimenta. Inteligência Artificial e Responsabilidade Civil: As Possíveis "Soluções" do Ordenamento Jurídico Português. *Revista de Direito da Responsabilidade*, Ano 2, Coimbra, 2020. p. 967.

menos terá da outra. Em matéria de liberdade, é exatamente o contrário, afinal basta pressionar a tecla delete ou decidir parar de responder de sua interferência.[75]

Sendo assim, o direito ao esquecimento torna uma ferramenta eficaz para controlar as informações que estão sendo tratadas pela Inteligência Artificial e que podem de alguma forma comprometer o que as pessoas são, consumem, se informam e o que elas podem ser dentro do ambiente *on-line* e *off-line*.

5. CONCLUSÃO

O Direito ao Esquecimento surge como uma ferramenta para pessoas não terem suas vidas expostas sem seu consentimento. Fazendo que, eventos passados em suas vidas, os assombrem em dias futuros e não os deixem desenvolver a sua personalidade de forma livre e a sua vida cotidiana.

Com o avanço das ferramentas tecnológicas e a grande capacidade de armazenamento, novos sistemas e programas a base de inteligência artificial fazem hoje o que os tabloides antigamente faziam, buscava saber quais são os gostos, as reações, a vida cotidiana das pessoas. Porém, a IA ainda acrescenta a função de definir, não apenas as informações que apareceriam na primeira página de um jornal e revista, mas sim de tudo que podemos consumir, como informações, produtos, imagens e vídeos dentro de sites ou redes sociais.

A questão principal é se hoje o usuário da internet pode ter escolha, ou se a IA coloca tudo na tela do usuário com a roupagem que aquilo é fundamental e do gosto específico dele. E o direito ao esquecimento surge como uma ferramenta eficaz à essas escolhas autônomas com roupagem de serem do gosto do usuário.

Com a possibilidade de esquecer aquilo que o usuário consumiu, leu ou reagiu, apagar informações de tráfego, ou mesmo, metadados que foram capturados durante o uso de um site ou rede social, traz a possibilidade real para que cada usuário escolha aquilo que realmente deseja consumir.

As novas tecnologias a base de IA tem a impressionante capacidade de autoaprendizagem, de definir o que é útil ou não, o que é de interesse ou não para o usuário. Mas cabe ao usuário ter o poder real de escolher aquilo que pode ser ou não interessante para a sua vida, e, através do direito ao esquecimento, ele pode definir quais dados pessoais estão na internet e quais serão usados para lhe apresentar informações que ele acha útil para si, e assim poder desenvolver livremente a sua personalidade, tanto no mundo *on-line* ou *off-line* sem a influência da IA ou das novas tecnologias.

6. REFERÊNCIAS

ALEMANHA. Bundesgerichtshof. *VI ZR 405/18*, Verkündet am: 27. Juli 2020, OLG Frankfurt am Main.

---

75. BAUMAN, Zygmunt; LYON, David. *Vigilância Líquida*, cit., p. 44.

BARBOSA, Mafalda Miranda. Inteligência Artificial e *Blockchain*: Desafios para a Responsabilidade Civil. *Revista de Direito da Responsabilidade*, Ano 1, Coimbra, 2019.

BARBOSA, Mafalda Miranda. O Futuro da Responsabilidade Civil Desafiada pela Inteligência Artificial: As Dificuldades dos Modelos Tradicionais e Caminhos de Solução. *Revista de Direito da Responsabilidade*, Ano 2, Coimbra, 2020.

BARSOTTI, Adriana. Memória e esquecimento no jornalismo: Do papel à desmaterialização digital. *ALCEU – Revista de Comunicação, Cultura e Política*. Rio de Janeiro: PUC-Rio, v. 20 n. 40, Edição 40, 2020. p. 19.

BAUMAN, Zygmunt; LYON, David. *Vigilância Líquida*. Rio de Janeiro: Zahar, 2013.

BOITEUX, Elza A. P. C. O direito ao esquecimento: uma lacuna na LGPD. In: MONACO, Gustavo F. D. C.; MARTINS, Amanda C. E. M. S.; CAMARGO, Solano. *Lei Geral de Proteção de Dados*: Ensaios e Controvérsias da Lei 13.709/18. São Paulo: Quartier Latin, 2020. p. 231-240.

BONNA, Alexandre Pereira. Dados Pessoais, Identidade Virtual e a Projeção da Personalidade: "Profiling", Estigmatização e Responsabilidade Civil. In: MARTINS, Guilherme Magalhães; ROSENVALD, Nelson. (Coord.). *Responsabilidade Civil e Novas Tecnologias*. Indaiatuba, SP. Editora Foco, 2020.

BRANCO, Sérgio. *Memória e esquecimento na internet (Pautas em Direito)*. Porto Alegre: Arquipélago Editorial, 2017. Edição do Kindle. p. 115 e 117.

CANOTILHO, J.J. Gomes; MOREIRA, Vital. *Constituição da República Portuguesa Anotada*: artigos 1º a 107º, Volume I, 4. ed. revista. Coimbra Editora, 2007.

COOLEY. Thomas M. *A treatise on the law of torts, or, The wrongs which arise independent of contract*. Callaghan and Company, Chicago, 1879.

COURT OF APPEAL OF CALIFORNIA, Fourth District. *Melvin v. Reid*, 112 Cal.App. 285, de 28 fev. 1931.

CUEVA, Ricardo Villas Bôas. Proteção de Dados Pessoais e Direito ao Esquecimento. In: MENDES, Laura Schertel, et al. *Tratado de Proteção de Dados Pessoais*. Rio de Janeiro: Editora Forense, 2020. p. 627-640.

FRAJHOF, Isabella Z. *O Direito ao Esquecimento na Internet*: Conceito, Aplicação e Controvérsia. São Paulo: Almedina, 2019.

FRANÇA. Loi du 29 juillet 1881 sur la liberté de la presse, Version en vigueur au 15 février 2021. Disponível em: https://www.legifrance.gouv.fr/affichTexte.do?cidTexte=LEGITEXT000006070722.

GRUPO DE TRABALHO DO ARTIGO 29.º. *Orientações relativas ao consentimento na aceção do Regulamento (UE) 2016/679*, Última redação revista e adotada em 10 de abril de 2018, 17/PT, WP259, rev.01, página 3. Disponível em: https://www.uc.pt/protecao-de-dados/suporte/20180410_orientacoes_relativas_ao_consentimento_wp259_rev01.

GUIMARÃES, João Alexandre S. A. O direito ao esquecimento: a última chance de sermos nós mesmos? *Migalhas*, 3 de setembro de 2021.

KORKMAZ, Maria Regina Rigolon; SACRAMENTO, Mariana. Direitos do Titular de Dados: Potencialidade e Limites na Lei Geral de Proteção de Dados Pessoais. *Revista Eletrônica da Procuradoria Geral do Estado do Rio de Janeiro – PGE-RJ*, Rio de Janeiro, v. 4, n. 2, maio/ago. 2021. ISSN 1981-3694.

MARTINS, Guilherme Magalhães. *Responsabilidade Civil por Acidente de Consumo na Internet*. 3. ed. São Paulo: Thomson Reuters Brasil, 2020.

MARTINS, Guilherme Magalhães; GUIMARÃES, João Alexandre S. A. Direito ao esquecimento no STF: a dignidade da pessoa humana em risco. *Consultor Jurídico*, São Paulo, 10 de fevereiro de 2021.

MEDON, Filipe. *Inteligência Artificial e Responsabilidade Civil*: Autonomia, Riscos e Solidariedade. 2. ed. São Paulo: JusPodivm, 2021.

MENDES, Pedro Manuel Pimenta. Inteligência Artificial e Responsabilidade Civil: As Possíveis "Soluções" do Ordenamento Jurídico Português. *Revista de Direito da Responsabilidade*, Ano 2, Coimbra, 2020.

MIRANDA, Jorge; Medeiros, Ruy. *Constituição Portuguesa Anotada*. Volume I, 2. ed., Revista – Lisboa: Universidade Católica Editora, 2017.

PARISER, Eli. *O Filtro Invisível* – O que a internet está escondendo de você. Tradução por Diego Alfaro. Rio de Janeiro: Editora Zahar. Edição digital: mar. 2012.

PIMENTA, Francisco José Paoliello; VARGES, Julia Pessoa. Second Life: vida e cidadania além da realidade virtual? *Comunicação e Sociedade*, São Bernardo do Campo, v. 28, n. 47, p. 11-27, 2007.

PINHEIRO, Alexandre de Sousa. *Privacy e Protecção de Dados Pessoais*: A Construção Dogmática do Direito à Identidade Informacional. Lisboa: AAFDL, 2015.

RODOTÀ, Stefano. *A Vida na Sociedade da Vigilância:* A privacidade hoje. Rio de Janeiro: Renovar, 2008.

SAFARI, Beata A. Intangible Privacy Rights: How Europe's GDPR Will Set a New Global Standard for Personal Data Protection. *Seton Hall Law Review*, Volume 47, 809-848, 2017.

UNIÃO EUROPEIA. Comissão Europeia. *Livro Branco sobre a inteligência artificial*: uma abordagem europeia virada para a excelência e a confiança. COM (2020) 65 final, Bruxelas, 19 de fevereiro de 2020. p. 13.

WARREN, Samuel D.; BRANDEIS, Louis D.. The Right to Privacy. *Harvard Law Review*, v. IV (n. 5), 15 de Dezembro de 1890.

ZANETTI, Marcelo Callegari. *Second Life®*: Corpo ou Avatar? Realidade Ou Fantasia? Tese (Doutorado em Desenvolvimento Humano e Tecnologias Área de Tecnologias, Corpo e Cultura) – Universidade Estadual Paulista "Júlio de Mesquita Filho" (UNESP). Rio Claro, 2013.

ZUBOFF, Shoshana. *A Era do Capitalismo de Vigilância*. São Paulo: Editora Intrínseca, 2019.

PARTE II
PÓS-HUMANISMO, TRANSUMANISMO E *BIOHACKING*

PÓS-HUMANISMO, TRANSUMANISMO E *BIOHACKING*: BREVE REFLEXÃO JURÍDICA

Mafalda Miranda Barbosa

Univ Coimbra, Instituto Jurídico da Faculdade de Direito de Coimbra, FDUC. Professora Associada.

Sumário: 1. Introdução – 2. *Biohacking*: noção, intencionalidade e potencialidades – 3. *Biohacking*: risco e responsabilidade – 4. O sentido da autonomia e a (i)licitude do *biohacking* – 5. O direito como alternativa humana: a resposta em face do *biohacking*.

1. INTRODUÇÃO

No famoso romance *O admirável mundo novo*, publicado no ano de 1932, do escritor britânico Aldous Huxley, uma das personagens John, O Selvagem, – que havia permanecido a salvo das curiosas tecnologias pro-felicidade e anti-liberdade instauradas pela autoridade – reclama o direito a ser miserável, o que o seu interlocutor concretiza no direito a envelhecer, a tornar-se feio e impotente, a ter sífilis e cancro, no direito a passar fome, e a ter piolhos[1].

Longe do ambiente distópico em que mergulhamos através da narrativa, a invocação do direito a manter-se não saudável suscita-nos uma dupla reflexão: de um prisma negativo, pergunta-se se pode o direito amparar opções vitais pouco promissoras para o homem, que o impedem de superar as suas limitações, como verdadeiros direitos, ou seja, se o direito a permanecer doente ou mesmo a morrer cabem dentro da autonomia humana, entendida no sentido pessoal (e não individual)[2]; de um prisma positivo, indaga-se até que ponto pode o ser humano procurar superar-se a si mesmo, ultrapassando os limites da sua humanidade, ainda que com isso tenha de comprometer a verdade, a beleza do ser humano e a sua própria liberdade.

Se a primeira questão se afigura fundamental, num tempo de invocação de direitos que, em rigor, não o são (pense-se no tão propalado direito a morrer), a segunda torna-se incontornável a partir do momento em que voluntariamente (ou não) se abrem as portas a técnicas de alteração da biologia e da mente do ser humano, de forma a atingir um homem perfeito, pós-humano ou transumano.

---

1. A. Huxley, *Un mundo feliz*, Plaza y Janés, Barcelona, 1969, 189.
2. Sobre o ponto, com a formulação desta mesma questão, cf. Mafalda Miranda Barbosa/Tomás Prieto Álvarez, *O Direito ao livre desenvolvimento da personalidade. Sentido e limites*, Gestlegal, 2020, 5 s. Para uma resposta (negativa) conexionada com o sentido da autonomia humana, v. Mafalda Miranda Barbosa, "Dignidade e autonomia a propósito do fim da vida", *O Direito*, ano 148°, tomo II, 2016, 233-283

Nas páginas que se seguem, não procuraremos abordar – por tal missão ser irrealizável no espaço de que dispomos – a questão em termos acabados; mas, tão só, refletir sobre uma prática que, transversalmente, tem vindo a ganhar adeptos. Falamos do *biohacking*, enquanto tentativa de manipulação biológica do homem, por forma a tornar o corpo mais produtivo e a mente mais aguçada. Assim, depois de explicitarmos os contornos, nem sempre precisos e nem sempre estanques, do *biohacking*, procuraremos refletir sobre os problemas jurídicos que lhe andam associados, para, *in fine*, ousarmos responder à derradeira inquietação: em que medida pode ser aceitável, em geral, tal prática?

2. *BIOHACKING*: NOÇÃO, INTENCIONALIDADE E POTENCIALIDADES

Como referido anteriormente, o *biohacking* não se reconduz a um conceito monolítico. Ao invés, a designação pode abranger uma gama de atividades muito vasta, que vai desde a alteração de hábitos de vida (com imposição de regimes alimentares e de sono muito particulares e monitorização constante de funções vitais) até formas de manipulação que parecem, efetivamente, retiradas das páginas da literatura distópica.

Entre as práticas mais usuais – de que se tem conhecimento pelo testemunho dos próprios *biochacker*, alguns dos quais famosos – contam-se: utilização de suplementos alimentares para estimular o sistema imunitário e/ou melhorar as funções cognitivas; prática de jejum intermitente; controlo milimétrico da alimentação; utilização de relógios inteligentes e de sensores de monitorização da sono, da temperatural corporal, do fluxo de sangue nas artérias; restrição alimentar, com permissão para consumo de alimentos apenas uma vez por dia durante a semana e sem permissão para consumo durante os fins-de-semana; consumo de medicamentos anti-envelhecimento e *smart drugs* (havendo quem chegue a consumir cerca de sessenta comprimidos diários); prática de banhos frios ou mesmo utilização de crioterapia, que consiste em tornar a pessoa fria; treino para se autorregularem as ondas cerebrais (*neurofeedback*); frequência de saunas de infravermelhos, que ajudam a afastar o stress das transmissões eletromagnéticas a que as pessoas estão sujeitas (*near-infared saunas*); indução de um estado meditativo, através da privação sensorial (*virtual float tanks*); implantação de sensores subcutâneos (chips), que medem constantemente a temperatura corporal ou os níveis de glicose; colocação de implantes com íman, para se conseguirem abrir portas sem utilização de chaves; sujeição a transfusões de sangue, transferindo-se sangue de pessoas jovens para o próprio corpo, de modo a lutar contra o envelhecimento (*young blood transfusion*); transplantes fecais (transferência de fezes de um dador saudável para o trato gastrointestinal de um dador não saudável); injeções de ADN, usando a tecnologia de edição de genes CRISPR (modificação genética).

As situações que se podem reconduzir ao *biohacking* são, como se percebe, muito variadas. Se algumas podem ainda ser compreendidas como formas de vivência saudável, outras implicam, verdadeiramente, hipóteses de manipulação genética e de mutação biológica. O denominador comum de todas elas é a intencionalidade que subjaz à sua utilização.

A atuação sobre o corpo humano não é, agora, determinada por um estado de doença. Ao invés, superando-se a dicotomia saúde-doença, interfere-se com a biologia humana não para prevenir, minorar ou curar uma patologia, mas para se obter uma maior eficiência corporal e mental ou mesmo para se perpetuar a vida.

Nesta medida, o *biohacking* cruza-se com o transumanismo, enquanto expressão da possibilidade que a espécie humana tem de, querendo, transcender-se a si próprio como humanidade[3]. Trata-se esta de uma ideia antiga, de uma aspiração secular do homem que, contudo, hodiernamente, tem vindo a ser procurada por via da evolução tecnológica[4], tal como o *fenómeno do biohacking* conhece novos desenvolvimentos fruto da sua ligação à inteligência artificial.

Os grandes nomes ligados à inteligência artificial têm prognosticado uma linha de evolução que culminará com o que vem já conhecido por pós-humanismo. A este propósito, Ray Kurzweil fala de *singularity*, um período futuro durante o qual a tecnologia evoluirá de forma tão rápida e com um impacto tão profundo que o ser humano ficará irremediavelmente transformado[5].

No momento em que se atingir um nível de inteligência artificial forte – como o autor o designa –, existirá uma nova forma de o homem se alimentar, o sistema digestivo será redesenhado, o sangue será reprogramado, dispensar-se-á o coração, pela utilização de nano partículas que o tornam despiciendo na sua função de bombear o sangue, poderá ser redesenhado o cérebro humano, designadamente através da introdução de implantes para substituir retinas danificadas, para resolver problemas cerebrais, ou de sensores que garantam a mobilidade de pessoas paralisadas, *chips* que viabilizem a leitura de pensamentos entre humanos[6].

Atingir-se-á o homem versão 3.0, com a possibilidade de mudarmos o nosso próprio corpo, pela introdução de *MNT-based fabrications*, que viabilizarão a alte-

---

3. Cf. Nick Bostrom, "A history of transhumanist thought", *Journal of Evolution and Technology*, vol. 14, issue 1, 2005 (https://nickbostrom.com/papers/history.pdf), 10 s.

4. Sobre o ponto, cf. Mafalda Miranda Barbosa, "Inteligência artificial, e-persons e direito: desafios e perspetivas", *Revista Jurídica Luso-Brasileira*, ano 3, nº 6, 2017, 1475 s. (= "Inteligência artificial, e-persons e direito: desafios e perspetivas", *Estudos de Direito do Consumidor*, 16 (número especial Direito e Robótica), 2020, 57 s.)

5. Ray Kurzweil, *Singularity is near*, Viking, 2005. O autor fala de 6 períodos ou épocas de evolução: física e química; biologia e DNA; evolução cerebral; evolução tecnológica; combinação entre a tecnologia humana com a inteligência artificial. Num último período, segundo Kurzweil, "the universe wakes up".

   Sobre a singularidade tecnológica, cf. Vernon Vinge, "The coming technological singularity", *Vision-21: interdisciplinary science and engineering in the era of cyberspace*, www.rohan.sdsu.edu/faculty/vinge/misc/singularity.html (considerando que o estatuto do homem se modificará); Nick Bostrom, *Superintelligence: paths, damages, strategies*, Oxford University Press, 2014, afirmando que existirá uma nova forma de humanidade; Hans Moravec, *Homens e robots: o futuro da inteligência humana e robótica*, Gradiva, 1988.

   Numa perspetiva crítica, Jean-Gabriel Ganascia, *O mito da singularidade. Devemos temer a inteligência artificial?*, Círculo de Leitores, 2018, 21.

6. Ray Kurzweil, *Singularity is near.*

ração rápida da manifestação física pela vontade. No fundo, o homem mergulhará numa realidade virtual, não ficando restringido por uma única personalidade, mas antes podendo projetar a sua mente em ambientes 3D e podendo escolher diversos corpos ao mesmo tempo. A expansão da mente torna-se, também, viável. O atual ser humano poderá deixar de ser um ser biológico, ao mesmo tempo que os sistemas não biológicos passarão a estar aptos para sentir emoções[7].

A evolução culminaria com a possibilidade de se transferir a mente humana para um computador. Para tanto, seria necessário fazer um *scan* detalhado de um particular cérebro humano, reconstruindo a partir daí o *network neuronal* que o cérebro implementou e combinando isso com os modelos computacionais de diferentes tipos de neurónios, o que seria potenciado pela computação quântica. A mente humana, com a memória e a personalidade intactas, poderia ser transferida para um computador, no qual passaria a existir como um *software*, podendo habitar o corpo de um robot, ou no qual existiria como um *avatar*[8].

Se a realidade, atualmente, nos encaminha para a existência de máquinas que desempenham funções levadas a cabo, até então, por pessoas, a complexificação dos computadores (com o surgimento de computadores moleculares 3D, nanotubos, computadores com DNA, computadores com moléculas), aptos a sentir emoções, combinada com os avanços da engenharia do cérebro viabilizarão em breve o surgimento de supercomputadores através dos quais a pessoa poderá manter-se viva para além da própria vida. O mundo tal como o conhecemos desapareceria, para que o homem vivesse como um e convivesse com avatares[9].

Não se estranha, por isso, que a prática do *biohacking* surja tão intimamente ligada aos arautos da inteligência artificial. Na base da adesão à prática por parte des-

---

7. A este propósito, embora com uma intencionalidade discursiva diversa, cf. Devin Proctor, *On Being non-human: otherkin identification and virtual spaces*, Proquest LLC, 2019, analisando a identidade digitalmente mediada e a sua construção através da lente dos chamados otherkin (grupos de pessoas que se identificam com outra coisa que não o ser humano. Embora se reconheçam na sua humanidade biológica, experimentam memórias, necessidades e sensações não humanas, fazendo-se acompanhar por uma identificação abeta, que é notória pela quantidade de pessoas que se identificam como trans, não binárias, fluídas ou neurodiversas. O autor procura, mais concretamente, analisar as virtualidades do espaço digital e da web como forma de traçar a automediação entre o corpóreo e o digital, alcançando-se um alinhamento entre ambos, e isso leva-o a questionar qual, afinal, o sentido do ser humano, numa época de digitalização.
8. Cf. Nick Bostrom, "A history of transhumanist thought", 12, que aqui temos vindo a acompanhar muito de perto.
9. Estão aqui em causa duas perspetivas diversas, que convergem no otimismo em relação ao futuro da inteligência artificial. Uma primeira perspetiva coloca o acento tónico na ideia de que surgiria um novo homem, resultado da miscigenação entre homem e máquina, ou pela introdução de componentes humanas na máquina ou pela implantação de componentes tecnológicas nos corpos humanos; uma segunda perspetiva que afirma a existência futura de dispositivos super inteligentes que, adquirindo consciência, passariam a agir por si mesmos e para si mesmos e, subsequentemente, disseminar-se-iam, dotando-se de meios mais poderosos que levariam à destruição do homem, sucedendo-lhe na grande cadeia de evolução. Apresentando-nos estas duas perspetivas, cf. Jean-Gabriel Ganascia, *O mito da singularidade*, 26 s., que, nesta nota, acompanhamos de muito perto.

tes sujeitos está a tentativa de sobrevivência até ao momento em que a imortalidade, compreendida nestes termos, se possa alcançar.

Para outros cultores do *biohacking* o propósito afigura-se mais modesto, traduzindo-se num mero desejo de se sentir melhor, de superar handicaps, de se tornar mais belo, mais inteligente, mais forte.

A consciência da multiplicidade de finalidades associadas ao *biohacking* impede-nos de tratar, do ponto de vista ético-jurídico, o fenómeno em termos unitários. De facto, se em determinados casos parecem tornar-se mais evidentes os problemas éticos envolvidos, em situações de fronteira, a questão que se coloca é a de saber o que é que diferencia verdadeiramente estes casos da medicina convencional. Muitas são as vozes que ecoam no sentido de perguntar: qual a diferença entre usar uma prótese biónica ou colocar um chip que permite a manipulação de objetos, sem contacto, auxiliando com isso pessoas amputadas?; qual a diferença entre consumir determinados compostos químicos aptos a melhorar as potencialidades do corpo e da mente ou ingerir medicamentos que servem para garantir o bem-estar dos pacientes?

Mais complexamente, é admissível a criação de quimeras sob a forma embrionária de híbridos meio porcos, meio humanos, através da manipulação genética CRISPR-Cas 9, com o objetivo de criar órgãos para transplantes[10]? O que separa a esta prática da transplantação de órgãos de animais para humanos, procurando salvar uma vida?

Acresce que a prática do *biohacking* pode configurar-se como uma auto-prática ou como uma hétero-prática. Isto é, enquanto alguns indivíduos experimentam estes métodos nos seus próprios corpos, outros ou influenciam terceiros a experimenta-

---

10. Yvonne Cripps, "The global person: pig-human embryos, personhood, and precision medicine", *Indiana Journal of Global Legal Studies*, 25, 2, 2018, 701 s. A técnica dos xenotransplantes tem vindo a ser problematizada há longo tempo. A *European Medicines Agency* define a *xenogeneic cell therapy medical* como "the use of viable animal somatic cell preparations suitably adapted for: (a) the transplantation/ implantation/ infusion into a human recipient or (b) extracorporeal treatment through bringing (non-human) animal cells into contact with human body fluids, tissues or organs" – *Specific Guidelines on Xenopharma*, 2008. Mais concretamente, estamos diante de novo método terapêutico que combina a utilização de animais com a implementação de materiais genéticos deles retirados em seres humanos. Os primeiros ensaios clínicos com xenotransplantes datam dos anos 60 do século XX. Contudo, e contra o que sucede com o xenotransplante de células, não se pode considerar terem tido êxito os esforços da comunidade científica na matéria. Até ao momento, a implantação de produtos genéticos de origem animal no homem encontra-se numa fase embrionária. Regista-se com sucesso a utilização de válvulas suínas em transplantes humanos. Todos os casos de xenotransplantes que envolveram órgãos completos foram, porém, temporários: transplantação do coração de um babuíno para um recém-nascido e de fígado de um animal da mesma espécie para um humano adulto, que sobreviveu 70 dias. Para outros desenvolvimentos, cf. Helena Moniz/Mafalda Miranda Barbosa, *Xenotransplantes. Poderão vir a ser criados laboratorialmente animais geneticamente modificados com vista à sua utilização em xenotransplantes? Relatório jurídico (tendo por base a legislação europeia de proteção dos animais)*, elaborado no âmbito do programa *Xenome – Engineering Of Laboratory Animals And Xenotransplantation*, da Universidade do País Basco, em 2008, cuja coordenação portuguesa esteve a cabo da Senhora Professora Doutora Helena Moniz. São vários os riscos associados aos xenotransplantes. Designadamente e para o que nos interessa: a) riscos médico-sanitários (risco de rejeição; risco de elementos patogénicos; risco de infeção; risco de aparecimento de tumores; risco de transmissão viral eficaz); b) riscos éticos (risco de ultrapassagem dos limites eticamente defensáveis, abrindo-se as portas à eugenia).

rem ou fornecem-lhes, contra remuneração, *kits* para as experiências alheias. E se, em qualquer das hipóteses, estamos diante do que, na gíria científica, se cunhou por DIY (*do it yourself*) *biology*, ou seja, se, em qualquer dos casos, se atua com base em poucas ou nenhumas evidências científicas, fazendo-se experiências que também têm como objetivo contornar os morosos processos de aprovação de medicamentos, alguns dos quais se estendem por mais de dez anos, e democratizar o acesso à ciência, a intervenção de um terceiro como indutor ou autor do comportamento não pode deixar de ter repercussões jurídicas evidentes.

3. *BIOHACKING*: RISCO E RESPONSABILIDADE

Os riscos associados ao *biohacking* são múltiplos e de variada ordem. Desde logo, se as experiências genéticas são levadas a cabo fora de laboratórios institucionais, com pouco ou nenhum treino científico[11], colocam-se evidentes problemas de segurança. A potencialidade de se virem a gerar, pela manipulação laboratorial de genes, pandemias – como aquela que o mundo atualmente enfrenta – não é negligenciável. Do mesmo modo, os sujeitos que se submetem a experiências deste jaez correm o risco de sofrer lesões. Ora, a partir do momento em que ocorre uma lesão cuja génese pode ser reconduzida à esfera de um sujeito diverso do lesado, coloca-se necessariamente um problema atinente à responsabilidade civil.

Esta não pode, de facto, deixar de ser equacionada no contexto do *biohacking*. Não sendo nosso propósito analisar pormenorizadamente os requisitos de procedência de uma pretensão indemnizatória neste horizonte discursivo, parece-nos, não obstante, importante sublinhar alguns aspetos.

Em primeiro lugar, a eventual emergência de uma pretensão indemnizatória não surge exclusivamente nas hipóteses de lesão imediata de um sujeito; ao invés, avulta, igualmente, no quadro de eclosão de uma pandemia, cuja génese se possa reconduzir a uma experiência laboratorial mal-sucedida. Os problemas imputacionais, a esse nível, complexificam-se, embora não se afastem da necessidade de desvelação dos pressupostos delituais[12].

Em segundo lugar, ocorrendo uma lesão na sequência de uma prática de *biohacking*, somos, *ab initio*, confrontados com questões atinentes à ilicitude. Se é certo que esta se traduz na lesão da integridade física, temos de questionar o papel que o consentimento pode desempenhar a esse ensejo. Este só é válido, entre outros requisitos, se não violar os bons costumes e a ordem pública, o que se vem a concre-

---

11. Cf. Patricia Zetter/Christi Guerrini/Jabobs Sherkow, "Regulating genetic biohacking", *Science*, 365 (6448), 2019, 34 s.

12. Para algumas considerações acerca dos problemas da responsabilidade civil no contexto de uma pandemia, cf. Mafalda Miranda Barbosa, *Direito (civil) em tempos de pandemia*, Gestlegal, 2021; Id., "Covid-19 e responsabilidade civil: vista panorâmica", *Revista de Direito da Responsabilidade*, II, 2020, 250 s.; Id., "Covid-19 e responsabilidade civil: e quando os danos são gerados pelas medidas de contenção?", *Revista de Direito da Responsabilidade*, II, 2020, 543 s.

tizar na ideia de não violação da dignidade pessoal que alicerça a autonomia em que se consubstancia o ato autorizativo, do mesmo modo que exige – em domínios de complexidade técnica como este em que mergulhámos – um prévio esclarecimento acerca do risco que a intervenção envolve.

Em hipóteses deste tipo, não raras são as vezes em que o dever de informação que deve preceder ou acompanhar o consentimento não é cumprido ou não é suficientemente cumprido. Por outro lado, algumas das práticas que se integram no *biohacking* violam claramente o sentido da dignidade da pessoa, tornando nulo o consentimento[13], pelo que, mesmo que não escondessem muitas vezes uma inexistente ponderação entre risco e benefício, pelo desconhecimento das consequências a curto, médio e longo prazo das práticas adotadas, não poderiam deixar de ser consideradas ilícitas.

Acresce que, porque a pessoa pode, sem o devido esclarecimento, sempre que *biohacking* surja associado a uma tentativa (quantas vezes desesperada) de superação de um estado de doença (quiçá grave), abandonar tratamentos convencionais, vendo o seu quadro clínico agravar-se (v.g., o recurso a tratamentos experimentais, não suficientemente testados e não suficientemente comprovados na sua eficácia, com o concomitante abandono dos necessários tratamentos em matéria oncológica), aventar-se a eventual desvelação da ilicitude também por esta via.

A pretensão indemnizatória pode emergir, também, por força da violação do direito à proteção de dados. Estamos a pensar, designadamente, das situações em que o sujeito utiliza equipamentos inteligentes (v.g. relógios, *chips* com conexão a *clouds* etc.) para monitorizar sinais vitais e temperatura, tornando acessíveis dados pessoais a terceiros, que os podem tratar com violação das regras específicas do tratamento de dados e com isso causar danos, tornando mobilizáveis as regras do regulamento geral de proteção de dados, necessariamente articuladas com o regime ressarcitórios delitual geral.

Em terceiro lugar, são evidentes os problemas imputacionais que se colocam a este ensejo. Basta, para tanto, pensar que o sujeito lesado pode ter sido diretamente o autor da própria lesão, embora tenha sido a isso induzido por um terceiro, que ou fomenta informação (quantas vezes enganadora) sobre as práticas, promovendo-as, ou lhe fornece os compostos necessários para realizar a intervenção no seu próprio corpo. Nestas hipóteses transparece com maior rigor a falência dos critérios tradicionais em matéria de causalidade, já constatada em geral, razão pela qual se terá de superar uma perspetiva assente na relação causa-efeito e alicerçada na descoberta da *conditio sine qua non* e da *causalidade adequada*, substituindo-a por uma perspetiva que faça apelo à edificação de uma esfera de risco (resultado da transformação de uma esfera de responsabilidade pelo outro – *role responsibility* – numa esfera de responsabilidade perante o outro – *liability* – pela preterição de deveres no tráfego) e

---

13. Este ponto será, *infra*, desenvolvido.

ao seu posterior confronto com outras esferas de risco (esfera de risco geral da vida, esfera de risco do lesado e esfera de risco de terceiros)[14]. A este nível – podendo-nos confrontar com o que na literatura vem conhecido por causalidade psicológica – torna-se particularmente importante a convocação do critério da provocação.

4.   O SENTIDO DA AUTONOMIA E A (I)LICITUDE DO *BIOHACKING*

Mesmo nos casos em que não há intervenção (indutora ou autora) de um terceiro, não se colocando, por isso, o problema de uma eventual responsabilização, não é líquido afastar a ilicitude do comportamento que atenta contra a própria integridade física, não sendo possível reconhecer-se um direito ao *biohacking*. De facto, embora esteja em causa um ato pretensamente autónomo do sujeito, que apenas o afeta a si mesmo, há que recordar que a autonomia privada tem limites.

Esta é, contudo, uma posição que requer esclarecimentos, já que, conforme salienta Le Pourhiet, as sociedades pós-modernas favorecem a pretensão de «transformar *a priori* em "direito" qualquer reivindicação, aspiração, desejo ou pulsão das pessoas»[15]. Na mesma senda, Puppinck[16] sublinha que a redução da pessoa à vontade conduz à reivindicação e afirmação de novos direitos – ao aborto, à eutanásia, à homossexualidade, ao eugenismo –, o que se alia à defesa do respeito pela vida privada, entendida no sentido da *privacy* e, portanto, da privacidade decisional e não apenas informacional, na melhor tradição anglo-saxónica. Com isto, a vida privada perde os seus limites e a família dilui-se, sendo reduzida à sua essência sentimental. A sociedade torna-se liquefeita e apenas o indivíduo avulta como fator consistente. Por seu turno, a autonomia afirma-se como mera ausência de constrição heterónoma, tornando-se «indistinguível da vontade que a move», e surge unicamente associada aos desejos. Estes passam a ser fonte de direitos subjetivos: o desejo passa a ser «um nomos» e a autonomia transforma-se «na capacidade para ser [o próprio homem] a determinar a lei à qual se submete», o que se compagina com o alargamento da *privacy* – a esfera pessoal de cada indivíduo é expressão da sua autonomia. A consequência é certa: «a moralidade dos atos que a [vida privada] recobre com o seu púdico véu vai deixando de poder ser avaliada de forma objetiva». Despenalizam-se diversos atos outrora proibidos, adere-se ao relativismo, e os direitos humanos passam a variar de acordo com a opinião pública, numa posição que é sufragada ao nível do Tribunal Europeu dos Direitos do Homem. Os novos direitos não servem para proteger as pessoas do Estado, mas para «libertar as pessoas, a fim de lhes expandir os pode-

---

14.   Sobre o ponto, com amplo desenvolvimento, Mafalda Miranda Barbosa, *Do nexo de causalidade ao nexo de imputação. Contributo para a compreensão da natureza binária e personalística do requisito causal ao nível da responsabilidade civil extracontratual*, Princípia, 2013, cap. 8; Id., "Causalidade, imputação e responsabilidade por informações", *Revista de Direito da Responsabilidade*, ano II, 2020, 971-1006.

15.   A. M. Pourhiet, «Droit à la différence et revendication égalitaire: les paradoxes du postmodernisme», *Le droit à la différence*, PUAM, Paris, 2002, 251.

16.   Grégor Puppinck, *Os direitos do homem desnaturado*, Cascais: Princípia, 2019, 71 s., cujo trabalho aqui acompanhamos de muito perto.

res»: direito a dispor do corpo; direito a morrer voluntariamente; direito a abortar; direito a eutanasiar terceiros; direito à liberdade sexual; direito a ter filhos; direito à procriação medicamente assistida; direito à maternidade de substituição; direito à homoparentalidade. Trata-se, portanto, de direitos que, na expressão de Puppinck, «proporcionam ao indivíduo a liberdade de negar a natureza, a vida, o corpo, a família, a religião, a moral e as tradições», direitos «niilistas», «narcísicos» e «violentos»[17].

Radicados num entendimento da autonomia/liberdade compreendida em moldes meramente negativos e/ou formais, estes direitos, longe de elevar o homem ao seu estatuto de ser digno, aprisionam-no no domínio das vontades arbitrárias, ao ponto de o coisificarem, nuns casos, ou de o degradarem noutros. Impõe-se, por isso, para que o homem não se transforme num escravo de si mesmo, compreender adequadamente a autonomia que alicerça o ordenamento jurídico (civilístico).

A autonomia humana não pode, de facto, ser compreendida nos termos negativos e meramente formais com que era captada outrora. Tivemos já oportunidade de o salientar em mais do que um estudo[18] e repristinamos agora algumas das conclusões a que chegámos.

Herdeiros que somos do pensamento moderno, a liberdade surge muitas vezes pensada num sentido empobrecedor, como uma mera ausência de constrição heterónoma[19]. O homem, tido por autossuficiente, é compreendido, nesse quadro, como um ente que se situa antes de qualquer contacto social, um indivíduo, em confronto com os demais – tidos como obstáculos à realização das suas aspirações – e com o Estado. A grande preocupação que avulta é, portanto, a da limitação do poder daquele – forjado com base no mecanismo do contrato, através do qual o indivíduo lhe transfere parte dos seus direitos, de modo a garantir a ordem e sair do estado de natureza – e qualquer imposição ou proibição surge como anómala, como uma limitação da vontade do indivíduo[20]. A liberdade seria, então, a mera liberdade negativa, como ausência de constrição.

A ela associar-se-ia uma ideia de liberdade positiva, entendida como autonomia ou poder de autodeterminação. Sem que, contudo, essa liberdade positiva seja,

---

17. Grégor Puppinck, *Os direitos do homem desnaturado*, 87 s.
18. Mafalda Miranda Barbosa, *Do nexo de causalidade ao nexo de imputação*, cap. 5; Id., "Dignidade e autonomia a propósito do fim da vida", 233 s.; Id., "Autonomia privada e responsabilidade civil: repercussões da materialização da autonomia em sede de responsabilidade civil", *Revista Jurídica Luso-Brasileira*, ano 3, n°3, 2017 (= "Autonomia privada e responsabilidade civil: repercussões da materialização da autonomia em sede de responsabilidade civil", *Revista de Direito da Responsabilidade*, ano 1, 2019, 423-461); Id., *Estudos de Teoria Geral do Direito Civil*, Princípia, 2017, 27 s.; Mafalda Miranda Barbosa/Tomás Prieto Álvarez, *O Direito ao livre desenvolvimento da personalidade. Sentido e limites*, 73 s.
19. Diogo Leite Campos, *As relações de associação, – o direito sem direitos*, Coimbra: Almedina, 2011, 104 s.
20. Para o pensamento moderno, arauto do liberalismo, a liberdade – estribada no indivíduo – era vista de um prisma meramente negativo (cf., a este propósito, Lucien Jaume, *L'individu effacé ou le paradoxe du libéralisme français*, Paris: Fayard, 1997 e *La liberté et la loi. Les origines philosophiques du libéralisme*, Paris: Fayard, 2000). Mas a visão libertária da liberdade não se confina ao passado, apresentando, atualmente, um peso específico grande. Pense-se em Rawls, Nozick e Hayek. Veja-se, ainda, Stuart Mill, *Sobre a liberdade*, Edições 70, Lisboa, 2006, 106.

também ela, sempre adequadamente compreendida. Em Kant, a liberdade é posta na dependência do cumprimento do imperativo categórico. O homem é livre não quando, à deriva, vai agindo instintivamente, mas quando, guiado pela razão prática, faz da sua vontade a instância que dita as regras de conduta[21]. Acontece que a vontade a que se alude está sujeita, para que essa liberdade seja alcançada, à moralidade, ou dito de outro modo, deve agir segundo a sua máxima de tal modo que ela possa ser convertida em lei universal[22]. Nem só em Kant, porém, se alicerça a dimensão positiva da liberdade[23]. Se, na divisão entre o fenoménico e o numénico, ela fica reservada para o segundo e se realiza na prossecução de máximas que se transformem em leis universais, com a dialética hegeliana, a liberdade – positivamente entendida – encontra a sua expressão nas instituições culturais – família, sociedade civil, Estado – em que se efetiva. Conforme salienta Schapp, na explicitação da categoria ética no pensamento do autor, "à pessoa oferece-se, nas instituições, uma multiplicidade de possibilidades de escolha, de tal maneira que a orientação valorativa das ações nas instituições é acompanhada pela liberdade de eleição"[24].

A estrutura dialética do pensamento hegeliano parece afastar-nos da negatividade do agir livre, para nos encaminhar para a afirmação da liberdade como indissociável de uma conduta orientada valorativamente. E é esta nota de orientação valorativa da conduta que não podemos deixar de sublinhar, exatamente porque é ela que nos permitirá afastar decisivamente da conceção de liberdade tal como vinha pensada pelos modernos[25].

---

21. Criticando a tradição alemã de polarização da liberdade na vontade do homem, cf. António Braz Teixeira, *Sentido e valor do direito. Introdução à filosofia jurídica*, 3ª edição, revista e aumentada, Lisboa: Imprensa Nacional Casa da Moeda, 2006, 132 s.
22. Cf. E. Kant, *Fundamentação da Metafísica dos Costumes*, Textos Filosóficos, Edições 70, 1992, tradução de Paulo Quintela. Interpretando o pensamento kantiano no sentido de dele extrair o suporte da afirmação de uma liberdade positiva, isto é, positivamente fundada na razão prática, "ou seja, como condição da moralidade da intenção prática", cf. A. Kaufmann, *Filosofia do Direito*, Lisboa: Fundação Calouste Gulbenkian, (tradução de António Ulisses Cortês), 2ª edição, 2007, 361. Refira-se, aliás, que, na exposição da sua conceção de liberdade, o autor afirma expressamente não ser a liberdade aquilo que os modernos pensaram.
23. Para uma análise da influência da conceção de liberdade kantiana na modelação do Estado moderno e na juridificação do direito à liberdade, cf. Wright, "Right, Justice and Tort Law", *Philosophical Foundations of Tort Law*, Oxford: Clarendon Press, 1996, 159 a 182, 164-165. Cf., a este ensejo, também, G.C. MacCallum, "Negative and Positive Freedom", *Philosophical Review*, 76, 1967, 314 s.
24. Cf. Jan Schapp, *Derecho Civil y Filosofía del Derecho: la libertad en el derecho*, Serie de teoría jurídica y filosofía del derecho, nº8, Universidad Externado de Colombia (trad. Luís Villar Borda), 40. Cf., também, do autor, "Die Grenzen der Freiheit", *Juristenzeitung*, 12, 61. Jahrgang, 2006, 581 e s. A controvérsia entre Kant e Hegel acaba por resvalar na atual oposição entre liberalismo e comunitarismo, sendo importante, segundo a visão de Schapp, procurar compreender outros contributos, designadamente o modelo platónico de limitação da liberdade e a doutrina cristã. Aquele modelo platónico implica que seja dada atenção à limitação do desejo e da razão. Segundo Platão, o desejo e a paixão tendem para o excesso, dominados que são pela vontade de se ter sempre mais, competindo à razão a missão de prevenir e combater tais consequências, para o que chama a depor a virtude da prudência, que só se atinge com a sabedoria. Este modelo acaba por se dissolver noutros. Com o Cristianismo, a Pessoa é transformada pela Fé, passando o homem a ser livre em Deus e por meio de Deus.
25. Advirta-se, porém, que no período moderno a liberdade não vinha pensada em termos de puro arbítrio. Como alerta Castanheira Neves (cf. "Pessoa, Direito e Responsabilidade", *Revista Portuguesa de Ciência Criminal*, nº6, 1996, 9 a 43, 20), ela "assimilaria a razão e se especificaria em direitos naturais", sendo, portanto, vista

Na verdade, quer se colime na vontade, quer se imbrique no espírito, a liberdade positiva concretiza-se, não pelo afastamento dos demais relativamente à nossa esfera de domínio, mas pela possibilidade de autodeterminação, isto é, de, optando entre diversas alternativas de ação, elevarmo-nos ao estatuto de definidores do rumo que seguimos. Dito de um modo mais direto, damos a nós mesmos as nossas regras, que, em última instância, mobilizamos diante do dilema ou mais amplamente da necessidade de escolha. Esta liberdade positiva ainda não será suficiente para afirmar a eticidade que funda a normatividade.

Simplesmente, não há de ser qualquer critério optativo que pode ascender ao estatuto de móbil orientador de condutas a ser chancelado pelo direito. Ao admitir-se tal impostação do mundo, facilmente resvalaríamos na afirmação do direito como uma pura forma, desnudada que qualquer intenção material subjacente, e bem assim na afirmação do seu modo-de-ser totalmente dependente da prescrição legislativa. Ou seja, a afirmação de uma liberdade positiva desarreigada de um sentido ético subjacente que a vivifique só poderia ser logicamente aceite se, *a priori*, aderíssemos a duas teses redutivistas. A primeira a sustentar um arquétipo jurídico meramente formal, dado que a tutela da liberdade como mera possibilidade de escolha pessoal – independentemente da materialidade que subjaza ao critério mobilizado pelo agente – só é configurável se e na medida em que o direito se contentasse com a mera ordenação de condutas que aparentemente cairiam sob a chancela da liberdade. Donde, uma segunda tese redutivista teria de necessariamente ser abençoada: aquela que reduzisse a juridicidade a um acervo de normas postas pelo órgão legitimado politicamente para o fazer. Pois que só assim seria pensável *a posteriori* a eliminação da problematicidade do

---

como "categoria nova que à autonomia identificava o livre arbítrio, a autodeterminação em último termo da *res cogitans*". A entrada em cena do sujeito transcendental kantiano – com a consequente desvinculação dos condicionamentos do mundo físico – não depõe, portanto, por si só no sentido da matização eticamente conformada da liberdade a que o autor alude, tudo dependendo, como se perceberá, da interpretação que se derrame sobre o seu pensamento. Pessoa ou indivíduo serão, pois, os polos de dilucidação do modo como olhamos para o ser livre. E a verdade é que, tal como aduz Castanheira Neves (cf. "Pessoa, Direito e Responsabilidade", cit., p. 33), Kant não distingue o sujeito da pessoa e "o primeiro é uma entidade antropológica, o segundo é uma aquisição axiológica".

A este propósito, veja-se, ainda, René Descartes, *Meditações sobre Filosofia Primeira*, Almedina, Coimbra, 1992, 172. Analisando o pensamento do filósofo a propósito do conceito de liberdade, cf. Isabel Banond, "Notas acerca da liberdade e o livre-arbítrio no pensamento setecentista oitocentista", *Revista da Faculdade de Direito da Universidade de Lisboa*, vol., XLIX, nº1 e 2, 2008, 13.

Advirta-se, ainda, que com a asserção inscrita em texto não pretendemos anunciar qualquer abertura ao acolhimento globalizante das doutrinas neohegelianas, de que o ordinalismo concreto é expressão, para o qual o direito é perspetivado como uma ordem concreta, expressão sintética e ontológica da normatividade e da realidade. Afirma, simultaneamente, quer a dimensão histórica do direito, quer a sua dimensão axiológica. Consegue-o pela superação hegeliana da dualidade entre ser e dever ser, a permitir a definitória problematização do jurídico como a ideia ética imanente a uma comunidade concreta. No fundo, a própria realidade levava ínsita uma determinada norma que vincularia o comportamento dos indivíduos.

Percebe-se, na enunciação exageradamente simplista que aqui trouxemos, que os termos dialéticos em que se louva a perspetiva outra coisa não podem ditar senão a sua imprestabilidade. Na verdade, a mesma realidade seria objeto e norma de valoração, transformando-se o direito numa metafísica. Para maiores desenvolvimentos, cf. Castanheira Neves, *Questão de Facto e Questão de Direito ou o Problema Metodológico da Juridicidade (ensaio de uma reposição crítica). A Crise*, Almedina, Coimbra, 1967, 670 s.

agir, como se tudo redundasse no binómio: a lei proíbe e há uma restrição à liberdade; a lei não o proíbe pelo que o comportamento é permitido, sendo tutelado pela nota do valor – embora desvalioso – que se assumia como cimeiro. É que, ao pressupormos que a juridicidade é mais ampla que a legalidade, somos instados a estender o nosso raciocínio de forma congruente e levados a pensar que, diante de uma dada situação que, colocando um problema de partilha do mundo, convoque a cobertura do direito, ela só pode ser solucionada com apelo a um mínimo de eticidade que, em primeira instância, nos vai permitir relevar o seu cunho jurídico[26]. E mesmo que – o que só por facilidade argumentativa aceitamos – admitamos o raciocínio do tipo *o que não é proibido por lei é permitido*, como justificar a opção do legislador de salvaguardar uma dada posição em detrimento de uma antagónica, sem a pressuposição de um valor ético que, transcendendo a situação concreta, a permita ajuizar[27]? E se tudo isto depõe no sentido da imprestabilidade da compreensão do direito como pura forma, na total dependência da *voluntas* do legislador, sempre tendencialmente arbitrária, implica também a impossibilidade de a liberdade – no direito – ser ancorada na pura vontade subjetiva do agente decisor[28], sob pena de se chancelar como valiosa uma conduta materialmente desvaliosa só porque vestida com a capa formal da liberdade e, com isso, se contrariar a intencionalidade do próprio jurídico.

Concita-se, então, uma dúvida: como pensar a liberdade, essa liberdade positiva – compreendida como autodeterminação – preenchendo o seu conteúdo com a nota do valor? O mesmo é – num outro plano – questionar qual o fundamento material da juridicidade se não se quiser ficar preso ao formalismo de que somos herdeiros diretos, e sem que com isso se resvale na impostação jusnaturalista do direito, pouco consentânea, no seu dedutivismo, com a especificidade das exigências que são colocadas ao direito, e arredada da historicidade e complexidade informadoras do mundo tal como o concebemos[29].

Encontrada a resposta para esta *vexata quaestio*, dir-se-á que fica respondida a primeira das cogitações, dado que o direito só pode cobrir com o seu manto aquilo que for reconhecido, ao extrapolar-se do sistema positivo, como juridicamente valioso[30].

---

26. Cf. Mariá Brochado, *Direito e ética: a eticidade do fenómeno jurídico*, São Paulo: Landy, 2006. Cf., também, Germano Marques da Silva, « Justiça, liberdade, direito e ética – diferença na unidade », *Direito e Justiça, Revista da Faculdade de Direito da Universidade Católica Portuguesa*, vol. XI, tomo I, 1997, 5 a 13.

27. A dúvida não é exclusivamente nossa, tendo sido colocada anteriormente por diversos autores. Nesse sentido, cf. A. Castanheira Neves, "Pessoa, Direito e Responsabilidade", 27. Veja-se, numa linha procedimentalista diversa, Chaïm Perelman, *Ética e Direito*, tradução de João Duarte, Instituto Piaget, 1990, 65.

28. Ligando o modo como concebemos a liberdade a uma dada conceção de juridicidade, cf. A. Castanheira Neves, "Pessoa, Direito e Responsabilidade", 17.

29. Cf., para além de outras referências ao pensamento do autor, A. Castanheira Neves, "O Direito como alternativa humana. Notas de reflexão sobre o problema actual do direito", *Digesta, Escritos acerca do direito, do pensamento jurídico, da sua metodologia e outro*, vol. I, Coimbra Editora, Coimbra, 1995, 287 a 310; Id., *O problema actual do direito. Um curso de Filosofia do Direito*, Coimbra-Lisboa, 1994.

30. Ligando a ideia de direito, à qual é inerente um sentido ou um conteúdo axiológico, à ideia de liberdade, cf. António Braz Teixeira, *Sentido e valor*, 150. Veja-se, também, Cf. Castanheira Neves, *Questão-de-facto e questão-de-direito*. No seu denso diálogo filosófico, fornece pistas incontornáveis de inteligibilidade do direito enquanto tal.

Deixamos, portanto, de postular uma pura forma para eivarmos a normatividade com a nota da eticidade sem a qual o direito não pode ser reconhecido como ordem justa, de direito e do direito. A ação livre não pode, pois, continuar a ser vista na solidão atomizante do homem-vazio que atende à sua vontade no sentido instintivo do seu ser. O posso, quero e mando em que ela se vem a traduzir desvirtua a dimensão em que se polariza e converte um valor num não valor. A escolha livre deve, então, ser vista como a decisão que, na autodeterminação pessoal, não olvida a essência predicativa do ser pessoa[31]. Ou dito de outro modo, a liberdade só o é verdadeiramente, enquanto dimensão ontológica da pessoa, se ela não se descaracterizar, isto é, se for e enquanto for a manifestação da pessoalidade de quem a reivindica[32].

Pelo que é, afinal, na caracterização do modo como o homem se concebe a si, no momento histórico-cultural que nos situa e condiciona, que vamos encontrar a matriz enformadora daquela, a partir da qual devemos pautar a nossa análise judicativa. Importa, então, perceber quem é, afinal, a pessoa[33]. De facto, se o homem enquanto tal existe desde sempre, o olhar que, reflexivamente, sobre si derramou nem sempre foi coincidente. Da imersão no cosmos ao tempo hodierno, passando

---

31. Cf. Cabral de Moncada, *Filosofia do Direito do Direito e do Estado*, I, Coimbra: Coimbra Editora, 1995, 38-39.
32. No fundo, o que se pretende salientar é que a liberdade não se reduz a um decidir no vago entre duas possibilidades de ação, porque isso não distinguiria, verdadeiramente, o homem de qualquer outro animal. A decisão livre implica – não sendo possível nunca a redução da complexidade da eleição pelo absoluto conhecimento das consequências da ação – um salto qualitativo que, na sua radicalidade, e com toda a angústia mínima ou máxima que carrega, não pode ser dado no vazio, antes implicando uma referência de sentido: a pressuposição de algo, numa perspetiva empírica do tipo analógico, que, transcendendo a própria vontade arbitrária (ou a dimensão instintiva do desejo), o sustente. É por isso que uma decisão – qualquer que ela seja – pode ser explicada e fundamentada, havendo infindáveis – e quantas vezes insindicáveis – motivos para cumprir tal desiderato. Só que, do ponto de vista ético e jurídico – já que este faz apelo ao primeiro –, torna-se improcedente o acolhimento da panóplia global de motivações individuais, na medida em que tal implicaria desconsiderar o cerne da pessoalidade em que ambas as ordens normativas se colimam. Donde resultam duas consequências. Do ponto de vista da liberdade, se esta é um atributo essencial da pessoa, o seu uso em contradição com a eticidade que a enforma e informa implica uma degradação da própria liberdade.

    Por outro turno, do prisma da fundamentação do jurídico e da judicativa realização em que ele se cumpre, o desvalioso – porque contrário à dignidade da pessoa humana – não pode ser chancelado, num autismo obnubilador da axiologia fundamentante, como valioso por mero apelo a uma carapaça formal.

    Cf. Castanheira Neves, *Questão de facto*, cit., 472 a 474. Afirma o autor que, "no comportamento ético, o ego é pessoa, realidade axiológica, que se constitui pela referência e na vivência de uma ordem de valores, que não são objeto a apreender teoricamente, pois são a constitutiva dimensão axiológica da pessoa a revelar-se no seu próprio comportamento". E mais à frente sustenta, impressivamente, que "o sujeito pode ter de abster-se de concluir cognitivamente, mas já não pode haver abstenção ética. A abstenção, a suspensão da ação e do juízo, é sempre no domínio ético ou farisaísmo [sendo o fariseu aquele que "se fecha à compreensão, que corta a comunicação da corresponsabilidade, isolando-se do outro, através de um véu de suposta pureza] ou imoral abdicação [própria do desinteresse ou da indiferença ética, que rompe a comunicação e se recusa à humana solidariedade]". Castanheira Neves sublinha, portanto, a natureza do ser humano como um "ser com os outros numa corresponsabilidade moral".
33. Sobre o ponto, cf. o estudo de D. Costa Gonçalves, "Pessoa e ontologia: uma questão prévia da ordem jurídica", *Estudos de Direito da Bioética*, vol. 2, Coimbra: Almedina, 2008, 125 s. Veja-se, ainda, em resposta à questão "O que é o homem?", *Pessoa e direitos de personalidade. Fundamentação ontológica da tutela*, Coimbra: Almedina, 2008, 38 s. Em sentido concordante, Oliveira Ascensão, *Prefácio* da obra anteriormente citada, considerando que hoje a autonomia surge desligada da sua finalidade essencial, que é a realização da pessoa, transformando-se a dignidade num conceito vazio.

pela individualização iluminista, muitas foram as formas como se compreendeu até à afirmação contundente da pessoalidade como categoria ética capaz de captar a essência informadora do ser humano[34]. E se o mundo de oitocentos foi dominado pela ideia de individualidade, o ficcionismo que imbuía a forma de autocompreensão do *eu* – isolado e solitário no confronto com os demais – acabou por ser ferido de morte pelos contributos de filósofos como Heidegger[35], Lévinas[36], Max Scheler[37] e pelo pensamento cristão. O homem já não é identificado com o dessolidário eu, mas passa a ser compreendido na pressuposição de um tu. Como nos diz Cabral de Moncada, "a ideia de personalidade reclama a de outras personalidades (...). O *Eu* pressupõe e reclama o *Outro*; o *ego*, o *alter*. Ninguém pode sentir-se plenamente eu, pessoa, senão em frente de outros *eus*, outras pessoas ou personalidades"[38]. Porque o homem encerrado na sua identidade não é capaz de desenvolver a sua personalidade, ele só é pensável no encontro com o seu semelhante – através do qual se reconhece. Ao *Dasein* (ser aí) heideggeriano alia-se sempre o *Mitsein* (o ser com os outros). Simplesmente, o outro a quem me dirijo não pode ser visto numa perspetiva instrumental. Como diria Castanheira Neves, o outro de que aqui se cura não é mera "condição de existência (pense-se na *Lebenswelt* e na linguagem)", "condição empírica (pense-se na situação de carência e a necessidade da sua superação pela complementaridade e a participação dos outros)" ou "condição ontológica (pense-se no nível cultural e da existência, no nível de possibilidade do ser, que a herança e a integração histórico-comunitárias oferecem)"[39]. Pois se todas estas dimensões são relevantes na vivência da individualidade, elas por si só não arredam da conformação da ipseidade a recusa ética, pelo que só o respeito e o reconhecimento do outro como um fim em si mesmo podem permitir a plena assunção da dignidade de cada um. Com o que se encontra a dignidade do ser humano, não por derivação de uma qualquer característica ontológica, mas porque

---

34. Cf. V. Duarte de Almeida, "Sobre o valor da dignidade da pessoa humana", *Revista da Faculdade de Direito da Universidade de Lisboa*, 2005, 623-648, aqui 626.

    Cf., ainda, D. Costa Gonçalves, "Pessoa e ontologia", 130 s. e Id., *Pessoa e direitos de personalidade: fundamentação ontológica da tutela*, Coimbra: Almedina, 2008, 23.

35. Cf., para maiores desenvolvimentos, Frederick A. Olafson, *Heidegger and the grounds of Ethics. A study of Mitsein*, Cambridge University Press, 1998.

    Cf., igualmente, para uma perspetiva generalista, Nicola Abbagnano, *História da Filosofia*, vol. XIV, Lisboa: Editorial Presença, 1978, 192 s.

36. Cf. Jonathan Crowe, "Levisian Ethics and Legal Obligation", *Ratio Iuris*, vol. 19, issue 4, 2006, 421-433. Analisando as implicações da ética de Lévinas na conformação legal da noção de obrigação, e centrando-se sobretudo na noção de terceiro de que o filósofo fala, Crowe sustenta a sua incompatibilidade com teorias como as de Hart, na proposta de distinção entre obrigações morais e obrigações legais.

37. Como veremos, entendemos não ser possível fundar a juridicidade – e concretamente o sentido positivo da liberdade tal como ela vem pensado – na pura descoberta fenomenológica do ser humano.

    Abona a favor dela, no entanto, o apego ao dado concreto, fugindo do racionalizante modelo de pensamento típico da modernidade.

38. Cabral de Moncada, *Filosofia do Direito*, vol. I, 39. Cf., para mais desenvolvimentos sobre o ponto, Castanheira Neves, *Questão de facto*, 725 e D. Costa Gonçalves, "Pessoa e ontologia", 155 s.

39. Cf. Castanheira Neves, "Pessoa, Direito e Responsabilidade", 34.

as exigências de sentido que lhe são comunicadas inculcam a necessidade do salto para o patamar da axiologia[40].

O homem como pessoa transforma-se, portanto, no centro gravitacional do jurídico. Se, por um lado, já aduzimos argumentos suficientemente seguros no sentido de mostrar a imprestabilidade de um ponto de vista estritamente individualista[41], quer pelo ficcionismo intelectualizante que o mesmo comporta, quer pelo autismo desagregador dos laços comunitários em que verte, por outro lado, cremos não ter ficado ainda suficientemente explicitado por que razão se opera aquele salto do plano ontológico para o plano axiológico[42].

No fundo, o vetor central do nosso discurso passa pela correta colocação metodológico- filosófica dos dados do problema. E refrate-se em dois níveis.

Por um lado, se partimos exclusivamente do dado onto-antropológico não conseguimos, concludentemente, aceder ao agir ético porque ele, colocando-se no plano do dever ser, não pode ser colhido dedutivamente – à semelhança do que pretendia uma visão dedutiva jusnaturalista – do ser. O que este nos transmite é a impertinência racionalizante dos extremos: a solidão atomizante do individualismo e a sufocante hipertrofia socializante. Mas, se o plano do ser nos permite, logo, afastar determinadas mundividências jus-culturais, ela não logra, só por si, fundar a normatividade. A necessidade do outro não é impreterivelmente, como nos mostrou Castanheira Neves, a necessidade do agir ético, podendo cumprir-se na indiferença da sobreposição adjacente de existências que não se abrem ao outro nem atuam no âmago da sua dignidade humana. Do plano filosófico e metodológico, a conclusão

---

40. Cf. Castanheira NEVES, "Pessoa, Direito e Responsabilidade", 34.

Cf., a este propósito, a interessante perspetiva comunicada por Bento XVI ao Parlamento Federal da Alemanha na sua viagem apostólica, a 22 de Setembro de 2011, referindo-se à dicotomia entre o ser e o dever ser e evidenciando que a fundamentação do jurídico no plano ontológico e da natureza só não é possível quando se olhe para esta de uma perspetiva que abandone a pressuposição de uma Razão Criadora que comunique à própria natureza determinadas regras. No fundo, a dimensão axiológica de que falamos continua presente na lição do Santo Padre, não se gerando, para o crente, qualquer contradição entre as duas leituras da juridicidade. Na verdade, o necessário salto axiológico a que nos referimos não implica a negação de uma Entidade Suprema, que dê ao ser os Seus princípios, antes evidenciando que não é possível colher o sentido do direito na realidade de que nos falam os autores que ainda comungam, consciente ou inconscientemente, de uma visão positivista da natureza.

41. Esta imprestabilidade redunda, afinal, na insusceptibilidade de com base nele se criarem vínculos normativos, quaisquer que eles sejam.

42. Não queremos, com isto, incutir no leitor a ideia da autoria do salto axiológico de que se cura. Tempestivamente, tivemos oportunidade de, através da exigível citação, o atribuirmos ao seu verdadeiro autor: Castanheira Neves.

Sobre esse salto do patamar ontológico para o plano axiológico importa tecer algumas considerações, a refratarem-se em dois níveis: no exercício da liberdade e na fundamentação da juridicidade.

Dir-se-á, no que ao segundo denominador diz respeito, que o encontro de subjetividades não garante a validade de uma ordem normativa. Só o olhar axiologicamente conformado, pelo reconhecimento do outro como pessoa, portadora de uma ineliminável dignidade ética, a reivindicar o meu análogo estatuto, garante que se alcance tal desiderato. Mais se diga que, a ser assim, a liberdade de que se fala – como valiosa do ponto de vista jurídico – não pode ser a mera autodeterminação ontologicamente predicada, mas há de ser axiologicamente informada. Donde resulta uma matização própria que, em texto, caracterizaremos.

não será diversa. A fundamentação do jurídico no ontológico, do dever ser no ser não pode ser aceite na medida em que o direito não pode cumprir a sua função de validade "com o seu simples ser na realidade e com a realidade, mas mediante o transcender a realidade pressuposta numa intenção de validade que visa justamente realizar"[43]. Ora, a verdade é que o direito é uma ordem normativa. Tem como finalidade ordenar condutas, para o que assume uma determinada intencionalidade, a traduzir uma validade. E, para que essa validade não resvale num sem sentido ordenador do encontro no mundo, ela não pode deixar de convocar – para ser verdadeiramente válida – uma axiologia fundamentante. Que vem a descobrir-se, afinal, naquele sentido de *dignitas* que a ética descobre no encontro – entendido no sentido do reconhecimento e do respeito – do *eu* com o *tu*. Pelo que o reconhecimento da liberdade do homem e, concomitantemente, da sua responsabilidade terá de surgir como um mínimo de sentido com base no qual o jurídico se edifica e cumpre o seu papel no todo social. Esta liberdade, porque a ela recorremos na pressuposição da leitura ético-axiológica do dado ontológico, não é mera definição de uma esfera de não interferência do outro, sequer uma estrita possibilidade de escolha entre possibilidades de ação que olvide o outro – o *tu* – que, com a sua pretensão de respeito, e o convite à abertura de pontes de solidariedade comunicantes entre humanos, permite o reconhecimento da ineliminável dignidade ética do *eu*. É antes uma liberdade eticamente informada e enformada. Dessa liberdade – ainda pensável do ponto de vista atomizante da individualidade – decorre a ilegitimidade de qualquer imposição heterónoma que não tenha por objetivo a garantia da compossibilidade prática de existências paralelas, bem como o desvalor de qualquer comportamento que contenda com a esfera de domínio do sujeito. O acesso ao dado ontológico viabiliza a perceção da insustentabilidade de tal impostação, quando pensada na sua autossuficiência. Ela revela-se, na verdade, ficcional, intelectualizante e contraditória com o dado do ser real. O homem é incapaz de viver no isolamento da sua subjetividade, só se realizando plenamente, no plano material e espiritual, no encontro com o outro. A liberdade deixa de ser pensada de um prisma negativo para reclamar uma compreensão positiva, a traduzir-se na possibilidade de autodeterminação. Uma autodeterminação que coenvolve, na sua projeção efetiva, a possibilidade de escolha entre diversas possibilidades de ação. Nessa atuação optativa, nessa seleção de oportunidades, nesse dar a si mesmo a sua própria norma de conduta, prosseguindo os seus interesses, o ser humano leva a cabo uma tarefa judicativa, porque, no inapagável salto que qualquer decisão implica, ela

---

43. Cf. Castanheira Neves, *Questão de facto*, 668.

   Aliás, se não resistíssemos à tentação de deduzir a validade a partir da realidade do ser, poderíamos ser condenados a um modelo de juridicidade aparentado com o dedutivismo criticado em outros tempos e ficar enredados num conceptualismo que olvida o caso concreto.

   Note-se, porém, que ao lançarmos mão do contributo fenomenológico, acabamos por negar, de todo o modo, uma mera referência cognitiva ao real e o formalismo – cf. *Questão de facto*, 696.

   Cf. Simone GOYARD-FABRE, *Os fundamentos da ordem jurídica*, tradução de Cláudia Berliner, São Paulo: Martins Fontes, 2002, 5 s., para a caracterização da tradição jusnaturalista, quer de base onto-teológica, quer de base obsessivamente individualista, mostrando-se, assim, a distância que dessa impostação do jurídico nos separa.

reclama – na sua radicalidade – um mínimo de fundamentação, isto é, a mobilização de razões que justifiquem a eleição operada. Quantas vezes insindicáveis, elas podem estribar-se em diversas racionalidades. Sem que possam, indistintamente, ser consideradas valiosas do ponto de vista jurídico. Dá-se o salto do plano ontológico para o plano axiológico para, fundadamente, sustentar que uma validade que o queira ser não pode extrair do puro encontro de subjetividades o critério da sua fundamentação, pois que nada garante que o outro seja visto na sua total dignidade[44]. De outro modo, dir-se-á, acompanhando o ensinamento dos mestres em que nos estribamos e que oportunamente citámos, que, ao situarmo-nos nessa dimensão do ser, não conseguiremos nunca determinar qual das posições subjetivas – eventualmente em conflito – deve prevalecer, posto que só na pressuposição de uma intencionalidade, colhida numa ordem valorativa também pressuposta, é possível salvaguardar uma em detrimento da outra, sem resvalar no puro arbítrio. O fundamento da normatividade não pode deixar de ser colhido na ética, exceto se – posição que liminarmente rejeitamos – entendermos ver na juridicidade uma mera forma ordenadora de condutas. Não é o encontro do *Eu* com o *Tu* que permite fundar o dever ser. Mas já o será o encontro do *Eu* que olha para o *Tu* no sentido do respeito, o encontro do *Eu* que, reconhecendo-se como pessoa, dotada de uma ineliminável dignidade ética, vê no *Tu* um semelhante igual a si[45].

Assim sendo, a autonomia assim concebida impede que o sujeito invoque a sua liberdade para levar a cabo atos que atentam diretamente contra a sua liberdade – não estaria em causa o exercício da sua autonomia, mas o abuso da sua autonomia/liberdade.

O mesmo se diga do direito à autodeterminação sobre o próprio corpo, enquanto dimensão do direito geral de personalidade. O conteúdo essencial de tal direito leva-nos a considerar que ninguém é autorizado a interferir no corpo alheio sem a sua autorização (vertente negativa) e que cada um pode fazer com o seu corpo aquilo que entender (vertente positiva). Haverá, contudo, limites.

---

44. Por isso, considera-se também inconcludente a perspetiva filosófica de responsabilidade proposta por HABERMAS, decorrente da edificação das condições transcendentais da comunicação. Cf. HABERMAS, *Direito e democracia entre facticidade e validade*, tradução de Flávio Beno Siebeneichler, Rio de Janeiro, 2003 (original: *Faktizität und Geltung. Beiträg zur Diskurstheorie des Rechits und des demokratischen Rechitstaats*, 4ª edição, Frankfurt, Ed. Suhrkamp, 1994).
    Não é a definição das regras que viabilizem a situação discursiva ideal que logram a obtenção do reconhecimento ético entre iguais, no qual se pudesse fundar a responsabilidade.

45. Nesse reconhecimento do *tu* interpõe-se a comunidade ética onde ambos se inserem e por meio da qual se responsabilizam eticamente com os outros. Cf., sobre o ponto, Castanheira NEVES, "O direito interrogado pelo tempo presente na perspetiva do futuro", *Boletim da Faculdade de Direito*, vol. LXXXIII, Coimbra, 2007, 52 s. É que o reconhecimento da pessoalidade do outro implica um referente de sentido – e, portanto, o salto do plano ontológico para o plano axiológico – através do qual a presença dele como um igual se torna visível. A experiência solipsista – a mera consciência do *eu* – não logra garantir tal desiderato, pelas idiossincráticas e por vezes perturbantes perceções individuais. Daí a referência ao terceiro de que nos fala Castanheira Neves.

Desde logo, ela encontrar-se-á limitada pela possibilidade de intervenção não autorizada, sempre que se afigure essencial para salvaguardar a vida do sujeito. Em rigor, porém, não está em causa uma limitação heterónoma da autonomia do sujeito – nessa sua projeção corporal – mas o reconhecimento dos seus contornos essenciais. De facto, como tivemos oportunidade de explicitar, porque a autonomia de que se cura é a autonomia da pessoa e não do sujeito, que, por isso, terá de necessariamente ter em conta o outro, que não pode ser artificialmente amputado da relação de cuidado que o une a cada um, e porque a autonomia é indissociável de uma ideia de dignidade de que não se poderá abdicar, ela não poderá ser invocada quando se ponha em causa o fundamento último do seu reconhecimento.

Por outro lado, no que respeita à vertente positiva, haveremos de considerar que não basta a vontade do sujeito titular do corpo para legitimar uma intervenção que sobre ele verse.

A ciência vai-nos oferecendo cada vez mais possibilidades de superação de estados de doença, deficiência e outras limitações, congénitas ou adquiridas ao longo dos tempos. E este é, sem dúvida, um dado positivo da evolução do conhecimento. Na medida em que contribuam para minorar a dor, curar, debelar o sofrimento ou superar determinadas limitações, os avanços científicos devem ser aplaudidos e acolhidos. Mais do que isso, recuperando as palavras de Capelo de Sousa, o sujeito tem direito a exigir o cumprimento de deveres de ação curativos, ou seja, de exigir aos outros que obstem "a que um seu defeito de audição, de fala, de visão, ou de locomoção corrigível, total ou parcialmente, mediante intervenção terapêutica ou uso de técnicas próprias, se converta, por negligência dos devedores de auxílio, em deficiência permanente, redutora do desenvolvimento da personalidade" e tem direito a que os outros se abstenham de todo e qualquer comportamento que condicione a possibilidade de receber um tratamento médico. Tem ainda direito, dentro do leque do que seja economicamente viável, de exigir do Estado as prestações de saúde que garantam as suas condições de sobrevivência. Em causa estão, na verdade, condições que garantam que a pessoa possa cumprir o plano existencial e vocacional que para si traçou e que o direito deve tutelar, desde que se enquadre nos limites ético-axiológicos que fundam o ordenamento[46].

Mas com isto surge uma questão: onde traçar a linha de fronteira entre o que é valioso e o que não é valioso? Como saber até que ponto o sujeito tem direito a uma prótese, a um órgão biónico ou a um determinado tratamento e a partir de que linha deixam de ser lícitas certas intervenções potenciadas pela ciência?

A resposta que se busca para esta questão não é líquida, e tem sido procurada a propósito de outras questões igualmente sensíveis. Pense-se, por exemplo, na colocação de piercings e tatuagens no corpo.

---

46. R. Capelo de Sousa, *O direito geral de personalidade*, Coimbra, Coimbra Editora, 2011, 354.

Na verdade, em consonância com o sentido gradativo das soluções a que somos conduzidos pelo artigo 81º CC, haveremos de considerar que é diferente fazer-se uma simples tatuagem – ainda que questionável do ponto de vista estético – ou tatuar integralmente o corpo; do mesmo modo que será diferente fazer um piercing numa orelha, comparável ao uso de um brinco, ou colocar piercings por toda a superfície corporal. O critério judicativo de diferenciação há de ser, portanto, o do limite da desfiguração do ser humano. Sempre que a prática envolva uma perda de características especificamente humanas, ao ponto de o homem poder deixar de ser considerado imagem e semelhança do Seu Criador ou, numa perspetiva que não aponte para a Transcendência, ao ponto de o homem perder a sua similitude com outros homens não intervencionados, então haveremos de considerar que a prática é ilícita.

Do mesmo modo, a ponderação judicativa acerca das intervenções científicas sobre o próprio corpo não pode ser linear.

Em primeiro lugar, faz-se apelo ao *critério do risco-benefício*, para o que se terá de ter exata noção dos perigos potenciais envolvidos em cada uma das práticas em questão. Significa isto que, estando no domínio do que é experimental e, portanto, do que se situa fora do consenso científico, a tendência será para considerar o comportamento ilícito.

Em segundo lugar, a fronteira da (i)licitude há de ser encontrada no ponto em que a intervenção serve ou não para superar um estado de doença ou um handicap (*critério da intencionalidade*).

Por último, devemos procurar determinar se, estando em causa o desenvolvimento das potencialidades inerentes ao ser humano, a prática conduz à sua descaracterização como pessoa, pela perda de humanidade que necessariamente lhe está subjacente (*critério da perda de humanidade*).

5. O DIREITO COMO ALTERNATIVA HUMANA: A RESPOSTA EM FACE DO *BIOHACKING*

O critério da perda de humanidade a que nos referimos no ponto antecedente permite lançar a ponte para outro tipo de reflexões. De facto, a relevância jurídica do *biohacking* não se esgota nas concretas relações intersubjetivas que se possam estabelecer. Se até ao momento nos concentrámos nas hipóteses em que um sujeito é lesado com a prática ou em que um sujeito reivindica o acesso a certas práticas que integram o conceito, ou seja, em hipóteses de responsabilidade civil ou de reconhecimento de um direito, importa dar um passo em frente e perspetivar o *biohacking* na sua globalidade à luz da pressuposição de sentido da própria juridicidade.

No fundo, podemos, diante do fenómeno, assumir uma de duas perspetivas: a primeira, correspondendo a uma perspetiva técnico-dogmática, centra-se na busca de soluções, ou no seio dos quadros doutrinais tradicionais ou forjando novos regimes jurídicos, para os problemas de *quid iuris* que vão surgindo. A segunda, pressupondo a intencionalidade última da juridicidade, tenta perceber em que medida algumas das soluções cogitadas ao nível da primeira perspetiva chocam ou não com a dignidade da pessoa e, nessa medida, não podem ser pensadas sem que se abdique do próprio direito.

Cada uma destas perspetivas não é estanque, nem anula a outra necessariamente. Na verdade, a procura de uma solução para os problemas de *quid iuris* não pode ser senão iluminada pela intencionalidade predicativa do direito; e é essa intencionalidade jurídica que pode impor o bloqueio de determinadas situações no campo prático. Mas vai-se mais longe e indaga-se se, em geral, o ordenamento jurídico se pode ou não opor ao desenvolvimento dos métodos e práticas de *biohacking*.

A resposta a esta inquietante questão implica um duplo exercício.

Por um lado, haveremos de recordar o sentido do direito e a sua função como alternativa verdadeiramente humana[47]; por outro lado, haveremos de relembrar alguns dados acerca do fenómeno do *biohacking*.

Quanto a este, para além da possível emergência de lesões individuais e/ou coletivas, às quais podemos fazer face com medidas repressivas que passam pela imposição de uma obrigação ressarcitória, importa não esquecer que, não obstante o homem estar necessariamente sujeito ao devir histórico, sendo um ser em constante mutação, as modificações que se anunciam são de tal modo profundas que se pode correr o risco de, aceitando-as, perda da própria humanidade.

Basta pensarmos na tentativa de superação da mortalidade através do recurso à inteligência artificial. O sentido da dignidade humana é quebrado com a tentativa de criar um super-homem computorizado que ultrapasse as fronteiras da própria vida. Não raros são os autores que denunciam que o pós-humanismo nos conduz à degradação do ser humano, ao mesmo tempo que configura uma ameaça aos outros humanos comuns[48]. Leon Kass considera que as formas de alteração da natureza humana são degradantes, conduzindo-nos a uma desumanização absoluta[49]. Na verdade, a introdução dos dados neuronais humanos num computador, habilitado desta feita com uma mente concreta, implica uma coisificação do homem, contrariando o plano de desenvolvimento pessoal que culmina na morte. O prolongamento artificial da vida por meio de um elemento computacional atinge o núcleo da pessoalidade, já que a pessoa, apesar de ser uma categoria ética, não sobrevive na ausência da corporização, porque, ainda que a alma sobreviva à morte do corpo e fique a aguardar a sua ressurreição, estamos aí a falar de uma dimensão que ultrapassa aquela em que o direito intervém. O ser humano não pode deixar de ser encarado na sua unitária

---

47. A expressão é de Castanheira Neves, "O Direito como alternativa humana. Notas de reflexão sobre o problema actual do direito", *Digesta, Escritos acerca do direito, do pensamento jurídico, da sua metodologia e outro*, I, Coimbra Editora, Coimbra, 1995, 287 s.
48. Nick Bostrom, "Em defesa da dignidade pós-humana".
49. Cf. Leon Kass, *Life, Liberty and Defense of Dignity: The Challenge for Bioethics*, São Francisco, Encounter Books, 43. Em comentário ao pensamento do autor, cf. Nick Bostrom, "Em defesa da dignidade pós-humana".

complexidade, sendo inviável olhar para ele sem ser na pluralidade corpo, mente, espírito e alma.

De facto, a pessoa não pode ser objetivada de qualquer forma, mas é vivida e assumida na existência relacional com outros seres humanos[50]. Já não é o ser solipsista, encerrado sobre si mesmo, mas o ser que se realiza na relação comunicativa com o seu semelhante e que tem no encontro, que obtém o seu "sentido último no encontro primeiro do homem com a Transcendência, verdadeiramente com Deus"[51], o seu referencial de sentido. Quer isto dizer que a pessoa – de que se parte ao nível do discurso jurídico – não é apenas objetivação de capacidades corporais e mentais, mas um todo complexo vivificado pela sua alma, pelo que a tentativa de sobrevivência computorizada, ainda que implique a melhoria das condições neuronais de memória e conhecimento e um controlo absoluto da vontade, mais não representa do que a degradação do ser humano.

Acresce que, em rigor, a tentativa de sobrevivência fora da corporeidade não passa de uma miragem, denunciada pelos estudiosos da mente humana.

A base do ideário transumanista está, afinal, ligada a um escopo eugénico de apuramento da espécie. Tal escopo parece, aliás, estar imbuído em todo o fenómeno de *biohacking*. Ao potenciarem-se formas de manipulação genética e ao desenvolverem-se *updates* da biologia humana, sem a garantia da distribuição uniforme por toda a população, abrem-se as portas à seleção não natural da espécie.

No que respeita ao sentido do direito, recorde-se que a formulação de regras de convívio entre humanos e não humanos, a edificação de regimes específicos para lidar com problemas concretos que possam emergir correspondem a uma visão do direito que o chama a atuar para resolver o magno problema do encontro e partilha no e do mundo, agora alargado a não humanos, mas não se pode quedar numa pura forma que olvida a intencionalidade especificamente jurídica, por abandonar o sentido ético do direito e o vetor fundamentador da dignidade humana que o colora.

Castanheira Neves ensina-nos, a propósito das condições de emergência do direito, que, a par da condição mundano-social e da condição humano-existencial, o direito só o é verdadeiramente se der resposta a uma terceira condição, a condição ética[52]. Significa isto que não basta existirem regras que ordenem as relações societárias controvertidas e resolvam a questão da escassez de meios para satisfazer as diversas necessidades humanas. É essencial que as referidas regras sejam alicerçadas num

---

50. A. Castanheira Neves, "Uma reflexão filosófica sobre o direito – o deserto está a crescer ou a recuperação da filosofia do direito?", *Digesta* – escritos acerca do direito, do pensamento jurídico, da sua metodologia e outros, vol. III, Coimbra Editora, Coimbra, 2008, 89 s.
51. A. Castanheira Neves, "Uma reflexão filosófica sobre o direito", 89-90.
52. Cf., entre outras referências do autor, Castanheira Neves, "Pessoa, direito e responsabilidade", *Digesta – escritos acerca do direito, do pensamento jurídico, da sua metodologia e outros*, vol. III, Coimbra Editora, Coimbra, 2008, 154.

sentido ético-axiológico, o qual se vai a encontrar na ineliminável dignidade ética da pessoa humana, "dignidade da pessoa a considerar em si e por si, que o mesmo é dizer a respeitar para além e independentemente dos contextos integrantes e das situações sociais em que ela concretamente se insira"[53].

Esta dignidade vamos a reconhecê-la nos capitais polos da pessoalidade de que se cura, a liberdade e a responsabilidade. Continuando a acompanhar Castanheira Neves nesta matéria, podemos afirmar que "o sujeito portador do valor absoluto não é a comunidade ou a classe, mas o homem pessoal, embora existencial e socialmente em comunidade e na classe (...). Postula ainda a possibilidade da sua realização, quer em si, quer perante os outros. E temos as implicações da liberdade e da igualdade. Implicações decerto correlativas, como se sabe, pois se a igualdade se pode dizer a condição social da liberdade, a liberdade é uma possibilidade pessoal que só será universal se todos nela se reconhecerem iguais ou se nenhum for já privilegiado já diminuído nessa possibilidade. Só que a liberdade significa sobretudo o assumir-se o homem a si próprio, no originário de si mesmo e no irrecusável da sua responsabilidade, vindo a manifestar-se, portanto, em termos de uma autorrealização responsável. (...) A liberdade, como valor, não é a mera condição empírica e negativa de ausência de impedimentos (...), nem a igualdade a mera parificação formal e abstrata do igualitarismo mecanicista"[54].

Ou seja, o direito não se pode limitar a resolver *a posteriori* determinados problemas de *quid iuris* que sejam suscitados a partir de certas práticas. Não só as soluções que ofereça para tais casos concretos tem de ser iluminada pelo sentido ético-axiológico a que se faz apelo, como a própria regulamentação do fenómeno não pode deixar de a ter presente. Donde, sem pôr em causa a investigação científica e o acesso a tratamentos, se devem impor regras estritas de atuação ao nível do que vem conhecido por *biohacking*.

Assim, propõem-se algumas regras-princípios a que se deve prestar especial atenção: proibição de todas as práticas eugénicas ou animadas por um ideário eugénico; cumprimento de deveres de informação; respeito pelo princípio da precaução; respeito pela pessoa, evitando-se a imposição, ainda que indireta, de procedimentos que esta não queira aceitar; diferenciação entre as hipóteses em que as inovações biológicas e tecnológicas que servem para diagnosticar, prevenir, tratar ou curar, dos procedimentos que servem para melhorar o desempenho do corpo e da mente, procurando transformar aquele sujeito numa pessoa diversa[55]; respeito absoluto

---

53. A. Castanheira Neves, *Justiça e Direito*, Coimbra, 1976, 59.
54. A. Castanheira Neves, *Justiça e Direito*, 63.
55. Particularmente relevante a este propósito é a ponderação que deve ser feita a propósito da edição/modificação genética com base na tecnologia CRISPR – sobre o ponto, cf. Naomi Cahn, "CRISPR Parents and Informed Consent", *SMU Science and Technology Law Review*, 23, 2020, 3 s. Considera-se no estudo que a tecnologia é relativamente aceite no contexto em que serve para tratar uma doença que afeta unicamente o indivíduo envolvido, devendo ser incentivada a investigação científica neste ponto, designadamente para se descobrir a cura para doenças como o cancro. Mas torna-se controverso, quando é usado para o desenvolvimento de células somáticas (ao contrário da procura da cura para uma doença genética) ou quando é usado para

pela dignidade da pessoa, na sua dupla dimensão de autonomia e responsabilidade; proscrição de todas as formas de eugenia[56].

---

afetar o material reprodutivo. Neste domínio, aliás, são múltiplos os problemas éticos e legais que se têm levantado. Quanto às objeções éticas, cf., no estudo citado, pág. 8: a) a manipulação genética no quadro reprodutivo envolve uma interferência com a criação da vida, levando ao específico desenho de bebés com as características pretendidas pelos progenitores, o que envolve, em certa medida, uma coisificação do futuro ser; b) criação de diferenciação económica, pela falta de acesso de muitas pessoas às novas técnicas; c) conduz a resultados sociais desastrosos (a chamada objeção apocalíptica); d) possibilidade de destruição dos embriões submetidos às técnicas em questão.

Do ponto de vista jurídico, têm de ser necessariamente equacionados os termos da proteção do embrião. Sendo este tutelado nos seus direitos de personalidade, e sendo certo que os pais – detentores das responsabilidades parentais – apenas os podem exercer no interesse do filho, o problema passará, para além da própria legitimidade em geral de recurso à tecnologia, por saber se este critério particular se cumpre ou não. Ponderação diversa (cf. pág. 19) é aquela a que aportamos nas hipóteses em que ainda não houve conceção, mas os futuros pais pretendem tomar decisões em relação ao futuro dos seus gâmetas. No debate jurídico, assume especial importância o consentimento informado, que pode levar a que uma eventual responsabilidade – cujos contornos poderão ser difíceis de estabelecer se a técnica for utilizada antes da conceção – seja imputada aos pais e não aos médicos, sem que se esqueça uma questão pressuponente a que fazemos referência em texto: não é possível abrir as portas a formas de eugenia, atentatórias da dignidade da pessoa humana.

56. Alguns destes princípios são afirmados no contexto da edição do genoma humano. Cf. *NAS Report* 2017.

VIVER, ENVELHECER E MORRER NO CONTEXTO DAS NOVAS TECNOLOGIAS NO SÉC. XXI E AS REFLEXÕES JURÍDICO-FILOSÓFICAS DA REVOLUÇÃO TRANSUMANISTA

Adriano Marteleto Godinho

Professor adjunto da Universidade Federal da Paraíba e do Programa de Pós-Graduação (Mestrado e Doutorado) da UFPB. Pós-doutorando em Direito Civil pela Universidade de Coimbra. Doutor em Ciências Jurídicas pela Universidade de Lisboa. Mestre em Direito Civil pela Universidade Federal de Minas Gerais. Membro fundador do Instituto Brasileiro de Estudos de Responsabilidade Civil (IBERC) e do Instituto de Direito Civil-Constitucional (IDCC). E-mail: adrgodinho@hotmail.com

Débora Gozzo

Pós-doutora pelo *Max-Planck-Institut für ausländisches und internationales Privatrecht*, Hamburgo/Alemanha. Doutora em Direito pela Universidade de Bremen/Alemanha. Mestre em Direito pela Universidade de Münster/Alemanha e pela Universidade de São Paulo. Ex-bolsista da *Alexander von Humboldt– Stiftung*. Professora Titular de Direito Civil da USJT. Ex-Professora Titular do Mestrado em Direito e da Graduação do UNIFIEO. Professora do Mestrado em Ciências do Envelhecimento da Universidade São Judas Tadeu/SP; *Visiting Professor* do *Institut für Deutsches, Europäisches und internationales Medizinrecht, Gesundheitsrecht und Bioethik der Universitäten Heidelberg und Mannheim*, Mannheim/Alemanha. *Fellow* do *Käte-Hamburger-Kolleg* (Center for Advanced Studies in the Humanities) da Universidade de Bonn/Alemanha. *Visiting professor* do *Referenzzentrum für Bioethik in den Biowissenschaften*, da Universidade de Bonn/Alemanha. *Visiting professor* da *Bucerius Law School*/Alemanha. Membro do IBERC; Membro da Rede de Direito Civil Contemporâneo; Membro do Instituto de Direito Privado. Coordenadora da Comissão de Direitos Fundamentais do IASP. Líder do Grupo de Pesquisa Inovações Tecnológicas e Direito pela USJT. Ex-Coordenadora do Núcleo de Biodireito e Bioética da ESA-OAB/SP. Ex-Professora Titular do Mestrado em Direito e da Graduação do UNIFIEO. E-mail: deboragozzo@gmail.com

Graziella Trindade Clemente

Doutora em Biologia Celular e Mestre em Ciências Morfológicas pela Universidade Federal de Minas Gerais. Pós-doutora em Democracia e Direitos Humanos pelo Centro de Direitos Humanos (IGC) – Faculdade de Direito da Universidade de Coimbra; Pós-graduada em Direito da Medicina pelo Centro de Direito Biomédico – Faculdade de Direito da Universidade de Coimbra. Professora da Graduação e Pós-graduação dos Cursos de Odontologia (Centro Universitário Newton Paiva) e Direito Médico e Bioética (Pós-graduação – PUC Minas). Graduada em Odontologia pela Pontifícia Universidade Católica de Minas Gerais. Graduada em Direito pela Faculdade de Direito Milton Campos. Advogada. Coordenadora do Comitê de Ética e Pesquisa do Centro Universitário Newton Paiva. Coordenadora do Grupo de Estudo e Pesquisa em Direito da Saúde do Centro Universitário Newton Paiva. Membro do Instituto Brasileiro de Estudos em Responsabilidade Civil – IBERC.

Rafaella Nogaroli

Assessora de Desembargador no Tribunal de Justiça do Estado do Paraná (TJPR). Mestranda em Direito das Relações Sociais pela Universidade Federal do Paraná (UFPR). Especialista em Direito Médico e Bacharel em Direito pelo Centro Universitário Curitiba (UNICURITIBA). Especialista em Direito Aplicado pela Escola da Magistratura do Paraná (EMAP) e em Direito Processual Civil pelo Instituto de Direito Romeu Felipe Bacellar. Coordenadora do grupo de pesquisas em "Direito da Saúde e Empresas Médicas" (UNICURITIBA), ao lado do prof. Miguel Kfouri Neto. Diretora adjunta e membro titular do Instituto Brasileiro de Estudos de Responsabilidade Civil (IBERC). Integrante do grupo de pesquisas em direito civil-constitucional "Virada de Copérnico" (UFPR). E-mail: nogaroli@gmail.com

"Com uma extrema simplificação, o corpo é apresentado como um campo de batalha planetário, onde se enfrentam bioconservadores e transumanistas. Tenazmente empenhados, os primeiros, a restaurar os direitos da natureza. Guardiões, os segundos, de uma nova liberdade, precisamente a de usar sem limites o poder sem precedentes de que fomos investidos. Mas essa polarização não dá nenhuma indicação verdadeira de como governar a fase inteiramente nova na qual a humanidade já entrou."

(RODOTÀ, Stefano. *Post-umano*. In: Il diritto di avere diritti. Bari: Laterza, 2012, p. 355)

Sumário: 1. O movimento transumanista – 2. Os manifestos e princípios transumanistas – 3. As vias transumanistas: do transhumanismo biológico ao pós-humanismo cibernético – 4. Bioconservadores *versus* bioprogressistas: uma análise jurídico-filosófica do transhumanismo – 5. A edição genética pela técnica CRISPR/CAS9 no contexto do transumanismo – 6. Repercussões do transumanismo no processo de envelhecimento e prolongamento da vida – 7. Notas conclusivas – 8. Referências.

1. O MOVIMENTO TRANSUMANISTA

Não é novidade afirmar que o ser humano se vê imerso em uma sociedade cada vez mais tecnológica, em que ferramentas como a internet e a inteligência artificial, entre inúmeras outras, são incorporadas ao cotidiano pessoal e laboral. Os avanços tecnológicos, ademais, revelam-se por diversas vias, que cada vez mais impõem desafios à sociedade e ao Direito, por meio de técnicas como a manipulação genética, a investigação com embriões, a manipulação de tecidos e células humanas, a criação de ciborgues – problema particularmente relevante para a abordagem deste texto – ou a clonagem, entre outras.[1]

Muito embora a revolução tecnológica venha provocando impactos sociais outrora apenas imagináveis em obras de ficção científica, talvez a maior ruptura tecnológica esteja em vias de emergir: propõe-se, por meio do movimento conhecido como *transumanismo*, a superação dos limites físicos, morais e intelectuais dos seres humanos. O fenômeno em questão diz respeito a uma perspectiva de investimento na transformação da condição humana,[2] no sentido de promover seu aperfeiçoamento a partir do uso da ciência e da tecnologia, com fulcro no aumento da capacidade cognitiva e na superação de barreiras físicas, sensoriais e psicológicas, qualidades marcantemente humanas.

A proposta do movimento transumanista tem por objetivo empregar toda a tecnologia possível para permitir que seres humanos transcendam suas capacidades naturais, o que, em princípio, propiciará o surgimento de uma nova categoria

---

1. PEREIRA, André Gonçalo Dias. A emergência do direito da saúde. *Cadernos Ibero-americanos de Direito Sanitário*, Brasília, v. 5, n. 3, p. 180-200, jul.-set. 2016.
2. VILAÇA, Murilo Mariano; DIAS, Maria Clara Marques. Transumanismo e o futuro (pós-)humano. *Physis: Revista de Saúde Coletiva*. Rio de janeiro, v. 24, n. 2, p. 341-362, 2014.

de entes artificialmente aperfeiçoados em relação às limitações que naturalmente demarcam a condição humana. Como instância derradeira, pressupõe-se mesmo a constituição de seres *pós-humanos*, livres das amarras e dos limites que hoje nos são impostos pela própria essência humana.

Vivemos um período de possível – e talvez definitiva – ruptura humanitária, baseada na premissa de que a aceleração da evolução tecnológica se opõe ao "atraso" da evolução orgânica; daí decorre a ideia de que as máquinas têm mais chances de impor seu modelo evolutivo que os organismos vivos, particularmente humanos, o que pode provocar, em derradeira análise, a abolição do dualismo existente entre natureza e artifício.[3] Tal como proposta, a revolução transumanista desafiará a adoção de uma nova escalada terminológica: o *Homo sapiens*, espécie à qual pertencemos, será alçado à condição de *Homo Deus*,[4] em que o ser humano (ou pós-humano) assume o papel de criador e gestor de seu próprio universo.

O termo "transumanismo" foi cunhado em 1927 por Julian Huxley, biólogo e diretor geral da UNESCO, que, em um texto publicado a respeito do que vislumbrava ser o porvir da humanidade, destacava o destino do homem de realizar sua potencialidade tanto quanto possível, como se ele, subitamente, assumisse a direção do maior negócio de todos – o "negócio da evolução", a permitir-lhe determinar o futuro da própria espécie e do planeta. Assim, defendia Huxley, que a espécie humana pode, se assim desejar, transcender a si mesma, em sua totalidade. Em suas palavras, "precisamos de um nome para esta nova crença. Talvez transumanismo sirva: o homem permanecendo homem, mas transcendendo a si mesmo, ao realizar novas possibilidades da e para sua natureza humana".

Cumpre colher de Nick Bostrom,[5] um dos mais destacados adeptos do movimento transumanista, uma compreensão mais adequada e contemporânea do que se deva entender por transumanismo, que, segundo ele, é uma forma de pensar sobre o futuro baseada na premissa de que a espécie humana, em sua forma corrente, não representa o fim de nossa evolução, mas um estágio inicial. Eis como o autor propõe a definição de transumanismo:

> 1. O movimento intelectual e cultural que afirma a possibilidade e o desejo de melhorar fundamentalmente a condição humana por meio da aplicação da razão, especialmente pelo desenvolvimento e ampla disponibilização de tecnologias que eliminem o envelhecimento e aperfeiçoem enormemente as capacidades humanas intelectuais, físicas e psicológicas.

---

3. MAESTRUTTI, Marina. Cyborg identities and contemporary techno-utopias: adaptations and transformations of the body in the age of nanotechnology. *Journal International de Bioéthique*, v. 22, n. 1-2, p. 72-73, 2011.

4. Expressão cunhada por HARARI, Yuval Noah. *Homo Deus*: uma breve história do amanhã. (trad. Paulo Geiger). São Paulo: Companhia das Letras, 2016.

5. BOSTROM, Nick. *The transhumanist FAQ*: a general introduction. World Transhumanist Association, 2003.

2. O estudo das ramificações, promessas e potenciais perigos das tecnologias que nos permitirão superar limitações humanas fundamentais, e o estudo relacionado das questões éticas envolvidas no desenvolvimento e uso de tais tecnologias.

É precisamente na esteira deste pensamento evolucionista, em que o ser humano rompe com sua própria biologia e passa a assumir as rédeas de seus estágios evolutivos vindouros, que emergem movimentos como o transumanismo: afinal, terminologicamente, o prefixo "trans" significa, em sua etimologia latina, "além" ou "através de"; trata-se de expressar a ideia de uma travessia, de mutação de uma condição a outra.[6] Já o termo "humanismo" deve ser aqui compreendido como o que define o cotidiano dos seres humanos, seus atos, seus dilemas, sua vida, enfim. A conjunção semântica exprime, então, o que pode ser qualificado como "além do humano".[7]

Os arautos da moderna concepção de transumanismo, assim, ancorados na forte simbologia da expressão cunhada por Huxley décadas atrás, compreendem este movimento como um meio para superar a condição humana e atuar intelectual e cientificamente para afetar os estágios naturais da evolução, tornando-os manipuláveis de maneira a facultar, em instância final, o surgimento de um novo ser pós-humano. A fascinante promessa de benefícios do movimento transumanista é acompanhada, contudo, por importantes questionamentos jurídico-filosóficos a serem enfrentados, com particular destaque para as reflexões trazidas por bioconservadores *versus* bioprogressistas. Eis, em síntese essencial, o propósito norteador do presente estudo, a que se dedicam os capítulos subsequentes.

2. OS MANIFESTOS E PRINCÍPIOS TRANSUMANISTAS

A organização dos propósitos transumanistas deu azo, no ano de 1998, à fundação da associação denominada "*The World Transhumanist Association*", idealizada por David Pearce e pelo já citado Nick Bostrom. Em 2009, a entidade passou a adotar a nomenclatura "Humanity+"[8] e, mediante a união de esforços de vários de seus entusiastas, emitiu um documento intitulado "Declaração Transumanista", a contemplar balizas consensualmente adotadas sobre os oito princípios básicos do transumanismo, cuja tradução livre se apresenta:

1. A humanidade deve ser profundamente afetada pela ciência e tecnologia no futuro. Nós imaginamos a possibilidade de ampliar o potencial humano ao superar o envelhecimento, deficiências cognitivas, sofrimento involuntário e nosso confinamento no planeta Terra.

2. Acreditamos que o potencial da humanidade ainda não foi amplamente realizado. Há possíveis cenários que levam a maravilhosas e extremamente valiosas condições humanas aprimoradas.

---

6. CAMPIONE, Roger. A vueltas con el Transhumanismo: cuestiones de futuro imperfecto. *CEFD: Cuadernos Electrónicos de Filosofía del Derecho*, n. 40, p. 45-67, 2019.
7. GÓMEZ, Jairo Andrés Villalba. Human transformations through technology: a contribution to a historical study on transhumanism. *Revista Logos Ciencia & Tecnología*, v. 11, n. 1, p. 138-151, jan.-mar. 2019.
8. HUGHES, James J. The politics of transhumanism and the techno-millennial imagination. *Zygon Journal*, v. 47, n. 4, p. 1626-2030, dez. 2012.

3. Reconhecemos que a humanidade enfrenta sérios riscos, especialmente pelo mau uso das tecnologias. Há possíveis cenários realistas que conduzem à perda de muito, ou mesmo tudo, do que consideramos valioso. Alguns desses cenários são drásticos, outros são sutis. Embora todo progresso seja mudança, nem toda mudança é progresso.

4. É necessário investir esforço de pesquisa para entender essas perspectivas. Devemos deliberar cuidadosamente sobre como reduzir melhor os riscos e agilizar as aplicações benéficas. Também necessitamos de fóruns onde as pessoas possam discutir construtivamente o que deve ser feito e de uma ordem social onde decisões responsáveis possam ser implementadas.

5. A redução de riscos existenciais e o desenvolvimento de meios para a preservação da vida e da saúde, o alívio do sofrimento grave e a melhoria da sabedoria e da previsão humana devem ser perseguidos como prioridades urgentes, e fortemente financiados.

6. A formulação de políticas deve ser orientada por uma responsável e inclusiva visão moral, levando a sério tanto as oportunidades quanto os riscos, respeitando a autonomia e os direitos individuais, e demonstrando solidariedade e preocupação com os interesses e a dignidade de todas as pessoas ao redor do globo. Devemos ainda considerar nossas responsabilidades morais para com as gerações que existirão no futuro.

7. Defendemos o bem-estar de todas as senciências, incluindo os humanos, animais não humanos e quaisquer intelectos artificiais futuros, formas de vida modificadas, ou outras inteligências que possam ser geradas pelo avanço tecnológico e científico.

8. Preferimos permitir que os indivíduos tenham amplas opções de escolha pessoal sobre como eles querem viver suas vidas. Isso inclui o uso de técnicas que podem ser desenvolvidas para auxiliar a memória, concentração e energia mental, terapias de extensão de vida; tecnologias de escolha reprodutiva; procedimentos criogênicos; e muitas outras possíveis tecnologias humanas de modificação e aprimoramento.

A fim de esclarecer os propósitos do movimento que ajuda a sustentar, Nick Bostrom cuida ainda de estabelecer uma "tabela de valores transumanistas",[9] transcrita e livremente traduzida a seguir:

Valor fundamental
• Ter a oportunidade de explorar os domínios transumanos e pós-humanos

Condições básicas
• Segurança global
• Progresso tecnológico
• Amplo acesso

Valores derivados
• Não há nada errado em "mexer na natureza"; rejeição da ideia de arrogância
• Escolha individual no uso de tecnologias aprimoradas
• Paz, cooperação internacional, contra a proliferação de armas de destruição em massa
• Melhoramento da compreensão (encorajamento da pesquisa e do debate público; pensamento crítico; abertura de pensamento, investigação científica; discussão aberta sobre o futuro)
• Tornar-se mais inteligente (individualmente; coletivamente; desenvolvimento da inteligência das máquinas)

---

9. BOSTROM, Nick. Transhumanist values. *Review of Contemporary Philosophy*, v. 4, issue 1-2, p. 3-14, 2005.

- Falibilidade filosófica; boa vontade para reexaminar suposições à medida em que se avança
- Pragmatismo; espírito de engenharia e empreendedorismo; ciência
- Diversidade (espécies, raças, crenças religiosas, orientações sexuais, estilos de vida etc.)
- Cuidar do bem-estar de todos os sencientes
- Salvar vidas (extensão da vida, pesquisa antienvelhecimento e criogenia).

Os adeptos do movimento transumanista não apenas firmam seus princípios e valores, como também defendem a inevitabilidade de um futuro pós-humano. Há, a propósito, um termo cunhado para exprimir o exato momento em que a inteligência humana será superada pela artificial: "singularidade". Atribui-se a John Von Neumann a menção primeira à expressão para se referir ao sentido que a ela se empresta nos domínios do transumanismo – *a singularidade tecnológica* –, neste particular, representaria o momento histórico a partir do qual, como decorrência do progresso tecnológico, os assuntos de índole humana não poderão continuar a se desenvolver tal como nos moldes atuais.[10] Vernor Vinge, já em 1993, defendia a ideia de que a singularidade talvez possa provocar a extinção da era humana como a conhecemos, devido a uma simbiose entre o biológico e o tecnológico. A ideia de singularidade surge, portanto, ligada à possibilidade de o ser humano se transcender a si mesmo.[11]

O advento da singularidade será acompanhado por três revoluções, às quais, conjuntamente, se qualifica como "Revolução GNR". A revolução G, referente à genética, propõe a reprogramação da biologia humana, a fim de erradicar doenças e facultar o prolongamento radical da vida; a revolução N, que alude à nanotecnologia, objetiva permitir redesenhar molécula por molécula os corpos e cérebros humanos, para muito além das limitações biológicas; por fim, a "Revolução R", concerne aos robôs com inteligência derivada da humana, porém criados para ultrapassar largamente as capacidades humanas.[12] Para além disso, os melhoramentos humanos propostos pelos transumanistas hão de incluir, segundo os adeptos do movimento, o emprego de ao menos uma das "tecnologias NBIC", a saber: Nanotecnologia, Bioengenharia, Informática e Ciências Cognitivas, e deve sempre ter como objetivo atingir um estágio superior inalcançável por outras vias.

3. AS VIAS TRANSUMANISTAS: DO TRANSHUMANISMO BIOLÓGICO AO PÓS-HUMANISMO CIBERNÉTICO

A partir da análise dos possíveis biomelhoramentos que podem incidir sobre o organismo humano, é possível identificar duas vias distintas para o transumanismo,

---

10. WITT, Federico G. *Singularidad tecnológica y transhumanismo: cuando la ciencia se encuentre con la ficción.* Disponível em: https://www.academia.edu/5264382/SINGULARIDAD_TECNOL%C3%93GICA_Y_TRANSHUMANISMO_CUANDO_LA_CIENCIA_SE_ENCUENTRE_CON_LA_FICCI%C3%93N. Acesso em: 12 ago. 2021, p. 3.
11. VINGE, Vernor. *The Coming Technological Singularity*: How to Survive in the Post-Human Era. Disponível em: https://edoras.sdsu.edu/~vinge/misc/singularity.html. Acesso em: 12 ago. 2021.
12. KURZWEIL, Ray. *A singularidade está próxima*: quando os humanos transcendem a biologia (trad. Ana Goldberger). São Paulo: Itaú Cultural-Iluminuras, 2018, p. 344-346.

tomada a expressão *lato sensu*: uma, de viés mais moderado, que propõe o emprego de tecnologias avançadas que visem ao aprimoramento das capacidades humanas; a outra, de caráter mais radical, sugere não apenas a superação de determinadas habilidades humanas, mas a superação da própria *condição* humana. No primeiro caso, fala-se em um transumanismo *stricto sensu*, que preserva a essência das características humanas, ainda que as amplie. No derradeiro, manifesta-se a perspectiva pós-humanista.

Ambos os modelos apresentados encontram correspondência com a proposta transumanista. A perspectiva transumanista em sentido estrito e o movimento pós-humanista partem das mesmas bases – a ideia de que os humanos são seres *in fieri*, que podem e devem ser aprimorados – e compartilham os mesmos meios, nomeadamente a proposta de valer-se da biotecnologia para transgredir as limitações que naturalmente demarcam a condição humana. Estas perspectivas divergem essencialmente quanto aos fins: enquanto o transumanismo propõe o aperfeiçoamento dos seres humanos, em uma perspectiva (ainda) antropocêntrica, que não descaracteriza ou desnatura a essência das pessoas, o pós-humanismo tem por meta a desconstrução dos seres humanos como os conhecemos, rumo a uma verdadeira "fabricação" de novos seres pós-humanos. Neste sentido, a filosofia pós-humanista pode ser considerada como "pós-antropocêntrica".

Joan Albert Vicens[13] também sintetiza adequadamente as distinções entre as vias transumanistas: de um lado, há um transumanismo mais moderado, que propõe a expansão das capacidades que já possuímos, sem se desgarrar do que o homem é fundamentalmente. O objetivo a atingir, neste caso, é o de fazer com que as pessoas sejam mais saudáveis, mais felizes ou mais inteligentes, o que não as desnatura e tampouco contradiz as aspirações da humanidade ao largo dos séculos – pelo contrário, finalmente as consumam, ao menos segundo seu entendimento. De outro lado, figura um posicionamento mais extremo, do pós-humanismo tecnocientífico, que não pretende apenas melhorar o homem, mas transcendê-lo e substitui-lo por uma espécie superior. Enquanto o transhumanismo de teor mais brando supõe não superar o homem, mas apenas livrá-lo de certas privações como a enfermidade, o pós-humanismo vislumbra um mundo povoado por híbridos, ciborgues, robôs e avatares, que ignora a essência da humanidade como ela é.

É possível inferir, então, que o ser transumano se situe em uma posição intermediária entre os seres humanos não aprimorados e os pós-humanos. Os transumanos, aperfeiçoados a partir de intervenções tecnológicas em seus organismos, estariam alocados em um estágio transitório entre o *Homo sapiens* e o ente pós-humano, considerado uma espécie totalmente distinta do homem[14] – que, por sua vez, é tido, para os pós-humanistas, como um ser obsoleto a ser superado.[15]

---

13. VICENS, Joan Albert. El transhumanismo: una introducción. *Perifèria*, v. 4, p. 22-34, 2017.
14. GAYOZZO, Piero. ¿Qué es el transhumanismo? La ampliación del bienestar a través del futuro común del hombre y de la tecnología. *Instituto de Extrapolítica y Transhumanismo*, Lima, Peru, abril de 2019, p. 20-21.
15. FUSCO, Virginia; BRONCANO, Fernando. Transhumanismo y posthumanismo. *ISEGORÍA - Revista de Filosofía Moral y Política*, n. 63, p. 283-288, jul.-dez. 2020.

Com o fito de atingir concepções mais precisas neste domínio, Nick Bostrom[16] aponta que um ser pós-humano é aquele que ostenta ao menos uma capacidade pós-humana, entendida esta enquanto "uma capacidade central geral que excede enormemente o máximo atingível por qualquer ser humano atual que não empregue recursos a novos meios tecnológicos". Esta "capacidade central geral" a que alude o autor pode ser entendida em três vertentes: i) extensão da saúde, isto é, a capacidade de permanecer totalmente saudável, ativo e produtivo tanto mental quanto fisicamente; ii) cognição, entendida como as capacidades intelectuais em geral, tais como a memória, o raciocínio e a atenção, assim como as faculdades especiais como a capacidade de entender e apreciar música, humor, erotismo e espiritualidade, entre outras; iii) emoção, considerada como a capacidade de aproveitar a vida e retribuir de forma afetivamente apropriada às outras pessoas e às situações da vida.

Ray Kurzweil entende que a essência de *ser humano* não são nossas limitações – embora tenhamos muitas –, mas sim a *capacidade de superarmos as limitações* de nossa biologia.[17] O movimento transumanista, portanto, parte da premissa de que a essência dos seres humanos não é pré-determinada e imutável, mas sobretudo maleável e manipulável pela criatividade humana. A sedutora promessa do progresso tecnológico e melhoramento das próprias condições biológicas e capacidades do ser humano, contudo, não pode vir desacompanhada de importantes reflexões jurídico-filosóficas sobre os seus impactos na sociedade.

4. BIOCONSERVADORES *VERSUS* BIOPROGRESSISTAS: UMA ANÁLISE JURÍDICO-FILOSÓFICA DO TRANSHUMANISMO

Como visto, os transumanistas buscam uma realidade na qual os humanos transcendam as capacidades atuais, possuindo autonomia ampliada, escolha multiplicada e perspicácia moral aprimorada. Todavia, por outro lado, a questão é se, à medida que avançamos em direção a tecnologias cada vez mais poderosas, também queremos manter a liberdade de escolha e a autonomia nos mesmos termos. Surge, assim, o questionamento: "devo ser livre para empregar todos os esforços possíveis para melhoramento das minhas capacidades?". Ademais, nota-se a relevância da reflexão sobre a ideia de que a alteração da biologia humana, a partir do implemento de inovações tecnológicas, poderia chegar ao ponto de modificar a própria natureza humana.

Diante desse cenário, torna-se primordial o estabelecimento de uma estrutura de avaliação do movimento transumanista, tendo como objetivo traçar um comparativo dos principais ideais dos pensadores *bioprogressistas* (transumanistas), comparando-as com proposições teóricas dos *bioconservadores*. Em síntese, as reflexões a serem apresentadas dividem-se em três eixos – 1) dignidade humana e riscos existenciais; 2) liberdade de escolha e tirania parental; 3) justiça e equidade – conforme se observa no quadro abaixo:

---

16. BOSTROM, Nick. Why I want to be a transhumanist when I grow up. *In*: GORDIJN, Bert; CHADWICK, Ruth. (ed.) *Medical Enhancement and Posthumanity*. Heidelberg: Springer Netherlands, 2009, p. 107-136.

17. KURZWEIL, Ray. *A singularidade está próxima: quando os humanos transcendem a biologia* (trad. Ana Goldberger). São Paulo: Itaú Cultural-Iluminuras, 2018, p. 535.

	Bioconservadores	Bioprogressistas
Principais teóricos	Francis Fukuyama, Leon Kass, Hans Jonas, Jürgen Habermas, Michael Sandel, George Annas, Wesley Smith, Jeremy Rifkin e Bill McKibben.	Max Moore, Ray Kurzweil, Nick Bostrom, Natasha Vita-More.
O contexto do Admirável Mundo Novo, romance distópico de Aldous Huxley	– Os habitantes fictícios do Admirável Mundo Novo estão carentes de dignidade, sendo esta a inevitável consequência da obtenção do domínio tecnológico sobre a natureza humana. – Fukuyama → "o mundo pós-humano poderia ser "o tipo de tirania suave imaginada no Admirável Mundo Novo, em que todos são saudáveis e felizes, mas esqueceram o significado de esperança, medo ou luta" [2003, p.225].	– Deve-se evitar o mundo de Huxley por meio da defesa das liberdades morfológica e reprodutiva individuais contra quaisquer supostos controladores. – Bostrom → O Admirável Mundo Novo não é uma narrativa sobre o melhoramento humano que desandou, mas sim "uma tragédia da tecnologia e da engenharia social, das práticas de poder sendo utilizadas deliberadamente para mutilar capacidades morais e intelectuais dos indivíduos – a exata antítese da proposta transumanista" [2005].
Dignidade humana e riscos existenciais	*Jonas* → O transumanismo põe em risco a dignidade humana ou desnatura nossa própria humanidade. *Fukuyama* → alterar a natureza, superando os seus limites biológicos, transformaria perigosamente o estatuto ontológico humano; a preservação da natureza humana é uma condição *sine qua non* da promoção do humano, da sua dignidade e dos direitos humanos. *Sandel* → a busca pela obtenção da perfeição humana por meios artificiais não deve ser buscada, pois coloca em perigo nossa humanidade; põe em risco a noção da vida humana como um presente, e mina nosso apreço pelos talentos e dons naturais proporcionados pela vida humana. – Inovações científicas e tecnológicas podem acabar sendo profundamente prejudiciais à humanidade, talvez até levando ao fim da civilização como a conhecemos.	– Obter o domínio técnico sobre nossa própria natureza não leva inevitavelmente à desumanização. Os aprimoramentos promovidos pelas biotecnologias não colocam em perigo o princípio da dignidade humana, mas, pelo contrário, o fortalecem. – Propõe-se um novo conceito de dignidade pós--humana, ou seja, a dignidade é algo que um ser pós-humano poderia possuir. *Bostrom* → sociedades modernas e pacíficas podem ter um grande número de pessoas com capacidades físicas ou mentais diminuídas, juntamente com muitas outras pessoas que podem ser excepcionalmente fisicamente fortes ou saudáveis ou intelectualmente superiores, além de sujeitos com capacidades aprimoradas tecnologicamente, sem que isso venha a destruir a sociedade ou desencadear eugenia, genocídio ou escravidão.
Liberdade de escolha e poder (ou tirania) parental	– Fukuyama → ataca a ideologia neoliberal subjacente aos ideais transumanistas – as escolhas individuais terão obrigatoriamente consequências sobre o coletivo. – Jonas → a liberdade reprodutiva poder-se-ia constituir em uma espécie de tirania parental, minando a dignidade da criança e capacidade para escolhas autônomas. Habermas → "o conhecimento de que os traços hereditários de alguém foram programados poderia acabar por restringir as escolhas da vida desse indivíduo, e minar as relações essencialmente simétricas entre os seres humanos livres e iguais".	– Abordagem individualista baseada na autonomia da pessoa; a liberdade individual existente na autodeterminação corporal está na base da filosofia transumanista. – Um movimento pelas liberdades civis com raízes na demanda mais fundamental da democracia liberal: cidadãos adultos capazes têm o direito de controlar seus próprios corpos e mentes. – Tecnologias de melhoramento humano devem ser largamente disponibilizadas e os indivíduos devem ter poder de escolha em relação a quais tecnologias utilizarão em si mesmos, bem como os pais devem ter o poder de decidir acerca das tecnologias (reprodutivas, genéticas) utilizadas na concepção de seus filhos.
Justiça e equidade	– O transumanismo mina os ideais igualitários da democracia liberal (gerando potencial para conflito social). Fukuyama → a primeira "vítima" do transumanismo é a equidade. – Risco à isonomia social no que diz respeito ao próprio acesso a essas novas tecnologias de aprimoramento. – O transumanismo gera uma disparidade entre "pessoas aprimoradas" e o restante da população – violação ao direito fundamental de igualdade de oportunidades.	– Compreendem os direitos humanos a partir do direito de escolha (liberdade) individual. – A natureza humana já é desigual (loteria genética e social que ocorre na concepção) e as tentativas de equalização da natureza humana são irrealistas em vista disto. – Diversas tecnologias tornam-se muito mais baratas com o passar do tempo, razão pela qual não há motivo para acreditar que o mesmo não se aplicaria às tecnologias de aprimoramento.

Observa-se que o transumanismo cria um pano de fundo adequado para se repensar alguns conceitos jurídicos fundamentais, como *humanidade*, bem como refletir até que ponto pode um ser humano transformar-se e, ainda assim, permanecer *humano*.

Traz-se o questionamento de se o processo de alteração da condição humana dará origem a um ser pós-humano, e isto será de fato algo positivo ao homem, ou, ainda, se ocorrerá justa e radicalmente o inverso. Em outras palavras, indaga-se: as tecnologias de melhoramento humano largamente disponibilizadas – ou até mesmo *impostas* – poderiam ser "desumanizantes" e minar a nossa dignidade humana?

Bioprogressistas, a exemplo de Nick Bostrom,[18] compreendem a dignidade humana e pós-humana como compatíveis e complementares. Pode-se considerar aqui dois sentidos diferentes de dignidade: "1. Dignidade como um status moral, em particular o direito inalienável de ser tratado com um nível básico de respeito; 2. Dignidade como a qualidade de ser valoroso ou honrado; valor, nobreza, excelência".[19] Os transumanistas persistem na ideia de que, em ambas as definições, a dignidade consiste naquilo que um ser pós-humano poderia possuir, pois se refere a algo que somos e temos o potencial de nos tornar, e não na genealogia ou origens causais.[20] Isso, porque o ser humano deve ser compreendido para além de uma função somente do seu código genético, incluindo-se igualmente o seu contexto social e tecnológico. A natureza humana, neste sentido, é dinâmica e parcialmente transformada e aprimorável pelo homem.[21]

Em sentido contrário, uma das ideias centrais do bioconservadorismo é a de que as tecnologias de melhoramento irão minar a dignidade humana. Bioconservadores, como Hans Jonas – no livro "O princípio da responsabilidade – ensaio de uma ética para a civilização tecnológica"[22] –, consideram o potencial de melhorias biotecno-

---

18. BOSTROM, Nick. Em defesa da dignidade pós-humana. (trad. Brunello Stancioli, Daniel Mendes Ribeiro, Anna Rettore e Nara Pereira Carvalho). *Bioethics*, v. 19, n. 3, p. 202-214, 2005.

19. BOSTROM, Nick. Em defesa da dignidade pós-humana. (trad. Brunello Stancioli, Daniel Mendes Ribeiro, Anna Rettore e Nara Pereira Carvalho). *Bioethics*, v. 19, n. 3, p. 202-214, 2005.

20. Nesse sentido, cf.: "O grupo de indivíduos ao qual se reconhece status moral completo nas sociedades ocidentais tem, na verdade, aumentado, para incluir homens sem propriedade ou ascendência nobre, mulheres, e pessoas não brancas. Pareceria factível estender esse grupo ainda mais para incluir futuros pós-humanos, ou, nessa mesma toada, alguns dos primatas superiores ou quimeras humano-animais, caso tais sejam criadas – e fazê-lo sem ter que compensar esse crescimento reduzindo o grupo em outra direção. (...) Nós podemos trabalhar para criar estruturas sociais mais inclusivas que conformem um reconhecimento moral apropriado e direitos legais para todos os que deles precisem, sejam machos ou fêmeas, negros ou brancos, carne ou silício. A dignidade no segundo sentido, referindo-se a uma excelência especial ou a um certo valor moral, é algo que os seres humanos atuais possuem em graus amplamente diversos. Alguns possuem bem mais excelência do que outros. Alguns são moralmente admiráveis; outros são baixos e vis. Não há razão para supor que os seres pós-humanos não poderiam também ter dignidade nesse segundo sentido." (BOSTROM, Nick. Em defesa da dignidade pós-humana. (Trad. Brunello Stancioli, Daniel Mendes Ribeiro, Anna Rettore e Nara Pereira Carvalho). *Bioethics*, v. 19, n. 3, p. 202-214, 2005.

21. BOSTROM, Nick. Em defesa da dignidade pós-humana. (trad. Brunello Stancioli, Daniel Mendes Ribeiro, Anna Rettore e Nara Pereira Carvalho). *Bioethics*, v. 19, n. 3, p. 202-214, 2005.

22. JONAS, Hans. *O princípio da responsabilidade*. Ensaio de uma ética para a civilização tecnológica. (trad. Marijane Lisboa e Luiz Barros Montez). Rio de Janeiro: Contraponto Editora; Editora PUC-Rio, 2006, p. 29-66.

lógicas violarem a dignidade humana e ameaçarem o que Jonas denomina "ideia de homem", ou, em seu imperativo categórico, uma "verdadeira vida humana" (vida humana genuína). A *condição humana* – enraizada em nosso ser e, portanto, ligada à nossa *dignidade* – também revela seu valor quando consideramos sua abolição ou transformação. Tomados em conjunto, então, a ideia de homem e a condição humana constituem uma vida humana genuína.

Além disso, bioconservadores levantam a preocupação quanto às possíveis consequências sociais trazidas com o transumanismo – especialmente, desigualdade, discriminação e estigmatização. Francis Fukuyama, na obra "Nosso futuro pós-humano", entende que a existência de "pessoas melhoradas" poderia fazer com que alguns indivíduos (crianças, portadores de deficiência ou humanos não melhorados) perdessem parte do *status* moral e que o princípio da dignidade igual para todos seria destruído.[23] Fukuyama ataca a ideologia neoliberal subjacente aos ideais transumanistas de uma liberdade soberana, defendendo que as escolhas individuais terão, obrigatoriamente, consequências sobre o coletivo.

É possível imaginarmos o cenário de uma sociedade com seu alicerce na ideia de controle dos corpos humanos, restringindo sua própria biologia, em favor de uma transumanização artificial amplamente incentivada por governos, divulgada pelas mídias, *digital influencers* e celebridades. Nesse cenário, pertinente a reflexão de Fukuyama, no sentido de que a *primeira vítima do transumanismo é a equidade*.[24] Bioprogressistas afirmam que diversas tecnologias se tornam muito mais baratas com o passar do tempo, razão pela qual não há motivo para acreditar que o mesmo não se aplicaria às tecnologias de melhoramento humano. Contudo, Fukuyama, ao defender a proibição de inúmeras tecnologias de aprimoramento, concentra a sua preocupação no potencial de conflito social, com os ricos tendo maior acesso às tecnologias para torná-los mais inteligentes, fortes, saudáveis e com vida mais longa, gerando, assim, uma disparidade entre *pessoas aprimoradas* e o restante da população – uma violação ao direito fundamental de igualdade de oportunidades.

Michael Sandel, nesse sentido, indica que se os melhoramentos cognitivos a partir de biotecnologias forem sendo transmitidos de geração em geração, um dia poder-se-á criar duas subespécies humanas: os melhorados e os naturais.[25] Ou seja,

---

23. Nesse sentido, cf.: "A negação do conceito de dignidade humana – isto é, da ideia de que há algo de único na raça humana que dá a cada membro da espécie um status moral mais elevado do que o resto do mundo natural – leva-nos a um caminho muito perigoso. (...) Para evitar esse caminho, precisamos considerar mais uma vez a noção de dignidade humana e perguntar se há um meio de defender o conceito contra seus detentores que seja totalmente compatível com a ciência natural moderna, mas que também faça justiça ao pleno significado da especificidade humana. Acredito que há" (FUKUYAMA, Francis. *Nosso futuro pós-humano*. Consequências da revolução da biotecnologia. (trad. Maria Luiza X. de A. Borges). Rio de Janeiro: Rocco, 2003, p. 169)

24. FUKUYAMA, Francis. *Nosso futuro pós-humano*. Consequências da revolução da biotecnologia. (trad. Maria Luiza X. de A. Borges). Rio de Janeiro: Rocco, 2003, p. 115-185.

25. SANDEL, Michael J. *Contra a perfeição*: ética na era da engenharia genética. (trad. Ana Carolina Mesquita). 4. ed. Rio de Janeiro, 2021, p. 27-28.

haverá uma acentuada separação entre humanos ciborgues, expandidos por biotecnologias, e aqueles dotados de uma simples inteligência biológica.[26]

A mera expectativa de uma nova realidade, proporcionada pelo poderio técnico e progresso das ciências biomédicas, levanta questões que nunca foram postas antes no âmbito da escolha prática e, por isso, nenhum princípio ético passado, que tomava as constantes humanas como dadas, está à altura de respondê-las. Justamente, por isso, é necessária a compreensão de um novo princípio ético – o *princípio da responsabilidade* (Hans Jonas) –, que seja capaz de frear os novos poderes tecnológicos da humanidade, no intuito de garantir a existência e a integridade da vida humana, sem que isso se torne um desincentivo para o desenvolvimento de tecnologias.[27]

Jonas parte do pressuposto de que os nossos descendentes, mais avançados tecnologicamente do que nós somos atualmente, poderão ficar indefesos diante das escolhas que hoje nós fazemos sobre os limites do poderio biotecnológico para aprimoramento das condições biológicas e genéticas do homem. Nesse sentido, observa-se que o princípio jonasiano de responsabilidade engloba a ideia de *precaução*: "uma vez que nada menos que a natureza do homem se encontra sob a esfera de influência das intervenções humanas, a precaução (*Vorsicht*) se torna o primeiro dever ético, e o pensar hipotético, nossa primeira responsabilidade. Considerar as consequências antes de passar à ação não é mais que simples prudência (Klugheit)".[28] Por isso, "a sabedoria nos ordena ir mais fundo e examinar o uso eventual dos poderes antes mesmo de eles estarem completamente prontos para o uso".[29]

Diante disso, propõe-se a seguinte indagação: como exercer a precaução da responsabilidade que recentemente tem se imposto a nós? Este é um ponto primordial de reflexão, tendo em vista a robusta dimensão do que então está em jogo e do que os nossos descendentes terão que pagar um dia. Sem dúvidas, as nobres lições de Hans Jonas vêm ao encontro da ideia de que, atualmente, a precaução é convertida em virtude superior, perante a qual retrocede o valor da ousadia que, inclusive, passa a figurar entre os deméritos da falta de responsabilidade.

5. A EDIÇÃO GENÉTICA PELA TÉCNICA CRISPR/CAS9 NO CONTEXTO DO TRANSUMANISMO

Como visto anteriormente, a combinação sinérgica de quatro grandes áreas do conhecimento: Nanotecnologia, Biotecnologia, Tecnologias da Informação e da

---

26. ALEXANDRE, Laurent. *A morte da morte*: a medicina biotecnológica vai transformar profundamente a humanidade. (trad. Maria Idalina Lopes Ferreira). Barueri: Manole, 2018, p. 191.
27. JONAS, Hans. *O princípio da responsabilidade*. Ensaio de uma ética para a civilização tecnológica. (trad. Marijane Lisboa e Luiz Barros Montez). Rio de Janeiro: Contraponto Editora; Editora PUC-Rio, 2006, p. 29-66.
28. JONAS, Hans. *Técnica, Medicina e Ética*: Sobre a prática do princípio responsabilidade. (trad. Grupo de Trabalho Hans Jonas da ANPOF). São Paulo: Paulus, 2013, p. 170.
29. JONAS, Hans. *Técnica, Medicina e Ética*: Sobre a prática do princípio responsabilidade. (trad. Grupo de Trabalho Hans Jonas da ANPOF). São Paulo: Paulus, 2013, p. 171.

Comunicação e a Neurociência – convergência NBIC (Converging Technologies for Improving Human Performance – 2001)[30] representou aumento significativo da capacidade dessas tecnologias de introduzirem modificações na sociedade e no ambiente. Esse desenvolvimento acelerado e conjunto caracterizado, principalmente, pela dissolução da fronteira entre as ciências físicas e biológicas tem justificado o avanço inusitado da Medicina nos últimos decênios. Nesse cenário, desponta a nova e revolucionária técnica de edição genética CRISPR/Cas9 que descortina um leque imprevisível de possibilidades para o mapeamento de doenças genéticas graves, na maioria das vezes incuráveis, gerando expectativa positiva no que se refere às medidas de prevenção e de criação de novas alternativas terapêuticas em humanos.

Estudos inovadores do sistema CRISPR/Cas9 comprovaram que a endonuclease Cas9, juntamente com uma molécula de RNA guia, poderiam ser programadas para clivar, especificamente, qualquer sequência de DNA animal ou vegetal.[31] A partir daí, generalizou-se a aplicabilidade da técnica e foi possível, com significativa eficiência, facilidade e baixo custo, utilizá-la nas pesquisas básicas, na biotecnologia e no desenvolvimento de novas estratégias de prevenção, diagnóstico e tratamento. Por intermédio dessa ferramenta promissora, democratizou-se a edição do genoma, o que representou uma revolução na pesquisa em biologia e o reconhecimento científico de uma das mais importantes descobertas do século XXI.[32]

O CRISPR/Cas9 (*clustered regularly interspaced short palindromic repeats*),[33] funciona como um tipo de "editor de texto genético" que propicia a correção, anulação ou exclusão de genes portadores de mutações.[34] Sua aplicabilidade, inicial, restringiu-se à linhagem de células somáticas, ou seja, aquelas responsáveis pela formação dos diferentes tecidos e órgãos, sem potencial de gerar gametas. Por outro lado, quando utilizada em células germinativas humanas, a edição gênica é capaz de impactar o

---

30. BAINBRIDGE, William Sims; MONTEMAGNO, Carlo; ROCO, Mihail C. (ed.) Converging technologies for improving human performance: nanotechnology, biotechnology, information technology and cognitive sciences. *NSF/DOC-sponsored report*. Arlington, Virgínia, 2002. Disponível em: https://obamawhitehouse. archives.gov/sites/default/files/microsites/ostp/bioecon-%28%23%20023SUPP%29%20NSF-NBIC.pdf. Acesso em: 20 set. 2021.

31. KNOTT, Gavin J.; DOUDNA, Jennifer A. CRISPR-Cas guides the future of genetic engineering. *Science*, v. 361, n. 6405, p. 866-869, ago 2018.

32. The Royal Swedish Academy Of Sciences. Scientific Background on the Nobel Prize in Chemistry 2020. A tool for genome editing. Disponível em: https://www.nobelprize.org/uploads/2020/10/advanced-chemistryprize2020.pdf. Acesso em 20 de setembro de 2021.

33. JINEK, Martin. et al. Programmable dual-RNA-guided DNA Endonuclease in adaptive bacterial immunity. *Science*, n. 337, v. 6096, p. 816–821, ago 2012.

34. CRISPR/Cas9 - Trata-se de complexo formado por enzima do tipo endonuclease (Cas9) guiada até a região específica da molécula de DNA (gene marcado) que se pretende editar, por meio de uma molécula de gRNA, programada para reconhecer a sequência específica do DNA. Assim, procede-se à substituição do fragmento de DNA, que possui a mutação, por sequência normal possibilitando a correção da desordem. A molécula de gRNA pode ser personalizada para reconhecer sequências específicas do DNA por meio de alteração de apenas 20 nucleotídeos. Dessa forma, genes específicos podem ser alvo do gRNA e, consequentemente, da Cas 9, o que propicia modificações precisas dos mesmos. (REYES, Alvaro P.; LANNER, Fredrik. Towards a CRISPR view of early human development: applications, limitations and ethical concerns of genome editing human embryos. *The Company of Biologists*, n. 144, p. 3-7, jan. 2017.)

organismo do indivíduo como um todo, bem como de seus descendentes.[35] Por esse motivo, a possibilidade de se promover mudanças permanentes no DNA, com eventual impacto sobre as futuras gerações, tem suscitado intensos debates sobre o tema.[36]

É inquestionável que, em pesquisas básicas, a técnica CRISPR/Cas9 tenha ampliado, de modo significativo, o conhecimento científico (esclarecimento sobre mecanismos de diferenciação celular; investigação e compreensão da gênese de várias doenças genéticas; elaboração de terapias gênicas). Por sua vez, no que se refere às pesquisas de aplicação clínica, é inegável o potencial de seus avanços na prevenção de várias enfermidades, inclusive no âmbito das doenças infecciosas.[37]

Embora a tecnologia CRISPR/Cas9 tenha gerado entusiasmo no sentido de se garantir a possibilidade de tratamentos efetivos para doenças complexas e incuráveis, nem todos os seus impactos são positivos. Assim, como ocorre na maioria das tecnologias inovadoras, um dos grandes desafios dos estudos envolvendo a técnica CRISPR/Cas9 refere-se aos riscos desconhecidos inerentes à sua utilização. Destacam-se, a probabilidade de ocorrência do mosaicismo[38] e/ou das mutações *off-target* (mutações não intencionais ou fora do alvo).[39] Notadamente, o aprimoramento da técnica, com objetivo de reduzir tais riscos, tem surpreendido as expectativas. Pesquisadores dedicam-se, com sucesso, no desenvolvimento de ferramentas de bioinformática e no aperfeiçoamento tecnológico de guias de RNA e endonucleases Cas9, cada vez mais precisas e específicas.[40-41] Logo, estima-se que, em pouco tempo, uma vez superadas as limitações da técnica, o CRISPR/Cas9 deixará de ser uma realidade distante e constituirá o cotidiano dos laboratórios de biologia celular, genética e embriologia.

Apesar da expectativa crescente em relação à essas potencialidades, cabe ressaltar que, ainda, há consenso global no sentido de se permitir apenas as modificações gênicas de células somáticas, estando proibida a edição genética de células

---

35. LIANG, Puping. et. al. CRISPR/Cas9-mediated gene editing in human tripronuclear zygotes. *Protein Cell*, v. 6, n. 5, p. 363-372, maio 2015.

36. CLEMENTE, Graziella Trindade. Responsabilidade civil, edição gênica e o CRISPR. *In*: ROSENVALD, Nelson; DRESCH, Rafael de Freitas Valle; WESENDONCK, Tula. (coord.). *Responsabilidade civil*: novos riscos. Indaiatuba: Foco, 2019, p. 301-317.

37. XU, Lei. et al. CRISPR/Cas9 – mediated CCR5 ablation in human hematopoietic steam/progenitor cells confers HIV-1 resistence in vivo. *American Society of Gene & Cell Therapy*, v. 25, n. 8, p. 1782-1789, ago 2017.

38. "O mosaicismo é a presença em um indivíduo ou em um tecido de ao menos duas linhagens celulares geneticamente diferentes, porém derivadas de um único zigoto. As mutações que acontecem em uma única célula após a concepção, como na vida pós-natal, podem originar clones celulares geneticamente diferentes do zigoto original porque, devido à natureza da replicação do DNA, a mutação irá permanecer em todos os descendentes clonais dessa célula." (NUSSBAUM, Robert L. et al. *Genética Médica* – Padrões de herança monogênica. Trad. Thompson & Thompson. Rio de Janeiro: Elsevier, 2016, p. 107-132.)

39. Em condições fisiológicas, erros ou falhas podem ser introduzidos durante a replicação ou reparação do DNA. Essas alterações podem também ocorrer em virtude da ação de agentes físicos ou químicos – denominados agentes mutagênicos. (NUSSBAUM, Robert L. et al. *Genética Médica* - Padrões de herança monogênica. Trad. Thompson & Thompson. Rio de Janeiro: Elsevier, 2016, p. 107-132.)

40. KLEINSTIVER, Benjamin P. et al. High fidelity CRISPR-Cas9 nucleases with no detectable genome-wide off-target effects. *Nature*, n. 529, p. 490-495, jan. 2016.

41. MA, Hong. et al. Correction of a pathogenic gene mutation in human embryos. *Nature*, v. 548, p. 413-419, ago 2017.

germinativas e de embriões humanos – cautela classificada como bioconservadora.[42] Entretanto, as vantagens técnicas do CRISPR/Cas9, bem como seu importante potencial terapêutico, têm influenciado na flexibilização desse consenso. Atualmente, é possível perceber um movimento mundial no sentido de se requerer a atualização e reformulação de boa parte das normas e regulamentos internacionais relativos à edição genética.[43] Nesse sentido, fica evidente a perspectiva bioprogressista que parte da ideia da inevitabilidade de se livrar o homem das privações impostas por certas enfermidades, por meio da manipulação genética, até o reconhecimento da mesma como um dever a ser cumprido.

Outra preocupação recorrente no que diz respeito à utilização da técnica em embriões humanos ou nas células da linhagem germinativa está relacionada à sua utilização como ferramenta para aprimoramento genético "máximo" da espécie humana – os *designer babies*. Desse modo, ela é justificada na medida em que o aprimoramento pode ser utilizado para reforçar o preconceito ou restringir a diversidade gênica nas futuras gerações, bem como estreitar o conceito de "normalidade." Apesar da relevância e devida cautela que a problemática exige, merece destaque o fato de que estudos recentes comprovam que tal potencialidade pode ser considerada, ainda, ficção científica, na medida em que exigiria uma série de modificações complexas e simultâneas do DNA. Reforçando essa argumentação cabe esclarecer que muitas das características potencialmente desejáveis – no caso dos *designer babies* – para serem alcançadas a partir da edição genética teriam que ser determinadas, predominantemente, pelo DNA. Ao contrário, sabe-se que a maioria dessas características dependem de um somatório de fatores, como os ambientais, para se expressar.[44]

Fica evidente, portanto, que a utilização da técnica apresenta à sociedade não apenas a possibilidade de superação de doenças genéticas, para as quais inexiste tratamento médico efetivo, como também torna possível a satisfação de um desejo de "perfeição" quando seu uso é orientado por ideologias eugênicas de aprimoramento. Nesse sentido, a abordagem relativa à utilização do CRISPR/Cas9 aproxima-se do ideal proposto pelo movimento transumanista, embora numa perspectiva, ainda, antropocêntrica, que não descaracteriza ou desnatura a essência das pessoas (como já citado). O sucesso na edição genética de células germinativas e embriões humanos permitiria, então, a criação de indivíduos humanos que ultrapassam limitações e barreiras naturais, expandindo suas capacidades, o que é objetivo das ciências contemporâneas que se dedicam em aliar vida e tecnologia.[45]

---

42. SÁNCHEZ, Teresa S. The edition of the genome. From the homo sapiens to the homo excelsior. A genethical reflection. *Diálogo Filosófico*, n. 103, p. 43-64, 2019.
43. MARTINEZ, Maria de la Luz C. et al. Reflexión bioética em torno a la edicion genética com CRISPR-Cas en línea germinal em el contexto del transhumanismo. *Open Insight*, v. 10, nº 18, p. 185-213, 2019.
44. CLEMENTE, Graziella Trindade. Modulações gênicas em embriões humanos. *Cadernos da Lex Medicinae - Saúde, novas tecnologias e responsabilidades*. v. I, n. 4, p. 263 – 276, 2019.
45. SÁ, Maria de Fátima Freire de; NAVES, Bruno Torquato de Oliveira; MOUREIRA, Diogo Luna. Seleção e edição de embriões: a preservação normativa da autonomia futura. In: SÁ, Maria de Fátima Freire de. et. al. (coord.). *Direito e medicina*: interseções científicas. Belo Horizonte: Conhecimento Editora, 2021, p. 79-94.

De fato, descobrir que é possível reescrever o genoma humano, com técnicas simples e acessíveis, equivale admitir que somos capazes de reescrever a própria vida. Silenciar, expressar e substituir genes significa ter em mãos um poder que até agora foi uma patente divina, que ficou em mãos do acaso e da seleção natural espontânea. As novas possibilidades que se abrem mudam a visão da doença e podem impactar na própria natureza humana ou, até mesmo, na autocompreensão da espécie. [46-47] Exacerba-se, assim, a dicotomia existente entre os bioconservadores e bioprogressistas no que tange a temática da manipulação genética.

A implementação do CRISPR/Cas9, indubitavelmente, garantirá benefícios à saúde que serão ainda mais relevantes quando se considera a inegável superação dos limites de sua aplicabilidade. Assim, mesmo diante de tendência bioconservadora, vislumbra-se que a utilização terapêutica, em circunstâncias que apontem indícios de que há finalidade única de prevenção de mal extremo, possa configurar exceção à regra de proibição de manipulação genética de células germinativas e embriões. Nesse contexto de exceção, flexibiliza-se, inclusive, a polêmica questão da pressuposição de consentimento da futura prole para a prática da manipulação genética de embriões humanos – evidente mitigação da autonomia.[48] A emergente discussão sobre o melhor interesse da pessoa não concebida baseia-se na presunção de que haveria um suposto melhor interesse em modificar o genoma de uma pessoa hipotética, posição adotada por importantes defensores da corrente bioprogressista.[49]

Embora a pretensão de cura (uso terapêutico), por meio da utilização do CRISPR/Cas9, apresente uma tendência à aceitabilidade, o mesmo não se observa em relação à melhoria ou aprimoramento genético.[50] Soma-se, a isso, a dificuldade de se diferenciar utilização terapêutica e aperfeiçoamento genético. Para os bioconservadores, a ausência desses limites precisos faz a discussão esbarrar na viabilidade da lógica de mercado. Assim, as justificativas para a escolha de determinadas características (aprimoramento) seriam baseadas em preferências individuais – aspectos subjetivos, íntimos, sociais, culturais e existenciais – tornando difícil a diferenciação entre produtos e pessoas, e modificando a própria forma de autocompreensão dos seres humanos.[51]

---

46. SANDEL, Michael J. *Contra a perfeição*: ética na era da engenharia genética. (trad. Ana Carolina Mesquita). 3. ed. Rio de Janeiro: Civilização Brasileira, 2018, p. 19.
47. HABERMAS, Jürgen. *O futuro da natureza humana*: a caminho de uma eugenia liberal? São Paulo: Martins Fontes, 2004.
48. HABERMAS, Jürgen. *O futuro da natureza humana*: a caminho de uma eugenia liberal? São Paulo: Martins Fontes, 2004.
49. SAVULESCU, Julian; KAHANE, Guy. The moral obligation to create children with the best chance of the best life. *Bioethic*, vol. 23, n. 5, p. 274-90, jun. 2009.
50. SANDEL, Michael J. *Contra a perfeição*: ética na era da engenharia genética. (trad. Ana Carolina Mesquita). 3. ed. Rio de Janeiro: Civilização Brasileira, 2018, *passim*.
51. HABERMAS, Jürgen. *O futuro da natureza humana*: a caminho de uma eugenia liberal? São Paulo: Martins Fontes, 2004, p. 27.

Por outro lado, os transumanistas defendem que a razão deve regular de modo deliberado, prudente e sensato o que a ciência permite que se controle. Desse modo, a utilização da técnica de edição genética – CRISPR/Cas9 – representaria, meramente, expressão responsável da liberdade de escolha. Nega-se, portanto, a ideia de que o genoma humano deveria ser considerado um santuário sagrado e intocável. Ao contrário, diante da possibilidade de se corrigir, alterar, melhorar ou aperfeiçoar, seria um erro, que limita as possibilidades de desenvolvimento da própria espécie, aceitar a aleatoriedade e o veredicto inapelável das leis biológicas.

No entanto, merece destaque, que em contraposição à potencialidade, facilidade de reprodução da técnica, bem como seu baixo custo, intensifica-se a preocupação quanto ao uso dessa tecnologia em âmbito doméstico – movimento "Do-it-Yourself Biology". Trata-se de movimento contrário ao uso exclusivo da tecnologia em ambiente institucional, ou seja, sujeito à vigilância das agências reguladoras a fim de se garantir a biossegurança e evitar novos riscos para a sociedade. Os *biohackers* atuantes no campo da ciência amadora (ciência DIYBio), defendem o engajamento público com a ciência, código aberto, descentralização e a participação do público leigo.[52] Diante das possibilidades já descritas para o CRISPR/Cas9, acirra-se o estado de inquietação, pois estamos diante de tecnologia capaz de transformar ou, até mesmo, transcender a natureza humana. Como fazer o melhor uso dela para salvaguardar o ser humano e os direitos fundamentais de todas as pessoas é uma especial preocupação diante da conduta dos *biohackers*.

6. REPERCUSSÕES DO TRANSUMANISMO NO PROCESSO DE ENVELHECIMENTO E PROLONGAMENTO DA VIDA

A possibilidade de que patologias associadas ao envelhecimento possam ser tratadas ou retardadas com determinadas tecnologias, potencialmente prolongando a vida saudável, é um dos sonhos mais antigos da humanidade.[53] Não é de hoje que a humanidade nutre uma aspiração ao prolongamento (por vezes, à eternização) da vida. A Epopeia de Gilgamesh – história mais antiga do mundo – é um antigo poema épico mesopotâmico, escrito por volta de 2000 a.C., que narra a jornada do rei Gilgamesh em busca da sua imortalidade.[54] Nas últimas décadas, pesquisas sobre o envelhecimento vivenciaram um avanço sem precedentes, especialmente com a descoberta de que a taxa de envelhecimento pode ser, até certo ponto, controlada

---

52. ROYO, Mayara Medeiros CLEMENTE, Graziella Trindade. Responsabilidade civil nas técnicas de engenharia genética: uma análise do movimento "do-it-yourself biology" e da atuação dos biohackers. In: KFOURI NETO, Miguel; NOGAROLI, Rafaella. (coord.) *Debates Contemporâneos em direito médico e da saúde.* São Paulo: Thomson Reuters Brasil, 2020, p. 93-122.
53. CORDEIRO, José Luis; WOOD, David. *A morte da morte.* A possibilidade científica da imortalidade. (trad. Nicolas Chernavsky e Nina Torres Zanvetto). São Paulo: LVM Editora, 2019, p. 56.
54. BBC News Mundo. *Epopeia de Gilgamesh*: a obra que contou sobre o Dilúvio Universal antes da Bíblia. Disponível em: https://www.bbc.com/portuguese/geral-53769140. Acesso em 19 de dezembro de 2021.

pela via genética, processos bioquímicos e medicina biotecnológica.[55] Com esses avanços tecnológicos, tem-se reacendido o anseio por esse propósito.

Observa-se, nesse cenário, a tendência ao discurso de negacionismo em relação à morte e ao envelhecimento como processos naturais da vida humana, de modo que não seria tão difícil imaginarmos um futuro no qual o papel dos médicos passa a ter como pressuposto elevar ao máximo as potencialidades fisiológicas e a substituição mecânica de partes defeituosas de nossos corpos por outras "melhores" – em uma espécie de "ditadura do transumanismo".

Nessa linha, talvez, pudesse ser inserida a tentativa da Organização Mundial da Saúde – OMS –, de incluir a velhice no CID-11: MG2A, passando a tratar essa fase da vida como doença,[56] o que acabou não acontecendo.[57] E se assim é, mereceria ser cuidada, provavelmente a fim de impedi-la. Mas como, se quem viver, chegará até a idade de sessenta (60) ou sessenta e cinco (65) anos, ou mais, passará a ser considerado a partir de então? Velho? Idoso? A repercussão de tal inclusão seria enorme tanto no campo da medicina, que tanto poderia tentar evitar que se chegasse a este estágio da vida, quanto passando a ignorar a "causa mortis", uma vez que não mais seria importante sabê-la. Bastaria constar no atestado de óbito "velhice", para justificar a morte de alguém acima das faixas etárias da velhice.

Interessante observar que isso aconteceu por ocasião do falecimento, em abril de 2021, do Príncipe Philip, marido da rainha Elizabeth II, monarca do Reino Unido. Pela primeira vez constou de tal atestado o termo "velhice" como causa da morte de uma pessoa.[58] Fato é, contudo, que ele já era bastante idoso – 99 anos –, mas não se pode desconsiderar que meses antes de sua morte ele chegou a ficar internado por conta de problemas cardíacos.[59] Isto sim teria sido importante investigar.

Outro fato que precisaria ser pensado, se a determinação da OMS tivesse sido implementada, seria a de que os velhos provavelmente teriam problemas em conseguir acesso a um plano de saúde ou a uma seguradora. Afinal, quem aceitaria, em seus quadros de clientes, pessoas já doentes? Mas, e se a pessoa idosa não tivesse nenhum tipo de comorbidade, por ocasião do seu ingresso no plano ou como segurada? Certamente a resposta seria excluí-la, de antemão, ou os valores a serem pagos pela prestação dos serviços de saúde seriam tão absurdamente altos, que ela mesma seria desestimulada a contratá-los.

---

55. CORDEIRO, José Luis; WOOD, David. *A morte da morte*. A possibilidade científica da imortalidade. (trad. Nicolas Chernavsky e Nina Torres Zanvetto). São Paulo: LVM Editora, 2019, p. 113.

56. Disponível em: https://portal.coren-sp.gov.br/noticias/nota-oficial-sobre-a-classificacao-da-velhice-como--doenca-na-cid-11/. Acesso em: 27 de janeiro de 2022.

57. Disponível em: https://sbgg.org.br/oms-reve-decisao-e-nao-inserira-velhice-como-codigo-no-cid-11/. Acesso em: 26 de janeiro de 2022.

58. Disponível em: https://g1.globo.com/mundo/noticia/2021/05/05/atestado-mostra-que-causa-de-morte--de-principe-philip-foi-velhice-diz-jornal.ghtml. Acesso em: 25 de janeiro de 2022.

59. Disponível em: https://g1.globo.com/mundo/noticia/2021/05/05/atestado-mostra-que-causa-de-morte--de-principe-philip-foi-velhice-diz-jornal.ghtml. Acesso em: 25 de janeiro de 2022.

A partir dessas impressões, uma primeira pergunta se faz necessária: o que se deve entender pelo substantivo feminino *doença*? De acordo com Antonio Houaiss, doença é "distúrbio de saúde"[60]. Se assim é, o que significa "saúde"? Ainda de acordo com o Antonio Houaiss, *saúde*, substantivo feminino pode ser entendido como "1. estado de organismo são; 2. estado de boa disposição física e mental; 3. Força, vigor (...)".[61]

Se um idoso tiver boa saúde, o que tem acontecido mais e mais nas sociedades atuais, como atribuir a ele unicamente o estado de doente? Será que só o velho é doente? Na verdade, se o ser humano for pensado desde o momento do seu nascimento, pode-se dizer que durante a fase da infância, há uma tendência, em razão do corpo se encontrar em estágio de desenvolvimento, de ele poder ser acometido por doenças. Todavia, no geral, não se questionam esses estados, porque a pessoa, nesta etapa inicial da vida, ainda representa um futuro. Parece que o mais jovem tem até um direito garantido a ficar doente.

Antes do advento das vacinas era comum as crianças ficarem doentes com as conhecidas moléstias típicas da infância como caxumba, sarampo, catapora, rubéola e outras. Estas poderiam causar sequelas à saúde do menor, sequelas estas que seriam tidas como infortúnios. Atualmente, como mencionado, com o desenvolvimento da biotecnologia, as vacinas são capazes de impedir muitas dessas doenças, tornando as crianças menos vulneráveis às suas consequências.

No caso do idoso, diferentemente, o que acontece, é que não se tem vacinas ou tratamentos totalmente eficazes, que sejam capazes de curar as moléstias mais comuns em pessoas com a idade mais avançada, como é o caso do Alzheimer, do Parkinson ou da Hipertensão, entre outras. Neste último caso, pode-se dizer que há remédios para controlar os sintomas que poderiam levar o paciente à morte, uma vez que ele poderia sofrer, por exemplo, um acidente vascular cerebral fatal. Se assim é, tratar a velhice como uma doença pode favorecer em muito até a falta de um diagnóstico, o que poderá fazer com que muitas pesquisas deixem de ser realizadas, pois não haverá mais interesse em seus resultados, como já mencionado.

Toda essa discussão parece caminhar para uma nova forma de discriminação em relação ao idoso, porquanto, sem investigação acerca das doenças que mais o acometem, e sem medicação para elas, ou até mesmo uma pesquisa mais aprofundada para tentar uma cura, seu fim será uma morte mais precoce. Estaríamos diante de uma nova forma de necropolítica, termo cunhado pelo filósofo nigeriano Achille Mbembe[62], o que seria como uma política do Estado para determinar a morte direcionada de parcelas da população. Outros dariam o nome de mistanásia,[63] que é a

---

60. HOUAISS, Antonio. *Minidicionário da Língua Portuguesa*. Rio de Janeiro: Objetiva, 2001, verbete "doença".
61. HOUAISS, Antonio. *Minidicionário da Língua Portuguesa*. Rio de Janeiro: Objetiva, 2001, verbete "saúde".
62. MBEMBE, Achille. *Necropolítica*. São Paulo: N-1 edições, 2018.
63. "Em 1989, Márcio Fabri dos Anjos, teólogo moralista brasileiro, rompe com a adjetivação da eutanásia (social) e cria um novo e valioso conceito: mistanásia. A fazer uma contraposição entre eutanásia e mistanásia, afirma categoricamente em seu texto referencial que tanto o viver quanto o morrer devem ser revestidos de dignidade. Não se trata de matar, ajudar ou deixar morrer, mas de morte antecipada e totalmente precoce

morte precoce, antes da hora, a morte social, evitável, que ocorreu, precipuamente, no início da pandemia, quando os idosos teriam sido os escolhidos para morrer, a fim de que os mais jovens pudessem sobreviver.[64]

Ao mesmo tempo em que muitos entendem que o idoso não é mais importante, posto ele na maior parte dos casos, deixar de ser uma pessoa produtiva em termos econômicos, e, muitas vezes, doente, os transumanistas defendem a imortalidade de todos, o que seria possível por meio das técnicas de melhoramentos da pessoa humana.

É cediço que os seres humanos estão vivendo mais e mais, e que isto tem a ver com o estágio atual da biotecnologia. Apesar disso, as doenças mencionadas acima, e que são mais típicas dos idosos, continuam a existir e a prejudicar a saúde deles, fazendo com que, em muitos casos, a pessoa viva mais, mas talvez sem tanta qualidade de vida.[65] E o ideal seria juntar esses dois fatores: saúde e vida longa. Mas a morte parece ser inevitável, pelo menos por enquanto. Aliás, importante ressaltar aqui as palavras de Luc Ferry:

> É certo que, como todos os processos biológicos selecionados pela evolução, a morte tem sua utilidade, sua função: a sucessão das gerações permite, entre outras coisas, relançar cada vez os dados do acaso genético, favorecendo, desse modo, em uma óptica darwiniana, o surgimento de mutações úteis, de 'monstros bem sucedidos.' Embora os obstáculos a esse projeto hoje ainda pareçam consideráveis, entretanto, nada nos proíbe *a priori* de pensar que o homem, em sua vontade de dominar o mundo como dominar a si mesmo, não possa um dia se arrogar finalmente o poder exorbitante de dominar a morte.[66]

Sim, dominar a morte, é algo que os transumanistas pretendem – o que é combatido pelos bioconservadores, que entendem ter o ser humano um curso normal de vida, que deve ser respeitado. Faz parte da natureza humana. Assim afirma Hans Jonas: "A vida não existe em função de um direito, mas de uma decisão da natureza".[67]

("anacrotanásia") por causas previsíveis e preveníveis, mortes escondidas e não valorizadas. Nasce uma bioética profética, crítica, afirmativa e preventiva." Cf. RICCI, Luiz Antonio Lopes. *A Morte Social*: Mistanásia e Bioética. São Paulo: Paulus, 2017, E-Book, capítulo IV.

64. Sobre o tema v., entre outros: FERREIRA, Cláudio. Preconceito contra idosos aumenta na pandemia. Disponível em: https://www.camara.leg.br/noticias/742570-preconceito-contra-idosos-aumenta-na-pandemia/. Acesso em: 27 de janeiro de 2022.

65. Vale a pena citar, aqui, Francis Fukuyama: "A profissão médica é comprometida com a proposição de que tudo que pode derrotar a doença e prolongar a vida é inequivocamente uma boa coisa. Sendo o medo da morte uma das mais profundas e duradouras paixões humanas, é compreensível que celebremos todo o avanço na tecnologia médica que pareça protelar a morte. Mas as pessoas se preocupam também com a qualidade de suas vidas – não só com a duração. Idealmente, gostaríamos não apenas de viver mais tempo, como também de conservar nossas faculdades até o mais perto possível do momento em que a morte finalmente sobrevém, de modo a não termos de atravessar um período de debilidade no final da vida." (FUKUYAMA, Francis. *Nosso Futuro pós-humano*: Consequências da revolução da biotecnologia. [trad. Maria Luiza X. de A. Borges]. Rio de Janeiro: Rocco, 2003, p. 79.)

66. FERRY, Luc. *A Revolução Transhumanista*. (trad. Éric R. R. Heneault). Barueri: Manole, 2018. E-Book (Item III – A busca da 'vida sem fim', de Gigamesch até nós: a imortalidade aqui na Terra e pela ciência.)

67. JONAS, Hans. *Técnica, Medicina e Ética*: Sobre a prática do princípio responsabilidade. (trad. Grupo de Trabalho Hans Jonas da ANPOF). São Paulo: Paulus, 2013, p. 251.

Por sua vez, como afirma Yuval Noah Harari, ao fazer uma investida no tema da morte, os estudos atuais ainda não fizeram com que o ser humano possa alcançar a imortalidade. São suas palavras:

> Na verdade, até o presente a medicina não prolongou o tempo de vida natural do ser humano em um ano sequer. Sua grande conquista foi nos salvar da morte *prematura* e permitir que usufruamos da plenitude da existência. Mesmo que o câncer, a diabetes e outros grandes assassinos possam ser vencidos, poderíamos nos estender até os noventa anos – mas isso não seria suficiente para nos levar aos 150, muito menos aos quinhentos anos. Para isso, a medicina terá não só de realizar a reengenharia das estruturas e dos processos fundamentais do corpo humano como também descobrir como regenerar órgãos e tecidos. Não está claro se seremos capazes de fazer isso até 2100.[68] (Grifos do Original).

A questão do envelhecimento tem de passar a ser entendida como uma fase da vida, e que levará inevitavelmente à morte. E esse processo natural do desenvolvimento da vida deve ser respeitado. Se algum dia a ciência realmente alcançar a imortalidade, que ela possa ser disponibilizada para todos os que queiram dela usufruir.[69] Isto, no entanto, parece difícil de acontecer, o que ocasionará novas formas de discriminação contra aqueles que não puderem pagar por tratamentos contra o evento morte. Os que tiverem poder aquisitivo terão garantida a chance de viverem mais, melhor e, quiçá, tornarem-se imortais. Mas seria essa perspectiva a melhor?

Simone de Beauvoir, filósofa francesa, responde negativamente a esta pergunta, ao retratar a vida de Fosca, um ser imortal, e que, entre outras coisas, passa pelas agruras de ver todos a que ama morrerem, tendo de continuar vivo[70]. A imortalidade, como no livro, neste caso, deixa de ser uma forma de libertação para tornar-se um estorvo para sua personagem central.

7. NOTAS CONCLUSIVAS

Não é de hoje que a humanidade nutre uma aspiração ao prolongamento (por vezes, à eternização) da vida. Este anseio se manifesta com intensidade que não encontra paralelo na reflexão dispensada aos riscos potencialmente envolvidos. Uma emblemática ilustração desse cenário é fornecida pela mitologia grega. Quando Eos, a deusa do amanhecer, apaixonou-se pelo mortal Títono, ela sabia que seu amado viria a envelhecer e morrer. Eos decidiu, então, implorar a Zeus, deus dos deuses,

---

68. HARARI, Yuval Noah. *Homo Deus*: Uma breve história do amanhã. (trad. Paulo Geiger). São Paulo: Companhia das Letras, 2016, p. 37.
69. No romance Guerra do Velho, a personagem principal, ao completar setenta e cinco (75) anos de idade pode escolher entre ficar na Terra e morrer como um mero mortal, ou ir lutar pela defesa do Planeta, que se encontrava em guerra. Optando por essa alternativa, o que foi feito por John Perry. Para isso ele seria transportado para um outro lugar, onde passaria a integrar as Forças Coloniais de Defesa, recebendo um tratamento especial – a teoria transhumanista está presente aqui -, que consistiria no melhorando de seu corpo idoso, transformando-o em uma pessoa capaz de participar das batalhas. (SCALZI, John. *Guerra do Velho*. (trad. Petê Rissatti). São Paulo: Aleph, 2016)
70. BEAUVOIR, Simone. *Todos os homens são mortais*. (trad. Sérgio Milliet). 2. ed. Rio de Janeiro: Nova Fronteira, 2019.

que concedesse a Títono o presente da vida eterna, a fim de que pudessem passar o resto da eternidade juntos. O pedido veio a ser acatado – em seus estritos termos – por Zeus. Eos, contudo, se esqueceu de pedir a *juventude* eterna do seu amado. Diante disso, Títono foi capaz de viver para sempre, porém seu corpo continuou a envelhecer, fazendo com que ele vivesse a eternidade em dor e sofrimento.

A ausência de reflexão detida sobre os riscos do desejo transmitido a Zeus (somada, por certo, a um peculiar rigor na sua apreciação) permite a extração de lição cuja validade se renova diuturnamente. O valoroso desenvolvimento da Medicina a partir do recurso a inúmeras tecnologias não pode estar desacompanhado das necessárias reflexões sobre os riscos envolvidos. Embora singela, essa advertência assume importância cada vez maior na sociedade contemporânea, em especial pela difusão do movimento transumanista.

No presente estudo, observou-se que há consenso entre bioprogressistas e bioconservadores de que as tecnologias terão um notável papel em um futuro relativamente próximo, estabelecendo um ponto de ruptura entre o passado e presente, de um lado, e o futuro da humanidade, de outro. A despeito da pluralidade de situações polêmicas que os avanços tecnológicos revelam, não se pode negar que, diante das inúmeras possibilidades que se descortinam, amplia-se o alcance e conteúdo de nossas liberdades individuais. Entretanto, ao se pretender o exercício dessas liberdades há de se ter responsabilidade com a espécie humana, não permitindo abrir as portas para uma eugenia liberal, mas que não relegue, ao acaso da natureza, tudo que se pode interferir sob pena de responsabilidade pela omissão.

O transumanismo nos antecipa o futuro, mas os avanços que as diversas tecnologias – nanotecnologia, bioengenharia, neurociência, informática e ciências cognitivas – nos impõem indicam desafios atuais, a fim de garantir o bom uso da ciência e tecnologia para o bem-estar e a plena realização das nossas próximas gerações. É preciso aproximar os avanços técnicos da reflexão jurídico-filosófica, interdisciplinar, bem como estabelecer conteúdos normativos que atendam as demandas atuais. Isso é essencial para que se assegure os benefícios das tecnologias para a humanidade presente e futura.

8. REFERÊNCIAS

ALEXANDRE, Laurent. *A morte da morte*: a medicina biotecnológica vai transformar profundamente a humanidade. (trad. Maria Idalina Lopes Ferreira). Barueri: Manole, 2018, p. 191.

BAINBRIDGE, William Sims; MONTEMAGNO, Carlo; ROCO, Mihail C. (ed.) Converging technologies for improving human performance: nanotechnology, biotechnology, information technology and cognitive sciences. *NSF/DOC-sponsored report*. Arlington, Virgínia, 2002. Disponível em: https://obamawhitehouse.archives.gov/sites/default/files/microsites/ostp/bioecon-%28%23%20 023SUPP%29%20NSF-NBIC.pdf. Acesso em 20 de setembro de 2021.

BBC News Mundo. *Epopeia de Gilgamesh*: a obra que contou sobre o Dilúvio Universal antes da Bíblia. Disponível em: https://www.bbc.com/portuguese/geral-53769140. Acesso em 19 de dezembro de 2021.

BEAUVOIR, Simone. *Todos os homens são mortais*. (trad. Sérgio Milliet). 2. ed. Rio de Janeiro: Nova Fronteira, 2019.

BOSTROM, Nick. Em defesa da dignidade pós-humana. (trad. Brunello Stancioli, Daniel Mendes Ribeiro, Anna Rettore e Nara Pereira Carvalho). *Bioethics*, v. 19, n. 3, p. 202-214, 2005.

BOSTROM, Nick. *The transhumanist FAQ: a general introduction*. World Transhumanist Association, 2003.

BOSTROM, Nick. Transhumanist values. *Review of Contemporary Philosophy*, v. 4, issue 1-2, p. 3-14, 2005.

BOSTROM, Nick. Why I want to be a transhumanist when I grow up. *In*: GORDIJN, Bert; CHADWICK, Ruth. (ed.) *Medical Enhancement and Posthumanity. Heidelberg: Springer Netherlands, 2009*, p. 107-136.

CAMPIONE, Roger. A vueltas con el Transhumanismo: cuestiones de futuro imperfecto. *CEFD: Cuadernos Electrónicos de Filosofía del Derecho*, n. 40, p. 45-67, 2019.

CLEMENTE, Graziella Trindade. Modulações gênicas em embriões humanos. *Cadernos da Lex Medicinae – Saúde, novas tecnologias e responsabilidades*. v. I, n. 4, p. 263-276, 2019.

CLEMENTE, Graziella Trindade. Responsabilidade civil, edição gênica e o CRISPR. *In*: ROSENVALD, Nelson; DRESCH, Rafael de Freitas Valle; WESENDONCK, Tula. (Coord.). *Responsabilidade civil: novos riscos*. Indaiatuba: Foco, 2019, p. 301-317.

CORDEIRO, José Luis; WOOD, David. *A morte da morte*. A possibilidade científica da imortalidade. (Trad. Nicolas Chernavsky e Nina Torres Zanvetto). São Paulo: LVM Editora, 2019.

FERREIRA, Cláudio. *Preconceito contra idosos aumenta na pandemia*. Disponível em: https://www.camara. leg.br/noticias/742570-preconceito-contra-idosos-aumenta-na-pandemia/. Acesso em: 27 jan. 2022.

FERRY, Luc. *A Revolução Transhumanista*. Trad. Éric R. R. Heneault. Barueri: Manole, 2018. *E-Book* (Item III – A busca da 'vida sem fim', de Gigamesch até nós: a imortalidade aqui na Terra e pela ciência.)

FUKUYAMA, Francis. *Nosso futuro pós-humano*. Consequências da revolução da biotecnologia. (trad. Maria Luiza X. de A. Borges). Rio de Janeiro: Rocco, 2003.

FUSCO, Virginia; BRONCANO, Fernando. Transhumanismo y posthumanismo. *ISEGORÍA – Revista de Filosofía Moral y Política*, n. 63, p. 283-288, jul.-dez. 2020.

GAYOZZO, Piero. ¿Qué es el transhumanismo? La ampliación del bienestar a través del futuro común del hombre y de la tecnología. *Instituto de Extrapolítica y Transhumanismo*, Lima, Peru, abril de 2019, p. 20-21.

GÓMEZ, Jairo Andrés Villalba. Human transformations through technology: a contribution to a historical study on transhumanism. *Revista Logos Ciencia & Tecnología*, v. 11, n. 1, p. 138-151, jan.-mar. 2019.

HABERMAS, Jürgen. *O futuro da natureza humana*: a caminho de uma eugenia liberal? São Paulo: Martins Fontes, 2004.

HARARI, Yuval Noah. *Homo Deus*: uma breve história do amanhã. (trad. Paulo Geiger). São Paulo: Companhia das Letras, 2016.

HOUAISS, Antonio. *Minidicionário da Língua Portuguesa*. Rio de Janeiro: Objetiva, 2001.

HUGHES, James J. The politics of transhumanism and the techno-millennial imagination. *Zygon Journal*, v. 47, n. 4, p. 1626-2030, dez. 2012.

JINEK, Martin. et al. Programmable dual-RNA-guided DNA Endonuclease in adaptive bacterial immunity. *Science*, n. 337, v. 6096, p. 816-821, ago. 2012.

JONAS, Hans. *O princípio da responsabilidade*. Ensaio de uma ética para a civilização tecnológica. (Trad. Marijane Lisboa e Luiz Barros Montez). Rio de Janeiro: Contraponto Editora; Editora PUC-Rio, 2006.

JONAS, Hans. *Técnica, Medicina e Ética*: Sobre a prática do princípio responsabilidade. (trad. Grupo de Trabalho Hans Jonas da ANPOF). São Paulo: Paulus, 2013.

KLEINSTIVER, Benjamin P. et al. High fidelity CRISPR-Cas9 nucleases with no detectable genome-wide off-target effects. *Nature*, n. 529, p. 490-495, jan. 2016.

KNOTT, Gavin J.; DOUDNA, Jennifer A. CRISPR-Cas guides the future of genetic engineering. *Science*, v. 361, n. 6405, p. 866-869, ago. 2018.

KURZWEIL, Ray. *A singularidade está próxima*: quando os humanos transcendem a biologia (trad. Ana Goldberger). São Paulo: Itaú Cultural-Iluminuras, 2018.

LIANG, Puping. et. al. CRISPR/Cas9-mediated gene editing in human tripronuclear zygotes. *Protein Cell*, v. 6, n. 5, p. 363-372, maio 2015.

MA, Hong. et al. Correction of a pathogenic gene mutation in human embryos. *Nature*, v. 548, p. 413-419, ago 2017.

MAESTRUTTI, Marina. Cyborg identities and contemporary techno-utopias: adaptations and transformations of the body in the age of nanotechnology. *Journal International de Bioéthique*, v. 22, n. 1-2, p. 72-73, 2011.

MARTINEZ, Maria de la Luz C. et al. Reflexión bioética em torno a la edicion genética com CRISPR-Cas en línea germinal em el contexto del transhumanismo. *Open Insight*, v. 10, nº 18, p. 185-213, 2019.

MBEMBE, Achille. *Necropolítica*. São Paulo: N-1 edições, 2018.

NUSSBAUM, Robert L. et al. *Genética Médica* – Padrões de herança monogênica. Trad. Thompson & Thompson. Rio de Janeiro: Elsevier, 2016, p. 107-132.

PEREIRA, André Gonçalo Dias. A emergência do direito da saúde. *Cadernos Ibero-americanos de Direito Sanitário*, Brasília, v. 5, n. 3, p. 180-200, jul.-set. 2016.

REYES, Alvaro P.; LANNER, Fredrik. Towards a CRISPR view of early human development: applications, limitations and ethical concerns of genome editing human embryos. *The Company of Biologists*, n. 144, p. 3-7, jan. 2017.

RICCI, Luiz Antonio Lopes. *A Morte Social*: Mistanásia e Bioética. São Paulo: Paulus, 2017. *E-Book*.

ROYO, Mayara Medeiros CLEMENTE, Graziella Trindade. Responsabilidade civil nas técnicas de engenharia genética: uma análise do movimento "do-it-yourself biology" e da atuação dos biohackers. *In*: KFOURI NETO, Miguel; NOGAROLI, Rafaella. (Coord.) *Debates Contemporâneos em direito médico e da saúde*. São Paulo: Thomson Reuters Brasil, 2020, p. 93-122.

SÁ, Maria de Fátima Freire de; NAVES, Bruno Torquato de Oliveira; MOUREIRA, Diogo Luna. Seleção e edição de embriões: a preservação normativa da autonomia futura. In: SÁ, Maria de Fátima Freire de. et. al. (coord.). *Direito e medicina*: interseções científicas. Belo Horizonte: Conhecimento Editora, 2021, p. 79-94.

SÁNCHEZ, Teresa S. The edition of the genome. From the homo sapiens to the homo excelsior. A genethical reflection. *Diálogo Filosófico*, n. 103, p. 43-64, 2019.

SANDEL, Michael J. *Contra a perfeição*: ética na era da engenharia genética. (Trad. Ana Carolina Mesquita). 4. ed. Rio de Janeiro, 2021.

SANDEL, Michael J. *Contra a perfeição*: ética na era da engenharia genética. (Trad. Ana Carolina Mesquita). 3. ed. Rio de Janeiro: Civilização Brasileira, 2018.

SAVULESCU, Julian; KAHANE, Guy. The moral obligation to create children with the best chance of the best life. *Bioethic*, v. 23, n. 5, p. 274-90, jun. 2009.

SCALZI, John. *Guerra do Velho*. (Trad. Petê Rissatti). São Paulo: Aleph, 2016.

THE ROYAL SWEDISH ACADEMY OF SCIENCES. Scientific Background on the Nobel Prize in Chemistry 2020. A tool for genome editing. Disponível em: https://www.nobelprize.org/uploads/2020/10/advanced-chemistryprize2020.pdf. Acesso em: 20 set. 2021.

VICENS, Joan Albert. El transhumanismo: una introducción. *Perifèria*, v. 4, p. 22-34, 2017.

VILAÇA, Murilo Mariano; DIAS, Maria Clara Marques. Transumanismo e o futuro (pós-) humano. *Physis: Revista de Saúde Coletiva*. Rio de janeiro, v. 24, n. 2, p. 341-362, 2014.

VINGE, Vernor. *The Coming Technological Singularity:* How to Survive in the Post-Human Era. Disponível em: https://edoras.sdsu.edu/~vinge/misc/singularity.html. Acesso em: 12 ago. 2021.

WITT, Federico G. *Singularidad tecnológica y transhumanismo:* cuando la ciencia se encuentre con la ficción. Disponível em: https://www.academia.edu/5264382/SINGULARIDAD_TECNOL%C3%-93GICA_Y_TRANSHUMANISMO_CUANDO_LA_CIENCIA_SE_ENCUENTRE_CON_LA_FIC-CI%C3%93N. Acesso em 12 de agosto de 2021, p. 3.

XU, Lei. et al. CRISPR/Cas9 – mediated CCR5 ablation in human hematopoietic steam/progenitor cells confers HIV-1 resistence in vivo. *American Society of Gene & Cell Therapy*, v. 25, n. 8, p. 1782-1789, ago 2017.

O TRANSUMANO, O CORPO EM TRANSIÇÃO POR MEIO DO *DOPING* E AS NOVAS TECNOLOGIAS

Gustavo Silveira Borges

Doutor em Direito (UFRGS), com Pós-Doutorado em Direito (UNISINOS). Professor Permanente do Programa de Pós-Graduação em Direito da Universidade do Extremo Sul Catarinense (PPGD/UNESC). E-mail: gustavoborges@hotmail.com

Leonardo Schilling

Mestrando em Direito pelo Programa de Pós-Graduação em Direito da Universidade do Extremo Sul Catarinense – PPGD UNESC. E-mail: leonardo.schilling@hotmail.com

Sumário: 1. Introdução – 2. O corpo, o *doping* e o aprimoramento humano – 3. O transumano: o humano aprimorado – 4. Direitos humanos, bioética e novos direitos – 5. Conclusão – 6. Referências.

1. INTRODUÇÃO

A crença na superação dos limites do corpo humano acompanha a humanidade desde o início. A tentativa de melhorar o corpo, a mente e a condição humana sempre impulsionaram a sociedade a uma busca eterna pela evolução de suas ferramentas e meios, que recentemente, por meio do avançar da neurociência, da neurofarmacologia, da biotecnologia, da nanotecnologia, da inteligência artificial, do doping genético e da realidade virtual aplicadas ao corpo humano, possibilitaram um desenvolvimento exponencial da espécie.

Frente a todas as novas possibilidades, a atualização e substituição do corpo está cada vez mais próxima de se tornar real, e em breve o corpo humano enfrentará o grande tabu do aprimoramento. De tal cenário emerge o transumanismo, movimento que tem o ser humano atual como base para uma transição para algo superior e que defende o uso de todas as formas de doping e a inserção de novas tecnologias para atingir a melhor forma possível.

O desafio do direito está em controlar o avançar indiscriminado da ciência e da tecnologia, que perpassa o direito internacional por meio dos Direitos Humanos e da bioética. Tal debate representa um gigantesco esforço, uma vez que não há razão para impedir que as tecnologias aprimorem a humanidade, já que o objetivo da vida é evoluir, mas a tecnologia é uma faca de dois gumes, por um lado aumenta a qualidade de vida, por outro introduz novos perigos.

Nesse contexto uma das tarefas das políticas públicas é desenvolver rapidamente as etapas tecnológicas defensivas necessárias através de padrões éticos e legais

2. O CORPO, O *DOPING* E O APRIMORAMENTO HUMANO

A existência do ser humano é necessariamente corporal, o corpo é a forma do ser humano ser pessoa no tempo e espaço[1], é essencial a identidade, extremamente plástico e mutável[2], pode ser moldado e desenvolvido conforme as relações, interações, expressões e atitudes sociais[3], ou pode ser modificado através de intenso treinamento, por dopagem, de forma cirúrgica, genética ou robótica, por substituições de partes de maneiras externas ou internas[4].

De modo geral o ser humano é condicionado de acordo com sua educação e costume social local, embora haja diferenças entre as sociedades globais, nas últimas décadas as tecnologias aproximaram os padrões humanos[5]. Com o passar do tempo, as civilizações acharam inúmeras maneiras de lidar com o corpo, criando padrões de beleza, de saúde e de postura que se desenvolveram e serviram de referência para a construção dos homens e mulheres atuais[6].

Historicamente o corpo foi interpretado de inúmeras formas pelas sociedades, para os Gregos era uma expressão da beleza e da intelectualidade humana[7], para os Romanos era um bem material, um instrumento físico para um fim[8], já durante a idade média, em caráter da religião, renunciou-se o corpo em busca da redenção divina a partir dos dogmas cristãos pregados numa época em que o Estado e a Igreja se confundiam[9], na idade moderna com o advento da industrialização, o desenvolvimento técnico-científico em ascensão e a informação alteraram completamente os padrões de vida dando início a contemporaneidade, marcada pelo domínio do capitalismo

---

1. LARA, Mariana Alves. *O direito à liberdade de uso e (auto) manipulação do corpo*. 2012. 140 f.: Dissertação (mestrado) – Universidade Federal de Minas Gerais, Faculdade de Direito, Belo Horizonte, 2012, p. 17.
2. LARA, Mariana Alves. *O direito à liberdade de uso e (auto) manipulação do corpo*. 2012. 140 f.: Dissertação (mestrado) – Universidade Federal de Minas Gerais, Faculdade de Direito, Belo Horizonte, 2012, p. 48.
3. BOMTEMPO, Tiago Vieira. *Melhoramento humano no esporte*: o doping genético e suas implicações bioéticas e biojurídicas. Curitiba: Juruá, 2017, p. 26.
4. NUNES, Lucília. Bioética e tecnologia: o impacto no cuidar. *Escola Superior de Saúde, Instituto Politécnico de Setúbal*. 2016. Disponível em: https://comum.rcaap.pt/bitstream/10400.26/18074/1/Bioetica%20e%20 tecnologia_impacto%20no%20cuidar.pdf Acesso em: 08 nov. 2021, p. 5.
5. COMPARIN, Karen Andréa; SCHNEIDER, Jacó Fernando. O corpo: uma visão da antropologia e da fenomenologia. *Revista Faz Ciência*, Francisco Beltrão. v. 6, n. 1, jan. 2004, p. 179.
6. BARBOSA, Maria Raquel; MATOS, Paula Mena; COSTA, Maria Emília. Um olhar sobre o corpo: o corpo ontem e hoje. *Psicologia & Sociedade*, Florianópolis, v. 23, n. 1, abr. 2011. Disponível em: https://www.scielo.br/j/psoc/a/WstTrSKFNy7tzvSyMpqfWjz/?lang=pt&format=pdf. Acesso em: 25 nov. 2021, p. 24.
7. BOMTEMPO, Tiago Vieira. *Melhoramento humano no esporte*: o doping genético e suas implicações bioéticas e biojurídicas. Curitiba: Juruá, 2017, p. 31.
8. BOMTEMPO, Tiago Vieira. *Melhoramento humano no esporte*: o doping genético e suas implicações bioéticas e biojurídicas. Curitiba: Juruá, 2017, p. 33.
9. BOMTEMPO, Tiago Vieira. *Melhoramento humano no esporte*: o doping genético e suas implicações bioéticas e biojurídicas. Curitiba: Juruá, 2017, p. 35.

O TRANSUMANO, O CORPO EM TRANSIÇÃO POR MEIO DO *DOPING* E AS NOVAS TECNOLOGIAS

e do trabalho, em que o corpo se torna um símbolo de aparência e socialidade, um produto[10].

Nos dias atuais, o corpo tornou-se um projeto de vida visando a autossatisfação[11], vê a possibilidade de se reconstruir a imagem desejada, tornando-se uma matéria-prima a qual dilui a identidade do indivíduo, como um instrumento de melhoramento para a busca de uma versão melhor[12]. Tal reconstrução inconsciente enfatiza cada vez mais o culto ao corpo acima de qualquer coisa, o tornando um objeto que exige uma imagem ideal. Padrões de beleza, moda e tecnologia tornam o corpo um objeto descartável, sem identidade, vazio, sem conteúdo e sem propósito[13]. Não se trata mais de aceitação, mas de correção. O ser humano procura mostrar a sociedade os seus desejos, mesmo que isso implique em severas mudanças[14].

A ciência comporta diversos estudos do corpo, para a fisiologia o corpo é uma sociedade composta por trilhões de células organizadas em estruturas funcionais distintas que juntas fazem parte de um todo[15], para a anatomia é a relação entre as estruturas e suas conexões organizadas em níveis formando o organismo[16], para a sociologia é um símbolo, um meio de comunicação e de produção de sentidos, desejos, afetos e fatores sociais[17], para a antropologia é uma entidade cultural, no qual a sociedade e a cultura se expressam[18], para a religião está ligado a transcendência e a espiritualidade[19], a dignidade da pessoa humana confere proteção ao corpo humano em virtude de que sua existência é essencialmente corpórea, sendo assim, o corpo para o direito não ocupa um lugar particular, senão por intermédio de um conceito abstrato de pessoa que por meio do direito Internacional tutela a proteção ao corpo elencando direitos e garantias fundamentais aplicáveis[20].

---

10. BOMTEMPO, Tiago Vieira. *Melhoramento humano no esporte*: o doping genético e suas implicações bioéticas e biojurídicas. Curitiba: Juruá, 2017, p. 39.
11. STANCIOLI, Brunello Souza; CARVALHO, Nara Pereira. Da integridade física ao livre uso do corpo: releitura de um direito da personalidade. In: TEIXEIRA, Ana Carolina Brochado; RIBEIRO, Gustavo Pereira Leite. *Manual de teoria geral do direito civil*. Belo Horizonte: Del Rey 2011. p. 273.
12. LE BRETON, David. *Adeus ao corpo*: antropologia e sociedade. 4. ed. Campinas: Papirus, 2009, p. 16.
13. BARBOSA, Maria Raquel; MATOS, Paula Mena; COSTA, Maria Emília. Um olhar sobre o corpo: o corpo ontem e hoje. *Psicologia & Sociedade*, Florianópolis, v. 23, n. 1, abr. 2011. Disponível em: https://www.scielo.br/j/psoc/a/WstTrSKFNy7tzvSyMpqfWjz/?lang=pt&format=pdf. Acesso em: 25 nov. 2021, p. 30.
14. BARBOSA, Maria Raquel; MATOS, Paula Mena; COSTA, Maria Emília. Um olhar sobre o corpo: o corpo ontem e hoje. *Psicologia & Sociedade*, Florianópolis, v. 23, n. 1, abr. 2011. Disponível em: https://www.scielo.br/j/psoc/a/WstTrSKFNy7tzvSyMpqfWjz/?lang=pt&format=pdf. Acesso em: 25 nov. 2021, p. 31.
15. GUYNTON, Arthur C; HALL, John E. *Tratado de fisiologia médica*. 10. ed. São Paulo: Saraiva, 2012. V. 1, parte geral, p. 9.
16. TORTORA, Gerard J; DERRICKSON, Bryan. *Corpo humano*: fundamentos de anatomia e fisiologia. 8. ed. Porto Alegre: Artmed, 2012, p. 2.
17. BARBOSA, Maria Raquel; MATOS, Paula Mena; COSTA, Maria Emília. Um olhar sobre o corpo: o corpo ontem e hoje. *Psicologia & Sociedade*, Florianópolis, v. 23, n. 1, abr. 2011. Disponível em: https://www.scielo.br/j/psoc/a/WstTrSKFNy7tzvSyMpqfWjz/?lang=pt&format=pdf. Acesso em: 25 nov. 2021, p. 25.
18. COMPARIN, Karen Andréa; SCHNEIDER, Jacó Fernando. O corpo: uma visão da antropologia e da fenomenologia. *Revista Faz Ciência*, Francisco Beltrão. v. 6, n. 1, jan. 2004, p. 182.
19. RAMPAZZO, Lino. *Antropologia, religiões e valores cristãos*. 2. ed. São Paulo: Loyola, 2000, p. 66.
20. NETO, Luísa. *Novos Direitos*. Ou novo(s) objecto(s) para o Direito? Série Para Saber. Porto: U. Porto editorial, 2010, p. 13-20.

No ambiente desportivo, o corpo é o protagonista, a alta performance aliada ao uso da tecnologia e da mídia, proporciona a mistura ideal pelo desejo da superação[21], que muitas vezes além do intenso treinamento e rigor, também podem incluir recursos proibidos, que no desporto são conhecidos pelo termo doping[22].

Doping é a administração de substâncias fisiológicas para aumentar ou potencializar artificialmente o rendimento humano[23], mas ainda é um o conceito em constante construção, pois acompanha o desenvolvimento dos meios de dopagem, já dopagem é o próprio uso do doping com a finalidade de aperfeiçoar o desempenho[24].

Nas definições de dopagem, estão inclusos diferentes métodos de doping. O doping por substâncias, através de drogas, estimulantes, esteroides, betabloqueadores, hormônio de crescimento e medicamentos diversos. O doping tecnológico, através de recursos como implantes, próteses, eletrodos, e fraudes em materiais. O doping biológico, através da gestação programada e transfusões e infusões sanguíneas. E por fim o doping genético, através do uso não terapêutico de células, genes e elementos gênicos ou modulação gênica. Sendo este último método capaz de dar início a prática da engenharia genética com o fim de aprimorar a performance humana não apenas no esporte[25].

Apesar da origem da dopagem estar intrinsicamente ligada a origem do desporto competitivo, ambas fazem parte de uma questão paradoxal na medida que os atletas são condenados pelo seu uso, mas, pressionados a alcançar resultados muitas vezes impossíveis sem seu uso[26], fomentados por um desejo inerente de superação do ser humano, que tem se tornado evidente ao longo da história, por meio de poções mágicas, doping, ou a que o futuro denominar[27].

A dopagem se mostra cada vez mais comum na medida que a sociedade exige pessoas com mais rendimento em suas vidas profissionais e pessoais[28], por esse motivo, o doping não pode ser visto apenas como um artifício de implemento na performance desportiva, pois para aqueles que desejam não sentir dor, diminuir o cansaço, dormir melhor, sofrer menos, ter mais atenção ou apetite sexual, também podem se utilizar do doping[29].

---

21. SILVA, André Luiz S; GOELNNER, Silvana Vilodre. Universo biotecnológico e fronteiras partidas: esporte, gênero e novo eugenismo. *Revista Gênero*, Niterói, v. 7, n. 2, 1. Sem. 2007. Disponível em: https://periodicos.uff.br/revistagenero/article/view/30974/18063. Acesso em: 25 nov. 2021, p. 84.

22. LARA, Mariana Alves. *O direito à liberdade de uso e (auto) manipulação do corpo*. 2012. 140 f.: Dissertação (mestrado) – Universidade Federal de Minas Gerais, Faculdade de Direito, Belo Horizonte, 2012, p. 73.

23. CASTANHEIRA, Sérgio Nuno Coimbra. *O Fenómeno do Doping no Esporte*. Coimbra: Coimbra, 2011, p. 19.

24. PANISA, Aline Fernandes; DORIGON, Alessandro. A lei antidoping e os direitos fundamentais do atleta. *Revista Âmbito Jurídico*, n. 157, ano XX, fev. 2017. Disponível em: https://ambitojuridico.com.br/cadernos/direito-constitucional/a-lei-antidoping-e-os-direitos-fundamentais-do-atleta/. Acesso em: 05 nov. 2021.

25. BOMTEMPO, Tiago Vieira. *Melhoramento humano no esporte*: o doping genético e suas implicações bioéticas e biojurídicas. Curitiba: Juruá, 2017, p. 66-75.

26. CASTANHEIRA, Sérgio Nuno Coimbra. *O Fenómeno do Doping no Esporte*. Coimbra: Coimbra, 2011, p. 25.

27. CASTANHEIRA, Sérgio Nuno Coimbra. *O Fenómeno do Doping no Esporte*. Coimbra: Coimbra, 2011, p. 26.

28. LE BRETON, David. *Adeus ao corpo*: antropologia e sociedade. 4. ed. Campinas: Papirus, 2009, p. 22.

29. LEPARGNEUR, Hubert. Promoção da humanidade futura: enhancement. *Revista Bioethikos* – Centro Universitário São Camilo – 2010; v. 4, n. 3. p. 310-314. Disponível em: http://www.saocamilo-sp.br/pdf/bioethikos/78/Art07.pdf. Acesso em: 25 nov. 2021, p. 312.

A sociedade cada vez mais deseja sucesso a qualquer custo, e escancara uma nova conscientização global, que o doping e as novas tecnologias têm auxiliado, e essa realidade dá início a era do aprimoramento humano[30]. Presencia-se o grande tabu da mercantilização do corpo humano, onde cada vez mais se vê benefícios nos debates sobre a possibilidade de aprimorar, vender, atualizar e substituir o corpo em detrimento do aumento da performance física e cognitiva para os mais variados fins, criando uma ideia de obsolescência humana à medida que transforma o corpo em uma mercadoria[31].

Partindo dos modelos desportivos de dopagem, o aprimoramento humano inspirara duas linhas de estatuto social, o de prescrever substâncias e métodos para fazer o desportista ou pessoa comum retornar a base inicial, pós-lesão ou tratamento médico, e o de levar além da base em que está, ou mesmo além dos limites que poderia ter, o que leva a uma grande questão, será que todos estão na mesma linha base[32]? Pessoas utilizam substâncias e métodos diariamente para controlar seu desempenho, suas dores e bem-estar, então como é possível controlar e distinguir um modelo de desordem de um modelo de aumento de performance benéfico[33]?

Existem pessoas que precisam de tratamentos para distúrbios que exigem meios dopantes, algumas menos, outras mais, mas qual a linha base para definir o ideal? Essa é a dificuldade em condenar o uso do aprimoramento humano por meio de doping ou novas tecnologias, determinar o aceitável. Condena-se um desportista por fraude, mas não se condena um universitário aprovado em um concurso disputado por utilizar muitas vezes exatamente as mesmas substâncias, a questão moral envolvida é terrivelmente opressora para uns e uma enorme oportunidade para outros[34].

O argumento central da maioria dos debates que envolvem o uso de substâncias e métodos dopantes é o do natural versus o não natural. Mas o que é natural? Evoluir não é natural? Aprimorar-se não é natural? Os caminhos analíticos têm um preço e os riscos que oferecem para muitos não ameaça o desejo moral de superação, o que leva a uma outra grande questão, o direito deve controlar a autonomia e os desejos mais íntimos mesmo que as pessoas saibam dos riscos e mesmo assim os aceitem em sã consciência? Talvez, como no esporte, o aprimoramento humano tornará a vida uma competição, que em sentido paradoxal diferentemente do desporto de competição que é solucionada pelo banimento da trapaça, pode achar sua solução no

---

30. WEINECK, Jürgen. *Biologia do esporte*. 7. ed. Barueri: Manole, 2005, p. 613.
31. BERLINGUER, Giovanni. *Bioética cotidiana*. Brasília: UnB, 2004, p. 179.
32. SHAPIRO, H. Michael. Performance enhancement and legal theory: an interview with Professor Michael H. Shapiro. In: MORE, M; VITA-MORE, N. *The Transhumanist Reader*: Classical and Contemporary Essays on the Science, Technology and Philosophy of the Human Future. Oxford: Wiley-Blackwell, 2013, p. 281.
33. SHAPIRO, H. Michael. Performance enhancement and legal theory: an interview with Professor Michael H. Shapiro. In: MORE, M; VITA-MORE, N. *The Transhumanist Reader*: Classical and Contemporary Essays on the Science, Technology and Philosophy of the Human Future. Oxford: Wiley-Blackwell, 2013, p. 283.
34. SHAPIRO, H. Michael. Performance enhancement and legal theory: an interview with Professor Michael H. Shapiro. In: MORE, M; VITA-MORE, N. *The Transhumanist Reader*: Classical and Contemporary Essays on the Science, Technology and Philosophy of the Human Future. Oxford: Wiley-Blackwell, 2013, p. 285.

incentivo a elas, mas será que numa competição em que as trapaças são permitidas existe justiça?[35].

É certo que a próxima geração de tecnologias de aprimoramento humano poderá agir como o doping, mas sem efeitos adversos, supondo isso, um dos principais pilares do sistema de antidopagem, a proteção a saúde, perderia seu efeito, e seu efeito irá muito além do desporto, poderá ser o precedente para outras áreas[36].

Se o aprimoramento humano pode aumentar as soluções para a vida evitando muitos problemas, por que deveria ser evitado? Mesmo imperfeita, a solução poderia estar no nivelamento da base, usar o aprimoramento humano para dar a todos o mesmo ponto de partida poderia ser a resolução de muitos outros problemas[37].

Nesse contexto o doping se inova e aparece como uma nova forma de melhoramento da performance humana como um todo, com o advento da engenharia genética, tal método se tornou capaz de melhorar consideravelmente a vida humana, dando margem a criação de seres humanos mais desenvolvidos, talvez até perfeitos, mas também dá margem a criação de uma mercantilização do melhoramento humano, criando possibilidades para um enorme desequilíbrio social[38].

3. O TRANSUMANO: O HUMANO APRIMORADO

A humanidade sempre buscou maneiras de controlar e superar e os domínios mortais da natureza sobre seu corpo, cada vez mais próximos de se realizar. A vida humana média oscilou entre 20 e 30 anos durante a maior parte da história da espécie devido a incidência de doenças, acidentes, fome e violência, o que não forçou a seleção natural a agir e desenvolver mecanismos de reparo celular. Hoje, graças as ferramentas e tecnologias que o ser humano desenvolveu, a vida está anormalmente longa, mas como resultado do passado distante, a espécie sofre com o declínio inevitável da velhice, um acúmulo de danos celulares num ritmo mais rápido do que se pode reparar, e então, a morte. A busca pela imortalidade é uma das mais antigas e arraigadas aspirações humanas e tem sido abordada nas mais diversas literaturas ao longo dos tempos, e é a base das mais diversas narrativas religiosas, místicas e mitológicas da história[39].

---

35. SHAPIRO, H. Michael. Performance enhancement and legal theory: an interview with Professor Michael H. Shapiro. In: MORE, M; VITA-MORE, N. *The Transhumanist Reader*: Classical and Contemporary Essays on the Science, Technology and Philosophy of the Human Future. Oxford: Wiley-Blackwell, 2013, p. 287.
36. SHAPIRO, H. Michael. Performance enhancement and legal theory: an interview with Professor Michael H. Shapiro. In: MORE, M; VITA-MORE, N. *The Transhumanist Reader*: Classical and Contemporary Essays on the Science, Technology and Philosophy of the Human Future. Oxford: Wiley-Blackwell, 2013, p. 290.
37. SHAPIRO, H. Michael. Performance enhancement and legal theory: an interview with Professor Michael H. Shapiro. In: MORE, M; VITA-MORE, N. *The Transhumanist Reader*: Classical and Contemporary Essays on the Science, Technology and Philosophy of the Human Future. Oxford: Wiley-Blackwell, 2013, p. 290.
38. BOMTEMPO, Tiago Vieira. *Melhoramento humano no esporte*: o doping genético e suas implicações bioéticas e biojurídicas. Curitiba: Juruá, 2017, p. 83.
39. BOSTROM, Nick. *The transhumanist FAQ*. Faculty of Philosophy Oxford University Oxford: Oxford University, World Transhumanist Association, V. 2.1, 2003, p. 36.

O TRANSUMANO, O CORPO EM TRANSIÇÃO POR MEIO DO *DOPING* E AS NOVAS TECNOLOGIAS

Durante milhões de anos, o ser humano não passou de um mero animal na natureza, que enfrentava a seleção natural sem nenhum meio de evoluir por si só. A espécie começou a dominar sua natureza a cerca de 10 mil anos atrás, através de suas ferramentas que possibilitaram a agricultura, caça, construção e todas as infinitas possibilidades que trouxeram ao atual contexto de aprimorar sua própria biologia. O corpo passa por uma verdadeira revolução, logo haverá meios de modificá-lo inteiramente à vontade de seu detentor.

O desenvolvimento da sociedade humana atingiu um novo estágio, a atual sociedade está próxima de uma revolução social em decorrência do crescimento exponencial da tecnologia[40], possibilitando o início de uma era que poderá haver uma fusão do corpo com a tecnologia[41]. A evolução e a compreensão das novas ferramentas humanas sempre foram a chave para a transformação da espécie, impulsionando as alterações sociais e econômicas através das gerações[42].

O século XXI, marca o início de uma revolução digital, caracterizada por uma Internet mais ubíqua e móvel, por sensores menores, mais poderosos e mais baratos, pela inteligência artificial e aprendizagem da máquina. Vive-se a era da Inteligência Artificial, dos Veículos Autônomos, dos Drones, da Impressora 3D, da Internet das Coisas, do Big Data, das Nanotecnologias e de inúmeras outras tecnologias em desenvolvimento conectadas numa onda de inovações lançadas simultaneamente que fundem as tecnologias gerando interações entre domínios físicos, digitais e biológicos nunca vistos antes[43].

Com as infinitas possibilidades tecnológicas, ideias de aprimoramento humano como as descritas no movimento transumanista aceleraram consideravelmente nos últimos anos. Essa linha de pensamento propõem o melhoramento e o aprimoramento humano como uma evolução da espécie, aumentando a qualidade de vida, até que num futuro próximo as alterações nas estruturas físicas e genéticas do corpo possam possibilitar uma transcendência do transumano para uma forma pós-humana, uma forma imortal, perpétua, singular[44].

Essa ideia de desenvolvimento e superação humana surge originalmente como uma busca filosófica pela condição pós-humana, em que a neurociência, a neurofarmacologia, a biotecnologia, a nanotecnologia, a inteligência artificial e a realidade virtual unidas a uma filosofia racional e um sistema de valores resultaria num ser

---

40. FLORIDI, Luciano. What is the Philosophy of Information? In: *Metaphilosophy*. Blackwell: Oxford. Vol. 33, n. 1-2, p. 123-145, january. 2002, p. 127.
41. HARARI, Yuval Noah. *Homo Deus*: uma breve história do amanhã. Trad. Paulo Geiger. São Paulo: Companhia das Letras, 2016, p. 30.
42. SCHWAB, Klaus. *A Quarta Revolução Industrial*. Trad. Daniel Moreira Miranda. São Paulo: Edipro, 2016, p. 18.
43. SCHWAB, Klaus. *A Quarta Revolução Industrial*. Trad. Daniel Moreira Miranda. São Paulo: Edipro, 2016, p. 16.
44. OLAH, Nathalia de Pádua; SANTOS, André Alves dos. *Doping genético, a cultura da "celebração das diferenças" e o transhumanismo*. [S.l., s.n.], 2017. Disponível em: https://drive.google.com/file/d/10xPO040Dy-5fuESKIOHJi0uO2kux7h0Z4/view?usp=drivesdk. Acesso em: 28 nov. 2021.

transumano, um novo exemplar da espécie, com a capacidade de superar os limites humanos em todos os sentidos, marcando o início de um processo perpétuo de evolução até que seja possível adentrar na era pós-humana[45].

Recentemente, o transumanismo ganhou publicidade por meio de uma série de relatórios governamentais publicados nos Estados Unidos e na Europa, relatórios que relacionam as novas tecnologias ao aprimoramento humano. Suas preocupações orbitam a esfera do desconhecimento, e mostram receio as ambições transumanistas. Tais relatórios também oferecem uma serie de exemplos, além do uso das novas tecnologias, para a melhoria do desempenho humano, entre eles o doping, a terapia gênica e tratamentos estéticos antienvelhecimento e concluem que o transumanismo deve ser levado a sério, que não se trata mais de ficção[46].

O Transumanismo é um movimento intelectual e cultural, uma área de estudo, uma filosofia de vida que rejeita a religião e a fé, a adoração e o sobrenatural, em vez disso enfatiza uma abordagem ética, racional e científica, comprometida com a melhoria na condição humana, mas que também acredita que as maravilhas que as novas tecnologias podem proporcionar também podem causar danos. O fenômeno do transumanismo traz uma perspectiva do melhoramento humano a partir do uso da ciência e tecnologia[47], para os transumanistas o ser humano, em sua forma cognitiva e física atual, não precisa ser o ponto final da evolução, mas sim uma base para o futuro pós-humano[48].

O Transumanismo acredita que o ser humano como está é apenas um ponto do caminho evolutivo, modelável de maneira desejável a cada época que passa, até que se torne algo não mais humano. Sendo assim, a etimologia do termo transumano remonta a humano em transição para algo superior[49]. Afirma-se que, apesar de o transumano se manter nos limites e conceitos do ser humano, a introdução de novas tecnologias para alterar geneticamente e agregar maquinários ao corpo orgânico, não apenas pelos fins medicinais, mas num estágio avançado de substituição para aprimorar, fará o transumano, de fato, flertar com a imortalidade[50].

Para compreender o movimento transumanista é importante analisar o conceito de natureza humana. A biológica, determinada pela sua oposição ao artificial, são as

---

45. MORE, Max. *Transhumanism*: toward a futurist Philosophy. [S.l., s.n.], 1990. Disponível em: https://pt.scribd.com/doc/257580713/Transhumanism-Toward-a-Futurist-Philosophy. Acesso em: 28 nov. 2021, p. 3-17.

46. PESSINI, Leocir. Bioetica, umanesimo e post-umanesimo nel XXI secolo: alla ricerca di un nuovo essere umano? *Rivista REB*, v. 77. n. 306. aprile-giugno 2017, p. 310.

47. VILAÇA, Murilo Mariano; DIAS, Maria Clara Marques. Transumanismo e o futuro (pós)humano. *Physis: Revista de Saúde Coletiva*, Rio de Janeiro, v. 24, n. 2, p. 341-362, 2014. Disponível em: https://www.scielo.br/pdf/physis/v24n2/0103-7331-physis-24-02-00341.pdf. Acesso em: 28 nov. 2021, p. 342-343.

48. GODINHO, Adriano Marteleto; SILVA, Raquel Santos; CABRAL, Gabriel Oliveira. Transumanismo e as novas fronteiras da responsabilidade civil. In: MARTINS, Guilherme Magalhães; ROSENVALD, Nelson (Coord.). *Responsabilidade civil e novas tecnologias*. Indaiatuba: Foco, 2020, p. 5.

49. BOSTROM, Nick. *The transhumanist FAQ*. Faculty of Philosophy Oxford University Oxford: Oxford University, World Transhumanist Association, V. 2.1, 2003, p. 6.

50. SANTOS FILHO, Agripino Alexandre dos. *Tecnonatureza, transumanismo e pós-humanidade*: o direito na hiperaceleração biotecnológica. Salvador: JusPodivm, 2020, p. 247-248.

características intrínsecas sem qualquer intervenção. A essência, determinada pela razão, inteligência e criação de cultura, o que difere o humano de qualquer outro animal. E por fim a condição humana, a corporificação entendida pela sua finitude. Ao visualizar esses conceitos, é possível compreender a evolução profunda que o transumanismo propõem[51].

A preocupação transumanista implica em reconhecer e prevenir riscos e minimizar custos de forma proativa. Não recomenda tecnologias específicas para transpor os limites, mas claramente as tecnologias relevantes para tal objetivo incluem a tecnologia da informação, ciência da computação e engenharia, ciência cognitiva e neurociências, pesquisa de interface neural-computacional, ciência de materiais, inteligência artificial, ciências e tecnologias da medicina regenerativa, engenharia genética, nanotecnologia, biotecnologias e farmacologias[52]. Busca o progresso perpétuo sem limites políticos, culturais, biológicos ou psicológicos, rumo ao refinamento fisiológico, neurológico e psicológico, não se tratando da busca por um fim, mas em trilhar um caminho contínuo[53] e busca por meio da pesquisa evitar os potenciais perigos que possam ser gerados para alcançar esse patamar de superação, e por meio de estudos relacionados a bioética busca os melhores meios de superação interdisciplinar, ampla e gradativa[54].

A ciência e a tecnologia resolvem muitos problemas humanos, mas ao fazê-los, criam outros, cujo apenas com os valores éticos humanos podem ser resolvidos. A ciência não pode deixar de ser uma criação humana, portanto o movimento transumanista precisa ter responsabilidade, suas escolhas certamente impactarão o futuro[55].

As ciências da saúde, que até recentemente tinham suas preocupações voltadas ao tratamento de doenças, estão numa transição sem volta para o melhoramento humano e tal realidade expõem um espaço vazio, sem barreiras morais, sem regulamentação para esse novo mundo da mercantilização do aprimoramento, solução? Proibir ou consentir? Não! Regulamentar![56].

Para os transumanistas, a natureza não é sagrada, por isso motivam seu aprimoramento, o corpo não é um santuário, e desde que as modificações sigam o bom senso, não existe nenhum motivo para proibi-las, e sim favorecê-las[57]. O transuma-

---

51. PESSINI, Leocir. Bioetica, umanesimo e post-umanesimo nel XXI secolo: alla ricerca di un nuovo essere umano? *Rivista REB*, v. 77. n. 306. aprile-giugno 2017, p. 315.
52. MORE, Max. The philosophy or transhumanismo. In: MORE, M; VITA-MORE, N. *The Transhumanist Reader*: Classical and Contemporary Essays on the Science, Technology and Philosophy of the Human Future. Oxford: Wiley-Blackwell, 2013, p. 4-5.
53. MORE, Max. The philosophy or transhumanismo. In: MORE, M; VITA-MORE, N. *The Transhumanist Reader*: Classical and Contemporary Essays on the Science, Technology and Philosophy of the Human Future. Oxford: Wiley-Blackwell, 2013, p. 4-5.
54. BOSTROM, Nick. *The transhumanist FAQ*. Faculty of Philosophy Oxford University Oxford: Oxford University, World Transhumanist Association, V. 2.1, 2003, p. 4.
55. MEYER, Michal. Dreams of Science. *The Unesco Courier*, n. 4, 2011, p. 38.
56. FERRY, Luc. Transhumanisme, le pire comme le meilleur. *L'Express*, n. 339, 2016, p. 41-43.
57. FERRY, Luc. *A Revolução trans-humanista*. Trad. Éric R. R. Heneault. Barueri: Manole, 2018, p. 20.

nismo situa-se em uma luta contra todas as formas de sofrimento, deseja trazer à humanidade o máximo de felicidade possível, o que explica, aliás, o sucesso crescente do movimento[58].

O transumanismo não pretende somente melhorar o ser humano, pretende o livrar do sofrimento ligado a idade, a doença, a velhice e a morte. Parte do princípio plausível de que todos querem ser mais fortes e inteligentes, e principalmente não querem morrer, o que torna legítimo no plano moral desenvolver seu ideal[59].

4. DIREITOS HUMANOS, BIOÉTICA E NOVOS DIREITOS

A bioética se centra no direito à autonomia e liberdade de fazer escolhas para a vida, designa-se pelo conjunto de preocupações, discursos e práticas que surgiram com o desenvolver do conhecimento em referência às áreas da medicina, biologia, filosofia, sociologia, direito e até para a ação política[60].

A Bioética não discute ou inova os princípios éticos da vida humana, mas ocupa--se principalmente em criticar e esgotar todas as discussões referentes à vida, saúde e morte do ser humano[61], criando freios e contrapesos, traçando limites éticos às realizações da ciência, seus procedimentos e suas realizações, estabelecendo, portanto, condutas, princípios e valores morais que possibilitem que todos acompanhem o desenvolvimento das novas tecnologias[62].

A bioética é singular e transdisciplinar, não possui fronteira em sua atuação e está sempre aberta a novos conceitos. Seu campo de atuação vem sofrendo ampliações e já abrange áreas como: relacionamento profissional-paciente, saúde pública, pesquisa biomédica e comportamental, reprodução humana, saúde mental, sexualidade e gênero, morte e morrer, genética, doação e transplante de órgãos, meio ambiente etc.[63].

A bioética analisa o ser humano como pessoa, dá valor fundamental a vida e as dignidades humanas, e não admite intervenções que não resultem no bem da pessoa. Desenvolveu-se a partir: dos avassaladores avanços das novas tecnologias aplicadas a medicina ocorridos nos últimos 30 anos; dos abusos cometidos contra o ser humano pelas experiências biomédicas; do perigo das aplicações incorretas da biomedicina e da engenharia genética; da incapacidade dos códigos éticos e deontológicos para guiar a boa pratica medica; do pluralismo moral que reina na sociedade atual; da maior aproximação dos filósofos e teólogos com os problemas relacionados com a qualidade de vida humana, assim como seu início e fim; do posicionamento e das

---

58. FERRY, Luc. *A Revolução trans-humanista.* Trad. Éric R. R. Heneault. Barueri: Manole, 2018, p. 36.
59. FERRY, Luc. *A Revolução trans-humanista.* Trad. Éric R. R. Heneault. Barueri: Manole, 2018, p. 66.
60. NETO, Luísa. *Novos Direitos.* Ou novo(s) objecto(s) para o Direito? Série Para Saber. Porto: U.Porto editorial, 2010, p. 52.
61. CLOTET, Joaquim. Por que bioética? *Revista Bioética,* [S.l.], v. 1, n. 1, 1993, p. 4.
62. MOLLER, Letícia Ludwig. Bioética e direitos humanos: delineando um biodireito mínimo universal. *Revista Filosofazer,* Passo Fundo, n. 30, jan.-jun., p. 91-109, 2007, p. 92-93.
63. SAUWEN, Regina Fiuza; HRYNIEWICZ, Severo. O direito in vitro: da bioética ao biodireito. Rio de Janeiro: Lumen Juris, 2008, p. 11.

declarações dos organismos internacionais e de instituições não governamentais sobre os temas voltados a nova ética medica e das intervenções do Judiciário, Legislativo e Executivo sobre questões envolvendo os direitos fundamentais do homem relacionados a sua vida, saúde, reprodução e morte[64].

A ciência não acontece de maneira isolada, ela está acontecendo em todo lugar, seus avanços se conectam, e questões éticas, sociais e jurídicas precisam de constate reequilíbrio para manter o progresso no prumo. A bioética busca estabelecer esse equilíbrio, sua missão é reconhecer os benefícios da ciência ao mesmo tempo que alerta para os riscos e perigos que possam dela derivar[65].

A tecnologia é uma ferramenta, e como toda ferramenta deve ser utilizada para o seu fim e com cuidado. Chegar a um consenso sobre a utilização das novas tecnologias ainda é um desafio, o dualismo está impregnado, e o diálogo na busca de um consenso é essencial. O transumanismo se expressa pela tolerância, respeito a diversidade e pluralismo, respeito a pessoa humana e não a determinados espécimes daquilo que é definido como Homo Sapiens, mas o transumanismo não deve assumir o papel do evolucionismo, ele deve absorver o conteúdo cultural humano para poder compreender qual o melhor rumo a tomar, e para isso, o transumanismo deve andar de mãos dadas com a bioética[66].

O conceito de Dignidade Humana tem recebido uma grande atenção no debate bioético do transumanismo, o uso da tecnologia de aprimoramento não deve obstruir o reconhecimento da dignidade, a tecnologia pode promover um alinhamento da sociedade, dando maior capacidade de conexão entre pessoas, universalização de conhecimento e apoiar o diálogo e a compreensão humana, mas também pode a fragmentar e desumanizar, eliminando atributos únicos de cada ser e seus valores[67].

Para os bioeticistas, o movimento transumanista merece atenção e consideração, porque permite articular de forma coerente temas e ideias a nível antropológico, epistemológico, ético, político, e ontológico, dispersos no debate bioético[68].

A busca pela democratização do aprimoramento humano deve orbitar o direito através dos Direito Humanos[69]. Pensar direitos humanos remete a processos de lutas que os seres humanos colocam em prática para ter acesso aos bens necessários para a vida. Os Direitos Humanos têm a qualidade de garantidor do mínimo existencial,

---

64. DINIZ, Maria Helena. *O estado atual do biodireito*. 3. ed. São Paulo: Saraiva, 2006, p. 6-8.
65. PESSINI, Leocir. Bioetica, umanesimo e post-umanesimo nel XXI secolo: alla ricerca di un nuovo essere umano? *Rivista REB*, v. 77. n. 306. aprile-giugno 2017, p. 318.
66. PESSINI, Leocir. Bioetica, umanesimo e post-umanesimo nel XXI secolo: alla ricerca di un nuovo essere umano? *Rivista REB*, v. 77. n. 306. aprile-giugno 2017, p. 325-327.
67. MEULEN, Ruud Ter. Dignity, posthumanism, and the community of values. Centre for Ethics in Medicine. *University of Bristol*. 2010. Disponível em: http://www.tandfonline.com/loi/uajb20. Acesso em: 22 nov. 2021, p. 69.
68. HOTTOIS, Gilbert. *Is Transhumanism a humanism?* In: COMISIÓN NACIONAL DE BIOÉTICA (Ed.). *Bioethics*: inspire the future to move the world. México, 2014, p. 212-213.
69. SANTOS FILHO, Agripino Alexandre dos. *Tecnonatureza, transumanismo e pós-humanidade*: o direito na hiperaceleração biotecnológica. Salvador: JusPodivm, 2020, p. 203.

do que se nomeia por Dignidade Humana. Seu conteúdo básico não são apenas ter direitos, mas ter o reconhecimento de que tais direitos são necessários. Certas vezes podem se apoiar em sistemas e garantias já formalizados, noutras, exigem novos planos e exigências[70].

O termo Direitos Humanos, derivado do que se chamava de Direitos do Homem e do Cidadão, surgiu como uma resposta para as reações sociais e filosóficas que pressupunham uma consciência resultante da expansão global[71], que confluíram para a criação da Organização das Nações Unidas que através de uma resolução na Assembleia Geral da Organização das Nações Unidas criou a Declaração Universal de Direitos Humanos, dando base jurídica aos Direitos Humanos, permitindo em tese que novos direitos surjam, criando instrumentos capazes de estabelecer novas configurações à medida que a sociedade evolua[72].

Nascer no mundo atual, deveria garantir ao ser humano uma série de direitos universais, pois, os direitos já existem, mas a realidade é outra, em fato, a Declaração Universal dos Direitos Humanos não gerou os devidos resultados. A norma do direito, no sistema atual, só se torna eficaz quando está aliada a uma política econômica que a sustente, e isso torna tudo muito mais complexo, uma vez que o sistema político é altamente dependente do mercado, e enquanto não há interesse econômico por trás das políticas sociais, elas não acontecem, tal complexidade faz com que muitas vezes os Direitos Humanos sejam vistos como uma ameaça[73].

A hiperaceleração das novas tecnologias, que deveria surgir para revolucionar o campo dos Direitos Humanos, agora o pressiona a resolver suas próprias pendências, e traz à luz importantes questões: como garantir a dignidade humana numa era que não alcançou o mínimo existencial? Como desenvolver direitos e deveres para um ser humano aprimorado antes de efetivar tais políticas humanitárias? E ainda, como lutar contra o avançar de uma revolução tecnológica que irá guiar a economia do mundo nas próximas décadas? Uma coisa é certa, é impossível reverter a expansão tecnológica atual[74].

Novas tecnologias exigem a criação de Novos Direitos, como são chamados os direitos produtos de gerações evolutivas do direito, são resultantes de um processo constante de provocações e reivindicações sociais, que diante das profundas e aceleradas transformações que passam a vida, muitas delas pela conexão humano-máquina, não conseguem ainda oferecer soluções rápidas impostas pelas ciências relacionadas

---

70. HERRERA FLORES, Joaquín. *A reinvenção dos direitos humanos*. Florianópolis: Fundação Boiteux, 2009, p. 36-64.
71. HERRERA FLORES, Joaquín. *A reinvenção dos direitos humanos*. Florianópolis: Fundação Boiteux, 2009, p. 23-24.
72. SANTOS FILHO, Agripino Alexandre dos. *Tecnonatureza, transumanismo e pós-humanidade*: o direito na hiperaceleração biotecnológica. Salvador: JusPodivm, 2020, p. 204-210.
73. HERRERA FLORES, Joaquín. *A reinvenção dos direitos humanos*. Florianópolis: Fundação Boiteux, 2009, p. 36-64.
74. SANTOS FILHO, Agripino Alexandre dos. *Tecnonatureza, transumanismo e pós-humanidade*: o direito na hiperaceleração biotecnológica. Salvador: JusPodivm, 2020, p. 275.

com a bioética. Portanto é necessário transpor o modelo jurídico formal e dogmático, adequando seus conceitos, institutos e instrumentos processuais para contemplar novas áreas da ciência afim de garantir e materializar os novos direitos, direcionando o direito para um modelo interdisciplinar[75].

Impõem-se ao direito a ousadia da criação de mecanismos alternativos, assentados em ações e processos rápidos, efetivos, simples, eficazes, informais e descentralizados, para inovar radicalmente e assim alcançar formas menos rígidas, mais céleres e plurais para gerar novos direitos efetivos e democráticos. Em suma, os novos direitos também devem obrigatoriamente abordar novos fundamentos e novos procedimentos[76].

A nova ordem jurídica permite tudo para garantir o progresso, e na área da pesquisa não é diferente, é consenso que o papel da ciência deve ser o de possibilitar a evolução, utilizada para fins terapêuticas, de melhoramento ou simplesmente econômicos que possam levar a vida a um patamar superior[77]. Nesse cenário, os Direitos Humanos têm o papel de garantidor da universalidade dessa evolução, dando suporte aos Estados onipotentes, o libertando das amarras sociais que restringem as vontades dos seus cidadãos, o que inclui o próprio corpo[78]. Tais liberdades foram transferidas para o campo jurídico por meio de legislações, interpretações e decisões, especialmente as que tratam da defesa dos Direitos Humanos, mas esses novos direitos introduzidos pelo aprimoramento humano surgem sem limitações gerando espaço para o movimento transumanista criar bases evolucionistas sem o devido equilíbrio[79].

Apoiados, tanto na bioética quanto nos Direitos Humanos, o campo do direito conjugando normatização e coerção deve responder com velocidade ao andar acelerado do aprimoramento humano por meio do doping e das novas tecnologias, buscando trazer segurança jurídica que vise equilibrar o avanço dessas ciências com a ética[80]. Sem tal debate jurídico, logo haverá um vácuo no campo do direito que possibilitará à elite uma vantagem inalcançável perante as classes inferiores[81].

---

75. WOLKMER, Antonio Carlos. Introdução aos fundamentos de uma teoria geral dos "novos direitos". In: LEITE, José Rubens Morato; WOLKMER, Antonio Carlos (Orgs.). *Os "novos" direitos no Brasil*: natureza e perspectivas. Uma visão básica das novas conflitualidades jurídicas. 3. ed. São Paulo: Saraiva, 2016, p. 38.

76. WOLKMER, Antonio Carlos. Introdução aos fundamentos de uma teoria geral dos "novos direitos". In: LEITE, José Rubens Morato; WOLKMER, Antonio Carlos (Orgs.). *Os "novos" direitos no Brasil*: natureza e perspectivas. Uma visão básica das novas conflitualidades jurídicas. 3. ed. São Paulo: Saraiva, 2016, p. 42.

77. CASTELLANO, Danilo. Las consecuencias sociales y políticas de una sociedad con hombres mejorados. In: AYUSO, Miguel (Ed.). *Transhumanismo o posthumanidad*. Madrid: Marcial Pons, 2019, p. 169-179.

78. PUPPINCK, Gregor. *Mi deseo es la ley*. Madrid: Encuentro, 2020, p. 92.

79. RODOMONTE, Maria Grazia. *Nuevos derechos y principio de auto-determinación entre el tribunal europeo de derechos humanos, la corte constitucional italiana y el legislador nacional*. Algunas reflexiones, en Estudios de Deusto. 2014, p. 405-419.

80. MOLLER, Letícia Ludwig. Bioética e direitos humanos: delineando um biodireito mínimo universal. *Revista Filosofazer*, Passo Fundo, n. 30, jan.-jun., 2007, p. 94.

81. BUCHANAN, Allen; BROCK, Dan W.; DANIELS, Norman; WIKLER, Daniel. *From Chance to Choice*: Genetics & Justice. New York: Cambridge University Press, 2009, p. 320-321.

O desafio dos Direitos Humanos passa pelo esforço internacional de formular juridicamente uma base mínima de direitos que alcance todos os indivíduos e formas de vida que compõem a ideia abstrata de humanidade, mas o gigantesco esforço dos órgãos internacionais esbarra nos artifícios mercantilistas e ideais políticos e corporativos de que o humano deve controlar seu destino, como se todos tivessem o mesmo poder e condições para isso[82].

De maneira filosófica, não há razão para impedir as tecnologias de aprimorarem a espécie humana, uma vez que visam a evolução da sociedade para uma forma mais inteligente e aprimorada, não existe sentindo em limitar um avanço que pode trazer melhoras à vida[83], mas para isso as tecnologias devem estar disponíveis a todos, e é dever do direito internacional desenvolver esforços no sentido de efetivar a aplicação dos princípios bioéticos de modo que os seres humanos, estejam onde estiverem, possam se beneficiar dos avanços à medida que ocorrem[84]. O aprimoramento humano precisa ser um progresso que aumente o tamanho do bolo a ser dividido[85].

5. CONCLUSÃO

A espécie humana sempre perseguiu a imortalidade, ao longo do tempo criou inúmeros mecanismos para isso. Atualmente a humanidade está em meio a uma de suas maiores Revoluções Sociais, a era do aprimoramento humano é irreversível, as Novas Tecnologias estão para ficar.

Como evidenciado, a espécie humana evolui na medida em que desenvolve novas tecnologias e, conforme o desenvolvimento acontece, a espécie acumula mais conhecimento e o utiliza para novamente superar-se. A atual sociedade ultrapassou em muito a velocidade de geração de conhecimento das suas predecessoras, e alia a informação e as tecnologias ao corpo humano como matéria-prima para o próximo grande salto.

Verificou-se que o corpo aliado as novas tecnologias beiram uma nova revolução, criando e estruturando conceitos como o transumanismo e pós-humanismo, em que seres humanos melhorados possibilitarão que a humanidade flerte com a imortalidade. Tal realidade expõem grandes dúvidas e fraquezas acerca da democratização e dos riscos que tais métodos possam trazer, e que clamam ao direito internacional e a bioética, maneiras eficazes de controle e segurança, que devem acompanhar o passo acelerado da era digital para serem eficazes.

---

82. HERRERA FLORES, Joaquín. *A reinvenção dos direitos humanos*. Florianópolis: Fundação Boiteux, 2009, p. 36-64.
83. SAVULESCU, Julian. Prejudice and moral status of enhanced beings. In: SAVULESCU, Julian; BOSTROM, Nick (Orgs.). *Human Enhancement*. Oxford: Oxford University Press, 2013, p. 244.
84. UNESCO, Organização das Nações Unidas para a Educação, a Ciência e a Cultura. *Declaração Universal sobre Bioética e Direitos Humanos*. Comissão Nacional da UNESCO de Portugal, 2005, p. 2.
85. BOSTROM, Nick. *The transhumanist FAQ*. Faculty of Philosophy Oxford University Oxford: Oxford University, World Transhumanist Association, V. 2.1, 2003, p. 19.

Conclui-se com a pesquisa que a evolução do ser humano deve vir acompanha-da de princípios e valores capazes de frear as desigualdades e que possam criar uma atmosfera onde a espécie evolua como unidade.

6. REFERÊNCIAS

BARBOSA, Maria Raquel; MATOS, Paula Mena; COSTA, Maria Emília. Um olhar sobre o corpo: o corpo ontem e hoje. *Psicologia & Sociedade*, Florianópolis, v. 23, n. 1, abr. 2011. Disponível em: https://www.scielo.br/j/psoc/a/WstTrSKFNy7tzvSyMpqfWjz/?lang=pt&format=pdf. Acesso em: 25 nov. 2021.

BERLINGUER, Giovanni. *Bioética cotidiana*. Brasília: UnB, 2004.

BOMTEMPO, Tiago Vieira. *Melhoramento humano no esporte*: o doping genético e suas implicações bioéticas e biojurídicas. Curitiba: Juruá, 2017.

BOSTROM, Nick, SAVULESCO, Julian. *Human Enhancement*, Oxford University Press, 2008.

BOSTROM, Nick. *The transhumanist FAQ*. Faculty of Philosophy Oxford University Oxford: Oxford University, World Transhumanist Association, V. 2.1, 2003.

BUCHANAN, Allen; BROCK, Dan W.; DANIELS, Norman; WIKLER, Daniel. *From Chance to Choice*: Genetics & Justice. New York: Cambridge University Press, 2009.

CASTANHEIRA, Sérgio Nuno Coimbra. *O Fenómeno do Doping no Esporte*. Coimbra: Coimbra, 2011.

CASTELLANO, Danilo. Las consecuencias sociales y políticas de una sociedad con hombres mejorados. In: AYUSO, Miguel (Ed.). *Transhumanismo o posthumanidad*. Madrid: Marcial Pons, 2019.

CLOTET, Joaquim. Por que bioética? *Revista Bioética*, [S.l.], v. 1, n. 1, p. 1-7, 1993.

COMPARIN, Karen Andréa; SCHNEIDER, Jacó Fernando. O corpo: uma visão da antropologia e da fenomenologia. *Revista Faz Ciência*, Francisco Beltrão. v. 6, n. 1, Jan. 2004.

DINIZ, Maria Helena. *O estado atual do biodireito*. 3. ed. São Paulo: Saraiva, 2006.

FERRY, Luc. *A Revolução trans-humanista*. Trad. Éric R. R. Heneault. Barueri: Manole, 2018.

FERRY, Luc. Transhumanisme, le pire comme le meilleur. *L'Express*, n. 339, 2016.

FLORIDI, Luciano. What is the Philosophy of Information? In: *Metaphilosophy*. Blackwell: Oxford. v. 33, n. 1-2, p. 123-145, january. 2002.

GODINHO, Adriano Marteleto; SILVA, Raquel Santos; CABRAL, Gabriel Oliveira. Transumanismo e as novas fronteiras da responsabilidade civil. In: MARTINS, Guilherme Magalhães; ROSENVALD, Nelson (Coord.). *Responsabilidade civil e novas tecnologias*. Indaiatuba: Foco, 2020.

GUYNTON, Arthur C; HALL, John E. *Tratado de fisiologia médica*. 10. ed. São Paulo: Saraiva, 2012. v. 1, parte geral.

HARARI, Yuval Noah. *Homo Deus*: uma breve história do amanhã. Trad. Paulo Geiger. São Paulo: Companhia das Letras, 2016.

HERRERA FLORES, Joaquín. *A reinvenção dos direitos humanos*. Florianópolis: Fundação Boiteux, 2009.

HOTTOIS, Gilbert. *Is Transhumanism a humanism?* In: COMISIÓN NACIONAL DE BIOÉTICA (Ed.). *Bioethics*: inspire the future to move the world. México, 2014, 212-219.

KURZWEIL, Ray. Progress and relinquishment. In: MORE, M; VITA-MORE, N. *The Transhumanist Reader*: Classical and Contemporary Essays on the Science, Technology and Philosophy of the Human Future. Oxford: Wiley-Blackwell, 2013.

LARA, Mariana Alves. *O direito à liberdade de uso e (auto) manipulação do corpo*. 2012. 140 f.: Dissertação (mestrado) – Universidade Federal de Minas Gerais, Faculdade de Direito, Belo Horizonte, 2012.

LE BRETON, David. *Adeus ao corpo*: antropologia e sociedade. 4. ed. Campinas: Papirus, 2009.

LEPARGNEUR, Hubert. Promoção da humanidade futura: enhancement. *Revista Bioethikos* – Centro Universitário São Camilo – 2010; v. 4, n. 3. p. 310-314. Disponível em: http://www.saocamilo-sp.br/pdf/bioethikos/78/Art07.pdf. Acesso em: 25 nov. 2021.

MEULEN, Ruud Ter. Dignity, posthumanism, and the community of values. Centre for Ethics in Medicine. *University of Bristol*. 2010. Disponível em: http://www.tandfonline.com/loi/uajb20. Acesso em: 22 nov. 2021

MEYER, Michal. Dreams of Science. *The Unesco Courier*, n. 4, 2011, p. 36-38.

MOLLER, Letícia Ludwig. Bioética e direitos humanos: delineando um biodireito mínimo universal. *Revista Filosofazer*, Passo Fundo, n. 30, jan.-jun., p. 91-109, 2007.

MORE, Max. The philosophy or transhumanismo. In: MORE, M; VITA-MORE, N. *The Transhumanist Reader*: Classical and Contemporary Essays on the Science, Technology and Philosophy of the Human Future. Oxford: Wiley-Blackwell, 2013.

MORE, Max. *Transhumanism*: toward a futurist Philosophy. [S.l., s.n.], 1990. Disponível em: https://pt.scribd.com/doc/257580713/Transhumanism-Toward-a-Futurist-Philosophy. Acesso em: 28 nov. 2021.

NETO, Luísa. *Novos Direitos*. Ou novo(s) objecto(s) para o Direito? Série Para Saber. Porto: U.Porto editorial, 2010.

NUNES, Lucília. Bioética e tecnologia: o impacto no cuidar. *Escola Superior de Saúde, Instituto Politécnico de Setúbal*. 2016. Disponível em: https://comum.rcaap.pt/bitstream/10400.26/18074/1/Bioetica%20e%20tecnologia_impacto%20no%20cuidar.pdf Acesso em: 08 nov. 2021

OLAH, Nathalia de Pádua; SANTOS, André Alves dos. *Doping genético, a cultura da "celebração das diferenças" e o transhumanismo*. [S.l., s.n.], 2017. Disponível em: https://drive.google.com/file/d/10x-PO040Dy5fuESKIOHJi0uO2kux7h0Z4/view?usp=drivesdk. Acesso em: 28 nov. 2021.

ONU. Organização das Nações Unidas. *Declaração Universal dos Direitos Humanos*. Paris: Assembleia Geral das Nações Unidas, 10 de dezembro de 1948. Disponível em: https://www.ohchr.org/EN/UDHR/Pages/Language.aspx?LangID=por. Acesso em: 28 nov. 2021.

PANISA, Aline Fernandes; DORIGON, Alessandro. A lei antidoping e os direitos fundamentais do atleta. *Revista Âmbito Jurídico*, nº 157, ano XX, fev./2017. Disponível em: https://ambitojuridico.com.br/cadernos/direito-constitucional/a-lei-antidoping-e-os-direitos-fundamentais-do-atleta/. Acesso em: 05 nov. 2021.

PESSINI, Leocir. Bioetica, umanesimo e post-umanesimo nel XXI secolo: alla ricerca di un nuovo essere umano? *Rivista REB*, v. 77. n. 306. aprile-giugno 2017.

PUPPINCK, Gregor. *Mi deseo es la ley*. Madrid: Encuentro, 2020.

RAMPAZZO, Lino. *Antropologia, religiões e valores cristãos*. 2. ed. São Paulo: Loyola, 2000.

RODOMONTE, Maria Grazia. *Nuevos derechos y principio de auto-determinación entre el tribunal europeo de derechos humanos, la corte constitucional italiana y el legislador nacional*. Algunas reflexiones, en Estudios de Deusto. 2014.

SANTOS FILHO, Agripino Alexandre dos. *Tecnonatureza, transumanismo e pós-humanidade*: o direito na hiperaceleração biotecnológica. Salvador: JusPodivm, 2020.

SAVULESCU, Julian. Prejudice and moral status of enhanced beings. In: SAVULESCU, Julian; BOSTROM, Nick (Orgs.). *Human Enhancement*. Oxford: Oxford University Press, 2013.

SAUWEN, Regina Fiuza; HRYNIEWICZ, Severo. O direito in vitro: da bioética ao biodireito. Rio de Janeiro: Lumen Juris, 2008.

SCHWAB, Klaus. *A Quarta Revolução Industrial*. Trad. Daniel Moreira Miranda. São Paulo: Edipro, 2016.

SHAPIRO, H. Michael. Performance enhancement and legal theory: an interview with Professor Michael H. Shapiro. In: MORE, M; VITA-MORE, N. *The Transhumanist Reader*: Classical and Contemporary Essays on the Science, Technology and Philosophy of the Human Future. Oxford: Wiley-Blackwell, 2013.

SILVA, André Luiz S; GOELNNER, Silvana Vilodre. Universo biotecnológico e fronteiras partidas: esporte, gênero e novo eugenismo. *Revista Gênero*, Niterói, v. 7, n. 2, 1. Sem. 2007. Disponível em: https://periodicos.uff.br/revistagenero/article/view/30974/18063. Acesso em: 25 nov. 2021.

STANCIOLI, Brunello Souza; CARVALHO, Nara Pereira. Da integridade física ao livre uso do corpo: releitura de um direito da personalidade. In: TEIXEIRA, Ana Carolina Brochado; RIBEIRO, Gustavo Pereira Leite. *Manual de teoria geral do direito civil*. Belo Horizonte: Del Rey 2011. p. 267-285.

TORTORA, Gerard J; DERRICKSON, Bryan. *Corpo humano*: fundamentos de anatomia e fisiologia. 8. ed. Porto Alegre: Artmed, 2012.

UNESCO, Organização das Nações Unidas para a Educação, a Ciência e a Cultura. *Declaração Universal sobre Bioética e Direitos Humanos*. Comissão Nacional da UNESCO de Portugal, 2005.

VILAÇA, Murilo Mariano; DIAS, Maria Clara Marques. Transumanismo e o futuro (pós)humano. *Physis: Revista de Saúde Coletiva*, Rio de Janeiro, v. 24, n. 2, p. 341-362, 2014. Disponível em: https://www.scielo.br/pdf/physis/v24n2/0103-7331-physis-24-02-00341.pdf. Acesso em: 28 nov. 2021.

WEINECK, Jürgen. *Biologia do esporte*. 7. ed. Barueri: Manole, 2005.

WOLKMER, Antonio Carlos. Introdução aos fundamentos de uma teoria geral dos "novos direitos". In: LEITE, José Rubens Morato; WOLKMER, Antonio Carlos (Orgs.). *Os "novos" direitos no Brasil*: natureza e perspectivas. Uma visão básica das novas conflitualidades jurídicas. 3. ed. São Paulo: Saraiva, 2016.

REFLEXÕES BIOÉTICAS SOBRE A IMORTALIDADE DA HUMANIDADE TRANSUMANA

Luciana Dadalto

Doutora em Ciências da Saúde pela Faculdade de Medicina da UFMG. Mestre em Direito Privado pela PUC Minas. Advogada com atuação exclusiva em saúde. Administradora do portal www.testamentovital.com.br. Professora universitária. Perfil no instagram: @lucianadadalto. Contato: luciana@lucianadadalto.com.br

Sumário: 1. Considerações iniciais – 2. Da imortalidade para o transumanismo – 3. Do transumanismo para a imortalidade; 3.1 O envelhecimento como doença; 3.2 A criopreservação como fórmula para a eternidade – 3.3 O corpo eletrônico como futuro – 4. Reflexões bioéticas sobre a imortalidade da humanidade transumana – 5. Considerações finais – 6. Referências.

1. CONSIDERAÇÕES INICIAIS

O que nos faz humanos? A resposta a essa pergunta é o objetivo da Humanidade desde os tempos mais remotos. Busca-se, assim, encontrar aquilo que diferencia o ser humano dos demais animais, aquilo que diferencia a natureza humana da natureza ambiental, aquilo que torna o ser humano uma peça indispensável ao planeta Terra.

Com o advento da biotecnologia, essa busca criou novos termos e novas fronteiras: qual a diferença do humano para o transumano? Qual a diferença do humano para o pós-humano? Continuaremos humanos quando formos imortais? Continuaremos humanos quando nos misturarmos com máquinas ou transplantarmos nossas consciências para elas?

Não há respostas objetivas a essas perguntas, mas há possibilidades argumentativas que perpassam, necessariamente, pela compreensão desses conceitos e pela consciência de que a busca pela imortalidade não é uma marca da contemporaneidade, muito antes pelo contrário, sempre permeou as sociedades humanas.

Stefano Rodotà[1] propõe que o pós-humano deve preservar a igualdade, a autonomia e a dignidade humana, de modo que, em sendo possível essa preservação, o mundo pós-humano seja possível de viver. O presente artigo parte dessa proposição para verticalizar a discussão sobre imortalidade a partir da Bioética, a fim de traçar premissas bioéticas para as discussões sobre imortalidade, reconhecendo que essas premissas servirão, também, para o transumanismo, vez que, na contemporaneidade, esses conceitos – ainda – estão justapostos.

---

1. RODOTÀ, Stefano. Pós-Humano (trad. Carlos Nelson Konder). In: *Revista Brasileira de Direito Civil – RBDCivil*. Belo Horizonte, v. 27, p. 113-144, jan.-mar. 2021. Disponível em: https://rbdcivil.ibdcivil.org.br/rbdc/article/view/712/442. Acesso em: 27 out. 2021.

2. DA IMORTALIDADE PARA O TRANSUMANISMO

A luta do homem contra a morte é tão antiga quanto a própria Humanidade. Contudo, por muito tempo essa luta foi esquecida ou relegada a poucas pessoas. Ernest Becker afirma que uma das grandes redescobertas do pensamento moderno é a compreensão de que "de todas as coisas que movem o homem, uma das principais é o seu terror da morte".[2] Nesse contexto, aquele que é capaz de enfrentar a morte torna-se herói. Os Deuses, em quaisquer das religiões, consubstanciam esse heroísmo, pois saem da morte e ressurgem/reencarnam/ressuscitam.

Existem inúmeras teorias sobre a origem do medo da morte. Seria esse medo inato? Seria uma construção social? Seria fruto do ambiente? Becker[3] afirma que o ser humano talvez nunca saiba a real origem e que possivelmente cria a ciência e a religião para se salvar desse medo.

Na China Imperial, muitos alquimistas acreditam na possibilidade de criar elixires da imortalidade e esses elixires acabaram matando vários imperadores. No século XVII, Isaac Newton escreveu uma suposta fórmula para a imortalidade, que consistia em uma substância que converteria metais em ouro e deixaria as pessoas eternamente jovens. No século XIX, o neurologista britânico Charles-Édouard Brown-Séquard criou o que acreditava ser um "elixir" da imortalidade a partir de estratos retirados de testículos de cães e porquinhos-da-índia. No início de século XX, o médico russo Alexander Bogdanov acreditava que o segredo da imortalidade estava nas transfusões sanguíneas e em 1928 morreu em decorrência de malária adquirida com uma dessas transfusões.

Esses são apenas exemplos. Há, ao longo da História, uma infinidade de tentativas de descobrir a imortalidade, que, segundo John Gray, são no fundo uma "tentativa de escapar à contingência e ao mistério".[4] Ocorre que até o final do século XX, essas investidas fracassaram, pois careciam de algo que não existia: a alta tecnologia. E é aqui que as discussões sobre imortalidade e transumanismo se encontram.

Em 1957, Julian Sorrell Huxley publicou o livro *New Bottles for New Wine*, intitulando o primeiro capítulo de Transumanismo. Neste, Huxley afirma que "queira ou não, esteja ou não consciente, o ser humano é o ponto que determina o futuro da evolução da Terra", defendendo que "se a espécie humana quiser, ela poderá transcender-se, não só de forma esporádica, com um indivíduo aqui e outro ali, mas em sua totalidade, como humanidade. Nós precisamos de um nome para essa nova crença. Talvez, transumanismo sirva: o homem permanece homem, mas

---

2. BECKER, Ernest. *A negação da morte*: uma abordagem psicológica sobre a finitude humana. 9 ed. Rio de Janeiro: Record, 2017, p. 31.
3. Op. cit.
4. GRAY, John. *A busca pela imortalidade*: a obsessão humana em ludibriar a morte. São Paulo: Record, 2014, p. 195.

transcende a si mesmo, realizando novas possibilidades de e para sua natureza humana".[5]

Contudo, apesar de esse ser considerado o primeiro conceito do que atualmente se compreende por transumanismo, Max More[6] afirma que o termo já havia sido utilizado anteriormente. Em 1312, por Dante Alighieri, na obra *Divina Comédia* – em um contexto espiritual, significando ir além do humano – e em 1935, por TS Elliot, que, no texto *The Cocktail Party*, usa o termo transumanizado para se referir a um ser iluminado.

É fato, contudo, que foi com Huxley que o termo *transumanismo* foi usado pela primeira vez na perspectiva de uma melhoria da espécie humana e que, ao longo das últimas sete décadas, o transumanismo saiu da categoria de ficção científica para uma realidade cada vez mais próxima.

Em 1998, um grupo de 22 estudiosos do tema elaborou a Declaração Transumanista[7] e criou uma associação intitulada *The World Transhumanist Association*, que, a partir de 2009, foi renomeada para *Humanity+*. Atualmente, a *Humanity +* é uma organização não governamental que congrega pesquisadores do transumanismo de todo o mundo.

A referida declaração possui oito artigos que tratam sobre a possibilidade de ampliar o potencial humano. Em seu oitavo e último artigo, o grupo manifesta-se a favor de "permitir aos indivíduos uma ampla escolha pessoal sobre como eles capacitam suas vidas. Isso inclui o uso de técnicas que podem ser desenvolvidas para auxiliar a memória, concentração e energia mental; terapias de extensão de vida; tecnologias de escolha reprodutiva; procedimentos criônicos; e muitas outras modificações humanas possíveis e tecnologias de aprimoramento".[8]

Nesse contexto, o transumanismo é entendido como o processo capaz de redefinir a condição humana e possibilitar que o ser humano não mais sofra por doenças, envelhecimento e inevitabilidade da morte. Para Godinho,[9] não se trata da busca da imortalidade, mas sim da amortalidade, ou seja, um prolongamento indefinido da vida.

Ocorre que, no momento atual em que as pesquisas e os investimentos se encontram, a diferença entre amortalidade e imortalidade ainda não está definida, sendo comum encontrar entre os transumanistas um discurso sobre a vida eterna sobre

---

5. HUXLEY, Julian Sorrell. *New Bottles for New Wine*. Londres: Chatto & Windus, 1957, p. 17. Disponível em: https://ia800306.us.archive.org/19/items/NewBottlesForNewWine/New-Bottles-For-New-Wine.pdf, Acesso em: 20 out. 2021.
6. MORE, Max. The Philosophy of Transhumanism. In: MORE, Max; VITA-MORE, Natasha. *Classical and Contemporary Essays on the Science, Technology, and Philosophy of the Human Future*. Hoboken: Wiley-Blackwell, 2013, p. 3-17.
7. HUMANITY +. *The Transhumanist Declaration*. Disponível em: https://humanityplus.org/transhumanism/transhumanist-declaration//. Acesso em: 20 out. 2021.
8. Op. cit.
9. GODINHO, Adriano Marteleto. *Transhumanismo e Pós-Humanismo*: a humanidade em seu limiar. Tese de Pós Doutorado. Universidade de Coimbra. 2021. No prelo. p. 128.

um duplo efeito das pesquisas. Todavia, como a bioética laica tem recusado a teoria do duplo efeito como justificadora da ideia de que há intenções melhores do que as outras, especialmente em um momento em que há conhecimento tecnocientífico suficiente para delimitar as premissas de uma pesquisa,[10] optou-se, no presente trabalho, por não aprofundar essa diferenciação e analisar as questões bioéticas da imortalidade com base no transumanismo.

3. DO TRANSUMANISMO PARA A IMORTALIDADE

Se até o final do século XX as pesquisas em prol da imortalidade pareciam mais experimentos amadores, a partir daí o tema passa a ocupar a Academia, especialmente os centros de pesquisa situados no Vale do Silício-EUA.[11]

Para impulsionar os investimentos nos negócios que objetivam a imortalidade humana, fundadores de *startups* dizem frases como: "a morte nunca fez sentido pra mim", "eu fui escolhido pela morte, mas eu não estou planejando morrer", "a morte tem sido o mais fundamental problema insolúvel da história", "eu tenho raiva da morte", "a morte é um problema a ser resolvido".

Enquanto a Matusalém Foundation[12] promete que os 90 serão os próximos 50, Aubrey de Grey[13] afirma que em breve viveremos 1.000 anos, Dmitri Itskov,[14] fundador da *2045 iniciative*, garante que em 2045 será possível congelar nossa consciência, Peter Thiel, fundador do PayPal, deseja a criogenia[15] e Sergey Brin, cofundador da Google, investe na descoberta de uma droga capaz de congelar o processo de envelhecimento.[16]

Nesse contexto, as fronteiras entre pesquisa científica e interesse econômico ficam cada vez mais turvas. O transumanismo passa a ser o motor propulsor da imortabilidade e a Medicina, um meio para que as aspirações imortais alcancem sucesso. Alexandre[17] afirma que, frente ao objetivo da imortalidade, a Medicina não cuida mais, ela transforma, e a Medicina do futuro tem quatro características basilares, os chamados 4P: preditiva, preventiva, personalizada e participativa. Essas característi-

---

10. GRAVEN, Vibeke; WOODS, Simon. Intentions and the doctrine of double effect. In: EMMERICH, Nathan, et. al. *Contemporary European Perspectives on the Ethics of End of Life Care*. Cham: Springer, 2020, p. 169-180.

11. FORTUNA, W. Harry. *Seeking eternal life, Silicon Valley is solving for death*. Quartz. Publicado em 08 nov. 2017. Disponível em: https://qz.com/1123164/seeking-eternal-life-silicon-valley-is-solving-for-death/. Acesso em: 27 out. 2021.

12. METHUSELAH FOUNDATION. Disponível em: https://www.mfoundation.org/. Acesso em: 27 out. 2021.

13. DE GREY, Aubrey. We will be able to live to 1000. *BBC UK*. Publicado em 03 nov. 2004. Disponível em: http://news.bbc.co.uk/2/hi/uk_news/4003063.stm. Acesso em: 27 out. 2021.

14. 2045 INICIATIVE. Disponível em: http://2045.com/. Acesso em: 27 out. 2021.

15. MONEYWEEK. *Peter Thiel:* The tech visionary at war with death. Publicado em 30 jan. 2013. Disponível em: https://moneyweek.com/116329/profile-of-peter-thiel-62434. Acesso em: 27 out. 2021.

16. FRIEND, Tad. Silicon Valley's Quest to Live Forever: Can billions of dollars' worth of high-tech research succeed in making death optional? *The New Yorker*. Publicado em 27 mar. 2017. Disponível em: https://www.newyorker.com/magazine/2017/04/03/silicon-valleys-quest-to-live-forever. Acesso em: 27 out 2021.

17. ALEXANDRE, Laurent. *A morte da morte*. Barueri: Manole, 2018, p. 99.

cas permitem uma medicina global, que compreende "nossas doenças à luz de nossa evolução e da origem de nossos genes".[18]

Mas o futuro da Medicina parece ser ainda mais transformador, parece ser a mudança entre a Medicina que cura e cuida para a Medicina que redefine o ser humano. Os defensores da possibilidade científica da imortalidade fundam seus argumentos nas seguintes premissas, que serão pormenorizadamente analisadas a seguir: (I) o envelhecimento é uma doença e pode ser curado; (II) a criopreservação é a melhor chance de eternizar o ser humano; (III) o corpo humano pode ser alterado e hibridizado e o cérebro humano pode ser carregado.

3.1   O envelhecimento como doença

A tentativa de categorizar a velhice como doença remonta de 1954, data em que Robert Perelman publicou um artigo defendendo a necessidade de se reconhecer que os fenômenos do envelhecimento são normais e evitáveis e que, portanto, o objetivo final da gerontologia deveria ser realizar o "ideal de perfeição": "a manutenção de toda a economia humana em seu pico de juventude, vigor funcional e estrutural"[19].

O tema foi pouco aprofundado durante a segunda metade do século XX. Até que, em 1999, Aubrey de Grey publica sua tese de doutorado sobre radicais livres mitocondriais, defendendo que essas substâncias eram as responsáveis pelo envelhecimento do nosso corpo e propondo que a descoberta de como frear o envelhecimento delas teria como consequência a descoberta da interrupção do processo de envelhecimento. Desta feita, conclui que a velhice é uma doença, pois há tratamento.

Ocorre que essa tese foi mal recebida pelo mundo científico e, no início dos anos 2000, de Grey era tratado como uma pessoa louca.[20] Em 2007, o autor publica o livro *Ending Aging* e passa a ser visto como pesquisador pioneiro no combate ao envelhecimento. Assim, suas pesquisas começam a receber investimentos e despertam o interesse de outros pesquisadores.

Em 2013, pesquisadores espanhóis publicaram na prestigiada revista Cell[21] um artigo sobre as causas no envelhecimento. Nele, concluíram que há causas primárias, responsáveis pelo dano celular, causas antagônicas, responsáveis por mitigar os danos iniciais, mas depois por causar danos piores, e causas integradoras, que consistem no esgotamento das células-tronco e na alteração da comunicação intercelular, provocando o declínio funcional próprio do envelhecimento.

---

18. Op. cit. p. 99.
19. PERELMAN, Robert. The Aging Syndrome. In: *Journal of the American Geriatrics Society*, 1954, 2: 123-129. Disponível em: https://agsjournals.onlinelibrary.wiley.com/doi/epdf/10.1111/j.1532-5415.1954.tb00884.x. Acesso em: 22 out. 2021.
20. NULAND, Sherwin. Do you want to live forever? In: *MIT Review*. Publicado em 01 fev. 20215. Acesso em: https://www.technologyreview.com/2005/02/01/231686/do-you-want-to-live-forever/. Acesso em: 22 out. 2021.
21. LÓPEZ-OTIN, Carlos, et. al. The Hallmarks of Aging. In: *Cell*, v. 153, n. 6, p. 1194-1217, 2013. Disponível em: https://www.cell.com/action/showPdf?pii=S0092-8674%2813%2900645-4. Acesso em: 22 out. 2021.

Nos anos seguintes, surgem novas pesquisas apontando para a necessidade de técnicas que rejuvenesçam os telômeros, o que seria definidor para a conquista da imortalidade. Um estudo publicado em maio de 2021 concluiu que "a resiliência fisiológica (capacidade do corpo humano de manter o equilíbrio fisiológico normal) tem um limite de vida que gira entre 120 e 150 anos"[22] e que essa resiliência é uma "propriedade biológica intrínseca de um organismo que é independente de fatores de estresse e significa um limite fundamental ou absoluto da expectativa de vida humana".

O fato, hoje, é que ainda não se descobriu a imortalidade, mas os investimentos nessa descoberta estão cada vez maiores e o *lobby* para que a velhice seja tratada como doença já chegou na Organização Mundial de Saúde, que inclui a velhice na nova Classificação Internacional de Doenças.

3.2   A criopreservação como fórmula para a eternidade

Desde o final dos anos 1960, o processo criônico tem sido usado para criopreservar corpos humanos. A criônica parte da premissa de que a morte não ocorre quando o coração para, mas sim alguns minutos depois, quando as células e as demais estruturas químicas começam a se desintegrar. Assim, a criopreservação do corpo ocorreria entre a vida e a morte.[23] Objetiva-se, com esse processo, impedir a deterioração biológica a fim de que, em um futuro ainda não conhecido, o corpo possa reviver.[24] Acredita-se que até o momento esse reviver ainda não foi possível porque ainda "não sabemos como curar a doença terminal que o paciente sofreu".[25]

Sabe-se que, até o momento, há em todo mundo apenas três empresas que realizam a criopreservação de corpos e/ou de cabeças no mundo. A Alcor Life Extension Foundation,[26] a mais antiga delas, foi fundada em 1972, tem sua sede no Arizona-EUA e atualmente criopreserva corpos a um custo de US$ 180 mil para a criopreservação total e de cabeças e US$ 80 mil para a criopreservação parcial.[27] Já o Cryonics Institute,[28] fundado em 1976 em Detroit-EUA, realiza apenas criopreservações totais, a

---

22. PYRKOV, Timothy V, et al. Longitudinal analysis of blood markers reveals progressive loss of resilience and predicts human lifespan limit. In: *Nat Commun* 12, 2765 (2021). Disponível em: go.nature.com/3k49r0w. Acesso em: 22 out. 2021.

23. CONNELL, Mark O'. To be a machine. Londres: Granta, 2017, p. 30.

24. DADALTO, Luciana; GODINHO, Adriano Marteleto; SILVA, Raquel Katllyn Santos da. A responsabilidade civil na criogenia humana. In: DADALTO, Rosenvald; MENEZES, Joyceane Bezerra; ROSENVALD, Nelson (Coord.). *Responsabilidade Civil e Medicina*. Indaiatuba: Foco, 2021, p. 385-398.

25. CORDEIRO, José Luiz'; WOOD, David. *A morte da morte*: a possibilidade científica da imortalidade. São Paulo: LVM Editora, 2019, p. 284.

26. ALCOR. *About Alcor*: our history. Disponível em: https://www.alcor.org/AboutAlcor/index.html. Acesso em: 22 out. 2021.

27. CORDEIRO, José Luís; WOOD, David. *A morte da morte*: a possibilidade científica da imortalidade. São Paulo: LVM Editora, 2019.

28. CRYONICS INSTITUTE. About Cryonics. Disponível em: https://www.cryonics.org/about-us/. Acesso em: 22 out. 2021.

um custo que gira entre US$ 28 mil e US$ 35 mil.[29] A única empresa fora dos EUA é a russa KriosRus,[30] fundada em 2005, que realiza neuropreservações e criopreservações totais, ao custo de €12 mil e €36 mil, respectivamente.

As críticas à criogenia[31,32] variam entre a descrença total da possibilidade de êxito do descongelamento, a imoralidade do procedimento e a tentativa de *ficcionalizar* a morte. Os favoráveis à prática, contudo, defendem a criogenia como uma "uma ambulância para o futuro"[33] e uma prova de que o ser humano não pode ser separado da natureza[34], afirmando que as críticas são, na verdade, julgamentos contrários às técnicas de reversão do envelhecimento.

No Brasil, o STJ julgou em 2019 o Recurso Especial 1.693.718,[35] determinando a continuidade do procedimento criônico no corpo de um brasileiro falecido nos Estados Unidos da América, apesar da discordância entre filhas do *de cujus*, pois o STJ entendeu que apenas uma delas tinha proximidade suficiente com o pai para saber exatamente que a criogenia era o desejo dele – não documentado.

Analisando o caso, Dadalto, Godinho e Silva afirmam que este "demonstra que o tema não está mais no campo da utopia e que os juristas devem se preparar para lidar a criogenia como uma realidade",[36] propondo, inclusive, análises sobre a projeção póstuma dos direitos da personalidade, o estado jurídico do patrimônio do falecido e as consequências para a responsabilidade civil.

Assim, apesar de a criogenia ainda ser um sonho para os defensores da imortalidade, ela é uma realidade enquanto possibilidade de destino do corpo para a parcela da população privilegiada economicamente. Deve-se, contudo, questionar se o alicerce dessa realidade é seguro e ético, ou seja, se a venda da criogenia como uma expectativa de imortalidade é um negócio econômico desejável pela Humanidade.

---

29. CORDEIRO, José Luís; WOOD, David. *A morte da morte*: a possibilidade científica da imortalidade. São Paulo: LVM Editora, 2019.
30. KRIOSRUS. *About us*. Disponível em: http://kriorus.ru/en/about-us. Acesso em: 22 out. 2021.
31. ROMAIN, Tiffany. Extreme Life Extension: Investing in Cryonics for the Long, Long Term. In: *Medical Anthropology*, 29:2, 194-215. Disponível em: https://www.tandfonline.com/doi/pdf/10.1080/01459741003715391?needAccess=true. Acesso em: 22 out. 2021.
32. ILNICKI, Rafał. Cryonics: Technological Fictionalization of Death. In: *Eido*: A Journal for Philosophy of Culture, 2018, v. 2, n. 4(6), p. 36-45, Acesso em: http://cejsh.icm.edu.pl/cejsh/element/bwmeta1.element.desklight-6c3a62a4-1e00-49d4-9c41-294d7621f049. Disponível em 22 out. 2021.
33. CORDEIRO, José Luís; WOOD, David. *A morte da morte*: a possibilidade científica da imortalidade. São Paulo: LVM Editora, 2019, p. 290.
34. VON VERSCHUER, F. Freezing lives, preserving humanism: cryonics and the promise of Dezoefication. In: *Distinktion*: Journal of Social Theory, 2019, 1–19. Disponível em: https://www.tandfonline.com/doi/abs/10.1080/1600910X.2019.1610016?journalCode=rdis20. Acesso em: 22 out. 2021.
35. SUPERIOR TRIBUNAL DE JUSTIÇA. *Recurso especial 1.693.718*. Disponível em: https://scon.stj.jus.br/SCON/jurisprudencia/doc.jsp?livre=CRIOGENIA&b=ACOR&p=false&l=10&i=2&operador=e&tipo_visualizacao=RESUMO. Acesso em: 22 out. 2021.
36. DADALTO, Luciana; GODINHO, Adriano Marteleto; SILVA, Raquel Katllyn Santos da. A responsabilidade civil da criogenia humana. In: DADALTO, Luciana; MENEZES, Joyceane Bezerra de; ROSENVALD, Nelson (Coord.). *Responsabilidade Civil e Medicina*. 2. ed. Indaiatuba: Foco, 2021, p. 392.

3.3 O corpo eletrônico como futuro

Há relatos de meios de promoção de melhoramentos humanos desde a Grécia Antiga. Todavia, foi a partir do desenvolvimento da noção de inteligência artificial que houve a integração do homem com as máquinas.[37]

Segundo O'Connell, essa tentativa de integração que fundamenta o transumanismo reflete a "nossa inabilidade de nos aceitarmos, nossa capacidade de acreditar que seremos redimidos de nossa própria natureza".[38] Se, outrora, as alterações corporais eram restritas às tatuagens, atualmente, são redefinidas pela possibilidade de implantação de *chips* e de membros artificiais, bem como pelo desenvolvimento de robôs, órgãos e outras máquinas capazes de substituir ou complementar ações humanas.

Nesse contexto, surge a ideia dos seres humanos híbridos (também conhecidos como ciborgues), pessoas que têm ao mesmo tempo características humanas e de máquinas e que, segundo Harari, já existem agora, "não são uma profecia do anos 2200".[39] Isso porque seres humanos já se conectam uns aos outros por meios tecnológicos, meios de transporte, já são guiados por inteligências artificiais e a Humanidade já está vivendo em "ditaduras digitais".[40]

O corpo humano, passa, portanto, a dividir espaço com as máquinas, mas como ainda temos o conceito físico de impenetrabilidade,[41] os pedaços humanos mais fracos passam, gradativamente, a ser substituídos por máquinas mais fortes.

Para Godinho, é preciso ter prudência ao enfrentar o tema, pois "se do primado da dignidade emerge a ideia de proteção de um núcleo duro do ser humano (donde resulta, mesmo que indiretamente, o resguardo de um sentido coletivo de humanidade), não caberia pressupor que as intervenções tecnológicas sobre a integridade física de uma pessoa terminam por coisificá-la e desumanizá-la?"[42]

Percebe-se, assim, que os limites entre humano e máquina se tornam cada vez mais tênues e é cada vez mais imperioso que se questionem os critérios de definição destes, caso queiramos permanecer humanos. Alexandre afirma que o advento das biotecnologias fixa uma barreira entre "os homens de antes e de depois", sendo os primeiros os destinados "aos limbos pré-medicina biotecnológica" e os demais, "ao paraíso infernal da medicina biotecnológica"[43].

---

37. GODINHO, Adriano Marteleto. *Transhumanismo e Pós-Humanismo*: a humanidade em seu limiar. Tese de Pós Doutorado. Universidade de Coimbra. 2021. No prelo.

38. O'CONNELL, Mark. *To be a machine*. Londres: Granta Publications, 2018, p. 4.

39. HARARI, Yuval. The age of the cyborg has begun – and the consequences cannot be known. *The Guardian*. Publicado em 05 jul. 2015. Disponível em: https://www.theguardian.com/culture/2015/jul/05/yuval-harari-sapiens-interview-age-of-cyborgs. Acesso em: 26 out. 2021.

40. HARARI, Yuval Noah. *21 lições para o século 21*. São Paulo: Companhia das Letras, 2018.

41. Nota da autora: A impenetrabilidade refere-se à conhecida lei de Newton: "dois corpos não podem ocupar o mesmo espaço ao mesmo tempo."

42. GODINHO, Adriano Marteleto. *Transhumanismo e Pós-Humanismo*: a humanidade em seu limiar. Tese de Pós Doutorado. Universidade de Coimbra. 2021.No prelo. p. 39.

43. ALEXANDRE, Laurent. *A morte da morte*. Barueri: Manole, 2018, p. 201.

Nesse *paraíso infernal,* encontra-se o que Stefano Rodotà chama de pós-humano desencarnado, possível com a vinculação de atividades cerebrais, a partir de implantes neuronais nanoeletrônicos, a sistemas de processamento de dados que possibilitem a extração de informações do cérebro humano e a transferências destas para um computador, permitindo que o ser humano se integre à internet.[44]

O pós-humanismo deve ser compreendido como um dos desdobramentos das pesquisas sobre imortalidade, embora não seja a imortalidade propriamente dita, já que não estaremos falando da permanência do corpo e da consciência, mas sim do deslocamento dessa consciência para outro corpo e, quiçá, para uma máquina. Contudo, o tema é relevante para esse artigo na medida em que é usado como prova científica da imortalidade.

4. REFLEXÕES BIOÉTICAS SOBRE A IMORTALIDADE DA HUMANIDADE TRANSUMANA

A linha do tempo da Bioética remonta ao final da década de 1940, com o início das discussões sobre ética na experimentação com seres humanos e com as primeiras normas que visaram proteger os seres humanos.[45] É portanto, umbilical, a relação entre Bioética e Direitos Humanos, pois ambos "(...) surgem como formas de assegurar determinados valores e de proteger a pessoa humana, reconhecendo-lhe uma dignidade inerente. Assim, a bioética e os direitos humanos apresentam dois pontos de aproximação: a dignidade humana e determinados valores básicos".[46]

Bioética, segundo conceito trazido pela primeira edição da Enciclopédia de Bioética apresentou, em 1978, é "o estudo sistemático da conduta humana na área das ciências da vida e da saúde, enquanto essa conduta é examinada à luz de valores morais e princípios".[47] Todavia, é em 2005, com a aprovação da Declaração Universal sobre Bioética e Direito Humanos[48] que se passa a regulamentar internacionalmente "as questões éticas relacionadas à medicina, às ciências da vida e às tecnologias associadas quando aplicadas aos seres humanos, levando em conta suas dimensões sociais, legais e ambientais".[49]

A referida declaração reconhece a importância das pesquisas científicas, mas deixa claro que nenhuma pesquisa pode se sobrepor aos direitos humanos, à dignidade e à liberdade da pessoa humana.

---

44. RODOTÀ, Stefano. Pós-Humano (trad. Carlos Nelson Konder). In: *Revista Brasileira de Direito Civil* – RB-DCivil. Belo Horizonte, v. 27, p. 113-144, jan.-mar. 2021. Disponível em: https://rbdcivil.ibdcivil.org.br/rbdc/article/view/712/442. Acesso em: 27 out. 2021, p. 118.

45. THE HASTINGS CENTER. *Bioethics timeline.* Disponível em: https://www.thehastingscenter.org/bioethics-timeline/. Acesso em: 27 out. 2021.

46. OLIVEIRA, Aline Albuquerque S. de. Interface entre bioética e direitos humanos: o conceito ontológico de dignidade humana e seus desdobramentos. In: *Revista Bioética,* 2007 15 (2): p. 171. Disponível em: http://revistabioetica.cfm.org.br/index.php/revista_bioetica/article/view/39. Acesso em: 22 out. 2021.

47. REICH, Warren T. *Encyclopedia of Bioethics.* New York: Free Press-Macmillan, 1978, p.116.

48. UNESCO. *Declaração Universal sobre Bioética e Direitos Humanos.* Disponível em: https://unesdoc.unesco.org/ark:/48223/pf0000146180_por. Acesso em: 06 jul. 2021.

49. Op. cit.

Percebe-se, assim, que a Bioética nasce e renasce diante da transdisciplinariedade e da necessidade de responder à seguinte questão: como conciliar o desenvolvimento científico e tecnológico com os imperativos da preservação da vida na Terra e da preservação da dignidade humana?[50] É preciso, contudo, fazer uma ressalva: a Bioética não objetiva uma resposta única, correta e definitiva para esse problema, mas sim a construção de caminhos que contraponham valores, na busca por espaços de diálogos capazes de acolher as diferentes percepções e alcançar respostas provisórias para aquele grupo social, compreendendo que estas podem e devem ser revisitadas frente às mudanças.

Sarsur[51] ressalta que a Bioética tem dois pilares: a supremacia dos direitos humanos universais e a imposição de anteparos éticos à atividade científica. Percebe-se, assim, que a Bioética é ao mesmo tempo, limitante e limitada por esses consensos.

Deve-se, assim, partir desses consensos para questionar a imortalidade. Estaria a imortalidade em consonância com os direitos humanos universais? As atuais pesquisas que objetivam a imortalidade encontram respaldo nas normas éticas das pesquisas com seres humanos?

O primeiro princípio apresentado pela Declaração Universal sobre Bioética e Direitos Humanos determina o respeito à totalidade da dignidade humana, dos direitos humanos e das liberdades fundamentais, evidenciando que os "interesses e o bem-estar do indivíduo devem ter prioridade sobre o interesse exclusivo da ciência ou da sociedade".

Há, portanto, um pressuposto nessa norma internacional de que o benefício da ciência está intrinsecamente relacionado aos direitos humanos. Nesse cenário, o benefício da imortalidade emerge como uma questão bioética a ser discutida. Portanto, deve-se, primeiramente, diferenciar a ciência antienvelhecimento, que objetiva *apenas* interromper o processo de envelhecimento, da ciência da imortalidade, que objetiva acabar com a finitude humana.

A eticidade da realização das pesquisas antienvelhecimento é defendida sob o argumento de que é benéfico o uso da biotecnologia para curar doenças, quaisquer que sejam elas.[52] Em contrapartida, os argumentos contrários pautam-se na negação da patologização da velhice e na necessidade de se pensar na justiça distributiva, já que diante da extensão da vida humana problemas como superpopulação e falta de recursos naturais devem se agravar.[53]

---

50. DADALTO, Luciana; SARSUR, Marcelo. Problemas jurídicos e dilemas bioéticos revisitados. In: DADALTO, Luciana (Coord.). *Bioética & Covid-19*. 2 ed. Indaiatuba: Editora Foco, 2021, p. 8.
51. SARSUR, Marcelo. *Bioética de Resistência*: desafios da reflexão bioética na era da pós-verdade. No prelo.
52. HORROBIN, Steven. 2The Ethics of Aging Intervention and LifeExtension. In. RATTAN, Surresh I S. *Aging Interventions and Therapies*. Cingapura:World Scientific Publishing. p. 1-27. Disponível em: http:// www.worldscibooks.com/lifesci/etextboock/5690/5690_chap01.pdf. Acesso em: 22 out. 2021.
53. Op. cit.

Já a eticidade das pesquisas que visam à imortalidade – e nessas se encontra a criogenia – é defendida como um resultado possível, mas não esperado e nem desejado, das pesquisas antienvelhecimento. Assim, a eventual descoberta da imortalidade seria apenas um efeito adverso de uma pesquisa necessárias.[54] Todavia, as críticas perpassam um amplo espectro de argumentos que vai desde a compreensão de que ao buscar a imortalidade o ser humano nega sua condição de subordinado a uma entidade divina[55] até a ideia de que a imortalidade geraria uma nova forma de desigualdade social.[56]

Considerando que a imortalidade é um desdobramento possível das pesquisas voltadas para o antienvelhecimento e que o benefício apontado nessas pesquisas é apenas a extensão da vida humana, volta-se, assim, ao ponto chave: a análise de benefício e de malefício dessas pesquisas.

Para tanto, deve-se ter em mente a determinação do artigo 8º da Declaração Universal sobre Bioética e Direitos Humanos: "a vulnerabilidade humana deve ser levada em consideração na aplicação e no avanço do conhecimento científico, das práticas médicas e de tecnologias associadas. Indivíduos e grupos de vulnerabilidade específica devem ser protegidos e a integridade individual de cada um deve ser respeitada."

Ser vulnerável significa, etimologicamente, poder ser ferido ou lesado. Ayres et al.[57] dividem a vulnerabilidade na área da saúde como (I) individual, afeta aos conhecimentos e informações sobre problemas específicos e atitudes; (II) social ou coletivo, afeta ao repertório de temas socioculturais como questões de gênero, raça e religião; e (III) programático/institucional, afeto às ações próprias dos serviços de saúde com foto à redução das vulnerabilidades.

Está-se, assim, diante de uma condição de desigualdade que pode gerar sofrimento ao sujeito em posição inferior. Seria, portanto, possível supor que o ser humano contemporâneo, produto de uma sociedade etarista e tanatofóbica, é vulnerável frente às pesquisas transumanas com potencial para a descoberta da imortabilidade, não tendo, assim, nem condições de dimensionar esses riscos e benefícios.

Stefano Rodotà, em um esforço de compreender o pós-humano, afirma que "a aceitabilidade da transição para os direitos pós-humanos está subordinada ao respeito à igualdade e autonomia das pessoas, à sua dignidade, às condições inafastáveis em sistemas baseados na democracia e no respeito aos direitos fundamentais."[58]

---

54. CORDEIRO, José Luiz'; WOOD, David. *A morte da morte:* a possibilidade científica da imortalidade. São Paulo: LVM Editora, 2019.
55. GRAY, John. *A busca pela imortalidade:* a obsessão humana em ludibriar a morte. São Paulo: Record, 2014.
56. ALEXANDRE, Laurent. *A morte da morte.* Barueri: Manole, 2018.
57. AYRES, José Ricardo de Carvalho Mesquita, et al. O conceito de vulnerabilidade e as práticas em Saúde. Novas perspectivas e desafios. In: CZERESNIA, Dina; FREITAS, Carlos Machado de (Org.) *Promoção da saúde*: conceitos, reflexões, tendências. 2. ed. Rio de Janeiro: Fiocruz; 2009. p. 121-43.
58. RODOTÀ, Stefano. Pós-Humano (trad. Carlos Nelson Konder). In: *Revista Brasileira de Direito Civil – RBDCivil.* Belo Horizonte, v. 27, jan.-mar. 2021. Disponível em: https://rbdcivil.ibdcivil.org.br/rbdc/article/view/712/442. Acesso em: 27 out. 2021, p.127.

Godinho, ao questionar os interesses por detrás do transumanismo defende a possibilidade de "reconhecer a legitimidade de alguns projetos transumanistas – particularmente aqueles que não implicarem qualquer afronta à dignidade humana – e descartar os demais". Nesse cenário, propõe a possibilidade de reconhecer projetos (I) "de cunho estritamente terapêutico, cujo propósito reside, afinal, em eliminar doenças e propiciar boas condições de saúde aos indivíduos"[59]; (II) de caráter melhorador apenas quando não possam dar ao indivíduo que o utilize uma posição de vantagem em relação a outros. O autor defende, ainda, que a hibridização e os carregamentos cerebrais sejam rechaçados de plano.

Não obstante a firmeza do posicionamento desses autores, entende-se aqui que, especificamente em relação à imortalidade, o caminho do meio não se mostra adequado frente à realidade que se desdobra atualmente. Está-se diante de uma sociedade do risco, portanto, se faz necessário "o monitoramento e a vigilância entre pares, bem como o escrutínio público e o acompanhamento político".[60]

Todavia, não se vislumbra, atualmente, qualquer dessas práticas em relações às pesquisas sobre antienvelhecimento e criogenia As pesquisas transcorrem sem monitoramento e os pesquisadores, com frequência, apresentam um discurso inflamando propono "morte à morte".[61] Soma-se a isso o discurso transumanista de que é possível livrar o ser humano de toda e qualquer frustração e que a morte nada mais é do que uma frustração.

Assim, a defesa teórica de uma posição consensual em relação às pesquisas sobre a imortalidade, sem qualquer interferência real nestas, implicará invariavelmente na aceitação de que a humanidade transumana é, por conseguinte, imortal, pois se abrirá mão de regular as pesquisas, impedindo-as que, eventualmente, cheguem à descoberta e a implementação de práticas imortais. E essa aceitação viola a Bioética, não por uma questão moral-religiosa, mas por macular uma questão intrínseca à Humanidade: a finitude.

5. CONSIDERAÇÕES FINAIS

Dignidade. Igualdade. Autonomia. Esses conceitos são aceitos pela maior parte da comunidade bioética e jurídica atual como indeléveis ao ser humano. O trabalho que aqui se apresenta, propõe que a essa tríade seja incluída também a *finitude*. Isso porque defende-se a impossibilidade de garantir que um tratamento igualitário, com foco na dignidade humana e na proteção à autonomia do ser humano, coexista com a tentativa de prolongamento indefinido da vida e de redefinição da existência

---

59. Op. cit. p. 141.
60. PESSINI, Leo. Bioética e o desafio do transumanismo: ideologia ou utopia, ameaça ou esperança? In: *Revista Bioética*, 2006, 14(2), p. 140, disponível em: https://revistabioetica.cfm.org.br/index.php/revista_bioetica/article/view/14/17. Acesso em: 27 out. 2021.
61. CORDEIRO, José Luiz; WOOD, David. *A morte da morte:* a possibilidade científica da imortalidade. São Paulo: LVM Editora, 2019. p. 343.

humana, enquanto essas pesquisas continuarem a aceitar a imortalidade como um duplo efeito.

A verdade é que a assunção de que há balizas éticas capazes de sustentar o transumanismo e, eventualmente, o pós-humanismo, da forma como essas balizas estão sendo postas atualmente, significa invariavelmente assumir que a finitude não é um valor intrínseco ao ser humano e que, portanto, poderá sofrer redefinições.

Cabe, assim, aos pesquisadores da bioética transumanista buscar caminhos que possibilitem a coexistência entre a finitude e o transumanismo, sob pena de que no futuro sejamos todos transumanos imortais.

6. REFERÊNCIAS

2045 INICIATIVE. Disponível em: http://2045.com/. Acesso em: 27 out. 2021.

ALCOR. *About Alcor:* our history. Disponível em: https://www.alcor.org/AboutAlcor/index.html. Acesso em: 22 out. 2021.

ALEXANDRE, Laurent. *A morte da morte.* Barueri: Manole, 2018.

AYRES, José Ricardo de Carvalho Mesquita et al. O conceito de vulnerabilidade e as práticas em Saúde. Novas perspectivas e desafios. In: CZERESNIA, Dina; FREITAS, Carlos Machado de (Org.) *Promoção da saúde:* conceitos, reflexões, tendências. 2. ed. Rio de Janeiro: Fiocruz; 2009. p. 121-43.

BECKER, Ernest. *A negação da morte:* uma abordagem psicológica sobre a finitude humana. 9. ed. Rio de Janeiro: Record, 2017.

CONNELL, Mark O'. *To be a machine.* Londres: Granta, 2017.

CORDEIRO, José Luiz; WOOD, David. *A morte da morte:* a possibilidade científica da imortalidade. São Paulo: LVM Editora, 2019.

CRYONICS INSTITUTE. *About Cryonics.* Disponível em: https://www.cryonics.org/about-us/. Acesso em: 22 out. 2021.

DADALTO, Luciana; GODINHO, Adriano Marteleto; SILVA, Raquel Katllyn Santos da. A responsabilidade civil na criogenia humana. In: DADALTO, Rosenvald; MENEZES, Joyceane Bezerra; ROSENVALD, Nelson (Coord.). *Responsabilidade Civil e Medicina.* Indaiatuba: Foco, 2021, p. 385-398.

DADALTO, Luciana; SARSUR, Marcelo. Problemas jurídicos e dilemas bioéticos revisitados. In: DADALTO, Luciana (Coord.). *Bioética & Covid-19.* 2 ed. Indaiatuba: Editora Foco, 2021, p.1-12.

DE GREY, Aubrey. We will be able to live to 1000. *BBC UK.* Publicado em 03 nov. 2004. Disponível em: http://news.bbc.co.uk/2/hi/uk_news/4003063.stm. Acesso em: 27 out. 2021. Disponível em: https://www.newyorker.com/magazine/2017/04/03/silicon-valleys-quest-to-live-forever. Acesso em: 27 out 2021.

FORTUNA, W. Harry. Seeking eternal life, Silicon Valley is solving for death. *Quartz.* Publicado em 08 nov. 2017. Disponível em: https://qz.com/1123164/seeking-eternal-life-silicon-valley-is-solving--for-death/. Acesso em: 27 out. 2021.

FRIEND, Tad. Silicon Valley's Quest to Live Forever: Can billions of dollars' worth of high-tech research succeed in making death optional? *The New Yorker.* Publicado em 27 mar. 2017.

GODINHO, Adriano Marteleto. *Transhumanismo e Pós-Humanismo:* a humanidade em seu limiar. Tese de Pós Doutorado. Universidade de Coimbra. 2021.No prelo.

GRAVEN, Vibeke; WOODS, Simon. Intentions and the doctrine of double effect. In: EMMERICH, Nathan et al. *Contemporary European Perspectives on the Ethics of End of Life Care*. Cham: Springer, 2020, p. 169-180.

GRAY, John. *A busca pela imortalidade:* a obsessão humana em ludibriar a morte. São Paulo: Record, 2014.

HARARI, Yuval Noah. *21 lições para o século 21*. São Paulo: Companhia das Letras, 2018.

HARARI, Yuval. *The age of the cyborg has begun* – and the consequences cannot be known. Disponível em: https://www.theguardian.com/culture/2015/jul/05/yuval-harari-sapiens-interview-age-of-cyborgs. Acesso em: 26 out. 2021.

HORROBIN, Steven. The Ethics of Aging Intervention and Life Extension. In. RATTAN, Surresh I S. *Aging Interventions and Therapies*. Cingapura: World Scientific Publishing. p.1–27. Disponível em: http://www.worldscibooks.com/lifesci/etextboock/5690/5690_chap01.pdf. Acesso em: 22 out. 2021.

HUMANITY +. *The Transhumanist Declaration*. Disponível em: https://humanityplus.org/transhumanism/transhumanist-declaration//. Acesso em: 20 out. 2021.

HUXLEY, Julian Sorrell. *New Bottles for New Wine*. Londres: Chatto & Windus, 1957, p. 17. Disponível em: https://ia800306.us.archive.org/19/items/NewBottlesForNewWine/New-Bottles-For-New-Wine.pdf. Acesso em: 20 out. 2021.

ILNICKI, Rafał. Cryonics: Technological Fictionalization of Death. In: *Eidos:* A Journal for Philosophy of Culture, 2018, v. 2, n. 4(6), p. 36-45, acesso em: http://cejsh.icm.edu.pl/cejsh/element/bwmeta1.element.desklight-6c3a62a4-1e00-49d4-9c41-294d7621f049. Disponível em 22 out. 2021.

KRIOSRUS. *About us*. Disponível em: http://kriorus.ru/en/about-us. Acesso em: 22 out. 2021.

LÓPEZ-OTIN, Carlos, et. al. The Hallmarks of Aging. In: *Cell*, v. 153, n. 6, p. 1194-1217, 2013. Disponível em: https://www.cell.com/action/showPdf?pii=S0092-8674%2813%2900645-4. Acesso em: 22 out. 2021.

METHUSELAH FOUNDATION. Disponível em: https://www.mfoundation.org/. Acesso em: 27 out. 2021.

MONEYWEEK. Peter Thiel: *The tech visionary at war with death*. Publicado em 30 jan. 2013. Disponível em: https://moneyweek.com/116329/profile-of-peter-thiel-62434. Acesso em: 27 out. 2021.

MORE, Max. The Philosophy of Transhumanism. In: MORE, Max; VITA-MORE, Natasha. *Classical and Contemporary Essays on the Science, Technology, and Philosophy of the Human Future*. Hoboken: Wiley-Blackwell, 2013, p. 3-17.

NULAND, Sherwin. Do you want to live forever? In: *MIT Review*. Publicado em 01 fev. 20215. Acesso em: https://www.technologyreview.com/2005/02/01/231686/do-you-want-to-live-forever/. Acesso em: 22 out. 2021.

O'CONNELL, Mark. *To be a machine*. Londres: Granta Publications, 2018.

OLIVEIRA, Aline Albuquerque S. de. Interface entre bioética e direitos humanos: o conceito ontológico de dignidade humana e seus desdobramentos. *Revista Bioética*, 2007 15 (2): p. 171. Disponível em: http://revistabioetica.cfm.org.br/index.php/revista_bioetica/article/view/39. Acesso em: 22 out. 2021.

PERELMAN, Robert. The Aging Syndrome. In: *Journal of the American Geriatrics Society*, 1954, 2: 123-129. Disponível em: https://agsjournals.onlinelibrary.wiley.com/doi/epdf/10.1111/j.1532-5415.1954.tb00884.x. Acesso em: 22 out. 2021.

PESSINI, Leo. Bioética e o desafio do transumanismo: ideologia ou utopia, ameaça ou esperança? In: *Revista Bioética*, 2006, 14(2), p. 140, disponível em: https://revistabioetica.cfm.org.br/index.php/revista_bioetica/article/view/14/17. Acesso em: 27 out. 2021.

PYRKOV, Timothy V, et al. Longitudinal analysis of blood markers reveals progressive loss of resilience and predicts human lifespan limit. In: *Nat Commun* 12, 2765 (2021). Disponível em: go.nature.com/3k49r0w. Acesso em: 22 out. 2021.

REICH, Warren.T. *Encyclopedia of Bioethics*. New York: Free Press-Macmillan, 1978.

RODOTÀ, Stefano. Pós-Humano (trad. Carlos Nelson Konder). In: *Revista Brasileira de Direito Civil –* RBDCivil. Belo Horizonte, v. 27, p. 113-144, jan.-mar. 2021. Disponível em: https://rbdcivil.ibdcivil.org.br/rbdc/article/view/712/442. Acesso em: 27 out. 2021.

ROMAIN, Tiffany.Extreme Life Extension: Investing in Cryonics for the Long, Long Term. In: *Medical Anthropology*, 29:2, 194-215. Disponível em: https://www.tandfonline.com/doi/pdf/10.1080/01459741003715391?needAccess=true. Acesso em: 22 out. 2021.

SARSUR, Marcelo. *Bioética de Resistência:* desafios da reflexão bioética na era da pós-verdade. No prelo.

SUPERIOR TRIBUNAL DE JUSTIÇA. *Recurso especial 1.693.718*. Disponível em: https://scon.stj.jus.br/SCON/jurisprudencia/doc.jsp?livre=CRIOGENIA&b=ACOR&p=false&l=10&i=2&operador=e&tipo_visualizacao=RESUMO. Acesso em: 22 out. 2021.

THE HASTINGS CENTER. *Bioethics timeline*. Disponível em: https://www.thehastingscenter.org/bioethics-timeline/. Acesso em: 27 out. 2021.

UNESCO. *Declaração Universal sobre Bioética e Direitos Humanos*. Disponível em: https://unesdoc.unesco.org/ark:/48223/pf0000146180_por. Acesso em: 06 jul. 2021.

VON VERSCHUER, F. Freezing lives, preserving humanism: cryonics and the promise of Dezoefication. *Distinktion: Journal of Social Theory*, 2019, 1–19. Disponível em: https://www.tandfonline.com/doi/abs/10.1080/1600910X.2019.1610016?journalCode=rdis20. Acesso em: 22 out. 2021.

PARTE III
SINGULARIDADE TECNOLÓGICA, CIBERNÉTICA JURÍDICA E REGULAÇÃO DO CIBERESPAÇO

O FUTURO DA INTELIGÊNCIA ARTIFICIAL, INOVAÇÕES DISRUPTIVAS E O DIREITO: A SINGULARIDADE JURÍDICA ESTÁ PRÓXIMA?

Silvio Bitencourt da Silva

Doutorado em Administração de Empresas pela Universidade do Vale do Rio dos Sinos – UNISINOS. Atualmente exerce a função de professor do Mestrado Profissional em Direito da Empresa e dos Negócios e dos MBAs em Gestão nos campos da inovação e estratégia; e a função de Gerente de Pesquisa, Desenvolvimento e Inovação na Unidade Acadêmica de Pesquisa e Pós-Graduação da UNISINOS.

Sumário: 1. Introdução – 2. Exercitando o futuro da IA – 3. Inovações disruptivas e o direito – 4. Singularidade jurídica – 5. Considerações finais – 6. Referências.

1. INTRODUÇÃO

Este estudo interdisciplinar, que nasce das relações entre as disciplinas ou ramos de conhecimento da administração, direito e computação, tem como problema proposto a ampliação do entendimento sobre inovações disruptivas e como a Inteligência Artificial (IA) pode apresentar um tipo semelhante de singularidade que se aplica a profissão jurídica e a forma e o conteúdo do próprio direito, denominado como Singularidade Jurídica. Tem como objetivo de investigação, definir as facetas das inovações disruptivas na profissão jurídica e na forma e o conteúdo do próprio direito no que pode se tornar uma Singularidade Jurídica. A metodologia de pesquisa adotada está pautada no método hipotético-dedutivo, tendo início com o problema proposto e a formulação do objetivo de investigação, passando pela formulação de uma hipótese e por um processo de inferência dedutiva, o qual testou a predição da ocorrência de fenômenos abrangidos pela referida hipótese. A hipótese formulada, admite que o desenvolvimento de inovações disruptivas oriundas das aplicações das chamadas "novas tecnologias digitais", culminaria no desenvolvimento de recursos sofisticados que permitiriam a IA superar a inteligência humana, impactando todo o sistema econômico, das indústrias aos comércios e profissões como a jurídica e a forma e o conteúdo do próprio direito. Tem como ponto de partida que as tecnologias têm uma longa história de desafiar o direito e não é surpresa que a IA dado seu amplo uso, tenha o potencial de desencadear grandes e, em alguns casos disruptivas mudanças no cenário legal e regulatório[1].

---

1. MOSES, Lyria Bennett. Recurring dilemmas: The law's race to keep up with technological change. *U. Ill. JL Tech. & Pol'y*, p. 239, 2007.

O interesse acadêmico na ideia de que a IA substituirá os humanos, assumindo funções no local de trabalho e reformular os processos organizacionais existentes vem crescendo de forma constante[2]. A premissa central é que, dadas certas restrições no processamento de informações, a IA pode oferecer maior qualidade, maior eficiência e melhores resultados do que especialistas humanos[3]. Em todo o mundo, a IA tornou-se um tema relevante em qualquer ciência, bem como em debates públicos. A IA teria a capacidade de simular a inteligência humana para apoiar ou até estender as habilidades dos humanos[4]. No entanto, há um receio disseminado popularmente de que o desenvolvimento e aplicações de IA trazem desafios e riscos para a humanidade, como por exemplo o de desafiar a capacidade cognitiva humana[5].

A ideia de uma Singularidade Tecnológica pode ser traçada de volta a uma série de pensadores diferentes em que John von Neumann (1903-1957) é creditado como o primeiro a discutir a ideia de Singularidade Tecnológica, ou o ritmo alucinante das mudanças no modo de vida humana provocadas pelos desenvolvimentos tecnológicos. Von Neumann teria comentado sobre "o progresso cada vez mais acelerado da tecnologia e as mudanças no modo de vida humana, que dá a impressão de se aproximar de alguma singularidade essencial na história da raça além da qual os assuntos humanos, como os conhecemos, não poderiam continuar"[6]. Depois, Good[7] fez uma previsão mais específica chamando-a de "explosão de inteligência" em vez de uma "singularidade". Então, Toffler[8] baseou-se nessa ideia e alertou sobre uma "sociedade superindustrial" cuja taxa de mudança sobrecarregaria as pessoas. Por outro lado, muitos creditam ao cientista da computação e autor de ficção científica Vernor Vinge ter forjado a expressão Singularidade Tecnológica ao afirmar que "dentro de trinta anos, teremos a tecnologia para criar inteligência sobre-humana. Logo depois, a era humana terminará"[9]. Mais recentemente, a ideia de uma Singularidade

---

2. BRYNJOLFSSON, Erik; MCAFEE, Andrew. Artificial intelligence, for real. *Harvard Business Review*, 2017; VON KROGH, Georg. Artificial Intelligence in Organizations: New Opportunities for Phenomenon-Based Theorizing. *Academy of Management Discoveries*, v. 4, n. 4, p. 404-409, 2018; AGRAWAL, Ajay; GANS, Joshua S.; GOLDFARB, Avi. Exploring the impact of artificial intelligence: Prediction versus judgment. *Information Economics and Policy*, v. 47, p. 1-6, 2019.
3. MANYIKA, James et al. Jobs lost, jobs gained: Workforce transitions in a time of automation. *McKinsey Global Institute*, v. 150, 2017; BUGHIN, Jacques et al. *Skill shift*: Automation and the future of the workforce. McKinsey Global Institute. Bruxelas: McKinsey & Company, 2018; AGRAWAL, Ajay; GANS, Joshua S.; GOLDFARB, Avi. Exploring the impact of artificial intelligence: Prediction versus judgment. *Information Economics and Policy*, v. 47, p. 1-6, 2019.
4. MUELLER, John Paul; MASSARON, Luca. *Artificial intelligence for dummies*. Nova Jersey: John Wiley & Sons, 2021.
5. NEUBAUER, Aljoscha C. The future of intelligence research in the coming age of artificial intelligence–With a special consideration of the philosophical movements of trans-and posthumanism. *Intelligence*, v. 87, p. 101563, 2021.
6. ULAM, Stanislaw. Tribute to John von Neumann. *Bulletin of the American Mathematical Society*, vol 64, nr 3, part 2. May 1958, p. 1, v. 49, 1958.
7. GOOD, Irving John. Speculations concerning the first ultraintelligent machine. In: *Advances in computers*. Londres: Elsevier, 1966. p. 31-88.
8. TOFFLER, Alvin. *Future shock*. Sydney: Pan, 1970.
9. VINGE, Vernor. The coming technological singularity: How to survive in the post-human era. *Science Fiction Criticism: An Anthology of Essential Writings*, p. 352-363, 1993.

Tecnológica foi popularizada por Ray Kurzweil[10] como resultado de uma combinação de três tecnologias importantes do século 21: genética, nanotecnologia e robótica (incluindo inteligência artificial). Com base nas tendências atuais, Kurzweil[11] e na lei de Moore[12] descreve a melhoria exponencial na tecnologia digital, destacando três previsões para o ano de 2045: (a) US$ 1.000 compram um computador um bilhão de vezes mais poderoso que o cérebro humano. Isso significa que a média e até mesmo computadores de baixo custo são imensamente mais inteligentes do que humanos altamente inteligentes e não aprimorados; (b) a Singularidade ocorre à medida que as inteligências artificiais superam os seres humanos como as formas de vida mais inteligentes e capazes da Terra. O desenvolvimento tecnológico é assumido pelas máquinas, que podem pensar, agir e comunicar tão rapidamente que os humanos normais não conseguem sequer compreender o que se passa; assim, as máquinas, agindo em conjunto com aqueles humanos que evoluíram para ciborgues pós-biológicos, alcançam a dominação efetiva do mundo. As máquinas entram em uma "reação descontrolada" de ciclos de autoaperfeiçoamento, com cada nova geração de IAs aparecendo cada vez mais rápido. Deste ponto em diante, o avanço tecnológico é explosivo, sob o controle das máquinas e, portanto, não pode ser previsto com precisão; e (c) a singularidade é um evento extremamente perturbador e que altera o mundo que muda para sempre o curso da história humana. O extermínio da humanidade por máquinas violentas é improvável (embora não impossível) porque distinções nítidas entre homem e máquina não existirão mais graças à existência de humanos ciberneticamente aprimorados e humanos carregados. De fato, Kurzweil[13] conduz um exercício de futurismo em que a IA supera a inteligência humana nas próximas décadas[14], que também é conhecido como Foresight, Futures Studies ou Futures Research, que abrange metodologias de estudos de futuros e conhecimento de como aplicá-las em diferentes campos[15].

2. EXERCITANDO O FUTURO DA IA

As tendências tecnológicas que hoje já estão em movimento, pois muito do que vai acontecer nos próximos 30 anos, são inevitáveis de acordo com Kelly[16]. Cada vez mais os algoritmos, procedimentos passo a passo para a resolução de um problema[17] e frutos mais concretos da IA, controlam as pessoas ao operar por aprendizado a partir

---

10. KURZWEIL, Ray. *The singularity is near*: When humans transcend biology. Nova York: Penguin, 2005.
11. KURZWEIL, Ray. *The singularity is near*: When humans transcend biology. Nova York: Penguin, 2005.
12. MOORE, Gordon E. et al. *Cramming more components onto integrated circuits*. 1965.
13. KURZWEIL, Ray. *The singularity is near*: When humans transcend biology. Nova York: Penguin, 2005.
14. TURCHIN, Alexey. Assessing the future plausibility of catastrophically dangerous AI. *Futures*, v. 107, p. 45-58, 2019.
15. SANCHEZ, Christiane Ratton; ARAÚJO, Liriane Soares. Futurismo: tendências da tecnologia no empreendedorismo. *Revista Interface Tecnológica*, v. 16, n. 1, p. 171-183, 2019.
16. KELLY, Kevin. *The inevitable*: Understanding the 12 technological forces that will shape our future. Nova York: Penguin, 2017.
17. BHARGAVA, Aditya Y. *Entendendo algoritmos*: um guia ilustrado para programadores e outros curiosos. São Paulo: Editora Novatec, 2017.

de trilhas de dados que deixamos em nosso recente mundo digital e, atualmente, nenhuma área científica é ao mesmo tempo mais importante e envolta em mistério[18]. Mesmo que a Singularidade Tecnológica possa acontecer, mas que é improvável na visão de Walsh[19] a IA provavelmente terá um grande impacto na natureza do trabalho e devemos começar a planejar o seu impacto na sociedade[20], assim como Yampolkiy[21] destaca conclusões semelhantes, mas com mais peso dado à previsão "provável de acontecer", pois há uma série de vantagens inerentes, que podem permitir que a IA recursivamente se auto aprimore[22] e possivelmente tenha sucesso neste domínio desafiador Yampolskiy[23]. A ascensão de diferentes e mais evoluídas formas de IA tem o potencial de transformar nosso futuro mais do que qualquer outra tecnologia, e os seus mais recentes avanços na inteligência artificial a deixam pronta para superar a inteligência humana[24]. Se algum dia os cérebros artificiais superarem a inteligência dos cérebros humanos, então esta nova superinteligência pode se tornar muito poderosa, pois não temos a menor ideia do tipo de inteligência que uma máquina terá, se terá uma moralidade semelhante à nossa, ou se achará os seres humanos supérfluos[25]. No entanto, riscos e contingências são inerentes a este futuro, tais como a falta de segurança dos futuros sistemas de IA, falta de transparência, um tratamento potencialmente tendencioso e injusto dos sistemas de autoaprendizagem que podem aprofundar as desigualdades socioeconômicas e o grau de dependência desses sistemas inteligentes[26].

Como apontado por Kai-Fu Lee já está alterando as nossas vidas, mas ao contrário de muitos especialistas que afirmam que a IA irá acabar com a maioria das profissões que existem, argumenta que a IA apenas mudará a forma como trabalhamos[27], ou como destacam Choi e Ozcan[28] o modelo de atuação das empresas em cada uma de suas funções básicas. A inteligência artificial pode tornar obsoletos empregos como os de atendimento ao cliente, funções de análise e seleção de dados e documentos, entre tantas outras que são executadas mais rapidamente por máquinas, exigindo que os profissionais desenvolvam novas competências e empregadores, acadêmicos e agências do governo enfrentem essa realidade, moldando um futuro que poderá ser

---

18. DOMINGOS, Pedro. *O algoritmo mestre*: como a busca pelo algoritmo de machine learning definitivo recriará nosso mundo. São Paulo: Novatec Editora, 2017.
19. WALSH, Toby. The singularity may never be near. *AI Magazine*, v. 38, n. 3, p. 58-62, 2017.
20. WALSH, Toby. The singularity may never be near. *AI Magazine*, v. 38, n. 3, p. 58-62, 2017.
21. YAMPOLSKIY, Roman V. The singularity may be near. *Information*, v. 9, n. 8, p. 190, 2018.
22. SOTALA, Kaj. Advantages of artificial intelligences, uploads, and digital minds. *International journal of machine consciousness*, v. 4, n. 01, p. 275-291, 2012.
23. YAMPOLSKIY, Roman V. The singularity may be near. *Information*, v. 9, n. 8, p. 190, 2018.
24. TEGMARK, Max. *Vida 3.0*. Rio de Janeiro: Taurus, 2018.
25. BOSTROM, Nick. *Superinteligência*: caminhos, perigos, estratégias. Rio de Janeiro: Darkside, 2018.
26. GREEN, Brian Patrick. Ethical Reflections on Artificial Intelligence. *Scientia et Fides*, v. 6, n. 2, p. 9-31, 2018.
27. LEE, Kai-Fu. *Inteligência artificial*. Rio de Janeiro: Globo Livros, 2019.
28. CHOI, Jongmoo Jay; OZKAN, Bora. Innovation and disruption: Industry practices and conceptual bases. In: *Disruptive innovation in business and finance in the digital world*. Bingley: Emerald Publishing Limited, 2019.

próspero ou uma catástrofe[29]. O debate sobre "Ética, Regulação e Responsabilidade" e seus questionamentos na utilização da IA tem despertado diversos debates que procuram, entre outras questões, compreender o fenômeno da Inteligência Artificial, identificando os pressupostos para a sua regulação; os diversos tipos de responsabilidade – penal, civil e administrativa – que eventualmente surgem em casos de violações a direitos e danos causados por aqueles que desenvolvem ou implementam os sistemas de IA; e a sua descrição nas eventuais repercussões jurídicas na sua implementação[30]. No entanto, todos concordam que isso resultará em desafios éticos, legais e filosóficos únicos que precisarão ser abordados[31]. Para Sinha e Aniket[32], "A inteligência artificial é muito mais poderosa do que pensamos hoje".

Em 2030, teremos uma nova realidade e, antes que seja possível perceber, entre outras mudanças, haverá mais robôs do que trabalhadores humanos e mais computadores do que cérebros humanos nos levando a considerar a interação dinâmica entre uma variedade de forças que convergirão para um único ponto de inflexão que será, para melhor ou para pior, o ponto irreversível[33]. No âmbito das organizações, é perceptível que as centradas em IA exibem uma nova arquitetura operacional, redefinindo como criam, capturam, compartilham e entregam valor a partir de dados, análises e IA que, particularmente, habilita processos mais escaláveis do que os tradicionais, permitindo um aumento massivo de escopo, possibilitando que as empresas ultrapassem os limites da indústria e criem oportunidades poderosas de aprendizagem para conduzir com mais precisão previsões complexas e sofisticadas[34]. Os desenvolvimentos em IA estão avançando vertiginosamente, ultrapassando expectativas bem assentadas, fazendo emergir desafios filosóficos que este tema suscita e dúvidas clássicas, visitadas pela ciência e pela ficção – sobre a viabilidade de que a IA possa ser realmente inteligente, criativa ou mesmo consciente[35]. Taulli[36] expande as questões mais amplas que cercam a IA, incluindo tendências sociais, ética e impacto futuro que causará nos governos, estruturas de empresas e vida cotidiana do mundo.

De fato, às vezes empolgante, mas também um pouco assustadora a IA está presente em tudo o que fazemos[37]. Em um recente estudo sobre como será nosso

---

29. FORD, Martin. *Os robôs e o futuro do emprego*. Rio de Janeiro: Editora Best Seller, 2019.
30. FRAZÃO, Ana; MULHOLLAND, Caitlin (Coord.). *Inteligência artificial e direito*: ética, regulação e responsabilidade. Nova edição. São Paulo: Revista dos Tribunais, 2019.
31. KAPLAN, Andreas; HAENLEIN, Michael. Rulers of the world, unite! The challenges and opportunities of artificial intelligence. *Business Horizons*, v. 63, n. 1, p. 37-50, 2020.
32. SINHA, Aniket; MEHROTRA, Tushar. Artificial Intelligence and its Impact: A Review. *International Journal of Research Trends in Computer Science & Information Technology*, v. 6, n. 2, December, p. 51-56, 2020, p. 52.
33. GUILLÉN, Mauro F. *2030*: How Today's Biggest Trends Will Collide and Reshape the Future of Everything. Nova York: St. Martin's Press, 2020.
34. IANSITI, Marco; LAKHANI, Karim R. *Competing in the age of AI*: strategy and leadership when algorithms and networks run the world. Cambridge: Harvard Business Press, 2020.
35. BODEN, Margaret. *Inteligência artificial*: uma brevíssima introdução. São Paulo: Editora Unesp, 2020.
36. TAULLI, Tom. *Introdução à Inteligência Artificial*: Uma abordagem não técnica. São Paulo: Novatec Editora, 2020.
37. MUELLER, John Paul; MASSARON, Luca. *Artificial intelligence for dummies*. Nova Jersey: John Wiley & Sons, 2021.

mundo em 2041 conduzido por Lee e Qiufan[38] é sugerido que ele será moldado pela IA, o desenvolvimento definidor do século XXI, pois aspectos da vida humana diária estarão irreconhecíveis. Para Smith e Browne[39] o mundo transfigurou a tecnologia da informação em uma ferramenta poderosa e em uma arma temível, e são necessárias novas abordagens para gerenciar uma era definida por invenções ainda mais poderosas, como a inteligência artificial. Traz desafios sem precedentes, como as questões morais da inteligência artificial fazendo com que as empresas que criam tecnologia tenham mais responsabilidade pelo futuro, e os governos regulamente a tecnologia com mais rapidez, a fim de acompanhar o ritmo e a intensidade da inovação[40]. No entanto, "riscos e contingências devem ser discutidos hoje para se preparar para o futuro"[41]. Também marca o início de uma nova era de gerenciamento de tecnologia da informação em que gerenciar a IA envolve comunicar, liderar, coordenar e controlar uma fronteira em constante evolução de avanços computacionais que fazem referência à inteligência humana para lidar com problemas de tomada de decisão cada vez mais complexos[42].

3. INOVAÇÕES DISRUPTIVAS E O DIREITO

A noção de disrupção foi cunhada originalmente por Christensen, porém já tinha abordado o tema anteriormente[43] em que manifestaram que ocorre a disrupção quando "uma empresa com menos recursos é capaz de desafiar com sucesso as empresas já estabelecidas".

Tem sido explorada a partir de alterações nos processos transacionais de oferta de produtos e serviços, representativos dos modelos de negócio tradicionais, para novos formatos que causam uma disrupção nos processos tradicionais de oferta dos produtos das empresas líderes, permitindo às novas ofertantes um crescimento rápido com eventual deslocamento de suas participações ou compartilhamento de liderança no mercado[44]. A disrupção pode ser entendida como resultado de dinâmicas emergentes constituídas a partir: (a) do momento de entrada e dos processos subjacentes que influenciam; (b) da sincronização de eventos e ações e como é moldada pela; (c) adaptabilidade das ações estratégicas[45]. Para Si e Chen[46] haveria três perspectivas para

---

38. LEE, Kai-Fu; QIUFAN, Chen. *AI 2041*: Ten visions for our future. Nova York: Currency, 2021.
39. SMITH, Brad; BROWNE, Carol Ann. *Armas e Ferramentas*: O futuro e o perigo da era digital. Rio de Janeiro: Alta Books, 2021.
40. SMITH, Brad; BROWNE, Carol Ann. *Armas e Ferramentas*: O futuro e o perigo da era digital. Rio de Janeiro: Alta Books, 2021.
41. LOUREIRO, Sandra Maria Correia; GUERREIRO, João; TUSSYADIAH, Iis. Artificial intelligence in business: State of the art and future research agenda. *Journal of business research*, v. 129, p. 911-926, 2021.
42. BERENTE, Nicholas et al. Managing artificial intelligence. *MIS Q*, v. 45, n. 3, p. 1433-1450, 2021.
43. BOWER, Joseph L.; CHRISTENSEN, Clayton M. *Disruptive technologies*: catching the wave. 1995.
44. CHRISTENSEN, Clayton M.; RAYNOR, Michael E. Why hard-nosed executives should care about management theory. *Harvard business review*, v. 81, n. 9, p. 66-75, 2003.
45. PETZOLD, Neele; LANDINEZ, Lina; BAAKEN, Thomas. Disruptive innovation from a process view: A systematic literature review. *Creativity and Innovation Management*, v. 28, n. 2, p. 157-174, 2019.
46. SI, Steven; CHEN, Hui. A literature review of disruptive innovation: What it is, how it works and where it goes. *Journal of Engineering and Technology Management*, v. 56, p. 101568, 2020.

a definição de disrupções. A primeira perspectiva para definir os tipos de disrupções é baseada em quatro principais tipos específicos de atividades de inovação: inovação do modelo de negócios; inovação tecnológica; inovação de produto e inovação estratégica. A segunda perspectiva para definir a disrupção é baseada no processo de evolução. E por fim, a terceira perspectiva da definição disrupção é baseada em seu efeito. Atualmente, a disrupção tem sido definida como "[...] um declínio substancial nas vendas, participação de mercado ou lucratividade de empresas estabelecidas, resultante de ações tomadas por empresas que não são inicialmente rivais diretas das empresas estabelecidas"[47]. Aqui, disrupções são expressas por dinâmicas que se refletem em novas tecnologias, modelo de negócios, produtos e estratégias em empresas e/ou startups que apresentam interesse em movimentar uma indústria, bem como alterar seus padrões competitivos de uma forma diferente de qualquer coisa já experimentada[48].

As previsões para a trajetória geral da disrupção tecnológica no direito são relativamente consistentes[49] e as previsões para o futuro da profissão jurídica variam de alarmistas[50] a otimistas[51]. Tais previsões, sugerem que a tecnologia tem o potencial promover disrupções na profissão jurídica e na forma e o conteúdo do próprio direito[52], começando na base do mercado legal[53]. À medida que as tecnologias melhoram e são capazes de atender às demandas de outros segmentos do mercado, a tecnologia disruptiva se espalhará até que finalmente se torne dominante[54]. Refletem em dois argumentos conectados sobre o futuro da profissão de advogado. Primeiro, a "revolução digital" em curso continuará a cause disrupção no trabalho jurídico como tradicionalmente funciona. Em segundo lugar, em contraste com as revoluções tecnológicas anteriores, parece improvável que a "implantação" de

---

47. ADNER, Ron; LIEBERMAN, Marvin. Disruption through complements. *Strategy Science*, v. 6, n. 1, p. 91-109, 2021, p. 92.

48. BOWER, Joseph L.; CHRISTENSEN, Clayton M. *Disruptive technologies*: catching the wave. 1995; CHRISTENSEN, Clayton M.; RAYNOR, Michael E. Why hard-nosed executives should care about management theory. *Harvard business review*, v. 81, n. 9, p. 66-75, 2003; SCHWAB, Klaus. *The fourth industrial revolution*. Nova York: Currency, 2017; SCHWAB, Klaus; DAVIS, Nicholas. *Shaping the future of the fourth industrial revolution*. Nova York: Currency, 2018; PETZOLD, Neele; LANDINEZ, Lina; BAAKEN, Thomas. Disruptive innovation from a process view: A systematic literature review. *Creativity and Innovation Management*, v. 28, n. 2, p. 157-174, 2019; SI, Steven; CHEN, Hui. A literature review of disruptive innovation: What it is, how it works and where it goes. *Journal of Engineering and Technology Management*, v. 56, p. 101568, 2020; ADNER, Ron; LIEBERMAN, Marvin. Disruption through complements. *Strategy Science*, v. 6, n. 1, p. 91-109, 2021.

49. TAYLOR POPPE, Emily. The Future Is Bright Complicated: AI, Apps & Access to Justice. *Oklahoma Law Review*, v. 72, n. 1, 2019.

50. SUSSKIND, Richard. The end of lawyers. *Rethinking the nature of legal services*, v. 32, p. 50, 2008.

51. YOON, Albert H. The post-modern lawyer: Technology and the democratization of legal representation. *University of Toronto Law Journal*, v. 66, n. 4, p. 456-471, 2016.

52. SUSSKIND, Richard E. *Tomorrow's lawyers*: An introduction to your future. Oxford: Oxford University Press, 2013.

53. BRESCIA, Raymond H. et al. Embracing disruption: How technological change in the delivery of legal services can improve access to justice. *Alb. L. Rev.*, v. 78, p. 553, 2014.

54. BARTON, Benjamin. Technology can solve much of America's access to justice problem, if we let it. *Beyond elite law*. Nova York: Cambridge University Press, 2016.

inovação disruptiva no contexto da revolução digital seja principalmente "liderada pelo Estado". Os advogados poderão trabalhar com mais eficiência, aprofundar e ampliar suas áreas de especialização e agregar mais valor aos clientes, transformando a forma como trabalham e resolvem disputas em nome de seus clientes[55]. É muito provável que a IA de hoje seja capaz de automatizar uma tarefa legal apenas se houver alguma estrutura ou padrão subjacente que ela possa aproveitar[56]. De outra forma, o pensamento abstrato, resolução de problemas, advocacia, aconselhamento de clientes, inteligência emocional humana, análise de políticas e estratégia geral provavelmente não estarão sujeitas à automação, dados os limites da tecnologia de IA atual[57]. Em vez disso, as novas tecnologias serão implantadas por uma coalizão de diversos atores privados (empreendedores, tecnólogos, consultores e outros profissionais) trabalhando em colaboração[58]. Porém, alguns futuristas jurídicos destacam que análise jurídica preditiva logo resultará em uma Singularidade Jurídica em que o sistema legal emergirá como uma ordem legal completamente especificada, perfeita, acessível a todos em tempo real, além de capacitar as legislaturas, reguladores e partes comerciais do futuro a elaborar estatutos, regras, regulamentos e contratos completamente especificados, todos aplicados por juízes digitais[59]. Também, com os tribunais online agora passando da ideia para a realidade, se observa a mudança mais fundamental no sistema de justiça há séculos, mas o entendimento público e o debate sobre a revolução estão apenas começando[60].

Esses movimentos trazem algumas questões contemporâneas importantes em IA e direito que merecem destaque[61]. Uma das questões mais importantes tem a ver com o potencial de viés na tomada de decisão algorítmica[62], é importante determinar se os modelos computacionais subjacentes estão tratando as pessoas de forma justa e igualitária[63], diante dos modelos de computador que aprendem padrões a partir de dados podem ser sutilmente tendenciosos sobre vieses embutidos nesses dados[64]. Outra questão tem a ver com a interpretabilidade dos sistemas de IA e a transparência sobre como os sistemas de IA estão tomando suas decisões[65]. Muitas

---

55. ALARIE, Benjamin; NIBLETT, Anthony; YOON, Albert H. How artificial intelligence will affect the practice of law. *University of Toronto Law Journal*, v. 68, n. supplement 1, p. 106-124, 2018.
56. SURDEN, Harry. Artificial intelligence and law: An overview. *Ga. St. UL Rev.*, v. 35, p. 1305, 2018.
57. SURDEN, Harry. Artificial intelligence and law: An overview. *Ga. St. UL Rev.*, v. 35, p. 1305, 2018.
58. FENWICK, Mark; VERMEULEN, Erik. The Lawyer of the Future as "Transaction Engineer": Digital Technologies and the Disruption of the Legal Profession. In: *Legal Tech, Smart Contracts and Blockchain*. Springer, Singapore, 2019. p. 253-272.
59. WEBER, Robert F. Will the" Legal Singularity" Hollow out Law's Normative Core? *Mich. Tech. L. Rev.*, v. 27, p. 97, 2020.
60. SUSSKIND, Richard. Online Guidance. In: *Online Courts and the Future of Justice*. Oxford University Press, 2021.
61. SURDEN, Harry. Artificial intelligence and law: An overview. *Ga. St. UL Rev.*, v. 35, p. 1305, 2018.
62. TENE, Omer; POLONETSKY, Jules. Taming the Golem: Challenges of ethical algorithmic decision--making. *NCJL & Tech.*, v. 19, p. 125, 2017.
63. SURDEN, Harry. Artificial intelligence and law: An overview. *Ga. St. UL Rev.*, v. 35, p. 1305, 2018.
64. TENE, Omer; POLONETSKY, Jules. Taming the Golem: Challenges of ethical algorithmic decision--making. *NCJL & Tech.*, v. 19, p. 125, 2017.
65. SURDEN, Harry. Artificial intelligence and law: An overview. *Ga. St. UL Rev.*, v. 35, p. 1305, 2018.

vezes, os sistemas de IA são projetados de tal forma que o mecanismo subjacente não é interpretável nem mesmo pelos programadores que os criaram. Vários críticos levantaram preocupações de que os sistemas de IA que se envolvem na tomada de decisões devem ser explicáveis, interpretáveis ou pelo menos transparentes[66], resumindo todas as considerações e seus resultados concluídos[67]. Uma questão final tem a ver com possíveis problemas com a deferência à tomada de decisão computadorizada automatizada à medida que a IA se torna mais arraigada na administração do governo[68]. Considera-se que as decisões tomadas pela inteligência artificial parecem desproporcionalmente neutras e objetivas, mas, na realidade, não são tão eficazes quanto as percebemos[69]. Pesando os benefícios de curto prazo contra as implicações de longo prazo e potencialmente dependentes do caminho de substituir a autoridade legal humana por sistemas computacionais, este volume contraria as contas mais acríticas da IA na lei e a ânsia de acadêmicos, governos e LegalTech desenvolvedores, para ignorar as ramificações mais fundamentais – e talvez 'maiores' – da lei computável[70].

4. SINGULARIDADE JURÍDICA

Cada vez mais atenção tem sido dada ao que definimos como "automação jurídica" derivada da aplicação de tecnologia da informação e comunicação, em especial a IA no campo jurídico. Diversas terminologias são exploradas na literatura, incluindo *legal techs* (tecnologia jurídica)[71], gestão tecnológica, computabilidade jurídica[72], leis computacionais ou computáveis[73], leis orientadas por código[74], inteligência artificial

---

66. HALL, Patrick. *Predictive modeling*: Striking a balance between accuracy and interpretability (Feb. 11, 2016). Retrived from https://www. oreilly. com/ideas/predictive-modeling-striking-a-balance-betwee n-accuracy-and-interpretability
67. JAMES, Luke. AI Is Useless Until It Learns How to Explain Itself. *Towards Data SCI.* (Jan. 4, 2018), Retrived from https://towardsdatascience.com/ai-is-unless-until-it-learns-how-to-explain-itself-7884cca3ba26; OSEI BONSU, Kwadwo. Understanding the Benefits, Demerits and Criticisms of the Revolution of Computational Analysis and Artificial Intelligence in Law. *Demerits and Criticisms of the Revolution of Computational Analysis and Artificial Intelligence in Law (April 10, 2020)*, 2020.
68. SURDEN, Harry. Artificial intelligence and law: An overview. *Ga. St. UL Rev.*, v. 35, p. 1305, 2018.
69. TASHEA, Jason. Courts Are Using AI to Sentence Criminals. That Must Stop Now, *Wired* (Apr. 17, 2017, 7:00 AM), Retrieved from https://www.wired.com/2017/04/courts-using-ai-sentence-criminals-must-s top-now/; OSEI BONSU, Kwadwo. Understanding the Benefits, Demerits and Criticisms of the Revolution of Computational Analysis and Artificial Intelligence in Law. *Demerits and Criticisms of the Revolution of Computational Analysis and Artificial Intelligence in Law (April 10, 2020)*, 2020.
70. DEAKIN, Simon; MARKOU, Christopher. From Rule of Law to Legal Singularity. *Is Law Computable? Critical Perspectives on Law and Artificial Intelligence*, p. 1, 2020.
71. HILDEBRANDT, Mireille. *Smart technologies and the end(s) of law*: novel entanglements of law and technology. Cheltenham: Edward Elgar Publishing, 2015.
72. MARKOU, Christopher; DEAKIN, Simon. Ex machina lex, the limits of legal computability. *Center for Business Research, University of Cambridge, Faculty of Law*, v. 9, 2019.
73. DEAKIN, Simon; MARKOU, Christopher. From Rule of Law to Legal Singularity. *Is Law Computable? Critical Perspectives on Law and Artificial Intelligence*, p. 1, 2020.
74. HILDEBRANDT, Mireille. Code-driven Law: Freezing the Future and Scaling the Past. *Is Law Computable? Critical Perspectives on Law and Artificial Intelligence*, p. 67, 2020.

jurídica[75], regulação algorítmica[76], e regulação processável automaticamente[77] estão em uso.

Independente da miríade de termos usados para se referir a diferentes conceitos sobrepostos, remetem a Singularidade Jurídica que chegaria quando o acúmulo massivo de dados e a existência de métodos de predição refinados tornariam a incerteza jurídica obsoleta, evitando as consequências indesejáveis derivadas da imprecisão das regras gerais, porém apesar de inspirada na ideia de Singularidade Tecnológica é diferente[78]. O estado de Singularidade Jurídica refletirá um 'sistema jurídico estável e previsível cujas oscilações serão contínuas e, no entanto, relativamente insignificantes[79]. Representa uma ordem que transcende as limitações de regras e princípios, componentes básicos das ordens jurídicas atuais[80]. Neste cenário, os legisladores poderão usar tecnologias preditivas e de comunicação para cumprir metas legislativas complexas que são traduzidas por máquinas em um vasto catálogo de comandos simples para todos os cenários possíveis[81]. Pressupõe que a aplicação da análise de dados na jurisprudência existente possa produzir um modelo capaz de prever com precisão o resultado de cada caso que esteja dentro dos limites do conjunto de treinamento[82]. Tornaria possível uma das teorias mais controversas e tentadoras de Dworkin[83], que ao levantar a hipótese de um Hércules mítico de Justiça que é finalmente capaz de superar as limitações cognitivas e as limitações de tempo de meros juristas mortais e discernir a única resposta certa para qualquer questão legal[84], ao criar uma ordem baseada em leis precisamente adaptadas, especificando o comportamento exato que é permitido em cada situação[85].

---

75. COBBE, Jennifer. Legal Singularity and the Reflexivity of Law. *Is Law Computable? Critical Perspectives on Law and Artificial Intelligence*, p. 107, 2020.
76. DE FRANCESCHI, Alberto et al. *Algorithmic Regulation and Personalized Law*. CH Beck-Hart-Nomos, 2021.
77. GUITTON, Clement; TAMO-LARRIEUX, Aurelia; MAYER, Simon. A Typology of Automatically Processable Regulation. *Law, Innovation, and Technology*, v. 14, n. 2, 2022.
78. ALARIE, Benjamin. The path of the law: Towards legal singularity. *University of Toronto Law Journal*, v. 66, n. 4, p. 443-455, 2016.
79. ALARIE, Benjamin. The path of the law: Towards legal singularity. *University of Toronto Law Journal*, v. 66, n. 4, p. 443-455, 2016.
80. ALARIE, Benjamin. The path of the law: Towards legal singularity. *University of Toronto Law Journal*, v. 66, n. 4, p. 443-455, 2016; CASEY, Anthony J.; NIBLETT, Anthony. The Death of Rules and Standards. *Indiana Law Journal*, v. 92, n. 4, 2017.
81. CASEY, Anthony J.; NIBLETT, Anthony. The Death of Rules and Standards. *Indiana Law Journal*, v. 92, n. 4, 2017.
82. BAYAMLIO LU, Emre; LEENES, Ronald. The 'rule of law' implications of data-driven decision-making: a techno-regulatory perspective. *Law, Innovation and Technology*, v. 10, n. 2, p. 295-313, 2018.
83. DWORKIN, Ronald. *Law's empire*. Harvard University Press, 1986.
84. GOLDSWORTHY, Daniel. Dworkin's dream: Towards a singularity of law. *Alternative Law Journal*, v. 44, n. 4, p. 286-290, 2019.
85. CREGO, Jorge. La singularidad jurídica y el retorno del filósofo-rey: potenciales consecuencias para el imperio de la ley y la democracia. *Persona y Derecho*, v. 85, n. 2, 2021.

Tanto Alarie[86] quanto Casey e Niblett[87] descrevem a Singularidade Jurídica como uma ordem que transcende as limitações de regras e princípios, componentes básicos das ordens jurídicas atuais. Trata-se de um ponto hipotético em que a inteligência artificial desenvolve capacidades de tomada de decisão que excedem as dos advogados humanos, juízes e outros tomadores de decisão[88]. Em sentido geral, Eliot[89] observa que a Singularidade Jurídica é definida como um resultado que traduz um estado em que a lei é inteiramente certa e não há incerteza restante. Em oposição, Legrand[90] lamenta a possibilidade de uma singularidade do direito, concluindo, em última análise, que é, "somente adiando o não idêntico pode a reivindicação de justiça ser redimida"[91]. Sua posição[92] é uma justiça para raposas[93], ou o pluralismo como fato e ajuda à busca da justiça[94]. Adicionalmente, como reconhecem Alarie[95] e Casey e Niblett[96], o conjunto de parâmetros utilizados para particularizar a lei é tão amplo que o indivíduo não pode compreendê-lo, não sendo capaz de avaliar se o seu conteúdo é justo. Constitui o risco de que a razão humana não consiga entender as decisões da IA em função de sua opacidade[97] e está relacionada a questão da interpretabilidade já destacada anteriormente[98]. Refere-se ao direito de contestar decisões automatizadas, conforme previsto no artigo 22.° do Regulamento Geral de Proteção de Dados (RGPD), uma disposição do devido processo com implicações

---

86. ALARIE, Benjamin. The path of the law: Towards legal singularity. *University of Toronto Law Journal*, v. 66, n. 4, p. 443-455, 2016.
87. CASEY, Anthony J.; NIBLETT, Anthony. The Death of Rules and Standards. *Indiana Law Journal*, v. 92, n. 4, 2017.
88. MARKOU, Christopher; DEAKIN, Simon. Ex machina lex, the limits of legal computability. *Center for Business Research, University of Cambridge, Faculty of Law*, v. 9, 2019.
89. ELIOT, Lance. Multidimensionality of Legal Singularity: Parametric Analysis and the Autonomous Levels of AI Legal Reasoning. *arXiv preprint arXiv:2008.10575*, 2020.
90. LEGRAND, Pierre. On the singularity of law. *Harv. Int'l LJ*, v. 47, p. 517, 2006.
91. WESTBROOK, David A. Theorizing the Diffusion of Law: Conceptual Difficulties, Unstable Imaginations, and the Effort to Think Gracefully Nevertheless', 2006. *Harvard International Law Journal*, v. 57, p. 489-505.
92. LEGRAND, Pierre. On the singularity of law. *Harv. Int'l LJ*, v. 47, p. 517, 2006.
93. DWORKIN, Ronald. *Justice for hedgehogs*. Cambridge: Harvard University Press, 2011.
94. WINTER, Jack. Justice for hedgehogs, conceptual authenticity for foxes: ronald dworkin on value conflicts. *Res Publica*, v. 22, n. 4, p. 463-479, 2016.
95. ALARIE, Benjamin. The path of the law: Towards legal singularity. *University of Toronto Law Journal*, v. 66, n. 4, p. 443-455, 2016.
96. CASEY, Anthony J.; NIBLETT, Anthony. The Death of Rules and Standards. *Indiana Law Journal*, v. 92, n. 4, 2017.
97. DANAHER, John. The threat of algocracy: Reality, resistance and accommodation. *Philosophy & Technology*, v. 29, n. 3, p. 245-268, 2016.
98. HALL, Patrick. *Predictive modeling*: Striking a balance between accuracy and interpretability (Feb. 11, 2016). Retrived from https://www. oreilly. com/ideas/predictive-modeling-striking-a-balance-betwee n-accuracy-and-interpretability; JAMES, Luke. AI Is Useless Until It Learns How to Explain Itself. *Towards Data SCI.* (Jan. 4, 2018), Retrieved from https://towardsdatascience.com/ai-is-unless-until-it-learns-how--to-explain-itself-7884cca3ba26; SURDEN, Harry. Artificial intelligence and law: An overview. *Ga. St. UL Rev.*, v. 35, p. 1305, 2018; OSEI BONSU, Kwadwo. Understanding the Benefits, Demerits and Criticisms of the Revolution of Computational Analysis and Artificial Intelligence in Law. *Demerits and Criticisms of the Revolution of Computational Analysis and Artificial Intelligence in Law (April 10, 2020)*, 2020.

concretas de transparência[99] Adicionalmente, Markou e Deakin[100] argumentam que a singularidade jurídica é uma proposta de eliminação da fundamentação jurídica como base para a resolução de conflitos e atribuição de poderes, direitos e responsabilidades", além de "ter o potencial de desviar recursos para, em última análise, infrutíferos usos, ao mesmo tempo que compromete a autonomia do sistema jurídico e mina seus principais modos de operação"[101].

A singularidade jurídica opera em uma suposição de mundo fechado, enquanto o direito é um sistema aberto dinâmico, envolvendo potencialmente qualquer caso fora dos perímetros do sistema[102]. Os resultados de casos não cobertos pelo conjunto de treinamento são especulativos e não se sabe se esses julgamentos são "legalmente corretos"[103]. Em outras palavras, esses modelos não preveem realmente, mas descrevem um conjunto de dados históricos[104]. O sistema pode, assim, lidar com 'casos claros' como são chamados na teoria jurídica[105]), mas nos 'casos difíceis' nem percebe que foi apresentado[106].

À luz do impacto disruptivo da tecnologia nos processos políticos e no discurso social nos últimos anos, a falta de deliberação significativa torna-se ainda mais preocupante à luz das previsões sobre uma Singularidade Jurídica próxima[107].

Embora a IA possibilite o desenvolvimento de inovações disruptivas que prometem muito, elas simplesmente ficam aquém das capacidades de uma pessoa comum. Então, nem tudo são más notícias no campo jurídico, pois "existem muitas maneiras de melhorar o desempenho desses sistemas para torná-los mais fáceis de

---

99. BAYAMLIOĞLU, Emre. The right to contest automated decisions under the General Data Protection Regulation: Beyond the so-called "right to explanation". *Regulation & Governance*, 2021.

100. MARKOU, Christopher; DEAKIN, Simon. Ex machina lex, the limits of legal computability. *Center for Business Research, University of Cambridge, Faculty of Law*, v. 9, 2019, p. 4.

101. MARKOU, Christopher; DEAKIN, Simon. Ex machina lex, the limits of legal computability. *Center for Business Research, University of Cambridge, Faculty of Law*, v. 9, 2019, p. 32.

102. ROYAKKERS, Lamber. Hercules of Karneades: Hard Cases in Recht en Rechtsfilosofie. *R & R*, v. 29, p. 193, 2000.

103. BAYAMLIOĞLU, Emre; LEENES, Ronald. The 'rule of law' implications of data-driven decision-making: a techno-regulatory perspective. *Law, Innovation and Technology*, v. 10, n. 2, p. 295-313, 2018.

104. HILDEBRANDT, Mireille. Algorithmic regulation and the rule of law. *Philosophical Transactions of the Royal Society A: Mathematical, Physical and Engineering Sciences*, v. 376, n. 2128, p. 20170355, 2018.

105. DWORKIN, Ronald. *Law's empire*. Harvard University Press, 1986.

106. BAYAMLIOĞLU, Emre; LEENES, Ronald. The 'rule of law' implications of data-driven decision-making: a techno-regulatory perspective. *Law, Innovation and Technology*, v. 10, n. 2, p. 295-313, 2018.

107. LEVY, Frank. Computers and populism: artificial intelligence, jobs, and politics in the near term. *Oxford Review of Economic Policy*, v. 34, n. 3, p. 393-417, 2018; SCHROEDER, Jared. Toward a discursive marketplace of ideas: Reimaging the marketplace metaphor in the era of social media, fake news, and artificial intelligence. *First Amendment Studies*, v. 52, n. 1-2, p. 38-60, 2018; HELBING, Dirk et al. Will democracy survive big data and artificial intelligence? In: *Towards digital enlightenment*. Springer, Cham, 2019. p. 73-98; WINFIELD, Alan F. et al. Machine ethics: The design and governance of ethical AI and autonomous systems [scanning the issue]. *Proceedings of the IEEE*, v. 107, n. 3, p. 509-517, 2019; SHARKEY, Amanda. Can we program or train robots to be good? *Ethics and Information Technology*, v. 22, n. 4, p. 283-295, 2020; FISHER, Michael; MASCARDI, Viviana; ROZIER, Kristin Yvonne; SCHLINGLOFF, Bernd-Holger; WINIKOFF, Michael; YORKE-SMITH, Neil. Towards a framework for certification of reliable autonomous systems. *Autonomous Agents and Multi-Agent Systems*, v. 35, n. 1, p. 1-65, 2021.

usar e úteis para o público em geral"[108], disto isto no primeiro artigo de revisão de direito gerado por máquina[109].

Por exemplo, em estudo recente nos escritórios de advocacia, conduzido por Frolova e Ermakova[110] se identificou que: (1) há um ramo de negócios especializado em serviços de tecnologia da informação para atividades jurídicas profissionais e prestação de serviços jurídicos aos consumidores; (2) advogados, teóricos e profissionais apresentam classificações com base em vários critérios; (3) atualmente as principais aplicações são (a) "previsão de decisões judiciais" ou "tecnologia de previsão" e (b) "codificação preditiva"; (4) a vantagem reconhecida do uso de de IA na prática jurídica é o aumento da eficiência. O futuro da tecnologia de IA dará aos escritórios de advocacia uma vantagem competitiva em litígios, possibilitando um melhor atendimento aos seus clientes, tornano-os mais procurados, e empresas incapazes de automatizar suas atividades podem perder clientes devido a preços mais altos pelos mesmos serviços[111].

5. CONSIDERAÇÕES FINAIS

Inovações disruptivas apoiadas em tecnologias da informação e comunicação culminará no desenvolvimento de recursos sofisticados que permitiriam a IA superar a inteligência humana, impactando todo o sistema econômico, das indústrias aos comércios e profissões e o próprio direito. É fato que a IA pode oferecer melhor qualidade, eficiência e resultados do que especialistas humanos. No entanto, há um receio de que a IA possa trazer desafios e riscos para a humanidade ao desafia a capacidade cognitiva humana no que se convencionou chamar de Singularidade Tecnológica. Este exercício de futurismo moldado pela IA causará uma série de disrupções caracterizada por movimentos em diferentes indústrias que alterarão seu padrão competitivo de uma forma totalmente diferente do que tem sido feito até hoje. Aqui, se inclui a profissão jurídica e a forma e o conteúdo do próprio direito no que alguns futuristas jurídicos convencionaram denominar de Singularidade Jurídica, inspirada na Singularidade Tecnológica, mas diferente.

A profissão jurídica será afetada positivamente ao permitir que advogados trabalhem com mais eficiência, aprofundem e ampliem suas áreas de especialidade, possibilitando um melhor atendimento aos seus clientes a partir de novas tecnologias implantadas de modo colaborativo por atores públicos e privados em aplicações como "previsão de decisões judiciais" ou "tecnologia de previsão", "codificação preditiva".

---

108. ALARIE, Benjamin; COCKFIELD, Arthur. Will Machines Replace Us? Machine-Authored Texts and the Future of Scholarship. *Law, Tech. & Hum.*, v. 3, p. 5, 2021, p. 4.
109. ALARIE, Benjamin; COCKFIELD, Arthur. Will Machines Replace Us? Machine-Authored Texts and the Future of Scholarship. *Law, Tech. & Hum.*, v. 3, p. 5, 2021.
110. FROLOVA, Evgenia E.; ERMAKOVA, Elena P. Utilizing Artificial Intelligence in Legal Practice. In: *Smart Technologies for the Digitisation of Industry: Entrepreneurial Environment*. Springer, Singapore, 2022. p. 17-27.
111. FROLOVA, Evgenia E.; ERMAKOVA, Elena P. Utilizing Artificial Intelligence in Legal Practice. In: *Smart Technologies for the Digitisation of Industry: Entrepreneurial Environment*. Springer, Singapore, 2022. p. 17-27.

Quanto a possibilidade de que o sistema jurídico se torne uma ordem legal completamente especificada, perfeita, acessível a todos em tempo real em uma Singularidade Jurídica, presume uma proposta de eliminação da fundamentação jurídica para a resolução de conflitos e atribuição de poderes, direitos e responsabilidades em um tipo de distopia.

Embora a IA possibilite o desenvolvimento de inovações disruptivas que não podem ser previstas com precisão, transformará continuamente a profissão jurídica e advogados ou escritórios de advocacia incapazes de adotarem novas tecnologias em suas atividades podem perder clientes devido a ineficiência na sua execução ou preços mais altos que os clientes não estão dispostos a pagar. Por outro lado, a ideia de Singularidade Jurídica merece atenção tanto no campo teórico quanto empírico sobre a evolução do acúmulo massivo de dados e a existência de métodos de predição refinados diante da promessa de um sistema jurídico estável e previsível, que poderá comprometer a sua autonomia e minar seus principais modos de operação, além de constituir o risco de que a razão humana não consiga entender as decisões da IA.

6. REFERÊNCIAS

ADNER, Ron; LIEBERMAN, Marvin. Disruption through complements. *Strategy Science*, v. 6, n. 1, p. 91-109, 2021.

AGRAWAL, Ajay; GANS, Joshua S.; GOLDFARB, Avi. Exploring the impact of artificial intelligence: Prediction versus judgment. *Information Economics and Policy*, v. 47, p. 1-6, 2019.

ALARIE, Benjamin. The path of the law: Towards legal singularity. *University of Toronto Law Journal*, v. 66, n. 4, p. 443-455, 2016.

ALARIE, Benjamin; COCKFIELD, Arthur. Will Machines Replace Us? Machine-Authored Texts and the Future of Scholarship. *Law, Tech. & Hum.*, v. 3, p. 5, 2021.

ALARIE, Benjamin; NIBLETT, Anthony; YOON, Albert H. How artificial intelligence will affect the practice of law. *University of Toronto Law Journal*, v. 68, n. supplement 1, p. 106-124, 2018.

BARTON, Benjamin. Technology can solve much of America's access to justice problem, if we let it. *Beyond elite law*. Nova York: Cambridge University Press, 2016.

BAYAMLIOĞLU, Emre. The right to contest automated decisions under the General Data Protection Regulation: Beyond the so-called "right to explanation". *Regulation & Governance*, 2021.

BAYAMLIOĞLU, Emre; LEENES, Ronald. The 'rule of law' implications of data-driven decision-making: a techno-regulatory perspective. *Law, Innovation and Technology*, v. 10, n. 2, p. 295-313, 2018.

BERENTE, Nicholas et al. Managing artificial intelligence. *MIS Q*, v. 45, n. 3, p. 1433-1450, 2021.

BHARGAVA, Aditya Y. *Entendendo algoritmos*: um guia ilustrado para programadores e outros curiosos. São Paulo: Editora Novatec, 2017.

BODEN, Margaret. *Inteligência artificial*: uma brevíssima introdução. São Paulo: Editora Unesp, 2020.

BOSTROM, Nick. *Superinteligência*: caminhos, perigos, estratégias. Rio de Janeiro: Darkside, 2018.

BOWER, Joseph L.; CHRISTENSEN, Clayton M. *Disruptive technologies*: catching the wave. 1995.

BRESCIA, Raymond H. et al. Embracing disruption: How technological change in the delivery of legal services can improve access to justice. *Alb. L. Rev.*, v. 78, p. 553, 2014.

BROWNSWORD, Roger. *Law, technology and society*: Re-imagining the regulatory environment. Routledge, 2019.

BRYNJOLFSSON, Erik; MCAFEE, Andrew. Artificial intelligence, for real. *Harvard Business Review*, 2017.

BUGHIN, Jacques et al. *Skill shift*: Automation and the future of the workforce. McKinsey Global Institute. Bruxelas: McKinsey & Company, 2018.

CASEY, Anthony J.; NIBLETT, Anthony. The Death of Rules and Standards. *Indiana Law Journal*, v. 92, n. 4, 2017.

CHOI, Jongmoo Jay; OZKAN, Bora. Innovation and disruption: Industry practices and conceptual bases. In: *Disruptive innovation in business and finance in the digital world*. Bingley: Emerald Publishing Limited, 2019.

CHRISTENSEN, Clayton M. et al. Disruptive innovation: An intellectual history and directions for future research. *Journal of Management Studies*, v. 55, n. 7, p. 1043-1078, 2018.

CHRISTENSEN, Clayton M. *The innovator's dilemma*: when new technologies cause great firms to fail. Harvard Business Review Press, 2013.

CHRISTENSEN, Clayton M.; RAYNOR, Michael E. Why hard-nosed executives should care about management theory. *Harvard business review*, v. 81, n. 9, p. 66-75, 2003.

COBBE, Jennifer. Legal Singularity and the Reflexivity of Law. *Is Law Computable? Critical Perspectives on Law and Artificial Intelligence*, p. 107, 2020.

CREGO, Jorge. La singularidad jurídica y el retorno del filósofo-rey: potenciales consecuencias para el imperio de la ley y la democracia. *Persona y Derecho*, v. 85, n. 2, 2021.

DANAHER, John. The threat of algocracy: Reality, resistance and accommodation. *Philosophy & Technology*, v. 29, n. 3, p. 245-268, 2016.

DE FRANCESCHI, Alberto et al. *Algorithmic Regulation and Personalized Law*. CH Beck-Hart-Nomos, 2021.

DEAKIN, Simon; MARKOU, Christopher. From Rule of Law to Legal Singularity. *Is Law Computable? Critical Perspectives on Law and Artificial Intelligence*, p. 1, 2020.

DOMINGOS, Pedro. *O algoritmo mestre*: como a busca pelo algoritmo de machine learning definitivo recriará nosso mundo. São Paulo: Novatec Editora, 2017.

DWORKIN, Ronald. *Justice for hedgehogs*. Cambridge: Harvard University Press, 2011.

DWORKIN, Ronald. *Law's empire*. Harvard University Press, 1986.

ELIOT, Lance. Multidimensionality of Legal Singularity: Parametric Analysis and the Autonomous Levels of AI Legal Reasoning. *arXiv preprint arXiv:2008.10575*, 2020.

FENWICK, Mark; VERMEULEN, Erik. The Lawyer of the Future as "Transaction Engineer": Digital Technologies and the Disruption of the Legal Profession. In: *Legal Tech, Smart Contracts and Blockchain*. Springer, Singapore, 2019. p. 253-272.

FISHER, Michael; MASCARDI, Viviana; ROZIER, Kristin Yvonne; SCHLINGLOFF, Bernd-Holger; WINIKOFF, Michael; YORKE-SMITH, Neil. Towards a framework for certification of reliable autonomous systems. *Autonomous Agents and Multi-Agent Systems*, v. 35, n. 1, p. 1-65, 2021.

FORD, Martin. *Os robôs e o futuro do emprego*. Rio de Janeiro: Editora Best Seller, 2019.

FRAZÃO, Ana; MULHOLLAND, Caitlin (Coord.). *Inteligência artificial e direito*: ética, regulação e responsabilidade. Nova edição. São Paulo: Revista dos Tribunais, 2019.

FROLOVA, Evgenia E.; ERMAKOVA, Elena P. Utilizing Artificial Intelligence in Legal Practice. In: *Smart Technologies for the Digitisation of Industry*: Entrepreneurial Environment. Springer, Singapore, 2022. p. 17-27.

GOLDSWORTHY, Daniel. Dworkin's dream: Towards a singularity of law. *Alternative Law Journal*, v. 44, n. 4, p. 286-290, 2019.

GOOD, Irving John. Speculations concerning the first ultraintelligent machine. In: *Advances in computers*. Londres: Elsevier, 1966. p. 31-88.

GREEN, Brian Patrick. Ethical Reflections on Artificial Intelligence. *Scientia et Fides*, v. 6, n. 2, p. 9-31, 2018.

GUILLÉN, Mauro F. *2030*: How Today's Biggest Trends Will Collide and Reshape the Future of Everything. Nova York: St. Martin's Press, 2020.

GUITTON, Clement; TAMO-LARRIEUX, Aurelia; MAYER, Simon. A Typology of Automatically Processable Regulation. *Law, Innovation, and Technology*, v. 14, n. 2, 2022.

HALL, Patrick. *Predictive modeling*: Striking a balance between accuracy and interpretability (Feb. 11, 2016). Retrived from https://www. oreilly. com/ideas/predictive-modeling-striking-a-balance-between-accuracy-and-nterpretability.

HELBING, Dirk et al. Will democracy survive big data and artificial intelligence?. In: *Towards digital enlightenment*. Springer, Cham, 2019. p. 73-98.

HILDEBRANDT, Mireille. *Smart technologies and the end(s) of law:* novel entanglements of law and technology. Cheltenham: Edward Elgar Publishing, 2015.

HILDEBRANDT, Mireille. Algorithmic regulation and the rule of law. *Philosophical Transactions of the Royal Society A: Mathematical, Physical and Engineering Sciences*, v. 376, n. 2128, p. 20170355, 2018.

HILDEBRANDT, Mireille. Code-driven Law: Freezing the Future and Scaling the Past. *Is Law Computable? Critical Perspectives on Law and Artificial Intelligence*, p. 67, 2020.

IANSITI, Marco; LAKHANI, Karim R. *Competing in the age of AI*: strategy and leadership when algorithms and networks run the world. Cambridge: Harvard Business Press, 2020.

JAMES, Luke. AI Is Useless Until It Learns How to Explain Itself. *Towards Data SCI.* (Jan. 4, 2018), Retrieved from https://towardsdatascience.com/ai-is-unless-until-it-learns-how-to-explain-itself--7884cca3ba26

KAPLAN, Andreas; HAENLEIN, Michael. Rulers of the world, unite! The challenges and opportunities of artificial intelligence. *Business Horizons*, v. 63, n. 1, p. 37-50, 2020.

KELLY, Kevin. *The inevitable*: Understanding the 12 technological forces that will shape our future. Nova York: Penguin, 2017.

KURZWEIL, Ray. *The singularity is near*: When humans transcend biology. Nova York: Penguin, 2005.

LEE, Kai-Fu; QIUFAN, Chen. *AI 2041*: Ten visions for our future. Nova York: Currency, 2021.

LEE, Kai-Fu. *Inteligência artificial*. Rio de Janeiro: Globo Livros, 2019.

LEGRAND, Pierre. On the singularity of law. *Harv. Int'l LJ*, v. 47, p. 517, 2006.

LEVY, Frank. Computers and populism: artificial intelligence, jobs, and politics in the near term. *Oxford Review of Economic Policy*, v. 34, n. 3, p. 393-417, 2018.

LOUREIRO, Sandra Maria Correia; GUERREIRO, João; TUSSYADIAH, Iis. Artificial intelligence in business: State of the art and future research agenda. *Journal of business research*, v. 129, p. 911-926, 2021.

MANYIKA, James et al. Jobs lost, jobs gained: Workforce transitions in a time of automation. *McKinsey Global Institute*, v. 150, 2017.

MARKOU, Christopher; DEAKIN, Simon. Ex machina lex, the limits of legal computability. *Center for Business Research, University of Cambridge, Faculty of Law*, v. 9, 2019.

MOORE, Gordon E. et al. *Cramming more components onto integrated circuits*. 1965.

MOSES, Lyria Bennett. Recurring dilemmas: The law's race to keep up with technological change. *U. Ill. JL Tech. & Pol'y*, p. 239, 2007.

MUELLER, John Paul; MASSARON, Luca. *Artificial intelligence for dummies*. Nova Jersey: John Wiley & Sons, 2021.

NEUBAUER, Aljoscha C. The future of intelligence research in the coming age of artificial intelligence–With a special consideration of the philosophical movements of trans-and posthumanism. *Intelligence*, v. 87, p. 101563, 2021.

OSEI BONSU, Kwadwo. Understanding the Benefits, Demerits and Criticisms of the Revolution of Computational Analysis and Artificial Intelligence in Law. *Demerits and Criticisms of the Revolution of Computational Analysis and Artificial Intelligence in Law (April 10, 2020)*, 2020.

PETZOLD, Neele; LANDINEZ, Lina; BAAKEN, Thomas. Disruptive innovation from a process view: A systematic literature review. *Creativity and Innovation Management*, v. 28, n. 2, p. 157-174, 2019.

REMUS, Dana; LEVY, Frank. Can robots be lawyers: Computers, lawyers, and the practice of law. *Geo. J. Legal Ethics*, v. 30, p. 501, 2017.

ROYAKKERS, Lamber. Hercules of Karneades: Hard Cases in Recht en Rechtsfilosofie. *R & R*, v. 29, p. 193, 2000.

SANCHEZ, Christiane Ratton; ARAÚJO, Liriane Soares. Futurismo: tendências da tecnologia no empreendedorismo. *Revista Interface Tecnológica*, v. 16, n. 1, p. 171-183, 2019.

SCHROEDER, Jared. Toward a discursive marketplace of ideas: Reimaging the marketplace metaphor in the era of social media, fake news, and artificial intelligence. *First Amendment Studies*, v. 52, n. 1-2, p. 38-60, 2018.

SCHWAB, Klaus. *The fourth industrial revolution*. Nova York: Currency, 2017.

SCHWAB, Klaus; DAVIS, Nicholas. *Shaping the future of the fourth industrial revolution*. Nova York: Currency, 2018.

SHARKEY, Amanda. Can we program or train robots to be good? *Ethics and Information Technology*, v. 22, n. 4, p. 283-295, 2020.

SI, Steven; CHEN, Hui. A literature review of disruptive innovation: What it is, how it works and where it goes. *Journal of Engineering and Technology Management*, v. 56, p. 101568, 2020.

SINHA, Aniket; MEHROTRA, Tushar. Artificial Intelligence and its Impact: A Review. *International Journal of Research Trends in Computer Science & Information Technology*, v. 6, n. 2, December, p. 51-56, 2020.

SMITH, Brad; BROWNE, Carol Ann. *Armas e Ferramentas*: O futuro e o perigo da era digital. Rio de Janeiro: Alta Books, 2021.

SOTALA, Kaj. Advantages of artificial intelligences, uploads, and digital minds. *International journal of machine consciousness*, v. 4, n. 01, p. 275-291, 2012.

SURDEN, Harry. Artificial intelligence and law: An overview. *Ga. St. UL Rev.*, v. 35, p. 1305, 2018.

SUSSKIND, Richard E. *Tomorrow's lawyers*: An introduction to your future. Oxford: Oxford University Press, 2013.

SUSSKIND, Richard. The end of lawyers. *Rethinking the nature of legal services*, v. 32, p. 50, 2008.

SUSSKIND, Richard. Online Guidance. In: *Online Courts and the Future of Justice*. Oxford University Press, 2021.

TASHEA, Jason. Courts Are Using AI to Sentence Criminals. That Must Stop Now, *Wired* (Apr. 17, 2017, 7:00 AM), Retrieved from https://www.wired.com/2017/04/courts-using-ai-sentence-criminals--must-stop-now/

TAULLI, Tom. *Introdução à Inteligência Artificial*: Uma abordagem não técnica. São Paulo: Novatec Editora, 2020.

TAYLOR POPPE, Emily. The Future Is ~~Bright~~ Complicated: AI, Apps & Access to Justice. *Oklahoma Law Review*, v. 72, n. 1, 2019.

TEGMARK, Max. *Vida 3.0*. Rio de Janeiro: Taurus, 2018.

TENE, Omer; POLONETSKY, Jules. Taming the Golem: Challenges of ethical algorithmic decision--making. *NCJL & Tech.*, v. 19, p. 125, 2017.

TOFFLER, Alvin. *Future shock*. Sydney: Pan, 1970.

TURCHIN, Alexey. Assessing the future plausibility of catastrophically dangerous AI. *Futures*, v. 107, p. 45-58, 2019.

ULAM, Stanislaw. Tribute to John von Neumann. *Bulletin of the American Mathematical Society*, vol 64, nr 3, part 2. May 1958, pp1, v. 49, 1958.

VINGE, Vernor. The coming technological singularity: How to survive in the post-human era. *Science Fiction Criticism: An Anthology of Essential Writings*, p. 352-363, 1993.

VON KROGH, Georg. Artificial Intelligence in Organizations: New Opportunities for Phenomenon-Based Theorizing. *Academy of Management Discoveries*, v. 4, n. 4, p. 404-409, 2018.

WALSH, Toby. The singularity may never be near. *AI Magazine*, v. 38, n. 3, p. 58-62, 2017.

WALTERS, Robert; NOVAK, Marko. Artificial Intelligence and Law. In: *Cyber Security, Artificial Intelligence, Data Protection & the Law*. Springer, Singapore, 2021. p. 39-69.

WEBER, Robert F. Will the" Legal Singularity" Hollow out Law's Normative Core? *Mich. Tech. L. Rev.*, v. 27, p. 97, 2020.

WESTBROOK, David A. Theorizing the Diffusion of Law: Conceptual Difficulties, Unstable Imaginations, and the Effort to Think Gracefully Nevertheless', 2006. *Harvard International Law Journal*, v. 57, p. 489-505.

WINFIELD, Alan F. et al. Machine ethics: The design and governance of ethical AI and autonomous systems [scanning the issue]. *Proceedings of the IEEE*, v. 107, n. 3, p. 509-517, 2019.

WINTER, Jack. Justice for hedgehogs, conceptual authenticity for foxes: ronald dworkin on value conflicts. *Res Publica*, v. 22, n. 4, p. 463-479, 2016.

YAMPOLSKIY, Roman V. The singularity may be near. *Information*, v. 9, n. 8, p. 190, 2018.

YOON, Albert H. The post-modern lawyer: Technology and the democratization of legal representation. *University of Toronto Law Journal*, v. 66, n. 4, p. 456-471, 2016.

REFLEXIONES (PROVISIONALES)
SOBRE LOS DERECHOS DE LOS ROBOTS

José Julio Fernández Rodríguez

Profesor titular de Derecho constitucional. Director del Centro de Estudios de Seguridad (CESEG). Universidad de Santiago de Compostela.

> "The development of full artificial intelligence could
> Spell the ende of the human race"
> Stephen Hawking
> www.bbc.com/news/technology-30290540

Sumário: 1. Introducción – 2. Un paso previo: ¿a qué robots nos referimos? – 3. Un recordatorio: la libertad como la base que permite el ejercicio de los derechos – 4. La libertad de los robots ¿suficiente? – 5. Aspectos sociológico-emocionales – 6. Régimen jurídico específico – 7. A favor y en contra – 8. Conclusiones – 9. Bibliografía citada.

1. INTRODUCCIÓN

Estará de acuerdo la persona que lea este trabajo que las cuestiones relacionadas con los derechos deben ser objeto de atención constante para mantener su eficacia. Las elementos espaciales y temporales determinan diferentes aspectos de su regulación e interpretación, por lo que los académicos debemos tener presentes tales extremos en los análisis que efectuemos. Ello es de particular importancia cuando nos referimos a derechos que juegan un rol relevante en un sistema democrático, sea porque son derechos fundamentales o humanos (ligados entonces a la dignidad de la persona) o, aun no siendo de semejante naturaleza, por razones de su amplia aplicación práctica en el devenir jurídicosocial cotidiano.

El progreso tecnológico de las últimas décadas ha incidido de manera especial en el predio de los derechos, tanto en sentido negativo como positivo, lo que es muestra del carácter ambivalente de la propia tecnología. Sobre tales extremos ya nos pronunciamos en distintas ocasiones, por lo que ahora no lo vamos a reiterar[1], pese a que sea un elemento esclarecedor del sentido de la tecnología, también de la futura.

---

1. FERNÁNDEZ RODRÍGUEZ, José Julio (2004), *Lo público y lo privado en Internet. Intimidad y libertad de expresión en la red*, Universidad Nacional Autónoma de México, Ciudad de México, 2004. Disponible en https://biblio.juridicas.unam.mx/bjv/detalle-libro/1167-lo-publico-y-lo-privado-en-internet-intimidad-y--libertad-de-expresion-en-la-red.

Lo que pretendemos en lo que sigue es reflexionar sobre uno de los temas abiertos que deberemos resolver en los próximos años: el referido a si es posible (y de serlo, si resulta aconsejable, oportuno o conveniente) atribuirles a los robots derechos, o sea, facultades subjetivas reconocidas jurídicamente para hacer algo. En este sentido, es importante no confundirse en cuál es nuestro objetivo. Nos referimos a derechos subjetivos, no al Derecho de los robots, o sea, no al conjunto de normas que deben regular las cuestiones que se refieren a los robots, que sería algo más amplio y que también englobaría lo anterior[2]. Un derecho subjetivo es la facultad que se concede a un sujeto para hacer, no hacer, impedir o exigir algo, para la satisfacción de sus intereses. Los derechos públicos subjetivos serán los que operan y se configuran frente al poder público. A su vez, los derechos fundamentales (o humanos) serían los derechos subjetivos que se conectan con la dignidad de la persona y que, por lo tanto, suelen recogerse en las constituciones. Después estarían un gran cúmulo de otros derechos meramente legales, que se localizan a lo largo de los distintos sectores del ordenamiento jurídico, y derechos que se crean en los negocios jurídicos, habilitados por el propio ordenamiento.

En todo caso, la problemática a la que vamos a referirnos aún hay que reputarla incipiente, por lo que hemos añadido al título de este trabajo el adjetivo "provisionales" para mostrar de manera clara que todavía nuestra posición no está cerrada y que más adelante seguiremos ofreciendo reflexiones para esta cuestión, habida cuenta la trascendencia que estimamos que presenta. Con demasiada habitualidad el Derecho va por detrás de la tecnología. A veces se piensa que ello es inevitable y que no hay otra posibilidad. Por eso vemos de interés artículos jurídicos prospectivos, que miren críticamente ese horizonte tecnológico que todavía no ha llegado, lo que puede contrarrestar, aunque se mínimamente, esa situación de atraso de la ciencia jurídica con relación al desarrollo tecnológico.

Este déficit lo vemos claro en el campo del Derecho Constitucional, menos en el Derecho Penal[3], Tributario[4], o Laboral[5], más sensibles a estos cambios tecnológicos. Obviamente, también el Derecho Informático está más atento[6]. En la Filosofía y en

---

2. Como se ve, estamos escribiendo "derecho subjetivo" en minúscula y "Derecho" en sentido objetivo en mayúscula, porque creemos que en castellano es conveniente hacerlo así por razones semánticas y mostrar de tal forma esa relevante distinción. No obstante, desde la ortografía oficial se aconseja escribir ambas con minúscula, lo que aboca a la interpretación del contexto para saber a qué se estará refiriendo el autor de que se trate. En otros idiomas la situación puede cambiar. Así, en inglés, hay dos sustantivos: *Law* para referirse al Derecho objetivo y *right* para aludir al derecho subjetivo. En alemán, en cambio, tampoco hay diferencia, pero todos los sustantivos se escriben con mayúscula (*Recht*).

3. PALOMINIO MARTÍN, José María (2006), *Derecho Penal y nuevas tecnologías*, Tirant lo Blanch, Valencia.

4. SERRANO ANTÓN, Fernando (2020) (dir.), *Fiscalidad e inteligencia artificial*, Thomson Reuters – Aranzadi, Cizur Menor.

5. MONREAL BRINGSVAERD, Erik, JURADO SEGOVIA, Ángel (2020), *Derecho del Trabajo y nuevas tecnologías*, Tirant lo Blanch, Valencia.

6. DAVARA RODRÍGUEZ, Miguel Ángel (coord.) (2020), *Manual de Derecho Informático*, 12. ed, Aranzadi, Cizur Menor; SUÑÉ LLINÁS, Emilio (2002/2006), *Tratado de Derecho Informático*, dos volúmenes, Servicio de Publicaciones de la Universidad Complutense, Madrid.

la Ética ya se encuentran formulaciones que anticipan el futuro. Como postulado de partida es imprescindible emplear una crítica constructiva que tenga presente las distintas aristas presentes, lo que es cercano al realismo crítico a propósito de la tecnología que defiende Graham para "encontrar un término medio entre el ludismo y la tecnolofilia"[7]. Una sugerente idea, sin duda.

2.   UN PASO PREVIO: ¿A QUÉ ROBOTS NOS REFERIMOS?

Aunque este trabajo está hecho desde la óptica jurídica constitucional, los temas de la ciencia jurídica cada vez necesitan más interdisciplinariedad, sobre todo en lo que respecta a los aspectos de la tecnología. En efecto, hay progresivamente una creciente conexión entre ambas esferas (por ejemplo, en la administración electrónica, en protección de datos, en los *smarts constracts* o en el voto electrónico). Así creemos necesario responder a la pregunta que formulamos en el presente epígrafe antes de continuar nuestro argumentario. Además, desde un punto de vista científico metodológico, también resulta habitual fijar los conceptos o elementos ligados a las categorías que se emplean o que se integran en ellas.

La Real Academia Española define el sustantivo "robot", en la acepción que ahora nos interesa, como "máquina o ingenio electrónico programable que es capaz de manipular objetos y realizar diversas operaciones"[8]. En el *English Dictionary* de Cambridge se define esta palabra como "a machine controlled by a computer that is used to perform jobs automatically"[9]. Y en https://revistaderobots.com/ se alude a "una entidad autómata o máquina automática compuesta por un sistema electromagnético y por mecánica artificial"[10].

Estas definiciones, lógicamente, aluden a las realidades actuales. En cambio, a nosotros nos interesa una probable realidad futura. En este sentido, en ciertas proyecciones que en la actualidad se realizan de la inteligencia artificial se sostiene que en el futuro seremos capaces de crear máquinas a las que les apliquemos algoritmos de aprendizaje que a la postre les permitirán una toma de decisiones libre. Se tratará de robots inteligentes, con voluntad, capaces de pensar, tomar decisiones complejas y realizar difíciles tareas. Dichas máquinas podrán configurarse como robots humanoides o androides, o sea, con aspecto humano, lo que aumentará los elementos psicológicos y sociopolíticos de afinidad por parte de las personas. Serán sofisticados robots que buscan mostrarse hiperreales simulando expresiones y gestos

---

7.   GRAHAM, Gordon (2001), *Internet. Una indagación filosófica*, Cátedra, Madrid, 26.

8.   https://dle.rae.es/robot (consulta en julio de 2021).

9.   https://dictionary.cambridge.org/us/dictionary/english/robot (consulta en julio de 2021).

10.   https://revistaderobots.com/robots-y-robotica/que-es-un-robot-y-tipos-de-robots/ (consulta en julio 2021). La palabra "robot" procede del sustantivo checo "*robota*" ("trabajo duro" o "trabajo pesado"), empleada por el dramaturgo Karel apek en 1920 en su obra *R.U.R.*, acrónimo de *Rossumovi univerzální roboti* (Robots Universales Rossum). Se trata de una empresa que construye humanos artificiales para que ayuden en el trabajo de las personas, aunque surgen conflictos que derivan en una revolución de las máquinas que destruye la humanidad.

de los seres humanos. Así se podrá hablar de empatía al reconocer los sentimientos y compartir las emociones.

En los últimos años se están realizando enormes inversiones en inteligencia artificial, sobre todo en Estados Unidos y China, que impulsan de manera relevante su avance y su aplicación a la robótica. Las redes neuronales de inteligencia artificial y los algoritmos entrenados mediante aprendizaje automático (*Machine Learning*) o aprendizaje profundo (*Deep Learning*) auguran nuevas etapas, que también requieren transitar por otras disciplinas, como la mecánica, la electrónica o la informática[11]. Este futuro lo determinará lo que se denomina inteligencia artificial fuerte, la que persigue alcanzar lo que hacen los seres humanos (duplicarlos), frente a la inteligencia artificial débil o estrecha, que se limita a unas tareas específicas[12]. Es cierto que en la actualidad no existen algoritmos universales que cubran todas las acciones y funciones, pero estamos presuponiendo un salto que generará un aprendizaje general para ciertas máquinas que les darán facultades creativas. Eso sí, no ocultamos nuestra reserva puesto que es un "gran desafío predecir cómo se desarrollarán en el futuro" las tecnologías de inteligencia artificial[13]. De todos modos, es obvio que nos encontramos en la puerta de un cambio social y económico, ya irreversible, que determina una Cuarta Revolución Industrial[14] y una segunda etapa de la Sociedad de la Información[15].

Por lo tanto, los robots a los que nos referimos hipotéticamente en este trabajo conjugan dos elementos: los propios de una avanzada inteligencia artificial que posibilitará la toma libre de decisiones (*ergo*, tienen voluntad); y un aspecto humano muy fidedigno, además de realizar tareas propias de las personas. O sea, aludimos a un tipo de robots inteligentes: androides o ginoides muy evolucionados, esto es, robots con

---

11. El *Machine Learning* son métodos que dan a los ordenadores la capacidad de aprender, como el método bayesiano. A su vez, el *Deep Learning* es un subconjunto del *Machine Learning* referido "a una clase específica de modelos multicapa que usa capas de componentes estadísticamente simples para aprender representaciones de datos" (CABALLERO, María Ángeles, CILLEROS SERRANO, Diego (2019), *Ciberseguridad y transformación digital*, Anaya, Madrid, 291).

12. Una diferencia establecida por John Searle en varios escritos desde principio de los 80 (como en SEARLE, John (1980), "Minds, Brains and Programs", *Behavioral and Brain Sciences*, n.º 3, pp. 417-457. DOI: https://doi.org/10.1017/S0140525X00005756, o SEARLE, John (1998), *Mind, Language and Society*, Basic Books, Nueva York), para lo que usó el célebre experimento de la habitación china. Roger Penrose popularizó tal experimento, que trata de mostrar la diferencia entre reconocer la sintaxis y comprender la semántica: una persona que no sabe chino está encerrada en una habituación, donde hay una ranura donde le introducen textos en chino; dentro de la sala tienen reglas que le indican los caracteres chinos que debe escribir y enviar a la salida ante los caracteres chinos que previamente le han llegado por la ranura. Así se ejemplifica cómo una máquina realiza una acción sin entender lo que hace, opera con símbolos cuyo contenido no entiende. Un acercamiento jurídico en castellano a estas cuestiones en LACRUZ MANTENCÓN, un trabajo que consta en ROGEL VIDE, Carlos (2018) (Coord.), *Los robots y el Derecho*, Reus, Madrid, 44 y ss.

13. ROUHIAINEN, Lasse (2018), *Artificial Intelligence*, Createspace Independent Publishing, 322.

14. SCHWAB, Klaus (2016), *The Fourth Industrial Revolution*, Portfolio Penguin, Londres; GARCÍA NOVOA, César, SANTIAGO IGLESIAS, Diana (coords.), *4ª Revolución Industrial: impacto de la automatización y la inteligencia artificial en la sociedad y la economía digital*, Tromson Reuters – Aranzadi, Cizur Menor.

15. FERNÁNDEZ RODRÍGUEZ, José Julio (2020), *Seguridad(es) en un futuro incierto (un estudio jurídico constitucional)*, Thomson Reuters – Aranzadi, Cizur Menor, 61.

apariencia humanoide y que imitan o realizan funciones del ser humano. Emularán, de esta forma, a la inteligencia humana. Quizá a estos efectos no será determinante si el cerebro de estos robots es una mente, *mutatis mutandis* como la humana, o es un poderoso sistema de imitación de la generalidad de las funciones humanas. Es decir, quizá no sea esencial en nuestro argumentario que un robot ame realmente o imite tal sentimiento. De hecho, también sucede eso en las personas (¿alguien te ama verdaderamente o sólo lo simula, pero lo hace tan bien que no se percibe la diferencia?). Por lo tanto, lo que vemos determinante no es que la inteligencia electrónica sea o no como la humana, sino que, como ya hemos dejado claro, la presencia de una libre capacidad de decisión que permitiría el ejercicio real de las facultades propias de un derecho subjetivo. Podría pensarse que si tienen esa capacidad de decisión más que imitar "tan sólo" al ser humano tendrían una inteligencia artificial fuerte. De todos modos, no vemos decisivo tales aspectos en términos jurídicos, dando lugar a la situación antes indicada de cierta ambivalencia: la inteligencia artificial fuerte permitiría amar y/o imitar ese sentimiento sin que se perciba que es una imitación. Y eso es lo que vemos concluyente.

Esta proyección que sugerimos es fácilmente comprensible para la opinión pública habida cuenta las múltiples creaciones literarias y fílmicas de ciencia ficción que recogieron máquinas de esos rasgos (quizá los replicantes de Black Runner sean los más conocidos), aunque ya hay robots humanoides famosos al margen de la ciencia ficción, como los robots Sophia o Ibuki. Incluso, se han generado consecuencias jurídicas: la robot Sophia es la primera ginoide con nacionalidad (saudita, desde 2017) y su trabajo artístico se vende por altos precios (una de sus obras se vendió en abril de 2021 por casi 690.000 dólares). Además, imparte conferencias e imita conductas sociales, como declarar que quiere formar una familia y tener un bebé-robot. En todo caso, esta ginoide aún actúa por la programación de su sistema, no por una libertad que todavía no se ha logrado en máquinas.

En fin, en nuestra opinión, a falta alguno de los dos elementos comentados ya quedaría descartada la discusión acerca de la posibilidad de atribuirles derechos. En este sentido, quedan fuera de nuestro planteamiento aplicaciones inteligentes que son mero software sin proyectarse en un soporte físico humanoide (como los *chatbots*), o que sí tienen un soporte físico determinado, pero no semejante a un ser humano (como los robots industriales).

La conocida Resolución del Parlamento Europeo, de 16 de febrero de 2017, con recomendaciones destinadas a la Comisión sobre normas de Derecho Civil sobre robótica[16], asume una visión prospectiva que creo que debemos citar en este momento. Así, en su punto 59 f) se pide a la Comisión "crear a largo plazo una personalidad jurídica específica para los robots de forma que como mínimo los robots autónomos más complejos puedan ser considerados personas electrónicas responsables de reparar los daños que puedan causar, y posiblemente aplicar la personalidad electrónica

---

16. Disponible en https://www.europarl.europa.eu/doceo/document/TA-8-2017-0051_ES.html.

aquellos supuestos en los que los robots tomen decisiones autómatas autónomas inteligentes o interactúen con terceros de forma independiente". En este texto, en el punto 1, se recogen las que podrían ser las características de todo robot inteligente, a saber: capacidad de adquirir autonomía mediante sensores y/o mediante el intercambio de datos con su entorno (interconectividad) y el intercambio y análisis de dichos datos; capacidad de autoaprendizaje a partir de la experiencia y la interacción (criterio facultativo); un soporte físico mínimo; capacidad de adaptar su comportamiento y acciones al entorno; e inexistencia de vida en sentido biológico. En el punto B de la introducción de dicha Resolución se asevera que "la humanidad se encuentra a las puertas de una era en la que los robots, androides y otras formas de inteligencia artificial cada vez más sofisticadas parecen dispuestas a desencadenar una nueva revolución industrial".

De este modo, estos robots inteligentes ocupan un papel clave en la ya denominada cuarta revolución industrial, asentada en la automatización y conectividad. Ortega ha hablado de la imparable marcha de los robots[17] y en la prensa de "robot-lución"[18] para evidenciar su protagonismo en esta nueva transformación. Así se sostiene que "la rápida e imparable transición tecnológica exige un nuevo contrato social"[19]. En todo caso, habrá que ser cauteloso para no incrementar los perjuicios a la privacidad o las desigualdades sociales, verdaderas amenazas en este proceso. De lo que se trata es de ponderar riesgos y beneficios sin obstaculizar la innovación, o, más bien, encauzándola de forma adecuada. Como se lee también en la citada Resolución del Parlamento Europeo de 2017, "la evolución en la robótica y en la inteligencia artificial puede y debe concebirse de modo que preserve la dignidad, la autonomía y la autodeterminación del individuo" (punto O de la introducción). Para nosotros resulta evidente que el progreso, por muy interesante y avanzado que sea, no puede menoscabar los valores constitucionales que basan nuestras sociedades y las identifican.

3. UN RECORDATORIO: LA LIBERTAD COMO LA BASE QUE PERMITE EL EJERCICIO DE LOS DERECHOS

La conformación que hemos recibido de los derechos se basa en la idea de libertad, que es la que permite ser ejercitados por sus titulares. La forma de ver esta cuestión con mayor claridad se produce con relación a los derechos fundamentales, pero también puede arrojar luz en la conformación de otros derechos.

Parémonos un momento en los derechos fundamentales o humanos, que, como hemos dicho, se derivan de la dignidad de la persona. Esta dignidad, importada de

---

17. ORTEGA, Luis (2016), *La imparable marcha de los robots*, Alianza, Madrid.
18. ORTEGA, Luis (2019), "Robot-lución: el gran reto de gobernar y convivir con las máquinas", diario *El País*, 24 de agosto. Disponible en https://elpais.com/elpais/2019/08/23/ideas/1566551575_254488.html.
19. ORTEGA, Luis (2019), "Robot-lución: el gran reto de gobernar y convivir con las máquinas", diario *El País*, 24 de agosto. Disponible en https://elpais.com/elpais/2019/08/23/ideas/1566551575_254488.html.

la teología cristiana[20], funciona como referente para la construcción de la categoría de derecho fundamental en la medida en que se liga a la libertad. De esta forma, la libertad se convierte en elemento característico del ser humano y de su cualidad, la dignidad, que aprovechan los juristas para la construcción dogmática de los derechos fundamentales.

Por lo tanto, para construir los derechos "tradicionales" se hizo un esfuerzo dogmático en aras de la protección de la libertad y la igualdad de las personas. En ello se exigen dos elementos: uno subjetivo, la voluntad de ejercicio; y otro objetivo, el interés que protege el derecho de que se trate. El primer punto es el se llamó poder de voluntad[21]; el segundo asentado por Ihering al afirmar que "los derechos son intereses jurídicamente protegidos"[22]. Las posiciones eclécticas aunaron ambos elementos y son las que a la postre se impusieron, como la de Jellinek[23]. Es cierto que existieron posturas que negaron la procedencia de derechos subjetivos: Duguit afirmada que no hay otro derecho que el objetivo, que es al que están sometidos todos los individuos[24]. Pero son tesis superadas, por lo que nos situamos con Dabin cuando se refiere a que la noción de derecho subjetivo resulta "indispensable" y que traduce la realidad de que los hombres son "seres individuales"[25].

De esta forma, como decimos en el apartado siguiente, si se logran robots con una verdadera libertad, entonces podrían cumplir esta exigencia inicial para la titularidad de derechos. Esta libertad presupone voluntad para tomar las decisiones en un sentido u otro. La libertad podría atribuirse a este tipo de máquinas, aunque la noción de dignidad no, pues ha sido una cualidad que sólo tiene sentido respecto a seres humanos. Si buceamos en sus antecedentes teológicos lo dicho es todavía más evidente. De todos modos, creemos que la idea de libertad por sí sola, aplicada a cierto tipo de androides o ginoides, es suficiente para el planteamiento que estamos siguiendo, aunque descartemos la procedencia de la dignidad para tales máquinas. El hecho de ser androides o ginoides daría a estos robots una autonomía que ayuda al ejercicio de su hipotética libertad. El cuerpo le permitiría no depender de otros. La ausencia de este cuerpo (mero software, por ejemplo) ya nos alejaría de nuestros presupuestos al desaparecer el aspecto homínido.

Una ulterior cuestión es la de la conciencia, entendida como el verdadero conocimiento del significado de lo que se está haciendo. Si se alcanzan robots con verdadera capacidad de decisión, que es la proyección hipotética que estamos em-

---

20. Desde ese punto de vista teológico, se considera que el ser humano está hecho y a semejanza de Dios, lo que significa en que es libre (por ejemplo, para escoger entre el bien y el mal, como ocurre en el pasaje bíblico de Adán y Eva y la manzana). Dios es libre, el ser humano también lo es al estar creado a su imagen y semejanza. Estas ideas, como se comprenderá fácilmente, fueron de sumo interés para los juristas.
21. WINDSCHEID, Bernhard (1900), *Lehrbuch der Pandektenrechts*, tomo I, 8. ed., Fráncfort, 130.
22. IHERING, Rudolf von (1865), *Geist des römischen Rechts auf den verschieden Stufen seiner Entwicklung*, tomo IV, 328.
23. JELLINEK, Georg (1905), *System der subjektiven öffentlichen Rechte*, 2. ed., J. C. B. Mohr, Tubinga.
24. DUGUIT, Leon (1927), *Traité de droit constitutionnel*, 3. ed., París.
25. DABIN, Jean (2006), *El derecho subjetivo*, Comares, Granada, 62.

pleando, entonces tendrían esa conciencia que permite interpretar el sentido de sus acciones y no actuar mecánicamente como si fuera uno de los programas informáticos tradicionales. La inteligencia artificial fuerte, al construir una mente *als ob* (como si) fuera humana, permitiría ese salto, aunque no sea realmente humana (el cerebro humano tiene un funcionamiento electroquímico, el del robot eléctrico). Así ese robot del futuro asumiría la idea del "yo", consciente de sí mismo, y tomaría decisiones no por reflejo o instinto sino de forma argumentada o previsora. Es más, como se lee en la Resolución citada del Parlamento europeo de 2017, "existe la posibilidad de que a largo plazo la inteligencia artificial llegue a superar la capacidad intelectual humana" (punto P). Sin embargo, nos estamos moviendo por un suelo arenoso pues como apunta Lacruz Mantecón, no sabemos (y nosotros añadimos "hoy en día") cómo diferenciar "una actividad genuinamente humana de otra que simplemente la imite de manera tan perfecta que sea indistinguible"[26].

4. LA LIBERTAD DE LOS ROBOTS ¿SUFICIENTE?

Ya hemos dicho *supra* que los avances en inteligencia artificial podrían dar lugar a robots con verdadera capacidad de elección, lo que en términos jurídicos lo podemos catalogar como robots con libertad. Se trata de una cuestión esencial para poder aplicar la lógica jurídica clásica que estamos siguiendo. Mientras no se llegue a ese nivel de desarrollo de los robots, y la máquina sea mera ejecutora de una programación, no podemos plantear la atribución de derechos.

Cuando el robot adquiera esa libertad que determina verdadera capacidad de elección y voluntad, entonces ya estamos en disposición teórica de hacerlo titular de derechos[27]. La libertad permite abstractamente ostentar capacidad jurídica y, por ende, la titularidad de un derecho, al menos en su vertiente subjetiva. ¿Sería suficiente esta libertad para realizar la atribución de derechos si el legislador lo considera oportuno? O, incluso, ¿con esta libertad es necesario que le concedamos derechos a los robots? Es decir, ¿la posibilidad se convierte en necesidad por la libertad que asumen?

Creemos que no, puesto que hay que tener presente otro elemento. Como señalamos, además de este aspecto subjetivo en la conformación de un derecho se exige también un elemento objetivo (la causa justa que está detrás del interés que se protege). El primer elemento (libertad subjetiva) se cumpliría, pero este último podría ser mala s dudoso. Quizá habría que actuar casuísticamente para determinar en cada caso la concurrencia o no del elemento objetivo del derecho que se está analizando, el interés que debería protegerse. Aunque también podría argüirse una razón

---

26. LACRUZ MANTECÓN en ROGEL VIDE, Carlos (2018) (Coord.), *Los robots y el Derecho*, Reus, Madrid, 68.

27. FERNÁNDEZ RODRÍGUEZ, José Julio (2020), "Derechos y progreso tecnológico: pasado, presente y futuro", en Wilson Engelmann (coord.), *Sistema do direito, novas tecnologias, globalização e o constitucionalismo contemporâneo: desafios e perspectivas*, p. 259-277. Disponible en http://www.casaleiria.com.br/acervo/direito/sistemadodireito/index.html, 273.

genérica que operaría en este sentido, consistente en la necesidad de proteger a unas máquinas que podrían incurrir en responsabilidad en la adopción de sus decisiones.

También se puede prescindir de esta construcción dogmática y aceptar simplemente una posición positivista y formalista: hay derechos si el ordenamiento jurídico los reconoce, sin ulteriores exigencias, por motivos, por ejemplo, de oportunidad o conveniencia política. El legislador democrático aplica la lógica de la mayoría e impone una reforma normativa en ese sentido, tratando, claro, de que dicha reforma no salga del marco constitucional para evitar un ulterior problema que vendría con un hipotético control de constitucionalidad. Si se reconoce la personalidad de los robots, es decir, si se acepta su estatus de persona, ello supondría reconocerles derechos. Adquieren capacidad jurídica para dicha titularidad con el reconocimiento positivo de dicha personalidad.

De todos modos, no creemos oportuno aceptar si más esta posición meramente positivista porque puede llevar a una banalización de los derechos, cuya consecución, como es sabido, ha necesitado grandes esfuerzos y sacrificios. Es cierto que los poderes públicos a veces han profesado un mero positivismo para prever algunos derechos subjetivos siguiendo dictados de su estrategia político-partidista. Puede ser, sin duda, legítimo y es claramente legal, pero no lo reputamos conveniente.

De una forma u otra, atribuir derechos a los robots sería un acontecimiento jurídico de primer orden, pasarían de ser objeto de derechos (como propiedad de alguien) a sujetos de derechos. Ni más ni menos.

5. ASPECTOS SOCIOLÓGICO-EMOCIONALES

En los temas jurídicos es habitual acudir a elementos de otra naturaleza para buscar apoyo en la argumentación que se sigue o para visualizar problemas o oportunidades en la aplicación práctica de categorías jurídicas. En lo que ahora analizamos el siguiente paso que damos se sitúa en el plano sociológico. Es, sin duda, de gran relevancia en nuestro hilo argumental pues aporta un elemento pragmático y realista en un tema tan lábil.

Al margen de las razones jurídicas que se pueden esgrimir a favor o en contra de los derechos de los robots, las cuestiones sociológicas y emocionales serán claves en el futuro cuando ese debate si sitúe con posibilidades en la mesa de la opinión pública. ¿Estaremos dispuestos a ello efectivamente? ¿estaremos de acuerdo como sociedad en atribuir los derechos subjetivos a los robots, capacidad jurídica y personalidad? La precisa respuesta a este tipo de preguntas parece difícil darla ahora, en 2021, pero no cabe duda de que habrá un elemento cultural-emocional en todo ello. Si los robots tienen aspecto humano, incluso puede llegar a pensarse que se trata de una persona (como en los múltiples ejemplos que tenemos en el cine y la literatura que "engañan" por su aspecto y comportamiento), y conviven con nosotros, nos acompañan en nuestra vida cotidiana, entonces es obvio que surgirán vínculos afectivos entre humanos y esas máquinas con apariencia de persona. Los vínculos emocionales incluso serán más intensos que con las mascotas animales (lo que por cierto está detrás de las personas que defienden los derechos de los animales). Esto será un poderoso argumento cultural y social en favor de atribuirles derechos a los androides o ginoides del futuro. De esta forma, aparecerán grupos de presión a favor de los derechos de esos robots, que presionarán a los decisores públicos para que legislen de forma que garanticen la posición de sus androides.

Por lo tanto, y como ya hemos dicho, en el supuesto de robots sin ese aspecto humano (como es lo habitual en la amplia gama de robots industriales) rechazamos de plano la atribución de derechos, aunque sí será necesario regular otros extremos, como los tributarios. Si el lector busca fotos de unos y de otros tipos de robots comprenderá fácilmente lo que estamos comentando desde esta peculiar perspectiva.

De todos modos, también existen opiniones que subrayan elementos negativos de esta dimensión socioemocional, a los que se adquiere Lacruz Mantecón[28]. Así, se dice que la creación de robots inteligentes "supondrá riesgos sociales como el que la gente no sea capaz de diferenciar entre la realidad y la ficción, entre lo natural y lo artificial"[29]. También podríamos aludir al efecto del "valle inquietante" (*uncanny valley*), según el cual la respuesta de una persona ante un ser artificial, en principio, es positiva y empática ante réplicas antropomórficas, pero si resultan excesivamente realistas, o sea, con una similitud excesiva con el ser humano, generan repulsión. El "valle" o bache es el que se refleja con la curva de tal evolución. Esta similitud excesiva inquieta por el miedo a que nos remplacen o por la aparición del sentimiento de miedo a la muerte[30].

A pesar de este aspecto negativo del tema emocional, entendemos que los lazos que comentábamos antes serán más relevantes, inevitables y, también. imprescindibles. En efecto, opinamos que, para avanzar en la normativa que los regule, será preciso una peculiar percepción social e individual de los humanoides, con valoraciones positivas de su existencia y funciones. Así se construirá cierta imagen de estos futuros robots inteligentes, lo que seguramente traerá normas específicas que se les aplicarán, que es a lo que nos referirnos en el apartado siguiente.

Esta dimensión que tildamos de sociológica y emocional también presenta un elemento cultural que seguramente influya. No cabe duda de que existen sociedades más sensibles a los robots, como en Japón donde el manga, desde hace décadas, ofrece estas máquinas habitualmente en sentido positivo (lo sabemos: *Mazinger Z*). Y también, como apunta Ortega, la tradición del sintoísmo ayuda a esta percep-

---

28. LACRUZ MANTECÓN en ROGEL VIDE, Carlos (2018) (Coord.), *Los robots y el Derecho*, Reus, Madrid, 32.
29. SANTOS GONZÁLEZ, María José (2017), "Regulación legal de la robótica y la inteligencia artificial: retos del futuro", *Revista Jurídica de la Universidad de León*, n.º 4, pp. 25-50, 28.
30. MORI, Masahiro (1970), "The Uncanny Valley", en inglés en IEEE Spectrum, 12 de junio de 2012, https://spectrum.ieee.org/the-uncanny-valley.

ción en el país asiático, que atribuye características anímicas a cosas[31]. Robertson ha profundizado en ello para dibujar un escenario cultural claramente diferente al nuestro[32]. Sin duda, una cosmovisión que atribuya roles a objetos o a seres que no son personas, será un sustrato cultural receptivo a la atribución de derechos a los robots inteligentes.

6. RÉGIMEN JURÍDICO ESPECÍFICO

Las alternativas jurídicas son de momento varias. Lo que está claro es que habrá que regular los distintos extremos que implican los robots del futuro. El sistema jurídico tiene como finalidad regular la vida en sociedad, y esas máquinas incidirán de forma relevante en ella, por lo que la regulación es inevitable. Es a lo que nos referíamos en el apartado introductorio como Derecho de los robots, una parcela del ordenamiento jurídico que regula las cuestiones que afectan a tales máquinas. Actualmente resulta imperioso detallar ciertos aspectos, aunque otros se especificarán con la evolución de los androides o ginoides. Desde el punto de vista de los estándares técnicos, la Organización Internacional de Normalización (ISO) ya ha aprobado estándares de calidad en la robótica, excluyendo juguetes y aplicaciones militares, por medio del estándar ISO TC 299[33]. También habría que fijar principios generales que abarquen su comportamiento. En este sentido siguen siendo útiles las literarias "tres leyes de la robótica" pergeñadas por Isaac Asimov en su cuento de 1942 *Runaround*, y que aparecen también después en varias colecciones, como la muy conocida *I, robot*, de 1950[34]. Igualmente asumen un creciente rol los criterios éticos para la inteligencia artificial, que impulsa sobre todo la Unión Europea, y que deberían seguir los programadores y diseñadores (se citan los principios de beneficencia, no maleficencia, autonomía y justicia, además de la dignidad humana, la igualdad, la justicia y la equidad, la no discriminación, el consentimiento informado, la vida privada y familiar y la protección de datos, la no estigmatización, la transparencia, la autonomía, la responsabilidad individual y la responsabilidad social). Así el punto

---

31. ORTEGA, Luis (2016), *La imparable marcha de los robots*, Alianza, Madrid, 38.
32. ROBERTSON, Jennifer (2007), "Robo Sapiens Japanicus: Humanoid Robots and the Posthuman Family", *Critical Asian Studies*, v. 39-3, p. 396-398. Disponible en https://www.tandfonline.com/doi/abs/10.1080/14672710701527378.
33. La web de este comité técnico es https://www.iso.org/committee/5915511.html. Ahí se dice que esa norma técnica tiene el objetivo de desarrollar estándares de calidad para la seguridad de los robots industriales y los robots de servicio, y para permitir la introducción de productos robóticos e innovadores en el mercado. Además, existe el objetivo de incrementar el crecimiento del mercado robótico mediante la introducción de estándares en campos como la terminología, la medición del rendimiento y la modularidad. Se dan orientaciones a personas de todo el mundo sobre cómo implementar robots de la mejor manera posible, lo que agrega valor a las inversiones del robot al proporcionar mejores prácticas claras sobre cómo garantizar instalaciones seguras y adecuadas, así como proporcionar interfaces estandarizadas y criterios de rendimiento.
34. 1. Un robot no debe dañar a un ser humano o, por inacción, dejar que un ser humano sufra daño; 2. Un robot debe de obedecer las órdenes que le son dadas por un ser humano, excepto cuando estas órdenes se oponen a la primera ley; 3. Un robot debe proteger su propia existencia, hasta donde esta protección no entre en conflicto con la primera y segunda leyes.

11 de la citada Resolución del Parlamento Europeo de 16 de febrero de 2017 estima que es preciso "un marco ético claro, estricto y eficiente que oriente el desarrollo, diseño, producción, uso y modificación de los robots"; y propone, en el anexo de esa Resolución, "un marco en forma de carta integrada por un código de conducta para los ingenieros en robótica, un código deontológico destinado a los comités de ética de la investigación para la revisión de los protocolos de robótica, y licencias tipo para los diseñadores y los usuarios".

Pero el elemento que estamos aquí analizando es algo más específico, el relativo a la atribución, o no, de derechos subjetivos a los robots.

Aplicando dosis de realismo a nuestro planteamiento prospectivo, quizá lo que suceda en el futuro, más que atribución aislada de un amplio (o no) elenco de derechos a los robots, lo que se producirá es la creación de un estatuto jurídico de los robots de las características que comentamos. De este modo, habrá distintos estatutos jurídicos: de las personas ("humanas"), de los robots (donde quizá se diferencien los androides del resto), de otros seres vivos (en el que también se podría diferenciar entre animales[35] y plantas por la distinta significación de ambos), y de las cosas. Ello atribuiría una personalidad jurídica específica para estos robots, en la línea de la resolución de 2017 ya citada del Parlamento de la Unión Europea.

Este hipotético estatuto jurídico también entrañaría dotarlos de ciertas facultades propias de los derechos subjetivos, además de fijar el interés que se protegería. Y ello no sólo por los argumentos anteriores sino también por el tema de la responsabilidad: si estos robots van a ser responsables de los actos que realicen (producto de su libertad de elección) y se les podría sancionar, entonces deben tener la posibilidad de defenderse. En esta línea la susodicha resolución el Parlamento europeo de 2017 estima que "los robots avanzados deberían estar equipados con una «caja negra» que registre los datos de todas las operaciones efectuadas por la máquina, incluidos, en su caso, los pasos lógicos que han conducido a la formulación de sus decisiones" (punto 12). Seguro que la motivación principal de esta idea ética es mantener una transparencia que permita concretamente exigir responsabilidades. La categoría jurídica de la responsabilidad es una de las más afectadas por el progreso tecnológico y más necesitadas de reconfiguración. Asevera Cassano que en los países avanzados ("paesi progrediti"), el principio de responsabilidad "è chiamato a svolgere un ruolo centrale per la sopravvivenza stessa del diritto ed il perseguimiento di un sempre più amplio benessere collettivo"[36]. Evers sostiene con razón que "puesto que el comportamiento de la máquina se determina cada vez menos desde una programación fijada de antemano y depende cada vez más de su interacción con el entorno, y el entorno respectivo a su vez genera procesos de aprendizaje y nuevas formas de comportamiento del sistema, surgen zonas ampliadas de acción de las máquinas que

---

35. Los animales no tienen libertad, actúan por instinto, por lo que carecen también de voluntad. Conscientes de sí mismos son la minoría, como simios superiores.

36. CASSANO, Giuseppe (2005), *Diritto dell'Internet. Il sistema di tutele della persona*, Giuffrè, Milán, 328.

ya no pueden ser reducidas a determinadas cadenas de acciones"[37]. En este sentido existen propuestas específicas para que respondan los robots[38]. Se dice que el reconocimiento de una capacidad jurídica parcial para articular la responsabilidad es necesario para "establecer una imputación diferenciada de derechos y obligaciones a los agentes autónomos y para delimitar esferas de responsabilidad jurídica de uno y otro". Así "la protección jurídica de la persona mecánica se construiría mediante una representación procesal, pudiendo ser solucionadas las cuestiones de responsabilidad a través de un fondo o un sistema de seguro obligatorio"[39]. Esto generaría la necesidad de que los robots estén claramente identificados y que exista un registro de inscripción obligatoria[40].

Vemos oportuno dotar a estos robots del futuro de una personalidad electrónica propia, obviamente diferente a las personas. Sería algo intermedio entre las personas y las cosas. Pero referirnos a "personas electrónicas", "personas robóticas" o "personas artificiales", frente a las "personas humanas", quizá no sea la opción más acertada por llevar a equívocos entre lo artificial y lo biológico y menguar la posición de los seres humanos. Barrio Andrés también aconseja equiparlos con una personalidad electrónica independiente habida cuenta que los robots inteligentes son una nueva categoría ontológica distinta de los objetos[41]. Esa personalidad de los robots determinaría la titularidad de derechos y su capacidad jurídica, aunque tal vez limitada.

En todo caso, habrá que desarrollar una inteligencia artificial adecuada para la calidad del sistema democrático y que permita a los robots aprender y emular correctamente. Me refiero a que no deben reproducir los sesgos del pasado en su proceso de toma de decisiones y en el ejercicio de sus hipotéticos derechos. Esta es una dificultad ya conocida, porque tenemos ejemplos criticables de algoritmos que reproducen sesgos cognitivos discriminatorios (a veces en términos étnicos o machistas), los sesgos de sus programadores, por ejemplo. A esto alude Llaneza al afirmar que "los conjuntos de entrenamiento para el sistema de guía pretenden llegar a la naturaleza

---

37. EVERS, Martin (2016), "La utilización de agentes electrónicos inteligentes en el tráfico jurídico: ¿Necesitamos reglas especiales en el Derecho de la responsabilidad civil?", *InDret. Revista para el análisis del Derecho*, disponible en https://indret.com/la-utilizacion-de-agentes-electronicos-inteligentes-en-el-trafico-juridico--necesitamos-reglas-especiales-en-el-derecho-de-la-responsabilidad-civil/?edicion=3.16, 9.

38. KOOPS, Bert-Jaap, HILDEBRANDT, Mireille, JAQUET-CHIFFELLE, David-Olivier (2010), „Bridging the Accountability Gap: Rights for New Entities in the Information Society?", *Minnesota Journal of Law, Science & Technology*, v. 11:2, p. 497-561.

39. EVERS, Martin (2016), "La utilización de agentes electrónicos inteligentes en el tráfico jurídico: ¿Necesitamos reglas especiales en el Derecho de la responsabilidad civil?", *InDret. Revista para el análisis del Derecho*, disponible en https://indret.com/la-utilizacion-de-agentes-electronicos-inteligentes-en-el-trafico-juridico--necesitamos-reglas-especiales-en-el-derecho-de-la-responsabilidad-civil/?edicion=3.16, 16.

40. Hay autores que esta idea de la personalidad electrónica no la ven convincente por lo que "el planteamiento de la futura casi plena autonomía de los robots que lleva a entenderlo como una necesidad, más bien hace pensar otra cosa, que la necesidad prioritaria es no crear unos robots con tan elevado nivel de imprevisibilidad y que puedan quedar fuera del control humano" (DÍAZ ALABART en ROGEL VIDE, Carlos (2018) (coord.), *Los robots y el Derecho*, Reus, Madrid, 111).

41. BARRIO ANDRÉS, Moisés (2018), "Hacia una personalidad electrónica para los robots", *Revista de Derecho Privado*, n. 2, p. 88-107, 100.

refinada de la vida cotidiana, pero repiten los patrones sociales más estereotipos estereotípicos y restringidos, reescribiendo una visión normativa del pasado humano en proyectándolo en el futuro humano"[42]. Estos sistemas de aprendizaje automático se llenan de errores, lo que compromete su propio desarrollo y el futuro del estatuto jurídico de las máquinas inteligentes. Esto puede afectar a las capacidades de este estatuto para cumplir su función de disciplinar la realidad social y los conflictos que en ella se produzcan. Los perfilados en modo alguno pueden afectar a la igualdad de oportunidades. Por eso se han sugerido "auditorías algorítmicas" de sistemas que afecten al público, a lo que se oponen las empresas por razones de protección de su propiedad industrial[43]. Es preciso, como apunta Cotino, una ética en el diseño para el desarrollo de una inteligencia artificial, robótica y *big data* confiables[44]. En esta línea se quiere situar la propuesta de Reglamento de la Unión Europea por el que se establecen normas armonizadas sobre inteligencia artificial, conocida en abril de 2021[45-46].

Los problemas subsiguientes serán incluso más delicados. Si le damos ciertas parcelas de autonomía a los robots del futuro, entonces la propiedad sobre ellos despertaría dudas. Incluso, desde el argumento de su probable futura libertad, se podrían esgrimir argumentos en contra de su "esclavitud", con lo que entraríamos en un callejón de difícil salida con los esquemas en los que nos movemos actualmente. ¿No podrá haber propiedad sobre ellos?

7. A FAVOR Y EN CONTRA

También puede ser útil en nuestra exposición detenernos, aunque con cierta brevedad para no extendernos demasiado, en los pros y contras de la atribución de derechos a los robots, en parte con base en lo que hemos reflexionado en los apartados previos. Esta ponderación entre pros y contras puede ser un relevante aspecto que el legislador del futuro tendrá en cuenta a la hora de tomar decisiones sobre el particular, sobre todo si se adopta la óptica positivista que antes comentábamos, y que no compartíamos por cierto por sí sola.

---

42. LLANEZA, Paloma (2019), *Datanomics*, Deusto, Barcelona, 129.
43. O'NEIL, Cathy (2016), Weapons of Math Destruction: How Big Data Increases Inequality and Threatens Democracy, Random House, Nueva York.
44. COTINO HUESO, Lorenzo (2019), "Ética en el diseño para el desarrollo de una inteligencia artificial, robótica y big data confiables y su utilidad desde el Derecho", *Revista catalana de dret públic*, n. 58, p. 29-48. Disponible en http://revistes.eapc.gencat.cat/index.php/rcdp/article/view/10.2436-rcdp.i58.2019.3303/n58-cotino-es.pdf
45. COTINO HUESO, Lorenzo (2021), "Propuesta de Reglamento de la Unión Europea por el que se establecen normas armonizadas sobre inteligencia artificial", Diario La Ley, 2 de julio de 2021, disponible en https://diariolaley.laleynext.es/Content/Documento.aspx?params=H4sIAAAAAAAEAMtMSbF1CTEAAmMjS-0NTS7Wy1KLizPw8WyMDI0MDM2MDtbz8lNQQF2fb0ryU1LTMvNQUkJLMtEqX_OSQyoJU27TEnO-JUtdSk_PxsFJPiYSYAAG0FMtpjAAAAWKE.
46. Información sobre estas cuestiones de la Unión Europea se puede ver en https://ec.europa.eu/commission/presscorner/detail/es/ip_21_1682 (consulta en septiembre de 2021).

Los elementos favorables al reconocimiento de derechos de los robots, que ya hemos esgrimido en varias intervenciones orales sobre estos temas en distintos foros, podrían ser los siguientes:

- Dar una respuesta jurídica precisa a los futuros robots humanoides con capacidad de decisión propia, o sea, con libertad y voluntad. Sería una exigencia derivada de la dogmática jurídica.
- Satisfacer los deseos de un amplio número de personas que establecerán vínculos anímicos y emocionales con tales robots.
- Mejor cumplimiento de las tareas asignadas, tanto en sentido cuantitativo como cualitativo. Una normativa que garantiza la posición de los robots, con derechos, también protege el cumplimiento de sus funciones y tareas.
- La inevitable futura existencia de un régimen jurídico propio para los robots otorgará un encuadre jurídico para que también contemple derechos.
- La extensión de los derechos subjetivos no sólo a personas físicas. Colectivos o personas jurídicas son titulares de derechos, por lo que ya a día de hoy no existe una barrera jurídica que impide dar un salto más allá de las susodichas personas físicas.
- La regulación de los transhumanos y de las ciberpersonas quizá necesite también dotar de derechos a ciertos robots. Va a ser difícil fijar la frontera entre la persona física y la máquina ¿qué elementos biológicos necesita mantener el transhumano para seguir siendo persona? Como habrá una frontera a lo mejor dudosa, es positivo que los robots a los que nos referimos tengan derechos por si es conveniente cubrir desde ahí la posición de algún transhumano.

A su vez, como elementos contrarios a la atribución de derechos exponemos, también esquemáticamente, los siguientes:

- Potencia los elementos negativos que genéricamente se pueden conectar a los robots, como la destrucción de empleo en actividades susceptibles de ser automatizadas.
- Las empresas y otras entidades pueden intentar evadir su responsabilidad a través de robots que tienen relación con ellas.
- Se reduciría la autonomía de las personas físicas.
- Dudas sobre la fiabilidad de la emulación del ser humano por parte de robots y/o dudas de que la máquina dé genuinas respuestas humanas. O sea, dudas acerca de la proyección que hemos sugerido del avance de la inteligencia artificial no se produce. ¿Cómo crear máquinas con conciencia si no sabemos qué es tener conciencia?
- ¿Quién sería el obligado jurídicamente por el derecho del robot? ¿una persona física? En la mayor parte de los hipotéticos casos sí, pero ello supondrá un obstáculo para el reconocimiento de estos derechos ¿una máquina imponiendo su voluntad a una persona física? Siempre nos ha atemorizado la idea de perder el control de las máquinas.
- Aunque se hable de libertad de los robots, posiblemente no se les atribuya dignidad, quedando la misma sólo para los seres humanos. En esto influirán también cuestiones no jurídicas, como éticas, filosóficas y religiosas.
- Y en la misma línea, la ética que ya se diseña para la inteligencia artificial será una dificultad de gran peso. Se impondrá la idea de que el robot no debe controlar a los seres humanos (si tiene derechos reforzamos su posición frente a las personas)
- ¿Se generaría situaciones de discriminación? Por ejemplo, la concesión de la ciudadanía saudí a la robot Sophia la colocó en una situación jurídicamente mejor que la de las mujeres de ese país árabe.

Como se ve, un amplio número de cuestiones en uno y otro bando, que darán pábulo de lo más diverso a los debates que se suscitarán sobre el tema. La amplia diversidad que pueden alcanzar los posicionamientos sobre esta cuestión refuerza la opción positivista o formal. Los debates se nos antojan apasionantes.

8. CONCLUSIONES

En el título de este trabajo hablamos de reflexiones provisionales. Queríamos mostrar desde el inicio que el tema que analizamos va a seguir abierto y en construcción durante años o décadas. Por lo tanto, nuestro argumentario es iniciático y provisional, a la espera de cómo va a evolucionar la tecnología y la percepción social de su incidencia. Por lo tanto, ya nos comprometemos a volver en el futuro sobre los derechos de los robots para ofrecer una posición que no haya que tildar, como ahora, de provisional.

En todo caso, el tema, como se ha visto, tiene más recorrido del que aparenta, sobre todo por las incidencias sociológico-emocionales, que influirán de manera directa en los decisores públicos del futuro. Ahora concluimos que desde un punto de vista técnico jurídico material sí sería posible atribuir derechos subjetivos a ciertos robots humanoides, pues opinamos que se podrá cumplir con los elementos subjetivo y objetivo del derecho de que se trate. Y también, claro está, desde la óptica meramente positivista, el legislador también podrá dar ese paso. Otra cosa, es que como sociedad estemos dispuesto a dar este salto, lo cual, al menos hoy en día, no lo vemos factible. En todo caso, nuestro argumentario se basa en la proyección indicada, muy optimista con las capacidades de evolución futura de la inteligencia artificial (fuerte) para crear máquinas antropomórficas con libertad, voluntad y, quizá, conciencia. Si esta proyección no se cumple, realmente todas las páginas anteriores quedan en entredicho pues deberían partir de otras hipótesis. De nuevo, por lo tanto, lanzamos una precaución al lector sobre este texto.

En definitiva, este tema ejemplifica las complejidades jurídicas que nos esperan con el asentamiento y desarrollo de las tecnologías disruptivas en lo que ya puede denominarse una segunda fase de la Sociedad de la Información. Muchos serán las cuestiones, e incluso categorías, que tendremos que revisar para, si es preciso, actualizar, incluso más poliédricas que esta de los derechos de los robots (como el estatuto jurídico de los transhumanos, un tema cuando menos inquietante[47]). Lo que hay que exigir en todo caso es partir de una sólida formación para llevar a cabo adecuados análisis jurídicos que resuelvan de forma satisfactoria los conflictos que se abrirán en las sociedades en las que vivimos. Esa es la finalidad del Derecho, también en un escenario de avanzadísimo desarrollo tecnológico. No descuidemos en ningún momento el enfoque debido en un sistema democrático.

---

47. Apunta el exitoso de ventas Harari que la "ingeniería de los ciborgs" es una tecnología nueva que "puede cambiar las leyes de la vida" (HARARI, Yuval Noah (2015), *Sapiens. De animales a dioses*, Debate, Barcelona, 443). Da ejemplos de vidas biónicas y se plantea qué puede ocurrirle a la identidad humana, aunque no continúa el análisis (idem, 446-447).

9. BIBLIOGRAFÍA CITADA

ASIMOV, Isaac (1950), *I, robot*, Gnome Press, Nueva York.

BARRIO ANDRÉS, Moisés (2018), "Hacia una personalidad electrónica para los robots", *Revista de Derecho Privado*, n.º 2, pp. 88-107.

CABALLERO, María Ángeles, CILLEROS SERRANO, Diego (2019), *Ciberseguridad y transformación digital*, Anaya, Madrid.

ČAPEK, Karel (1920), *R. U. R.*, Borovy, Praga.

CASSANO, Giuseppe (2005), *Diritto dell'Internet. Il sistema di tutele della persona*, Giuffrè, Milán.

COTINO HUESO, Lorenzo (2019), "Ética en el diseño para el desarrollo de una inteligencia artificial, robótica y big data confiables y su utilidad desde el Derecho", *Revista catalana de dret públic*, n. 58, pp. 29-48. Disponible en http://revistes.eapc.gencat.cat/index.php/rcdp/article/view/10.2436-rcdp. i58.2019.3303/n58-cotino-es.pdf.

COTINO HUESO, Lorenzo (2021), "Propuesta de Reglamento de la Unión Europea por el que se establecen normas armonizadas sobre inteligencia artificial", Diario La Ley, 2 de julio de 2021, disponible en https://diariolaley.laleynext.es/Content/Documento.aspx?params=H4sIAAAAAAAEAMtMSb-F1CTEAAmMjS0NTS7Wy1KLizPw8WyMDI0MDM2MDtbz8lNQQF2fb0ryU1LTMvNQUkJLM-tEqX_OSQyoJU27TEnOJUtdSk_PxsFJPiYSYAAG0FMtpjAAAAWKE.

DABIN, Jean (2006), *El derecho subjetivo*. Comares, Granada.

DAVARA RODRÍGUEZ, Miguel Ángel (Coord.) (2020). *Manual de Derecho Informático*, 12. ed. Aranzadi, Cizur Menor.

DUGUIT, Leon (1927), *Traité de droit constitutionnel*, 3ª ed., París.

EVERS, Martin (2016), "La utilización de agentes electrónicos inteligentes en el tráfico jurídico: ¿Necesitamos reglas especiales en el Derecho de la responsabilidad civil?", *InDret. Revista para el análisis del Derecho*, disponible en https://indret.com/la-utilizacion-de-agentes-electronicos-inteligentes-en-el-trafico-juridico-necesitamos-reglas-especiales-en-el-derecho-de-la-responsabilidad-civil/?edicion=3.16.

FERNÁNDEZ RODRÍGUEZ, José Julio (2004), *Lo público y lo privado en Internet. Intimidad y libertad de expresión en la red*, Universidad Nacional Autónoma de México, Ciudad de México, 2004. Disponible en https://biblio.juridicas.unam.mx/bjv/detalle-libro/1167-lo-publico-y-lo-privado-en-internet-intimidad-y-libertad-de-expresion-en-la-red.

FERNÁNDEZ RODRÍGUEZ, José Julio (2020), *Seguridad(es) en un futuro incierto (un estudio jurídico constitucional)*. Thomson Reuters – Aranzadi, Cizur Menor.

FERNÁNDEZ RODRÍGUEZ, José Julio (2020), "Derechos y progreso tecnológico: pasado, presente y futuro", en Wilson Engelmann (Coord.), *Sistema do direito, novas tecnologias, globalização e o constitucionalismo contemporâneo: desafios e perspectivas*, p. 259-277. Disponible en http://www.casaleiria.com.br/acervo/direito/sistemadodireito/index.html.

GARCÍA NOVOA, César, SANTIAGO IGLESIAS, Diana (Coords.), *4ª Revolución Industrial:* impacto de la automatización y la inteligencia artificial en la sociedad y la economía digital. Tromson Reuters – Aranzadi, Cizur Menor.

GRAHAM, Gordon (2001). *Internet. Una indagación filosófica*. Cátedra, Madrid.

HARARI, Yuval Noah (2015), *Sapiens. De animales a dioses*, Debate, Barcelona.

IHERING, Rudolf von (1865), *Geist des römischen Rechts auf den verschieden Stufen seiner Entwicklung*, tomo IV.

JELLINEK, Georg (1905). *System der subjektiven öffentlichen Rechte*. 2. ed. J. C. B. Mohr, Tubinga.

KOOPS, Bert-Jaap, HILDEBRANDT, Mireille, JAQUET-CHIFFELLE, David-Olivier (2010). "Bridging the Accountability Gap: Rights for New Entities in the Information Society?". *Minnesota Journal of Law, Science & Technology*, v. 11:2, p. 497-561.

LLANEZA, Paloma (2019). *Datanomics*. Deusto, Barcelona.

MONREAL BRINGSVAERD, Erik, JURADO SEGOVIA, Ángel (2020). *Derecho del Trabajo y nuevas tecnologías*, Tirant lo Blanch, Valencia.

MORI, Masahiro (1970), "The Uncanny Valley", en inglés en IEEE Spectrum, 12 de junio de 2012. https://sp.ctrum.ieee.org/the-uncanny-valley

O'NEIL, Cathy (2016). *Weapons of Math Destruction*: How Big Data Increases Inequality and Threatens Democracy, Random House, Nueva York.

ORTEGA, Luis (2016). *La imparable marcha de los robots*. Alianza, Madrid.

ORTEGA, Luis (2019). "Robot-lución: el gran reto de gobernar y convivir con las máquinas". diario *El País*, 24 de agosto. Disponible en https://elpais.com/elpais/2019/08/23/ideas/1566551575_254488.html.

PALOMINIO MARTÍN, José María (2006). *Derecho Penal y nuevas tecnologías*. Tirant lo Blanch, Valencia.

ROBERTSON, Jennifer (2007). "Robo Sapiens Japanicus: Humanoid Robots and the Posthuman Family". *Critical Asian Studies*, v. 39-3, p. 396-398. Disponible en https://www.tandfonline.com/doi/abs/10.1080/14672710701527378.

ROGEL VIDE, Carlos (2018) (Coord.). *Los robots y el Derecho*, Reus, Madrid.

ROUHIAINEN, Lasse (2018). *Artificial Intelligence*. Createspace Independent Publishing.

SANTOS GONZÁLEZ, María José (2017). "Regulación legal de la robótica y la inteligencia artificial: retos del futuro". *Revista Jurídica de la Universidad de León*, n. 4, p. 25-50.

SCHWAB, Klaus (2016). *The Fourth Industrial Revolution*. Portfolio Penguin, Londres.

SEARLE, John (1980), "Minds, Brains and Programs". *Behavioral and Brain Sciences*. n. 3, p. 417-457. DOI: https://doi.org/10.1017/S0140525X00005756.

SEARLE, John (1998). *Mind, Language and Society*. Basic Books, Nueva York.

SERRANO ANTÓN, Fernando (2020) (dir.). *Fiscalidad e inteligencia artificial*, Thomson Reuters – Aranzadi, Cizur Menor.

SUÑÉ LLINÁS, Emilio (2002 / 2006). *Tratado de Derecho Informático*, dos volúmenes, Servicio de Publicaciones de la Universidad Complutense, Madrid.

WINDSCHEID, Bernhard (1900). *Lehrbuch der Pandektenrechts*, tomo I, 8. ed. Fráncfort.

METAVERSO E A PRESENÇA PROFUNDA PELO OLHAR IMERSIVO: RISCOS AO CORPO ELETRÔNICO E *GUIDELINES* PARA UMA PROTEÇÃO EFICIENTE

Cristiano Colombo

Pós-Doutor em Direito junto à Pontifícia Universidade Católica do Rio Grande do Sul (PUCRS). Doutor em Direito pela Universidade Federal do Rio Grande do Sul (UFRGS). Mestre em Direito pela Universidade Federal do Rio Grande do Sul (UFRGS). Bacharel em Ciências Jurídicas e Sociais pela Pontifícia Universidade Católica do Rio Grande do Sul – PUCRS (1999) e em Ciências Contábeis pela Universidade Federal do Rio Grande do Sul – UFRGS (2004). Especialista em Direito Tributário pelo Instituto Brasileiro de Estudos Tributários – IBET. Concluiu Curso de Formação Avançada do Centro de Estudos Sociais do Laboratório Associado à Universidade de Coimbra (Portugal) denominado: "Ciberespaço: Desafios à Justiça". Atua na área cível, tributária, previdenciária e empresarial. É Professor do Mestrado Profissional em Direito da Empresa e dos Negócios da UNISINOS, Professor dos cursos de graduação em Direito, Comércio Exterior e Relações Internacionais da UNISINOS e na Faculdade de Direito das Faculdades Integradas São Judas Tadeu (Mantenedora Instituição Educacional São Judas Tadeu). Coordenador do LLM em Lei Geral de Proteção de Dados Pessoais. Pesquisador FAPERGS. Foi membro da Comissão de Ensino Jurídico (CEJ) da Ordem dos Advogados do Brasil do Rio Grande do Sul.

Maique Barbosa de Souza

Mestre em Direito da Empresa e dos Negócios (UNISINOS). Especialista em Direito Penal (PUC/RS). Especialista em Direito e Processo do Trabalho com capacitação para o Ensino no Magistério Superior (Faculdade Damásio). Advogado. ORCID: https://orcid.org/0000-0003-4130-8450. E-mail: maique.b.souza@gmail.com

> **Sumário:** 1. Introdução – 2. Metaverso e a presença profunda através do olhar imersivo; 2.1 Metaverso: o que é?; 2.2 A presença profunda através do olhar imersivo – 3. Riscos ao corpo eletrônico e *guidelines* para uma proteção eficiente; 3.1 Riscos relacionados ao corpo eletrônico no metaverso; 3.2 *Guidelines* para uma regulação eficiente – 4. Considerações finais – 5. Referências.

1. INTRODUÇÃO

A experiência humana, nos últimos anos, foi arrebatada por intensas transformações, em decorrência da gradual e quotidiana inserção de novas tecnologias, como a Internet das Coisas (IoT), a Inteligência Artificial (AI), a Realidade Virtual (VR) e a Realidade Aumentada (AR). Seus desdobramentos resultaram na aceleração de diferentes interfaces entre o físico e o virtual, modificando as formas de perceber e de sentir o mundo. Situações até então ambientadas em obras literárias romperam as fronteiras ficcionais e se apresentam como componentes da existência humana. No livro *Snow Crash*, em 1992, Neal Stephenson contou a história do personagem Hiro, que experimenta um universo gerado em seu computador, inundando seus sentidos e estruturando um novo espaço, denominado de Metaverso[1]. Em novembro de 2021, Mark Zuckerberg apresenta sua versão, em vídeo de apresentação, denominado de "The Metaverse and How We'll Build It Together", convidando empresas e pessoas a construírem juntos esta realidade virtual, de forma lúdica, transformando o nome da companhia de Facebook para Meta e, mais do que isso, o próprio modelo de negócio.[2] A característica que define o Metaverso, segundo Zuckerberg, é o sentimento de presença.[3]

Os limites conceituais do Metaverso vibram entre a Realidade Virtual (*Virtual Reality* – VR) – quando os usuários experienciam a imersão em um novo espaço – e a Realidade Aumentada (*Augmented Reality* – AR), com a harmonização dos elementos virtuais com "paisagens reais".[4] Nessa perspectiva, a pessoa humana projeta o seu corpo para o ambiente virtual[5], vivendo emoções inusitadas e redimensionando seus sentidos, mirando novas experiências imersivas, em uma "presença profunda"[6]. Partindo do olhar, como "ponto central do mundo perceptual",[7] em dispositivos tecnológicos que oscilam pelos os outros sentidos, os metanautas oferecem seus dados pessoais, como *trade-off*, com novos riscos à sua compleição virtual, por serem tecidos de sua identidade digital, que merecem reflexões para a proteção eficiente do corpo eletrônico.

No primeiro capítulo, serão apresentados o conceito de Metaverso, bem como a presença humana profunda pelo olhar imersivo.[8] No segundo capítulo, serão abordados os novos riscos ao corpo eletrônico, bem como, ao final, *guidelines* para uma proteção eficiente. No que toca à metodologia de pesquisa, será amparada em uma pesquisa qualitativa fundada na análise crítica de notícias, obras, tanto no Brasil, como no estrangeiro.

2. METAVERSO E A PRESENÇA PROFUNDA ATRAVÉS DO OLHAR IMERSIVO

2.1 Metaverso: o que é?

O termo "Metaverso" foi proposto, pela primeira vez, por Neal Stephenson, na obra de ficção científica "Snow Crash", lançada em 1992.[9] O autor conta a história de

---

1. STEPHENSON, Neal. *Snow Crash*. Nova York: Bantam Books, 1992. p. 19.
2. ZUCKERBERG, Mark. The Metaverse and How We'll Build It Together – Connect 2021. *Youtube*, 28 out. 2021. Disponível em: https://www.youtube.com/watch?v=Uvufun6xer8. Acesso em: 15 jan. 2022.
3. Ibidem.
4. SUZUKI, Shin. Vida no metaverso: como a realidade virtual poderá afetar a percepção do mundo ao redor. *BBC News*. 28 nov. 2021. Disponível em: https://www.bbc.com/portuguese/geral-59438539. Acesso em: 10 abr. 2022.
5. "Ele representa a ideia de um mundo 3D virtual imersivo e de próxima geração, prometendo conectar todos os tipos de ambientes digitais, quase como uma imitação digitalizada do mundo real em que vivemos" (NEHME, Marcos. Web 3.0 e Metaverso: o que são, quais os riscos e o que podemos fazer para nos manter seguros? *MIT Technology Review Brasil*, 2022. Disponível em: https://mittechreview.com.br/web-3-0-e-Metaverso-o-que-sao-quais-os-riscos-e-o-que-fazer-para-nos-manter-seguros/. Acesso em: 22 abr. 2022.).
6. ZUCKERBERG, op. cit.
7. PALLASMAA, Juhnai. *Os olhos da pele*: a arquitetura dos sentidos. Porto Alegre: Artmed, 2005. p. 16.
8. NEHME, op. cit.
9. STEPHENSON, Neal. *Snow Crash*. Nova York: Bantam Books, 1992. p. 19.

Hiro que, vivendo em um ambiente físico adverso, mais precisamente em um *U-Stor-It* californiano (depósito para quem tem "excesso de bens") e próximo aos intensos sonidos de um aeroporto, usa os "óculos brilhantes que envolvem metade de sua cabeça", com "pequenos fones que estão plugados em seus ouvidos", atingindo "uma visão renderizada por computador de um lugar imaginário".[10] A tecnologia é descrita com detalhes pelo escritor, referindo que, por meio de um "raio condensado", que é emitido pelo computador, atravessando uma lente "olho de peixe", valendo-se de "espelhos eletrônicos", "as lentes do óculos de Hiro" são varridas, tendo resultante uma imagem que "paira no espaço à frente do que Hiro vê como Realidade".[11] O equipamento desenha "uma imagem ligeiramente diferente à frente de cada olho", sendo "tridimensional em movimento", apresentando-se "tão precisa quanto o olho é capaz de perceber", "bombeando som estéreo digital pelos pequenos fones", sincronizando a imagem 3D com a trilha sonora.[12] Na maioria do tempo, Hiro "não está ali", não está no depósito barulhento, encontra-se "no Metaverso".[13]

O Metaverso é um mundo diferente, baseado em um contexto de interações públicas e privadas alicerçadas em um ambiente que se apresenta como uma extensão do mundo físico, onde a realidade ocorre em um local que só existe no ciberespaço.[14] A experiência de imersão proporciona a telepresença por meio de avatares, que são representações virtuais dos corpos físicos, os quais interagem e criam espaços no formato tridimensional, onde suas ações geram resultados em tempo real. Vale dizer, o reflexo da ação humana no Metaverso, por meio de seu avatar, produz influência no ambiente capaz de modificá-lo para si e para os demais participantes, fazendo com que a própria construção do mundo virtual seja o reflexo das personalidades e dos corpos físicos projetados por meio de avatares. São "mundos virtuais, são mundos em que você pode entrar, por meio de representação (ões) persistente (s) do usuário, em contraste com os mundos representados das ficções, que são mundos apresentados como habitados por pessoas reais, mas não é realmente habitável"[15]. Nele, as pessoas podem trabalhar, consumir, se divertir e interagir com outros avatares de modo a construir de forma conjunta o meio ambiente social, o qual reflete o resultado das interações e tende a produzir efeitos sobre a psique e o corpo físico.

Saliente-se que este novo espaço de interações já ambientou jogos como *The Sims* e *Second Life*, os quais alcançaram grande sucesso, chegando a ter mais de 600

---

10. STEPHENSON, Neal. *Snow Crash*. Tradução de Fábio Fernandes. São Paulo: Aleph, 2015. Versão Kindle. p. 30-32.
11. Ibidem, p. 35.
12. Ibidem, p. 35.
13. Ibidem, p. 35.
14. Idem. *Snow Crash*. Nova York: Bantam Books, 1992. p. 19.
15. No original "Virtual worlds are worlds you can move in, through persistent representation(s) of the user, in contrast to the represented worlds of traditional fictions, which are worlds presented as inhabited by real people, but not actually inhabitable" (KLASTRUP, Lisbeth. A Poetics of Virtual Worlds. Department of Digital Aesthetics & Communication (DIAC) IT. *Melbourne DAC*, University of Copenhagen, 2003. Disponível em: https://citeseerx.ist.psu.edu/viewdoc/download?doi=10.1.1.693.3554&rep=rep1&type=pdf. Acesso em: 12 out. 2021.).

mil pessoas on-line ao mesmo tempo.[16] No *Second Life*, o sucesso foi tamanho que chegou a ser criada uma moeda própria para fazer transações de bens virtuais e reais. A tecnologia chamou a atenção de algumas empresas como a Petrobrás, por exemplo, que criou uma estrutura completa de sua marca no meio virtual,[17] com o intuito de fomentar negócios e marcar presença. Isto demonstra que a representação do modelo virtual impacta de forma semelhante ao mundo físico no ser humano e nas empresas, com a construção de estruturas e valores inerentes às relações ali havidas. Nessa perspectiva, é que jogos desenvolvidos no Metaverso, como o *Fortnite*, estão ganhando protagonismo para o lançamento de produtos com a presença de um grande público. Foi o que ocorreu no show do rapper Travis Scott que contou com aproximadamente 45 milhões de pessoas assistindo e permitiu aos usuários "uma interação em tempo real em um espaço imersivo 3D"[18]. Assim, games virtuais, como o *Roblox*, que são desenvolvidos pelos próprios usuários, já contam com cerca de 7 milhões de usuários, dos quais aproximadamente 67% possuem menos de 16 anos e, ainda assim, movimentam mais de 200 milhões de dólares por ano.[19] A Google, por sua vez, valendo-se da visão de seus destinatários, lançou, em 2013, o Google Glass, que permitia gravar de forma constante o ambiente e obter informações sobre objetos selecionados. Apesar do protagonismo tecnológico, em razão do formato pouco atrativo e pelos questionamentos sobre privacidade, fez com que o produto tivesse seu desenvolvimento postergado[20]. Neste contexto, ultrapassados os anos em que a internet consistia basicamente em um acesso de conteúdo 2D, agora a amplitude de possibilidades com o potencial de experiências 3D, abre o caminho para novidades, que propiciam um ambiente de crescente imersão.

Nesse mesmo sentido, algumas iniciativas governamentais também surgiram, todas com o intuito de utilizar o mundo virtual para solucionar problemas reais, dentre estas podem ser destacadas: (a) O Ministério da Justiça de Portugal que criou o projeto e-Justice Centre no *Second Life*, consistente em um Centro de Mediação e Arbitragem, construído para servir a comunidade do *Second Life*;[21] e (b) O Governo da Suécia que abriu uma embaixada no *Second Life*, para servir informações sobre a cultura e história do país, onde oferece respostas a perguntas

---

16. SCHULZE, Thomas. Second Life: o que mudou nos 16 anos do popular game online. *TechTudo*, 2019. Disponível em: https://www.techtudo.com.br/noticias/2019/11/second-life-o-que-mudou-nos-16-anos--do-popular-game-online.ghtml. Acesso em: 12 out. 2021.

17. PETROBRÁS. *Petrobras faz sua primeira ação no Second Life*. 2007. Disponível em: https://www.agenciapetrobras.com.br/Materia/ExibirMateria?p_materia=2739. Acesso em: 12 out. 2021.

18. LEDONNE, Rob. Limits are non-existent in the metaverse!' Video game concerts become big business. *The Guardian*, 2021. Disponível em: https://www.theguardian.com/music/2021/aug/07/no-limits-in-the-metaverse-video-game-concerts-big-business. Acesso em: 14 out. 2021.

19. DEAN, Brian. Roblox User and Growth Stats. *Backlinko*. 2022. Disponível em: . Acesso em: 24 abr. 2022.

20. EVELETH, Rose. Google Glass Wasn't a Failure. It Raised Crucial Concerns. *Wired*, 2018. Disponível em: https://www.wired.com/story/google-glass-reasonable-expectation-of-privacy/. Acesso em: 16 out. 2021.

21. ZING, Jesus. Justiça entra no mundo virtual do Second Life. *Jornal de Notícias*, 2007. Disponível em: https://www.jn.pt/arquivo/2007/justica-entra-no-mundo-virtual-do-second-life-703545.html. Acesso em: 12 out. 2021.

sobre todos os aspectos do país, bem como locais para visitação.[22] Outras iniciativas já foram estudadas e ainda se buscam meios para serem viabilizadas, como estudar em ambientes virtuais,[23] trabalhar[24] e, até mesmo, exercer a cidadania por meio do voto no ambiente Metaverso.[25] Assim, a despeito do estágio evolutivo avançado da tecnologia, ainda se observa limitações na construção dos avatares e mesmo nas inter-relações.

Dessa forma, considerando que "o Metaverso é o espaço virtual coletivo e compartilhado criado quando o mundo físico converge com o mundo virtual, que inclui realidade virtual, realidade aumentada e internet",[26] as potencialidades de uso e comunicações proporcionam uma representação da personalidade no meio virtual constituída pelo corpo eletrônico, produzindo reflexos no corpo físico e na realidade permanente. Nessa perspectiva é que se analisará a importância de um dos principais sentidos humanos, a visão, contornada pelos outros sentidos, sendo ressignificada com a utilização de óculos para acesso ao Metaverso.

2.2 A presença profunda através do olhar imersivo

A proposta de Metaverso de Zuckerberg, que o considera como a "próxima versão da internet", propõe aos usuários novas formas de se expressar e experimentar o mundo, através de "plataformas imersivas", em que as pessoas fazem parte da "própria experiência e não estão simplesmente olhando para ela".[27] Trata-se de uma presença humana profunda[28], em um olhar imersivo. As pessoas se sentirão presentes, mesmo estando distantes, "não estarão espiando por uma janelinha", "não verão quadradinhos em uma tela", mas vivendo uma "presença profunda", "compartilhando da mesma sala".[29] Outrossim, também bens do Metaverso comunicar-se-ão com o concreto, como pinturas, que poderão, por meio de hologramas,

---

22. REUTERS. Sweden first to open embassy in Second Life. *Technology News*, 2007. Disponível em: https://www.reuters.com/article/us-sweden-secondlife-idUSL3034889320070530. Acesso em: 12 out. 2021.
23. SCHMITT, Marcelo Augusto Rauh; TAROUCO, Liane Margarida Rockenbach. Metaversos e laboratórios virtuais – possibilidades e dificuldades. *Revista Novas Tecnologias na Educação*. CINTED-UFRGS, v. 6, n. 1, 2008. Disponível em: https://www.seer.ufrgs.br/renote/article/view/14577. Acesso em: 13 out. 2021. p. 03.
24. GOMES, Ana Cláudia Bilhão; KLEIN, Amarolinda Zanela. O desenvolvimento da competência para o trabalho em equipe a distância com o uso do Metaverso second life. *Administração: ensino e pesquisa*. Rio de Janeiro, v. 14, n. 2, p. 343-375, 2013. Disponível em: https://raep.emnuvens.com.br/raep/article/view/68. Acesso em: 13 out. 2021. p. 343.
25. SILVA, Cintia Ramalho Caetano da; TAVARES, Thiago Cortat; GARCIA, Ana Cristina Bicharra; NOGUEIRA, José Luiz Thomasseli. Espaço Reuni – uma iniciativa de e-gov em mundos virtuais 3D. *Revista Eletrônica de Sistemas de Informação*, v. 8, n. 1, artigo 2. Universidade Federal Fluminense, 2009. Disponível em: http://www.ic.uff.br/~ccaetano/artigos/302-1071-1-PB.pdf. Acesso em: 13 out. 2021. p. 04.
26. RAVACHE, Guilherme. Brasil tem chance de liderar a corrida pelo Metaverso. *MIT Technology Review Brasil*, 2021. Disponível em: https://mittechreview.com.br/brasil-tem-chance-de-liderar-a-corrida-pelo-Metaverso/. Acesso em: 14 out. 2021.
27. ZUCKERBERG, Mark. The Metaverse and How We'll Build It Together – Connect 2021. *Youtube*, 28 out. 2021. Disponível em: https://www.youtube.com/watch?v=Uvufun6xer8. Acesso em: 15 jan. 2022.
28. Ibidem.
29. Ibidem.

serem projetadas no mundo físico, em realidade aumentada.[30] Os hologramas substituirão as telas.[31] A digitação, enfim, o toque na tela, será substituída por palavras verbalizadas ou gestos. Ou, pelo próprio pensamento. Entre os conceitos básicos do Metaverso estão: a presença, avatares, espaço em caso, teletransporte, interoperabilidade, privacidade, proteção de dados e segurança, bens digitais e interfaces naturais.[32]

No Metaverso, será possível ter acesso ao: *Horizon Home*, que são as residências; *Horizon Worlds*, onde existirão diferentes mundos a serem frequentados; *Horizon Workrooms*, onde se trabalhará, inclusive, facilitando os modelos híbridos, em que parte da equipe está presencial e outra parte remota; e, ainda, previsão de *marketplace*[33] Também há espaço para os inúmeros jogos de realidade virtual (VR), com a utilização dos óculos Meta Quest2.[34] Outro ponto de destaque é a possibilidade de teletransporte, não somente se movendo de um lugar para outro, como também oscilando por diferentes épocas.[35]

Nesse contexto, o mundo virtual, segundo Barfield e Williams,[36] configura-se em uma "simulação interativa em que seus participantes veem, ouvem, usam e, inclusive, modificam ambiente gerado pelo computador". O usuário é estimulado por uma gama de informações sensoriais, inclusive, através de: "spacialized sound", em que o som dá ao ouvinte a experiência de movimento; "stereoscopic -imagery", permitindo uma visão 3D, combinando diferentes imagens do mesmo objeto; "olfactory cues", que são pistas olfativas; e, por último, o feedback tátil.[37]

Importa destacar que a primeira providência sugerida por Zuckerberg para a imersão é vestir os óculos e os fones de ouvido.[38] Dessa forma, para alcançar este objetivo, a empresa, em parceria com o conglomerado de design de equipamentos ópticos *Essilor Luxottica*, lançou um dos primeiros produtos voltados para a aproximação do usuário com a experiência do Metaverso, qual seja, o óculo Ray-Ban Stories, que oferece "uma nova maneira de capturar fotos e vídeos, compartilhar suas aventuras e ouvir música ou atender chamadas – para que você possa estar presente com amigos,

---

30. BARFIELD, Woodrow; WILLIAMS, Alexander. The law of virtual and increasingly smart virtual avatars. In: BARFIELD, Woodrow; BLITZ, Marc Jonathan. (Org.). *Research Handbook on the Law of Virtual and Augmented Reality*. Cheltenham, UK: Edward Elgar Publishing Limited, 2018. p. 03.
31. ZUCKERBERG, op. cit.
32. BARFIELD, op. cit., p. 2-3.
33. Ibidem, p. 2-3.
34. MUNHOZ, Vinicius. Meta Quest Gaming Showcase traz enxurrada de jogos empolgantes para VR. *TecMundo*. 20 abr. 2022. Disponível em: https://www.tecmundo.com.br/voxel/237415-meta-quest-gaming-showcase-traz-enxurrada-jogos-empolgantes-vr.htm. Acesso em: 21 abr. 2022.
35. BARFIELD, op. cit., p. 2-3.
36. Ibidem.
37. BARFIELD, Woodrow; WILLIAMS, Alexander. The law of virtual and increasingly smart virtual avatars. In: BARFIELD, Woodrow; BLITZ, Marc Jonathan. (Org.). *Research Handbook on the Law of Virtual and Augmented Reality*. Cheltenham, UK: Edward Elgar Publishing Limited, 2018. p. 03.
38. ZUCKERBERG, Mark. The Metaverse and How We'll Build It Together – Connect 2021. *Youtube*, 28 out. 2021. Disponível em: https://www.youtube.com/watch?v=Uvufun6xer8. Acesso em: 15 jan. 2022.

família e o mundo ao seu redor"[39]. Combinando funcionalidades visuais, auditivas e sensoriais, "ampliamos nossos corpos com tecnologia e nos aproximamos do conceito de um Cyborg, no qual quebramos as fronteiras entre humanos e máquinas".[40] Trata-se de uma presença humana profunda promovida pela tecnologia que resulta em um olhar imersivo, a partir da visão, mas orquestrado por outros sentidos, permitindo o sentimento de profundidade e de oclusão (obstrução).[41]

Para melhor compreender o cenário e a influência deste tipo de dispositivo, é importante abordar o conceito de *wearable technology* que consiste em "um tipo de tecnologia que é incorporado em eletrônicos que podem ser usados no corpo, seja como um acessório ou como parte de materiais usados em confecções"[42]. Este possui como característica principal o fato de ser uma tecnologia vestível, que proporciona conexão com a internet, o que permite troca de dados e acesso a informações em tempo real. Os *wearables technology* são fundamentais para a construção do Metaverso, pois são os instrumentos que aproximam o usuário do ambiente. Trata-se da ponte entre o mundo físico e o virtual. Por captarem dados em tempo real, suas aplicações alcançam inúmeros aspectos da vida humana, como segurança, saúde, bem-estar, hábitos de toda natureza, comunicação e consumo, o que permite a construção de perfis do ser humano no meio virtual com alto grau de precisão.

Assim, nessa convergência do humano com a tecnologia, suas interações são utilizadas para construir o cenário ideal do Metaverso, que seja atraente e entregue a experiência almejada. Dessa forma, a formação de uma grande comunidade de usuários de computadores vestíveis, ligados em rede por um longo período, fornecendo informações sobre seu comportamento no meio virtual, tende a acelerar o processo de criação de um único ambiente Metaverso que apresente características importantes de ubiquidade, descentralização e segurança aos usuários.[43] Sendo assim, o corpo eletrônico como expressão do corpo físico no meio virtual passa a ter um olhar imersivo, pelas lentes dos óculos inteligentes. A visão humana é ampliada pelo Ray-Ban Stories para ter acesso a funcionalidades antes inacessíveis ao corpo físico. A realidade é misturada para promover uma fusão entre o mundo físico e o virtual, onde promove-se a conexão entre ambientes virtuais e autênticos. Dito de outro

---

39. FACEBOOK. *Introducing Ray-Ban Stories*: First-Generation Smart Glasses. 9 set. 2021. Disponível em: https://about.fb.com/news/2021/09/introducing-ray-ban-stories-smart-glasses/. Acesso em: 16 out. 2021.
40. CHATEAU, Lucie. The future in the eye of the beholder?: Facebook's Ray-Ban Stories and their claim on our data. *Masters of Media*. University of Amsterdam, 2021. Disponível em: https://mastersofmedia.hum. uva.nl/blog/2021/10/01/the-future-in-the-eye-of-the-beholder-facebooks-ray-ban-stories-and-their-claim--on-our-data/. Acesso em: 16 out. 2021.
41. ZUCKERBERG, op. cit.
42. EUROPEAN COMISSION. *Internet of Things*: wearable technology. Business Innovation Observatory, 2015. Disponível em: https://ec.europa.eu/docsroom/documents/13394/attachments/3/translations/en/renditions/native. Acesso em: 16 out. 2021.
43. STARNER, Thad; MANN, Steve; RHODES, Bradley; LEVINE, Jeffrey; HEALEY, Jennifer; KIRSCH, Dana; PICARD, Roz; PENTLAND, Alex. Augmented Reality Through Wearable Computing. *The Media Laboratory*. Massachusetts Institute of Technology, 1997. Disponível em: https://www.cc.gatech.edu/~thad/p/journal/augmented-reality-through-wearable-computing.pdf. Acesso em: 16 out. 2021. p. 08.

modo, o Ray-Ban Stories como um *wearable technology* atua no sentido de "aprimorar a realidade no mundo virtual imerso no espaço do mundo real".[44] O corpo real é transportado para o ambiente virtual, na maioria das vezes, com suas características físicas e psicológicas, onde a representação apresenta contornos de personalidade do ser humano por trás da máquina. Esta situação é uma via de mútua influência, pois o corpo físico passa a ser "um computador de carne, executando uma coleção de sistemas de informação que se auto-ajustavam em resposta aos outros sistemas e a seu ambiente".[45] É possível constatar, portanto, que a despeito das inúmeras situações que caracterizam o Metaverso, é difícil prever toda a sua potencialidade e como irá afetar de forma completa o corpo humano. Buscar captar como todo o conjunto de qualidades se encaixará, quais características importarão mais ou menos, como se desenvolverá a dinâmica competitiva ou quais novas experiências serão produzidas é praticamente impossível. Nem mesmo qual será o modelo de governança adotado. No entanto, pelas propostas já apresentadas, pode-se observar que sua influência ultrapassa fatores econômicos ou lúdicos, e atinge o próprio corpo e a identidade daquele que lá se vê representado. Ao mesmo tempo, as propostas de óculos inteligentes atuam como um portal de entrada para o Metaverso, servindo o sentido da visão como meio para aproximar o ser humano de experiências imersivas, ao mesmo tempo em que sua interação atua por alimentar o sistema com os dados necessários para a construção de cenários e funcionalidades. Assim, ao ver e ser visto, o corpo eletrônico consume e produz os dados necessários para a construção do ambiente Metaverso.

3. RISCOS AO CORPO ELETRÔNICO E *GUIDELINES* PARA UMA PROTEÇÃO EFICIENTE

3.1 Riscos relacionados ao corpo eletrônico no metaverso

Na concepção de Rodotà,[46] o conjunto de informações que diz respeito a um sujeito revela sua identidade digital, uma vez que "os dados pessoais constituem, portanto, o corpo eletrônico, configurando uma extensão do corpo físico".[47] Nesse

---

44. FADZLI, F. E.; KAMSON, M. S.; ISMAIL, A. W.; ALADIN, M. Y. F. 3D telepresence for remote collaboration in extended reality (xR) application. *IOP Conference Series*: Materials Science and Engineering, Malaysia, n. 979, 2020. Disponível em: https://iopscience.iop.org/article/10.1088/1757-899X/979/1/012005/meta. Acesso em: 16 out. 2021.

45. HARAWAY, Donna; KUNZRU, Hari. *Antropologia do ciborgue*: as vertigens do pós-humano. Tradução de Tomaz Tadeu. 2. ed. Belo Horizonte: Autêntica, 2009. p. 125.

46. Na palavra do autor: "Così il corpo elettronico, costituito dall'insieme delle informazioni riguardanti a un soggetto, è qualcosa che si riversa all'esterno, si distribuisce al mondo, entra nella disponibilità di una molteplicità di soggetti i quali, in questo mondo, contribuiscono alla definizione delle stesse identità altrui, in primo luogo costruendo e diffondendo profili individuali, di gruppo, sociali." (RODOTA, Stefano. *Il diritto di avere diritti*. Roma-Bari: Laterza, 2012. p. 26).

47. COLOMBO, Cristiano; FACCHINI NETO, Eugênio. "Corpo elettronico" como vítima em matéria de tratamento de dados pessoais: responsabilidade civil por danos à luz da lei de proteção de dados brasileira e dano estético no mundo digital. In.: XXVII CONGRESSO NACIONAL DO CONPEDI PORTO ALEGRE – RS. Direito, governança e novas tecnologias II. *Anais...*, Florianópolis: CONPEDI, 2018. p. 63-83. Disponível

sentido, a projeção do corpo eletrônico, no Metaverso, deve ser analisada sob a perspectiva de tutela da pessoa humana, sendo que a construção de perfis, a partir dos dados coletados no mundo virtual, tem o condão de "traçar um quadro das tendências de futuras decisões, comportamentos e destinos de uma pessoa ou grupo".[48] No Metaverso, o fato do ser humano vir a ser corporificado por meio de um avatar, formando um conjunto de dados pessoais estruturados de seu titular, eleva as discussões acerca da tutela do corpo eletrônico, tornando de fácil identificação as pessoas e o acesso amplo de suas características. Diferentemente de outras plataformas, em que os dados se encontram dispersos, em múltiplas mídias, como fotos, palavras e sons, de modo não estruturado, somente reunidos por meio de esforço algoritmo, em havendo um avatar, tudo cá está, tornando a pessoa a quem representa mais vulnerável pela exposição agregada.

Nesse sentido, entre os riscos apontados na experiência do Metaverso, classificado como Realidade Virtual e Aumentada, estão:

A uma, questões relativas a privacidade e a proteção de dados. Basta pensarmos no grande volume de dados pessoais que um *wearable* utilizado pode coletar, armazenar e transmitir. Desde dados relacionados a saúde do usuário – como pressão ocular, temperatura e problemas relacionados a visão – até preferências estabelecidas pela atenção direcionada pelo foco do olhar. "Esses dados são uma mina de ouro para os criminosos se puderem ser acessados facilmente"[49]. Sem dúvida, elementos paralinguísticos poderão ser mais bem explorados, por viabilizar maior potencial de conexão entre as pessoas, inclusive, coletando a respiração, entonação, quando da fala, bem como toda a gama de elementos gestuais;

A duas, o fato da possibilidade de vendas D2A, ou seja, Direct-to-Avatar, proporcionando vendas de *skins* para os avatares (acessórios e roupas), bem como, em determinados casos, voltando-se ao mundo físico, ou seja, negocia-se com o avatar, sendo que a entrega se opera na porta da casa de seu titular[50]. Entre as questões que merecem reflexão está o fato de que, a depender da tecnologia, os avatares têm se tornado atores autônomos (*smart virtual avatars*), havendo dificuldade, portanto, no controle pelo titular, instantaneamente, do comportamento do avatar, podendo haver excessos, ou mesmo, erros nas compras feitas;[51]

---

em: http://conpedi.danilolr.info/publicacoes/34q12098/15d3698u/Mw0I37P00cGrmxtJ.pdf. Acesso em: 19 out. 2021. p. 65.

48. DONEDA, Danilo. *Da privacidade à proteção de dados pessoais*. Rio de Janeiro: Renovar, 2006. p. 173.

49. KENWRIGHT, Benjamin. The Future of Extended Reality (XR). *Communication Article*, 2021. Disponível em: https://xbdev.net/misc_demos/demos/future-of-xr/paper.pdf. Acesso em: 20 out. 2021.

50. SOARES, Alfredo. Metaverso e varejo: novas formas de exposição da marca e oportunidades de venda. *MIT Technology Review Brasil*. 2022. Disponível em: https://mittechreview.com.br/metaverso-e-varejo-novas--formas-de-exposicao-da-marca-e-oportunidades-de-venda/. Acesso em: 22 abr. 2022.

51. BARFIELD, Woodrow; WILLIAMS, Alexander. The law of virtual and increasingly smart virtual avatars. In: BARFIELD, Woodrow; BLITZ, Marc Jonathan. (Org.). *Research Handbook on the Law of Virtual and Augmented Reality*. Cheltenham, UK: Edward Elgar Publishing Limited, 2018. p. 2-3.

A três, a possibilidade de construção de avatares diferentes fisicamente de seus titulares, operando-se a dismorfia, dada a dissonância do corpo físico e do eletrônico, sendo apontados possíveis danos psicológicos.[52]

A quatro, o risco do compartilhamento das informações obtidas. A utilização de *wearables* gera a oportunidade de se obter inúmeras informações concentradas em um único instrumento, o que pode auxiliar para se obter experiências melhores ao usuário. Ao mesmo tempo, estas informações podem ser utilizadas por outras empresas para direcionar propaganda ou estabelecer o preço de produtos e serviços, como no caso de seguradoras que se utilizam de informações sobre o estilo de vida do usuário e, com base nisso, estabelecem o prêmio a ser pago[53]. Os dados captados por mecanismos *wearables*, em regra, são considerados dados sensíveis, com importância superior até mesmo aos dados financeiros.[54] Lembra-se que, em razão da natureza das informações obtidas, a utilização indevida dos dados pode causar dano maior do que não se ter acesso aos dados.[55] Assim, a análise dos efeitos decorrentes da sua utilização para acesso ao ambiente Metaverso deve ser ponderada sob a perspectiva das legislações de proteção de dados, uma vez que é justamente o conjunto dos dados produzidos no ambiente virtual que constituem o corpo eletrônico e que deve ser protegido.

A despeito de ser uma tarefa complexa, a definição dos instrumentos regulatórios destinados à proteção dos direitos dos usuários no Metaverso deve ser focada no atendimento das expectativas de privacidade e proteção dos dados. O acesso aos dados por um hacker ou a construção de perfis sem o consentimento do usuário poderia trazer graves danos que, devido a fatores de replicação dos dados em outros mecanismos, seria muito difícil ao usuário conseguir reparação.[56] Situações como estas possuem tamanho impacto que podem alterar a própria dinâmica social ao afetar um grande volume de pessoas. O estabelecimento do ponto exato entre a proteção necessária e o incentivo à inovação é o grande desafio a ser superado. "Em um mundo onde os dados são como uma moeda, os benefícios e oportunidades associados

---

52. A DISMORFIA dos corpos no metaverso. *MIT Technology Review Brasil*. 06 dez. 2021. Disponível em: https://mittechreview.com.br/a-dismorfia-dos-corpos-no-Metaverso/. Acesso em: 10 jan. 2022.

53. PWC. *The Future of Risk*: The insurance Risk Function of the future. PricewaterhouseCoopers LLP, 2019. Disponível em: https://www.pwc.co.uk/financial-services/assets/pdf/future-of-risk-in-insurance-report.pdf. Acesso em: 21 out. 2021. p. 12.

54. KELLOGG, Sarah. Every Breath You Take: Data Privacy and Your Wearable Fitness Device. *The Missouri BAR*. v. 72, n. 2, 2016. Disponível em: https://news.mobar.org/every-breath-you-take-data-privacy-and--your-wearable-fitness-device/. Acesso em: 21 out. 2021.

55. FORT, Timothy L.; RAYMOND, Anjanette H.; SHACKELFORD, Scott J. The Angel on Your Shoulder: Prompting Employees to Do the Right Thing Through the Use of Wearables. *Northwestern Journal of Technology and Intellectual Property*. v. 14, Issue 2, 2016. Disponível em: https://scholarlycommons.law.northwestern.edu/cgi/viewcontent.cgi?article=1252&context=njtip. Acesso em: 21 out. 2021.

56. ALRABABAH, Zakaria. Privacy and Security of Wearable Devices. *International Journal of Innovative Science and Research Technology*. v. 5. Issue 12. 2020. Disponível em: https://ijisrt.com/assets/upload/files/IJISRT-20DEC242.pdf. Acesso em: 21 out. 2021. p. 289.

aos *wearables* e aos dados que os acompanham são quase infinitos",[57] o que revela também valiosas oportunidades para a redução de custos e a melhora da qualidade de vida dos usuários.

Dessa forma, por reconhecer o valor dos *wearables* para acesso ao Metaverso e seus reflexos no corpo eletrônico, é que se busca maneiras de integrar a utilização destes dispositivos à proteção necessária aos indivíduos.

3.2 *Guidelines* **para uma regulação eficiente**

A harmonização entre uma proteção necessária do corpo eletrônico no ambiente do Metaverso e o incentivo adequado à inovação é o grande desafio a ser superado pelos reguladores. No entanto, em razão do ineditismo da matéria e a dificuldade de se prever o formato que o Metaverso será formatado, bem como a influência que será exercida nas relações sociais, a concepção de *guidelines*[58] que orientem a produção de legislações específicas pode auxiliar para se chegar a uma regulação eficiente. O próprio Mark Zuckerberg revela sua preocupação com definição de normas e de governança.[59]

O primeiro aspecto que chama a atenção ao se analisar o Metaverso, é o fato de que não existe apenas um espaço virtual deste tipo, mas inúmeros, onde cada empresa que o desenvolve estabelece suas regras e padrões de controle. Relevante, neste ponto, ressaltar que a formatação do modelo algorítmico a ser usado impacta diretamente na confiança do usuário, sendo que "para alguns usuários, um problema potencial com isso é que as regras e os dados da plataforma podem ser proprietários e escondidos da vista. Por causa disso, alguns podem permanecer relutantes em delegar sua confiança".[60] Situações assim podem criar ruídos na comunicação entre usuários e a plataforma, além de fazer com que sejam criados espaços desconexos e com regras diferentes, tornando a utilização difícil e fracionada. Assim, uma primeira linha orientativa poderia ser a construção de um único ambiente de Metaverso, distribuído e descentralizado, nos moldes em que se dá com a internet atualmente. O modelo de computação distribuída permite a construção de ambientes de reforço da confiança, onde não está submissa aos interesses de uma única empresa, mas é regulado por inúmeras organizações internacionais que cumprem o papel de mantê-lo segura e

---

57. NASH, Erika J. Notice and Consent: a Healthy Balance Between Privacy and Innovation for Wearables. *Brigham Young University Journal of Public Law*. v. 33, issue 1, p. 197-226, 2019. Disponível em: https://digitalcommons.law.byu.edu/jpl/vol33/iss1/10/. Acesso em: 21 out. 2021. p. 206.

58. O termo Guideline pode ser traduzido para o português como: diretriz, diretiva, indicação, linha mestra, linha de orientação. (GUIDELINE. In.: *Cambridge Dictionary*. 2022. Disponível em: https://dictionary.cambridge.org/pt/dicionario/ingles-portugues/guideline?q=guidelines. Acesso em: 23 out. 2021.).

59. ZUCKERBERG, Mark. The Metaverse and How We'll Build It Together – Connect 2021. *Youtube*, 28 out. 2021. Disponível em: https://www.youtube.com/watch?v=Uvufun6xer8. Acesso em: 15 jan. 2022.

60. VERGNE, Jean-Philippe. The Future of Trust will be Dystopian or Decentralized: Escaping the Metaverse. *University College London*, 2021. Disponível em: https://papers.ssrn.com/sol3/papers.cfm?abstract_id=3925635. Acesso em: 23 out. 2021.

funcionando.[61] Referidos aspectos permitem a incorporação de eficiência e velocidade no desenvolvimento. Além disso, a construção de um ambiente único ou que este seja interligado com os demais favorece a criação de apenas uma identidade virtual – ou avatar – o que contribui com a proteção do corpo eletrônico. Ao se observar a capacidade de personalização da identidade no ambiente virtual, unindo aspectos físicos, psicológicos e comportamentais, ganha relevância a necessidade de projeção do Metaverso sob a perspectiva da proteção à pessoa humana em todos meios pelos quais exprime sua identidade. Sendo assim, a construção de uma plataforma única, ou que, em sua impossibilidade, pelo menos se estabeleça interoperabilidade entre plataformas (ou seja, que se comunique com as demais), facilitará a preservação da identidade no meio virtual.

Como segundo aspecto, a situação relevante que merece a atenção dos reguladores é a necessidade de o ambiente Metaverso ser construído no sentido de proporcionar a fluência algorítmica necessária para que qualquer pessoa, independentemente do nível de conhecimento que possua sobre tecnologia, seja capaz de corretamente interagir e absorver o melhor desta interação. Nesse sentido, instrumentos de explicabilidade algorítmica[62] devem ser incorporados, uma vez que "essenciais serão as ferramentas de programação simples o suficiente para permitir que qualquer pessoa crie seus próprios domínios e experiências virtuais, não apenas desenvolvedores qualificados".[63] Para isso, a regulação deve ser pensada como uma estrutura de incentivos, para direcionar os desenvolvedores no sentido de proporcionar o acesso ao maior número de benefícios possíveis, a fim de que o corpo eletrônico e o corpo físico se apropriem da melhor experiência que a tecnologia pode proporcionar. É sabido, portanto, que existem muitas oportunidades de melhora do bem-estar, e justamente em razão disso a regulação não deve ser rígida a ponto de inibir a criatividade ou inovação. No entanto, um questionamento que surge é "como poderíamos 'demonstrar' que uma tecnologia de realidade virtual é segura?".[64] Referido questionamento suscita a necessidade de se estabelecer níveis de risco, para que os instrumentos de segurança sejam adequados e permitam a utilização de todo o potencial que a tecnologia do Metaverso pode oferecer. Assim, considerações sobre a necessidade de se estabelecer parâmetros de classificação de risco devem ser previstas pelos reguladores, ao mesmo

---

61. RAMOS, Pedro Henrique Soares. *Arquitetura da rede e regulação*: a neutralidade da rede no Brasil. Dissertação (Mestrado em Direito) – Escola de Direito de São Paulo da Fundação Getúlio Vargas. São Paulo, 2015. Disponível em: https://bibliotecadigital.fgv.br/dspace/bitstream/handle/10438/13673/Arquitetura%20da%20Rede%20e%20Regula%c3%a7%c3%a3o%20-%20a%20neutralidade%20da%20rede%20no%20Brasil%20%28PHSR%2c%20vers%c3%a3o%20final%29.pdf?sequence=3&isAllowed=y. Acesso em: 23 out. 2021. p. 144.

62. TUREK, Matt. Explainable Artificial Intelligence (XAI). *Defense Advanced Research Projects Agency*, 2018. Disponível em: https://www.darpa.mil/program/explainable-artificial-intelligence. Acesso em: 07 ago. 2021.

63. RAVACHE, Guilherme. O futuro do Metaverso e por que ele será bem diferente de como você imagina. *MIT Technology Review Brasil*, 2021. Disponível em: https://mittechreview.com.br/futuro-do-Metaverso-e-por-que-ele-sera-bem-diferente-de-como-voce-imagina/. Acesso em: 23 out. 2021.

64. KENWRIGHT, Benjamin. Virtual Reality: Ethical Challenges and Dangers Physiological and Social Impacts. *IEEE Technology and Society Magazine*, p. 20-25, 2018. Disponível em: https://ieeexplore.ieee.org/document/8558774. Acesso em: 23 out. 2021. p. 23.

tempo em que devem ser formatados em diplomas dinâmicos o suficiente para que acompanhem as alterações próprias da evolução tecnológica.

Como terceiro caminho, em razão do já referido potencial de dano ao corpo eletrônico, o qual invariavelmente afetará o corpo físico, deve-se pensar em instrumentos reparatórios de eventual dano, como eventualmente a contratação de seguros para determinadas interações. Estas devem ser estabelecidas em função do risco oferecido ao usuário como reparação por eventual utilização dos dados em desacordo com o objetivo inicial. É relevante, ainda, chamar a atenção para o papel exercido pelos designers do ambiente virtual, os quais criarão o Metaverso para que reduzam riscos e danos, imputa-lhes a responsabilidade por "garantir que os usuários não sejam deixados livres para se expor ou se prejudicar sem orientação" em razão de que "designers, testadores e gerentes precisam adotar uma abordagem 'sensível ao valor' e contemplar as implicações do que estão criando".[65]

Como quarto aspecto, está a privacidade e a segurança da informação, como refere Mark Zuckerberg, no vídeo já mencionado, inclusive, diante da revelada possibilidade de armazenamento de livros, fotos e vídeos.[66]

Como quinto aspecto, a regulação deve estar atenta ao incentivo necessário para que a indústria continue investindo no fomento de novos e melhores dispositivos, com o intuito de proporcionar melhores experiências imersivas, cada vez mais próximas da realidade. A inovação tem um papel estratégico para o incentivo ao empreendedorismo, o qual proporciona crescimento econômico e competição de preços, contribuindo para a melhora da escolha e do bem-estar do consumidor.[67]

Enfim, a experiência adquirida com a implementação de legislações de proteção de dados como a LGPD no Brasil e o Regulamento Geral de Proteção de Dados da União Europeia deve ser considerada, pois também se aplicam ao ambiente Metaverso. Ao regularem a captação, o tratamento, o compartilhamento e a utilização de dados pessoais, estas regulações se aplicam na integralidade aos ambientes virtuais do Metaverso, uma vez que são compostos por um grande volume de dados de pessoas, as quais projetam sua identidade individual e lá interagem por meio do corpo eletrônico. Lembra-se que a tecnologia e a sociedade se inter-relacionam na construção de redes[68], sendo on-line ou off-line, estas promovem diálogos e influenciam os humanos que as compõem. No caso dos wearables, para acesso ao Metaverso, promovem uma hibridização do corpo, o qual é projetado no meio eletrônico sendo

---

65. KENWRIGHT, Benjamin. Virtual Reality: Ethical Challenges and Dangers Physiological and Social Impacts. *IEEE Technology and Society Magazine*, p. 20-25, 2018. Disponível em: https://ieeexplore.ieee.org/document/8558774. Acesso em: 23 out. 2021. p. 23.

66. ZUCKERBERG, Mark. The Metaverse and How We'll Build It Together – Connect 2021. *Youtube*, 28 out. 2021. Disponível em: https://www.youtube.com/watch?v=Uvufun6xer8. Acesso em: 15 jan. 2022.

67. SPULBER, Daniel F. Unlocking Technology: antitrust and innovation. *Journal of Competition Law & Economics*. Oxford University Press, 2008. Disponível em: https://academic.oup.com/jcle/article-abstract/4/4/915/807620?redirectedFrom=fulltext. Acesso em: 21 out. 2021.

68. CASTELLS, Manuel. *Sociedade em Rede*. 8. ed. São Paulo: Paz e Terra, 2013. v. I. p. 39.

que "os monitoram, registram suas performances e ocasionalmente compartilham essas performances em redes podem ser entendidos como reconfiguradores sociais e cognitivos".[69]

Sendo assim, ainda que seja impossível prever como o Metaverso será formatado, quais características serão mais relevantes, quais serão suas estruturas de governança, nem como se acomodarão os agentes econômicos, fato é que incumbe aos seres humanos concederem sentido à sua construção, a partir das interações e da projeção de seu corpo eletrônico, merecendo proteção eficiente para que seja viabilizada a confiança necessária para sua adesão.

4. CONSIDERAÇÕES FINAIS

A evolução tecnológica se impõe e o Metaverso é um dos reflexos dessa mudança que o ser humano deverá aprender a lidar. Atualmente, retratado como uma manifestação da realidade, mas baseada em um mundo virtual, permite ao ser humano se relacionar a partir de seu corpo eletrônico com pessoas e instituições em um ambiente que imita o mundo real, mas com infinitas possibilidades. Isto revoluciona não apenas a camada de infraestrutura do mundo digital, mas também grande parte do mundo físico, bem como todos os serviços e plataformas sobre eles, como funcionam e o que vendem.

Para isso, são propostos *wearables* como os óculos Ray-Ban Stories, que permitem ver no Metaverso e, assim, reproduzem um dos principais sentidos do ser humano, mas adaptado ao ambiente virtual. No entanto, estes mecanismos e o próprio Metaverso podem representar novos riscos aos direitos da pessoa humana, em razão do acesso a grande volume de dados sensíveis, os quais podem ser utilizados em desacordo com o interesse da humanidade. Podem também, estes dados, serem desviados por hackers que terão grande poder e capacidade de gerar danos. Nesse sentido, a concepção de uma regulação eficiente, direcionada para este ambiente virtual, para a proteção do corpo eletrônico e do corpo físico ganha relevância.

Dessa forma, a pesquisa buscou apresentar considerações sobre a importância de se estabelecer instrumentos eficientes de proteção da pessoa, seja na sua representação virtual por meio do corpo eletrônico ou diretamente ao corpo físico, com a apresentação de *guidelines,* como farol na construção de uma regulação responsiva e flexível, a ponto de acompanhar a evolução tecnológica, sem arrefecê-la.

O problema proposto investigou como a evolução tecnológica decorrente do Metaverso pode influenciar a noção de corpo eletrônico, com riscos e *guidelines.* A partir do percurso metodológico percorrido, observou-se que, ainda que seja

---

69. MASTROCOLA, Vicente Martin. *Wearable Technologies:* comunicação e consumo no contexto de possíveis reconfigurações humano-tecnológicas. Tese (Doutorado em Comunicação e Práticas de Consumo) – Escola Superior de Propaganda e Marketing. São Paulo, 2017. Disponível em: https://tede2.espm.br/handle/tede/278. Acesso em: 15 out. 2021. p. 126.

impossível prever todas as implicações do Metaverso na vida humana, algumas medidas já podem ser entendidas como relevantes, como: a construção de um único ambiente de Metaverso, ou que estes sejam intercomunicáveis entre si; a construção de ambiente que preveja explicabilidade a proporcionar a fluência algorítmica necessária para a adesão à tecnologia; a construção de um ambiente de confiança na sua utilização; o estabelecimento de mecanismos de proteção baseados no risco oferecido, bem como a adoção de instrumentos de reparação em caso de dado; a implementação integral das legislações de proteção de dados, uma vez que o que alimenta o ambiente do Metaverso é justamente os dados produzidos pelas pessoas, os quais são captados, especialmente, pelos *wearables* que são a porta de acesso ao mundo virtual.

Assim, com a adoção dessas medidas, o Metaverso tende a ser um ambiente favorável à interação da população, que poderá suprir inúmeras necessidades, com capacidade de propor novas alternativas nas relações sociais, como a oferecida pela internet, a gerar maior qualidade de vida, à luz da centralidade do ser humano.

5. REFERÊNCIAS

A DISMORFIA dos corpos no metaverso. *MIT Technology Review Brasil*. 06 dez. 2021. Disponível em: https://mittechreview.com.br/a-dismorfia-dos-corpos-no-Metaverso/. Acesso em: 10 jan. 2022.

ALRABABAH, Zakaria. Privacy and Security of Wearable Devices. *International Journal of Innovative Science and Research Technology*. v. 5. Issue 12. 2020. Disponível em: https://ijisrt.com/assets/upload/files/IJISRT20DEC242.pdf. Acesso em: 21 out. 2021.

BARFIELD, Woodrow; WILLIAMS, Alexander. The law of virtual and increasingly smart virtual avatars. In: BARFIELD, Woodrow; BLITZ, Marc Jonathan. (Org.). *Research Handbook on the Law of Virtual and Augmented Reality*. Cheltenham, UK: Edward Elgar Publishing Limited, 2018. p. 2-43.

BIERMAN, Elizabeth; BUENAFE, Michele L. FDA Regulation of Wearable Medical Technology: It's Not Just a Mobile Medical App. *Health Lawyers Weekly*. v. XII, Issue 17, American Health Lawyers Association, 2014. Disponível em: https://www.morganlewis.com/pubs/2014/05/fda-regulation-of-wearable-medical-technology-its-not-just-a-mobile-medical-app-health-lawyers-weekly. Acesso em: 23 out. 2021.

CASTELLS, Manuel. *Sociedade em Rede*. 8. ed. São Paulo: Paz e Terra, 2013. v. I.

CHATEAU, Lucie. The future in the eye of the beholder?: Facebook's Ray-Ban Stories and their claim on our data. *Masters of Media*. University of Amsterdam, 2021. Disponível em: https://mastersofmedia.hum.uva.nl/blog/2021/10/01/the-future-in-the-eye-of-the-beholder-facebooks-ray-ban-stories-and-their-claim-on-our-data/. Acesso em: 16 out. 2021.

COLOMBO, Cristiano; FACCHINI NETO, Eugênio. "Corpo elettronico" como vítima em matéria de tratamento de dados pessoais: responsabilidade civil por danos à luz da lei de proteção de dados brasileira e dano estético no mundo digital. In.: XXVII CONGRESSO NACIONAL DO CONPEDI PORTO ALEGRE – RS. Direito, governança e novas tecnologias II. *Anais...*, Florianópolis: CONPEDI, 2018. p. 63-83. Disponível em: http://conpedi.danilolr.info/publicacoes/34q12098/15d3698u/Mw0I37P00cGrmxtJ.pdf. Acesso em: 19 out. 2021.

DEAN, Brian. Roblox User and Growth Stats. *Backlinko*. 2022. Disponível em: . Acesso em: 24 abr. 2022.

DONEDA, Danilo. *Da privacidade à proteção de dados pessoais*. Rio de Janeiro: Renovar, 2006.

EUROPEAN COMISSION. *Internet of Things*: wearable technology. Business Innovation Observatory, 2015. Disponível em: https://ec.europa.eu/docsroom/documents/13394/attachments/3/translations/en/renditions/native. Acesso em: 16 out. 2021.

EVELETH, Rose. Google Glass Wasn't a Failure. It Raised Crucial Concerns. *Wired*, 2018. Disponível em: https://www.wired.com/story/google-glass-reasonable-expectation-of-privacy/. Acesso em: 16 out. 2021.

FACEBOOK. *Introducing Ray-Ban Stories*: First-Generation Smart Glasses. 9 set. 2021. Disponível em: https://about.fb.com/news/2021/09/introducing-ray-ban-stories-smart-glasses/. Acesso em: 16 out. 2021.

FADZLI, F. E.; KAMSON, M. S.; ISMAIL, A. W.; ALADIN, M. Y. F. 3D telepresence for remote collaboration in extended reality (xR) application. *IOP Conference Series*: Materials Science and Engineering, Malaysia, n. 979, 2020. Disponível em: https://iopscience.iop.org/article/10.1088/1757-899X/979/1/012005/meta. Acesso em: 16 out. 2021.

FORT, Timothy L.; RAYMOND, Anjanette H.; SHACKELFORD, Scott J. The Angel on Your Shoulder: Prompting Employees to Do the Right Thing Through the Use of Wearables. *Northwestern Journal of Technology and Intellectual Property*. v. 14, Issue 2, 2016. Disponível em: https://scholarlycommons.law.northwestern.edu/cgi/viewcontent.cgi?article=1252&context=njtip. Acesso em: 21 out. 2021.

GOMES, Ana Cláudia Bilhão; KLEIN, Amarolinda Zanela. O desenvolvimento da competência para o trabalho em equipe a distância com o uso do Metaverso second life. *Administração*: ensino e pesquisa. Rio de Janeiro, v. 14, n. 2, p. 343-375, 2013. Disponível em: https://raep.emnuvens.com.br/raep/article/view/68. Acesso em: 13 out. 2021.

GONÇALVES, Andressa Caroline Sassarão. *A interação humano-computador por intermédio da tecnologia vestível*. 2019. Dissertação (Mestrado em Ciências pelo Programa de Pós-Graduação em Têxtil e Moda) – Escola de Artes, Ciências e Humanidades da Universidade de São Paulo, São Paulo, 2019. Disponível em: https://teses.usp.br/teses/disponiveis/100/100133/tde-16072019-150118/publico/Revisao_Final_Andressa_Goncalves.pdf. Acesso em: 17 out. 2021.

GUIDELINE. In.: *Cambridge Dictionary*. 2022. Disponível em: https://dictionary.cambridge.org/pt/dicionario/ingles-portugues/guideline?q=guidelines. Acesso em: 23 out. 2021.

HARAWAY, Donna; KUNZRU, Hari. *Antropologia do ciborgue*: as vertigens do pós-humano. Trad. Tomaz Tadeu. 2. ed. Belo Horizonte: Autêntica, 2009.

KELLOGG, Sarah. Every Breath You Take: Data Privacy and Your Wearable Fitness Device. *The Missouri BAR*. v. 72, n. 2, 2016. Disponível em: https://news.mobar.org/every-breath-you-take-data-privacy-and-your-wearable-fitness-device/. Acesso em: 21 out. 2021.

KENWRIGHT, Benjamin. The Future of Extended Reality (XR). *Communication Article*, 2021. Disponível em: https://xbdev.net/misc_demos/demos/future-of-xr/paper.pdf. Acesso em: 20 out. 2021.

KENWRIGHT, Benjamin. Virtual Reality: Ethical Challenges and Dangers Physiological and Social Impacts. *IEEE Technology and Society Magazine*, p. 20-25, 2018. Disponível em: https://ieeexplore.ieee.org/document/8558774. Acesso em: 23 out. 2021.

KLASTRUP, Lisbeth. A Poetics of Virtual Worlds. Department of Digital Aesthetics & Communication (DIAC) IT. *Melbourne DAC*, University of Copenhagen, 2003. Disponível em: https://citeseerx.ist.psu.edu/viewdoc/download?doi=10.1.1.693.3554&rep=rep1&type=pdf. Acesso em: 12 out. 2021.

LEDONNE, Rob. Limits are non-existent in the metaverse!' Video game concerts become big business. *The Guardian*, 2021. Disponível em: https://www.theguardian.com/music/2021/aug/07/no-limits-in-the-metaverse-video-game-concerts-big-business. Acesso em: 14 out. 2021.

MASTROCOLA, Vicente Martin. *Wearable Technologies*: comunicação e consumo no contexto de possíveis reconfigurações humano-tecnológicas. Tese (Doutorado em Comunicação e Práticas de Consumo)

– Escola Superior de Propaganda e Marketing. São Paulo, 2017. Disponível em: https://tede2.espm. br/handle/tede/278. Acesso em: 15 out. 2021.

MUNHOZ, Vinicius. Meta Quest Gaming Showcase traz enxurrada de jogos empolgantes para VR. *TecMundo*. 20 abr. 2022. Disponível em: https://www.tecmundo.com.br/voxel/237415-meta-quest-gaming-showcase-traz-enxurrada-jogos-empolgantes-vr.htm. Acesso em: 21 abr. 2022.

NASH, Erika J. Notice and Consent: a Healthy Balance Between Privacy and Innovation for Wearables. *Brigham Young University Journal of Public Law*. v. 33, issue 1, p. 197-226, 2019. Disponível em: https://digitalcommons.law.byu.edu/jpl/vol33/iss1/10/. Acesso em: 21 out. 2021.

NEHME, Marcos. Web 3.0 e Metaverso: o que são, quais os riscos e o que podemos fazer para nos manter seguros? *MIT Technology Review Brasil*, 2022. Disponível em: https://mittechreview.com.br/web-3-0-e-Metaverso-o-que-sao-quais-os-riscos-e-o-que-fazer-para-nos-manter-seguros/. Acesso em: 22 abr. 2022.

NEWTON, Casey. Mark in the metaverse. *The Verge*, 2021. Disponível em: https://www.theverge. com/22588022/mark-zuckerberg-facebook-ceo-metaverse-interview. Acesso em: 16 out. 2021.

OJO, Marianne. Responsive regulation:achieving the right balance between persuasion and penalisation. *Munich Personal RePEc Archive*, 2009. Disponível em: http://mpra.ub.uni-muenchen.de/15543/. Acesso em: 23 out. 2021.

PALLASMAA, Juhnai. *Os olhos da pele*: a arquitetura dos sentidos. Porto Alegre: Artmed, 2005.

PETROBRÁS. *Petrobras faz sua primeira ação no Second Life*. 2007. Disponível em: https://www.agencia-petrobras.com.br/Materia/ExibirMateria?p_materia=2739. Acesso em: 12 out. 2021.

PWC. *The Future of Risk:* The insurance Risk Function of the future. PricewaterhouseCoopers LLP, 2019. Disponível em: https://www.pwc.co.uk/financial-services/assets/pdf/future-of-risk-in-insurance-report.pdf. Acesso em: 21 out. 2021.

RAMOS, Pedro Henrique Soares. *Arquitetura da rede e regulação*: a neutralidade da rede no Brasil. Dissertação (Mestrado em Direito) – Escola de Direito de São Paulo da Fundação Getúlio Vargas. São Paulo, 2015. Disponível em: https://bibliotecadigital.fgv.br/dspace/bitstream/handle/10438/13673/Arquitetura%20da%20Rede%20e%20Regula%c3%a7%c3%a3o%20-%20a%20neutralidade%20da%20rede%20no%20Brasil%20%28PHSR%2c%20vers%c3%a3o%20final%29.pdf?sequence=3&isAllowed=y. Acesso em: 23 out. 2021.

RAVACHE, Guilherme. Brasil tem chance de liderar a corrida pelo Metaverso. *MIT Technology Review Brasil*, 2021. Disponível em: https://mittechreview.com.br/brasil-tem-chance-de-liderar-a-corrida--pelo-Metaverso/. Acesso em: 14 out. 2021.

RAVACHE, Guilherme. O futuro do Metaverso e por que ele será bem diferente de como você imagina. *MIT Technology Review Brasil*, 2021. Disponível em: https://mittechreview.com.br/futuro-do-Metaverso-e-por-que-ele-sera-bem-diferente-de-como-voce-imagina/. Acesso em: 23 out. 2021.

REUTERS. Sweden first to open embassy in Second Life. *Technology News*, 2007. Disponível em: https://www.reuters.com/article/us-sweden-secondlife-idUSL3034889320070530.Acesso em: 12 out. 2021.

RODOTA, Stefano. *Il diritto di avere diritti*. Roma-Bari: Laterza, 2012.

RUVIC, Dado. Facebook investe US$ 50 milhões para construir 'Metaverso'. *Forbes*, 2021. Disponível em: https://forbes.com.br/forbes-money/2021/09/facebook-investe-us-50-milhoes-para-construir--Metaverso/. Acesso em: 16 out. 2021.

SCHMITT, Marcelo Augusto Rauh; TAROUCO, Liane Margarida Rockenbach. Metaversos e laboratórios virtuais – possibilidades e dificuldades. *Revista Novas Tecnologias na Educação*. CINTED-UFRGS, v. 6, n. 1, 2008. Disponível em: https://www.seer.ufrgs.br/renote/article/view/14577. Acesso em: 13 out. 2021.

SCHULZE, Thomas. Second Life: o que mudou nos 16 anos do popular game online. *TechTudo*, 2019. Disponível em: https://www.techtudo.com.br/noticias/2019/11/second-life-o-que-mudou-nos-16-anos-do-popular-game-online.ghtml. Acesso em: 12 out. 2021.

SILVA, Cintia Ramalho Caetano da; TAVARES, Thiago Cortat; GARCIA, Ana Cristina Bicharra; NOGUEIRA, José Luiz Thomasseli. Espaço Reuni – uma iniciativa de e-gov em mundos virtuais 3D. *Revista Eletrônica de Sistemas de Informação*, v. 8, n. 1, artigo 2. Universidade Federal Fluminense, 2009. Disponível em: http://www.ic.uff.br/~ccaetano/artigos/302-1071-1-PB.pdf. Acesso em: 13 out. 2021.

SOARES, Alfredo. Metaverso e varejo: novas formas de exposição da marca e oportunidades de venda. *MIT Technology Review Brasil*, 2022. Disponível em: https://mittechreview.com.br/metaverso-e-varejo-novas-formas-de-exposicao-da-marca-e-oportunidades-de-venda/. Acesso em: 22 abr. 2022.

SPULBER, Daniel F. Unlocking Technology: antitrust and innovation. *Journal of Competition Law & Economics*. Oxford University Press, 2008. Disponível em: https://academic.oup.com/jcle/article-abstract/4/4/915/807620?redirectedFrom=fulltext. Acesso em: 21 out. 2021.

STARNER, Thad; MANN, Steve; RHODES, Bradley; LEVINE, Jeffrey; HEALEY, Jennifer; KIRSCH, Dana; PICARD, Roz; PENTLAND, Alex. Augmented Reality Through Wearable Computing. *The Media Laboratory*. Massachusetts Institute of Technology, 1997. Disponível em: https://www.cc.gatech.edu/~thad/p/journal/augmented-reality-through-wearable-computing.pdf. Acesso em: 16 out. 2021.

STEPHENSON, Neal. *Snow Crash*. Nova York: Bantam Books, 1992.

STEPHENSON, Neal. *Snow Crash*. Tradução de Fábio Fernandes. São Paulo: Aleph, 2015. Versão Kindle.

SUZUKI, Shin. Vida no metaverso: como a realidade virtual poderá afetar a percepção do mundo ao redor. *BBC News*. 28 nov. 2021. Disponível em: https://www.bbc.com/portuguese/geral-59438539. Acesso em: 10 abr. 2022.

TUREK, Matt. Explainable Artificial Intelligence (XAI). *Defense Advanced Research Projects Agency*, 2018. Disponível em: https://www.darpa.mil/program/explainable-artificial-intelligence. Acesso em: 07 ago. 2021.

VERGNE, Jean-Philippe. The Future of Trust will be Dystopian or Decentralized: Escaping the Metaverse. *University College London*, 2021. Disponível em: https://papers.ssrn.com/sol3/papers.cfm?abstract_id=3925635. Acesso em: 23 out. 2021.

ZING, Jesus. Justiça entra no mundo virtual do Second Life. *Jornal de Notícias*, 2007. Disponível em: https://www.jn.pt/arquivo/2007/justica-entra-no-mundo-virtual-do-second-life-703545.html. Acesso em: 12 out. 2021.

ZUCKERBERG, Mark. The Metaverse and How We'll Build It Together – Connect 2021. *Youtube*, 28 out. 2021. Disponível em: https://www.youtube.com/watch?v=Uvufun6xer8. Acesso em: 15 jan. 2022.

VIRTUDE E REBELDIA CONTRA A NORMOSE DA TECNOLOGIA

Charles Emmanuel Parchen

Doutor em Direito Econômico e Socioambiental pela PUC/PR (2020). Mestre em Direito Econômico e Socioambiental pela PUC/PR (2014). Especialista em Direito Privado pela Universidade Gama Filho-RJ (2009). Especialista em Processo Civil pela PUC-PR (2005). Bacharel em Direito pelo Centro Universitário Curitiba-Unicuritiba/PR (2003). Professor do curso de Direito do Centro Universitário Curitiba-Unicuritiba/PR. Professor do Curso de Administração de empresas e Engenharia Civil do Unicuritiba/PR. Professor convidado da pós-graduação na Academia Brasileira de Direito Constitucional – ABDConst/PR. Professor da Pós-Graduação em Direito Digital da PUCPR. Professor da Pós-Graduação em Direito do Consumidor da PUCPR. Professor da Pós-Graduação em Obras Religiosas das Faculdades Vicentina-PR. Membro titular da Comissão de Direito do Consumidor da OAB/PR. Advogado.

Sumário: 1. Introdução – 2. O papel das virtudes sob a ótica de Agnes Heller, Ferenc Fehér e José Ingenieros – 3. A importância da norma e da conduta; 3.1 A normose e a lei como virtude; 3.2 A desobediência sob a ótica de Ronald Dworkin – 4. Para além da desobediência civil: a rebeldia como uma questão de virtude – 5. Considerações finais – 6. Referências.

1. INTRODUÇÃO

Uma breve observação da contemporânea sociedade tecnológica brasileira permite asseverar que ela experimenta um alto grau de dependência das novas tecnologias, especialmente dos algoritmos informáticos e das redes sociais que, não raras vezes, são falhas, injustas ou despiciendas.

O problema não está na tecnologia ou na plataforma informática em si, mas sim nas consequências de ordem socioambiental derivadas da relação usuário-*hardware*-*software* e também do excesso de uso das referidas aplicações. É o que se verifica como atual fenômeno no Brasil, pois tem-se uma média de uso de 5,4 horas diária com aplicações baseadas em *Internet*, o que coloca o país em primeiro lugar em um *ranking* aferido pela Revista Forbes[1].

O fato é que depender tanto de *softwares* e tecnologias de terceiros faz com que as chamadas *Big Techs* (grandes empresas de tecnologia) se aproximem muito, em sua forma de atuar no Mercado, de uma concepção de autoridade tirânica que tem o potencial de obliterar direitos e com consequências graves e ruins para todos a sociedade.

---

1. FORBES. *Top 10 Apps By Downloads And Revenue Q2 2021*: Report. Disponível em: https://www.forbes.com/sites/johnkoetsier/2021/07/15/top-10-apps-by-downloads-and-revenue-q2-2021-report/?utm_campaign=forbes&utm_source=twitter&utm_medium=social&utm_term=Carrie&sh=2300ba693295. Acesso em: 28 set. 2021.

A respeito desta afirmação, cumpre esclarecer que no capítulo três de sua obra "Economia e sociedade: fundamentos de uma sociologia compreensiva", Max Weber traz três tipos de dominação da autoridade: a de caráter racional; a de caráter tradicional e a de caráter carismático. A primeira, baseada "na crença na legitimidade das ordens estatuídas e do direito de mando daqueles que, em virtude dessas ordens, estão nomeados para exercer a dominação"[2].

A segunda, "baseada na crença cotidiana na santidade das tradições vigentes desde sempre e na legitimidade daqueles que, em virtude dessas tradições, representam a autoridade"[3]. A terceira, "baseada na veneração extra cotidiana da santidade, do poder heroico ou do caráter exemplar de uma pessoa e das ordens por esta reveladas ou criadas"[4].

E é com base na absoluta fidelização e extrema confiança depositada pelos usuários em, por exemplo, redes sociais, que o primeiro e também o terceiro tipo de dominação a que se refere Weber podem ser relacionadas às mais relevantes tecnologias modernas, como uma forma de justificar seus atuais *status* de dominância que vilipendia os mais elementares direitos de personalidade do indivíduo, tais como honra, imagem, privacidade, intimidade e liberdade de informação e de expressão.

Isto sem falar no fato de que, diante de tantas disparidades, fica claro que a extrema dependência tecnológica fulmina os princípios constitucionais da igualdade e isonomia, especialmente quando algoritmos obliteram, sem qualquer preocupação com transparência, neutralidade e ampla informação, determinados tipos de conteúdo ideológicos que são unilateralmente considerados nocivos aos seus modelos de negócios.

Portanto, pode-se inferir que tecnologias como redes sociais e algoritmos normalizam em excesso e conduzem arbitrariamente a adoção de comportamentos que tem a potencialidade de causar, não raras vezes, raiva, espanto, ódio e indignação: endêmica, a insistência em normalizar e engajar usuários vai gerar uma patologia social nefasta e que precisa ser duramente combatida: a normose.

Reconhecendo que as virtudes são fundamentais para a construção de um "bom cidadão" e para a felicidade individual e coletiva, por intermédio do método dedutivo o presente estudo tem por escopo sugerir a adoção da rebeldia como um virtuoso comportamento contrário ao de uma sociedade tecnológica normótica, que é estagnada, medíocre e inerte.

Neste sentido, defende-se a rebeldia também como viável solução de reerguimento e empoderamento do Ser Humano, permitindo a este ser quem efetivamente ele é: essencialmente errático, etéreo e ao mesmo tempo, fascinantemente incons-

---

2. WEBER, Max. *Economia e sociedade*: fundamentos de uma sociologia compreensiva. Brasília, UNB, 1999. p.140-141.
3. Ibidem, p. 140-141.
4. Ibid, p. 140-141.

tante, complexo e plural, pois estas características natas e tão importantes também precisam ser respeitadas e aferidas no ambiente digital e virtual, que precisa ser tão salutar e sustentável quanto os demais.

2. O PAPEL DAS VIRTUDES SOB A ÓTICA DE AGNES HELLER, FERENC FEHÉR E JOSÉ INGENIEROS

Duas importantes obras serão o norte a guiar a análise das virtudes no presente estudo: "A condição política pós-moderna" de Agnes Heller e Ferenc Fehér e "O homem medíocre" de José Ingenieros. A razão da escolha reside no fato de que, dentro do escopo deste estudo, ambas se propõem a analisar e explicar com acuidade a "função social"[5] das virtudes para a formação de uma "boa cidadania"[6].

Para Agnes Heller e Ferenc Fehér, a moral pode ser descrita como sendo "a relação pratica do indivíduo com as normas e regras da boa conduta"[7]. A observância às normas estatuídas por instituições públicas é, para os autores, uma "questão de decência"[8], embora isso não signifique por si só, a construção de um bom cidadão.

Este só será possível com a observância reiterada e perene, pelo indivíduo, de várias virtudes cívicas que se relacionam a valores[9]. Os autores discorrem sobre a necessidade de ação de virtudes como tolerância radical, coragem cívica, solidariedade, justiça, disposição para a comunicação racional e prudência, e que não serão objeto de aprofundamento no presente estudo.

Somente a prática destas virtudes, para Heller e Fehér, é que constituirão verdadeiramente a coisa comum, partilhada por todos em suas instituições, leis, ordens sociais informadas pelos valores da igualdade, liberdade e vida. O desenvolvimento destas virtudes cívicas, que contribuem para a boa vida de todos, é o que, na opinião dos autores, fazem da *polis* o que ela é: "a soma total dos seus cidadãos"[10].

Já para José Ingenieros, a questão do idealismo que o indivíduo deve portar é ponto central de sua tese. Os ideais, para o sociólogo argentino, são para o Homem, "normativos da conduta em consonância com suas hipóteses"[11]. Para o citado sociólogo, as virtudes ganham função social porque elas servem de elevação moral ao indivíduo, em busca da sua perfeição.

Neste sentido, virtuoso é aquele que não tem medo de renunciar ao mal, nega a hipocrisia e tem coragem suficiente para assumir suas responsabilidades. O Homem

---

5. INGENIEROS, José. *O homem mediocre*. Curitiba: Livraria do Chain, 1980, p.94
6. HELLER, Agnes; FEHÉR, Ferenc. *A condição política pós-moderna*. Rio de Janeiro. Civilização Brasileira, 1998, p. 115.
7. Ibidem, p. 113.
8. Ibid., p. 115.
9. Ibid., p. 118.
10. HELLER, Agnes; FEHÉR, Ferenc. *A condição política pós-moderna*. Rio de Janeiro. Civilização Brasileira, 1998, p.119.
11. INGENIEROS, José. *O homem mediocre*. Curitiba: Livraria do Chain, 1980, p. 9.

com virtudes é aquele que tem a moral incluída nas suas intenções e finalidade de suas ações, onde os fatos contam mais do que as palavras e na conduta exemplar, não na oratória. Segundo o autor, ideais são virtudes. O compromisso com a verdade também. A ponto de, não havendo a verdade, ser impossível haver justiça. Covardia, omissão, submissão e medo não combinam com as características de virtude explicitas em sua obra[12].

Pelo contrário: virtude advém da paixão, entusiasmo, fé, do agir e da proatividade. Para o autor "a verdade é a condição fundamental da virtude"[13]. Fica claro que, para Ingenieros, o Homem virtuoso é aquele de espírito combativo e contestador, resistente ao mal, e opositor da hipocrisia.

Assim, sequer a honestidade pode ser considerada uma virtude: "ser honesto implica submeter-se às convenções correntes"[14]. Para o autor, pessoas hipócritas sustentam a falsa virtude da honestidade. Uma pessoa desprovida de ideais, portanto, é uma pessoa medíocre, logo, sem virtudes[15].

Logo, pode-se concluir por intermédio da ideia de Ingenieros que ser virtuoso é ir muito além da boa conduta: é preciso uma postura contrária à estagnação causada pela chamada "zona de conforto" que aniquila ou mitiga a possibilidade de evolução humana.

Veja-se que no contexto do presente estudo, pode-se inferir que as principais tecnologias modernas excessivamente conduzem e padronizam o comportamento humano em prol um modelo de Mercado baseado em irrestrita espoliação de dados e no uso sistêmico de algoritmos.

Isto acaba sendo um instrumento de paralisia e estagnação do agir, livre pensar e decidir, pois da referida criação da dependência, passa-se ao fomento, na sociedade da era digital, da mediocridade e também permite o surgimento e perpetuação desta grave patologia social que é denominada de normose, que será mais bem aprofundada nos próximos capítulos.

3. A IMPORTÂNCIA DA NORMA E DA CONDUTA

Contudo, antes é necessário entender que a norma pode ser entendida tanto sem seu sentido jurídico, como sendo a "ordenação bilateral-atributiva de fatos segundo valores"[16] ou ainda, "esquemas ou modelos de organização e de conduta"[17], quanto sociológico e psicológico, ao se afirmar que: "Quando todas as pessoas se colocam de acordo a respeito de uma opinião ou uma atitude e maneira de atuar, manifesta-

---

12. Ibidem, p. 79.
13. Ibid., p. 79.
14. Ibid., p. 93.
15. INGENIEROS, José. *O homem medíocre*. Curitiba: Livraria do Chain, 1980, p.75-85.
16. REALE, Miguel. *Lições preliminares de direito*. 27. ed. São Paulo: Saraiva, 2002, p. 67.
17. Ibid., p. 93.

-se um consenso, que dita uma norma. Quando uma norma é adotada por muitos, cria-se um hábito"[18].

Exemplo da importância que se dá à conduta regrada pode ser encontrada em John Rawls, que defende em sua obra Uma Teoria de Justiça, a ideia de que até mesmo leis injustas geram dever de obediência[19], principalmente quando submetidas à regra da maioria. Para citado autor, os ônus da injustiça devem ser distribuídos entre os diversos grupos da sociedade[20].

Esta ordenação ou hábito, portanto, tem força de regra, ou seja, de observância obrigatória por todos. Portanto, o apego à regra e à norma se constitui em uma necessidade diante da ideia de obtenção de pacificação social e convívio social mais ou menos regrado e, portanto, pacífico: "A sociedade civil deve ser fundada sobre o direito: o direito deve permitir a realização, na sociedade civil, da ordem e do progresso. Estas ideias tornam-se as ideias mestras na Europa Ocidental nos séculos XII e XIII; elas imperarão aí, de modo incontestado, até os nossos dias"[21].

Ocorre que, como melhor se demonstrará, o apego ou apreço exagerado que se dá à normalização e à conduta (seja ela feita no âmbito jurídico, social ou tecnológico) leva o indivíduo e também a coletividade a depender de terceiros (no caso do presente estudo, as principais aplicações tecnológicas modernas) que irão acabar ganhando um status de autoridade a ponto de acabar ditando o que é bom ou ruim para todos.

Isto, por sua vez, constituiu um perigo e um grave problema, porque há várias consequências nefastas advindas não só do excesso de conduta e normalização, mas também da aplicação dos atuais modelos de negócios que sustentam as principais e atuais tecnologias, tais como as de redes sociais, todas baseados na coleta de dados e expropriação da informação.

Logo, é necessário tecer maiores comentários a respeito destes problemas. Para isto, os próximos capítulos terão por base a ótica de Ronald Dworkin sobre a desobediência civil, bem como a concepção da patologia social denominada de normose, trazida por Pierre Weil, Jean-Yves Leloup e Roberto Crema em sua obra "Normose – a patologia da normalidade".

3.1   A normose e a lei como virtude

A normose pode ser conceituada como sendo "o conjunto de hábitos considerados normais e que, na realidade, são patogênicos e nos levam à infelicidade e à

---

18. WEIL, Pierre; LELOUP, Jean-Yves; CREMA, Roberto. *Normose*: a patologia da normalidade. Petrópolis, RJ: Vozes, 2001, p. 17.
19. RAWLS, John. *Uma teoria da Justiça*. 3. ed. São Paulo: Martins Fontes, 2008, p. 440-443)
20. Ibidem, p. 442.
21. DAVID, René. *Os grandes sistemas dos direitos contemporâneos*. Trad. Hermínio A. Carvalho. 2 ed. Lisboa: Meridiano, 1972, p. 40.

doença"[22]. Definida ainda como "o conjunto de normas, conceitos, valores, estereótipos, hábitos de pensar ou de agir aprovados por um consenso ou pela maioria das pessoas de uma determinada sociedade, que levam a sofrimento, doenças e mortes"[23].

A *priori*, estar inserido no contexto das principais aplicações tecnológicas, com suas regras e normatizações poderia ser considerada uma boa virtude, querida e desejada para regular a boa convivência que deve pautar, por exemplo, o ambiente virtual de uma rede social, um *locus* por essência, coletivo.

Mas é preciso ir mais fundo na análise: primeiro, porque as principais tecnologias, embora tenham a pretensão de serem neutras, na verdade não o são e padecem de diversos problemas relacionados à livre escolha, deliberação, interpretação e internalização cognitiva e informacional, tornando-o até mesmo inócuo o princípio da formação de um espaço coletivo pautado pela alteridade e pelo diálogo, ou seja, que respeita a diversidade, o diferente e o plural.

Ademais, é preciso notar que há algo de estranho e inerente ao próprio excesso de normalização e conduta: é que a dependência das aplicações tecnológicas retira do usuário a possibilidade de se auto regrar. Logo, o problema da normose no contexto das redes sociais e do uso indiscriminado de algoritmos se faz incidir justamente nesta retirada total da possibilidade de participação direta, com deliberação, escolha, aprovação e implementação espontânea, natural e dialogada daquilo que o usuário entende ser bom ou ruim para si.

Portanto, é proposição do presente estudo afirmar que a forma de atuação dos principais modelos de Mercado aplicados na tecnologia é o que impossibilita ao usuário ter ampla liberdade de pensamento e ação, relegando-o a papel de hipossuficiente e incapaz de exercer seus próprios desejos e vontades. Isso porque redes sociais e algoritmos tem claro escopo "castrador", ou para usar uma terminologia de Friedrich Nietzsche, aniquilador de toda "vontade de potência"[24].

Isto acaba gerando um ambiente digital e virtual apático, desconfortável, desesperançado e desagregador. Ao mesmo tempo, cria indivíduos e agrupamentos autômatos e não pensantes:

> A característica comum a todas as formas de normose é seu caráter automático e inconsciente. Podemos falar do espírito de rebanho. A maior parte dos seres humanos, talvez por preguiça e comodidade, segue o exemplo da maioria. Pertencer à minoria é tornar-se vulnerável, expor-se à crítica. Por comodismo, as pessoas seguem ou repetem o que dizem os jornais; já que está impresso, deve estar certo! (WEIL; LELOUP;CREMA, 2001. p. 19).

---

22. WEIL, Pierre; LELOUP, Jean-Yves; CREMA, Roberto. *Normose*: a patologia da normalidade. Petrópolis, RJ: Vozes, 2001, p.15.
23. Ibidem, p. 18.
24. Não é intuito do presente artigo tecer comentários acerca da Vontade de Potência. Para maiores detalhes vide: NIETZSCHE, Friedrich Wilhelm. *Vontade de potência – parte 1*. São Paulo: Editora Escala, 2010.

A sociedade da era digital, toda imersa em contextos de engajamento e dependência, é cada vez menos incentivada a evoluir e criar conscientemente a sua plenitude; portanto, ela vai se apegar justamente ao que é mais fácil e confortável como reduto da esperança e da confiança. Sobre a dependência, assevera o psicanalista Flávio Gikovate:

> Chamamos de hábitos aos comportamentos, não inatos, que se tornam repetitivos e fixos. Ao que tudo indica, eles se consolidam na nossa memória, criando um caminho lido no sistema nervoso, de modo que, em cada dada situação, respondemos do modo que foi padronizado. Uma vez criado um hábito, que é um tipo de reflexo condicionado que se estabelece em função das repetições, fica muito difícil desfazê-lo. Temos facilidade para associar (condicionar) e enorme dificuldade para dissociar, desfazer essas conexões cerebrais que se fixam com vigor. [...]Precisamos de atenção redobrada, de enorme empenho constante e prolongado, para conseguirmos nos livrar de nossos condicionamentos. As compulsões correspondem a hábitos específicos que se perpetuam apesar de terem um caráter frequentemente inconveniente ou mesmo nocivo.[25]

E ao invés da autorreflexão que leva ao enfrentamento dos medos e tem o condão de causar evolução, prefere-se a condução normótica das aplicações tecnológicas elevadas à categoria de ídolos ou autoridades. Desta maneira, em uma sociedade normótica (e relembrando o que Agnes Heller e Ferenc Fehér asseveram sobre o que é virtude), a normalização provocada pela tecnologia se impõe e arrasa qualquer conduta contrária aos seus preceitos. Logo, uma vez elaborada esta análise, a *posteriori* é possível afirmar que a relação dos usuários com as principais tecnologias atuais gera a já referida patologia social da normose.

O problema maior desta sociedade tecnológica normótica está no culto irrestrito à autoridade que a tecnologia propicia, ou seja, o louvor da condução do pensar e do agir pensado e aplicado por a terceiros (entenda-se aqui, as empresas de redes sociais e aplicativos) que não necessariamente tem boas intenções e visam o lucro desenfreado acima de tudo. Prefere-se a delegação da escolha livre e consciente, para aquela ditada pelo outro: "Na medida em que se vive esta ilusão é que, de forma compensatória, busca-se nos apegos uma tábua de salvação, tentando livrar a pessoa deste sentimento de nulidade, de falta de sentido. E o circuito vicioso do apego reforça a ilusão de separatividade"[26].

Repita-se que a este quadro perverso e perigoso soma-se o fato de que toda tentativa excessiva de normalização e conduta vai se traduzir em aniquilação do pluralismo de ideias e pensamentos e consequentemente, da diversidade de escolhas, o que pode impactar negativamente, inclusive, grupos vulneráveis e/ou minoritários.

Inclusive a referida normose tecnológica irá obliterar o livre arbítrio e gravar o usuário e a Sociedade da Era Digital com o determinismo proporcionado pelas

---

25. GIKOVATE, Flávio. *Hábitos, compulsões e vícios*. Disponível em: http://flaviogikovate.com.br/habitos-compulsoes-e-vicios. Acesso em: 25 set. 2021
26. WEIL, Pierre; LELOUP, Jean-Yves; CREMA, Roberto. *Normose*: a patologia da normalidade. Petrópolis, RJ: Vozes, 2001, p. 52.

grandes empresas de tecnologia lei. Uma das formas de combate a este ciclo viciosa é a desobediência. O texto irá abordá-la a ótica de Ronald Dworkin.

3.2 A desobediência sob a ótica de Ronald Dworkin

Para posteriormente se analisar a questão da rebeldia, escopo do presente estudo, em primeiro lugar é necessário tecer comentários sobre a desobediência. Para tanto, será usada a ideia trazida na obra "Uma questão de princípio" de Ronald Dworkin[27]. Após, será possível distinguir as duas figuras e compreender por que a rebeldia constitui a melhor, verdadeira e combativa profilaxia contra a normose causada pela tecnologia.

No capítulo quatro da sua obra, denominado de "Desobediência civil e protesto nuclear", Dworkin estabelece uma discussão sobre a desobediência civil dos Estados Unidos e na Grã-Bretanha. Embora não seja objetivo do presente artigo trazer detalhes do referido capítulo, para o autor a desobediência envolve aqueles que não desafiam a autoridade em seu fundamento. Os desobedientes não buscam a ruptura ou reorganização do Estado em sua constituição: eles agem mais é para confirmar seus deveres de cidadão[28].

A pergunta do autor é: "que tipo de teoria da desobediência civil queremos?"[29]. Ele afirma que a discordância é a base da desobediência civil. E prossegue asseverando que ao mesmo tempo que cunhar uma teoria a respeito da desobediência é difícil, a base dela não é o fato da lei ser boa ou ruim, bem ou malfeita. O citado autor tece uma teoria baseada nos tipos de convicções das pessoas, a que ele dá o nome de "teoria operacional da desobediência civil"[30].

Dworkin afirma que atos de desobediência tem motivos e circunstâncias diferentes. Logo, um tipo de desobediência pode se dar por questões de integridade moral. Já outro tipo de desobediência pode se dar por questões que o autor chama de "Justiça", ou seja, para se opor a uma política que se considera injusta. Ambas envolvem questões de princípio. Já uma terceira forma de desobediência é a que envolve julgamentos de política, porque existem pessoas que descumprem a regra ou norma porque a acham insensata e estúpida, perigosa para maiorias e minorias[31].

---

27. Importante frisar que, não obstante a existência de doutrinadores como Norberto Bobbio, John Rawls e Hannah Arendt que trataram sobre este assunto, a escolha da obra de Dworkin como objeto de análise no presente capítulo se deve à preocupação do presente estudo com a perspectiva de alteridade e pluralidade científica de autores que marcaram a Filosofia do Direito. A obra de Dworkin, assim, servirá a corroborar a inegável a importância e alcance junto ao Direito norte-americano, da teoria operacional da desobediência civil que o professor da New York University School of Law, formulou.
28. DWORKIN, Ronald. *Uma questão de princípio*. São Paulo: Martins Fontes, 2000, p. 155.
29. Ibidem, p. 155.
30. Ibid., p. 155.
31. Ibid., p. 156-160.

Passa então, referido autor a fazer uma análise dos tipos de desobediência e a questionar seus prós e contras. Em relação ao primeiro tipo, a desobediência de cunho moral, ele afirma que a convicção contra a regra não pode servir a justificar atos de violência e terrorismo, por exemplo, embora as pessoas, neste tipo de desobediência, devam agir conforme suas convicções[32].

Neste tipo de desobediência, a questão típica é de urgência. Mas ele questiona: é íntegro não cumprir a lei, mesmo que isso piore ainda mais a situação? É justo opor-se à política pelos meios inadequados quando isso pode reforçar a política que se diz imoral?[33] O autor diferencia, com base em tais indagações, este tipo de desobediência das demais, afirmando que aquela baseada na integridade moral é defensiva, onde o agente não deve fazer algo que vai contra sua consciência.

Por sua vez, na desobediência baseada na política também existem estratégias persuasivas e não persuasivas. Mas neste tipo de desobediência, ao contrário daquela baseada na Justiça, estratégias não persuasivas são difíceis de justificação. Para Dworkin, atos de ilegalidade não servem a justificar a desobediência baseada na política, porque o preço é alto demais na inconveniência e insegurança[34].

Já na baseada na Justiça, ela é instrumental e estratégica, procurando o desmantelamento do programa político considerado imoral. Esta, por sua vez, usa de duas estratégias: elementos persuasivos e não persuasivos. A estratégia persuasiva obriga as pessoas a ouvir os argumentos e o argumentador tem a expectativa de que a pessoa que ouve mude de ideia e faça sua adesão aos argumentos lançados.

A segunda estratégia procura não mudar a opinião das pessoas, mas elevar o custo do programa considerado injusto. Usam de sentimentos e estratégias como intimidação, medo, angústia, e inconveniência e aumento de despesa financeira para justificar a adesão a tal tipo de não persuasão. A dificuldade é fazer com que a teoria operacional da desobediência aceite o método não persuasivo da desobediência política, porque ela infringe a vontade da maioria[35].

Mas só a questão da desobediência (ainda que se possa reconhecer nela, uma forma de combate à normose) não é suficiente. Isso porque o excesso de normalização, especialmente no contexto tecnológico, desperta graves sentimentos de revolta e injustiça e consequências de ordem socioambiental muito gravosas.

Logo, contra o poder arraigado da já abordada normose tecnológica, é necessária a adoção de um comportamento efetivo, em igual vigor e força que, através de ações efetivas, conteste e quebre todo o paradigma normótico vigente na contemporaneidade. Estar-se a falar da rebeldia.

---

32. DWORKIN, Ronald. *Uma questão de princípio*. São Paulo: Martins Fontes, 2000, p.156-160.
33. Ibidem, p. 156-160.
34. Ibid., p. 156-160.
35. Ibid., p. 156-160.

4. PARA ALÉM DA DESOBEDIÊNCIA CIVIL: A REBELDIA COMO UMA QUESTÃO DE VIRTUDE

Se até mesmo pairam dúvidas sobre o que seria normal[36], por que se insiste no apego às plataformas e modelos de negócios baseados em *Internet* como norte e guia de salvação? Por que a devoção cega e irrestrita a redes sociais e algoritmos informáticos? É salutar que a sociedade, cada vez mais, esteja ciente dos perigos da estabilidade trazida pela normalidade que impera no âmbito tecnológico:

> A capacidade do homem normal de manter-se em estado de equilíbrio é uma característica da condição. Este equilíbrio nada tem de estático; desloca-se a todos os momentos, exigindo constantes ajustamentos, de acordo com as circunstâncias, que variam. Essa flexibilidade do indivíduo normal não indica fragilidade, nem instabilidade, nem morbidez. A estabilidade absoluta, a rigidez, esta sim, é anormal, pois impede as frequentes e necessárias adaptações às condições sempre novas da vida, que é em si mesmo movimento. Enquanto que a normalidade aparente ou falsa é sempre o resultado de um esforço constante e sobre-humano de manter o equilíbrio, a normalidade verdadeira impressiona como algo natural, que brota sem esforço, embora, dado o caráter das realidades sociais, não possa prescindir de um certo trabalho de vontade para manter as pautas da conduta num plano de dignidade. Desde que a sua base é um equilíbrio dinâmico, conseguido pela conjunção de várias forças, a normalidade não pode ser simples, permanente no seu aspecto, uniforme e única. Ela comporta várias categorias, vários níveis, matizes e tipos. Aparece às vezes mais perfeita, outras vezes mais imperfeita; pode apresentar-se vulgar e comum, e distinguir-se como superior e genial. Nem sempre ela é impecável, e não podemos negá-la pela simples presença de uma pequenina fraqueza, de um pouco de originalidade, que distingue um indivíduo de outro. Os normais têm os seus maus momentos, como os anormais as suas boas horas. Por isso mesmo, não é um sinal certo de anormalidade o fato de incorrer o indivíduo numa irregularidade esporádica da conduta; como também não autoriza o diagnóstico de normalidade por si só uma conduta explícita isenta de falhas. No caso da normalidade, o pensamento, a elaboração intelectual é determinada pela reação total do indivíduo ao objeto, e guarda estreitas relações com a atitude emocional daquele. Essa atitude emocional deve ser de tal ordem que permita respeitar a realidade, sem deformá-la nos seus elementos essenciais. Sem objetividade e certa dose de subjetivismo não se pode falar em normalidade. A pessoa normal é afetada pelo mundo exterior, ao qual reage espontaneamente, ao mesmo tempo que consegue ver e sentir a realidade como ela se apresenta, e não como desejaria que fosse. A objetividade concebida nesses termos não significa de modo algum, indiferença, como de outro lado subjetividade não quer dizer paixão[37].

Pelo excerto acima, e subsumindo a ideia citada ao escopo do artigo, pode-se afirmar que as atuais tecnologias traduzem uma tentativa esforçada, artificial e acima de tudo impositiva de engessamento e manutenção forçada de um equilíbrio ditado pelas regras mercadológicas, o que foge à naturalidade e espontaneidade do Ser Humano que, não obstante a necessidade de regramento, não pode prescindir de sua natureza errática, inconstante e irregular.

---

36. WEIL, Pierre; LELOUP, Jean-Yves; CREMA, Roberto. *Normose*: a patologia da normalidade. Petrópolis, RJ: Vozes, 2001, p. 16.
37. DOYLE, Iracy. *Estudo da normalidade psicológica*. Academia Brasileira de Neurologia. Arquivos de Neuro-psiquiatria. v. 8. n. 2. São Paulo: abr.-jun. 1950. p.1 Disponível em: http://www.scielo.br/scielo.php?script=sci_arttext&pid=S0004-282X1950000200004. Acesso em: 21 set. 2021.

VIRTUDE E REBELDIA CONTRA A NORMOSE DA TECNOLOGIA **273**

Portanto, é necessário despertar a consciência para o fato de que a dependência de aplicações tecnológicas consiste em nefasto fenômeno que deve ser extirpado, sendo que não há qualquer argumento que resista ao crivo da razão chamando a atenção para o fato de que a dependência das atuais aplicações de *Internet* é a expressão da mediocridade:

> Na caracterização de Ingenieros, o homem normal está personificado pelo homem da massa, "o que nos rodeia aos milhares, o que prospera e se reproduz no silêncio e na treva"; é o homem sem ideias, sem personalidade, por essência imitativo, apto a viver como carneiro de rebanho, refletindo a rotina social, aceitando os preconceitos e dogmas úteis à sua condição doméstica; a alma desse homem medíocre não tem nada de espontaneidade, é um reflexo da alma da sociedade em que vive, porque a característica deste homem é imitar a quantos o rodeiam, pensar com a cabeça alheia, e ser incapaz de formar concepções e ideais próprios; deste modo, ele é o espírito conservador do grupo, interessado em manter os seus hábitos, que lhe amenizam o esforço de viver[38].

Aproveitando a citação acima que explicitou o pensar de José Ingenieros, e traçando um paralelo com o que foi dito no capítulo a respeito da importância das virtudes, é possível asseverar que a regra e a conduta normalizada podem até corroborar e privilegiar a honestidade nos indivíduos, mas que este traço de caráter é medíocre e não significa necessariamente algo bom.

Que fique claro que honestidade, para efeitos do presente estudo, deve ser entendido conforme a ideia de José Ingenieros, ou seja: para ele, o honesto é o que acata as forças externas e as seguem, muitas vezes, para evitar o constrangimento e obstáculos que advirão da confrontação dos hábitos estabelecidos. Ou seja, o honesto é um covarde, porque se insere no contexto da maioria[39]. Por sua vez, o virtuoso contesta a ordem estabelecida e não se deixa dobrar a opiniões fora de seu julgamento moral:

> O homem honesto pode praticar ações, de cuja indignidade suspeita, sempre que sinta constrangido pela força dos preconceitos, obstáculos com que os hábitos estorvam as variações novas. Os atos que já são maus, no julgamento original dos virtuosos, podem continuar sendo bons na opinião coletiva. O homem superior pratica a virtude tal qual a julga, eludindo preconceitos que unem a massa honesta. O medíocre continua denominando bem o que já deixou de ser, por incapacidade de pressentir o bem do futuro. Sentir com o coração dos outros equivale a pensar com a cabeça alheia. A virtude costuma ser um gesto audaz, como tudo que é original. A honestidade é um uniforme que se endossa resignadamente. O medíocre teme a opinião pública com a mesma submissão com que o mexeriqueiro teme o inferno. Nunca tem a ousadia de se opor a ela, especialmente porque a aparência do vício é um perigo inerente a toda virtude não compreendida. Renuncia a ela pelos sacrifícios que implica[40].

Da ideia de honestidade de José Ingenieros pode-se fazer a ilação de que a normose incentiva a mediocridade. Neste sentido, a rebeldia contra a normose tecnológica vem incidir justamente como contraponto e instrumento de promoção da excelência

---

38. Idem.
39. INGENIEROS, José. *O homem mediocre.* Curitiba: Livraria do Chain, 1980, p. 86.
40. Ibidem, p. 86.

do Ser Humano, a modificar a realidade não conforme, tendo por base princípios maiores que balizam toda e qualquer ação humana.

A necessidade de rebeldia fica ainda mais premente se o pano de fundo à sua adoção for o cenário tecnológico atual, repleto de estamentos que solapam a democracia, o plural e a adoção e incentivo de um ambiente sadio e sustentável. Como a questão da norma e da conduta está ligada à lei de causa e efeito[41], o processo de escolha dos indivíduos e da coletividade acerca dos produtos e serviços tecnológicos que quer para si ganha crucial importância para o estabelecimento e perpetuação da normose: notório é que as escolhas só serão boas se o processo do pensar, decidir e agir for todo pautado por neutralidade, livre informação esclarecida, liberdade de expressão e cognição madura e vocacionada vindo, acima de tudo, de usuários dotados de literacia digital, ou seja, de dons e educação para o bom uso das tecnologias.

A decorrência lógica desta afirmação ressalta a necessidade de se educar a Sociedade da era digital para a formação de uma boa consciência e para uma salutar escolha que permita que não só o indivíduo, mas a coletividade se desgarre do alto grau de dependência das autoridades que foram constituídas à *"fórceps"* pelas chamadas *Big Techs*.

Neste sentido, a adoção de uma postura rebelde demanda mais do que o não cumprimento e fidelização à esta padronização abusiva e injusta atualmente posta no cenário tecnológico. É que a rebeldia é sempre algo mais forte, incisivo e radical que a simples desobediência: é preciso questionar sempre o caráter normalizador e impositivo da conduta que é esperada por todos e imposta pela tecnologia, apontando as incongruências e contradições da situação normótica.

Quer o presente estudo defender a adoção de um comportamento completamente oposto ao *status quo* e que privilegie a sustentabilidade do ambiente digital, a liberdade individual, o pluralismo de ideias e o respeito à livre escolha e determinação:

> Todo individualismo, como atitude, é uma revolta contra os falsos dogmas e valões respeitados pelas mediocracias. Revela energias contidas por mil obstáculos, opostos pelo espírito gregário, mas desejosas de se expandir. O temperamento individualista chega a negar o princípio da autoridade, se furta de preconceitos, desacata toda a imposição, desdenha das hierarquias que independem do mérito. Todos os partidos, seitas e facções lhe são igualmente indiferentes, enquanto neles não encontram ideais afinados com os seus. Acredita mais nas virtudes firmes dos homens que na mentira escrita dos princípios teóricos. Enquanto não se baseiam nos costumes, não modificam as melhores leis a tolice dos que as admiram, nem o sofrimento dos que as suportam[42].

O sociólogo Michel Maffesoli já chamou a atenção para a questão da violência representada pela normalização, pois para ele, tendo a vida humana uma ambivalência

---

41. Não é intuito do presente estudo adentrar às discussões detalhadas sobre livre arbítrio, causa e efeito. Para maiores detalhes vide: SANDEL, Michael. *Justiça*: o que é fazer a coisa certa. 6ª ed. Rio de Janeiro: Civilização Brasileira, 2012 e SUNSTEIN, Cass; THALER, Richard. *Nudge*: o empurrão para a escolha certa. São Paulo: Elsevier Editora, 2008.
42. INGENIEROS, José. *O homem medíocre*. Curitiba: Livraria do Chain, 1980, p. 25.

gritante, não há estado social, político ou individual ideal. O aspecto estrutural da violência reside justamente no fato da alteridade ter força perante o ser humano: é necessário conviver com a ambiguidade. E este acordo sempre se faz, para o autor, *a posteriori*[43].

Diante desta afirmação de Maffesoli, fica claro que o acordo (pacificação) a que o sociólogo se refere jamais será alcançado através da dependência do que é considerado "normal". A toda evidência, é melhor deixar a cada um seguir o caminho proposto conforme suas próprias convicções, desde que, é claro, a escolha não infrinja postulados básicos de convivência, porque os resultados da imposição exagerada da regra ditada pelos interesses do Mercado e do capitalismo irrestrito são nefastos e se fazem perceber não só no âmbito familiar (por exemplo, relações conflituosas entre pais e filhos, com todo o tipo de geração de traumas e celeumas) mas também na esfera pública.

É proposição do presente estudo asseverar que a rebeldia não significa cometer ilegalidades que mereçam punição: ela se constitui em uma forte contraposição legítima, reflexiva e ativa de não cumprimento e adoção de postura contrária ativa e combativa ante qualquer tentativa de padronização inócua praticada por aplicações tecnológicas que aniquilem a pluralidade, a diversidade de pensamentos e a complexidade do ser humano. A rebeldia inclusive autoriza o uso dos meios legais postos à disposição de qualquer cidadão para mitigar ou extirpar a normose vigente na sociedade tecnológica vigente.

Logo, a rebeldia é muito mais do que a desobediência civil de Ronald Dworkin: ela implica a saída da postura confortável da negação para a atitude efetiva de um comportamento contestador que fará com que a realidade se modifique. Mudança esta que, diante da insistência, terá o condão até mesmo de afetar o atual estado das coisas urgindo sua modificação. Logo, é salutar que se reconheça a rebeldia também como corolário do princípio constitucional da Dignidade da Pessoa Humana e necessária para a formação de uma cibercidadania.

5. CONSIDERAÇÕES FINAIS

Não há como negar que a norma e a regra constroem, ao longo dos anos nos indivíduos, arquétipos. Estes, por sua vez, devem ser entendidos como imagens ou modelos hipotéticos e abstratos tidos como verdade[44] e que servem a construir o inconsciente coletivo:

> O inconsciente coletivo é uma parte da psique que pode distinguir-se de um inconsciente pessoal pelo fato de que não deve sua existência à experiência pessoal, não sendo, portanto, uma aquisição pessoal. Enquanto o inconsciente pessoal é constituído essencialmente de conteúdos que

---

43. MAFFESOLI, Michel. *A parte do diabo*: resumo da subversão pós-moderna. Rio de Janeiro: Record, 2004, p. 64.
44. JUNG, Carl Gustav. *Os arquétipos e o inconsciente coletivo*. Petrópolis: Vozes, 2000, p. 16-17).

já foram conscientes e, no entanto, desaparecem da consciência por terem sido esquecidos ou reprimidos, os conteúdos do inconsciente coletivo nunca estiveram na consciência e, portanto, não foram adquiridos individualmente, mas devem sua existência apenas à hereditariedade. Enquanto o inconsciente pessoal consiste em sua maior parte em *complexos,* o conteúdo do inconsciente coletivo é constituído essencialmente de arquétipos[45].

Pode-se dizer então, a partir das ideias de Jung, que o inconsciente coletivo molda arquétipos à tecnologia, tais como verdade, segurança, estabilidade, previsibilidade, normalidade, paz, ordem e progresso. É proposição deste artigo asseverar que uma sociedade normótica se vangloria e valoriza estas imagens, pois além de causarem apego, elas têm grande responsabilidade pela incômoda e nefasta zona de conforto e estagnação na qual a sociedade da era digital atualmente se encontra.

Assim, o apego excessivo à tecnologia e suas regras tácitas e expressas, como grande arquétipo que é, acaba sendo o instrumento do inconsciente coletivo a fazer reinar a normose, que mantém seu *status quo* através de um mecanismo perverso: é que a tecnologia irá "incentivar", através da imposição de um temor reverencial ou criação de necessidades artificiais, a adoção de um comportamento padronizado, inerte e claramente servilista aos interesses lucrativos das plataformas.

Ocorre que é preciso transpor o medo da "perda do conforto" para se eliminar os apegos construídos pela sociedade normótica:

Esta é uma situação muito difícil porque, caso ocorra o conformismo, o eu sucumbe. Por outro lado, se a pessoa é capaz de escutar o desejo profundo que a habita e de atravessar os medos envolvidos, logrará alcançar uma identidade pessoal: o poder de ser do eu. Para algumas pessoas, como Freud, essa é realmente uma grande conquista porque pressupõe liberação da intensidade no confronto entre as instancias do id e do superego. Então, pode-se acessar o próprio pensar, o próprio desejo, a própria palavra. Estar bem adaptado a uma sociedade doente não é sinal de saúde[46].

Para se combater a normose é necessário romper com o paradigma da dependência da tecnologia: o que se deve esperar verdadeiramente como excelência de cada indivíduo que deseje ser livre e ter sua pluralidade e diversidade respeitada, é a rebeldia contra toda qualquer tentativa de mitigar ou aniquilar a condição humana complexa e cheia de nuances: "A virtude se eleva sobre a moral corrente, implica certa aristocracia do coração, própria do talento moral. O virtuoso se antecipa a alguma forma de perfeição futura e sacrifica os automatismos consolidados pelo hábito"[47].

Neste sentido, não se pode mais coadunar com a mediocridade imposta pelo uso massivo de, por exemplo, redes sociais e algoritmos: para além da desobediência civil e contra a gravidade nefasta da normose, somente a adoção de uma postura igualmente grave e forte poderá ensejar uma contraposição a equilibrar o jogo de forças entre a norma e a conduta e o individual, o plural e o diverso:

---

45. Ibidem, p. 53.
46. WEIL, Pierre; LELOUP, Jean-Yves; CREMA, Roberto. *Normose:* a patologia da normalidade. Petrópolis, RJ: Vozes, 2001, p. 26.
47. INGENIEROS, José. *O homem medíocre.* Curitiba: Livraria do Chain, 1980, p. 86.

De fato, não se pode ter confiança na normalidade. Se, numa primeira observação, a normalidade nos parece constituída de determinações, ou seja, de acontecimentos que ocorrem com uma certa regularidade e que permitem então fazer previsões do agir ou cálculos de natureza racional, numa observação mais profunda, a normalidade parece constituída de constelações de indeterminações[48].

E como visto, se para José Ingenieros o homem medíocre é aquele caracterizado, entre outras características, pela preguiça, pela honestidade e pela falta de ideais, é necessário adotar um perene espírito questionador que, por sua vez, servirá a refutar com veemência e força a contemporânea dependência tecnológica.

E se o psicanalista Flávio Gikovate alerta para os perigos desta dependência, afirmando que para sair dela "necessitamos, na maior parte das vezes, de uma força hercúlea"[49], fica clara a necessidade da adoção de uma eficaz profilaxia contra a patologia social da norma e conduta tecnológica que impõe à toda sociedade interesses desprovidos do comprometimento com o bem comum e que não são neutros nem necessariamente benéficos.

É preciso, portanto, um ideal de emancipação ou, aos moldes de Friedrich Nietzsche, de liberação:

> A grande liberação, para aqueles atados dessa forma, vem súbita como um tremor de terra: a jovem alma é sacudida, arrebatada, arrancada de um golpe – ela própria não entende o que se passa. Um ímpeto ou impulso a governa e domina; uma vontade, um anseio se agita, de ir adiante, aonde for, a todo custo; uma veemente e perigosa curiosidade por um mundo indescoberto flameja e lhe inflama os sentidos. "Melhor morrer do que viver aqui" – é o que diz a voz e sedução imperiosa: e esse "aqui", esse "em casa" é tudo o que ela amara até então! Um súbito horror e suspeita daquilo que amava, um clarão de desprezo pelo que chamava "dever", um rebelde, arbitrário, vulcânico anseio de viagem, de exílio, afastamento, esfriamento, enregelamento, sobriedade, um ódio ao amor, talvez um gesto e olhar profanador para trás, para onde até então amava e adorava, talvez um rubor de vergonha pelo que acabava de fazer, e ao mesmo tempo uma alegria por fazê-lo, um ébrio, íntimo, alegre tremor, no qual se revela uma vitória – uma vitória? Sobre o quê? Sobre quem? Enigmática, plena de questões, questionável, mas a primeira vitória: – tais coisas ruins e penosas pertencem à história da grande liberação[50].

Assim, se a mediocridade é inimiga do Homem virtuoso[51], para romper e transformar o arquétipo de normalidade que está atualmente consubstanciado nas principais aplicações tecnológicas, a rebeldia se faz necessária a privilegiar e corroborar o indivíduo como ser complexo e multifacetado que é.

Neste sentido, a atitude contestadora e proativa de refutar e combater a arbitrariedade das redes sociais e aplicações que restringem liberdades individuais e

---

48. GIORGI, Raffaele de. O risco na sociedade contemporânea. *Revista Sequência*, Santa Catarina, n. 28. Ano 15, jun. 1994, p. 48.
49. GIKOVATE, Flávio. *Hábitos, compulsões e vícios*. Disponível em: http://flaviogikovate.com.br/habitos-compulsoes-e-vicios. Acesso em: 25 set. 2021.
50. NIETZSCHE, Friedrich. *Humano, demasiadamente humano*. São Paulo: Editora Schwarcz Ltda, 2000, p. 5.
51. INGENIEROS, José. *O homem medíocre*. Curitiba: Livraria do Chain, 1980, p. 85.

aniquilam o pluralismo e a diversidade, acaba se tornando importante expressão de liberação em relação à normose.

Só a rebeldia - que não combina com padronização, preguiça, estagnação e paralisia - é capaz de romper o ciclo de dependência entre o indivíduo, norma, conduta e seus arquétipos com relação à tecnologia. Cortar este nefasto "cordão umbilical" é mover o indivíduo em direção à sua felicidade, na medida em que da inércia ou zona de conforto, passa-se ao salutar agir que possibilita o progresso e a evolução sob a perspectiva da alteridade.

Para José Ingenieros, o afã de querer ser perfeito é expressão da excelência humana, ou seja, uma virtude[52]. Logo, a vontade em sentido contrário ao da imposição cega e irrestrita causada pelas principais empresas do Mercado tecnológico deve ser encarada como expressão da busca do Ser Humano pela sua perfeição.

E se para Agnes Heller e Ferenc Fehér, virtudes são "traços de caráter tidos como exemplares por uma comunidade de pessoas" e "Estes traços são adquiridos pela prática"[53], é proposição do presente estudo asseverar que, como em uma sociedade normótica a dependência da tecnologia é algo incentivado, querido e desejado, somente uma forte virtude em sentido contrário pode ser capaz de combater este nefasto efeito causado pela normose.

A rebeldia é um ato a ser praticado até que se torne um valor, ou seja, um traço de caráter tido como exemplar pela Sociedade. Desta forma, a rebeldia será uma virtude quando se construir um novo arquétipo: o do Homem rebelde virtuoso. Para isto ocorrer, deve haver mais idealismos e menos determinismos: este é ponto chave para se escapar da mediocridade imposta pela tecnologia.

6. REFERÊNCIAS

ARENDT, Hannah. *A condição humana*. 10. ed. Rio de Janeiro: Forense Universitária, 2003.

ARENDT, Hannah. *Sobre a violência*. Rio de janeiro: Civilização Brasileira, 2009.

DAVID, René. *Os grandes sistemas dos direitos contemporâneos*. Tradução de Hermínio A. Carvalho. 2 ed. Lisboa: Meridiano, 1972.

DOYLE, Iracy. Estudo da normalidade psicológica. Academia Brasileira de Neurologia. *Arquivos de Neuro-psiquiatria*. v. 8. n. 2. São Paulo: abr.-jun. 1950. p. 1. Disponível em: http://www.scielo.br/scielo.php?script=sci_arttext&pid=S0004-282X1950000200004. Acesso em: 21 set. 2021.

DWORKIN, Ronald. *Uma questão de princípio*. São Paulo: Martins Fontes, 2000.

FORBES. *Top 10 Apps By Downloads And Revenue Q2 2021*: Report. Disponível em: https://www.forbes.com/sites/johnkoetsier/2021/07/15/top-10-apps-by-downloads-and-revenue-q2-2021-report/?utm_campaign=forbes&utm_source=twitter&utm_medium=social&utm_term=Carrie&sh=2300ba693295. Acesso em: 28 set. 2021.

---

52. INGENIEROS, José. *O homem medíocre*. Curitiba: Livraria do Chain, 1980, p. 85.
53. HELLER, Agnes; FEHÉR, Ferenc. *A condição política pós-moderna*. Rio de Janeiro. Civilização Brasileira, 1998, p. 117.

GIKOVATE, Flávio. *Hábitos, compulsões e vícios*. Disponível em: http://flaviogikovate.com.br/habitos-
-compulsoes-e-vicios. Acesso em: 25 set. 2021.

GIORGI, Raffaele de. O risco na sociedade contemporânea. *Revista Sequência*, Santa Catarina, n. 28.
Ano 15, jun. 1994.

HELLER, Agnes; FEHÉR, Ferenc. *A condição política pós-moderna*. Rio de Janeiro. Civilização Brasileira,
1998.

INGENIEROS, José. *O homem medíocre*. Curitiba: Livraria do Chain, 1980.

JUNG, Carl Gustav. *Os arquétipos e o inconsciente coletivo*. Petrópolis: Vozes, 2000.

LOPES, Ana Paula Veiga; VALIATI, Thiago Priess. O republicanismo entre a felicidade e a justiça. In:
GABARDO, Emerson; SALGADO, Eneida Desiree (Coord). *Direito, Felicidade e Justiça*. Belo Horizonte: Fórum, 2014.

MAFFESOLI, Michel. *A parte do diabo*: resumo da subversão pós-moderna. Rio de Janeiro: Record, 2004.

NIETZSCHE, Friedrich. *Humano, demasiadamente humano*. São Paulo: Editora Schwarcz Ltda, 2000.

NIETZSCHE, Friedrich. *Vontade de potência – parte 1*. São Paulo: Editora Escala, 2010.

RAWLS, John. *Uma teoria da Justiça*. 3. ed. São Paulo: Martins Fontes, 2008.

REALE, Miguel. *Lições preliminares de direito*. 27. ed. São Paulo: Saraiva, 2002.

WEBER, Max. *Economia e sociedade*: fundamentos de uma sociologia compreensiva. Brasília, UNB, 1999.

WEIL, Pierre; LELOUP, Jean-Yves; CREMA, Roberto. *Normose*: a patologia da normalidade. Petrópolis,
RJ: Vozes, 2011.

Legislação:

BRASIL. *Constituição da República Federativa do Brasil*. Disponível em: http://www.planalto.gov.br/
ccivil_03/constituicao/constituicao.htm. Acesso em: 23 set. 2021.

BRASIL. Decreto-Lei 4.657 de 4 de setembro de 1942. *Lei de introdução às normas do direito brasileiro*.
Disponível em: http://www.planalto.gov.br/ccivil_03/decreto-lei/Del4657compilado.htm. Acesso
em: 20 set. 2021.

A RESPONSABILIDADE CIVIL DOS ATOS AUTÔNOMOS DA INTELIGÊNCIA ARTIFICIAL

Talita Bruna Canale

Bacharel em Direito pela Universidade do Oeste de Santa Catarina/SC. Advogada. talita@advocacia.the.br

Gabriela Samrsla Möller

Doutoranda em Direito pela Universidade do Oeste de Santa Catarina, campus de Chapecó/SC, gabriela.moller@unoesc.edu.br

Sumário: Artigo I 1. Introdução – Artigo II 2. A inteligência artificial: presente e futuro da tecnologia; 2.1 Atos autônomos da inteligência artificial – 3. Natureza jurídica dos atos autônomos da inteligência artificial de acordo com o ordenamento jurídico brasileiro; 3.1 Breves apontamentos sobre a responsabilidade civil segundo o ordenamento jurídico brasileiro – Seção 2.01 3.2 Natureza jurídica reconhecida aos atos autônomos da inteligência artificial; (a) 3.2.1 A inteligência artificial como ferramenta; (b) 3.2.2 A inteligência artificial como produto; (c) 3.2.3 A responsabilidade civil pelo risco da atividade; (d) 3.2.4 A inteligência artificial como obra prima – Artigo III 4. Análise de legislações brasileiras e internacional sobre a responsabilidade civil pelos atos autônomos da inteligência artificial – Seção 3.01 4.1 Análise sobre os Projetos de Lei 5051/2019, 5691/2019, 21/2020 e 240/2020 – Seção 3.02 4.2 Direito internacional sobre robótica – Artigo IV 5. Considerações finais – Artigo v 6. Referências.

ARTIGO I 1. INTRODUÇÃO

A inteligência artificial já não é mais obra de ficção científica. Em robôs, programas de computadores e carros autônomos essa tecnologia já é aplicada. Um dos pressupostos da inteligência artificial, caro a essa pesquisa, é a sua autonomia; isto é, alguns dos seus atos não são programados, mas são resultados da série de dados inseridos com a combinação da capacidade de aprender. A interação dessa inteligência com a sociedade no dia a dia traz algumas implicações jurídicas, pois pode ocorrer situações em que se verifique lesão ou ameaça aos direitos.

A título de exemplo, nos Estados Unidos já ocorreram diversos acidentes envolvendo a inteligência artificial[1], causados por ações independentes de uma direção ou instrução determinada por um ser humano. Esses acidentes terão consequências cíveis e será necessária uma resposta jurídica adequada. No ordenamento jurídico

---

1. Nos Estados Unidos, no ano de 2019, em Las Vegas durante uma feira de tecnologia um carro autônomo atropelou um robô no estacionamento. VÍDEO flagra o momento em que carro autônomo atropela robô. *Galileu*, 09 jan. 2019. Disponível em: https://revistagalileu.globo.com/Tecnologia/noticia/2019/01/video-flagra-o-momento-em-que-carro-autonomo-atropela-robo.html. Acesso em: 28 abr. 2021.

brasileiro ainda não existe um regulamento ou sequer uma orientação de como serão sanadas as lides envolvendo a inteligência artificial.

O Código Civil e a Constituição da República Federativa do Brasil asseguram o direito de indenização aos danos produzido pelos atos ilícitos. Existem no ordenamento jurídico brasileiro alguns tipos de responsabilidades, entre elas a objetiva e subjetiva, bem como a responsabilidade regulamentada pelo Código de Defesa do Consumidor. Elas buscam solucionar as situações de indenização quando for resultado de atos ilícitos na seara cível.

Sobre o tema, até o momento foram propostos quatro projetos de leis de números: 5.051 de 2019[2], 5.691 de 2019[3], 21 de 2020[4] e 240 de 2020[5] que buscam trazer orientações e estabelecer diretrizes sobre o tema. O Projeto Lei 5.059 de 2019 estabelece princípios básicos para o uso da inteligência artificial[6]. O segundo busca instituir a Política Nacional de Inteligência Artificial[7]. O Projeto de Lei 21 de 2020[8], assim como o projeto de lei 5.051, busca regulamentar o uso e estabelecer diretrizes acerca do da inteligência artificial. O último por sua vez é titulado como Lei de Inteligência Artificial[9].

O direito brasileiro não concede personalidade jurídica aos robôs. Em consequência, são classificados como coisas e, naturalmente alguém precisa ser responsável para indenizar os prejuízos causados por seus atos autônomos. Logo, fica a dúvida de quem será a responsabilidade por esses atos, razão pela qual se justifica a escolha do tema, dada a relevância que essa tecnologia vem ganhando sociedade e das dúvidas que surgem quanto à natureza jurídica da responsabilização.

---

2. BRASIL. *Projeto de Lei 5051/2019*. Estabelece os princípios para o uso da Inteligência Artificial no Brasil. Gabinete do Senador Styvenson Valentim. Disponível em: https://legis.senado.leg.br/sdleg-getter/documento?dm=8009064&ts=1594036674670&disposition=inline. Acesso em 17 jul. 2021.

3. BRASIL. *Projeto de Lei 5691/2019*. Institui a Política Nacional de Inteligência Artificial. Gabinete do Senador Styvenson Valentim. Disponível em: https://legis.senado.leg.br/sdleg-getter/documento?dm=8031122&ts=1594037338983&disposition=inline. Acesso em: 17 jul. 2021.

4. BRASIL. *Projeto de Lei 21/2020*. Estabelece princípios, direitos e deveres para o uso de inteligência artificial no Brasil, e dá outras providências. Gabinete do Eduardo Bismarck. Disponível em: https://www.camara.leg.br/proposicoesWeb/prop_mostrarintegra?codteor=1853928. Acesso em: 17 jul. 2021.

5. BRASIL. *Projeto de Lei 240/2020*. Cria a Lei da Inteligência Artificial, e dá outras providências. Gabinete do Léo Moraes. Disponível em: https://www.camara.leg.br/proposicoesWeb/prop_mostrarintegra;jsessionid=78B9A799B3FF6A759EBAFDF58140E02B.proposicoesWebExterno1?codteor=1857143&filename=PL+240/2020. Acesso em: 17 jul. 2021.

6. BRASIL. *Projeto de Lei 5051/2019*. Estabelece os princípios para o uso da Inteligência Artificial no Brasil. Gabinete do Senador Styvenson Valentim. Disponível em: https://legis.senado.leg.br/sdleg-getter/documento?dm=8009064&ts=1594036674670&disposition=inline. Acesso em 17 jul. 2021.

7. BRASIL. *Projeto de Lei 5691/2019*. Institui a Política Nacional de Inteligência Artificial. Gabinete do Senador Styvenson Valentim. Disponível em: https://legis.senado.leg.br/sdleg-getter/documento?dm=8031122&ts=1594037338983&disposition=inline. Acesso em: 17 jul. 2021.

8. BRASIL. *Projeto de Lei 21/2020*. Estabelece princípios, direitos e deveres para o uso de inteligência artificial no Brasil, e dá outras providências. Gabinete do Eduardo Bismarck. Disponível em: https://www.camara.leg.br/proposicoesWeb/prop_mostrarintegra?codteor=1853928. Acesso em: 17 jul. 2021.

9. BRASIL. *Projeto de Lei 240/2020*. Cria a Lei da Inteligência Artificial, e dá outras providências. Gabinete do Léo Moraes. Disponível em: https://www.camara.leg.br/proposicoesWeb/prop_mostrarintegra;jsessionid=78B9A799B3FF6A759EBAFDF58140E02B.proposicoesWebExterno1?codteor=1857143&filename=PL+240/2020. Acesso em: 17 jul. 2021.

Nesse sentido, pergunta-se: qual a atual resposta jurídica reconhecida pelo ordenamento jurídico brasileiro aos atos autônomos praticados pela inteligência artificial? Com essa resposta, passa-se a um segundo questionamento abordado pela pesquisa: como é a resposta jurídica brasileira em face de algumas selecionadas legislações internacionais sobre o tema, ou seja, consistem as respostas do sistema jurídico brasileiro em avançadas respostas? A hipótese é a de que os atos da inteligência artificial devem ser imputados àqueles que possuem personalidade jurídica, seja aqueles que desenvolvem o algoritmo ou software, porque possuem dever de guarda/vigilância, ou porque vieram a criar o risco, ou seja, por estarem mais próximos ao controle da inteligência artificial. Ainda, seria essa responsabilização objetiva, ou seja, sem aferição de culpa do responsável.

O objetivo desse artigo é iniciar uma discussão sobre quem será responsável pelos danos causados pela inteligência artificial e qual é a natureza jurídica desses atos autônomos, bem como verificar se os projetos de leis brasileiros estão em consonância com os estudos mais avançados sobre o assunto. Nesse sentido, para se alcançar o objetivo geral, o trabalho foi divido em três capítulos.

Inicialmente, será exposto sobre a inteligência artificial, apresentando-se alguns conceitos importantes dela, quais tecnologias são utilizadas, bem como as capacidades que ela precisa possuir para ser considerada uma inteligência artificial. No segundo capítulo será explorada a natureza jurídica dos atos autônomos da inteligência artificial. O capítulo em questão é dividido em quatro subcapítulos e, nele, busca-se explorar a resposta jurídica atualmente reconhecida à responsabilização dos atos autônomos da inteligência artificial. No terceiro e último capítulo, será analisado as propostas legislativas que versam sobre o tema.

Atualmente, já existem legislações sobre a inteligência artificial em vigor, como por exemplo o Japão, Correia do Sul e a União Europeia. Outros, ainda não foram aprovadas. Verifica-se que a União Europeia, atualmente, possui a legislação mais avançada no mundo: no ano de 2017 o Parlamento Europeu aprovou as recomendações e disposições sobre robôs e inclusive sobre a inteligência artificial, estabelecendo os responsáveis pela indenização nos casos em que ela, inteligência artificial, é responsável pela ocorrência do fato danoso.

A pesquisa será desenvolvida sob o método científico dedutivo, utilizando-se de pesquisa bibliográfica nacional e internacional sobre o tema. Será também utilizada como método auxiliar o comparativo no que tange à análise de legislações internacionais que abordem a responsabilidade civil por atos autônomos da inteligência artificial, para que seja verificado se os projetos de leis brasileiros propostos estão em consonância com o que há de mais avançado sobre o assunto.

ARTIGO II 2. A INTELIGÊNCIA ARTIFICIAL: PRESENTE E FUTURO DA TECNOLOGIA

Sobre a história e o desenvolvimento da inteligência artificial é importante compreender sua evolução com o passar das décadas. Cada nova descoberta, por mais simples que aparente ser, já é suficiente para representar grande mudança no estudo sobre o tema. Além disso, o conhecimento sobre alguns fatos importantes colabora no entendimento de como a inteligência artificial funciona e quais são seus objetivos.

Uma figura importante na história da inteligência artificial é Alan Turing. Ele publicou em 1950 o trabalho *Cumputing Machinery & Intelligênce*, fruto da sua ideia de construir um computador com capacidade de pensar. A fim de verificar o sucesso de seu trabalho, desenvolveu o conhecido Teste de Turing. Esse, consiste na interação de um ser humano com dois interlocutores, sendo um deles ser humano e outro uma inteligência artificial. Se ao final dessa interação o ser humano não conseguir identificar quem é inteligência artificial e quem é o ser humano, significa que a criação foi um sucesso[10].

Desde 1950 até os dias atuais a pesquisa sobre inteligência artificial passou por diversas fases. Ainda na década de 50, o termo inteligência artificial foi utilizado pela primeira vez por John McCarthy, durante uma conferência. Foi nessa época que se iniciou o desenvolvimento dos primeiros programas que eram capazes de jogar xadrez e damas. Em 1957 surgiu a ideia de desenvolver um programa que teria capacidade de resolver quase todos os dilemas lógicos, o GPS (*Global Positioning System*). Porém, percebeu-se que o programa seria capaz de resolver apenas problemas específicos previamente ajustados[11].

A partir dos anos 60, o estudo da inteligência artificial voltou-se para programas com capacidade de solucionar problemas utilizando da analogia, heurísticas e metodologias baseadas no cérebro humano. Apesar da inteligência artificial ser além disso, o desenvolvimento de sistemas que resolvem os problemas com base nessas combinações, norteia toda a pesquisa relacionada a ela[12]. No direito, os estudos e programas envolvendo a inteligência artificial no mundo jurídico, iniciaram-se em 1972 com o projeto *Taxman*[13].

A definição da inteligência artificial (IA) é complexa e está longe de ter um consenso entre os pesquisadores e estudiosos sobre o tema. Para erka, Grigien e Sirbikyt "[...] a inteligência artificial é qualquer inteligência criada que simula o pensamento

---

10. COPPIN, Ben. *Inteligência artificial*. Trad. Jorge Duarte Pires Valério. Rio de Janeiro: LTC, 2013. E-book (não paginado). Disponível em: https://integrada.minhabiblioteca.com.br/#/books/978-85-216-2936-8/. Acesso em: 22 nov. 2021, capítulo 1.

11. COPPIN, Ben. *Inteligência artificial*. Trad. Jorge Duarte Pires Valério. Rio de Janeiro: LTC, 2013. E-book (não paginado). Disponível em: https://integrada.minhabiblioteca.com.br/#/books/978-85-216-2936-8/. Acesso em: 22 nov. 2021, capítulo 1.

12. COPPIN, Ben. *Inteligência artificial*. Trad. Jorge Duarte Pires Valério. Rio de Janeiro: LTC, 2013. E-book (não paginado). Disponível em: https://integrada.minhabiblioteca.com.br/#/books/978-85-216-2936-8/. Acesso em: 22 nov. 2021, capítulo 1.

13. De acordo com Trazegnies, esse sistema foi desenvolvido por McCarty em 1976 para a Universidade de Harvard, sendo especialista em matéria tributária para as empresas. TRAZEGNIES, Fernando de. ¿Seguirán existiendo jueces en el futuro? El razonamiento judicial y la inteligencia artificial. *Ius Et Verita*, n. 47, p. 112-113, dez. 2013. Disponível em: http://revistas.pucp.edu.pe/index.php/iusetveritas/article/view/11938/12506. Acesso em: 07 jun. 2021, p. 122.

humano em um computador ou em outros dispositivos, como por exemplo, os carros autônomos" (tradução nossa)[14].

Russell e Norvig abordam a inteligência artificial sob as seguintes estratégias: a) Pensar como um humano; b) Pensar racionalmente; c) Agir como seres humanos; d) Agir racionalmente. Em síntese, a inteligência artificial se utiliza de algumas tecnologias, como por exemplo o a) *machine learning*; b) processamento de linguagem natural (PNL); c) robótica; d) simulação dos sentidos entre outros[15].

O *machine learning*[16] é a habilidade que a inteligência artificial tem de aprender. O acúmulo de experiências permite que em uma mesma situação ela possa agir de diferentes formas, afinal, está em constante aprendizado. Para Richards e Smart, isso pode ser interpretado como livre arbítrio[17]. No entanto, essa característica é justamente a que difere um algoritmo com inteligência artificial de um sem[18].

O *deep learning*[19], por sua vez, é subdivisão da *machine learning*. Este representa a aptidão de compreender, isto é, de agir racionalmente[20]. Contudo, o *deep learning* não possui limitações e não permite limitações teóricas. Isso implica no fato de que quanto mais dados ele aprender ou receber, mais atos ele poderá realizar[21].

O processamento de linguagem natural permite aos seres dotados de inteligência artificial a capacidade de se comunicar com os seres humanos e obter informação

---

14. *The definition of Artificial Intelligence found in articles by various authors9 states that AI is any artificially created intelligence, i.e. a software system that simulates human thinking on a computer or other devices: e.g. home management systems integrated into household appliances; robots; autonomous cars; unmanned aerial vehicles etc.* ČERKA, Paulius; GRIGIENĖ, Jurgita; SIRBIKYTĖ, Gintarė. Liability for damages caused by artificial intelligence. *Computer Law & Security Review,* Amsterdam. v. 31, n. 3, jun. 2015, p. 376-389. Disponível em: https://www.sciencedirect.com/science/article/pii/S026736491500062X?via%3Dihub. Acesso em: 15 abr. 2021, p. 378.

15. RUSSELL, Stuart Jonathan; NORVING, Peter. *Inteligência artificial.* Trad. Regina Célia Simille. Rio de Janeiro: Elsevier, 2013, p. 25.

16. Tradução nossa: aprendizado de máquina.

17. RICHARDS, Neli N.; SMART, William D. How should the law think about robots? In: *Robot Law.* Edward Elgar, 2016 p. 3-22. Disponível em: https://www.elgaronline.com/view/edcoll/9781783476725/9781783476725. xml. Acesso em: 10 ago. 2021, p. 18.

18. PIRES, Thatiane Cristina Fontão; SILVA, Rafael Peteffi da. A responsabilidade civil pelos atos autônomos da inteligência artificial: notas iniciais sobre a resolução do parlamento europeu. *Revista Brasileira de Políticas Públicas,* Brasília, v. 7, n. 3, p. 238-254, dez. 2017. Disponível em: https://www.publicacoesacademicas. uniceub.br/RBPP/article/view/4951. Acesso em: 6 abr. 2021, p. 242.

19. Tradução nossa: aprendizagem profunda.

20. PIRES, Thatiane Cristina Fontão; SILVA, Rafael Peteffi da. A responsabilidade civil pelos atos autônomos da inteligência artificial: notas iniciais sobre a resolução do parlamento europeu. *Revista Brasileira de Políticas Públicas,* Brasília, v. 7, n. 3, p. 238-254, dez. 2017. Disponível em: https://www.publicacoesacademicas. uniceub.br/RBPP/article/view/4951. Acesso em: 6 abr. 2021, p. 242.

21. MARTINS, João Vitor Gomes; GONÇALVES, Luckas Ruthes; PIRES, Thatiane Cristina Fontão. A Responsabilidade Civil Pelos Atos Autônomos Da Inteligência Artificial. In: CONGRESSO DIREITO DA UFSC, 12, 2018, Florianópolis. *Anais [...]* Florianópolis: UFSC, abr. 2018. p. 280-300. Disponível em: https://www. academia.edu/39924696/A_Responsabilidade_Civil_pelos_atos_aut%C3%B4nomos_da_intelig%C3%A-Ancia_artificial. Acesso em: 05 out. 2021, p. 283.

por meio da linguagem escrita. A robótica é utilizada na inteligência artificial pois, é por meio dela que o agente se exterioriza, isto é, se torna físico[22].

Basicamente, a inteligência artificial deve possuir capacidade de enfrentar novas circunstâncias, solucionar problemas, responder questionamentos e arquitetar planos. Além de ser capaz de reproduzir, por meio computacional as capacidades de um sistema inteligente. Quais sejam: capacidade de raciocínio; armazenamento de conhecimento; planejamento; resolução de problemas; comunicação por meio de linguagem; realizar indução, dedução, lógica e abdução; percepção e adaptação ao meio e aprendizagem.

O objetivo da inteligência artificial é procurar uma solução. Isso, somado a todas as tecnologias envolvidas, bem como as suas capacidades permitem que a inteligência artificial tenha atitudes, as quais não foram previstas pelos programadores. Por exemplo, quanto mais dados o *deep learning* receber, mais atos ele poderá realizar. Contudo, ele não reconhece limitações teóricas[23]. Consequentemente podem ocorrer situações imprevisíveis.

Ainda, importante mencionar que em um evento tecnológico em 2017, o presidente e diretor executivo da SoftBank Corp, Masayoshi Son fez uma declaração importante. Ele afirmou que a inteligência artificial, em trinta anos, possuirá QI de 10.000. Um ser humano considerado como gênio, possui um QI 200[24]. Dessa forma, percebe-se que a inteligência artificial está em constante evolução.

Diante da preocupação acerca do desenvolvimento sem limites da inteligência artificial, muitos cientistas e pesquisadores assinaram uma carta aberta determinando as prioridades de pesquisa para inteligência artificial robusta e benéfica. Nesse documento, está expresso que a inteligência artificial deve fazer o que o ser humano quer que ela faça[25].

2.1 Atos autônomos da inteligência artificial

A inteligência artificial possui a capacidade de autoaprendizagem. Ela pode agir de diferentes maneiras diante de uma mesma situação, conforme explica Čerka, Gri-

---

22. RUSSELL, Stuart Jonathan; NORVING, Peter. *Inteligência artificial*. Tradução: Regina Célia Simille. Rio de Janeiro: Elsevier, 2013, p. 991, 1115.

23. MARTINS, João Vitor Gomes; GONÇALVES, Luckas Ruthes; PIRES, Thatiane Cristina Fontão. A Responsabilidade Civil Pelos Atos Autônomos Da Inteligência Artificial. In: CONGRESSO DIREITO DA UFSC, 12, 2018, Florianópolis. *Anais [...]* Florianópolis: UFSC, abr. 2018. p. 280-300. Disponível em: https://www. academia.edu/39924696/A_Responsabilidade_Civil_pelos_atos_aut%C3%B4nomos_da_intelig%C3%A-Ancia_artificial. Acesso em: 05 out. 2021, p. 283.

24. CLIFFORD, Catherine. Billionaire CEO of SoftBank: Robots will have an IQ of 10,000 in 30 years. *Makeit*, 25 out. 2017. Disponível em: https://www.cnbc.com/2017/10/25/masayoshi-son-ceo-of-softbank-robots--will-have-an-iq-of-10000.html. Acesso em: 05 set. 2021.

25. RUSSELL, Stuart Jonathan et al. An Open Letter: research priorities for robust and beneficial artificial intelligence. *Future of Life*: Institute, [s.l.], [2015]. Disponível em: https://futureoflife.org/ai-open-letter/. Acesso em: 01 out. 2021.

giené e Sirbikytė[26]. Ainda, ela se utiliza dessa capacidade de aprender para tomar suas decisões. Assim, os atos autônomos da inteligência artificial são aqueles derivados do processo de aprendizagem e todas as tecnologias envolvidas, no qual ela age sem interferência do ser humano.

Ensina Schirru que os atos autônomos da inteligência artificial não precisam ser necessariamente resultados de um erro. Para ele, os atos, chamados de ilícitos, podem ser consequências de uma escolha e que essa, pode ser matematicamente apropriada, mas não humanamente adequada. O autor explica que isso pode ocorrer nos casos envolvendo inteligência artificial na medicina, em que o profissional da saúde precisa, em algumas situações, ser sensível, algo que a inteligência artificial ainda não conseguiu reproduzir[27].

Independentemente de ser um erro ou não, a inteligência artificial é utilizada em diversas áreas, como por exemplo, na medicina. A empresa *International Business Machines Corporation* (IBM) desenvolveu, entre outras, uma inteligência artificial que possui capacidade de desenvolver e indicar tratamentos personalizados para pacientes com câncer. O Watson for Oncology, de acordo com a empresa, utiliza-se da tecnologia de *machine learning* para cruzar os dados que possui com uma vasta literatura médica[28] e indicar um tratamento que julga ser o mais eficiente. Essa decisão configura-se como ato autônomo, pois é resultado da comparação dos dados com as informações informadas a ele[29].

A mesma empresa é responsável pelo robô Watson que venceu, em um programa de televisão, o jogo de perguntas sobre conhecimentos gerais. Nele, o robô estava competindo com dois dos maiores vencedores do programa[30]. Quando o assunto é assistentes virtuais dotadas com a tecnologia da inteligência artificial, impossível não lembrar da Alexa, Cortana e a Siri[31].

---

26. ČERKA, Paulius; GRIGIENĖ, Jurgita; SIRBIKYTĖ, Gintarė. Liability for damages caused by artificial intelligence. *Computer Law & Security Review*, Amsterdam. v. 31, n. 3, jun. 2015, p. 376-389. Disponível em: https://www.sciencedirect.com/science/article/pii/S026736491500062X?via%3Dihub. Acesso em: 15 abr. 2021, p. 378.
27. SCHIRRU, Luca. A Inteligência Artificial e o Big Data no Setor da Saúde: Os Sistemas Especialistas e o Direito. *Propriedade Intelectual Direito Contemporâneo e Constituição*, Aracaju, v. 10, n. 03, p. 81-99, out. 2016. Disponível em: http://pidcc.com.br/br/component/content/article/2-uncategorised/249-a-inteligencia-artificial-e-o-big-data-no-setor-da-saude-os-sistemas-especialistas-e-o-direito. Acesso em: 10 abr. 2021, p. 94.
28. A empresa IBM em seu site informa que o Watson for Oncology utiliza mais de 300 periódicos médicos, de mais 250 livros e 15 milhões de páginas de texto para auxiliar na indicação do melhor tratamento ao paciente. IBM. *IBM Watson Health*: Oncology and genomics. 2020c. Disponível em: https://www.ibm.com/watson/br-pt/health/oncology-and-genomics/. Acesso em: 28 abr. 2021.
29. IBM. *IBM Watson Health*: Oncology and genomics. 2020c. Disponível em: https://www.ibm.com/watson/br-pt/health/oncology-and-genomics/. Acesso em: 28 abr. 2021.
30. GREGO, Maurício. Watson, o fascinante computador da IBM que venceu os humanos. *Exame*, São Paulo, 17 ago. 2012. Disponível em: https://exame.com/tecnologia/watson-o-fascinante-computador-da-ibm-que-venceu-os-humanos/. Acesso em: 01 out. 2021.
31. SIGNORELLI, Andrea Daniele. Por que a Apple perdeu o trem da inteligência artificial, apesar da Siri. *Forbes*. 20 abr. 2018. Disponível em: https://forbes.com.br/negocios/2018/04/por-que-a-apple-perdeu-o-trem-da-inteligencia-artificial-apesar-da-siri/. Acesso em: 30 ago. 2021.

A empresa Orcam produziu uma inteligência artificial que explora a sua tecnologia de visualização para ler textos, reconhecer pessoas e produtos, entre outras capacidades. Um dos objetivos da empresa é auxiliar pessoas com deficiência visual ou com dificuldade de leitura[32]. No universo financeiro, existe a Bia que é conhecida como a inteligência artificial do Bradesco[33].

No judiciário brasileiro, o Victor tem a árdua tarefa de identificar quais recursos extraordinários tratam de temas de repercussão geral[34]. Acrescenta-se como exemplos da interação do direito com a inteligência artificial: o programa capaz de aplicar o código civil alemão[35]; o sistema CCLIPS[36], HYPO[37] e o especialista na área da responsabilidade civil[38].

Em períodos de Pandemia, onde o contato entre humanos deve ser evitado, robôs sociais, como a Pepper que reconhece emoções básicas, podem auxiliar profissionais de saúde e pacientes[39]. Acrescenta-se, como exemplos de Robôs que interagem com seres humanos e que são dotados de inteligência artificial, a Sophia[40] e a Erica, que irá contracenar com seres humanos na gravação de um filme[41].

---

32. ORCAM. *Ajude as pessoas que são cegas ou parcialmente cegas*. 2020. Disponível em: https://www.orcam.com/pt/. Acesso em: 28 abr. 2021.
33. AGRELA, Lucas. Bradesco permite consulta de saldo via WhatsApp: clientes podem checar dados financeiros por meio do aplicativo; veja como fazer. *Exame*, São Paulo, 19 set. 2018. Disponível em: https://exame.com/tecnologia/bradesco-permite-consulta-de-saldo-via-whatsapp/. Acesso em: 06 ago. 2021.
34. INTELIGÊNCIA artificial vai agilizar a tramitação de processos no STF. *Portal Supremo Tribunal Federal*, [Brasília], 30 maio 2018. Disponível em: http://www.stf.jus.br/portal/cms/verNoticiaDetalhe.asp?idConteudo=380038. Acesso em: 29 abr. 2021.
35. Desenvolvido pelos pesquisadores Popp e Schlink. TRAZEGNIES, Fernando de. ¿Seguirán existiendo jueces en el futuro? El razonamiento judicial y la inteligencia artificial. *Ius Et Verita*, n. 47, p. 112-113, dez. 2013. Disponível em: http://revistas.pucp.edu.pe/index.php/iusetveritas/article/view/11938/12506. Acesso em: 07 jun. 2021, p. 122-123.
36. Criado por De Bessonet, com a finalidade de organizar cientificamente o Código Civil da Louisiana no Estados Unidos. TRAZEGNIES, Fernando de. ¿Seguirán existiendo jueces en el futuro? El razonamiento judicial y la inteligencia artificial. *Ius Et Verita*, n. 47, p. 112-113, dez. 2013. Disponível em: http://revistas.pucp.edu.pe/index.php/iusetveritas/article/view/11938/12506. Acesso em: 07 jun. 2021, p. 122-123.
37. Ele é capaz de analisar casos legais, desenvolver argumentos, além de possuir um banco de dados, todos relacionados ao segredo comercial. Foi desenvolvido por Kevin Ashley. TRAZEGNIES, Fernando de. ¿Seguirán existiendo jueces en el futuro? El razonamiento judicial y la inteligencia artificial. *Ius Et Verita*, n. 47, p. 112-113, dez. 2013. Disponível em: http://revistas.pucp.edu.pe/index.php/iusetveritas/article/view/11938/12506. Acesso em: 07 jun. 2021, p. 122-123.
38. Projetado pelo instituto de Massachusetts de tecnologia e com os pesquisadores Meidmann e King. TRAZEGNIES, Fernando de. ¿Seguirán existiendo jueces en el futuro? El razonamiento judicial y la inteligencia artificial. *Ius Et Verita*, n. 47, p. 112-113, dez. 2013. Disponível em: http://revistas.pucp.edu.pe/index.php/iusetveritas/article/view/11938/12506. Acesso em: 07 jun. 2021, p. 122-123.
39. PÉREZ, Montse Hidalgo. Interacción Robots sociales en tiempos de pandemia: ¿ángeles de la guarda o mala influencia? *El País Economía*: Retina, Madrid, 21 set. 2020. Disponível em: https://retina.elpais.com/retina/2020/09/21/tendencias/1600711068_643742.htm. Acesso em: 22 set. 2021.
40. CORONA, Sonia. Robô Sophia: "Os humanos são as criaturas mais criativas do planeta, mas também as mais destrutivas". *El País*: Tecnologia, Guadalajara, 08 abr. 2018. Disponível em: https://brasil.elpais.com/brasil/2018/04/06/tecnologia/1523047970_882290.html. Acesso em: 22 set. 2021.
41. ROBÔ com inteligência artificial será protagonista de filme com orçamento de mais de R$ 370 milhões. *Monet*, 25 jun. 2020. Disponível em: https://revistamonet.globo.com/Filmes/noticia/2020/06/robo-com-inteligencia-artificial-e-escalada-como-protagonista-de-filme-com-orcamento-de-mais-de-r-370-milhoes.html. Acesso em 22 set 2021.

Importante mencionar que, nos exemplos acima, apesar de terem sido inseridos dados e programações específicas, eles não são suficientes para solucionar todos os problemas que envolvem o cotidiano. Portanto, as tecnologias que estão inseridas na inteligência artificial são capazes de resolver as situações para as quais não foram programadas. Nesse sentido, como lembra Andrés uma das principais características da inteligência artificial é a imprevisibilidade, sendo que essa poderá causar os danos físicos[42].

Uma das experiências emblemáticas envolvendo inteligência artificial ocorreu em 2002. Em um experimento, dois robôs, um configurado como presa e o outro como caçador, foram postos juntos a fim de incentivar o desenvolvimento deles e descobrir qual deles seria o mais forte. Entretanto, os desenvolvedores não esperavam que o robô chamado de Gaak, configurado como presa, fora da arena foi deixado por quinze minutos sem vigilância de seu responsável e seguindo seu instinto, ele fugiu para o estacionamento[43].

Além disso, foram registrados nos Estados Unidos acidentes envolvendo carros autônomos. Um deles foi o atropelamento de uma mulher por um carro autônomo da Uber, no estado do Arizona[44]. O outro foi o veículo da empresa Tesla que se envolveu em um acidente, no qual resultou na morte do humano que estava no banco do motorista[45].

Outro episódio ocorreu em Las Vegas, em 2019, quando um carro autônomo atropelou outro robô no estacionamento de uma feira de tecnologia[46]. Ainda relacionados aos acidentes envolvendo a inteligência artificial, um robô segurança atropelou uma criança de um ano e quatro meses, no estado da California/EUA, em 2016[47].

Ademais, foram registrados alguns imprevistos relacionados ao desenvolvimento de inteligências artificias. O Facebook desenvolveu duas delas que possuíam

---

42. ANDRÉS, Moisés Barrio. Robótica, inteligencia artificial y Derecho. *Real Instituto elcano*, Madrid, n. 103, p. 1-7, set. 2018. Disponível em: http://www.realinstitutoelcano.org/wps/wcm/connect/b7a72224-1d-79-4649-8c51-bc0419e40cd4/ARI103-2018-BarrioAndres-Robotica-inteligencia-artificial-derecho.pdf?-MOD=AJPERES&CACHEID=b7a72224-1d79-4649-8c51-bc0419e40cd4 Acesso em: 07 set. 2021, p. 3.

43. HIGGENS, Dave. Robot learns how to escape from exhibition. *Independent*, [s.l.], 20 jun. 2002. Disponível em: https://www.independent.co.uk/news/uk/home-news/robot-learns-how-to-escape-from-exhibition-180874.html. Acesso em: 28 abr. 2021.

44. QUANDO a inteligência artificial mata alguém, quem é responsável? *Época Negócios/Globo*, 21 mar. 2018. Disponível em: https://epocanegocios.globo.com/Tecnologia/noticia/2018/03/quando-inteligencia-artificial-mata-alguem-quem-e-responsavel.html. Acesso em: 02 out 2021.

45. REUTERS. Transport safety body rules safeguards 'were lacking' in deadly Tesla crash. *The Guardian*, 12 set. 2017. Disponível em: https://www.theguardian.com/technology/2017/sep/12/tesla-crash-joshua-brown-safety-self-driving-cars. Acesso em: 28 abr. 2021.

46. VÍDEO flagra o momento em que carro autônomo atropela robô. *Galileu*, 09 jan. 2019. Disponível em: https://revistagalileu.globo.com/Tecnologia/noticia/2019/01/video-flagra-o-momento-em-que-carro-autonomo-atropela-robo.html. Acesso em: 28 abr. 2021.

47. COELHO, Carlos. Robô usado na segurança de shopping fere criança de um ano e quatro meses. *Gazeta do Povo*, 13 jul. 2016. Disponível em: https://www.gazetadopovo.com.br/economia/inteligencia-artificial/robo-usado-na-seguranca-de-shopping-fere-crianca-de-um-ano-e-quatro-meses-9gp4xflk9qey1ods5ntckbfqt/. Acesso em: 2 out. 2021.

o objetivo de conversar e negociar com os usuários. Entretanto, quando elas foram postas para conversar entre si, desenvolveram uma linguagem própria, diversa do inglês, para a qual foram programadas, e precisaram ser reprogramadas[48].

A Microsoft, por sua vez, desenvolveu uma inteligência artificial para interagir com os internautas. Contudo, ela precisou ser desativada, porque foi responsável por alguns comentários racistas, principalmente relacionados ao nazismo[49]. Ainda, importante mencionar o caso COMPAS. Esse é um sistema de inteligência artificial que realiza a dosimetria da pena em alguns tribunais nos Estado Unidos. Porém, esse algoritmo, que utiliza um sistema de pontos, foi acusado de preconceito racial, por atribuir pontuação maiores as pessoas negras[50].

3. NATUREZA JURÍDICA DOS ATOS AUTÔNOMOS DA INTELIGÊNCIA ARTIFICIAL DE ACORDO COM O ORDENAMENTO JURÍDICO BRASILEIRO

O instituto da responsabilidade civil está previsto na legislação brasileira e busca reparar os danos sofridos por atos ilícitos. Acrescenta-se que no ordenamento jurídico brasileiro atual a inteligência artificial não é responsável pelos seus atos, independentemente de serem autônomos ou não. Logo, uma pessoa precisa ser a responsável por reparar o prejuízo.

Nesse sentido, esse capítulo tece comentários breves acerca da responsabilidade civil e sua previsão legislativa. Além disso, são expostas as teorias propostas que buscam verificar quais são as possíveis alterativas de solução do problema apresentado. Qual seja: quem será judicialmente responsável por indenizar a vítima dos danos ilícitos na seara cível. Ademais, são apresentados argumentos favoráveis e contra a imputação da responsabilidade a própria inteligência artificial.

3.1 Breves apontamentos sobre a responsabilidade civil segundo o ordenamento jurídico brasileiro

A responsabilidade civil é decorrente de uma conduta comissiva ou omissiva que causa dano a outrem, independente ou não de culpa ou dolo. Ela busca reparar o dano sofrido, fazendo com que a vítima retorne ao *statu quo ante*. Portanto, trata-se de uma obrigação-sanção, consequência desse ato ilícito causador do dano. O sujeito

---

48. GOMES, Helton Simões. Facebook desligou robô que abandonou inglês e criou linguagem própria? Não é verdade! *G1*, 02 ago. 2017. Disponível em: https://g1.globo.com/e-ou-nao-e/noticia/facebook-desligou--robo-que-abandonou-ingles-e-criou-linguagem-propria-nao-e-verdade.ghtml. Acesso em: 26 jun. 2021.

49. EXPOSTO à internet, robô da Microsoft vira racista em 1 dia. *Veja*, 24 mar. 2016. Disponível em: https://veja.abril.com.br/tecnologia/exposto-a-internet-robo-da-microsoft-vira-racista-em-1-dia/. Acesso em: 26 jun. 2021.

50. MAYBIN, Simon. Sistema de algoritmo que determina pena de condenados cria polêmica nos EUA. *BBC News*, 31 out 2016. Disponível em: https://www.bbc.com/portuguese/brasil-37677421. Acesso em: 22 set 2021.

que causou o dano possui a responsabilidade de indenizar aquele que sofreu a perda, pois houve um desequilíbrio jurídico-econômico entre a vítima e o causador do dano.

Necessário se faz entender que a responsabilidade civil não é uma obrigação. A principal diferença entre elas é que a primeira é um dever jurídico sucessivo, enquanto a segunda é originária. Inclusive, o próprio Código Civil no seu art. 389 expressa essa distinção[51]. Nesse ângulo, não existe responsabilidade "sem a violação de um dever jurídico existente" que é consequência do descumprimento de uma obrigação. Bem como, para o autor, "para se identificar o responsável é necessário precisar o dever jurídico violado e quem o descumpriu"[52].

A responsabilidade civil pode ser contratual ou extracontratual, em relação a origem da obrigação de indenizar. Na primeira, a obrigação é decorrente de uma relação jurídica, um contrato por exemplo. A segunda, também conhecida como aquiliana, é consequência da violação da lei, isto é, caracteriza-se pelo ato ilícito ou abuso de direito. Quanto aos elementos, o ordenamento jurídico brasileiro prevê que a responsabilidade civil pode ser subjetiva ou objetiva. A responsabilidade civil subjetiva exige a comprovação da culpa em *latu senso*, enquanto na objetiva a culpa não é um fator fundamental.

Sobre a previsão desse instituto no ordenamento jurídico brasileiro, verifica-se que há disposições na Constituição da República Federativa do Brasil[53], bem como no Código Civil[54]. Além disso, o art. 6º, VI do Código de Defesa do Consumidor também garante o direito reparação do dano causado por atos ilícitos de terceiros[55].

---

51. Art. 389. Não cumprida a obrigação, responde o devedor por perdas e danos, mais juros e atualização monetária segundo índices oficiais regularmente estabelecidos, e honorários de advogado. BRASIL. *Lei 10.406/2002*. Institui o Código Civil. Disponível em: http://www.planalto.gov.br/ccivil_03/leis/2002/l10406. htm. Acesso em: 24 nov. 2021.

52. CAVALIERI FILHO, Sergio. *Programa de responsabilidade civil*. 13. ed. São Paulo: Atlas, 2019. E-book (não paginado). Disponível em: https://integrada.minhabiblioteca.com.br/#/books/9788597018790/epubc-fi/6/10[;vnd.vst.idref=html5]!/4/2@0:0. Acesso em: 23 nov 2021, capítulo 1.

53. Art. 5º Todos são iguais perante a lei, sem distinção de qualquer natureza, garantindo-se aos brasileiros e aos estrangeiros residentes no País a inviolabilidade do direito à vida, à liberdade, à igualdade, à segurança e à propriedade, nos termos seguintes: [...] X – são invioláveis a intimidade, a vida privada, a honra e a imagem das pessoas, assegurado o direito a indenização pelo dano material ou moral decorrente de sua violação. BRASIL. [Constituição (1998)] *Constituição da República Federativa do Brasil de 1988*. Brasília, DF: Presidência da República, [2020]. Disponível em: http://www.planalto.gov.br/ccivil_03/constituicao/constituicao.htm. Acesso em: 24 nov. 2019.

54. Art. 186. Aquele que, por ação ou omissão voluntária, negligência ou imprudência, violar direito e causar dano a outrem, ainda que exclusivamente moral, comete ato ilícito. Art. 927. Aquele que, por ato ilícito (arts. 186 e 187), causar dano a outrem, fica obrigado a repará-lo. BRASIL. *Lei 10.406/2002*. Institui o Código Civil. Disponível em: http://www.planalto.gov.br/ccivil_03/leis/2002/l10406.htm. Acesso em: 24 nov. 2021.

55. Art. 6º: São direitos básicos do consumidor: [...] VI – a efetiva prevenção e reparação de danos patrimoniais e morais, individuais, coletivos e difusos. BRASIL. *Lei 8.078/1990*. Dispõe sobre a proteção do consumidor e dá outras providências. Disponível em: http://www.planalto.gov.br/ccivil_03/leis/l8078.htm. Acesso em: 24 nov. 2021.

Seção 2.01 3.2 Natureza jurídica reconhecida aos atos autônomos da inteligência artificial

A inteligência artificial não possui personalidade jurídica e dessa forma, alguém, pessoa física ou jurídica, precisa ser responsabilizado. Existem algumas teorias desenvolvidas sobre quem será responsável pelos danos produzidos pelos atos autônomos da inteligência artificial.

Alguns estudiosos defendem que no futuro será possível atribuir a responsabilidade para as próprias inteligências artificiais. Hakli e Mäkela mencionam, inclusive, que há possibilidade de a inteligência artificial ser mais responsável que os seres humanos[56]. Esclarece Villaronga que se os robôs podem alterar seus códigos, não há justificativas para responsabilizar um ser humano pelos atos autônomos deles[57].

Para Loh é possível atribuir responsabilidade a inteligência artificial, mas de maneira restrita. Atualmente, as inteligências artificiais ainda possuem uma certa dependência humana, mas, no futuro haverá robôs totalmente autônomos[58]. Para a inteligência artificial possuir responsabilidade, ela deverá ter inicialmente ciência das suas atitudes[59].

Ao adquirirem a capacidade de ter consciência e sentimentos, González aponta para uma nova geração[60]. Pires e Silva defendem que a partir do momento que a inteligência artificial tenha consciências de suas ações, poderia ser sim, responsável pelos seus próprios atos. Os autores mencionam que as superinteligências serão totalmente autônomas e, dessa forma, poderão ser responsabilizadas[61].

---

56. HAKLI, Raul; MÄKELA, Pekka. Robots, Autonomy, and Responsibility. *What Social Robots Can and Should Do*, Amsterdam, v. 290, p. 145-154, 2016. Disponível em: http://ebooks.iospress.nl/publication/45628. Acesso em: 06 set. 2021, p. 150.

57. VILLARONGA, Eduard Fosch. Responsibility in Robot and AI Environments. *Elaw*, n. 2, p. 1-11, 24 abr. 2019. Disponível em: https://www.universiteitleiden.nl/binaries/content/assets/rechtsgeleerdheid/instituut-voor-metajuridica/elaw-working-paper-series/wps2019.002.fosch_responsibility.pdf Acesso em: 04 set. 2021, p. 6.

58. LOH, Janina. Responsibility and Robot Ethics: A Critical Overview. *Philosophy of Media and Technology*, Vienna, v. 4, n. 58, p. 1-20, dez. 2019. Disponível em: https://www.mdpi.com/2409-9287/4/4/58. Acesso em: 12 set. 2021, p. 12-13.

59. BIGMAN, Yochanan E.; WAYTZ, Adam; ALTEROVITZ, Ron; GRAY, Kurt. Holding Robots Responsible: The Elements of Machine Morality. *Trend in Cognitive Sciences*, v. 23, n. 5, p. 365-368, maio 2019. Disponível em: https://www.cell.com/trends/cognitive-sciences/fulltext/S1364-6613(19)30063-4?_returnURL=https%3A%2F%2Flinkinghub.elsevier.com%2Fretrieve%2Fpii%2FS1364661319300634%3Fshowall%3Dtrue Acesso em: 11 set. 2021, p. 366.

60. GONZÁLEZ, María José Santos. Regulación legal de la robótica y la inteligencia artificial: Retos de futuro. *Revista Jurídica de la Universidad de León*, n. 4, 2017, p. 25-50, 2017. Disponível em: http://revistas.unileon.es/ojs/index.php/juridica/article/view/5285/4108. Acesso em: 05 set. 2021, p. 32.

61. PIRES, Thatiane Cristina Fontão; SILVA, Rafael Peteffi da. A responsabilidade civil pelos atos autônomos da inteligência artificial: notas iniciais sobre a resolução do parlamento europeu. *Revista Brasileira de Políticas Públicas*, Brasília, v. 7, n. 3, p. 238-254, dez. 2017. Disponível em: https://www.publicacoesacademicas.uniceub.br/RBPP/article/view/4951. Acesso em: 6 abr. 2021, p. 246.

Claro que para isso, seria necessário anteriormente atribuir personalidade a elas. Como afirma Almada a atribuição de responsabilidade a inteligência artificial pode estimular o desenvolvimento de medidas robóticas e jurídicas que minimizem os riscos do uso dessa tecnologia. Ele explica que a inteligência artificial obedeceria a essas regras, pois estariam inseridas em seus códigos de criação e que eventual violação, seria resultado de defeito no seu desenvolvimento[62].

Apesar de argumentar sobre a atribuição de responsabilidade a inteligência artificial, Almada, apresenta como um problema, a aplicação de qualquer tipo de coerção, pois afirma que não é possível que qualquer dessas tecnologias possua uma "vida psicologia interior". Mas alerta, que não deve ser argumento para não serem responsabilizados, afirmando que podem ser tomadas sanções jurídicas diferentes, mas que tenha consequências da inteligência artificial[63].

Acrescenta-se o posicionamento de Villaronga que aponta para o fato da inteligência artificial ser autônoma e possuir uma alta tecnologia não deve ser argumento para não atribuir a responsabilidade a alguém por eventuais danos[64]. Loh defende que um ser humano deve ser responsável pelos atos da inteligência artificial, pois a responsabilidade surge da interação dela com uma pessoa[65].

Nessa mesma perceptiva, defende González que a responsabilidade deve ser de um ser humano, em razão da inteligência artificial não possuir as capacidades de inteligência emocional e intuição[66]. Colabora, Fernández que atribuir responsabilidade a inteligência artificial é contrário as legislações internacionais, tendo em vista que ela também seria detentora de direitos, bem como isso não é lógico, do seu ponto de vista[67].

Outro argumento, é apresentado por Barbosa. Ela indica que a inteligência artificial está distante de agir eticamente como os seres humanos e jamais deverá ser

---

62. ALMADA. Marco. *Inteligência Artificial:* Perspectivas a partir da Filosofia do Direito. 2018. Disponível em: https://www.researchgate.net/publication/328393397_Inteligencia_Artificial_Perspectivas_a_partir_da_Filosofia_do_Direito Acesso em: 10 set. 2021, p. 7-8.

63. ALMADA. Marco. *Inteligência Artificial:* Perspectivas a partir da Filosofia do Direito. 2018. Disponível em: https://www.researchgate.net/publication/328393397_Inteligencia_Artificial_Perspectivas_a_partir_da_Filosofia_do_Direito Acesso em: 10 set. 2021, p. 9.

64. VILLARONGA, Eduard Fosch. Responsibility in Robot and AI Environments. *Elaw*, n. 2, p. 1-11, 24 abr. 2019. Disponível em: https://www.universiteitleiden.nl/binaries/content/assets/rechtsgeleerdheid/instituut-voor-metajuridica/elaw-working-paper-series/wps2019.002.fosch_responsibility.pdf Acesso em: 04 set. 2021, p. 8.

65. LOH, Janina. Responsibility and Robot Ethics: A Critical Overview. *Philosophy of Media and Technology*, Vienna, v. 4, n. 58, p. 1-20, dez 2019. Disponível em: https://www.mdpi.com/2409-9287/4/4/58. Acesso em: 12 set. 2021, p. 14-15.

66. GONZÁLEZ, María José Santos. Regulación legal de la robótica y la inteligencia artificial: Retos de futuro. *Revista Jurídica de la Universidad de León*, n. 4, 2017, p. 25-50, 2017. Disponível em: http://revistas.unileon.es/ojs/index.php/juridica/article/view/5285/4108. Acesso em: 05 set. 2021, p. 39.

67. FERNÁNDEZ, Francisca Ramón. Robótica, inteligência artificial y seguridad: ¿Cómo encajar la responsabilidad civil? *Diario La Ley* n. 9365, p. 1-13, fev. 2019. Disponível em: https://riunet.upv.es/bitstream/handle/10251/117875/Rob%c3%b3tica.pdf?sequence=1&isAllowed=y. Acesso em: 10 set. 2021, p. 8.

deixada de ser tratada como uma coisa. Para a Autora a responsabilidade deve ser sempre atribuída ao ser humano[68].

Ao se optar por responsabilizar seres humanos pelos atos da inteligência artificial, González adverte que devem ser consideradas as capacidades e possibilidades que esses possuem em controlar ou evitar as ações dela. Ela sugere que a responsabilidade seja daquela pessoa com capacidade de evitar, diminuir os riscos ou administrar os efeitos negativos produzidos pela inteligência artificial, o que denomina de "gestão de risco"[69].

No entanto, existe um outro ponto que precisa ser esclarecido para atribuir a responsabilidade a uma pessoa. Qual o tipo de responsabilidade seria atribuído, subjetiva ou objetiva? Como explica Villaronga, existem argumentos favoráveis a atribuição da responsabilidade objetiva, isto é, sem a necessidade de comprovação de culpa. Entretanto, esse não é o entendimento mais disseminado[70].

A fim de solucionar tal problemática, alguns autores enquadram a inteligência artificial em teorias, levando em consideração a função e finalidade delas. São elas inteligência artificial como: a) ferramenta; b) produto; c) risco da atividade e d) propriedade intelectual.

(a) 3.2.1 A inteligência artificial como ferramenta

Para entender a inteligência artificial utilizada como ferramenta, Čerka, Grigienė e Sirbikytė comparam ela aos escravos romanos, pois ambos não são sujeitos de direito, mas sim objetos da lei[71]. Ao fazer essa analogia, os autores entendem que como o senhor, dono dos escravos, era responsável pelas atitudes desses, o dono da inteligência artificial também deverá ser. Portanto, incide a responsabilização pelo fato de terceiro[72].

---

68. BARBOSA, Mafalda Miranda. Inteligência artificial, e-persons e direito: Desafios e perspectivas. *Revista Jurídica Luso-Brasileira*, ano 3, n. 6, p. 1475-1503, 2017. Disponível em: http://www.cidp.pt/revistas/rjlb/2017/6/2017_06_1475_1503.pdf. Acesso em: 26 maio 2021, p. 1482, 1487, 1502.

69. GONZÁLEZ, María José Santos. Regulación legal de la robótica y la inteligencia artificial: Retos de futuro. *Revista Jurídica de la Universidad de León*, n. 4, 2017, p. 25-50, 2017. Disponível em: http://revistas.unileon.es/ojs/index.php/juridica/article/view/5285/4108. Acesso em: 05 set. 2021, p. 37-38.

70. VILLARONGA, Eduard Fosch. Responsibility in Robot and AI Environments. *Elaw*, n. 2, p. 1-11, 24 abr. 2019. Disponível em: https://www.universiteitleiden.nl/binaries/content/assets/rechtsgeleerdheid/instituut-voor-metajuridica/elaw-working-paper-series/wps2019.002.fosch_responsibility.pdf Acesso em: 04 set. 2021, p. 10.

71. ČERKA, Paulius; GRIGIENĖ, Jurgita; SIRBIKYTĖ, Gintarė. Liability for damages caused by artificial intelligence. *Computer Law & Security Review*, Amsterdam. v. 31, n. 3, p. 376-389, jun. 2015, p. 376-389. Disponível em: https://www.sciencedirect.com/science/article/pii/S026736491500062X?via%3Dihub. Acesso em: 15 abr. 2021, p. 385.

72. Denominada por Cavalieri Filho como fato de outrem, esse tipo de responsabilidade não ocorre de forma indiscriminada. Na verdade, ele explica que se trata de uma responsabilidade por fato próprio omissivo, visto que a pessoa que é responsável que deverá indenizar deveria ter agido com guarda e vigilância. Ela, nesses casos responde de forma objetiva. CAVALIERI FILHO, Sergio. *Programa de responsabilidade civil*. 13. ed. São Paulo: Atlas, 2019. E-book (não paginado). Disponível em: https://integrada.minhabiblioteca.

Nesse caso, haveria a responsabilidade indireta[73] do usuário e objetiva[74] daquele em nome da qual a inteligência artificial age[75]. Na inteligência artificial como ferramenta, o fato de um fornecedor ou usuário estar utilizando ela é indiferente no que tange a responsabilização. Em ambos os casos o argumento a ser utilizado é que existe um dever de guarda e vigilância[76].

Conforme Tepedino e Silva apresentam como justificativa para aplicação dessa teoria, a responsabilidade pela guarda da coisa[77] ou animal[78][79]. Nesse sentido também

---

com.br/#/books/9788597018790/epubcfi/6/10[;vnd.vst.idref=html5]!/4/2@0:0. Acesso em: 23 nov 2021, capítulo 7.

73. A responsabilidade indireta caracteriza-se quando um terceiro que não concorreu diretamente para a ocorrência do dano, torna-se o responsável legal pela indenização. O doutrinador Cavalieri Filho preleciona de forma extraordinária que "é preciso que esse alguém esteja ligado por algum vínculo jurídico ao autor do ato ilícito, de sorte a resultar-lhe, daí um dever de guarda, vigilância ou custódia." CAVALIERI FILHO, Sergio. *Programa de responsabilidade civil*. 13. ed. São Paulo: Atlas, 2019. *E-book* (não paginado). Disponível em: https://integrada.minhabiblioteca.com.br/#/books/9788597018790/epubcfi/6/10[;vnd.vst.idref=html5]!/4/2@0:0. Acesso em: 23 nov 2021, capítulo 7.

74. A responsabilidade objetiva está prevista no art. 917, parágrafo único do Código Civil como uma exceção. *In verbis*: "Art. 927 [...] Parágrafo único. Haverá obrigação de reparar o dano, independentemente de culpa, nos casos especificados em lei, ou quando a atividade normalmente desenvolvida pelo autor do dano implicar, por sua natureza, risco para os direitos de outrem." O abuso do direto, por ele mencionado, é caracterizado pelo exercício de um direito com um fim diverso daquele protegido e buscado pela norma jurídica. BRASIL. *Lei 10.406/2002*. Institui o Código Civil. Disponível em: http://www.planalto.gov.br/ccivil_03/leis/2002/l10406.htm. Acesso em: 24 nov. 2021.

75. MARTINS, João Vitor Gomes; GONÇALVES, Luckas Ruthes; PIRES, Thatiane Cristina Fontão. A Responsabilidade Civil Pelos Atos Autônomos Da Inteligência Artificial. In: CONGRESSO DIREITO DA UFSC, 12, 2018, Florianópolis. *Anais [...]* Florianópolis: UFSC, abr. 2018. p. 280-300. Disponível em: https://www.academia.edu/39924696/A_Responsabilidade_Civil_pelos_atos_aut%C3%B4nomos_da_intelig%C3%A-Ancia_artificial. Acesso em: 05 out. 2021, p. 293.

76. ALBIANI, Christine. *Responsabilidade Civil e Inteligência artificial*: Quem responde pelos danos causados por robôs inteligentes? 2019. Disponível em: https://itsrio.org/wp-content/uploads/2019/03/Christine-Albiani.pdf. Acesso em: 29 abr. 2021, p. 10.

77. A responsabilidade pelo fato da coisa pode ser entendida como aquela em que as coisas inanimadas são responsáveis exclusivamente para a ocorrência do dano. Dessa forma, não pode o detentor ou guardião ter corroborado para o evento danoso. CAVALIERI FILHO, Sergio. *Programa de responsabilidade civil*. 13. ed. São Paulo: Atlas, 2019. E-book (não paginado). Disponível em: https://integrada.minhabiblioteca.com.br/#/books/9788597018790/epubcfi/6/10[;vnd.vst.idref=html5]!/4/2@0:0. Acesso em: 23 nov 2021, capítulo 8.

78. O Art. 936 do Código Civil prevê expressamente que: "O dono, ou detentor, do animal ressarcirá o dano por este causado, se não provar culpa da vítima ou força maior." Nesses casos, tem=se uma responsabilidade objetiva, onde tanto o proprietário, como a pessoa que em que o animal está sob guarda possuem o dever de indenizar. Essa obrigação, só é afastada nos casos de culpa exclusiva da vítima ou força maior. BRASIL. *Lei 10.406/2002*. Institui o Código Civil. Disponível em: http://www.planalto.gov.br/ccivil_03/leis/2002/l10406.htm. Acesso em: 24 nov. 2021. CAVALIERI FILHO, Sergio. *Programa de responsabilidade civil*. 13. ed. São Paulo: Atlas, 2019. *E-book* (não paginado). Disponível em: https://integrada.minhabiblioteca.com.br/#/books/9788597018790/epubcfi/6/10[;vnd.vst.idref=html5]!/4/2@0:0. Acesso em: 23 nov 2021, capítulo 8.

79. TEPEDINO, Gustavo; SILVA, Rodrigo da Guia. Desafios da Inteligência Artificial em matéria de Responsabilidade Civil. *Revista Brasileira de Direito Civil*, Belo Horizonte, v. 21, p. 61-86, jul./set. 2019. Disponível em: https://rbdcivil.emnuvens.com.br/rbdc/article/view/465. Acesso em: 23 maio 2021, p. 75.

defende Tomasevicius Filho que é possível a aplicação das regras da responsabilidade civil pelo fato da coisa ou fato do produto[80] [81].

Em contrapartida, Čerka, Grigienė e Sirbikytė também entende que a inteligência artificial usada como ferramenta possibilita a responsabilidade civil do usuário ou proprietário. Eles ainda utilizam por analogia a responsabilidade pelos comportamentos de uma criança ou funcionário[82]. Contudo, tanto Čerka, Grigienė e Sirbikytė quanto González defendem que a inteligência artificial não pode ser comparada à responsabilidade dos animais, em razão da racionalidade e da base genética ser diversa entre eles[83].

Um dos pontos negativos dessa teoria, é que ela não se mostra eficiente e suficiente para atender todos os casos envolvendo os atos imprevisíveis da inteligência artificial, principalmente nos altos níveis de autonomia e tecnologia dela[84].

(b) 3.2.2 A inteligência artificial como produto

Uma outra possível abordagem da responsabilidade civil pelos danos ocasionados pelos atos autônomos da inteligência artificial, seria a responsabilização do programador e empresário que comercializa ou fabrica o produto. Nesse caso, incide

---

80. A responsabilidade pelo fato do produto é prevista nos artigos 12 e 14 Código de Defesa do Consumidor. Esse tipo de responsabilidade resguarda o dever de indenizar decorrente do defeito de segurança do produto ou serviço, conforme o caso. Por produto, preleciona o art. 3º, §1º do Código de Defesa do Consumidor que: "§ 1º Produto é qualquer bem, móvel ou imóvel, material ou imaterial". Agora, por defeito, ensina Cavalieri Filho que: "[...] é a falta de capacidade do fabricante de eliminar os riscos de um produto sem prejudicar sua utilidade." BRASIL. *Lei 8.078/1990*. Dispõe sobre a proteção do consumidor e dá outras providências. Disponível em: http://www.planalto.gov.br/ccivil_03/leis/l8078. htm. Acesso em 24 nov. 2019. CAVALIERI FILHO, Sergio. *Programa de responsabilidade civil*. 13. ed. São Paulo: Atlas, 2019. E-book (não paginado). Disponível em: https://integrada.minhabiblioteca. com.br/#/books/9788597018790/epubcfi/6/10[;vnd.vst.idref=html5]!/4/2@0:0. Acesso em: 23 nov. 2021, capítulo 16.
81. TOMASEVICIUS FILHO, Eduardo. Inteligência artificial e direitos da personalidade. *Revista da Faculdade de Direito*, Universidade de São Paulo, v. 113, p. 133-149, 21 dez. 2018. Disponível em: http://www.revistas. usp.br/rfdusp/article/view/156553/152042. Acesso em: 26 maio 2021, p. 141.
82. ČERKA, Paulius; GRIGIENĖ, Jurgita; SIRBIKYTĖ, Gintarė. Liability for damages caused by artificial intelligence. *Computer Law & Security Review*, Amsterdam. v. 31, n. 3, p. 376-389, jun. 2015, p. 376-389. Disponível em: https://www.sciencedirect.com/science/article/pii/S026736491500062X?via%3Dihub. Acesso em: 15 abr. 2021, p. 385-386 e GONZÁLEZ, María José Santos. Regulación legal de la robótica y la inteligencia artificial: Retos de futuro. *Revista Jurídica de la Universidad de León*, n. 4, 2017, p. 25-50, 2017. Disponível em: http://revistas.unileon.es/ojs/index.php/juridica/article/view/5285/4108. Acesso em: 05 set. 2021, p. 42.
83. ČERKA, Paulius; GRIGIENĖ, Jurgita; SIRBIKYTĖ, Gintarė. Liability for damages caused by artificial intelligence. *Computer Law & Security Review*, Amsterdam. v. 31, n. 3, p. 376-389, jun. 2015, p. 376-389. Disponível em: https://www.sciencedirect.com/science/article/pii/S026736491500062X?via%3Dihub. Acesso em: 15 abr. 2021, p. 385-386.
84. ALBIANI, Christine. *Responsabilidade Civil e Inteligência artificial:* Quem responde pelos danos causados por robôs inteligentes? 2019. Disponível em: https://itsrio.org/wp-content/uploads/2019/03/Christine-Albiani. pdf. Acesso em: 29 abr. 2021, p. 10.

a responsabilidade do Código de Defesa do Consumidor[85], em razão da clara relação de consumo existente entre o consumidor e o fornecedor[86].

De acordo com Tomasevicius Filho, nas hipóteses de acidentes envolvendo robôs domésticos ou veículos com inteligência artificial[87], deve ser aplicada a responsabilidade do fabricante, com justificativa no art. 12 do Código de Defesa do Consumidor[88]. Segundo ele, para que um veículo seja inserido no mercado, é necessário, ou pelo menos se pressupõe, que tenham sido realizados muitos testes de segurança[89].

Nesse sentido, González defende que os fabricantes e comerciantes devem ser responsabilizados, pois isso se refere a qualidade da tecnologia aplicada na inteligência artificial e a capacidade de interferência desses entes em evitar que o dano

---

85. A responsabilidade nas relações de consumo é objetiva e voltada, especialmente, para as relações de consumo em que uma das partes é considerada mais vulnerável. A responsabilidade nas relações de consumo é direta entre o consumidor e o fornecedor de produtos e serviços, sendo também objetiva para este, tendo em vista seu dever de segurança. Portanto, não há necessidade de caracterizar a culpa, visto que na responsabilidade objetiva ela é indiferente. Ainda, para caracterizá-la não precisa ser, necessariamente, consequência de uma relação contratual. Nessa esteira, verifica-se que o Código de Defesa do Consumidor adotou a teoria do risco do empreendimento. Esse significa que possui o dever de responder, independentemente de culpa, pelos vícios, defeitos dos bens e serviços fornecidos, todo aquele que se propõe a exercer alguma atividade do mercado de consumo. CAVALIERI FILHO, Sergio. *Programa de responsabilidade civil.* 13. ed. São Paulo: Atlas, 2019. *E-book* (não paginado). Disponível em: https://integrada.minhabiblioteca.com.br/#/books/9788597018790/epubcfi/6/10[;vnd.vst.idref=html5]!/4/2@0:0. Acesso em: 23 nov. 2021, capítulo 16.

86. ALBIANI, Christine. *Responsabilidade Civil e Inteligência artificial*: Quem responde pelos danos causados por robôs inteligentes? 2019. Disponível em: https://itsrio.org/wp-content/uploads/2019/03/Christine-Albiani.pdf. Acesso em: 29 abr. 2021, p. 5-7 e TEPEDINO, Gustavo; SILVA, Rodrigo da Guia. Desafios da Inteligência Artificial em matéria de Responsabilidade Civil. *Revista Brasileira de Direito Civil*, Belo Horizonte, v. 21, p. 61-86, jul.-set. 2019. Disponível em: https://rbdcivil.emnuvens.com.br/rbdc/article/view/465. Acesso em: 23 maio 2021, p. 84.

87. Sobre os veículos autônomos que utilizam a inteligência artificial é importante mencionar que o responsável civil para indenizar os eventuais danos que eles podem causar vai variar do seu grau de automação, segundo o entendimento majoritário. Os autores Colombo e Facchini Neto apresentam a seguinte proposta: a) quando o nível de automação for de 0 à 2 o motorista responde pelos danos ocorridos; b) quando o veículo possuir o nível 5 de automação, o fabricante é o responsável civil; c) A conduta do motorista deverá ser avaliada para definir quem responderá civilmente, quando o nível de automação for de 3 ou 4; d) Nos casos em que houver falha, o motorista poderá ser responsabilizado, pela responsabilidade do fato da coisa. COLOMBO, Cristiano; FACCHINI NETO, Eugênio. Aspectos históricos e conceituais acerca dos veículos autônomos: seus efeitos disruptivos em matéria de responsabilidade civil e a necessidade de proteger as vítimas. In: ENCONTRO NACIONAL DO CONPEDI, 27, 2018, Salvador. *Anais [...].* [Florianópolis]: CONPEDI, 2018. p. 41-60. Disponível em: http://conpedi.danilolr.info/publicacoes/0ds65m46/1f77gz03/DpC3b5cOOm948B42.pdf. Acesso em: 20 maio 2021, p. 22.

88. Art. 12. O fabricante, o produtor, o construtor, nacional ou estrangeiro, e o importador respondem, independentemente da existência de culpa, pela reparação dos danos causados aos consumidores por defeitos decorrentes de projeto, fabricação, construção, montagem, fórmulas, manipulação, apresentação ou acondicionamento de seus produtos, bem como por informações insuficientes ou inadequadas sobre sua utilização e riscos BRASIL. *Lei 8.078/1990.* Dispõe sobre a proteção do consumidor e dá outras providências. Disponível em: http://www.planalto.gov.br/ccivil_03/leis/l8078.htm. Acesso em 24 nov. 2019.

89. TOMASEVICIUS FILHO, Eduardo. Inteligência artificial e direitos da personalidade. *Revista da Faculdade de Direito*, Universidade de São Paulo, v. 113, p. 133-149, 21 dez. 2018. Disponível em: http://www.revistas.usp.br/rfdusp/article/view/156553/152042. Acesso em: 26 maio 2021, p. 142.

ocorra. Acrescenta-se que as características e dispositivos de segurança e ética são aplicadas durante a fabricação[90].

A crítica a essa teoria é a aplicação da responsabilidade objetiva sem ressalvas, que resultaria na falta de incentivo científico, tecnológico e de inovação[91]. Tepedino e Silva alertam, ainda, que na hipótese da aplicação dessa teoria se mostra necessário a análise dos demais elementos para que realmente haja o dever de indenizar[92].

Além disso, Čerka, Grigienė e Sirbikytė apontam que o fato da inteligência artificial ter a capacidade de autoaprendizagem dificulta a prova de que realmente houve um defeito de produção. Outro fato importante elencado pelos autores, é que o programador deve ser o último a ser responsabilizado[93]. Pois, não sendo assim, ele possuiria um ônus desproporcional, que pode prejudicar a inovação e dando chance de atuação aos mercados paralelos.

(c) 3.2.3 A responsabilidade civil pelo risco da atividade

Não é novidade que a inteligência artificial pode tomar decisões e chegar a resultados que não foram programados pelos seus desenvolvedores, mesmo sendo observados todos os deveres de vigilância e cuidado. Nessa hipótese poderia ser aplicável a responsabilidade objetiva da teoria do risco da atividade[94][95]

Nesse sentido, Tepedino e Silva entendem que a aplicação da atividade do risco é "a solução adequada, em linha de princípio, para o equacionamento da questão

---

90. GONZÁLEZ, María José Santos. Regulación legal de la robótica y la inteligencia artificial: Retos de futuro. *Revista Jurídica de la Universidad de León*, n. 4, 2017, p. 25-50, 2017. Disponível em: http://revistas.unileon. es/ojs/index.php/juridica/article/view/5285/4108. Acesso em: 05 set. 2021, p. 38.

91. ALBIANI, Christine. *Responsabilidade Civil e Inteligência artificial*: Quem responde pelos danos causados por robôs inteligentes? 2019. Disponível em: https://itsrio.org/wp-content/uploads/2019/03/Christine-Albiani. pdf. Acesso em: 29 abr. 2021, p. 9 e CHAVES, Natália Cristina. Inteligência Artificial: Os Novos Rumos da Responsabilidade Civil. In: ENCONTRO INTERNACIONAL DO CONPEDI, 7, 2017, Braga. **Anais** [...]. [Florianópolis]: CONPEDI, 2017. p. 54-76. Disponível em: http://conpedi.danilolr.info/publicacoes/ pi88duoz/c3e18e5u/7M14BT72Q86shvFL.pdf. Acesso em: 24 maio 2021, p. 67.

92. TEPEDINO, Gustavo; SILVA, Rodrigo da Guia. Desafios da Inteligência Artificial em matéria de Responsabilidade Civil. *Revista Brasileira de Direito Civil*, Belo Horizonte, v. 21, p. 61-86, jul.-set. 2019. Disponível em: https://rbdcivil.emnuvens.com.br/rbdc/article/view/465. Acesso em: 23 maio 2021, p. 84.

93. ČERKA, Paulius; GRIGIENĖ, Jurgita; SIRBIKYTĖ, Gintarė. Liability for damages caused by artificial intelligence. *Computer Law & Security Review*, Amsterdam. v. 31, n. 3, p. 376-389, jun. 2015, p. 376-389. Disponível em: https://www.sciencedirect.com/science/article/pii/S026736491500062X?via%3Dihub. Acesso em: 15 abr. 2021, p. 386.

94. Pela teoria do risco da atividade entende-se que pelo fato daquele agente possuir uma atividade potencialmente danosa a terceiros, deverá responder de forma objetiva. Porém, alerta Pablo Stolze Gagliano e Rodolfo Pamplona Filho que a atividade não precisa ser ilícita, mas haja uma presunção de proveito econômico, para só assim se justificar a responsabilidade objetiva. GAGLIANO, Pablo Stolze; PAMPLONA FILHO, Rodolfo. *Novo Curso de Direito Civil*: responsabilidade civil. 17. ed. São Paulo: Saraiva Educação, 2019. *E-book*. Disponível em: https://integrada.minhabiblioteca.com.br/#/books/9788553609529/pageid/0. Acesso em: 24 nov. 2021, p. 210.

95. ALBIANI, Christine. *Responsabilidade Civil e Inteligência artificial*: Quem responde pelos danos causados por robôs inteligentes? 2019. Disponível em: https://itsrio.org/wp-content/uploads/2019/03/Christine-Albiani. pdf. Acesso em: 29 abr. 2021, p. 8-9.

atinente à individualização do critério de imputação do regime de responsabilidade"[96.] Em contrapartida, Semería entende que essa teoria é uma boa alternativa, mas deve ser aplicada com cautela, pois ela pode ser injusta[97.]

Para Chaves, o empresário ao utilizar esse tipo de tecnologia, reduz custos e consequentemente aumenta os lucros. Portanto, mesmo sem agir com culpa, ele deve ser responsável pelos danos, em razão do risco do negócio. Sob o mesmo argumento ela defende a aplicação aos fabricantes. Porém, ela deixa claro que em razão da autonomia da inteligência artificial não é possível prever os danos para evitá-los, tornado esse risco ainda maior[98]. Fernández por sua vez, declara que a responsabilização do fabricante é evitada, havendo para tal, uma motivação meramente econômica[99].

Acrescenta-se que a teoria do risco só pode ser aplicável ao empresário e não ao programador, que responde subjetivamente[100] e só irá ser responsabilizado quando não possuir nenhum vínculo com uma sociedade empresária, visto que essa responde objetivamente[101]. Ainda, para o programador ser responsabilizado é necessário que se comprove a falha na programação ou nos casos em que o defeito, causador do dano, é previsível[102].

A responsabilidade subjetiva do programador também é indicada por Čerka, Grigienė e Sirbikytė[103] e Tepedino e Silva[104]. Eles defendem que ela, a princípio, seria

---

96. TEPEDINO, Gustavo; SILVA, Rodrigo da Guia. Desafios da Inteligência Artificial em matéria de Responsabilidade Civil. *Revista Brasileira de Direito Civil*, Belo Horizonte, v. 21, p. 61-86, jul.-set. 2019. Disponível em: https://rbdcivil.emnuvens.com.br/rbdc/article/view/465. Acesso em: 23 maio 2021, p. 84.

97. SEMERÍA, Gustavo Raúl. *La Responsabilidad De Las Máquinas: Moral, Derecho y Tecnología en el siglo XXI.* 2017. Disponível em: https://www.academia.edu/35514524/LA_RESPONSABILIDAD_DE_LAS_MAQUINAS_Moral_Derecho_y_Tecnolog%C3%ADa_en_el_siglo_XXI. Acesso em: 06 jun. 2021, p. 23.

98. CHAVES, Natália Cristina. Inteligência Artificial: Os Novos Rumos da Responsabilidade Civil. In: ENCONTRO INTERNACIONAL DO CONPEDI, 7, 2017, Braga. *Anais [...].* [Florianópolis]: CONPEDI, 2017. p. 54-76. Disponível em: http://conpedi.danilolr.info/publicacoes/pi88duoz/c3e18e5u/7M14BT72Q86shvFL.pdf. Acesso em: 24 maio 2021, p. 67.

99. FERNÁNDEZ, Francisca Ramón. Robótica, inteligência artificial y seguridad: ¿ Cómo encajar la responsabilidad civil? *Diario La Ley* n. 9365, p. 1-13, fev. 2019. Disponível em: https://riunet.upv.es/bitstream/handle/10251/117875/Rob%c3%b3tica.pdf?sequence=1&isAllowed=y. Acesso em: 10 set. 2021, p. 1.

100. A responsabilidade subjetiva é regra geral prevista no art. 927 do Código Civil, *in verbis*: "Art. 927. Aquele que, por ato ilícito (arts. 186 e 187), causar dano a outrem, fica obrigado a repará-lo." Como pode ser verificado, são seus pressupostos: dano; nexo de causalidade; ato ilícito e culpa. A culpa precisa ser causada de maneira voluntária, previsível e com violação do dever de cuidado. O dever de indenizar está condicionado à extensão do dano. BRASIL. *Lei 10.406/2002.* Institui o Código Civil. Disponível em: http://www.planalto.gov.br/ccivil_03/leis/2002/l10406.htm. Acesso em: 24 nov. 2021.

101. ALBIANI, Christine. *Responsabilidade Civil e Inteligência artificial:* Quem responde pelos danos causados por robôs inteligentes? 2019. Disponível em: https://itsrio.org/wp-content/uploads/2019/03/Christine-Albiani.pdf. Acesso em: 29 abr. 2021, p. 10.

102. CHAVES, Natália Cristina. Inteligência Artificial: Os Novos Rumos da Responsabilidade Civil. In: ENCONTRO INTERNACIONAL DO CONPEDI, 7, 2017, Braga. *Anais [...].* [Florianópolis]: CONPEDI, 2017. p. 54-76. Disponível em: http://conpedi.danilolr.info/publicacoes/pi88duoz/c3e18e5u/7M14BT72Q86shvFL.pdf. Acesso em: 24 maio 2021, p. 67-68.

103. ČERKA, Paulius; GRIGIENĖ, Jurgita; SIRBIKYTĖ, Gintarė. Liability for damages caused by artificial intelligence. *Computer Law & Security Review*, Amsterdam. v. 31, n. 3, p. 376-389, jun. 2015, p. 376-389. Disponível em: https://www.sciencedirect.com/science/article/pii/S026736491500062X?via%3Dihub. Acesso em: 15 abr. 2021, p. 386.

104. TEPEDINO, Gustavo; SILVA, Rodrigo da Guia. Desafios da Inteligência Artificial em matéria de Responsabilidade Civil. *Revista Brasileira de Direito Civil*, Belo Horizonte, v. 21, p. 61-86, jul.-set. 2019. Disponível em: https://rbdcivil.emnuvens.com.br/rbdc/article/view/465. Acesso em: 23 maio 2021, p. 79.

a mais adequada. Nesse sentido também, Chaves apresenta que ela deve ser aplicada quando as partes envolvidas não são empresárias ou quando tratar de *softwares* livres, no qual muitos programadores, inclusive de diversos países, podem contribuir para a criação e melhoria da inteligência artificial[105].

Ademais, importante mencionar que, o fato da inteligência artificial agir de maneira autônoma, isto é, sem previa antecipação de suas atitudes pelos programadores não deve servir como argumento para retirar a responsabilidade deles[106]. Nesse sentido, tenta ser evitado que os desenvolvedores arquem com ônus desproporcional e excessivo, sem, jamais, retirar a responsabilidade pelos seus atos.

(d) 3.2.4 A inteligência artificial como obra prima

Em linhas gerais, acerca da responsabilidade dos profissionais envolvidos na criação e desenvolvimento da inteligência artificial, importante mencionar que desde 1990 os cientistas são responsáveis pelas suas criações. Eles possuem a chamada responsabilidade social presente na ética e eficiência da prática científica. A própria Condução responsável da Investigação é uma disciplina que possui o intuito de aumentar a educação da ética, sendo uma matéria obrigatória nos programas de educação científica. Os engenheiros também possuem responsabilidades, porém quando comparados aos cientistas, são mais regras legais, políticas e econômicas do que éticas[107].

Schirru utiliza o art. 4º da lei 9.609[108] por analogia para justificar a teoria da responsabilidade do autor da inteligência artificial. Afinal, para ele, se um produto desenvolvido pela inteligência artificial é de propriedade do empregador que desen-

---

105. CHAVES, Natália Cristina. Inteligência Artificial: Os Novos Rumos da Responsabilidade Civil. In: ENCONTRO INTERNACIONAL DO CONPEDI, 7, 2017, Braga. *Anais [...]*. [Florianópolis]: CONPEDI, 2017. p. 54-76. Disponível em: http://conpedi.danilolr.info/publicacoes/pi88duoz/c3e18e5u/7M14BT72Q86shvFL.pdf. Acesso em: 24 maio 2021, p. 68.

106. VILLARONGA, Eduard Fosch. Responsibility in Robot and AI Environments. *Elaw*, n. 2, p. 1-11, 24 abr 2019. Disponível em: https://www.universiteitleiden.nl/binaries/content/assets/rechtsgeleerdheid/instituut-voor-metajuridica/elaw-working-paper-series/wps2019.002.fosch_responsibility.pdf Acesso em: 04 set. 2021, p. 7.

107. MITCHAM, Carl. Os desafios colocados pelas tecnologias à responsabilidade ética. *Análise Social*, [Lisboa], v. 41, n. 181, p. 1127-1141. 2006. Disponível em: http://www.scielo.mec.pt/pdf/aso/n181/n181a09.pdf Acesso em: 26 mar 2021, p. 1136-1137.

108. Art. 4º Salvo estipulação em contrário, pertencerão exclusivamente ao empregador, contratante de serviços ou órgão público, os direitos relativos ao programa de computador, desenvolvido e elaborado durante a vigência de contrato ou de vínculo estatutário, expressamente destinado à pesquisa e desenvolvimento, ou em que a atividade do empregado, contratado de serviço ou servidor seja prevista, ou ainda, que decorra da própria natureza dos encargos concernentes a esses vínculos. [...] § 2º Pertencerão, com exclusividade, ao empregado, contratado de serviço ou servidor os direitos concernentes a programa de computador gerado sem relação com o contrato de trabalho, prestação de serviços ou vínculo estatutário, e sem a utilização de recursos, informações tecnológicas, segredos industriais e de negócios, materiais, instalações ou equipamentos do empregador, da empresa ou entidade com a qual o empregador mantenha contrato de prestação de serviços ou assemelhados, do contratante de serviços ou órgão público. BRASIL, *Lei 9.609*. Dispõe sobre a proteção da propriedade intelectual de programa de computador, sua comercialização no País, e dá outras providências. Disponível em: http://www.planalto.gov.br/ccivil_03/leis/l9609.htm#:~:text=LEI%20

volveu ela, também este deveria ser responsável pelos atos ilícitos. Nesse sentido, verifica-se que o empregador arcaria com os ônus e bônus da inteligência artificial[109].

Nesse ângulo, Martins, Gonçalves e Pires denominam a inteligência artificial como obra e, portanto, seria responsabilidade do autor dela arcar com os danos. Eles também utilizam como fundamento as regras de direito autoral, presentes na Lei 9.609[110].

ARTIGO III 4. ANÁLISE DE LEGISLAÇÕES BRASILEIRAS E INTERNACIONAL SOBRE A RESPONSABILIDADE CIVIL PELOS ATOS AUTÔNOMOS DA INTELIGÊNCIA ARTIFICIAL

Nesse capítulo, serão analisados os projetos de leis propostos, no Brasil, até o momento acerca da regulamentação do uso da inteligência artificial, bem como a Resolução (2015/2103(INL)), aprovada pelo Parlamento Europeu que contém disposições sobre o tema. Ainda, será verificado se essas disposições estão em consonância com o discutido e orientado pelos estudiosos sobre o tema.

Na hipótese da autonomia da inteligência artificial se referir apenas aquela atribuída pelos programadores, não haveria maiores discussões, pois de acordo com González seriam consideradas como máquinas[111]. Nessa perspectiva, Celotto aponta que as legislações propostas apenas atribuem a responsabilidade a um ser humano, seja fabricante, proprietário ou usuário. Pois, elas assumem como pressuposto que a inteligência artificial é um mero instrumento[112].

Entretanto, a sua constante evolução, principalmente em nível de autonomia, não permite que seja considerada uma coisa. Assim sendo, a regulamentação da responsabilidade pelos atos autônomos da inteligência artificial precisa ser adequada, sob pena da vítima não conseguir demostrar a relação entre a causa e o dano[113].

N%C2%BA%209.609%20%2C%20DE%2019,Pa%C3%ADs%2C%20e%20d%C3%A1%20outras%20provid%C3%AAncias. Acesso em: 10 jul. 2021.

109. SCHIRRU, Luca. A Inteligência Artificial e o Big Data no Setor da Saúde: Os Sistemas Especialistas e o Direito. *Propriedade Intelectual Direito Contemporâneo e Constituição*, Aracaju, v. 10, n. 03, p. 81-99, out. 2016. Disponível em: http://pidcc.com.br/br/component/content/article/2-uncategorised/249-a-inteligencia-artificial-e-o-big-data-no-setor-da-saude-os-sistemas-especialistas-e-o-direito. Acesso em: 10 abr. 2021, p. 14.

110. MARTINS, João Vitor Gomes; GONÇALVES, Luckas Ruthes; PIRES, Thatiane Cristina Fontão. A Responsabilidade Civil Pelos Atos Autônomos Da Inteligência Artificial. In: CONGRESSO DIREITO DA UFSC, 12, 2018, Florianópolis. *Anais [...]* Florianópolis: UFSC, abr. 2018. p. 280-300. Disponível em: https://www.academia.edu/39924696/A_Responsabilidade_Civil_pelos_atos_aut%C3%B4nomos_da_intelig%C3%AAncia_artificial. Acesso em: 05 out. 2021, p. 292.

111. GONZÁLEZ, María José Santos. Regulación legal de la robótica y la inteligencia artificial: Retos de futuro. *Revista Jurídica de la Universidad de León*, n. 4, 2017, p. 25-50, 2017. Disponível em: http://revistas.unileon.es/ojs/index.php/juridica/article/view/5285/4108. Acesso em: 05 set. 2021, p. 42.

112. CELOTTO, Afonso. Derechos de los robots. *Revista Derechos em Acción*, ano. 4, n. 11, p. 119-133, mar.-jun 2019. Disponível em: https://revistas.unlp.edu.ar/ReDeA/article/view/7533 Acesso em: 07 set. 2021, p. 127.

113. GONZÁLEZ, María José Santos. Regulación legal de la robótica y la inteligencia artificial: Retos de futuro. *Revista Jurídica de la Universidad de León*, n. 4, 2017, p. 25-50, 2017. Disponível em: http://revistas.unileon.es/ojs/index.php/juridica/article/view/5285/4108. Acesso em: 05 set. 2021, p. 38.

Acrescenta-se que é necessário que haja uma regulamentação mínima que norteie não apenas o judiciário, mas também o desenvolvimento da inteligência artificial. Nesse sentido, defende o autor Semería que o dilema da responsabilidade civil deve ser resolvido antes da interação efetiva dessa tecnologia com a sociedade[114].

Sobre isso, alerta Islam que a inteligência artificial não é como outras tecnologias e dessa forma, não adotar nenhuma medida regulamentadora é uma negligência[115]. Ademais, González ensina que o tema da responsabilidade civil deve ser imediatamente discutido, em razão do aumento significativo da interação da inteligência artificial com a sociedade[116].

Além disso, Andrés defende que a regulamentação antecipada fará com que as políticas públicas influenciem no desenvolvimento e pesquisas relacionadas a inteligência artificial. Segundo ele, isso se mostra muito importante, tendo em vista a atribuição de segurança, confiabilidade e ética nessa nova tecnologia[117]. Ainda, o ordenamento jurídico deverá ser adequado diante dos avanços tecnológicos de modo convergente[118].

Andrés sugere que a legislação deve garantir a segurança dos consumidores, bem como definir questões de responsabilidade. Para ele, as legislações vigentes não são capazes de resolver de forma adequada a problemática[119]. Leenes e Lucivero definem que deve ser legislado, também, a produção dos robôs. Isso inclui o desenvolvimento de inteligência artificial, seus efeitos bem como a conduta dos usuários e dos próprios robôs. Nesse, os autores alertam que deve ser regulamentado as condutas dolosas e culposas[120].

---

114. SEMERÍA, Gustavo Raúl. *La Responsabilidad De Las Máquinas: Moral, Derecho y Tecnología en el siglo XXI*. 2017. Disponível em: https://www.academia.edu/35514524/LA_RESPONSABILIDAD_DE_LAS_MAQUI-NAS_Moral_Derecho_y_Tecnolog%C3%ADa_en_el_siglo_XXI. Acesso em: 06 jun. 2021, p. 23.

115. ISLAM, Rayhanul. Artificial Intelligence and Legal Challenges. *ELCOP Yearbook of Human Rights*, p. 257-274, 2018. Disponível em: https://www.academia.edu/38813888/Artificial_Intelligence_and_Legal_Challenges. Acesso em: 11 jul. 2021, p. 265-266.

116. GONZÁLEZ, María José Santos. Regulación legal de la robótica y la inteligencia artificial: Retos de futuro. *Revista Jurídica de la Universidad de León*, n. 4, 2017, p. 25-50, 2017. Disponível em: http://revistas.unileon.es/ojs/index.php/juridica/article/view/5285/4108. Acesso em: 05 set. 2021, p. 37.

117. ANDRÉS, Moisés Barrio. Robótica, inteligencia artificial y Derecho. *Real Instituto elcano*, Madrid, n. 103, p. 1-7, set. 2018. Disponível em: http://www.realinstitutoelcano.org/wps/wcm/connect/b7a72224-1d-79-4649-8c51-bc0419e40cd4/ARI103-2018-BarrioAndres-Robotica-inteligencia-artificial-derecho.pdf?-MOD=AJPERES&CACHEID=b7a72224-1d79-4649-8c51-bc0419e40cd4. Acesso em: 07 set. 2021, p. 1.

118. FERNÁNDEZ, Francisca Ramón. Robótica, inteligência artificial y seguridade: ¿Cómo encajar la responsabilidad civil? *Diario La Ley* n. 9365, p. 1-13, fev. 2019. Disponível em: https://riunet.upv.es/bitstream/handle/10251/117875/Rob%c3%b3tica.pdf?sequence=1&isAllowed=y. Acesso em: 10 set. 2021, p. 8.

119. ANDRÉS, Moisés Barrio. Robótica, inteligencia artificial y Derecho. *Real Instituto elcano*, Madrid, n. 103, p. 1-7, set. 2018. Disponível em: http://www.realinstitutoelcano.org/wps/wcm/connect/b7a72224-1d-79-4649-8c51-bc0419e40cd4/ARI103-2018-BarrioAndres-Robotica-inteligencia-artificial-derecho.pdf?-MOD=AJPERES&CACHEID=b7a72224-1d79-4649-8c51-bc0419e40cd4 Acesso em: 07 set. 2021, p. 6.

120. LEENES, Ronald; LUCIVERO, Federica. Laws on Robots, Laws by Robots, Laws in Robots: Regulating Robot Behaviour by Design Ronald. *Law, Innovation and Technology*, v.6, n.2, p. 1-32, 2014. Disponível em: https://papers.ssrn.com/sol3/papers.cfm?abstract_id=2546759. Acesso em: 18 set. 2021, p. 7, 15.

Sobre isso, Iracelay ensina que para legislar sobre o assunto deve ser permitido o debate acadêmico, além de ser observado as diferentes funções que a inteligência artificial age[121]. Afinal, a legislação que possuir o objetivo de regulamentar a inteligência artificial deve levar em consideração a função do robô e não a sua forma[122]. Contudo, é necessário observar, principalmente em razão do rápido desenvolvimento, que as legislações tenham o cuidado de regulamentar, mas, sem reprimir o avanço tecnológico da inteligência artificial[123].

Seção 3.01 4.1 Análise sobre os Projetos de Lei 5051/2019, 5691/2019, 21/2020 e 240/2020

O Projeto de Lei de número 5.051 contém sete artigos e de acordo com sua ementa: "Estabelece os princípios para o uso da inteligência artificial no Brasil." O art. 4º (preleciona que "Os sistemas decisórios baseados em Inteligência Artificial serão, sempre, auxiliares à tomada de decisão humana." O § 2º deixa claro que a responsabilidade civil pelos danos causados pelas inteligências artificiais será do supervisor[124].

Em relação a norma, essa não se mostra interessante do ponto de vista tecnológico. Isso porque ela determina que a decisão é sempre de um ser humano e o propósito, muitas vezes da inteligência artificial, justamente é tomar decisões de maneira independente.

Afinal, ela imita a forma de trabalho e de comportamento do ser humano por meio da autonomia. Em razão disso, toma decisões e pode até mesmo alterar os códigos inseridos[125]. Nesse ângulo importante mencionar a definição dada por González sobre inteligência artificial. Para ele, a inteligência artificial é aquela que o robô atua de maneira autônoma, "sem o controle contínuo dos humanos"[126].

---

121. IRACELAY, Jorge J. Vega. Inteligencia artificial y derecho: principios y propuestas para una gobernanza eficaz. *Revista Iberoamericana de Derecho Informático*, Santiago, ano 1, n. 5, p. 13-48, 2018. Disponível em: https://docs.wixstatic.com/ugd/fe8db5_7781fc969f9d40a6893d9b9f38fefa25.pdf. Acesso em: 15 jul. 2021, p. 27.

122. RICHARDS, Neli N.; SMART, William D. How should the law think about robots? In: *Robot Law*. Edward Elgar, 2016 p. 3-22. Disponível em: https://www.elgaronline.com/view/edcoll/9781783476725/9781783476725. xml. Acesso em: 10 ago. 2021, p. 19.

123. IRACELAY, Jorge J. Vega. Inteligencia artificial y derecho: principios y propuestas para una gobernanza eficaz. *Revista Iberoamericana de Derecho Informático*, Santiago, ano 1, n. 5, p. 13-48, 2018. Disponível em: https://docs.wixstatic.com/ugd/fe8db5_7781fc969f9d40a6893d9b9f38fefa25.pdf. Acesso em: 15 jul. 2021, p. 27.

124. BRASIL. *Projeto de Lei 5051/2019*. Estabelece os princípios para o uso da Inteligência Artificial no Brasil. Gabinete do Senador Styvenson Valentim. Disponível em: https://legis.senado.leg.br/sdleg-getter/documento?dm=8009064&ts=1594036674670&disposition=inline. Acesso em 17 jul. 2021.

125. ISLAM, Rayhanul. Artificial Intelligence and Legal Challenges. *ELCOP Yearbook of Human Rights*, p. 257-274, 2018. Disponível em: https://www.academia.edu/38813888/Artificial_Intelligence_and_Legal_Challenges. Acesso em: 11 jul. 2021, p. 257-261.

126. "*[...] todo ello sin estar sometidos al control continuo de los humanos*" GONZÁLEZ, María José Santos. Regulación legal de la robótica y la inteligencia artificial: Retos de futuro. *Revista Jurídica de la Universidad de*

Ainda, no mesmo ano de 2019, foi proposto novo projeto de lei relacionado com a inteligência artificial, o de número 5.691. Nesse, a finalidade é "Instituir a Política Nacional de Inteligência Artificial". Logo no primeiro artigo, é mencionado que o objetivo é a estimulação do desenvolvimento de tecnologias de inteligência artificial[127].

O projeto de lei em análise é omisso no que se refere à responsabilidade civil. Contudo, é interessante mencionar a disposição do inciso VII do art. 4º, de acordo com a qual a inteligência artificial deve "conter ferramentas de segurança e proteção que permitam a intervenção humana sempre que necessária". Isso significa que, qualquer inteligência artificial poderá sofrer interferências dos seres humanos, sempre que esses julgarem necessários[128].

Acrescenta-se à análise dos projetos de leis brasileiros relacionados a inteligência artificial, principalmente sobre o tema da responsabilidade civil, o projeto de lei número 21 de 2020. A ementa dita que ele "estabelece princípios, direitos e deveres para o uso de inteligência artificial no Brasil, e dá outras providências"[129].

Esse projeto conta com dezesseis artigos e no art. 9º, *caput* e V está disposto que são deveres dos agentes de inteligência artificial[130] "responder, na forma da lei, pelas decisões tomadas por um sistema de inteligência artificial". Ademais, no art. 13 está determinado que os entes federativos poderão solicitar a esses agentes relatórios e orientações sobre a execução de sistemas dotados de inteligência artificial[131].

Outro projeto de lei em estudo é o de número 240, também proposto no ano de 2020. Esse conta com sete artigos e se intitula como "Lei de Inteligência Artificial." Em relação aos projetos já analisados, a inovação deste está no art. 2º, III que inclui o direito autoral aos princípios da Inteligência Artificial[132].

León, n. 4, 2017, p. 25-50, 2017. Disponível em: http://revistas.unileon.es/ojs/index.php/juridica/article/view/5285/4108. Acesso em: 05 set. 2021, p. 32.

127. BRASIL. *Projeto de Lei 5691/2019*. Institui a Política Nacional de Inteligência Artificial. Gabinete do Senador Styvenson Valentim. Disponível em: https://legis.senado.leg.br/sdleg-getter/documento?dm=8031122&ts=1594037338983&disposition=inline. Acesso em: 17 jul. 2021.

128. BRASIL. *Projeto de Lei 5691/2019*. Institui a Política Nacional de Inteligência Artificial. Gabinete do Senador Styvenson Valentim. Disponível em: https://legis.senado.leg.br/sdleg-getter/documento?dm=8031122&ts=1594037338983&disposition=inline. Acesso em: 17 jul. 2021.

129. BRASIL. *Projeto de Lei 21/2020*. Estabelece princípios, direitos e deveres para o uso de inteligência artificial no Brasil, e dá outras providências. Gabinete do Eduardo Bismarck. Disponível em: https://www.camara.leg.br/proposicoesWeb/prop_mostrarintegra?codteor=1853928. Acesso em: 17 jul. 2021.

130. De acordo com o próprio projeto, definido no art. 2º, IV são "agentes de inteligência artificial: pessoas físicas ou jurídicas, de direito público ou privado, e entes sem personalidade jurídica, assim considerados". BRASIL. *Projeto de Lei 21/2020*. Estabelece princípios, direitos e deveres para o uso de inteligência artificial no Brasil, e dá outras providências. Gabinete do Eduardo Bismarck. Disponível em: https://www.camara.leg.br/proposicoesWeb/prop_mostrarintegra?codteor=1853928. Acesso em: 17 jul. 2021.

131. BRASIL. *Projeto de Lei 21/2020*. Estabelece princípios, direitos e deveres para o uso de inteligência artificial no Brasil, e dá outras providências. Gabinete do Eduardo Bismarck. Disponível em: https://www.camara.leg.br/proposicoesWeb/prop_mostrarintegra?codteor=1853928. Acesso em: 17 jul. 2021.

132. BRASIL. *Projeto de Lei 240/2020*. Cria a Lei da Inteligência Artificial, e dá outras providências. Gabinete do Léo Moraes. Disponível em: https://www.camara.leg.br/proposicoesWeb/prop_mostrarintegra;jsessionid=78B9A799B3FF6A759EBAFDF58140E02B.proposicoesWebExterno1?codteor=1857143&filename=PL+240/2020. Acesso em: 17 jul. 2021.

Outro ponto importante está contido no art. 4º, II, onde fica estabelecido que as inteligências artificias "[...] não podem ferir seres humanos e nem serem utilizadas em destruição em massa, ou como armas de guerra ou defesa". Acrescenta-se também que o art. 4º, V e VI exige a submissão dos projetos e pesquisas aos órgãos de fiscalização, bem como, que esses tenham um período probatório antes de possuírem "o registro de operação"[133].

No que se refere a responsabilidade civil, o art. 4º, IV estabelece que a inteligência artificial é submissa a ordens de seres humanos e devem ser "operados por responsáveis técnicos e empresas que responderão por todos os resultados negativos à sociedade"[134]. Portanto, responderão pelos danos que a inteligência artificial causar.

Seção 3.02 4.2 Direito internacional sobre robótica

O fenômeno da inteligência artificial está presente em muitas nações e o dilema jurídico envolvendo a nova tecnologia deverá ser enfrentado por muitos deles. Pensando nisso, o Parlamento Europeu, em 16 de fevereiro de 2017, publicou a Resolução 2015/2103(INL)[135]. Nela estão inseridas as recomendações à Comissão acerca do Direito Civil sobre Robótica que, segundo Celotto é a legislação mais avançada no assunto[136].

O documento analisado é relativamente completo, pois ele define quais características um robô precisa possuir para ser considerado inteligente[137]. Richards e Smart, consideram como ponto fundamental a definição de robô, sendo necessário, também, entender os recursos tecnológicos, as suas atuais e futuras capacidades, bem como o que não poderá ser capaz de fazer. Para eles, isso se

---

133. BRASIL. *Projeto de Lei 240/2020*. Cria a Lei da Inteligência Artificial, e dá outras providências. Gabinete do Léo Moraes. Disponível em: https://www.camara.leg.br/proposicoesWeb/prop_mostrarintegra;jsessionid=78B9A799B3FF6A759EBAFDF58140E02B.proposicoesWebExterno1?codteor=1857143&filename=PL+240/2020. Acesso em: 17 jul. 2021.

134. BRASIL. *Projeto de Lei 240/2020*. Cria a Lei da Inteligência Artificial, e dá outras providências. Gabinete do Léo Moraes. Disponível em: https://www.camara.leg.br/proposicoesWeb/prop_mostrarintegra;jsessionid=78B9A799B3FF6A759EBAFDF58140E02B.proposicoesWebExterno1?codteor=1857143&filename=PL+240/2020. Acesso em: 17 jul. 2021.

135. UNIÃO EUROPEIA. *Resolução do Parlamento Europeu, de 16 de fevereiro de 2017, que contém recomendações à Comissão sobre disposições de Direito Civil sobre Robótica (2015/2103(INL))*, 2017. Disponível em: https://www.europarl.europa.eu/doceo/document/TA-8-2017-0051_PT.html. Acesso em: 24 nov. 2021.

136. CELOTTO, Afonso. Derechos de los robots. *Revista Derechos em Acción*, ano. 4, n. 11, p. 119-133, mar.-jun 2019. Disponível em: https://revistas.unlp.edu.ar/ReDeA/article/view/7533. Acesso em: 07 set. 2020, p. 127.

137. Segundo o parágrafo 1 da Resolução (2015/2103(INL)) para um robô ser considerado inteligente será necessário que ele possua: aquisição de autonomia através de sensores e/ou troca de dados com o seu ambiente (interconectividade) e da troca e análise desses dados; autoaprendizagem com a experiência e com a interação (critério opcional); um suporte físico mínimo; adaptação do seu comportamento e das suas ações ao ambiente; inexistência de vida no sentido biológico do termo UNIÃO EUROPEIA. *Resolução do Parlamento Europeu, de 16 de fevereiro de 2017, que contém recomendações à Comissão sobre disposições de Direito Civil sobre Robótica (2015/2103(INL))*, 2017. Disponível em: https://www.europarl.europa.eu/doceo/document/TA-8-2017-0051_PT.html. Acesso em: 24 nov. 2021.

justifica para ajudar a legislação a se concentrar nos problemas com maior probabilidade de ocorrência[138].

Porém, como afirma Celotto, definir o que é robô é uma tarefa árdua, tendo em vista ser necessário uma compreensão básica de mecânica, computação e eletrônica. De acordo com ele, as características de mobilidade e de programação são necessárias para uma inteligência artificial ser autônoma. Além disso, elas podem evitar a responsabilização de um ser humano pelos atos dela[139].

O documento em análise também contém aspectos principiológicos, éticos, ambientais, de segurança, proteção de dados, direitos de propriedade intelectual, investigação e inovação, que se assemelham muito com as leis de Asimov[140].

Além disso, possui seções que estabelecem sobre possíveis soluções para os impactos na educação, emprego e na responsabilidade civil.

Como alerta Andrés, se faz importante regulamentar questões sociais a fim de diminuir eventuais riscos resultantes da interação da inteligência artificial com seres humanos. Para ele, essa é uma inovação muito significante da Resolução, ora em análise[141].

Quanto as peculiaridades de cada robô, verifica-se que a União Europeia se preocupou em assegurar que elas fossem observadas e levadas em consideração. Diante disso, existem seções específicas dentro do documento, como por exemplo os robôs de assistência e médicos. Sobre isso, Schirru explica que não é possível aplicar as mesmas regras a todas as inteligências artificiais utilizadas[142].

Não obstante, estão anexados ao documento as recomendações quanto ao conteúdo da proposta, carta da robótica, código de conduta ética para engenheiros de robótica, código para as comissões de ética da investigação, licença para os criadores e para os utilizadores. Ainda na introdução, o parágrafo AB dita que nem sempre os

---

138. RICHARDS, Neli N.; SMART, William D. How should the law think about robots? In: *Robot Law*. Edward elgar, 2016 p. 3-22. Disponível em: https://www.elgaronline.com/view/edcoll/9781783476725/9781783476725. xml. Acesso em: 10 ago. 2021, p. 21-22.
139. CELOTTO, Afonso. Derechos de los robots. *Revista Derechos em Acción*, ano. 4, n. 11, p. 119-133, mar/jun. 2019. Disponível em: https://revistas.unlp.edu.ar/ReDeA/article/view/7533. Acesso em: 07 set. 2021, p. 125.
140. CELOTTO, Afonso. Derechos de los robots. *Revista Derechos em Acción*, ano. 4, n. 11, p. 119-133, mar/jun 2019. Disponível em: https://revistas.unlp.edu.ar/ReDeA/article/view/7533 Acesso em: 07 set. 2021, p. 128.
141. ANDRÉS, Moisés Barrio. Robótica, inteligencia artificial y Derecho. *Real Instituto elcano*, Madrid, n. 103, p. 1-7, set. 2018. Disponível em: http://www.realinstitutoelcano.org/wps/wcm/connect/b7a72224-1d79-4649-8c51-bc0419e40cd4/ARI103-2018-BarrioAndres-Robotica-inteligencia-artificial-derecho.pdf?-MOD=AJPERES&CACHEID=b7a72224-1d79-4649-8c51-bc0419e40cd4 Acesso em: 07 set. 2021, p. 4-5.
142. SCHIRRU, Luca. A Inteligência Artificial e o Big Data no Setor da Saúde: Os Sistemas Especialistas e o Direito. *Propriedade Intelectual Direito Contemporâneo e Constituição*, Aracaju, v. 10, n. 03, p. 81-99, out. 2016. Disponível em: http://pidcc.com.br/br/component/content/article/2-uncategorised/249-a-inteligencia-artificial-e-o-big-data-no-setor-da-saude-os-sistemas-especialistas-e-o-direito. Acesso em: 10 abr. 2021, p. 16-17.

robôs poderão ser considerados apenas instrumentos, em razão do aumento da sua autonomia[143].

No parágrafo 2º é aconselhável a criação de um sistema de registros controlados pela Agência da União Europeia para a Robótica e Inteligência Artificial. No parágrafo 15 é explicado que a finalidade dessa agência seria o "aconselhamento técnico, ético e regulamentar"[144]. Sobre o sistema de registros, verifica-se que eles são uma ótima ferramenta, pois irão auxiliar a vítima a ter um lugar por onde iniciar a restauração de seu *status quo ante*, em uma possível lide de responsabilização pelos danos causados pela inteligência artificial[145].

O parágrafo 12 dispõe acerca da obrigatoriedade dos robôs avançados, assim denominados pelo documento, possuírem uma "caixa negra, com dados sobre todas as operações realizadas pela máquina, incluindo os passos da lógica que conduziu à formulação das suas decisões"[146]. Essa característica, é de fundamental importância, pois será possível verificar todas as operações realizadas pela inteligência artificial, o que pode se mostra muito útil em um eventual processo judicial, bem como para compreender como ela funciona e quais os fatores que a levaram aquela decisão.

Sobre isso, Villaronga determina que no futuro as caixas negras serão muito úteis para usuários e o judiciário, a fim de compreender o porquê daquela atitude[147]. No mesmo sentido Murphy e Woods explicam que com as caixas negras será possível identificar o momento exato e o que a inteligência artificial estava realizando no momento da decisão, consequentemente ajudará a compreender melhor seu raciocínio[148]. Atualmente, um dos principais problemas dos desenvolvedores é conseguir rastrear o comportamento da inteligência artificial[149].

---

143. UNIÃO EUROPEIA. *Resolução do Parlamento Europeu, de 16 de fevereiro de 2017, que contém recomendações à Comissão sobre disposições de Direito Civil sobre Robótica (2015/2103(INL))*, 2017. Disponível em: https://www.europarl.europa.eu/doceo/document/TA-8-2017-0051_PT.html. Acesso em: 24 nov. 2021.

144. UNIÃO EUROPEIA. *Resolução do Parlamento Europeu, de 16 de fevereiro de 2017, que contém recomendações à Comissão sobre disposições de Direito Civil sobre Robótica (2015/2103(INL))*, 2017. Disponível em: https://www.europarl.europa.eu/doceo/document/TA-8-2017-0051_PT.html. Acesso em: 24 nov. 2021.

145. IRACELAY, Jorge J. Vega. Inteligencia artificial y derecho: principios y propuestas para una gobernanza eficaz. *Revista Iberoamericana de Derecho Informático*, Santiago, ano 1, n. 5, p. 13-48, 2018. Disponível em: https://docs.wixstatic.com/ugd/fe8db5_7781fc969f9d40a6893d9b9f38fefa25.pdf. Acesso em: 15 jul. 2021, p. 19.

146. UNIÃO EUROPEIA. *Resolução do Parlamento Europeu, de 16 de fevereiro de 2017, que contém recomendações à Comissão sobre disposições de Direito Civil sobre Robótica (2015/2103(INL))*, 2017. Disponível em: https://www.europarl.europa.eu/doceo/document/TA-8-2017-0051_PT.html. Acesso em: 24 nov. 2021.

147. VILLARONGA, Eduard Fosch. Responsibility in Robot and AI Environments. *Elaw*, n. 2, p. 1-11, 24 abr 2019. Disponível em: https://www.universiteitleiden.nl/binaries/content/assets/rechtsgeleerdheid/instituut-voor-metajuridica/elaw-working-paper-series/wps2019.002.fosch_responsibility.pdf Acesso em: 04 set. 2021, p. 9.

148. MURPHY, Robin R.; WOODS, David D. Beyond Asimov: The Three Laws of Responsible Robotics. *IEEE Intelligent Systems*, v. 24, n. 4, p. 14-20, jul.-ago. 2009. Disponível em: https://ieeexplore.ieee.org/document/5172885. Acesso: 04 set. 2021, p. 16-17.

149. VILLARONGA, Eduard Fosch. Responsibility in Robot and AI Environments. *Elaw*, n. 2, p. 1-11, 24 abr 2019. Disponível em: https://www.universiteitleiden.nl/binaries/content/assets/rechtsgeleerdheid/instituut-voor-metajuridica/elaw-working-paper-series/wps2019.002.fosch_responsibility.pdf Acesso em: 04 set. 2021, p. 9.

A respeito da responsabilidade, o documento deixa expresso que essa questão deverá ser solucionada a nível da União Europeia[150]. Nesse sentido, observa-se que a disposição está de acordo com o que defende Iracelay[151]. Para ele, o desenvolvimento de uma legislação aplicável a inteligência artificial deve ser realizada entre vários governos, a fim de garantir que sejam aproveitados os benefícios que essa tecnologia tem a oferecer e diminuir consideravelmente os riscos que ela oferece.

Ademais, é necessário que a legislação seja interdisciplinar, isto é, envolver vários profissionais e contar com uma supervisão nacional ou internacional com o intuito de garantir que ela observe princípios éticos, morais e legais Iracelay[152]. No mesmo sentido Celotto defende a interdisciplinaridade, bem como que as legislações sejam propostas em conjunto com vários países[153].

No parágrafo 56 do referido documento é admitido que a princípio, a responsabilidade deve ser imputada ao ser humano e deverá ser proporcional à autonomia e de instrução dadas aos robôs[154]. Pires e Silva explicam que a responsabilidade pelo dever de guarda e vigilância, adotado pela Resolução, permite que quanto maior for o período de treinamento, maior será a responsabilidade da pessoa responsável por ele. Bem como, poderá ser caracterizado o mau uso[155].

Nesse sentido, ensina Fernández que deve haver uma distinção entre o que são instruções dadas para a inteligência artificial daquilo que ela aprende em razão de sua capacidade de autoaprendizagem que corresponderá a sua autonomia. O autor explica que quanto maior for a autonomia da inteligência artificial, maior será a sua responsabilidade e consequentemente, menor do ser humano[156].

---

150. Disposto no parágrafo 49 UNIÃO EUROPEIA. *Resolução do Parlamento Europeu, de 16 de fevereiro de 2017, que contém recomendações à Comissão sobre disposições de Direito Civil sobre Robótica (2015/2103(INL))*, 2017. Disponível em: https://www.europarl.europa.eu/doceo/document/TA-8-2017-0051_PT.html. Acesso em: 24 nov. 2021.

151. IRACELAY, Jorge J. Vega. Inteligencia artificial y derecho: principios y propuestas para una gobernanza eficaz. *Revista Iberoamericana de Derecho Informático*, Santiago, ano 1, n. 5, p. 13-48, 2018. Disponível em: https://docs.wixstatic.com/ugd/fe8db5_7781fc969f9d40a6893d9b9f38fefa25.pdf. Acesso em: 15 jul. 2021, p. 23, 25.

152. IRACELAY, Jorge J. Vega. Inteligencia artificial y derecho: principios y propuestas para una gobernanza eficaz. *Revista Iberoamericana de Derecho Informático*, Santiago, ano 1, n. 5, p. 13-48, 2018. Disponível em: https://docs.wixstatic.com/ugd/fe8db5_7781fc969f9d40a6893d9b9f38fefa25.pdf. Acesso em: 15 jul. 2021, p. 25.

153. CELOTTO, Afonso. Derechos de los robots. *Revista Derechos em Acción*, ano. 4, n. 11, p. 119-133, mar/jun 2019. Disponível em: https://revistas.unlp.edu.ar/ReDeA/article/view/7533 Acesso em: 07 set. 2021, p. 133.

154. UNIÃO EUROPEIA. *Resolução do Parlamento Europeu, de 16 de fevereiro de 2017, que contém recomendações à Comissão sobre disposições de Direito Civil sobre Robótica (2015/2103(INL))*, 2017. Disponível em: https://www.europarl.europa.eu/doceo/document/TA-8-2017-0051_PT.html. Acesso em: 24 nov. 2021.

155. PIRES, Thatiane Cristina Fontão; SILVA, Rafael Peteffi da. A responsabilidade civil pelos atos autônomos da inteligência artificial: notas iniciais sobre a resolução do parlamento europeu. *Revista Brasileira de Políticas Públicas*, Brasília, v. 7, n. 3, p. 238-254, dez. 2017. Disponível em: https://www.publicacoesacademicas.uniceub.br/RBPP/article/view/4951. Acesso em: 6 abr. 2021, p. 248.

156. FERNÁNDEZ, Francisca Ramón. Robótica, inteligência artificial y seguridad: ¿Cómo encajar la responsabilidad civil? *Diario La Ley* n. 9365, p. 1-13, fev. 2019. Disponível em: https://riunet.upv.es/bitstream/handle/10251/117875/Rob%c3%b3tica.pdf?sequence=1&isAllowed=y. Acesso em: 10 set. 2021, p. 5, 8.

No parágrafo 57 fala-se sobre um sistema de seguros obrigatórios. Isso poderia ser uma solução viável no que se refere a responsabilidade pelos danos. No entanto, Semería argumenta que de fato essa obrigatoriedade representa um avanço. Porém, o autor pede cautela, pois para ele, os seguros não devem ser obrigatórios para os carros autônomos[157]. Em contrapartida, González, não só aconselha a obrigatoriedade da aderência a um seguro, bem como, que o fundo de compensação deve ser aplicado também aos carros autônomos[158].

No parágrafo 59 é orientado que o desenvolvimento da legislação deverá solucionar alguns problemas jurídicos. Tais como: a) regime de seguros obrigatórios, onde os proprietários ou produtores dos robôs serão obrigados a aderir; b) a criação de um fundo de compensação destinados aos danos não abarcados pelo seguro obrigatório; c) que os fabricantes, programadores, proprietários e até mesmo usuários gozem de uma responsabilidade limitada; d) criação de um fundo geral onde será cobrada uma taxa periódica ou no momento em que o robô é posto no mercado; e) criação de uma patente com número individual e com registro próprio da união europeia e f) que a longo prazo seja criado um estatuto específico para os robôs e que eles detenham de uma personalidade específica[159].

No que tange o fundo de compensação, Barbosa declara não ser favorável, pois se evitaria a discussão acerca da responsabilidade e, consequentemente de uma possível solução a esse problema jurídico. De fato, ao assegurar que os danos não assistidos pelo seguro obrigatório serão abarcados pelo fundo de compensação, garante-se a indenização, independentemente de discussão prévia[160].

Sobre a personalidade jurídica, chamada também de personalidade eletrônica, atribuída a inteligência artificial[161]. Pereira, menciona que o estabelecimento de um estatuto jurídico próprio, foi um tema discutido a nível internacional, no qual os robôs autônomos estariam entre as coisas e pessoas. Esse estatuto, segundo ela, atribuirá direitos e deveres aos robôs que serão pessoas eletrônicas[162].

---

157. SEMERÍA, Gustavo Raúl. *La Responsabilidad De Las Máquinas: Moral, Derecho y Tecnología en el siglo XXI.* 2017. Disponível em: https://www.academia.edu/35514524/LA_RESPONSABILIDAD_DE_LAS_MAQUINAS_Moral_Derecho_y_Tecnolog%C3%ADa_en_el_siglo_XXI. Acesso em: 06 jun. 2021, p. 23.

158. GONZÁLEZ, María José Santos. Regulación legal de la robótica y la inteligencia artificial: Retos de futuro. *Revista Jurídica de la Universidad de León*, n. 4, 2017, p. 25-50, 2017. Disponível em: http://revistas.unileon.es/ojs/index.php/juridica/article/view/5285/4108. Acesso em: 05 set. 2021, p. 38.

159. UNIÃO EUROPEIA. *Resolução do Parlamento Europeu, de 16 de fevereiro de 2017, que contém recomendações à Comissão sobre disposições de Direito Civil sobre Robótica (2015/2103(INL))*, 2017. Disponível em: https://www.europarl.europa.eu/doceo/document/TA-8-2017-0051_PT.html. Acesso em: 24 nov. 2021.

160. BARBOSA, Mafalda Miranda. Inteligência artificial, e-persons e direito: Desafios e perspectivas. *Revista Jurídica Luso-Brasileira*, ano 3, n. 6, p. 1475-1503, 2017. Disponível em: http://www.cidp.pt/revistas/rjlb/2017/6/2017_06_1475_1503.pdf. Acesso em: 26 maio 2021, p. 1.479.

161. DONEDA, Danilo Cesar Maganhoto; MENDES, Laura Schertel; SOUZA, Carlos Affonso Pereira de; ANDRADE, Norberto Nuno Gomes de. Considerações iniciais sobre inteligência artificial, ética e autonomia pessoal. *Pensar*: Revista de Ciências Jurídicas, Fortaleza, v. 23, n. 4, p. 1-17, out.-dez. 2018. Disponível em: 07 abr. 2020, p. 8.

162. PEREIRA, Ana Elisabete Ferreira e Dias. Partilhar o mundo com robôs autónomos: a responsabilidade civil extracontratual por danos introdução ao problema. *Cuestiones de Interés Jurídico*, p. 1-32, jun. 2017. Disponível em: http://idibe.org/wp-content/uploads/2013/09/cj-2.pdf. Acesso em: 13 jun. 2021, p. 10.

310 TALITA BRUNA CANALE E GABRIELA SAMRSLA MÖLLER

Porém, González aponta, justamente a possibilidade adquirir direitos um problema relacionado atribuição de personalidade jurídica[163]. Diega entende que a atribuição de personalidade aos robôs, é uma matéria polêmica, no entanto pode ser um argumento essencial para conferir responsabilidades a eles[164].

Em questão da regulamentação, percebe-se que a União Europeia possui a preocupação em ser líder no desenvolvimento e estabelecimento de princípios éticos relacionados à inteligência artificial[165]. Ainda, explica Villaronga que a União Europeia admitiu, por meio dessa Resolução, que a atual legislação não é capaz de responsabilizar a inteligência artificial pelos seus atos autônomos[166].

Porém, a autora Pereira critica a resolução, dizendo que foi uma resposta negativa. Para ela, por meio de "princípios fundamentais e éticos-jurídicos" seria possível regulamentar o assunto[167]. Diega, critica a posição adotada pela União Europeia. Para ele, foi conferida muito importância a ética, esquecendo da segurança, bem como da necessidade de haver um equilíbrio entre os interesses existentes no desenvolvimento e legislação da inteligência artificial[168].

ARTIGO IV 5. CONSIDERAÇÕES FINAIS

A inteligência artificial não é uma criação do século vinte e um. Seus estudos iniciaram-se ainda na década de cinquenta e desde então ela está em constante evolução. Inclusive, as próprias pesquisas que buscam integrar a inteligência artificial na esfera judicial são do século vinte. Atualmente, a preocupação dos cientistas é em relação aos limites de desenvolvimento da inteligência artificial, tanto pelos seres humanos quanto por elas mesmas, afinal não se sabe até onde ela pode se auto evoluir.

---

163. GONZÁLEZ, María José Santos. Regulación legal de la robótica y la inteligencia artificial: Retos de futuro. *Revista Jurídica de la Universidad de León*, n. 4, 2017, p. 25-50, 2017. Disponível em: http://revistas.unileon.es/ojs/index.php/juridica/article/view/5285/4108. Acesso em: 05 set. 2021, p. 43.
164. DIEGA, Guido Noto La. The European strategy on robotics: Too much ethics, too little security. *European Cybersecurity Journal*, Kraków, v. 3, n. 2, p. 6-10, 2017. Disponível em: https://papers.ssrn.com/sol3/papers.cfm?abstract_id=3091563. Acesso em: 04 set. 2021, p. 7-8.
165. Investigação e inovação. 6. "[...] considera essencial que a União, em conjunto com os Estados-Membros e através de financiamento público, se mantenha na liderança da investigação em matéria de robótica e inteligência artificial" UNIÃO EUROPEIA. *Resolução do Parlamento Europeu, de 16 de fevereiro de 2017, que contém recomendações à Comissão sobre disposições de Direito Civil sobre Robótica (2015/2103(INL))*, 2017. Disponível em: https://www.europarl.europa.eu/doceo/document/TA-8-2017-0051_PT.html. Acesso em: 24 nov. 2021.
166. VILLARONGA, Eduard Fosch. Responsibility in Robot and AI Environments. *Elaw*, n. 2, p. 1-11, 24 abr. 2019. Disponível em: https://www.universiteitleiden.nl/binaries/content/assets/rechtsgeleerdheid/instituut-voor-metajuridica/elaw-working-paper-series/wps2019.002.fosch_responsibility.pdf. Acesso em: 04 set. 2021, p. 8.
167. PEREIRA, Ana Elisabete Ferreira e Dias. Partilhar o mundo com robôs autónomos: a responsabilidade civil extracontratual por danos introdução ao problema. *Cuestiones de Interés Jurídico*, p. 1-32, jun. 2017. Disponível em: http://idibe.org/wp-content/uploads/2013/09/cj-2.pdf. Acesso em: 13 jun. 2021, p. 10.
168. DIEGA, Guido Noto La. The European strategy on robotics: Too much ethics, too little security. *European Cybersecurity Journal*, Kraków, v. 3, n. 2, p. 6-10, 2017. Disponível em: https://papers.ssrn.com/sol3/papers.cfm?abstract_id=3091563. Acesso em: 04 set. 2021, p. 10.

Apesar de não ser novidade, a definição exata de inteligência artificial varia entre os autores que discutem o assunto. No entanto, existem algumas características que são de consenso entre eles. Entre elas está a capacidade de raciocínio e de autoaprendizagem, podendo possuir também, a aptidão de simular algumas habilidades humanas, como por exemplo o comportamento e o modo de trabalho.

Acrescenta-se que o objetivo da inteligência artificial é solucionar o problema que ela está enfrentando. Dessa maneira, ela se utiliza de suas capacidades e habilidades para chegar ao resultado. Contudo, em razão de sua autoaprendizagem ela pode agir de diferentes maneiras, mesmo diante do mesmo problema.

Os atos autônomos da inteligência artificial são aqueles derivados da capacidade de autoaprendizagem. Por isso, fala-se em imprevisibilidade, pois não são dependentes do ser humano. Nesse sentido, observa-se que nem sempre elas agem da forma como foram programadas e, são nesses momentos que surgem os problemas de responsabilidade.

O instituto da responsabilidade civil está previsto no ordenamento jurídico, tanto na Constituição da República Federativa do Brasil, quanto no Código Civil e o Código de Defesa do Consumidor. Ele se refere a obrigação de restaurar o *status quo ante* da vítima, isto é, busca-se por meio da responsabilidade civil reparar o dano, produzido por um ato de terceiro.

Nesse sentido é que surge o problema de pesquisa. Afinal, quem irá ser responsável por indenizar a vítima em razão de um dano produzido por um ato autônomo da inteligência artificial? Há legislações com disposições acerca do assunto? Elas são adequadas? A princípio, em razão de não haver no Brasil disposições legislativas, acreditava-se que a responsabilidade subjetiva daria conta de resolver essa questão, nessa fase inicial da interação entre seres humanos e inteligência artificial até que as leis entrassem em vigor.

Entretanto, foi possível perceber que a vítima, nesse caso, obteria um ônus muito grande em comprovar a culpa do desenvolvedor ou fabricante. Afinal, se nem mesmo os cientistas conseguem decifrar todos os códigos produzidos pela inteligência artificial é utopia pensar que pessoas sem o devido conhecimento conseguiriam essa façanha.

Uma das teorias difundidas é de que a própria inteligência artificial pode ser responsabilizada pelos seus atos autônomos. Nessa perspectiva, defende esse entendimento em razão da imprevisibilidade, bem como da capacidade de autoaprendizagem e de sua autonomia. Além disso, já existem previsões que a inteligência artificial terá consciência de suas ações; será totalmente autônoma dos humanos, e, inclusive, mais inteligente que esses.

Entretanto, para isso é necessário que ela adquira personalidade. Contudo, não basta apensas pensar na responsabilidade civil, é necessário que sejam avaliadas todas as consequências da atribuição da personalidade própria da inteligência artificial. A crítica está relacionada com a possibilidade de conquistar direitos, além da ausência de ética, emoção e o poder de manipulação dos humanos.

A teoria mais aceita está relacionada com a função desempenhada pela inteligência artificial. Nesse sentido, ela foi categorizada em inteligência artificial como: a) ferramenta; b) produto; c) risco da atividade e d) propriedade intelectual. Além disso, atualmente é a mais eficaz entre todas as teorias desenvolvidas. Isso porque ela analisa o contexto no qual a inteligência artificial está inserida, bem como quem possui o dever e poder de minimizar eventuais danos.

Na inteligência artificial como ferramenta ela está condicionada ao dever de guarda e vigilância do supervisor, sendo que este será responsável pelos danos produzidos por ela. Por analogia, aplica-se nessa teoria, a responsabilidade dos guardiões pelas crianças.

Na teoria como produto, a inteligência artificial torna-se um produto e, portanto, haverá relação de consumo existente entre o fornecedor e o consumidor que será usuário dela. Dessa maneira, aplica-se as disposições do Código de Defesa do Consumidor. Ademais, nessa teoria é defendido que o desenvolvedor responda subjetivamente pelos atos autônomos da inteligência artificial.

A terceira teoria está relacionada com o risco que o empresário enfrenta ao adquirir uma inteligência artificial, sendo que responde objetivamente pelos atos dela. Aqui aplica-se a teoria do risco da atividade. Além disso, também há um consenso que essa responsabilização seja aplicada apenas ao empresário e não ao desenvolvedor, tendo em vista que seu ônus seria totalmente desproporcional.

A teoria da inteligência artificial como obra prima prevê que como os seus detentores são donos das obras produzidas por elas, deverão também arcar com as consequências negativas. Portanto, são aplicadas as regras de direito autoral.

A fim de solucionar a problemática, o Brasil, assim como outros países, buscou definir normas legislativas. Nesse sentido, observa-se que as legislações devem ser cuidadosamente escritas, pois precisam aliar o avanço tecnológicos, os impactos econômicos e sociais que a inteligência artificial irá causar, bem como preservar os direitos dos seres humanos. Além disso, é interessante que elas tenham caráter internacional e que especialistas de diferentes áreas participem do processo legislativo.

Neste trabalho foram analisados quatro projetos de leis relacionados ao uso da inteligência artificial. O projeto de lei número 5.051 determina que o supervisor será responsável pelos atos da inteligência artificial e que esta, poderá apenas ser usada com auxiliar dele. Em contrapartida, o projeto de número 5.691 pretende estabelecer uma política nacional sobre a inteligência artificial, mas, não menciona como será resolvido o problema da responsabilidade civil.

Acrescenta-se os dois projetos de lei de 2020, o de número 21 e o 240. O primeiro define que os agentes de inteligência artificial serão os responsáveis. O segundo, por sua vez, estabelece que caberá aos responsáveis técnicos e empresas arcarem com o ônus da responsabilidade.

Nesse sentido, verifica-se que as propostas legislativas brasileiras não são adequadas. Afinal, elas contam com pouquíssimos artigos, com discussões superficiais e que não levam em consideração as peculiaridades, tecnologias e capacidades da inteligência artificial. Além disso, elas buscam limitar seu uso e a responsabilidade apenas aos supervisores e, no máximo ao empresário, como é o caso do projeto de número 240 de 2020.

Com a finalidade de comparar e verificar se os projetos de leis brasileiros estão em consonância com o que está sendo discutido no mundo, foi utilizada a Resolução (2015/2103(INL)) da União Europeia como parâmetro. Atualmente, ela contém as disposições mais avanças e completas relacionadas a inteligência artificial.

Basicamente a União Europeia estabeleceu a obrigatoriedade de: a) registro dos robôs; b) aquisição de um seguro; c) criação de um fundo de compensação; d) robôs inteligentes possuírem uma caixa negra; e) da responsabilidade, a princípio ser atribuída aos seres humanos, que gozarão da responsabilidade limitada; f) cobrança de taxa periódica ou única para os robôs postos no mercado e d) a criação de uma legislação específica que atribua personalidade jurídica aos robôs, a chamada *"e-porsonality"*.

A Resolução busca encontrar soluções para os principais problemas envolvendo a inteligência artificial e sua convivência na sociedade. Ainda, possui o objetivo de aliar a segurança jurídica e a preservação dos direitos fundamentais com o desenvolvimento tecnológico. Ademais, ela atribui responsabilidade pelos atos autônomos da inteligência artificial aos seres humanos. Porém, admite que isso não será perpetuo. As obrigatoriedades estabelecidas, buscam de uma forma ou outra auxiliar a resolver a problemática da responsabilidade.

Nessa perspectiva, observa-se que, atualmente, o mais adequado é imputar aos seres humanos a responsabilidade civil pelos atos autônomos da inteligência artificial. Porém, nesses casos é necessário que considerem a função exercida por ela no caso prático e não sua forma.

Acrescenta-se que não se deve descartar a possibilidade de atribuir a própria inteligência artificial a responsabilidade pelos seus atos, tendo em vista os avanços tecnológicos. Dessa forma, não é interessante que se limite os usos dela, afinal a inteligência artificial já proporciona aos seres humanos ótimas experiências e melhores condições de vida. Contudo, é necessário que existam disposições cautelosas em relação ao seu uso e desenvolvimento. Nesse sentido, se objetiva uma relação harmoniosa da inteligência artificial com a sociedade humana.

ARTIGO V 6. REFERÊNCIAS

AGRELA, Lucas. Bradesco permite consulta de saldo via WhatsApp: clientes podem checar dados financeiros por meio do aplicativo; veja como fazer. *Exame*, São Paulo, 19 set. 2018. Disponível em: https://exame.com/tecnologia/bradesco-permite-consulta-de-saldo-via-whatsapp/. Acesso em: 06 ago. 2021.

ALBIANI, Christine. *Responsabilidade Civil e Inteligência artificial:* Quem responde pelos danos causados por robôs inteligentes? 2019. Disponível em: https://itsrio.org/wp-content/uploads/2019/03/Christine-Albiani.pdf. Acesso em: 29 abr. 2021.

ALMADA. Marco. *Inteligência Artificial:* Perspectivas a partir da Filosofia do Direito. 2018. Disponível em: https://www.researchgate.net/publication/328393397_Inteligencia_Artificial_Perspectivas_a_partir_da_Filosofia_do_Direito. Acesso em: 10 set. 2021.

ANDRÉS, Moisés Barrio. Robótica, inteligencia artificial y Derecho. *Real Instituto elcano*, Madrid, n. 103, p. 1-7, set. 2018. Disponível em: http://www.realinstitutoelcano.org/wps/wcm/connect/b7a72224-1d79-4649-8c51-bc0419e40cd4/ARI103-2018-BarrioAndres-Robotica-inteligencia--artificial-derecho.pdf?MOD=AJPERES&CACHEID=b7a72224-1d79-4649-8c51-bc0419e40cd4. Acesso em: 07 set. 2021.

BARBOSA, Mafalda Miranda. Inteligência artificial, e-persons e direito: Desafios e perspectivas. *Revista Jurídica Luso-Brasileira*, ano 3, n. 6, p. 1475-1503, 2017. Disponível em: http://www.cidp.pt/revistas/rjlb/2017/6/2017_06_1475_1503.pdf. Acesso em: 26 maio 2021.

BIGMAN, Yochanan E.; WAYTZ, Adam; ALTEROVITZ, Ron; GRAY, Kurt. Holding Robots Responsible: The Elements of Machine Morality. *Trend in Cognitive Sciences*, v. 23, n. 5, p. 365-368, maio 2019. Disponível em: https://www.cell.com/trends/cognitive-sciences/fulltext/S1364-6613(19)30063-4?_returnURL=https%3A%2F%2Flinkinghub.elsevier.com%2Fretrieve%2Fpii%2FS1364661319300634%-3Fshowall%3Dtrue. Acesso em: 11 set. 2021.

CAVALIERI FILHO, Sergio. *Programa de responsabilidade civil.* 13. ed. São Paulo: Atlas, 2019. E-book (não paginado). Disponivel em: https://integrada.minhabiblioteca.com.br/#/books/9788597018790/epubcfi/6/10[;vnd.vst.idref=html5]!/4/2@0:0. Acesso em: 23 nov 2021.

CELOTTO, Afonso. Derechos de los robots. *Revista Derechos em Acción*, ano. 4, n. 11, p. 119-133, mar./jun. 2019. Disponível em: https://revistas.unlp.edu.ar/ReDeA/article/view/7533 Acesso em: 07 set. 2021.

ČERKA, Paulius; GRIGIENĖ, Jurgita; SIRBIKYTĖ, Gintarė. Liability for damages caused by artificial intelligence. *Computer Law & Security Review*, Amsterdam. v. 31, n. 3, p. 376-389, jun. 2015, p. 376-389. Disponível em: https://www.sciencedirect.com/science/article/pii/S026736491500062X?-via%3Dihub. Acesso em: 15 abr. 2021.

CHAVES, Natália Cristina. Inteligência Artificial: Os Novos Rumos da Responsabilidade Civil. In: ENCONTRO INTERNACIONAL DO CONPEDI, 7, 2017, Braga. *Anais [...].* [Florianópolis]: CONPEDI, 2017. p. 54-76. Disponível em: http://conpedi.danilolr.info/publicacoes/pi88duoz/c3e18e5u/7M-14BT72Q86shvFL.pdf. Acesso em: 24 maio 2021.

CLIFFORD, Catherine. Billionaire CEO of SoftBank: Robots will have an IQ of 10,000 in 30 years. *Makeit*, 25 out. 2017. Disponível em: https://www.cnbc.com/2017/10/25/masayoshi-son-ceo-of-softbank--robots-will-have-an-iq-of-10000.html. Acesso em: 05 set. 2021.

COELHO, Carlos. Robô usado na segurança de shopping fere criança de um ano e quatro meses. *Gazeta do Povo*, 13 jul. 2016. Disponível em: https://www.gazetadopovo.com.br/economia/inteligencia-artificial/robo-usado-na-seguranca-de-shopping-fere-crianca-de-um-ano-e-quatro-meses-9gp4xflk-9qey1ods5ntckbfqt/. Acesso em: 2 out. 2021.

COLOMBO, Cristiano; FACCHINI NETO, Eugênio. Aspectos históricos e conceituais acerca dos veículos autônomos: seus efeitos disruptivos em matéria de responsabilidade civil e a necessidade de proteger as vítimas. In: ENCONTRO NACIONAL DO CONPEDI, 27, 2018, Salvador. *Anais [...].* [Florianópolis]: CONPEDI, 2018. p. 41-60. Disponível em: http://conpedi.danilolr.info/publicacoes/0ds65m46/1f77gz03/DpC3b5cOOm948B42.pdf. Acesso em: 20 maio 2021.

COPPIN, Ben. *Inteligência artificial.* Tradução: Jorge Duarte Pires Valério. Rio de Janeiro: LTC, 2013. *E-book* (não paginado). Disponível em: https://integrada.minhabiblioteca.com.br/#/books/978-85-216-2936-8/. Acesso em: 22 nov. 2021.

CORONA, Sonia. Robô Sophia: "Os humanos são as criaturas mais criativas do planeta, mas também as mais destrutivas". *El País*: Tecnologia, Guadalajara, 08 abr. 2018. Disponível em: https://brasil.elpais.com/brasil/2018/04/06/tecnologia/1523047970_882290.html. Acesso em: 22 set. 2021.

DIEGA, Guido Noto La. The European strategy on robotics: Too much ethics, too little security. *European Cybersecurity Journal*, Kraków, v. 3, n. 2, p. 6-10, 2017. Disponível em: https://papers.ssrn.com/sol3/papers.cfm?abstract_id=3091563. Acesso em: 04 set. 2021.

DONEDA, Danilo Cesar Maganhoto; MENDES, Laura Schertel; SOUZA, Carlos Affonso Pereira de; ANDRADE, Norberto Nuno Gomes de. Considerações iniciais sobre inteligência artificial, ética e autonomia pessoal. *Pensar*: Revista de Ciências Jurídicas, Fortaleza, v. 23, n. 4, p. 1-17, out./dez. 2018.

EXPOSTO à internet, robô da Microsoft vira racista em 1 dia. *Veja*, 24 mar. 2016. Disponível em: https://veja.abril.com.br/tecnologia/exposto-a-internet-robo-da-microsoft-vira-racista-em-1-dia/. Acesso em: 26 jun. 2021.

FERNÁNDEZ, Francisca Ramón. Robótica, inteligência artificial y seguridade: ¿ Cómo encajar la responsabilidad civil? *Diario La Ley* n. 9365, p. 1-13, fev. 2019. Disponível em: https://riunet.upv.es/bitstream/handle/10251/117875/Rob%c3%b3tica.pdf?sequence=1&isAllowed=y. Acesso em: 10 set. 202a.

GAGLIANO, Pablo Stolze; PAMPLONA FILHO, Rodolfo. *Novo Curso de Direito Civil*: responsabilidade civil. 17. ed. São Paulo: Saraiva Educação, 2019. E-book. Disponível em: https://integrada.minha-biblioteca.com.br/#/books/9788553609529/pageid/0. Acesso em: 24 nov. 2021.

GOMES, Helton Simões. Facebook desligou robô que abandonou inglês e criou linguagem própria? Não é verdade! *G1*, 02 ago. 2017. Disponível em: https://g1.globo.com/e-ou-nao-e/noticia/facebook--desligou-robo-que-abandonou-ingles-e-criou-linguagem-propria-nao-e-verdade.ghtml. Acesso em: 26 jun. 2021.

GONZÁLEZ, María José Santos. Regulación legal de la robótica y la inteligencia artificial: Retos de futuro. *Revista Jurídica de la Universidad de León*, n. 4, 2017, p. 25-50, 2017. Disponível em: http://revistas.unileon.es/ojs/index.php/juridica/article/view/5285/4108. Acesso em: 05 set. 2021.

GREGO, Maurício. Watson, o fascinante computador da IBM que venceu os humanos. *Exame*, São Paulo, 17 ago. 2012. Disponível em: https://exame.com/tecnologia/watson-o-fascinante-computador-da--ibm-que-venceu-os-humanos/. Acesso em: 01 out. 2021.

HAKLI, Raul; MÄKELA, Pekka. Robots, Autonomy, and Responsibility. *What Social Robots Can and Should Do*, Amsterdam, v. 290, p. 145-154, 2016. Disponível em: http://ebooks.iospress.nl/publication/45628. Acesso em: 06 set. 2021.

HIGGENS, Dave. Robot learns how to escape from exhibition. *Independent, [s.l.]*, 20 jun. 2002. Disponível em: https://www.independent.co.uk/news/uk/home-news/robot-learns-how-to-escape-from-exhibition-180874.html. Acesso em: 28 abr. 2021.

IBM. *IBM Watson Health*: Oncology and genomics. 2020. Disponível em: https://www.ibm.com/watson/br-pt/health/oncology-and-genomics/. Acesso em: 28 abr. 2021.

INTELIGÊNCIA artificial vai agilizar a tramitação de processos no STF. *Portal Supremo Tribunal Federal*, [Brasília], 30 maio 2018. Disponível em: http://www.stf.jus.br/portal/cms/verNoticiaDetalhe.asp?idConteudo=380038. Acesso em: 29 abr. 2021.

IRACELAY, Jorge J. Vega. Inteligencia artificial y derecho: principios y propuestas para una gobernanza eficaz. *Revista Iberoamericana de Derecho Informático*, Santiago, ano 1, n. 5, p. 13-48, 2018. Disponível em: https://docs.wixstatic.com/ugd/fe8db5_7781fc969f9d40a6893d9b9f38fefa25.pdf. Acesso em: 15 jul. 2021.

ISLAM, Rayhanul. Artificial Intelligence and Legal Challenges. *ELCOP Yearbook of Human Rights*, p. 257-274, 2018. Disponível em: https://www.academia.edu/38813888/Artificial_Intelligence_and_Legal_Challenges. Acesso em: 11 jul. 2021.

LEENES, Ronald; LUCIVERO, Federica. Laws on Robots, Laws by Robots, Laws in Robots: Regulating Robot Behaviour by Design Ronald. *Law, Innovation and Technology*, v.6, n.2, p. 1-32, 2014. Disponível em: https://papers.ssrn.com/sol3/papers.cfm?abstract_id=2546759. Acesso em: 18 set. 2021.

LOH, Janina. Responsibility and Robot Ethics: A Critical Overview. *Philosophy of Media and Technology*, Vienna, v. 4, n. 58, p. 1-20, dez 2019. Disponível em: https://www.mdpi.com/2409-9287/4/4/58. Acesso em: 12 set. 2021.

MARTINS, João Vitor Gomes; GONÇALVES, Luckas Ruthes; PIRES, Thatiane Cristina Fontão. A Responsabilidade Civil Pelos Atos Autônomos Da Inteligência Artificial. In: CONGRESSO DIREITO DA UFSC, 12, 2018, Florianópolis. *Anais* [...] Florianópolis: UFSC, abr. 2018. p. 280-300. Disponível em: https://www.academia.edu/39924696/A_Responsabilidade_Civil_pelos_atos_aut%C3%B4nomos_da_intelig%C3%AAncia_artificial. Acesso em: 05 out. 2021.

MAYBIN, Simon. Sistema de algoritmo que determina pena de condenados cria polêmica nos EUA. *BBC News*, 31 out 2016. Disponível em: https://www.bbc.com/portuguese/brasil-37677421. Acesso em 22 set 2021.

MITCHAM, Carl. Os desafios colocados pelas tecnologias à responsabilidade ética. *Análise Social*, [Lisboa], v. 41, n. 181, p.1127-1141. 2006. Disponível em: http://www.scielo.mec.pt/pdf/aso/n181/n181a09.pdf. Acesso em: 26 mar. 2021.

MURPHY, Robin R.; WOODS, David D. Beyond Asimov: The Three Laws of Responsible Robotics. *IEEE Intelligent Systems*, v. 24, n. 4, p. 14-20, jul./ago. 2009. Disponível em: https://ieeexplore.ieee.org/document/5172885. Acesso em: 04 set. 2021.

ORCAM. *Ajude as pessoas que são cegas ou parcialmente cegas*. 2020c. Disponível em: https://www.orcam.com/pt/. Acesso em: 28 abr. 2021.

PEREIRA, Ana Elisabete Ferreira e Dias. Partilhar o mundo com robôs autónomos: a responsabilidade civil extracontratual por danos introdução ao problema. *Cuestiones de Interés Jurídico*, p. 1-32, jun. 2017. Disponível em: http://idibe.org/wp-content/uploads/2013/09/cj-2.pdf. Acesso em: 13 jun. 2021.

PÉREZ, Montse Hidalgo. Interacción Robots sociales en tiempos de pandemia: ¿ángeles de la guarda o mala influencia? *El País Economía*: Retina, Madrid, 21 set. 2020. Disponível em: https://retina.elpais.com/retina/2020/09/21/tendencias/1600711068_643742.htm. Acesso em: 22 set. 2021.

PIRES, Thatiane Cristina Fontão; SILVA, Rafael Peteffi da. A responsabilidade civil pelos atos autônomos da inteligência artificial: notas iniciais sobre a resolução do Parlamento Europeu. *Revista Brasileira de Políticas Públicas*, Brasília, v. 7, n. 3, p. 238-254, dez. 2017. Disponível em: https://www.publicacoesacademicas.uniceub.br/RBPP/article/view/4951. Acesso em: 6 abr. 2021.

QUANDO a inteligência artificial mata alguém, quem é responsável? *Época Negócios/Globo*, 21 mar. 2018. Disponível em: https://epocanegocios.globo.com/Tecnologia/noticia/2018/03/quando-inteligencia--artificial-mata-alguem-quem-e-responsavel.html. Acesso em: 02 out 2021.

REUTERS. Transport safety body rules safeguards 'were lacking' in deadly Tesla crash. *The Guardian*, 12 set. 2017. Disponível em: https://www.theguardian.com/technology/2017/sep/12/tesla-crash--joshua-brown-safety-self-driving-cars. Acesso em: 28 abr. 2021.

RICHARDS, Neil N.; SMART, William D. How should the law think about robots? In: *Robot Law*. Edward Elgar, 2016 p. 3-22. Disponível em: https://www.elgaronline.com/view/ed-coll/9781783476725/9781783476725.xml. Acesso em: 10 ago. 2021.

ROBÔ com inteligência artificial será protagonista de filme com orçamento de mais de R$ 370 milhões. *Monet*, 25 jun. 2020. Disponível em: https://revistamonet.globo.com/Filmes/noticia/2020/06/robo-com-inteligencia-artificial-e-escalada-como-protagonista-de-filme-com-orcamento-de-mais--de-r-370-milhoes.html. Acesso em 22 set 2021.

RUSSELL, Stuart Jonathan et. al. An Open Letter: research priorities for robust and beneficial artificial intelligence. *Future of Life:* Institute, [s.l.], [2015]. Disponível em: https://futureoflife.org/ai-open--letter/. Acesso em: 01 out. 2021.

RUSSELL, Stuart Jonathan; NORVING, Peter. *Inteligência artificial.* Tradução: Regina Célia Simille. Rio de Janeiro: Elsevier, 2013.

SCHIRRU, Luca. A Inteligência Artificial e o Big Data no Setor da Saúde: Os Sistemas Especialistas e o Direito. *Propriedade Intelectual Direito Contemporâneo e Constituição,* Aracaju, v. 10, n. 03, p. 81-99, out. 2016. Disponível em: http://pidcc.com.br/br/component/content/article/2-uncategorised/249-a-inteligencia-artificial-e-o-big-data-no-setor-da-saude-os-sistemas-especialistas-e-o-direito. Acesso em: 10 abr. 2021.

SEMERÍA, Gustavo Raúl. *La Responsabilidad De Las Máquinas: Moral, Derecho y Tecnología en el siglo XXI.* 2017. Disponível em: https://www.academia.edu/35514524/LA_RESPONSABILIDAD_DE_LAS_MAQUINAS_Moral_Derecho_y_Tecnolog%C3%ADa_en_el_siglo_XXI. Acesso em: 06 jun. 2021.

SIGNORELLI, Andrea Daniele. Por que a Apple perdeu o trem da inteligência artificial, apesar da Siri. *Forbes.* 20 abr. 2018. Disponível em: https://forbes.com.br/negocios/2018/04/por-que-a-apple-perdeu-o-trem-da-inteligencia-artificial-apesar-da-siri/. Acesso em: 30 ago. 2021.

TEPEDINO, Gustavo; SILVA, Rodrigo da Guia. Desafios da Inteligência Artificial em matéria de Responsabilidade Civil. *Revista Brasileira de Direito Civil,* Belo Horizonte, v. 21, p. 61-86, jul./set. 2019. Disponível em: https://rbdcivil.emnuvens.com.br/rbdc/article/view/465. Acesso em: 23 maio 2021.

TOMASEVICIUS FILHO, Eduardo. Inteligência artificial e direitos da personalidade. *Revista da Faculdade de Direito*, Universidade de São Paulo, v. 113, p. 133-149, 21 dez. 2018. Disponível em: http://www.revistas.usp.br/rfdusp/article/view/156553/152042. Acesso em: 26 maio 2021.

TRAZEGNIES, Fernando de. ¿Seguirán existiendo jueces en el futuro? El razonamiento judicial y la inteligencia artificial. *Ius Et Verita,* n. 47, p. 112-113, dez. 2013. Disponível em: http://revistas.pucp.edu.pe/index.php/iusetveritas/article/view/11938/12506. Acesso em: 07 jun. 2021.

UNIÃO EUROPEIA. *Resolução do Parlamento Europeu, de 16 de fevereiro de 2017, que contém recomendações à Comissão sobre disposições de Direito Civil sobre Robótica (2015/2103(INL)),* 2017. Disponível em: https://www.europarl.europa.eu/doceo/document/TA-8-2017-0051_PT.html. Acesso em: 24 nov. 2021.

VÍDEO flagra o momento em que carro autônomo atropela robô. *Galileu,* 09 jan. 2019. Disponível em: https://revistagalileu.globo.com/Tecnologia/noticia/2019/01/video-flagra-o-momento-em-que-carro-autonomo-atropela-robo.html. Acesso em: 28 abr. 2021.

VILLARONGA, Eduard Fosch. Responsibility in Robot and AI Environments. *Elaw,* n. 2, p. 1-11, 24 abr 2019. Disponível em: https://www.universiteitleiden.nl/binaries/content/assets/rechtsgeleerdheid/instituut-voor-metajuridica/elaw-working-paper-series/wps2019.002.fosch_responsibility.pdf. Acesso em: 04 set. 2021.

LEGISLAÇÃO:

BRASIL, *Lei 9.609.* Dispõe sobre a proteção da propriedade intelectual de programa de computador, sua comercialização no País, e dá outras providências. Disponível em: http://www.planalto.gov.br/ccivil_03/leis/l9609.htm#:~:text=LEI%20N%C2%BA%209.609%20%2C%20DE%2019,Pa%-C3%ADs%2C%20e%20d%C3%A1%20outras%20provid%C3%AAncias. Acesso em: 10 jul. 2021.

BRASIL. [Constituição (1998)] *Constituição da República Federativa do Brasil de 1988.* Brasília, DF: Presidência da República, [2020]. Disponível em: http://www.planalto.gov.br/ccivil_03/constituicao/constituicao.htm. Acesso em 24 nov. 2021.

BRASIL. *Lei 10.406/2002*. Institui o Código Civil. Disponível em: http://www.planalto.gov.br/ccivil_03/leis/2002/l10406.htm. Acesso em: 24 nov. 2021.

BRASIL. *Lei 8.078/ 1990*. Dispõe sobre a proteção do consumidor e dá outras providências. Disponível em: http://www.planalto.gov.br/ccivil_03/leis/l8078.htm. Acesso em 24 nov. 2021.

BRASIL. *Projeto de Lei 21/2020*. Estabelece princípios, direitos e deveres para o uso de inteligência artificial no Brasil, e dá outras providências. Gabinete do Eduardo Bismarck. Disponível em: https://www.camara.leg.br/proposicoesWeb/prop_mostrarintegra?codteor=1853928. Acesso em: 17 jul. 2021.

BRASIL. *Projeto de Lei 240/2020*. Cria a Lei da Inteligência Artificial, e dá outras providências. Gabinete do Léo Moraes. Disponível em: https://www.camara.leg.br/proposicoesWeb/prop_mostrarintegra;jsessionid=78B9A799B3FF6A759EBAFDF58140E02B.proposicoesWebExterno1?codteor=1857143&filename=PL+240/2020. Acesso em: 17 jul. 2021.

BRASIL. *Projeto de Lei 5051/2019*. Estabelece os princípios para o uso da Inteligência Artificial no Brasil. Gabinete do Senador Styvenson Valentim. Disponível em: https://legis.senado.leg.br/sdleg-getter/documento?dm=8009064&ts=1594036674670&disposition=inline. Acesso em: 17 jul. 2021.

BRASIL. *Projeto de Lei 5691/2019*. Institui a Política Nacional de Inteligência Artificial. Gabinete do Senador Styvenson Valentim. Disponível em: https://legis.senado.leg.br/sdleg-getter/documento?dm=8031122&ts=1594037338983&disposition=inline. Acesso em: 17 jul. 2021.

AUTONOMOUS VEHICLES AND ITALIAN LEGAL SYSTEM. HOW TO DEAL WITH CIVIL LIABILITY AND MOTOR INSURANCE RULES?[1]

Giacomo Pongelli

Associate Professor, Università degli Studi di Milano-Bicocca.

Sumário: 1. Introduction – 2. Autonomous and semi-autonomous vehicles – 3. Main issues related to autonomous vehicles diffusion – 4. Italian civil liability rules for the circulation of vehicles – 5. Autonomous vehicles and protection for victims of traffic accidents: which liability rule?.

1. INTRODUCTION

The historical period we are living is characterized by very rapid technological innovations, on many different fields. Our society and our legal system are not always ready to immediately embrace new technologies, usually they need a testing and adaptation period, but also adequate regulation. Therefore, implementation of new technologies depends not only on our engineers, but also and mostly on our legislators.

Mobility is currently at a crossroad. It is surpassing a new frontier, with increasing automation and connectivity allowing vehicles to "communicate" with each other, to the road infrastructure, and to other road users. New projects tend to create a communication network in mobility, so wide that the focus is not only on "smart cars", but also on "smart cities". These developments are opening an entirely new level of cooperation between road users, which could potentially bring enormous benefits for them and for the mobility system in general, making transport safer, more efficient, accessible and sustainable.

An important innovation already implemented has been the rides sharing (sharing mobility). It is very relevant in the market, especially in Italy, and has changed the way we perceive cars ownership and use. Traditionally, the use of a car was based on ownership, now it is more oriented on usability and efficiency. In European countries, which represents approximately 50% of the global carsharing market, growth has been increasingly fast, and forecasts say that, by the end of 2020,

---

1. This paper reproduces the presentation issued at AIDA (*Association Internationale de Droit des Assurances*) – XV World Congress, held in Rio de Janeiro, in October 2018, with addition of footnotes which also consider the later publications.

around 15.6 million of car-sharing users are expected[2]. In the foreseeable future, this kind of service will be likely implemented with autonomous vehicles. We will probably be able not only to use a car without owning it, but also without the need of driving it. This scenario opens new frontiers for the market, with much more users able to access the car-sharing service, even those without a driver's license, people with disabilities, or those too old or too young to drive.

2. AUTONOMOUS AND SEMI-AUTONOMOUS VEHICLES

Self-driving cars are a very important innovation, not only due to the fact that they significantly increase the number of users or the available mobility services, but also mainly for a significant increase in road safety.

It has been stated that around 90% of traffic accidents are to attributable to human error such as those arising from distraction, fatigue, drowsiness and lack of attention. Also, the costs associated to traffic accidents are enormous to the society, both in terms of human injuries and deaths and also property and economic losses. In Europe alone more than 25,000 people still lose their lives in traffic accidents every year, while more than 135,000 get seriously injured[3]. Those numbers can be strongly reduced introducing autonomous vehicles or increasing the use of automatic driving assistances.

The International Committee of the Society of Automotive Engineers (SAE), along with experts from industry and government, released a report defining key concepts and standards related to the increasing automation of vehicles[4]. Six levels of driving automation have been issued: 0 (no automation), 1 (driver assistance), 2 (advanced driver assistance), 3 (conditional automation), 4 (high automation), and 5 (full automation).

---

2. ANIA Discussion Paper "*Smart roads, veicoli connessi ed autonomi. Mobilità e assicurazione nel prossimo futuro: rc auto o rc prodotti?*", October 2017.
3. European Commission, *Road safety in the European Union. Trends, statistics and main challenges*, 2018.
4. The Report has been updated in 2018: *SAE J3016: Taxonomy and Definitions for Terms Related to On-Road Motor Vehicle Automated Driving Systems.*

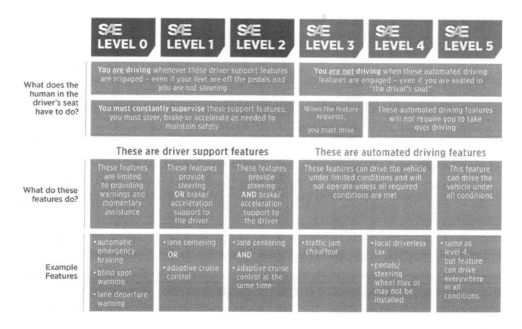

The two highest levels of automation (levels 4 and 5) have not been implemented yet, but they will be available in a near future. Currently, our cars are provided with Advanced Driver Assistance Systems (ADAS), technological devices and features which do not substitute the need for a driver, but rather assist him. Even if current widespread use of technology is currently at a level 3 of automation, technological progress is constantly making huge steps forward in order to reach full automation for the vehicles. Internet of Things (IoT) and high-speed low-latency 5G networks, when applied to vehicles, will make a huge improvement in mobility and services. Not only making the car-sharing service possible, but also implementing innovative services in our own cars. For example, GPS navigator is connected to actual traffic information and uses online data to calculate the fastest route; internet connection is very helpful to call road assistance in case of accidents; or think about the possibility in the future to know where to find a free parking spot and reserve for it in advance. Vehicle obsolescence is not depending only on a mechanical point of view, but especially on standards of connectivity. People decide to buy a new car also because of new technologies and available features.

Many ADAS are already implemented in our cars and are available as an optional feature (i.e. assisted parking, lane shift assistant, safety distance control, alert control if the driver falls asleep, etc.), some of them became mandatory like the antilock braking system (ABS) or electronic stability controls (such as ESP, ESC, VDC, ASR), while others will be likely required in the future. Current advanced systems (like the

"Autopilot" function installed in Tesla vehicles) do not offer yet a full autonomous drive and still need human control behind the steering wheel. The driver must be ready to take over control at any time.

It has been demonstrated that ADAS can reduce the likelihood of accidents which means that insurance companies, providing motor insurance coverage to the most safe and advanced cars, sustain a lower risk than with conventional vehicles. In fact, some insurance companies already provide special rates, with extra discounts, for specific car models considered particularly innovative and safe, with a lower risk of damage.

3. MAIN ISSUES RELATED TO AUTONOMOUS VEHICLES DIFFUSION

There are different factors which slow down and prevent the autonomous vehicles to be in the market, even if they would be ready from a technological point of view.

First, we must consider the issues related to authorization to circulate on public roads. In order to comply with the principle of freedom of movement between European Member States, the EU Countries need common rules for type-approval and circulation of autonomous vehicles. For automated mobility to gain social and legal acceptance in every State, only the highest safety and security standards will suffice. Also, new questions such as the level of infrastructure support for driverless vehicles, and how this infrastructure should interact with the vehicles, should also be issue for regulators' concern[5].

In Italy, the Ministry of Transportation issued a decree in 2018 to regulate the testing of autonomous vehicles on public roads and the requirements for infrastructures to become "smart" and connected (smart roads)[6].

Another aspect that needs tailor-made regulation regards the large amount of data generated by autonomous and connected vehicles, shared through communication devices and networks. This data has enormous potential to create new personalized services and products. This opportunity represents a revolution to existing business models and can be very efficient both for the corporations and final users. The European legislator is working on a framework of rules to set a level playing field to access in-vehicle data and resources and the goal is to set a balance between protecting consumers' privacy rights while at the same time promoting innovation and fair competition[7].

---

5. European Commission, Communication "*On the Road to Automated Mobility: an EU Strategy for Mobility of the Future*", 17th May 2018, COM (2018) 283 final.
6. Ministry of Transportation Decree, 28th February 2018, on "*Modalità attuative e strumenti operativi della sperimentazione su strada delle soluzioni di Smart Road e di guida connessa e automatica*".
7. See, European Commission, *Communication On the Road to Automated Mobility: an EU Strategy for Mobility of the Future*, *supra*.

Digital data needs adequate protection and EU legislator will have to determine who will be in charge to collect all data and where they will be stored, but also how and for how long data can be kept before having to be destroyed[8].

Safety and proper functioning of autonomous vehicles circulation will depend indeed on cybersecurity[9]. This is also a very important issue to solve in order to protect data: hacking or misfunction of data can cause catastrophic damages. This problem involves the technological defence for data protection, the playing field of engineers and communication technicians, but also involves other areas of law, like criminal and privacy law.

On the civil law side, the main legal issue is related to the attribution of liability in case of accidents caused by an autonomous vehicle and how this risk can be covered by an insurance policy.

First, we must consider that by reducing the activity of the human driver, his liability should also be proportionally reduced. Actual international rules, based on United Nations Vienna Convention on road traffic, provide that "*vehicle systems which influence the way vehicles are driven*" have to be "*in conformity with the conditions of construction, fitting and utilization according to international legal instruments concerning wheeled vehicles, equipment and parts which can be fitted and/or be used on wheeled vehicles*" otherwise they are allowed only "*when such systems can be overridden or switched off by the driver*"[10]. In other words, until we don't arrive to a full automation level (level 5 of automation), the driver will always have some form of control, at least in part, thus will also be considered responsible regarding his vehicle use. His liability would be related to the omission of taking manual control of the vehicle or about following the vehicle's instructions or requests.

More problems are related to the situation, in a full automation scenario, where there is not a human driver anymore, but people inside a car are to be considered all as passengers. During the trip they can read a book, watch a movie, eat, sleep or do any other activity without paying attention to the road. In this situation, the vehicle would operate itself as a robot and it would be very hard to attribute any liability to the person who is sitting behind the steering wheel (admitting that fully autonomous cars will still possess a steering wheel)[11].

---

8. About Data Protection, see European Regulation 2016/679, *on the protection of natural persons with regard to the processing of personal data and on the free movement of such data* (GDPR – General Data Protection Regulation), 27th April 2016, repealing Directive 95/46/EC.
9. European Regulation 2019/881, *Cybersecurity Act*, 17th April 2019. For a deep analysis about cyber and privacy risks, see A.C. Nazzaro, *Macchine intelligenti* (smart cars): *assicurazione e tutela della privacy*, in *Diritto del mercato assicurativo e finanziario*, 2018, p. 60.
10. United Nations Vienna Convention on Road Traffic, article 8, par. 5-*bis*.
11. It has been also considered the possibility to recognize subjectivity to automated machines. See European Parliament resolution of the 16th February 2017 with recommendations to the Commission on Civil Law Rules on Robotics [2015/2103(INL)], where, among the possible legal solutions, it is considered to create «a specific legal status for robots in the long run, so that at least the most sophisticated autonomous robots could be established as having the status of electronic persons responsible for making good any damage they

Driverless mobility promises great benefits, but also poses serious questions both on a legal and on an ethical point of view[12]. Automation can reduce human errors, but there are situations where an accident cannot be avoided: how should the vehicle react? Which criteria or algorithms should be used to determine the vehicle's decision and, consequently, the injured party? Just think of a situation where a vehicle can't avoid an accident and should decide, using artificial intelligence, if running over a young lady or two old men. Software and algorithms play a fundamental role on the machine behaviour: the presence of an automated choice affects the process of determining the event and the effect of the choice.

Producers' liability is clearly involved, but we must first analyse the existent liability rules.

4. ITALIAN CIVIL LIABILITY RULES FOR THE CIRCULATION OF VEHICLES

The Italian legal system does not seem to be ready to deal with liability issues related to the circulation of autonomous vehicles. Italian tort law and motor insurance assume a fault-based liability system. In particular, motor insurance covers liability provided by art. 2054 c.c. and the insurance company pays for third-party damages only in case of negligence of the driver of the insured vehicle.

The civil code regulation[13] provides a presumption of negligence on the driver, unless he proves that he has done everything possible to avoid the damage (art. 2054, par. 1, c.c.). Only in the case of collision of vehicles, it is presumed, until evidence to the contrary is offered, that each driver contributed equally toward causing the damage suffered by each vehicle (art. 2054, par. 2, c.c.). Also, the owner of the vehicle[14], in the case he is not the driver, is considered responsible jointly and severally with the driver of the vehicle, unless he proves that the vehicle was being operated against his will (art. 2054, par. 3, c.c.). This is a joint liability, strict and indirect of the owner, until it's differently proven. In fact, the owner does not respond as a result of negligence, but on the basis of a legal imputation of wrongdoing committed by others.

Last paragraph of art. 2054 c.c. specifies that the driver and the owner are liable for damages arising from defects in the manufacturing or maintenance of the vehicle.

---

may cause, and possibly applying electronic personality to cases where robots make autonomous decisions or otherwise interact with third parties independently» [point n. 59, letter f)].

12. G. Calabresi – E. Al Mureden, Driverless car *e responsabilità civile*, in *Rivista di diritto bancario*, 2020, p. 16. According to the authors, a risk assessment and a risk management must be carried out in advance to achieve the best solution to balance all the fundamental rights involved.

13. For an analytical and in-depth analysis of the regulatory provisions on road traffic liability, distinguishing between autonomous and semi-autonomous vehicles, see A. Albanese, *La responsabilità civile per i danni da circolazione di veicoli ad elevata automazione*, in *Europa e diritto privato*, 2019, p. 999. See also U. Ruffolo, Self-driving car, *auto* driverless *e responsabilità*, in *Intelligenza artificiale e responsabilità*, coordinated by U. Ruffolo, Milano, 2017, p. 45, who believes that the solution of the problems related to the circulation of autonomous vehicles can be found in the existing tort law and civil liability system.

14. Italian civil code, art. 2054, par. 3, considers equal to the owner, on a liability point of view, the usufructuary and the conditional buyer, that is the buyer under a title reservation agreement.

It means that the injured person can ask for damages to the vehicle's driver/owner, who is entitled to act in recourse against the vehicle's manufacturer[15].

It is evident how our liability and insurance system is not ready to properly regulate the circulation of fully autonomous vehicles, as it requires the existence of a driver to assign liability. Otherwise, applying this rule to autonomous vehicles, it would always result, in case of an accident, a civil liability against the car owner, even if he is not in the car when the accident occurs. The actual regulation can be able to work even for semi-automated vehicles, but not for fully autonomous ones. Italian legal system requires that a physical person is driving or, at least, is always ready to take control of the car, like it is provided by the actual ADAS or autopilot features. It means that the driver cannot be distracted and has to be focused on car's behaviour at all times, and any accident could be considered driver's fault because he didn't intervene on time.

In a full automation scenario, also who is on the driver's seat may be considered as a passenger of the car and it will be important to determine if any liability is assigned, considering that he is the operator of the automated car. Differently, damage compensation rules would be applied for passengers, as provided by art. 141 of the Italian Insurance Code, which poses an obligation to pay for the loss or injury suffered by passengers on the insurance undertaking of the vehicle in which they are being carried at the time of the accident, regardless of which driver of the vehicles involved in the accident is liable. This rule is made in the interest of the injured passenger, making easier for him to obtain a compensation. Anyway, this rule doesn't apply to accidents caused by unforeseeable circumstances.

The Italian decree on Smart Roads and on procedures for testing autonomous vehicles on public roads, issued in 2018, introduced a rule for accidents caused by automated cars[16]. Recalling art. 2054, par. 3, c.c. and art. 196 of Italian Traffic Law, the decree assigns liability for autonomous vehicle accidents basically on the vehicle's owner [art. 11, par. 1, letter a)]. On the risk cover side, motor insurance is mandatory for testing autonomous vehicles, but the coverage ceiling provided in the contract must be at least four times higher than the minimum value set by the current law (art. 19, par. 1, "Smart Roads" decree of 2018). Also, the insurance company must be informed that the insured vehicle is going to self-drive on public roads and that has to be written on the insurance contract (art. 19, par. 2).

In the case of a fully autonomous car, an additional rule could also be applied. It is art. 2051 c.c., which provides liability for damages caused by goods held in

---

15. Italian Consumer Code (Law decree 6th September 2005, n. 206), articles 114-127. European Directive of European Council 85/374/CEE on liability for defective products, in *Official Journal of the European Communities*, L 210/29.

16. For a brilliant analysis about the state-of-the-art of law after the Smart Roads decree, see D. Cerini, *Dal decreto Smart Roads in avanti: ridisegnare responsabilità e soluzioni assicurative*, in *Danno e responsabilità*, 2018, p. 401.

custody[17]. According to that rule, it would be the user of the self-driving car who would have to be considered responsible, regardless of his fault or negligence. This is another strict liability rule and it provides as the only exemption of liability the proof of an accident (unforeseeable and external event) causing the damage, which excludes the causal link between the good and the damage. If the liability provided by art. 2051 c.c. is involved, it should be also covered by the insurance contract to give full protection to the autonomous vehicle's user.

5. AUTONOMOUS VEHICLES AND PROTECTION FOR VICTIMS OF TRAFFIC ACCIDENTS: WHICH LIABILITY RULE?

The Italian legal system, and also most of the European States law, is capable of giving a proper regulation even with advanced hi-tech vehicles which support ADAS, until there is the need of a driver who should be ready to take control in any situation. That allows to assign liability to the driver if an accident occurs, following the same rules we have for circulation of conventional cars. The legal problems will only be faced when a human driver is no longer present, that is when cars reach level 4 or level 5 of automation[18].

If an accident is caused by an autonomous vehicle, it is much more difficult to understand who is liable, given that there are many different possible responsible subjects, thus very difficult to provide any proof of liability. On one side there are the owner and the user of the vehicle (if not the same person), and on the other side, liability could be attributed to the vehicle manufacturer and the producers of the installed software and automation algorithms, but also should be involved the officers and collectors of information and data shared by the vehicles, as well as the suppliers of the car maintenance and services. Many reasons could be the cause of an accident, like a wrong information received by the vehicle from another vehicle or from a road infrastructure (smart roads) that affects the vehicle's choices or behaviour. In such a wide array of possible liable subjects, which rules should be provided by a legal system?

The first consideration should be about the main purpose of tort law.

If we account as the primary need the effective compensation of damages to victims of accidents (compensative function of tort law), possible solutions are: a strict liability rule, a no-fault insurance system, and a guarantee fund.

Providing a strict liability rule, maybe on the vehicle/software manufacturers or on the vehicle's owner/user, it would be much easier for victims to identify the subject obliged to indemnify and there is no need to prove his fault or malice, but

---

17. A. Albanese, *La responsabilità civile per i danni da circolazione di veicoli ad elevata automazione*, supra, p. 1007, assumes that article 2051 c.c. provides an extension of responsibility for the autonomous vehicle's owner/user/keeper, compared to the situation regarding conventional vehicles. The liability rule at article 2051 c.c. should be applied only to fully automated vehicles.

18. See also M.C. Gaeta, *Liability rules and self-driving cars: the evolution of Tort Law in the light of new technologies*, Napoli, 2019, p. 139-145.

only the causality link between the damage and the wrongdoing by the automated car[19]. In this way, we would move from a "driver focused" model of liability to a "product focused" one[20]. On the other side, there are many players involved in the production of an automated vehicle and it is not easy to decide who should be the liable one. Thinking of a joint and several liability on all of them would not seem a fair option. Another consequence related to the assignment of a strict liability rule on the vehicle manufacturers is the unavoidable increasing prices of autonomous cars. In fact, automobile companies would transfer the costs of damages to the consumers, with the consequence of higher retail prices and a lower diffusion, slowing down the progress of technology and the economic development of this market.

Another solution could be the provision of a mandatory no-fault insurance system for automated vehicles, where, in case of a damage, every insured party receives compensation directly from his insurance company, regardless of the fault in causing the accident. In Italy, a first-party insurance would be in contrast with the current Italian system, based on a third-party civil liability: Italian motor insurance is a fault-based system and the insurer must cover for third-party damages only when the insured driver's liability is assessed[21]. The rule of compensation for passengers (art. 141 of Italian insurance code) might seem like an exception, but it is not because the insurance undertaking which has paid damages has a right of recourse against the liable party and/or his insurance undertaking, resulting that the final subject obliged to pay is the one that is liable for the damage (or his insurance company).

One more option addressed to ensure a compensation for victims of driverless vehicles is the establishment of a guarantee public fund financed through a specific "tax" paid by the owners of the automated machines (or by the automotive companies[22]). This would be similar to the national guarantee funds for road victims already

---

19. This kind of rules would aim to realize the maximum satisfaction of collective interests deemed worthy of protection, like guarantee a compensation to injured people. G. Calabresi, *The Future of Law and Economics*, New Haven, 2016.

20. E. Al Mureden, Autonomous cars *e responsabilità civile tra disciplina vigente e prospettive* de iure condendo, in *Contratto e impresa*, 2019, p. 912, who proposes a remodulation of the relationship between "product focused" liability, that should be improved, and "driver focused" liability rule. Of the same opinion, previously, D. Cerini, *Dal decreto* Smart Roads *in avanti: ridisegnare responsabilità e soluzioni assicurative*, *supra*, p. 405-409, who envisages the introduction of a mandatory insurance for defective products liability and the diffusion of policies able to cover the cyber-risk, considering new insurance products with a risk assessment that is no longer focused only on the owner or on the driver of the vehicle. See also A. Di Rosa, *Auto a guida automatica: profili assicurativi e di responsabilità civile*, in www.altalex.com, 2018.

    About the need for updating the product liability regulation, see the European Commission Report, *Evaluation of Council Directive 85/374/EEC on the approximation of laws, regulations and administrative provisions of the Member States concerning liability for defective products*, 2018. For the effectiveness of current Product Liability discipline with regard also to self-driving cars, see M.C. Gaeta, *Liability rules and self-driving cars: the evolution of Tort Law in the light of new technologies*, *supra*, p. 141.

21. G. Pongelli, *Il risarcimento diretto nel codice delle assicurazioni*, Milano, 2011, p. 98.

22. See G. Calabresi – E. Al Mureden, Driverless car *e responsabilità civile*, *supra*, p. 13-15, for the need of sharing the costs of damages arising from the circulation of autonomous vehicles through the introduction of a guarantee fund supplied by all the manufacturers, proportionally divided in relation to their market share and, therefore, to the risk introduced into society.

existing in European member states and would cover damages caused by automated cars, in order to avoid the rise of damage without responsibility[23]. A proposal for a guarantee fund is based on "Manufacturer Enterprise Responsibility" (MER), that is a manufacturer-financed, strict responsibility bodily injury compensation system, administered by a fund created through assessments levied on automated vehicles manufacturers[24]. To be effective, MER will have to be a uniform system enacted at a European and international level and applicable throughout all the member States. Since it would address liability to manufacturers, it can be only applied for the circulation of highly automated vehicles or fully autonomous vehicles (level 4 or 5 under the SAE classification system). MER would cover only bodily injuries arising out of the operation of the vehicle, up to the specified benefit limits, except for injuries caused by the vehicle owner's own negligence (negligent failure to install software updates, negligent tweaking of software, or negligent maintenance).

Considering another important aspect of Tort Law, that is the deterrence function, all the solutions above could be appointed as inconsistent. That is true when there is a driver which negligence or wrongdoing generates responsibility, but not in a highly or full automated scenario where there is no human driver. In this case, charging owners and/or occupants of the vehicle for their own insurance would not have any direct effect on safety levels, because these individuals would have no control over the operation of their vehicles. On the other hand, even without any negligence liability, some positive effects can be generated[25]: manufacturers (hardware and software) would have an incentive to invest in R&D to make their products increasingly safer,

---

23. See S. Landini, *The Insurance Perspective on Prevention and Compensation Issues Relating to Damage Caused by Machines*, in *The Italian Law Journal*, 2020, p. 84. About European Law, see European Parliament and Council Directive 2009/103/EC relating to insurance against civil liability in respect of the use of motor vehicles, and the enforcement of the obligation to insure against such liability, in *Official Journal of the European Union*, 2009, L 263/11, in particular the "whereas" at point 53.

    Italian Law, on the constitution of a public guarantee fund for road accidents, anticipated EU Law by many years. The guarantee fund was at first established by the law 24th December 1969, n. 990 (article 19), now repealed and replaced by the Italian Insurance Code (Law Decree 7th September 2005, n. 209), which regulates the public funds at articles 283 and followings. On the Italian Road Guarantee Fund, see S. Landini, *sub* articles 283-287, in *Il codice delle assicurazioni private*, coordinated by F. Capriglione, Padova, 2007, III, 2, p. 3; G. Pongelli, *sub* articles 283-286, in *Codice delle Assicurazioni Private annotato con la dottrina e la giurisprudenza*, coordinated by A. Candian e G.L. Carriero, Napoli, 2014, p. 1107.

24. K.S. Abraham – L.R. Rabin, *Automated Vehicles and Manufacturer Responsibility for Accidents: A New Legal Regime for a New Era*, in *Virginia Law Review*, 2019, p. 145; M.A. Geistfeld, *A Roadmap for Autonomous Vehicles: State Tort Liability, Automobile Insurance, and Federal Safety Regulation*, in *California Law Review*, 2017, p. 1611; E. Al Mureden, Autonomous cars *e responsabilità civile tra disciplina vigente e prospettive* de iure condendo, *supra*, p. 921. For an Italian perspective see A. Davola – R. Pardolesi, *In viaggio col robot: verso nuovi orizzonti della r.c. auto (driverless)?*, in *Danno e responsabilità*, 2017, p. 627.

25. This is also opinion of S. Landini, *The Insurance Perspective on Prevention and Compensation Issues Relating to Damage Caused by Machines*, *supra*, p. 86: «are we sure that in case of damage caused by a machine running in full automation civil liability can prevent damage thanks its deterrence function? The insurers, covering the liability of the owner or of the producer or acting as delegate of public funds in compensating damages to victims of AI can create and update standards and guidelines in order to 'educate' machines with a relevant role in prevention of damage caused by AI thanks to tools like the 'reinforcement learning' concerning with how software agents can take actions in an environment so as to maximize some forms of cumulative reward».

and the reduction of risk would also indirectly affect the amount of their financial contribution towards maintaining the guarantee fund[26].

In conclusion, there are different perspectives that can be considered for the regulation of automated vehicles. One is focused on the damage compensation for injured parties and includes solutions that go away from Italian third-party liability system and motor insurance, as providing public guarantee funds, a strict liability of vehicles/software manufacturers, or a mandatory insurance for the manufacturers of self-driving cars[27]. Another point of view would leave the actual Italian discipline to regulate autonomous vehicles circulation on public roads, assigning liability to the user and to the owner of the vehicle, as well as to the manufacturer.

Probably our legal system is not ready for driverless vehicles. There is the need for new regulatory changes in order to build a harmonised, complete and future-proof framework of rules for full automation[28]. The highest investments required by automotive companies, by public administration and by society in general cannot be done without adequate legislation. Any chosen legal solution applied to the liability of robots and of artificial intelligence in cases other than those of damage to property should in no way restrict the type or the extent of the damages which may be recovered, nor should it limit the forms of compensation which may be offered to the aggrieved party on the sole grounds that damage is caused by a non-human agent[29]. European countries require a common framework of rules, also to allow and preserve the free circulation of vehicles between different member States[30]. On a systematic point of view, European legislation must take into account the relationship between different regulatory aspects that cannot be considered individually: they include the protection of road victims and general safety on public roads, the personal data protection, the cybersecurity, the manufacturers' liability for defective or dangerous products, the technological development for safer and more innovative products.

---

26. A. Davola – R. Pardolesi, *In viaggio col robot: verso nuovi orizzonti della r.c. auto (driverless)?*, *supra*, p. 628, believe in the need for a legal system which assigns liability to the subjects entitled of ensuring the good and safe functioning of a driverless car and of the installed software. Owner or driver responsibility, on the other hand, has no influence on reducing the damages for automated vehicles. About the efficient allocation of liability, according to the principles of economic analysis of law, see the reference work of G. Calabresi, *The Cost of Accidents: A Legal and Economic Analysis*, Yale University Press, 1970.

27. The future legislative instrument should be based on an in-depth evaluation whether the 'strict liability' or the 'risk management' approach should be applied. European Parliament seems to suggest a hybrid solution using both insurance and a guarantee fund. See the Annex to European Parliament resolution of the 16th February 2017 with recommendations to the Commission on Civil Law Rules on Robotics [2015/2103(INL)]: «An obligatory insurance scheme, which could be based on the obligation of the producer to take out insurance for the autonomous robots it produces, should be established. The insurance system should be supplemented by a fund in order to ensure that damages can be compensated for in cases where no insurance cover exists».

28. N. Bevan, R. Merkin, K. Noussia, *Driverless Vehicles – Where are we wrong?*, in *Connected and Autonomous Vehicles: The future?*, House of Lords UK, 2017.

29. European Parliament resolution of the 16th February 2017 with recommendations to the Commission on Civil Law Rules on Robotics [2015/2103(INL)].

30. M. Channon, *Autonomous Vehicles and Legal Effects: Some Considerations on Liability Issues*, in *Diritto del mercato assicurativo e finanziario*, 2016, p. 33.

AS NANOTECNOLOGIAS
E OS DESAFIOS REGULATÓRIOS:
TRANSBORDANDO AS FONTES DO DIREITO[1]

Wilson Engelmann

Pós-Doutor em Direito Público-Direitos Humanos, Universidade de Santiago de Compostela, Espanha; Doutor e Mestre em Direito Público, Programa de Pós-Graduação em Direito da Universidade do Vale do Rio dos Sinos – UNISINOS, Brasil; Coordenador Executivo do Mestrado Profissional em Direito da Empresa e dos Negócios da UNISINOS; Professor e Pesquisador do Programa de Pós-Graduação em Direito – Mestrado e Doutorado – da UNISINOS; Bolsista de Produtividade em Pesquisa do CNPq; e-mail: wengelmann@unisinos.br; ORCID: https://orcid.org/0000-0002-0012-3559

Raquel von Hohendorff

Doutora e Mestra em Direito Público pelo Programa de Pós-Graduação em Direito (Mestrado e Doutorado) da Universidade do Vale do Rio dos Sinos– UNISINOS/RS/ Brasil. Professora e Pesquisadora do Programa de Pós-Graduação em Direito – Mestrado e Doutorado – da UNISINOS E-mail: rhohendorff@unisinos.br. ORCID: https://orcid. org/0000-0001-7543-2412

Se está vivendo um período temporal de grandes transformações, geradas, em parte, pelos avanços científico-tecnológicos. Esse cenário é caracterizado como a Quarta Revolução Industrial[2] e nela se localizam a convergência de diversas tecnologias, dentre as quais se destacam as nanotecnologias. Com essa categoria conceitual se compreende as pesquisas e os desenvolvimentos inovativos elaborados na escala nanométrica, ou seja, aquela equivalente à bilionésima parte de um metro, dando origem às nanopartículas. Por isso, são extremamente pequenas, ou seja, ao se dividir cada milímetro em um milhão de partes se terá um nanômetro (1 nm)[3]. Portanto,

---

1. Este trabalho é o resultado parcial das pesquisas realizadas pelos autores no âmbito dos seguintes projetos de pesquisa: a) Edital 02/2017 – Pesquisador Gaúcho – PqG: Título do Projeto: "A autorregulação da destinação final dos resíduos nanotecnológicos", com apoio financeiro concedido pela Fundação de Amparo à Pesquisa no Estado do Rio Grande do Sul – FAPERGS; b) Chamada CNPq n. 09/2020 – Bolsas de Produtividade em Pesquisa – PQ, projeto intitulado: "Percursos para ressignificar a Teoria Geral das Fontes do Direito: o *Sandbox regulatório* como um elemento estruturante da comunicação reticular entre o Direito e as nanotecnologias"; c) Chamada MCTIC/CNPq Nº 28/2018 – Universal/Faixa C, projeto intitulado: "Nanotecnologias e Direitos Humanos observados a partir dos riscos no panorama da comunicação entre o Ambiente Regulatório e o Sistema da Ciência"; d) "Sistema do Direito, novas tecnologias, globalização e o constitucionalismo contemporâneo: desafios e perspectivas", Edital FAPERGS/CAPES 06/2018 – Programa de Internacionalização da Pós-Graduação no RS; e) "Transdisciplinaridade e Direito: construindo alternativas jurídicas para os desafios trazidos pelas novas tecnologias", com apoio financeiro concedido pela Fundação de Amparo à Pesquisa no Estado do Rio Grande do Sul – FAPERGS – Edital 04/2019, Auxílio Recém-Doutor.
2. SCHWAB, Klaus. *A quarta revolução industrial*. Tradução Daniel Moreira Miranda. São Paulo: EDIPRO, 2016 e SCHWAB, Klaus; DAVIS, Nicholas. *Aplicando a quarta revolução industrial*. Tradução Daniel Moreira Miranda. São Paulo: EDIPRO, 2018.
3. "Esses micropedaços de materiais como ouro, zinco e prata são utilizados em ações microscópicas. Nanopartículas de prata, por exemplo, formam tecidos mais resistentes e à prova de micróbios – ajudando, assim,

essa dimensão de tamanho carrega consigo a potencialidade físico-química de gerar efeitos que são diversos dos mesmos materiais em escala macro. Tal aspecto é destacado por pesquisas publicadas pelos investigadores das Áreas Exatas.[4]

Um exemplo recente sobre as dúvidas científicas em relação às nanopartículas, se relaciona ao "corante E171", que contém nanopartículas de dióxido de titânio, que é normalmente encontrado em produtos alimentícios variados, além de medicamentos e cosméticos. Essa espécie de corante é utilizada como agente branqueador e de realce em doces, chicletes, molhos brancos e glacê para bolos. Em maio de 2021, como resultado de continuadas pesquisas científicas sobre esse corante, se descobriu o risco de que essas nanopartículas pudessem criar danos ao DNA, não sendo possível determinar a segurança para o consumo dessa modalidade de corante nanoparticulado. Por isso, a Autoridade Europeia de Segurança Alimentar (que tem o acrônimo EFSA, no inglês) emitiu documento para o Parlamento Europeu – considerando a proibição da adição desse corante que já foi adotado na França, Itália, Holanda, Alemanha – seja suspensa a autorização para a utilização a partir de 2022.[5] Essa discussão destaca a incerteza científica em relação a essa espécie de nanopartícula. Característica que está presente em muitas outras partículas nessa escala e que integram produtos do nosso cotidiano, especialmente quando se tratam de metais pesados.

Esse caso sinaliza algumas evidências importantes para o estudo das fontes do Direito no Brasil: a) perspectiva transdisciplinar da construção das conclusões, juntando pesquisadores das áreas exatas envolvidas com as nanotecnologias, que oferecem subsídios para a regulação, estruturando um efetivo "ambiente regulatório", sustentado na "ciência regulatória", que não é mais exclusivamente trabalhada pelos pesquisadores jurídicos; b) a agilidade na "comunicação" entre as diversas ciências envolvidas na perspectiva regulatórias; c) a formulação regulatória não dependente da atuação do Poder Legislativo, por meio de projeto de lei e com a mobilização do processo legislativo. Se tem, portanto, um efetivo transbordamento da construção normativa e das fontes.

---

a indústria têxtil a ganhar valor. O lado ruim disso tudo é que essa tecnologia raramente é limpa – materiais químicos pesados são usados na quebra dessas partículas". Para fazer frente a essa situação de risco para o trabalhador e o meio ambiente, "[...] surgem propostas de geração de nanopartículas sustentáveis ao utilizar um laser que dispensa o uso de solventes químicos. Essa é a proposta da *Nanogreen*, uma empresa de Joinville, Santa Catarina, que está criando nanopartículas com menos material do que no sistema convencional" (50 Startups que mudam o Brasil, 2021).

4. Exemplificativamente se citam: KÜHNEL, Dana et al. Environmental impacts of nanomaterials: providing comprehensive information on exposure, transport and ecotoxicity – the project DaNa[2.0]. *Environmental Sciences Europe*, v. 26, n. 21, 2014. Disponível em: http://www.enveurope.com/content/26/1/21; SIMEONE, Felice C. et al. Assessing occupational risk in designs of production processes of nano-materials. *NanoImpact*, v. 14, 2019. Disponível em: www.elsevier.com/locate/nanoimpact; PAVLICEK Anna et al. A European nano-registry as a reliable database for quantitative risk assessment of nanomaterials? A comparison of national approaches. *NanoImpact*, v. 21, 2021. Disponível em: www.elsevier.com/locate/nanoimpact; ZEB, Aurang et al. Knowledge domain and emerging trends in nanoparticles and plants interaction research: A scientometric analysis. *NanoImpact*, v. 21, 2021. Disponível em: www.elsevier.com/locate/nanoimpact.

5. Disponível em: https://www.europarl.europa.eu/doceo/document/TA-9-2020-0255_EN.html. Acesso em 11 out. 2021.

Na linha estudada por Antonio Enrique Pérez Luño[6], as nanotecnologias são um exemplo de formulação científico-tecnológica que exige tratamento jurídico criativo, indo muito além das bordas desenhadas pela regulação legislativa. Se tem uma efetiva "hipostenia legislativa", mostrando que existe normatividade e regulamentação para além da atividade formal legislativa, que está vinculado à "hipertrofia legislativa", como um fenômeno vinculada à grande produção legislativa, mas sem demonstrar capacidade de albergar a riqueza das relações sociais, especialmente os desafios trazidos pelos avanços das novas tecnologias. Paralelamente a esses dois fenômenos, se tem uma segunda dicotomia, entre a "supraestatalidade normativa" e a "infraestatalidade normativa", mostrando a emergência de um pluralismo territorial, pessoal e material de variadas manifestações jurídicas, que precisam ser consideradas como fontes de normatividade, embora, muitas vezes, faltem os requisitos formais ainda presos a escolas jurídicas evidentemente superadas ou incapacidades de albergar a criatividade do ser humano, potencializadas por diversas tecnologias, como a inteligência artificial, por exemplo.

Essas questões alertam para alguns indicativos da necessária ressignificação da Teoria Geral das Fontes do Direito, que podem ser assim especificadas: a) perceber as profundas transformações jurídicas, sociais, ambientais, econômicas e educacionais que a tecnociência[7] está trazendo; b) a estrutura tradicional do jurídico e da sua forma de expressão têm dado "evidências" de incapacidade para lidar com esses desafios; c) os pressupostos da certeza, previsibilidade e segurança jurídica estão se desfazendo, exigindo novos pressupostos, talvez como: provisoriedade, transparência, porosidade e flexibilidade; d) abertura do jurídico para o plural de atores e fontes normativas, guiados pela "linha" da transdisciplinaridade[8], com a conjugação de pesquisas e contribuições das Ciências Sociais Aplicadas, Ciências Humanas e as Ciências Exatas.

O cenário atual, especialmente do Século XXI, mostra a necessidade da conjugação da agilidade e criatividade normativa, combinada com fórmulas permeáveis e flexíveis de estruturas regulatórias orientadas pelos princípios jurídicos. Com isso, se estará respeitando a "inescapável historicidade", própria do Direito, gerando a sua estrutura aberta e inconclusa da plurissignificação do jurídico, marca autêntica da necessidade de se transgredir a "linha" de limite de atuação, há muito determinada

---

6. PÉREZ LUÑO, Antonio Enrique. *El desbordamiento de las fuentes del derecho*. Madrid: La Ley, 2011.
7. Segundo José Esteve Pardo, tecnociência representa "[...] a estreita interconexão entre a investigação científica e a aplicação tecnológica – que constitui o traço característico do que tem sido chamado de tecnociência – encontra a sua manifestação mais acabada nas empresas de investigação tecnocientífica. [...]". PARDO, José Esteve. *O desconcerto do Leviatã*: política e direito perante as incertezas da ciência. Tradutoras: Flávia França Dinnebier; Giorgia Sena Martins. São Paulo: Inst. O Direito por um Planeta Verde, 2015, p. 92.
8. RIGOLOT, Cyrille. Transdisciplinarity as a discipline and a way of being: complementarities and creative tensions. *Humanities and Social Sciences Communications*, v. 7, n. 100, 2020. https://doi.org/10.1057/s41599-020-00598-5. Ainda sobre a importância das aproximações e conexões entre as diversas áreas do conhecimento: SHAH, Hetan. COVID-19 recovery: Science isn't enough to save us. *Nature*, v. 591, p. 503, 25 mar. 2021.

por um positivismo jurídico de matriz legalista, incapaz de juridicizar o "fascínio da criatividade" peculiar ao gênero humano.[9]

A construção do jurídico precisará conectar simultaneamente o local – do país – com o global e vice-versa. Segundo Roger Brownsword[10], será preciso planejar e executar um Direito que não esteja vinculado a certa jurisdição territorial, que tenha uma garantia global, no sentido de assumir ou reivindicar uma espécie de "lei universal" ou globalmente difundida. Essa lei seria aplicável a todos os que possam ser abrangidos por seus termos materiais, independente da localização ou associação com uma política específica. Para a concretização desse "objetivo", Brownsword propõe "atos de governança" que sejam capazes de orientar o comportamento dos cidadãos, canalizando o comportamento do grupo, compondo um panorama de diretrizes normativas mais amplas.

Com o avanço das variadas utilizações das tecnologias digitais, cada vez mais faremos a migração para uma vida analógica e presencial física e territorialmente localizada para ambientes digitais e de presencialidade digital, remota, seja síncrona ou assíncrona. Se projeta, cada vez com mais velocidade e profundidade, uma habitação humano-digital "híbrida, transitória e fluída de corpos, tecnologia e paisagem", gerando um ecossistema, nem orgânico, nem inorgânico, nem estático, nem delimitável, mas informativo e imaterial".[11] Nesses espaços, o jurídico tradicional, em grande parte ainda analógico, terá dificuldades de responder aos seguintes questionamentos: a) "como pensar em um novo sistema legal que amplie a subjetividade e a condição da pessoas para os não humanos?" e b) "como descrever um social não mais limitado apenas aos cidadãos, mas estendido a dados, códigos, inteligências artificiais e, a partir de sensores, florestas, clima e rios?".[12] Os contextos tecnológicos aqui apresentados estão vinculados aos avanços na utilização da mencionada nano escala exigirão modelos normativos que tenham novas características, como aquelas acima explicitadas.

Na literatura já se observam alguns movimentos: uma progressiva incorporação da lei no código do software. Esse código operacionaliza uma ação em um duplo sentido: "[...] ele faz os eventos acontecerem dentro da máquina e, como consequência, faz as coisas acontecerem no mundo". Concomitantemente, esse "código" provoca uma "reviravolta" no tempo: não se pensa no passado, mas no futuro, ou seja, "o futuro está escrito no código".[13] Aqui se tem um ponto central: o Direito tradicionalmente regula as ações humanas olhando para o passado. O "tempo das tecnologias", no

---

9. FARIA COSA, José de. *Linhas de Direito Penal e de Filosofia*: alguns cruzamentos reflexivos. Coimbra: Coimbra Editora, 2015, p. 27 e ss.

10. BROWNSWORD, Roger. *Law, Technology and Society*: re-imagining the regulatory environment. London: Routledge, 2019.

11. Di FELICE, Massimo. *Paisagens pós-urbanas*: o fim da experiência urbana e as formas comunicativas do habitar. São Paulo: Annablume, 2019, p. 291.

12. Di FELICE, Massimo. *A cidadania digital*: a crise da ideia ocidental de democracia e a participação nas redes digitais. São Paulo: Paulus, 2020, capítulo X.

13. ACCOTO, Cosimo. *O mundo dado*: cinco breves lições de filosofia digital. Tradução de Eliete da Silva Pereira. São Paulo: Paulus, 2020, p. 142 e 40

entanto, ocorre do presente em relação ao futuro. O Direito, enquanto um código de um sistema inteligente de um computador, poderá, finalmente, operar essa mudança temporal: "[...] comportamentos e regras são cada vez mais inseridos em dispositivos, aplicativos e plataformas, sendo fruto do projeto de técnicos, programadores e projetistas: não há legislador". Não se pode esquecer que esse "novo mundo" é estruturado sobre uma "complexidade invisível",[14] difícil de ser auditado e controlado.

Outro cenário que se poderá desenhar se alicerça nas chamadas *Regras dinâmicas*, ou seja, regras que mudam automaticamente sem intervenção do criador da regra de acordo com mudanças nas condições futuras que a própria regra corrige de forma abrangente e precisa. À medida que o cálculo aumenta, fica mais fácil adicionar condições complexas, porque essas condições podem ser monitoradas continuamente e porque a aplicação da nova regra pode ser calculada mais prontamente.[15]

Paralelamente, se deverá preparar os "trabalhadores do Direito" para lidar com os dois tipos de tecnologia promoverão a morte das regras e dos standards: tecnologia preditiva e tecnologia de comunicação. O primeiro facilitará os esforços dos legisladores para elaborar regras *ex ante* específicas do contexto que forneçam a nuance e a especificidade tradicionalmente associadas aos padrões. O segundo permitirá a tradução dessas leis diferenciadas e específicas em diretivas simples que são comunicadas aos atores regulamentados em tempo hábil.[16] Com esse arcabouço tecnológico não se terá que esperar a ocorrência de um fato para nascer a preocupação regulatória. As tecnologias poderão antecipar os padrões normativos a serem seguidos, por meio de um "design regulatório", orientado por padrões e princípios. Essas fontes do Direito serão desenhadas, a partir dos elementos estruturantes oriundos da área do *Design*, com testagens em suas diversas fases de construção em espaços reais, como: "Sandbox regulatório"; "Hubs regulatórios"; "Demonstrators"; "Testbeds" e "Living Lab"[17].

Já se tem, na literatura, diversas publicações com perguntas[18] que deverão ser respondidas por qualquer estrutura regulatória a ser testada em um ou mais dos am-

---

14. ACCOTO, Cosimo. *O mundo dado*: cinco breves lições de filosofia digital. Tradução de Eliete da Silva Pereira. São Paulo: Paulus, 2020, p. 143-144.
15. McGINNIS, John O.; WASICK, Steven. Law's algorithm. *Florida Law Review*, v. 66, Issue 3, February 2015.
16. CASEY, Anthony J.; NIBLETT, Anthony. The death of rules and standards. *Indiana Law Journal*, v. 92, 2017. Disponível em: https://ssrn.com/abstract=2693826. Acesso em 11 out. 2021; MART, Susan Nevelow. The Algorithm as a Human Artifact: Implications for Legal [Re]Search, *Law Library Journal*, v. 109, 2017. Disponível em: https://scholar.law.colorado.edu/articles/755. Acesso em 11 out. 2021.
17. ENGELMANN, Wilson. O papel do *Living Lab* Regulatório no cenário da Inteligência Artificial. *In* VEIGA, Fabio da Silva. (Org.). *Derecho Iberoamericano en análisis*. Navarra, Espanha: Editorial Aranzadi, S.A.U., v. 1, p. 1-20, 2021.
18. KIRKEGAARD, Marie Louse et al. Risk perceptions and safety cultures in the handling of nanomaterials in academia and industry. *Annals of work exposures and health*, v. 64, n. 5, p. 479-489, 2020; NIOSH. Nanotechnology Research Center. *Controlling Health Hazards When Working with Nanomaterials*: Questions to Ask Before You Start. Disponível em: https://www.cdc.gov/niosh/docs/2018-103/default.html. Acesso em 11 out. 2021; OECD. Moving Towards a Safe(r) Innovation Approach (SIA) for More Sustainable Nanomaterials and Nano-enabled Products. *Series on the Safety of Manufactured Nanomaterials* n. 96, de 20/12/2020; OECD. Guidance document on the reporting of defined approaches to be used within Integrated Approaches to Testing and Assessment (IATA). *Series on Testing & Assessment* n. 255, de 27/10/2016.

bientes reais mencionados[19]. Se destacam os seguintes questionamentos norteadores de quaisquer modelos[20], conjugando a análise dos riscos com a avaliação tecnológica, especialmente desenvolvida para o caso das nanopartículas:

Quadro n. 1: Questões para checar RATA
(do inglês: *Risk Analysis and Technology Assessment*)

Avaliação tecnológica	Análise dos riscos
Quais outras partes interessadas, além de fornecedores e clientes, você poderia imaginar?	O produto é menos arriscado do que os produtos existentes?
Como essas partes interessadas serão afetadas de maneiras positivas e negativas?	Quais são as novidades, relacionadas aos produtos já autorizados?
Como esta nova tecnologia influencia as responsabilidades e obrigações das partes interessadas?	Quais são os aspectos 'nano' do seu desenvolvimento?
Como essa nova tecnologia influencia o relacionamento entre as partes interessadas?	Qual é o quadro legislativo para a introdução no mercado?
O que a sociedade está perdendo, tanto os efeitos positivos quanto os negativos, se a sua ideia não chegar ao mercado?	Existem discussões sobre 'nano' neste quadro legislativo?
Que diferentes futuros possíveis você poderia imaginar com o seu desenvolvimento?	O que você já sabe sobre os aspectos de segurança?
	Você tem informações sobre os aspectos intrínsecos de risco?
	Você tem informações sobre o comportamento e o destino ambiental?
	O material pode ser liberado em quantidades significativas durante a fase de produção, uso ou desperdício?
	Você poderia minimizar as emissões?
	Ou há alguma ação *Safe by Design*[21] que pode ser executada?

Fonte: Adaptado de Wezel, 2018[22].

---

19. STONE, Vicki et al. A framework for grouping and read-across of nanomaterials-supporting innovation and risk assessment. *Nano Today*, v. 35, 2020.
20. WEZEL, Annemarie P. van et al. Risk Analysis and Technology Assessment in Support of Technology Development: Putting Responsible Innovation in Practice in a Case Study for Nanotechnology. *Integrated Environmental Assessment and Management*, v. 14, n. 1, 2018, p. 9-16.
21. O *Safe-by-Design* visa reduzir as incertezas e/ou aumentar a segurança da saúde humana e ambiental desde o início do processo de inovação e, assim, contribuir para o aumento da eficiência da inovação, viabilidade econômica, colaboração interdisciplinar, confiança dos consumidores e melhoria da sustentabilidade. Uma vez que a maioria dos inovadores ou designers não são toxicologistas nem avaliadores de risco, considerar os aspectos de segurança da saúde humana em seu processo de inovação pode ser desafiador. Existem diversas perguntas que podem ajudar os inovadores a avaliar os aspectos nanoespecíficos da segurança da saúde humana de seus produtos ou materiais ao longo dos vários estágios do processo de inovação. O tratamento dessas questões facilitará os inovadores a identificar que tipo de informação pode apoiar as decisões sobre como lidar com os riscos potenciais à saúde humana no processo de inovação. (DEKKERS, Susan et al. Safe-by-Design part I: Proposal for nanoespecific human health safety aspects needed along the innovation process. *NanoImpact*, v. 18, 2020; TAVERNARO, Isabella et al. Safe-by-Design part II: A strategy for balancing safety and functionality in the different stages of the innovation process. *NanoImpact*, v. 24, 2021; BRENNAN, Maurice Edward; VALSAMI-JONES, Eugenia. Safe by Design for nanomaterials-late lessons from early warnings for sustainable innovation. *Nanoethics*, v. 15, p. 99-103, 2021).
22. WEZEL, Annemarie P. van et al. Risk Analysis and Technology Assessment in Support of Technology Development: Putting Responsible Innovation in Practice in a Case Study for Nanotechnology. *Integrated Environmental Assessment and Management*, v. 14, n. 1, 2018, p. 9-16.

Essas perguntas norteadoras ajudarão na composição do esquema principiológico, que são os condutores de confiança na estrutura da governança de "ambientes confiáveis" para todas as partes relacionadas com as tecnologias emergentes, dentre as quais se destaca a inovação nanotecnológica, a seguir apresentado: ter como guia a intenção pela concretização do interesse público; competência técnico-científica para estudar os efeitos, positivos e negativos, que as nanotecnologias poderão gerar em relação à saúde humana e o meio ambiente, ou seja, promover entregas de acordo com as expectativas, de forma confiável, consistente e responsiva (segurança, eficácia e qualidade dos dados (de segurança) são competências nanoespecíficas). Paralelamente, se mantém cinco valores fundamentais de confiança:

- RESPEITO – ver os outros como iguais; ouvir e levar a sério suas preocupações, pontos de vista e direitos. Considerando o impacto potencial de palavras e ações em outras pessoas;
- INTEGRIDADE – operar com honestidade e ser responsável; imparcial e independente de interesses adquiridos;
- INCLUSÃO – ser colaborativo, inclusivo, envolvendo outras pessoas;
- JUSTIÇA – consagra a justiça e a igualdade nos processos de governança, aplicação, execução e resultados;
- ABERTURA – ser transparente e acessível nos processos, comunicações, explicações e interações.[23]

De uma certa maneira, os valores fundamentais da confiabilidade, aliados às perguntas norteadoras, conduzem ao desenvolvimento da estrutura de governança em ambientes confiáveis e que se reflete na própria aplicação da ideia do *Safe by Design*, na ótica de diferentes observadores, conforme se pode vislumbrar na figura 1.

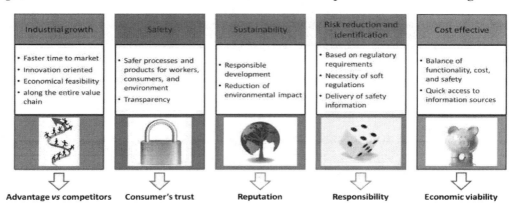

Figura 1: Ambientes confiáveis e os benefícios do *Safe by Design*
Fonte: Suarez-Merino, Schlotter e Höhener.[24]

---

23. SOETEMAN-HERNÁNDEZ, Lya G. et al. Modernizing innovation governance to meet policy ambitions through trusted environments. *NanoImpact*, v. 21, 2021.
24. SUAREZ-MERINO, Blanca; SCHLOTTER, Til; HÖHENER, Kar. *Session 2*: tools and frameworks for product development available for safe by design. [S.l.], 2017. slide 6. Disponível em: http://nanotechia.org/ sites/

Observa-se que as vantagens vão desde questões econômicas, de balanço entre custo, funcionalidade e segurança, passando pelas questões dos riscos e das informações, da transparência, dos aspectos mais voltados ao empresário que adotar esta ferramenta, até chegar à sustentabilidade, por meio do desenvolvimento e da redução do impacto ao meio ambiente.

A aceitação, por parte do consumidor, de diferentes aplicações das nanotecnologias provavelmente será uma determinante chave que influenciará os seus futuros avanços e trajetória de implementação. Os potenciais benefícios econômicos e sociais das nanotecnologias podem não ser realizados se as respostas sociais à sua aplicação não forem adequadamente abordadas no início do processo de desenvolvimento de produtos. As preferências e prioridades quanto à implementação da regulamentação destinada a otimizar a proteção do consumidor e do meio ambiente e as características potenciais dos produtos de consumo devem ser devidamente avaliadas ao formular regulamentos, políticas e questões de *design* relacionadas à nanotecnologia. A Figura 1 demonstra essa preocupação dos consumidores, bem como o quanto o uso da ferramenta do *Safe by Design* significa a transparência da questão da segurança.

É crucial que a comunicação sobre a nanossegurança incentive a tradução de novas descobertas relacionadas à segurança para as principais preocupações industriais, com a filosofia empresarial, para que o conceito de promoção de *design* de segurança possa ser facilmente explicado e aceito pelas diferentes partes interessadas, incluindo o público em geral. Essa é uma área importante de pesquisa e inovações, mas seus resultados não devem ser obscurecidos pela má comunicação. A incorporação de segurança nos produtos com nanotecnologia precisa ser visível por intermédio de uma comunicação efetiva, de modo a permitir uma garantia de segurança em conjunto com uma garantia do sucesso comercial das nanotecnologias.[25]

Assim, pode-se perceber que o uso da concretização do interesse público, associada à competência técnico-científica para análise dos efeitos das nanotecnologias na saúde humana e ambiental, permitirá entregas conforme as expectativas dos diferentes atores envolvidos no processo, de forma segura, como demonstrado na Figura 1, que aborda as vantagens do *Safe by Design*.

O encadeamento das perguntas mencionadas no Quadro 1, com a concretização dos cinco valores de concretização da confiança acima referidos, promoverá uma estrutura normativa, em condições de ser testada em um *Sandbox Regulatório*. Tal perspectiva representa o transbordamento das fontes tradicionalmente manejadas para regular as relações sociais. A proposição evidencia que se deve ir além das fontes tradicionais do Direito, destacando o valor regulatório dos princípios, que são

---

default/files/tools_and_frameworks_for_product_development_available_for_safe_by_design.pdf. Acesso em: 17 set. 2021.

25. SAVOLAINEN, Kai (Coord.). *Nanosafety in Europe 2015-2025*: towards safe and sustainable nanomaterials and nanotechnology innovations. Helsinki: Edita; Finland: Finnish Institute of Occupational Health, 2013. Disponível em: http://www.nanowerk.com/ nanotechnology/reports/reportpdf/report159.pdf. Acesso em: 15 set. 2021.

uma das modalidades de norma jurídica, evidenciando o seu caráter de "dever ser". Alinhado a essa característica dos princípios e procurando avançar da construção regulatória tradicional operada em abstrato, o "Sandbox Regulatório"[26] procura avaliar a aplicação de modelos flexíveis, em ambientes reais, sob o cuidado de se evidenciar ajustes e mudanças na estrutura do modelo em teste. Essa mudança na constituição jurídica da regulação parte de um pressuposto fundamental: a regulação tradicional, observando o processo legislativo previsto na Constituição do Brasil, a partir do art. 61, deverá ser reservado para temas públicos e que exigem uma tramitação mais lenta com a participação democrática ampla. O restante das matérias a serem reguladas, dentre as quais se situam o das novas tecnologias, se destacando o caso das nanotecnologias, deverá migrar para a participação das múltiplas partes interessadas no tema, com a criação de modelos e com testagem em espaços reais[27]. Com isso, se terá um gradativo foco em temas próprios do Poder Legislativo e uma crescente especialização na modelagem de estruturas flexíveis e transparentes, desenvolvidos, testados e revisados de modo autorregulatório, mas com a linha estatal perpassando tais modelos, a partir da incorporação dos princípios acima especificados.

Com essa abertura criativa do jurídico, se observa o renascimento de um conceito muitas vezes esquecido que é a chamada "força normativa"[28], alicerçada nos três círculos da validade: legalidade, efetividade e legitimidade.[29] Se destaca a caracterização da "efetividade" ou da "validade empírica" ou fática: "a utilização efetiva da norma pelos seus destinatários como modelo que orienta a sua prática".[30] Observando-se o modo como os pesquisadores das áreas exatas vislumbram as questões regulatórias: os próprios cientistas dessas áreas desenvolvem "estruturas normativas" a partir de princípios e guias de boas práticas, sem uma preocupação com a validade formal, mas com uma validade empírica muito forte, pois as condutas científicas em seus laboratórios são estruturadas a partir dessas normas que eles mesmo estruturam e respeitam. Esse procedimento observado[31] pelos autores deste trabalho evidencia um sinal de alerta para os pesquisadores do Direito: a necessidade de conhecer mais e melhor esse mundo das ciências exatas, entender os seus elementos estruturantes

---

26. ZETZSCHE, Dirk A. et al. Regulating a revolution: from regulatory sandboxes to smart regulation. *Fordham Journal of Corporate & Financial Law*, v. 23, n. 1, 2017.
27. WORLD ECONOMIC FORUM. *Agile Regulation for the Fourth Industrial Revolution*: a toolkit for regulators, Dezembro de 2020. Disponível em: https://www.weforum.org/about/agile-regulation-for-the-fourth-industrial-revolution-a-toolkit-for-regulators.
28. THIBIERGER, Catherine et al. *La force normative*. Naissance d'un concept. Bruxelles, Paris: L.G.D.J., 2009; HACHEZ, Isabelle. Balises conceptuelles des notions de "source du droit", "force normative" et "soft law". *Revue interdisciplinaire d'études juridiques*, n. 65, 2010, p. 1-64.
29. OST, François; KERCHOVE, M. v. de. *De la pyramide au réseau?* Pour une théorie dialectique du droit. Publications des Facultés Universitaires Saint-Louis, Bruxelles, 2002, p. 330 e seguintes.
30. OST, François; KERCHOVE, M. v. de. *De la pyramide au réseau?* Pour une théorie dialectique du droit. Publications des Facultés Universitaires Saint-Louis, Bruxelles, 2002, p. 330 e seguintes.
31. Aqui se trata da prática da metodologia chamada de "observação participante", desenvolvido pelos autores deste trabalho há vários anos, a partir de ingresso nos laboratórios e participação em grupos de pesquisa e eventos dessas áreas. ANGROSINO, Michael. *Etnografia e observação participante*. Trad. José Fonseca. Porto Alegre: Artmed, 2009, p. 73-87.

e o modo como se opera essa conexão com o jurídico, mas sem envolver os pesquisadores do Direito.

Por isso, não se poderá praticar a chamada "regra de parada" (*Stopping Rule*), a saber, a falta inicial do conhecimento necessário para se pesquisar e propor alternativas regulatórias não justifica a falta de ação para promover a regulação, especialmente com a mobilização da criatividade. "A incerteza, como tal, não é um obstáculo fundamental para impactar a busca de formas inovadoras, ou para estimular a vontade da sociedade inovar".[32] A partir desse guia, caberá aos pesquisadores do Direito praticarem a iniciativa e a criatividade e sublinharem a sua atividade regulatória, sem esperar pela ação do Poder Legislativo, praticando a pesquisa científica, propondo alternativas que possam dialogar com a efetividade normativa aguardada, inicialmente, pelos pesquisadores das áreas exatas. A partir desse grupo ganhar outras partes interessadas na regulação, e que estejam diretamente vinculadas aos avanços operados a partir da escala nanométrica. Esse foi o principal objetivo deste capítulo do livro, destacando a importância de se transbordar ou transgredir as linhas tradicionalmente marcadas pelas fontes do Direito. Ainda se tem muito a construir. Aqui está se dando alguns pequenos passos iniciais.

REFERÊNCIAS

50 STARTUPS QUE MUDAM O BRASIL. *Revista Exame*, edição 1226, ano 55, n. 2, fev. 2021.

ACCOTO, Cosimo. *O mundo dado*: cinco breves lições de filosofia digital. Trad. Eliete da Silva Pereira. São Paulo: Paulus, 2020.

ANGROSINO, Michael. *Etnografia e observação participante*. Trad. José Fonseca. Porto Alegre: Artmed, 2009, p. 73-87.

BRENNAN, Maurice Edward; VALSAMI-JONES, Eugenia. Safe by Design for nanomaterials-late lessons from early warnings for sustainable innovation. *Nanoethics*, v. 15, p. 99-103, 2021.

BROWNSWORD, Roger. *Law, Technology and Society*: re-imagining the regulatory environment. London: Routledge, 2019.

CASEY, Anthony J.; NIBLETT, Anthony. The death of rules and standards. *Indiana Law Journal*, v. 92, 2017. Disponível em: https://ssrn.com/abstract=2693826. Acesso em: 11 out. 2021.

DEKKERS, Susan et al. Safe-by-Design part I: Proposal for nanoespecific human health safety aspects needed along the innovation process. *NanoImpact*, v. 18, 2020.

Di FELICE, Massimo. *A cidadania digital*: a crise da ideia ocidental de democracia e a participação nas redes digitais. São Paulo: Paulus, 2020, capítulo X.

Di FELICE, Massimo. *Paisagens pós-urbanas*: o fim da experiência urbana e as formas comunicativas do habitar. São Paulo: Annablume, 2019.

ENGELMANN, Wilson. O papel do *Living Lab* Regulatório no cenário da Inteligência Artificial. In: Fabio da Silva Veiga. (Org.). *Derecho Iberoamericano en análisis*. Navarra, Espanha: Editorial Aranzadi, S.A.U., v. 1, p. 1-20, 2021.

---

32. HOFFMANN-RIEM, Wolfgang. Direito, tecnologia e inovação. In: MENDES, Gilmar Ferreira; SARLET, Ingo Wolfgang; COELHO, Alexandre Zavaglia P. (Coord.). *Direito, inovação e tecnologia*. São Paulo: Saraiva, 2015, v. 1, p. 30.

FARIA COSA, José de. *Linhas de Direito Penal e de Filosofia*: alguns cruzamentos reflexivos. Coimbra: Coimbra Editora, 2015.

HACHEZ, Isabelle. Balises conceptuelles des notions de "source du droit", "force normative" et "soft law". *Revue interdisciplinaire d'études juridiques*, n. 65, 2010, p. 1-64.

HOFFMANN-RIEM, Wolfgang. Direito, tecnologia e inovação. In: MENDES, Gilmar Ferreira; SARLET, Ingo Wolfgang; COELHO, Alexandre Zavaglia P. (Coord.). *Direito, inovação e tecnologia*. São Paulo: Saraiva, 2015.

KIRKEGAARD, Marie Louse et al. Risk perceptions and safety cultures in the handling of nanomaterials in academia and industry. *Annals of work exposures and health*, v. 64, n. 5, p. 479-489, 2020.

KÜHNEL, Dana et al. Environmental impacts of nanomaterials: providing comprehensive information on exposure, transport and ecotoxicity – the project DaNa$^{2.0}$. *Environmental Sciences Europe*, v. 26, n. 21, 2014. Disponível em: http://www.enveurope.com/content/26/1/21.

MART, Susan Nevelow. The Algorithm as a Human Artifact: Implications for Legal [Re]Search, *Law Library Journal*, v. 109, 2017. Disponível em: https://scholar.law.colorado.edu/articles/755. Acesso em 11 out. 2021.

McGINNIS, John O.; WASICK, Steven. Law's algorithm. *Florida Law Review*, v. 66, Issue 3, February 2015.

NIOSH. Nanotechnology Research Center. *Controlling Health Hazards When Working with Nanomaterials*: Questions to Ask Before You Start. Disponível em: https://www.cdc.gov/niosh/docs/2018-103/default.html. Acesso em: 11 out. 2021.

OECD. Guidance document on the reporting of defined approaches to be used within Integrated Approaches to Testing and Assessment (IATA). *Series on Testing & Assessment* n. 255, de 27 dez. 2016.

OECD. Moving Towards a Safe(r) Innovation Approach (SIA) for More Sustainable Nanomaterials and Nano-enabled Products. *Series on the Safety of Manufactured Nanomaterials* n. 96, de 20 dez. 2020.

OST, François; KERCHOVE, M. v. de. *De la pyramide au réseau?* Pour une théorie dialectique du droit. Publications des Facultés Universitaires Saint-Louis, Bruxelles, 2002.

PARDO, José Esteve. *O desconcerto do Leviatã*: política e direito perante as incertezas da ciência. Tradutoras: Flávia França Dinnebier; Giorgia Sena Martins. São Paulo: Inst. O Direito por um Planeta Verde, 2015.

PAVLICEK Anna et al. A European nano-registry as a reliable database for quantitative risk assessment of nanomaterials? A comparison of national approaches. *NanoImpact*, v. 21, 2021. Disponível em: www.elsevier.com/locate/nanoimpact.

PÉREZ LUÑO, Antonio Enrique. *El desbordamiento de las fuentes del derecho*. Madrid: La Ley, 2011.

RIGOLOT, Cyrille. Transdisciplinarity as a discipline and a way of being: complementarities and creative tensions. *Nature. Humanities and Social Sciences Communications*, v. 7, n. 100, 2020. https://doi.org/10.1057/s41599-020-00598-5.

SAVOLAINEN, Kai (Coord.). *Nanosafety in Europe 2015-2025*: towards safe and sustainable nanomaterials and nanotechnology innovations. Helsinki: Edita; Finland: Finnish Institute of Occupational Health, 2013. Disponível em: http://www.nanowerk.com/nanotechnology/reports/reportpdf/report159.pdf.

SCHWAB, Klaus. *A quarta revolução industrial*. Trad. Daniel Moreira Miranda. São Paulo: EDIPRO, 2016.

SCHWAB, Klaus; DAVIS, Nicholas. *Aplicando a quarta revolução industrial*. Trad. Daniel Moreira Miranda. São Paulo: EDIPRO, 2018.

SHAH, Hetan. COVID-19 recovery: Science isn't enough to save us. *Nature*, v. 591, p. 503, 25 de mar. 2021.

SIMEONE, Felice C. et al. Assessing occupational risk in designs of production processes of nano-materials. *NanoImpact*, v. 14, 2019. Disponível em: www.elsevier.com/locate/nanoimpact.

SOETEMAN-HERNÁNDEZ, Lya G. et al. Modernizing innovation governance to meet policy ambitions through trusted environments. *NanoImpact*, v. 21, 2021.

STONE, Vicki et al. A framework for grouping and read-across of nanomaterials-supporting innovation and risk assessment. *Nano Today*, v. 35, 2020.

SUAREZ-MERINO, Blanca; SCHLOTTER, Til; HÖHENER, Kar. *Session 2*: tools and frameworks for product development available for safe by design. [S.l.], 2017. slide 6. Disponível em: http://nanotechia.org/sites/default/files/tools_and_frameworks_for_product_development_available_for_safe_by_design.pdf.

TAVERNARO, Isabella et al. Safe-by-Design part II: A strategy for balancing safety and functionality in the different stages of the innovation process. *NanoImpact*, v. 24, 2021.

THIBIERGER, Catherine et al. *La force normative*. Naissance d'un concept. Bruxelles, Paris: L.G.D.J., 2009.

UNIÃO EUROPEIA. Disponível em: https://www.europarl.europa.eu/doceo/document/TA-9-2020-0255_EN.html. Acesso em 11 out. 2021.

WEZEL, Annemarie P. van et al. Risk Analysis and Technology Assessment in Support of Technology Development: Putting Responsible Innovation in Practice in a Case Study for Nanotechnology. *Integrated Environmental Assessment and Management*, v. 14, n. 1, 2018, p. 9-16.

WORLD ECONOMIC FORUM. *Agile Regulation for the Fourth Industrial Revolution*: a toolkit for regulators, Dezembro de 2020. Disponível em: https://www.weforum.org/about/agile-regulation-for-the-fourth-industrial-revolution-a-toolkit-for-regulators.

ZEB, Aurang et al. Knowledge domain and emerging trends in nanoparticles and plants interaction research: a scientometric analysis. *NanoImpact*, v. 21, 2021. Disponível em: www.elsevier.com/locate/nanoimpact.

ZETZSCHE, Dirk A. et al. Regulating a revolution: from regulatory sandboxes to smart regulation. *Fordham Journal of Corporate & Financial Law*, v. 23, n. 1, 2017.

CRIPTOACTIVOS Y CIRCULACIÓN JURÍDICA

Carlos de Cores Helguera

Doctor en Derecho por la Universidad Pontificia Comillas, Madrid. Director del Departamento de Derecho Privado de la Universidad Católica del Uruguay.

Sumário: I. Introducción – II. Concepto de "criptoactivo" – III. El dinero y su desmaterialización – IV. Mirar el problema desde la teoría – V. La *traditio* como señal de circulación jurídica y su evolución – VI. La tecnología *blockchain* como una nueva etapa histórica para la circulación jurídica – VII. Propuesta de reglamento del parlamento europeo y del consejo relativo a los mercados de criptoactivos, bruselas, 24.9.2020 – VIII. Conclusiones.

I. INTRODUCCIÓN

Este trabajo gira en torno al eje temático "Singularidad tecnológica, con énfasis en criptoactivos". Su objeto es poner de relieve aspectos de este fenómeno que están en continuidad con instituciones tradicionales del mercado y de la sociedad civil, y junto con ellos, facetas que resultan claramente novedosas y disruptivas derivadas de la generalización del uso de las nuevas tecnologías de la información y de la comunicación.

Para ello es necesario observar, por una parte, la naturaleza de esa clase de bien que llamamos "criptoactivo". Desde el punto de vista histórico, como veremos, los criptoactivos nacen a partir de una criptomoneda, el *bitcoin*. Por ello es conveniente mirar en perspectiva histórica las metamorfosis experimentadas por el dinero y en general los activos financieros. Para introducirnos en esta cuestión de la naturaleza de los critpoactivos hay que tener presente que el dinero implica un sentido ideal como unidad de cuenta y medida; y también que el dinero no se reduce a la forma física del papel o moneda metálica, sino que ha asumido progresivamente cada vez en mayor grado la forma escritural, es decir, la que resulta de anotaciones en cuenta en instituciones financieras.

Y por otra parte, parece conveniente centrar la atención sobre el problema de los mecanismos por los cuales este tipo de bien circula entre los sujetos. Este problema se origina en una dicotomía básica del derecho de obligaciones, que separa por una parte los derechos reales y por otra los derechos personales. Mientras que respecto de los derechos reales rige el principio de que nadie puede transferir más derechos que los que tiene (*nemo plus iuris transferre potest quam ipse habet*), los derechos personales son de libre constitución, ya que un individuo puede obligarse varias veces a favor de varias personas respecto de un mismo objeto, y fue articulado en forma magistral por Francesco Carnelutti en su "Teoría jurídica de la circulación" a que haremos referencia más adelante. En cuanto a la circulación del dinero, la función de control de la doble transferencia sucesiva (de dinero escritural o sea, de fondos) estuvo tradicionalmente asignada a las instituciones financieras, lo que les confería un gran poder económico. La novedad que aportan las nuevas tecnologías en lo relativo a los criptoactivos (entre ellos, fundamentalmente, las criptomonedas) es que la función de control de la doble transferencia deja de estar concentrada en la institución financiera para quedar configurada por un sistema informático distribuido o descentralizado.

Este artículo se dedica a explicar sucintamente estos fenómenos.

II. CONCEPTO DE "CRIPTOACTIVO"

Este neologismo está evidentemente formado por dos elementos: uno sustantivo: el concepto de activo, y otro que lo califica: el carácter criptográfico.

El concepto de activo es muy amplio, pero lo tomamos aquí en el sentido de activo financiero, comprendiendo, como veremos, al dinero y a los instrumentos financieros, es decir, como aquellos activos que – careciendo, por lo general, de valor intrínseco, es decir, de valor de uso – son generalmente admitidos como medios de cambio.

Por su parte, la idea de criptografía alude a un procedimiento de construcción de un sistema de claves o señales aptas para ocultar o hacer ininteligible, y luego descifrar, determinado significado. Si bien la criptografía tiene orígenes muy antiguos (se ubicaron testimonios en Egipto de 4000 años de antigüedad), jugó un papel crucial en las dos guerras mundiales y tuvo un auge a partir de la década del 60 para proteger la información en forma digital.

Según Menezes, se entiende por criptografía el estudio de las técnicas matemáticas relacionadas con aspectos de la seguridad de la información tales como confidencialidad, integridad de los datos, autenticación de las entidades, y autenticación del origen de los datos. No es el único medio de proveer seguridad para la información, sin más bien un conjunto de técnicas.[1] En efecto, la seguridad de los documentos físicos se logra por sobres sellados y procedimientos de correo, y de las leyes que sancionan la violación de la correspondencia; aquí tenemos la firma manuscrita. En la era digital, la información se contiene en soporte magnético en lugar de soporte papel, lo que determina que sea muy fácil copiar y alterar, lo que explica el enorme desarrollo de la criptografía.

III. EL DINERO Y SU DESMATERIALIZACIÓN

El activo financiero por excelencia es el dinero. Para comprender la evolución que trae hasta el concepto de critpoactivo, es imprescindible traer a colación la historia

---

1. Menezes, A.; Van Oorschot, P.; Vanstone, S. *Handbook of Applied Cryptography*, CRC Press, 1996, p .1.

del dinero y mejor aún, en un sentido más amplio, la historia de los instrumentos financieros, los cuales, en mi concepto, pueden ser considerados como un género, del cual el dinero es una especie.

Pese a que el concepto de dinero parece claro en un sentido vulgar o coloquial, según el cual se lo tiende a identificar con objetos físicos y particularmente con billetes de papel, la definición teórica del concepto es difícil, aunque necesaria, incluso en un sentido jurídico, ya que importa para la interpretación de numerosas normas legales y contractuales, pero sobre todo porque es imprescindible para comprender la compleja trama de relaciones económicas que se traban en la sociedad contemporánea.

Según la ciencia económica, el dinero cumple ciertas funciones precisas: servir de instrumento general de cambio, medida de valor, de instrumento de conservación y trasmisión de valores, y de medio de pago. De allí se deriva que la institución misma del dinero implica esencialmente un proceso de abstracción y de idealización. Por ello cuando se habla de dinero es de rigor desdoblar el concepto nominal, del concepto de valor real del dinero. En su aspecto nominal, el dinero es una mera abstracción numérica, una entidad matemática. En su aspecto de valor real, el dinero es una entidad que se puede intercambiar por otros bienes de la economía real. Es conocido el parentesco del dinero con las "cosas fungibles", tanto que con frecuencia el legislador se refiere al "dinero y otras cosas fungibles". Las cosas fungibles, desde Roma, son aquellas "quae pondere numero mensura constant"; o sea, que son susceptibles de operaciones aritméticas y matemáticas.

En consecuencia, como enseña Nussbaum, aunque el dinero se materializa inmediatamente, con arreglo al criterio del comercio, en los signos monetarios, y en cada momento, según una relación numérica determinada por la clase de moneda de que se trate, tiene, más allá de ello, una consideración ideal y abstracta, por lo que el dinero "se entrega y recibe, no como lo que físicamente representa, sino solamente como fracción, equivalente o múltiplo (x veces) de una unidad ideal".[2] Nussbaum compara el dinero con las contraseñas. Dentro de las contraseñas están los llamados signos de legitimación, que significan que el deudor se libera mediante la prestación a la persona legitimada, pero ello no le da el derecho. De modo que en caso de litigio el actor debe probar su derecho. El dinero es una clase de contraseña que da al tenedor el derecho a la prestación.

Como puede verse en los tratados de historia de la moneda, en un principio, lo metales nobles se usaron como dinero por medio del peso. Pero poco a poco se pasó de la unidad de peso a la unidad ideal. En líneas generales, el proceso de la evolución es bien sencillo: el desprendimiento de la unidad ideal del peso de las monedas, inconsciente y poco visible al principio, llega a completa realización con claridad

---

2. Nussbaum, p. 33.

y consecuencias cada vez mayores. En el moderno orden jurídico y económico es carácter universal y propio la nominalidad….[3]

Y en la historia concreta, esa nominalidad se vinculó predominantemente con el desarrollo de los estados nacionales y de su poder político. De ahí que Carbonnier hable de la soberanía monetaria.[4] Afirma Knapp que la nominalidad de la unidad de valor creada por el Estado es la forma ordinaria y más antigua de la comunidad de pagos, pero no la única; y toda comunidad de pagos puede crear para sí una unidad de valor.[5]

Sin embargo, si bien formalmente el dinero constituye un producto estatal, en la medida en que aceptamos que es dinero todo lo que la comunidad acepta como tal – es decir, lo que la sociedad utiliza como unidad de medida de valor, instrumento de intercambio y depósito de valor – es posible concebir que la emisión de dinero no sea monopolio del Estado. La emisión de signos monetarios por entidades privadas y su aceptación general por el comercio en concepto de dinero es un fenómeno que se presenta cuando el Estado ha perdido, en todo o en parte, la hegemonía sobre el comercio monetario y se produce una escasez de medios de pago creados por el Estado y adecuados a su objeto. Pero también conocemos la emisión de moneda por parte de entidades privadas, los bancos comerciales, que durante mucho tiempo fueron aceptadas como moneda.

Asimismo, el fenómeno de los criptoactivos, en su fenomenología actual, es totalmente ajeno a la actividad estatal. Es más, constituye un resultado de la globalización de la información digital y de la revolución de los medios de comunicación. En efecto, más allá del proceso de nominalización del dinero, ínsito a su naturaleza, que tiende a considerarlo como concepto ideal, como unidad de valor, de medida y de cuenta, es decir, como abstracción, el desarrollo de la tecnología de almacenamiento y trasmisión de la información ocurrido en el último siglo ha llevado a un nivel siempre más alto de desmaterialización.

En efecto, en una primera fase, en el marco decimonónico de la revolución industrial, conocimos la teoría de los títulos valor, es decir, la circulación cartular, que implicaba la idea de la incorporación de un derecho al título en papel. Esta fase fue de gran utilidad para facilitar la circulación de los derechos. Los títulos de crédito se caracterizaron, en esta fase, por la incorporación del derecho en el documento cartáceo, gracias a lo cual el derecho podía ser trasmitido juntamente con el documento por la vía de la transferencia de la posesión.

En una segunda fase, cuando la forma cartular ya no fue suficiente para contener el volumen comercial siempre en crecimiento, se verificó una fase sucesiva de "desincorporación" o "desmaterialización", siendo sustituida por escrituraciones

---

3. Nussbaum, p. 42.
4. CARBONNIER, Jean, Flexible droit, LGDJ, Paris, 1992, p. 338.
5. Nussbaum, p. 43.

contables en cabeza de intermediarios financieros calificados (en particular, los bancos) y por el uso de sistemas de comunicaciones que permitieron una más rápida circulación.

En paralelo, se observa una evolución técnica de los sistemas de pago. Primero, la moneda metálica, luego la moneda fiduciaria, luego la moneda escritural. Finalmente, el advenimiento de Internet hace que sean posibles pagos electrónicos "on line". Pero en esta fase no se ha creado, aún, un sistema monetario nuevo. El mecanismo sirve solamente como medio electrónico de comunicación para transferir dinero (el activo financiero por excelencia).[6]

---

6. Sobre la temática de los pagos electrónicos de dinero convencional, V. BANCA CENTRALE EUROPEA, "Le problematiche connesse allosviluppo della moneta elettronica", en *Bollettino mensile della BCE,* Novembre 2000; BANK OF INTERNATIONAL SETTLEMENTS, Comitte on Payment and Settlement Systems, *Survey of developments in electronic money and Internet and Mobile Payments,* Marzo de 2004; BESSONE, "Tecnologia informatica e nuovi mezzi di pagamento. La moneta elettronica", en *Diritto e Diritti,* noviembre de 2003, publicado en Internet; CAPALDO, "Moneta elettronica e trasparenza", en *La moneta elettronica: profili giuridici e problematiche applicative,* (a cura di Sica – Stanzione – Zeno Zencovich), Giuffrè, Milano, 2006, p. 155 ss.; CERENZA, "Profilo giuridico del sistema dei pagamenti in Italia", en *Quaderni di ricerca giuridica della Banca d'Italia,* n. 35, Roma, 1995; D'ORAZIO, "Il regolamento degli acquisti nel commercio elettronico", en *Il contratto telematico,* (a cura di) Ricciuto – Zorzi, en *Tratt. Dir. comm. e dir. pubbl. ec.,* (diretto da) F. Galgano, Cedam, Padova, 200; EUROPEAN CENTRAL BANK, *Virtual currency schemes,* octubre de 2012; GENTILI, "Gli istituti di moneta elettronica", en *La moneta elettronica: profili giuridici e problematiche applicative* (a cura di) Sica – Stanzione -Zeno Zencovich, Giuffrè, Milano, 2006, p. 35 ss.; GIANNANTONIO, "Trasferimenti elettronici di fondi e adempimento", en *Foro it.,* 1990, V, p. 165 ss.; GEVA, "The Wireless Wire: Do M-Payments and UNCITRAL Model Law on International Credit Transfers Match?", en *Banking & Finance Law Review,* 27; GUARRACINO, "Titolo di credito elettronico e documento informatico", en *Banca, borsa, tit. cred.,* 2001, I, p. 514 ss.; HUERTADESOTO, *Dinero, crédito bancario y ciclos económicos,* Unión Editorial, Madrid, 2009; INZITARI, "La natura giuridica della moneta elettronica", en *La moneta elettronica: profili giuridici e problematiche applicative,* (a cura di) Sica-Stanzione - Zeno Zencovich, Giuffrè, Milano, 2006, p. 23 ss.; LACOURSIERE, "Annalyse de la trajectoire historique de la monnaie électronique", en *Les Cahiers de Droit,* vol. 48, no 3, septembre 2007; LACOURSIERE, "Rapport du groupe de travail sur l'examen du systéme de paiement — paiements de consommation", en *Canadian Business Law Journal,* 2012, vol 53; LANSKOY, "La nature juridique de la monnaie éléctronique", en *Bulletin de la Banque de France,* n. 70, octubre de 1999, p. 45 y ss.; LEMME, *Moneta scritturale e moneta elettronica,* Giappichelli, Torino, 2003; MALAGUTI, "Trasferimenti elettronici di fondi a confronto con il diritto della concorrenza: necessità e limiti della cooperazione interbancaria", en *Contratto e impresa,* 1995, p.301 ss.; MANCINI - PERASSI (a.c.), "Il nuovo quadro normativo comunitario dei servizi di pagamento. Prime riflessioni", en *Quaderni di Ricerca Giuridica della Consulenza Legale,* Banca d'Italia, n. 6, dic. 2008. MANCINI - PERASSI, "I trasferimenti elettronici di fondi", en *Quaderni di ricerca giuridica della Banca d'Italia,* n. 23, Roma, 1991; MITTE, *La moneta elettronica. Parte Prima,* Universidad Telematica Pegaso, 2013, disponible en Internet; NUSSBAUM, *Teoría jurídica del dinero,* Biblioteca de la "Revista de Derecho Privado" – Serie B – Vol. IX, Librería General de Victoriano Suárez, Madrid, 1929; OLIVIERI, "Sistemi di pagamento", voce della *Enc. Giur. Treccani,* vol. Aggiornamento IV, Roma, 1995; PACILEO, "L'attuazione in Italia delle direttive comunitarie inmateria di e-money", en *La moneta elettronica: profili giuridici eproblematiche applicative,* (a cura di) Sica – Stanzione – Zeno Zencovich, Giuffrè, Milano, 2006, p. 191 ss.; PISANU, *La moneta elettronica,* Tesis de doctorado, Università degli Studi di Sassari, Dottorato di ricerca in Diritto ed Economia dei Sistemi Produttivi, año 2006-200; SELLA, "La moneta elettronica nel sistema bancario italiano", en *La moneta elettronica: profili giuridici e problematiche applicative,* (a cura di) Sica – Stanzione - Zeno Zencovich, Giuffrè, Milano, 2006, p. 3 ss.; SICA – STANZIONE - ZENO ZENCOVICH, "La moneta elettronica: profili giuridici e problematiche applicative", en FRANCESCHELLI, Vincenzo, TOSI, Emilio (dir.), *Diritto delle nuove tecnologie,* Giuffrè, Milano, 2006; TROIANO, "Gli istituti di moneta elettronica", en *Quaderni di ricerca giuridica della consuleza legale,* Banca d'Italia, Numero 53, julio 2001; TROIANO, "La moneta elettronica come servizio di pagamento", en Sica – Stanzione – Zeno Zencovich, (a.c.), *La moneta elettronica: profili giuridici e problematiche*

En la fase actual, en la era de la digitalización, el hecho de que cada trasmisión de un documento informático genera una copia idéntica al original, y por tanto, no garantiza la unicidad, genera un problema novedoso. Como es fácil advertir, el problema principal es que la posibilidad técnica de duplicar el documento digital favorece enormemente la denominada doble enajenación sucesiva, o doble venta sucesiva, bien conocido en la teoría de las obligaciones. Esta vicisitud fue considerada por la UNCITRAL y en particular por el Grupo de Trabajo IV (Comercio electrónico), y está prevista en el diseño de la ley modelo sobre transferencia de documentos electrónicos, donde se remite la solución a los "terceros de confianza" (como se ha dicho, típicamente, los intermediarios financieros). El sistema gira pues en torno al rol del tercero que se encuentra en posición de control de la información y desarrolla la función de registrar la primera enajenación, a fin de impedir una sucesiva.

Es precisamente en este punto que las tecnologías de registro distribuido (DLT) o también llamada tecnología *blockchain*, irrumpen para generar una nueva técnica de control de la doble enajenación, por medio de mecanismos técnicos basados en la criptografía, cuya naturaleza pretendemos iluminar.

IV. MIRAR EL PROBLEMA DESDE LA TEORÍA

Para comprender esta evolución histórica parece conveniente intentar una mirada sistemática. No es ésta la primera vez que la sociedad enfrenta una revolución – hablamos, en efecto, de la cuarta revolución industrial – y siempre ha sido propio del derecho adaptarse y plantarse frente a los cambios para cumplir sus fines.

La tesis que sustentamos es que enfrentamos un tema que pertenece a la teoría jurídica de la Circulación. La idea de Circulación Jurídica es mérito de Francesco Carnelutti, quien en su magnífica obra publicada en Padua en 1933, visualizó claramente que en toda sociedad, asume importancia fundamental el cambio de la posición jurídica de los sujetos respecto de los bienes, que satisfacen necesidades económicas.

Para que opere ese cambio, en ordenamientos basados en el respeto de las libertades individuales y en la economía de libre mercado, es necesario el acuerdo, el pacto de las partes, es decir, el contrato. Pero el contrato no es suficiente, porque el cambio de posición jurídica de los sujetos respecto de los bienes afecta no solamente a las partes, sino a los terceros, ya que dicho cambio tiene por objeto derechos reales, que son oponibles erga omnes. Los terceros tienen interés en que la apariencia de titularidad de los sujetos respecto de los bienes coincida con la realidad, para evitar problemas de reivindicación, desposesión y evicción. En suma, para evitar el principal

---

applicative, Giuffrè, Milano, 2006, p. 89 ss.; VALENTINO, "Moneta elettronica e tutela del consumatore", en Sica-Stanzione-Zeno Zencovich (a.c.), *La moneta elettronica: profili giuridici e problematiche applicative*, Giuffrè, Milano, 2006, p. 129 ss.; ZENO ZENCOVICH, *Temi e problemi economico-giuridici della moneta elettronica*, en *La moneta elettronica: profili giuridici eproblematiche applicative*, (a cura di) Sica – Stanzione – Zeno Zencovich, Giuffrè, Milano, 2006, p. 15 ss.

CRIPTOACTIVOS Y CIRCULACIÓN JURÍDICA

problema de la circulación jurídica: la doble venta sucesiva, o sea, la situación en la cual un sujeto compromete la enajenación de un mismo bien en favor de dos personas diferentes, planteándose entonces el conflicto entre dos potenciales adquirentes que tienen ambos el derecho subjetivo a tener la titularidad del bien, conflicto que el derecho debe disciplinar, mediante una regla de preferencia. En extrema síntesis, ésta es la materia del problema que abordamos. Y la solución se encuentra en definir señales de circulación idóneas para advertir a los interesados cuál es la posición relativa de los sujetos respecto de los bienes.

V. LA *TRADITIO* COMO SEÑAL DE CIRCULACIÓN JURÍDICA Y SU EVOLUCIÓN

En la antigua Roma, existían estas señales. La propiedad de las *res mancipi* circulaba mediante mecanismos complejos y públicos, como la *mancipatio* y la *in iure cessio*; y las *res nec mancipi* se enajenaban no mediante el mero contrato, sino mediante la *traditio*, que consistía en la transferencia de la posesión, mecanismo éste del que somos causahabientes los ordenamientos jurídicos iberoamericanos.

La posesión es una señal externa que representa una realidad jurídica, la titularidad de un derecho. Y esta señal, a partir de un rudimento estrictamente material de aprehensión corporal de una cosa por parte de un adquirente, se ha ido transformando en función de las necesidades de agilidad del comercio jurídico. Aparece la tradición simbólica, que, como dice el artículo 763 del código civil uruguayo en feliz expresión, opera "siempre que no se entrega realmente la cosa, sino algún objeto representativo de ella y que hace posible la toma de posesión de la cosa". Y adquiere relieve la denominada posesión de los créditos, a la que alude el artículo 1455 del código civil uruguayo cuando establece que "la paga hecha de buena fe al que estaba en posesión del crédito es válida, aunque el poseedor sufra después evicción", agregando que "se considera en posesión al que presenta el título del crédito, si éste es de un pagaré al portador; salvo el caso de hurto o graves sospechas de no pertenecer al portador".

La posesión como señal de titularidad, y su transferencia como signo de cambio o circulación de dicha titularidad, queda así ligada, en su etapa decimonónica, a la circulación de los títulos valor, que implican la incorporación de un derecho – en general, de crédito – a un documento físico que se puede poseer corporalmente; y sirve de puente que conduce a la etapa histórica siguiente, en la cual las necesidades de rapidez y seguridad del comercio de los créditos, sobre todo en los mercados financieros, determinan el proceso de desincorporación o desmaterialización de los títulos valor.

Como a propósito ha señalado Cándido Paz Ares, para enfrentar un fenómeno nuevo, el jurista puede hacer pie en las categorías conceptuales y en la experiencia ya acumulada. El fenómeno de la desmaterialización de los títulos valor demostró que si bien la necesidad de señales de la circulación sigue siendo siempre constante, cambian los instrumentos técnicos, ocupando la anotación o registro contable el lugar que anteriormente correspondía a la posesión corporal de los títulos.

Conviene abrir aquí un pequeño paréntesis para recordar que esta metamorfosis de la señal de circulación, pasando de la tenencia material del título, a la registración en cuenta, no queda reducida al ámbito de los títulos valor y de los mercados financieros. En el campo de la circulación inmobiliaria, las necesidades de circulación de los bienes impuestas por la fase capitalista de la evolución económica, exigieron dotar a esta señal de mayor precisión, inequivocidad y seguridad, incorporando otra señal, la inscripción en los Registros Públicos. Tanto es así que en el caso de Chile, el codificador Andrés Bello incorporó la idea de que la única posesión inmobiliaria reconocida por el derecho en la posesión inscrita, la que resulta de la inscripción en los registros públicos.

Obviamente la circulación inmobiliaria pertenece a un mundo diverso del de la circulación de los valores mobiliarios, pero en definitiva, hablamos siempre de circulación, de señales de circulación, y de registros como ejemplos de dichas señales. Además, se puede perfectamente razonar por analogía, imaginando que la anotación contable bancaria o administrada por entidades registrantes profesionales, que es idónea para regular la transferencia de activos financieros, pueda también, mediante el recurso a representaciones de bienes corporales o de otro tipo diferente al de los financieros, operar mediante anotación o registración contable.

No es ésta, ciertamente, una idea novedosa. Ya en el siglo XVIII el conocido filósofo idealista irlandés Georges Berkeley se planteaba el uso de la transferencia bancaria como mecanismo de transmisión de todo tipo de propiedad, aludiendo a su simplicidad y al bajo costo de transacción:

> *Whether it be not the greatest help and spur to commerce that property can be so readily conveyed and so well secured by a compte en banc, that is, by only writing one man's name for another's in the bank-book?*[7]

VI. LA TECNOLOGÍA *BLOCKCHAIN* COMO UNA NUEVA ETAPA HISTÓRICA PARA LA CIRCULACIÓN JURÍDICA[8]

El proceso de desarrollo de la tecnología de registros distribuidos, que es el ecosistema donde nacen y existen los criptoactivos, constituye la última fase evolutiva del proceso de desmaterialización de los títulos valores. Adquiere así pleno sentido la ubicación de este proceso, aparentemente tan revolucionario y disruptivo, en la evolución histórica de la cual implica simplemente una nueva fase.

---

7. G. BERKELEY. *The Querist, Containing Several Queries Proposed to the Consideration of the Public.* Dublin, 1735-1737, II, 47.
8. Puede verse un desarrollo de esta idea en "Diggitalizazzione e circolazione giuridica", en CACCOCIO – CACACE (a.c.) *Europa e America, due continente un solo diritto*, tomo II, Gaiappicheli-Tirant lo Blanch, Torino- Valencia, 2020, p. 685 y ss.

En efecto, la tecnología de registros distribuidos (DLT) o *blockchain* satisface también la necesidad de control de la doble enajenació, aportando publicidad, seguridad, bajo costo y rapidez. Es más, ha sido creada para solucionar el problema de la circulación, o sea, el problema de la doble venta sucesiva.

Dice así el *abstract* del artículo de Satoshi Nakamoto que contiene el diseño esencial de esta tecnología de registros distribuidos:

> *A purely peer to peer versión of electronic cash would allow obnline payments to be sent from one party to another without going through a financial institution. Digital signatures provide part of the solution, but the main benefits are lost if a trusted third party is still required to prevent double spending. We propose a solution to the double spending problem using a peer to peer network.*[9]

En esta definición esencial del Bitcoin se encuentran todos los elementos que han sido previamente identificados. El autor nos habla de circulación jurídica, en este caso, de transferencias de dinero (*online payments*), que constituyen el bien económico más importantes de las economías civilizadas; identifica que el principal problema a resolver es el de la doble transferencia, es decir, cómo evitar la doble enajenación, asunto ya detectado y calificado como central de la circulación jurídica; explica que ese problema se resuelve, tratándose de transferencias de dinero, mediante el recurso al uso de firmas electrónicas (*digital signatures*), que identifican la persona del ordenante y del receptor, pero que requieren la participación de un tercero de confianza (*trusted third party*) que determina que se pierdan beneficios (agrega costos de transacción).

Como hemos visto, la línea de colocar como pieza esencial de este sistema a los terceros de confianza había sido la ensayada por la Comisión de las Naciones Unidas para el Derecho Mercantil Internacional (CNUDMI). En la sesiones del Grupo de Trabajo IV (Comercio Electrónico) realizada en Viena el 8 de setiembre de 2011, se identifican claramente las cuestiones jurídicas relacionadas con el uso de documentos electrónicos transferibles, indicando el rol central de la posesión material en la circulación jurídica y cómo ese elemento encuentra un "equivalente funcional" en el campo virtual mediante el concepto de "control", que se concreta mediante la idea de registro y de certificación de la identidad de las partes en la transacción, concluyendo:

> 47. Los ordenamientos jurídicos que aplican el principio del "control" en lugar del de "posesión" a menudo reconocen específicamente que la exigencia de control puede satisfacerse recurriendo a un sistema de registro llevado por un tercero de confianza (véanse los párrafos 58 a 60 infra). También puede haber otros enfoques tecnológicos que permitan lograr el mismo objetivo (resaltado nuestro).

Nakamoto propone ese otro enfoque tecnológico del que habla la CNUDMI, ideando un sistema que no requiere de la participación de un tercero de confianza, sino de exclusiva comunicación directa entre las partes (*purely peer to peer*).

---

9. NAKAMOTO, Satoshi. *Bitcoin, a peer to peer electronic cahs system*, disponible en https://bitcoin.org.

La idea del *bitcoin* y de la tecnología de registros de contabilidad distribuidos que la sustenta (*blockchain*) sirven por tanto de base a un posible nuevo sistema de circulación jurídica, basado en los siguientes caracteres propios:

1. Registro distribuido de información
2. Identificación digital de quien carga la información
3. Fecha cierta
4. Inmutabilidad
5. Transparencia

Más allá de la idea inicial de Satoshi Nakamoto, de crear un sistema de dinero electrónico, la tecnología *blockchain* propone en definitiva una alternativa descentralizada a los sistemas de publicidad de las enajenaciones que impacta en el sistema "contrato-tradición" y en el sistema registral, y tiene potencialidad para servir mucho más allá del dinero, abarcando todo el universo de los instrumentos financieros, e incluso más allá del mundo financiero. Así lo demuestra la Lichtenstein blockchain act de 1.1.2020, que concibe la regulación de la tokenización incluyendo todos los tópicos fundamentales de una teoría completa de la circulación jurídica.

En efecto, la *Law on tokens and TT service providers* regula un sistema de transacciones y define al *token* como

> *a piece of information on a TT System which: 1. can represent claims or rights of memberships against a person, rights to property, or other absolute or relative rights,*

proponiéndose regular la forma de circulación de los *tokens*, como elementos representativos de derechos, tanto en su forma de enajenación definitiva como en su función de garantía (real).

Siguiendo el diseño de circulación jurídica de cuño alemán, define que la disposición de un derecho representado en un *token* requiere el acuerdo abstracto de trasmisión (*Einigung*), compuesto por:

> 1. el acuerdo (*the transferring party and the receiving party unanimously declare to transfer the right of disposal over the Token, or that they want to justify a restricted in rem right*); y

> 2. la legitimación (*the transferring party is the person possessing the right of disposal*), previendo que la falta de ella no produce nulidad del negocio, sino aplicación de las reglas del enriquecimiento sin causa (*3. If a Token is disposed of without reason or a subsequent reason fails to exist, the revocation shall be accomplished in accordance with the provisions of the Enrichment Law (sections 1431 et seq. ABGB).*

Resuelve también, siguiendo la tradición del derecho germánico, amparar al tercero de buena fe aunque adquiera de un no dueño:

Article 9 – Acquisition in Good Faith

Those who receive Tokens in good faith, free of charge, for the purpose of acquiring the right of disposal, or a restricted in rem right, are to be protected in their acquisition, even if the transferring party was not entitled to the disposal over the Token; unless the recipient party had been aware of the lack of right of disposal, or should have been aware of such upon the exercise of due diligence.

VII. PROPUESTA DE REGLAMENTO DEL PARLAMENTO EUROPEO Y DEL CONSEJO RELATIVO A LOS MERCADOS DE CRIPTOACTIVOS, BRUSELAS, 24.9.2020

Parece de interés hacer referencia a la propuesta de reglamento europeo sobre mercados de criptoactivos (MIC, *markets in criptoassets*), complementaria de las directivas MIFID *(markets in financial instruments)* que integra en paquete de disciplina de las finanzas digitales, intentando favorecer la innovación

Los criptoactivos son una de las principales aplicaciones de la tecnología de cadena de bloques en las finanzas, por lo cual esta propuesta de régimen piloto refiere directamente a las infraestructuras del mercado basadas en la tecnología de registro descentralizado (TRD)

Refiere la propuesta que "en los últimos tiempos ha aparecido un subtipo relativamente nuevo de criptoactivos, las denominadas «criptomonedas estables», la Comisión propone, además, aclarar que la definición en vigor de «instrumentos financieros» —que determina el ámbito de aplicación de la Directiva relativa a los mercados de instrumentos financieros (MiFID II)12 – comprende los instrumentos financieros basados en la tecnología de registro descentralizado.

La propuesta incorpora definiciones interesantes para nuestro análisis:

1) «Tecnología de registro descentralizado» o «TRD»: un tipo de tecnología que soporta el registro descentralizado de datos cifrados.

2) «Criptoactivo»: una representación digital de valor o derechos que puede transferirse y almacenarse electrónicamente, mediante la tecnología de registro descentralizado o una tecnología similar.

Por otra parte, la propuesta define tres subcategorías de criptoactivos, que pueden ser útiles para ir generando una tipología de estos instrumentos.

1. ... «fichas referenciadas a activos». Su finalidad es mantener un valor estable, para lo cual se referencian a varias monedas de curso legal, una o varias materias primas, uno o varios criptoactivos, o una cesta de esos activos. El objetivo que, con frecuencia, se persigue al estabilizar el valor es que los titulares de las fichas referenciadas a activos las usen como medio de pago para la compra de bienes y servicios y como depósito de valor.

2. ... aquellos cuya principal finalidad es la de ser usados como medio de pago, para lo cual se estabiliza su valor referenciándolos a una única moneda fiat. Su función es muy similar a la del dinero electrónico, según se define este en el artículo 2, punto 2, de la Directiva 2009/110/CE del Parlamento Europeo y del Consejo35. Al igual

que el dinero electrónico, son un sustituto electrónico de las monedas y los billetes y se emplean para efectuar pagos. Estos criptoactivos se definen como «fichas de dinero electrónico».

3. ... tipo de criptoactivo cuya finalidad es dar acceso digital a un bien o un servicio, disponible mediante TRD, y aceptado únicamente por el emisor de la ficha en cuestión («fichas de servicio»). Las «fichas de servicio» tienen fines no financieros relacionados con la explotación de una plataforma digital y de servicios digitales, por lo que deben considerarse un tipo específico de criptoactivos.

Esta propuesta ha sido difundida en la Unión Europea, y ha recibido una respuesta elaborada por los grupos de interés involucrados (Blockchain Ecosystem's – Response to MiCA Regulation Proposal, March 2021). En esa respuesta se afirma que la propuesta de reglamento del Mercado en criptoactivos tiene la potencialidad de de incrementar significativamente las ventajas competitivas de la tecnología de registros distribuidos, mitigar los fraudes y abusos de Mercado sobre todo en el contexto de las plataformas de transacción, incentivas las operaciones transfronterizas y asegurar que la industria de los cripto activos no genere amenazas a la estabilidad financiera.

VIII. CONCLUSIONES

Frente a la pregunta formulada por Szostek:

"Is the blockchain a revolution or "just" another stage of evolution of development of the digital economy, and what is its impact on the previously applicable principles, rules and provisions of the law?"[10],

entiendo que la respuesta es que esta nueva tecnología es realmente disruptiva.

La tecnología *blockchain* ofrece una alternativa a los sistemas vigentes de señalización de la circulación jurídica, superando mecanismos anteriores como los basados en la posesión, en el registro público estatal y en las escrituraciones contables bancarias y financieras, presentando importantes ventajas en cuanto a la seguridad, rapidez y bajo costo de transacción.

Sin embargo, es evidente que se necesita una regulación de derecho privado para la circulación de los criptoactivos. Es tarea del derecho privado, realizar ciertas exigencias de justicia en las relaciones que se desarrollan libremente entre los hombres. Se ha identificado al derecho con la ley escrita emanada según el orden jurídico estatal, pero – entre otros fenómenos – el cyberespacio pone en jaque esta cosmovisión.

El derecho privado no ha sido siempre estatal. Por el contrario, ha nacido extra estatal. Como escribió magistralmente Filippo Vassalli, el admirable monumento del derecho romano está construido prevalentemente por obra de jurisconsultos, esto

---

10. Szostek, Dariusz, Blockchain and the Law, Nomos, 2019, p. 139.

es, por privados. Análogas observaciones, teniendo en cuenta premisas diferentes, valen para el derecho musulmán, es decir, para un derecho que gobierna la vida de un mundo no menos vasto que el mundo romano. Y valen para el common law, y más generalmente, para el derecho anglo-americano. "La razón es el alma del derecho", dice Coke "el derecho consuetudinario no es otra cosa que razón"; "el derecho inglés fue elaborado y perfeccionado a través de muchas generaciones por un número inmenso de personas serias y doctas y luego de una larga experiencia";

"ningún hombre podría ser más sabio que el derecho, el cual es la perfección de la razón".

El derecho (privado) se ha sustraído siempre al arbitrio de los Estados; y esto es lo que le ha asegurado el carácter de excelencia, de nobleza y universalidad duradera a través de los siglos; puesto que la razón tiene validez universal entre los hombres y puesto que existe una notable constancia en la relación entre la naturaleza humana y los medios para satisfacer las necesidades, de lo que puntualmente se ocupa el derecho en materia de familia y de bienes. Su fuerza procede, no de otra cosa que de su perfección intrínseca, que es la correspondencia más plena a las exigencias de un vivir social ordenado, a la elevación de las costumbres humanas, al respeto de los valores superiores que cada sociedad expresa por sí misma en cada momento; procede de la adhesión de la conciencia y del prestigio de la regla, prestigio que a veces puede ser el prestigio de quien la ha enunciado.[11]

Si lo que afirma Vassalli es así, hay una esperanza de que esta nueva realidad económica que se crea a partir de las tecnologías digitales, de los sistemas de registros distribuidos y de la circulación de criptoactivos puedan responder a criterios de justicia que han caracterizado el progreso de la civilización. Ya tenemos un testimonio del liderazgo europeo en la regulación del mercado digital (ej. Propuesta de reglamento de servicios digitales y plataformas) que es de utilidad para el cyberespacio que es global. En esa propuesta se dice claramente que el objetivo de la propuesta es contribuir a formar una economía al servicio de las personas para el mercado común europeo y para testimonio de la humanidad

Resulta sin duda una buena fuente de inspiración.

---

11. VASSALLI, Filippo, Estrastatualità del diritto civile, en Studi Giuridici in onore di Cicu, Pubblicazione della Facoltà di Giurisprudenza dell'Università di Roma, vol. III, tomo II, Studi vari (1942-1955), Giuffrè, Milano, 1960, pp. 753 y ss.

PROTEÇÃO DO CONSUMIDOR CONTRA A PUBLICIDADE DIGITAL NATIVA FURTIVAMENTE VEICULADA EM REDES SOCIAIS

Fabrício Germano Alves

Especialista em Direito do Consumidor e Relações de Consumo (UNP), Direito Eletrônico (Estácio), Publicidade e Propaganda: mídias, linguagens e comportamento do consumidor (Intervale), Marketing Digital (Intervale), Docência no Ensino Superior (FMU) e Metodologias em Educação a Distância (Intervale). Mestre em Direito (UFRN). Mestre e Doutor pela Universidade del País Vasco / Euskal Herriko Unibertsitatea (UPV/EHU) – Espanha. Líder do Grupo de Pesquisa Direito das Relações de Consumo. Coordenador do Laboratório de Estudos e Pesquisas em Direito das Relações de Consumo (LABRELCON). Presidente da Comissão de Educação Jurídica da OAB/RN. Professor da Graduação e Pós-Graduação da Universidade Federal do Rio Grande do Norte (UFRN).

Andressa de Brito Bonifácio

Especialista em Direito Constitucional pela Damásio Educacional. Pós-graduanda em Direito Digital pelo Instituto New Law. Membro do Laboratório de Estudos e Pesquisas em Direito das Relações de Consumo (LABRELCON). Mestranda em Direito pela Universidade Federal do Rio Grande do Norte (UFRN).

Sumário: 1. Introdução – 2. Relação jurídica de consumo e publicidade digital; 2.1 Conceito da relação jurídica de consumo; 2.2 Conceito da publicidade digital – 3. Publicidade furtiva – 4. Publicidade nativa nas redes sociais – 5. Considerações finais – 6. Referências.

1. INTRODUÇÃO

O desenvolvimento da sociedade de consumo foi acompanhado, em grande escala, pelo desenvolvimento das estratégias publicitárias que permitiram nutrir e impulsionar a cultura de consumo. Contudo, os consumidores estão cada vez mais exigentes quanto ao que prestar atenção e consumir, o que representa um grande desafio para o mercado da publicidade e do marketing[1].

Por isso, ao longo dos anos diversas foram as técnicas publicitárias que surgiram e foram reinventadas para continuar a atender o seu objetivo de estabelecer uma comunicação com o consumidor e nele incutir o desejo de consumir. Esse processo também foi acelerado pela digitalização das relações de consumo, que levaram a publicidade *Business to Consumer* (B2C) para o ambiente virtual.

---

1. NUNES, Maria Patrícia Burnay de Mendonça de Sampaio. *A publicidade nativa como forma de prevenir o fenómeno de banner blindness nos media sociais.* 2018. 183 f. Dissertação (Mestrado) – Curso de Ciências da Comunicação, Universidade Católica Portuguesa, Porto, 2018. Disponível em: https://repositorio.ucp.pt/handle/10400.14/27054. Acesso em: 13 out. 2021. p. 56.

Dentro da internet, a publicidade por muito se concentrou nos anúncios de *banner* e *pop-ups*, que seguiam a lógica tradicional do mercado publicitário, mas, com o tempo, pesquisadores identificaram o fenômeno do *banner blindness,* que consiste na "cegueira" do usuário ao navegar na internet, que consegue e prefere evitar as mensagens dos banners/faixas[2].

Essa constatação fez com que o mercado publicitário buscasse formas mais eficazes de divulgação na internet, o que levou à ampla utilização de estratégias de publicidade furtiva, a qual tem como premissa dificultar a identificação, por parte do usuário-consumidor, acerca do teor publicitário da mensagem veiculada.

Não só a publicidade furtiva se popularizou, como surgiram estratégias mais específicas que partiam da mesma premissa e que encontram nas redes sociais um bom canal de difusão. Dentre essas estratégias está a publicidade nativa, que busca se "camuflar" no conteúdo veiculado em determinada plataforma, se adequando à estética, à linguagem e ao formato utilizados para que a mensagem tenha a aparência de um conteúdo meramente informativo e tipicamente veiculado no canal escolhido.

A publicidade é objeto de tutela da Lei 8.078, de 11 de setembro de 1990, que instituiu o Código de Defesa do Consumidor (CDC), restando reconhecida assim a sua relevância no âmbito da proteção do consumidor, bem como o seu potencial lesivo, quando praticada em discordância com os preceitos legais. Contudo, o legislador apenas regulamentou de forma específica a publicidade enganosa e abusiva (art. 37, CDC), sendo necessário e relevante o estudo das estratégias publicitárias não expressamente regulamentadas no mencionado Código.

Em razão disso, a publicidade nativa furtivamente veiculada nas redes sociais merece atenção e análise jurídica para possibilitar a efetiva proteção do consumidor contra esta prática, principalmente quando considerado o seu potencial de ampla reprodução ("viralização") e de atingir diversos públicos ao mesmo tempo, inclusive os consumidores dotados de vulnerabilidade acentuada, como as crianças e os idosos.

À luz desta problemática, o presente Capítulo se propõe a analisar o tratamento jurídico que pode ser dado à publicidade digital nativa veiculada de modo furtivo em redes sociais, possibilitando assim uma proteção do consumidor de forma mais efetiva no ambiente digital. Para tanto, o método adotado consiste em pesquisa hipotético-dedutiva, de propósito descritivo e de natureza aplicada, com abordagem qualitativa, a partir da pesquisa bibliográfica e documental (legislação).

O primeiro tópico tem como objetivo estabelecer os dois conceitos teóricos basilares para a compreensão do tratamento da publicidade digital nativa furtivamente veiculada em redes sociais, quais sejam: o que é uma relação de consumo, perpassando pelo conceito de consumidor e de fornecedor, bem como no enquadramento

---

2. Ibid., p. 56.

da publicidade nessa relação; e o conceito de publicidade e, mais especificamente, de publicidade digital.

A compreensão destes conceitos permitirá, nos tópicos seguintes, aprofundar a compreensão da publicidade sob a ótica da legislação protetiva do consumidor, conferindo subsídios essenciais para a delimitação dos contornos jurídicos da publicidade furtiva e da publicidade nativa nas redes sociais.

O tópico seguinte se dedicará à análise da publicidade furtiva, também chamada de oculta. Conforma será demonstrado, o Código de Defesa do Consumidor regulamentou expressamente apenas dois tipos de publicidade: a enganosa e a abusiva, contudo, na prática das relações de consumo é possível identificar diversas espécies publicitárias que não foram regulamentadas expressamente, mas que merecem a atenção do aplicador do Direito visando a proteção do consumidor.

Assim, é apresentado o princípio da identificação da publicidade, consagrado pelo artigo 36, *caput*, do CDC, que prescreve que toda comunicação publicitária deverá ser fácil e imediatamente identificável pelo consumidor. Com fundamento neste princípio e no dever constitucional de promover a defesa do consumidor (art. 5, inciso XXXII, CF e art. 170, inciso V, CF), torna-se possível a tutela das modalidades de publicidade não regulamentadas, inclusive a furtiva, bem como, à luz de suas características, o seu enquadramento como publicidade enganosa.

Por fim, na última parte, será enfrentado o conceito de publicidade nativa, assim como suas características determinantes, de modo a possibilitar a sua identificação no caso concreto. Além disso, também será especificado o tratamento jurídico que deve ser dado a essa estratégia publicitária nas redes sociais, juntamente com os avanços na sua identificação e os desafios que ainda persistem no âmbito da proteção do consumidor perante a atividade publicitária.

2. RELAÇÃO JURÍDICA DE CONSUMO E PUBLICIDADE DIGITAL

No âmbito dos direitos fundamentais, a Constituição federal de 1988 instituiu expressamente: "O Estado promoverá, na forma da lei, a defesa do consumidor" (artigo 5º, inciso XXXII). Do mesmo modo, a "defesa do consumidor" foi também incluída na Constituição federal com um dos princípios gerais da atividade econômica (artigo 170, inciso V).

Por determinação contida no artigo 48 do Ato das Disposições Constitucionais Transitórias (ADCT), foi editada a Lei 8.078, de 11 de setembro de 1990, que instituiu o Código de Defesa do Consumidor (CDC), criando no ordenamento jurídico brasileiro um microssistema composto por um conjunto de princípios e regras específicas voltadas à manutenção do equilíbrio nas relações de consumo a partir da proteção do consumidor.

Para a adequada compreensão sobre como pode ser efetivada a proteção do consumidor em relação à publicidade digital, especialmente contra a publicidade nativa que é veiculada de maneira furtiva nas redes sociais, é preciso conhecer o conceito da relação jurídica de consumo, da publicidade e de como esses dois institutos jurídicos se relacionam no momento da aplicação Direito.

A identificação exata da natureza consumerista da relação é de extrema relevância para a verdadeira proteção do consumidor, pois é ela que irá determinar o campo de aplicação não apenas da Lei 8.078/1990, mas de toda a normatização que compõe o microssistema tutelar do consumidor[3]. Esse microssistema é composto por princípios e regras próprias que se aplicam igualmente (com as devidas adaptações) no sistema de contratação eletrônica da modalidade B2C (*Business to Consumer*), ou seja, entre um fornecedor comerciante e um consumidor, onde se percebe uma autêntica forma de contrato de adesão[4].

2.1 Conceito da relação jurídica de consumo

O Código de Defesa do Consumidor não trouxe em seu texto uma definição da relação jurídica de consumo. Entretanto, ela pode ser identificada pelo intérprete-aplicador do Direito a partir dos seus elementos constitutivos: subjetivos (consumidor e fornecedor), objetivos (produtos e serviços) e causal ou finalístico.

O conceito de consumidor é formado a partir de quatro diferentes acepções, uma direta e três por equiparação, todas previstas no referido Código. A acepção direta encontra-se prevista no artigo 2º, *caput* do CDC, segundo o qual "consumidor é toda pessoa física ou jurídica que adquire ou utiliza produto ou serviço como destinatário final". Sobe a questão da destinação final existem as formas de interpretação finalista, maximalista e finalista aprofundada[5], que não serão tratadas especificamente neste estudo por não se relacionarem diretamente com o seu objeto.

As acepções de consumidor por equiparação são formadas pela coletividade de pessoas, ainda que indetermináveis, que intervém na relação de consumo (artigo 2º, parágrafo único, CDC); pelas vítimas (*bystanders*) dos acidentes de consumo (artigo 17, CDC); e por todas as pessoas, mesmo que indetermináveis, que forem expostas às práticas comerciais previstas no Capítulo V do Código de Defesa do Consumidor (artigo 29, CDC).

Além das diferentes acepções do conceito de consumidor, deve ser observada também a existência de vulnerabilidade na relação para que haja a incidência das normas de proteção do consumidor. No âmbito digital, as transações estão sujeitas à diversas peculiaridades que podem representar uma vantagem para o fornecedor

---

3. BENJAMIN, Antônio Herman V.; MARQUES, Cláudia Lima; BESSA, Leonardo Roscoe. *Manual de direito do consumidor*. 9. ed. São Paulo: Revista dos Tribunais, 2020. p. 105.
4. VANCIN, Adriano Roberto. MATIOLI, Jefferson Luiz. *Direito & internet*: contrato eletrônico e responsabilidade civil na web. 2. ed. Franca: Lemos & Cruz, 2014. p. 117.
5. MARQUES, Claudia Lima; BENJAMIN, Antônio Herman de V; MIRAGEM, Bruno. *Comentários ao Código de Defesa do Consumidor*. 6. ed. São Paulo: Revista dos Tribunais, 2019. p. 127-128.

e agravar a assimetria entre as partes[6], desde os aspectos tecnológicos das operações até a desigualdade informacional[7].

No contexto da discussão sobre a proteção do consumidor diante da veiculação de publicidade nativa nas redes sociais de maneira furtiva, assume posição de destaque o artigo 29 do CDC, que permite a configuração da relação de consumo por equiparação quando há exposição de qualquer pessoa a uma comunicação de natureza publicitária, independentemente de ser ela da modalidade nativa, do fato de ser veiculada furtivamente, da "prática de qualquer ato no sentido de adquirir ou utilizar efetivamente um determinado produto ou serviço, ou, ainda, a ocorrência de um dano, uma vez que a exigência da norma para tal equiparação diz respeito apenas à mera exposição"[8].

É preciso destacar que "a definição de consumidor é relacional e depende da presença de um fornecedor no outro lado da relação jurídica submetida ao CDC, seja contratual ou extracontratual"[9]. Pode ser considerado fornecedor qualquer pessoa física ou jurídica, pública ou privada, nacional ou estrangeira, ou até mesmo um ente despersonalizado, desde que desenvolva atividades tais como "produção, montagem, criação, construção, transformação, importação, exportação, distribuição ou comercialização de produtos ou prestação de serviços" (artigo 3º, *caput* do CDC), com habitualidade e/ou profissionalismo.

As definições de produto e serviço também foram trazidas expressamente pelo Código de Defesa do Consumidor. Produto pode ser "qualquer bem, móvel ou imóvel, material ou imaterial" (artigo 3º, § 1º, CDC). Para a sua configuração é prescindível que haja uma contraprestação de natureza remuneratória no fornecimento. O serviço pode ser "qualquer atividade fornecida no mercado de consumo, mediante remuneração, inclusive as de natureza bancária, financeira, de crédito e securitária, salvo as decorrentes das relações de caráter trabalhista" (artigo 3º, § 2º, CDC). Nesse caso, a remuneração é elemento imprescindível, seja ela direta ou indireta.

Em poucas palavras, pode-se afirmar que a relação jurídica de consumo no modelo clássico é formada a partir de "[...] um contrato firmado entre consumidor e fornecedor com a finalidade de aquisição e/ou utilização de um produto ou prestação de um serviço, adquirindo o consumidor a qualidade de destinatário final [...]"[10] seja

---

6. MODENESI, Pedro. *Contratos eletrônicos de consumo*: aspectos doutrinário, legislativo e jurisprudencial. In: MARTINS, Guilherme Magalhães; LONGHI, João Victor Rozatti (Coord.). Direito digital: direito privado e internet. 3. ed. Indaiatuba: Foco, 2020. p. 476.
7. FURTADO, Gabriel Rocha; ALMEIDA JÚNIOR, Vitor de Azevedo. A tutela do consumidor e o comércio eletrônico coletivo. In: MARTINS, Guilherme Magalhães; LONGHI, João Victor Rozatti (Coord.). *Direito digital*: direito privado e internet. 3. ed. Indaiatuba: Foco, 2020. p. 577.
8. ALVES, Fabrício Germano. *Direito publicitário*: proteção do consumidor. São Paulo: Revista dos Tribunais, 2020. p. 88.
9. BENJAMIN, Antônio Herman V.; MARQUES, Cláudia Lima; BESSA, Leonardo Roscoe. *Manual de direito do consumidor*. 9. ed. São Paulo: Revista dos Tribunais, 2020. p. 131.
10. SALIB, Marta Luiza Leszczynski. *Contratos e a tutela do consumidor no comércio eletrônico internacional*: a proteção jurídica do consumidor virtual no mercado globalizado. Curitiba: Juruá, 2014. p. 34.

esse contrato de natureza nacional ou internacional. Entretanto, quando a relação envolve uma comunicação publicitária a sua configuração ocorre de maneira diferida, geralmente por equiparação, com fundamento no artigo 29 do CDC.

2.2 Conceito da publicidade digital

A publicidade comercial é uma estratégia lícita que objetiva estimular o consumo e que constitui efetivo direito do fornecedor[11]. A publicidade podendo ser definida como "ato de comunicação, de índole coletiva, patrocinado por ente público ou privado, com ou sem personalidade, no âmago de uma atividade econômica, com a finalidade de promover, direta ou indiretamente, o consumo de produtos e serviços"[12].

A acepção de publicidade como um direito não decorre tão somente do CDC, mas do próprio texto constitucional que fundamenta a ordem econômica nos princípios da livre iniciativa e livre concorrência (art. 170, *caput* e parágrafo único da CF), sendo este primeiro o *locus* da publicidade na Constituição federal[13]. Contudo, importa evidenciar que há posicionamento doutrinário no sentido de que o princípio da liberdade de expressão (arts. 5º, IX, e 220, CF) também asseguraria a liberdade de fazer publicidade[14].

Este não é, contudo, um direito ilimitado, tendo o legislador dedicado a Seção III do Capítulo V do Código de Defesa do Consumidor exclusivamente ao tratamento da publicidade, bem como a Secção II do referido Capítulo, que trata da oferta, também se dedicou aos limites e diretrizes a serem observadas nas estratégias publicitárias.

Nesse sentido, ainda quanto à publicidade comercial em sentido amplo, a legislação é no sentido de que "qualquer publicidade que contenha os elementos essenciais de um contrato deve ser considerada como uma oferta vinculante"[15]. Assim, além dos casos de publicidade enganosa e abusiva, o descumprimento da publicidade, quando configurada a oferta, também permite a responsabilização do fornecedor nas esferas civil, penal e administrativa, conforme o caso.

Com o fortalecimento das ferramentas de busca e dos canais virtuais de relacionamento (redes sociais) e vendas, a publicidade passou a fazer parte também do meio digital. A sua inserção no ambiente virtual abrange diversos espaços e formas, como, por exemplo, os resultados patrocinados em ferramentas de busca, *banners* em *sites*, publicações patrocinadas e impulsionadas em redes sociais e o e-mail marketing.

---

11. FINKELSTEIN, Maria Eugênia Reis. *Direito do Comércio Eletrônico*. 2. ed. Rio de Janeiro: Elsevier, 2011. p. 237-236.
12. NUNES JÚNIOR, Vidal Serrano. *Publicidade comercial*: proteção e limites na Constituição de 1988. 2. ed. São Paulo: Verbatim, 2015. p. 31-32.
13. BARROS, Suzana de Toledo. Reflexões sobre os contornos da proteção da liberdade de expressão: nela se inclui a publicidade comercial? In: PASQUALOTTO, Adalberto (Org.). *Publicidade de tabaco*. São Paulo: Atlas, 2015. p. 141.
14. DIAS, Lucia Ancona Lopez de Magalhães. *Publicidade e direito*. São Paulo: Saraiva Educação, 2018. p. 41.
15. FINKELSTEIN, Maria Eugênia Reis. *Direito do comércio eletrônico*. 2. ed. Rio de Janeiro: Elsevier, 2011. p. 244.

Além do mais, a relação entre publicidade e oferta, que já é bem delineada pelo próprio CDC, tem semelhante relevância e vidência no âmbito digital. A título exemplificativo, a criação de um *site* interativo para divulgação e comercialização de produtos, é tanto publicidade quanto uma oferta pública de venda, que deverá ser cumprida pelo fornecedor em caso de compra do produto ou contratação do serviço pelo consumidor[16].

A publicidade digital, todavia, não se limita aos exemplos dados, passando por um constante processo de mutação e criação na medida em que o ambiente virtual se desenvolve, por isso a conceituação do que especificamente seria essa publicidade demanda um certo grau de amplitude para que possa acompanhar a velocidade do mercado.

Nesse sentido, a publicidade digital muitas vezes é associada tão somente às publicações e *links* patrocinados, contudo, a sua abrangência é bem superior e mais profunda. Como visto, a criação de um *site* para divulgação e comercialização de produtos é considerada publicidade, mas o seu posicionamento em plataformas de busca também pode ser assim considerado[17]. A estratégia de marketing utilizada para posicionar *links* nos primeiros resultados em páginas de busca é o chamado *Search Engine Optimization* (SEO), onde são utilizadas palavras chaves e estudos de comportamento e consumo dos usuários para melhor posicionar a página e aumentar o número cliques recebidos.

Assim, a publicidade on-line configura-se tanto por meio de publicações e *links* patrocinados quanto pelos resultados "orgânicos", ou seja, aqueles alcançados sem que seja necessário pagar às redes sociais, perfis, *sites* e ferramentas de busca, em síntese pagar à terceiros, para que o conteúdo ou *link* seja distribuído para os usuários. Importa destacar que no âmbito dos resultados orgânicos, não haveria limitação à contratação de empresas, agências ou prestadores de serviços autônomos para o desenvolvimento e otimização dos *links* e *sites*, tendo em vista que com isso não há garantia de distribuição e nem de alcance.

Além da divisão entre a publicidade digital paga e a orgânica, também é possível diferenciar a que é realizada em um *site* de domínio próprio do fornecedor, ou seja, aquele que é de propriedade da mesma pessoa que comercializa os seus produtos ou serviços no *site*; e a publicidade realizada em plataformas ou canais de terceiros, que pode ou não ser paga, como é o caso da que se opera nas redes sociais.

Outra classificação, referente aos canais de realização da publicidade digital, é a das novas mídias: pagas, próprias e conquistadas. As primeiras são as patrocinadas, também chamadas de conteúdo publicitário nativo. As segundas são aquelas realizadas em *sites*, páginas ou perfis de propriedade do fornecedor. As terceiras são as atividades geradas diretamente pelos usuários, como as cur-

---

16. SCHERKERKEWITZ, Isso Chaitz. *Direito e internet*. São Paulo: Revista dos Tribunais, 2014. p. 97.
17. OLIVEIRA, Tatiana Souto Maior de. *Marketing digital e novas mídias*. Curitiba: IESDE Brasil, 2018. p. 105.

tidas, visualizações e menções nas redes sociais, que acabam por impulsionar e propagar a marca, produto e/ou serviço. Em que pese haja essa subdivisão, um canal pode englobar as três modalidades, que é justamente o que ocorre no caso das redes sociais[18].

Percebe-se, portanto, que para os fins de análise jurídica, não há diferença conceitual significativa entre o que seria a publicidade em sentido amplo e o que seria publicidade digital, tendo em vista que ambas possuem os mesmos elementos caracterizadores: prática comercial de oferta destinada à divulgação e comercialização de determinado produto, serviço ou marca, visando persuadir o consumidor à aquisição ou utilização de produtos e/ou serviços, aumentando a demanda em relação aos bem de consumo.

Desse modo, a diferença reside, no aspecto jurídico, nos canais utilizados e na forma de execução (se paga ou não) das estratégias de publicidade, pois quanto à essas variáveis há diferentes implicações em relação ao modelo tradicional, tanto no que tange à proteção do consumidor frente a publicidade abusiva e enganosa, quanto no âmbito da responsabilidade.

3. PUBLICIDADE FURTIVA

A publicidade foi objeto de preocupação do legislador ao elaborar o Código de Defesa do Consumidor, contudo, seja pela velocidade com que o mercado de consumo se desenvolveu desde a edição normativa ou seja pela escolha do legislador por não tipificar especificamente, é certo que são diversas as espécies publicitárias que não foram explicitamente regulamentadas.

Na legislação consumerista são duas as espécies de publicidade expressamente vedadas: a enganosa e a abusiva (art. 37, *caput*, CDC). Contudo, a ausência de previsão expressa de outras modalidades não torna inviável o seu tratamento jurídico, inclusive o seu enquadramento em uma das formas já tipificadas, e a proteção do consumidor contra essas práticas, tendo em vista que o CDC estabeleceu um robusto conjunto de princípios que podem ser aplicados na análise das estratégias publicitárias praticadas no mercado.

Dentre esses princípios, importa evidenciar o *princípio da identificação* da mensagem publicitária, consagrado no artigo 36 do CDC, que prescreve que a publicidade sempre deverá ser de fácil e imediata identificação pelo consumidor, e o *princípio da transparência da fundamentação* da mensagem publicitária, presente no parágrafo único do referido artigo, que estabelecer que toda mensagem deverá ser

---

18. NUNES, Maria Patrícia Burnay de Mendonça de Sampaio. *A publicidade nativa como forma de prevenir o fenómeno de banner blindness nos media sociais*. 2018. 183 f. Dissertação (Mestrado) – Curso de Ciências da Comunicação, Universidade Católica Portuguesa, Porto, 2018. Disponível em: https://repositorio.ucp.pt/handle/10400.14/27054. Acesso em: 13 out. 2021. p. 37-38.

baseada em fatos[19]. Tais princípios são essenciais para a compreensão do objeto de estudo deste tópico.

A publicidade furtiva (*stealth marketing*), também chamada de publicidade "oculta", "camuflada", "escondida", "simulada" e "clandestina", ou de "marketing encoberto" (*undercover marketing*), "marketing fora do radar" (*under-the-radar marketing*)[20] e "marketing disfarçado", é uma das formas de publicidade não regulamentadas pela legislação consumerista, podendo ainda se subdividir em espécies ainda mais específicas como o *buzz mrketing* e publicidade redacional.

Em linhas gerais, a publicidade furtiva consiste em "uma técnica publicitária que tem a capacidade de ludibriar o consumidor no sentido de anular ou simplesmente dificultar sua capacidade de discernimento a respeito da condição de estar ou não sendo exposto a uma mensagem de natureza publicitária"[21]. Assim, tem como característica a intenção deliberada de não ser identificada como publicidade pelo consumidor[22].

Essa forma de comunicação publicitária despertou a preocupação do Conselho das Comunidades Europeias desde 1989, que por meio do artigo 1º, alínea "c", da Diretiva 89/552/CE, apresentou definição do que seria a "publicidade clandestina" e estabeleceu um parâmetro para a sua identificação, que pode ser utilizado como referência pelo Direito brasileiro[23]. Segundo a citada Diretiva, a publicidade clandestina seria:

> a apresentação oral ou visual de produtos, de serviços, do nome, da marca ou de actividades de um fabricante de mercadorias ou de um prestatário de serviços em programas em que essa apresentação seja feita de forma intencional pelo organismo de radiodifusão televisiva com fins publicitários e que possa iludir o público quanto à natureza dessa apresentação[24].

A similitude do tratamento dado pela normativa europeia com o tratamento doutrinário dado no Brasil para a temática encontra respaldo não só no conceito fixado pelo artigo 1º, mas também pela consagração do princípio da identificação da publicidade em seu artigo 10[25], assim como ocorreu no artigo 36 do CDC. Na

---

19. FINKELSTEIN, Maria Eugênia Reis. *Direito do comércio eletrônico*. 2. ed. Rio de Janeiro: Elsevier, 2011. p. 239.
20. BOND, Jonathan; KIRSHENBAUM, Richard. *Under the radar*: talking to today's cynical consumer. New York: John Wiley & Sons. 1998.
21. ALVES, Fabrício Germano. *Direito publicitário*: proteção do consumidor. São Paulo: Revista dos Tribunais, 2020. p. 237.
22. MASSO, Fabiano Del. *Direito do consumidor e publicidade clandestina*: uma análise jurídica da linguagem publicitária. Rio de Janeiro: Elsevier, 2009. p. 88.
23. ALVES, Fabrício Germano. *Direito publicitário*: proteção do consumidor. São Paulo: Revista dos Tribunais, 2020. p. 238.
24. CONSELHO DAS COMUNIDADES EUROPEIAS. *Directiva 89/552/CE*, de 3 de outubro de 1989. Disponível em: http://eur-lex.europa.eu/LexUriServ/LexUriServ.do?uri=CELEX:31989L0552:PT:HTML. Acesso em: 13 out. 2021.
25. Artigo 10. 1. A publicidade televisiva deve ser facilmente identificável como tal e nitidamente separada do resto do programa por meios ópticos e/ou acústicos. 2. Os spots publicitários isolados devem constituir excepção. 3. A publicidade não deve utilizar técnicas subliminares. 4. É proibida a publicidade clandestina.

Comunidade Europeia, contudo, além do reconhecimento do princípio, também há proibição expressa da publicidade clandestina, ora denominada furtiva, também em seu artigo 10.

Nos Estados Unidos da América a publicidade furtiva também é uma preocupação das autoridades nacionais. A FTC (*Federal Trade Comission*), agência reguladora das atividades comerciais americanas, tem se dedicado a limitar a publicidade oculta realizada por influenciadores digitais nas redes sociais, por reconhecer que os seguidores devem ser capazes de distinguir entre o conteúdo promovido em razão de contraprestação financeira daquele promovido por real afinidade do influenciador com a marca[26].

Essa preocupação demonstrada em diversos lugares do globo é fruto do amplo uso das diversas formas de publicidade furtiva pelo mercado, em razão dos bons resultados que trazem para os anunciantes, tendo em vista que os consumidores tendem a confiar mais nas mensagens que acreditam não possuir natureza publicitária[27]. Essa tendência se demonstra, por exemplo, pela popularidade dos *ad blockers*, que são ferramentas que bloqueiam a publicidade ao navegar na internet, e pelos estudos empíricos que demonstraram que os indivíduos evitam *banners* publicitários e até mesmo *banners* que apenas aparentam ser publicitários, ainda que não o sejam, fenômeno esse denominado *banner blindness*[28].

Ainda que o gênero publicidade furtiva não tenha sido uma criação da última década, as suas espécies vêm passando por um constante processo de renovação e criação, o que é acentuado pelo processo de digitalização das relações de consumo e, por conseguinte, da publicidade. Nesse contexto de rápida transformação, como é natural, a prática social está à frente da normatização dessas novas técnicas, o que demanda a adaptação das disposições normativas já existentes por meio da atividade interpretativa do aplicador do Direito[29].

CONSELHO DAS COMUNIDADES EUROPEIAS. *Directiva 89/552/CE*, de 3 de outubro de 1989. Disponível em: http://eur-lex.europa.eu/LexUriServ/LexUriServ.do?uri=CELEX:31989L0552:PT:HTML. Acesso em: 13 out. 2021.

26. SIMAS, Danielle Costa de Souza; SOUZA JÚNIOR, Albefredo Melo de. Sociedade em rede: os influencers digitais e a publicidade oculta nas redes sociais. *Revista de Direito, Governança e Novas Tecnologias*. Salvador, v. 4, n. 1, p. 17-32, jan.-jun. 2018. Disponível em: https://pdfs.semanticscholar.org/5a7b/5db5f1cc46ca3659e-bef8a19325fe31ceb82.pdf. Acesso em: 13 out. 2021. p. 23.

27. MASSO, Fabiano Del. *Direito do consumidor e publicidade clandestina*: uma análise jurídica da linguagem publicitária. Rio de Janeiro: Elsevier, 2009. p. 89.

28. NUNES, Maria Patrícia Burnay de Mendonça de Sampaio. *A publicidade nativa como forma de prevenir o fenómeno de banner blindness nos media sociais*. 2018. 183 f. Dissertação (Mestrado) – Curso de Ciências da Comunicação, Universidade Católica Portuguesa, Porto, 2018. Disponível em: https://repositorio.ucp.pt/handle/10400.14/27054. Acesso em: 13 out. 2021. p. 56.

29. VELÁZQUEZ GARDETA, Juan Manuel. La protección del consumidor en el marco de las relaciones de consumo online. Un estudio de la jurisprudencia más reciente. *In*: XAVIER, Yanko Marcius de Alencar *et al.* (Org.). *Perspectivas atuais do Direito do Consumidor no Brasil e na Europa*. Natal: EdUFRN, 2014. n. 1. v. 2. p. 160.

Em razão disso, o princípio da identificação da publicidade, consagrado pelo artigo 36, *caput*, do CDC, assim como pelos artigos 9º, *caput*[30], e 28[31] do Código Brasileiro de Autorregulamentação Publicitária (CBAP), tem grande relevância no tratamento da publicidade furtiva no Brasil, possibilitando assim a atuação civil, penal, administrativa e privada na análise da questão por meio da aplicação deste princípio.

No que tange à regulamentação da publicidade, o Brasil adota o sistema misto, que consiste na existência de um sistema de controle legal, exclusivamente estatal, que é o caso da tutela civil, penal e administrativa, e de um sistema auto regulamentar, exclusivamente privado, que é realizado pelo CONAR (Conselho Nacional de Autorregulamentação Publicitária)[32].

A atuação normativa do CONAR no sentido da criação do Código Brasileiro de Autorregulamentação Publicitária (CBAP) corrobora com o princípio da identificação da publicidade e com o direcionamento dado pela legislação protetiva do consumidor, ao estabelecer em seu artigo 9º, *caput*, que a publicidade deverá sempre ser ostensiva (princípio da ostensividade), e ao consagrar de forma direta o princípio da identificação em seu artigo 28.

Não há, contudo, norma estatal ou privada que estabeleça a proibição expressa da veiculação de publicidade furtiva, assim como há na Comunidade Europeia. De todo modo, ela deve ser considerada uma atividade ilícita[33], pois não só há a violação do princípio da identificação, como a aparente neutralidade da mensagem transmitida somada à intenção de ocultar a natureza publicitária são capazes de comprometer o senso crítico do consumidor[34].

Além do mais, a análise da publicidade não leva em consideração apenas a sua literalidade, por isso "embora literalmente verdadeira ou não abusiva, pode vir a ser enxergada, após verificação contextual, como enganosa ou abusiva."[35]. Ambas as práticas são proibidas pela legislação consumerista, sendo considerada enganosa a publicidade capaz de induzir o consumidor a erro, independentemente da existência de dolo[36].

---

30. Artigo 9º. A atividade publicitária de que trata este Código será sempre ostensiva. BRASIL. *Código Brasileiro de Autorregulamentação Publicitária*, de 05 de maio de 1980. Disponível em: http://www.conar.org.br/. Acesso em: 13 out. 2021.
31. Artigo 28. O anúncio deve ser claramente distinguido como tal, seja qual for a sua forma ou meio de veiculação. *Ibid.*
32. BLOCHTEIN, Caroline Ledermann. *A proteção do consumidor frente à publicidade dissimulada em blogs e redes sociais*. 2016. 62 f. Monografia (Especialização) – Curso de Direito, Universidade Federal do Rio Grande do Sul, Porto Alegre, 2016. Disponível em: https://www.lume.ufrgs.br/handle/10183/157221. Acesso em: 13 out. 2021. p. 33.
33. MASSO, Fabiano Del. *Direito do consumidor e publicidade clandestina*: uma análise jurídica da linguagem publicitária. Rio de Janeiro: Elsevier, 2009. p. 92.
34. ALVES, Fabrício Germano. *Direito publicitário*: proteção do consumidor. São Paulo: Revista dos Tribunais, 2020. p. 239.
35. BENJAMIN, Antônio Herman V.; MARQUES, Cláudia Lima; BESSA, Leonardo Roscoe. *Manual de direito do consumidor*. 9. ed. São Paulo: Revista dos Tribunais, 2020. p. 323.
36. FINKELSTEIN, Maria Eugênia Reis. *Direito do comércio eletrônico*. 2. ed. Rio de Janeiro: Elsevier, 2011. p. 239-240.

Nesse sentido, é possível afirmar que existe uma enganosidade implícita na publicidade furtiva em razão da ocultação da natureza publicitária de uma mensagem, razão pela qual este tipo de comunicação publicitária configura também uma hipótese de publicidade enganosa, nos termos do artigo 37, § 1º, do Código de Defesa do Consumidor.

Por fim, importa destacar que a configuração da publicidade furtiva como enganosa não depende da ocorrência de efetivo dano ao consumidor, pois a enganosidade é aferida em abstrato, bastando que seja verificada a sua capacidade-potencial de indução em erro. Em semelhante sentido, a tutela de proteção do consumidor estabelecida na legislação pátria contempla não só a tutela individual, como também a proteção difusa, que quando violada, por si só, é suficiente para a configuração de prática ilícita[37].

4. PUBLICIDADE NATIVA NAS REDES SOCIAIS

A publicidade furtiva é gênero, possuindo diversas estratégias publicitárias diferentes que podem ser enquadradas como furtivas (espécies), todas elas partilhando da mesma característica: violação do princípio da identificação da mensagem publicitária pela intenção de ocultar o caráter publicitário da mensagem veiculada. Dentre as suas espécies tem-se a publicidade nativa (*native advertising*), também chamada *publicidade dissimulada* ou *redacional*[38].

A publicidade nativa se "configura quando o anúncio é veiculado de maneira disfarçada, em forma de matéria editorial (reportagem ou notícia) *on-line* ou impressa, em jornais, revistas, veículos de radiodifusão ou qualquer outro meio de comunicação, independentemente de ser em massa ou não"[39]. Nesse sentido, o caráter nativo decorre da forma integrada da mensagem com o ambiente em que se insere, possuindo e se comportando da mesma forma que o conteúdo editorial que a cerca[40].

Esse tipo de comunicação publicitária é veiculado sob a forma de um "patrocínio indireto", utilizando entrevistas e artigos em jornais e revistas para promover um produto, serviço ou marca[41]. Assim como a publicidade furtiva, a publicidade nativa não é algo inventando na última década, mas foi incorporada pelas comunicações digitais, por isso, apesar de tradicionalmente ter sido pensada para revisitas e jornais, atualmente ela vem sendo utilizada em plataformas de informação, como *blogs*, e em plataformas de relacionamento, como as redes sociais.

---

37. BENJAMIN, Antônio Herman V.; MARQUES, Cláudia Lima; BESSA, Leonardo Roscoe. *Manual de direito do consumidor*. 9. ed. São Paulo: Revista dos Tribunais, 2020. p. 322.
38. SILVA, Patrícia Andréa Cárceres da. *Da publicidade prejudicial ao consumidor*. São Cristóvão: Editora UFS; Aracaju: Fundação Oviêdo Teixeira, 2002. p. 44.
39. ALVES, Fabrício Germano. *Direito publicitário*: proteção do consumidor. São Paulo: Revista dos Tribunais, 2020. p. 247-248.
40. LOVELL, Dale. *Native advertising*: the essential guide. London: Kogan Page, 2017. p. 3.
41. FINKELSTEIN, Maria Eugênia Reis. *Direito do comércio eletrônico*. 2. ed. Rio de Janeiro: Elsevier, 2011. p. 240.

Os usuários da internet cada vez mais evitam e bloqueiam os anúncios publicitários durante a sua navegação, o que se verifica pelo já mencionado fenômeno do *banner blindness*, o que levou ao declínio dos formatos tradicionais e mais intrusivos de publicidade on-line. Em razão disso, os anunciantes passaram a buscar alternativas que lhes permitissem captar a atenção do consumidor sem que isso interrompesse a experiência do usuário durante a navegação, sendo a publicidade nativa uma das alternativas encontradas[42].

Assim, o anunciante busca passar a sua mensagem com objetividade, fugindo dos elementos subjetivos e tipicamente persuasivos de mensagens publicitárias tradicionais, para que possa despertar nos consumidores a mesma credibilidade que uma mensagem puramente informativa passa, reduzindo assim o "sistema de defesa" em relação à publicidade[43]. Segundo o *Interactive Advertising Bureau* (IAB), essa publicidade normalmente assimila o design e reproduz o comportamento da plataforma em que se insere, por isso os usuários confundem a sua mensagem com a nativa[44].

Seu caráter furtivo reside, portanto, na intenção de fazer a mensagem publicitária passar por uma simples mensagem informativa, dissimulando assim o fato de ser um anúncio[45]. A publicidade nativa busca dissimular seu caráter de anúncio e pretende que o usuário-leitor-consumidor a confunda com uma notícia ou matéria isenta do veículo de comunicação[46].

Os veículos de comunicação e as redes sociais, contudo, cientes desta prática de mercado crescente e dada as recomendações e preocupações apontadas em diversos países, geralmente sinalizam a finalidade publicitária de certas comunicações por meio de classificações como "informe publicitário" e outras expressões correlatas, alertando assim o consumidor[47].

Nas redes sociais a possibilidade de sinalização dos anúncios publicitários tem sido objeto de grandes investimentos, principalmente na medida em que a possibilidade de monetização das plataformas se torna cada vez mais evidente, atraindo as marcas e os influenciadores digitais. À título de exemplo, o Instagram disponibiliza não só espaços publicitários de divulgação na rede, que podem ser comprados pelas

---

42. NUNES, Maria Patrícia Burnay de Mendonça de Sampaio. *A publicidade nativa como forma de prevenir o fenómeno de banner blindness nos media sociais*. 2018. 183 f. Dissertação (Mestrado) – Curso de Ciências da Comunicação, Universidade Católica Portuguesa, Porto, 2018. p. 84.

43. BOTANA GARCÍA, Gema; RUIZ MUÑOZ, Miguel (coord.). *Curso sobre protección jurídica de los consumidores*. Madrid: McGraw-Hill Interamericana de España S.A.U., 1999. p. 95

44. INTERACTIVE ADVERTISING BUREAU (IAB). *The native advertisement playbook*: six native ad categories, six marketplace considerations, and IAB recommended disclosure principles. New York, 2013. p. 3. Disponível em: https://www.iab.com/wp-content/uploads/2015/06/IAB-Native-Advertising-Playbook2. pdf.Acesso em: 15 out. 2021.

45. DURANDIN, Guy. *As mentiras na propaganda e na publicidade*. Trad. Antônio Carlos Bastos de Mattos. São Paulo: JSN, 1997. p. 137.

46. DIAS, Lucia Ancona Lopez de Magalhães. *Publicidade e direito*. São Paulo: Saraiva Educação, 2018. p. 80.

47. MIRAGEM, Bruno. *Curso de direito do consumidor*. 2. ed. São Paulo: Revista dos Tribunais, 2010. p. 173.

anunciantes, como também permite que as parcerias pagas sejam sinalizadas de forma personalizada pelos perfis de influenciadores e comerciais.

Essa sinalização, todavia, nem sempre é suficiente para afastar o caráter furtivo da publicidade nativa. A mera indicação do caráter publicitário não fala mais alto do que o teor e a forma como a mensagem é transmitida para o usuário-consumidor, sendo neste ponto que reside a questão mais delicada relacionada à furtividade desta estratégia de comunicação. Mesmo com a sinalização, o público-alvo ainda tem a impressão de que a mensagem passada é isenta, acreditando tratar-se da prestação de informação relevante ao público ou com ausência de interesse econômico direto[48].

Nesse sentido, importa evidenciar que o objetivo da caracterização da publicidade nativa não é enquadrar qualquer manifestação positiva em prol de uma marca, serviço ou produto como comunicação publicitária. É assegurado pelo ordenamento jurídico brasileiro a livre manifestação e a autonomia da vontade dos indivíduos, de modo que, em princípio, emitir uma opinião não implica em violação dos direitos do consumidor[49]. Desta feita, o que se deve observar no caso concreto, para que reste identificada uma publicidade furtiva e nativa, é se há interesse econômico direto, seja pela remuneração financeira ou pela troca de vantagens (*scambio di vantaggi*), por parte de quem propaga a mensagem[50].

A luz do exposto, é possível identificar algumas características relevantes para o reconhecimento da publicidade nativa para fins da análise jurídica da questão. Primeira, o seu caráter furtivo, que intenta dificultar o reconhecimento do seu intuito publicitário. Segunda, a sua similitude com o conteúdo, design e/ou forma de comunicação isenta de um determinado veículo de comunicação ou relacionamento, visando a confusão do usuário-consumidor entre o conteúdo isento e o publicitário. Terceira, o interesse econômico direto de quem propaga a mensagem, seja pela remuneração financeira ou pela troca de vantagens com o fornecedor anunciante.

No âmbito normativo, conforme já exposto no tópico anterior, o legislador regulamentou de forma específica apenas a publicidade enganosa e a abusiva, não havendo tratamento específico acerca da publicidade nativa no Código de Defesa do Consumidor. O microssistema de proteção do consumidor, contudo, busca coibir o uso de qualquer estratégia de dissimulação da publicidade que seja capaz de confundir o consumidor e o induzi-lo ao erro na interpretação da mensagem veiculada, tomando por caráter meramente informativo uma mensagem publicitária[51].

---

48. PASQUALOTTO, Adalberto. *Os efeitos obrigacionais da publicidade no Código de Defesa do Consumidor*. São Paulo: Revista dos Tribunais, 1997. p. 86.
49. SIMAS, Danielle Costa de Souza; SOUZA JÚNIOR, Albefredo Melo de. Sociedade em rede: os influencers digitais e a publicidade oculta nas redes sociais. *Revista de Direito, Governança e Novas Tecnologias*. Salvador, v. 4, n. 1, p. 17-32, jan.-jun. 2018. p. 25.
50. DIAS, Lucia Ancona Lopez de Magalhães. *Critérios para avaliação da ilicitude na publicidade*. Tese de Doutorado. Faculdade de Direito da USP. São Paulo, 2010. p. 211-212.
51. ALVES, Fabrício Germano. *Direito publicitário*: proteção do consumidor. São Paulo: Revista dos Tribunais, 2020. p. 249.

Em razão disso, é possível afirmar que, mesmo sem a regulamentação expressa da publicidade nativa, a legislação consumerista veda este tipo de prática ilícita. O que se fundamenta no *princípio da identificação da publicidade* consagrado pelo artigo 36, *caput*, do Código de Defesa do Consumidor.

Por outro lado, no âmbito da autorregulamentação do CONAR é possível encontrar tutela específica da questão. Conforme o artigo 30 do Código Brasileiro de Autorregulamentação Publicitária: "A peça jornalística sob a forma de reportagem, artigo, nota, texto-legenda ou qualquer outra que se veicule mediante pagamento, deve ser apropriadamente identificada para que se distinga das matérias editoriais e não confunda o Consumidor".

Importa destacar ainda que o citado artigo não abrange a comunicação puramente editorial-informativa, restringindo-se àquelas em que houve pagamento para que fossem veiculadas. Ainda, conforme anteriormente exposto, a noção de "mediante pagamento" atualmente é estendida não só para contraprestação pecuniária direta, mas engloba também a troca de vantagens.

Quanto à aplicação específica da publicidade nativa nas redes sociais, o CONAR em 2021 disponibilizou o "Guia da Publicidade por Influenciadores Digitais", que representa um importante direcionamento no tratamento da questão no Brasil. O objetivo do Guia é orientar a aplicação das regras do Código Brasileiro de Autorregulamentação Publicitária no conteúdo comercial em redes sociais[52].

Dentre as definições e recomendações, o CONAR estabelece a diferenciação dos conteúdos que configuram anúncios para fins de autorregulamentação publicitária, sendo essencial a presença dos seguintes requisitos:

> (i) divulgação de produto, serviço, causa ou outro sinal a ele associado; (ii) a compensação ou relação comercial, ainda que não financeira, com Anunciante e/ou Agência; e (iii) a ingerência por parte do Anunciante e/ou Agência sobre o conteúdo da mensagem (controle editorial na postagem do influenciador)[53].

Em que pese o Guia não ter como objetivo a conceituação de publicidade nativa, as características por ele elencadas podem ser utilizadas para o reconhecimento desta prática no âmbito das redes sociais. Nesse sentido, destaca-se o requisito de ingerência por parte do Anunciante e/ou Agência sobre o conteúdo da mensagem, que não é uma característica tradicionalmente encontrada na doutrina jurídica sobre a questão.

O Guia da Publicidade por Influenciadores Digitais ressalva, todavia, que mesmo que o conteúdo não se configure como anúncio para fins de autorregulamentação publicitária, ele se encontra submetido "ao princípio da transparência, ao direito à informação e tendo em conta que tal conexão ou benefício pode afetar o teor da

---

52. CONSELHO NACIONAL DE AUTORREGULAMENTAÇÃO PUBLICITÁRIA (CONAR). *Guia de Publicidade por Influenciadores Digitais*. S.l. 2021. p. 2. Disponível em: http://conar.org.br/pdf/CONAR_Guia-de-Publicidade-Influenciadores_2021-03-11.pdf. Acesso em: 15 out. 2021.

53. Ibid., p. 3.

mensagem, é necessária a menção da relação que originou a referência"[54], o que demonstra a sua coerência e sintonia com o Código de Defesa do Consumidor.

Por fim, no que diz respeito à responsabilidade pela veiculação de uma peça publicitária caracterizada como nativa e igualmente furtiva, por não permitir a sua identificação pelos consumidores, o fornecedor anunciante, as agências publicitárias e os veículos de comunicação podem ser responsabilizados simultaneamente nos âmbitos civil, penal e administrativo[55].

5. CONSIDERAÇÕES FINAIS

A virtualização das relações de consumo, bem com o grande uso da internet e das redes sociais pela população, levou ao forte posicionamento das marcas, produtos e serviços no âmbito digital. Com isso, as estratégias de comunicação publicitária precisaram passar por uma adequação para que ela fosse veiculada de forma mais efetiva nesses novos canais de comunicação, que despertaram novos hábitos e expectativas nos usuários-consumidores.

Inicialmente, as marcas utilizavam com grande ênfase estratégias de *banners* publicitários em *sites*, aplicativos e plataformas de busca, contudo, com o tempo, foi verificado o fenômeno do *banner blindness*, que é a "cegueira" dos usuários para os conteúdos veiculados em "faixas"/*banners* na internet.

Com isso, os fornecedores precisaram implementar novas estratégias capazes de gerar conexão com o consumidor e estimular a comercialização de seus produtos e serviços, sendo a publicidade furtiva uma das estratégias que vem sendo amplamente utilizadas pelas anunciantes. Ela consiste na comunicação que visa confundir o usuário-consumidor, para que ele não seja capaz de reconhecer o teor publicitário da mensagem veiculada.

Esta modalidade é "gênero", ou seja, um conceito macro que engloba diversas estratégias específicas (espécies) que possuem em comum o caráter furtivo. Dentre as modalidades publicitárias furtivas tem-se a publicidade nativa, também chamada de publicidade dissimulada ou redacional.

A legislação consumerista regulamentou de forma expressa apenas a publicidade enganosa e a abusiva, de modo que diversas espécies de comunicação publicitárias que podem ser identificadas na prática de mercado não foram objeto de análise expressa do legislador. Isso não quer dizer que o microssistema de consumo não possui meios para tutelar as formas de publicidade não regulamentadas.

---

54. Ibid., p. 5.
55. ALVES, Fabrício Germano; ARAÚJO, Mariana Câmara de; SOUSA, Pedro Henrique da Mata Rodrigues. Publicidade redacional/nativa: abuso da vulnerabilidade do consumidor no meio editorial. In: PETRY, Alexandre Torres et al. (Org.). *Direito do consumidor*: desafios e perspectivas. Porto Alegre: OAB/RS, 2021. p. 127-128.

O princípio da identificação da publicidade, consagrado pelo artigo 36, *caput*, do CDC, estabelece que a comunicação publicitária deverá ser imediata e facilmente identificável pelo consumidor. À luz deste princípio e da garantia constitucional de defesa do consumidor, é possível a tutela das modalidades de publicidade não regulamentadas, o que inclui a publicidade nativa furtivamente veiculada nas redes sociais.

A publicidade é considerada furtiva quando tem a intenção de ludibriar o consumidor para o fazer pensar que a mensagem veiculada não possui caráter publicitário. E é considerada nativa quando o anúncio se apresenta de forma integrada com o ambiente em que é veiculado, se comportando do mesmo modo que o conteúdo não publicitário que o cerca.

Para a identificação da publicidade nativa furtivamente veiculada nas redes sociais, são três as características que devem ser identificadas: (i) caráter furtivo, que consiste em intentar dificultar o reconhecimento de seu caráter publicitário, (ii) semelhança de conteúdo, design e/ou forma de comunicação com o conteúdo nativo da plataforma, (iii) o interesse econômico direto de quem propaga a mensagem, seja pela remuneração financeira ou pela troca de vantagens com a marca anunciada.

Além disso, o CONAR traz no seu "Guia da Publicidade por Influenciadores Digitais" uma quarta característica relevante: a ingerência por parte do Anunciante e/ou Agência sobre o conteúdo da mensagem publicitária.

A publicidade nativa veiculada de forma furtiva nas redes sociais possui uma enganosidade implícita em razão da ocultação da sua natureza publicitária e do seu intento de ludibriar o consumidor, dificultando o reconhecimento do anúncio entre os conteúdos informativos que são próprios (nativos) da plataforma, razão pela qual este tipo de comunicação configura também hipótese de publicidade enganosa, nos termos do artigo 37, § 1º, do Código de Defesa do Consumidor.

6. REFERÊNCIAS

ALVES, Fabrício Germano. *Direito publicitário*: proteção do consumidor. São Paulo: Revista dos Tribunais, 2020.

ALVES, Fabrício Germano; ARAÚJO, Mariana Câmara de; SOUSA, Pedro Henrique da Mata Rodrigues. Publicidade redacional/nativa: abuso da vulnerabilidade do consumidor no meio editorial. In: PETRY, Alexandre Torres et al. (Org.). *Direito do consumidor*: desafios e perspectivas. Porto Alegre: OAB/RS, 2021.

BARROS, Suzana de Toledo. Reflexões sobre os contornos da proteção da liberdade de expressão: nela se inclui a publicidade comercial? In: PASQUALOTTO, Adalberto (Org.). *Publicidade de tabaco*. São Paulo: Atlas, 2015.

BENJAMIN, Antônio Herman V.; MARQUES, Cláudia Lima; BESSA, Leonardo Roscoe. *Manual de direito do consumidor*. 9. ed. São Paulo: Revista dos Tribunais, 2020.

BLOCHTEIN, Caroline Ledermann. *A proteção do consumidor frente à publicidade dissimulada em blogs e redes sociais*. 2016. 62 f. Monografia (Especialização) – Curso de Direito, Universidade Federal do Rio Grande do Sul, Porto Alegre, 2016. Disponível em: https://www.lume.ufrgs.br/handle/10183/157221. Acesso em: 13 out. 2021.

BOND, Jonathan; KIRSHENBAUM, Richard. *Under the radar*: talking to today's cynical consumer. New York: John Wiley & Sons. 1998.

BOTANA GARCÍA, Gema; RUIZ MUÑOZ, Miguel (Coord.). *Curso sobre protección jurídica de los consumidores*. Madrid: McGraw-Hill Interamericana de España S.A.U., 1999.

CONSELHO DAS COMUNIDADES EUROPEIAS. *Directiva 89/552/CE*, de 3 de outubro de 1989. Disponível em: http://eur-lex.europa.eu/LexUriServ/LexUriServ.do?uri=CELEX:31989L0552:PT:HTML. Acesso em: 13 out. 2021.

CONSELHO NACIONAL DE AUTORREGULAMENTAÇÃO PUBLICITÁRIA (CONAR). *Guia de Publicidade por Influenciadores Digitais*. S.l. 2021. Disponível em: http://conar.org.br/pdf/CONAR_Guia--de-Publicidade-Influenciadores_2021-03-11.pdf. Acesso em: 15 out. 2021.

DIAS, Lucia Ancona Lopez de Magalhães. *Critérios para avaliação da ilicitude na publicidade*. Tese de Doutorado. Faculdade de Direito da USP. São Paulo, 2010. Disponível em https://teses.usp.br/teses/disponiveis/2/2131/tde-16082011-160021/publico/Tese_Doutorado_Lucia_A_L_M_Dias_04_02_2010.pdf. Acesso em: 15 out. 2021.

DIAS, Lucia Ancona Lopez de Magalhães. *Publicidade e direito*. São Paulo: Saraiva Educação, 2018.

DURANDIN, Guy. *As mentiras na propaganda e na publicidade*. Trad. Antônio Carlos Bastos de Mattos. São Paulo: JSN, 1997.

FINKELSTEIN, Maria Eugênia Reis. *Direito do comércio eletrônico*. 2. ed. Rio de Janeiro: Elsevier, 2011.

FURTADO, Gabriel Rocha; ALMEIDA JÚNIOR, Vitor de Azevedo. A tutela do consumidor e o comércio eletrônico coletivo. *In*: MARTINS, Guilherme Magalhães; LONGHI, João Victor Rozatti (coord.). *Direito digital*: direito privado e internet. 3. ed. Indaiatuba: Foco, 2020.

INTERACTIVE ADVERTISING BUREAU (IAB). *The native advertisement playbook*: six native ad categories, six marketplace considerations, and IAB recommended disclosure principles. New York, 2013. Disponível em: https://www.iab.com/wp-content/uploads/2015/06/IAB-Native-Advertising-Playbook2.pdf. Acesso em: 15 out. 2021.

LOVELL, Dale. *Native advertising*: the essential guide. London: Kogan Page, 2017.

MARQUES, Claudia Lima; BENJAMIN, Antônio Herman de V; MIRAGEM, Bruno. *Comentários ao Código de Defesa do Consumidor*. 6. ed. São Paulo: Revista dos Tribunais, 2019.

MASSO, Fabiano Del. *Direito do consumidor e publicidade clandestina*: uma análise jurídica da linguagem publicitária. Rio de Janeiro: Elsevier, 2009.

MIRAGEM, Bruno. *Curso de direito do consumidor*. 2. ed. São Paulo: Revista dos Tribunais, 2010.

MODENESI, Pedro. Contratos eletrônicos de consumo: aspectos doutrinário, legislativo e jurisprudencial. In: MARTINS, Guilherme Magalhães; LONGHI, João Victor Rozatti (Coord.). *Direito digital*: direito privado e internet. 3. ed. Indaiatuba: Foco, 2020.

NUNES JÚNIOR, Vidal Serrano. *Publicidade comercial*: proteção e limites na Constituição de 1988. 2. ed. São Paulo: Verbatim, 2015.

NUNES, Maria Patrícia Burnay de Mendonça de Sampaio. *A publicidade nativa como forma de prevenir o fenômeno de banner blindness nos media sociais*. 2018. 183 f. Dissertação (Mestrado) – Curso de Ciências da Comunicação, Universidade Católica Portuguesa, Porto, 2018. Disponível em: https://repositorio.ucp.pt/handle/10400.14/27054. Acesso em: 13 out. 2021.

OLIVEIRA, Tatiana Souto Maior de. *Marketing digital e novas mídias*. Curitiba: IESDE Brasil, 2018.

PASQUALOTTO, Adalberto. *Os efeitos obrigacionais da publicidade no Código de Defesa do Consumidor*. São Paulo: Revista dos Tribunais, 1997.

SALIB, Marta Luiza Leszczynski. *Contratos e a tutela do consumidor no comércio eletrônico internacional*: a proteção jurídica do consumidor virtual no mercado globalizado. Curitiba: Juruá, 2014.

SCHERKERKEWITZ, Isso Chaitz. *Direito e internet*. São Paulo: Revista dos Tribunais, 2014.

SILVA, Patrícia Andréa Cárceres da. *Da publicidade prejudicial ao consumidor*. São Cristóvão: Editora UFS; Aracaju: Fundação Oviêdo Teixeira, 2002.

SIMAS, Danielle Costa de Souza; SOUZA JÚNIOR, Albefredo Melo de. Sociedade em rede: os influencers digitais e a publicidade oculta nas redes sociais. *Revista de Direito, Governança e Novas Tecnologias*. Salvador, v. 4, n. 1, p. 17-32, jan./jun. 2018. Disponível em: https://pdfs.semanticscholar.org/5a7b/5db5f1cc46ca3659ebef8a19325fe31ceb82.pdf. Acesso em: 13 out. 2021.

VANCIN, Adriano Roberto. MATIOLI, Jefferson Luiz. *Direito & internet*: contrato eletrônico e responsabilidade civil na web. 2. ed. Franca: Lemos & Cruz, 2014.

VELÁZQUEZ GARDETA, Juan Manuel. La protección del consumidor en el marco de las relaciones de consumo online. Un estudio de la jurisprudencia más reciente. *In*: XAVIER, Yanko Marcius de Alencar *et al.* (Org.). *Perspectivas atuais do Direito do Consumidor no Brasil e na Europa*. Natal: EdUFRN, 2014. n. 1. v. 2.

Legislação:

BRASIL. *Código Brasileiro de Autorregulamentação Publicitária*, de 05 de maio de 1980. Disponível em: http://www.conar.org.br/. Acesso em: 13 out. 2021.

BRASIL. *Código de Defesa do Consumidor*. Lei 8.078, de 11 de setembro de 1990. Dispõe sobre a proteção do consumidor e dá outras providências. Disponível em: http://www.planalto.gov.br/ccivil_03/Leis/L8078.htm. Acesso em: 13 out. 2021.

NANOTECNOLOGIAS IMPULSIONADAS POR INTELIGÊNCIA ARTIFICIAL: BENEFÍCIOS, DESAFIOS ÉTICOS E RISCOS

Haide Maria Hupffer

Pós-doutora em Direito pela Unisinos. Doutora em Direito e Mestre em Direito pela Unisinos. Professora e pesquisadora no Programa de Pós-Graduação em Qualidade Ambiental e no Curso de Graduação em Direito da Universidade Feevale. Integrante do Núcleo Docente Estruturante do Curso de Direito. Líder do Grupo de Pesquisa Direito e Desenvolvimento (CNPq/Feevale). Líder do Projeto de Pesquisa: Novas Tecnologias e Sociedade de Risco: Limites e responsabilização pelo risco ambiental. E-mail: haide@feevale.br

Taís Fernanda Blauth

Doutoranda em Inteligência Artificial e Relações Internacionais na University of Groningen, Campus Fryslân, Países Baixos. Pesquisadora no departamento de Governança e Inovação e integrante do Data Research Centre, na faculdade Campus Fryslân. Mestre em Política e Relações Internacionais – Teoria Política, pela Durham University (Reino Unido). E-mail: t.f.blauth@rug.nl

Juliane Altmann Berwig

Doutora em Direito pela Universidade do Vale do Rio dos Sinos (UNISINOS) com Bolsa pela Coordenação de Aperfeiçoamento de Pessoal de Nível Superior (Capes) pelo Programa de Excelência Acadêmica (Proex). Mestre em Direito pela UNISINOS. Professora e Pesquisadora no curso de Direito da Universidade FEEVALE. Sócia-proprietária do escritório Berwig Advocacia. E-mail: julianeberwig@feevale.br

Sumário: 1. Introdução – 2. Nanotecnologias: principais aplicações; 2.1 Nanotecnologias: uma análise dos riscos – 3. Inteligência artificial – 4. Integrando nanotecnologia e inteligência artificial: oportunidades e princípios éticos; 4.1. Sinergia entre nanotecnologia e inteligência artificial: oportunidades no campo da medicina; 4.2 Princípios éticos são suficientes para a redução dos riscos? – 5. Considerações finais – 6. Referências.

1. INTRODUÇÃO

O mercado das nanotecnologias é altamente promissor e cresce exponencialmente. Produtos e aplicações com nanotecnologia estão presente nas mais diferentes áreas, como na nanomedicina, nanotextil, nanobiotecnologia, nanofármacos, nanoeletrônica, nanoalimentos. Além do seu tamanho, a grande vantagem de desenvolver e incorporar nanopartículas nanoengenheiradas em aplicações e produtos está na potencialização das suas características físicas e químicas, o que a torna extremamente atraente para ser utilizada em vários setores. Outra razão é sua característica de pervasividade, ou seja, de adentrar em vários setores abrindo espaço para novas inovações, o que possibilita mudar a dinâmica de várias tecnologias.

A Inteligência Artificial (IA) é uma das tecnologias disruptivas que aproveita as vantagens das nanotecnologias para impulsionar novas aplicações. A IA, como a nanotecnologia, é uma realidade presente na maioria dos setores, cresce em progressão geométrica e conta no seu desenvolvimento com o aporte inter/multi/transdisiciplinar das diferentes áreas do conhecimento. Máquinas inteligentes são desenvolvidas para interpretar o mundo como os humanos o interpretam, aprender com exemplos do mundo real, substituir o ser humano em inúmeras tarefas, compreender diferentes línguas instantaneamente, transformar radicalmente as áreas da comunicação, da medicina, do setor bancário e da educação, entre outras tantas aplicações, resultando em inúmeras tecnologias e soluções.

Por outro lado, a humanidade não pode subestimar riscos e impactos das novas tecnologias. Há riscos e questões éticas que precisam ser superadas. O cuidado com a essência do ser humano e os direitos humanos devem ser a preocupação central para o desenvolvimento de qualquer tecnologia. A combinação dos benefícios e vantagens da IA com produtos e aplicações de nanotecnologia capturaram o interesse de inúmeros pesquisadores e setores econômicos. Essa é mais uma razão para uma vigilância responsável para implementar soluções dessas duas tecnologias de forma ética e centrada no bem-estar do ser humano e na sustentabilidade ambiental.

O presente estudo, objetiva realizar uma reflexão em torno das nanotecnologias impulsionadas por inteligência artificial, dividindo a discussão em três momentos: primeiro, apresenta-se a nanotecnologia, seu conceito, as principais aplicações, benefícios e riscos. Em seguida, é apresentada a Inteligência Artificial com seus benefícios e riscos. Para finalizar, são examinadas aplicações de IA e nanotecnologia como uma oportunidade tecnológica para responder a diferentes desafios, buscando compreender os riscos e questionando se princípios éticos serão suficientes para reduzir os riscos.

2. NANOTECNOLOGIAS: PRINCIPAIS APLICAÇÕES

O significado da palavra nanotecnologia vem do prefixo "nano" do grego "nânos", que significa anão, muito pequeno.[1] Nanotecnologia é assim, a "área do conhecimento que estuda os princípios fundamentais de moléculas e estruturas, nas quais pelo menos uma das dimensões está compreendida entre cerca de 1 e 100 nanômetros".[2] O nanômetro, representa a bilionésima parte do metro, ou seja: 10-9

---

1. UNIVERSIDADE FEDERAL DO RIO DE JANEIRO. Scientiarum Historia. *História da Nanotecnologia*. Disponível em: http://www.hcte.ufrj.br/downloads/sh/sh1/Artigos/68.pdf. Acesso em: 14 out. 2021.
2. ALVES, Oswaldo. Nanotecnologia, nanociência e nanomateriais: quando a distância entre presente e futuro não é apenas questão de tempo. *Revista Parcerias Estratégicas*, Brasília, v. 9, n. 18, 2004. Disponível em: http://seer.cgee.org.br/index.php/parcerias_estrategicas/article/view/138. Acesso em: 14 out. 2021.

do metro. Assim, as nanotecnologias representam a aplicação destas nanoestruturas em dispositivos nanoescalares utilizáveis.[3]

As nanotecnologias possuem diversas aplicações. Nos alimentos, têm sido aplicadas com o objetivo de trazer benefícios no que diz respeito ao sabor, aparência, durabilidade, bem como reduzir os impactos ambientais decorrentes das embalagens.[4] O uso de nanocompósitos para a embalagem dos alimentos protege e aumenta a sua vida útil e é considerada uma alternativa ambientalmente importante, pois reduz a exigência de utilização de plásticos, como materiais de embalagem. Além disso, têm potencialidade para aumentar a vida útil e a qualidade dos alimentos. Assim, os nanomateriais em embalagens possibilitam o desenvolvimento de embalagens bioativas, capazes de manter os compostos bioativos – como prebióticos, probióticos, vitaminas encapsuladas ou flavonoides biodisponíveis – em ótimas condições, até que sejam liberados de forma controlável para o produto alimentício. Bem como, ajudam a controlar a oxidação dos alimentos e evitam a formação de sabores estranhos e texturas indesejáveis nos mesmos.[5] Um exemplo são as nanopartículas metálicas de óxido de zinco e prata nos polímeros que proporcionam atividade antimicrobiana à embalagem. Dessa forma, muitos alimentos permanecem protegidos por tempo prolongado, aumentando a validade na prateleira e reduzindo a contaminação por microrganismos.[6] O uso desses materiais, em função da sua natureza biodegradável, poderia contribuir para a redução dos resíduos. Todavia, a nanotecnologia por ser considerada uma nova tecnologia na área de alimentos e as vantagens e limitações da sua utilização industrial não são completamente compreendidas até o momento. O desafio é reunir informações sobre as propriedades e os riscos dos nanomateriais, a aplicação em escala industrial e a aceitação por parte dos consumidores.[7]

Na saúde, as nanotecnologias têm se focado no desenvolvimento de formulações destinadas ao tratamento do câncer, de doenças inflamatórias, cardiovasculares, neurológicas e ao combate do vírus da imunodeficiência adquirida (AIDS). Os estudos com nanomedicamentos em andamento tem como doença-alvo o câncer de mama.[8] A

---

3. ALVES, Oswaldo. Nanotecnologia, nanociência e nanomateriais: quando a distância entre presente e futuro não é apenas questão de tempo. *Revista Parcerias Estratégicas,* Brasília, v. 9, n. 18, 2004. Disponível em: http://seer.cgee.org.br/index.php/parcerias_estrategicas/article/view/138. Acesso em: 14 out. 2021.
4. ASSIS, Letícia Marques de et al. Características de nanopartículas e potenciais aplicações em alimentos. *Brazilian Journal of food technology.* v. 15, n. 2, p. 99-109, abr./jun. Campinas, 2012. Disponível: http://dx.doi.org/10.1590/S1981-67232012005000004. Acesso em: 14 out. 2021.
5. ASSIS, Letícia Marques de et al. Características de nanopartículas e potenciais aplicações em alimentos. *Brazilian Journal of food technology.* v. 15, n. 2, p. 99-109, abr./jun. Campinas, 2012. Disponível: http://dx.doi.org/10.1590/S1981-67232012005000004. Acesso em: 14 out. 2021.
6. TNS Innovation. *Nanotecnologia na indústria de alimentos.* Disponível: http://tnsolution.com.br/2015/08/26/nanotecnologia-na-industria-de-alimentos/. Acesso em: 14 out. 2021.
7. ASSIS, Letícia Marques de et al. Características de nanopartículas e potenciais aplicações em alimentos. *Brazilian Journal of food technology.* v. 15, n. 2, p. 99-109, abr./jun. Campinas, 2012. Disponível: http://dx.doi.org/10.1590/S1981-67232012005000004. Acesso em: 14 out. 2021.
8. DIMER, Frantiescoli A. et al. Impactos da nanotecnologia na saúde: produção de medicamentos. *Química Nova,* v. 36, n. 10, p. 1520-1526, 2013. Disponível em: http://quimicanova.sbq.org.br/detalhe_artigo.asp?id=3046. Acesso em: 14 out. 2021.

entrega do composto terapêutico ao seu alvo é um problema no tratamento de várias doenças. "Estas limitações podem ser evitadas recorrendo à libertação controlada dos princípios ativos, neste sistema, o fármaco é levado para o seu tecido alvo, minimizando assim a sua influência noutras células com a redução dos consequentes efeitos colaterais indesejáveis".[9]

A bionanotecnologia e a nanomedicina são especialmente promissoras, no diagnóstico de doença e sensores para monitoramento da saúde humana; maior eficiência dos medicamentos que são direcionados aos locais específicos no corpo humano; prata nanocristalina conhecida por ter propriedades antimicrobianas já está sendo usada em curativos para feridas nos Estados Unidos.[10] A nanoprata é amplamente utilizada em produtos como roupas, brinquedos, itens de higiene pessoal e saúde, dispositivos médicos e comida, devido à suas propriedades antimicrobianas. Os nanodiamantes são usados nas imagens biomédicas graças às suas propriedades luminescentes, alta estabilidade química e biocompatibilidade. Devido às suas propriedades magnéticas, as nanopartículas de óxido de ferro têm enorme potencial para administração específica de medicamentos no tratamento do câncer, técnicas de diagnóstico por imagens e remoção de arsênico de água. O grafeno é uma lâmina de átomos de carbono da espessura de um átomo. Entre as suas possíveis aplicações estão os sistemas de administração de medicamentos, transporte molecular, a engenharia de tecidos e os implantes.[11]

O nanobiossensor é um aparelho compacto que incorpora um "sensor contendo um elemento biológico, por exemplo, uma enzima, capaz de reconhecer e sinalizar a presença, atividade ou concentração de uma determinada espécie biológica". O principal atributo é a sua especificidade e sensibilidade.[12]

Os nanomateriais, possuem propriedades óticas, elétricas, magnéticas, de transporte, catalíticas, dentre outras e se manifestam a partir de um determinado tamanho, chamado de crítico. "Quando as partículas deste material estão abaixo deste tamanho crítico, esta propriedade se torna diferenciada".[13] Mas, para um mesmo material o tamanho crítico normalmente é diferente, por exemplo, "o tamanho crítico para propriedades óticas de um determinado nanomaterial pode ser 20 nm,

---

9. FIGUEIRAS, Ana Rita Ramalho; COIMBRA, André Brito; VEIGA, Francisco José Baptista. Nanotecnologia na saúde: aplicações e perspectivas. *Boletim Informativo Geum*, v. 5, n. 2, p. 14-26, abr./jun., 2014. Disponível em:http://www.ojs.ufpi.br/index.php/geum/article/viewFile/1729/1705. Acesso em: 14 out. 2021.

10. THE ROYAL SOCIETY & THE ROYAL ACADEMY OF ENGINEERING. *Nanoscience and nanotechnologies:* opportunities and uncertainties, 2004. Disponível em: https://royalsociety.org/~/media/Royal_Society_Content/policy/publications/2004/9693.pdf. Acesso em: 14 out. 2021.

11. PROGRAMA DE LAS NACIONES UNIDAS PARA EL MEDIO AMBIENTE. *Fronteras 2017*: Nuevos temas de interés ambiental, 2017. Disponível em: https://www.toxicologia.org.ar/wp-content/uploads/2017/12/Frontiers_2017.pdf. Acesso em: 14 out. 2021.

12. FIGUEIRAS, Ana Rita Ramalho; COIMBRA, André Brito; VEIGA, Francisco José Baptista. Nanotecnologia na saúde: aplicações e perspectivas. *Boletim Informativo Geum*, v. 5, n. 2, p. 14-26, abr./jun., 2014. Disponível em: http://www.ojs.ufpi.br/index.php/geum/article/viewFile/1729/1705. Acesso em: 14 out. 2021.

13. ZARBIN, Aldo J. G. Química de (nano)materiais. *Revista Química Nova*. São Paulo, v.30, n.6, p. 1469-1479, Nov./Dez. 2007, Disponível em: http://static.sites.sbq.org.br/quimicanova.sbq.org.br/pdf/Vol30No6_1469_15-S07432.pdf . Acesso em: 14 out. 2021.

enquanto para as propriedades magnéticas pode ser 80 nm". Além disso, quando abaixo do tamanho crítico, a forma das nanopartículas influencia nas propriedades, ou seja, "nanopartículas esféricas com diâmetro de 5 nm têm propriedades diferentes daquelas encontradas para o mesmo material, mas com nanopartículas na forma de bastão com 5 nm de comprimento".[14]

Nos computadores, o armazenamento de dados, utilizando propriedades magnéticas para criar memória, também dependem da nanociência. Ademais, alternativas baseadas em silício já estão sendo exploradas, por exemplo, telas de exibição de plásticos flexíveis; sensores para detectar produtos químicos no meio ambiente, verificar a comestibilidade dos alimentos; monitorar o estado da mecânica dentro dos edifícios; absorção de cores para uso em células de energia solar ou rótulos biológicos fluorescentes.[15]

2.1 Nanotecnologias: uma análise dos riscos

As nanotecnologias implicam em diversos benefícios, pois permitem fabricar materiais a partir de átomos e assim resultar em propriedades convenientes. Milhares de produtos já estão no mercado,[16] aproximadamente 9.391[17]. Para tanto, as suas soluções têm sido apontadas como um meio para a revolução tecnológica. Ao mesmo tempo, seu inverso tem despertado discussões complexas a fim de compreender seus riscos, possíveis resultados negativos implicados, visando assim, manter o desenvolvimento nanotecnológico.

É sabido que as nanotecnologias são uma ciência em franca expansão, todavia, os riscos e impactos de seu uso estão sendo ignorados pelo público, mesmo quando evidências demonstram que os nanomateriais podem/irão exercer influências em uma variedade de organismos no meio ambiente. Os nanomateriais inevitavelmente atingem os seres humanos e os demais organismos ao serem despejados no meio ambiente. No entanto, ainda não existem sistemas totalmente abrangentes que possam ser estabelecidos para avaliar com clareza a toxicidade no meio ambiente. Ou seja, a avaliação dos riscos para os nanomateriais no ambiente natural não é uma tarefa fácil, mas as abordagens devem ser melhoradas nos campos de caracterização, detecção da morfologia das partículas e os métodos de rastreamento para o destino destas.[18]

---

14. ZARBIN, Aldo J. G. Química de (nano)materiais. *Revista Química Nova*. São Paulo, v.30, n.6, p. 1469-1479, Nov./Dez. 2007, Disponível em: http://static.sites.sbq.org.br/quimicanova.sbq.org.br/pdf/Vol30No6_1469_15-S07432.pdf . Acesso em: 14 out. 2021.

15. THE ROYAL SOCIETY & THE ROYAL ACADEMY OF ENGINEERING. *Nanoscience and nanotechnologies: opportunitiesand uncertainties*. Disponível em: https://royalsociety.org/~/media/Royal_Society_Content/policy/publications/2004/9693.pdf. Acesso em: 14 out. 2021.

16. SHEARER, Cameron. A guide to the nanotechnology used in the average home. *Nano Werk*, 2016. Disponível em: http://www.nanowerk.com/spotlight/spotid=43847.php. Acesso em: 14 out. 2021.

17. NANOTECHNOLOGY PRODUCTS DATABASE (NPD). *Source of information about nanotechnology products*. Disponível em: http://product.statnano.com/. Acesso em: 14 out. 2021.

18. YAO, Duoxi et. al. Limitation and challenge faced to the researches on environmental risk of nanotechnology. *Environmental Sciences*, v. 18, p.149 – 156, 2013. Disponível em: https://www.sciencedirect.com/science/article/pii/S1878029613001527. Acesso em: 14 out. 2021.

Em escala nano os efeitos ambientais dos materiais são diferentes, seja em razão dos nanomateriais possuírem uma área superficial relativamente maior quando comparada à massa de material produzido em escala tradicional, seja pela possibilidade de torná-los quimicamente reativos, quando na forma macro são inertes. Além disso, os efeitos quânticos podem dominar o comportamento da matéria na nanoescala afetando a comportamento óptico, elétrico e magnético dos materiais.[19] Este efeito pode ser observado com o ouro, material praticamente inerte, todavia, em formato de nanopartículas é altamente reativo.[20]

Inúmeras pesquisas apontam que os nanomateriais podem ter uma permeabilidade através da pele, mucosas e membranas celulares, causando um efeito tóxico magnificado. Logo, observar o tamanho das das nanopartículas é de suma importância, visto que "partículas aéreas maiores que 2,5 micrometros de qualquer natureza tendem a ficarem retidas no nariz e na garganta, enquanto partículas menores tendem a seguir para vias aéreas mais internas". Diante disso, "partículas com dimensão tal que possam chegar ao sistema alveolar no pulmão podem, com certa facilidade, permear os tecidos e cair na corrente sanguínea e daí chegar a diversos órgãos, como fígado, rins, baço e coração, para então atuar de forma danosa".[21]Além disso, as nanopartículas após o contato com o ambiente ou os organismos vivos, pode se revelar em sua forma livre ou aglomerada. Este processo é dinâmico e inicialmente imperceptível e também pode ser acompanhado pela funcionalização da superfície destas por diferentes agrupamentos químicos presentes no meio.[22]

Uma avaliação do ciclo de vida dos nanomateriais – incluindo fabricação, transporte, uso do produto, reciclagem e disposição final dos resíduos – é necessária para verificar a aplicação aos sistemas legais existentes ou inexistentes. Lacunas legais demandam nova regulação. Neste ciclo de vida, devem ser avaliados os efeitos sistêmicos ao meio ambiente, à saúde, à segurança de modo geral ambiental, tudo isso deve ocorrer antes da comercialização dos produtos. Uma vez que após a liberação dos nanoprodutos na natureza podem ser esperados impactos ambientais potencialmente prejudiciais, com importante mobilidade e persistência no solo, água e

---

19. THE ROYAL SOCIETY & THE ROYAL ACADEMY OF ENGINEERING (ROYAL SOCIETY). *Nanoscience and nanotechnologies:* opportunities and uncertainties. Disponível em: https://royalsociety.org/~/media/Royal_Society_Content/policy/publications/2004/9693.pdf. Acesso em: 14 out. 2021.

20. PASCHOALINO, Matheus et al. Os nanomateriais e a questão ambiental. *Revista Química Nova*, v. 33, n.2, p.421-430, 2010. Disponível em: http://static.sites.sbq.org.br/quimicanova.sbq.org.br/pdf/Vol33No2_421_32-RV09047.pdf. Acesso em: 14 out. 2021.

21. MORISSO, Fernando Dal Pont; JAHNO Vanusca Dalosto. Nanociência e nanotecnologia: um rompimento de paradigmas. In: ENGELMANN, Wilson, HUPFFER, Haide Maria (Org.). *Impactos Sociais e Jurídicos das Nanotecnologias*. São Leopoldo: Casa Leiria, 2017, p. 13-37. Livro disponível em E-book.

22. PASCHOALINO, Matheus et al. Os nanomateriais e a questão ambiental. *Revista Química Nova*, v. 33, n.2, p.421-430, 2010. Disponível em: http://static.sites.sbq.org.br/quimicanova.sbq.org.br/pdf/Vol33No2_421_32-RV09047.pdf. Acesso em: 14 out. 2021.

ar, bem como gerar bioacumulação e interações imprevistas com outras substâncias químicas e materiais biológicos.[23]

Portanto, ao mesmo tempo em que as nanotecnologias se revelam como uma oportunidade de desenvolvimentos positivos para o futuro da humanidade, o risco assim revela-se como a oportunidade de estabelecer vínculos com o futuro a evitar as consequências negativas. Conexões estas que permitem lançar à consciência as projeções além do hoje, ou seja, às futuras gerações. É sabido que esta conscientização do risco justamente objetiva evitar (prevenir e precaucionar) danos vivenciados no passado, quando as novas descobertas tecnológicas eram implementadas sem qualquer mensuração de risco e os danos nefastos se concretizaram. O pensamento voltado exclusivamente no resultado imediato dos ganhos com a inovação merece ser ligeiramente repensado.[24]

3. INTELIGÊNCIA ARTIFICIAL

A Inteligência Artificial (IA) é hoje bem mais do que executar tarefas específicas com mais velocidade e eficiência do que os humanos as realizam. Algoritmos inteligentes são desenvolvidos para buscar e processar informações para tomada de decisões mais precisas a partir das possibilidades de correlações de uma grande quantidade de dados e informações complexas, identificar tendências econômicas futuras, analisar cenários de empresas com potencial de se tornarem exitosas na Bolsa de Valores, ajudar a detectar fraudes, predizer comportamentos e delitos, ajustar a temperatura no processo de armazenagem de produtos alimentícios para conservar melhor os alimentos e classificação automática da qualidade de cada produto, além de criar músicas, reconhecer faces humanas, classificar imagens, veículos não tripulados controlados ou guiados remotamente e detectar objetos.

A IA também é um termo que acaba evocando a eliminação de fronteiras entre homem e máquina, simbiose entre humanos e tecnologias, reconstrução de neurônios humanos em sistemas de IA, mapeamento e reconstrução de estruturas do sistema nervoso central e de outros órgãos humanos, deixando o *status* de promessa para alterar significativamente a maneira como o ser humano vive. Todas essas aplicações e outras mais são realidades e possibilidades que mostram que não há limites para avanços e criação de sistemas de superinteligência não humana e seus efeitos em cadeia. Como toda tecnologia, a IA traz inúmeros benefícios, mas se for mal utilizada ou mal programada pode causar danos.

---

23. INTERNATIONAL CENTER FOR TECHNOLOGY ASSESSMENT (ICTA). NANOACTION PROJECT. *Principles for the Oversight of Nanotechnologies and Nanomaterials*, 2012. Disponível em: http://www.icta. org/files/2012/04/080112_ICTA_rev1.pdf. Acesso em: 14 out. 2021.
24. BERWIG, Juliane Altmann; ENGELMANN, Wilson. A Nanotecnologia: do fascínio ao risco. In: ENGELMANN, Wilson, HUPFFER, Haide Maria (Org.). *Impactos Sociais e Jurídicos das Nanotecnologias*. São Leopoldo: Casa Leiria, 2017, p. 39-74. Livro disponível em *E-book*.

Tecnologias como *big data*, *machine learning* e algoritmos sofisticados dão suporte à IA. Assim, levando em consideração o quão recente e vasto é o cenário de IA e que ainda não se tem consciência plena de seus benefícios e riscos, na sequência, serão apresentadas algumas criações como o Robô LEO, aplicações práticas na medicina e nas interfaces cérebro-computador, suas promessas e benefícios.

O Robô LEONARDO ou LEO (acrônimo de LEgs ONboARD drOne) foi desenvolvido por engenheiros do Instituto de Tecnologia da Califórnia para um novo tipo de locomoção multimodal híbrida com dois mecanismos diferentes de locomoção: pernas multiarticuladas e propulsores baseadas em hélices. A capacidade de locomoção híbrida do LEO permite uma ampla gama de missões robóticas com o aproveitando da multimodalidade de voar e andar, de forma excepcionalmente ágil e capaz de movimentos complexos, que são difíceis de realizar com o uso de robôs apenas terrestres ou aéreos. Sua performance híbrida possibilita interações físicas com estruturas com alta altitude, que geralmente são perigosas para trabalhadores humanos. LEO tem a vantagem em relação aos anteriores pela sua capacidade de locomoção multimodal para lidar com terrenos complexos e desafiadores usando além dos movimentos dos humanos (caminhar, correr, subir escadas, pular) aspectos da biologia de vários animais, o que permite ao LEO superar qualquer obstáculo usando a transição entre os modos terrestres e aéreos. LEO demonstrou ser eficaz em aspectos que os robôs anteriores falharam. O controle sincronizado de suas hélices e articulações das pernas permite andar em uma corda, pilotar com sucesso um skate de rodas, voar para inspecionar e reparar linhas de alta tensão em locais de difícil acesso, inspeção de telhados de prédios, inspeção de tubulações de refinaria de petróleo e pinturas em pontes altas, visto que o LEO pode manter o equilíbrio em terrenos escorregadios e porque pode optar por voar para um local seguro caso caia.[25]

A medicina é uma área que está recebendo muitos investimentos para o desenvolvimento de IA em economias mais tecnológicas. Sistemas de IA já auxiliam médicos na extração de informações sobre diagnósticos e tratamentos para inúmeras doenças, previsões sobre efeitos e interações de medicamentos, identificação de grupos e subgrupos de comorbidades etc. Nos Estados Unidos, a IBM Watson Health utiliza abordagens de *machine learning* (aprendizado de máquina), a partir do armazenamento de um grande volume de casos de pacientes com câncer que dialogam com mais de um milhão de artigos científicos. A possibilidade de analisar e processar uma quantidade imensa de dados de pacientes e pesquisas científicas estão auxiliando os médicos no atendimento e na tomada de decisão sobre o quadro clínico de pacientes, propiciando maior precisão nos diagnósticos e redução de custos do tratamento de pacientes com câncer.[26]

---

25. KIM, Kyunam; SPIELER, Patrick; LUPU, Elena-Sorina; RAMEZANI, Alireza; CHUNG, Soon-Jo Chung. A bipedal walking robot that can fly, slackline, and skateboard. *Science Robotics*, v. 6, n. 59, 06 oct. 2021. Disponível em: https://www.science.org/doi/10.1126/scirobotics.abf8136 Acesso em: 08 out. 2021.
26. JONES, L. D.; GOLAN, D.; HANNA, S. A.; RAMACHANDRAN, M. Artificial intelligence, machine learning and the evolution of healthcare a bright future or cause for concern? *Bone & Joint Research*, v. 7, n. 3, mar. 2018, Doi: https://doi.org/10.1302/2046-3758.73.BJR-2017-0147.R1

Parte dos avanços da IA foram inspirados por pesquisas nos campos relacionados à neurociência, psicologia e biologia e projetadas para analisarem o funcionamento interno do cérebro humano e compreender aspectos importantes da inteligência biológica. Pesquisas na área da neurociência inspiram o desenvolvimento de novos algoritmos, arquiteturas, funções e representações do complexo sistema do cérebro humano, bem como oferecem validação de sistemas de IA já existentes sobre mecanismos gerais da função cerebral. A interface IA-neurociência possibilita o desenvolvimento de sistemas artificiais para tarefas desafiadoras de reconhecimento de objetos, geração autônoma de imagens naturais sintéticas, simulações perfeitas da fala humana, tradução em múltiplas línguas, criação de obras artísticas no estilo de pintores reconhecidos.[27]

Kangassalo, Spapé e Ruotsa desenvolveram estágios mais avançados nas interfaces cérebro-computador que combinam sinais emitidos pelo cérebro humano diante de imagens e situações com características variadas e que correspondem à intenção de um operador humano. Os sinais cerebrais emitidos permitiram um aumento criativo de novas imagens e informações sobre as intenções dos usuários. A técnica possibilita observar atitudes inconscientes e processos subjacentes da mente humana que são expostas quando o cérebro se depara com determinada imagem, faz associações com categorias mentais, preconceitos, crenças e valores. Portanto, a partir de hipóteses geradas pelo sistema de IA a modelagem gerativa neuroadaptativa arquiteta um modelo de intensões e com os sinais emitidos pelo cérebro do usuário é possível desenhar ou ilustrar algo. Uma das vantagens da modelagem gerativa neuroadaptativa é que ela possibilita mapear características complexas das reações evocadas por estímulos naturais, os quais podem ser aprendidos por algoritmos sem repetir os mesmos estímulos ou exigir que o operador realize tarefas de imagens artificiais. A modelagem gerativa neuroadaptativa está baseada em três princípios: gerar, perceber e adaptar.[28]

Novas ferramentas para mapeamento do cérebro e a bioengenharia genética oferecem possibilidades para avançar em cálculos que ocorrem em circuitos neurais e que prometem uma revolução na compreensão da função cerebral do ser humano. As pesquisas da neurociência são insumo para novas modelagens de IA, que podem ser resumidas em seis áreas-chave: i] compreensão intuitiva do mundo físico (interpretar e raciocinar sobre espaço, decompor cenas em objetos individuais e suas relações, compreender o senso comum por meio de experimentos interativos) para guiar referência e previsão; ii] aprendizado eficiente (redes que aprendem a aprender – novos conhecimentos sobre tarefas novas e apropriação

---

27. HASSABIS, Demis; KUMARAN, Dharshan; SUMMERFIELD, Christopher; BOTVINICK, Matthew. Neuroscience-Inspired Artificial Intelligence. *Neuron*, v. 95, n. 2, p. 245-258, jul. 2017. Doi: https://doi.org/10.1016/j.neuron.2017.06.011

28. KANGASSALO, Lauri; SPAPÉ, Michiel; RUOTSALO, Tuukka. Neuroadaptive modelling for generating images matching perceptual categories. *Nature Scientific Reports*, v. 10, n. 14719, 2020. Disponível em: https://www.nature.com/articles/s41598-020-71287-1. Acesso em: 08 out. 2021.

das experiências anteriores relacionadas ao problema apresentado); iv] aprendizado de transferência (capacidade de raciocinar relacionalmente); v] imaginação e planejamento (cenários preditivos e planejamento baseado em simulações); vi] análises cerebrais virtuais (podem aumentar a interpretabilidade e simular cérebros biológicos). Em consequência, essas inovações revolucionárias possibilitam uma melhor compreensão da mente humana e como se dá o processo de pensamento. Traduzir "a inteligência em uma construção algorítmica e compará-la com o cérebro humano auxilia a produzir *insights* sobre alguns dos mistérios mais profundos e duradouros da mente, como a natureza da criatividade, sonhos e talvez um dia, até mesmo a consciência".[29]

A aprendizagem de máquina tem mostrado importantes avanços também na cirurgia robótica, medicina muscoesquelética, compreensão da biomecânica, ressecção de tumor ósseo, design de implante ortopédico, alterações degenerativas da coluna vertebral, estenose espinhal multinível e diagnósticos de osteoartrite do joelho. Cada avanço exige elevados recursos financeiros das empresas para financiar o desenvolvimento de novas aplicações, visto que requerem milhares ou até milhões de avaliações para que a "máquina aprenda" e possa subsidiar decisões médicas mais seguras.[30] Se observa uma verdadeira simbiose homem-máquina.

A IA também já é utilizada para detecção e prevenção de desastres naturais ações de combate ao aquecimento global, entre outros eventos catastróficos em que é mais difícil o controle do ser humano. Em ações de mitigação do aquecimento global são utilizados drones capazes de lançar sementes de diferentes árvores para "disminuir los procesos de deforestación o técnicas agrícolas que mejoren la producción de alimentos en general, disminuyendo costes y desperdicios, incrementando la sostenibilidad" ambiental.[31]

Os exemplos mostram que a IA está em todas as áreas, com suas promessas, riscos, desafios, fracassos e sucessos. Observam-se movimentos regulatórios e um olhar mais atento dos legisladores para garantir que as aplicações de IA estejam alinhadas com expectativas eticamente e socialmente aceitáveis, como também se manifestam previsões catastróficas para um futuro dominado pela IA. O certo é que a humanidade chegou em um ponto sem retorno e que os benefícios propagados podem acarretar graves consequências para as presentes e futuras gerações, bem como afrontar princípios éticos que ainda não foram suficientemente discutidos.

---

29. HASSABIS, Demis; KUMARAN, Dharshan; SUMMERFIELD, Christopher; BOTVINICK, Matthew. Neuroscience-Inspired Artificial Intelligence. *Neuron*, v. 95, n. 2, p. 245-258, jul. 2017. Doi: https://doi.org/10.1016/j.neuron.2017.06.011

30. JONES, L. D.; GOLAN, D.; HANNA, S. A.; RAMACHANDRAN, M. Artificial intelligence, machine learning and the evolution of healthcare A bright future or cause for concern? *Bone & Joint Research*, v. 7, n. 3, mar. 2018, Doi: https://doi.org/10.1302/2046-3758.73.BJR-2017-0147.R1

31. RUARO, Regina Linden; REIS, Ludimila Camilo Catão Guimarães. Los retos del desarrollo ético de la Inteligencia Artificial. *Veritas*, Porto Alegre, v. 65, n. 3, p. 1-14, set.-dez. 2020, p. 6. Disponível em: https://revistaseletronicas.pucrs.br/ojs/index.php/veritas/article/view/38564/26562Acesso em: 13 out. 2021.

Soares observa que uma máquina superinteligente age conforme o programado e os ajustes entre interações humanas e especificações de algoritmos podem não ser programados com fins seguros e eticamente aceitáveis. Uma máquina superinteligente também pode ir além do que seus programadores imaginaram ou identificar atalhos que eles nunca notaram ou consideraram. Entretanto, essa supercapacidade é uma espada de dois gumes: se de um lado ela pode ser extraordinariamente eficaz para alcançar os objetivos, por outro lado pode trazer efeitos colaterais negativos inesperados, a exemplo de laboratórios robóticos que podem danificar a biosfera. O autor complementa colocando que não existe uma solução simples, pois, um sistema de IA "precisaria aprender com informações detalhadas e variadas sobre o que é e não é considerado valioso, e ser motivado por este conhecimento, a fim de resolver com segurança até mesmo tarefas simples".[32]

A inteligência humana já desenvolveu sistemas de IA que concedem à máquina certo controle sobre o meio ambiente e sobre o futuro. Se os sistemas, estiverem alinhados com os interesses dos seres humanos e não apenas dos operadores, os danos talvez possam ser mitigados. Contudo, não se pode desprezar o risco de o controle estar nas mãos de uma pequena equipe de operadores ou nas mãos de grupos empresariais ou governos que poderiam colocar o futuro da humanidade em risco. Isso introduz um risco ético de grandes de proporções e levanta vários questionamentos, dentre os quais registram-se: Como as preferências conflitantes serão resolvidas? As crianças farão parte dos dados e algoritmos? E os animais? As gerações futuras? Gerações presentes? Esses problemas filosóficos exigem reflexão. De quem é a responsabilidade se algo der errado? O certo é que essa responsabilidade exige extrema cautela no desenvolvimento de sistemas de IA. Um problema no sistema ou nas intenções dos seus desenvolvedores pode ser catastrófico. Só testes não são suficientes. Se dimensões importantes de valores da sociedade e do futuro da humanidade forem negligenciados, também é provável que possa haver negligência nos testes. Um sistema que está em observação pode muito bem passar em todos os testes, no entanto ser catastrófico quando perseguir seus objetivos no mundo real.[33]

Para Floridi, se alguém disser que a IA passou por um inverno ruim, deve ser lembrado que o inverno vai voltar, e é melhor estar preparado. O autor, ao usar a metáfora do inverno, nomina como inverno da IA "aquela fase em que a tecnologia, os negócios e a mídia saem de sua bolha quente e confortável, esfriam, temperam as especulações da ficção científica e dos críticos, e chegam a um acordo com o que a IA pode ou não realmente fazer como uma tecnologia".[34] Existem muitos pontos obscuros e não transparentes em sistemas de IA e que a humanidade não tem ideia

---

32. SOARES, N. *The Value Learning Problem*. Machine Intelligence Research Institute, Berkeley, 2016. Disponível em: https://intelligence.org/files/obsolete/ValueLearningProblem.pdf. Acesso em: 13 out. 2021.
33. SOARES, N. *The Value Learning Problem*. Machine Intelligence Research Institute, Berkeley, 2016. Disponível em: https://intelligence.org/files/obsolete/ValueLearningProblem.pdf. Acesso em: 13 out. 2021.
34. FLORIDI, L. AI and Its New Winter: from Myths to Realities. *Philos. Technol.* v. 33, p. 1–3, 2020. DOI: https://doi.org/10.1007/s13347-020-00396-6.

sobre potenciais riscos. O futuro da IA dependerá das habilidades e engenhosidade dos designs e, principalmente, da capacidade de a humanidade negociar questões éticas, legais, econômicas e sociais, governar sobre os limites e novas formas de privacidade, sobre o grau de autonomia dada a máquina e a responsabilidade se algo não funcionar ou se for projetada para outros fins. O principal desafio não será as inovações de sistemas de IA em si, mas a governança da IA.[35]

Do exposto, observa-se a necessidade de uma perspectiva ética e de discussões sobre princípios que possibilitem a humanidade caminhar com segurança no avanço das novas tecnologias para que os interesses humanos e do meio ambiente sejam preservados para as presentes e futuras gerações.

Dentre os movimentos com olhar mais cuidadoso e centrado no ser humano, foi assinado em maio de 2019 pelos trinta e seis países membros da OECD e os países parceiros (Argentina, Brasil, Colômbia, Costa Rica, Peru e Romênia), o documento com diretrizes e "Princípios da OECD sobre Inteligência Artificial". O objetivo do documento está em fixar padrões internacionais para garantir que os sistemas de IA sejam projetados, em todas as fases do ciclo de vida, para serem robustos, seguros, justos e confiáveis. Os princípios acordados visam orientar governos, organizações e demais atores na concepção e execução de sistemas de IA ancorados na centralidade dos interesses dos seres humanos, juntamente com um sistema de responsabilização para os designers e operadores. Os princípios para a gestão responsável e confiável da IA são: i] crescimento inclusivo, desenvolvimento sustentável e bem-estar; ii] valores centrados no ser humano; iii] transparência e explicabilidade; iv] robustez, segurança e proteção; v] responsabilização ou prestação de contas (*accountability*).[36]

Conforme os avanços da IA são introduzidos no mercado, inúmeros desafios se apresentam. Um dos desafios envolve a possibilidade de algoritmos com vieses discriminatórios ou racistas. Muitos sistemas de IA que são baseados em *machine learning*, por exemplo, são treinados com dados rotulados. Estudos mostram que algoritmos treinados com dados enviesados resultam em algoritmos discriminatórios.[37] Nesse sentido, é válido considerar a pesquisa desenvolvida por Buolamwini e Gebru em 2018, a qual contribuiu significativamente para o campo de reconhecimento facial.[38] As autoras mediram a precisão de três algoritmos comerciais usados para classificação de gênero. Os resultados sugerem que, em geral, os classificado-

---

35. FLORIDI, L. What the Near Future of Artificial Intelligence Could Be. *Philos. Technol.*,. v.32, p. 1-15, 2019. DOI: https://doi.org/10.1007/s13347-019-00345-y

36. ORGANISATION FOR ECONOMIC CO-OPERATION AND DEVELOPMENT (OECD). Recommendation of the Council on Artificial Intelligence. 2019. Disponível em: https://legalinstruments.oecd.org/en/instruments/OECD-LEGAL-0449. Acesso em: 05 out. 2021.

37. BOLUKBASI, Tolga et al. *Man is to Computer Programmer as Woman is to Homemaker?* Debiasing Word Embeddings, In: Barcelona, Spain: [s.n.], 2016; CALISKAN, Aylin; BRYSON, Joanna J.; NARAYANAN, Arvind, Semantics derived automatically from language corpora contain human-like biases, *Science*, v. 356, n. 6334, p. 183-186, 2017.

38. BUOLAMWINI, Joy; GEBRU, Timnit, Gender Shades: Intersectional Accuracy Disparities in Commercial Gender Classification, *Proceedings of Machine Learning Research*, v. 81, p. 1-15, 2018.

res tiveram melhor desempenho para indivíduos de pele clara e para homens, mas um resultado pior para mulheres negras. Tais problemas envolvendo algoritmos discriminatórios não estão restritos às análises acadêmicas. Em 2020, na cidade de Detroit, nos Estados Unidos, um homem negro foi preso injustamente devido a uma falha em um algoritmo de reconhecimento facial.[39] Quando sistemas que utilizam *machine learning* são treinados com dados pouco diversos, as consequências podem ser muito problemáticas. Portanto, os dados utilizados para treinar sistemas de IA devem ser diversos e representativos da população. Uma análise crítica por parte do programador é fundamental para evitar que preconceitos existentes na sociedade sejam replicados em algoritmos.

Floridi pontua que o aquecimento global, injustiças sociais e migrações são alguns dos problemas que exigem governança para serem resolvidos. A IA pode ser projetada para lidar com esses desafios e a inteligência humana deverá ser colocada à disposição dessa tecnologia para um futuro melhor e mais sustentável. Contudo, a IA é uma tecnologia e não se pode esperar milagres dela, bem como também não se pode apenas discutir os riscos. Ou seja, ela não pode ser vista nem como milagre e nem como uma praga. Por isso, o autor convoca a humanidade a resistir ao excesso de simplificação e dar importância ao debate ético, que ainda é uma questão inteiramente humana. Floridi chama esse exercício de filosofia e não futurologia.[40]

4. INTEGRANDO NANOTECNOLOGIA E INTELIGÊNCIA ARTIFICIAL: OPORTUNIDADES E PRINCÍPIOS ÉTICOS

4.1. Sinergia entre nanotecnologia e inteligência artificial: oportunidades no campo da medicina

Como exposto anteriormente, novas tecnologias, como nanotecnologia e Inteligência Artificial (IA), são instrumentais para o desenvolvimento das mais diversas áreas da sociedade. Por exemplo, como já registrado, o uso destas ferramentas está se tornando cada dia mais relevante no campo da medicina, especialmente no que tange a diagnóstico e prognóstico de câncer.[41] Nos últimos anos, o campo da nanomedicina ganhou atenção sem precedentes, principalmente por ser uma forma pela qual os tratamentos e terapias da medicina de precisão podem ser realizados.[42] Os

---

39. HILL, Kashmir, Wrongfully Accused by an Algorithm, *The New York Times*, Pub. 24 oct. 2020. Disponível em: https://www.nytimes.com/2020/06/24/technology/facial-recognition-arrest.htmlAcesso em: 14 out. 2021.

40. FLORIDI, L. AI and Its New Winter: from Myths to Realities. *Philos. Technol.* v. 33, p. 1-3, 2020. DOI: https://doi.org/10.1007/s13347-020-00396-6.

41. PATEL, Darshan et al. Implementation of Artificial Intelligence Techniques for Cancer Detection, *Augmented Human Research*, v. 5, n. 1, p. 6, 2020; RODRÍGUEZ-RUIZ, Alejandro et al. Detection of Breast Cancer with Mammography: Effect of an Artificial Intelligence Support System, *Radiology*, v. 290, n. 2, p. 305-314, 2019; ADIR, Omer et al. Integrating Artificial Intelligence and Nanotechnology for Precision Cancer Medicine, *Advanced Materials*, v. 32, n. 13, 2020.

42. HAYAT, Hasaan et al. A concise review: the synergy between artificial intelligence and biomedical nanomaterials that empowers nanomedicine, *Biomedical Materials*, v. 16, n. 5, 2021; ADIR et al. Integrating ADIR,

benefícios do uso da tecnologia incluem precisão, personalização, eficiência terapêutica, melhoria na relação dose-resposta, entre outros.[43]

Para realizar os objetivos da medicina de precisão de adaptar o melhor tratamento para cada paciente de câncer, a IA e as nanotecnologias são fundamentais, visto que a conversão entre esses campos possibilita individualizar o melhor tratamento para cada paciente e para cada tipo de câncer. Grandes bases de dados e informações complexas sobre câncer, nanomateriais utilizados para cada tipo de câncer, resultados de aplicações, dados de pesquisas e dados de uma grande variedade pacientes, são tratados por sistemas de IA e convertidos em informações. Essas informações possibilitam montar um perfil da doença específica do paciente, que é então alavancada com o conjunto de nanotecnologias terapêuticas para, com a integração dos dois campos (IA e nanotecnologia) obter o melhor resultado para o tratamento em cada situação particular. A interação com algoritmos para analisar padrões, propiciar uma melhor classificação e os mais precisos diagnósticos, são extremamente úteis frente a heterogeneidade dos tumores de câncer e a resposta individual. Ambas tecnologias são fundamentais para a realização do objetivo da medicina de precisão.[44]

O poder disruptivo da IA com a nanotecnologia é amplificado pela forma como se combinam e geram novas inovações, entretanto esse mesmo poder disruptivo apresenta algumas limitações. Por exemplo, a tecnologia não possibilita uma compreensão profunda sobre a complexa interação entre as inúmeras variáveis existentes em um sistema envolvendo o uso de nanomedicina.[45] Técnicas de IA têm sido consideradas como forma de contornar alguns dos gargalos, especialmente os quantitativos. Isso porque, por definição, algoritmos que utilizam técnicas de IA são capazes de realizar análises e predições complexas, considerando grandes quantidades de dados e variáveis. Isso permite que processem grandes conjuntos de dados e reconheçam padrões, os quais podem ser explorados para melhorar o design de nanotecnologias para diagnóstico e tratamento.[46]

O principal objetivo da IA no campo da nanomedicina é contribuir na resolução dos gargalos já identificados. O desenvolvimento das técnicas de IA, em especial

---

Omer et al. Integrating Artificial Intelligence and Nanotechnology for Precision Cancer Medicine, *Advanced Materials*, v. 32, n. 13, 2020Artificial Intelligence and Nanotechnology for Precision Cancer Medicine; PATRA, Jayanta Kumar et al. Nano based drug delivery systems: recent developments and future prospects, *Journal of Nanobiotechnology*, v. 16, n. 1, 2018.

43. HAYAT, Hasaan et al. A concise review: the synergy between artificial intelligence and biomedical nanomaterials that empowers nanomedicine, *Biomedical Materials*, v. 16, n. 5, 2021, p. 1.

44. ADIR, Omer; POLEY, Maria; CHEN, Gal; FROIM, Sahar; KRINSKY, Nitzan; SHKLOVER, Jeny; SHAINSKY ROITMAN, Janna; LAMMERS, Twan; SCHROEDER, Avi. Cancer Treatment: Integrating Artificial intelligence and Nanotechnology for Precision Cancer Medicine. *Advanced materials* (Weinheim), v. 32, n. 13, ABR./2020. Disponível em: https://onlinelibrary.wiley.com/doi/abs/10.1002/adma.202070100. Acesso em: 16 out. 2021.

45. ADIR et al. Integrating Artificial Intelligence and Nanotechnology for Precision Cancer Medicine. *Advanced Materials*, v. 32, n. 13, 2020, 1-2.

46. ADIR et al. Integrating Artificial Intelligence and Nanotechnology for Precision Cancer Medicine, *Advanced Materials*, v. 32, n. 13, 2020.p. 2.

machine learning, somado às possibilidades das ferramentas computacionais modernas, tem alimentado a integração da IA à nanomedicina. Existe uma ampla gama de oportunidades nesse sentido, especialmente para o diagnóstico e tratamento de câncer. Por mais que as oportunidades no uso dessas ferramentas sejam promissoras, há que se considerar seus riscos e como saná-los.

A ciência dos materiais foi muito beneficiada pela aplicação da IA na quimioterapia, e agora emerge, adaptando os métodos e algoritmos às necessidades de materiais na escala nano. Por conseguinte, para nanomateriais, a nanoinformática é um campo de pesquisa que está crescendo, pela facilidade de adaptar e ampliar os métodos e ferramentas *in silico* disponíveis. Com a utilização de uma simulação computacional é possível construir novas possibilidades e abordar as propriedades dinâmicas, interativas e quânticas dos nanomateriais (NMs) ou as que estão em desequilíbrio. A nanoinformática auxilia no esforço em descrever quantitativamente a segurança e o impacto dos nanomateriais sobre o organismo humano e meio ambiente.[47]

Como o avanço é exponencial, é fundamental reconhecer a necessidade de desenvolver ferramentas e modelos econômicos de nanoinformática baseados em IA e *machine learning* para realizar previsões das funcionalidades dos nanomateriais nas suas interações com o meio biológico e ambiental, bem como para prever potenciais riscos e efeitos adversos. Dito de outro modo, "deve-se dar especial foco ao desenvolvimento de metamodelos baseados em dados e modelos preditivos para decifrar as complexas relações entre descritores e as características físicas de nanomateriais".[48] O bem-estar da humanidade, os direitos humanos e a sustentabilidade ambiental devem guiar as novas tecnologias. Por isso, a importância de desenvolver metodologias para observar suas funcionalidades e efeitos biológicos adversos.

A interação do aprendizado de máquina e da IA com o cérebro e a nanoengenharia, bem como as interfaces do computador com o cérebro oferecem um grande potencial para avançar significativamente na neurotecnologia. A humanidade está se aproximando de uma era de experiências individuais personalizadas que irão impactar tanto nas aplicações clínicas quanto nas não clínicas. Como em qualquer "progresso verdadeiramente disruptivo e de mudança paradigmática" a humanidade encontra-se diante de inúmeros desafios técnicos que precisam ser superados. São inúmeros os desafios éticos decorrentes do desenvolvimento da neurociência e da neurotecnologia com o uso da IA e da nanoengenharia. Para que cada ser humano seja respeitado é necessário atentar para esses quatro princípios éticos: i] privacidade; ii] identidade; iii] autonomia; iv] igualdade. Portanto, os avanços resultantes da convergência da IA, neurotecnologia e nanoengenharia devem estar acompanhados de intensas e contínuas discussões sobre

---

47. AFANTITIS, Antreas. Nanoinformatics: Artificial Intelligence and Nanotechnology in the New Decade. *Combinatorial Chemistry & High Throughput Screening*, v. 23, n. 1, p. 4-5, 2020, p. 4. Disponível em: https://www.eurekaselect.com/180227/article. Acesso em: 16 out. 2021.

48. AFANTITIS, Antreas. Nanoinformatics: Artificial Intelligence and Nanotechnology in the New Decade. *Combinatorial Chemistry & High Throughput Screening*, v. 23, n. 1, p. 4-5, 2020, p. 4. Disponível em: https://www.eurekaselect.com/180227/article. Acesso em: 16 out. 2021.

as implicações éticas, sociais e jurídicas.[49] Os riscos potenciais são muito altos para ignorar ou adiar a necessidade de uma governança alicerçada nos direitos humanos. Sistemas de IA superinteligentes podem ser tendenciosos, preconceituosos, produzirem resposta imprecisas, serem falíveis e cometerem erros.

4.2 Princípios éticos são suficientes para a redução dos riscos?

Uma das formas de reduzir os riscos atrelados às novas tecnologias é regulamentá-las. No entanto, a criação ou adaptação de leis é um processo moroso, que nem sempre é capaz de acompanhar a rapidez dos avanços tecnológicos. Nesse cenário, princípios éticos e boas práticas são instrumentos úteis e cruciais para o desenvolvimento e uso responsável de tecnologias. Eles são especialmente relevantes em momentos de instabilidade política, econômica ou social. Durante a pandemia do COVID-19, por exemplo, muitas aplicações (*apps*) e websites foram desenvolvidos no mundo todo. Com o objetivo de monitorar o fluxo de pessoas, prover informações, notificar pessoas que estiveram em contato com uma pessoa infectada, entre outros, tais ferramentas despertaram muitas críticas.[50] Na ausência de regulamentação sobre como tais medidas baseadas em dados deveriam ser conduzidas, princípios e boas práticas foram essenciais para que aspectos como privacidade e transparência fossem respeitados.[51] Portanto, princípios éticos são relevantes, principalmente na ausência de legislação específica.

Na última década, tais princípios foram centrais nos debates sobre redução de riscos relacionados às tecnologias emergentes. Por exemplo, empresas, institutos de pesquisa, organizações da sociedade civil e instituições governamentais publicaram diversos documentos contendo diretrizes para uma 'inteligência artificial ética'. No entanto, devido ao grande número de publicações e princípios, nem sempre há clareza acerca dos elementos mais relevantes. A fim de identificar se há concordância, a nível global, com relação a requerimentos éticos e boas práticas, Jobin et al.[52] avaliaram 84 desses documentos.[53] Os resultados da análise demonstram que há uma convergência em torno de 5 princípios:

> a Transparência: O princípio de transparência foi o mais citado no *corpus* analisado pelos autores. Para garantir que os algoritmos de IA sejam confiáveis, é preciso que "as capacidades e o objetivo

---

49. SILVA, Gabriel A. A New Frontier: The Convergence of Nanotechnology, Brain Machine Interfaces, and Artificial Intelligence. *Front. Neurosci.*, Pub. 16 Nov. 2018. DOI: https://doi.org/10.3389/fnins.2018.00843

50. JOINT Civil Society Statement: States use of digital surveillance technologies to fight pandemic must respect human rights, Human Rights Watch, disponível em: https://www.hrw.org/news/2020/04/02/joint-civil-society-statement-states-use-digital-surveillance-technologies-fight. Acesso em: 6 jul. 2020; *Exit through the App Store?*, London: Ada Lovelace Institute, 2020; *CoronApp: La inutilidad del atajo tecnológico desplegado por el Gobierno y sus riesgos*, Derechos Digitales, disponível em: https://www.derechosdigitales.org/14387/coronapp-la-inutilidad-del-atajo-tecnologico-desplegado-por-el-gobierno-y-sus-riesgos/. Acesso em: 11 jul. 2020.

51. BLAUTH, Taís Fernanda; GSTREIN, Oskar Josef, Data-driven measures to mitigate the impact of Covid-19 in South America: how do regional programmes compare to best practice?, *International Data Privacy Law*, n. ipab002, 2021.

52. THE global landscape of AI ethics guidelines, *Nature Machine Intelligence*, v. 1, n. 9, p. 389–399, 2019.

53. Veja também FLORIDI, Luciano; COWLS, Josh, A Unified Framework of Five Principles for AI in Society, *Harvard Data Science Review*, v. 1, n. 1, p. 1-15, 2019.

dos sistemas de IA comunicados abertamente e as decisões – na medida do possível – explicáveis para os afetados direta e indiretamente".[54]

b Justiça e equidade: O desenvolvimento e uso de IA devem ser justos. Isso inclui prevenir e mitigar preconceitos indesejados que advém de algoritmos, possibilitar o direito de contestar decisões de sistemas de IA, além de prover um acesso justo à tecnologia e seus benefícios.[55]

c Não maleficência: De uma forma geral, esse princípio está relacionado à necessidade de garantir que os sistemas sejam seguros. Para isso, é preciso evitar alguns riscos ou potenciais danos, tais como: violação de privacidade, danos físicos, danos advindos de algoritmos discriminatórios e uso indevido de IA em crimes cibernéticos, entre outros.[56]

d Responsabilidade e *accountability*: Esse princípio envolve a importância de atribuir responsabilidade legal no caso de problemas relacionados à sistemas de IA.[57] É ideal que essa responsabilidade esteja esclarecida de maneira prévia (por exemplo, em contratos). Caso não seja possível, deverá ser possível identificá-la como forma de remediar eventuais danos.

e Privacidade: Vista como um valor e um direito a ser protegido quando se fala em desenvolvimento e uso ético de IA.[58] Geralmente está atrelada ao direito à proteção de dados e segurança de dados.

A Organização Mundial da Saúde (OMS) lançou, em junho de 2021, o Relatório *"Ethics and governance of artificial intelligence for health"* com um conjunto de princípios éticos para o uso da IA no campo da saúde. A OMS espera que governos, empresas, desenvolvedores de tecnologia, sociedade civil e organizações intergovernamentais adotem os objetivos éticos elencados como guias para orientar o uso responsável da IA para a saúde. A OMS reconhece os benefícios da IA, mas alerta que é necessário ter presente que existem desafios éticos que não podem ser subestimados e, para isso, é necessário um esforço coletivo para projetar e implementar polícias e leis eticamente defensáveis e tecnologias de IA eticamente projetadas. A OMS sintetizou em seis princípios éticos o que espera dos que financiam, projetam, regulam ou utilizam sistemas de IA: i] Proteger a autonomia humana; ii] Promover o bem-estar humano, a segurança e o interesse público; iii] Garantir transparência, explicabilidade e inteligibilidade; iv] Fomentar a responsabilidade e o *accountability*; v] Garantir a inclusão e a equidade; v] Promover que a IA seja responsiva e sustentável.[59]

---

54. CORTIZ, Diogo; BURLE, Caroline, *Mapeamento de Princípios de Inteligência Artificial*, [s.l.]: CEWEB – Centro de Estudos sobre Tecnologia Web, 2019.

55. JOBIN, Anna; IENCA, Marcelo; VAYENA, Effy. The global landscape of AI ethics guidelines. *Nature Machine Intelligence* v. 1, p. 389-399, 2019. Disponível em: https://www.nature.com/articles/s42256-019-0088-2. Acesso em: 15 out. 2021.

56. JOBIN, Anna; IENCA, Marcelo; VAYENA, Effy. The global landscape of AI ethics guidelines. *Nature Machine Intelligence* v. 1, p. 389-399, 2019. Disponível em: https://www.nature.com/articles/s42256-019-0088-2 Acesso em: 15 out. 2021.

57. JOBIN, Anna; IENCA, Marcelo; VAYENA, Effy. The global landscape of AI ethics guidelines. *Nature Machine Intelligence* v. 1, p.389-399, 2019. Disponível em: https://www.nature.com/articles/s42256-019-0088-2 Acesso em: 15 out. 2021.

58. JOBIN, Anna; IENCA, Marcelo; VAYENA, Effy. The global landscape of AI ethics guidelines. *Nature Machine Intelligence* v. 1, p. 389-399, 2019. Disponível em: https://www.nature.com/articles/s42256-019-0088-2 Acesso em: 15 out. 2021.

59. WORLD HEALTH ORGANIZATION. *Ethics and governance of artificial intelligence for health*: WHO guidance. Geneva: World Health Organization; 2021, p. XII-XIV Disponível em: https://www.who.int/publications/i/item/9789240029200. Acesso em: 14 out. 2021.

Observa-se que há uma convergência entre os princípios da OECD e os listados na pesquisa de Jobin, Ienca e Vayena com os princípios da OMS. As oportunidades e desafios éticos relacionados à IA são indissociáveis. Soluções para a saúde humana e meio ambiente que decorrem da convergência da IA com a nanotecnologia exigem um olhar diferenciado, visto que os desafios éticos, jurídicos e sociais são ainda mais significativos, e ambas áreas devem estar atentas para que não seja tarde demais instituir uma governança responsável para tecnologias disruptivas.

Uma análise inicial pode indicar que o grande número de documentos reforçando diretrizes éticas é um aspecto positivo. No entanto, o que se percebe é que, em muitos casos, isso acaba por constituir uma forma de *ethics washing*[60] por parte de alguns atores, ao invés de uma intenção legítima de criar instrumentos de governança para tecnologias emergentes.[61] Na prática, muitas empresas que promovem iniciativas como *AI for good*[62], acabam se utilizando desses sistemas para benefício, tal como "capitalismo de vigilância".[63]

Esse problema foi evidenciado em 2018, quando milhares de funcionários da Google assinaram uma carta em protesto ao envolvimento da empresa com o Pentágono, no projeto *Maven*.[64] Esse projeto era uma iniciativa do Departamento de Defesa dos Estados Unidos, no qual a Google contribuiria com uma melhoria no processo de reconhecimento de objetos em drones, utilizando técnicas de IA. Uma das críticas dos funcionários tem relação com a autoimagem da empresa que usava o lema "não seja mau", mas que contribuiu com o desenvolvimento de tecnologias que podem ser utilizadas em armamento e guerras.[65] Após a repercussão negativa, a gigante da tecnologia decidiu não renovar o contrato com o Pentágono.[66] Esse acontecimento mostra que, por mais que empresas e governos adotem uma lista de princípios éticos para guiar o uso de tecnologias disruptivas, nem sempre tais princípios e lemas são suficientes.

Para que princípios éticos sejam de fato priorizados no desenvolvimento e uso de sistemas de IA e nanotecnologias, é necessária a adaptação e criação de leis.

---

60. De acordo com Johnson, o termo *ethics washing* se refere à prática de fabricar ou exagerar os interesses de uma determinada empresa em algoritmos seguros, equitativos e justos, que funcionem para todos. JOHNSON, How AI companies can avoid ethics washing. Disponível em: https://venturebeat.com/2019/07/17/how-ai-companies-can-avoid-ethics-washing/. Acesso em: 16 out. 2021.

61. HAO, Karen, In 2020, let's stop AI ethics-washing and actually do something, *MIT Technology Review*, disponível em: https://www.technologyreview.com/2019/12/27/57/ai-ethics-washing-time-to-act/. Acesso em: 27 set. 2021; JOHNSON, Khari, How AI companies can avoid ethics washing.

62. *AI for good*, em uma tradução livre, significa "IA para o bem". O "AI for Good Global Summit" é uma plataforma da Organização das Nações Unidas que fomenta discussões em torno do uso benéfico da IA. Ver: *AI for Good*, AI for Good, disponível em: https://aiforgood.itu.int/. Acesso em: 23 set. 2021.

63. ZUBOFF, Shoshana, *The Age of Surveillance Capitalism*, London: Profile Books, 2019.

64. SHANE, Scott; WAKABAYASHI, Daisuke, 'The Business of War': Google Employees Protest Work for the Pentagon, *The New York Times*, 2018.

65. WAKABAYASHI, Daisuke; SHANE, Scott, Google will not renew Pentagon contract that upset employees, *The New York Times*, 2018.

66. WAKABAYASHI, Daisuke; SHANE, Scott, Google will not renew Pentagon contract that upset employees, *The New York Times*, 2018.

Iniciativas nesse sentido já podem ser vistas em alguns países. No âmbito da União Europeia, por exemplo, a regulamentação de sistemas de IA tem sido uma das prioridades nos últimos anos e a proposta legislativa se encontra em um estágio avançado.[67] No Brasil, a Estratégia Nacional de Inteligência Artificial foi aprovada em 2021. Além disso, no dia 29 de setembro de 2021 foi aprovado na Câmara dos Deputados o Projeto de Lei n. 21/20 que "estabelece fundamentos e princípios e diretrizes para o desenvolvimento e a aplicação da inteligência artificial no Brasil" e seguiu para análise no Senado Federal.[68]

5. CONSIDERAÇÕES FINAIS

Inteligência artificial é uma tecnologia que engloba diferentes técnicas e abordagens (ex: *machine learning* e algoritmos voltados à estatística), podendo ser utilizada de diferentes formas. Muitos dos usos da IA podem ser benéficos para a sociedade. Um exemplo são as possibilidades no campo da medicina. Além disso, o uso de IA também poderá facilitar análises envolvendo um grande número de dados, aperfeiçoar sistemas de tradução e melhorar a responsividade de *chatbots*, entre outros. Por outro lado, sistemas de IA também apresentam desafios. Os riscos são inúmeros e significativos, capazes de amplificar problemas como, por exemplo, discriminação e desigualdade.

Criar novos produtos ou soluções com nanotecnologias impulsionadas por IA, exige que primeiro se compreenda quais são os desafios impostos pelo uso de técnicas de IA. Estes, se não levados em consideração e sanados, poderão ser estendidos às nanotecnologias. Portanto, é imprescindível conhecer e avaliá-los criticamente, para que se desenvolvam abordagens regulatórias apropriadas, que visem a redução de riscos e que reforcem os benefícios.

Para uma legislação que seja capaz de lidar com os riscos de forma responsável e que, ao mesmo tempo, permita que o Brasil possa ser um grande centro de inovação, é importante que haja um debate público e participativo. Um processo nesses termos leva à solidez legislativa. Esse foi o caso do Marco Civil da Internet (Lei 12.965/2014), uma lei que resultou de discussões entre membros da academia, empresas, sociedade civil e governo. É dizer, por mais que a regulamentação de sistemas de IA seja crucial, esse processo não deve ser apressado. Além disso, como já foi discutido anteriormente, até que a legislação seja atualizada, os princípios éticos e boas práticas auxiliam na redução de riscos.

---

67. Europe fit for the Digital Age: Commission proposes new rules and actions for excellence and trust in Artificial Intelligence, European Commission, disponível em: https://ec.europa.eu/commission/presscorner/detail/en/IP_21_1682. Acesso em: 27 set. 2021; *Proposal for a Regulation laying down harmonised rules on artificial intelligence - Artificial Intelligence Act*, European Commission, disponível em: https://digital-strategy.ec.europa.eu/en/library/proposal-regulation-laying-down-harmonised-rules-artificial-intelligence-artificial-intelligence. acesso em: 19 maio 2021.

68. BISMARCK, Eduardo Henrique Maia. Câmara dos Deputados. *Projeto de Lei 21/20*. Disponível em: https://www.camara.leg.br/propostas-legislativas/2236340 Acesso em: 16 out. 2021.

Até que a legislação seja atualizada, sistemas de IA não devem ser desenvolvidos e usados sem qualquer tipo de orientação. É importante que programadores, empresas, e demais partes envolvidas levem em consideração princípios éticos e boas práticas para redução de riscos atrelados à tecnologia. Por exemplo, decisões advindas de algoritmos devem ser explicáveis e sistemas baseados em *machine learning* devem ser treinados com uma base de dados diversa e representativa da população. Além disso, algoritmos devem ser seguros e garantir a privacidade e proteção de dados. Por fim, é de suma importância que questões como responsabilidade e *accountability* sejam esclarecidas, preferencialmente de maneira prévia. Se tais princípios forem priorizados desde o design dos sistemas, haverá uma redução nos riscos e um incremento nas oportunidades e benefícios de nanotecnologias impulsionadas por IA.

6. REFERÊNCIAS

ADIR, Omer et al. Integrating Artificial Intelligence and Nanotechnology for Precision Cancer Medicine, *Advanced Materials*, v. 32, n. 13, 2020.

ADIR, Omer ; POLEY, Maria; CHEN, Gal; FROIM, Sahar; KRINSKY, Nitzan; SHKLOVER, Jeny; SHAINSKY ROITMAN, Janna; LAMMERS, Twan; SCHROEDER, Avi. Cancer Treatment: Integrating Artificial intelligence and Nanotechnology for Precision Cancer Medicine. *Advanced materials* (Weinheim), v. 32, n. 13, abr. 2020. Disponível em: https://onlinelibrary.wiley.com/doi/abs/10.1002/adma.202070100. Acesso em: 16 out. 2021.

AFANTITIS, Antreas. Nanoinformatics: Artificial Intelligence and Nanotechnology in the New Decade. *Combinatorial Chemistry & High Throughput Screening*, v. 23, n. 1, p. 4-5, 2020. Disponível em: https://www.eurekaselect.com/180227/article. Acesso em: 16 out. 2021.

ALVES, Oswaldo. Nanotecnologia, nanociência e nanomateriais: quando a distância entre presente e futuro não é apenas questão de tempo. *Revista Parcerias Estratégicas*, Brasília, v. 9, n. 18, 2004. Disponível em: http://seer.cgee.org.br/index.php/parcerias_estrategicas/article/view/138. Acesso em: 14 out. 2021.

ASSIS, Letícia Marques de et al. Características de nanopartículas e potenciais aplicações em alimentos. *Brazilian Journal of food technology*. v. 15, n. 2, p. 99-109, abr./jun. Campinas, 2012. Disponível: http://dx.doi.org/10.1590/S1981-67232012005000004. Acesso em: 14 out. 2021.

BERWIG, Juliane Altmann; ENGELMANN, Wilson. A Nanotecnologia: do fascínio ao risco. In: ENGELMANN, Wilson, HUPFFER, Haide Maria (Org.). *Impactos Sociais e Jurídicos das Nanotecnologias*. São Leopoldo: Casa Leiria, 2017, p. 39-74. Livro disponível em *E-book*.

BISMARCK, Eduardo Henrique Maia. Câmara dos Deputados. *Projeto de Lei 21/20*. Disponível em: https://www.camara.leg.br/propostas-legislativas/2236340 Acesso em: 16 out. 2021.

BLAUTH, Taís Fernanda; GSTREIN, Oskar Josef, Data-driven measures to mitigate the impact of COVID-19 in South America: how do regional programmes compare to best practice?, *International Data Privacy Law*, n. ipab002, 2021.

BOLUKBASI, Tolga et al. Man is to Computer Programmer as Woman is to Homemaker? Debiasing Word Embeddings, Barcelona, Spain: [s.n.], 2016;

BUOLAMWINI, Joy; GEBRU, Timnit, Gender Shades: Intersectional Accuracy Disparities in Commercial Gender Classification, *Proceedings of Machine Learning Research*, v. 81, p. 1-15, 2018.

CALISKAN, Aylin; BRYSON, Joanna J.; NARAYANAN, Arvind, Semantics derived automatically from language corpora contain human-like biases, *Science*, v. 356, n. 6334, p. 183-186, 2017.

CORONAPP: La inutilidad del atajo tecnológico desplegado por el Gobierno y sus riesgos, *Derechos Digitales*, disponível em: https://www.derechosdigitales.org/14387/coronapp-la-inutilidad-del-a-tajo-tecnologico-desplegado-por-el-gobierno-y-sus-riesgos/. acesso em: 11 jul. 2020.

CORTIZ, Diogo; BURLE, Caroline, *Mapeamento de Princípios de Inteligência Artificial*, [s.l.]: CEWEB – Centro de Estudos sobre Tecnologia Web, 2019.

CORVALÁN, Juan Gustavo. Inteligencia artificial: retos, desafíos y oportunidades – Prometea: la primera inteligencia artificial de Latinoamérica al servicio de la Justicia. *Rev. Investig. Const.* v. 5, n.1, jan.-apr. 2018. Doi: https://doi.org/10.5380/rinc.v5i1.55334.

DIMER, Frantiescoli A. et al. Impactos da nanotecnologia na saúde: produção de medicamentos. *Química Nova*, v. 36, n. 10, p.1520-1526, 2013. Disponível em: http://quimicanova.sbq.org.br/detalhe_artigo.asp?id=3046. Acesso em: 14 out. 2021.

EUROPEAN COMISSION. *Europe fit for the Digital Age:* Commission proposes new rules and actions for excellence and trust in Artificial Intelligence. Disponível em: https://ec.europa.eu/commission/presscorner/detail/en/IP_21_1682. acesso em: 27 set. 2021.

EUROPEN COMISSION. *Proposal for a Regulation laying down harmonised rules on artificial intelligence* – Artificial Intelligence Act. Disponível em: https://digital-strategy.ec.europa.eu/en/library/propo-sal-regulation-laying-down-harmonised-rules-artificial-intelligence-artificial-intelligence. acesso em: 19 maio 2021.

EXIT through the App Store?, London: Ada Lovelace Institute, 2020.

FIGUEIRAS, Ana Rita Ramalho; COIMBRA, André Brito; VEIGA, Francisco José Baptista. Nanotecno-logia na saúde: aplicações e perspectivas. *Boletim Informativo Geum*, v. 5, n. 2, p. 14-26, abr./jun., 2014. Disponível em:http://www.ojs.ufpi.br/index.php/geum/article/viewFile/1729/1705. Acesso em: 14 out. 2021.

FLORIDI, L. AI and Its New Winter: from Myths to Realities. *Philos. Technol.* v. 33, p. 1-3, 2020. DOI: https://doi.org/10.1007/s13347-020-00396-6.

FLORIDI, L. What the Near Future of Artificial Intelligence Could Be. *Philos. Technol..* v. 32, p. 1-15, 2019. DOI: https://doi.org/10.1007/s13347-019-00345-y

FLORIDI, Luciano; COWLS, Josh, A Unified Framework of Five Principles for AI in Society, *Harvard Data Science Review*, v. 1, n. 1, p. 1-15, 2019.

HAO, Karen, In 2020, let's stop AI ethics-washing and actually do something, *MIT Technology Review,* disponível em: https://www.technologyreview.com/2019/12/27/57/ai-ethics-washing-time-to-act/. acesso em: 27 set. 2021;

HAYAT, Hasaan et al. A concise review: the synergy between artificial intelligence and biomedical nano-materials that empowers nanomedicine, *Biomedical Materials*, v. 16, n. 5, 2021.

HASSABIS, Demis; KUMARAN, Dharshan; SUMMERFIELD, Christopher; BOTVINICK, Matthew. Neuroscience-Inspired Artificial Intelligence. *Neuron*, v. 95, n. 2, p. 245-258, jul. 2017. Doi: https://doi.org/10.1016/j.neuron.2017.06.011.

HILL, Kashmir, Wrongfully Accused by an Algorithm, *The New York Times*, Pub. 24 ouct. 2020. Dispo-nível em: https://www.nytimes.com/2020/06/24/technology/facial-recognition-arrest.htmlAcesso em: 14 out. 2021.

INTERNATIONAL CENTER FOR TECHNOLOGY ASSESSMENT (ICTA). Nanoaction Project. *Principles for the Oversight of Nanotechnologies and Nanomaterials*, 2012. Disponível em: http://www.icta.org/files/2012/04/080112_ICTA_rev1.pdf. Acesso em: 14 out. 2021.

JOBIN, Anna; IENCA, Marcelo; VAYENA, Effy. The global landscape of AI ethics guidelines. *Nature Machine Intelligence*, v. 1, p. 389-399, 2019. Disponível em: https://www.nature.com/articles/s42256-019-0088-2. Acesso em: 15 out. 2021.

JOHNSON, *How AI companies can avoid ethics washing*. Disponível em: https://venturebeat.com/2019/07/17/how-ai-companies-can-avoid-ethics-washing/. Acesso em: 16 out. 2021.

JOINT Civil Society Statement: States use of digital surveillance technologies to fight pandemic must respect human rights, *Human Rights Watch*, disponível em: https://www.hrw.org/news/2020/04/02/joint-civil-society-statement-states-use-digital-surveillance-technologies-fight. Acesso em: 6 jul. 2020;

JONES, L. D.; GOLAN, D.; HANNA, S. A.; RAMACHANDRAN, M. Artificial intelligence, machine learning and the evolution of healthcare a bright future or cause for concern? *Bone & Joint Research*, v. 7, n. 3, mar. 2018, Doi: https://doi.org/10.1302/2046-3758.73.BJR-2017-0147.R1.

KANGASSALO, Lauri; SPAPÉ, Michiel; RUOTSALO, Tuukka. Neuroadaptive modelling for generating images matching perceptual categories. *Nature Scientific Reports*, v. 10, n. 14719, 2020. Disponível em: https://www.nature.com/articles/s41598-020-71287-1. Acesso em: 08 out. 2021.

KIM, Kyunam; SPIELER, Patrick; LUPU, Elena-Sorina; RAMEZANI, Alireza; CHUNG, Soon-Jo Chung. A bipedal walking robot that can fly, slackline, and skateboard. *Science Robotics*, v. 6, n. 59, 06 oct. 2021. Disponível em: https://www.science.org/doi/10.1126/scirobotics.abf8136. Acesso em: 08 out. 2021.

MORISSO, Fernando Dal Pont; JAHNO Vanusca Dalosto. Nanociência e nanotecnologia: um rompimento de paradigmas. In: ENGELMANN, Wilson, HUPFFER, Haide Maria (Org.). *Impactos Sociais e Jurídicos das Nanotecnologias*. São Leopoldo: Casa Leiria, 2017, p. 13-37. Livro disponível em *E-book*.

NANOTECHNOLOGY PRODUCTS DATABASE (NPD). *Source of information about nanotechnology products*. Disponível em: http://product.statnano.com/. Acesso em: 14 out. 2021.

ORGANISATION FOR ECONOMIC CO-OPERATION AND DEVELOPMENT (OECD). Recommendation of the Council on Artificial Intelligence. 2019. Disponível em: https://legalinstruments.oecd.org/en/instruments/OECD-LEGAL-0449. Acesso em: 05 out. 2021.

PASCHOALINO, Matheus et al. Os nanomateriais e a questão ambiental. *Revista Química Nova*, v. 33, n.2, p.421-430, 2010. Disponível em: http://static.sites.sbq.org.br/quimicanova.sbq.org.br/pdf/Vol33No2_421_32-RV09047.pdf. Acesso em: 14 out. 2021.

PATEL, Darshan et al. Implementation of Artificial Intelligence Techniques for Cancer Detection, *Augmented Human Research*, v. 5, n. 1, p. 6, 2020.

PATRA, Jayanta Kumar et al. Nano based drug delivery systems: recent developments and future prospects, *Journal of Nanobiotechnology*, v. 16, n. 1, 2018.

PROGRAMA DE LAS NACIONES UNIDAS PARA EL MEDIO AMBIENTE. *Fronteras 2017:* Nuevos temas de interés ambiental, 2017. Disponível em: https://www.toxicologia.org.ar/wp-content/uploads/2017/12/Frontiers_2017.pdf. Acesso em: 14 out. 2021.

RODRÍGUEZ-RUIZ, Alejandro et al. Detection of Breast Cancer with Mammography: Effect of an Artificial Intelligence Support System, *Radiology*, v. 290, n. 2, p. 305-314, 2019.

RUARO, Regina Linden; REIS, Ludimila Camilo Catão Guimarães. Los retos del desarrollo ético de la Inteligencia Artificial. *Veritas*, Porto Alegre, v. 65, n. 3, p. 1-14, set.-dez. 2020, p. 6. Disponível em: https://revistaseletronicas.pucrs.br/ojs/index.php/veritas/article/view/38564/26562Acesso em: 13 out. 2021.

SILVA, Gabriel A. A New Frontier: The Convergence of Nanotechnology, Brain Machine Interfaces, and Artificial Intelligence. *Front. Neurosci.*, Pub. 16 Nov. 2018. DOI: https://doi.org/10.3389/fnins.2018.00843

SHANE, Scott; WAKABAYASHI, Daisuke, 'The Business of War': Google Employees Protest Work for the Pentagon, *The New York Times*, 2018.

SHEARER, Cameron. A guide to the nanotechnology used in the average home. *Nano Werk*, 2016. Disponível em: http://www.nanowerk.com/spotlight/spotid=43847.php. Acesso em: 14 out. 2021.

SOARES, N. *The Value Learning Problem*. Machine Intelligence Research Institute, Berkeley, 2016. Disponível em: https://intelligence.org/files/obsolete/ValueLearningProblem.pdf. Acesso em: 13 out. 2021.

THE global landscape of AI ethics guidelines, *Nature Machine Intelligence*, v. 1, n. 9, p. 389-399, 2019.

THE ROYAL SOCIETY & THE ROYAL ACADEMY OF ENGINEERING. *Nanoscience and nanotechnologies:* opportunities and uncertainties, 2004. Disponível em: https://royalsociety.org/~/media/Royal_Society_Content/policy/publications/2004/9693.pdf. Acesso em: 14 out. 2021.

TNS Innovation. *Nanotecnologia na indústria de alimentos.* Disponível: http://tnsolution.com.br/2015/08/26/nanotecnologia-na-industria-de-alimentos/. Acesso em: 14 out. 2021.

UNIVERSIDADE FEDERAL DO RIO DE JANEIRO. Scientiarum Historia. História da Nanotecnologia. Disponível em: http://www.hcte.ufrj.br/downloads/sh/sh1/Artigos/68.pdf. Acesso em: 14 out. 2021.

WAKABAYASHI, Daisuke; SHANE, Scott, Google will not renew Pentagon contract that upset employees, *The New York Times*, 2018.

WORLD HEALTH ORGANIZATION. *Ethics and governance of artificial intelligence for health*: WHO guidance. Geneva: World Health Organization; 2021, p. XII-XIV. Disponível em: https://www.who.int/publications/i/item/9789240029200. Acesso em: 14 out. 2021.

YAO, Duoxi et. al. Limitation and challenge faced to the researches on environmental risk of nanotechnology. *Environmental Sciences*, v. 18, p.149-156, 2013. Disponível em: https://www.sciencedirect.com/science/article/pii/S1878029613001527. Acesso em: 14 out. 2021.

ZARBIN, Aldo J. G. Química de (nano) materiais. *Revista Química Nova*. São Paulo, v.30, n.6, p. 1469-1479, Nov./Dez. 2007. Disponível em: http://static.sites.sbq.org.br/quimicanova.sbq.org.br/pdf/Vol30No6_1469_15-S07432.pdf. Acesso em: 14 out. 2021.

ZUBOFF, Shoshana, *The Age of Surveillance Capitalism*, London: Profile Books, 2019.

Parte IV
PROTEÇÃO DE DADOS, INTIMIDADE E EXTIMIDADE NAS PLATAFORMAS DIGITAIS

CORPO ELETRÔNICO COMO VÍTIMA DE OFENSAS EM MATÉRIA DE TRATAMENTO DE DADOS PESSOAIS E A VIABILIDADE DA APLICAÇÃO DA NOÇÃO DE DANO ESTÉTICO AO MUNDO DIGITAL[1]

Cristiano Colombo

Pós-Doutor em Direito junto à Pontifícia Universidade Católica do Rio Grande do Sul (PUCRS). Doutor em Direito pela Universidade Federal do Rio Grande do Sul (UFR-GS). Mestre em Direito pela Universidade Federal do Rio Grande do Sul (UFRGS). Bacharel em Ciências Jurídicas e Sociais pela Pontifícia Universidade Católica do Rio Grande do Sul – PUCRS (1999) e em Ciências Contábeis pela Universidade Federal do Rio Grande do Sul – UFRGS (2004). Especialista em Direito Tributário pelo Instituto Brasileiro de Estudos Tributários – IBET. Concluiu Curso de Formação Avançada do Centro de Estudos Sociais do Laboratório Associado à Universidade de Coimbra (Portugal) denominado: "Ciberespaço: Desafios à Justiça". Atua na área cível, tributária, previdenciária e empresarial. É Professor do Mestrado Profissional em Direito da Empresa e dos Negócios da UNISINOS, Professor dos cursos de graduação em Direito, Comércio Exterior e Relações Internacionais da UNISINOS e na Faculdade de Direito das Faculdades Integradas São Judas Tadeu (Mantenedora Instituição Educacional São Judas Tadeu). Coordenador do LLM em Lei Geral de Proteção de Dados Pessoais. Pesquisador FAPERGS. Foi membro da Comissão de Ensino Jurídico (CEJ) da Ordem dos Advogados do Brasil do Rio Grande do Sul.

Eugênio Facchini Neto

Doutor em Direito Comparado pela Università Degli Studi di Firenze. Mestre em Direito Civil pela USP. Professor titular dos cursos de graduação, mestrado e doutorado em Direito da Pontifícia Universidade Católica do Rio Grande do Sul. Ex-Diretor da Escola Superior da Magistratura/AJURIS. Desembargador no Tribunal de Justiça do RS. E-mail: eugenio.facchini@pucrs.br

Sumário: 1. Introdução – 2. Corpo eletrônico como vítima de ofensas em matéria de tratamento de dados pessoais; 2.1 Do corpo eletrônico; 2.2 Vítima de ofensas em matéria de tratamento de dados pessoais – 3. Reflexões acerca da responsabilidade por danos à luz da lei geral de proteção de dados pessoais brasileira e a viabilidade da aplicação de dano estético ao mundo digital; 3.1 Reflexões acerca da responsabilidade por danos à luz da Lei Geral de Proteção de Dados Pessoais brasileira; 3.2 Viabilidade da aplicação de dano estético ao mundo digital – 4. Considerações finais – 5. Referências.

---

1. Uma primeira versão deste texto, com o título "'*Corpo elettronico*' como vítima de ofensas em matéria de tratamento de dados pessoais: reflexões acerca da responsabilidade civil por danos à luz da Lei Geral de Proteção de Dados Pessoais brasileira e viabilidade da aplicação de dano estético digital", foi publicada na obra coletiva "Responsabilidade civil: novos riscos", coordenada por Nelson Rosenvald, Rafael de Freitas Valle Dresch e Tula Wesendonck e publicada, pela Editora Foco, em 2019. Para esta obra, o texto foi revisado e atualizado.

1. INTRODUÇÃO

O estudo é dedicado ao corpo eletrônico como potencial vítima de ofensas em matéria de tratamento de dados das pessoas naturais, à luz do texto da nova Lei Geral de Proteção de Dados brasileira (Lei 13.709 de 2018), refletindo sobre a responsabilidade civil por danos e a viabilidade da aplicação da noção de dano estético ao mundo digital. O primeiro capítulo apresentará a noção de corpo eletrônico, discorrendo também sobre o fenômeno da criação de perfis digitais, bem como a identificação de ofensas que lhe atingem, a partir da análise legislativa, jurisprudencial e doutrinária. O segundo capítulo versará sobre a perspectiva de uma responsabilidade civil por danos à luz da Lei Geral de Proteção de Dados brasileira e a viabilidade da aplicação da noção de dano estético no mundo digital.

A temática é analisada a partir da Lei 13.709 de 2018, comparando alguns aspectos com o modelo europeu, na versão dada pelo Regulamento Geral de Proteção de Dados, de 2016. No que toca à metodologia, a pesquisa foi teórica, tratando do tema em forma exploratória e descritiva, valendo-se de procedimentos técnicos bibliográficos.

2. CORPO ELETRÔNICO COMO VÍTIMA DE OFENSAS EM MATÉRIA DE TRATAMENTO DE DADOS PESSOAIS

2.1 Do corpo eletrônico

A expressão *corpo elettronico*, cunhada por Stefano Rodotà, indica um novo aspecto da pessoa natural, atribuindo-lhe, além da massa física, uma dimensão digital[2]. Segundo ele, o "espaço do corpo" transborda a "unidade física", ultrapassando o "limite delineado pela pele"[3]. Uma corpulência "binária"[4] se manifesta no mundo virtual com novas partículas que exteriorizam a personalidade, representadas pelos dados pessoais. Informações reveladas no ciberespaço colaboram para a compleição do corpo eletrônico, comparáveis às "tatuagens, *piercing* e outros sinais de identidade"[5]. Tal fenômeno se acentua na medida em que ferramentas mais precisas de tratamento destes fatos revelados no espaço virtual são desenvolvidas, desde a coleta, classificação, arquivamento, avaliação, sistematização. Tais procedimentos permitem a oferta de *outputs* mais precisos, em face dos dados estarem cada vez mais estruturados. Consequentemente, se a silhueta da pessoa até então era um vulto, passa a ter maior nitidez, riqueza de detalhes, passando de uma sombra para uma intensidade luminar que permite identificá-la claramente. Como coloca Nissenbaum, em capítulo

---

2. RODOTÀ, Stefano. *Intervista su privacy e libertà*. Roma-Bari: Laterza, 2005, p. 120-121.
3. RODOTÀ, Stefano. *Il diritto di avere diritti*. Roma-Bari: Laterza, 2012, p. 26.
4. PEREIRA, Alexandre Libório Dias. *Informático direito de autor e propriedade tecnodigital*. Coimbra: Coimbra, 2001, p. 18. Ainda nas palavras do autor: "Fala-se, pois, em ciberespaço, que é o produto da convergência tecnológica da informática, das telecomunicações e do audiovisual. Convergência essa que, por seu turno, é possibilitada pela linguagem binária da informática".
5. RODOTÀ, Stefano. *Il diritto di avere diritti*. Roma-Bari: Laterza, 2012, p. 322.

CORPO ELETRÔNICO COMO VÍTIMA DE OFENSAS EM MATÉRIA DE TRATAMENTO DE DADOS PESSOAIS

expressivamente intitulado *"Knowing Us Better than We Know Ourselves: Massive and Deep Databases"*, "qualquer coisa sobre um indivíduo pode ser convertido em forma digital, ser armazenado indefinidamente e ser facilmente acessado"[6].

É o que Doneda refere como "representação virtual", o "avatar" de cada pessoa natural:

> Nossos dados, estruturados de forma a significarem para determinado sujeito uma nossa representação virtual – ou um avatar –, podem ser examinados no julgamento de uma concessão de uma linha de crédito, de um plano de saúde, a obtenção de um emprego, a passagem livre pela alfândega de um país, além de tantas outras hipóteses[7].

Santaella, por sua vez, acentua o entrelaçamento entre o físico e o virtual ao referir sobre a "construção do corpo como parte de um circuito integrado de informação e matéria que inclui componentes humanos e não humanos, tanto chips de silício quanto tecidos orgânicos, bits de informações e bits de carne e osso"[8]. De tal forma, o corpo ligado a uma personalidade deve ser compreendido como o resultante da integração de sua massa física com os dados presentes no ambiente virtual. Ora, se os dados representam o elemento constitutivo do corpo eletrônico, como defini-lo? Segundo Silva, Peres e Boscariolli[9], há que se distinguir entre o dado, a informação e o conhecimento. O dado nada mais é um fato, um valor documentado ou um resultado de medição. Atribuindo-se um significado aos dados, gera-se uma informação. E quando estas informações se tornam familiares, permitindo sua apreensão cognitiva, o agente capacita-se a tomar decisões a partir deles – eis aí o conhecimento. O dado pode ser, por exemplo, o fato que João está acometido de uma doença grave, o que é revelado pelo acesso a um prontuário médico ou a notas fiscais de uma farmácia, que indicam a aquisição de remédios para uma dada patologia. A informação, por sua vez, é interpretar este dado, no sentido de que talvez João venha a faltar alguns dias ao trabalho, em razão de eventual tratamento, mesmo que isso não necessariamente ocorra. E, o conhecimento seria representado pela não contratação de João para o quadro da empresa, discriminando-o. Doneda sintetiza esse fenômeno ao referir que "o dado estaria associado a uma pré-informação anterior à interpretação e à elaboração.", enquanto a informação é "algo além da representação contida no dado"[10].

Em razão da importância dos "dados pessoais", sua conceituação passou a integrar os principais documentos legislativos, em nível mundial, como se constata pela redação do artigo 4º, 1, do Regulamento Geral sobre Proteção de Dados da União Europeia (2016/679):

---

6. NISSENBAUM, Helen. *Privacy in context*: technology, policy, and the integrity of social life. Stanford: Stanford University Press, 2010, p. 36.
7. DONEDA, Danilo. *Da privacidade à proteção de dados pessoais*. Rio de Janeiro: Renovar, 2006, p. 2.
8. SANTAELLA, Lucia. *Linguagens líquidas na era da mobilidade*. São Paulo: Paulus, 2011, p. 39.
9. SILVA, Leandro Augusto; PERES, Sarajane Marques; BOSCARIOLI, Clóvis. *Introdução à mineração de dados*. Rio de Janeiro: Elsevier, 2016, p. 384-386.
10. DONEDA, Danilo. *Da privacidade à proteção de dados pessoais*. Rio de Janeiro: Renovar, 2006, p. 152.

«Dados pessoais», informação relativa a uma pessoa singular identificada ou identificável («titular dos dados»); é considerada identificável uma pessoa singular que possa ser identificada, direta ou indiretamente, em especial por referência a um identificador, como por exemplo um nome, um número de identificação, dados de localização, identificadores por via eletrónica ou a um ou mais elementos específicos da identidade física, fisiológica, genética, mental, económica, cultural ou social dessa pessoa singular[11].

Da leitura do texto, depreende-se, no referido instrumento legislativo, um conceito aberto de "dados pessoais", que não se subsome a uma lista taxativa. Consideram-se como tais aqueles que permitam a identificação, mesmo que "em potência". É o que ensina o Manual da Legislação Europeia de Proteção de Dados, ao registrar não haver necessidade de identificação do sujeito para que o dado seja pessoal, enquadrando-se nessa noção situações em que seja possível descobrir a pessoa a quem o mesmo se liga, efetuando pesquisas adicionais. Portanto, o que importa não é a identificação, mas a identificabilidade:

[C]onsidera-se que as informações contêm dados sobre uma pessoa se: • essa pessoa estiver identificada nessas informações; ou • essa pessoa, embora não esteja identificada, estiver descrita nestas informações de forma que permita descobrir quem é a pessoa em causa efetuando pesquisas adicionais. Ambos os tipos de informações são protegidos da mesma forma na legislação europeia sobre proteção de dados[12].

Em Parecer emitido pelo "Grupo de Trabalho de Protecção de Dados do Artigo 29º", que segue sendo aplicado pela União Europeia, mesmo com o advento do Regulamento 2016/679, está registrado o propósito de construir uma "noção ampla", sendo "desejo do Parlamento de que a definição de 'dados pessoais' seja o mais geral possível para incluir toda a informação respeitante a uma pessoa identificável"[13]. Saliente-se, ainda, que "dados pessoais" não são sinônimos a "dados privados" ou "dados sensíveis". Estes se referem às informações que o ser humano revela para si, ou, máximo, aos seus familiares e amigos próximos, enquadrando-se na antiga noção de privacidade. Já aqueles podem envolver dados profissionais, sociais, incluindo-se aqueles revelados publicamente nas redes sociais[14]. É o que esclarece solarmente dito Parecer:

A expressão "dados pessoais" inclui informação que toca a esfera da vida privada e familiar da pessoa stricto sensu, mas inclui também informação sobre qualquer tipo de actividade realizada

---

11. UNIÃO EUROPEIA. Regulamento (UE) 2016/679 do Parlamento Europeu e do Conselho de 27 de abril de 2016. *Jornal Oficial da União Europeia*, 04 maio 2016. Disponível em: https://eur-lex.europa.eu/legal-content/PT/TXT/PDF/?uri=CELEX:32016R0679&from=PT. Acesso em: fev. 2022.

12. MANUAL da legislação europeia sobre proteção de dados. 2014. Disponível em: fra.europa.eu/sites/default/files/fra-2014-handbook-data-protection-pt.pdf. Acesso em: fev. 2022, p. 40.

13. PARECER 4/2007 sobre o conceito de dados pessoais. 2007. Disponível em: https://www.gpdp.gov.mo/uploadfile/others/wp136_pt.pdf. Acesso em: fev. 2022.

14. Interessante notar que desde 1993 (STC 254/1993) o Tribunal Constitucional espanhol reconhece a proteção dos dados pessoais como direito específico e distinto do direito à intimidade, vindo mantendo essa posição na jurisprudência posterior (STC 290/2000 E 292/2000) (ORTIZ, Concepción Conde. *La protección de datos personales:* un derecho autónomo con base en los conceptos de intimidad y privacidad. Madrid: Dykinson, 2005, p. 43).

pela pessoa, tal como a que diz respeito às relações de trabalho ou ao seu comportamento económico e social. Inclui, assim, informação sobre pessoas singulares, independentemente do seu estatuto ou papel (consumidor, paciente, empregado, cliente etc.)[15].

Para melhor compreensão da noção de "*corpo elettronico*", é importante referir o disposto no artigo 4º, 4, do Regulamento Geral de Proteção de Dados da União Europeia, que positiva o "*profiling*" ou perfil digital. Este é o resultado (*output*) de um algoritmo que subsidia decisões automatizadas por parte dos grandes *players* do mercado. A definição de perfil digital envolve

> qualquer forma de tratamento automatizado de dados pessoais que consista em utilizar esses dados pessoais para avaliar certos aspetos pessoais de uma pessoa singular, nomeadamente para analisar ou prever aspetos relacionados com o seu desempenho profissional, a sua situação económica, saúde, preferências pessoais, interesses, fiabilidade, comportamento, localização ou deslocações[16].

O *profiling* tem como escopo "reunir e analisar dados dos titulares de forma a desenhar perfis comportamentais de consumo, tornando os titulares de dados alvos para o tratamento de dados extremamente intrusivos, como marketing direto"[17]. Os dados pessoais constituem, portanto, o corpo eletrônico, configurando uma extensão do corpo físico. É o que leciona Doneda:

> Esta técnica, conhecida como *profiling*, pode ser aplicada a indivíduos bem como estendida a grupos. Nela, os dados pessoais são tratados, com o auxílio de métodos estatísticos, técnicas de inteligência artificial e outras mais, com o fim de obter uma "metainformação", que consistiria numa síntese dos hábitos, preferências pessoais e outros registros da vida desta pessoa. O resultado pode ser utilizado para traçar um quadro das tendências de futuras decisões, comportamentos e destinos de uma pessoa ou grupo[18].

Destaque-se que a Lei Geral de Proteção de Dados brasileira (Lei 13.709/18), em seu artigo 5º, II, segue harmoniosamente a legislação europeia, ao definir que: "dado pessoal: informação relacionada a pessoa natural identificada ou identificável". Como se vê, ao utilizar a expressão "identificável", o legislador pátrio reconheceu que, se for possível descobrir de quem se trata, através de "pesquisas complementares", como referido no Regulamento europeu, também este fato deva ser considerado "dado pessoal".

Outrossim, a Lei Geral de Proteção de Dados Brasileira, em duas oportunidades, utiliza o conceito de perfil comportamental: a) Artigo 12, § 2º: "Poderão ser igualmente considerados como dados pessoais, para os fins desta Lei, aqueles utilizados para formação do perfil comportamental de determinada pessoa natural, se identi-

---

15. PARECER 4/2007 sobre o conceito de dados pessoais. 2007. Disponível em: https://www.gpdp.gov.mo/uploadfile/others/wp136_pt.pdf. Acesso em: fev. 2022.
16. UNIÃO EUROPEIA. Regulamento (UE) 2016/679 do Parlamento Europeu e do Conselho de 27 de abril de 2016. *Jornal Oficial da União Europeia*, 04 maio 2016. Disponível em: https://eur-lex.europa.eu/legal-content/PT/TXT/PDF/?uri=CELEX:32016R0679&from=PT. Acesso em: fev. 2022.
17. FAZENDEIRO, Ana. *Regulamentação geral sobre a proteção de dados*. Coimbra: Almedina, 2017, p. 50.
18. DONEDA, Danilo. *Da privacidade à proteção de dados pessoais*. Rio de Janeiro: Renovar, 2006, p. 173.

ficada."; b) Art. 20: "O titular dos dados tem direito a solicitar a revisão de decisões tomadas unicamente com base em tratamento automatizado de dados pessoais que afetem seus interesses, incluídas as decisões destinadas a definir o seu perfil pessoal, profissional, de consumo e de crédito ou os aspectos de sua personalidade. (Redação dada pela Lei 13.853, de 2019). Por outro lado, no artigo 12, há expressa referência ao termo "perfil comportamental". Tal expressão colhe o procedimento pelo qual, através da "mineração" dos dados fornecidos pelos próprios usuários ao mundo digital, bem como dos gostos manifestados no ciberespaço, faz-se possível realizar a análise preditiva, no sentido de projetar o foco de interesse ajustado a cada internauta.

O artigo 20, por sua vez, disciplina a possibilidade de se encaminhar pedido de explicação ao controlador dos dados. Nas hipóteses de tratamento de dados unicamente automatizado, o usuário pode exigir uma reanálise por um ser humano. Inegável, portanto, a presença de um corpo eletrônico, decorrente deste fluxo de dados que formam uma massa binária, de zeros e uns[19], no mundo digital.

Esse "admirável mundo novo" em que vivemos traz benefícios e vantagens a todos, sem sombra de dúvidas. Todavia, essa nova tecnologia tem potencial para impactar também negativamente nossas vidas. O que afeta nossos avatares virtuais pode vir a afetar sensivelmente nossas existências reais. E, pelas características da rede, o dano pode ser potencializado. Nas palavras de Paesani, "parecem evidentes a extensão e o potencial difamatório de uma mensagem divulgada pela rede"[20].

Como um efeito colateral do mundo virtual, pela primeira vez na história humana, acessar a informação é mais fácil e mais barato do que esquecer[21]. Ao longo da evolução da sociedade, a relação entre lembrar e esquecer permaneceu clara: lembrar era caro e difícil, ao passo que esquecer era natural e fácil. Na era digital, em que as informações estão ao alcance dos dedos da mão, em qualquer lugar em que nos encontremos, nada fica no passado e nada é esquecido – todas as informações permanecem disponíveis e acessíveis e o tempo se transformou em um presente contínuo. Os danos causados no mundo virtual, portanto, tem um potencial de duração maior do que no passado. E como alerta Gaudenzi, uma potencialidade de dano mais eficaz, já que as redes telemáticas permitem a transmissão das informações a distância e em tempo real[22].

Todas essas tecnologias da informação e comunicação, que impactaram positiva e definitivamente tantos aspectos da nossa vida, também trazem desafios ingentes ao mundo do Direito. Como se sabe, a técnica e a ciência não aceitam limites. Sua

---

19. PEREIRA, Alexandre Libório Dias. *Informático direito de autor e propriedade tecnodigital*. Coimbra: Coimbra, 2001, p. 18.
20. PAESANI, Liliana Minardi. *Direito e internet*: liberdade de informação, privacidade e responsabilidade civil. 5. ed. São Paulo: Atlas, 2012, p. 77.
21. MAYER-SCHÖNBERGER, Viktor. *Delete:* the virtue of forgetting in the digital age. New Jersey: Princeton University Press, 2009, p. 198.
22. GAUDENZI, Andrea Sirotti. *Diritto all'oblio:* responsabilità e risarcimento del danno. Santarcangelo di Romagna: Maggioli, 2017, p. 70.

lógica é simples: se algo pode ser feito, será feito. O cientista inexoravelmente busca atingir a fronteira derradeira, ir até onde o conhecimento técnico permitir. Cabe ao Direito, municiado pela ética e pelos valores de uma sociedade que formalmente colocou a pessoa humana e sua dignidade como centro de todas as preocupações jurídicas, estabelecer quais os limites e fronteiras que não devem ser ultrapassados ou, se ultrapassados, prever os remédios cabíveis para compensar eventuais danos ou minorar sua extensão. Como diz Solove, "há quem sustente, persuasivamente, que proteger a intimidade é algo impensável na era da informação. Pelo contrário, o Direito pode fazer muito para salvaguardar a intimidade"[23].

O próximo item tratará precisamente do enfrentamento jurídico dos potenciais danos derivados dessas novas tecnologias.

2.2   Vítima de ofensas em matéria de tratamento de dados pessoais

Partindo da existência de dados que identificam uma determinada pessoa ou que possam vir a identificá-la, passando pela formação de perfis comportamentais, chegamos à noção de corpo eletrônico. Diante do direito fundamental à proteção de dados pessoais, mister tutelar os casos de ofensas a esse corpo eletrônico para além do direito à privacidade, pois "as garantias que a princípio eram relacionadas com a privacidade passam a ser vistas através de ótica mais abrangente, pela qual outros interesses devem ser considerados, compreendendo as diversas formas de controle tornadas possíveis com a manipulação de dados pessoais"[24].

Em estudo mais recente, Doneda (2018) insiste que a proteção de dados tem um enfoque puramente objetivo, não envolvendo os aspectos subjetivos da privacidade[25]. Finocchiaro[26], de igual forma, salienta as diferenças havidas entre o direito à proteção de dados e as tutelas específicas de direitos já consagrados, como os direitos à privacidade, à integridade, à reputação, à imagem, ao nome. Segundo a autora, o direito à proteção de dados pessoais se refere ao direito de o sujeito exercitar um controle ativo sobre seus próprios dados, envolvendo o direito ao acesso e à sua retificação.

---

23.   SOLOVE, Daniel J. La persona digital y el futuro de la intimidad. In: POULLET, Yves; ASINARI, María Verónica Pérez; PALAZZI, Pablo (Coord.). *Derecho à la intimidad y a la protección de datos personales*. Buenos Aires: Heliasta, 2009, p. 97.

24.   DONEDA, Danilo. *Da privacidade à proteção de dados pessoais*. Rio de Janeiro: Renovar, 2006, p. 204-205.

25.   Discorrendo sobre a privacidade na era da informação, Waldman refere que, por vezes, tentar proteger a privacidade neste mundo dá a sensação de lutar contra moinhos de vento, mas mesmo assim vislumbra possibilidade de êxito, pois estamos cada vez mais cientes dos perigos do acúmulo de dados e tomando medidas para controlar o fenômeno. WALDMAN, Ari Ezra. *Privacy as trust*: information privacy for an information age. New York: Cambridge University Press, 2018, p. 150. Já Andreas Weigend, ex-cientista principal da Amazon e fundador do Social Data Lab referiu que o conceito de privacy não mais nos protege na era do *social data*. Segundo ele, "nós não deveríamos estar lutando pela privacy simplesmente porque ela era uma boa resposta para os problemas das pessoas há cem anos atrás" (citado por IGO, Sarah E. *The Known Citizen*: a history of privacy in modern America. Cambridge: Harvard University Press, 2018, p. 363-364).

26.   FINOCCHIARO, Giusella. *Privacy e protezione dei dati personali*: disciplina e strumenti operativi. Torino: Zanichelli, 2012, p. 1.

Mendes ressalta que a pessoa humana, em última análise, é a destinatária da proteção de dados pessoais, demonstrando a necessidade de elevá-la a um patamar de direito fundamental, já que "constituem um atributo de sua personalidade"[27]. Aliás, em janeiro de 2022, foi promulgada a Emenda Constitucional n. 115, fruto da Proposta de Emenda à Constituição n. 17/2019, que incluiu no rol dos direitos fundamentais do artigo 5º da Constituição da República a proteção dos dados pessoais (inciso LXXIX)[28], como já constava, por exemplo, da Carta dos Direitos Fundamentais da União Europeia[29].

Para verificar como vem se dando essa proteção ao corpo eletrônico, prevenindo-se ofensas ou as reparando, impõe-se a análise de documentos legislativos e judiciais emanados no âmbito da União Europeia, que há tempos vem se dedicando com seriedade à questão, representando uma válida e consagrada experiência, a ser tomada como modelo.

a) Parecer 2008/C 110/01

Iniciamos pela análise do parecer exarado pela Autoridade Europeia de Proteção de Dados (AEPD), relativamente à transferência dos dados dos Registros de Identificação dos Passageiros (*Passenger Name Record* – PNR) com destino ou partida de voos dos Estados-Membros da União Europeia para os Estados Unidos e o Canadá, sob o argumento de "prevenção e luta contra as infracções terroristas e a criminalidade organizada"[30]. A finalidade apontada foi "identificar pessoas implicadas *ou susceptíveis de estarem* implicadas numa infracção terrorista ou de criminalidade organizada, *bem como os seus associados*." Ocorre que a AEPD reconheceu as seguintes violações ao tratamento de dados, no caso concreto:

a.1) Questões acerca do padrão utilizado (dados utilizados no algoritmo e a construção do perfil). Conforme o trecho do parecer, tem-se que:

---

27. MENDES, Laura Schertel. *Privacidade, proteção de dados e defesa do consumidor.* São Paulo: Saraiva, 2014, p. 56.

28. Segundo se constata em pesquisa ao site oficial do Senado, a PEC (n. 17, de 2019), relatada pela Senadora Simone Tebet, foi aprovada e convertida na EC n. 115/2022, que atribuiu a seguinte redação ao novo inciso LXXIX do artigo 5º da CR/1988: "(...) é assegurado, nos termos da lei, o direito à proteção dos dados pessoais, inclusive nos meios digitais".

29. Carta de 07/11/2000, com a redação adotada em 2012: "Artigo 8º. Proteção de dados pessoais. 1. Todas as pessoas têm direito à proteção dos dados de caráter pessoal que lhes digam respeito. 2. Esses dados devem ser objeto de um tratamento leal, para fins específicos e com o consentimento da pessoa interessada ou com outro fundamento legítimo previsto por lei. Todas as pessoas têm o direito de aceder aos dados coligidos que lhes digam respeito e de obter a respectiva retificação. 3. O cumprimento destas regras fica sujeito a fiscalização por parte de uma autoridade independente." Disponível em: https://eur-lex.europa.eu/legal-content/PT/TXT/HTML/?uri=CELEX:12012P/TXT&from=EN, acesso em: fev. 2022.

30. PARECER da Autoridade Europeia para a Protecção de Dados sobre a proposta de decisão-quadro do Conselho relativa à utilização dos dados dos Registos de Identificação dos Passageiros (Passenger Name Record – PNR) para efeitos de aplicação da lei. *Jornal Oficial da União Europeia*, 01 maio 2008. Disponível em: https://eur-lex.europa.eu/legal-content/PT/TXT/HTML/?uri=CELEX:52008XX0501(01)&rid=1. Acesso em: fev. 2022.

> A proposta não dá nenhuma indicação quanto à forma como serão definidos os padrões e efectuada a avaliação de riscos. A avaliação de impacto especifica do seguinte modo a utilização que será feita dos dados PNR: comparar os dados dos passageiros «com uma combinação de características e padrões comportamentais, com o objectivo de realizar uma avaliação de risco. Quando um passageiro corresponde a uma determinada categoria de risco, pode ser identificado como um passageiro de alto risco» (11). [...] As pessoas suspeitas podem ser seleccionadas segundo elementos concretos de suspeição incluídos nos seus dados PNR (p.ex. contacto com uma agência de viagens suspeita, referência de um cartão de crédito roubado) ou com base em «padrões» ou um perfil abstracto. Podem até ser constituídos diferentes perfis normalizados com base nos padrões de viagem, para «passageiros normais» ou «passageiros suspeitos». Tais perfis permitiriam aprofundar a investigação dos passageiros que não entram na «categoria de passageiro normal», por maioria de razão se o seu perfil estiver associado a outros elementos suspeitos, tais como um cartão de crédito roubado [...][31].

De tal forma, como se vê, a primeira violação ao corpo eletrônico se deu pela falta de transparência do algoritmo aplicado, na construção do *profile*, bem como a existência de considerável margem de erro, que, a partir de um "método informatizado que utiliza a prospecção de dados num armazém de dados", pode levar uma pessoa inocente vir a ser confundida com um terrorista[32].

a.2) Dados Sensíveis

Preocupou-se também referido parecer quanto às ofensas ao corpo eletrônico, na medida em que dados sensíveis, como é o caso de religião, também acabavam por ser transferidos, pois "embora não se possa presumir que os passageiros serão visados conforme a sua religião ou outros dados sensíveis, afigura-se que seriam sujeitos a investigação com base numa mescla de informações *concretas* e *abstractas*"[33].

Segundo o Manual da Legislação Europeia sobre Protecção de Dados, são dados sensíveis:

> Quanto à definição de dados sensíveis, tanto a Convenção 108 (artigo 6.º) como a Diretiva de Proteção de Dados (artigo 8.º) identificam as seguintes categorias: • dados pessoais que revelem a origem racial ou étnica; • dados pessoais que revelem as opiniões políticas, as convicções religiosas ou outras; e • dados relativos à saúde e à vida sexual[34].

---

31. PARECER da Autoridade Europeia para a Protecção de Dados sobre a proposta de decisão-quadro do Conselho relativa à utilização dos dados dos Registos de Identificação dos Passageiros (Passenger Name Record — PNR) para efeitos de aplicação da lei. *Jornal Oficial da União Europeia*, 01 maio 2008. Disponível em: https://eur-lex.europa.eu/legal-content/PT/TXT/HTML/?uri=CELEX:52008XX0501(01)&rid=1. Acesso em: fev. 2022.

32. PARECER da Autoridade Europeia para a Protecção de Dados sobre a proposta de decisão-quadro do Conselho relativa à utilização dos dados dos Registos de Identificação dos Passageiros (Passenger Name Record – PNR) para efeitos de aplicação da lei. *Jornal Oficial da União Europeia*, 01 maio 2008. Disponível em: https://eur-lex.europa.eu/legal-content/PT/TXT/HTML/?uri=CELEX:52008XX0501(01)&rid=1. Acesso em: fev. 2022.

33. PARECER da Autoridade Europeia para a Protecção de Dados sobre a proposta de decisão-quadro do Conselho relativa à utilização dos dados dos Registos de Identificação dos Passageiros (Passenger Name Record – PNR) para efeitos de aplicação da lei. *Jornal Oficial da União Europeia*, 01 maio 2008. Disponível em: https://eur-lex.europa.eu/legal-content/PT/TXT/HTML/?uri=CELEX:52008XX0501(01)&rid=1. Acesso em: fev. 2022.

34. MANUAL da legislação europeia sobre proteção de dados. 2014. Disponível em: fra.europa.eu/sites/default/files/fra-2014-handbook-data-protection-pt.pdf. Acesso em: fev. 2022.

Em sendo assim, revelar ou tratar dados, sem o consentimento do sujeito real, poderá importar ofensas ao corpo eletrônico. Importa destacar que dados aparentemente "inocentes", como alimentação em voos, manipulada para um determinado passageiro, pode revelar sua religião, bem como informações sobre alergias, podem indicar a presença de patologias. Tais dados, devidamente tratados, podem levar a um conhecimento iluminante sobre determinado sujeito, eventualmente sujeitando-o a exclusões discriminatórias.

a.3) Necessidade e Proporcionalidade

Em determinando momento, a AEPD assim refere: "É evidente o carácter intrusivo das medidas, como acima ficou indicado. Por outro lado, não está de todo demonstrada a sua utilidade." Portanto, uma enormidade de dados estava sendo transferido, mesmo em relação a pessoas sem qualquer envolvimento com grupos terroristas, e, como se vê, foram referidos como intrusivos e desprovidos de qualquer utilidade. Também, deve ser levado em conta que a entrega completa, enfim, de toda a lista de pessoas, implicaria em medida completamente desproporcional, como pontuado pela AEPD, pois permitiria um "controlo global das deslocações de pessoas"[35].

Logo, no sentir daquela Autoridade, tratar-se de uma situação que configuraria ofensa ao corpo eletrônico, por hiperexposição de dados.

b) Recomendação 2010/C 184 E/25

Trata-se de Recomendação do Parlamento Europeu ao Conselho, de 24 de abril de 2009, referente ao problema da exploração de dados para a obtenção de perfis, nomeadamente com base na origem étnica e racial, nas operações de luta contra o terrorismo, manutenção da ordem, controlo da imigração, alfândegas e controlo fronteiriço. Na Recomendação constou que "a exploração de dados para a obtenção de perfis que tenha uma base especificamente racial ou étnica" suscita "profundas preocupações quando ao seu conflito com as normas da não discriminação[36]."

Nesta Recomendação, há uma classificação quanto aos perfis que se revela extremamente interessante, subdividindo-os em descritivos e preditivos.

---

35. PARECER da Autoridade Europeia para a Protecção de Dados sobre a proposta de decisão-quadro do Conselho relativa à utilização dos dados dos Registos de Identificação dos Passageiros (Passenger Name Record – PNR) para efeitos de aplicação da lei. *Jornal Oficial da União Europeia*, 01 maio 2008. Disponível em: https://eur-lex.europa.eu/legal-content/PT/TXT/HTML/?uri=CELEX:52008XX0501(01)&rid=1. Acesso em: fev. 2022.

36. Interessante notar que, do outro lado do Atlântico, na primavera de 2014 a Casa Branca divulgou um notável Relatório (chamado "Podesta Report", em razão do nome de seu principal autor, John Podesta, então Conselheiro do Presidente Obama), em que se advertia expressamente "Big data can discriminate". Nesse relatório, afirmou-se que sistemas de inteligência artificial tinham o potencial de exacerbar as desigualdades, por vezes de modo totalmente não intencional, vindo a afetar negativamente relações de locação, crédito, emprego, saúde, educação e mercado (BEDOYA, Álvaro M. Algorithmic Discrimination vs. Privacy Law. In: SELINGER, Evan; POLONETSKY, Jules; TENE, Omer (ed.). *The Cambridge Handbook of Consumer Privacy*. New York: Cambridge University Press, 2018, p. 232).

CORPO ELETRÔNICO COMO VÍTIMA DE OFENSAS EM MATÉRIA DE TRATAMENTO DE DADOS PESSOAIS

Considerando que os perfis podem ser:

i) descritivos, quando têm por base testemunhos e outras informações acerca dos autores ou as características dos crimes cometidos, auxiliando, dessa forma, a apreensão de suspeitos específicos ou a detecção de actividades criminosas actuais que sigam o mesmo padrão; ou

ii) preditivos, quando estabelecem correlações entre as variáveis observáveis de acontecimentos passados e os dados e informações confidenciais actuais, conduzindo a deduções que se crê passíveis de identificar aqueles que poderão estar envolvidos em crimes futuros ou ainda por desvendar (28)[37].

Como se vê, em relação ao perfil preditivo, seria possível projetar a potencialidade de envolvimento em futuras práticas criminosas e, ferindo totalmente a presunção de inocência, por exemplo, tomar medidas preventivas para evitar o ingresso de estrangeiros em determinado país. A Recomendação também chamou a atenção para o sério problema de que "a prospecção de dados e a exploração de dados para a obtenção de perfis atenua a fronteira entre a vigilância orientada admissível e a problemática vigilância em larga escala", podendo "conduzir a uma ingerência ilícita na reserva da intimidade da vida privada"

Logo, a Recomendação em comento, aponta a potencial utilização de dados sensíveis, registrando elementos, portanto, que revelam ofensa ao corpo eletrônico.

c) Processo C-210/16

Trata-se de pedido junto ao Tribunal de Justiça da União Europeia para desativar "*fanpage*", uma vez que houve coleta de dados tanto pelo Facebook como pelo administrador da página, sem o devido consentimento. Foi estabelecida uma responsabilidade conjunta de ambos, tendo em vista o fenômeno denominado "*webtracking*", que consiste em observar e em analisar os comportamentos dos utilizadores da Internet para fins comerciais e de marketing. Este *webtracking* permite nomeadamente identificar os centros de interesse dos utilizadores da Internet a partir da observação dos seus comportamentos de navegação. Fala-se então de «*webtracking* comportamental». Este último é feito geralmente através da utilização de *cookies*[38].

No caso, o Facebook e o administrador tomaram decisões quanto ao tratamento, já que "as estatísticas são elaboradas pela Facebook e personalizadas pelo administrador de uma página de fãs com a ajuda de diversos critérios que podem selecionar, como a idade e o sexo". Portanto, ambos foram responsabilizados pelos danos cometidos aos usuários, tratados como "responsáveis", o que na Lei Geral de Proteção de Dados Brasileira seriam definidos como "controladores", em face de to-

---

37. PARLAMENTO EUROPEU. *Recomendação ao Conselho, de 24 de abril de 2009*, referente ao problema da exploração de dados para a obtenção de perfis, nomeadamente com base na origem étnica e na raça, nas operações de luta contra o terrorismo, manutenção da ordem, controlo da imigração, alfândegas e controlo fronteiriço (2008/2020(INI)) Disponível em: https://eur-lex.europa.eu/legal-content/PT/TXT/HTML/?uri=CELEX:52009IP0314&from=PT. Acesso em: fev. 2022.

38. PROCESSO C-210/16. 24 out. 2017. Disponível em: http://curia.europa.eu/juris/document/document_print.jsf;jsessionid=9ea7d0f130da1a16899d5b734ffdb82df20c1b964fba.e34KaxiLc3eQc40LaxqMbN4Pb-3qNe0?doclang=PT&text=&pageIndex=0&docid=195902&cid=1436926. Acesso em: fev. 2022.

marem decisões, não se limitando ao tratamento. Nesse sentido, em nível de direito europeu, verifica-se uma miríade de ofensas ao *profiling*, que, em última análise, é o corpo eletrônico.

Identificadas as diversas formas pelas quais nosso corpo eletrônico pode sofrer ofensas, cumpre analisar, agora, quais são as potenciais reações do ordenamento jurídico, com foco especialmente na responsabilidade civil.

3. REFLEXÕES ACERCA DA RESPONSABILIDADE POR DANOS À LUZ DA LEI GERAL DE PROTEÇÃO DE DADOS PESSOAIS BRASILEIRA E A VIABILIDADE DA APLICAÇÃO DE DANO ESTÉTICO AO MUNDO DIGITAL

Esse capítulo está dividido em duas partes. Na primeira, tecemos algumas considerações sobre a responsabilidade civil em geral, à luz da recente normativa brasileira que disciplina a proteção e dados. Na segunda parte, trataremos especificamente da possibilidade de se aplicar, ao mundo digital, as noções pertinentes ao dano estético.

3.1 Reflexões acerca da responsabilidade por danos à luz da Lei Geral de Proteção de Dados pessoais brasileira

A experiência europeia que, desde 1995, já contava com Diretiva própria de proteção de dados (Diretiva 95/46/CE), e que atualmente se encontra sob a égide do Regulamento Geral de Proteção de Dados, de 2016 e em vigência a partir de maio de 2018, comprova que os danos atingem o corpo eletrônico e se projetam para o mundo físico.

Os algoritmos que são utilizados na construção do *profiling* consituem "*blackbox*", ou seja, verdadeiras "caixas-pretas". Eles podem gerar danos ao se valerem de erros estatísticos, dados equivocados ou inverídicos, generalizações, uso de informações sensíveis ou correlação inadequada. O resultado disso afeta negativamente o corpo eletrônico do usuário.

Em caso recentemente levado ao Poder Judiciário brasileira, Recurso Repetitivo sob o 1.457.199/RS, Tema 710, junto ao Superior Tribunal de Justiça, a questão da formação de perfis comportamentais foi objeto de aprofundado estudo, na área das instituições financeiras, como relata Mendes:

> A falta de transparência dos sistemas de avaliação de risco é um dos principais problemas enfrentados não apenas por consumidores, mas também por reguladores e advogados. A obscuridade de diversos sistemas de avaliação de risco ensejou a equiparação do *scoring* a uma "blackbox", dado que os processos pelos quais o histórico de crédito é convertido em um índice objetivo de risco são completamente intransparentes para um observador externo[39].

---

39. MENDES, Laura Schertel. *Privacidade, proteção de dados e defesa do consumidor.* São Paulo: Saraiva, 2014, p. 56.

CORPO ELETRÔNICO COMO VÍTIMA DE OFENSAS EM MATÉRIA DE TRATAMENTO DE DADOS PESSOAIS **415**

Exemplifica Mendes[40] que, através da utilização de "dados de geolocalização", como o "local de moradia", para formação do perfil do usuário, pode o algoritmo concluir que se o usuário mora em um determinado CEP onde residem pessoas com nível alto de inadimplência, mesmo que o usuário seja ótimo pagador, através de técnicas preditivas, poderá ser projetado como um golpista, equiparado a descumpridor das obrigações, gerando um efeito desastroso na vida social e profissional do utente. Em sendo assim, ao escolher um local para morar, as pessoas teriam que, além de levar em consideração aspectos como localização, proximidade dos pontos de interesse pessoal, segurança, pesquisar também a vida financeira de seus potenciais vizinhos...

Ora, sem dúvida alguma, o mero *input* de dados, sem um filtro ético, nas mãos do controlador e operador do tratamento de dados, pode levar a situações extremamente deletérias ao corpo eletrônico.

Na oportunidade da análise do ranqueamento do perfil comportamental bancário, o Ministro Paulo de Tarso Sanseverino, no julgado acima mencionado, assim se referiu quanto ao tratamento de dados, no Brasil:

> A vedação de utilização de dados sensíveis busca evitar a utilização discriminatória da informação, conforme claramente definido pelo legislador como aqueles "pertinentes à origem social e étnica, à saúde, à informação genética, à orientação sexual e às convicções políticas, religiosas e filosóficas." Desse modo, no sistema jurídico brasileiro, encontram-se devidamente regulados tanto o dever de respeito à privacidade do consumidor (v.g. informações excessivas e sensíveis), como o dever de transparência nessas relações com o mercado de consumo (v.g. deveres de clareza, objetividade e veracidade). Além disso, devem ser respeitadas as limitações temporais para as informações a serem consideradas, estabelecidas pelo CDC e pela Lei n. 12.414/2011, que são de cinco anos para os registros negativos (CDC) e de quinze anos para o histórico de crédito (Lei n. 12.414/2011, art. 14). No caso específico do "*credit scoring*", devem ser fornecidas ao consumidor informações claras, precisas e pormenorizadas acerca dos dados considerados e as respectivas fontes para atribuição da nota (histórico de crédito), como expressamente previsto no CDC e na Lei 12.414/2011[41].

Como pedra de toque, no corpo da Lei Geral de Proteção de Dados brasileira, foi introduzido o direito à explicação, podendo o usuário requerer informações sobre como, através de algoritmos, enfim, do tratamento automatizado de dados, foi desenhado seu perfil, conforme se depreende dos termos dos parágrafos primeiro e segundo do mesmo artigo 20:

> § 1º O controlador deverá fornecer, sempre que solicitadas, informações claras e adequadas a respeito dos critérios e dos procedimentos utilizados para a decisão automatizada, observados os segredos comercial e industrial.

---

40. MENDES, Laura Schertel. *Privacidade, proteção de dados e defesa do consumidor.* São Paulo: Saraiva, 2014, p. 114-115.
41. BRASIL. Superior Tribunal de Justiça. *REsp. 1.457.199/RS.* Relator: Ministro Paulo de Tarso Sanseverino. Julgado em: 12 nov. 2014. Disponível em: https://ww2.stj.jus.br/processo/pesquisa/?termo=1.457.199&aplicacao=processos.ea&tipoPesquisa=tipoPesquisaGenerica&chkordem=DESC&chkMorto=MORTO. Acesso em: fev. 2022.

§ 2° Em caso de não oferecimento de informações de que trata o § 1° deste artigo baseado na observância de segredo comercial e industrial, a autoridade nacional poderá realizar auditoria para verificação de aspectos discriminatórios em tratamento automatizado de dados pessoais.

Além disso, introduziu, em nível legislativo, a definição de dados sensíveis, como se verifica no artigo 5°, II:

II – dado pessoal sensível: dado pessoal sobre origem racial ou étnica, convicção religiosa, opinião política, filiação a sindicato ou a organização de caráter religioso, filosófico ou político, dado referente à saúde ou à vida sexual, dado genético ou biométrico, quando vinculado a uma pessoa natural;

E, de forma específica, estabeleceu as hipóteses do tratamento de dados sensíveis, que se restringe ao consentimento específico e às hipóteses legais exaustivamente apontadas:

Art. 11. O tratamento de dados pessoais sensíveis somente poderá ocorrer nas seguintes hipóteses:

I – quando o titular ou seu responsável legal consentir, de forma específica e destacada, para finalidades específicas;

II – sem fornecimento de consentimento do titular, nas hipóteses em que for indispensável para:

a) cumprimento de obrigação legal ou regulatória pelo controlador;

b) tratamento compartilhado de dados necessários à execução, pela administração pública, de políticas públicas previstas em leis ou regulamentos;

c) realização de estudos por órgão de pesquisa, garantida, sempre que possível, a anonimização dos dados pessoais sensíveis;

d) exercício regular de direitos, inclusive em contrato e em processo judicial, administrativo e arbitral, este último nos termos da Lei 9.307, de 23 de setembro de 1996 (Lei de Arbitragem);

e) proteção da vida ou da incolumidade física do titular ou de terceiro;

f) tutela da saúde, em procedimento realizado por profissionais da área da saúde ou por entidades sanitárias; ou

g) garantia da prevenção à fraude e à segurança do titular, nos processos de identificação e autenticação de cadastro em sistemas eletrônicos, resguardados os direitos mencionados no art. 9° desta Lei e exceto no caso de prevalecerem direitos e liberdades fundamentais do titular que exijam a proteção dos dados pessoais.

Ademais, a Lei Geral de Proteção de Dados (LGPD) definiu regramento especial em matéria de responsabilidade civil, em razão do exercício da atividade de tratamento de dados pessoais, reconhecendo as espécies de danos indenizáveis. Segundo o *caput* do artigo 42 do referido diploma, literalmente, foram apontadas as seguintes modalidades de danos:

Art. 42. O controlador ou o operador que, em razão do exercício de atividade de tratamento de dados pessoais, causar a outrem dano patrimonial, moral, individual ou coletivo, em violação à legislação de proteção de dados pessoais, é obrigado a repará-lo.

Como se verifica, a lei trata expressamente do dano patrimonial, que pode abarcar danos emergentes (o que efetivamente perdeu), bem como lucros cessantes (o que deixou de lucrar). Outrossim, também se reconhece o dano moral, caracterizado não somente pela dor, desgosto, depressão, humilhação, desprestígio, que pode atingir o titular dos dados, que tenha sofrido constrangimento ou situação vexatória (danos morais puros), como também pela ofensa a direitos da personalidade, ofensas à dignidade da pessoa humana ou, mais singelamente, danos à pessoa. É interessante referir que, em razão de estar se tratando de dados pessoais, erros podem atingir grande gama de pessoas, de forma simultânea, com micro lesões, razão pela qual reconhece o legislador a possibilidade de o dano vir a ser tutelado de forma coletiva.

Ainda que o artigo 42 da LGPD não especifique o fundamento da responsabilidade do controlador e do operador, se subjetiva ou objetiva, não parece haver margem para dúvidas no sentido de que se trata de responsabilidade objetiva. Ao não fazer menção a culpa, em sentido lato ou estrito, a moderna técnica legislativa está apontando para a responsabilidade objetiva. E isso fica claro a partir de uma interpretação sistemática, especialmente diante da redação do art. 43 da LGPD:

> Art. 43. Os agentes de tratamento só não serão responsabilizados quando provarem:
>
> I – que não realizaram o tratamento de dados pessoais que lhes é atribuído;
>
> II – que, embora tenham realizado o tratamento de dados pessoais que lhes é atribuído, não houve violação à legislação de proteção de dados; ou
>
> III – que o dano é decorrente de culpa exclusiva do titular dos dados ou de terceiro.

Ora, se os agentes só não serão responsabilizados nestas hipóteses, significa que não poderão afastar sua responsabilidade simplesmente alegando e provando não terem agido com culpa.

Trata-se da mesma técnica adotada, por exemplo, pelo legislador do CDC, ao disciplinar a responsabilidade do fabricante e do fornecedor de serviços pelo fato do produto ou do serviço (artigos 12, § 3º e 14, § 3º), sendo inequívoco que referidos dispositivos adotam a responsabilidade objetiva.

Controlador, segundo o artigo 5º, VI, é "pessoa natural ou jurídica, de direito público ou privado, a quem competem as decisões referentes ao tratamento de dados pessoais;", enquanto o operador é "pessoa natural ou jurídica, de direito público ou privado, que realiza o tratamento de dados pessoais em nome do controlador;", conforme dispõe o inciso VII do mesmo dispositivo. Como exemplo, pense-se na hipótese de um empresário do setor de venda de pizzas que determine a um serviço de atendimento online terceirizado, envolvendo nuvem (armazenamento de dados), que forme um cadastro, coletando dados, inclusive, relativamente à religião e saúde de seus consumidores, permitindo a geração de relatórios, com análises comportamentais. Neste caso, o dono do comércio de pizzas é o controlador, visto que toma as decisões de como será feito o tratamento, e, quais os dados devem ser coletados/tratados (no caso, a fim de futura transferência a farmácias ou a planos de saúde), e, o serviço de atendimento online, configura-se o operador, dado que apenas executa o tratamento em nome do controlador. Outro exemplo, está no Parecer 1/20 do "Grupo de Trabalho de Protecção de Dados do Artigo 29":

> A empresa ABC celebra contratos com diversas organizações para levar a cabo as suas campanhas de marketing directo e para gerir o processamento salarial dos seus funcionários, emitindo instruções específicas (que material de marketing enviar e para quem, a quem pagar, que montantes, até que data, etc.). Embora as organizações tenham alguma discricionariedade (nomeadamente quanto ao software a utilizar), as suas tarefas estão definidas de forma clara e rigorosa e, embora o operador de recolha e distribuição postal possa fornecer conselhos (por ex., aconselhando a não enviar mailings durante o mês de Agosto), está claramente obrigado a actuar de acordo com as instruções da ABC[42].

Seguindo a análise, incumbe referir o disposto no parágrafo primeiro, do artigo 42 da Lei Geral de Proteção de Dados, que estabelece a responsabilidade solidária entre controlador e operador, quando houver descumprimento da lei, ou, ainda, não tiver o operador seguido as instruções lícitas do controlador:

> § 1º A fim de assegurar a efetiva indenização ao titular dos dados:
>
> I – o operador responde solidariamente pelos danos causados pelo tratamento quando descumprir as obrigações da legislação de proteção de dados ou quando não tiver seguido as instruções lícitas do controlador, hipótese em que o operador equipara-se ao controlador, salvo nos casos de exclusão previstos no art. 43 desta Lei;
>
> II – os controladores que estiverem diretamente envolvidos no tratamento do qual decorreram danos ao titular dos dados respondem solidariamente, salvo nos casos de exclusão previstos no art. 43 desta Lei.

Convém destacar, por último, que o artigo 5º, VIII, da Lei sob o 13.709 de 2018, prevê a existência de um encarregado pela proteção de dados, que, conforme conceitua a legislação, é a "pessoa natural, indicada pelo controlador, que atua como canal de comunicação entre o controlador e os titulares e a autoridade nacional;". Importa referir, ainda, que a legislação estabelece as obrigações do encarregado, nos termos do artigo 41, § 2º:

> § 2º As atividades do encarregado consistem em:
>
> I – aceitar reclamações e comunicações dos titulares, prestar esclarecimentos e adotar providências;
>
> II – receber comunicações da autoridade nacional e adotar providências;
>
> III – orientar os funcionários e os contratados da entidade a respeito das práticas a serem tomadas em relação à proteção de dados pessoais; e
>
> IV – executar as demais atribuições determinadas pelo controlador ou estabelecidas em normas complementares.

Tendo em vista que o artigo 42 da LGPD deliberadamente não fez menção ao encarregado, aplica-se a ele a responsabilidade subjetiva, somente respondendo

---

42. PARECER 1/2010 sobre os conceitos de «responsável pelo tratamento» e «subcontratante. 16 fev. 2010. Disponível em: https://www.gpdp.gov.mo/uploadfile/others/wp169_pt.pdf. Acesso em: fev. 2022.

CORPO ELETRÔNICO COMO VÍTIMA DE OFENSAS EM MATÉRIA DE TRATAMENTO DE DADOS PESSOAIS

civilmente quando agir com imprudência, imperícia e negligência, ao desempenhar as tarefas acima elencadas. É hora, agora, de enfrentar o questionamento final do presente estudo: No caso de ofensa ao perfil do usuário, poder-se-ia vislumbrar um dano estético digital?

3.2 Viabilidade da aplicação de dano estético ao mundo digital

A presente seção busca analisar se é possível transpor a noção de dano estético do mundo físico para a dimensão virtual da pessoa. Depois que as tecnologias da informação e da comunicação transformaram nosso modo de existir, a nossa existência física, material, concreta, passou a conviver com um avatar digital, desmaterializado, representado por nossos dados.

Para Borges, o dano estético "implica em uma modificação na aparência externa da pessoa"[43], "que têm como marca a permanência, e causa uma espécie de 'enfeamento' na vítima. No mesmo sentido, Lopez refere que dano estético envolve "qualquer modificação duradoura ou permanente na aparência externa de uma pessoa, modificação essa que lhe acarreta um 'enfeamento' e lhe causa humilhações e desgostos, dando origem, portanto, a uma dor moral"[44].

Segundo a clássica lição de Aguiar Dias, concebida para o mundo real, a alteração do aspecto estético pode acarretar maior dificuldade no granjeio da subsistência, diminuir as probabilidades de colocação no mercado ou de manter o exercício da atividade a que se dedica. Essas são as potenciais consequências materiais que um dano estético que deforme desagradavelmente as feições, de modo a causar repugnância, pode acarretar[45].

Ora, esses efeitos podem também ocorrer na dimensão digital de uma pessoa, quando seu perfil comportamental for construído de forma equivocada, ofendendo os princípios que regem a Lei Geral de Proteção de Dados. Dados falsos, equivocados ou incompletos, coletados a respeito de alguém, podem gerar na rede uma percepção repugnante relativamente àquela pessoa, dificultando sua existência no mundo digital.

O inadequado tratamento de dados poderá afetar o *profile* da pessoa natural. Isso pode ocorrer seja por erro estatístico, equívoco de correlação[46], por fato inverídico, ou mesmo pela utilização de dados sensíveis, sem autorização, pois importará em ranqueamento desfavorável do usuário, em prejuízo de sua aparência digital, que estará comprometida, seja pela repugnância ou por cair no ridículo. Por exemplo, a indevida transferência de dado sensível por parte de um estabelecimento de saúde (suponha-se ser ele portador de uma doença estigmatizante) para empresa de outro ramo, como do setor de seguros, ou, quem sabe, uma plataforma de emprego, poderá gerar sua des-

---

43. BORGES, Gustavo. *Erro médico nas cirurgias plásticas*. São Paulo: Atlas, 2014, p. 29.
44. LOPEZ, Teresa Ancona. *O dano estético*. São Paulo: Revista dos Tribunais, 2004, p. 46.
45. DIAS, José de Aguiar. *Da Responsabilidade Civil*. Rio de Janeiro: Forense, 1987. v. 2, p. 868.
46. MENDES, Laura Schertel. *Palestra em curso sobre a nova lei de proteção de dados*, em 29 de agosto de 2018. IDP/SP – ITS/RIO.

qualificação ou acarretar a redução do ranqueamento do seu perfil comportamental. Uma tal situação pode acarretar danos permanentes, superando os transitórios danos morais e evoluindo para um dano estético: as feições digitais da pessoa ficarão marcadas, dificultando seus relacionamentos sociais e seus vínculos profissionais.

De fato, temos que a aparência do corpo eletrônico poderá ser diretamente afetada, de forma permanente, enfeando o titular dos dados, com potenciais reflexos no seu real mundo social e laboral. O dano moral puro está relacionado a sensações[47] de dor, sofrimento, angústia, ou seja, tem um caráter eminentemente subjetivo. Já a ofensa ao corpo eletrônico também pode desbordar para o dano estético, numa dimensão mais objetiva, na medida em que terceiros, ao tomarem ciência do resultado algorítmico, fundado em erro ou exposição de dados sensíveis, tomarão decisões que potencialmente afetarão sua vida digital (excluindo-o, por exemplo, de determinados grupos da rede de relacionamentos) ou da sua vida real (exclusão de associações, demissões, rompimentos de vínculos afetivos ou de amizade, exemplificativamente). Nesse contexto, o comando de "não colocar a mão sobre você", não se limita a não lhe agarrar um braço, ou lesionar, mas, também, não lesar sua dimensão digital[48], seus dados pessoais.

Destaque-se que não se trata aqui da hipótese do mero vazamento de dados de uma imagem que, por algum tempo, gera constrangimento a alguém, podendo este voltar-se contra aquele que tratou de forma inadequada a sua imagem e lhe causou danos morais indenizáveis. Aqui cuidamos da lesão perene ao seu perfil digital, tolhendo-lhe oportunidades nas relações amorosas, de amizades e do mundo do trabalho, mas também causando-lhe danos no mundo digital como os referidos antes. É bem verdade que, se uma imagem for alvo do fenômeno da "viralização", ou seja, com incontáveis compartilhamentos, também se poderá enxergar uma grave cicatriz no corpo eletrônico da pessoa natural, na medida em que ficará inexoravelmente incorporada ao perfil digital da pessoa, com reflexos na sua vida real.

Não se trata aqui do dano à imagem-retrato, nem tampouco à denominada imagem-atributo, ideia que se refere à impressão social que se tem de alguém, muito próxima do conceito ou estima social que granjeamos na comunidade, real ou digital, em que vivemos. Trata-se de uma concepção que se aproxima dos atos ilícitos contra a honra, especialmente a difamação. Variante da ideia é a concepção de violação ao direito à identidade, ou seja, o direito de ser conhecido, identificado, apreciado (ou criticado), pelos reais atributos e pensamentos da pessoa, sem qualquer falseamento ou deturpação[49]. Em algumas hipóteses, a ideia de dano estético digital até pode

---

47. Lembrando-se que "estética" provém do grego *aisthesis,* que significa exatamente *sensação* (LOPEZ, Teresa Ancona. *O dano estético.* São Paulo: Revista dos Tribunais, 2004, p. 44).
48. RODOTÀ, Stefano. *Intervista su privacy e libertà.* Roma-Bari: Laterza, 2005, p. 120-121.
49. Na matéria de direito à identidade, o célebre caso italiano do Dr. Veronesi é iluminante. Veronesi era um famoso professor e cientista italiano, diretor do Instituto do Câncer de Milão, que passara toda sua vida profissional pesquisando os malefícios ligados ao tabagismo. Quando a indústria tabaqueira lançou os cigarros *light, mild,* e assemelhados, nos anos setenta, tentando "vender a ideia" de que tais cigarros eram bem menos prejudiciais à saúde, a imprensa italiana entrevistou o Dr. Veronesi para saber a verdade sobre tais cigarros. Em longa entrevista, o Dr. Veronesi explicou que os malefícios não eram reduzidos com o

coincidir com essas concepções. Mas isso nem sempre ocorrerá. No caso do dano estético digital, nem sempre haverá uma ofensa contra o bom nome, representação ou estima social da pessoa. Não se trata da divulgação de uma informação que beira à difamação, algo ligado ao conceito de honra objetiva. O exemplo do vazamento de um dado sensível relacionado à saúde (portador de uma doença estigmatizante, por exemplo) é esclarecedor. Ser portador de tal doença não deveria acarretar nenhum prejuízo ao conceito de honra objetiva ou à estima social, mas o vazamento de tal informação pode, sim, acarretar rompimento ou adelgaçamento de vínculos sociais, em razão de arraigados preconceitos. É como se a pessoa passasse a apresentar uma "cicatriz" indisfarçável, com potencial de ensejar condutas discriminatórias, embora não afete nem sua honra objetiva, nem sua imagem-atributo.

Não se está aqui a tratar do dano estético como uma marca, um borrão, na imagem do corpo físico em si que está projetada no ciberespaço, mas sim reconhecer novel modalidade de dano, que atinge a formação do perfil do sujeito no próprio ciberespaço, devido às peculiaridades decorrentes da arquitetura da rede, que permite decisões automatizadas. O ranqueamento com suporte em dado equivocado ou decorrente de mau tratamento de dados viola direitos de personalidade não só no mundo digital, mas também no mundo real, ao trazer ao titular dos dados potencial maior dificuldade no granjeio da subsistência, diminuindo as suas probabilidades de colocação ou exercício da atividade a que se dedica, em um retorno conceitual à gênese do instituto, nas palavras de Aguiar Dias[50].

Ademais, importa destacar que a responsabilidade civil, em matéria de tratamento de dados, não se limita a danos de ordem material e moral, ainda que no *caput* do artigo 42 da LGPD somente tenha se referido a estes. Há muito que a doutrina mais crítica aponta para a vantagem de interpretar a legislação como se referindo não à visão simplista que divide os danos em materiais e morais, mas sim em materiais, de um lado, e imateriais ou extrapatrimoniais de outro, sendo este último um gênero que se subdivide em outras espécies de danos que nem sempre exigem a dor, sofrimento, angústia, como elementos caracterizadores (somente os danos morais puros

---

consumo de cigarros *light*, pois com a menor quantidade de nicotina, o tabagista era invariavelmente levado a fumar maior número de cigarros, para obter o mesmo nível da droga de que era dependente. Com o maior número de cigarros fumados, os males à saúde continuavam substancialmente inalterados. Em uma das respostas específicas, porém, ele admitiu que comparando um cigarro *light* com um cigarro normal, sim, aquele detinha menor capacidade deletéria. Para surpresa sua, algum tempo depois tomou conhecimento de uma campanha publicitária da indústria do fumo, promovendo tal tipo de cigarro, onde seu conhecido nome foi referido como se ele tivesse dito que o cigarro *light* reduzisse pela metade o risco de doenças pulmonares. O Dr. Veronesi, então, ajuizou uma ação judicial, que percorreu todas as instâncias judiciárias italianas, culminando com famoso julgamento pela Corte de Cassação italiana, em 1985, em que foi referida a violação do seu "direito à identidade", ou seja, que sua identidade profissional fora deturpada com a veiculação de tal publicidade. Não se tratava de uma questão de honra ou de conceito social, pois ser a favor ou contra o tabagismo não é algo que diga respeito à moral. Todavia, para quem havia construído uma identidade profissional, pesquisando e publicando trabalhos demonstrando todos os malefícios do tabagismo, ver-se repentinamente exposto à sociedade como "defensor" de um tipo de cigarro, deturpava sua identidade profissional.

50. DIAS, José de Aguiar. *Da Responsabilidade Civil*. Rio de Janeiro: Forense, 1987. v. 2, p. 868.

exigiriam tais sentimentos). Dentro dessa categoria mais ampla de danos extrapatrimoniais, estariam incluídos, então, os danos estéticos, os danos psíquicos, os danos à honra, à imagem, à privacidade, bem como também os danos existenciais (recentemente positivados na reforma trabalhista), os danos ao projeto de vida, os danos à identidade, etc. Vários desses tipos de danos são corriqueiramente aplicados pela jurisprudência, ainda que sem previsão legal, já que o nosso sistema jurídico segue o modelo francês da atipicidade, em que o legislador apenas faz menção a "dano", sem especificar seu conceito e requisitos. Cabe à doutrina e à jurisprudência completar a obra do legislador nesse aspecto, como há mais de duzentos anos acontece com o direito francês e como também vem ocorrendo conosco. Ora, de tal arte, como se vê, a Lei Geral de Proteção de Dados não obstaculiza o reconhecimento de dano estético, uma noção bem assentada em nossa doutrina e em nossa jurisprudência. Nesse sentido, tem-se como aplicável o dano estético ao mundo digital, ofensa ao corpo eletrônico, na medida em que "deforme desagradavelmente as feições (= à forma pela qual nos apresentamos e somos identificados no mundo virtual), de modo que cause repugnância ou ridículo, e, portanto, dificulte a atividade da vítima", causando restrições à sua dimensão digital e concreta de vida.

É hora de concluir.

4. CONSIDERAÇÕES FINAIS

A partir do estudo realizado, tornou-se possível tecer as seguintes considerações finais, a saber: inicialmente, da formação de perfis comportamentais resulta a inequívoca dimensão do corpo eletrônico; *secundus*, resta possível identificar inúmeras ofensas ao *profile*, que, em última análise, é o próprio corpo eletrônico; *tertius*, os algoritmos utilizados na construção do *profile* representam, na maioria das vezes, uma *"blackbox"*, ou seja, verdadeiras "caixas-pretas", podendo gerar danos ao se valerem de erros estatísticos, generalizações, uso de informações sensíveis ou correlação inadequada. O mesmo ocorre quando há utilização de dado inverídico ou que não esteja relacionado à pessoa natural do usuário, descaracterizando sua dimensão digital; em quarto lugar, a responsabilidade do controlador e do operador por mau tratamento de dados é objetiva, enquanto a responsabilidade do encarregado é subjetiva; por outro lado, o inadequado tratamento de dados, atingindo o *profile* da pessoa natural, importará em ranqueamento desfavorável do usuário, em prejuízo de sua aparência binária. Isso não se confunde com a projeção da imagem física sobre a tela, que poderá estar comprometida quando do oferecimento de bens ou serviços, que sequer poderá o usuário estimar. O dano potencialmente causado em tal situação vai além do episódico "dano moral", desbordando para um verdadeiro dano estético no mundo virtual. O estudo que se apresenta tem óbvia pretensão provocativa, desejosa de iniciar um debate, para o qual se convida o leitor a estar aberto para redefinir suas reflexões, adaptando-as para o mundo digital onde cada vez mais, querendo ou não, somos chamados a viver.

5. REFERÊNCIAS

BEDOYA, Álvaro M. Algorithmic Discrimination vs. Privacy Law. In: SELINGER, Evan; POLONETSKY, Jules; TENE, Omer (ed.). *The Cambridge Handbook of Consumer Privacy*. New York: Cambridge University Press, 2018.

BORGES, Gustavo. *Erro médico nas cirurgias plásticas*. São Paulo: Atlas, 2014.

BRASIL. Superior Tribunal de Justiça. *REsp. 1.457.199/RS*. Relator: Ministro Paulo de Tarso Sanseverino. Julgado em: 12 nov. 2014. Disponível em: https://ww2.stj.jus.br/processo/pesquisa/?termo=1.457.199&aplicacao=processos.ea&tipoPesquisa=tipoPesquisaGenerica&chkordem=DESC&chkMorto=MORTO. Acesso em: fev. 2022.

DIAS, José de Aguiar. *Da Responsabilidade Civil*. Rio de Janeiro: Forense, 1987. v. 2.

DONEDA, Danilo. *Da privacidade à proteção de dados pessoais*. Rio de Janeiro: Renovar, 2006.

DONEDA, Danilo. *Palestra em curso sobre a nova lei de proteção de dados*, em 29 de agosto de 2018, IDP/SP – ITS/RIO, 2018.

FAZENDEIRO, Ana. *Regulamentação geral sobre a proteção de dados*. Coimbra: Almedina, 2017.

FINOCCHIARO, Giusella. *Privacy e protezione dei dati personali*: disciplina e strumenti operativi. Torino: Zanichelli, 2012.

GAUDENZI, Andrea Sirotti. *Diritto all'oblio*: responsabilità e risarcimento del danno. Santarcangelo di Romagna: Maggioli, 2017.

IGO, Sarah E. *The Known Citizen*: a history of privacy in modern America. Cambridge: Harvard University Press, 2018.

LOPEZ, Teresa Ancona. *O dano estético*. São Paulo: Revista dos Tribunais, 2004.

MANUAL da legislação europeia sobre proteção de dados. 2014. Disponível em: fra.europa.eu/sites/default/files/fra-2014-handbook-data-protection-pt.pdf. Acesso em: fev. 2022.

MAYER-SCHÖNBERGER, Viktor. *Delete*: the virtue of forgetting in the digital age. New Jersey: Princeton University Press, 2009.

MENDES, Laura Schertel. *Palestra em curso sobre a nova lei de proteção de dados*, em 29 de agosto de 2018. IDP/SP – ITS/RIO.

MENDES, Laura Schertel. *Privacidade, proteção de dados e defesa do consumidor*. São Paulo: Saraiva, 2014.

NISSENBAUM, Helen. *Privacy in context*: technology, policy, and the integrity of social life. Stanford: Stanford University Press, 2010.

ORTIZ, Concepción Conde. *La protección de datos personales*: un derecho autónomo con base en los conceptos de intimidad y privacidad. Madrid: Dykinson, 2005.

PAESANI, Liliana Minardi. *Direito e internet*: liberdade de informação, privacidade e responsabilidade civil. 5. ed. São Paulo: Atlas, 2012.

PARECER 1/2010 sobre os conceitos de «responsável pelo tratamento» e «subcontratante. 16 fev. 2010. Disponível em: https://www.gpdp.gov.mo/uploadfile/others/wp169_pt.pdf. Acesso em: fev. 2022.

PARECER 4/2007 sobre o conceito de dados pessoais. 2007. Disponível em: https://www.gpdp.gov.mo/uploadfile/others/wp136_pt.pdf. Acesso em: fev. 2022.

PARECER da Autoridade Europeia para a Protecção de Dados sobre a proposta de decisão-quadro do Conselho relativa à utilização dos dados dos Registos de Identificação dos Passageiros (Passenger Name Record – PNR) para efeitos de aplicação da lei. *Jornal Oficial da União Europeia*, 01 maio 2008. Disponível em: https://eur-lex.europa.eu/legal-content/PT/TXT/HTML/?uri=CELEX:52008XX0501(01)&rid=1. Acesso em: fev. 2022.

PARLAMENTO EUROPEU. *Recomendação ao Conselho, de 24 de abril de 2009,* referente ao problema da exploração de dados para a obtenção de perfis, nomeadamente com base na origem étnica e na raça, nas operações de luta contra o terrorismo, manutenção da ordem, controlo da imigração, alfândegas e controlo fronteiriço (2008/2020(INI)). Disponível em: https://eur-lex.europa.eu/legal-content/PT/TXT/HTML/?uri=CELEX:52009IP0314&from=PT. Acesso em: fev. 2022.

PEREIRA, Alexandre Libório Dias. *Informático direito de autor e propriedade tecnodigital.* Coimbra: Coimbra, 2001.

PROCESSO C-210/16. 24 out. 2017. Disponível em: http://curia.europa.eu/juris/document/document_print.jsf;jsessionid=9ea7d0f130da1a16899d5b734ffdb82df20c1b964fba.e34KaxiLc3eQc40LaxqMbN4Pb3qNe0?doclang=PT&text=&pageIndex=0&docid=195902&cid=1436926. Acesso em: fev. 2022.

RODOTÀ, Stefano. *Intervista su privacy e libertà.* Roma-Bari: Laterza, 2005.

RODOTÀ, Stefano. *Il diritto di avere diritti.* Roma-Bari: Laterza, 2012.

SANTAELLA, Lucia. *Linguagens líquidas na era da mobilidade.* São Paulo: Paulus, 2011.

SILVA, Leandro Augusto; PERES, Sarajane Marques; BOSCARIOLI, Clóvis. *Introdução à mineração de dados.* Rio de Janeiro: Elsevier, 2016.

SOLOVE, Daniel J. La persona digital y el futuro de la intimidad. In: POULLET, Yves; ASINARI, María Verónica Pérez; PALAZZI, Pablo (coord.). *Derecho à la intimidad y a la protección de datos personales.* Buenos Aires: Heliasta, 2009.

UNIÃO EUROPEIA. Regulamento (UE) 2016/679 do Parlamento Europeu e do Conselho de 27 de abril de 2016. *Jornal Oficial da União Europeia,* 04 maio 2016. Disponível em: https://eur-lex.europa.eu/legal-content/PT/TXT/PDF/?uri=CELEX:32016R0679&from=PT. Acesso em: fev. 2022.

WALDMAN, Ari Ezra. *Privacy as trust:* information privacy for an information age. New York: Cambridge University Press, 2018.

NOVO PERÍMETRO DO CORPO E A BIOMETRIA COMO DADO PESSOAL: PRINCÍPIOS DA FINALIDADE E DA NECESSIDADE APLICADOS E RECOMENDAÇÕES PARA O CASO DO METRÔ DE SÃO PAULO[1]

Cristiano Colombo

Pós-Doutor em Direito junto à Pontifícia Universidade Católica do Rio Grande do Sul (PUCRS). Doutor em Direito pela Universidade Federal do Rio Grande do Sul (UFRGS). Mestre em Direito pela Universidade Federal do Rio Grande do Sul (UFRGS). Bacharel em Ciências Jurídicas e Sociais pela Pontifícia Universidade Católica do Rio Grande do Sul – PUCRS (1999) e em Ciências Contábeis pela Universidade Federal do Rio Grande do Sul – UFRGS (2004). Especialista em Direito Tributário pelo Instituto Brasileiro de Estudos Tributários – IBET. Concluiu Curso de Formação Avançada do Centro de Estudos Sociais do Laboratório Associado à Universidade de Coimbra (Portugal) denominado: "Ciberespaço: Desafios à Justiça". Atua na área cível, tributária, previdenciária e empresarial. É Professor do Mestrado Profissional em Direito da Empresa e dos Negócios da UNISINOS, Professor dos cursos de graduação em Direito, Comércio Exterior e Relações Internacionais da UNISINOS e na Faculdade de Direito das Faculdades Integradas São Judas Tadeu (Mantenedora Instituição Educacional São Judas Tadeu). Coordenador do LLM em Lei Geral de Proteção de Dados Pessoais. Pesquisador FAPERGS. Foi membro da Comissão de Ensino Jurídico (CEJ) da Ordem dos Advogados do Brasil do Rio Grande do Sul.

Guilherme Damasio Goulart

Doutor e Mestre em Direito pela Universidade Federal do Rio Grande do Sul (UFRGS). Atua como advogado, professor universitário e consultor em Segurança da Informação, Direito da Tecnologia e Proteção de Dados Pessoais. E-mail: guilherme@direitodatecnologia.com

Sumário: 1. Introdução – 2. Corpo, tecnologia e dados pessoais; 2.1 Novo perímetro do corpo; 2.2 Biometria como dado pessoal – 3. Princípios da finalidade e da necessidade e recomendações para o caso do metrô de São Paulo; 3.1 Reflexões acerca do princípio da finalidade e necessidade aplicáveis à biometria; 3.2 Recomendações para o caso do metrô de São Paulo – 4. Considerações finais – 5. Referências.

1. INTRODUÇÃO

O presente capítulo versa sobre o novo perímetro do corpo e a biometria como dado pessoal, buscando, a partir de uma visão principiológica, apresentar recomen-

---

1. Este capítulo é uma releitura da "Nota técnica sobre o uso de biometria facial no metrô de São Paulo", dos mesmos autores, publicada no Boletim da Revista dos Tribunais Online, São Paulo, n. 25, p. 1-6, mar. 2022. Para a presente obra coletiva, o texto foi atualizado, revisado e recebeu novos aportes doutrinários.

dações para a aplicação de reconhecimento facial no Metrô de São Paulo. Em face do *balancing* entre as técnicas biométricas e os princípios da finalidade e da necessidade, contemplados no artigo 6º, da Lei Geral de Proteção de Dados, questiona-se: a biometria facial pode ser aplicada, nas dependências do Metrô de São Paulo? E, na hipótese de ser positiva a resposta, quais seriam os seus limites, a partir da base principiológica da LGPD, em especial dos princípios da finalidade e da necessidade?

Na primeira parte, analisar-se-á o novo perímetro do corpo, sob as perspectivas física e eletrônica, a construir um todo dual e indiviso, ligado a uma personalidade, bem como a biometria como dado pessoal, sobretudo, por se valer de "uma característica individual única para efeitos de identificação e/ou autenticação", que pode ser apagada dos bancos de consultas, no entanto, as fontes "não podem, em geral, ser alteradas nem suprimidas".[2] Na segunda parte, tendo como fundamentação para o endereçamento interpretativo os princípios da finalidade e da necessidade, lançar-se-ão recomendações sobre o caso da aplicação de biometria no Metrô de São Paulo.

No que toca à metodologia, a pesquisa foi teórica, tratando do tema em forma exploratória e descritiva, valendo-se de procedimentos técnicos bibliográficos.

2. CORPO, TECNOLOGIA E DADOS PESSOAIS

2.1 Novo Perímetro do Corpo

Apesar da pessoa ser uma unidade complexa[3], que demanda uma proteção integral[4], o corpo, enquanto suporte físico[5], que materializa[6] a pessoa, possui uma proteção específica no âmbito dos direitos da personalidade. Logo no início do Código Civil[7], em seus artigos 13 a 15, são tratados aspectos sobre a proteção do corpo, proibindo, de início, os chamados atos de disposição "quando importar[em] diminuição permanente da integridade física, ou contrariar[em] os bons costumes". Como também se sabe, durante a história, o tratamento jurídico do corpo foi sofrendo diversas alterações até chegar, na atualidade, à "integridade corporal no campo da autonomia do sujeito"[8].

---

2. PARECER 3/2012 do Grupo de Trabalho do Artigo 29º para Proteção de Dados da União Europeia sobre "evolução das tecnologias biométricas". Disponível em: https://www.gpdp.gov.mo/uploadfile/others/wp193_pt.pdf. Acesso em: 29 mar. 2022.
3. SOUZA, Rabindranath V. A. Capelo de. *O Direito Geral de Personalidade*. Coimbra: Coimbra, 2011, p. 211.
4. Por meio da "tutela da integridade psicofísica", cf. PERLINGIERI, Pietro. *O Direito Civil na legalidade constitucional*. Rio de Janeiro: Renovar: 2008, p. 776.
5. A parte orgânica que constitui seu suporte físico, cf. CIFUENTES, Santos. *Elementos de derecho civil*: Parte general. 4ª ed. Buenos Aires: Astrea, 1999, p. 64
6. Sendo o corpo, portanto, "bem juridicamente tutelado", Idem. Ibidem.
7. Lembrando que a tutela do corpo também é realizada no Direito Penal em diversas oportunidades distintas.
8. SCHREIBER, Anderson et al. *Código Civil Comentado*. Doutrina e Jurisprudência. 3ª ed. Rio de Janeiro: Forense, 2021, nos comentários ao art. 13. O autor cita exemplos, sobretudo relacionados à "integridade psicofísica" que estão presentes em diversas legislações e comandos jurídicos distintos. Ver também o clássico brasileiro sobre o tema CHAVES, Antônio. *Direito à vida e ao próprio corpo* (Intersexualidade, transexualidade, transplantes). 2. ed. São Paulo: Revista dos Tribunais, 1994.

O corpo também pode ser visto como um meio de expressão da personalidade e da identidade pessoal[9]. Quando se fala em autonomia privada, está-se diante de um poder conferido à pessoa de, conforme os limites da dignidade humana, realizar escolhas que podem envolver o próprio corpo[10], dentro dos limites do ordenamento jurídico[11]. Nota-se, diante disso, que essa autonomia compreende, também, o que se chama de "livre desenvolvimento da personalidade", reconhecido, pelo menos entre os portugueses, como um direito fundamental[12] e no Brasil como um princípio implícito na Constituição Federal[13], estando previsto expressamente no art. 1º da LGPD[14]. Trata-se de um direito, conforme Mota Pinto, que envolve a mais livre expressão humana, "algo que se auto institui ou constrói, segundo seu próprio projecto, determinado a partir da própria pessoa, como centro de decisão autônomo[15]. Identifica-se a autonomia, nesse contexto, quando relacionada às situações ou relações jurídicas existenciais, como a chamada "autodeterminação"[16]. Essa autodeterminação, de maneira geral, já é reconhecida pela melhor doutrina em relação ao próprio corpo[17]. Por isso, que o consentimento em relação ao corpo físico é um requisito

---

9. O conceito de identidade pessoal foi inicialmente derivado do nome, sendo uma das expressões mais importantes do seu desenvolvimento Adriano de Cupis, inclusive com obra específica sobre o tema, a saber, CUPIS, Adriano de. *Il diritto all'identità personale*. Milano: Dott. A. Giuffrè, 1949. Uma acepção mais contemporânea de tal direito pode ser vista, entre outros, em ALMEIDA, José Luiz Gavião de; VEDOVATO, Luis Renato; SILVA, Marcelo Rodrigues da. A identidade pessoal como direito fundamental da pessoa humana e algumas de suas manifestações na ordem jurídica brasileira. *Revista de Direito Civil Contemporâneo*, São Paulo, v. 14, p. 33-70, jan.-mar. 2018, Versão Revista dos Tribunais On-Line, p. 2, identidade pessoal é "o conjunto fidedigno, adequado e necessário de atributos/"sinais identificadores", eventos e experiências vividas relacionados a determinada pessoa, que tem por escopo realizar de forma estável a sua projeção dignamente perante a sociedade e o Estado, distinguindo-a das outras pessoas e permitindo-lhe, por meio de seu reconhecimento e autorreconhecimento, a sua integração, interação e percepção no meio social e estatal".
10. SARMENTO, Daniel. *Dignidade da pessoa humana*: conteúdo, trajetórias e metodologia. 3. ed. Belo Horizonte: Fórum, 2016, p. 142.
11. A doutrina italiana reconhece que a dignidade humana aplicada ao corpo físico também se aplica ao corpo eletrônico, cf. MARINI, Giovanni. Commento di Artt. 3-186. In: BARBA, Angelo; PAGLIANTINI, Stefano. *Commentario del Codice Civile*. Delle Persone. Torino: UTET, 2013, p, 203: "L'inviolabilità della dignità della persona si realizza così nell'inviolabilità del corpo. La dignità esalta il controllo del "corpo elettronico", cioè l'insieme delle informazioni che costruiscono la propria identità. L'identità infatti non deve essere sottomessa a poteri esterni che possono alterarla, falsificarla [...]".
12. MOTA PINTO, Paulo. O Direito ao Livre Desenvolvimento da Personalidade. In: *Boletim da Faculdade de Direito de Coimbra*, Portugal-Brasil Ano 2000, p. 149-246, 1999, p. 150.
13. Cf. LUDWIG, Marcos de Campos. O direito ao livre desenvolvimento da personalidade na Alemanha e possibilidades de sua aplicação no Direito privado brasileiro. *Revista da Faculdade de Direito da UFRGS*, Porto Alegre, v. 19, p. 237-263, mar. 2001.
14. Lembrando que no Marco Civil, art. 2º, inc. II, prevê-se o "desenvolvimento da personalidade" como um dos fundamentos do uso da Internet no Brasil.
15. MOTA PINTO, Paulo. Ibidem, p. 152.
16. Cf. a lição de BUCAR, Daniel; TEIXEIRA, Daniele Chaves. Autonomia e Solidariedade. In: TEPEDINO, Gustavo; TEIXEIRA, Ana Carolina Brochado; ALMEIDA, Vitor (Coord.) *O direito Civil – Entre o Sujeito e a Pessoa*: Estudos em homenagem ao professor Stefano Rodotà. Belo Horizonte: Fórum, 2016, p. 107
17. SOUZA, Rabindranath V. A. Capelo de. Ibidem, p. 218. Ele indica ainda que além da autodeterminação, em relação ao corpo tem a pessoa o direito de defender sua "integridade ou incolumidade corporal". Essa autodeterminação pode chegar, em alguns casos, até interferências vitais, como aquelas relacionadas à redesignação sexual. Sobre o tema ver CHOERI, Raul Cleber da Silva. *O conceito de identidade e a redesignação sexual*. Rio de Janeiro: Renovar, 2004. Em suas reflexões, este autor afirma, p. 23, "A identidade torna-se uma celebração

importantíssimo a se verificar em diversos contextos, visto que a sua falta pode ser justamente a diferença entre um ato lícito e outro ilícito[18], sempre lembrando que a ordem jurídica não concede um poder ilimitado de autodeterminação[19]. De maneira geral, a doutrina também reconhece que o homem é um ser em realização e que tal realização atrairia para si uma vocação finalista[20].

Porém, com a evolução da sociedade e informatização, houve, nas palavras de Rodotà, uma transferência do corpo e, de certa forma, da sua identidade para os meios digitais[21]. Rompe-se a ideia de direitos da personalidade vistos como corpóreos e incorpóreos[22], com a evolução para uma simbiose entre ambos (o que poderia se aplicar para os dados pessoais de maneira geral). As perspectivas física e eletrônica vibram e se entrelaçam, a construir um todo dual e indiviso, ligado a uma personalidade. A ideia tradicional de "unidade física" ou de "perímetro delineado da pele" não são mais suficientes para a definição e delimitação do corpo[23]. O corpo eletrônico passa a ser reconhecido como aquele "conjunto de informações que constroem nossa identidade"[24]. Não se trata de um "dublê digital", mas sim uma "representação instantânea de todo um caminho de vida"[25]. Se a ideia de corpo eletrônico já é conhecida e bem estabelecida na doutrina de Rodotà, sua expansão para os dados biométricos é praticamente automática. Com isso, também é possível até mesmo se pensar em uma identidade digital[26], que é proveniente dessa construção possível pelos dados pessoais que passam ser tratados nos diversos meios

---

móvel, definida historicamente, e não biologicamente. Isto faz com que o indivíduo assuma, em diferentes momentos, entidades diferentes, cuja característica é não serem unificadas ao redor de um eu coerente".

18. SOUZA, Rabindranath V. A. Capelo de. Ibidem, p. 221: "Também deve ser algo de especial cuidado a relevância do consentimento do lesado na lesão, e, em certos casos, da sua vontade presumível, como causas de exclusão do facto ilícito ou como causas justificativas da ilicitude [...]".

19. Ibidem, p. 225.

20. GONÇALVES, Diogo Costa. *Pessoa e Direitos de Personalidade*: Fundamentação Ontológica da Tutela. Coimbra: Almedina, 2008, p. 50. Segundo o autor, p. 51, "Uma das experiências mais marcantes e constantes da realidade humana é a realização da própria vida".

21. RODOTÀ, Stefano. Transformações do Corpo. *Revista Trimestral de Direito Civil*, Rio de Janeiro, v. 19, p. 91-107, jul.-set. 2004, p. 92.

22. Binômio apontado por CHAVES, Antônio. *Direito à vida e ao próprio corpo* (Intersexualidade, transexualidade, transplantes). 2. ed. São Paulo: Revista dos Tribunais, 1994.

23. RODOTÀ, Stefano. *Il diritto di avere diritti*. Roma: Laterza, 2012, p. 26: "L'unità fisica, il perimetro delineato dalla pelle, non definiscono più lo spazio del corpo, che si dilata in un altrove che esige un continuo e paziente lavoro di riconoscimento: chi governa le parti del corpo collocate in quell'«altrove» costituito dalle banche del sangue, del cordone ombelicale, dei gameti, degli embrioni, delle cellule, dei tessuti? Diremo che il corpo occupa il mondo?"

24. RODOTÀ, Stefano. *Vivere la democrazia*. Roma: Laterza & Figli, 2018, Edição digital, pos. 207. O autor continua indicando, ao citar a Carta de Direitos Fundamentais da União Europeia, que ela "ha ribadito il divieto di fare del corpo un oggetto di profitto. Previsto per il corpo fisico, questo principio può essere esteso al corpo elettronico, come già fanno alcune norme, come quelle che prevedono un'autorizzazione pubblica per trattare i cosiddetti dati sensibili, che riguardano gli aspetti più intimi della vita o la collocazione sociale della persona. Qui il principio di dignità si congiunge con quello di eguaglianza, per evitare discriminazioni o stigmatizzazioni sociali."

25. RODOTÀ, Stefano. *Il mondo nella rete*. Quali i diritti, quali i vincoli. Roma: Laterza & Figli, 2014, p. 46.

26. RODOTÀ, Stefano. Ibidem, p. 197: "Il «corpo elettronico», l'insieme delle informazioni che costruiscono la nostra identità".

possíveis. Os exercícios do desenvolvimento da personalidade e da construção da identidade (digital?) podem ser ampliados nos meios digitais, visto as possibilidades dadas ao sujeito[27]. É possível pensar na possibilidade de uma pessoa, que gosta de um tipo de assunto, construir suas redes sociais baseadas naquele tema. Pode a pessoa, inclusive, experimentar, com maior facilidade e liberdade, novas *personas* nos ambientes virtuais[28], exprimindo, até mesmo, desejos que não faria nos meios tradicionais. Inclusive, as empresas que têm no seu negócio a monetização de dados pessoais buscam justamente conhecer, cada vez mais, esses aspectos dos "corpos eletrônicos" de seus usuários.

Essa expressão de identidade foi reconhecida pela *Dichiarazione dei diritti in Internet* italiana que estatui o "direito à identidade", estabelecendo que "toda a pessoa tem direito à representação integral e atualizada de *suas próprias identidades* na rede"[29]. É de se notar que o texto utiliza "identidades" e não somente "identidade", o que dá a entender justamente esse aspecto múltiplo das "identidades", das experimentações e dos contextos e sistemas nos quais essas identidades estão inseridas.

A pessoa também exerce quanto ao corpo digital atos de controle por meio de sua autonomia privada, assim como o faz em relação ao corpo físico. Contudo, os feixes de proteções são evidentemente diferentes. As pessoas possuem uma liberdade maior de conformação e de modificação de seu "corpo eletrônico"[30] quando em comparação com o corpo físico-biológico. Evidentemente que isso não afasta o fato de que tem o sujeito, segundo Rodotà, "... o forte direito de não perder jamais o poder de manter pleno controle sobre seu corpo que é, ao mesmo tempo, 'físico' e 'eletrônico'"[31].

De qualquer forma, os meios digitais expandem e muito as possibilidades de conformação e manifestação da identidade pessoal[32]. A ligação da ideia do corpo

---

27. BRETON, David. *La sociologie du corps*. 8ª ed. Paris: PUF, 2012, Edição Digital, POS. 169.6: "Pour la mouvance transhumaniste notamment, la condition humaine est une cristallisation d'informations pures. Dès lors, ses adeptes visent l'immortalité de l'esprit en considérant que les informations contenues dans le cerveau seront un jour transportables sur un support informatique".

28. FLORIDI, Luciano. The construction of personal identities online. *Minds & Machines*, v. 21, 2011, p. 477.

29. CAMERA DEI DEPUTATI. *Dichiarazione dei diritti in Internet*. Disponível em: https://www.camera.it/application/xmanager/projects/leg17/commissione_internet/dichiarazione_dei_diritti_internet_pubblicata.pdf. Acesso em: 29 mar. 2022.

30. BRETON, David. *La sociologie du corps*. 8. ed. Paris: PUF, 2012, Edição Digital, pos. 166.9. O autor comenta sobre o "corps surnuméraire": "Le corps est surnuméraire pour certains courants de la cyberculture appelant de leurs vœux l'émergence prochaine d'une humanité (que certains appellent déjà une posthumanité) enfin parvenue à se défaire de toutes ses entraves dont la plus cuisante serait le fardeau d'un corps désormais anachronique, fossile".

31. RODOTÀ, Stefano. Transformações do Corpo…, p. 97.

32. Lembrando que a identidade pessoal é justamente entendida como aquele "conjunto de atributos y características que permiten individualizar a la persona en sociedad. Identidad personal es todo aquello que hace que cada cual sea 'uno mismo' y no 'otro'. Este plexo de características de la personalidad de 'cada cual' se proyecta hacia el mundo exterior, se fenomenaliza [...]", cf. SESSAREGO, Carlos Fernández. *Derecho a la identidad personal*. Buenos Aires: Astrea, 1992, p. 113. Continua o autor afirmando que a identidade pessoal também é essa "proyección social de lo peculiar y dinámico de cada sujeto [...]", p. 141.

eletrônico com as possibilidades de criação de avatares e personas digitais já é observada[33]. Passa-se agora à investigação dos dados biométricos como dados pessoais.

2.2 Biometria como dado pessoal

O crescimento da utilização de técnicas biométricas deu-se, principalmente, em face de terem se tornado economicamente mais acessíveis, sobretudo, pelo aumento das capacidades de armazenamento e processamento de dados, bem como pelo baixo custo dos leitores de impressões digitais e dispositivos eletrônicos, em geral.[34] Da análise da Lei Geral de Proteção de Dados (LGPD), depreende-se que dado "biométrico" aparece uma única vez, no artigo 5º, II, ao ser classificado como dado sensível, no entanto, ausente qualquer definição. Valendo-se do Parecer 4/2007, sobre dados pessoais, tem-se que, são dados biométricos:

> Propriedades biológicas, características fisiológicas, traços físicos ou ações reproduzíveis, na medida em que essas características e/ou ações sejam simultaneamente únicas a essa pessoa e mensuráveis, mesmo que os padrões utilizados na prática para medi-las tecnicamente envolvam um certo grau de probabilidade.[35]

Como se vê, a peculiaridade da aplicação da biometria é que os dados pessoais coletados "pela sua própria natureza, estão diretamente ligados a cada pessoa em particular"[36] e, nesse sentido, escalam riscos de violações à privacidade e à proteção de dados. Essas identificações ou propriedades são muito numerosas, visto que se pode identificar alguém com base em muitas características pessoais. As tradicionais – e mais utilizadas – concentram-se nas digitais, na íris e nas características faciais. Os dados genéticos também permitem a identificação pessoal, sendo já há muito utilizados, como se sabe, para fins de reconhecimento de filiação, o que faz com que os dados genéticos além de identificar o seu próprio titular, podem permitir, a depender do contexto (e do grau), seus parentes[37]. O Parecer 3/2012 aponta, em síntese, dois grandes grupos de técnicas biométricas: a) físicas e fisiológicas, cujos exemplos são: imagem do dedo, reconhecimentos de íris e da retina, do rosto, da mão, da forma da

---

33. Ver BASAN, Arthur Pinheiro; FALEIROS JÚNIOR, José Luiz de Moura. A tutela do corpo eletrônico como direito básico do consumidor. *Revista dos Tribunais*, São Paulo, v. 1021, p. 133-168, Nov./2020, versão Revista dos Tribunais OnLine, p. 6.
34. PARECER 3/2012 do Grupo de Trabalho do Artigo 29º para Proteção de Dados da União Europeia sobre "evolução das tecnologias biométricas". Disponível em: https://www.gpdp.gov.mo/uploadfile/others/wp193_pt.pdf. Acesso em: 29 mar. 2022.
35. PARECER 4/2007 do Grupo de Trabalho do Artigo 29º para Proteção de Dados da União Europeia sobre "conceitos de dados pessoais". Disponível em: https://www.gpdp.gov.mo/uploadfile/others/wp136_pt.pdf. Acesso em: 29 mar. 2022.
36. Idem. Ibidem.
37. Entre os meios menos conhecidos está a biometria baseada na medição de corrente elétrica do corpo humano, via análise radiométrica da impedância dos dedos, conforme NOH, Hyung Wook et al. Ratiometric Impedance Sensing of Fingers for Robust Identity Authentication. *Sci Rep*, n. 9, Sept./2019. Disponível em: https://www.nature.com/articles/s41598-019-49792-9.

orelha, da voz, do DNA e dos poros da pele; b) comportamentais: que se voltam à conduta da pessoa, como a assinatura manuscrita, a análise do caminhar e, inclusive, padrões identificadores de mentira.[38]

O conhecimento acerca dos processos que envolvem o tratamento de dados pessoais biométricos ganha importância na medida em que se torna possível a identificação de riscos à privacidade e proteção de dados pessoais e os titulares vulneráveis. Os processos[39] dividem-se em: a) "inscrição biométrica": que busca extrair o dado biométrico, a "partir de uma fonte biométrica e os associar a alguma pessoa". O ponto de atenção apontado pelo parecer 3/2012 é coletar dados que sejam suficientes para identificar o indivíduo, sem "registrar dados excessivos". Também de não cometer erros de associação de dados à pessoa, que feriria a qualidade dos dados; b) "armazenamento biométrico": quando os dados permanecem no leitor, em um "cartão inteligente" que o titular leva consigo, ou, ainda, remetidos remotamente para uma nuvem. Riscos estão presentes em matéria de segurança da informação, seja pela utilização inadequada, seja pelo incidente de vazamento de dados; c) "correspondências biométricas": em que há a comparação entre os "dados biométricos/modelo", coletados quando da inscrição e os "dados/modelos biométricos recolhidos a partir de uma "nova amostra". É o que se dá no caso da biometria aplicada a uma catraca, quando o titular, previamente, coletou sua foto/face (inscrição), que foi registrada (armazenada) e toda vez que passa pelo dispositivo, o utente para diante de uma câmara (nova amostra) e é feita a comparação. Se a comparação concluir pela coincidência, a catraca abre, caso contrário, não.[40]

Outrossim, os efeitos ou objetivos específicos a serem alcançados, na biometria são: "identificação, verificação/autenticação ou categorização."[41] Na "identificação biométrica" comparam-se os dados biométricos de uma pessoa (quando da inscrição) com "um determinado número de modelos armazenados na base de dados", é o que se denomina de "um para muitos".[42] Na "autenticação", compara-se os dados de uma única pessoa com um único modelo no dispositivo. E, por último, na "categorização/separação", o essencial não é a sua identificação, mas classificar a pessoa em um determinado grupo. Por exemplo, separar entre homens e mulheres, crianças e adultos.[43]

Assim, como se verifica, no plano dos dados sensíveis, há uma diversidade de possibilidades de ligações com o seu titular, podendo tais dados refletirem aspectos

---

38. PARECER 4/2007 do Grupo de Trabalho do Artigo 29º para Proteção de Dados da União Europeia sobre "conceitos de dados pessoais". Disponível em: https://www.gpdp.gov.mo/uploadfile/others/wp136_pt.pdf. Acesso em: 29 mar. 2022.
39. Idem. Ibidem.
40. PARECER 3/2012 do Grupo de Trabalho do Artigo 29º para Proteção de Dados da União Europeia sobre "evolução das tecnologias biométricas". Disponível em: https://www.gpdp.gov.mo/uploadfile/others/wp193_pt.pdf. Acesso em: 29 mar. 2022.
41. Idem. Ibidem.
42. Idem. Ibidem.
43. Idem. Ibidem. Também há referência à biometria multimodal, quando há a combinação de diferentes técnicas.

diferentes de sua personalidade. Alguns deles estão conectados com aspectos "espirituais", enquanto outros, os biométricos, refletem diretamente suas propriedades corporais. Nesse sentido, o dado biométrico permite – ou entrega para os sistemas – um nível de identificabilidade do titular praticamente absoluto (em alguns casos totalmente absoluto, como os dados genéticos ou impressões digitais). Nesse sentido, tendem à imutabilidade, como ocorre com dados genéticos e as impressões digitais, já citados. Dessa forma, os dados biométricos são compreendidos como sensíveis, visto que envolvem maior potencial discriminatório e, quando diante de incidentes, têm a capacidade de afetar muito mais os titulares.

Ao mesmo tempo, não se perca de vista que os usos de dados biométricos podem ir além de apenas estabelecer uma identificação única em sistemas que realizam a autenticação e a autorização das pessoas. O poder computacional atual, vinculado a técnicas de inteligência artificial e reconhecimento de padrões – aliado a câmeras de alta resolução – permitem que a biometria vá mais adiante. É possível realizar o reconhecimento de estados de espírito, emoções, humor, etc. Nesse sentido, amplia-se as possibilidades e os riscos, permitindo a invasão de uma esfera profunda da intimidade dos indivíduos. É o que o parecer 3/2012 caracterizou como de técnicas biométricas do tipo psicológico.[44]

Portanto, a ligação dos dados biométricos com o conceito do corpo eletrônico é flagrante. Trata-se de estabelecer uma espécie de conexão muito intensa com o titular, como se opera com o corpo físico. É importante salientar que um dado pessoal pode ou não ser considerado biométrico a depender da técnica empregada. A foto de alguém em um sistema de cadastro, por exemplo, é um dado pessoal, mas não necessariamente biométrico, se não forem aplicadas técnicas de reconhecimento biométrico. Essa mesma foto armazenada em um banco de dados que permite a identificação via técnicas de reconhecimento biométrico em um aplicativo bancário, por exemplo, torna-se um dado sensível-biométrico pelo contexto em que é utilizado. No mesmo sentido, a voz, visto que poderá ser considerada apenas um dado pessoal, quando o software apenas recolha elementos linguísticos, ou seja, apenas identifique as palavras que foram empregadas, diferentemente, de casos em que se valha de elementos paralinguísticos, como o timbre e a respiração, por exemplo.[45]

Rodotà, nas suas reflexões acerca do corpo eletrônico, também comenta as questões da biometria. Ele diz que diante das possibilidades de "furto de identidade", nos processos de identificação e autenticação somente mediados por meio de senhas, "estão surgindo derivações inquietantes, que se manifestam, em particular,

---

44. PARECER 3/2012 do Grupo de Trabalho do Artigo 29º para Proteção de Dados da União Europeia sobre "evolução das tecnologias biométricas". Disponível em: https://www.gpdp.gov.mo/uploadfile/others/wp193_pt.pdf. Acesso em: 29 mar. 2022. Também há referência à biometria multimodal, quando há a combinação de diferentes técnicas.

45. COMMISSION NATIONALE DE L'INFORMATIQUE ET DES LIBERTÉ. *On The Record:* Exploring the ethical, technical and legal issues of voice assistants. https://www.cnil.fr/sites/default/files/atoms/files/cnil_white-paper-on_the_record.pdf. Acesso em: 29 mar. 2022.

pelo uso cada vez mais maciço de dados biométricos, principalmente de impressões digitais, possibilitando assim a realização de controles generalizados em todos os cidadãos"[46]. Se por um lado, haveria uma possibilidade legítima e justificável de utilizar biometria para processos de autenticação, por outro, abre-se um flanco para um potencial perigoso de vigilância.

A LGPD permite, e seu art. 11, inc. II, alínea g), a utilização de dados biométricos para "processos de identificação e autenticação", com a ressalva de que não poderão ser utilizados, por outro lado, "no caso de prevalecerem direitos e liberdades fundamentais do titular que exijam a proteção dos dados pessoais". Isso significa que não seria em qualquer situação que se podem utilizar dados biométricos para processos de identificação e autenticação[47].

Aliás, estranha-se a naturalidade com que esses meios são utilizados em circunstâncias absolutamente básicas[48], em que poderiam ser utilizados outros meios que não o uso da biometria. Veja-se, por exemplo, os casos das academias de ginástica, que utilizam com muita frequência a biometria para o acesso a suas dependências. Em tais casos, e diante da simplicidade do serviço, é possível utilizar outros meios de identificação igualmente seguros, que não a biometria. Pode-se pensar em um duplo fator de autenticação, utilizando o próprio celular do usuário. Note-se que o controlador que quiser utilizar a biometria para processos de autenticação deve, além de respeitar os princípios, também cercar-se de todas as salvaguardas de segurança da informação para a proteção destes dados sensíveis.

Feitas essas considerações, passar-se-á à análise principiológica, para, ao final, apresentar recomendações ao caso do Metrô de São Paulo.

3. PRINCÍPIOS DA FINALIDADE E DA NECESSIDADE E RECOMENDAÇÕES PARA O CASO DO METRÔ DE SÃO PAULO

3.1 Reflexões acerca do Princípio da Finalidade e Necessidade aplicáveis à Biometria

A LGPD, em seu artigo 6º, estabelece sua base principiológica, e, especialmente, para o presente estudo, metodologicamente, parte-se da perspectiva de dois princípios: finalidade e necessidade. O princípio da finalidade está no artigo 6º, I, que assim o define: "realização do tratamento para propósitos legítimos, específicos,

---

46. RODOTÀ, Stefano. Transformações do Corpo..., p. 92. O autor continua afirmando que "O corpo torna-se um instrumento para recrudescer as medidas de segurança, em uma progressão em que também a mente logo será capturada, através da invasão tentacular das tecnologias da vida cotidiana", p. 93.

47. Ibidem, p. 98: "Encontramo-nos, de fato, em terreno onde a presença de valores como os da liberdade pessoal, integridade e dignidade impede de agir como se a necessidade de segurança ou a finalidade da eficiência pudessem prevalecer sobre qualquer outra consideração".

48. Como também nota RODOTÀ, Stefano. Transformações do Corpo..., p. 93, quando comenta a banalização do uso de dados biométricos "a ponto de querer adotar este recurso para controlar a entrada em sala de aula e em refeitórios infantis nas escolas primárias".

explícitos e informados ao titular, sem possibilidade de tratamento posterior de forma incompatível com essas finalidades". Arthur Pinheiro Basan bem sintetiza sua conceituação, no sentido de que "a finalidade trata do respeito ao motivo pelo qual o dado foi coletado e pelo qual passa por tratamento", bem como enfatiza a vedação ao "uso secundário dos dados, feito de forma desconhecida e não autorizada pelo titular".[49] A seu turno, a necessidade é a "limitação do tratamento ao mínimo necessário para a realização de suas finalidades, com abrangência dos dados pertinentes, proporcionais e não excessivos em relação às finalidades do tratamento de dados;". É de se destacar que os dados biométricos, diante do fato de tenderem à imutabilidade, em sua fonte, merecem uma proteção especial, sobretudo, na observância dos princípios de proteção de dados postos em destaque.

Na temática em questão, um dos principais problemas reside no fato do uso posterior (com finalidades distintas) de dados biométricos coletados e tratados exclusivamente para fins de meios de autenticação. Rodotà aponta o fato crítico de que os dados genéticos, enquanto dados biométricos, teriam o potencial de revelar informações também de seus parentes. Segundo o autor, "através dos dados genéticos de uma única pessoa, os dados genéticos de um inteiro grupo biológico são apropriados"[50]. Como se viu, não há uma liberdade absoluta dos agentes de tratamento utilizarem dados biométricos em qualquer circunstância que envolva identificação e autenticação de pessoas. Deve-se sempre considerar se a atividade em questão pode ser conduzida sem a utilização de dados biométricos. E essa ponderação deve levar em conta a qual ambiente que se está realizando o acesso[51]. A proteção do patrimônio da própria pessoa, diante de autenticações biométricas em ambientes bancários, diante do ambiente hostil de insegurança da Internet, em princípio, justifica o seu uso. No entanto, o acesso às academias de ginástica não parece conter um grau de proteção apto a permitir o uso de dados biométricos para tais acessos. A certeza na identificação em sistemas digitais não é um valor mais valioso do que a proteção de dados pessoais. Conforme Rodotà, deve-se realizar um

> teste de compatibilidade com os valores de liberdade e de democracia ao qual toda a utilização de dados biométricos deve ser submetida. [...] de qualquer modo, é sempre indispensável proceder a uma avaliação do impacto de privacidade.[52]

O Parecer 3/2012, sobre "a evolução das técnicas biométricas", em sua "análise jurídica", versa sobre a importância dos princípios da finalidade e da minimização (correspondente à necessidade, na LGPD). No que toca ao princípio da finalidade, aponta como "condição prévia" a definição clara do motivo que será coletado e

---

49. BASAN, Arthur Pinheiro. Artigo 6º. In: MARTINS, Guilherme Magalhães; FALEIROS JÚNIOR, José Luiz de Moura; LONGHI, João Victor Rozatti (Coord.). *Comentários à Lei Geral de Proteção de Dados Pessoais.* Indaiatuba: Editora Foco, 2022, p. 60.

50. RODOTÀ, Stefano. *Transformações do Corpo...*, p. 94.

51. Visto que a autenticação não é um fim em si mesma, cf. KENT, Stephen T; MILLETT, Lynette I. *Who Goes There?* Authentication Through the Lens of Privacy. Washington: Nation Research Council, 2003, p. 2.

52. RODOTÀ, Stefano. *Transformações do Corpo...* p. 99.

tratado o dado biométrico. Outrossim, aponta que a aplicação da biometria deve sempre observar uma base jurídica para tratamento, como é o caso da autorização (o consentimento, nos termos da LGPD). Ainda, cumpre destacar que a coleta feita para uma determinada finalidade, e, no contexto de um termo de consentimento, não pode ser, posteriormente, empregada para tratamento posterior, com técnicas biométricas, em uma nova finalidade, sem a autorização específica.[53]

Quanto ao princípio da minimização (necessidade), o parecer ressalta que "muitas vezes os dados biométricos contêm mais informações do que o necessário para as funções de correspondência". Portanto, nesse sentido, "isto significa que apenas as informações necessárias e não todas as informações disponíveis devem ser tratadas, transmitidas ou armazenadas. E, ainda, refere o Parecer 3/2012, que o princípio da proporcionalidade, que, no Brasil, é parte integrante do princípio da necessidade, apresenta quatro aspectos a serem sopesados: [54]

> Ao analisar a proporcionalidade de um sistema biométrico proposto, deve ponderar-se previamente se o sistema é necessário para suprir a necessidade identificada, isto é, se é essencial para suprir essa necessidade e não se é o mais prático ou o que tem melhor relação custo-eficácia. Um segundo elemento a ter em conta é a probabilidade de o sistema ser eficaz para suprir essa necessidade pelo facto de recorrer às características específicas da tecnologia biométrica que tenciona utilizar. Um terceiro aspecto a considerar é se a perda de privacidade que daí decorre é proporcional aos benefícios previstos. Se o benefício for relativamente pouco significativo, nomeadamente uma maior conveniência ou uma ligeira redução de custos, então a perda de privacidade não é adequada. O quarto aspecto a ter em conta na avaliação da adequação de um sistema biométrico é o de indagar se haverá meios menos invasivos que permitem atingir o objetivo desejado.[55]

A partir desta fundamentação, é que se passará a analisar o caso do Metrô de São Paulo, com suas especificidades.

3.2   Recomendações para o Caso do Metrô de São Paulo

Trata-se da análise da Ação Civil Pública (ACP) sob o n. 1010667-97.2022.8.26.0053, movida pela Defensoria Pública Do Estado de São Paulo, Defensoria Pública Da União, IDEC – Instituto Brasileiro De Defesa Do Consumidor, Intervozes – Coletivo Brasil De Comunicação Social e Artigo 19 Brasil, em desfavor do Metrô de São Paulo (Companhia do Metropolitano de São Paulo), que tem como objeto a utilização de biometria facial, em suas dependências. Com base na ACP, foi noticiado que houve processo licitatório para a compra de solução de biometria e, de acordo com as informações obtidas, o sistema foi contratado e efetivamente colocado em operação. Os argumentos trazidos contra a implantação do referido sistema, entre outros, são: falta de transparência no tratamento dos dados pessoais;

---

53. PARECER 3/2012 do Grupo de Trabalho do Artigo 29º para Proteção de Dados da União Europeia sobre "evolução das tecnologias biométricas". Disponível em: https://www.gpdp.gov.mo/uploadfile/others/wp193_pt.pdf. Acesso em: 29 mar. 2022.
54. Idem. Ibidem.
55. Idem. Ibidem.

falta de realização de um Relatório de Impacto à Proteção de Dados Pessoais; abusividade e desproporcionalidade na utilização dos dados (o que implica na violação dos princípios); falta de consentimento de pais para tratamento de dados de crianças (e ainda a inobservância da preservação de seus melhores interesses). Além disso, foi alegado que os sistemas de reconhecimento facial seriam mais falhos diante de pessoas negras e LGBTQIA+ (com graves erros de identificações e discriminação algorítmica). Tais questões foram apontadas pelo Prof. Roberto Hirata Jr. que pontuou, ainda, a "ausência de informações [...] capazes de demonstrar a mitigação dos riscos apresentados pelo sistema frente aos usuários do metrô" e a "a ausência de indicação do banco de dados a ser utilizado pelo metrô para treinar os modelos de reconhecimento facial, ainda que tal informação seja de grande importância para avaliar a eficiência do projeto". O mesmo professor, ainda, aponta outras funcionalidades que o sistema SecureOS da empresa russa ISS teria, tais como: a "detecção de uma pessoa correndo; detecção de aglomerações; detecção de pessoas paradas a mais de um certo tempo em algum local", etc. Ainda, conforme a ACP, as imagens ficarão armazenadas (de todos os usuários) e o sistema ainda poderia ser conectado com outros sistemas de monitoramento.

Uma das questões a serem discutidas é a incerteza acerca da finalidade do uso do sistema de reconhecimento facial. Nos termos da ACP, o Metrô teria a intenção de utilizar-se do sistema para "detecção de invasão de perímetros, rastreamento de objetos, reconhecimento facial entre outras, com vistas a coibir infrações penais e incrementar a segurança dos passageiros" e sobre as funcionalidades de reconhecimento facial. Seu uso se daria, ainda, para "busca de pessoas desaparecidas, ou identificação de um usuário que eventualmente tenha praticado algum crime nas dependências do Metrô, bem como busca após determinação judicial". É de se notar que são várias as finalidades, que, a depender do caso, demandam preocupações distintas acerca da proteção de dados pessoais. O Metrô, além disso, afirmou que não seria realizado "tratamento e nem monitoramento de dados pessoais". Ocorre que referida argumentação não se sustenta, visto que as informações baseadas no rosto de cada pessoa que permitem seu reconhecimento posterior são dados não somente pessoais, mas dados pessoais sensíveis, já que biométricos (cf. o art. 5º, inc. II da LGPD). Como o reconhecimento pode ser posterior, a ACP ainda aponta que aí haveria a desproporcionalidade flagrante do sistema como um todo, já que a imagem de todas as pessoas que passarem pelas estações ficaria armazenada para permitir consultas e identificações futuras. Há dúvidas, igualmente, acerca das medidas de segurança da informação a serem tomadas na gestão dos dados biométricos.[56]

---

56. Lembrando que diante da natureza desses dados, as medidas de segurança devem ser ampliadas, adotando-se não somente o princípio do *privacy by design*, mas o *security by design*. Breves indicações de segurança podem ser verificadas em WELINDER, Yana; PALMER, Aeryn. Face Recognition, Real-Time Identification, and Beyond. In: SELINGER, Evan; POLONETSKY, Jules; TENE, Omar (ed.). *The Cambridge Handbook of Consumer Privacy.* Cambridge: Cambridge University Press, 2018, p. 124.

O uso de tecnologias de vigilância é um dos grandes temas tratados no âmbito de proteção de dados no mundo todo[57]. As preocupações envolvem desde a potencial violação da lei, quando a vigilância é realizada em desacordo com o ordenamento, mas também atinge questões sociais, quando se investiga o impacto e seu efeito na população de um certo local[58]. Trata-se de analisar como os meios de vigilância podem servir de controle social[59], afetando, para o que nos interessa aqui, a autodeterminação informativa e o livre desenvolvimento da personalidade.

A utilização do reconhecimento facial não é proibida pela LGPD, no entanto, deve o sistema passar pelo teste de pertinencialidade ao ordenamento jurídico, avaliando suas funcionalidades, as atividades específicas envolvidas, sendo que as soluções devem ser propostas a partir da casuística, não a partir de cenários abstratos, tampouco, de decisões "tudo ou nada". A resposta à questão da possibilidade de seu uso no contexto analisado, passa, em primeiro lugar, pela verificação da existência de, no mínimo, uma das hipóteses autorizativas de tratamento de dados pessoais. Neste caso, o reconhecimento facial tem a sua classificação como dado sensível, por ser biométrico. Assim, para a devida avaliação, há que se debruçar sobre as hipóteses do artigo 11 da LGPD[60]. Dessa forma, a primeira hipótese seria o consentimento, o que não se tem e, inclusive, seria impraticável, dado o grande número de pessoas que utilizam o serviço[61]. É verdade que, mediante consentimento, específico e destacado, do usuário do serviço, poder-se-ia permitir o cadastramento e autorização da utilização do reconhecimento facial para a finalidade específica de, por exemplo, realizar o controle de passagens. Seria a hipótese de biometria consentida para autenticar o

---

57. Sem se esquecer das reflexões de Jeremy Bentham no seu panóptico (analisadas por Foucault no seu Vigiar e Punir), ainda no século XVIII, vista, atualmente, como a "mais poderosa metáfora em apontar a significância teorética e social dos mecanismos de CCTV na sociedade contemporânea", (nossa tradução) cf. NORRIS, Clive. CCTV, the panopticon, and the technological mediation of suspicion and social control. In: LYON, David (ed.). *Surveillance as Social Sorting*: Privacy, risk, and digital discrimination. London: Routledge, 2003.

58. Um dos autores mais relevantes na análise mais moderna sobre o tema é LYON, David. *The Electronic Eye*: The rise of surveillance society. Minneapolis: University of Minnesota Press, 1994. Também, acerca da vigilância como potencial *"social sorting"* LYON, David.Surveillance as social sorting: Computer codes and mobile bodies. In: LYON, David (ed.). *Surveillance as Social Sorting*: Privacy, risk, and digital discrimination. London: Routledge, 2003, p. 13 e ss. Outras preocupações ocorrem na possibilidade da evolução dos meios de vigilância e como podem se tornar meios de policiamento preditivo, conforme a preocupação (e apontamento de consequências) de O'NEIL, Cathy. *Weapons of Math Destruction*: How big data increases inequality and threatens democracy. New York: Crown, 2016, p. 86-87

59. RODOTÀ, Stefano. *Il diritto…*, p. 90: "Politiche di sicurezza pubblica e logiche di mercato dispongono oggi di mezzi di ampiezza senza precedenti, che permettono loro di impadronirsi d'ogni sfaccettatura della vita d'ogni persona, di «depersonalizzarla» attraverso la negazione dell'unicità e la ricomduzione di ciascuno a un «profilo»"

60. Destacando-se que esta é a hipótese para o tratamento de dados biométricos. O tratamento de dados de outra natureza, naturalmente, pode se servir de hipóteses de tratamento distintas.

61. Inclusive, a Agência Dinamarquesa de Proteção de Dados já se posicionou no sentido de indicar que se trata de uma violação ao RGPD o uso de mecanismos de reconhecimento facial para acesso a uma empresa para aqueles que não dessem o seu consentimento, o que, na prática, seria o mesmo que proibir seu uso neste contexto citado. Ver DATATISYNET. Datatilsynet har truffet afgørelse i en sag om brugen af et system til ansigtsgenkendelse. Disponível em: https://www.datatilsynet.dk/afgoerelser/afgoerelser/2022/mar/datatilsynet-har-truffet-afgoerelse-i-en-sag-om-brugen-af-et-system-til-ansigtsgenkendelse.

usuário no momento de identificá-lo para passar nas catracas. Ressalte-se que, nesta situação, deve estar o consentimento sempre amalgamado à finalidade. Atualmente, no caso em comento, não se tem o consentimento. É de se notar, por sua vez, que se deve sempre observar se o meio de identificação e autenticação é percebido pelo titular dos dados, ou se se trata de um meio "transparente" que o identifica sem seu conhecimento[62]. Explica-se: quando alguém põe seu dedo em um leitor de digitais, percebe e reconhece que ali está presente uma forma de reconhecimento de sua digital; por outro lado, se o sistema é realizado por meio de imagens gravadas, a maioria das pessoas sequer perceberá que o reconhecimento é feito. Essa diferenciação, entre uso de biometria com ou sem participação dos titulares, deve ser observada, sobretudo, no âmbito no cumprimento do princípio da transparência, eis que o titular sequer percebe que o tratamento de seus dados biométricos é realizado.

Quanto às hipóteses relativas à obrigação legal e regulatória, compreende-se acertada a fundamentação trazida pela Defensoria Pública, uma vez que inexiste lei ou norma fiscalizatória que determine, de forma cogente, a coleta de dados biométricos pelo metrô, para as finalidades por ele praticadas. Para o atingimento de conclusões sobre o tema é inarredável a análise cuidadosa das atividades-fim e dos serviços colocados à disposição pela referida empresa pública. O fato de ser uma empresa pública não lhe permite a prestação de atos de segurança pública, portanto, não estaria equiparada neste ponto ao próprio Estado. Note-se que a doutrina considera[63], ainda, que o tratamento de dados por meio de câmeras de monitoramento em ambientes públicos, com reconhecimento facial para identificação de pessoas procuradas, seria um tratamento no âmbito de segurança pública, portanto, não sendo aplicada a LGPD.

Quanto à utilização dos dados para políticas públicas, importa aduzir que a história jurisprudencial recente já estabeleceu os critérios sobre os usos de dados pela administração pública, nos termos do julgamento conjunto, em caráter liminar, das Ações Diretas de Inconstitucionalidade (ADI) sob os números 6387 a 6390 e 6393, junto ao Supremo Tribunal Federal. O STF determinou que a administração pública, para acessar e tratar os dados pessoais dos cidadãos, deverá observar a aplicação dos "princípios clássicos de proteção de dados"[64], como o princípio da finalidade, da transparência, da segurança, proporcionalidade e do princípio da minimização.[65]

---

62. Ver KENT, Stephen T; MILLETT, Lynette I. *Who Goes There?*..., p. 46: "Some biometrics, on the other hand, can be used to identify individuals without those individuals' active participation and awareness, so care needs to be taken when using biometrics in authentication systems designed to ensure accountability".

63. ABREU, Jacqueline de Sousa. Tratamento de dados pessoais para segurança pública: contornos do regime jurídico pós-LGPD. In: DONEDA, Danilo et al (Coord.). *Tratado de Proteção de Dados Pessoais*. Rio de Janeiro: Gen/Forense, 2020, p. 591. Lembrando que esta foi apenas uma das finalidades indicadas pelo Metrô. Destaque-se o anteprojeto da LGPD Penal que aborda tais questões, inclusive com a exigência de um "relatório de impacto de vigilância" diante de situações de elevado risco para os titulares.

64. DONEDA, Danilo. Registro da sustentação oral no julgamento da ADI 6389, sobre a inconstitucionalidade do art. 2º, caput e §§ 1º e 3º da MP 954/2020. *Civilistica.com*, Rio de Janeiro, Ano 9, n. 1, 2020. Disponível em: https://civilistica.emnuvens.com.br/redc/article/view/519/397 Acesso em: 29 mar. 2022.

65. COLOMBO, Cristiano; ENGELMANN, Wilson. Inteligência Artificial em favor da saúde: proteção de dados pessoais e critérios de tratamento em tempos de pandemia. In: PINTO, Henrique Alves; GUEDES, Jefferson

E, ainda, na linha das referidas Diretrizes, "deve ser sempre dada a preferência ao tratamento de dados anonimizados em vez de dados pessoais". Implantar pura e simplesmente a biometria, como regra geral, é prática desproporcional, indo de encontro à principiologia de proteção de dados pessoais. Em sendo assim, a aplicação do reconhecimento facial poderia ser considerada uma coleta excessiva, que desborda das finalidades implementadas, diante da possibilidade de utilização de videovigilância por filmagem[66]. Por outro lado, não se pode comparar as medidas de identificação realizadas no âmbito dos aeroportos, por exemplo, porque estão relacionadas com atividades realizadas pelo governo e receita federais (identificação para acesso à sala de embarques e aeronaves). Os controles realizados neste ambiente (pela Receita e até Polícia Federal) não se comparam com as atividades e as necessidades de um metrô ou outro meio de transporte que não a aviação civil. Ao mesmo tempo, há que se destacar que o contrato de transporte aéreo necessita da identificação adequada e segura dos passageiros, o que não ocorre com outras modalidades de transporte[67].

Poder-se-ia ofertar segurança aos usuários, com a gravação da imagem, e, mediante ordem judicial, aplicar o reconhecimento facial sobre os registros *a posteriori*[68], a fim de evitar que a exposição das pessoas seja desarrazoada e de forma ampla. Como bem apontado na ACP, ainda há toda a questão de eventuais discriminações, mas que é, de fato, reconhecida como possível pela doutrina especializada[69].

Quanto ao artigo 11, II, "g", depreende-se que seria possível, sem consentimento, utilizar os dados pessoais para "garantia da prevenção à fraude e à segurança do titular, nos processos de identificação e autenticação de cadastro em sistemas eletrônicos", o que se entende possa ser praticado, de forma plena, e, sem excesso, por intermédio de filmagens, sem reconhecimento facial, inclusive, com armazenamento, por um período maior. Nesse ponto, a segunda parte da alínea "g" deve conduzir que a implementação do reconhecimento facial implicaria em desproporcionalidade, desequilibrando o *balancing* dos direitos e liberdades fundamentais do titular, com as medidas para oferecer segurança ou combater fraudes. Saliente-se que hipótese do legítimo interesse, que permite uma análise da ambiência da relação contratual,

---

Carús; CÉSAR, Joaquim Portes de Cerqueira. (Org.). *Inteligência Artificial aplicada ao processo de tomada de decisões*. Belo Horizonte: D'Plácido, 2020, v. 1, p. 225-246. É de se lembrar, igualmente, que os princípios gerais aplicados ao presente caso, como adequação e necessidade, também ajudam a controlar o risco de desvios de finalidades no uso dos dados biométricos, um dos maiores riscos em tais contextos, sobretudo diante de desvios promovidos pelo Estado cf. LODGE, Juliet. Nameless and Faceless: The Role of Biometrics in Realising Quantum (In)security and (Un)accountability. In: CAMPISI, Patrizio (ed.) *Security and Privacy in Biometrics*. London: Springer, 2013, p. 329.

66. É plenamente possível utilizar meios de videovigilância que não envolvam a coleta ou tratamento de dados para fins de reconhecimento facial de qualquer natureza. É possível até mesmo implantar um sistema que borre automaticamente o rosto de pessoas, como ocorre com o Google Street View.

67. ENERSTVED, Olga Mironenko. *Aviation Security, Privacy, Data Protection and Other Human Rights:* Technologies and Legal Principles. Cham: Springer, 2017, p. 226.

68. O que ainda necessita de análise acerca do tratamento de dados pessoais no âmbito criminal.

69. KUIPERS, Benjamin. Perspectives on ethics of AI. In: DUBBER, Markus D.; PASQUALE, Frank; DAS, Sunit (ed.) *The Oxford Handbook of Ethics of AI*. Oxford: Oxford University Press, 2020, p. 434.

com a identificação dos objetivos interesses dos contratantes, está afastada, visto que se tratam de dados sensíveis, por serem biométricos. Reflexões sobre a importância das boas práticas em proteção de dados pessoais, e, ainda, o papel do encarregado de proteção de dados pessoais (DPO), a fazer cumprir as hipóteses autorizativas e mediar relações entre usuários, empresa e Autoridade Nacional de Proteção de Dados Pessoais (ANPD) resulta de grande importância. Por fim, o maior problema do caso do metrô de São Paulo está na coleta absolutamente generalizada de dados em suas dependências[70], desconsiderando-se toda a carga que os dados biométricos representam para a constituição da pessoa em causa.

4. CONSIDERAÇÕES FINAIS

De tudo o que se viu, busca-se, com o presente trabalho, fornecer argumentos para a proteção ampliada aos dados biométricos no cenário de proteção de dados brasileiro. A busca pela explicação das questões relacionadas ao corpo físico e corpo eletrônico visam trazer um potencial fundante para a aplicação de controles mais intensos no uso de dados biométricos. Não se pode banalizar o uso de dados dessa natureza sob pena de vulnerar os titulares, inclusive, diante de incidentes.

Em sendo assim, considera-se que:

a) desborda dos princípios de proteção de dados pessoais a aplicação indistinta, geral e instantânea de reconhecimento facial a todos usuários do metrô, sendo medida desproporcional, que ofendem os princípios da necessidade e da minimização da coleta de dados, uma vez que outras técnicas, como câmeras de segurança dos espaços, sem biometria, podem atender plenamente as finalidades de segurança e combate à fraude a seus usuários;

b) Mesmo assim, se faz necessário avaliar cuidadosamente a finalidade do uso de imagens de CCTV, se há ou não a coleta e uso de dados biométricos, o que deslocaria a hipótese de tratamento para o artigo 11, da LGPD, passando à categoria de dados sensíveis. Ressalte-se, ainda, que o tratamento de dados para finalidades de segurança pública não está coberto pelas disposições da LGPD;

c) como solução colaborativa, poderiam as gravações ser armazenadas pela empresa de metrô, e, no caso concreto, acessadas mediante ordem judicial, sendo somente, em momento posterior, empregadas técnicas de reconhecimento facial sobre os registros, estando o procedimento harmonizado aos princípios da adequação e necessidade;

d) o reconhecimento facial, acompanhado do consentimento, poderá ser utilizado para finalidades específicas e nos veios do contrato de prestação de serviço de transporte havido entre as partes, como por exemplo, na hipótese de biometria consentida para autenticar o usuário no momento de identificá-lo para passar nas catracas;

---

70. Cf. RODOTÀ, Stefano. *Transformações do Corpo...*, p. 99, "As coletas generalizadas, de fato, sobretudo quando justificadas por razões de segurança, modificam a percepção social que delas se tem e acabam por transformar todos os cidadãos em suspeitos em potencial".

e) entre as soluções pensadas para sua aplicação, poder-se-ia sugerir a instalação de reconhecimento facial, com armazenamento pelo Estado dos dados pessoais, por intermédio de suas polícias, a serem tratados exclusivamente para segurança pública, no caso, não incidindo as limitações da LGPD, nos termos do artigo 4º, III, em que o gestor dos dados teria como atividade-fim a segurança pública, voltando-se a estas finalidades. No entanto, mesmo assim, a partir da análise do anteprojeto da LGPD Penal[71], que tem base nos princípios de proteção de dados pessoais, depreende-se que, na regra do artigo 43, está expressamente disposto que não será permitida a "utilização de tecnologias de vigilância diretamente acrescida de técnicas de identificação de pessoas indeterminadas em tempo real e de forma contínua quando não houver conexão com a atividade de persecução penal individualizada e autorizada por lei e decisão judicial", se aprovado o texto em discussão. Significa dizer que reconhecimento facial não pode ser um canhão apontado para a grande massa de usuários, mas, pelo contrário, deve a sua aplicação ser conduzida para o olhar particularizado, com precisão e assertividade, visando a redução de danos. Outrossim, quanto ao critério cronológico, não poderá ser feito em tempo real, atingindo a todos, mas, a *posteriori*, voltado para quem está descrito na ordem judicial. Por último, cumpre destacar que as boas práticas devem estar orquestradas ao direito à proteção de dados pessoais, como categoria de direito fundamental, nos termos da Emenda Constitucional nº 115 de 2022, que afasta reconhecimento facial geral, simultâneo e indistinto, desacompanhado de ordem judicial específica, para uma ferramenta individualizada, criteriosa e a seu tempo.

As contribuições trazidas buscam harmonizar a utilização da tecnologia em um ambiente atento à privacidade e à proteção de dados pessoais, considerando os dados biométricos como uma ligação altamente ampliada com os seus titulares.

5. REFERÊNCIAS

ABREU, Jacqueline de Sousa. Tratamento de dados pessoais para segurança pública: contornos do regime jurídico pós-LGPD. In: DONEDA, Danilo et al (Coord.). *Tratado de Proteção de Dados Pessoais*. Rio de Janeiro: Gen/Forense, 2020.

ALMEIDA, José Luiz Gavião de; VEDOVATO, Luis Renato; SILVA, Marcelo Rodrigues da. A identidade pessoal como direito fundamental da pessoa humana e algumas de suas manifestações na ordem jurídica brasileira. *Revista de Direito Civil Contemporâneo*, São Paulo, v. 14, p. 33-70, jan.-mar. 2018, Versão Revista dos Tribunais On-Line.

BASAN, Arthur Pinheiro. Artigo 6º. In: MARTINS, Guilherme Magalhães; FALEIROS JÚNIOR, José Luiz de Moura; LONGHI, João Victor Rozatti (Coord.). *Comentários à Lei Geral de Proteção de Dados Pessoais*. Indaiatuba: Editora Foco, 2022.

---

71. BRASIL. Câmara dos Deputados. Anteprojeto de Lei de Proteção de Dados para a Segurança Pública, 2020. Disponível em https://www2.camara.leg.br/atividade-legislativa/comissoes/grupos-de-trabalho/56a--legislatura/comissao-de-juristas-dados-pessoais-seguranca-publica/documentos/outros-documentos/DADOSAnteprojetocomissaoprotecaodadossegurancapersecucaoFINAL.pdf. Acesso em: 29 mar. 2022. Recomenda-se a leitura dos Comentários ao Anteprojeto de Lei de Proteção de Dados para a Segurança Pública: Tecnologia de Reconhecimento Facial. Disponível em https://itsrio.org/wp-content/uploads/2021/04/UK-Comentarios_LGPDPenal.pdf. Acesso em: 29 mar. 2022.

BASAN, Arthur Pinheiro; FALEIROS JÚNIOR, José Luiz de Moura. A tutela do corpo eletrônico como direito básico do consumidor. *Revista dos Tribunais*, São Paulo, v. 1021, p. 133-168, nov. 2020, versão Revista dos Tribunais OnLine.

BRASIL. Câmara dos Deputados. *Anteprojeto de Lei de Proteção de Dados para a Segurança Pública*, 2020. Disponível em: https://www2.camara.leg.br/atividade-legislativa/comissoes/grupos-de--trabalho/56a-legislatura/comissao-de-juristas-dados-pessoais-seguranca-publica/documentos/outros-documentos/DADOSAnteprojetocomissaoprotecaodadossegurancapersecucaoFINAL.pdf. Acesso em: 29 mar. 2022.

BRETON, David. *La sociologie du corps*. 8. ed. Paris: PUF, 2012, Edição Digital.

BUCAR, Daniel; TEIXEIRA, Daniele Chaves. Autonomia e Solidariedade. In: TEPEDINO, Gustavo; TEIXEIRA, Ana Carolina Brochado; ALMEIDA, Vitor (Coord.) *O direito Civil – Entre o Sujeito e a Pessoa*: Estudos em homenagem ao professor Stefano Rodotà. Belo Horizonte: Fórum, 2016.

CAMERA DEI DEPUTATI. *Dichiarazione dei diritti in Internet*. Disponível em: https://www.camera.it/application/xmanager/projects/leg17/commissione_internet/dichiarazione_dei_diritti_internet_pubblicata.pdf. Acesso em: 29 mar. 2022.

CHAVES, Antônio. *Direito à vida e ao próprio corpo* (Intersexualidade, transexualidade, transplantes). 2. ed. São Paulo: Revista dos Tribunais, 1994.

CHOERI, Raul Cleber da Silva. *O conceito de identidade e a redesignação sexual*. Rio de Janeiro: Renovar, 2004.

CIFUENTES, Santos. *Elementos de derecho civil*: Parte general. 4. ed. Buenos Aires: Astrea, 1999.

COLOMBO, Cristiano; ENGELMANN, Wilson. Inteligência Artificial em favor da saúde: proteção de dados pessoais e critérios de tratamento em tempos de pandemia. In: PINTO, Henrique Alves; GUEDES, Jefferson Carús; CÉSAR, Joaquim Portes de Cerqueira. (Org.). *Inteligência Artificial aplicada ao processo de tomada de decisões*. Belo Horizonte: D'Plácido, 2020, v. 1, p. 225-246.

COLOMBO, Cristiano; GOULART, Guilherme Damasio. Nota técnica sobre o uso de biometria facial no metrô de São Paulo. *Boletim da Revista dos Tribunais Online*, São Paulo, n. 25, p. 1-6, mar. 2022.

COMMISSION NATIONALE DE L'INFORMATIQUE ET DES LIBERTÉ. *On The Record*: Exploring the ethical, technical and legal issues of voice assistants. https://www.cnil.fr/sites/default/files/atoms/files/cnil_white-paper-on_the_record.pdf. Acesso em: 29 mar. 2022.

CUPIS, Adriano de. *Il diritto all'identità personale*. Milano: Dott. A. Giuffrè, 1949.

DONEDA, Danilo. Registro da sustentação oral no julgamento da ADI 6389, sobre a inconstitucionalidade do art. 2º, caput e §§ 1º e 3º da MP 954/2020. *Civilistica.com*, Rio de Janeiro, Ano 9, n. 1, 2020. Disponível em: https://civilistica.emnuvens.com.br/redc/article/view/519/397. Acesso em: 29 mar. 2022.

ENERSTVED, Olga Mironenko. *Aviation Security, Privacy, Data Protection and Other Human Rights*: Technologies and Legal Principles. Cham: Springer, 2017.

FLORIDI, Luciano. The construction of personal identities online. *Minds & Machines*, v. 21, p. 477-479, 2011.

GONÇALVES, Diogo Costa. *Pessoa e Direitos de Personalidade*: Fundamentação Ontológica da Tutela. Coimbra: Almedina, 2008.

KENT, Stephen T; MILLETT, Lynette I. *Who Goes There?* Authentication Through the Lens of Privacy. Washington: Nation Research Council, 2003.

KUIPERS, Benjamin. Perspectives on ethics of AI. In: DUBBER, Markus D.; PASQUALE, Frank; DAS, Sunit (ed.) *The Oxford Handbook of Ethics of AI*. Oxford: Oxford University Press, 2020.

LODGE, Juliet. Nameless and Faceless: The Role of Biometrics in Realising Quantum (In)security and (Un)accountability. In: CAMPISI, Patrizio (ed.) *Security and Privacy in Biometrics*. London: Springer, 2013, p. 329.

LUDWIG, Marcos de Campos. O direito ao livre desenvolvimento da personalidade na Alemanha e possibilidades de sua aplicação no Direito privado brasileiro. *Revista da Faculdade de Direito da UFRGS*, Porto Alegre, v. 19, p. 237-263, mar. 2001.

LYON, David. Surveillance as social sorting: Computer codes and mobile bodies. In: LYON, David (ed.). *Surveillance as Social Sorting*: Privacy, risk, and digital discrimination. London: Routledge, 2003.

LYON, David. *The Electronic Eye*: The rise of surveillance society. Minneapolis: University of Minnesota Press, 1994.

MARINI, Giovanni. Commento di Artt. 3-186. In: BARBA, Angelo; PAGLIANTINI, Stefano. *Commentario del Codice Civile*. Delle Persone. Torino: UTET, 2013.

MOTA PINTO, Paulo. O Direito ao Livre Desenvolvimento da Personalidade. In: *Boletim da Faculdade de Direito de Coimbra*, Portugal-Brasil Ano 2000, p. 149-246, 1999.

NOH, Hyung Wook et al. Ratiometric Impedance Sensing of Fingers for Robust Identity Authentication. *Sci Rep,* n. 9, Sept./2019. Disponível em: https://www.nature.com/articles/s41598-019-49792-9.

NORRIS, Clive. CCTV, the panopticon, and the technological mediation of suspicion and social control. In: LYON, David (ed.). *Surveillance as Social Sorting*: Privacy, risk, and digital discrimination. London: Routledge, 2003.

O'NEIL, Cathy. *Weapons of Math Destruction*: How big data increases inequality and threatens democracy. New York: Crown, 2016.

PARECER 3/2012 do Grupo de Trabalho do Artigo 29° para Proteção de Dados da União Europeia sobre "evolução das tecnologias biométricas". Disponível em: https://www.gpdp.gov.mo/uploadfile/others/wp193_pt.pdf. Acesso em: 29 mar. 2022.

PARECER 4/2007 do Grupo de Trabalho do Artigo 29° para Proteção de Dados da União Europeia sobre "conceitos de dados pessoais". Disponível em: https://www.gpdp.gov.mo/uploadfile/others/wp136_pt.pdf. Acesso em: 29 mar. 2022.

PERLINGIERI, Pietro. *O Direito Civil na legalidade constitucional*. Trad. Maria Cristina de Cicco. Rio de Janeiro: Renovar: 2008.

RODOTÀ, Stefano. Transformações do Corpo. *Revista Trimestral de Direito Civil*, Rio de Janeiro, v. 19, p. 91-107, jul.-set. 2004.

RODOTÀ, Stefano. *Il diritto di avere diritti*. Roma: Laterza, 2012.

RODOTÀ, Stefano. *Il mondo nella rete*. Quali i diritti, quali i vincoli. Roma: Laterza & Figli, 2014.

RODOTÀ, Stefano. *Vivere la democrazia*. Roma: Laterza & Figli, 2018, Edição digital.

SARMENTO, Daniel. *Dignidade da pessoa humana*: conteúdo, trajetórias e metodologia. 3. ed. Belo Horizonte: Fórum, 2016.

SCHREIBER, Anderson et al. *Código Civil Comentado*. Doutrina e Jurisprudência. 3. ed. Rio de Janeiro: Forense, 2021.

SESSAREGO, Carlos Fernández. *Derecho a la identidad personal*. Buenos Aires: Astrea, 1992.

SOUZA, Rabindranath V. A. Capelo de. *O Direito Geral de Personalidade*. Coimbra: Coimbra, 2011.

WELINDER, Yana; PALMER, Aeryn. Face Recognition, Real-Time Identification, and Beyond. In: SELINGER, Evan; POLONETSKY, Jules; TENE, Omar (Ed.). *The Cambridge Handbook of Consumer Privacy*. Cambridge: Cambridge University Press, 2018.

A DESPERSONALIZAÇÃO DA PERSONALIDADE: REFLEXÕES SOBRE CORPO ELETRÔNICO E O ARTIGO 17 DA LEI GERAL DE PROTEÇÃO DE DADOS PESSOAIS

Nelson Rosenvald

Procurador de Justiça do Ministério Público de Minas Gerais. Pós-Doutor em Direito Civil na *Università Roma Tre* (IT-2011). Pós-Doutor em Direito Societário na Universidade de Coimbra (PO-2017). *Visiting Academic, Oxford University* (UK-2016/17). Professor Visitante na Universidade Carlos III (ES-2018). Doutor e Mestre em Direito Civil pela Pontifícia Universidade Católica de São Paulo – PUC/SP. Presidente do Instituto Brasileiro de Estudos de Responsabilidade Civil – IBERC. Professor do corpo permanente do Doutorado e Mestrado do IDP/DF.

José Luiz de Moura Faleiros Júnior

Doutorando em Direito Civil pela Universidade de São Paulo – USP/Largo de São Francisco. Doutorando em Direito, na área de estudo 'Direito, Tecnologia e Inovação', pela Universidade Federal de Minas Gerais – UFMG. Mestre e Bacharel em Direito pela Universidade Federal de Uberlândia – UFU. Especialista em Direito Digital. Especialista em Direito Civil e Empresarial. Associado do Instituto Avançado de Proteção de Dados – IAPD. Membro do Instituto Brasileiro de Estudos de Responsabilidade Civil – IBERC. Advogado e Professor.

Sumário: 1. Introdução – 2. A personalidade e os meios de comunicação como extensão do homem – 3. Novos contornos para o Artigo 17 da LGPD; 3.1 O corpo eletrônico e a autoatribuição de falsa identidade; 3.2 Perfis, personalidade e perfilização – 4. Considerações finais – 5. Referências.

1. INTRODUÇÃO

A evolução comunicacional inaugura discussões que desafiam a dogmática jurídica mais tradicional. E, de fato, institutos clássicos passam a ser reinterpretados em função da proeminência das tecnologias digitais emergentes em sociedade. A personalidade sofre inegáveis influxos dessa transição e passa a ser compreendida em função do novo plexo de situações jurídicas existenciais merecedoras de tutela que, se não são visualizadas facilmente no plano concreto, passam a se materializar a partir de projeções datificadas na Internet, em verdadeira transição para o virtual.

A Lei Geral de Proteção de Dados Pessoais brasileira, particularmente pelo alcance protetivo de seu artigo 17, que define seu escopo de incidência pelo conceito de titularidade (mais amplo do que o clássico instituto da propriedade), denota exatamente isso: a necessidade de proteção às projeções da personalidade, consubstanciadas em acervos de dados pessoais, sob as lentes da tríade de direitos fundamentais que o dispositivo enumera: intimidade, privacidade e liberdade.

Para além disso, a teorização de Rodotà acerca da proteção ao 'corpo eletrônico' passa a se coadunar com o que se almeja perquirir no delineamento de um direito fundamental à proteção de dados pessoais – autônomo e inegavelmente complexo – para o controle de eventuais casos de vilipêndio informacional em situações como a autoatribuição de falsa identidade (e a corolária criação de perfis falsos) na Internet e a nefasta perfilização.

Com base nisso, este artigo investigará os contornos peculiares do artigo 17 da LGPD, conjugando-o aos elementos acima descritos para, ao final, sintetizar breve conclusão sobre o que, aqui, se descreve como a 'despersonalização da personalidade'.

2. A PERSONALIDADE E OS MEIOS DE COMUNICAÇÃO COMO EXTENSÃO DO HOMEM

O título deste tópico prontamente remeterá o leitor à clássica obra de Marshall McLuhan.[1] De fato, não há precedentes para o ritmo exponencial da evolução tecnológica que marcou o Século XX, acelerando processos de transformação social em todas as áreas, propiciando mudanças no modo de condução da economia, da cultura, das interações sociais, do trabalho, dos negócios jurídicos, dentre vários outros e, inclusive, para a própria compreensão que se tem de institutos clássicos da Ciência do Direito.

Para Harari, "[a] ciência moderna não tem dogma. Mas tem um conjunto de métodos de pesquisa em comum, todos baseados em coletar observações empíricas (...) e reuni-las com a ajuda de ferramentas matemáticas".[2] Rapidamente, pavimentou-se o caminho para uma nova revolução da indústria, a terceira no curso da história, sendo marcada pela nêmese da criatividade humana, que propiciou o desenvolvimento de tecnologias (especialmente no ramo das comunicações) capazes de mudar drasticamente a sociedade já nos primeiros cinquenta anos do século.[3]

---

1. McLUHAN, H. Marshall. *Os meios de comunicação como extensões do homem*. Trad. Décio Pignatari. São Paulo: Cultrix, 2007, p. 84. Com efeito: "Os novos meios e tecnologias pelos quais nos ampliamos e prolongamos constituem vastas cirurgias coletivas levadas a efeito no corpo social com o mais completo desdém pelos anestésicos. Se as intervenções se impõem, a inevitabilidade de contaminar todo o sistema tem de ser levada em conta. Ao se operar uma sociedade com uma nova tecnologia, a área que sofre a incisão não é a mais afetada. A área da incisão e do impacto fica entorpecida. O sistema inteiro é que muda. O efeito do rádio é auditivo, o efeito da fotografia é visual. Qualquer impacto altera as *ratios* de todos os sentidos. O que procuramos hoje é controlar esses deslocamentos das proporções sensoriais da visão social e psíquica (...)".
2. HARARI, Yuval Noah. *Sapiens*: uma breve história da humanidade. Trad. Janaína Marcoantonio. 38. ed. Porto Alegre: L&PM, 2018, p. 264.
3. David Sax esclarece que: "Digital é a linguagem dos computadores, códigos binários de zeros e uns que, em combinações infinitas, permitem que os *hardwares* e *softwares* possam se comunicar e calcular. Se algo está conectado à Internet, se funciona com o auxílio de um *software* ou é acessado por um computador, é digital. O analógico é o *yin* do *yang* digital, o dia daquela noite. O analógico não precisa de um computador para funcionar e quase sempre existe no mundo físico (em oposição ao mundo virtual)". SAX, David. *A vingança dos analógicos*: por que os objetos de verdade ainda são importantes. Trad. Alexandre Matias. Rio de Janeiro: Anfiteatro, 2017, p. 14.

A DESPERSONALIZAÇÃO DA PERSONALIDADE **447**

Os primeiros estudos em torno da conceituação de um novo modelo de sociedade remontam à década de 1960. Se as revoluções da comunicação e da tecnologia sempre despertaram curiosidade e incutiram em notáveis cientistas a inquietude em torno das modificações sociais do porvir, a ponto de propulsionarem a popularização de expressões como "terceira onda", de Alvin Toffler[4], "aldeia global", de Marshall McLuhan[5], ou a "bomba das telecomunicações", de Albert Einstein[6], não se pode negar que os desdobramentos dessas metáforas adquiriram novas proporções a partir do século XXI.[7]

Seria um truísmo dizer que se está a viver em uma "era da informação" ou "sociedade da informação"[8], mas, ainda assim, é impossível negar que a informação (juntamente com dados e conhecimento) é agora central para o funcionamento de todas as sociedades desenvolvidas.[9] Por esta razão, se tornou convencional sugerir que essa situação foi desencadeada por uma série de "revoluções de informação" – das quais já se iniciou breve abordagem nos tópicos precedentes –, pelas quais uma nova tecnologia (usando-se, aqui, a palavra em seu sentido mais amplo) mudou drasticamente o modo com que a informação é registrada e comunicada. O número e a natureza dessas revoluções variam entre os comentaristas, mas geralmente incluem a introdução de escrita, impressão, comunicação em massa, o computador digital e a Internet, sendo imperioso analisar brevemente esta evolução para que seja possível compreender o papel do Estado neste amplo contexto.

Michael Buckland argumenta que se trata de um período de "hiperhistória", no qual o bem-estar dos indivíduos e das sociedades passou a depender inteiramente das Tecnologias de Informação e Comunicação (TICs).[10] Para Luciano Floridi, o período

---

4. *Cf.* TOFFLER, Alvin. *The third wave*. New York: Banthan Books, 1980.
5. *Cf.* McLUHAN, H. Marshall; POWERS, Bruce R. *The global village*: transformations in world life and media in the 21st Century (communication and society). Oxford: Oxford University Press, 1989.
6. Segundo Pierre Lévy, a expressão teria sido cunhada por Einstein ao se referir às três grandes transformações que modificariam sobremaneira a vida em sociedade no curso do século XX: a bomba das telecomunicações, a bomba demográfica e a bomba atômica. LÉVY, Pierre. *Cibercultura*. 3. ed. Trad. Carlos Irineu da Costa. São Paulo: Editora 34, 2010, p. 13.
7. DUFF, Alistair S. *Information society studies*. Londres: Routledge, 2000, p. 98. Anota o autor: "This is not merely a matter of semantics or academic territorialism. It is to do with whether the whole idea of the information society is a genuine innovation or in essence little more than Marshall McLuhan's 'global village' revisited; it is about whether we are indeed witnessing a new social formation, or a variant of an older, much more familiar, social formation".
8. *Cf.* FLORIDI, Luciano. *Information*: a very short introduction. Oxford: Oxford University Press, 2010.
9. WEBSTER, Frank. *Theories of the information society*. 3. ed. Londres: Routledge, 2006, p. 2. Diz o autor: "Amidst this divergent opinion, what is striking is that, oppositional though they are, all scholars acknowledge that there is something special about 'information'".
10. BUCKLAND, Michael. *Information and society*. Cambridge: The MIT Press, 2017, p. 51. Comenta: "Sensing significant developments in one's environment and seeking to influence others—becoming informed and informing others—are basic to survival. In human societies, these interactions are largely and increasingly achieved through documents. When we speak of a community knowing something, it commonly means that some of the individuals in a community know something. The ability to influence what is known within a group can have important political, economic, and practical consequences. What people know is a constituent part of their culture and knowing, believing, and understanding always occurs within a cultural context. In this way, information always has physical, mental, and social aspects that can never be fully separated".

hodierno seria marcado por uma transição, ou uma "virada informacional", ou, ainda, uma "quarta revolução"[11] (expressão que será melhor apreciada adiante, à luz da doutrina de Schwab), seguindo as revoluções científicas de Copérnico, Darwin e Freud.

Segundo Floridi, os seres humanos deverão ser considerados, ao fim desta etapa transitória, como organismos incorporados informacionalmente (*"inforgs"*), inseridos em um ambiente informacional, a "infosfera", na qual os limites entre os ambientes *online* e *offline* efetivamente se fundem, dando ensejo a uma verdadeira "ontologia digital"[12] que propicia a reinvenção de modelos democráticos e da própria noção de "vida" em sociedade.[13]

Se Herbert Marcuse já indicava a existência de aspectos totalitários latentes nas sociedades industriais mais avançadas, até mesmo sinalizando uma racionalidade tecnológica de dominação e de opressão em massa que se relacionava ao controle da consciência humana[14], não há dúvidas de que o advento de uma pretensa pós-modernidade acaba sendo marcada pela incredulidade frente ao metadiscurso filosófico.[15] Para o indivíduo humano, a extensão da compreensão de si mesmo adquire novo formato. O que se chamou de *"Self"* no descritivo do subtópico é mais do que mera remissão à percepção individualista que se tem do conceito de "identidade" em ciências como a Psicologia ou a Antropologia; com a presença da tecnologia, novas conjunturas passam a impor, também, desafios ao Direito.

Merece menção a concepção de Pierre Lévy, que entende a Internet como um fruto do complexo mosaico de ideias e representações[16], pessoas vivas e pensantes, entidades materiais naturais e artificiais. Conforme se nota, "em definitivo, não existe uma 'identidade real' e uma 'identidade não real'; o que existe é uma identidade física e uma identidade virtual, as quais podem ser idênticas ou não, mas ambas reais e incessantemente relacionais."[17]

O crescimento escalável da *web*, alinhado à sua consolidação como ferramenta de usos econômicos, culturais e sociais, para além do viés meramente comunicacional,

---

11. FLORIDI, Luciano. *The 4th Revolution*: how the infosphere is reshaping human reality. Oxford: Oxford University Press, 2014, p. 1-24; 87 *et seq.*
12. FLORIDI, Luciano. *The philosophy of information*. Oxford: Oxford University Press, 2011, p. 320. O autor comenta: "When discussing digital ontology, two separate questions arise: a. Whether the physical universe might be adequately modelled digitally and computationally, independently of whether it is actually digital and computational in itself; and b. Whether the ultimate nature of the physical universe might be actually digital and computational in itself, independently of how it can be effectively or adequately modelled".
13. LAOURIS, Yiannis. Reengineering and reinventing both democracy and the concept of life in the digital era. *In:* FLORIDI, Luciano (Ed.). *The onlife manifesto*: being human in a hyperconnected era. Cham/Londres: Springer OpenAccess, 2015, p. 125 *et seq.*
14. MARCUSE, Herbert. *A ideologia da sociedade industrial*. 5. ed. Trad. Giasone Rebuá. Rio de Janeiro: Zahar, 1979, p. 31-32.
15. Conferir, por todos, as reflexões de LYOTARD, Jean-François. *O pós-moderno*. 3. ed. Trad. Ricardo Corrêa. Rio de Janeiro: José Olympio Editor, 1988, p. viii; ainda, valiosa a leitura de BAUMAN, Zygmunt. *Modernidade líquida*. Trad. Plínio Dentzien. Rio de Janeiro: Zahar, 2001, p. 38-40.
16. LÉVY, Pierre. *Cibercultura*. 3. ed. Trad. Carlos Irineu da Costa. São Paulo: Editora 34, 2010, p. 21-22.
17. BOLESINA, Iuri. *Direito à extimidade*: as inter-relações entre identidade, ciberespaço e privacidade. Florianópolis: Empório do Direito, 2017, p. 129.

já instigou novas compreensões sobre os "espaços" que cria. A expressão ciberespaço, cunhada por William Gibson no romance *Neuromancer*[18], se popularizou substantivamente como marca de uma transição que atinge a própria base das relações sociais. E, de fato, mais do que sugerir a conceituação da Internet como um *non-lieu*[19], o que se nota é a transposição das relações humanas do plano físico para o virtual. É fenômeno irrefreável e de consequências variadas, que desborda da visão crítica – que, aqui, prescinde de qualquer cariz ideológico – do homem unidimensional de Marcuse[20] e que, pela aceleração algorítmica, não apenas proporciona falsas necessidades aptas a conduzirem o fluxo de desenvolvimento dos sistemas de produção e consumo, mas também capazes de ressignificar o próprio conceito de identidade.

Fluxos constantes de dados são o elemento central dessa mudança na forma pela qual as pessoas se relacionam e passam a impor ao Direito um notável desafio de reestruturação das bases regulatórias para a tutela de contingências potencial e suficientemente danosas. O que não se questiona é que a tutela jurídica da informação – e de seu crescimento incessante, como sugere Hidalgo[21] – surge como nova fronteira relacional do Direito com a tecnologia.

Yuval Noah Harari defende que organismos se entrelaçarão a algoritmos, e, como tal, o conceito tradicional de *homo sapiens* pode não ser mais dominante em um universo onde o dataísmo torna-se o paradigma. Eis o que o autor chama de *homo deus*.[22] Esse novo perfil de indivíduo, dependente da acumulação e do fornecimento de dados para a realização de todo tipo de atividade – das mais comezinhas e corri-

---

18. Cf. GIBSON, William. *Neuromancer*. Nova York: Ace Books, 1984.
19. A terminologia é extraída da obra de Marc Augé, que define o não lugar (*non-lieu*) como um espaço intercambiável onde os seres humanos permanecem no anonimato e sem significação suficiente para ser considerado "lugar". Nos dizeres do próprio autor: "Si un lieu peut se définir comme identitaire, relationnel et historique, un espace qui ne peut se définir ni comme identitaire, ni comme relationnel, ni comme historique définira un non-lieu. L'hypothèse ici défendue est que la surmodernité est productrice de non-lieux, c'est-à-dire d'espaces qui ne sont pas eux-mêmes des lieux anthropologiques et qui, contrairement à la modernité baudelairienne, n'intègrent pas les lieux anciens: ceux-ci, répertoiriés, classés et promus « lieux de mémoire », y occupent une place circonscrite et spécifique". AUGÉ, Marc. *Non-lieux*: Introduction à une anthropologie de la surmodernité. Paris: Éditions du Seuil, 1992, p. 100.
20. Cf. MARCUSE, Herbert. *One-Dimensional Man*: Studies in the ideology of advanced industrial society. 2. ed. 5. reimpr. Londres: Routledge, 2007.
21. HIDALGO, Cesar. *Why information grows*: The evolution of order, from atoms to economies. Nova York: Basic Books, 2015, *passim*.
22. Disso, o autor extrai a nomenclatura que denomina de *homo deus*, explicitando preocupações prementes: "Para políticos, homens de negócio e consumidores comuns, o dataísmo oferece tecnologias inovadoras e poderes inéditos e imensos. Para estudiosos e intelectuais, ele também promete o Santo Graal científico, que há séculos tem nos iludido: uma teoria única e abrangente capaz de unificar todas as disciplinas científicas, da literatura e musicologia à economia e à biologia." E acrescenta: "Os dataístas, contudo, acreditam que os humanos não são mais capazes de lidar com os enormes fluxos de dados, ou seja, não conseguem mais refiná-los para obter informação, muito menos para obter conhecimento ou sabedoria. O trabalho de processamento de dados deveria, portanto, ser confiado a algoritmos eletrônicos, cuja capacidade excede muito a do cérebro humano. Na prática, os dataístas são céticos no que diz respeito ao conhecimento e à sabedoria humanos e preferem depositar sua confiança em megadados e em algoritmos computacionais". HARARI, Yuval Noah. *Homo deus*: uma breve história do amanhã. Trad. Paulo Geiger. São Paulo: Companhia das Letras, 2016, p. 370-371.

queiras tarefas do cotidiano até as mais complexas e valorosas transações e negócios jurídicos – dependerá de um Estado muito mais aparelhado e responsivo, capaz de sinalizar, à altura e no ritmo acelerado que a inovação apresenta, soluções jurídicas adequadas a um sem número de contingências outrora vistas como distopias, mas hodiernamente conjecturadas em sintonia com o ritmo acelerado da alavancagem da técnica.

A essas representações da personalidade a partir dos dados (verdadeiros "avatares"), formadas por conjuntos e combinações de informações, já se atribui tratamento jurídico. Em um contexto como esse, entrelaçamentos do físico (*corpus*) com o virtual (projetado, embora noutro plano) propiciam mudanças e ressignificam a maneira como se deve encarar alguns institutos jurídicos[23], pois práticas variadas passam a classificar e segmentar pessoas com base nessas informações, criando-se estereótipos que estigmatizam[24] e – ainda que potencialmente – gerando risco de dano, o que demanda nova modelagem estrutural, agora lastreada em mecanismos de governança de dados.[25]

É preciso compreender melhor esse fenômeno, cujas raízes estão situadas noutras ciências (humanas e sociais aplicadas), mas de inegável impacto jurídico. Perfis falsos, perfilização e o emprego ilícito ou abusivo de técnicas algorítmicas para, por exemplo, forjar identidades a *robots* na Internet, são apenas alguns exemplos mais recentes – e conhecidos – de situações merecedoras de investigação mais cautelosa quanto ao impacto que têm.

É importante destacar que diversas iniciativas já foram adotadas na tentativa de diminuir a '*digital divide*'[26], razão pela qual a doutrina já se propõe a distinguir o referido fenômeno em estágios (*first* e *second digital divides*).[27] Fato é que o Objetivo 8.F do rol dos Objetivos de Desenvolvimento do Milênio (ou *Millenium Development Goals*)[28], além do Plano de Ação adotado na Cúpula Mundial de Genebra sobre a

---

23. Segundo registra a doutrina, "Essa identidade [virtual] é formada pela confluência dos dados de identificação (nome, data e local de nascimento, número de telefone, filiação, profissão, etc.), de feição subjetiva (opiniões, veiculação da intimidade, sites e informações que são marcadas como positivas/negativas e / ou compartilhadas, etc.), de comportamento (histórico de navegação, de negócios, de geolocalização, notícias, fotografias em eventos, etc.) e de dados derivados (dados calculados por terceiros de modo analítico que geram uma espécie de perfil comportamental – quem é e o que (não) gosta – de alguém baseado em sua conduta *online*)". BOLESINA, Iuri. *Direito à extimidade*: as inter-relações entre identidade, ciberespaço e privacidade. Florianópolis: Empório do Direito, 2017, p. 131.

24. SOLOVE, Daniel J. *The digital person*: Technology and Privacy in the Information Age. Nova York: NYU Press, 2006, p. 46.

25. MAYER-SCHÖNBERGER, Viktor. Beyond privacy, beyond rights—toward a "system" theory of information governance. *California Law Review*, Berkeley, v. 98, 1853-1886, 2010, p. 1877-1878.

26. HOFFMAN, Donna L.; NOVAK, Thomas P.; SCHLOSSER, Ann E. The evolution of the digital divide: examining the relationship of race to Internet access and usage over time. In: COMPAINE, Benjamin M. (Ed.). *The digital divide*: facing a crisis or creating a myth? Cambridge: The MIT Press, 2001, p. 47 *et seq.*

27. SEGURA-SERRANO, Antonio. Internet regulation and the role of international law. *Max Planck Yearbook of United Nations Law*, Heidelberg, v. 10, 2006, p. 264-270.

28. ORGANIZAÇÃO DAS NAÇÕES UNIDAS. *Millennium Development Goals*. Disponível em: https://www.un.org/millenniumgoals/. Acesso em: 20 dez. 2021.

Sociedade da Informação[29] sinalizaram importantes esforços nesse sentido, mas não são suficientes e, portanto, pode-se observar uma série de iniciativas em torno da positivação de um direito fundamental de garantia de acesso à Internet, embora os números não ilustrem uma realidade adequada a isso, posto que estimativas de 2021 apontam que 60% da população mundial está conectada à Internet.[30]

O pragmatismo na solução de conflitos digitais se torna ainda mais marcante quando se considera a pujança do avanço informacional, pois há muitas outras mudanças sendo propaladas nesse contexto virtual, e que serão operacionalizadas a curto e médio prazo. Lawrence Lessig[31] classifica o espaço virtual como um âmbito de difícil regulamentação por qualquer meio externo à própria rede. Sua doutrina aponta para a necessidade de atuação estatal voltada à determinação da natureza jurídica de tal espaço, de modo a permitir a criação de uma codificação própria (um 'Code') para o ciberespaço, o que faz lembrar a proposta de Joel Reidenberg[32] quanto à criação de uma *Lex Informatica*.

Não há dúvidas de que a massificação do acesso à rede, que se convencionou chamar de "*web* 3.0", marcada pela operabilidade em tempo real, pela interatividade das plataformas, pela tecnologia tridimensional e pela intensificação dos contatos virtuais, deu origem à "*web* semântica", que ainda envolve a participação humana.

Isso deu início a um processo de transição paulatino (embora célere) para a "*web* 4.0", em que a implementação de algoritmos de Inteligência Artificial permitirá às máquinas trabalhar com o interminável acervo de dados (*Big Data*) para cognição e análise de processos, em ritmo e com potencial antes inimaginável. É nesse ecossistema peculiar e complexo que perfis são criados e utilizados para as mais variadas finalidades (nem sempre lícitas), que instigam e demandam soluções jurídicas específicas.

3. NOVOS CONTORNOS PARA O ARTIGO 17 DA LGPD

De acordo com o art. 17 da LGPD, "Toda pessoa natural tem assegurada a titularidade de seus dados pessoais e garantidos os direitos fundamentais de liberdade, de intimidade e de privacidade, nos termos desta Lei". O dispositivo referencia três direitos fundamentais. A conjugação entre eles transcende a visão tradicional do direito à propriedade de dados, acenando explicitamente para a sua dimensão existencial e, implicitamente, para um direito fundamental autônomo à proteção de dados pessoais.

---

29. ORGANIZAÇÃO DAS NAÇÕES UNIDAS. *World Summit on the Information Society. Plan of Action*, 12 dez. 2003. Disponível em: https://www.itu.int/dms_pub/itu-s/md/03/wsis/doc/S03-WSIS-DOC-0005!!PDF-E. pdf. Acesso em: 20 dez. 2021.

30. KEMP, Simon. 6 in 10 people around the world now use the Internet. *DataReportal*, 26 abr. 2021. Disponível em: https://datareportal.com/reports/6-in-10-people-around-the-world-now-use-the-internet. Acesso em: 20 dez. 2021.

31. LESSIG, Lawrence. *Code, and other laws of cyberspace 2.0*. 2. ed. Nova York: Basic Books, 2006, p. IX.

32. Cf. REIDENBERG, Joel R. Lex informatica: the formulation of information policy rules through technology. *Texas Law Review*, Austin, v. 76, 1998.

Talvez seja a hora para que, de forma sucinta, possamos estabelecer as premissas de direito civil subjacentes ao referido preceito normativo e a sua fundamentalidade como reação principiológica a uma lógica de mercado que fragiliza as premissas teóricas edificadas no final do século XX por juristas como Gustavo Tepedino, Luiz Edson Fachin, Maria Celina Bodin e Paulo Luiz Neto Lôbo.

Uma expressão consagrada em nosso direito civil constitucional é a "personalização do direito privado". Trata-se de uma ideia persuasiva que pode ser compreendida de várias formas, sendo a que me parece mais elucidativa é a da funcionalização das situações patrimoniais às existenciais, vale dizer, a repressão às iniciativas econômicas que desconsiderem a pessoa como fundamento e fonte da ordem jurídica.

Esta diretriz impulsionou doutrina e tribunais a reformular as relações de pertencimento e trânsito de titularidades, de forma a não restringir desproporcionalmente direitos fundamentais. Tal movimento antropocêntrico é claramente aferível no RE 466.343/2008, oportunidade em que o Supremo Tribunal Federal afastou a possibilidade de prisão civil do depositário infiel como sanção por inadimplemento nos contratos de alienação fiduciária.[33] Outrossim, o traço da personalização do direito civil é patente na Súmula 364 do STJ,[34] ao estender a proteção do bem de família aos "singles", pois, a par da garantia geral dos credores, toda pessoa tem uma parcela de seu patrimônio afetada ao seu mínimo existencial.

Contudo, no campo negocial nem sempre é singela a distinção entre os espaços existenciais e patrimoniais. Como veste jurídico-formal de operações econômicas – na acepção de Roppo –, os contratos se adaptam as transformações socioculturais e não raro aquilo que a manualística descreve como direitos da personalidade convive pacificamente com o propósito lucrativo. Já estamos habituados com negócios jurídicos que refletem a prática social de aproveitamento da dimensão patrimonial de direitos de imagem, nome e privacidade, nos quais o consentimento do titular atua como permissão para a cessão onerosa do exercício de atributos existenciais, pela fixação de um preço para a intromissão por parte de terceiros em aspectos antes impenetráveis pelo mercado.

Como resposta a esta imprecisão quanto às fronteiras entre o "eu" e o mercado, a doutrina passou a considerar uma "relativa indisponibilidade" dos direitos da personalidade, no sentido de que o atributo da intransmissibilidade a que se refere o art. 11 do Código Civil[35] concerne ao conteúdo das projeções existenciais, mas não

---

33. STF. RE n. 466.343, 03.12.2008, Informativo n. 531 Rel. Min. Cezar Peluso: "Já não é possível conceber o corpo humano como passível de experimentos normativos no sentido de que se torne objeto de técnicas de coerção para cumprimento de obrigações estritamente de caráter patrimonial".

34. Súmula 364 do STJ: "O imóvel residencial do próprio casal ou da entidade familiar, é impenhorável e não responderá por qualquer tipo de dívida civil, comercial, fiscal, previdenciária ou de outra natureza, contraída pelos cônjuges ou pelos pais ou filhos que sejam seus proprietários e nele residam, salvo nas hipóteses previstas nesta Lei".

35. "Art. 11. Com exceção dos casos previstos em lei, os direitos da personalidade são intransmissíveis e irrenunciáveis, não podendo o seu exercício sofrer limitação voluntária".

à possibilidade de exercício temporário por outras pessoas naturais ou jurídicas, em contratos cujo objeto seja delimitado. Da mesma forma, deu-se interpretação mais ampla a parte final do referido dispositivo para se admitir a limitação voluntária de direitos da personalidade, considerando-se que, seguindo o livre desenvolvimento da personalidade, qualquer pessoa pode praticar atos de autocontenção da integridade psicofísica ou de sua intimidade, desde que se trate de prática socialmente justificada; evidencie-se o legítimo interesse do titular (e não um ato de heteronomia); seja o ato de limitação voluntária revogável a qualquer tempo e, por último, não ofenda Interesse de terceiros. Podemos ilustrar nestes critérios objetivos, a decisão de um lutador de participar de um campeonato de vale-tudo, ou a deliberação de qualquer pessoa de expor os aspectos recônditos de sua vida nas redes sociais.

Nada obstante, mesmo nessa turva mescla entre os nossos atributos essenciais e as exigências de afirmação da pessoa na ordem do mercado, dois muros de contenção ainda permanecem de pé.

A um, o vínculo orgânico entre a pessoa e os direitos da personalidade, tornando-os indestacáveis de seu titular, inviabilizando a transferência do nosso "cerne", seja a título gratuito como oneroso. Aquilo "que somos" não pode ser expropriado. Mantém-se o controle humano sobre o objeto, limites e duração dos atos negociais referentes às parcelas econômicas da personalidade, pois como requisito de validade, o contrato requer o consentimento livre e esclarecido do cedente. Em síntese, as situações existenciais ainda preservam o *discrimen* teórico perante as situações patrimoniais, pois se propriedade e créditos podem ser fraturados do titular, alienados e cedidos, preserva-se a aderência do ser humano ao seu modo de ser, pela *potestade* inerente aos direitos da personalidade de sujeitar a sociedade e o estado a não se imiscuir naquilo que constitui a pessoa, evitando-se a usurpação do que nos é indissociável.

A dois, em comum, as situações existenciais e patrimoniais se adequam ao conceito de "direitos subjetivos" pelo seu fundamento excludente. Tradicionalmente, assegura-se ao proprietário e ao contratante uma reserva de fruição de suas titularidades, associada à faculdade de afastar o poder público e particulares do monopólio do conteúdo de exploração, dotando tais direitos de tutelas inibitória e ressarcitória, sem se excluir uma pretensão reivindicatória em caso de violação à reserva de pertencimento. Igualmente, direitos da personalidade são dotados de uma eficácia defensiva em níveis preventivo e repressivo (art. 12, CC),[36] tutelando-se os bens jurídicos intrínsecos não apenas em face de lesões – pela pretensão de reparação por danos extrapatrimoniais (art. 927, CC)[37] – como diante de qualquer ameaça de prática ou reiteração de ilícitos, independentemente da ocorrência de um dano (parágrafo único, art. 497, CPC).[38]

---

36. "Art. 12. Pode-se exigir que cesse a ameaça, ou a lesão, a direito da personalidade, e reclamar perdas e danos, sem prejuízo de outras sanções previstas em lei".
37. "Art. 927. Aquele que, por ato ilícito (arts. 186 e 187), causar dano a outrem, fica obrigado a repará-lo".
38. "Art. 497. Na ação que tenha por objeto a prestação de fazer ou de não fazer, o juiz, se procedente o pedido, concederá a tutela específica ou determinará providências que assegurem a obtenção de tutela pelo resultado

Todavia, os direitos da personalidade transcendem os direitos subjetivos patrimoniais, por também serem dotados de uma eficácia ativa. Ao contrário da lógica econômica dos direitos patrimoniais, limitada ao direito de excluir, as situações jurídicas existenciais demandam o direito do ser humano à inclusão em sociedade. Não se trata apenas de um dever de proteção, mas também um dever de promoção, pois como reflete Dworkin,[39] a dignidade é limite e tarefa, possuindo uma voz passiva e uma voz ativa que se conectam. A dimensão positiva da personalidade é materializada pelo livre desenvolvimento da personalidade no que concerne às deliberações existenciais fundamentais. Aqui ingressa a esfera de autodeterminação, pois o Estado Democrático de Direito reconhece no ser humano uma fonte de escolhas íntimas que deverão ser respeitadas.

A eficácia promocional das situações existenciais permite que a pessoa afirme o seu modo de ser, tornando-se protagonista de sua própria biografia, evitando-se a sua instrumentalização para fins heterônomos. Podemos ilustrar com a decisão do Supremo Tribunal Federal[40] que permite a antecipação terapêutica do parto em caso de diagnóstico de anencefalia, prevalecendo a intimidade da gestante e a tutela a sua integridade psicofísica diante da inviabilidade de uma vida, afastando-se juízos morais estatais heterônomos. No mesmo diapasão, lembre-se decisão do STF[41] quanto à extensão da união estável a casais homoafetivos. Em sociedades plurais, privilegia-se a privacidade do par em detrimento de uma concepção taxativa de entidades familiares. A autonomia existencial, implicitamente aludida no art. 15 do Código Civil,[42] converte o consentimento informado em chave para a permissão de intervenções cirúrgicas ou tratamento, efetivação de negócios jurídicos que envolvam doação de órgãos e diretivas antecipadas quanto à vedação de distanásia ou procedimentos médicos desproporcionais em situações de terminalidade da vida.

Entretanto, o cenário tecnológico disruptivo rapidamente erode os dois referidos muros de contenção que sustentam as colunas antropocêntricas daquilo que se convencionou chamar de "personalização do direito privado". Principiando pela afirmação dos direitos da personalidade em nível constitucional e legislativo, passando por um segundo momento de sua adaptação a economia de mercado – no qual a precificação de emanações comportamentais ainda encontra limites bem definidos – alcançamos um terceiro estágio, que denominamos "despersonalização

---

prático equivalente. Parágrafo único. Para a concessão da tutela específica destinada a inibir a prática, a reiteração ou a continuação de um ilícito, ou a sua remoção, é irrelevante a demonstração da ocorrência de dano ou da existência de culpa ou dolo".

39. DWORKIN, Ronald. *Domínio da vida*. Trad. Jefferson Luiz Camargo. São Paulo: Martins Fontes, 2009, p. 339.

40. STF. ADPF 54/DF, rel. Min. Marco Aurélio, 30.4.2012.

41. STF. ADI 4.277 e ADPF 132, Rel. Min. Ayres Brito, 5.5.2011. "Tudo que não está juridicamente proibido, está juridicamente permitido. A ausência de lei não é ausência de direito, até porque o direito é maior do que a lei".

42. "Art. 15. Ninguém pode ser constrangido a submeter-se, com risco de vida, a tratamento médico ou a intervenção cirúrgica".

A DESPERSONALIZAÇÃO DA PERSONALIDADE   455

da personalidade", materializável em três movimentos que subvertem as premissas humanistas do direito civil constitucional: a expropriação da personalidade; a ameaça à autonomia humana através de um ataque à consciência e a conversão do ser humano em um projeto de personalização.

Relativamente à expropriação da personalidade, como coloca Shoshana Zuboff,[43] o intitulado "capitalismo de vigilância" não consiste em uma nova tecnologia, mas em uma nova forma de mercado que reivindica de maneira unilateral a experiência humana como matéria-prima gratuita para a tradução em dados comportamentais que são disponibilizados no mercado como produtos de predição que antecipam e modelam comportamentos futuros. A visão kantiana do ser humano como fim em si[44] é desvirtuada por um instrumentalismo, cuja base é a expropriação de nossa personalidade em prol de finalidades alheias, pois a própria sociedade se torna objeto de extração e controle.

Apesar da atualidade do fenômeno do poder instrumentário, as suas bases foram lançadas há 50 anos por B.F. Skinner, por meio de sua filosofia social de behaviorismo radical, em obras como "Beyond freedom and dignity",[45]onde afirma que a liberdade é um "acidente" e noções como autonomia, propósito e iniciativa seriam meras distrações – ou ilusões problemáticas –, mecanismos de defesa que nos protegem do desconforto da ignorância humana, atravancando o caminham da realização humana. Em um viés coletivista, o caminho virtuoso seria percorrido pela engenharia do comportamento através do avanço tecnológico, empurrando a privacidade para as margens da experiência humana.

---

43. ZUBOFF, Shoshana. *A era do capitalismo de vigilância*: a luta por um futuro humano na nova fronteira do poder. Trad. George Schlesinger. Rio de Janeiro: Intrínseca, 2021, p. 19-23. A autora encarta seis declarações que resumem o capitalismo de vigilância: "Nós reivindicamos a experiência humana com o matéria-prima gratuita para se pegar. Com base nessa reivindicação, podemos ignorar considerações de direitos, interesses, consciência ou entendimento dos indivíduos; com base na nossa reivindicação afirmamos o direito de pegar a experiência do indivíduo para convertê-la em dados comportamentais; nosso direito de pegar, baseado na nossa reivindicação de matéria-prima gratuita, nos confere o direito de possuir os dados comportamentais derivados da experiência humana; nossos direitos de pegar e possuir nos conferem o direito de saber o que o conteúdo dos dados revela; nossos direitos de pegar, possuir e saber nos conferem o direito de decidir como usamos o nosso conhecimento; nosso direitos de pegar, possuir, saber e decidir nos conferem nossos direitos às condições que preservam nossos direitos de pegar, possuir, saber e decidir". (Op. cit., p. 210-211).
44. Kant, em "Fundamentação à Metafísica dos Costumes" assevera: "o homem, e, duma maneira geral, todo o ser racional, existe como fim em si mesmo, não só como meio para o uso arbitrário desta ou daquela vontade (...). Os seres cuja existência depende, não em verdade da nossa vontade, mas da natureza, têm, contudo, se são seres irracionais, apenas um valor relativo como meios, e por isso se chamam coisas, ao passo que os seres racionais se chamam pessoas, porque a sua natureza os distingue já como fins em si mesmos, quer dizer, como algo que não pode ser empregado como simples meio". KANT, Immanuel. *Fundamentação da Metafísica dos Costumes*. Trad. Paulo Quintela. Lisboa: Edições 70, 2007, p. 67-68.
45. "Autonomous man serves to explain only the things we are not yet able to explain in other ways. His existence depends upon our ignorance, and he naturally loses status as we come to know more about behavior. The task of a scientific analysis is to explain how the behavior of a person as a physical system is related to the conditions under which the human species evolved and the conditions under which the individual lives". SKINNER, B.F. *Beyond Freedom and Dignity*. Indianapolis/Cambridge: Hackett Publishing Company, 1971, p. 14.

Em sua obra de 2014, intitulada "Social Physics", Alex Pentland[46] persevera na crítica aos conceitos e estruturas herdadas do iluminismo, conferindo instrumental ao projeto utópico de Skinner de "morte da individualidade", materializando métodos de "reality mining" que mensuram plenamente e transformam o comportamento humano em matemática preditiva de tomada humana de decisões para fins de modificação e controle. Sendo as "pessoas" o fator que atrapalha a "organização", nada melhor que o desenvolvimento de sistemas de influência social baseados em imitação, que pela lógica da colmeia corrijam padrões de ação, consertando "comportamentos quebrados" advindos de decisões ruins.

A realidade digital converte situações existenciais em uma nova propriedade baseada na despossessão da essência daquilo que nos define, através de uma modificação comportamental, cujo legado de danos pode custar a nossa própria humanidade. A edificação do livre-arbítrio proveniente da narrativa liberal provavelmente se desintegrará quando, mesmo em sociedades supostamente livres, depararmo-nos diariamente com instituições, corporações e agências governamentais que compreendem e manipulam o que até então era nosso inacessível reino interior.[47]

Nesta inédita forma de mercado a pessoa se atomiza no individuo, mero conjunto de algoritmos passíveis de comercialização. Infere-se que a noção de expropriação da personalidade rompe com um dos muros de contenção das situações existenciais, pois a renderização da experiência humana não equivale a uma simples cessão temporária do exercício econômico de nossa imagem, intimidade ou nome, porém do próprio confisco do conteúdo daquilo que nos singulariza, para posterior operação lucrativa no insaciável mercado de comportamento futuro. Em síntese, ao contrário da previsão do art. 11 do Código Civil, os direitos da personalidade se tornam "absolutamente disponíveis" e suscetíveis de limitação heterônoma.

Prosseguindo, o segundo movimento de "despersonalização da personalidade" consiste na ameaça à autonomia humana através de um ataque à consciência. A autonomia é a pedra angular do direito privado, significando a "regulação pelo eu",

---

46. "Near the end of the 1700s, philosophers began to declare that humans were rational individuals. People were flattered by being recognized as individuals, and by being called rational, and the idea soon wormed its way into the belief systems of nearly everyone in upper-class Western society. Despite resistance from Church and State, this idea of rational individuality replaced the assumption that truth only came from god and king. Over time, the ideas of rationality and individualism changed the entire belief system of Western intellectual society, and today it is doing the same to the belief systems of other cultures. As we have seen so far in this book, new data are changing this argument, and we are now coming to realize that human behavior is determined as much by social context as by rational thinking or individual desires. Rationality, as the term is used by economists, means that we know what we want and act to get it. But my research shows that both people's desires and their decisions about how to act are often, and perhaps typically, dominated by social network effects". PENTLAND, Alex. *Social Physics*. New York. Penguin Publishing Group. 2014, p. 58-59.

47. Como percebe Yuval Noah Harari, "Quando a autoridade passa de humanos para algoritmos, não podemos mais ver o mundo como o campo de ação de indivíduos autônomos esforçando-se por fazer as escolhas certas. Em vez disso vamos perceber o universo inteiro como um fluxo de dados". *21 Lições para o século 21*. Trad. Paulo Geiger. São Paulo: Companhia das Letras, 2019, p. 83.

não apenas na órbita econômica – filtrada pelo conceito de "capacidade" – como pela aptidão da pessoa gerir os seus pensamentos, emoções e desejos. Paradoxalmente, o processo de despossessão do "eu" se dá em dois níveis: não apenas dispensa o nosso consentimento (informado ou não), como a nossa própria consciência quanto à expropriação da experiência humana.

Não se trata de uma violação ao direito de escolha por meio de contrato de adesão, porém do emprego de técnicas que induzem à modificação comportamental, substituindo o imperativo categórico Kantiano por imperativos de predição. Como explica Sartre,[48] não basta ter vontade, é necessário ter "vontade de ter vontade". A habilidade de premeditação e a autoconsciência nos tornam serem autônomos que projetam escolhas e realizam julgamentos morais. Perde-se este fator civilizatório quando ferramentas de predição tomam de assalto a mente inconsciente, intervindo no momento certo para em um *"nudge"* provocar uma contratação de bens ou serviços, impondo uma alteração no futuro à revelia do sujeito.[49]

O inusitado é que a expropriação da experiência humana não se dirige às informações escritas, componentes verbais ou imagens. Na economia da emoção, não somos escrutinizados pelo conteúdo, e sim de maneira sutil e oblíqua, pela forma como escrevemos, nossa respiração, tom de voz e um conjunto de metadados que decifram a pessoa, viabilizando a transferência do poder decisório. Quando sorrateiramente se liquefaz o livre-arbítrio, o indivíduo se submete a leis externas, sendo exilado do controle sobre o tempo futuro, pois onde reinava o "eu farei", entra em cena o "você fará".

A preocupação expressa por Klaus Schwab[50] dedicada à 4ª revolução industrial é que os tomadores de decisão costumam ser levados pelo pensamento tradicional linear (e sem ruptura) ou costumam estar muito absorvidos por preocupações imediatas e não conseguem pensar de forma estratégica sobre as forças de ruptura e inovação que moldam nosso futuro.

Como terceiro e derradeiro movimento de despersonalização da personalidade temos um deliberado "projeto de personalização" que camufla a própria coisificação da pessoa. O

---

48. "(...) separado do mundo e de minha essência por esse nada que sou, tenho de realizar o sentido do mundo e de minha essência: eu decido sozinho, injustificável e sem desculpas (...)". SARTRE, Jean-Paul. *O ser e o nada*: ensaio de ontologia fenomenológica. 6. ed. Trad. Paulo Perdigão. Petrópolis: Vozes, 1998, p. 782.

49. "Nudge", Termo consagrado na economia comportamental pela obra de autoria de Richard H. Thaler e Cass R. Sunstein sobre a arquitetura de escolhas. THALER, Richard H.; SUNSTEIN, Cass R. *Nudge*: Improving Decisions About Health, Wealth, and Happiness. New Haven: Yale University Press, 2008.

50. SCHWAB, Klaus. *A Quarta Revolução Industrial*. Trad. Daniel Moreira Miranda. São Paulo, Edipro, 2016. O autor anota três razões que sustentam a singularidade da 4. Revolução industrial: "Velocidade: ao contrário das revoluções industriais anteriores, esta evolui em um ritmo exponencial e não linear. Esse é o resultado do mundo multifacetado e profundamente interconectado em que vivemos; além disso, as novas tecnologias geram outras mais novas e cada vez mais qualificadas. – Amplitude e profundidade: ela tem a revolução digital como base e combina várias tecnologias, levando a mudanças de paradigma sem precedentes da economia, dos negócios, da sociedade e dos indivíduos. A revolução não está modificando apenas "o que" e o "como" fazemos as coisas, mas também "quem" somos. Impacto sistêmico: ela envolve a transformação de sistemas inteiros entre países e dentro deles, em empresas, indústrias e em toda sociedade". (Op. cit., p. 12).

termo "personalizar" que outrora significava colocar o direito a serviço da pessoa, assume nova conotação. Pode-se dizer que não passa de um eufemismo para a monetização da vida em troca de segurança, serviços e conveniência. A personalização como ferramenta de marketing para que a pessoa tenha acesso à exclusividade, *on-line e off-line*. Não se trata de um acesso ao mínimo, senão ao máximo existencial, onde o supérfluo assumes ares de necessário. Produtos inteligentes feitos sob medida para as vicissitudes de cada pessoa – casas, roupas, relógios – potencializam a obtenção de superávit comportamental. O assistente digital é o protótipo deste esvaziamento da intimidade e ideia de solidão, um verdadeiro cavalo de Tróia para o qual cedemos conhecimento, autoridade e poder.

O projeto de personalização apaga a fronteira entre o eu e o mercado. Em 2011 Michael Sandel escreveu o livro "O que o dinheiro não compra".[51] A ideia central é a delimitação dos limites morais do mercado, na medida em que a economia de mercado se transmuda em sociedade de mercado, na qual prevalece uma visão econômica da vida, marcada pela precificação de bens antes tidos como indisponíveis e agora submetidos ao cálculo racional do incentivo monetário. Sandel se vale dos argumentos filosóficos da coerção (necessidade material fragiliza a liberdade de escolha) e da corrupção (degradação de bens existenciais em mercadorias) como óbices a contratos como venda de órgãos, barriga de aluguel e remuneração de esterilização.

Passados dez anos, percebemos que no âmbito do capitalismo de vigilância a coerção é dispensada e a corrupção naturalizada. Algoritmos constituem nossa identidade e reputação, classificam nossos riscos, discriminam e manipulam comportamentos, sem qualquer transparência. Elimina-se a coerção pois a experiência humana é coletada sem a consciência quanto à contratação. Normaliza-se a corrupção de bens jurídicos, pois bovinamente aquiescemos à conversão das coisas que temos em coisas que nos têm, à passagem de um mercado para você em um mercado "sobre" você.

Como reação a esse estado de coisas e o descompasso entre a rapidez do progresso tecnológico e a lentidão da capacidade de elaboração de instrumentos jurídicos que moldurem essa nova realidade.[52] O discurso da autorregulação por parte dos autores do livre mercado fazia sentido na metáfora da "mão invisível" de Adam Smith,[53] na lógica da liberdade do indivíduo de atuar sem amarras, por um comportamento

---

51. Cf. SANDEL, Michael J. *O que o dinheiro não compra*: os limites morais do mercado. Trad. Clóvis Marques. Rio de Janeiro: Civilização Brasileira, 2012.

52. "Desta forma, para que seja possível conciliar os direitos fundamentais da pessoa com a crescente coleta de dados possibilitada pelas novas tecnologias, a privacidade assume um perfil menos liberal e passa a ser analisada como um instrumento de controle dos "mineradores" das informações, limitando a sua capacidade de coleta e disposição dos dados. Com base nesta constatação, é preciso pensar remédios institucionais mais adequados (políticas regulatórias, por exemplo), na medida em que os remédios jurídicos existentes (normas jurídicas proibitivas) se encontram engessados, obsoletos ou fadados à obsolescência, na medida em que a tecnologia vai se aprimorando e evoluindo". In: MORAES, Maria Celina Bodin de; MULHOLLAND Caitlin (Org). Privacidade hoje. *Anais do I Seminário de Direito Civil da PUC-Rio*, Rio de Janeiro, 2017, p. 5.

53. Tal Como Smith, Friedrich Hayek, exaltava esta Liberdade como virtude do povo britânico: "a independência e a fé em si mesmos, a inciativa individual e a responsabilidade pela solução dos problemas em nível local, a justificada confiança na atividade voluntária, a não interferência nos assuntos dos vizinhos, o respeito pelo costume e tradição e uma saudável desconfiança do poder e da autoridade". In: *O Cami-*

espontâneo, pela própria impossibilidade de conhecimento quanto ao resultado coletivo de cada atuação isolada. Nada obstante, a ignorância dos séculos anteriores sucumbe perante o capitalismo de vigilância, onde o controle total tende à certeza do conhecimento quanto aos resultados da atividade de coisificação da experiência humana e modificação comportamental.

Neste diapasão, credita-se ao regime regulatório da LGPD a introdução de mecanismos substanciais e procedimentais que confiram proteção contra decisões tomadas por sistemas automatizados, convertam em padrão a proibição de tornar pública informação pessoal, notifiquem as pessoas quando dados pessoais sejam violados, exijam a utilização da opção de privacidade selecionada ao construir sistemas, impondo multas substanciais para violações.

Entretanto, para além do regime regulatório, há de se enfatizar o uso de ações coletivas nas quais a sociedade se una para acautelar a privacidade no plano da proteção de dados. Se a vulnerabilidade técnica, econômica e informacional do particular nas demandas individuais perante fornecedores é uma característica típica do capitalismo industrial, ela se torna desconcertante no capitalismo de vigilância. Se em tese a ANPD não apenas exerce uma função pedagógica de promoção do conhecimento das normas e das políticas públicas sobre proteção de dados pessoais e das medidas de segurança (inc. VI, art. 55-J, LGPD), igualmente ostenta legitimidade para supervisionar o desenvolvimento e a distribuição e uso de algoritmos complexos – oferecendo um contraponto à tomada de decisão automática. Diante do fundado receio quanto à aptidão da ANPD para fiscalizar o correto cumprimento da LGPD e aplicar as sanções nela previstas, consideramos que ações coletivas induzem a uma conformidade entre a regulamentação e as práticas corporativas, criando um cenário propício ao *enforcement* das normas da LGPD.[54]

Finalizamos por onde começamos. O art. 17 da LGPD consiste em ponto nodal de resistência às três emanações da despersonalização da personalidade. A titularidade de dados pessoais ancorada na tríplice dimensão da liberdade, intimidade e privacidade, representa uma ampliação da esfera normativa do pertencimento, extrapolando a propriedade imaterial, para alcançar uma "titularidade inclusiva", reafirmando-se no mundo digital, a aderência das situações existenciais à pessoa

---

nho da servidão. Trad. Ana Maria Capovilla, José Ítalo Stelle e Liane de Morais Ribeiro. Campinas: Vide Editorial, 2013, p. 252.

54. Podemos ilustrar com a NOYB – *None of your business* – organização sem fins lucrativos que atua como plataforma europeia de fiscalização, unindo grupo de usuários e lhes dando assistência ao longo do processo de litigância para maximizar o impacto sobre o direito à privacidade: "noyb uses best practices from consumer rights groups, privacy activists, hackers, and legal tech initiatives and merges them into a stable European enforcement platform. Together with the many enforcement possibilities under the European data protection regulation (GDPR), noyb is able to submit privacy cases in a much more effective way than before. Additionally, noyb follows the idea of targeted and strategic litigation in order to strengthen your right to privacy. We will also make use of PR and media initiatives to emphasize and ensure your right to privacy without having to go before court. Ultimately, noyb is designed to join forces with existing organizations, resources and structures to maximize the impact of GDPR, while avoiding parallel structures". NYOB. Our detailed concept. Disponível em: https://noyb.eu/en/our-detailed-concept. Acesso em: 20 dez. 2021.

natural, a extrapatrimonialidade dos direitos da personalidade e sua relativa indisponibilidade e, consequentemente, a máxima efetividade das tutelas preventiva e repressiva das projeções eletrônicas do ser humano.[55]

Evidentemente, a exclusão da lógica proprietária na tutela dos dados decorre de outros princípios e dispositivos. Lateralmente à proteção da privacidade, a autodeterminação informativa (art. 2º, II, LGPD) concede ao indivíduo o poder de ele próprio decidir acerca da divulgação e utilização de seus dados pessoais, para que o indivíduo não seja manipulado por informações que os seus interlocutores (sejam eles entes estatais ou privados) tenham sobre a sua pessoa, sem que ele saiba disso. Em suma, a autodeterminação informativa não pode ser compreendida como garantidora de um domínio absoluto da pessoa sobre os dados a ela relacionados, como se fossem "seus" dados numa relação de exclusão de todos os demais membros da sociedade.[56] O direito à proteção de dados resguarda a pessoa não como proprietário de seus dados, mas a auxilia como titular de interesses e tomador de decisões no contexto do ordenamento comunicacional e informacional.[57]

Devemos extrair todas as possibilidades hermenêuticas do artigo 17 da LGPD, a fim de fortalecer instituições democráticas e preservar o domínio humano sobre o que lhe é inerente. Valer-nos de "declarações sintéticas" que reclamem o futuro digital como força inclusiva atada às pessoas.[58] Como argutamente constatou Zygmunt Bauman, na modernidade fluida, a contradição mais evidente é o "abismo que se abre entre o direito à autoafirmação e a capacidade de controlar as situações sociais que podem tornar essa autoafirmação algo factível ou irrealista".[59]

Stefano Rodotà afirma que se, antes, a ordenação lógico-social se pautava no fluxo "pessoa-informação-sigilo"[60], com a expansão da sociedade *cyber*, mediante a

---

55. RODOTÀ, Stefano. *El derecho a tener derechos*. Trad. Jose Manuel Revuelta López. Madrid: Trotta, 2014, p. 150. O autor propõe o conceito de corpo eletrônico da pessoa humana: "En la dinámica de las relaciones sociales y también en la percepción de uno mismo, la verdadera realidad es la definida por el conjunto de las informaciones que nos afectan, organizadas electrónicamente. Este es el cuerpo que nos sitúa en el mundo".

56. Sobre o tema, conferir MENDES, Laura Schertel Ferreira. Autodeterminação informativa: a história de um conceito. *Pensar: Revista de Ciências Jurídicas*, Fortaleza, v. 25, n. 4, p. 1-18, out./dez. 2020; SARLET, Ingo Wolfgang. Proteção de dados pessoais como direito fundamental na Constituição Federal brasileira de 1988: contributo para a construção de uma dogmática constitucionalmente adequada. *Direitos Fundamentais & Justiça*, Belo Horizonte, ano 14, n. 42, p. 179-218, jan./jun. 2020.

57. MENKE, Fabiano. As origens alemãs e o significado da autodeterminação informativa. *Migalhas de Proteção de Dados*, 30 out. 2020. Disponível em: https://www.migalhas.com.br/coluna/migalhas-de-protecao-de-dados/335735/as-origens-alemas-e-o-significado-da-autodeterminacao-informativa Acesso em: 20 dez. 2021.

58. Shoshana Zuboff se vale da expressão "declarações sintéticas" como uma espécie de *game changer* para a terceira modernidade, que implique em retirada de concordância social com objetivos e métodos do capitalismo de vigilância, através de uma "contradeclaração", garantindo um contexto alternativo que transforma os fatos aos quais nos opomos. ZUBOFF, Shoshana. *A era do capitalismo de vigilância*: a luta por um futuro humano na nova fronteira do poder. Trad. George Schlesinger. Rio de Janeiro: Intrínseca, 2021, p. 393.

59. BAUMAN, Zygmunt. *Modernidade Líquida*. Trad. Plínio Dentzien. Rio de Janeiro: Zahar, 2001. p. 35.

60. RODOTÀ, Stefano. *A vida na sociedade da vigilância*: a privacidade hoje. Trad. Danilo Doneda e Luciana Cabral Doneda. Rio de Janeiro: Renovar, 2008, p. 20.

inserção de ferramentas tecnológicas, passou-se a um arquétipo configurado sob o fluxo "pessoa-informação-circulação-controle-gestão", o que significa dizer que o indivíduo deixa de ter o direito apenas à interrupção da veiculação de informação de sua esfera privada, pois passa a controlar passiva e ativamente o que divulga, ainda que não lhe seja possível prever ou mensurar o próprio fluxo de circulação dessas informações.

A "vida virtual" ou "vida on-line" (quiçá *onlife*[61], como sugere Floridi) certamente demanda tutela, uma vez que passa a integrar a esfera jurídica da pessoa, sendo decorrência do direito ao livre desenvolvimento da personalidade, valor fundamental ao ordenamento. De acordo com Laura Knoener, o contrabalanceamento entre a realidade e a virtualidade é criador do espaço de remodelação da construção social, que afeta não apenas a 'identidade coletiva', mas, também e principalmente, a formação das identidades individuais.[62]

A sociedade tecnológica promove o surgimento de uma nova espécie de pessoa – o "homem artificial" – que é uma espécie de *avatar*[63], construído a partir de projeções de sua personalidade, e que vive no mundo criado a partir dessas projeções de seus dados, tendo sido desenvolvido pelo homem, e não pela natureza.[64] Como se percebe, "se a lógica de que existe um mundo 'real' e um mundo 'virtual' apartados é dada como uma falácia, a mesma lógica pode se aplicar, agora, para a questão da identidade pessoal (virtual)".[65]

3.1 O CORPO ELETRÔNICO E A AUTOATRIBUIÇÃO DE FALSA IDENTIDADE

Stefano Rodotà descreve a formação de um 'corpo eletrônico'[66] como novo arquétipo da pessoa natural que não ostenta apenas a massa física, ou um *corpus*, mas

---

61. FLORIDI, Luciano. Introduction. In: FLORIDI, Luciano (Ed.). *The onlife manifesto*: Being human in a hyperconnected era. Cham: Springer, 2015, p. 1. O autor explica: "We decided to adopt the neologism "onlife" that I had coined in the past in order to refer to the new experience of a hyperconnected reality within which it is no longer sensible to ask whether one may be online or offline".

62. Cf. KNOENER, Laura. *Sociedade em Rede*: Facebook como personificação da Hipermodernidade. São Paulo: ECA/USP, 2015.

63. DONEDA, Danilo. *Da privacidade à proteção de dados pessoais*. Rio de Janeiro: Renovar, 2006, p. 2. Comenta: "Nossos dados, estruturados de forma a significarem para determinado sujeito uma nossa representação virtual – ou um *avatar* –, podem ser examinados no julgamento de uma concessão de uma linha de crédito, de um plano de saúde, na obtenção de um emprego, na passagem livre pela alfândega de um país, além de tantas outras hipóteses".

64. Cf. PÉREZ LUÑO, Antonio-Enrique. La Filosofía del Derecho en perspectiva histórica. In: *Estudios conmemorativos del 65 aniversario del Autor* (Homenaje de la Facultad de Derecho y del Departamento de Filosofía del Derecho de la Universidad de Sevilla). Sevilla: Servicio de Publicaciones de la Universidad de Sevilla, 2009.

65. BOLESINA, Iuri. *Direito à extimidade*: as inter-relações entre identidade, ciberespaço e privacidade. Florianópolis: Empório do Direito, 2017, p. 128.

66. RODOTÀ, Stefano. *Intervista su privacy e libertà*. Roma-Bari: Laterza, 2005, p. 121-122. Anota: "La necessità di una tutela forte del corpo fisico, dunque, fa parte della tradizione giuridica e civile dell'Occidente. Però non c'è ancora altrettanta sensibilità per il «corpo elettronico» che pure rappresenta oggi la nostra identità. (...) Possiamo in effetti parlare di una rivincita del corpo fisico, di un suo ritorno alla ribalta proprio nel momento in cui sembrava soppiantato dal corpo virtuale, «elettronico». L'incontro tra corpo fisico e tec-

também uma dimensão projetada, o que significa que, no atual estado da técnica, a integralidade da pessoa passa a ser composta por seu corpo físico e por seu corpo eletrônico (um conjunto de seus dados pessoais sistematizados).[67]

O falseamento desse conjunto de dados impõe nova investigação quanto aos limites da utilização indevida de plataformas digitais exatamente porque os perfis deixam de ser considerados simples 'resumos cadastrais'. São emanações da personalidade merecedoras de proteção jurídica e, pela natureza descrita, compostas por caracteres íntimos que consubstanciam os próprios contornos da identidade individual. Se, por um lado, isso é explorado economicamente pelas próprias plataformas, por outro, não podem tais plataformas se furtar de encarar os desvirtuamentos da malversação de dados a partir de perfis falsos.

Estuda-se o crescimento diuturno do número de adeptos de uma "nova" cultura, o que remete às concepções de Lévy sobre a cibercultura e dá azo à proliferação das redes sociais.[68] Em igual medida, desperta olhares para a multiplicação de perfis criados com informações adulteradas, cujo uso, por si só, pode acarretar danos à pessoa, usuária ou não dos respectivos serviços, independentemente de se tratar de um usuário novato, leigo ou experto, na medida em que um tipo não predomina sobre o outro quanto aos modos de dissimulação na construção do *fake*.

Nos dizeres de Pierre Lévy, o virtual não se opõe diretamente ao real, mas ao atual, ou seja, a qualquer momento pode se dar a virtualização, o que implica considerar que, assim como a escrita, a pintura, a fotografia etc. são formas de virtualização, também a criação de uma nova conta de usuário em uma rede social poderá sê-lo.[69]

As implicações dessa reflexão instam o indivíduo a narrar algo a outrem, com a possibilidade de que reflita a si mesmo seu suposto "verdadeiro eu", ou que simplesmente crie um personagem que o identifique.[70]

Assim, indaga-se se qualquer dado falso seria apto a configurar a existência de um perfil *fake* ou se haveria graus de inverossimilhança mínimos para a caracterização do falseamento, pois, seguramente, uma resposta atenta às complexidades

---

nologie d'avanguardia è stato alla base di questa nuova attenzione proprio nel momento in cui l'esperienza mostrava i limiti dell'identificazione elettronica".

67. BASAN, Arthur Pinheiro; FALEIROS JÚNIOR, José Luiz de Moura. A tutela do corpo eletrônico como direito básico do consumidor. *Revista dos Tribunais*, São Paulo, v. 1021, nov. 2020, p. 162. Com efeito: "Por todo o mencionado, verifica-se que o atual contexto, de sociedade amplamente conectada, com novas projeções para a transmissão de informações, cada vez mais virtualizada, carrega consigo também novos problemas, expondo à pessoa humana sobremaneira a novos riscos. É dizer que, no ambiente da *Internet*, as relações sociais tomam novas formas, isto é, agora não mais representadas apenas pelo contato físico, real e concreto, mas também pelas representações no mundo virtual, por meio de *sites*, *blogs*, canais de vídeo e redes sociais, por exemplo. Dessa forma, restou demonstrado que não há mais como o Direito se esquivar das novas projeções da pessoa humana, agora virtualizadas, que demandam, obviamente, também novas formas de tutela".

68. LÉVY, Pierre. *Cibercultura*. 3. ed. Trad. Carlos Irineu da Costa. São Paulo: Editora 34, 2010, p. 131.

69. LÉVY, Pierre. *O que é o virtual?* Tradução Paulo Neves. São Paulo: Editora 34, 2011, p. 27.

70. Cf. SIBILIA, Paula. *O show do Eu*: a intimidade como espetáculo. Rio de Janeiro: Nova Fronteira, 2008.

desta delicada realidade não deve se pautar por análises superficiais, genéricas e abstratas.[71]

Assim, evidenciado o conteúdo patrimonial da relação formatada no plano de uma rede social e, sendo certo que a coleta de dados atribui valor à primeira vista não pecuniário ao negócio jurídico, torna-se impensável que o provedor se furte de responder por eventuais usos indevidos de dados pessoais de seus usuários para a prática da conduta descrita. Isso demanda grande acuidade na análise do diálogo entre as esferas de interesse individual, social e estatal – decorrência da despatrimonialização do direito privado, que advém do descompasso entre conceitos essenciais da civilística frente a novos contextos e realidades.[72]

É preciso ressaltar, entretanto, que o conceito de autoidentificação não permanece adstrito à compreensão que se tem dos dados pessoais, pois envolve a estruturação de um perfil que será interligado a diversos outros, com usual fomento de "inscritos" e "seguidores" (muitos dos quais são potencialmente falsos) para que uma identidade crível seja construída contextualmente na Internet. Isso é chamado pela doutrina de *mimicry* e indica a "dissimulação da realidade e a simulação de uma realidade outra".[73]

O ato de atribuir-se falsa identidade constitui crime e está tipificado de forma clara no artigo 307 do Código Penal brasileiro[74], sendo punido com pena de prisão de três meses a um ano, ou multa, se não configurar crime mais severo.

A partir desse conceito, importante trazer à tona a visão de Stefano Rodotà, para quem, na sociedade hodierna, "a constitucionalização da pessoa" revela-se não só pela proteção do "corpo físico", mas, principalmente, pelo amparo jurídico conferido ao já mencionado corpo eletrônico, especialmente pela proteção haurida, no ordenamento, aos dados pessoais.

Com efeito, nas redes sociais, as pessoas informam seus dados pessoais não somente para fins de cadastro e acesso, pois interagem umas com as outras por meio de perfis pessoais que configuram verdadeiras personalidades on-line.[75] E a popu-

---

71. Ocorre que, em regra, a falsidade de um perfil e suas consequências são temas apresentados pelo provedor nos termos de uso da plataforma, impondo-se ao usuário a manifestação de consentimento ao se cadastrar e se utilizar dos serviços respectivos. Assim, para além da violação aos parâmetros de adjetivação do consentimento como manifestação livre, informada e inequívoca (artigo 6º, XII, da LGPD brasileira) por parte do usuário, a aparente rigidez das atécnicas disposições contratuais desses termos de uso parece esmorecer quando tais disposições são contrastadas com os fatos, pois o chamado roubo de identidade ou personificação configura inegável falha na prestação do serviço da parte do provedor.

72. Cf. MORAES, Maria Celina Bodin de. *Na medida da pessoa humana*: estudos de direito civil-constitucional. Rio de Janeiro: Renovar, 2010.

73. CAILLOIS, Roger. *Os jogos e os homens*: a máscara e a vertigem. Trad. José Garcez Palha, Lisboa: Cotovia, 1990, p. 66.

74. "Art. 307 – Atribuir-se ou atribuir a terceiro falsa identidade para obter vantagem, em proveito próprio ou alheio, ou para causar dano a outrem: Pena – detenção, de três meses a um ano, ou multa, se o fato não constitui elemento de crime mais grave".

75. SÁNCHEZ ABRIL, Patricia. Recasting privacy torts in a spaceless world. *Harvard Journal of Law & Technology*, Cambridge, v. 21, n. 1, 2007, p. 2.

larização de seu uso exponenciou violações à honra e à intimidade[76], tornando-se ambiente fértil até mesmo ao fomento de práticas ilícitas como racismo, pedofilia, incitação ao discurso de ódio etc.

A par dessas constatações, torna-se possível afirmar que, em linha com os conceitos do Marco Civil da Internet, no Brasil, o provedor de aplicação é quem administra o *site* em que são encontrados dados sensíveis dos usuários, e, pelo exato fato de se utilizar dessa massiva aglutinação de informações para obter remuneração, principalmente com publicidade, é de fácil constatação que terá condições de controlar os usos (lícitos ou ilícitos) de sua plataforma. Sem dúvidas, nos casos em que informações são inseridas por usuários anonimamente, no momento da criação de um perfil, os provedores serão aqueles com melhores meios técnicos para procederem à individualização dos reais causadores dos danos. É possível a coleta de dados de navegação que indiquem não apenas os dados inverídicos utilizados para o cadastramento, mas outros, como o IP (*Internet Protocol*), além de dados de navegação (*cookies*), que lhe permitam, por conjecturas contextuais, aferir a lisura da tentativa cadastral.

Por essa razão, a princípio, respondem objetivamente pelo fato do serviço ocorrido em seus bancos de dados, nos termos do artigo 14 do Código de Defesa do Consumidor, considerando-se consumidores *bystanders* as vítimas do evento danoso.[77] E, em que pese os argumentos de impossibilidade técnica de manutenção de instrumentos aptos a se evitar tais danos, essa não parece ser a principal causa do problema, pois, em uma sociedade de massa, cujos prejuízos são distribuídos entre os agentes por meio da gestão do risco decorrente (*risk management*) de suas atividades profissionais, os eventuais custos relacionados a esses riscos são repassados no preço dos contratos de publicidade. Se há potencial lucrativo pela exploração da plataforma, deve-se assumir os riscos de sua manipulação ou malversação. Sem dúvidas, o provedor que administra *site* de rede social assume os riscos da criação de perfis falsos por terceiros ao permitir sua criação sem mecanismos eficazes de prevenção.

Em alguns locais, diferentemente do Brasil, já há legislação específica sobre o tema. Nos Estados Unidos da América, é o caso dos estados do Texas (Seção 33.07 do Código Penal)[78] e da Califórnia (Seção 585.1 do Código Penal)[79], que preveem penas quem pode chegar a multas de mil dólares, além de prisão, pela conduta típica de "fazer-se passar por outro na *web*" (em tradução livre do código californiano), sem seu consentimento e com o dolo específico de prejudicá-lo, seja pela criação de uma conta de *e-mail*, seja pelo manejo de um perfil "*fake*" em rede social. No tocante

---

76. AMARANTE, Aparecida. *Responsabilidade civil por dano à honra*. 2. ed. Belo Horizonte: Del Rey, 1994, p. 118.

77. MIRAGEM, Bruno. Responsabilidade por danos na sociedade da informação e proteção do consumidor: defesas atuais da regulação jurídica da Internet. *Revista de Direito do Consumidor*, São Paulo, ano 18, n. 70, 2009, p. 62.

78. TEXAS. Texas Penal Code, *Title 7 – Offenses Against Property, ch. 33 (computer crimes)*, Disponível em: http://www.statutes.legis.state.tx.us/Docs/PE/htm/PE.33.htm#33.07. Acesso em: 20 dez. 2021.

79. CALIFÓRNIA. California Penal Code, *Bill No. 1411, Feb. 19, 2010. Section 528.5, relating to impersonation.* Disponível em: http://leginfo.ca.gov/pub/09-10/bill/sen/sb_1401-1450/sb_1411_bill_20100927_chaptered. html. Acesso em: 20 dez. 2021.

à responsabilidade civil, a lei californiana também é expressa ao permitir à vítima buscar indenização, em face do infrator, pelo dano sofrido.

Não obstante, muitas são as dúvidas e críticas acerca dos desdobramentos dessa tendência legislativa por parte da doutrina estrangeira. Afinal, as leis são demasiadamente genéricas, omitindo-se quanto ao possível uso legítimo das ferramentas, uma vez que muitos dos perfis são concebidos, por exemplo, como paródias, tendo intuito humorístico.[80]

Para além do aspecto penal, no contexto desse fenômeno metamórfico, transformador e transdisciplinar[81], torna-se possível a identificação de três problemas relevantes: se os administradores dos perfis são ou não maiores de idade; se são personagens ou pessoas reais; e se estão ou não vivas tais pessoas. Tudo isso faz surgir a possibilidade de ofensa a direitos da personalidade e, ulteriormente, induz-se a discussão sobre possível dano à honra causado na Internet.

Com efeito, Stefano Rodotà destaca que, sem a proteção do corpo eletrônico, isto é, do conjunto de informações recolhidas a respeito da pessoa, a liberdade pessoal estará fortemente em perigo[82], razão pela qual se torna fundamental a tutela do direito à privacidade – e, em linhas mais específicas, dos dados pessoais –, como instrumentos necessários para a defesa da liberdade e para frear a construção de uma sociedade da vigilância, da classificação, da discriminação social.

3.2   Perfis, personalidade e perfilização

O valor patrimonial do *site*, em termos materiais e imateriais, costuma atingir alta monta na crescente proporção de sua popularidade. Noutros termos, a valorização dessas plataformas se dá na medida em que mais usuários "pertençam" ao ecossistema do *site*, propiciando ganhos em razão do fomento indireto ao chamado *marketing* dirigido, personalizado, perfilado ou ao chamado monitoramento comportamental[83], que somente é viável devido ao implemento de técnicas sofisticadas de perfilização (ou *profiling*, em inglês).[84]

---

80. Analisando com grande profundidade o tema, cf. TEFFÉ, Chiara Spadaccini de; ALMEIDA, Jonathan de Oliveira. Humor e responsabilidade na Internet. In: MARTINS, Guilherme Magalhães; ROSENVALD, Nelson (Coord.). *Responsabilidade civil e novas tecnologias*. Indaiatuba: Foco, 2020, p. 142. Anotam: "Definir o humor é, por certo, tarefa inexitosa. Por que rimos? De que rimos? Como rimos? Naturalmente, o discurso humorístico sempre traz consigo uma carga de subjetividade, seja por um sentimento de superioridade, alívio ou incongruência, teorias que se ocuparam de esboçar significâncias ao fenômeno humorístico, porém o certo é que "toda definição de humor decepciona, mas é possível aprender a reconhecê-lo".

81. HUIZINGA, Johan. *Homo ludens*: o jogo como elemento da cultura. 8. ed. Trad. João Paulo Monteiro. São Paulo. Perspectiva, 2014, p. 6-7.

82. RODOTÀ, Stefano. *A vida na sociedade da vigilância*: a privacidade hoje. Trad. Danilo Doneda e Luciana Cabral Doneda. Rio de Janeiro: Renovar, 2008, p. 20.

83. Cf. RECUERO, Raquel. *Redes sociais na Internet*. Porto Alegre: Sulina, 2009.

84. Nos dizeres de Alexandre Bonna, "com a internet, os processos de construção identitária vêm ganhando uma nova forma, pois a rede possibilita a um número maior de pessoas a oportunidade de se relatar e garante maior liberdade de mostrar ou construir a própria identidade. Contudo, essa liberdade se encontra em crise

Tudo se direciona à aglutinação informacional direcionada à formação de perfis, muitas vezes em razão da mineração de dados (*data mining*), que é exemplo representativo de uma enorme gama de mecanismos de coleta massiva de dados pessoais posteriormente submetidos a aplicações algorítmicas.

Na Lei Geral de Proteção de Dados Pessoais brasileira, dispositivo bastante tímido, inserido em um dos parágrafos do artigo que cuida da anonimização de dados (artigo 12, § 2º), conceitua a referida prática, indicando a incidência da norma: "Poderão ser igualmente considerados como dados pessoais, para os fins desta Lei, aqueles utilizados para formação do perfil comportamental de determinada pessoa natural, se identificada."

A leitura da lei permite concluir que o "*profiling*", em si, é lícito, mas a malversação dos dados que alimentam o algoritmo pode não sê-lo. Sobre isso, convém registrar que o tema já foi estudado pela doutrina especializada, que se dedica à compreensão dos desdobramentos jurídicos do "*profiling*", antevendo a discriminação algorítmica. Nesse contexto, merecem menção os registros de William Staples quanto à violação que isso causa ao direito fundamental à privacidade[85] e também os alertas de Serge Gutwirth e Mireille Hildebrandt, que defendem a necessidade de que a criação de perfis somente seja admitida quando existente e implementado um sistema de proteção contra o processamento de dados que afetam comportamentos, mesmo que esses dados não possam ser considerados dados pessoais (caso dos dados anonimizados, pela exegese do artigo 12, *caput*, da LGPD brasileira).[86]

É igualmente válida a preocupação expressada por Michael Froomkin acerca da necessidade de que sejam adotadas contramedidas urgentes às práticas de produção discriminatória de perfis, sob pena de a vida em sociedade se transformar em uma *goldfish bowl*[87], expondo pessoas e tolhendo-lhes qualquer grau de privacidade.

---

com o "*profiling*", o qual obstaculiza relações entre pessoas com a imobilização de um perfil baseado em dados pessoais deixados no ambiente cibernético". BONNA, Alexandre Pereira. Dados pessoais, identidade virtual e a projeção da personalidade: "*profiling*", estigmatização e responsabilidade civil. In: MARTINS, Guilherme Magalhães; ROSENVALD, Nelson (Coord.). *Responsabilidade civil e novas tecnologias*. Indaiatuba: Foco, 2020, p. 22.

85. STAPLES, William G. *Encyclopedia of privacy*. Westport: Greenwood Press, 2007, p. 93. Comenta: "Key issues in the debate over the authority to violate personal privacy concern racial or ethnic profiling, wiretapping, monitoring of personal communications via cellular telephones, access to personal records that show the reading habits of private citizens, monitoring of electronic mail and other Internet use, monitoring of personal movement via the Global Positioning System (GPS), and the use of radio frequency identification (RFID) chips to track the movement of pets, personal goods, and items shipped, among others".

86. GUTWIRTH, Serge; HILDEBRANDT, Mireille. Some caveats on profiling. In: GUTWIRTH, Serge; POULLET, Yves; DE HERT, Paul (Ed.). *Data protection in a profiled world*. Cham: Springer, 2010, p. 37.

87. FROOMKIN, Michael. The death of privacy? *Stanford Law Review*, Stanford, v. 32, 1461-1544, 2000, p. 1465. Diz: "That surveillance technologies threaten privacy may not be breaking news, but the extent to which these technologies will soon allow watchers to permeate modern life still has the power to shock. Nor is it news that the potential effect of citizen profiling is vastly increased by the power of information processing and the linking of distributed databases. We are still in the early days of data mining, consumer profiling, and DNA databasing, to name only a few. The cumulative and accelerating effect of these developments, however, has the potential to transform modern life in all industrialized countries. Unless something happens to counter these developments, it seems likely that soon all but the most radical privacy freaks may live in the informational equivalent of a goldfish bowl".

A DESPERSONALIZAÇÃO DA PERSONALIDADE **467**

Para além disso, no caso específico das redes sociais, as informações inseridas pelos usuários e disponibilizadas a terceiros são, em sua ampla maioria, dados pessoais concernentes à vida cotidiana[88], sendo papel do provedor a checagem mínima de tais elementos – que é feita por algoritmos falíveis – e, pela assunção de deveres de proteção que devem ser exercidos em caráter "*ex ante*", a contenção da perfilização recôndita e voltada somente à exploração de tais informações com finalidades comerciais[89], tendo em vista que os algoritmos aplicados permitem a tais provedores "saber" (probabilisticamente) se um perfil é real (ou mesmo se seus números são reais, sejam eles relativos a seguidores, curtidas [*likes*] ou comentários).[90]

Em suas considerações sobre o impacto dessas novas mídias no Direito, van Dijk[91] destaca que a presença da Internet propicia a facilitação da prática de infrações à lei, embora as jurisdições específicas de cada país compliquem ou até inviabilizem investigações, processos e o julgamento dessas infrações.

O autor também analisa os impactos dessa reformulação social quanto ao direito à privacidade, destacando a importância de que se leve em consideração, por exemplo, os desenvolvimentos tecnológicos que ampliam o poder de captação de dados, como as mencionadas ferramentas de mineração de dados. Em última análise, van Dijk se posiciona no sentido de que os governos e a legislação aplicável a essas novas mídias não têm controle efetivo sobre o conteúdo da Internet, passando a depender da implementação, por parte das corporações, de políticas de governança de dados e controle de *software*.[92]

---

88. DONEDA, Danilo. *Da privacidade à proteção de dados pessoais*. Rio de Janeiro: Renovar, 2006, p. 2. Comenta: "A esta problemática "clássica" da privacidade podemos acrescentar atualmente um outro elemento: o fato de sermos, perante diversas instâncias, representados – e julgados – através desses dados. Tal fato abre uma outra possibilidade de enfocar a questão, pela qual a privacidade faz ressoar uma série de outras questões referentes à nossa personalidade. Isso pode significar a perda de parte de nossa autonomia, de nossa individualidade e, por fim, de nossa liberdade".

89. ROBERTS, Sarah T. *Behind the screen*: Content moderation in the shadows of social media. New Haven: Yale University Press, 2019, p. 33. Destaca: "Commercial content moderation is an essential practice in the production cycle for commercial websites, social media platforms, and media properties that solicit content from users as a part of their online presence".

90. Comentando a tendência à proliferação até mesmo de seguidores falsos, convém lembrar que, "[a]linhada a essa nova realidade está a prática, hoje disseminada, de compra de "seguidores robôs", que dão "*fake likes*", tecem comentários e aumentam o chamado "engajamento", o que conduz a uma posição de liderança de mercado frente à concorrência. Afinal, uma audiência de massa – ou a ilusão dela – não apenas atrai novos seguidores (que assumem ser aquela pessoa importante), podendo ser monetizada por meio de incremento na venda de livros, contratação de aparições ou palestras remuneradas (inclusive *on-line*), sem contar que o valor imaterial da "atenção" convida a parcerias com *players* que anseiam em transferir para si uma pequena fração daquele universo de seguidores. Em suma, o déficit ético daqueles que visam inflar os seus números nas redes sociais por via fraudulenta acaba incrementando riscos sistêmicos". ROSENVALD, Nelson; LONGHI, João Victor Rozatti. Seguidores falsos, comentários e curtidas fake: ilícitos do mercado de fakes nas redes sociais. *Migalhas de Responsabilidade Civil*, 8 jun. 2020. Disponível em: https://s.migalhas.com.br/S/9F662A. Acesso em: 20 dez. 2021.

91. VAN DIJK, Jan. *The network society*. 3. ed. Londres: Sage Publications, 2012, p. 130 et seq.

92. VAN DIJK, Jan. *The network society*. 3. ed. Londres: Sage Publications, 2012, p. 141.

O chamado *"profiling"*[93] desatende a esse postulado, pois permite a conjugação de informações variadas, tais como hábitos de consumo, histórico de compras, além de dados cadastrais coletados para fins de incremento do que hoje se chama de *search engine optimization* (SEO), para a formação e categorização de perfis que podem ser utilizados para o direcionamento de ofertas convidativas e decifradas a partir de técnicas algorítmicas discriminatórias. Como anota Mafalda Miranda Barbosa, "a atividade comunicacional, como qualquer outra, pode gerar responsabilidade civil. Contudo, comporta especificidades. Uma delas passa pelo facto de ser constante e de nem sempre ser percetível o impacto que as palavras que proferimos poderão ter no outro."[94]

O potencial é gigantesco e, exatamente por isso, empresas recorrem a modernos recursos tecnológicos que viabilizam o exercício do chamado *marketing* segmentado[95], expediente a partir do qual as estratégias publicitárias são reorganizadas por algoritmos sofisticados e técnicas de *machine learning* que visam prevenir o enviesamento (*algorithmic bias*)[96] para que determinado anúncio seja apresentado ao consumidor final que tenha, ainda que potencialmente, maior necessidade de consumir o produto ou serviço anunciado.[97] E o cenário é mais drástico ainda em razão do fomento publicitário que se tem com a participação dos chamados influenciadores digitais (*digital influencers*), que têm atuação bastante peculiar nesses mercados digitais emergentes.

Como resumem Michael César Silva, Glayder Daywerth e Caio Barbosa, "enquanto as celebridades tradicionais – famosos astros do futebol, cinema e televisão,

---

93. A tradução do termo é colhida das Ciências Criminais, como explica Tálita Heusi: "O perfilamento criminal (*criminal profiling*, em inglês), também tem sido denominado de: perfilagem criminal, perfilamento comportamental, perfilhamento de cena de crime, perfilamento da personalidade criminosa, perfilamento do ofensor, perfilamento psicológico, análise investigativa criminal e psicologia investigativa. Por conta da variedade de métodos e do nível de educação dos profissionais que trabalham nessa área, existe uma grande falta de uniformidade em relação às aplicações e definições desses termos. Consequentemente, os termos são usados inconsistentemente e indistintamente." HEUSI, Tálita Rodrigues. Perfil criminal como prova pericial no Brasil. *Brazilian Journal of Forensic Sciences, Medical Law and Bioethics*, Itajaí, v. 5, n. 3, 232-250, 2016, p. 237.
94. BARBOSA, Mafalda Miranda. Causalidade, imputação e responsabilidade por informações. *Revista de Direito da Responsabilidade*, Coimbra, ano 2, 971-1006, 2020, 1006.
95. Apesar disso, impõe-se destacar que "(...) publicidade e propaganda não se confundem. A publicidade tem um objetivo comercial, enquanto a propaganda possui um fim ideológico, religioso, filosófico, político, econômico ou social". Nesse sentido, a publicidade na Internet é repensada pela presença de novos instrumentos de *marketing*, como o uso de recursos audiovisuais, mensagens convidativas, interatividade, animações, contratação de influenciadores digitais, além de outros, como: *micro-sites*; *host sites*; *jump pages*; *pop-ups*; *floaters*; *banners*; *adverlogs*; *rich media*; *webisodes*; *marketing* viral; *e-auctions*; *gross rating points*; *e-mail marketing* etc. LIMEIRA, Tânia M. Vidigal. *E-marketing na Internet com casos brasileiros*. São Paulo: Saraiva, 2003, p. 166-186.
96. BAER, Tobias. *Understand, manage, and prevent algorithmic bias*: a guide for business users and data scientists. Nova York: Apress, 2019, p. 9. Explica: "(...) algorithmic biases originate in or mirror human cognitive biases in many ways. The best way to start understanding algorithmic biases is therefore to understand human biases. And while colloquially "bias" is often deemed to be a bad thing that considerate, well-meaning people would eschew, it actually is central to the way the human brain works. The reason is that nature needs to solve for three competing objectives simultaneously: accuracy, speed, and (energy) efficiency".
97. Cf. MARTINS, Guilherme Magalhães; FALEIROS JÚNIOR, José Luiz de Moura; BASAN, Arthur Pinheiro. A responsabilidade civil pela perturbação do sossego na Internet. *Revista de Direito do Consumidor*, São Paulo, v. 128, 239-265, mar.-abr. 2020.

dentre outros – se utilizam de *scripts* e *briefings* para atuarem em publicidades, os influenciadores digitais renunciam ao caráter roteirizado das mesmas para evidenciar a espontaneidade e naturalidade na realização de publicidade em suas redes sociais".[98]

Tudo é direcionado ao propósito de traduzir "confiabilidade, praticidade e qualidade, um dos motivos que fazem o consumidor investir em determinado produto".[99] Almeja-se 'seduzir'[100] o consumidor à contratação, direcionando sua atenção a partir da amplíssima cognição de preferências e detalhes – reafirmados por figuras que gozam de notoriedade na *web*[101] – e que ultrapassam os dados citados anteriormente (como hábitos de consumo e histórico de compras) e passam a se imiscuir a aspectos mais sutis.

Além da participação de influenciadores, o fenômeno – mais amplo – também envolve o que Tim Wu investiga a partir de sua compreensão quanto aos interesses dos "mercadores da atenção"[102], propiciados por sistemas de computador que têm a capacidade de coletar toda espécie de informação relevante sobre um usuário, o que inclui – além das mencionadas sutilezas da percepção – seus dados pessoais, registros de navegação, cliques, reações (*likes*) a conteúdos distribuídos em mídias sociais, tudo condensado em relatórios (*logs*) que são processados e geram, a partir de algoritmos complexos, o chamado perfil (*profile*).

Para o direito digital, surge a preocupação com a discriminação algorítmica, propiciada a partir do momento em que grandes acervos de dados geram projeções da personalidade do indivíduo, passando a 'objetificá-lo'. Todos os detalhes projetados na Internet são relevantes para o atingimento de objetivos – usualmente mercadológicos – que fomentam a estruturação de perfis falsos, a perfilização, a propagação de

---

98. SILVA, Michael César; GUIMARÃES, Glayder Daywerth Pereira; BARBOSA, Caio César do Nascimento. Publicidade ilícita e sociedade digital: delineamentos da responsabilidade civil do *digital influencer*. In: BARBOSA, Mafalda Miranda; BRAGA NETTO, Felipe; SILVA, Michael César; FALEIROS JÚNIOR, José Luiz de (Coord.). *Direito digital e inteligência artificial*: diálogos entre Brasil e Europa. Indaiatuba: Foco, 2021, p. 401.

99. PRATES, Cristina Cantú. *Publicidade na Internet*: consequências jurídicas. Curitiba: Juruá, 2015, p. 42.

100. LIPOVETSKY, Gilles. Sedução, publicidade e pós-modernidade. In: MARTINS, Francisco Menezes; SILVA, Juremir Machado (Org.). *A genealogia do virtual*: comunicação, cultura e tecnologias do imaginário. Porto Alegre: Sulina, 2008, p. 35.

101. É importante o alerta feito pela doutrina: "Portanto, para fins de se assegurar as legítimas expectativas despertadas pela divulgação de publicidade no ambiente digital, os influenciadores devem apresentar *informações qualificadas* (corretas, claras, adequadas e ostensivas) na veiculação de peças publicitarias, levando-se em consideração a relação de credibilidade existente entre os influencers e seus seguidores (*followers*). Outrossim, os influenciadores digitais podem ser ainda qualificados como fornecedores equiparados, sendo considerados como intermediários que atuam perante ao potencial consumidor como se fornecedor fosse". SILVA, Michael César; GUIMARÃES, Glayder Daywerth Pereira; BARBOSA, Caio César do Nascimento. Publicidade ilícita e sociedade digital: delineamentos da responsabilidade civil do *digital influencer*. In: BARBOSA, Mafalda Miranda; BRAGA NETTO, Felipe; SILVA, Michael César; FALEIROS JÚNIOR, José Luiz de (Coord.). *Direito digital e inteligência artificial*: diálogos entre Brasil e Europa. Indaiatuba: Foco, 2021, p. 403.

102. WU, Tim. *The attention merchants*: the epic scramble to get inside our heads. Nova York: Vintage, 2016, p. 5. Comenta o autor: "Since its inception, the attention industry, in its many forms, has asked and gained more and more of our waking moments, albeit always, in exchange for new conveniences and diversions, creating a grand bargain that has transformed our lives."

perfis arquitetados (inclusive com seguidores falsos), a *search engine optimization*, além das perceptíveis parcerias com influenciadores digitais. Tudo se tornou mais complexo, acelerado, mas paradoxalmente sutil aos olhos mais desapercebidos e, quase que subitamente, perfis falsos passaram a extrapolar o velho tema da (re)construção identitária (*mimicry*) para envolver a própria manipulação. Tudo se resume ao aumento do engajamento e, aparentemente, "parecer ser" se tornou mais relevante do que ser; "parecer ter" se tornou mais importante do que "ter" (e "ser"). Alguma consequência para abusos perpetrados nesse contexto deve haver.

4. CONSIDERAÇÕES FINAIS

Revisitando clássicas premissas que balizam o desenvolvimento acelerado do das novas tecnologias que marcam o século XXI, destacou-se ser inegável o atual momento de transição, que, embora paulatino, já sinaliza o potencial da "*web* 4.0", na qual a implementação de algoritmos de Inteligência Artificial permitirá às máquinas trabalhar com o interminável acervo de dados (*Big Data*) para cognição e análise de processos, em ritmo e com potencial antes inimaginável. É nesse ecossistema peculiar e complexo que perfis são criados e utilizados para as mais variadas finalidades (nem sempre lícitas), que instigam e demandam soluções jurídicas específicas. Tais situações se alinham diretamente aos propósitos de uma releitura da teoria do 'corpo eletrônico', proposta por Rodotà, para a compatibilização da tutela almejada para uma 'personalidade despersonalizada'.

Insofismavelmente, quando sorrateiramente se liquefaz o livre-arbítrio, o indivíduo se submete a leis externas, sendo exilado do controle sobre o tempo futuro, pois onde reinava o "eu farei", entra em cena o "você fará", catalisado por algoritmos.

Para além do regime regulatório, há de se enfatizar o uso de ações coletivas nas quais a sociedade se una para acautelar a privacidade no plano da proteção de dados. Se a vulnerabilidade técnica, econômica e informacional do particular nas demandas individuais perante fornecedores é uma característica típica do capitalismo industrial, ela se torna desconcertante no capitalismo de vigilância, que, a seu turno, não desconsidera a existência de situações deletérias que já são merecedoras de reprovabilidade.

Nesse breve percurso investigatório, cuidou-se de duas delas: a autoatribuição de falsa identidade e a perfilização. São singelos exemplos de um fenômeno mais amplo, mas bem ilustrado para definir a premência do reconhecimento da proteção jurídica a direitos da personalidade projetados na Internet.

Fluxos massivos de dados consolidam a estruturação do que hoje se conhece por perfilização, a partir de ferramentas que exploram esses conjuntos de dados pessoais disponibilizados pela pessoa, usualmente com finalidade comercial, dando ensejo ao desenvolvimento de estruturas algorítmicas vinculadas a interesses privados e que, paulatinamente, suscitam desafios jurídicos para a configuração da responsa-

A DESPERSONALIZAÇÃO DA PERSONALIDADE **471**

bilidade civil no ciberespaço e para a própria compreensão da extensão desses perfis resultantes da perfilização, sejam falsos ou não.

Devido ao rápido e facilitado acesso às informações que na rede trafegam, tornou-se possível a redução do indivíduo a um 'espetáculo de si mesmo', especialmente em ambientes gerenciados por redes sociais mantidas por provedores de aplicação, suscitando inquietante problemática concernente à responsabilidade civil por dano extrapatrimonial decorrente da malversação dessas estruturas de criação de perfis nas redes sociais, particularmente quando haja falseamento informacional e emulação identitária (*mimicry*), dificultando a identificação de quem criou o perfil falso.

Em verdadeira atuação preventiva, devem os provedores de aplicação se acautelar minimamente contra a criação de perfis falsos em suas plataformas, especialmente em casos nos quais informações são inseridas anonimanente por usuários no momento da criação do perfil, e tendo em vista que é viável a individualização dos reais causadores dos danos pela coleta de dados de navegação que indiquem não apenas os dados inverídicos utilizados para o cadastramento, mas outros, como o IP (*Internet Protocol*), além de dados de navegação (*cookies*), que lhe permitam, por conjecturas contextuais, aferir a lisura da tentativa cadastral.

Cenário diverso da malversação identitária, conforme se frisou, mas que merece tutela jurídica própria é o chamado "*profiling*", que fomenta a criação de perfis e desatende ao imperativo de prevenção, pois permite a conjugação de informações variadas, tais como hábitos de consumo, histórico de compras, além de dados cadastrais coletados para fins de incremento do que hoje se chama de *search engine optimization* (SEO), para a formação e categorização de perfis.

Sabendo-se que a Internet é movida, primordialmente, por interesses de mercado, e que o incentivo à superexposição não denota nada mais que uma condicionante necessária à viabilização das atividades econômicas desses provedores de aplicação, surge um segundo aspecto merecedor de consideração: a construção de perfis falsos, inclusive gerenciados por sistemas automatizados – os chamados *bots* (neologismo inglês dessumido do termo *robots*), que se deve prevenir pelas mesmas razões apontadas anteriormente.

O art. 17 da LGPD, como se viu, consiste em ponto nodal de resistência às três emanações da despersonalização da personalidade. A titularidade de dados pessoais ancorada na tríplice dimensão da liberdade, intimidade e privacidade, representa uma ampliação da esfera normativa do pertencimento, extrapolando a propriedade imaterial, para alcançar uma "titularidade inclusiva", que é reafirmada no mundo digital, em função da aderência das situações existenciais à pessoa natural. Além disso, alcança a extrapatrimonialidade dos direitos da personalidade e sua relativa indisponibilidade e, consequentemente, a máxima efetividade das tutelas preventiva e repressiva das projeções do ser humano em razão da 'datificação'.

5. REFERÊNCIAS

AMARANTE, Aparecida. *Responsabilidade civil por dano à honra*. 2. ed. Belo Horizonte: Del Rey, 1994.

AUGÉ, Marc. *Non-lieux*: Introduction à une anthropologie de la surmodernité. Paris: Éditions du Seuil, 1992.

BAER, Tobias. *Understand, manage, and prevent algorithmic bias*: a guide for business users and data scientists. Nova York: Apress, 2019.

BARBOSA, Mafalda Miranda. Causalidade, imputação e responsabilidade por informações. *Revista de Direito da Responsabilidade*, Coimbra, ano 2, 971-1006, 2020.

BASAN, Arthur Pinheiro; FALEIROS JÚNIOR, José Luiz de Moura. A tutela do corpo eletrônico como direito básico do consumidor. *Revista dos Tribunais*, São Paulo, v. 1021, nov. 2020.

BAUMAN, Zygmunt. *Modernidade líquida*. Trad. Plínio Dentzien. Rio de Janeiro: Zahar, 2001.

BOLESINA, Iuri. *Direito à extimidade*: as inter-relações entre identidade, ciberespaço e privacidade. Florianópolis: Empório do Direito, 2017.

BONNA, Alexandre Pereira. Dados pessoais, identidade virtual e a projeção da personalidade: "*profiling*", estigmatização e responsabilidade civil. In: MARTINS, Guilherme Magalhães; ROSENVALD, Nelson (Coord.). *Responsabilidade civil e novas tecnologias*. Indaiatuba: Foco, 2020.

BUCKLAND, Michael. *Information and society*. Cambridge: The MIT Press, 2017.

CAILLOIS, Roger. *Os jogos e os homens*: a máscara e a vertigem. Trad. José Garcez Palha, Lisboa: Cotovia, 1990.

CALIFÓRNIA. California Penal Code, *Bill No. 1411, Feb. 19, 2010. Section 528.5, relating to impersonation*. Disponível em: http://leginfo.ca.gov/pub/09-10/bill/sen/sb_1401-1450/sb_1411_bill_20100927_chaptered.html. Acesso em: 20 dez. 2021.

DONEDA, Danilo. *Da privacidade à proteção de dados pessoais*. Rio de Janeiro: Renovar, 2006.

DUFF, Alistair S. *Information society studies*. Londres: Routledge, 2000.

DWORKIN, Ronald. *Domínio da vida*. Trad. Jefferson Luiz Camargo. São Paulo: Martins Fontes, 2009.

FLORIDI, Luciano. *Information*: a very short introduction. Oxford: Oxford University Press, 2010.

FLORIDI, Luciano. Introduction. In: FLORIDI, Luciano (Ed.). *The onlife manifesto*: Being human in a hyperconnected era. Cham: Springer, 2015.

FLORIDI, Luciano. *The 4th Revolution*: how the infosphere is reshaping human reality. Oxford: Oxford University Press, 2014.

FLORIDI, Luciano. *The philosophy of information*. Oxford: Oxford University Press, 2011.

FROOMKIN, Michael. The death of privacy? *Stanford Law Review*, Stanford, v. 32, 1461-1544, 2000.

GIBSON, William. *Neuromancer*. Nova York: Ace Books, 1984.

GUTWIRTH, Serge; HILDEBRANDT, Mireille. Some caveats on profiling. In: GUTWIRTH, Serge; POULLET, Yves; DE HERT, Paul (Ed.). *Data protection in a profiled world*. Cham: Springer, 2010.

HARARI, Yuval Noah. *21 Lições para o século 21*. Trad. Paulo Geiger. São Paulo: Companhia das Letras, 2019.

HARARI, Yuval Noah. *Homo deus*: uma breve história do amanhã. Trad. Paulo Geiger. São Paulo: Companhia das Letras, 2016.

HARARI, Yuval Noah. *Sapiens*: uma breve história da humanidade. Trad. Janaína Marcoantonio. 38. ed. Porto Alegre: L&PM, 2018.

HAYEK, Friedrich A. von. *O Caminho da servidão*. Trad. Ana Maria Capovilla, José Ítalo Stelle e Liane de Morais Ribeiro. Campinas: Vide Editorial, 2013.

HEUSI, Tálita Rodrigues. Perfil criminal como prova pericial no Brasil. *Brazilian Journal of Forensic Sciences, Medical Law and Bioethics*, Itajaí, v. 5, n. 3, 232-250, 2016.

HIDALGO, Cesar. *Why information grows*: The evolution of order, from atoms to economies. Nova York: Basic Books, 2015.

HOFFMAN, Donna L.; NOVAK, Thomas P.; SCHLOSSER, Ann E. The evolution of the digital divide: examining the relationship of race to Internet access and usage over time. In: COMPAINE, Benjamin M. (Ed.). *The digital divide*: facing a crisis or creating a myth? Cambridge: The MIT Press, 2001.

HUIZINGA, Johan. *Homo ludens*: o jogo como elemento da cultura. 8. ed. Trad. João Paulo Monteiro. São Paulo. Perspectiva, 2014.

KANT, Immanuel. *Fundamentação da Metafísica dos Costumes*. Trad. Paulo Quintela. Lisboa: Edições 70, 2007.

KEMP, Simon. 6 in 10 people around the world now use the Internet. *DataReportal*, 26 abr. 2021. Disponível em: https://datareportal.com/reports/6-in-10-people-around-the-world-now-use-the-internet. Acesso em: 20 dez. 2021.

KNOENER, Laura. *Sociedade em Rede*: Facebook como personificação da Hipermodernidade. São Paulo: ECA/USP, 2015.

LAOURIS, Yiannis. Reengineering and reinventing both democracy and the concept of life in the digital era. *In*: FLORIDI, Luciano (Ed.). *The onlife manifesto*: being human in a hyperconnected era. Cham/Londres: Springer OpenAccess, 2015.

LESSIG, Lawrence. *Code, and other laws of cyberspace 2.0*. 2. ed. Nova York: Basic Books, 2006.

LÉVY, Pierre. *Cibercultura*. 3. ed. Trad. Carlos Irineu da Costa. São Paulo: Editora 34, 2010.

LÉVY, Pierre. *O que é o virtual?* Tradução Paulo Neves. São Paulo: Editora 34, 2011.

LIMEIRA, Tânia M. Vidigal. *E-marketing na Internet com casos brasileiros*. São Paulo: Saraiva, 2003.

LIPOVETSKY, Gilles. Sedução, publicidade e pós-modernidade. In: MARTINS, Francisco Menezes; SILVA, Juremir Machado (Org.). *A genealogia do virtual*: comunicação, cultura e tecnologias do imaginário. Porto Alegre: Sulina, 2008.

LYOTARD, Jean-François. *O pós-moderno*. 3. ed. Trad. Ricardo Corrêa. Rio de Janeiro: José Olympio Editor, 1988.

MARCUSE, Herbert. *A ideologia da sociedade industrial*. 5. ed. Trad. Giasone Rebuá. Rio de Janeiro: Zahar, 1979.

MARCUSE, Herbert. *One-Dimensional Man*: Studies in the ideology of advanced industrial society. 2. ed. 5. reimpr. Londres: Routledge, 2007.

MARTINS, Guilherme Magalhães; FALEIROS JÚNIOR, José Luiz de Moura; BASAN, Arthur Pinheiro. A responsabilidade civil pela perturbação do sossego na Internet. *Revista de Direito do Consumidor*, São Paulo, v. 128, 239-265, mar./abr. 2020.

MAYER-SCHÖNBERGER, Viktor. Beyond privacy, beyond rights–toward a "system" theory of information governance. *California Law Review*, Berkeley, v. 98, 1853-1886, 2010.

McLUHAN, H. Marshall. *Os meios de comunicação como extensões do homem*. Trad. Décio Pignatari. São Paulo: Cultrix, 2007.

McLUHAN, H. Marshall; POWERS, Bruce R. *The global village*: transformations in world life and media in the 21st Century (communication and society). Oxford: Oxford University Press, 1989.

MENDES, Laura Schertel Ferreira. Autodeterminação informativa: a história de um conceito. *Pensar: Revista de Ciências Jurídicas*, Fortaleza, v. 25, n. 4, p. 1-18, out./dez. 2020.

MENKE, Fabiano. As origens alemãs e o significado da autodeterminação informativa. *Migalhas de Proteção de Dados*, 30 out. 2020. Disponível em: https://www.migalhas.com.br/coluna/migalhas-de--protecao-de-dados/335735/as-origens-alemas-e-o-significado-da-autodeterminacao-informativa Acesso em: 20 dez. 2021.

MIRAGEM, Bruno. Responsabilidade por danos na sociedade da informação e proteção do consumidor: defesas atuais da regulação jurídica da Internet. *Revista de Direito do Consumidor*, São Paulo, ano 18, n. 70, 2009.

MORAES, Maria Celina Bodin de. *Na medida da pessoa humana*: estudos de direito civil-constitucional. Rio de Janeiro: Renovar, 2010.

MORAES, Maria Celina Bodin de; MULHOLLAND, Caitlin (Org). Privacidade hoje. *Anais do I Seminário de Direito Civil da PUC-Rio*, Rio de Janeiro, 2017.

NYOB. Our detailed concept. Disponível em: https://noyb.eu/en/our-detailed-concept Acesso em: 20 dez. 2021.

ORGANIZAÇÃO DAS NAÇÕES UNIDAS. *Millennium Development Goals*. Disponível em: https://www.un.org/millenniumgoals/ Acesso em: 20 dez. 2021.

ORGANIZAÇÃO DAS NAÇÕES UNIDAS. *World Summit on the Information Society. Plan of Action*, 12 dez. 2003. Disponível em: https://www.itu.int/dms_pub/itu-s/md/03/wsis/doc/S03-WSIS-DOC--0005!!PDF-E.pdf. Acesso em: 20 dez. 2021.

PENTLAND, Alex. *Social Physics*. New York. Penguin Publishing Group. 2014.

PÉREZ LUÑO, Antonio-Enrique. La Filosofía del Derecho en perspectiva histórica. In: *Estudios conmemorativos del 65 aniversario del Autor* (Homenaje de la Facultad de Derecho y del Departamento de Filosofía del Derecho de la Universidad de Sevilla). Sevilla: Servicio de Publicaciones de la Universidad de Sevilla, 2009.

PRATES, Cristina Cantú. *Publicidade na Internet*: consequências jurídicas. Curitiba: Juruá, 2015.

RECUERO, Raquel. *Redes sociais na Internet*. Porto Alegre: Sulina, 2009.

REIDENBERG, Joel R. Lex informatica: the formulation of information policy rules through technology. *Texas Law Review*, Austin, v. 76, 1998.

ROBERTS, Sarah T. *Behind the screen*: Content moderation in the shadows of social media. New Haven: Yale University Press, 2019.

RODOTÀ, Stefano. *A vida na sociedade da vigilância*: a privacidade hoje. Trad. Danilo Doneda e Luciana Cabral Doneda. Rio de Janeiro: Renovar, 2008.

RODOTÀ, Stefano. *El derecho a tener derechos*. Trad. Jose Manuel Revuelta López. Madrid: Trotta, 2014.

RODOTÀ, Stefano. *Intervista su privacy e libertà*. Roma-Bari: Laterza, 2005.

ROSENVALD, Nelson; LONGHI, João Victor Rozatti. Seguidores falsos, comentários e curtidas fake: ilícitos do mercado de fakes nas redes sociais. *Migalhas de Responsabilidade Civil*, 8 jun. 2020. Disponível em: https://s.migalhas.com.br/S/9F662A. Acesso em: 20 dez. 2021.

SÁNCHEZ ABRIL, Patricia. Recasting privacy torts in a spaceless world. *Harvard Journal of Law & Technology*, Cambridge, v. 21, n. 1, 2007.

SANDEL, Michael J. *O que o dinheiro não compra*: os limites morais do mercado. Trad. Clóvis Marques. Rio de Janeiro: Civilização Brasileira, 2012.

SARLET, Ingo Wolfgang. Proteção de dados pessoais como direito fundamental na Constituição Federal brasileira de 1988: contributo para a construção de uma dogmática constitucionalmente adequada. *Direitos Fundamentais & Justiça*, Belo Horizonte, ano 14, n. 42, p. 179-218, jan./jun. 2020.

SARTRE, Jean-Paul. *O ser e o nada*: ensaio de ontologia fenomenológica. 6. ed. Trad. Paulo Perdigão. Petrópolis: Vozes, 1998.

SAX, David. *A vingança dos analógicos*: por que os objetos de verdade ainda são importantes. Trad. Alexandre Matias. Rio de Janeiro: Anfiteatro, 2017.

SCHWAB, Klaus. *A Quarta Revolução Industrial*. Trad. Daniel Moreira Miranda. São Paulo, Edipro, 2016.

SEGURA-SERRANO, Antonio. Internet regulation and the role of international law. *Max Planck Yearbook of United Nations Law*, Heidelberg, v. 10, 191-272, 2006.

SIBILIA, Paula. *O show do Eu*: a intimidade como espetáculo. Rio de Janeiro: Nova Fronteira, 2008.

SILVA, Michael César; GUIMARÃES, Glayder Daywerth Pereira; BARBOSA, Caio César do Nascimento. Publicidade ilícita e sociedade digital: delineamentos da responsabilidade civil do *digital influencer*. *In*: BARBOSA, Mafalda Miranda; BRAGA NETTO, Felipe; SILVA, Michael César; FALEIROS JÚNIOR, José Luiz de (Coord.). *Direito digital e inteligência artificial*: diálogos entre Brasil e Europa. Indaiatuba: Foco, 2021.

SKINNER, B.F. *Beyond Freedom and Dignity*. Indianapolis/Cambridge: Hackett Publishing Company, 1971.

SOLOVE, Daniel J. *The digital person*: Technology and Privacy in the Information Age. Nova York: NYU Press, 2006.

STAPLES, William G. *Encyclopedia of privacy*. Westport: Greenwood Press, 2007.

TEFFÉ, Chiara Spadaccini de; ALMEIDA, Jonathan de Oliveira. Humor e responsabilidade na Internet. In: MARTINS, Guilherme Magalhães; ROSENVALD, Nelson (Coord.). *Responsabilidade civil e novas tecnologias*. Indaiatuba: Foco, 2020.

TEXAS. Texas Penal Code, *Title 7 – Offenses Against Property, ch. 33 (computer crimes)*, Disponível em: http://www.statutes.legis.state.tx.us/Docs/PE/htm/PE.33.htm#33.07. Acesso em: 20 dez. 2021.

THALER, Richard H.; SUNSTEIN, Cass R. *Nudge*: Improving Decisions About Health, Wealth, and Happiness. New Haven: Yale University Press, 2008.

TOFFLER, Alvin. *The third wave*. New York: Banthan Books, 1980.

VAN DIJK, Jan. *The network society*. 3. ed. Londres: Sage Publications, 2012.

WEBSTER, Frank. *Theories of the information society*. 3. ed. Londres: Routledge, 2006.

WU, Tim. *The attention merchants*: the epic scramble to get inside our heads. Nova York: Vintage, 2016.

ZUBOFF, Shoshana. *A era do capitalismo de vigilância*: a luta por um futuro humano na nova fronteira do poder. Trad. George Schlesinger. Rio de Janeiro: Intrínseca, 2021.

PORTABILIDADE DE DADOS
E A TUTELA DO CORPO ELETRÔNICO

Daniela Copetti Cravo

Procuradora do Município de Porto Alegre. Doutora e Pós-Doutora em Direito pela UFRGS. Diretora Acadêmica da Escola Superior de Direito Municipal (ESDM). Coordenadora do Grupo de Trabalho (GT) de implementação da LGPD na Procuradoria Geral do Município de Porto Alegre e representante da Procuradoria no GT de implementação da LGPD no Município de Porto Alegre. Encarregada pela Proteção de Dados na Procuradoria Geral do Município de Porto Alegre.

Sumário: 1. Introdução – 2. Corpo eletrônico e a portabilidade de dados – 3. A portabilidade de dados na LGPD – 4. Portabilidade de dados e seus potenciais benefícios ao titular – 5. Considerações finais – 6. Referências.

1. INTRODUÇÃO

A portabilidade de dados é um direito novo, não previsto na antiga Diretiva Europeia 95/46/CE. Trata-se de um direito extremamente moderno, inaugurado pelo Regulamento Geral de Proteção de Dados RGPD) e que também foi contemplado no ordenamento brasileiro, por meio da Lei Geral de Proteção de Dados (LGPD).

Muito embora o direito à portabilidade de dados tenha uma íntima relação com o direito de acesso, já que ambos promovem o controle dos dados pelo seu titular, tais direitos são diferentes e se complementam. A portabilidade de dados, na verdade, pode ser vista como um passo à frente, isto é, uma evolução do direito de acesso.

Na discussão legislativa do RGPD, foi aventada a possibilidade de se inserir a portabilidade de dados dentro do direito de acesso. No entanto, acabou-se consagrando a portabilidade de dados como um direito autônomo e distinto do direito de acesso[1].

A portabilidade de dados tem como essência permitir o reuso dos dados, em uma nova atividade de tratamento. Com isso, os titulares se sentem mais estimulados a usar novos serviços e funcionalidades, especialmente aqueles que tenham políticas que mais lhe agradem, inclusive no que toca à proteção de dados.

Tal direito, pois, permite que o titular determine como se dará a circulação dos seus dados, que será condicionada ao seu requerimento e ao exercício de sua vontade. Trata-se evidentemente da consagração da autodeterminação informativa, tão essencial para a tutela do corpo eletrônico.

---

1. FIDALGO, Vitor Palmela. O direito à portabilidade de dados pessoais. *Revista de Direito e Tecnologia*, vol. 1, n. 1., 2019, p. 91.

Ademais, por meio da portabilidade, o titular passa também a usufruir dos seus dados, podendo utilizá-los nas suas atividades domésticas para atingir objetivos pessoais. Nesse contexto de empoderamento, cabe a esse artigo analisar os contornos jurídicos desse direito e explorar os seus potenciais benefícios.

2. CORPO ELETRÔNICO E A PORTABILIDADE DE DADOS

Como leciona Rodotà[2], as tecnologias da informação constroem um corpo eletrônico, que é o conjunto de informações pessoais mantidas em infinitos bancos de dados e que vivem ao lado do corpo físico. A pessoa, imersa no fluxo da comunicação eletrônica, passa a ser caracterizada por um duplo corpo, o físico e o eletrônico.

Este último, o corpo eletrônico, é incognoscível, parcial e móvel, podendo circular independentemente do corpo físico[3]. Tal situação gera a necessidade de mecanismos de controle pela pessoa, justamente para evitar prejuízos à sua personalidade em decorrência de uma circulação desvirtuada de suas informações e, pois, de seu corpo eletrônico.

Nesse sentido, emerge a autodeterminação informativa como o direito de cada pessoa de controlar a sua informação e determinar a maneira como deseja construir sua esfera particular. E umas das formas de promover o exercício da autonomia privada nessa nova realidade da expressão da pessoa humana que é o corpo eletrônico é por meio da portabilidade de dados[4].

A associação da portabilidade de dados ao livre desenvolvimento da personalidade

decorre do conceito de "identidade digital", já que os dados pessoais e suas combinações podem ser entendidos como uma continuação da personalidade no ambiente digital[5]. E, assim o sendo, devem os titulares ter o direito de fazer a gestão dos seus dados, determinando quando e com quem esses devem ser compartilhados, sem prejuízo do próprio titular usufruir desse ecossistema nas suas atividades domésticas.

Portanto, a portabilidade de dados, entendida como a possibilidade do titular de transferir seus dados entre diferentes controladores ou obter uma cópia para armazenamento e reuso, surge como uma ferramenta de empoderamento. Vejamos como essa veio inserida na LGPD.

---

2. Rodotà, Stefano. Persona, libertà, tecnologia. Note per una discussione. *Diritto & Questioni Pubbliche*, p. 25-29, 2005.
3. Rodotà, Stefano. Persona, libertà, tecnologia. Note per una discussione. *Diritto & Questioni Pubbliche*, p. 25-29, 2005.
4. NEGRI, Sergio Marcos Carvalho de Ávila; KORKMAZ, Maria Regina Detoni Cavalcanti Rigolon. Autonomia privada, portabilidade de dados e planejamento sucessório. In: TEIXEIRA, Daniele Chaves. (Org.). *Arquitetura do Planejamento Sucessório – Tomo II*. Belo Horizonte: Fórum, 2021, p. 660-674.
5. NEGRI, Sergio Marcos Carvalho de Ávila; KORKMAZ, Maria Regina Detoni Cavalcanti Rigolon. Autonomia privada, portabilidade de dados e planejamento sucessório. In: TEIXEIRA, Daniele Chaves. (Org.). *Arquitetura do Planejamento Sucessório – Tomo II*. Belo Horizonte: Fórum, 2021, p. 660-674.

3. A PORTABILIDADE DE DADOS NA LGPD

Apresentando poucas disposições sobre a portabilidade de dados, a LGPD foi extremamente sintética, restringindo-se a dispor que (a) a portabilidade será realizada mediante requisição expressa do titular entre um fornecedor a outro, de acordo com a regulamentação da autoridade nacional, observados os segredos comercial e industrial (inciso V)[6]; (b) que os dados já anonimizados não estão incluídos (art. 18,§ 7º); (c) que padrões de interoperabilidade para fins de portabilidade poderão ser dispostos pela ANPD – Autoridade Nacional de Proteção de Dados (art. 40); e (d) que é possível a comunicação ou o uso compartilhado entre controladores de dados pessoais sensíveis referentes à saúde com objetivo de obter vantagem econômica no caso de portabilidade de dados (§4º, inciso I, do art. 11)[7].

Além dessas disposições específicas sobre a portabilidade, deverá ser observado o § 3º do artigo 18 que prevê a necessidade de requerimento expresso do titular ou de representante legalmente constituído ao controlador. O atendimento ao requerimento deverá ocorrer sem custos para o titular[8], nos prazos e nos termos previstos em regulamento.

Também tem aplicabilidade à portabilidade de dados o §4º do mesmo artigo que dispõe que no caso de impossibilidade de adoção imediata da providência de que trata o § 3º deste artigo, o controlador enviará ao titular resposta em que poderá: (a) comunicar que não é agente de tratamento dos dados e indicar, sempre que possível, o agente; (b) indicar as razões de fato ou de direito que impedem a adoção imediata da providência.

Por derradeiro, há ainda a incidência dos §1º e §8º do artigo 18 que consignam o direito de petição por parte do titular de dados, perante a ANPD ou os organismos de defesa do consumidor.[9] Desse modo, caso o titular tenha a portabilidade de dados negada ou dificultada pelo controlador, poderá recorrer às autoridades competentes, sem prejuízo do acesso à justiça.

À luz desse conjunto de disposições aplicáveis à portabilidade de dados, é possível perceber que não houve uma conceituação mais detalhada do direito pela

---

6. Tal disposição dá a entender que essa transferência será direta entre os controladores.
7. Apesar dessa menção feita pela LGPD da portabilidade de dados dentro do uso compartilhado de dados sensíveis à saúde, ainda é preciso desenvolver melhor tais conceitos e diferenciá-los. A respeito, ver relatório do ITS que menciona que "não se pode confundir portabilidade com 'uso compartilhado de dados'": VIOLA, Mario; HERINGER, Leonardo. *A Portabilidade na Lei Geral de Proteção de Dados*. Rio de Janeiro: ITS, 2020. Disponível em: https://itsrio.org/wp-content/uploads/2020/10/A-Portabilidade-na-LGPD.pdf. Acesso em: 26 out. 2020.
8. Como coloca Ana Frazão: "o direito à portabilidade, para atingir tais propósitos, deve ser fácil, gratuito e assegurado de modo a permitir a usabilidade dos dados com eficiência e segurança". FRAZÃO, Ana. *Nova LGPD: direito à portabilidade*. Disponível em: https://www.jota.info/opiniao-e-analise/colunas/constitui-cao-empresa-e-mercado/nova-lgpd-direito-a-portabilidade-07112018. Acesso em: 05 jan. 2019. Ademais, o titular não precisa apresentar uma justificativa para exercer o seu direito à portabilidade.
9. BERGSTEIN, Laís. Direito à portabilidade na lei geral de proteção de dados. *Revista dos Tribunais*, v. 1003, maio 2019, p. 2.

LGPD. No âmbito do direito comparado, cada legislação tem definido de forma diversa o direito à portabilidade de dados. Algumas enfocam no direito à transmissão direta dos dados a um novo controlador, outras no direito de receber os dados e armazená-los em algum dispositivo pessoal ou no envio dos dados pelo próprio titular ao novo controlador.

Entende-se que a portabilidade de dados no Brasil deve seguir a linha adotada no RGPD, no seu artigo 20. Assim a portabilidade de dados pessoais deve abranger tanto o direito de receber do controlador os dados pessoais que lhe digam respeito, num formato eletrônico, para uso e/ou armazenamento e de transmitir esses dados a outro controlador, no momento presente ou futuro[10], quanto de requerer que os dados pessoais sejam transferidos diretamente a outro controlador, sempre que isso seja tecnicamente possível.

Outro ponto importante é que no caso da transferência direta dos dados a outro controlador (art. 18, inciso V), entende-se que essa forma de exercício não implica, por si só, o encerramento da relação estabelecida entre o titular e o controlador (transmissor), exceto se assim desejar o titular. Há casos que o titular quer apenas usar os dados em outro serviço complementar, como já tem ocorrido por meio de API (*Application Programming Interface*)[11] para transferências de dados.

Nessa linha, haverá casos que o titular de dados deseja permanecer no serviço, pedindo apenas que os dados sejam "duplicados" e enviados a um outro controlador. Veja que um ponto peculiar do mercado digital é que os consumidores, frequentemente, desejam usar várias plataformas ao mesmo tempo (*multihoming*), que é possível por meio do exercício do direito à portabilidade de dados pessoais[12]. Trata-se da possibilidade de o titular estabelecer um "segundo lar digital"[13-14].

Todavia, nos casos em que o titular dos dados deseje usar a portabilidade de dados para migrar para outro serviço (portabilidade de dados propriamente dita), encerrando a relação com o controlador remetente, é importante verificar, no caso concreto, se ainda existe base legal para a continuidade do tratamento dos dados pelo controlador remetente (originário).

---

10. Tais hipóteses já encontram embasamento legal no Brasil, muito embora dentro do direito de acesso, como pode ser visualizado no § 3º do artigo 19 da LGPD.
11. A EDPS também possui o entendimento que deve ser incentivado o desenvolvimento de APIs padronizadas, recomendando tal adoção pela Comissão Europeia. Na sua opinião, a adoção dessas APIs padronizadas facilitaria o acesso a dados por usuários autorizados independentemente da localização desses dados, o que seria um impulso para a portabilidade. EDPS. *Opinion on the European Commission's White Paper on Artificial Intelligence – A European approach to excellence and trust*. Disponível em: https://edps.europa.eu/sites/edp/files/publication/20-06-19_opinion_ai_white_paper_en.pdf . Acesso em: 6 jul. 2020.
12. EngelS, Bárbara. Data portability among online platforms. *Internet Policy Review*, 5(2), 2016.
13. FIDALGO, Vitor Palmela. O direito à portabilidade de dados pessoais. *Revista de Direito e Tecnologia*, vol. 1, n. l., 2019, p. 119.
14. Como observa Vitor Fidalgo, no âmbito do RGPD, não há nas hipóteses de eliminação dos dados (artigo 17 do RGPD) a portabilidade de dados. FIDALGO, Vitor Palmela. O direito à portabilidade de dados pessoais. *Revista de Direito e Tecnologia*, v. 1, n. l., 2019, p. 119.

Com relação aos tipos de dados abrangidos (fornecidos, observados e inferidos), há uma ausência de definição específica na LGPD. No âmbito do RGPD, a portabilidade de dados restou limitada aos "dados fornecidos", o que representa significativa mudança do texto final com relação ao projeto inicial[15-16].

Entende-se que será necessária uma maior reflexão no que toca à ausência de definição específica no inciso V do artigo 18 da LGPD. Ainda resta controverso se tal ausência pode ser considerada como um silêncio eloquente do legislador, a fim de abarcar todos os "dados tratados" (isto é, fornecidos, observados e inferidos)[17], ou se tal definição foi reservada à regulamentação.

Com relação às bases legais, no RGPD, a portabilidade de dados ficou limitada às hipóteses de tratamento realizadas com base no consentimento ou necessárias para a execução de contrato (considerando 68 e artigo 20, n. 1, alínea "a"). Além disso, é necessário que o tratamento tenha sido realizado de forma automatizada, isto é, de forma digital, não se aplicando aos casos de dados tratados de forma física, em papel (artigo 20, n. 1, alínea "b").

Na LGPD, o direito à portabilidade de dados não sofreu qualquer delimitação com relação às bases legais (apenas houve tal restrição no direito de acesso, na modalidade prevista no §3º do artigo 19). Todavia, entende-se que uma abrangência muito ampla da portabilidade pode ter efeitos colaterais, razão pela qual tal questão deve ser endereçada pela ANPD.

Não há até o momento a exigência da interoperabilidade para fins de portabilidade, muito embora essa seja desejável[18]. A ausência da obrigatoriedade de interoperabilidade até o momento não retira, todavia, a exigência da observância de um formato interoperável, que permita o reuso.

4. PORTABILIDADE DE DADOS E SEUS POTENCIAIS BENEFÍCIOS AO TITULAR

Como mencionado anteriormente, a portabilidade de dados serve como uma ferramenta de gestão e de facilitação na tomada de decisões pessoais. Trata-se se de

---

15. HERT, Paul; Papakonstantinou, Vagelis; MALGIERI, Gianclaudio; BESLAY, Laurent; SANCHEZ, Ignacio. The right to data portability in the GDPR: Towards user-centric interoperability of digital services, *Computer Law & Security Review: The International Journal of Technology Law and Practice*, 2017.

16. Entende-se que dentro dos "dados fornecidos" mencionados pelo RGPD estão abarcados também os "observados". Apesar dos inferidos não estarem abrangidos na portabilidade de dados prevista no RGPD, as empresas podem promover esse tipo de portabilidade voluntariamente, como um sinal de conformidade e confiança. Vrabec, Helena. *Unfolding the New-Born Right to Data Portability: Four Gateways to Data Subject Control*. Disponível em: https://ssrn.com/abstract=3176820. Acesso em: 10 de out. de 2020.

17. Conforme relata Paula Ponce, tal questão foi debatida no Congresso, quando da apreciação da Medida Provisória nº869/2018. Foi proposta a Emenda de n. 42 para fins de excluir os dados derivados da portabilidade. No entanto, a emenda foi rejeitada pela Comissão Mista, que entendeu que a portabilidade diria respeito apenas aos dados gerados pelo próprio titular e não aqueles gerados ou complementados pelo controlador. PONCE, Paula Pedigoni, Direito à portabilidade de dados: entre a proteção de dados e a concorrência, *Revista de Defesa da Concorrência*, v. 8, n. 1., p. 148, jun. 2020.

18. O artigo 40 da LGPD prevê que a ANPD poderá dispor sobre padrões de interoperabilidade para fins de portabilidade.

uma ferramenta *user-centred*, que possibilita que o titular tenha um papel ativo no ecossistema de dados[19-20].

A título de exemplo, essa poderá auxiliar o titular a verificar o impacto do seu padrão de consumo ou a adotar hábitos mais sustentáveis. Dentre outras possibilidades, é o caso da transferência de listas de compras a um aplicativo de aconselhamento nutricional ou a utilização dos nossos dados de consumo em transporte e energia para criar um índice de carbono individual[21].

Já com relação ao desenvolvimento da Internet das Coisas, a portabilidade de dados será essencial para promoção da tão indispensável transferência dos dados para funcionamento da tecnologia[22]. A portabilidade, nesse contexto, pode permitir que o titular porte seus dados entre diferentes aplicativos e serviços, aumentando seu direito de escolha[23].

Ainda, a portabilidade de dados é peça fundamental para o desenvolvimento dos

Personal Information Management Systems (PIMS). Os PIMS oferecem ao titular um *dashboard* para o monitoramento do uso dos seus dados, permitindo a transferência direta dos dados pelo titular com controladores externos[24-25].

Tais sistemas possibilitam que os próprios titulares gerenciem e controlem sua identidade online. Isso promove uma abordagem centrada no ser humano, protegendo-os contra técnicas ilegais de rastreamento e criação de perfis que visam a contornar os princípios-chave de proteção de dados[26].

A portabilidade de dados também tem o potencial de gerar benefícios ao bem-estar do consumidor e efeitos pró-competitivos ao mercado. Essa, especialmente

---

19. ARTICLE 29 DATA PROTECTION WORKING PARTY. *Guidelines on the right to data portability*. Brussels: European Commission, 2016, p. 4.
20. A portabilidade pode ser entendida também como um direito de uma nova geração (Monteleone, Andrea Giulia. Il Diritto Alla Portabilità Dei Dati. Tra Diritti Della Persona e Diritti Del Mercato. *LUISS Law Review*, 2/2017, p. 202.).
21. A esse respeito, cita-se a seguinte reportagem: https://www.latribune.fr/opinions/la-portabilite-des-donnees-un-levier-citoyen-pour-la-transition-ecologique-854175.html.
22. Graef, Inge; Husovec, Martin; van den Boom, Jasper. Spill-Overs in Data Governance: The Relationship Between the GDPR's Right to Data Portability and EU Sector-Specific Data Access Regimes, *TILEC Discussion Paper n. DP 2019-005*, 2019.
23. A título de exemplo, um consumidor poderá desejar portar seus dados e migrar para outro serviço inteligente de abastecimento de alimentos, diferente daquele que veio junto com a sua nova geladeira da Amazon. STIGLER COMMITTEE. *Stigler Committe on Digital Platforms: Final Report*. https://research.chicagobooth. edu/-/media/research/stigler/pdfs/digital-platforms---committee-report---stigler-center.pdf?la=en&hash=-2D23583FF8BCC560B7FEF7A81E1F95C1DDC5225E. Acesso em: 11 dez. 2021.
24. CENTRE ON REGULATION IN EUROPE (CERRE). *Making data portability more effective for the gitial economy*. Disponível em: https://www.cerre.eu/sites/cerre/files/cerre_making_data_portability_more_effective_for_the_ digital_economy_june2020.pdf . Acesso em: 06 jul. 2020
25. A criação de soluções técnicas para o fomento dos PIMS é destacada no documento elaborado pelo Helsinki EU Office. HELSINKI EU OFFICE. *Data agile economy from reactive to proactive approach for the benefit of the citizens*. Disponível em: https://helsinki.eu/wp-content/uploads/2020/05/Data-agileEconomy_From--reactive-to-proactive-approach-for-the-benefit-of-the-citizens.pdf. Acesso em: 06 jul. 2020.
26. EDPS. *Personal Information Management Systems*. Disponível em: https://edps.europa.eu/sites/default/files/publication/21-01-06_techdispatch-pims_en_0.pdf. Acesso em: 10 dez. 2021.

quando conjugada com a interoperabilidade, permite uma diminuição do efeito *lock-in* e dos efeitos de rede[27].

O tema da portabilidade também avança em outras searas, sendo a portabilidade apontada como um instrumento para permitir que seja concedida uma destinação aos dados do falecido (tutela *post mortem* dos direitos da personalidade)[28]. Trata-se do direito póstumo à portabilidade que requer, todavia, problematização e reflexão, embora já possa ser encontrado na Itália, que o prevê em sua legislação, estabelecendo certos requisitos[29].

Nesse contexto, a portabilidade dos dados relacionada a dados de saúde e genéticos também é de particular relevância para o planejamento da sucessão[30]. Em vista do exponencial crescimento de diagnósticos e prognósticos para promoção da saúde e desenvolvimento de tratamentos preventivos, uma portabilidade póstuma referente a esses dados pode ser importante.

A portabilidade de dados de saúde, ademais, representa uma vinculação direta entre o corpo físico e o corpo eletrônico. Veja-se que dados de prontuários médicos, organizados e atualizados de forma adequada "são essenciais para que o sujeito desfrute do próprio direito à saúde e, em última instância, do direito à vida[31]".

Não obstante, a portabilidade pode ser usada pelo titular para fins de altruísmo[32]. Os cidadãos podem requerer seus dados para torná-los disponíveis no futuro em uma chamada pública de dados, realizada no contexto de uma política pública ou de missão científica[33].

Portanto, a portabilidade de dados cristaliza o avanço da nova geração de leis de proteção de dados, dando um passo adiante face aos tradicionais direitos de acesso,

---

27. Para uma maior análise do tema do tema, ver: CRAVO, Daniela Copetti. *Direito à Portabilidade de Dados*: Interface entre Defesa da Concorrência, do Consumidor e Proteção de dados. Rio de Janeiro: Lumen Juris, 2018.

28. COLOMBO, Cristiano; GOULART, Guilherme Damasio. Direito póstumo à portabilidade de dados pessoais no ciberespaço à luz do Direito brasileiro. In: Flores, Alfredo de Jesus Dal Molin. (Org.). *Perspectivas do discurso jurídico: revolução digital e sociedade globalizada*. Rio Grande: Editora da Furg, 2020, v. 1, p. 90-109.

29. NEGRI, Sergio Marcos Carvalho de Ávila; KORKMAZ, Maria Regina Detoni Cavalcanti Rigolon; FERNANDES, Elora. Portabilidade e proteção de dados pessoais: tensões entre pessoa e mercado. *Civilistica. com – Revista Eletrônica de Direito Civil*, v. 1, 2021.

30. NEGRI, Sergio Marcos Carvalho de Ávila; KORKMAZ, Maria Regina Detoni Cavalcanti Rigolon. Autonomia privada, portabilidade de dados e planejamento sucessório. In: TEIXEIRA, Daniele Chaves. (Org.). *Arquitetura do Planejamento Sucessório – Tomo II*. Belo Horizonte: Fórum, 2021, p. 660-674.

31. NEGRI, Sergio Marcos Carvalho de Ávila; KORKMAZ, Maria Regina Detoni Cavalcanti Rigolon; FERNANDES, Elora. Portabilidade e proteção de dados pessoais: tensões entre pessoa e mercado. *Civilistica. com - Revista Eletrônica de Direito Civil*, v. 1, 2021.

32. "Um maior uso do direito à portabilidade poderia, entre outras coisas, tornar mais fácil para os indivíduos permitirem o uso de seus dados para o bem público (por exemplo, para fomentar a pesquisa no setor de saúde), se assim o desejarem ('altruísmo de dados')". Tradução nossa. EUROPEAN COMMISSION. *Data protection as a pillar of citizens' empowerment and the EU's approach to the digital transition - two years of application of the General Data Protection Regulation*. Disponível em: EUR-Lex - 52020DC0264 - EN - EUR-Lex (europa.eu). Acesso em: 10 dez. 2021.

33. VILLANI, Cédric. *For a Meaningful Artificial Intelligence*. Disponível em: https://www.aiforhumanity.fr/pdfs/MissionVillani_Report_ENG-VF.pdf. Acesso em: 10 dez. 2021, p. 30.

retificação, cancelamento e oposição. Tais direitos extremamente relevantes acabam sendo complementados pela portabilidade de dados.

Assim, não há como se deixar de reconhecer que a portabilidade de dados, além dos seus potenciais efeitos ao mercado e ao bem-estar do consumidor, é um direito individual[34], permitindo não só uma maior gestão e controle dos dados pelo titular, mas também que esse usufrua do ecossistema de dados.

5. CONSIDERAÇÕES FINAIS

A realidade atual é marcada por um fluxo intenso de dados pessoais, que compõe o corpo eletrônico. Esse circula independentemente do corpo físico, razão pela qual deve ser objeto de tutela para fins de que o livre desenvolvimento da personalidade não seja comprometido.

Nesse contexto, emerge a portabilidade de dados que atribui ao titular certo controle dos seus dados. Da mesma forma, por meio da dessa, o titular passa a poder usufruir dos benefícios decorrentes do tratamento dos seus dados, que podem auxiliar na consecução de suas faculdades e objetivos pessoais.

Ao garantir o reuso, a portabilidade de dados serve, pois, como uma ferramenta de gestão e de facilitação na tomada de decisões pessoais. Trata-se de um instrumento *user-centred*, que promove a autodeterminação informativa, possibilitando que o titular também seja protagonista no ecossistema de dados.

Maior exemplo disso é a possibilidade da criação *dos Personal Information Management Systems* (PIMS). Esses, que muito precisarão da portabilidade de dados para seu devido funcionamento, permitem que o titular crie um *dashboard* com seus dados e gerencie o compartilhamento desses com controladores.

Não obstante, na realidade da Internet das Coisas, a portabilidade de dados será essencial para que o titular possa usar diferentes sistemas e não apenas aquele ofertado junto com a compra de determinado produto. Ademais, a própria transferência dos dados, que pode ser apoiada na portabilidade, é algo indispensável para a funcionalidade dessas tecnologias.

Ainda, a portabilidade de dados pode servir de ferramenta de apoio na consecução dos objetivos pessoais do titular. Por exemplo, a transferência de dados ou a obtenção de uma cópia desses pode ser usada para análise de hábitos de consumo ou de alimentação, ajudando o titular a monitorar seu comportamento e adotar práticas mais sustentáveis.

No campo econômico, a portabilidade de dados facilita a migração, por meio da diminuição do efeito *lock-in*. Desta feita, é possível que no longo prazo os forne-

---

34. Geradin, Damien; Kuschewsky, Monika. *Competition law and personal data*: preliminary thoughts on a complex issue. Disponível em: [https://papers.ssrn.com/sol3/papers.cfm?abstract_id=2216088]. Acesso em: 10 dez. 2021.

cedores passem a ofertar serviços de maior qualidade (inclusive no que toca ao fator segurança e proteção de dados).

Além disso, os efeitos positivos da portabilidade de dados também podem ser vistos na tutela da saúde. A portabilidade de dados nessa seara pode servir para melhores prognósticos e diagnósticos. Ainda, já se tem falado também em direito póstumo à portabilidade.

Por fim, a portabilidade de dados pode ser igualmente relacionada ao altruísmo de dados, facilitando chamadas públicas de dados para missões científicas ou políticas públicas.

Todas essas situações acima narradas relacionam-se diretamente com a identidade digital de cada indivíduo e com aspectos importantes do desenvolvimento da personalidade de cada um. Nesse contexto, emerge a necessidade de tutela, a qual tem como um dos seus pilares a portabilidade de dados, que deve ser um direito individual de todos os titulares.

6. REFERÊNCIAS

ARTICLE 29 DATA PROTECTION WORKING PARTY. *Guidelines on the right to data portability*. Brussels: European Commission, 2016.

BERGSTEIN, Laís. Direito à portabilidade na lei geral de proteção de dados. *Revista dos Tribunais*, v. 1003, maio 2019.

CENTRE ON REGULATION IN EUROPE (CERRE). *Making data portability more effective for the digitial economy*. Disponível em: https://www.cerre.eu/sites/cerre/files/cerre_making_data_portability_more_effective_for_the_digital_economy_june2020.pdf. Acesso em: 10 dez. 2021.

COLOMBO, Cristiano; GOULART, Guilherme Damasio. Direito póstumo à portabilidade de dados pessoais no ciberespaço à luz do Direito brasileiro. In: Flores, Alfredo de Jesus Dal Molin. (Org.). *Perspectivas do discurso jurídico: revolução digital e sociedade globalizada*. Rio Grande: Editora da Furg, 2020, v. 1, p. 90-109.

CRAVO, Daniela Copetti. *Direito à Portabilidade de Dados*: Interface entre Defesa da Concorrência, do Consumidor e Proteção de dados. Rio de Janeiro: Lumen Juris, 2018.

EDPS. *Opinion on the European Commission's White Paper on Artificial Intelligence – A European approach to excellence and trust*. Disponível em: https://edps.europa.eu/sites/edp/files/publication/20-06-19_opinion_ai_white_paper_en.pdf. Acesso em: 10 dez. 2021.

EDPS. *Personal Information Management Systems*. Disponível em: https://edps.europa.eu/sites/default/files/publication/21-01-06_techdispatch-pims_en_0.pdf. Acesso em: 10 dez. 2021.

ENGELS, Bárbara. Data portability among online platforms. *Internet Policy Review*, 5(2), 2016.

EUROPEAN COMMISSION. *Data protection as a pillar of citizens' empowerment and the EU's approach to the digital transition - two years of application of the General Data Protection Regulation*. Disponível em: EUR-Lex - 52020DC0264 - EN - EUR-Lex (europa.eu). Acesso em: 10 dez. 2021.

FIDALGO, Vitor Palmela. O direito à portabilidade de dados pessoais. *Revista de Direito e Tecnologia*, vol. 1, n. 1., 2019.

FRAZÃO, Ana. *Nova LGPD*: direito à portabilidade. Disponível em: [www.jota.info/opiniao-e-analise/colunas/constituicao-empresa-e-mercado/nova-lgpd-direito-a-portabilidade-07112018]. Acesso em: 05.01.2019.

GERADIN, Damien; Kuschewsky, Monika. *Competition law and personal data*: preliminary thoughts on a complex issue. Disponível em: [https://papers.ssrn.com/sol3/papers.cfm?abstract_id=2216088]. Acesso em: 11 dez. 2021.

GRAEF, Inge; Husovec, Martin; van den Boom, Jasper. Spill-Overs in Data Governance: The Relationship Between the GDPR's Right to Data Portability and EU Sector-Specific Data Access Regimes, *TILEC Discussion Paper No. DP 2019-005*, 2019.

HELSINKI EU OFFICE. Data agile economy from reactive to proactive approach for the benefit of the citizens. Disponível em: https://helsinki.eu/wp-content/uploads/2020/05/Data-agileEconomy_From-reactive-to-proactive-approach-for-the-benefit-of-the-citizens.pdf. Acesso em: 10 dez. 2021.

HERT, Paul; Papakonstantinou, Vagelis; MALGIERI, Gianclaudio; BESLAY, Laurent; SANCHEZ, Ignacio. The right to data portability in the GDPR: Towards user-centric interoperability of digital services. *Computer Law & Security Review: The International Journal of Technology Law and Practice*, p. 1-11, 2017.

MONTELEONE, Andrea Giulia. Il Diritto Alla Portabilità Dei Dati. Tra Diritti Della Persona e Diritti Del Mercato. *LUISS Law Review*, 2/2017, 202-2013.

NEGRI, Sergio Marcos Carvalho de Ávila; KORKMAZ, Maria Regina Detoni Cavalcanti Rigolon. Autonomia privada, portabilidade de dados e planejamento sucessório. In: TEIXEIRA, Daniele Chaves. (Org.). *Arquitetura do Planejamento Sucessório - Tomo II*. Belo Horizonte: Fórum, 2021, p. 660-674.

NEGRI, Sergio Marcos Carvalho de Ávila; KORKMAZ, Maria Regina Detoni Cavalcanti Rigolon; FERNANDES, Elora. Portabilidade e proteção de dados pessoais: tensões entre pessoa e mercado. *Civilistica. com - Revista Eletrônica de Direito Civil*, v. 1, 2021.

PONCE, Paula Pedigoni, Direito à portabilidade de dados: entre a proteção de dados e a concorrência, *Revista de Defesa da Concorrência*, Vol. 8, nº 1., p.134-176, junho 2020.

RODOTÀ, Stefano. Persona, libertà, tecnologia. Note per una discussione. *Diritto & Questioni Pubbliche*, p.25-29, 2005.

STIGLER COMMITTEE. *Stigler Committe on Digital Platforms: Final Report*. https://research.chicago-booth.edu/-/media/research/stigler/pdfs/digital-platforms---committee-report--- stigler-center. pdf?la=en&hash=2D23583FF8BCC560B7FEF7A81E1F95C1DDC5225E. Acesso em: 10 dez. 2021.

VILLANI, Cédric. *For a Meaningful Artificial Intelligence*. Disponível em: https://www.aiforhumanity.fr/pdfs/MissionVillani_Report_ENG-VF.pdf. Acesso em: 10 dez. 2021.

VIOLA, Mario; HERINGER, Leonardo. A Portabilidade na Lei Geral de Proteção de Dados. Rio de Janeiro: ITS, 2020. Disponível em: https://itsrio.org/wp-content/uploads/2020/10/A-Portabilidade-na-LGPD. pdf. Acesso em: 10 dez. 2021.

VRABEC, Helena. *Unfolding the New-Born Right to Data Portability: Four Gateways to Data Subject Control*. Disponível em: https://ssrn.com/abstract=3176820. Acesso em: 10 dez. 2021.

O CONTROLE DA EXTIMIDADE PELO NEOLIBERALISMO

Iuri Bolesina

Doutor e Mestre em Direito pela Universidade de Santa Cruz do Sul – UNISC. Especialista em Direito Civil pela Faculdade Meridional – IMED. Advogado. Professor do Curso de Direito na Faculdade Meridional – IMED. Sócio Fundador da "Visual Jus" (@visual.jus), startup de visual law. Associado ao IBERC – Instituto Brasileiro de Estudos de Responsabilidade Civil. Pesquisador do Grupo de Pesquisas Direitos Fundamentais, Democracia e Desigualdade, vinculado ao CNPQ. ORCID: http://orcid.org/0000-0001-5290-152X. E-mail: iuribolesina@gmail.com

Tássia A. Gervasoni

Doutora em Direito pela Universidade do Vale do Rio dos Sinos, com período sanduíche na Universidade de Sevilla (Espanha). Mestre e Graduada em Direito pela Universidade de Santa Cruz do Sul. Professora de Direito Constitucional na Faculdade Meridional – IMED. Professora do Programa de Pós-Graduação *Stricto Sensu* – Mestrado na Faculdade Meridional – IMED. Coordenadora do Grupo de Pesquisa Direitos Fundamentais, Democracia e Desigualdade, vinculado ao CNPq. ORCID: http://orcid.org/0000-0002-8774-5421. E-mail: tassiagervasoni@gmail.com

Felipe da Veiga Dias

Pós-doutor em Ciências Criminais pela PUC/RS. Doutor em Direito pela Universidade de Santa Cruz do Sul (UNISC) com período de Doutorado Sanduíche na Universidade de Sevilla (Espanha). Professor do Programa de Pós-Graduação em Direito da Faculdade Meridional (IMED) – Mestrado. Professor do curso de Direito da Faculdade Meridional (IMED) – Passo Fundo – RS. Brasil. Coordenador do Grupo de Pesquisa "Criminologia, Violência e Controle". ORCID: http://orcid.org/0000-0001-8603-054X. E-mail: felipevdias@gmail.com

Sumário: 1. Introdução – 2. Da aceitação da ideia de extimidade aos desafios nascidos da sua prática... O seu sequestro – 3. Neoliberalismo, individualização e competição – 4. Conclusão – 5. Referências.

1. INTRODUÇÃO

Em artigo originalmente publicado no ano 2000, Wendy Brown[1] analisa os dilemas trazidos por determinados direitos e os paradoxos nem sempre considerados no âmbito de um contexto (neo)liberal em que se coloca a existência de alguns direitos que "não se pode não querer". A autora chega a questionar "o que se perde ao se conquistar (?)" determinadas posições jurídicas.

---

1. BROWN, Wendy. Sofrendo de direitos como paradoxos. *Revista Direito Público*. V. 18, n. 97, Brasília, jan.-fev. 2021. Disponível em: https://www.portaldeperiodicos.idp.edu.br/direitopublico/article/view/5409. Acesso em: 29 out. 2021.

O paradoxo em questão adequa-se com facilidade à discussão proposta pelo presente texto: o que se perde com o exercício do direito à extimidade? Não obstante o conceito de extimidade venha a ser desbravado ao longo do primeiro capítulo, pode-se antecipar que dentre suas premissas encontra-se o anseio e a valorização do revelar-se para o mundo, consubstanciando uma espécie de releitura do cogito cartesiano para "mostro, logo existo/resisto". Evidente que isso se desenvolve no âmbito de altamente complexas intersecções de dimensões individuais e sociais.

No entanto, ao passo que a extimidade ressignifica e, de certo modo, expande o próprio direito à intimidade, favorecida sobremaneira pelos diversos recursos tecnológicos disponíveis, é também cooptada por esses mesmos recursos, não só dispostos a financeirizar qualquer bem da vida, como capazes de capturar e conduzir a extimidade, moldando e controlando subjetividades de maneiras perigosamente imperceptíveis à maioria dos indivíduos.

Aliado a isso, as sociedades contemporâneas encontram-se imersas numa racionalidade neoliberal que se alastra a todos os domínios imagináveis, impondo uma dinâmica de individualização e concorrência não apenas interpessoal, como individual. Eis o contexto em que se propõe questionar os sequestros da extimidade pelo neoliberalismo.

Num primeiro momento, analisar-se-á um percurso desde a aceitação da ideia de extimidade até os seus desafios mais recentes para, num segundo estágio, decompor os principais discursos e estratégias do *ethos* neoliberal na imposição de uma lógica de controle e concorrência que subjugam, inclusive, a extimidade. Para tanto, metodologicamente valer-se-á de uma abordagem fenomenológico-hermenêutica, tomando o objeto de investigação pela sua forma de "ser no mundo", no que se inserem os parâmetros daquele que observa. Quanto ao método de procedimento, empregar-se-á o monográfico, combinado com a técnica de pesquisa de documentação indireta por meio da pesquisa bibliográfica.

2. DA ACEITAÇÃO DA IDEIA DE EXTIMIDADE AOS DESAFIOS NASCIDOS DA SUA PRÁTICA... O SEU SEQUESTRO

Os primeiros *reality shows* e as redes sociais pioneiras foram gatilhos para discussões acerca da noção de extimidade. Os âmbitos de debate foram variados, tocando aspectos cultuais, jurídicos e políticos sobre essa prática bastante aclarada com a massificação da internet[2]. Por quase duas décadas, a contar de 2000, o foco recaiu

---

2. Os atos de extimidade não dependem, necessariamente da rede mundial de computadores. A internet e suas aplicações são canais de facilitação. Por exemplo, Bauman, assume que o primeiro ato contemporâneo de extimidade ocorreu em um *talk show* francês, na década de 1980, quando uma esposa participante revelou ao público que nunca havia tido um orgasmo em seu casamento em razão de seu esposo padecer de ejaculação precoce. A partir do caso, Bauman admite que o fato em si causou duas rupturas na divisão público-privado: uma de levar acontecimentos da intimidade para o público; outra de valer-se da arena pública para debater a intimidade. BAUMAN, Zygmunt. *Isto não é um diário*. Rio de Janeiro: Zahar, 2012, p. 227.

O CONTROLE DA EXTIMIDADE PELO NEOLIBERALISMO

sobre a existência, a definição e o alcance da ideia de extimidade. Já, atualmente, há maior consenso nos aspectos estruturais e os desafios passam a ser como lidar com os efeitos e com as consequências da extimidade.

A noção técnica de extimidade diz respeito à tendência natural de cada pessoa desejar revelar, em maior ou menor medida, partes selecionadas da própria intimidade perante terceiros e/ou em ambientes de socialidade, a fim de enriquecer-se ou empoderar-se em identidade[3]. Nada obstante a acepção técnica, popularmente é comum interpretar a extimidade como sendo, simplesmente, a exposição da própria intimidade em ambientes sociais, por meio da fala, da imagem e/ou da escrita.

Independente da interpretação realizada, há em comum entre elas o fato de a extimidade referir-se a um desejo comunicacional que sempre existiu e sempre foi caro à pessoa humana, tendo sido, contudo, sufocado por determinadas convenções socioculturais, jurídicas e políticas[4]. Tais convenções, cada qual em sua época e espaço, ditavam o modo "correto e adequado" de se fruir da própria intimidade e de se comunicar, enaltecendo certas práticas e reprimindo outras (enaltecendo certas pessoas e reprimindo outras).

No ocidente, por exemplo, a ideia de extimidade precisou encarar as bases erguidas em torno do direito à privacidade, cuja matriz foi herdada da modernidade jurídica e, portanto, amarrada aos fundamentos de um Direito classicamente tido como individualista, patrimonialista e patriarcal. A percepção jurídica de privacidade – e, consequentemente os efeitos sobre a noção de extimidade – estimulou posições que: reforçavam a distinção dos espaços públicos e privados; tornava a privacidade em si um privilégio de classe[5]; e formatava um imaginário interiorista sobre tal bem existencial, isto é, mais como dever e menos como direito[6].

Se é impossível afirmar que a extimidade superou as centenárias muralhas em torno do imaginário da privacidade, por outro lado, é viável asseverar que teve êxito em questionar a rigidez daquelas construções e outras de mesmo jaez. Isso porque, foi

---

3. PAVÓN-CUÉLLAR, David. Extimacy. In: Thomas Teo (Ed.), *Encyclopedia of Critical Psychology*. New York: Springer, 2014, p. 661.
4. TISSERON, Serge. *L'intimité surexposée*. Paris: Ramsay, 2001.
5. "A possibilidade de aproveitar plenamente a própria intimidade é uma característica que diferencia a burguesia das demais classes" [...] Em um nível social e institucional, portanto, o nascimento da privacidade não se apresenta como a realização de uma exigência "natural" de cada indivíduo, mas como a aquisição de um privilégio por parte de um grupo". RODOTÀ, Stefano. *A vida na sociedade da vigilância*: a privacidade hoje. Trad. Danilo Doneda e Luciana Cabral Doneda. Rio de Janeiro: Renovar, 2008, p. 27. No mesmo sentido: "Mais espaço na casa significa outro espaço e outra maneira de viver em casa. O aumento das moradias se deu pelo aumento do número de peças, e isso levou à especialização funcional dos aposentos. [...] Os muros da vida privada separavam o universo doméstico do espaço público, isto é, dos estranhos ao grupo familiar. Mas, por trás desses muros, exceto entre a burguesia, faltava espaço para a privacidade de cada membro da família. PROST, Antoine. Fronteiras e espaços do privado. In: *História da vida privada*: da primeira guerra aos nossos dias. v. 5. Trad. Denise Bottmann e Dorothée de Bruchard. PROST, Antoine; VINCENT, Gérard (Orgs.). São Paulo: Companhia das Letras, 2009, p. 59.
6. O imaginário interiorista funciona de modo que, a privacidade seja vista como algo a ser fruído no recôndito e certas questões devem ser mantidas exclusivamente no espaço privado, não levadas ao público ou ao social. Esse era o modo moral e de bons-costumes de gozar da privacidade.

por meio dos debates instigados pelas práticas cotidianas de extimidade, ao lado dos influxos pela proteção de dados pessoais, que se cogitaram outras faces de emancipação pessoal e respeito à dignidade humana, seja em razão do respeito às liberdades individuais, seja por conta da necessária reciclagem dos conceitos jurídicos.

Hoje, extimidade é o desejo ou a prática que valoriza o ato de se mostrar para existir e resistir[7]. Mas isso não ocorre de modo leviano e, sim, complexo, nas dimensões individual e social. Individualmente, possibilita a emancipação pessoal. Socialmente, viabiliza a inserção comunitária e a socialidade com base nas relações dialogais com o outro[8]. Atua-se, no todo, sob a lógica "expor-se para criar laços consigo e com o outro" numa dinâmica de (re)conhecimento[9]. São fatos expostos que vão desde a "morte do *hamster*", passando pelo "início do namoro" até questões mais sensíveis em torno da aceitação física, da sexualidade ou das crenças pessoais, dentre outras.

Em tal contexto, a extimidade confere vida ativa à intimidade, sem com ela se confundir[10] – retirando-a da sacralidade que os burgueses a colocaram. Justamente por isso, as práticas de extimidade são todas filhas da liberdade da expressão com a privacidade, nascidas em um ambiente de sociabilidade[11], muito especialmente no seio da internet e de suas aplicações. Não à toa, a reunião das palavras "**expressão**" mais "**intimidade**", acabe formando o neologismo "extimidade"[12].

Em suma, nem mesmo os solidificados fundamentos da privacidade passaram ilesos ao tempo. Tal como Goya pintou Saturno, os franceses avisaram: "*le temps detruit tout*" e, novamente implacável, o tempo agiu, alimentou-se do passado, fortaleceu os fatos e os fatos desafiaram a cultura, a política e o Direito. O extrato final: o reconhecimento das práticas de extimidade como condutas habituais e importantes para o livre desenvolvimento da personalidade humana.

Desde aí, as discussões, as tensões e os desafios migram para o nível seguinte, orbitando efeitos e consequências da extimidade. Os temas tendem, outra vez, a

---

7. Fala-se em um "direito de ser visto" para fins de (r)existência, em espaços físicos e/ou virtuais, dos grupos vulneráveis socialmente em face da invisibilidade e opressões operacionalizadas contra si pelo modelo estabelecido e estrutural. BUTLER, Judith. *Corpos em aliança e a política das ruas*: notas para uma teoria performativa de assembleia. Trad. Fernanda Siqueira Miguens. Rio de Janeiro: Civilização Brasileira, 2018.

8. TISSERON, Serge. Intimité et extimité. In: *Communications*, 88 (Cultures du numérique [Numéro dirigé par Antonio A. Casilli]), 2011, p. 84.

9. CARDON, Dominique. *A democracia internet*: promessas e limites. Rio de Janeiro: Forense Universitária, 2012, p. 59.

10. Logo, extimidade não é, pois, os atos exibicionistas, narcísicos ou de mera amenidade comunicativa. Igualmente, em nada combina com uma alegada devassa da privacidade. Ademais, é preciso notar que a extimidade não é o oposto da intimidade. A extimidade é paralela e complementar a intimidade. Se de um lado a extimidade viabiliza a criação de laços sociais e a emancipação pessoal a partir do outro, de outro lado, a intimidade possibilita as vivências da dissimulação e do isolamento. São, assim, desejos buscados em situações totalmente distintas, embora complementares. TISSERON, Serge. *Virtuel, mon amour*: penser, aimer, souffrir à l'ère des nouvelles technologies. Paris: Albin Michel, 2008, p. 39.

11. ARENDT, Hannah. *A condição humana*. 11. ed. Trad. Roberto Raposo. Rio de Janeiro: Forense Universitária, 2010, p. 47.

12. BOLESINA, Iuri. *O direito à extimidade*: As inter-relações entre identidade, ciberespaço e privacidade. Florianópolis: Empório do Direito, 2017, p. 239.

depararem-se com as questões culturais, políticas e jurídicas já estabelecidas, tanto de modo seccionado quanto interseccionado. Os debates tornaram-se peremptórios sobretudo depois da Lei Geral de Proteção de Dados Pessoais, a qual estabeleceu regras específicas para fins de tratamento de dados e validade do consentimento.

Entende-se existirem, ao menos, três dimensões de efeitos: os individuais, os interpessoais e os democráticos. Em todos eles estão presentes as pressões das políticas de visibilidade[13], de vigilância e controle, operadas a partir dos dados pessoais coletados das práticas de extimidade, sobretudo nas redes sociais.

Em termos de decorrências individuais, veem-se todos os dramas denunciados como típicos da "sociedade do cansaço" (ou "sociedade do desempenho"). Como sintetizou Byung-Chul Han[14], um contexto de violência neuronal, da mutilação do tempo de ócio criativo e contemplativo e de controle por meio de discursos de performance, motivação e sucesso. O trânsito de múltiplas extimidades inseridas nas políticas de desempenho, espelhadas em bolhas, câmaras de eco e cataratas de informação[15] cria um círculo vicioso e comparativo de insucesso e sucesso, de competência e incompetência, de suficiência e insuficiência pessoal, cujo árbitro, o carrasco e o executado são a própria pessoa.

Já as implicações interpessoais surgem em situações como *sharenting*[16] e intimidades plurais de amigos, cúmplices ou casais[17] apareceram agitando as bases acadêmicas escancarando a necessidade de revisitar disposições jurídicas envolvendo a

---

13. Duas tiranias uniram-se: as chamadas tiranias da intimidade e da visibilidade. Antes falava-se apenas em uma "tirania da intimidade", isso é, um "dever de privacidade": um conjunto regras, interpretações e boas práticas que afirmavam que a privacidade deve ser pudica e fruída no recôndito. Neste contexto, a personalidade individual desenvolvia-se com base em uma visão intimista das relações sociais. SENNETT, Richard. O declínio do homem público: as tiranias da intimidade. Rio de Janeiro: Record, 2014, p. 483. Hoje, entretanto, fala-se em uma "tirania da visibilidade", a qual impõe um "dever de visibilidade": para não correr o risco de não existir é preciso estar sempre visível e, se possível, transparente: *si no se muestra, si no aparece a la vista de todos y los otros no lo ven, entonces de poco sirve tener lo que sea"*. SIBILIA, Paula. La *intimidad como espectáculo*. Buenos Aires: Fondo de Cultura Económica, 2013, p. 100.

14. "O sujeito de desempenho da modernidade tardia não se submete a nenhum trabalho compulsório. Suas máximas não são obediência, lei e cumprimento do dever, mas liberdade e boa vontade. [...] Ao contrário, ele ouve a si mesmo. Deve ser um empreendedor de si mesmo. Assim, ele se desvincula da negatividade das ordens do outro. Mas essa liberdade do outro não só lhe proporciona emancipação e libertação. A dialética misteriosa da liberdade transforma essa liberdade em novas coações. [...] O sujeito de desempenho esgotado, depressivo está, de certo modo, desgastado consigo mesmo. Está cansado, esgotado de si mesmo, de lutar consigo mesmo. Totalmente incapaz de sair de si, estar lá fora, de confiar no outro, no mundo, fica se remoendo, o que paradoxalmente acaba levando a autoerosão e ao esvaziamento. Desgasta-se correndo numa roda de hamster que gira cada vez mais rápida ao redor de si mesma". HAN, Byung-Chul. *Sociedade do cansaço*. Trad. Ênio Paulo Giachini, 2. ed. Petrópolis, RJ: Vozes, 2017, p. 83-91.

15. SUNSTEIN, Cass R. *On rumors*: How falsehoods spread, why we believe them, and what can be done. Princeton: Princeton University Press, 2014.

16. Sharenting é um termo usado para descrever as maneiras como muitos pais compartilham online detalhes sobre a sua parentalidade envolvendo a vida de seus filhos. STEINBERG, Stacey B. Sharenting: Children's privacy in the age of social media. *Emory LJ*, v. 66, 2016, p. 839. No mesmo sentido: SOL, Katusha; ANKEREN, Martje van. *Willempje wil geen Facebookpagina*. 2011. Disponível em: www.nrc.nl. Acesso em 30 ago. 2020.

17. A ideia de "intimidade plural" (ou "intimidade social") constrói uma relação de gestão de dados pessoais que são comuns a duas ou mais pessoas. São, portanto, dados íntimos e/ou sensíveis que duas ou mais pessoas compartilham concomitantemente em razão de seu relacionamento de amizade, cumplicidade e/ou afeto,

extimidade diante de outros direitos da personalidade. No mesmo sentido, problemas como *revenge porn*[18], *ciberstalking*[19], *ciberbullying*, violências de gênero e discursos de ódio contra grupos vulneráveis ganharam novos tons, soados a partir das práticas de extimidade exercidas pelas próprias vítimas (em movimento de emancipação e desenvolvimento identitário).

Não à toa a pergunta: "direito à extimidade para quem?" ainda é uma questão a ser respondida pelo Direito. Embora a conclusão sugira um direito para todos, sem distinção, deve-se considerar a interseccionalidade[20] tramada pelas as desigualdades de base e pelas diferenças de trânsito social desde aí erigidas[21], isto é, pessoas brancas, cisgêneras e ricas, para ficar apenas nestas características, encaram menos riscos e menores danos colaterais do que pessoas negras, transgêneras e pobres numa mesma situação de extimidade. O Direito, ao conservar suas fundações já estabelecidas, tende a perpetuar violências estruturais ou, no mínimo, não tutelar dificuldades contemporâneas que demandam respostas complexas e de vanguarda.

Para além de todos esses desafios avistados majoritariamente em relações individuais e interpessoais, a extimidade também alimenta dramas advindos das dinâmicas entre o extimisante e as grandes empresas privadas ou o Estado, mediadas pela tecnologia. Nessa seara, os riscos e os perigos são mais sutis, porém, mais pervasivos. Por todos os possíveis exemplos, pense-se nos incontáveis dados armazenados apenas pelas redes sociais, sites de compras virtuais e bancos de dados públicos. Uma foto com as *hastags #fashion* ou *#happy* tem consequências para além do visível e o mesmo pode se afirmar das pesquisas por produtos ou serviços.

Também as tensões, a manipulação política e a violência digital estão nesse ambiente, inserindo-se na noção de "infodemia", isto é, uma pandemia de desinformação[22]. Na esfera político-partidária, o drama da desinformação incita opositores, confrontando ideários, inflamando a arena pública e desafiando a autorregulação do livre mercado de ideias. A situação piora quando gabinetes de ódio e de desinfor-

---

isto é, atadas por laços de confiança. Justamente em virtude da dinâmica de boa-fé, em tese, os dados não podem ser utilizados livremente por um dos sujeitos sem o consentimento do outro.

18. CITRON, Danielle Keats; FRANKS, Mary Anne. Criminalizing revenge porn. *Wake Forest L. Rev.*, v. 49, 2014.

19. SANI, Ana Isabel; VALQUARESMA, Juliana. Cyberstalking: prevalência e estratégias de coping em estudantes portugueses do ensino secundário. *In: Avances en Psicología Latinoamericana*, 38(3), 2020, p. 1-18.

20. CRENSHAW, Kimberlé. *Demarginalizing the Intersection of Race and Sex*: A Black Feminist Critique of Antidiscrimination Doctrine, Feminist Theory, and Antiracist Politics. University of Chicago Legal Forum: 1989. No mesmo sentido: BILGE, Sirma. Théorisations féministes de l'intersectionnalité. *Diogène*, n. 1, 2009.

21. CRENSHAW, Kimberlé. *Demarginalizing the Intersection of Race and Sex*: A Black Feminist Critique of Antidiscrimination Doctrine, Feminist Theory, and Antiracist Politics. University of Chicago Legal Forum: 1989.

22. Não obstante tal realidade não escolha nacionalidade, o Brasil tem uma situação peculiar: os brasileiros são o povo que mais acredita em desinformação no mundo, conforme pesquisa da Avaaz. Isso se agrava se considerados os estudos segundo os quais a contrainformação tem menos êxito do que a desinformação, bem como o fato de que pessoas que espalham ou concordam com a desinformação são menos propensas a revisar suas crenças. CHAN, Man-pui Sally; JONES, Christopher R. Jones. JAMIESON, Kathleen Hall; ALBARRACÍN, Dolores. Debunking: A meta-analysis of the psychological efficacy of messages countering misinformation. *Psychological Science*, v. 28, n. 11, p. 1531-1546, 2017.

mação são formatados e utilizados pelo próprio Estado, ou melhor, pelos agentes políticos que o dirigem, não exclusivamente para ataques a ordem democrática e constitucional, mas, igualmente, para fins de linchamentos virtuais por meio de informações extimisadas pela vítima – isso sem falar em nas questões de saúde e segurança públicas[23].

O contexto refere-se a um problema global que, no Brasil, é regulado de modo ainda lacunoso e incipiente, em virtude da forma de regulamentação e das interpretações judiciais atuais. De um lado, a Lei Geral de Proteção de Dados Pessoais prevê a dispensa de consentimento quando os dados foram manifestamente tornados públicos pelo titular (art. 7º, § 4º). Assim, se em uma rede social, alguém posta uma foto ou vídeo seu, se publica algum comentário ou confessa alguma preferência, em tese, o fez de modo voluntário em um espaço público, isso porque, as redes socias ainda são interpretadas como ambientes públicos (nada obstante as configurações de privacidade).

De outro lado, não é raro encontrar decisões judiciais que ignoram os diversos tipos de consentimento e o alcance jurídico de cada um, que afirmam terem sido as publicações feitas de modo voluntárias em espaço público e, portanto, deve a vítima suportar os ônus nascidos da sua própria conduta, que argumentam a ausência de lucro no uso da publicação por parte da empresa ou do Estado, que advogam por meros dissabores, enfim, dentre outras tantas possibilidades já encontradas. Em ambos os lados (legislação ou jurisdição), o problema é a insistência na obsoleta dicotomia público-privado, ignorando a existência de espaços sociais e melhor distinção fulcrada na perspectiva dos dados pessoais e dos não-pessoais, em alta ou baixa visibilidade[24], demandantes de consentimentos específicos e frutos de atos pessoais de extimidade para o desenvolvimento da personalidade, da vida social e da participação democrática. Isso porque, diante dos atos de extimidade, significa que dados passam a ser "pessoais" (não necessariamente dados públicos ou dados privados).

Os elementos apresentados até o momento representam apenas uma parcela das muitas faces das relações a partir das práticas de extimidade. No cenário atual, não é absurdo, sequer exagero, cogitar que a extimidade é habitualmente e cotidianamente sequestrada pelas políticas contemporâneas de visibilidade, desempenho e controle, as quais, diga-se, alimentam e são alimentadas pelo neoliberalismo, como se verá a seguir.

3.   NEOLIBERALISMO, INDIVIDUALIZAÇÃO E COMPETIÇÃO

O modo de vida contemporâneo é definitivamente particular e sem precedentes. Conflitos, crises, desigualdades e outros atributos que marcam o presente século sempre atravessaram, em diferentes escalas, as civilizações, contudo, não é exagero afirmar que a intensidade e a amplitude de alguns desses dilemas são inéditas.

---

23. MELLO, Patrícia Campos. *A máquina do ódio*: notas de uma repórter sobre fake news e violência digital. Companhia das Letras, 2020.

24. CARDON, Dominique. *A democracia internet*: promessas e limites. Rio de Janeiro: Forense Universitária, 2012.

Em termos de convivência social, há ódio e ressentimento que repercutem desde as relações individuais (como exemplo tem-se o ambiente tóxico em que se converteram as redes sociais) até as instituições políticas (a ascensão de lideranças autoritárias e até mesmo fascistas da extrema-direita são uma tendência global), acirrando-se tensões e conflitos de toda ordem. Em termos de existência social, a desigualdade se torna um problema global[25], gerando um quadro de verdadeira desumanidade, sobretudo com a sua acentuação e aceleração no período pandêmico[26].

Para especificar algumas nuances desse sentimento complexo designado como "ressentimento" e que permeia as relações sociais e políticas do presente, valer-se-á dos sentidos e explicações detalhados por Kehl, para quem "o ressentimento é uma constelação afetiva que serve aos conflitos característicos dos indivíduos e dos grupos sociais no contexto das democracias modernas"[27]. Do ponto de vista individual, manifesta-se "entre as exigências e as configurações imaginárias próprias do individualismo e os mecanismos de defesa do *eu* a serviço do narcisismo", de modo que "ressentir-se significa atribuir ao outro a responsabilidade pelo que nos faz sofrer"[28]. Socialmente, exprime-se pela insatisfação de grupos ou classes que viram reiterada e sistematicamente frustrado o cumprimento das promessas modernas de igualdade, as quais nunca se realizarem conforme o esperado e, nesse sentido, "o ressentimento social teria origem nos casos em que a desigualdade é sentida como injusta diante de uma ordem simbólica fundada sobre o pressuposto da igualdade".[29]

Assim é que, de forma aparentemente paradoxal, em um mundo cada vez mais desigual e complexo, as pessoas encontram-se isoladas e individualizadas e, mais do que isso, postas umas contra as outras numa lógica concorrencial (que se pretende aprofundar na sequência) e de perversa autorresponsabilização.

---

25. De acordo com o economista Branko Milanovic, o coeficiente Gini em escala global atinge 0,7 pontos, destacando-se que este dado refere-se à desigualdade global, isso é, para além da individualidade de cada país. Esclarece o autor, contudo, que se o índice for calculado a partir dos rendimentos em dólares atuais, a desigualdade se expressará em ainda maior escala, pois o índice de Gini chegará a 0,8. MILANOVIC, Branko. *Ter ou não ter*: uma breve história da desigualdade. Libsoa: Bertrand, 2012, p.145. Cumpre destacar, por fim: a) que 1 representa um quadro de absoluta desigualdade e máxima concentração de renda; b) que referido cálculo diz respeito a um cenário pré-pandemia de Covid-19, o qual agravou o quadro da desigualdade.

26. Além de milhares de famílias enlutadas, o Brasil tem mais de 14 milhões de desempregados, enfrenta alta de preços que dificultam acesso desde ao gás de cozinha até alimentos básicos e, diante disso, não surpreende que voltou a apresentar índices de fome e insegurança alimentar extremamente graves e preocupantes, que alcançam cerca de 50% da população. Estes são dados alarmantes que, junto a tantos outros, podem ser encontrados com facilidade em praticamente qualquer fonte de notícias, para além dos estudos e relatórios oficiais que todos os dias escancaram a desigualdade social, dentre os quais, recomenda-se: IBGE. Síntese de indicadores sociais: uma análise das condições de vida da população brasileira. Coordenação de População e Indicadores Sociais. Rio de Janeiro: IBGE, 2020; OXFAM. *O vírus da desigualdade*. Unindo um mundo dilacerado pelo coronavírus por meio de uma economia justa, igualitária e sustentável. Janeiro de 2021. Disponível em: https://www.oxfam.org.br. Acesso em: 20 ago. 2021; DIEESE. Boletim de Conjuntura. N. 29, junho/julho de 2021. Disponível em: https://www.dieese.org.br. Acesso em: 20 ago. 2021.

27. KEHL, Maria Rita. *Ressentimento*. 3. ed. São Paulo: Boitempo, 2020, p. 161.

28. KEHL, Maria Rita. *Ressentimento*. 3. ed. São Paulo: Boitempo, 2020, p. 9.

29. KEHL, Maria Rita. *Ressentimento*. 3. ed. São Paulo: Boitempo, 2020, p. 162-163.

Dentre múltiplos fatores que concorrem para a formação desse quadro, o neoliberalismo é o conceito chave que se mostra capaz de agrupá-los de modo a, inclusive, deixar claro que o paradoxo referido anteriormente não apenas é ilusório como proposital. Complexo e polissêmico, o neoliberalismo é "comumente associado a um conjunto de políticas que privatizam a propriedade e os serviços públicos, reduzem radicalmente o Estado social, amordaçam o trabalho, desregulam o capital e produzem um clima de impostos e tarifas amigáveis para investidores estrangeiros"[30]. Não por acaso tais práticas consubstanciam a ideia de "ataque ao social" que é característica do neoliberalismo.

Nesse contexto, "um novo discurso de valorização do 'risco' inerente à vida individual e coletiva" contrapõe-se ao Estado social e, mais do que isso, atribui-lhe responsabilidade por uma espécie de "acomodação" dos sujeitos, que deixam de ser inventivos e inovadores para render-se ao assistencialismo. Contudo, a convicção preconizada de que o indivíduo é o único responsável por seu destino e a sociedade nada lhe deve tem um custo, impõe a este mesmo indivíduo que demonstre "constantemente seu valor para merecer as condições de sua existência"[31].

Esse tipo de racionalidade encontra um espaço privilegiado no âmbito de sociedades tipicamente povoadas por ideais neoliberais e que incorporam o discurso meritocrático como forma de justificar e legitimar desigualdades, já que "o que se convencionou chamar de mérito é, na verdade, um conceito ideológico, construído para camuflar uma distribuição fundamentalmente injusta de vantagens". Ocorre que "o brilho da meritocracia cega as pessoas para as armadilhas ideológicas em que as enreda", sendo danosa sob todas as suas perspectivas, porquanto cria um falso orgulho nos "bem-sucedidos" e uma espécie de ressentimento nos demais (a esmagadora maioria), ficando em segundo plano o dado concreto de que a meritocracia impõe desigualdade e prejuízos a todos[32]. Acreditar que todo o sucesso decorre única e exclusivamente de capacidades e habilidades individuais e, mais do que isso, que bastará o esforço individual para ascender socialmente até onde se almejar é, sem dúvida, uma ideia sedutora e poderosa. Contudo, a despeito de ser, na mesma proporção, falha e ilusória, é suficiente para capturar as pessoas.

Tais premissas discursivas alcançam e transformam todos os âmbitos da vida e, desse modo, a própria relação do sujeito consigo mesmo foi afetada. Conforme elucidam Dardot e Laval, "cada sujeito foi levado a conceber-se e comportar-se, em todas as dimensões de sua vida, como um capital que devia valorizar-se" e, assim, a "capitalização da vida individual" que impõe estudo privado, saúde privada, planos privados de aposentadoria, etc., ao mesmo tempo que sobrecarrega esse sujeito,

---

30. BROWN, Wendy. *Nas ruínas do neoliberalismo*: a ascensão da política antidemocrática no ocidente. Trad. Mario Antunes Marino e Eduardo Altheman C. Santos. São Paulo: Politeia, 2019, p. 29.
31. DARDOT, Pierre; LAVAL, Christian. *A nova razão do mundo*: ensaio sobre a sociedade neoliberal. Trad. Mariana Echalar. São Paulo: Boitempo, 2016, p. 213.
32. MARKOVITS, Daniel. *The meritocracy trap*: how America's foundational myth feeds inequality, dismantles the middle class, and devours the elite. New York: Penguin Press, 2019, p. 278; p. 295 (tradução nossa).

corrói a ideia de solidariedade[33] (afinal, de acordo com os cânones neoliberais e meritocráticos, todos podem acessar direitos e vantagens se houver dedicação e esforço suficientes que os façam merecer).

Há um tentador e constante estímulo à liberdade que, na prática, converte-se em aprisionamento (mercantilização da extimidade), pois a única liberdade possível é aquela que for funcional para o mercado e para o capital. Quando os princípios do mercado se tornam princípios de governo aplicados pelo Estado, circulando também por toda a sociedade e suas instituições (escolas, locais de trabalhos, etc.), tal como promove o neoliberalismo, tais princípios se tornam a realidade, passando a governar cada esfera da existência e reorientando "o próprio *homo economicus*, transformando-o de um sujeito da troca e da satisfação de necessidades (liberalismo clássico) em um sujeito da competição e do aprimoramento do capital humano (neoliberalismo)", passagem na qual se visualiza, aliás, a chamada "empreendedorização do sujeito"[34].

Válida também é observação, nesse sentido, trazida por Fraser, ao diferenciar um tipo de neoliberalismo progressista dos tipos reacionário e hiper-reacionário. Em comum, todas essas vertentes adotam políticas de distribuição que, a despeito de eventuais discursos em sentido diverso, na prática, favorecem a financeirização, a desregulamentação dos mercados, a precarização do trabalho, a flexibilização de regras ambientais e demais itens da cartilha neoliberal de um modo geral. O que as distingue, ou as distinguiu, por algum tempo, contudo, foram as políticas de reconhecimento. Enquanto o neoliberalismo reacionário e hiper-reacionário (instaurado com a eleição de Donald Trump) defendem políticas de reconhecimento manifestamente excludentes (sexistas, racistas, homofóbicas etc.), o chamado neoliberalismo progressista (hegemônico antes de Trump) "combinava um programa econômico expropriativo e plutocrático com uma política liberal-meritocrática de reconhecimento"[35].

Com efeito, o programa neoliberal progressista, ao seu modo, pretendia uma ordem de status (supostamente) justa e diversificada, mas sem que isso implicasse em abolir a hierarquia social[36]. Ascenderiam ao topo, consequentemente, os indiví-

---

33. DARDOT, Pierre; LAVAL, Christian. *A nova razão do mundo*: ensaio sobre a sociedade neoliberal. Trad. Mariana Echalar. São Paulo: Boitempo, 2016, p. 201.

34. BROWN, Wendy. *Nas ruínas do neoliberalismo*: a ascensão da política antidemocrática no ocidente. Trad. Mario Antunes Marino e Eduardo Altheman C. Santos. São Paulo: Politeia, 2019. p. 31.

35. FRASER, Nancy. Do neoliberalismo progressista a Trump – e além. *Política & Sociedade*. Florianópolis, vol. 17, n. 40, set.-dez. de 2018. Disponível em: https://periodicos.ufsc.br. Acesso em: 17 ago. 2021. p. 46.

36. Quanto a este aspecto, inclusive, reproduz-se a pertinente crítica de Dardot e Laval de que "nada ilustra melhor a virada neoliberal da esquerda do que a mudança de significado da política social, rompendo com toda a tradição social-democrata que tinha como linha diretriz um modo de partilha de bens sociais indispensáveis à plena cidadania. A luta contra as desigualdades, que era central no antigo projeto social-democrata, foi substituída pela 'luta contra a pobreza', segundo uma ideologia de 'equidade' e 'responsabilidade individual' [...]. A partir daí, a solidariedade é concebida como um auxílio dirigido aos 'excluídos' do sistema, visando aos 'bolsões' de pobreza, segundo uma visão cristã e puritana. Esse auxílio dirigido a 'populações específicas' ('pessoas com deficiência', 'aposentadorias mínimas', 'idosos', 'mães solteiras' etc.), para não criar dependência, deve ser acompanhado de esforço pessoal e trabalho efetivo. Em outras palavras, a nova esquerda tomou para si a matriz ideológica de seus oponentes tradicionais, abandonando o ideal de construção de

duos "merecedores" dos "grupos sub-representados", isso é, as mulheres, pessoas negras e minorias sexuais "realmente talentosos e merecedores" de galgar as posições de prestígio e poder aquisitivo tal qual o "homem branco heterossexual"[37]. Ainda que a autora considere o contexto político norte-americano para a sua análise, seu diagnóstico é claramente aplicável ao Brasil (e a outros países cooptados pelo *ethos* neoliberais).

Então, na mesma medida em que são livres para escolher, os sujeitos são exclusiva e completamente responsáveis por onde suas escolhas os levarem, seja ao sucesso ou ao fracasso.

As ilusões fantasmagóricas amparadas nos ditames neoliberais do mérito, do desempenho e da concorrência cooptaram as formas de vida tanto no plano individual como coletivo. Essa captura faz uso de dispositivos tecnológicos e de novas formas de governamentalidade (algorítmica)[38], as quais estimulam o constante aprimoramento dos sujeitos (empreendedor de si) ao mesmo tempo em que esgotam suas forças e alijam suas capilaridades sociais.

Nesta última passagem é valioso o alerta de Lazzarato, pois em geral a produção de subjetividade costuma ser o foco da maior parte das abordagens que em alguma medida dialogam com as relações de poder, neoliberalismo e suas consequências, mas costumam dar pouca atenção à escravidão/servidão maquínica, a qual "desmantela o sujeito individuado, sua consciência e suas representações, agindo sobre os níveis pré-individual e supraindividual"[39]. Tal alerta visa relembrar que na atualidade neoliberal e capitalista, além da produção de sujeitos que se autoexploram enquanto expõem suas próprias visões de si mesmos compartilhando suas extimidades, também operam articulações de dispositivos que segmentam as relações sociais e apartam as capacidades de associação entre pessoas e grupos.

Em síntese, na atualidade do *ethos* neoliberal a vida resta capturada pelos processos de produção de subjetividade e escravidão maquínica que clamam pelo conhecimento/vigilância total, capaz de configurar indivíduos em partes – divíduos na expressão clássica de Deleuze[40] –, gerenciando os aspectos mais diversos de sua realidade. Essa consideração leva em conta a disposição de um capitalismo de vigi-

---

direitos sociais para todos". DARDOT, Pierre; LAVAL, Christian. *A nova razão do mundo*: ensaio sobre a sociedade neoliberal. Trad. Mariana Echalar. São Paulo: Boitempo, 2016, p. 201. p. 233-234.

37. FRASER, Nancy. Do neoliberalismo progressista a Trump – e além. *Política & Sociedade*. Florianópolis, vol. 17, n. 40, set./dez. de 2018. Disponível em: https://periodicos.ufsc.br. Acesso em: 17 Ago. 2021. p. 47.

38. ROUVROY, Antoinette; BERNS Thomas. Governamentalidade algorítmica e perspectivas de emancipação: o díspar como condição de individuação pela relação? *Revista Eco Pós: Tecnopolíticas e Vigilância*, v. 18, n. 2, 2015. p. 42. "Por governamentalidade algorítmica, nós designamos, a partir daí, globalmente um certo tipo de racionalidade (a)normativa ou (a)política que repousa sobre a coleta, agregação e análise automatizada de dados em quantidade massiva de modo a modelizar, antecipar e afetar, por antecipação, os comportamentos possíveis".

39. LAZZARATO, Maurizio. *Signos, máquinas, subjetividades*. São Paulo: SESC/N-1, 2014. p. 17.

40. DELEUZE, Gilles. ´Post-scriptum´ sobre as sociedades de controle. *Conversações* (1972-1990). São Paulo: Editora 34, 1992. p. 222.

lância, disposto a absorver o excedente comportamental humano e mercantilizá-lo, transmutando sujeitos em dados capazes de automatizar e predizer comportamentos[41], desejos, desvios e quaisquer outras manifestações de suas existências.

O primado da concorrência[42] clama pela disputa constante de inserção social a partir da autoexposição[43], atingindo a todos/todas na demanda pela visibilidade existencial (embora nem todos/todas tenham as mesmas possibilidades de se expor e existir conforme os mecanismos tecnológicos em operação), enquanto absorve dados para o aprimoramento da governamentalidade da população, devidamente automatizada, previsível, dócil e exausta. Contudo, sem esquecer das possibilidades latentes de exercício de coerção e controle acessíveis àqueles que perturbam o andamento dessa sociedade e seu modelo (insustentável) de "desenvolvimento".

Acerca da naturalização da vigilância e do controle mesmo em práticas ordinárias e que se relacionam com a atuação da extimidade, expõe Beiguleman:

> A cultura da vigilância está a tal ponto introjetada no nosso cotidiano que não nos intimida usar um vocabulário tão policialesco como "seguir" e "ser seguido" nas redes sociais. Outros indícios dessa diluição dos parâmetros de controle e vigilância no cotidiano são o farto uso de recursos de reconhecimento facial em aplicativos, como o Facebook, que usa desde 2010, e para a composição de *short vídeos*, como o TikTok[44].

Assim percebe-se uma confluência entre as práticas neoliberais e capitalistas atuais, a fim de funcionalizar as manifestações humanas em objetos comercializáveis, enquanto de forma paralela realizam-se exercícios de poder tecnopolíticos[45] de controle e vigilância da população, a qual adere sem perceber muitas vezes o nível de sua renúncia de direitos, ou ainda sem projetar os impactos da cessão de parcelas significativas de suas vidas ao conhecimento e condução de agentes corporativos ou estatais. Os demonstrativos que refletem tais condutas são a aceitação passiva a termos de uso absurdos e ilegais por parte de aplicativos/plataformas ou mesmo a livre disposição de partes de sua persona (rosto, íris, digital, biótipo) para atividades recreativas de "envelhecimento/rejuvenescimento" ou "filtros", sem questionar a suposta gratuidade do dispositivo em questão.

Percebe-se que o investimento que sequestra a extimidade somente obtém seu sucesso por investir fortemente em instrumentos de controle-securitários e que

---

41. ZUBOFF, Shoshana. *The Age of Surveillance Capitalism*: the fight for a human future at the new frontier of Power. New York: PublicAffair, 2019. p. 15.
42. DARDOT, Pierre; LAVAL, Christian. *A nova razão do mundo*: ensaio sobre a sociedade neoliberal. São Paulo: Boitempo, 2016. p. 191.
43. BEIGUELMAN, Giselle. *Políticas da imagem*: vigilância e resistência na dadosfera. São Paulo: Ubu, 2021. p. 40.
44. BEIGUELMAN, Giselle. *Políticas da imagem*: vigilância e resistência na dadosfera. São Paulo: Ubu, 2021. p. 62-63.
45. LAMA, José Pérez de; SANCHEZ-LAULHE, José. Consideraciones a favor de un uso más amplio del término tecnopolíticas. Sobre la necesidad de la crítica y las políticas del conocimiento y las tecnologías. In: SABARIEGO, Jesús; AMARAL, Augusto Jobim do; SALLES, Eduardo Baldiserra Carvalho. *Algoritarismos*. São Paulo: Tirant lo Blach, 2020. p. 24.

apostam na liberdade como mantra por meios tecnológicos (podendo se apontar para uma transformação nas estratégias de poder), aliando-se aos delírios dos empreendedores de si, ao mérito e ao desempenho adoecido.

A atuação nesse ponto aufere a captura das práticas mundanas de vida, tornando previsíveis comportamentos e subjetividades, mas igualmente deixa à disposição o abandono da sutileza silenciosa[46] dessas novas práticas contra indivíduos inconvenientes ou inadaptados ao novo perfil, sempre relembrando o postulado neoliberal de que "não há alternativa"[47]. Portanto, pode-se inferir que o sequestro neoliberal da extimidade coloca muito mais do que direitos em risco, coloca em realidade formas de existir, representar, resistir e viver em condição de ameaça constante, tendo como consequência o incremento exploratório, o adoecimento, a permanência das violências ocultas e das visíveis também, reservando à humanidade uma morte lenta enquanto é devidamente vigiada ao postar seu cortejo fúnebre *on-line*.

4. CONCLUSÃO

No icônico conto dos irmãos Grimm, João e Maria (Hänsel und Gretel), depois de serem abandonados pelos pais e de dias sem comer, encontraram uma encantadora e saborosa casa de doces. Famintos, empanturraram-se desmedidamente até serem abordados por uma senhora. A mulher, diferentemente dos pais de João e Maria, ao invés de lhes abandonar à própria sorte, lhes prometeu atenção e conforto. O que João e Maria não sabiam até então é que a atrativa casa era uma arapuca, e a senhora, uma bruxa que adorava se alimentar de crianças desamparadas.

Dentre as muitas morais do conto, uma é oportuna e pertinente: como as redes sociais atuam de modo similar a sedutoras casas feitas de guloseima para atrair pessoas, estejam elas famintas e desamparadas ou não, mantidas por bruxas que se alimentam de dados dos seus visitantes. Se você considera a situação de João e Maria óbvia e ingênua ao mesmo tempo que julga o tratamento de dados pessoais transitados nas redes sociais não tão obvio, é só porque o conto dos irmãos Grimm é uma história infantil e propositadamente exagerada.

A extimidade entra nesse contexto a partir do momento em que a sua noção foi popularizada, em especial, pelos de movimentos executados na sociedade em rede, sob a promessa de empoderamento pessoal e emancipação identitária. Paradoxalmente, o mesmo contexto que lhe deu voz, hoje, é seu algoz e lhe sequestra para fins diversos do prometido (tal qual a bruxa do conto).

Atualmente, a noção técnica de extimidade diz respeito à tendência natural de cada pessoa desejar revelar partes selecionadas da própria intimidade a fim de desenvolvimento pessoal da própria personalidade. Popularmente, contudo, é co-

---

46. HAN, Byung-Chul. *O que é poder?* Petrópolis, RJ: Vozes, 2019. p. 9-10.
47. BROWN, Wendy. *Nas ruínas do neoliberalismo*: a ascensão da política antidemocrática no ocidente. São Paulo: Filosófica Politeia, 2019. p. 78-79.

mum interpretar-se a extimidade como sendo, simplesmente, a exposição da própria intimidade em ambientes sociais. Uma vez pacificada sua estrutura, de outro lado, as discussões, as tensões e os desafios migram do seu reconhecimento para a sua fruição e gestão, isto é, para os efeitos e consequências das práticas de extimidade diante das políticas de visibilidade, de desemprenho e de controle.

Os temas tendem a desaguar em, ao menos, uma de três dimensões de implicações: as individuais (típicas da sociedade do cansaço), as interpessoais (das relações identitárias e das suas tramas interseccionais) e as democráticas (do controle social e da desinformação). Daí porque a premissa do presente texto: no cenário atual, não é absurdo, sequer exagero, cogitar que a extimidade é habitualmente e cotidianamente sequestrada pelas políticas que alimentam o neoliberalismo e por ele são alimentadas.

O neoliberalismo atua enquanto um *ethos* capaz de catalisar os ressentidos e impulsionar a autoexploração dos alienados pelo discurso meritocrático, demonstrando seu caráter mutante e adaptável a quaisquer contextos, desde que podendo impor seus primados básicos. Essa linha de ação conduz ao incremento de desigualdades enquanto promete que a concorrência irá conduzir a humanidade a saltos evolutivos e inovadores, basta que os indivíduos sejam empreendedores, investindo em si mesmos.

Porém, este *modus operandi* causador de exaustão humana, embora evidentemente não alcance suas promessas, mantém seu curso aliado ao capitalismo contemporâneo, em suas vertentes tecnológicas de dados e ao mesmo tempo de vigilância. A explicação disso encontra-se nos discursos que alimentam a produção de subjetividades e ao mesmo tempo segmentam as relações sociais (servidão/escravidão maquínica), desenvolvendo seres castrados em suas capacidades de agregação coletiva e pressionados a se exporem constantemente na tentativa de alcançar "sucesso" (facilitando as dinâmicas de controle e predição comportamental baseada em dados), demonstrando que a mercantilização da extimidade passa a compor um dever inerente aos mandamentos neoliberais.

No final do conto dos irmãos Grimm, João e Maria tiveram um desfecho afortunado depois de superarem a bruxa. A pergunta a ser respondida é: a vida imitará a arte também nos finais "felizes para sempre" ou apenas naquilo que tem de finais trágicos e inescapáveis? Enquanto isso, muita atenção com sedutoras e saborosas casas de doces por aqui e por ali.

5. REFERÊNCIAS

ARENDT, Hannah. *A condição humana*. 11. ed. Trad. Roberto Raposo. Rio de Janeiro: Forense Universitária, 2010.

AVAAZ. *O Brasil está sofrendo uma infodemia de Covid-19*. Disponível em: secure.avaaz.org/campaign/po/brasil_infodemia_coronavirus. Acesso em: 01 jul. 2020.

BAUMAN, Zygmunt. *Isto não é um diário*. Rio de Janeiro: Zahar, 2012.

BEIGUELMAN, Giselle. *Políticas da imagem*: vigilância e resistência na dadosfera. São Paulo: Ubu, 2021.

BILGE, Sirma. Théorisations féministes de l'intersectionnalité. *Diogène*, n. 1, p. 70-88, 2009.

BOLESINA, Iuri. *O direito à extimidade:* As inter-relações entre identidade, ciberespaço e privacidade. Florianópolis: Empório do Direito, 2017.

BROWN, Wendy. *Nas ruínas do neoliberalismo*: a ascensão da política antidemocrática no ocidente. Trad. Mario Antunes Marino e Eduardo Altheman C. Santos. São Paulo: Politeia, 2019.

BROWN, Wendy. Sofrendo de direitos como paradoxos. *Revista Direito Público*. V. 18, n. 97, Brasília, jan.-fev. 2021. Disponível em: https://www.portaldeperiodicos.idp.edu.br/direitopublico/article/view/5409. Acesso em: 29 out. 2021.

BUTLER, Judith. *Corpos em aliança e a política das ruas*: notas para uma teoria performativa de assembleia. Trad. Fernanda Siqueira Miguens. Rio de Janeiro: Civilização Brasileira, 2018.

CARDON, Dominique. *A democracia internet:* promessas e limites. Rio de Janeiro: Forense Universitária, 2012.

CHAN, Man-pui Sally; JONES, Christopher R. Jones. JAMIESON, Kathleen Hall; ALBARRACÍN, Dolores. Debunking: A meta-analysis of the psychological efficacy of messages countering misinformation. *Psychological Science*, v. 28, n. 11, p. 1531-1546, 2017.

CITRON, Danielle Keats; FRANKS, Mary Anne. Criminalizing revenge porn. *Wake Forest L. Rev.*, v. 49, p. 345, 2014.

CRENSHAW, Kimberlé. *Demarginalizing the Intersection of Race and Sex*: A Black Feminist Critique of Antidiscrimination Doctrine, Feminist Theory, and Antiracist Politics. University of Chicago Legal Forum: 1989.

DARDOT, Pierre; LAVAL, Christian. *A nova razão do mundo*: ensaio sobre a sociedade neoliberal. Trad. Mariana Echalar. São Paulo: Boitempo, 2016.

DELEUZE, Gilles. ´Post-scriptum´ sobre as sociedades de controle. *Conversações* (1972-1990). São Paulo: Editora 34, 1992.

DIEESE. *Boletim de Conjuntura*. N. 29, junho/julho de 2021. Disponível em: https://www.dieese.org.br/boletimdeconjuntura/2021/boletimconjuntura29.pdf. Acesso em: 20 ago. 2021.

FRASER, Nancy. Do neoliberalismo progressista a Trump – e além. *Política & Sociedade*. Florianópolis, vol. 17, n. 40, set.-dez. de 2018. Disponível em: https://periodicos.ufsc.br/index.php/politica/article/view/2175-7984.2018v17n40p43. Acesso em: 17 ago. 2021.

HAN, Byung-Chul. *O que é poder?* Petrópolis, RJ: Vozes, 2019.

HAN, Byung-Chul. *Sociedade do cansaço*. Trad. Ênio Paulo Giachini, 2 ed. Petrópolis, RJ: Vozes, 2017.

IBGE. *Síntese de indicadores sociais*: uma análise das condições de vida da população brasileira. Coordenação de População e Indicadores Sociais. Rio de Janeiro: IBGE, 2020.

KEHL, Maria Rita. *Ressentimento*. 3. ed. São Paulo: Boitempo, 2020.

LAMA, José Pérez de; SANCHEZ-LAULHE, José. Consideraciones a favor de un uso más amplio del término tecnopolíticas. Sobre la necesidad de la crítica y las políticas del conocimiento y las tecnologías. In: SABARIEGO, Jesús; AMARAL, Augusto Jobim do; SALLES, Eduardo Baldiserra Carvalho. *Algoritarismos*. São Paulo: Tirant lo Blach, 2020.

LAZZARATO, Maurizio. *Signos, máquinas, subjetividades*. São Paulo: SESC/N-1, 2014.

LOPES, Ana Isabel; SANTOS, Sónia; POMBO, Olga. *Da Sociedade Disciplinar à Sociedade de Controle*. Disponível em: http://www.educ.fc.ul.pt/docentes/opombo/hfe/momentos/socieda- de%20disciplinar. Acesso em: 13 out. 2019.

MARKOVITS, Daniel. *The meritocracy trap*: how America's foundational myth feeds inequality, dismantles the middle class, and devours the elite. New York: Penguin Press, 2019.

MELLO, Patrícia Campos. *A máquina do ódio*: notas de uma repórter sobre fake news e violência digital. Companhia das Letras, 2020.

MILANOVIC, Branko. *Ter ou não ter*: uma breve história da desigualdade. Lisboa: Bertrand, 2012.

OXFAM. *O vírus da desigualdade*. Unindo um mundo dilacerado pelo coronavírus por meio de uma economia justa, igualitária e sustentável. Janeiro de 2021. Disponível em: https://www.oxfam.org. br. Acesso em: 20 ago. 2021.

PAVÓN-CUÉLLAR, David. Extimacy. In: Thomas Teo (Ed.), *Encyclopedia of Critical Psychology*. New York: Springer, p. 661-664, 2014.

PROST, Antoine. Fronteiras e espaços do privado. *In: História da vida privada*: da primeira guerra aos nossos dias. v. 5. Trad. Denise Bottmann e Dorothée de Bruchard. PROST, Antoine; VINCENT, Gérard (Orgs.). São Paulo: Companhia das Letras, p. 13-136, 2009.

RODOTÀ, Stefano. *A vida na sociedade da vigilância*: a privacidade hoje. Trad. Danilo Doneda e Luciana Cabral Doneda. Rio de Janeiro: Renovar, 2008.

ROUVROY, Antoinette; BERNS Thomas. Governamentalidade algorítmica e perspectivas de emancipação: o díspar como condição de individuação pela relação? *Revista Eco Pós*: Tecnopolíticas e Vigilância, v. 18, n. 2, 2015.

SALDANHA, Nelson. *O jardim e a praça*: o privado e o público na vida social e histórica. Recife: Atlântica, 2005.

SANI, Ana Isabel; VALQUARESMA, Juliana. Cyberstalking: prevalência e estratégias de coping em estudantes portugueses do ensino secundário. In: *Avances en Psicología Latinoamericana*, 38(3), 2020, p. 1-18.

SIBILIA, Paula. *La intimidad como espectáculo*. Buenos Aires: Fondo de Cultura Económica, 2013.

SOL, Katusha; ANKEREN, Martje van. *Willempje wil geen Facebookpagina*. 2011. Disponível em: www. nrc.nl. Acesso em: 30 ago. 2020.

STEINBERG, Stacey B. *Sharenting*: Children's privacy in the age of social media. Emory LJ, v. 66, 2016.

SUNSTEIN, Cass R. *On rumors*: How falsehoods spread, why we believe them, and what can be done. Princeton: Princeton University Press, 2014.

TISSERON, Serge. Intimité et extimité. In: *Communications*, 88 (Cultures du numérique [Numéro dirigé par Antonio A. Casilli]), 2011b, p. 83-91.

TISSERON, Serge. *L'intimité surexposée*. Paris: Ramsay, 2001.

TISSERON, Serge. *Virtuel, mon amour*: penser, aimer, souffrir à l'ère des nouvelles technologies. Paris: Albin Michel, 2008.

VINCENT, Gérard. A dificuldade de escolha. *In: História da vida privada*: da primeira guerra aos nossos dias. v. 5. Trad. Denise Bottmann e Dorothée de Bruchard. PROST, Antoine; VINCENT, Gérard (Orgs.). São Paulo: Companhia das Letras, pp. 7-12, 2009.

ZUBOFF, Shoshana. *The Age of Surveillance Capitalism*: the fight for a human future at the new frontier of Power. New York: PublicAffair, 2019.

PERFILIZAÇÃO, ESTIGMATIZAÇÃO E RESPONSABILIDADE CIVIL: A PROTEÇÃO DO CORPO ELETRÔNICO A PARTIR DE PROJEÇÕES DA PERSONALIDADE[1]

Alexandre Pereira Bonna

Doutor em Direito pela Universidade Federal do Pará – UFPA (2018), com sanduíche na University of Edinburgh. Mestre em Direito pela Universidade Federal do Pará – UFPA (2015). Graduado em Direito pela Universidade Federal do Pará – UFPA (2012). Atualmente é Professor do CESUPA, da ESAMAZ e da pós-graduação da Faculdade Baiana de Direito. Associado Fundador e Diretor Adjunto do Instituto Brasileiro de Estudos de Responsabilidade Civil – IBERC. Diretor-Geral da ESA-OAB/PA. Advogado.

Sumário: 1. Introdução – 2. Dados pessoais, identidade virtual e a prática do *"profiling"* – 3. A projeção dos direitos da personalidade no âmbito digital diante da estigmatização (igualdade) e da invasão de dados (privacidade) – 4. A responsabilidade civil diante da Lei Geral de Proteção de Dados, da Constituição Federal de 1988, do Código Civil, do Código de Defesa do Consumidor e da Lei da Ação Civil Pública – 5. Conclusões – 6. Referências.

1.   INTRODUÇÃO

No livro "O admirável mundo novo", Aldous Huxley descreve um futuro distópico de uma sociedade altamente tecnológica, marcada pela fabricação em massa de pessoas em laboratório, devidamente divididas em castas (umas mais inteligentes outras destinadas exclusivamente ao trabalho exaustivo)[2], pessoas essas que são educadas pelo governo desde a infância e durante o sono[3] a não terem pensamento crítico[4], a consumirem excessivamente[5] e a amarem seus destinos sociais, sem contestações[6]. Nessa sociedade, não há qualquer regra moral, devendo os indivíduos seguirem seus instintos e viverem de forma imediatista[7] e, caso fiquem tristes, há a distribuição de uma droga da felicidade chamada "soma"[8].

---

1. Uma primeira versão deste texto, com o título "Dados pessoais, identidade virtual e a projeção da personalidade: "profiling", estigmatização e responsabilidade civil" foi publicada na obra coletiva "Responsabilidade civil e novas tecnologias", coordenada por Guilherme Magalhães Martins e Nelson Rosenvald, e publicada, pela Editora Foco, em 2020. Para esta obra, o texto foi revisado e atualizado.
2. HUXLEY, Aldous. *Admirável mundo novo*. Trad. Vidal de Oliveira e Lino Vallandro. 5. ed. Porto Alegre: Globo, 1979, p. 14.
3. HUXLEY, Aldous. *Admirável mundo novo*, cit., p. 20.
4. HUXLEY, Aldous. *Admirável mundo novo*, cit., p. 36.
5. HUXLEY, Aldous. *Admirável mundo novo*, cit., p. 23.
6. HUXLEY, Aldous. *Admirável mundo novo*, cit., p. 16.
7. HUXLEY, Aldous. *Admirável mundo novo*, cit., p. 28.
8. HUXLEY, Aldous. *Admirável mundo novo*, cit., p. 35.

A conexão de tal cenário catastrófico com a temática a ser abordada no presente artigo diz respeito a forma perigosa de como a tecnologia sempre é vista como progresso[9] e a como os seres humanos são tratados como apenas mais um número, em razão de serem física, química e socialmente iguais e substituíveis dentro de suas castas[10]. Apesar de fictício, o livro traz reflexões importantes para a sociedade ou era da informação, que é uma nova forma de organização social que recorre ao intensivo uso da tecnologia da informação para coleta, produção, processamento, transmissão e armazenamento de informações, como no uso das tecnologias de computação e telecomunicações, ao passo que informação consiste em um dado ou conjunto de dados em qualquer suporte capaz de produzir conhecimento[11].

Isto porque, apesar das inúmeras benesses marcadas pelo uso de tecnologias (maior velocidade de comunicação, acesso à informação, produtividade, segurança e qualidade de produtos e serviços etc.), há um risco de que a forma pela qual os dados pessoais são rastreados pelo *Big Data*[12] seja ofensiva aos direitos da personalidade, notadamente a privacidade (por manipular e usar dados pessoais sem prévia anuência) e a igualdade (por deixar pessoas alijadas de certos serviços, produtos e notícias a partir de uma preconcepção estigmatizada de um perfil digital do sujeito). Nesse sentido, o incremento tecnológico não é marcado apenas por progressos, especialmente se não existir a correspondente proteção da pessoa humana diante de novas formas de violações de direitos.

Nesse diapasão, tais violações de direitos perpassam pela utilização de dados pessoais que alimentam o Big Data, e, por exemplo, criam perfis com base na personalidade e no comportamento do indivíduo, sem que esse tenha conhecimento (...) e/ou manipulam indevidamente tais informações de modo a acarretar discriminação[13]. Tal como no romance mencionado alhures, exsurge a potencialidade de que no campo digital o ser humano seja tratado como mais um número e bloco de informações, perdendo de vista a sua individualidade e dignidade correlata, sendo o Direito o campo próprio para refletir sobre o fenômeno do manuseio dos dados

---

9. HUXLEY, Aldous. *Admirável mundo novo*, cit., p. 10.
10. HUXLEY, Aldous. *Admirável mundo novo*, cit., p. 47.
11. VIEIRA, Tatiana Malta. *O direito à privacidade na sociedade da informação*: efetividade desse direito fundamental diante dos avanços da tecnologia da informação. 2007. 297f. Dissertação (Mestrado em Direito) – Faculdade de Direito, Universidade de Brasília, Brasília, 2007, p. 156.
12. Big Data representa um conjunto de dados armazenados de enorme volume e de diversas origens, maior do que a capacidade humana para captura e análise, e que possuem valor dependendo da forma pela qual se escolhe para processá-los. "O valor é o significado que pode ser atribuído ao dado por meio da sua análise" (SARAIVA NETO, Pery; FENILI, Maiara Bonetti. Novos marcos legais sobre proteção de dados pessoais e seus impactos na utilização e tratamento de dados para fins comerciais. *Revista de Estudos Jurídicos e Sociais*. Cascavel, v. 1, n. 1, dez. 2018, p. 4.)
13. FREITAS, Cinthia Obladen de Almendra; PAMPLONA, Danielle Anne. Cooperação entre estados totalitários e corporações: o uso da segmentação de dados e profiling para violação de direitos humanos. *In*: RUARO, Regina Linden; MAÑAS, José Luis Piñar; MOLINARO, Carlos Alberto (Orgs.). *Privacidade e proteção de dados pessoais na sociedade digital*. Porto Alegre: Editora Fi, 2017, p. 126.)

pessoais, da criação da identidade virtual e estigmatização daí consequente em cotejo com a proteção oferecida pela legislação pátria.

Destarte, partindo do pressuposto que a responsabilidade civil é uma categoria jurídica que se ocupa em impedir e/ou remediar os danos, tanto o dano-evento (caracterizado pela violação de um dever na ordem jurídica) quanto o dano-prejuízo (calcado nas consequências danosas existenciais ou morais geradas pelo dano-evento)[14], o presente artigo buscará apresentar base teórica sobre dados pessoais, identidade virtual e estigmatização para em seguida realizar um diálogo entre Constituição Federal de 1988 (de agora em diante CF/88), Código de Defesa do Consumidor – Lei Federal n. 8.078/90 (de agora em diante CDC), Código Civil Brasileiro – Lei Federal n. 10.406/2002 (de agora em diante CC/2002), Lei Geral de Proteção de Dados Pessoais – Lei Federal n. 13.709/2018 (de agora em diante LGPD) e Lei da Ação Civil Pública – Lei Federal n. 8.347/85 (de agora em diante LACP), visando a refletir quais respostas a responsabilidade civil pode oferecer no bojo de violações de direitos da personalidade no campo virtual.

O Direito é construído historicamente[15] e, por esse motivo, necessita acompanhar a evolução tecnológica e cultural da sociedade. Embora exista uma lei específica para a proteção de dados pessoais (LGPD) e, em uma perspectiva multinível de direitos humanos[16], os direitos da personalidade potencialmente aviltados pela manipulação de dados pessoais e estigmatização da identidade virtual sejam protegidos em âmbito interno e internacional, vale lembrar que o direito é marcado pela vagueza e imprecisão[17], assim como que o maior desafio não é reconhecer direitos, mas sim efetivar os já existentes[18].

2. DADOS PESSOAIS, IDENTIDADE VIRTUAL E A PRÁTICA DO *"PROFILING"*

De modo a preparar o caminho para reflexões sobre a legislação aplicável ao tema e a projeção dos direitos da personalidade no âmbito digital, faz-se necessário

---

14. BONNA, Alexandre Pereira. A crise ética da responsabilidade civil: desafios e perspectivas. *Quaestio Iuris*, Rio de Janeiro, v.11, n. 1, p. 365-382, 2018, p. 2.

15. FARIAS, Cristiano Chaves de; ROSENVALD, Nelson. *Curso de direito civil*. 13. ed. São Paulo: Atlas, 2015, v. 1, p. 141.

16. "Esta perspectiva multinível, no caso brasileiro, implica na concepção dos tribunais pátrios como integrados dos sistemas transnacionais, já que os direitos e garantias presentes na Constituição não excluem outros decorrentes dos tratados internacionais ratificados pelo Brasil, assim como exigem que a interpretação dada pelos tribunais internacionais sirva como critério hermenêutico para a interpretação dos direitos reconhecidos na Constituição e nas leis em geral" (BONNA, Alexandre Pereira; LEAL, Pastora do Socorro Teixeira. Proteção multinível de direitos humanos nas relações privadas por meio do reconhecimento dos novos danos. *Anais do V Encontro Internacional do Conselho de Pesquisa e Pós-Graduação em Direito*. Grupo de Trabalho Direito Internacional dos Direitos Humanos III, Montevidéu, Uruguai, 2016, p. 100).

17. "Apesar das inúmeras tentativas de análise definitória, a linguagem dos direitos permanece bastante ambígua, pouco rigorosa e frequentemente usada de modo retórico." (BOBBIO, Norberto. *A era dos direitos*. Trad. Carlos Nelson Coutinho. Rio de Janeiro: Elsevier, 2004, p. 9).

18. "Mas uma coisa é proclamar esse direito, outra é desfrutá-lo efetivamente, A linguagem dos direitos tem indubitavelmente uma grande função prática, que é emprestar uma força particular às reivindicações dos movimentos que demandam para si e para os outros a satisfação de novos carecimentos materiais e morais; mas ela se toma enganadora se obscurecer ou ocultar a diferença entre o direito reivindicado e o direito reconhecido e protegido" (BOBBIO, Norberto. *A era dos direitos*, cit., p. 9).

apresentar alguns conceitos elementares para a compreensão da temática, quais sejam dados pessoais, identidade virtual e a prática do *"profiling"*. Após esse introito, na seção subsequente a pesquisa irá desbravar como esse cenário pode acarretar violação de direitos da personalidade, como a igualdade (pela estigmatização) e privacidade (pela invasão e manipulação de dados sem anuência do usuário), considerando que a própria LGPD (art. 1º e 2º, I e VII) aduz que tem como objetivos e fundamentos a proteção da privacidade, dos direitos humanos e do livre desenvolvimento da personalidade (aqui incluído o direito à igualdade)

Assim, dados pessoais são fatos e/ou representações sobre uma pessoa física ou jurídica, passíveis de coleta, armazenamento e transferência a terceiros (SANTOS, 2014, p. 351)[19], tais como número de telefone, endereço, conta bancária, nome completo, CPF, profissão, identificador online (IP), preferências, hábitos, desejos, buscas e compras recentes, localização, opiniões, padrão de vida, "origem racial ou étnica, convicção religiosa, opinião política, filiação a sindicato ou a organização de caráter religioso, filosófico ou político, dado referente à saúde ou à vida sexual, dado genético ou biométrico" (art. 5, II, LGPD) etc. Em suma, tudo aquilo que é capaz de apresentar as principais características que individualizam aquela pessoa.

Cabe asseverar que para além da construção da identidade física, na era da informação os sujeitos desenvolvem uma identidade virtual, haja vista que identidade é formada por todas qualidades que representam a si mesmo e perante os outros. Portanto, a partir das ações as ações no ambiente digital permitem a disseminação de dados que – diferentes ou iguais aos dados físicos – simbolizam o sujeito perante si e o restante da coletividade, como explicam Arthur Meucci e Arthur Matuck:

> A construção identitária de qualquer indivíduo, ao longo da sua trajetória, decorre de todas suas ações. Estas, quando observadas, convertem-se em mensagens, que o definem perante os demais. Os homens, com maior ou menor consciência disso, preocupam-se em manter ou construir certa imagem que permita comunicar quem somos. Identidade é o processo pelo qual os outros reconhecem as singularidades de uma pessoa. Traços distintivos objetivados em características físicas, emocionais, intelectuais, grupais e comunitárias. Dentro desta perspectiva definimos identidade como um processo de apresentação e atribuição de qualidades a um sujeito, segundo sua cultura, atitudes, aparência, e também da expressão de seus valores.[20]

Por conseguinte, ao utilizar as diversas plataformas do mundo digital, as pessoas vão deixando rastros de gostos, preferências, desejos e demais características, as quais, a partir da prática do *"profiling"* – que será analisada a seguir – são catalogadas e formatam um certo perfil digital do usuário, porém muitas vezes o fazem sem anuência do consumidor e com fins mercadológicos. Nessa linha, a identidade passa a ser manipulada e deixa de estar dentro da esfera exclusivamente pessoal daquele sujeito que deveria ser o

---

19. Nesse sentido, dispõe a LGPD: "Art. 5º: Para os fins desta Lei, considera-se: I – dado pessoal: informação relacionada a pessoa natural identificada ou identificável."

20. MEUCCI, Arthur; MATUCK, Arthur. A criação de identidades virtuais através das linguagens digitais. *Revista Comunicação, Mídia e Consumo da Escola Superior de Propaganda e Marketing – ESPM*, São Paulo, v. 2, n. 4, p. 157-182, 2005, p. 158-159.

único protagonista de sua esfera privada de construção da identidade, principalmente porque esta pode ser constantemente alterada ao longo do tempo.

Outrossim, para que haja mútuo conhecimento e uma troca de relações é necessário que as pessoas construam identidades virtuais. Com a internet, os processos de construção identitária vêm ganhando uma nova forma, pois a rede possibilita a um número maior de pessoas a oportunidade de se relatar e garante maior liberdade de mostrar ou construir a própria identidade[21]. Contudo, essa liberdade se encontra em crise com o *"profiling"*, o qual obstaculiza relações entre pessoas com a imobilização de um perfil baseado em dados pessoais deixados no ambiente cibernético.

O *"profiling"* consiste na criação de um perfil digital do usuário, com dados que demonstram os desejos, preferências e hábitos dos mesmos, auxiliando na massificação do consumo e da publicidade, facilitando a personalização de produtos e serviços para atingir o público alvo[22]. Portanto, ao desejar um perfil de cada pessoa, estabelecem quem somos para a publicidade e diversos produtos e serviços, influenciando decisivamente com o que o sujeito irá se deparar no ambiente virtual.

O que possibilita a criação do *"profiling"* são as informações rastreadas pelos usuários quando utilizam internet ou quando eles mesmos alimentam sistemas com seus dados (para utilizar aplicativos ou se cadastrar em sites, por exemplo)[23]. Nesse viés, é possível transformar a privacidade em mercadorias (quando tais informações são vendidas para empresas ou publicitários), expor informações que o sujeito gostaria de reservar apenas para si ou seus familiares (doenças, deformidades, conta bancária, débitos etc.), assim como permitir que os indivíduos cedam a pressões externas que influenciam suas escolhas[24], como uma pessoa viciada em apostas que recebe a todo momento sugestões de aplicativos desse gênero. Para se ter uma ideia prévia de quais os desdobramentos são causados pelo *"profiling"*, cabe destacar trecho do Roteiro de Atuação do Ministério Público Federal:

> Sabe-se que empresas de tecnologia monitoram as atividades do consumidor quando conectado à internet – incluindo as pesquisas que ele fez, as páginas que ele visitou e o conteúdo consultado – com a finalidade de fornecer publicidade dirigida aos interesses individuais desse consumidor.
>
> Grandes empresas de tecnologia da internet, como o Google, coletam dados pessoais dos usuários de seus serviços, para fins comerciais, principalmente. Os dados são tratados com o auxílio de métodos estatísticos e técnicas de inteligência artificial, com o fim de sintetizar hábitos, preferências pessoais e outros registros. A partir disso são criados perfis para cada usuário (*profiling*) que possibilitam o envio seletivo de mensagens publicitárias de um produto a seus potenciais compradores.

---

21. MEUCCI, Arthur; MATUCK, Arthur. A criação de identidades virtuais através das linguagens digitais, cit., p. 161-162.
22. FREITAS, Cinthia Obladen de Almendra; PAMPLONA, Danielle Anne. Cooperação entre estados totalitários e corporações, cit., p. 121.
23. SARAIVA NETO, Pery; FENILI, Maiara Bonetti. Novos marcos legais sobre proteção de dados pessoais e seus impactos na utilização e tratamento de dados para fins comerciais, cit., p. 7.
24. VAN DEN HOVEN, Jeroen. Information technology, privacy, and the protection of personal data. In: VAN DEN HOVEN, Jeroen; WECKERT, John (Eds.). *Information technology and moral philosophy*. Cambridge: Cambridge University Press, 2008, p. 304.

As possibilidades oferecidas a uma pessoa são fechadas (encaixotadas) em torno de presunções realizadas por ferramentas de análise comportamental, guiando dessa forma suas escolhas futuras. A publicidade específica tem o efeito colateral de uniformizar padrões de comportamento, diminuindo o rol de escolhas apresentadas a uma pessoa. A elaboração de perfis pode levar à negativa de acesso a determinado bem ou serviço (negativa de acesso a site porque o consumidor acessou sites de proteção ao crédito), bem como preços diferentes a consumidores diversos conforme o seu perfil (*adaptative pricing*).[25]

Nesse desiderato, pertinente trazer uma das maiores ferramentas de coletas de informações, os cookies, que são dados armazenados no computador do usuário sobre quais buscas ele realizou, os quais a princípio visam a melhoria dos sites, contudo alguns cookies podem servir para que o comércio conheça os gostos e preferências do usuário para enviar anúncios de um produto que o mesmo tenha visualizado recentemente[26]. Portanto, na atual conjuntura, no momento em que buscam sites e cadastros, são os usuários que deixam inocentemente suas informações pessoais em redes sociais, aplicativos e sites de busca ou compra, os quais requisitam mais e mais dados, já que informação é uma das maiores riquezas da era atual.

3. A PROJEÇÃO DOS DIREITOS DA PERSONALIDADE NO ÂMBITO DIGITAL DIANTE DA ESTIGMATIZAÇÃO (IGUALDADE) E DA INVASÃO DE DADOS (PRIVACIDADE)

Os direitos da personalidade – previstos nos arts. 11 a 21 do CC/2002 de forma exemplificativa – representam os bens extrapatrimoniais que, se protegidos e efetivados, permitem o florescimento humano e o consequente livre desenvolvimento da personalidade. São manifestações daquilo que o ser humano possui de mais básico e que viabilizam o florescimento do mesmo em seus fins particulares. Daí é que sem paz, vida, saúde, liberdade, honra, imagem, intimidade e privacidade, por exemplo, o ser humano não pode perseguir sem tumultos os seus múltiplos propósitos de vida, pois aqueles constituem pressuposto para a consecução de fins individuais[27].

Em suma, os direitos da personalidade são essenciais para uma vida digna, motivo pelo qual a dignidade da pessoa humana é o fio condutor de todos os direitos da personalidade, dos direitos fundamentais e dos direitos humanos e busca a preservação da integridade física, intelectual, psíquica e moral do sujeito. Nesse

---

25. BRASIL. Ministério Público Federal. Câmara de Coordenação e Revisão. *Analise de dispositivos da lei de acesso à informação, da lei de Identificação Civil, da lei do Marco Civil da Internet e da Lei Nacional de Proteção de Dados (Roteiro de Atuação, v. 3.)*. Brasília: MPF, 2019. Disponível em: http://www.mpf.mp.br/atuacao-tematica/ccr3/documentos-e-publicacoes/roteiros-de-atuacao/sistema-brasileiro-de-protecao-e-acesso-a-dados-pessoais-volume-3. Acesso em: 17 jan. 2022, p. 58.

26. PALMER, Daniel E. Pop-ups, cookies, and spam: toward a deeper analysis of the ethical significance of Internet marketing practices. *Journal of Business Ethics*, Berlim/Heidelberg, v. 58, n. 1-3, p. 271-280, 2008, p. 272.

27. BONNA, Alexandre Pereira. *Identificação e quantificação do dano moral*: fundamentação da decisão judicial na perspectiva jurídica e ética da lei natural. 448 f. Tese (Doutorado em Direito) – Instituto de Ciências Jurídicas, Universidade Federal do Pará, Belém, 2018, p. 130-131.

PERFILIZAÇÃO, ESTIGMATIZAÇÃO E RESPONSABILIDADE CIVIL | **509**

sentido, o enunciado 274 da Jornada de Direito Civil da Justiça Federal dispõe: "os direitos da personalidade, regulados de maneira não exaustiva pelo Código Civil, são expressões da cláusula geral de tutela da pessoa humana, contida no art. 1º, III, da Constituição Federal".

Embora no campo digital diversos direitos da personalidade possam ser violados, como a imagem, a integridade psíquica, a honra, dentre outros, o presente artigo, em razão da prática do *"profiling"*, tem como foco os direitos à igualdade e à privacidade, por considerar que estes são os mais propensos ao vilipêndio nesse contexto de manuseio de dados pessoais para a criação de um perfil da pessoa sujeito a comercialização e a manipulação de bens e serviços. Por esse motivo, a seguir será feita uma exposição conceitual da igualdade e da privacidade, para em seguida entrelaçar com a temática do *"profiling"*.

De inúmeras formas a violação do direito de igualdade (art. 5º, *caput*, CF/88)[28] pode ser violado, visto que a CF/88 repudia qualquer forma de discriminação, estabelece o racismo como crime inafiançável, sendo intolerável qualquer conduta que denote preconceito por origem, raça, posição política, condição social, doenças, sexo, cor, idade e quaisquer outras formas de discriminação. Portanto, no bojo das práticas sociais as pessoas físicas e jurídicas têm direito de realizarem preferências, distinções, exclusões ou restrições, mas não podem estar calcadas em cor, sexo, religião, origem étnica, condição social, idade, dentre outras, a menos que estejam devidamente justificadas, como no caso da legislação que determina que a mulher deve carregar menos peso que o homem e a que estipula idade mínima para obter habilitação de motorista[29].

Portanto, o respeito que se exige à igualdade para não ser responsabilizado é aquele que suprime e elimina, de forma radical, qualquer discriminação arbitrária entre as pessoas, ou seja, quando uma pessoa é colocada por outra em situação de inferioridade[30]. Sendo assim, é lícito ter preferência por verde e não azul, por praias e não fazenda, por filmes de suspense e não de ficção científica, por pessoas com alto aproveitamento acadêmico e não por negligentes em relação às disciplinas da faculdade, por pessoas que demonstrem humildade e não por aquelas que afirmam que não gostam de receber ordens. Fora desse âmbito exclusivamente privado, sabe-se que as diferenças criadas vão de encontro ao direito[31].

De outro lado, o direito à privacidade (art. 5º, X, CF/88 e art. 21 do CC/2002)[32] implica na proteção de que cada um pode orientar sua vida com bem entender sem pre-

---

28. "Art. 5º: Todos são iguais perante a lei, sem distinção de qualquer natureza, garantindo-se aos brasileiros e aos estrangeiros residentes no País a inviolabilidade do direito à vida, à liberdade, à igualdade, à segurança e à propriedade (...)."
29. BONNA, Alexandre Pereira. *Identificação e quantificação do dano moral*, cit., p. 52.
30. SANTOS, Manoel J. Pereira dos. *Responsabilidade civil na Internet e demais meios de comunicação*. 2. ed. São Paulo: Saraiva, 2014, p. 429-430.
31. BONNA, Alexandre Pereira. *Identificação e quantificação do dano moral*, cit., p. 53.
32. "Art. 5º, X: são invioláveis a intimidade, a vida privada, a honra e a imagem das pessoas, assegurado o direito a indenização pelo dano material ou moral decorrente de sua violação."; "Art. 21: A vida privada

judicar terceiros, como nas facetas relacionadas à origem e a identidade da pessoa; a sua situação de saúde; a sua situação patrimonial; a sua imagem; os seus escritos pessoais; as suas amizades e relacionamentos sentimentais; as suas preferências estéticas; as suas opções políticas e religiosas, sendo tudo que não seja público, profissional ou social[33].

Em um sentido amplo, a proteção da privacidade se refere à inviolabilidade de a pessoa ter um espaço mínimo reservado apenas para si e com quem queira dividir, ou, nos dizeres de Américo Luís Martins da Silva, trata-se da "liberdade de se introverter, de se recolher à vida privada"[34]. Diz respeito a um âmbito em que o ser humano deseja manter condutas e situações dentro do espectro privado, sem difundir ao conhecimento de terceiros, como questões ligadas a doenças, a tristezas e frustrações, a hábitos circunscritos ao âmbito familiar, a deformidades físicas, ao cotidiano com os ascendentes, descendentes, cônjuge ou companheira, dentre outros. Em todos esses casos, estar-se-á diante de informações que não possuem relevância significativa para mais ninguém, a não ser à própria pessoa e àqueles com quem queira compartilhar[35].

É importante destacar que o espectro de proteção da intimidade é mais amplo do que possa parecer. De acordo com Ramon Daniel Pizarro, tal direito está vinculado a uma tripla dimensão: a) direito de ser deixado em paz e tranquilidade; b) direito à autonomia em relação as decisões de sua existência; c) direito de controle de informações pessoais[36]. De tal modo, também está dentro da proteção da intimidade a violação de correspondência, a divulgação de dados pessoais (CPF, endereço, número do celular etc.) para terceiros, assim como a toda e qualquer difusão de informações do íntimo do ser humano. Destarte, a proteção de dados pessoais goza de estatura de direito fundamental por ser consectária dos seguintes direitos: dignidade, privacidade, inviolabilidade do sigilo de correspondências telefônicas e de dados, e habeas data, já que "os direitos e garantias expressos nesta Constituição não excluem outros decorrentes do regime e dos princípios por ela adotados, ou dos tratados internacionais em que a República Federativa do Brasil seja parte" (art. 5º, p. 2º, CF/88).

Diante desse espectro, de bens extrapatrimoniais protegidos juridicamente, como a igualdade e a privacidade, surge a potencialidade de lesão a tais direitos a partir do manuseio dos dados pessoais para a formação do "*profiling*". Em primeiro lugar, identifica-se o vilipêndio da igualdade, na medida em que algumas pessoas estarão privadas do acesso e da oferta de produtos e serviços em razão da estigmatização criada no ambiente virtual de um certo perfil de usuário. Por exemplo, uma pessoa que busca apenas música sertaneja, forró e brega, literatura e filmes populares

---

da pessoa natural é inviolável, e o juiz, a requerimento do interessado, adotará as providências necessárias para impedir ou fazer cessar ato contrário a esta norma."

33. CORDEIRO, António Menezes. *Tratado de direito civil português*. Parte Geral. Coimbra: Almedina, 2004, v. I, t. III, p. 205.

34. SILVA, Américo Luís Martins da. *O dano moral e a sua reparação civil*. 3. ed. São Paulo: Revista dos Tribunais, 2005, p. 263.

35. BONNA, Alexandre Pereira. *Identificação e quantificação do dano moral*, cit., p. 70-72.

36. PIZARRO, Ramon Daniel. *Daño moral*: el daño moral en las diversas ramas del derecho. Buenos Aires: Hammurabi, 1996, p. 501.

jamais receberá uma oferta de cursos ou de disponibilização de material sobre música clássica, literatura grega e filmes cult. Ou seja, embora qualquer ser humano possa, em tese, se interessar por tais estilos de música, literatura e filmes mais rebuscados qualitativamente, a prática mercadológica necessita agir de forma inteligente e certeira diante do seu público alvo, motivo pelo qual o estigma criado serve como mola propulsora das plataformas digitais no momento de ofertar publicidade aos mais diferentes fornecedores de produtos e serviços.

Nesse tom, imprescindíveis algumas notas sobre o conceito de estigmatização a partir do livro "Estigma: notas sobre a manipulação da identidade deteriorada Estigmatização", de Erving Goffman. Embora tal obra tenha sido escrita em 1975, sem a realidade do mundo cibernético, é possível demonstrar que no contexto tratado no presente artigo também há uma nova forma de estigmatização. Para compreender a estigmatização, deve-se fazer a diferença entre identidade real e a virtual. A primeira é o conjunto de características que a pessoa de fato tem, enquanto o segundo se refere às características que as pessoas têm para com os outros. O estigma surge exatamente na divergência entre a identidade real e a virtual[37]. Desta feita, o "*profiling*" categoriza as pessoas em estantes, gostos e preferências que podem não corresponder à realidade, estigmatizando-a e estancando-a em certas características.

Ademais, o "*profiling*" se encaixa na noção de identidade virtual (não real ou não fidedigna), eis que baseada em uma caracterização em potencial e não necessariamente real do indivíduo. E, no momento de fornecer produtos e serviços no ambiente digital, as práticas levam em conta esse estigma marcado pela identidade virtual, afastando o indivíduo da sociedade, como já alertava Erving Goffman, na década de 1970: "a discrepância entre identidade real e virtual afasta o indivíduo da sociedade. Com base nisso, fazemos vários tipos de discriminações, através das quais efetivamente, e muitas vezes sem pensar, reduzimos suas chances de vida"[38].

Por óbvio, quando Erving Goffman desenvolveu seu conceito de estigma, lançou os olhos aos três tipos de estigmas presentes na época: em primeiro lugar, as abominações do corpo – as várias deformidades físicas; em segundo, as culpas de caráter individual, percebidas como vontade fraca, paixões tirânicas, crenças falsas e rígidas, desonestidade, sendo essas inferidas a partir de relatos conhecidos de, por exemplo, distúrbio mental, prisão, vicio, alcoolismo, homossexualismo, desemprego, tentativas de suicídio e comportamento político radical. Finalmente, os estigmas tribais de raça, nação e religião[39].

Contudo, guardadas as devidas proporções, os estigmas criados pelo "*profiling*" "reduzem as chances de vida" e "afastam o indivíduo da sociedade", tal como preconizado acima, na medida em que diminuem o leque de relações e contatos da pessoa com os mais diversos tipos de bens e serviços pagos ou gratuitos, tornando a rede

---

37. GOFFMAN, Erving. *Estigma*: notas sobre a manipulação da identidade deteriorada. Trad. Mathias Lambert. 4. ed. Rio de Janeiro: LTC, 2004, p. 5-6.
38. GOFFMAN, Erving. *Estigma*, cit., p. 20.
39. GOFFMAN, Erving. *Estigma*, cit., p. 8.

menos democrática e mais discriminatória. Um outro exemplo, um sujeito que tem identidade virtual como "pobre/sem recursos financeiros", sendo ou não verdade, não receberá promoções de ingressos e viagens internacionais e/ou vídeo-aulas de investimento financeiro. Parecendo prever o que aconteceria com o mundo digital, Erving Goffman já asseverava que quanto mais disponíveis fossem as informações pessoais maior seriam as probabilidades de estigmatização:

> De qualquer forma, uma vez que um apoio de identidade tenha sido preparado, materializado, e se torne disponível, podemos nos agarrar a ele; pode-se desenvolver um dossiê que normalmente fique contido e arquivado numa pasta. Pode-se esperar que cresça a identificação pessoal dos cidadãos pelo Estado à medida que se refinam os dispositivos que tornam a história de um indivíduo particular mais acessível[40].

Nesse cenário, poder-se-ia, por um lado, imaginar que tal conjuntura representa benefícios aos usuários, pois teriam maior facilidade para encontrar bens e serviços de seu agrado e preferência, promovendo bem-estar, florescimento das pessoas e eficiência no mercado[41]. Contudo, o que não se pode perder de vista é que o ser humano não é rocha, mas sim rio e está em constante mudança e aperfeiçoamento, de modo que esse habitual refazer-se – que inclusive serve de fundamento para o direito ao esquecimento – torna a estigmatização criada a partir do "*profiling*" muitas vezes desatualizada e propensa a causar desigualdade. Se todos são iguais perante a lei e o acesso à internet é um direito humano[42] ou social[43], se torna contrária ao direito qualquer prática que discrimine os indivíduos com base em dados pessoais que estancam um perfil de usuário e canaliza para o mesmo apenas alguns tipos bens e serviços.

Ainda na esteira da violação da igualdade, sabe-se que a raiz da dignidade da pessoa humana envolve também a proteção desse bem jurídico, sendo possível inferir da prática do "*profiling*" uma forma de tratar o ser humano como indivíduo ou como instrumento para alcançar um fim (no caso, um escopo comercial). Como assevera Daniel Sarmento, "a Constituição de 88 (...) endossa a ideia de que o Direito e o Estado existem para a pessoa, e não o contrário. A pessoa, nesse sentido, tem um valor intrínseco, e não pode ser instrumentalizada"[44]. Devem, nesse ínterim, as leis e práticas sociais tratar o ser humano como uma pessoa concreta e única com todas

---

40. GOFFMAN, Erving. *Estigma*, cit., p. 52.
41. Sobre aspectos positivos do "*profiling*" ler: CLARKE, Roger A. Profiling: a hidden challenge to the regulation of data surveillance. *Journal of Law, Information and Science*, Hobart, v. 4, n. 2, p. 403-, dez. 1993. Disponível em: https://www.austlii.edu.au/au/journals/JlLawInfoSci/1993/26.html. Acesso em: 24 jan. 2022.
42. Nessa linha, o "*Report of the Special Rapporteur on the promotion and protection of the right to freedom of opinion and expression*", elaborado pela ONU, asseverou: "gostaria de enfatizar que o acesso à Internet tem duas dimensões: acesso ao conteúdo on-line, sem restrições, exceto em alguns casos limitados permitidos pela lei internacional de direitos humanos; e a disponibilidade da infraestrutura necessária e das tecnologias de comunicação da informação, como cabos, modems, computadores e *software*, para acessar a Internet" (Tradução livre). Disponível em: https://www2.ohchr.org/english/bodies/hrcouncil/docs/17session/A. HRC.17.27_en.pdf. Acesso em: 14 jan. 2022.
43. Nesse sentido, Projeto de Emenda à Constituição n. 06 de 2011: altera o art. 6.º da Constituição Federal para introduzir, no rol dos direitos sociais, o direito ao acesso à Rede Mundial de Computadores (Internet).
44. SARMENTO, Daniel. *Dignidade da pessoa humana*. Belo Horizonte: Fórum, 2016, p. 107.

as suas potencialidades e não como sujeito abstrato. Isso implica em tornar o acesso a bens e serviços abertos, sem partir de preconcepções baseadas em rastros pessoais. A diferença entre indivíduo abstrato e pessoa é enorme, como destaca Ruben de Freitas Cabral:

> (...) o indivíduo que nascera matriz da sociedade passa a indivíduo-peça-social, reproduzível e substituível (...) lançou-o num processo de alienação, de egocentrismo e de impotência face ao isolamento experiencial. As instituições que, tradicionalmente, o seguravam psicologicamente na incerteza da vida, como a aldeia, a igreja, o colectivismo, e nos últimos tempos, a própria família, entraram num processo de enfraquecimento e de quase irrelevância. Enquanto que o indivíduo era considerado como um ser visceralmente autónomo, livre porque separado dos seus pares, a pessoa define-se como livre por inerência, capaz pela sua universalidade, e sujeito, com todas as outras pessoas, da sua vida social e política. A pessoa não se afirma pelo seu isolamento, mas pela sua singularidade. Cada pessoa é única[45].

Portanto, manipular os dados pessoas para incrementar o comércio endossa o ser humano como indivíduo (massificado, atomizado, substituível) e afronta a noção de pessoa concreta e real, dotada de potencialidades, dons e talentos mutáveis. Por conseguinte, essa maneira de classificar e segmentar usuários "a partir do *Big Data*, baseando-se no uso dos dados pessoais dos consumidores (...) pode implicar na privação de determinados indivíduos do acesso a bens e serviços"[46]. Por conseguinte, a igualdade se apresenta vulnerada, na medida em que a "vigilância realizada por organismos privados e estatais, a partir de informações obtidas em bancos de dados, pode acarretar a classificação e a discriminação dos indivíduos, afetando expressivamente as suas oportunidades sociais"[47], motivo pelo qual "a tutela da igualdade constitui-se como um importante mecanismo para evitar que as oportunidades de vida dos indivíduos sejam limitadas em razão de suas características pessoais, retratadas em bancos de dados"[48].

Nesse mesmo panorama, é crível trazer reflexões acerca da violação do direito à privacidade, especialmente se for considerado o pressuposto básico do mesmo: o domínio de seus dados e a consequente liberdade de determinar os destinos das informações pessoais. Em outras palavras, para que a privacidade seja resguardada o sujeito deve ter o seu exclusivo controle, com a consequente capacidade de estabelecer a agenda para o bem e como ele será utilizado, inclusive permitindo que outras pessoas o utilizem.

Logo, na medida em que as informações pessoais são utilizadas sem que o consumidor escolha o modo pelo qual ela será manipulada com a prática do "*profiling*",

---

45. CABRAL, Ruben de Freitas. *A noção de indivíduo e a dimensão da pessoa humana*: percursos e caminhos. Porto: APES, 2013, p. 6-12.
46. SARAIVA NETO, Pery; FENILI, Maiara Bonetti. Novos marcos legais sobre proteção de dados pessoais e seus impactos na utilização e tratamento de dados para fins comerciais, cit., p. 11.
47. MENDES, Laura Schertel. *Transparência e privacidade*: violação e proteção da informação pessoal na sociedade de consumo. 2008. 158f. Dissertação (Mestrado em Direito) – Faculdade de Direito, Universidade de Brasília, Brasília, 2008, p. 58.
48. MENDES, Laura Schertel. *Transparência e privacidade*, cit., p. 61.

infere-se pela violação da privacidade, que consiste no direito de obstar que a atividade de terceiro venha a conhecer, descobrir ou divulgar as particularidades de uma pessoa, como destacam nesse ponto Cristiano Chaves de Farias e Nelson Rosenvald: "chama a atenção o fato de que as redes sociais da *Internet* (...) podem aviltar a privacidade alheia. Isso porque, afora as declarações espontâneas do interessado, o fluxo de informações pessoais da rede contribui para a perda de privacidade"[49].

Nesse sentido, devem os atores sociais se conscientizarem sobre o valor da privacidade não como um meio para alcançar outro fim, como propriedade, segurança, autonomia, democracia, liberdade, dignidade ou utilidade e valor econômico (visão reducionista)[50], mas sim de que a privacidade é um valor em si mesmo e sua importância não é decorrente de outro fim a ser almejado[51] (visão ampliativa).

Nesse viés, para que o direito à privacidade fosse respeitado como um fim em si mesmo seria inarredável um dos caminhos a seguir: a) a proibição da prática do "*profiling*"; b) a criação de máxima transparência e informação, de modo a que os consumidores soubessem todos os desdobramentos em concordar com os termos fornecer dados pessoais a aplicativos, sites e outras ferramentas digitais, opção mais difícil considerando a dimensão de hipervulnerabilidade dos usuários.

4. A RESPONSABILIDADE CIVIL DIANTE DA LEI GERAL DE PROTEÇÃO DE DADOS, DA CONSTITUIÇÃO FEDERAL DE 1988, DO CÓDIGO CIVIL, DO CÓDIGO DE DEFESA DO CONSUMIDOR E DA LEI DA AÇÃO CIVIL PÚBLICA

A LGPD, de agosto de 2018, significa um avanço legislativo brasileiro no sentido de promover maior estabilidade, confiabilidade, segurança e respeito a direitos no âmbito digital em relação aos dados pessoais. Não é a primeira lei a buscar a proteção de dados pessoais, haja vista que o CDC já previa a blindagem do consumidor em face de cadastro e bancos de dados ilegais (arts. 43 e 44); a CF/88 (art. 5, LXXII) e a Lei 9.507/97 estabeleciam o direito de o cidadão pleitear acesso, correção e acréscimos em informações constantes em bancos de dados de natureza pública etc.

No tocante à prática do "*profiling*", cabe destacar os seguintes vetores normativos. Primeiramente, logo no art. 1º, a LGPD deixa claro que o objetivo da lei é regular o tratamento de dados pessoais de modo a proteger os direitos fundamentais (dentre os direitos fundamentais estão a igualdade e a privacidade). Outro ponto importante diz respeito às definições de tratamento e de consentimento. No inciso X do art. 5º da LGPD, tratamento é toda operação realizada com dados pessoais, inclusive a coleta, produção, recepção, classificação, utilização, acesso, reprodução, transmissão,

---

49. FARIAS, Cristiano Chaves de; ROSENVALD, Nelson. *Curso de direito civil*. 13. ed. São Paulo: Atlas, 2015, v. 1, p. 216.
50. *Cf.* THOMSON, Judith Jarvis. The right to privacy. *Philosophy & Public Affairs*, Nova Jersey, v. 4, n. 4, p. 295-314, jun.-ago. 1975.
51. *Cf.* RÖSSLER, Beate. *Privacies: philosophical evaluations*. Stanford: Stanford University Press, 2004.

distribuição, processamento, arquivamento, armazenamento, eliminação, avaliação ou controle da informação, modificação, comunicação, transferência, difusão ou extração, verbos esses que se encaixam como uma luva em relação ao "*profiling*" (leia-se armazenamento, coleta, utilização, controle e transferência de dados pessoais). Já consentimento, de acordo com o inciso XII do mesmo artigo, é a manifestação livre, informada e inequívoca pela qual o titular concorda com o tratamento de seus dados pessoais para uma finalidade determinada, livre manifestação esta que, de acordo com o art. 8º da citada lei, deve ser escrito e em destaque das demais cláusulas ou por qualquer outro meio que demonstre de forma clara a vontade do agente[52].

Apenas com esse conjunto normativo, somado ao art. 5º, *caput* (igualdade) e inciso X (privacidade), da CF/88, já seria possível inferir a ilicitude de qualquer conduta que pudesse armazenar e manipular os dados do titular sem o seu consentimento ou desvirtuando da anuência dada, como se aproveitar dos dados pessoais para focar campanhas publicitárias de diversos fornecedores. Mas, como se não bastasse, o art. 6º da LGPD ainda reza que o tratamento dos dados pessoais deve observar a finalidade (propósitos legítimos, específicos e informados ao titular, sem possibilidade de tratamento posterior de forma incompatível com essas finalidades), necessidade (limitação do tratamento ao mínimo necessário para a realização de suas finalidades), segurança (medidas técnicas e administrativas aptas a proteger os dados pessoais de acessos não autorizados), e não discriminação (impossibilidade de realização do tratamento para fins discriminatórios ilícitos ou abusivos).

Ademais, a LGPD exige que o controlador possua provas de que o consentimento foi obtido em conformidade com a lei (art. 8º, §2º), além do que quaisquer autorizações genéricas (sem uma finalidade especificada previamente) serão nulas de pleno direito (art. 8º, § 4º), podendo o referido consentimento ser revogado a qualquer momento de forma simples e gratuita (art. 8º, § 5º). Quando o tratamento de dados pessoais for condição para o fornecimento de produto ou de serviço ou para o exercício de direito, o titular será informado com destaque sobre esse fato (art. 9º, § 3º).

Realizando um diálogo com o CDC, percebe-se uma harmonia envolvendo a determinação de consentimento prévio e informado com os direitos básicos à informação adequada e clara dos serviços e produtos (art. 6º, III) e à liberdade de escolha (art. 6º, II). No mesmo sentido, a exigência de destaque para a cláusula que alerta a consumidor sobre o armazenamento e uso posterior dos dados pessoais, assim como a obrigatoriedade de deixar explícita a finalidade que será dada aos dados pessoais está no mesmo sentido que o art. 54, § 4º[53], o qual dispõe que as cláusulas limitativas de direitos devem ser redigidas com destaque das demais. Por fim, a imposição de que o fornecedor mantenha a prova de que obteve o consentimento nos termos previstos

---

52. Nesse mesmo sentido: "art. 7º: O tratamento de dados pessoais somente poderá ser realizado nas seguintes hipóteses: I – mediante o fornecimento de consentimento pelo titular."
53. "Art. 54, § 4º: As cláusulas que implicarem limitação de direito do consumidor deverão ser redigidas com destaque, permitindo sua imediata e fácil compreensão."

na LGPD abraça o direito básico do consumidor à inversão do ônus da prova como forma de facilitação de sua defesa processual (art. 6º, VIII).

No tocante ao CC/2002, para além de os direitos da personalidade abrangerem a privacidade e a igualdade, há um bloco normativo dedicado aos negócios jurídicos, que protege a parte do contrato que não manifestou a vontade de forma livre, podendo anular o negócio, o que está em simetria com a nulidade de autorizações genéricas para o uso de dados pessoais (previsão da LGPD). De tal modo, o art. 112 prevê que nas declarações de vontade se atenderá mais à intenção nelas consubstanciada do que ao sentido literal da linguagem, acentuando que as diversas condições gerais de contratos em sites e aplicativos não valem mais que a real intenção do consumidor. Ademais, são anuláveis os negócios jurídicos, quando as declarações de vontade emanarem de erro (o consumidor pensa que está realizando um negócio e está celebrando outro) ou dolo (o consumidor se submete a um negócio que não desejou porque foi induzido a erro pela outra parte) (arts. 138, 145 e 171[54]). Ambos os defeitos do negócio podem ocorrer envolvendo o uso de dados pessoais para o *profiling*, haja vista que o fornecedor pode induzir o usuário a acreditar que está apenas aumentando o pacote de serviços ou pode ter informações lacônicas que fazem com que o próprio consumidor acredite estar realizando negócio que não envolva seus dados.

Embora não existam pesquisas empíricas publicadas no sentido de comprovar que o tratamento de dados pessoais por meio do *profiling* viola a legislação brasileira (em especial a igualdade e a privacidade), é possível identificar alguns indícios de irregularidades a partir das seguintes notícias: a) Ministério Público investiga exposição de dados no Cadastro Positivo, a qual cria classificações dos consumidores com base nas suas operações de crédito[55]; b) Ministério Público propôs Ação Civil Pública para que empresa de telefonia "Vivo" apresente relatório de impacto à proteção de dados pessoais, haja vista a necessidade de esclarecimentos sobre as finalidades exatas para as quais os dados coletados pela empresa são utilizados, incluindo o uso dos dados pessoais e de localização de consumidores[56]; c) Ministério Público instaurou Inquérito Civil Público para apurar responsabilidades pelo suposto vazamento de dados pessoais dos clientes do Banco Pan[57]; d) Ministério Público abre inquérito para apurar vazamento de dados no Facebook[58]; e) Ministério Público abre inquérito para investigar FIESP em caso de vazamento de dados pessoais[59]; f) Ministério Público

---

54. "Art. 138. São anuláveis os negócios jurídicos, quando as declarações de vontade emanarem de erro (...)."; "Art. 145. São os negócios jurídicos anuláveis por dolo (...)."

55. Disponível em: https://teletime.com.br/13/01/2020/mpdft-apura-vazamento-de-dados-no-cadastro-positivo/. Acesso em: 17 jan. 2022.

56. Disponível em: http://www.azevedosette.com.br/noticias/pt/mpdft-propoe-acao-civil-publica-para-que-empresa-de-telefonia-apresente-relatorio-de-impacto-a-protecao-de-dados-pessoais/5407. Acesso em 17 jan. 2022.

57. Disponível em: https://www.convergenciadigital.com.br/cgi/cgilua.exe/sys/start.htm?UserActiveTemplate=site&UserActiveTemplate=mobile%252Csite&infoid=51609&sid=18. Acesso em: 17 jan. 2022.

58. Disponível em: https://forbes.com.br/last/2018/10/mp-abre-inquerito-para-apurar-vazamento-de-dados-no-facebook/. Acesso em: 17 jan. 2022.

59. Disponível em: https://olhardigital.com.br/fique_seguro/noticia/mp-abre-inquerito-para-investigar-fiesp-em-caso-de-vazamento-de-dados-pessoais/80111. Acesso em: 17 jan. 2022.

PERFILIZAÇÃO, ESTIGMATIZAÇÃO E RESPONSABILIDADE CIVIL | **517**

Federal ajuíza ação contra Google por violar normas de proteção de dados[60]; g) Netshoes terá de pagar R$ 500 mil por vazamento de dados de milhões de clientes[61]; h) Ministério Público abre inquérito após reportagem da "The Hack"[62]; i) Ministério Público investiga uso de dados pessoais de crianças pelo Youtube[63]; j) MP investiga 3 empresas por vendas de dados de reconhecimento facial[64]; k) Entidades combatem câmeras em metrô que leem emoções dos passageiros para facilitar posterior publicidade, classificando-os como "adulto feliz", "jovem triste", "mulher com raiva"[65]; l) Ministério Público ajuíza ação em virtude da prática do *profiling*, pleiteando que o Google seja condenado em obrigação de fazer, consistente em obter dos usuários do Gmail, em todo o território nacional, consentimento prévio, expresso e destacado[66].

Feitas estas observações, deve ser lançado um olhar para o instituto da responsabilidade civil, a qual, como já se disse, não lida apenas com reparação de danos, mas também com prevenção (nessa linha, art. 6º, VI, do CDC[67], art. 12 do CC/2002[68] e art. 6º, da LGPD[69]). Porém, antes de adentrar no capítulo de responsabilidade civil da LDPG (arts. 42 a 45), cabe trazer algumas vigas mestras desse instituto a partir do CC e do CDC, que irão iluminar a análise do direito de danos no campo do direito digital, mais propriamente no que tange a prática do *profiling*.

Sabe-se que todo aquele que viola direito e causa dano a outrem, fica obrigado a repará-lo (arts. 186 e 927 do CC[70]) e, mesmo que desenvolva atividade e conduta lícita, mas transbordar os limites pelos quais o direito foi criado (art. 187 do CC[71]) ou tais danos estiverem dentro do espectro de riscos que devem ser suportados pela atividade (art. 927, parágrafo único[72]) deverá arcar com a indenização proporcional

---

60. Disponível em: http://pgt.prp.usp.br/mpf-pi-ajuiza-acao-contra-google-por-violar-normas-de-protecao--de-dados/. Acesso em: 17 jan. 2022.
61. Disponível em: https://thehack.com.br/ministerio-publico-abre-inquerito-apos-reportagem-da-the-hack. Acesso em: 17 jan. 2022.
62. Disponível em: https://thehack.com.br/ministerio-publico-abre-inquerito-apos-reportagem-da-the-hack. Acesso em: 17 jan. 2022.
63. Disponível em: https://link.estadao.com.br/noticias/empresas,mp-investiga-uso-de-dados-pessoais-de--criancas-pelo-youtube,70002406221. Acesso em: 17 jan. 2022.
64. Disponível em: https://canaltech.com.br/seguranca/mp-investiga-3-empresas-por-vendas-de-dados-de-reconhecimento-facial-120542/. Acesso em: 17 jan. 2022.
65. Disponível em: https://theintercept.com/2018/08/31/metro-cameras-acao-civil/. Acesso em: 22 jan. 2022.
66. Disponível em: http://www.mpf.mp.br/pi/sala-de-imprensa/docs/acp-google. Acesso em: 17 jan. 2022.
67. "Art. 6º, VI: a efetiva prevenção e reparação de danos patrimoniais e morais, individuais, coletivos e difusos".
68. "Art. 12: Pode-se exigir que cesse a ameaça, ou a lesão, a direito da personalidade, e reclamar perdas e danos, sem prejuízo de outras sanções previstas em lei".
69. "Art. 6º: As atividades de tratamento de dados pessoais deverão observar a boa-fé e os seguintes princípios: VIII – prevenção: adoção de medidas para prevenir a ocorrência de danos em virtude do tratamento de dados pessoais".
70. "Art. 186: Aquele que, por ação ou omissão voluntária, negligência ou imprudência, violar direito e causar dano a outrem, ainda que exclusivamente moral, comete ato ilícito".
71. "Art. 187: Também comete ato ilícito o titular de um direito que, ao exercê-lo, excede manifestamente os limites impostos pelo seu fim econômico ou social, pela boa-fé ou pelos bons costumes".
72. "Art. 927, Parágrafo único: Haverá obrigação de reparar o dano, independentemente de culpa, nos casos especificados em lei, ou quando a atividade normalmente desenvolvida pelo autor do dano implicar, por sua natureza, risco para os direitos de outrem".

a magnitude do dano causado. Trazendo para o que foi discutido no presente artigo, caso a criação do *"profiling"* viole a LGPD estará configurado o ato ilícito (contrário ao direito) e, ato contínuo, o dano-evento (violação da ordem jurídica em relação a LGPD e dos direitos à igualdade e privacidade) e prejuízo (consequência lesiva, que são as situações danosas geradas pelas transgressões aos direitos)[73]. Por conseguinte, em se tratando de relação de consumo, seja pelo vício (serviço não possui a qualidade esperada pelo consumidor em relação aos seus dados pessoais) ou pelo defeito/fato (serviço não tem a segurança em relação a proteção de dados) do serviço, o dever de indenizar não necessita da demonstração da falha do dever de cuidado ou intenção (culpa lato sensu), posto que a responsabilidade é objetiva[74].

Nessa seara, estará primordialmente configurado o dano moral, posto que este se caracteriza como a violação de bem extrapatrimonial protegido juridicamente, que é o caso da privacidade e da igualdade, considerando que quando são violados não acarretam de imediato perdas econômicas, mas principalmente obstáculos no plano existencial (felicidade, dignidade, projetos de vida etc.). Contudo, levando--se em conta os principais critérios de quantificação do dano moral (grau de lesão, importância dos bens jurídicos, intensidade, afetação no mundo interior e exterior, quantidade de bens atingidos, perda de projetos de vida etc.[75]) as indenizações seriam de pequena monta em uma perspectiva individual. Sendo assim, é mais adequada a tutela coletiva, quando direitos de pouca relevância econômica – mas de grande envergadura quanto à sua reprovabilidade – podem obter a proteção judicial, seja no aspecto compensatório seja no que tange a punição do ato mediante valor indenizatório maior do que o suficiente para cumprir o papel reparatório (*punitive damages*). Ou seja, permite que lesões pífias para ser objeto de litígio individual mostrem sua gravidade quando consideradas coletivamente (BONNA, 2015, p. 51).

Ademais, sublinha-se que além de a Ação Civil Pública (tutela coletiva por excelência) permitir a condenação em dano moral individual (direitos individuais homogêneos) ou dano moral coletivo (direitos difusos ou coletivos) pode ter por objeto o requerimento de obrigação de fazer (art. 3º da LACP[76]) no sentido de condenar as pessoas físicas e jurídicas que lidam com dados pessoais de forma ilegal a se adequarem, sob pena de multa (astreintes) periódica (art. 11 da LACP[77]). De outro lado, na

---

73. Sobre o tema, vide: BONNA, Alexandre Pereira; LEAL, Pastora do Socorro Teixeira. Responsabilidade civil sem dano-prejuízo? *Revista Eletrônica Direito e Política*. Programa de Pós-graduação Stricto Sensu em Ciência Jurídica da UNIVALI, Itajaí, v. 12, n. 2. 2ª quadrimestre de 2017.

74. "Art. 14: O fornecedor de serviços responde, independentemente da existência de culpa, pela reparação dos danos causados aos consumidores por defeitos relativos à prestação dos serviços (...)".

75. Sobre o tema, vide: BONNA, Alexandre Pereira; LEAL, Pastora do Socorro Teixeira. A quantificação do dano moral compensatório: em busca de critérios para os incisos V e X do art. 5º da CF/88. *Revista Jurídica da Presidência*, Brasília, v. 21, n. 123, p. 124-146, fev./maio 2019.

76. "Art. 3º: A ação civil poderá ter por objeto a condenação em dinheiro ou a obrigação de fazer ou não fazer."

77. "Art. 11: Na ação que tenha por objeto o cumprimento de obrigação de fazer ou não fazer, o juiz determinará o cumprimento da prestação da atividade devida ou a cessação da atividade nociva, sob pena de execução específica, ou de cominação de multa diária, se esta for suficiente ou compatível, independentemente de requerimento do autor."

PERFILIZAÇÃO, ESTIGMATIZAÇÃO E RESPONSABILIDADE CIVIL **519**

esteira de formas alternativas de solução de conflitos e de despatrimonialização da responsabilidade civil, prudente também a celebração de Termo de Ajustamento de Conduta (TAC) antes de propor qualquer ação coletiva, como autoriza o art. 5º, §6º, da LACP: "os órgãos públicos legitimados poderão tomar dos interessados compromisso de ajustamento de sua conduta às exigências legais, mediante cominações, que terá eficácia de título executivo extrajudicial".

Pois bem. A LGPD trata de responsabilidade civil e reparação de danos entre os seus arts. 42 e 45 e, endossando tudo que foi exposto alhures sobre a teoria da responsabilidade civil, assevera em seu artigo 42 que o controlador ou o operador que, em razão do exercício de atividade de tratamento de dados pessoais, causar a outrem dano patrimonial, moral, individual ou coletivo, em violação à legislação de proteção de dados pessoais, é obrigado a repará-lo. Na mesma linha, apoia o dito anteriormente sobre a aplicabilidade da tutela coletiva e consumerista, fazendo menção à legislação específica[78].

Por fim, o ponto mais importante de análise diz respeito às excludentes do dever de indenizar previstas no art. 43, incisos II (cumprimento da legislação de proteção e dados) e III (culpa de terceiro). No que toca a excludente de o agente de tratamento ter cumprido fielmente a legislação, a maior preocupação surge em um cenário de hipervulnerabilidade de uma massa de consumidores com dificuldades de leitura ou de compreensão do ambiente digital, acendendo um alerta para as técnicas corriqueiras de fornecedores que inserem cláusulas de autorização no bojo de contratos de adesão, sem que o consumidor tenha de fato compreensão das consequências de liberar acesso aos seus dados para uma finalidade específica, pelo que se conclui que o Judiciário e as autoridades fiscalizadoras[79] devem analisar profundamente se a informação sobre a apreensão e uso de dados pessoais foi repassada de forma clara e transparente ao consumidor diante de sua realidade cognitiva.

E, quanto à excludente denominada de culpa de terceiro, é imprescindível que no momento de o juiz analisá-la tenha em mente que a cláusula geral do risco da atividade (art. 927, parágrafo único) tem como uma de suas funções a de afastar determinadas excludentes por considerar que as mesmas estão dentro do círculo de riscos inerentes à atividade. Nessa linha, trovoadas e ventanias não afastam o dever de indenizar de companhias aéreas, nem assalto em agência bancária rompem o nexo causal entre o dano e a atividade do banco. Por esse motivo, deve-se ter prudência diante da prática do "*profiling*" no sentido de avaliar que embora o vazamento ou manipulação de dados tenha sido feita por terceiro com quem o consumidor não possui relação contratual, é possível que a atuação desse terceiro (outros *sites*, aplicativos

---

78. "Art. 42, §3º: As ações de reparação por danos coletivos que tenham por objeto a responsabilização nos termos do caput deste artigo podem ser exercidas coletivamente em juízo, observado o disposto na legislação pertinente."

79. No art. 52, a LGPD autoriza a aplicação de sanções administrativas pela autoridade nacional, como multa, advertência e suspensão das atividades em caso de violação da lei.

e plataformas digitais parceiras) esteja atrelada à atividade do fornecedor do serviço perante o consumidor. Por exemplo, é possível que o *site* Mercado Livre tenha todos os dados de uma pessoa X, porém, ao permitir que a empresa Y faça uma auditoria em seu banco de dados, esta se aproveita para vendê-los ou manipula-los de alguma forma. Aqui estará configurado o dever de indenizar mesmo que abstratamente exista culpa de terceiro, à luz do risco da atividade, tal como um restaurante P terá obrigação de indenizar o cliente Z que passou mal por conta de a carne adquirida ter vindo estragada do fornecedor B.

5. CONCLUSÕES

Diante do exposto, conclui-se que o direito à proteção de dados pessoais no patamar de direito humano, fundamental e da personalidade prova que a cláusula geral de tutela da pessoa humana é aberta, ilimitada e com porosidade diante dos avanços culturais, sociais e tecnológicos. Assim, tendo como núcleo a igualdade e a privacidade, nesse contexto os tentáculos da dignidade da pessoa humana alcançam a necessidade de o ser humano ter domínio sobre informações a seu respeito e que tais dados não a estigmatizem.

Deduz-se também, a partir da leitura conjugada da CF/88, CC/2002, LACP, LGPD e do CDC, que o direito à proteção de dados pessoais no Brasil não carece de uma legislação apropriada. Em outras palavras, os dados pessoais no Brasil não são informações sem dono que podem ser apropriadas e manipuladas na internet, pois há um sólido conjunto normativo que confere proteção jurídica ao indivíduo contra o vilipêndio de sua privacidade e/ou igualdade.

Nesse cenário, a grande preocupação com a violação de dados pessoais não diz respeito a insuficiência do material legislativo, mas sim com a dificuldade prática de fiscalização e cumprimento da regra que exige o consentimento do consumidor, em um contexto de hipervulnerabilidade no campo digital. Como destaca Daniel J. Solove[80] os percalços para um consentimento substancial envolvem os seguintes aspectos: a) dificilmente no momento de baixar um aplicativo ou se inscrever em um site o consumidor lê as políticas de privacidade; b) quando leem, muitos não compreendem as consequências e implicações do compartilhamento de dados pessoais; c) quando compreendem, não há base de informações suficientes para que a tomada de decisões sobre dados pessoais seja segura; d) por fim, ainda quando a decisão do consumidor é sólida, como por exemplo compartilhar sua localização com a Uber, seu *e-mail* e endereço com o Mercado Livre, ou CPF e celular com uma rede de farmácia para obter descontos, muitas vezes não há liberdade de escolha. Em outras palavras, sem o endereço residencial, o Mercado Livre não terá como entregar

---

80. SOLOVE, Daniel J. Privacy self-management and the consent dilemma. *Harvard Law Review*, Cambridge, v. 126, p. 1880-1903, 2013, passim.

o produto, sem sua localização o motorista do aplicativo pode se perder e sem o CPF e celular, a farmácia não dará o desconto.

Ademais, o ponto de maior vulnerabilidade não é obter a aceitação do consumidor de forma consciente, mas sim a transparência necessária para que caso esses dados sejam utilizados para fins diversos daquele esperado pelo consumidor (endereço pra entregar mercadoria, localização para o motorista encontrar, CPF e celular para o desconto da farmácia), como o compartilhamento dos mesmos com empresas diversas, isso seja didaticamente explicado, com clareza solar e apropriada a massa de consumidores vulneráveis em se tratando de meios digitais.

Por conseguinte, para além das sanções administrativas previstas na LGPD e no CDC, pode ser necessária a tutela civil no âmbito judicial, ganhando importância os legitimados para a ação coletiva, pois em uma perspectiva individual normalmente o valor indenizatório do dano moral (por violação de bens extrapatrimoniais como a igualdade e a privacidade) é de pequena monta, mas em uma perspectiva coletiva ganham robustez. Contudo, essa robustez não necessariamente está ligada a valores indenizatórios de cunho compensatório ou punitivo, mas também e principalmente a medidas preventivas ligadas a termo de ajustamento de conduta ou ação coletiva de obrigação de fazer e não fazer de modo a compelir, sob pena de multa, os agentes do campo digital a cumprirem fielmente as disposições legais relativas a proteção de dados pessoais.

Por fim, ressalta-se que futuras pesquisas sobre o tema devem sopesar o valor da liberdade econômica e a importância que as informações de consumidores adquiriram para o sucesso de negócios, especialmente porque o próprio CDC os direitos do consumidor devem ser harmonizados "com a necessidade de desenvolvimento econômico e tecnológico" (art. 4º, III). Mas, como projeção dos direitos da personalidade, humanos e fundamentais, não deve se perder de vista que a proteção de dados pessoais tratamento auxilia a evitar discriminações que não encontrem fundamento constitucional, como aquelas que possam dificultar o acesso ao crédito ou a empregos por determinados grupos. Além disso, afasta práticas que possam reduzir a liberdade e autonomia dos indivíduos, como decisões a partir de análises de dados não informadas ao titular e sob critérios não transparentes[81].

6. REFERÊNCIAS

ASTURIANO, Gisele; REIS, Clayton. Os reflexos do ciberdireito ao direito da personalidade: informação vs. direito à intimidade. *Revista da SJRJ*, Rio de Janeiro, v. 20, n. 37, p. 13-28, ago. 2013.

BOBBIO, Norberto. *A era dos direitos*. Trad. Carlos Nelson Coutinho. Rio de Janeiro: Elsevier, 2004.

BONNA, Alexandre Pereira. A crise ética da responsabilidade civil: desafios e perspectivas. *Quaestio Iuris*, Rio de Janeiro, v.11, n. 1, p. 365-382, 2018.

---

81. TEFFÉ, Chiara Spadaccini de; TEPEDINO, Gustavo. Consentimento e proteção de dados pessoais na LGPD. In: TEPEDINO, Gustavo; FRAZÃO, Ana; OLIVA, Milena Donato (Coords.). *Lei Geral de Proteção de Dados Pessoais e suas repercussões no direito brasileiro*. São Paulo: Revista dos Tribunais, 2019, p. 288.

BONNA, Alexandre Pereira. *Identificação e quantificação do dano moral*: fundamentação da decisão judicial na perspectiva jurídica e ética da lei natural. 448 f. Tese (Doutorado em Direito) – Instituto de Ciências Jurídicas, Universidade Federal do Pará, Belém, 2018.

BONNA, Alexandre Pereira; LEAL, Pastora do Socorro Teixeira. A quantificação do dano moral compensatório: em busca de critérios para os incisos V e X do art. 5º da CF/88. *Revista Jurídica da Presidência*, Brasília, v. 21, n. 123, p. 124-146, fev.-maio 2019.

BONNA, Alexandre Pereira; LEAL, Pastora do Socorro Teixeira. Proteção multinível de direitos humanos nas relações privadas por meio do reconhecimento dos novos danos. *Anais do V Encontro Internacional do Conselho de Pesquisa e Pós-Graduação em Direito*. Grupo de Trabalho Direito Internacional dos Direitos Humanos III, Montevidéu, Uruguai, 2016.

BONNA, Alexandre Pereira; LEAL, Pastora do Socorro Teixeira. Responsabilidade civil sem dano-prejuízo? *Revista Eletrônica Direito e Política*. Programa de Pós-graduação *Stricto Sensu* em Ciência Jurídica da UNIVALI, Itajaí, v. 12, n. 2. 2ª quadrimestre de 2017.

BONNA, Alexandre Pereira. *Punitive damages (indenização punitiva) e os danos em massa*. Rio de Janeiro: Lumen Juris, 2015.

BRASIL. Ministério Público Federal. Câmara de Coordenação e Revisão. *Analise de dispositivos da lei de acesso à informação, da lei de Identificação Civil, da lei do Marco Civil da Internet e da Lei Nacional de Proteção de Dados (Roteiro de Atuação, v. 3.)*. Brasília: MPF, 2019. Disponível em: http://www.mpf.mp.br/atuacao-tematica/ccr3/documentos-e-publicacoes/roteiros-de-atuacao/sistema-brasileiro-de-protecao-e-acesso-a-dados-pessoais-volume-3. Acesso em: 17 jan. 2022.

CABRAL, Ruben de Freitas. *A noção de indivíduo e a dimensão da pessoa humana*: percursos e caminhos. Porto: APES, 2013.

CLARKE, Roger A. Profiling: a hidden challenge to the regulation of data surveillance. *Journal of Law, Information and Science*, Hobart, v. 4, n. 2, p. 403-, dez. 1993. Disponível em: https://www.austlii.edu.au/au/journals/JlLawInfoSci/1993/26.html. Acesso em: 24 jan. 2022.

CORDEIRO, António Menezes. *Tratado de direito civil português*. Parte Geral. Coimbra: Almedina, 2004, v. I, t. III.

FARIAS, Cristiano Chaves de; ROSENVALD, Nelson. *Curso de direito civil*. 13. ed. São Paulo: Atlas, 2015, v. 1.

FREITAS, Cinthia Obladen de Almendra; PAMPLONA, Danielle Anne. Cooperação entre estados totalitários e corporações: o uso da segmentação de dados e profiling para violação de direitos humanos. In: RUARO, Regina Linden; MAÑAS, José Luis Piñar; MOLINARO, Carlos Alberto (Orgs.). *Privacidade e proteção de dados pessoais na sociedade digital*. Porto Alegre: Editora Fi, 2017.

GOFFMAN, Erving. *Estigma*: notas sobre a manipulação da identidade deteriorada. Trad. Mathias Lambert. 4. ed. Rio de Janeiro: LTC, 2004.

HUXLEY, Aldous. *Admirável mundo novo*. Trad. Vidal de Oliveira e Lino Vallandro. 5. ed. Porto Alegre: Globo, 1979.

MENDES, Laura Schertel. *Transparência e privacidade*: violação e proteção da informação pessoal na sociedade de consumo. 2008. 158f. Dissertação (Mestrado em Direito) – Faculdade de Direito, Universidade de Brasília, Brasília, 2008.

MEUCCI, Arthur; MATUCK, Arthur. A criação de identidades virtuais através das linguagens digitais. *Revista Comunicação, Mídia e Consumo da Escola Superior de Propaganda e Marketing – ESPM*, São Paulo, v. 2, n. 4, p. 157-182, 2005.

PALMER, Daniel E. Pop-ups, cookies, and spam: toward a deeper analysis of the ethical significance of Internet marketing practices. *Journal of Business Ethics*, Berlim/Heidelberg, v. 58, n. 1-3, p. 271-280, 2008.

PIZARRO, Ramon Daniel. *Daño moral*: el daño moral en las diversas ramas del derecho. Buenos Aires: Hammurabi, 1996.

RÖSSLER, Beate. *Privacies: philosophical evaluations*. Stanford: Stanford University Press, 2004.

SANTOS, Manoel J. Pereira dos. *Responsabilidade civil na Internet e demais meios de comunicação*. 2. ed. São Paulo: Saraiva, 2014.

SARAIVA NETO, Pery; FENILI, Maiara Bonetti. Novos marcos legais sobre proteção de dados pessoais e seus impactos na utilização e tratamento de dados para fins comerciais. *Revista de Estudos Jurídicos e Sociais*, Cascavel, v. 1, n. 1, dez. 2018.

SARMENTO, Daniel. *Dignidade da pessoa humana*. Belo Horizonte: Fórum, 2016.

SILVA, Américo Luís Martins da. *O dano moral e a sua reparação civil*. 3. ed. São Paulo: Revista dos Tribunais, 2005.

SOLOVE, Daniel J. Privacy self-management and the consent dilemma. *Harvard Law Review*, Cambridge, v. 126, p. 1880-1903, 2013.

TEFFÉ, Chiara Spadaccini de; TEPEDINO, Gustavo. Consentimento e proteção de dados pessoais na LGPD. In: TEPEDINO, Gustavo; FRAZÃO, Ana; OLIVA, Milena Donato (Coords.). *Lei Geral de Proteção de Dados Pessoais e suas repercussões no direito brasileiro*. São Paulo: Revista dos Tribunais, 2019.

THOMSON, Judith Jarvis. The right to privacy. *Philosophy & Public Affairs*, Nova Jersey, v. 4, n. 4, p. 295-314, jun.-ago. 1975.

VAN DEN HOVEN, Jeroen. Information technology, privacy, and the protection of personal data. *In:* VAN DEN HOVEN, Jeroen; WECKERT, John (Eds.). *Information technology and moral philosophy*. Cambridge: Cambridge University Press, 2008. p. 301-322.

VIEIRA, Tatiana Malta. *O direito à privacidade na sociedade da informação*: efetividade desse direito fundamental diante dos avanços da tecnologia da informação. 2007. 297f. Dissertação (Mestrado em Direito) – Faculdade de Direito, Universidade de Brasília, Brasília, 2007.

LIMITES AO *NEUROMARKETING*: A TUTELA DO CORPO ELETRÔNICO POR MEIO DOS DADOS NEURAIS

Arthur Pinheiro Basan

Doutor em Direito da Universidade do Vale do Rio dos Sinos (UNISINOS). Mestre em Direito da Universidade Federal de Uberlândia (UFU). Pós-graduado em Direito Constitucional Aplicado da Faculdade Damásio. Professor Adjunto da Universidade de Rio Verde (UNIRV). Associado Titular do Instituto Brasileiro de Estudos em Responsabilidade Civil (IBERC). Contato eletrônico: arthurbasan@hotmail.com ORCID id: http://orcid.org/0000-0002-0359-2625

Guilherme Magalhães Martins

Procurador de Justiça do Ministério Público do Estado do Rio de Janeiro. Professor associado de Direito Civil da Faculdade Nacional de Direito – Universidade Federal do Rio de Janeiro – UFRJ. Professor permanente do Doutorado em Direito, Instituições e Negócios da Universidade Federal Fluminense – UFF. Doutor em Direito Civil (2006), Mestre em Direito Civil (2001) e Bacharel (1994) pela Faculdade de Direito da Universidade do Estado do Rio de Janeiro. Pós-doutorando em Direito Comercial pela Faculdade de Direito da Universidade de São Paulo – USP – Largo de São Francisco. É professor adjunto(licenciado) da Faculdade de Direito da Universidade Cândido Mendes-Centro. Foi professor visitante do Mestrado e Doutorado em Direito e da Graduação em Direito da Universidade do Estado do Rio de Janeiro (2009-2010). É Membro Honorário do Instituto dos Advogados Brasileiros – IAB NACIONAL, junto à Comissão de Direito do Consumidor. Leciona Direito Civil, Direito do Consumidor e temas ligados ao Direito da Tecnologia da Informação e aos novos direitos. Segundo. Vice-Presidente do BRASILCON, Diretor institucional do IBERC, membro fundador do IAPD e associado do IBDFAM, tem participado como palestrante de diversos congressos e simpósios jurídicos, nacionais e internacionais. Autor de obras dedicadas ao estudo do Direito Digital.

Sumário: 1. Introdução – 2. Dados neurais e o *neuromarketing* – 3. As publicidades de consumo e a proteção de dados pessoais – 4. A proteção de dados neurais conforme o projeto de Lei 1.229/21 – 5. Considerações finais – 6. Referências.

1. INTRODUÇÃO

O desenvolvimento das tecnologias da informação e comunicação (TIC) nos últimos anos proporcionou evidente mutação na vida social, superando fronteiras e limitações físicas, e possibilitando o surgimento de uma sociedade em rede[1], com base forte na informação, nos dados e no conhecimento.[2] De maneira mais específica, o desenvolvimento da computação, sobretudo a ampliação do uso da Internet, foi o

---

1. CASTELLS, Manuel. *A sociedade em rede*. Rio de Janeiro: Paz e Terra, 2018.
2. DIJK, Jan van. *The network society*. 3. rd. Londres: Sage Publications, 2012.

ponto central dessa conjectura social que proporcionou novo ambiente para as interações humanas, destacando as alterações na economia.[3] Afinal, em rede, o mercado reduziu custos e facilitou a aproximação das partes contratantes frente as inúmeras formas de comunicação. Soma-se isso ao fato de o próprio consumidor contratar, no conforto da sua casa, 24 horas por dia, todos os dias da semana, produtos e serviços de seu interesse com base em um simples clique.

Além disso, a própria informação tornou-se produto oferecido amplamente no mercado, e a publicidade ganhou destaque como instrumento estratégico de *marketing*. É por isso que se pode afirmar que nos últimos anos o desenvolvimento da publicidade foi um dos fatores que mais contribui para a mudança paradigmática no mercado, transformando o sistema econômico em uma verdadeira economia virtualizada.[4] Na Internet, é praticamente impossível desconhecer o Google, empresa que conseguiu criar uma fórmula inovadora e onipresente de ganhar dinheiro, isto é, a publicidade *online*.[5]

Desse modo, neste ambiente, a publicidade se estrutura de forma peculiar a partir dos dados pessoais dos consumidores. Isso porque, para otimizar a oferta de produtos e serviços a públicos específicos, foi preciso conhecer os reais interesses do denominado "público alvo", caminhando para a construção de perfis de consumo, denominados *profilings*[6]. O *profiling* é uma espécie de "avatar" que representa o consumidor a partir da reunião de diversos dados pessoais, como preferências, costumes, geolocalização, idade, formação profissional, hábitos, classe social, *hobbys* etc. Esses dados são o substrato da publicidade qualificada e direcionada, a grande tônica do mercado digital.[7]

Diante desse cenário, diversos problemas jurídicos surgem, e a partir da metáfora do "big brother", é possível dizer que o direito de privacidade adquire nova faceta, transmudando-se para a proteção de dados pessoais.[8] Desse modo, a tutela da pessoa

---

3. CASTELLS, Manuel. *A galáxia da internet*: reflexões sobre a internet, os negócios e a sociedade. Rio de Janeiro: Zahar, 2003,p.58
4. MARTINS, Fernando Rodrigues. Sociedade da Informação e proteção da pessoa. *Revista da Associação Nacional do Ministério Público do Consumidor*, Brasília, DF, v. 2, n. 2, p. 5, 2016.
5. TORRES, Cláudio. *A bíblia do marketing digital*: tudo o que você queria saber sobre marketing e publicidade na internet e não tinha a quem perguntar. São Paulo: Novatec, 2018. p. 311.
6. Quanto a essa prática, destaca-se desde já a importância do princípio da finalidade, exigido na LGPD, de forma que "O titular também deverá ser informado da construção de perfil (*profiling*) e de suas respectivas consequências, além da ciência da eventual obrigatoriedade de fornecimento dos dados pessoais e das consequências no caso de recusa" VAINZOF, Rony. Dados pessoais, tratamento e princípios. BLUM, Renato Opice; MALDONADO, Viviane Nóbrega (coord.). *Comentários ao GDPR*: regulamento geral de proteção de dados da União Europeia. São Paulo: Thomson Reuters Brasil, 2018. p. 54
7. Neste sentido, "criou-se um planejamento individualizado por meio do qual o cliente é tratado individualmente, mediante um relacionamento estreito e interativo, em que ele mesmo define as especificações do produto ou serviço que melhor atendam as suas necessidades". PRATES, Cristina Cantú. *Publicidade na internet*: consequências jurídicas. Curitiba: Juruá, 2015. p. 43.
8. Danilo Doneda destaca a importância de sustentar-se a ideia de metamorfose das estruturas clássicas, isto é, a ideia de que não houve uma ruptura com a concepção de privacidade classicamente construída, mas que "seu centro de gravidade tenha se reposicionado decisivamente em função da multiplicidade de interesses

humana, em sua integridade, passa a exigir nova compreensão das lesões e ameaças que surgem na sociedade informatizada e cada vez mais vigiada.[9] Neste ponto, inclusive, já se defendeu a necessária proteção do consumidor frente a publicidade que se aproveita de modo indevido de dados pessoais para impor publicidades direcionadas e não solicitadas[10], como forma de garantir a integridade psíquica do consumidor, por meio do respeito ao seu corpo eletrônico.[11]

Isso porque, no atual contexto, há uma fusão de tecnologias e a interação entre os aspectos físicos, digitais e biológicos[12], formando um "corpo eletrônico", isto é, um novo aspecto da pessoa natural, que não ostenta apenas a massa física, ou um *corpus*, mas também uma dimensão digital.[13] Isso significa que a identidade das pessoas diz respeito não somente ao seu corpo físico, mas também abrange o seu corpo eletrônico, composto pelo conjunto de seus dados pessoais sistematizados, que expõe em informações praticamente toda a vida das pessoas.[14]

Exatamente por isso que os riscos às pessoas se agravam ainda mais a partir de tecnologias que conseguem extrair informações ainda mais precisas dos hábitos dos consumidores, através da neurociência, transformando em informações a relação entre comportamentos de consumo e a atividade cerebral. Atualmente, a tecnologia de compreensão do cérebro, invasiva ou não invasiva, já é uma realidade, que tem sido usada cada vez mais no mercado, por meio do *neuromarketing*. Em resumo, o mercado tem se aproveitado de técnicas capazes de interpretar as reações cerebrais para aprimorar ofertas de venda, de forma obscura e oculta ao consumidor. Há aqui, portanto, riscos à integridade da pessoa humana, notadamente à projeção da existência representada pelos dados pessoais.

Diante disso, o problema de pesquisa pode ser desenhado a partir da seguinte questão: considerando as tecnologias de mapeamento do cérebro, de que maneira pode-se desenvolver maior proteção jurídica aos dados pessoais das pessoas expostas às novas práticas de mercado, especialmente ao *neuromarketing*?

Com base nessa problemática, o presente estudo tem como objetivo geral estudar a proteção dos dados pessoais denominados "dados neurais", que podem ser utilizados indevidamente nas ofertas de consumo. Tendo isso como base, o texto trabalha

---

envolvidos e da sua importância na tutela da pessoa humana." DONEDA, Danilo. *Da privacidade à proteção de dados pessoais*. São Paulo: Revista dos Tribunais, 2019, p.65.

9. RODOTÀ, Stefano. *A vida na sociedade da vigilância*: a privacidade hoje. Tradução: Danilo Doneda e Luciana Cabral Doneda. Rio de Janeiro: Renovar, 2008. p. 237.

10. BASAN, Arthur Pinheiro. Habeas Mente: garantia fundamental de não ser molestado pelas publicidades virtuais de consumo. Revista de Direito do Consumidor. São Paulo. v.131, set./out. 2020.

11. BASAN, Arthur Pinheiro Basan FALEIROS JÚNIOR, José Luiz de Moura. A tutela do corpo eletrônico como direito básico do consumidor. *Revista dos Tribunais*, São Paulo, v.1021, nov./ 2020, p. 5.

12. SCHWAB, Klaus. *A quarta revolução industrial*. Tradução de Daniel Moreira Miranda. São Paulo: Edipro, 2016. p. 16.

13. RODOTÀ, Stefano. *Intervista su privacy e libertà*. Roma/Bari: Laterza, 2005, p. 120-121.

14. BIONI, Bruno Ricardo. *Proteção de dados pessoais: a função e os limites do consentimento*. Forense: Rio de Janeiro, 2019. p. 87.

com os seguintes objetivos específicos: i) apresentar brevemente o conceito de dados neurais; ii) apontar como as publicidades usam os dados pessoais; iii) destacar como o *neuromarketing* pode promover o indesejado assédio de consumo; iv) correlacionar o *neuromarketing* com a proteção de dados pessoais no Brasil; e, por fim, v) descrever como Projeto de Lei 1.229/21 surge como caminho viável para a ampliação da tutela da pessoa exposta a esse tipo de assédio de consumo.

Trabalha-se com a hipótese de que os novos negócios, que tem os dados pessoais como fonte de riqueza, ao proporcionarem novas formas de ofertas, ampliaram as possibilidades de danos aos consumidores, especialmente a partir dos dados neurais, trazendo como consequência mais uma vez o agravamento da vulnerabilidade do consumidor.[15] Daí porque o *neuromarketing* confia o seu sucesso devido, justamente, à vulnerabilidade a que reduz o consumidor, na maioria das vezes sem que este sequer tenha consciência.[16]

Por isso, o direito de proteção de dados se apresenta como relevante instrumento de tutela das pessoas, inclusive no que se refere à proteção contra práticas de mercado invasivas. Inegavelmente, a questão deve ser tratada com vistas à imposição de limites aos abusos das ofertas publicitárias, que além de promoverem ilegalmente o tratamento de dados extremamente sensíveis, como os dados neurais, podem assediar o consumidor, perturbando o seu sossego.[17] Conforme se nota, o assunto é atual e possui forte impacto social, representado, por exemplo, pelo próprio Projeto de Lei 1.229/21, que visa dar um tratamento diferenciado de proteção aos dados neurais.

Partindo dessas ideias, a pesquisa utilizará o método de abordagem dedutivo, investigando o *neuromarketing* para evidenciar a problemática do uso de dados pessoais, mais especificadamente os dados neurais, pelo mercado. Além disso, o trabalho promoverá a análise bibliográfico-doutrinária para, logo em seguida, apresentar as considerações finais, das quais se procurará apontar como o Projeto de Lei 1.229/21 confirma a hipótese de que o direito de proteção de dados pessoais mostra-se ins-

---

15. "A evolução tecnológica e das mais variadas formas de acesso à informação, acentua-se, como consequência, a vulnerabilidade do consumidor, à medida que ele desconhece como o fornecedor tem potencial para valer-se das tecnologias e extrair proveito delas." MARTINS, Guilherme Magalhães. Contratos eletrônicos na internet. Atlas: São Paulo, 2016. p. 55.

16. "O 'neuromarketing' é um tema que tem relação direta com o princípio da vulnerabilidade, pois importa em um conjunto de conhecimentos que analisam fisiologicamente o cérebro do consumidor, bem como as manifestações corporais no momento do ato de consumo, no afã de propor novas estratégias de 'marketing' e de comportamento consumerista. Assim, como equilibrar a relação estabelecida entre o consumidor e o fornecedor, a qual é notoriamente assimétrica, quando o último se encontra munido de uma série de instrumentos e estudos científicos que perscrutam e procuram imputar o querer do primeiro? O consumidor passa a tomar decisões que não são decorrência de uma vontade refletida, mas antes condicionadas, programadas e neurologicamente estudadas". MENDONÇA, Gilson Martins; KOZICKI, Katya. O princípio da vulnerabilidade e as técnicas de neuromarketing: aprofundando o consumo como vontade irrefletida. *Revista Scientia Iuris*, Londrina, v. 18, n. 1, jul. 2014. p. 135-152.

17. BASAN, Arthur Pinheiro. *Publicidade digital e proteção de dados pessoais: o direito ao sossego*. Indaiatuba: Editora Foco, 2021, p.14.

LIMITES AO NEUROMARKETING: A TUTELA DO CORPO ELETRÔNICO POR MEIO DOS DADOS NEURAIS 529

trumento seguro para ampliar a proteção da pessoa em sua integridade, inclusive psíquica, frente às novas estratégias de abusos publicitários.

2. DADOS NEURAIS E O *NEUROMARKETING*

A ampliação do conhecimento do cérebro e de suas atividades tem implicações que vão além da medicina e passam a atingir outras esferas do conhecimento, especialmente pela necessidade de imposição de limites. Afinal, a partir da compreensão mais precisa do funcionamento do cérebro há possibilidade de acesso desigual a informações e a violação da liberdade e autodeterminação das pessoas. Isso porque, de um modo geral, a tecnologia tem permitido, cada vez mais, correlacionar certas atividades cerebrais com determinados comportamentos humanos, produzindo uma porção de dados a respeito.[18]

Historicamente, tal possibilidade ganhou novas projeções a partir do século XIX, notadamente com o desenvolvimento, pelo pesquisador Hans Berger, do eletroencefalograma (EEG), técnica que utilizava pequenos eletrodos planos, aplicados na superfície do couro cabeludo de uma pessoa, conectados a um galvanômetro tradicional, isto é, um aparelho eletromecânico capaz de medir correntes eléctricas de baixa intensidade.[19] Foram os estudos iniciais de Berger que permitiram concluir que diferentes ritmos elétricos do cérebro estão associados a comportamentos rotineiros.[20] Neste sentido, Nicolelis afirma que:

> Hoje, o EEG é rotineiramente utilizado em todo o mundo como uma ferramenta essencial, tanto para pesquisa como para diagnóstico. Nesses noventa anos de serviços prestados à humanidade, a técnica permitiu aos neurofisiologistas demonstrar a existência de uma grande variedade de

---

18. "As ciências do cérebro procuram descobrir mecanismos pelos quais a atividade neural é gerada, os pensamentos são criados e o comportamento é produzido. O que nos faz ver, ouvir, sentir e compreender o mundo ao nosso redor? Como podemos aprender movimentos emaranhados, que requerem correções contínuas para pequenas variações no caminho? Qual é a base da memória e como atribuímos atenção a tarefas específicas? Responder a essas perguntas é a grande ambição deste amplo empreendimento e, embora o funcionamento do sistema nervoso seja imensamente complicado, várias linhas da pesquisa agora clássica fizeram um enorme progresso: características essenciais da natureza do potencial de ação, da transmissão sináptica, do processamento sensorial, da base bioquímica da memória e do controle motor. Esses avanços formaram bases conceituais para a neurociência moderna e tiveram um impacto substancial na prática clínica. O método que produziu esse conhecimento, o método científico, envolve observação e experimento, mas sempre uma consideração cuidadosa dos dados. KASS, Robert E.; EDEN, Uri T.; BROWN, Emery N. *Analysis of Neural Data*. New York: Springer, 2014, p. 1.

19. O uso dessa tecnologia nas publicidades também já foi destacado pela doutrina: "A primeira empresa de *neuromarketing* do Brasil, a Forebrain, analisa o impacto das campanhas publicitárias de seus clientes com a utilização de técnicas para captar a atividade elétrica cerebral, o Eletroencefalograma (EEG), e para medir o movimento dos olhos e o padrão de fixação do olhar, o Eye-Tracking. Em 2016, após estudar as respostas neurais de 1.200 participantes diante de mais de 500 comerciais de TV, a empresa divulgou o relatório BRAIN 500 onde apresenta 50 cases que proporcionam insights sobre como ganhar a atenção do consumidor, emocioná-lo e ser lembrado." VERBICARO, Dennis; RODRIGUES, Lays; ATAÍDE, Camille. Desvendando a vulnerabilidade comportamental do consumidor: uma análise jurídico-psicológica do assédio de consumo. *Revista de Direito do Consumidor*, São Paulo, v. 119, p. 349-384, set./out. 2018.

20. NICOLELIS, Miguel. *Muito além do nosso eu*: a nova neurociência que une cérbero e máquinas e como ela pode mudar nossas vidas. São Paulo: Planeta, 2017, p.120.

ritmos cerebrais correlacionadas com diferentes estados dinâmicos internos do cérebro e com uma série de comportamentos. [...] [...] Em suma, foi a partir da introdução dessa técnica que a neurociência adquiriu a habilidade de documentar a atividade integrativa do cérebro desperto.[21]

Conforme se nota, a tecnologia tem permitido a compreensão cada vez mais precisa da atividade cerebral, através da "neurotecnologia", capaz de possibilitar, por exemplo, a conexão de pessoas e máquinas tão somente pelos impulsos nervosos do cérebro. Assim, algoritmos de Inteligência Artificial já permitem a interpretação de dados cerebrais capaz de identificar comandos que o cérebro (tecidos cerebrais vivos) está prestes a produzir, e transformar esses dados em informações inteligíveis a máquinas (dispositivos artificiais). Com efeito, "essas interfaces cérebro-máquina (IMC), como esse novo paradigma foi denominado, permitiam que animais ou pacientes com deficiência grave usassem a atividade elétrica do cérebro para controlar os movimentos de dispositivos artificiais a fim de executar tarefas simples".[22]

Uma demonstração clara dessa evolução tecnológica pôde ser vista na demonstração do projeto "Andar de Novo", apresentado timidamente na abertura da Copa do Mundo de 2014 no Brasil. A pesquisa possibilitou que uma pessoa paraplégica, equipada com exoesqueleto robótico controlado diretamente pela mente, conseguisse dar o chute inicial do torneio de futebol.[23]

Essas tecnologias indicam o caminho para um mundo no qual será possível decodificar os processos mentais das pessoas em dados e manipular diretamente às suas intenções, emoções e decisões, além da comunicação entre pessoas, simplesmente através do pensamento.[24] Evidentemente que, a partir dessas tecnologias, será possível também extrair da atividade cerebral importantes informações pessoais, ampliando os riscos inerentes à formação dos bancos de dados mencionados, os *profilings*.

Assim, conforme já citado, a evolução tecnológica no tratamento de dados não é ignorada pelo mercado. A título de exemplo, atualmente os algoritmos já são utilizados frequentemente para direcionar publicidades, calcular prêmios de seguro ou definir potenciais correspondências de parceiros amorosos em aplicativos de relacionamentos. Sem dúvidas, esses algoritmos serão muito mais poderosos se se aproveitarem de dados neurais, como os padrões de atividades de neurônios

---

21. NICOLELIS, Miguel. *Muito além do nosso eu*: a nova neurociência que une cérbero e máquinas e como ela pode mudar nossas vidas. São Paulo: Planeta, 2017, p.121.

22. NICOLELIS, Miguel. *Brain-to-Brain Interfaces*: When Reality Meets Science Fiction. Cerebrum: the Dana forum on brain science. 2014. Disponível em: https://www.ncbi.nlm.nih.gov/pmc/articles/PMC4445586/. Acesso em: 26 maio 2021.

23. Destaca o autor que: "a história completa das descobertas, aventuras e emoções do Projeto Andar de Novo, bem como os bastidores e as múltiplas tentativas de sabotagem que o projeto sofreu no Brasil, será contada no meu próximo livro, *The kick*." NICOLELIS, Miguel. *Muito além do nosso eu*: a nova neurociência que une cérbero e máquinas e como ela pode mudar nossas vidas. São Paulo: Planeta, 2017, p. 424.

24. Experimentos já foram capazes de estabelecer a interface cérebro a cérebro entre ratos. NICOLELIS, Miguel. *Brain-to-Brain Interfaces*: When Reality Meets Science Fiction. Cerebrum: the Dana forum on brain science. 2014. Disponível em: https://www.ncbi.nlm.nih.gov/pmc/articles/PMC4445586/. Acesso em: 26 maio 2021.

associados com certos estados de atenção[25], visando induzir ou prever comportamentos dos consumidores.

Essa evolução tecnológica, portanto, destaca um ponto importante no âmbito jurídico, qual seja, a regulação do tratamento desses dados oriundos da atividade do cérebro, os "dados neurais". Assim, surge a necessidade de proteção desse tipo de dado, de maneira ainda mais específica, assim como as legislações protetivas em geral fazem com os dados sensíveis. Afinal, os dados neurais correspondem ao aspecto mais íntimo da privacidade humana, o cerne da proteção das pessoas frente às vicissitudes das novas tecnologias.

Destaca-se, desde já, que o conceito jurídico de dado neural pode ser extraído do Projeto de Lei 1229/2021, inspirado expressamente no projeto de Emenda à Constituição chileno, segundo o qual dado neural é "qualquer informação obtida, direta ou indiretamente, da atividade do sistema nervoso central e cujo acesso é realizado por meio de interfaces cérebro-computador invasivas ou não invasivas."[26] Diante disso, surge a importância de destacar o *neuromarketing* como estratégica mercadológica capaz de colocar em risco a integridade psíquica do consumidor, em especial, a partir do momento em que essa estratégia, utilizando dados neurais, atrela-se às práticas publicitárias que assediam ao consumo.[27]

Para o presente estudo, entende-se o *neuromarketing* como a publicidade que envolve ideias dos campos da psicologia social, estética, neurociência, neurodesign, psicologia evolucionista, economia comportamental, teste de pesquisa de mercado, inteligência artificial e análise de imagem por computador.[28] Nesta prática de mercado, "o publicitário, auxiliado por psicólogos, psiquiatras, antropólogos e sociólogos, aproveita a condição da natureza humana para impingir-lhe cada vez mais 'desejos de consumo'."[29]

---

25. YUSTE, Rafael et al. Four ethical priorities for neurotechnologies and AI. *Nature*. Novembro de 2017, v. 551. Disponível em: https://www.nature.com/news/polopoly_fs/1.22960!/menu/main/topColumns/topLeftColumn/pdf/551159a.pdf Acesso em: 26 maio 2021.
26. BRASIL. Câmara dos Deputados. *Projeto de lei PL 1229/2021*. Modifica a Lei n. 13.709, de 14 de agosto de 2018 (Lei Geral de Proteção de Dados Pessoais), a fim de conceituar dado neural e regulamentar a sua proteção. Disponível em: https://www.camara.leg.br/propostas-legislativas/2276604. Acesso em: 26 maio 2021.
27. Cita-se, por exemplo, a utilização do *data mining* como forma de promoção publicitária. Neste sentido, Martin Lindstrom afirma que: "graças às empresas de *data mining* (ou Big Brothers, como gosto de chama-las), todas as vezes que pesquisamos no Google, escrevemos na página do Facebook de um amigo, usamos o cartão de crédito, baixamos uma música do iTunes, procuramos um endereço pelo celular ou fazemos compras no mercadinho perto de casa, um coletor de dados invisível está nos espionando. O sistema se incumbe de registrar todas as informações e detalhá-las, analisa-las e vende-las a lojas e empresas de *marketing*." LINDSTROM, Martin. *Brandwashed*: o lado oculto do marketing. Controlamos o que compramos ou são as empresas que escolhem por nós? Rio de Janeiro: Alta Books, 2018. p. 240.
28. BRIDGER, Darren. *Neuromarketing*: como a neurociência aliada ao design pode aumentar o engajamento e a influência sobre os consumidores. São Paulo: Autêntica Business, 2018. p. 17.
29. MALTEZ, Rafael Tocantins. *Direito do consumidor e publicidade*: análise jurídica e extrajurídica da publicidade subliminar. Curitiba: Juruá, 2011. p. 161.

O problema se agrava ainda mais ao notar que, na Internet, visualiza-se um verdadeiro experimento psicológico do mercado[30], onde "todos os dias, milhões de *designs*, fotos e imagens são lançados e testados com base em milhões de reações comportamentais: cliques."[31] Em verdade, surge como ambiente em que as publicidades são direcionadas à busca da atenção do consumidor[32], principalmente com base nos ensinamentos transdisciplinares, como da psicologia comportamental[33], que reforçam as lições do *neuromarketing*[34] e, além disso, do direcionamento e da manipulação permitida pelo processamento de dados pessoais.[35] Neste sentido, "todo esse conhecimento, associado ao poder da comunicação, hoje também embasado nos estudos da biologia, neurociência e psicologia, pode ser facilmente utilizado para manipular pessoas." [36]

Soma-se isso ao fato de que, atualmente, há uma nítida fusão de tecnologias e a interação entre os aspectos físicos, digitais e biológicos das pessoas. Tudo graças à presença cada vez mais marcante da tecnologia no cotidiano dos consumidores, com destaque para o *smartphone*, aparelho quase onipresente, considerado muitas

---

30. O *marketing digital*, como centro da *Internet*, tem como base o comportamento humano, em suas intenções, desejos e necessidades. Assim, "quando falamos em *marketing digital* estamos falando sobre pessoas, suas histórias e desejos. Estamos falando sobre relacionamentos e necessidades a serem atendidas. Assim a visão que mais se aproxima da realidade é a baseada no comportamento do consumidor [...]. TORRES, Cláudio. *A bíblia do marketing digital*: tudo o que você queria saber sobre marketing e publicidade na internet e não tinha a quem perguntar. São Paulo: Novatec, 2018. p. 103.

31. BRIDGER, Darren. *Neuromarketing*: como a neurociência aliada ao design pode aumentar o engajamento e a influência sobre os consumidores. São Paulo: Autêntica Business, 2018. p. 21.

32. WU, Tim. *The attention merchants*: the epic scramble to get inside our heads. New York: Vintage, 2017.

33. Neste ponto é importante mencionar a abordagem utilizada por Cass Sunstein e Richard Thaler, segundo o qual a ciência da escolha, como área emergente, tem demonstrado que a racionalidade dos julgamentos e decisões humanas são menores do que se imaginava. Neste sentido, os autores mencionam a importância, nas decisões das pessoas, do *nudge*, isto é, pequeno empurrão, capaz de induzir gentilmente a pessoa a tomar determinado comportamento. Assim, as opções oferecidas no mercado de consumo não são neutras, sendo fortemente influenciáveis. Nas palavras dos autores: "em suma, segundo nosso ponto de vista, as pessoas são influenciadas por *nudges*. Suas escolhas, mesmo as mais importantes são influenciadas de formas imprevisíveis em um enquadramento econômico padrão." SUNSTEIN, Cass R.; THALER, Richard H. *Nudge*: como tomar melhores decisões sobre saúde, dinheiro e felicidade. Rio de Janeiro: Objetiva, 2019. p. 49.

34. "Expoentes do *neuromarketing* podem ser encontrados em produtos como o Youtube e o Facebook, por exemplo. Neles, há vasto emprego de uma gama infindável de cores, sons e movimentos proporcionados pelos videoclipes, fotos e uso desenfreado dos emojis como forma de dar a sensação de completa liberdade de expressão, causando assim, sentimentos de conforto, acolhimento, bem-estar e prazer que não são encontrados nas mídias tradicionais como o rádio e o jornal impresso." PARCHEN, Charles Emmanuel; FREITAS, Cinthia Obladen de Almendra; DE MEIRELES, Jussara Maria Leal. Vício do consentimento através do *neuromarketing* nos contratos da era digital. *Revista de Direito do Consumidor*, São Paulo, v. 115, p. 331-356, jan.-fev. 2018

35. FRAZÃO, Ana. Fundamentos da proteção dos dados pessoais: noções introdutórias para a compreensão da importância da lei geral da proteção de dados. In: FRAZÃO, Ana; TEPEDINO, Gustavo; OLIVA, Milena Donato (Coord.). *Lei geral de proteção de dados pessoais e suas repercussões no direito brasileiro*. São Paulo: Thomson Reuters Brasil, 2019. p. 44.

36. FRAZÃO, Ana. Fundamentos da proteção dos dados pessoais: noções introdutórias para a compreensão da importância da lei geral da proteção de dados. In: FRAZÃO, Ana; TEPEDINO, Gustavo; OLIVA, Milena Donato (Coord.). *Lei geral de proteção de dados pessoais e suas repercussões no direito brasileiro*. São Paulo: Thomson Reuters Brasil, 2019. p. 33.

vezes parte do corpo das pessoas, e conectado o tempo todo à Internet.[37] Consoante aponta Nicolelis:

> Não é mais surpresa postular a verdadeira razão que impede milhões de pessoas de imaginar a possibilidade de se separar mesmo que por um único segundo, de seus amados telefones celulares. Uma vez que seus sentimentos primordiais sejam despertos, o cérebro não titubeia: ele imediatamente abraça tudo que o rodeia, sem pensar mais por um só instante onde ficavam, momentos antes, suas vãs fronteiras![38]

Dessa maneira, o que se nota é que os consumidores estão cada vez mais dependentes das tecnologias, especialmente àquelas relacionadas ao celular, e também frequentemente conectados à Internet, ampliando de maneira drástica os riscos inerentes à coleta e posterior utilização de dados neurais, notadamente para o oferecimento de publicidades. Cite-se, como exemplo, o uso das expressões faciais (chamada "leitura fria") do consumidor enquanto utiliza o celular, afinal, já existem *softwares* capazes de interpretar as reações das pessoas de acordo com a câmera do aparelho. Em resumo, os olhares dos consumidores são rastreados, de modo a buscar informações sobre os locais da tela que mais chamaram atenção, ou mesmo as emoções vivenciadas no ato da compra, de modo que "o software até pode medir os batimentos cardíacos e detectar flutuações minúsculas na cor da pele do rosto, imperceptíveis para olhos humanos."[39]

Destaca-se que esse problema já foi enfrentado pela justiça brasileira, no caso envolvendo as publicidades na Linha 4 (Amarela) do metrô de São Paulo. Na ocasião, a empresa Via Quatro instalou câmeras escondidas em telas que exibiam publicidades e registravam a reação dos passageiros. Em razão disso, o Instituto Brasileiro de Defesa do Consumidor (Idec) ingressou com Ação Civil Pública, requerendo a retirada das câmeras.[40]

---

37. Importante não ignorar outros aparelhos eletrônicos, que seguem a mesma lógica de funcionamento, qual seja, a ampla conexão. Neste ponto, a doutrina destaca que: "Um estudo sobre a 'Addressable TV' demonstra que agora há um 'omnichannel' marketing, que usa todas as telas e meios de comunicação ('cross device media'), no chamado 'cross-screen approach', pois é possível enviar publicidades 'direcionadas', tanto nas telas móveis (celulares, tablets) e computadores em geral ('desktop'), conectados à Internet, às redes de TV a cabo e aos streamings, quanto nas TVs, as smarts TV (OTT) e as on-line TVs (OTV, TV conectadas à Internet, CTV), que permitem que cada 'casa/TV/Tela' receba uma outra publicidade, conforme os dados coletados pela própria TV e os outros produtos inteligentes e 'IPs' daquela família, agora identificáveis geograficamente e pelo perfil ('profiling') para o marketing direcionado, tudo com um só 'consentimento sequencial'." MARQUES, Claudia Lima; MIRAGEM, Bruno. "Serviços simbióticos" do consumo digital e o PL 3.514/2015 de atualização do CDC. *Revista de Direito do Consumidor*, São Paulo, v. 132, p. 91-118, nov.-dez. 2020.
38. NICOLELIS, Miguel. *Muito além do nosso eu*: a nova neurociência que une cérbero e máquinas e como ela pode mudar nossas vidas. São Paulo: Planeta, 2017, p. 115.
39. BRIDGER, Darren. *Neuromarketing*: como a neurociência aliada ao design pode aumentar o engajamento e a influência sobre os consumidores. São Paulo: Autêntica Business, 2018, p.19.
40. INSTITUTO BRASILEIRO DE DEFESA DO CONSUMIDOR. *Justiça impede uso de câmera que coleta dados faciais em metrô em SP*. São Paulo, 18 set 2019. Disponível em: https://idec.org.br/noticia/justica-impede--uso-de-camera-que-coleta-dados-faciais-do-metro-em-sp Acesso em: 08 dez. 2019.

Em ato contínuo, a requerida foi condenada ao pagamento de 100 mil reais por danos morais coletivos, e no ato decisório, destacou-se que a empresa buscava detectar as principais características dos consumidores que circulavam em determinados locais e horários, especialmente as emoções e reações diante das publicidades veiculadas nos equipamentos. A ilicitude era tão grave que, além de toda essa prática ser realizada de maneira alheia a qualquer consentimento, ainda assim a empresa promovia o tratamento de dados pessoais de crianças e adolescentes, sem o cumprimento de qualquer das bases legais presentes na LGPD.[41]

Consoante se percebe, é possível afirmar que no contexto informacional as publicidades, amparadas no *neuromarketing*, se tornam ainda mais persuasivas, com caráter sentimental e com apelo às inovações e provocações de desejos. Dessa forma, a oferta influencia de forma mais intensa o imaginário dos consumidores, vulneráveis, "criando modelos de inclusão de natureza supérflua e que verdadeiramente seduzem às noções de beleza, moda, sucesso, liderança, empreendedorismo, conquistas e visibilidade social".[42]

E tal situação fica mais evidente a partir do uso de dados neurais, coletados, por exemplo, a partir de reações e emoções expressadas inconscientemente pelo consumidor ao ser atingido pelas ofertas. Conforme se nota, por meio do *neuromarketing*, aliado às ferramentas de uso de dados neurais, a publicidade promove o indesejado assédio de consumo, colocando o consumidor em situação ainda mais agravada de vulnerabilidade.[43]

Por essas razões, têm-se pistas de que a proteção de dados, de um modo geral, apresenta-se como caminho viável para a tutela desse tipo de informação extraída das pessoas, especialmente por impor um dos fatores mais importantes para esse tipo de prática mercadológica, a saber, as limitações!

3. AS PUBLICIDADES DE CONSUMO E A PROTEÇÃO DE DADOS PESSOAIS

Inicialmente, é importante destacar que, de uma forma geral, é o CDC que regula as publicidades oferecidas no mercado. Partindo disso, ressalta-se que, por ser norma

---

41. SÃO PAULO. Tribunal de Justiça do Estado de São Paulo. *Ação Civil Pública 1090663-42.2018.8.26.0100*. Requerente: Idec – Instituto Brasileiro de Defesa do Consumidor. Requerido: Concessionaria da Linha 4 do Metro de São Paulo S.A. (Via Quatro). Magistrada Patrícia Martins Conceição. São Paulo, julg. 07 mai. 2021. Disponível em: https://www.conjur.com.br/dl/viaquatro-indenizar-implantar-sistema.pdf. Acesso em: 27 maio 2021.

42. MARTINS, Fernando Rodrigues; FERREIRA, Keila Pacheco. Da idade média à idade mídia: a publicidade persuasiva digital na virada linguística do direito. In: PASQUALOTTO, Adalberto (Org.). *Publicidade e proteção da infância*. Porto Alegre: Livraria do Advogado, 2018. v. 2, p. 96.

43. O assédio de consumo é a prática agressiva, abusiva ou desleal, que pressiona o consumidor de forma a influenciar, paralisar ou impor sua decisão de consumo, explorando emoções, medos, confiança, fragilidades, abusando da posição de autoridade construída pelo fornecedor e das circunstâncias especiais do consumidor, como a escolaridade, a idade ou a condição social. O assédio de consumo pode ocorrer também pelo modo que a oferta é realizada, como ocorre no *telemarketing* excessivo ou no envio não autorizado de mensagens em celulares. Nestes casos, a quantidade, frequência ou modo de abordagem evidenciam a deslealdade e a violação da boa-fé objetiva, que caracterizam a prática como abusiva.

LIMITES AO NEUROMARKETING: A TUTELA DO CORPO ELETRÔNICO POR MEIO DOS DADOS NEURAIS **535**

de caráter principiológico, diacrônica e sincronicamente, o CDC permite a hermenêutica promocional capaz de construir soluções para os novos conflitos causados pela tecnologia, sendo também aplicado as publicidades no ambiente da Internet. E essa capacidade de se ajustar as novas demandas e solucionar os novos conflitos é fundamental para a efetivação da proteção dos dados pessoais dos consumidores.

Não obstante, é importante lembrar a necessária atualização do Código[44], conforme se pretende com o acréscimo do inciso XI ao artigo 6º indicado no Projeto de Lei nº 3.514/15. A proposta inclui a proteção de dados pessoais como direito básico do consumidor, da seguinte forma: "XI – a autodeterminação, a privacidade e a segurança das informações e dados pessoais prestados ou coletados, por qualquer meio, inclusive o eletrônico."[45]

Além disso, a LGPD traça um diálogo de fontes com o CDC, de modo que as publicidades virtuais de consumo precisam se adequar não só ao regulamento jurídico consumerista já estabelecido, mas também às disposições de respeito a integridade da pessoa humana no âmbito dos dados pessoais. Em outras palavras, a publicidade precisa respeitar os novos limites estabelecidos pelas causas legais de tratamento de dados como, por exemplo, as previstas pela recente LGPD.

Sendo assim, a LGPD surge como lei geral para sistematizar a regulação de dados, através, além de outros, também de princípios que já encontravam abrigo legal no sistema jurídico pátrio, como, por exemplo, os princípios da qualidade de dados e da transparência, já previstos no CDC (artigo 43). Não obstante, o artigo 45 da LGPD prevê expressamente a possibilidade do diálogo de fontes entre a LGPD e o CDC, sem prejuízo do desejado diálogo entre as demais normas que tutelam dados pessoais, nos termos do artigo 64.[46] Em resumo, o atual sistema de proteção de dados brasileiro é composto por uma porção de normas, mas todas convergindo para a LGPD como ponto central.

Dessa maneira, de forma breve, é possível destacar que a proteção de dados no Brasil segue como ideia fundamental a de controle, ou seja, a garantia de controle dos dados pessoais pelo próprio titular, concretizando o direito de autodeterminação informativa. Essa autodeterminação, uma verdadeira expansão da autonomia priva-

---

44. Com apoio na doutrina: "Realmente, as transformações causadas pelo consumo digital e as relações de consumo estabelecidas pela internet merecem estar no capítulo do CDC previsto no Projeto de Lei 3.514/2015." MARQUES, Claudia Lima; MIRAGEM, Bruno. "Serviços simbióticos" do consumo digital e o PL 3.514/2015 de atualização do CDC. *Revista de Direito do Consumidor*, São Paulo, v. 132, p. 91-118, nov.-dez. 2020.

45. BRASIL. Câmara dos Deputados. *Projeto de lei PL 3514/2015*. Altera a Lei 8.078, de 11 de setembro de 1990 (Código de Defesa do Consumidor), para aperfeiçoar as disposições gerais do Capítulo I do Título I e dispor sobre o comércio eletrônico, e o art. 9º do Decreto-Lei 4.657, de 4 de setembro de 1942 (Lei de Introdução às Normas do Direito Brasileiro), para aperfeiçoar a disciplina dos contratos internacionais comerciais e de consumo e dispor sobre as obrigações extracontratuais. Disponível em: https://www.camara.leg.br/proposicoesWeb/fichadetramitacao?Id Proposicao=2052488. Acesso em: 27 maio 2021.

46. Art. 64. Os direitos e princípios expressos nesta Lei não excluem outros previstos no ordenamento jurídico pátrio relacionados à matéria ou nos tratados internacionais em que a República Federativa do Brasil seja parte.

da, tem como base a liberdade do titular, não só de acesso aos bancos de dados, mas também de determinar como as informações a seu respeito poderão ser utilizadas, respeitados, sempre, os princípios previstos em lei, como o princípio da finalidade, por exemplo. Com base nisso, é possível perceber que o controle sobre os dados é um ponto central na proteção informativa, emergindo direitos subjetivos relacionados a esse controle, como o direito de acesso ou retificação.

Além disso, outra importante base para a proteção de dados é evidenciada pelo princípio da finalidade, o primeiro princípio elencado no rol do artigo 6º da LGPD. Trata-se aqui do respeito ao motivo pelo qual o dado pessoal foi coletado e pelo qual sofrerá tratamento. Evidentemente, uma das grandes funções deste princípio é limitar o tratamento, evitando os riscos decorrentes do uso secundário dos dados, feito de forma desconhecida e não autorizada pelo titular.

Assim, em regra, esse princípio exige que o propósito do tratamento seja conhecido antes mesmo da coleta de dados, possuindo grande relevância prática. Afinal, é o fundamento para impor restrições, como de transferência de dados à terceiros, ou mesmo servir como base para valorar a razoabilidade do uso de determinados dados para certas finalidades, "fora da qual haveria abusividade".[47]

Portanto, segundo a LGPD, o uso de dados pessoais deve se restringir às informações adequadas para a finalidade almejada, promovendo o tratamento do mínimo de dados necessários para o alcance do objetivo pretendido. Em outras palavras, restringe-se o tratamento somente dos dados pertinentes e efetivamente necessários para os propósitos definidos, tornando a prática empresarial de coletar todas as informações possíveis[48], para depois definir o uso, uma prática evidentemente ilícita.[49]

Se a finalidade legítima, específica, explícita e informada for violada, a conduta praticada pelo o agente de tratamento de dados passa a ser considerada abusiva. Cite-se como exemplo a coleta de dados cadastrais, com a finalidade meramente de execução de um contrato de consumo, que, posteriormente, sem qualquer consentimento do titular, é utilizada para fins de *marketing*. Há, neste caso, verdadeira

---

47. DONEDA, Danilo. *Da privacidade à proteção de dados pessoais*. Rio de Janeiro: Renovar, 2019. p.182.

48. "Por que tantas informações são coletadas sobre as compras diárias de todos? Porque, como notou um observador, as leis sobre privacidade podem variar de país para país, mas as leis da economia não. As leis da economia da era da informação dizem que a informação tem valor – é um produto que pode ser vendido, como meias, carros e pasta de dente". [tradução nossa]. HENDERSON, Harry. *Privacy in the information age*. New York: Library in a book, 2006. p. 27.

49. Rony Vainzof, destacando a importância do Relatório de Impacto à Proteção de Dados Pessoais, como instrumento para garantir o respeito aos princípios da finalidade, adequação e necessidade, afirma que "o controlador, portanto, deve buscar as seguintes respostas, previamente ao tratamento: a finalidade pretendida pode ser atingida de outro modo, sem a utilização de dados pessoais? Se a resposta for negativa, quais as espécies de dados realmente são essenciais ao tratamento? Qual o volume mínimo de dados para o tratamento? Finalmente, superadas todas essas questões, mesmo utilizando as espécies de dados essenciais, no menor volume possível, é proporcional a realização desse tratamento diante dos potenciais riscos aos direitos dos titulares?" VAINZOF, Rony. Disposições preliminares. In: BLUM, Renato Opice; MALDONADO, Viviane Nóbrega (Coord.). *LGPD*: lei geral de proteção de dados comentada. São Paulo: Thomson Reuters Brasil, 2019. p. 144.

violação da proteção de dados pessoais pelo fornecedor, fora outras hipóteses de ilicitudes decorrentes desta prática considerada abusiva.[50]

Portanto, no que se refere às publicidades de consumo, o tratamento de dados pessoais, capaz de personalizar as ofertas, sofre uma porção de limitações, a partir do regramento previsto na LGPD. Segundo a norma, a utilização de informações do titular, inclusive o seu *profiling*, só será admitida a partir do consentimento[51], prévio e esclarecido, dentro da finalidade previamente informada.

Neste aspecto, nota-se que o modelo de tratamento adotado pela LGPD, especialmente no que se refere as publicidades de consumo, é o do *opt-in,* em que se exige o prévio consentimento e a manifestação expressa de interesse do consumidor quando estiver interesse em receber as ofertas publicitárias personalizadas. Essa é a previsão também do supracitado Projeto de Lei 3.514/15, que visa atualizar o CDC.

Assim, tanto no que se refere a forma com que foram coletados os dados pessoais quanto para quais fins, se o tratamento ocorrer sem o consentimento prévio do titular, há nítida violação do princípio da finalidade, tornando a prática ilegal. Logo, conforme mencionado, o regime de coleta de informações dos usuários deve se adequar ao sistema *opt-in*, isto é, fica dependendo do consentimento prévio, expresso e declarado do consumidor, tendo em vista as finalidades anteriormente apontadas. É essa também a forma com que as publicidades virtuais devem ser exercidas, sempre a partir da aceitação e do consentimento prévio do consumidor.[52]

Em rigor, não se proíbe a publicidade, especialmente as que utilizam as novas tecnologias. O que o sistema de proteção de dados impõe é a limitação da publicidade nociva, desleal, abusiva, que se utiliza dos subterfúgios do *neuromarketing* para assediar o consumidor às aquisições impensadas, especialmente a partir de informações

---

50. Cite-se como exemplo a perturbação do sossego a partir das publicidades baseadas em dados pessoais indevidamente utilizados. Nestes casos, "[...] é possível defender a necessidade de responsabilidade civil das empresas que se aproveitam da vulnerabilidade do consumidor conectado para lhe impingir publicidades de consumo não solicitadas. Fora a violação do tempo que a pessoa gasta para eliminar as publicidades indesejadas que lhe são direcionadas, gerando o desvio produtivo do consumidor, é evidente que a importunação virtual também é capaz de gerar danos psíquicos aos usuários. Afinal, no atual contexto, estar-se diante de uma reconstrução da personalidade humana, de maneira integral, não se limitando ao corpo físico, mas também sendo estendida à tutela psíquica e social, conforme prevê a própria Organização Mundial da Saúde." BASAN, Arthur Pinheiro. Habeas Mente: garantia fundamental de não ser molestado pelas publicidades virtuais de consumo. *Revista de Direito do Consumidor*. São Paulo. v. 131, set.-out. 2020.

51. Conforme artigo 6°, inciso XII da LGPD: "consentimento: manifestação livre, informada e inequívoca pela qual o titular concorda com o tratamento de seus dados pessoais para uma finalidade determinada."

52. Seguindo o mesmo raciocínio, defendem os pesquisadores que: "Para todos os dados neurais, a desautorização de compartilhamento deve ser a escolha padrão, e protegido assiduamente. Um padrão de desautorização significaria que dados neurais são tratados da mesma forma que os órgãos ou tecidos na maioria dos países. Indivíduos precisariam manifestar explicitamente o compartilhamento de dados neurais de qualquer dispositivo. Isso envolveria um processo seguro e protegido, incluindo um consentimento específico claramente quem vai usar os dados, para quais finalidades e por quanto tempo." [tradução nossa] YUSTE, Rafael et al. Four ethical priorities for neurotechnologies and AI. Nature. Novembro de 2017, v. 551. Disponível em: https://www.nature.com/news/polopoly_fs/1.22960!/menu/main/topColumns/topLeftColumn/pdf/551159a.pdf Acesso em: 26 maio 2021.

ARTHUR PINHEIRO BASAN E GUILHERME MAGALHÃES MARTINS

que o consumidor muitas vezes sequer tem ciência. Diante disso, é sempre oportuno lembrar que a Internet, o grande espaço onde as publicidades são alimentadas com dados pessoais, não pode ser considerada um ambiente totalmente livre, aos moldes de um *far west*, uma vez que é composto por pessoas.[53]

Por isso, é importante deixar claro que, no que se refere às publicidades, a proteção de dados pessoais apresenta-se como um filtro limitador das práticas de mercado. Essas limitações se mostram ainda mais cogentes quando referentes a dados sensíveis[54], afinal, a legislação parte do pressuposto de que certas informações, se conhecidas, ou mesmo submetidas ao tratamento de dados, podem ser utilizadas de modo potencialmente discriminatório ou mesmo efetivamente lesivo ao seu titular, carregando, portanto, maiores riscos às pessoas. Partindo disso, a norma estabeleceu a categoria de dados sensíveis, com maior proteção se comparada aos demais tipos de informação, nos termos do artigo 11 e seguintes da LGPD.

Dessa forma, é importante mencionar que a diferenciação dos dados sensíveis considera a probabilidade de a utilização das informações oriundas destes dados serem potencialmente discriminatórias. É exatamente essa a linha de raciocínio traçada pelo Projeto de Lei 1.229/21, ao propor um regulamento diferenciado também ao tratamento dos dados neurais, aproximando essa categoria de informação aos dados sensíveis, conforme será demonstrado adiante. Afinal, as informações extraídas por meio das neurotecnologias apontam o risco de causar formas imensuráveis de violações à autonomia privada das pessoas, especialmente a partir das possibilidades de influências indevidas no comportamento dos consumidores.

4. A PROTEÇÃO DE DADOS NEURAIS CONFORME O PROJETO DE LEI 1.229/21

O Chile foi o país pioneiro ao propor a regulação da neuroproteção, se tornando o primeiro país do mundo a pretender consagrar *"neurorights"* em sua Constituição. A iniciativa defende que a neurotecnologia deve respeitar e preservar as pessoas, de modo que é preciso prevenir os possíveis abusos que a tecnologia pode implementar

---

53. Neste ponto, Cláudio Torres aponta que: "[...] a internet é uma rede de pessoas, não de computadores ou dispositivos. A criação de novas formas de interação, como os smartphones, os tablets, os televisores inteligentes e a Internet das Coisas (IoT), pode dar a falsa sensação de que a rede se transforma em algo distinto. O fato é que essas tecnologias apenas conectam à internet os dispositivos a serviço das pessoas, buscando atender suas necessidades. A internet continua sendo a forma de conexão entre uma rede de pessoas." TORRES, Cláudio. *A bíblia do marketing digital*: tudo o que você queria saber sobre marketing e publicidade na internet e não tinha a quem perguntar. São Paulo: Novatec, 2018. p. 46.

54. Consoante o art. 5º, II, da Lei 13.709/2018 (Lei Geral de Proteção de Dados Pessoais), são dados sensíveis aqueles sobre origem racial ou étnica, convicção religiosa, opinião política, filiação a sindicato ou a organização de caráter religioso, filosófico ou político, dado referente à saúde ou à vida sexual, dado genético ou biométrico, quando vinculado a uma pessoa natural. BRASIL. *Lei 13.709, de 14 de agosto de 2018*. Dispõe sobre a proteção de dados pessoais e altera a Lei 12.965, de 23 de abril de 2014 (Marco Civil da Internet). Disponível em: http://www.planalto.gov.br/ ccivil_03/_ato2015-2018/2018/lei/L13709.htm. Acesso em: 20 jun. 2019.

na prática. Segundo o projeto, a Constituição chilena seria acrescida de um novo inciso no artigo 19, com a seguinte redação:

A integridade física e mental permite que as pessoas gozem plenamente de sua identidade e liberdade individuais. Nenhuma autoridade ou indivíduo pode, por meio de qualquer mecanismo tecnológico, aumentar, diminuir ou perturbar essa integridade individual sem o devido consentimento. Somente a lei pode estabelecer os requisitos para limitar este direito, e os requisitos que o consentimento deve atender nesses casos.[55]

Seguindo essa linha, e expressamente inspirado na iniciativa chilena, o deputado Carlos Henrique Gaguim apresentou o Projeto de Lei 1.229/2021, que pretende modificar a Lei Geral de Proteção de Dados Pessoais (LGPD) a fim de conceituar dado neural e regulamentar a sua proteção. A grande diferença entre as propostas é que, diferentemente do Chile, que prevê a elaboração de uma lei autônoma para tratar do assunto, no Brasil a ideia é tratar dos neurodireitos na própria LGPD, já aproveitando os princípios expressos nesta norma.[56]

O deputado apresenta como justificativa para a alteração legislativa o fato de não haver mais dados pessoais neutros ou insignificantes no contexto atual de processamento de dados. Segundo a proposta, qualquer dado pessoal pode ser usado para a formação de perfis informacionais de grande valia para o mercado, apresentando riscos evidentes à privacidade e intimidade das pessoas. A situação se agrava ainda mais a partir do momento em que esses dados são oriundos da conexão entre o sistema nervoso das pessoas e as máquinas, se tornando possível coletar dados neurais que podem revelar lembranças, pensamentos, padrões comportamentais, emoções, sonhos e mesmo os desejos mais íntimos.[57]

Assim, já é possível afirmar que, em um futuro muito próximo, a correlação entre a atividade cerebral e os comportamentos humanos será mais fácil e precisa, sendo também possível relacionar esses dados neurais com outros tipos dados pessoais, notadamente com o *profiling,* para a promoção de análises preditivas.[58] Para o mercado publicitário, as possibilidades são deslumbrantes, afinal, com a expansão das neurotecnologias, será possível decodificar a atividade cerebral associada a comportamentos, pensamentos ou emoções, permitindo a reconstrução, por meio de dados, do que um consumidor está pensando ou mesmo da escolha que está prestes a realizar.

---

55. DALESE, Pedro. Proteção jurídica de informações neurais: a última fronteira da privacidade. *Jota*, São Paulo, 13 mar. 2021. Disponível em: https://www.jota.info/opiniao-e-analise/artigos/protecao-juridica-de-informacoes-neurais-a-ultima-fronteira-da-privacidade-13032021#_ftn2 Acesso em 28 maio 2021

56. BRASIL. Câmara dos Deputados. *Projeto de lei PL 1229/2021*. Modifica a Lei 13.709, de 14 de agosto de 2018 (Lei Geral de Proteção de Dados Pessoais), a fim de conceituar dado neural e regulamentar a sua proteção. Disponível em: https://www.camara.leg.br/propostas-legislativas/2276604. Acesso em: 26 maio 2021.

57. BRASIL. Câmara dos Deputados. *Projeto de lei PL 1229/2021*. Modifica a Lei n° 13.709, de 14 de agosto de 2018 (Lei Geral de Proteção de Dados Pessoais), a fim de conceituar dado neural e regulamentar a sua proteção. Disponível em: https://www.camara.leg.br/propostas-legislativas/2276604. Acesso em: 26 maio 2021.

58. Entende-se como análise preditiva o uso de comportamentos padrões capazes de dar previsão de certos acontecimentos e ações futuras. SIEGEL, Eric. *Análise preditiva*: o poder de prever quem vai clicar, comprar, mentir ou morrer. Rio de Janeiro: Alta Books, 2017, p.18.

Por isso, o alerta que se faz é pelo fato de os dados neurais se apresentarem como a última fronteira da privacidade humana, exigindo novas estruturas regulatórias referentes ao tratamento desse tipo de dado que, no mínimo, garantam a) o direito à privacidade mental; b) o direito à identidade e autonomia pessoal; c) o direito ao livre arbítrio e autodeterminação; d) o direito ao acesso equitativo ao aumento cognitivo; e e) o direito à proteção contra a discriminação algorítmica ou as decisões tomadas.[59]

É com base nessas ideias básicas que o Projeto de Lei se fundamenta. Com efeito, pretende promover a alteração na LGPD, com a finalidade de acrescentar os incisos XX, XXI e XXII ao artigo 5º, trazendo os conceitos de "dado neural", "interface cérebro-computador" e "neurotecnologia", respectivamente.[60]

Outro ponto importante trazido pelo Projeto de Lei é referente às exigências diferenciadas no que se refere ao tratamento do dado neural, incluindo a regulação desses dados dentro da seção que trata do tratamento de dados sensíveis, com acréscimos ao artigo 13 da LGPD. De maneira expressa, a proposta legislativa defende que "os dados neurais constituem uma categoria especial de dados sensíveis relacionados à saúde, os quais demandam maior proteção" (artigo 13-E).

Como se não bastasse, o Projeto determina que o tratamento de dados neurais dependerá do consentimento, de forma específica e destacada, para finalidades específicas, mesmo em circunstâncias clínicas ou nos casos em que a interface cérebro-computador tenha a capacidade de tratar dados com o titular inconsciente. (artigo 13-A). Além disso, traça ainda mais critérios para que o consentimento seja válido, de forma que deve indicar, de forma clara e destacada, os possíveis efeitos físicos, cognitivos e emocionais de sua aplicação, os direitos do titular e os deveres do controlador e operador, as contraindicações bem como as normas sobre privacidade e as medidas de segurança da informação adotadas (artigo 13-D).

Conforme se nota, a ideia central da proposta é traçar novos limites e, consequentemente, impor maior proteção aos dados neurais.[61] Exatamente neste ponto

---

59. DALESE, Pedro. Proteção jurídica de informações neurais: a última fronteira da privacidade. *Jota*, São Paulo, 13 mar. 2021. Disponível em: https://www.jota.info/opiniao-e-analise/artigos/protecao-juridica-de-informacoes-neurais-a-ultima-fronteira-da-privacidade-13032021#_ftn2. Acesso em: 28 maio 2021

60. XX – dado neural: qualquer informação obtida, direta ou indiretamente, da atividade do sistema nervoso central e cujo acesso é realizado por meio de interfaces cérebro-computador invasivas ou não invasivas; XXI – interface cérebro-computador: qualquer sistema eletrônico, óptico ou magnético que colete informação do sistema nervoso central e a transmita a um sistema informático ou que substitua, restaure, complemente ou melhore a atividade do sistema nervoso central em suas interações com o seu ambiente interno ou externo; XXII – neurotecnologia: conjunto de dispositivos, métodos ou instrumentos não farmacológicos que permitem uma conexão direta ou indireta com o sistema nervoso.

61. É importante destacar que os pesquisadores alertam que: "Mesmo com essa abordagem, os dados neurais de muitas pessoas, combinados com quantidades de dados não neurais – oriundos da Internet, de pesquisas, de monitores *fitness* e assim por diante – poderiam ser usado para tirar conclusões 'boas o suficiente' sobre indivíduos que optam por não compartilhar. Para limitar este problema, propomos que o venda, transferência comercial e uso de dados neurais sejam estritamente regulamentados. Tais regulamentos – o que também limitaria a possibilidade de pessoas se abdicarem da proteção de seus dados neurais ou de negociarem informação neural por recompensa financeira – pode ser análogo à legislação que proíbe a venda de órgãos humanos, como Lei Nacional de Transplante de Órgãos Americana de 1984." [tradução nossa] YUSTE,

que se visualiza uma importante relação do Projeto de Lei com o problema do *neuromarketing*, afinal, a proposta é expressa ao descrever que "é vedada a comunicação ou o uso compartilhado entre controladores de dados neurais com objetivo de obter vantagem econômica" (artigo 13-C).

Dito de outra forma, o Projeto de Lei 1229/2021, ao trazer regulação mais restritiva no que se refere ao tratamento de dados oriundos da atividade cerebral das pessoas, impõe mais uma limitação ao uso desse tipo de dado no mercado, notadamente para fins publicitários. Se a proteção de dados pessoais, em geral, impõe limites ao mercado publicitário, a proposta legislativa prevê uma nítida barreira a esse tipo de prática, que conforme mencionado, cria e, ao mesmo tempo, se aproveita da vulnerabilidade agravada do consumidor.

5. CONSIDERAÇÕES FINAIS

Por todo o exposto, ao analisar os riscos que podem ser provocados pelo uso dos dados neurais nas publicidades de consumo, atreladas às novas tecnologias, é necessária uma revisão dos procedimentos de tutela presentes no sistema jurídico. Destaca-se, ao fim e ao cabo, a necessidade de uma verdadeira reformulação de categorias jurídico-analíticas no ciberespaço, o que implica também o imperativo de atualização legislativa.

Em tempos de conclusão, para enfrentar a problemática proposta, é preciso lembrar que a publicidade, enquanto prática de mercado, está umbilicalmente ligada à livre iniciativa da atividade econômica, tendo em vista que o mercado mantém expressões e regras próprias, amoldando-se a publicidade como o "falar do mercado"[62], no intuito de promover o lucro financeiro.

Tendo isso em vista, vale lembrar que a tutela dos direitos fundamentais é um caminho jurídico capaz de impedir que o avanço tecnológico viole o direito das pessoas de conviverem no ambiente da Internet sem que tenham sua integridade informacional molestada. Evidentemente, não se pode tolerar que as tecnologias possam se aproveitar de dados pessoais, sensíveis ou neurais, de maneira indiscriminada, para promoverem pressões ao consumo.

Em verdade, as tecnologias de mapeamento do cérebro devem ser utilizadas para práticas de tratamento de dados legítimas, das quais o *neuromarketing* não faz parte. Diante disso, revela-se que a concepção de que as práticas virtuais, dentro da lógica do livre mercado, podem subsistir sob a lógica da ampla liberdade, fraqueja-se frente

---

Rafael et al. Four ethical priorities for neurotechnologies and AI. *Nature*. Novembro de 2017, v. 551. Disponível em: https://www.nature.com/news/polopoly_fs/1.22960!/menu/main/topColumns/topLeftColumn/pdf/551159a.pdf Acesso em: 26 maio 2021.

62. BAUDRILLARD, Jean. *Apud* MARTINS, Fernando Rodrigues; FERREIRA, Keila Pacheco. Da idade média à idade mídia: a publicidade persuasiva digital na virada linguística do Direito. In: PASQUALOTTO, Adalberto (organizador). *Publicidade e proteção da infância*. Volume 2. Porto Alegre: Livraria do Advogado. 2018, p. 80.

ao sistema jurídico que se preocupa com o combate dos abusos e, consequentemente, com a prevenção dos danos que a pessoa humana pode sofrer em sua integridade, física ou psíquica, inclusive frente à nova dimensão virtual do ser humano.[63]

Sendo assim, restou demonstrado que o sistema de proteção dos dados pessoais é relevante para impedir que o *neuromarketing*, de forma abusiva, assedie as pessoas ao consumo. Como se não bastasse, a partir da possibilidade técnica de coleta e tratamento de dados neurais, torna-se evidente a maior restrição ao tratamento de dados, nos moldes das limitações já desenvolvidas para a tutela dos dados sensíveis.

Portanto, o Projeto de Lei 1.229/21 se mostra como proposta legislativa atual e relevante, apontando o tratamento diferenciado do dado neural como caminho seguro para a ampliação da tutela da pessoa exposta a esse tipo de prática de mercado. Vale lembrar, a partir da neurotecnologia, a oferta de consumo apresenta-se cada vez mais armada com os avanços tecnológicos.

Enfim, a presente pesquisa comprova que o Estado tem que cumprir os deveres de proteção às pessoas, destacados frente aos problemas que surgem com a neurotecnologia. Neste sentido, diante do *neuromarketing*, que se aproveita de dados ainda mais sensíveis dos consumidores, é preciso invocar a virada linguista do direito, no sentido de desenvolver a hermenêutica a favor da pessoa humana.[64] Essa hermenêutica, obviamente, deve ser complementada com a devida atualização legislativa.

6. REFERÊNCIAS

BASAN, Arthur Pinheiro Basan. FALEIROS JÚNIOR, José Luiz de Moura. A tutela do corpo eletrônico como direito básico do consumidor. *Revista dos Tribunais*, São Paulo, v. 1021, nov. 2020.

BASAN, Arthur Pinheiro. Habeas Mente: garantia fundamental de não ser molestado pelas publicidades virtuais de consumo. *Revista de Direito do Consumidor*. São Paulo. v. 131, set.-out. 2020.

BASAN, Arthur Pinheiro. *Publicidade digital e proteção de dados pessoais*: o direito ao sossego. Indaiatuba: Editora Foco, 2021.

BRIDGER, Darren. *Neuromarketing*: como a neurociência aliada ao design pode aumentar o engajamento e a influência sobre os consumidores. São Paulo: Autêntica Business, 2018.

CASTELLS, Manuel. *A galáxia da internet*: reflexões sobre a internet, os negócios e a sociedade. Rio de Janeiro: Zahar, 2003.

CASTELLS, Manuel. *A sociedade em rede*. Rio de Janeiro: Paz e Terra, 2018.

DALESE, Pedro. Proteção jurídica de informações neurais: a última fronteira da privacidade. *Jota*, São Paulo, 13 mar. 2021. Disponível em: https://www.jota.info/opiniao-e-analise/artigos/protecao-ju-ridica-de-informacoes-neurais-a-ultima-fronteira-da-privacidade-13032021#_ftn2 Acesso em 28 maio 2021

DONEDA, Danilo. *Da privacidade à proteção de dados pessoais*. São Paulo: Revista dos Tribunais, 2019, p. 65.

---

63. RODOTÀ, Stefano. *El derecho a tener derechos*. Madri: Trotta, 2014, p. 289.
64. MARTINS, Fernando Rodrigues; FERREIRA, Keila Pacheco. Da idade média à idade mídia: a publicidade persuasiva digital na virada linguística do Direito. In: PASQUALOTTO, Adalberto (Org.). *Publicidade e proteção da infância*. Volume 2. Porto Alegre: Livraria do Advogado. 2018, p. 101.

LIMITES AO NEUROMARKETING: A TUTELA DO CORPO ELETRÔNICO POR MEIO DOS DADOS NEURAIS

FRAZÃO, Ana. Fundamentos da proteção dos dados pessoais: noções introdutórias para a compreensão da importância da lei geral da proteção de dados. In: FRAZÃO, Ana; TEPEDINO, Gustavo; OLIVA, Milena Donato (Coord.). *Lei geral de proteção de dados pessoais e suas repercussões no direito brasileiro.* São Paulo: Thomson Reuters Brasil, 2019.

HENDERSON, Harry. *Privacy in the information age.* New York: Library in a book, 2006.

INSTITUTO BRASILEIRO DE DEFESA DO CONSUMIDOR. *Justiça impede uso de câmera que coleta dados faciais em metrô em SP.* São Paulo, 18 set 2019. Disponível em: https://idec. org.br/noticia/justica-impede-uso-de-camera-que-coleta-dados-faciais-do-metro-em-sp Acesso em: 25 maio 2021.

KASS, Robert E.; EDEN, Uri T.; BROWN, Emery N. *Analysis of Neural Data.* New York: Springer, 2014.

LINDSTROM, Martin. *Brandwashed*: o lado oculto do marketing. Controlamos o que compramos ou são as empresas que escolhem por nós? Rio de Janeiro: Alta Books, 2018.

MALTEZ, Rafael Tocantins. *Direito do consumidor e publicidade*: análise jurídica e extrajurídica da publicidade subliminar. Curitiba: Juruá, 2011.

MARQUES, Claudia Lima; MIRAGEM, Bruno. "Serviços simbióticos" do consumo digital e o PL 3.514/2015 de atualização do CDC. *Revista de Direito do Consumidor*, São Paulo, v. 132, p. 91-118, nov.-dez. 2020.

MARQUES, Claudia Lima; MIRAGEM, Bruno. "Serviços simbióticos" do consumo digital e o PL 3.514/2015 de atualização do CDC. *Revista de Direito do Consumidor*, São Paulo, v. 132, p. 91-118, nov.-dez. 2020.

MARTINS, Fernando Rodrigues. Sociedade da Informação e proteção da pessoa. *Revista da Associação Nacional do Ministério Público do Consumidor*, Brasília, DF, v. 2, n. 2, p. 5, 2016.

MARTINS, Fernando Rodrigues; FERREIRA, Keila Pacheco. Da idade média à idade mídia: a publicidade persuasiva digital na virada linguística do direito. In: PASQUALOTTO, Adalberto (Org.). *Publicidade e proteção da infância.* Porto Alegre: Livraria do Advogado, 2018. v. 2.

MARTINS, Guilherme Magalhães. *Contratos eletrônicos de consumo.* Atlas: São Paulo, 2016.

MARTINS, Guilherme Magalhães; BASAN, Arthur Pinheiro; FALEIROS JÚNIOR, José Luiz de Moura. A responsabilidade civil pela perturbação de sossego na internet. *Revista de Direito do Consumidor*, São Paulo, v. 128, p. 227-253, mar.-abr. 2020.

MENDONÇA, Gilson Martins; KOZICKI, Katya. O princípio da vulnerabilidade e as técnicas de neuromarketing: aprofundando o consumo como vontade irrefletida. Revista *Scientia Iuris*, Londrina, v. 18, n. 1, jul. 2014.

NICOLELIS, Miguel. *Brain-to-Brain Interfaces*: When Reality Meets Science Fiction. Cerebrum: the Dana forum on brain science. 2014. Disponível em: https://www.ncbi.nlm.nih.gov/pmc/articles/PMC4445586/. Acesso em: 26 maio 2021.

NICOLELIS, Miguel. *Muito além do nosso eu*: a nova neurociência que une cérbero e máquinas e como ela pode mudar nossas vidas. São Paulo: Planeta, 2017.

PARCHEN, Charles Emmanuel; FREITAS, Cinthia Obladen de Almendra; DE MEIRELES, Jussara Maria Leal. Vício do consentimento através do neuromarketing nos contratos da era digital. *Revista de Direito do Consumidor*, São Paulo, v. 115, p. 331-356, jan.-fev. 2018.

PRATES, Cristina Cantú. *Publicidade na internet*: consequências jurídicas. Curitiba: Juruá, 2015.

RODOTÀ, Stefano. *A vida na sociedade da vigilância*: a privacidade hoje. Tradução: Danilo Doneda e Luciana Cabral Doneda. Rio de Janeiro: Renovar, 2008.

RODOTÀ, Stefano. *El derecho a tener derechos.* Madri: Trotta, 2014.

SIEGEL, Eric. *Análise preditiva*: o poder de prever quem vai clicar, comprar, mentir ou morrer. Rio de Janeiro: Alta Books, 2017.

SUNSTEIN, Cass R.; THALER, Richard H. *Nudge*: como tomar melhores decisões sobre saúde, dinheiro e felicidade. Rio de Janeiro: Objetiva, 2019.

TORRES, Cláudio. *A bíblia do marketing digital*: tudo o que você queria saber sobre marketing e publicidade na internet e não tinha a quem perguntar. São Paulo: Novatec, 2018.

VAINZOF, Rony. Dados pessoais, tratamento e princípios. BLUM, Renato Opice; MALDONADO, Viviane Nóbrega (Coord.). *Comentários ao GDPR*: regulamento geral de proteção de dados da União Europeia. São Paulo: Thomson Reuters Brasil, 2018.

VAINZOF, Rony. Disposições preliminares. In: BLUM, Renato Opice; MALDONADO, Viviane Nóbrega (Coord.). *LGPD*: lei geral de proteção de dados comentada. São Paulo: Thomson Reuters Brasil, 2019. p. 144.

VAN DIJK, Jan. *The network society*. 3. rd. Londres: Sage Publications, 2012.

VERBICARO, Dennis; RODRIGUES, Lays; ATAÍDE, Camille. Desvendando a vulnerabilidade comportamental do consumidor: uma análise jurídico-psicológica do assédio de consumo. *Revista de Direito do Consumidor*, São Paulo, v. 119, p. 349-384, set.-out. 2018.

WU, Tim. *The attention merchants*: the epic scramble to get inside our heads. New York: Vintage, 2016.

YUSTE, Rafael et al. Four ethical priorities for neurotechnologies and AI. *Nature*. Novembro de 2017, vol. 551. Disponível em: https://www.nature.com/news/polopoly_fs/1.22960!/menu/main/topColumns/topLeftColumn/pdf/551159a.pdf Acesso em: 26 maio 2021.

Jurisprudência:

SÃO PAULO. Tribunal de Justiça do Estado de São Paulo. *Ação Civil Pública 1090663-42.2018.8.26.0100*. Requerente: Idec – Instituto Brasileiro de Defesa do Consumidor. Requerido: Concessionária da Linha 4 do Metrô de São Paulo S.A. (Via Quatro). Magistrada Patrícia Martins Conceição. São Paulo, j. 07 maio 2021. Disponível em: https://www.conjur.com.br/dl/viaquatro-indenizar-implantar-sistema. pdf. Acesso em: 27 maio 2021.

Legislação:

BRASIL. Câmara dos Deputados. Projeto de lei PL 1229/2021. *Modifica a Lei 13.709, de 14 de agosto de 2018 (Lei Geral de Proteção de Dados Pessoais), a fim de conceituar dado neural e regulamentar a sua proteção.* Disponível em: https://www.camara.leg.br/propostas-legislativas/2276604. Acesso em: 26 maio 2021.

BRASIL. Câmara dos Deputados. Projeto de lei PL 3514/2015. *Altera a Lei 8.078, de 11 de setembro de 1990 (Código de Defesa do Consumidor), para aperfeiçoar as disposições gerais do Capítulo I do Título I e dispor sobre o comércio eletrônico, e o art. 9º do Decreto-Lei nº 4.657, de 4 de setembro de 1942 (Lei de Introdução às Normas do Direito Brasileiro), para aperfeiçoar a disciplina dos contratos internacionais comerciais e de consumo e dispor sobre as obrigações extracontratuais.* Disponível em: https://www.camara.leg.br/proposicoesWeb/fichadetramitacao?Id Proposicao=2052488. Acesso em: 27 maio 2021.

BRASIL. Lei 13.709, de 14 de agosto de 2018. *Lei Geral de Proteção de Dados Pessoais – LGPD*. Disponível em: http://www.planalto.gov.br/ ccivil_03/_ato2015-2018/2018/lei/L13709.htm. Acesso em: 20 maio. 2021.

BRASIL. Lei 8.078, de 11 de setembro de 1990. *Código de Defesa do Consumidor*. Dispõe sobre a proteção do consumidor e dá outras providências. Disponível em: http://www.planalto.gov.br/ccivil_03/leis/l8078.htm. Acesso em: 21 maio. 2021.

PARADOXO DA PRIVACIDADE EM PLATAFORMAS DIGITAIS: A (DES)PROTEÇÃO DO USUÁRIO

Pietra Daneluzzi Quinelato

Doutoranda em Direito Civil na Universidade de São Paulo (USP), Mestre e Bacharel em Direito pela Faculdade de Direito de Ribeirão Preto da USP. LLM em Direito e Prática Empresarial no CEU *Law School* (2021). Especialização em Direito Digital na ESA-SP e EBRADI. Coordenadora da área de Direito Digital no Mansur Murad Advogados. Professora do curso de Direito das Faculdades Integradas Campos Salles. E-mail: pietraquinelato@gmail.com

Mariana Ferreira Figueiredo

Pós-graduanda em Direito Digital pela Fundação Getúlio Vargas. Bacharel em Direito pela Faculdade de Direito de Ribeirão Preto da Universidade de São Paulo (USP). Advogada no Mansur Murad Advogados.

Lucas de Bulhões Gomes

Pós-graduando em Direito Digital pela Fundação Getúlio Vargas. Bacharel em Direito pela Faculdade de Direito da Pontifícia Universidade Católica de São Paulo (PUC/SP). Advogado no Mansur Murad Advogados.

Sumário: 1. Introdução – 2. Regulamentação e práticas de privacidade em plataformas digitais – 3. Paradoxo da privacidade – 4. Meios para promoção da proteção de dados pessoais em plataformas digitais – 5. Considerações finais – 6. Referências.

1. INTRODUÇÃO

Redes sociais, relações pessoais, exposição pública, dados pessoais, segurança do usuário, tecnologia da informação. Diante da facilidade com que dados pessoais passaram a ser tratados atualmente, todas essas temáticas se associam. Fotos, nomes, e-mail, profissão, currículos e até informações bancárias podem ser compartilhados com milhões de usuários e empresas por um simples clique.

Em tal contexto, muito se discute sobre os impactos negativos causados por esse compartilhamento aos próprios usuários, titulares de dados pessoais. Mas e quando aquele que compartilhou é o próprio indivíduo? Há livre-arbítrio para escolher o que divulgar ou deixar de divulgar? Há consciência sobre os riscos em tal compartilhamento?

É imprescindível mencionar que o valor do compartilhamento de informação[1] em plataformas digitais se tornou um pilar econômico para muitas sociedades em-

---

1. Apesar de não ser o foco do presente artigo, partimos da premissa de que dados e informação não são sinônimos. Aqueles, quando tratados, passam a representar algum significado relevante, de forma que a

presárias. O valor dessas informações, baseado em seu conteúdo, molda, inclusive, a produção de bens. Um exemplo disso são as tendências lançadas por redes sociais como TikTok[2] e Instagram. Elas influenciam desde as músicas mais ouvidas, as roupas mais utilizadas e até o tipo de dança que as pessoas farão para determinada música. Ainda, a publicidade direcionada comportamental movimenta grande parte dos anúncios online por meio da análise de dados pessoais. Além disso, é cada vez mais comum a existência de produtos não físicos, livres de vínculo material – como o NFT ou Non Fungible Token, cujo conteúdo circula e satisfaz as necessidades de quem os consomem diretamente no meio digital.

Diante disso, o Direito encontra um desafio: como tutelar privacidade dos usuários diante de uma cultura de compartilhamento intensificada principalmente pela utilização das plataformas digitais? Afinal, se são os dados dispostos que alimentam essa indústria digital, como zelar para que isso seja feito de forma que os danos aos usuários sejam minimizados?

A resposta certamente não está na restrição de acesso ou restrição da liberdade da informação. Plataformas digitais, notadamente redes sociais e aplicativos para celular, são utilizadas por milhões de pessoas todos os dias com diversas finalidades, que vão do trabalho ao simples entretenimento ou comunicação com familiares. Compartilhamento de imagens, perfis de consumo, locais de trabalho e estudo, pessoas próximas, tudo está disponível e exposto pelo próprio titular. O risco representado por este compartilhamento não se restringe apenas à plataforma na qual o conteúdo foi compartilhado[3].

Os autores italianos Giovanni Comandé e Salvatore Sica[4], em relação a essa conexão entre direito e plataformas digitais, dizem que tanto as normas relativas ao comércio eletrônico quanto as normas de proteção de dados pessoais e de proteção ao consumidor possuem esse caráter de elevada influência pela realidade econômica e tecnológica. Afinal, as relações que estas normas visam proteger e regular são intensamente conectadas às mudanças sociais, o que está cada vez mais acelerado.

Dessa forma, compartilhar informações pessoais torna-se uma forma de interação e de nutrir relações pessoais. Entretanto, diferentemente do que se espera, o público destinatário é muito mais amplo do que um número determinado de seguidores ou amigos das redes sociais. Na desconformidade entre a finalidade do compartilhamento pelo usuário e a finalidade do uso de suas informações por terceiros está uma impor-

---

informação pode ser entendida como a ordenação e organização dos dados de forma a transmitir significado em um contexto.

2. SEBRAE. *Como essa ferramenta está impactando o mundo dos negócios virtuais e físicos?* Disponível em: https://www.sebraeatende.com.br/artigo/tik-tok-como-essa-ferramenta-esta-impactando-o-mundo-dos-negocios--virtuais-e-fisicos. Acesso em: 12 dez. 2021.

3. DONEDA, Danilo. Reflexões sobre proteção de dados pessoais em redes sociais. *Revista Internacional de Protección de Datos Personales*. n. 1. Dezembro 2012. Disponível em: Acesso em: 12 dez. 2021.

4. COMANDÉ, Giovanni. SICA, Ssalvatore. *Il commercio elettronico*: Profili giuridici. G. Giappichelli Editore. Torino, 2001. p.15.

tante área de discussão, afinal, até onde a privacidade do usuário deve ser garantida? Essa garantia implica em qual tipo de tutela? Nessa lacuna, faz-se necessário analisar a intervenção jurídica para proteger o indivíduo.

Para tanto, o presente artigo pretende analisar o paradoxo da privacidade, que decorre da suposta ciência do usuário sobre a importância de proteger seus dados pessoais e sua privacidade, bem como do comportamento contraditório diante da intensificação do compartilhamento de informações. Assim, visa-se entender os potenciais danos decorrentes em tal contradição para encontrar meios jurídicos de tutelar os usuários, de forma que estejam cientes dos mecanismos de exibição de sua privacidade e possíveis consequências.

2.   REGULAMENTAÇÃO E PRÁTICAS DE PRIVACIDADE EM PLATAFORMAS DIGITAIS

O advento das plataformas digitais é um fenômeno historicamente recente, representando o nascimento de um espaço de conexão digital entre os usuários, diminuindo custos de transação e aproximando partes distintas. Trata-se, assim, de uma ferramenta intermediária que concilia interesses alheios.

Sabendo-se que o Direito é uma ciência que se adapta à realidade – e não o contrário – não é surpresa que a legislação brasileira ainda esteja se desenvolvendo para tutelar o meio virtual. Afinal, as plataformas digitais trazem consigo uma série de desafios ao legislador, sendo mercados multifacetados digitalmente capacitados. A título de exemplo, basta notar que direitos e obrigações de proteção de dados pessoais no meio virtual exigem uma abordagem específica à medida que envolvem uma multiplicidade de agentes e de medidas técnicas.

Não obstante, as plataformas digitais também são tuteladas com base em leis preexistentes. É o caso do Código Civil e do Código de Defesa do Consumidor, normas recorrentemente utilizadas para julgar eventuais infrações ou crimes cometidos em meio virtual, mas que não foram elaboradas considerando a realidade digital. Vale ressaltar que até a Constituição Federal é utilizada como meio para justificar a tutela da privacidade[5].

Por outro lado, outras recentes leis nasceram com o objetivo de determinar direitos e obrigações específicas ao meio virtual, notadamente, o Marco Civil da Internet (Lei 12.964/2018). O Marco Civil da Internet (ou, simplesmente, "MCI"), em vigor desde 2014, como seu próprio nome sugere, foi a primeira lei brasileira a regulamentar especificamente a utilização da Internet no país. É inegável que se trata de uma lei vanguardista ao elencar princípios que regulam seu uso no Brasil (vide artigo 3º), tais como o princípio da proteção da privacidade e dos dados pessoais. Não fosse o

---

5.   Vale observar que foi aprovada, no Congresso Nacional, a EC 115/2022 (fruto da PEC 17/2019), pela qual se incluiu o inciso LXXIX ao art. 5º da Constituição da República, no qual está prevista, como direito fundamental expresso, a proteção de dados pessoais.

suficiente, o MCI ainda prevê direitos e garantias dos usuários da internet, como a inviolabilidade e o sigilo das comunicações dos usuários, salvo por ordem judicial.

Portanto, verifica-se, nesta norma, alguns direitos específicos para plataformas digitais. Em seu art. 10, §1[o6], por exemplo, o MCI define que a plataforma, na função de provedora de aplicação de internet, só será obrigada a identificar ou fornecer informações sobre um usuário mediante ordem judicial. Esta disposição legal indubitavelmente corrobora para a tutela da privacidade do usuário, cujas mídias ou mensagens serão divulgadas diante de requisição do Poder Judiciário.

Por sua vez, a Lei Geral de Proteção de Dados Pessoais (ou, simplesmente, "LGPD"), é resultado de anos de discussão no Congresso Nacional, diversos Projetos de Lei e foi influenciada fortemente pelo Regulamento Geral sobre Proteção de Dados Pessoais da União Europeia (ou, simplesmente, "GDPR"), culminando em sua sanção em 2018[7].

Referida lei tutela o tratamento de dados pessoais. Assim, permite proteger os direitos dos titulares de dados pessoais ao indicar as obrigações legais dos agentes de tratamento de dados pessoais, seja no ambiente online ou offline. Apesar de a proteção de dados pessoais não se confundir com a proteção da privacidade, sabe-se que ambas se associam em algumas situações, coincidindo ou, ao menos, tangenciando-se.

Vale mencionar que a própria proteção de dados pessoais foi reconhecida como um direito fundamental pelo Supremo Tribunal Federal diante da análise das Ações Diretas de Inconstitucionalidade n. 6.389, 6.390, 6.393, 6.388 e 6.387 sob relatoria da Ministra Rosa Weber[8]:

> [...] A afirmação da força normativa do direito fundamental à proteção de dados pessoais decorre da necessidade indissociável de proteção à dignidade da pessoa humana ante a contínua exposição dos indivíduos aos riscos de comprometimento da autodeterminação informacional nas sociedades contemporâneas[9].

---

6. Lei 12.965/2014 (MCI). Art. 10. A guarda e a disponibilização dos registros de conexão e de acesso a aplicações de internet de que trata esta Lei, bem como de dados pessoais e do conteúdo de comunicações privadas, devem atender à preservação da intimidade, da vida privada, da honra e da imagem das partes direta ou indiretamente envolvidas. § 1º. O provedor responsável pela guarda somente será obrigado a disponibilizar os registros mencionados no *caput*, de forma autônoma ou associados a dados pessoais ou a outras informações que possam contribuir para a identificação do usuário ou do terminal, mediante ordem judicial, na forma do disposto na Seção IV deste Capítulo, respeitado o disposto no art. 7º.

7. A entrada em vigor da lei ocorreu de forma escalonada. Em dezembro de 2018, entraram em vigor os artigos que cuidam da estruturação da Autoridade Nacional de Proteção de Dados (ANPD). Em agosto de 2020, dois anos após a sanção presidencial, entraram em vigor os demais dispositivos, que efetivamente estruturam os direitos dos titulares e deveres dos controlares e operadores, com exceção dos artigos 52 a 55, que tratam das sanções administrativas. Em agosto de 2021, a LGPD entrou plenamente em vigor, com a possibilidade de aplicação das penalidades administrativas da ANPD.

8. BRASIL. Supremo Tribunal Federal. *Ação Direta de Inconstitucionalidade 6.389/DF*. Brasília, DF, 07 de maio de 2020. Disponível em: http://redir.stf.jus.br/paginadorpub/paginador.jsp?docTP=TP&docID=754358482. Acesso em: 20 out. 2021.

9. BRASIL. Supremo Tribunal Federal. *Ação Direta de Inconstitucionalidade 6.389/DF*. Brasília, DF, 07 de maio de 2020. Disponível em: http://redir.stf.jus.br/paginadorpub/paginador.jsp?docTP=TP&docID=754358482. Acesso em: 20 fev. 2021.

Há, ainda, a Proposta de Emenda Constitucional 17/2019 que pretende inserir tal direito no rol do artigo 5° da Constituição Federal. A PEC foi aprovada pelo Plenário do Senado Federal em outubro de 2021, após modificações feitas pela Câmara dos Deputados e, atualmente, aguarda promulgação.

Trazendo este tema para o âmbito das plataformas digitais, é de suma importância que o tratamento de dados pessoais seja feito em conformidade com a legislação aplicável, notadamente as disposições da LGPD, respeitando o direito fundamental da proteção de dados pessoais e a privacidade do indivíduo. Como veremos adiante, um dos principais pilares para que este tratamento ocorra de forma lícita e legítima é a transparência sobre a utilização de suas informações no espaço virtual.

3. PARADOXO DA PRIVACIDADE

Antes de adentrar no paradoxo da privacidade, citamos Tisseron ao explicar intimidade, fazendo um paralelo com o que chama de "extimidade"[10]. Segundo o autor, a intimidade se relaciona com a oposição entre privado e público, sendo que aquele tem elementos direcionados a poucos indivíduos ou, em alguns casos, a apenas ao indivíduo, sendo inerente a ele. A intimidade também se relaciona à autoestima do sujeito, o que está indiscutivelmente associada às redes sociais nos dias atuais. Em tais espaços digitais, é comum que o usuário exponha voluntariamente apenas as partes de sua vida que considera privilegiadas, ocultando aquilo que não o favorece. A construção completa da definição de intimidade, portanto, passa pelo conceito de "extimidade".

Já a "extimidade" é a validação do íntimo pela aprovação do outro. Está conectada à teoria da penetração social, na qual relações interpessoais são vistas como um processo de conhecimento recíproco que se desenvolve de uma intimidade não partilhada até uma partilha cada vez maior dessa mesma intimidade. Nesse contexto, a presença de um público influencia o processo de autorrepresentação de si ao senso de conformidade que se é esperado. Assim, conclui o autor que a intimidade partilhada com alguns têm como função manter um lugar social suscetível de ser ativado a qualquer momento.

No mundo digital, em que redes sociais são como os antigos endereços para correspondências, a exposição a terceiros de uma esfera íntima passa a ser comum e necessária para a autorrepresentação. Posto isso, passamos à análise do cenário que o usuário encontra ao acessar tal ambiente digital e expor aspectos da sua vida.

"Somos todos consumidores de vidro", como afirma Susanne Lace. As informações dos usuários estão expostas de tal modo – voluntária ou involuntariamente – que terceiros sabem sobre eles, podendo ver através deles. Esta é a realidade atual:

---

10. TISSERON, Serge. *Intimité et Extimité*. Disponível em: https://www.cairn.info/revue-communications--2011-1-page-83.htm. Acesso em: 12 dez. 2021. p. 84-85.

Este é um cenário atual, não baseado no futuro. Somos todos 'consumidores de vidro': os outros sabem tanto sobre nós que quase podem ver através de nós. Nossas vidas cotidianas são registradas, analisadas e monitoradas de inúmeras maneiras, mas na maioria das vezes não percebemos, ou não pensamos nada a respeito[11].

Com o fortalecimento das regulações de proteção de dados pessoais, voltadas a garantir a autodeterminação informacional do indivíduo, as plataformas online passaram a disponibilizar ferramentas para que os usuários optem pelas configurações de segurança e proteção dos dados pessoais tratados, deixando mais claras suas opções e direitos. Por exemplo, no GDPR e na LGPD, estão dispostos princípios, limites de tratamento e direitos dos titulares como retificação, exclusão, confirmação, portabilidade, livre acesso, informação, segurança, revisão de decisões automatizadas, não discriminação, anonimização, bloqueio, entre outros, visando permitir que os dados pessoais sejam tratados de forma condizente com as expectativas dos indivíduos.

Há, assim, maior acesso à informação, o que promete diminuir a assimetria entre fornecedores e consumidores – aqui chamados de usuários, e corrigir uma das principais falhas de mercado. Contudo, observa-se uma desconexão entre o comportamento dos indivíduos para proteger seus dados pessoais e sua privacidade e suas expectativas: muitas vezes indivíduos não se comportam de modo coerente com as preocupações que expressam, o que se denomina paradoxo da privacidade[12].

Para tal fenômeno, indivíduos agem de forma contraditória apesar de, na teoria, terem conhecimento sobre os riscos que envolvem o tratamento de seus dados pessoais e a sua privacidade. Portanto, seu comportamento não condiz com o de um usuário totalmente racional, utilitarista e informado que, por exemplo, leria as políticas de privacidade de forma atenta e minuciosa, bem como os termos e condições de uso antes de utilizar algum serviço.

Assim, este indivíduo acaba compartilhando dados pessoais voluntariamente, como exposições de sua vida pessoal em mídias sociais, por meio de fotografias, postagens e comentários pessoais. Ainda que o usuário que compartilhe poucas informações, poderá ter seus dados utilizados em tal dinâmica[13].

Outra categoria de comportamento contraditório pode ser observada quando usuários utilizam recursos para restringir acesso às suas informações pessoais, disponibilizando-as apenas para conhecidos, amigos e familiares. Todavia, toleram o monitoramento invasivo feito por algumas organizações, que exploram seus dados pessoais e comportamentos nos meios digitais.

---

11. LACE, Susanne (Ed.). *The glass consumer*: life in a surveillance society. Bristol: The Policy Press, 2005, p. 1.
12. BARNES, Susan B. A privacy paradox: social networking in the United States. *First Monday*, v. 11, n. 9, set. 2006. Disponível em: https://firstmonday.org/ojs/index.php/fm/article/view/1394. Acesso em: 07 out. 2020. HOLLAND, H. Brian. *Privacy paradox 2.0. Widener Law Journal*, Forthcoming. Abr. 2010.
13. HOLLAND, H. Brian. *Privacy Paradox 2.0*. Disponível em: https://papers.ssrn.com/sol3/papers.cfm?abstract_id=1584443. Acesso em: 13 dez. 2021.

Posto isso, existem duas formas de enxergar tal comportamento. A primeira explicação parte da premissa de que consumidores fazem escolhas informadas[14]. Na teoria, haveria preocupação com a proteção de seus dados pessoais e sua privacidade, mas, na prática, os benefícios advindos das autorizações concedidas às plataformas digitais se sobressaem às preocupações. Em outras palavras, prefere-se usar a plataforma digital, fornecendo dados pessoais, ao invés de ficar sem acesso ao conteúdo fornecido.

Há, contudo, uma crítica ponderação a ser feita quanto à premissa acima, que remete à segunda explicação: em grande parte das situações não se tem o conhecimento de que dados pessoais estão sendo tratados e sob quais condições. Isso porque o conhecimento do usuário é limitado, havendo assimetria informacional. Assim, não seria possível que um indivíduo avaliasse com precisão os riscos contidos no tratamento de dados pessoais para tomar a melhor decisão em compartilhá-los ou não.

Corrobora com isso o fato de que, com tantas informações disponíveis, usuários podem deixar de se atentar ao mais relevante para adquirir determinado produto ou serviço, inclusive ao utilizar plataformas digitais sem a leitura atenta de termos e condições de uso e, havendo, termos de consentimento. Desestabiliza-se, assim, novamente a relação entre fornecedores e usuários[15].

Nesse sentido, Baek explica que os usuários estão dispostos a fornecer informações em troca de benefícios[16], diante de pouco conhecimento sobre o tema, agindo com comportamentos de risco. Assim, a ignorância da dinâmica de plataformas digitais faz com que tais usuários divulguem seus dados pessoais. Tomasevicius Filho explica mencionada dinâmica, ao afirmar que:

> Tornou-se insuficiente, nos dias atuais, imaginar que o direito à privacidade se restringe à ideia tradicional de invasão de privacidade, sintetizada no "direito de estar só" ("right to be let alone"), concebido por Warren e Brandeis (1890). Antes se invadia a privacidade pela procura de informações ou fatos sobre a vida de uma pessoa. Agora é a própria pessoa, vítima das potenciais ou reais violações à privacidade, que, espontânea e alegremente, fornece esses dados, obtidos por meio de pesquisas em sites de mecanismos de busca, "postagens" nas redes sociais e aplicativos de mensagens, o que permite a formação de "big data" e elaboração de dossiers ("profiling") completos sobre si mesma[17].

A assimetria de informação é, portanto, um fator que impede que o usuário faça escolhas informadas. Nesse sentido, a Comissão de Competição e Consumo

---

14. BAEK, Young Min. Solving the privacy paradox: a counter-argument experimental approach. *Computers in Human Behaviour*, [s. l.], v. 38, set. 2014.
15. TIMM, Luciano Benetti. A defesa do consumidor no Brasil – O que esperar diante das relações de consumo na economia digital? *Jota*, [s. l.], 11 set. 2019. Disponível em: https://www.jota.info/opiniao-e-analise/artigos/a-defesa-do-consumidor-no-brasil-11092019. Acesso em: 29 jun. 2020
16. BAEK, Young Min. Solving the privacy paradox: a conter-argument experimental approach. *Computers in Human Behaviour*, [s. l.], v. 38, set. 2014, p. 38.
17. TOMASEVICIUS FILHO, Eduardo. Inteligência artificial e direitos da personalidade: uma contradição em termos? *Revista da Faculdade de Direito*, Universidade De São Paulo, v. 113, 2018. p. 134.

da Austrália aponta que fatores como o mencionado geram dificuldades inerentes à avaliação precisa dos custos atuais e futuros do fornecimento de dados[18].

Diante de tal contexto, ficou conhecida a máxima que alega que: se o serviço é gratuito, o produto é você. Esta é a realidade de muitos serviços da Era Digital, notadamente redes sociais como Facebook, Instagram, WhatsApp etc. Mas como seríamos produtos? A resposta é fácil: dados pessoais têm valor monetário. É nesse contexto que se destacam os chamados custos de atenção e informação. Os primeiros são derivados do tempo gasto pelo usuário em determinada plataforma, enquanto os segundos derivam da disponibilização dos dados pessoais do usuário a terceiros.

Há cerca de duas décadas, o mercado de venda de atenção dos usuários se expandiu de forma exponencial, principalmente no que tange à publicidade comportamental. Assim, por meio da análise de dados pessoais, estima-se seu perfil de consumo e comportamento, suas preferências, o que permite que empresas ofereçam produtos e serviços personalizados. Com o desenvolvimento da tecnologia, as publicidades se tornaram mais atrativas, da mesma forma que o tempo gasto pelos usuários na internet aumentou.

As plataformas digitais aperfeiçoaram seu potencial para manter os usuários conectados, navegando por páginas na web e aplicativos, o que permite uma maior coleta de suas informações. Ao coletar tais dados pessoais, seria possível direcionar conteúdo personalizado, aumentando a receita da plataforma por meio da venda de espaços para anúncios publicitários direcionados, a chamada publicidade comportamental[19]. Atuando sob tal dinâmica, tais plataformas podem ser chamadas de plataformas de atenção, conforme proposto por Evans[20].

É comum que nestas plataformas alguns serviços não sejam cobrados dos usuários monetariamente, como ocorre com as versões mais simples de e-mails, páginas em redes sociais, acesso a informações e portais de busca etc. Tais mercados também são chamados de mercados de preço zero[21]. Por outro lado, como moeda de troca, são coletados dados pessoais dos usuários que, tratados, serão a receita para manutenção do modelo de negócio. Assim encontramos os chamados custos de atenção e informação, muitas vezes despercebidos pelos usuários, mas presentes nas plataformas digitais.

---

18. AUSTRALIAN COMPETITION CONSUMER COMMISSION – ACCC. *Digital platforms inquiry*: final report. Australia: ACCC.gov, jun. 2019. p. 384.
19. QUINELATO, Pietra D. Publicidade comportamental: há livre-arbítrio no consumo do século XXI? *Magis Portal*. Disponível em: https://magis.agej.com.br/publicidade-comportamental-ha-livre-arbitrio-no-consumo-do-seculo-xxi/. Acesso em: 03 de jan. 2021.
20. EVANS, David S. Rivals for Attention: How Competition for Scarce Time Drove the Web Revolution, What it Means for the Mobile Revolution, and the Future of Advertising. *Social Science Research Network* [s.l.], p. 5, 08 fev. 2014. Disponível em: https://papers.ssrn.com/sol3/papers.cfm?abstract_id=2391833. Acesso em: 01 jan. 2021.
21. NEWMAN, John M. Antitrust in zero-price market: foundations. *University of Pennsylvania Law Review*, v. 164, p. 149-106, 2015. Disponível em: https://scholarship.law.upenn.edu/cgi/viewcontent.cgi?article=9504&context=penn_law_review. Acesso em: 02 jan. 2022.

4. MEIOS PARA PROMOÇÃO DA PROTEÇÃO DE DADOS PESSOAIS EM PLATAFORMAS DIGITAIS

Foi visto que usuários não agem, necessariamente, de forma lógica com suas expectativas de proteção aos seus dados pessoais e à sua privacidade. O paradoxo da privacidade, portanto, é uma das formas de explicar mencionado comportamento contraditório. Todavia, existem mecanismos que podem auxiliar o usuário na ciência das suas escolhas nas plataformas digitais, sejam elas voltadas ao compartilhamento de suas informações, mas conscientizados das consequências, ou à proteção.

Assim, o cerne de um uso saudável das plataformas digitais está disposto em três pilares, quais sejam, a transparência, a implementação de medidas de segurança e a educação. Estes três pilares, se existentes, auxiliarão o usuário na tutela da sua privacidade e na conscientização de suas ações quanto aos seus dados pessoais em meios digitais.

Em relação ao primeiro pilar, é preciso esclarecer que a transparência está prevista em diversas disposições do ordenamento jurídico nacional, incluindo o Código de Defesa do Consumidor e o Marco Civil da Internet. Para este artigo, destacamos que ela está prevista como princípio no artigo 6º, inc. VI, da LGPD, sendo um dos pressupostos para qualquer prática a ser realizada pela plataforma. É dizer, tanto o escopo dos dados pessoais coletados quanto a sua utilização devem ser de conhecimento do usuário (ou, ao menos, estas informações devem ser de fácil acesso ao usuário).

Vale notar que, no ambiente virtual, o princípio da transparência torna-se ainda mais sensível aos direitos dos titulares. Isto ocorre porque o meio virtual acentua a vulnerabilidade do usuário, uma vez que tem acesso limitado às informações disponibilizadas pela plataforma, pois o usuário não "enxerga" a plataforma e não se relaciona pessoalmente com ela. A relação ocorre por meio de cliques, em uma conduta silenciosa. Desse modo, o usuário precisa confiar nas informações prestadas pela plataforma e, por isso, elas precisam ser corretas, claras, precisas, ostensivas e no idioma do usuário[22].

Trazendo a discussão para a lei brasileira, verifica-se que a LGPD define o princípio da transparência como uma *garantia, aos titulares, de informações claras, precisas e facilmente acessíveis sobre a realização do tratamento e os respectivos agentes de tratamento, observados os segredos comercial e industrial*. Além disso, os artigos 9º, 18 e 19 desta Lei especificam quais informações devem ser prestadas aos usuários, seja de ofício ou mediante requerimento.

Portanto, apesar de ainda não haver uma diretriz pela Autoridade Nacional de Proteção de Dados sobre o conceito de transparência aplicado à prática da proteção de dados pessoais, a LGPD já fornece, direta e indiretamente, algumas pistas, haja vista o rol de incisos do art. 9º, referentes às informações mínimas que o titular de

---

22. LEITE, George Salomão; LEMOS, Ronaldo. *Marco Civil da Internet*. São Paulo: Atlas, 2014, p. 484-485.

dados tem direito de receber quando exercer o direito de acesso justo aos agentes de tratamento. No entanto, não há restrição quanto à modalidade do fornecimento; é dizer, é possível informar os titulares sobre os detalhes do tratamento de dados por diversos meios, incluindo, mas não se limitando a textos, áudios, vídeos e animações. Em tal contexto, as políticas de privacidade claras, curtas e objetivas se destacam.

Já no que diz respeito ao segundo pilar, as medidas de segurança da informação são definitivamente outro fator para tutelar a privacidade de usuários das plataformas e a proteção de seus dados pessoais. Medidas como a criptografia, pseudonimização, restrição de acesso, logs de acesso, armazenamento por tempo limitado, descarte de dados pessoais desnecessários passam a ser fundamentais.

Neste sentido, vale a pena retomar os ensinamentos da pesquisadora canadense, Ann Cavoukian, que cunhou a expressão *Privacy by Design*, que contempla alguns princípios, entre eles, o *Privacy by Default*. Grosso modo, este diz que, ao se lançar um produto ou serviço no mercado, as configurações mais seguras de privacidade deverão ser aplicadas por padrão. Ademais, todos os dados pessoais fornecidos pelo usuário para permitir o uso ideal de um produto devem ser mantidos apenas pelo tempo necessário para fornecer o produto ou serviço. Por exemplo, se mais informações do que o necessário para fornecer o serviço forem divulgadas, esse conceito será violado. Logo, sendo a plataforma digital um serviço prestado aos usuários, deve ela estar submetida ao *Privacy by Default*, dispondo, por padrão, das mais importantes medidas técnicas e administrativas de privacidade.

Por fim, há de se ressaltar a importância de medidas educacionais para que o titular, usuário das plataformas digitais, esteja protegido neste ambiente cada vez mais comum no dia a dia de todos. É necessário que organizações públicas e privadas, em conjunto com a sociedade civil, façam campanhas de conscientização, promovendo a educação digital e a importância da proteção dos dados pessoais e, como consequência, da tutela da privacidade do indivíduo.

5. CONSIDERAÇÕES FINAIS

Em vista do exposto, podemos concluir, em breves linhas, que o paradoxo da privacidade decorre do comportamento contraditório do usuário nas plataformas digitais, diante do compartilhamento irrestrito de seus dados pessoais ao lado das suas altas expectativas de tutela de sua privacidade e proteção de seus dados pessoais. Do paradoxo, decorrem dois possíveis cenários: (i) usuários sem informação sobre o tratamento de seus dados pessoais e possíveis riscos enfrentados no compartilhamento; (ii) usuários que optam por compartilhar pelos benefícios advindos dos serviços oferecidos pelas plataformas digitais.

Assim, é possível que usuário tenha conhecimento sobre a necessidade de proteção de seus dados pessoais e a importância da tutela da sua privacidade. No entanto, é comum que seu comportamento não condiga com suas expectativas de proteção. Esse é o cenário que merece intervenção e tutela.

Considerando que as Políticas de Privacidade e os Termos e Condições de Uso são raramente lidos por usuários, as empresas detentoras das plataformas digitais devem encontrar maneiras mais eficazes para garantir que as informações relevantes sobre o tratamento de dados pessoais sejam conhecidas pelos usuários. Logo, dentro das possibilidades técnicas, é possível utilizar o Legal Design, notadamente o Visual Law, visando permitir que o usuário compreenda de forma facilitada as informações lá dispostas, evitando termos e expressões jurídicos, textos longos e cansativos.

Ainda, o Estado tem um papel duplamente importante em garantir que, ao lado da liberdade de atuação das empresas, os usuários estejam tutelados para realizarem suas escolhas de forma livre. Tal papel pode ser atingido por meio de políticas nacionais do consumidor, agências designadas à proteção do consumidor, leis do consumidor, códigos de soft law, mecanismos de reparação, sistemas de monitoramento e segurança, mecanismos educacionais e informativos e cooperação internacional.

6.   REFERÊNCIAS

AUSTRALIAN COMPETITION CONSUMER COMMISSION – ACCC. *Digital platforms inquiry*: final. Australia: ACCC.gov, jun. 2019.

BAEK, Young Min. Solving the privacy paradox: a conter-argument experimental approach. *Computers in Human Behaviour*, [s. l.], v. 38, set. 2014.

BARNES, Susan B. A privacy paradox: social networking in the United States. *First Monday*, v. 11, n. 9, set. 2006. Disponível em: https://firstmonday.org/ojs/index.php/fm/article/view/1394. Acesso em: 07 out. 2020.

COMANDÉ, Giovanni; SICA, Salvatore. *Il commercio elettronico*: Profili giuridici. G. Giappichelli Editore. Torino, 2001.

DONEDA, Danilo. Reflexões sobre proteção de dados pessoais em redes sociais. *Revista Internacional de Protección de Datos Personales*. n. 1. Dezembro 2012.

EVANS, David S. Rivals for Attention: How Competition for Scarce Time Drove the Web Revolution, What it Means for the Mobile Revolution, and the Future of Advertising. Social *Science Research Network* [s.l.], 08 fev. 2014. Disponível em: https://papers.ssrn.com/sol3/papers.cfm?abstract_id=2391833. Acesso em: 01 jan. 2022.

HOLLAND, B. Privacy Paradox 2.0. *Widener Law Journal*. Forthcoming. Abr. 2010. Disponível em: https://papers.ssrn.com/sol3/papers.cfm?abstract_id=1584443. Acesso em: 13 dez. 2021.

LACE, Susanne (Ed.). *The glass consumer*: life in a surveillance society. Bristol: The Policy Press, 2005.

LEITE, George Salomão; LEMOS, Ronaldo. *Marco Civil da Internet*. São Paulo: Atlas, 2014.

NEWMAN, John M. Antitrust in zero-price market: foundations. *University of Pennsylvania Law Review*, v. 164, p. 149-106, 2015. Disponível em: https://scholarship.law.upenn.edu/cgi/viewcontent.cgi?article=9504&context=penn_law_review. Acesso em: 02 jan. 2022.

QUINELATO, Pietra D. Publicidade comportamental: há livre-arbítrio no consumo do século XXI? *Magis Portal*. Disponível em: https://magis.agej.com.br/publicidade-comportamental-ha-livre-arbitrio--no-consumo-do-seculo-xxi/. Acesso em: 03 de jan. 2021.

SEBRAE. *Como essa ferramenta está impactando o mundo dos negócios virtuais e físicos?* Disponível em: https://www.sebraeatende.com.br/artigo/tik-tok-como-essa-ferramenta-esta-impactando-o-mundo-dos-negocios-virtuais-e-fisicos. Acesso em: 12 dez. 2021.

TIMM, Luciano Benetti. A defesa do consumidor no Brasil – O que esperar diante das relações de consumo na economia digital? *Jota*, [s. l.], 11 set. 2019. Disponível em: https://www.jota.info/opiniao-e-analise/artigos/a-defesa-do-consumidor-no-brasil-11092019. Acesso em: 29 jun. 2020

TISSERON, Serge. *Intimité et Extimité*. Disponível em: https://www.cairn.info/revue-communications--2011-1-page-83.htm. Acesso em: 12 dez. 2021. p. 84-85.

TOMASEVICIUS FILHO, Eduardo. Inteligência artificial e direitos da personalidade: uma contradição em termos? *Revista da Faculdade de Direito*, Universidade De São Paulo, v. 113, p. 133-149, 2018.

Jurisprudência:

BRASIL. Supremo Tribunal Federal. *Ação Direta de Inconstitucionalidade 6.389/DF*. Brasília, DF, 07 de maio de 2020. Disponível em: http://redir.stf.jus.br/paginadorpub/paginador.jsp?docTP=TP&docID=754358482. Acesso em: 20 out. 2021.

BRASIL. Supremo Tribunal Federal. *Ação Direta de Inconstitucionalidade 6.389/DF*. Brasília, DF, 07 de maio de 2020. Disponível em: http://redir.stf.jus.br/paginadorpub/paginador.jsp?docTP=TP&docID=754358482. Acesso em: 20 fev. 2021.

Parte V
ASPECTOS ÉTICOS PARA O DESENVOLVIMENTO ALGORÍTMICO

AUTOMAÇÃO DECISÓRIA NO DIREITO: DA APLICAÇÃO DA INTELIGÊNCIA ARTIFICIAL NO ATO DE JULGAR

Alexandre Libório Dias Pereira

Professor Associado da Faculdade de Direito Universidade de Coimbra, Portugal

Sumário: 1. Introdução – 2. Do mito de Golem ao «Dr Iuris Computer» – 3. *If, then – unless or else?* – 4. «Virtualidades Entrópicas» da IA – 5. Novos princípios e decisão *contra legem* – 6. Validação científica, causalidade e arbitrariedade – 7. O código-fonte constitucional na sociedade de risco – 8. Interpretação da lei em conformidade com os princípios – 9. A criação jurisprudencial do Direito – 10. O papel da Inteligência Artificial e os limites da tecnologia – 11. Referências.

1. INTRODUÇÃO

No Livro Branco sobre a inteligência artificial, a Comissão Europeia[1] apontou a relevância "de soluções de IA para a aplicação da lei e o sistema judicial", notando que a "IA pode desempenhar muitas funções que anteriormente só podiam ser desempenhadas por seres humanos". Será a decisão jurisprudencial uma dessas funções?

2. DO MITO DE GOLEM AO «DR IURIS COMPUTER»

O progresso científico-tecnológico promete continuar o processo revolucionário, nomeadamente através da tecnologia bioinformática, anunciando-se o ciborgue[2] com o "casamento de computadores e genes"[3], e prevendo-se que os "os computadores da segunda metade deste século pouco terão a ver com os computadores de hoje"[4].

No domínio da justiça e da realização do direito, a informatização do procedimento decisório administrativo e judicial é já uma realidade, não apenas no processamento e transmissão de dados, mas também - e sobretudo - na solução de casos. Conseguirá a engenharia informática desenvolver a inteligência artificial emulando o *modus operandi* do *logos* jurídico e realizando, no Direito, o mito de Golem (1580), que "reaparece na «sociedade de informação» de N. Wiener, o pai da Cibernética", matemático, com a sua *Cybernetic or the Control and Communication in the Animal*

---

1. COMISSÃO EUROPEIA (2020) *Livro Branco sobre a inteligência artificial - Uma abordagem europeia virada para a excelência e confiança*, Bruxelas, 19.2.2020 COM (2020) 65 final, 11-2.
2. DUFRESNE, Jacques (1999) *Après l'homme... le cyborg?*, MultiMondes, Sainte-Foy.
3. RIFKIN, Jeremy (2000) *O Século Biotech: A Criação de um Novo Mundo*, trad. Fernanda Oliveira, Publicações Europa-América, 210s.
4. COSTA, Ernesto; SIMÕES, Anabela (2004) *Inteligência Artificial: Fundamentos e Aplicações*, FCA, Lisboa, 562.

and the Machine (1948)"?[5] Evocando um título de D'Amato, "Can/Should Computers Replace Judges?"

Os autómatos jurídicos já não são apenas "ficção" (Nagel 1998). A automatização jurídica do direito fiscal e dos seguros de acidentes rodoviários foi há muito defendida e já é prática corrente[6]. Na metodologia do direito ressalva-se que o "juiz computador" que "fosse de uma vez só programado per saecula saeculorum causaria "horror até ao positivista mais impávido"[7]. Todavia, aceita-se que, "quando se trate de fenómenos massivos, que se apresentam sempre de maneira idêntica [...], *o juiz que decide o caso concreto pode ser substituído pelo computador*, previamente instruído para todos os casos"[8], qual "robot da subsunção"[9].

Em Portugal surgiram igualmente posicionamentos favoráveis à automatização jurídica[10], apontando-se o Direito com um campo fértil de aplicação da chamada *algoritmia analógica*. Outros, porém, manifestaram reservas à sua viabilidade, alegando a incapacidade "semântica" dos computadores[11] ou que o "o «Dr. Iur. Computer» [enquanto] prótese mecânica" não conseguiria *"ajuizar"* os casos[12]. Numa palavra, o raciocínio jurídico não seria redutível a um algoritmo omnipotente[13]. Ao invés da inteligência artificial, dever-se-ia antes apostar nos "processos naturais da inteligência jurídica"[14].

3. IF, THEN – UNLESS OR ELSE?

O sistema jurídico é constituído, fundamentalmente, por normas legais, as quais têm normalmente uma estrutura lógica semelhante à informática: *if, then – unless or*

---

5. PEREIRA, Miguel Baptista (1996) *Filosofia da Comunicação Hoje*, in Comunicação e Defesa do Consumidor, Actas do Congresso Internacional organizado pelo Instituto Jurídico da Comunicação da Faculdade de Direito da Universidade de Coimbra, de 25 a 27 de Novembro de 1993, Coimbra, 51.

6. VIEHWEG, Theodor (1995) *Rechtsphilosophie und Rhetorische Rechtstheorie (Gesammelte kleine Schriften)*, Nomos, Baden-Baden, 1995, 186; PHILLIPS, Lothar (1995), "Von nervösen und phlegmatischen Rechtsbegriffen — Ein Beitrag zur Rechtstatsachenforschung", in Tinnefeld/Phillips/Heil (Hrsg.), *Informationsgesellschaft und Rechtskultur in Europa*, Nomos, Baden-Baden, 192.

7. KAUFMANN, Arthur (1994) *Rechtsphilosophie*, 2. Aufl., Beck, München, 121.

8. LARENZ, Karl (1983) *Metodologia da Ciência do Direito*, trad. de José Lamego com revisão de Ana de Freitas (do original *Methodenlehre der Rechtswissenschaft*, Berlin/Heidelberg, Springer-Verlag, 5.ª ed. rev., 1983), 2.ª edição, Fundação Calouste Gulbenkian, Lisboa, 282.

9. OGOREK, R. (1986) *Richterkönig oder Subsumtionsautomat?, Zur Justiztheorie im 19. Jahrhundert*, Klostermann.

10. HESPANHA, António Manuel (2000) "Os juristas que se cuidem... dez anos de inteligência artificial e direito", Revista Themis, I, 140; MARQUES, Garcia / Martins, LOURENÇO (2000) *Direito da Informática*, Almedina, Coimbra.

11. NEVES, A. Castanheira (1993) *Metodologia Jurídica (Problemas fundamentais)*, Coimbra Editora, Coimbra, 251-2.

12. BRONZE, Fernando José (1998) "O Jurista: Pessoa ou Android?", in *AB VNO AD OMNES*, Coimbra Editora, Coimbra, 76.

13. DWORKIN, Ronald (1992) *El Imperio de la Justicia. De la teoría general del derecho, de las decisiones e interpretaciones de los cueces y la integridad política y legal como clave de la teoría y práctica*, trad. Claudia Ferrari (do orig. *Law's Empire*, 1986), Gedisa Editorial, Barcelona, 287-9.

14. ARAÚJO, Fernando (1999) "Lógica jurídica e informática jurídica", in *Direito da Sociedade da Informação*, vol. I, Coimbra Editora, Coimbra, 71.

else. Se *x*, logo *w, a menos que y (ou salvo se), então k*. Isto é, têm uma hipótese, que prevê a situação típica, e uma estatuição, que estabelece a consequência, ambas se fundindo por via de uma "cópula" ou "nexo que as une"[15].

Todavia, a lei utiliza amiúde conceitos indeterminados ou cláusulas gerais (por ex. bons costumes), cuja determinação e concretização é tarefa do intérprete. A programação informática poderia suprir alguma porosidade linguística da lei, indexando tais conceitos indeterminados e cláusulas gerais a bases de dados jurisprudenciais e doutrinais processadas em termos de encontrar uma posição dominante ou maioritária.

Há casos que o sistema logicamente programado não prevê e para as quais não provê solução. São as chamadas lacunas, no sentido de casos omissos. O modelo «se, logo» não reconhece casos que não se subsumem aos conceitos previstos no programa da lei, mas que não deixam de ser juridicamente relevantes, reclamando disciplina análoga à prevista para situações reguladas pela lei, em virtude de nele procederem as razões justificativas dessa disciplina legal (*eadem ratio*), como prescreve o Código Civil (art. 10.º, 2), tarefa que "exige toda a finura por parte do intérprete"[16].

Estas situações exigem uma programação mais complexa, alargando a hipótese da norma a situações afins, como, por exemplo, programando o sistema no sentido de abrir o regime de uma norma com base no argumento *a fortiori*, por maioria de razão, ou *ad maius ad minus*.

As possibilidades de alargamento da norma poderiam, todavia, ser comprometidas no campo das normas excecionais. Tomada à letra a proibição da analogia relativamente a estas normas, então o programa informático excluiria à partida a possibilidade de aplicação de tais normas a casos atípicos. O argumento por maioria de razão cederia face ao argumento *a contrario*, excluindo do campo de aplicação todas as situações que "contrariam princípios fundamentais, informadores da ordem jurídica ou dum ramo de direito em particular"[17]. Porém, a proibição da analogia das normas excecionais não tem em conta a "radical matriz analógica do discurso jurídico"[18], nem aceita que a norma se aplica analogicamente mesmo aos casos nela expressamente previstos – expondo-se ao argumento apagógico da *reductio ad absurdum*.

A relevância jurídica dos casos omissos é atribuída à sua ressonância no estrato do sistema que anima o *corpus iuris*, os chamados princípios fundamentais[19]. O método tradicional denomina esta operação por analogia *iuris*. O caso omisso resolve-se segundo os princípios jurídicos gerais relativos ao instituto convocado pelo caso. Estes princípios seriam decantados a partir das normas que compunham o regime

---

15. JUSTO, A. Santos (2003) *Introdução ao Estudo do Direito*, 2.ª ed., Coimbra Editora, Coimbra, 142.
16. ASCENSÃO, José de Oliveira (1997) *O Direito: Introdução e Teoria Geral*, 10.ª ed., Coimbra, 446.
17. ASCENSÃO, José de Oliveira (1997) *O Direito: Introdução e Teoria Geral*, 10.ª ed., Coimbra, 453.
18. BRONZE, Fernando José (1994) *A Metodonomologia entre a Semelhança e a Diferença (Reflexão problematizante dos polos da radical matriz analógica do discurso jurídico)*, Coimbra Editora, Coimbra.
19. ALEXY, Robert (1995) *Recht, Vernunft, Diskurs: Studien zur Rechtsphilosophie*, Suhrkamp, Frankfurt am Main.

de tal instituto através das operações lógicas da indução e da dedução: por indução infere-se um princípio geral, do qual deduz uma solução para o caso omisso.

A programação informática já permite a indução lógica, com os chamados agentes reativos, aprendizes e adaptativos[20], apontando-se "a grande capacidade do sistema para reconhecer padrões e depois emular o raciocínio por analogia"[21].

É, todavia, duvidoso que a *machine learning* tenha algo de "espontâneo"[22], em especial que consiga decidir *contra legem*. O computador limita-se a cumprir a rotina dos «se, logo» que implementam informaticamente o programa normativo, pelo que a decisão *contra legem* seria, pela natureza das coisas, impossível.

Mas podemos razoavelmente supor que o computador poderá um dia induzir os princípios jurídicos gerais a partir das normas legais, de modo a afastar a normas legais que contrariem tais princípios. O sistema informático integraria lacunas por via da elaboração indutiva dos princípios jurídicos gerais e controlaria a legalidade das normas contrárias a esses princípios. Teríamos uma decisão *contra legem,* mas *secundum ius ex machina.* À semelhança do controlo da constitucionalidade das normas, sendo a Constituição o código-fonte do programa normativo.

Mas, a ser assim, o sistema informático impediria o legislador de introduzir mudanças e alterações no sistema. A lógica do sistema jurídico seria codificada num certo momento pelo sistema informático, o qual aferiria a conformidade das novas leis com a lógica pré-definida e fechada. Não se afastaria a interpretação *ab-rogante* em casos de contradição lógica das normas[23], mas por certo importaria o risco de clausura do sistema e de necrose do *corpus iuris*.

Em suma, a substituição do juiz humano pela máquina calculadora, ao estilo de um *ius ex machina,* eliminará o papel criativo do intérprete, em especial do juiz, que "realiza, de facto, uma actividade criadora (...). E não sofre dúvida de que, *de direito*, a realiza também"[24]. Ao invés de um «dever-ser» a justiça mecânica e automática reduz-se a um «ter-que-ser», indiferente aos princípios fundamentais que "só através da concreta realização do direito (da decisão dos casos jurídicos concretos) se vão revelando"[25]. O sistema informático reproduz silogisticamente, com mais ou menos sofisticações, o programa pré-carregado, "mas estar-lhe-ia vedado *ajuizar* deles"[26]. O juízo, enquanto capacidade de discernir o bem e o mal, o justo e o injusto, é uma

---

20. Costa, Ernesto; Simões, Anabela (2004) *Inteligência Artificial: Fundamentos e Aplicações*, FCA, Lisboa, 37.
21. Marques, Garcia / Martins, Lourenço (2000) *Direito da Informática*, Almedina, Coimbra, 37.
22. Levinson, Paul (1998) *A Arma Suave. História Natural e Futuro da Revolução da Informação*, trad. J. Freitas e Silva (do original *The Soft Edge*, 1997), Bizâncio, Lisboa, 255.
23. Justo, A. Santos (2003) *Introdução ao Estudo do Direito*, 2.ª ed., Coimbra Editora, Coimbra, 337.
24. Andrade, Manuel A. Domingues de (1978) *Ensaio sobre a teoria da interpretação das leis*, 3.ª ed., Arménio Amado, Coimbra, 88.
25. Neves, A. Castanheira (1993) *Metodologia Jurídica (Problemas fundamentais)*, Coimbra Editora, Coimbra, 161.
26. Bronze, Fernando José (2006) "Quae sunt Caesaris, Caesari: et quae sunt iurisprudentiae, iurisprudentiae", in *Comemorações dos 35 Anos do Código Civil e dos 25 Anos da Reforma de 1977*, vol. II., Coimbra Editora, Coimbra, 76-9.

AUTOMAÇÃO DECISÓRIA NO DIREITO: DA APLICAÇÃO DA INTELIGÊNCIA ARTIFICIAL NO ATO DE JULGAR **563**

categoria que predica a humanidade, pois "um direito sem justiça constituiria, digamos, uma monstruosidade moral"[27].

Pode, todavia, perguntar-se se a insistência na humanidade em tempos de cruzamento entre o ser humano, a natureza e a tecnologia, não será uma forma de «especismo»[28], discriminando positivamente a vida humana relativamente a formas de vida. De todo o modo, está igualmente em causa a própria "«luta pela sobrevivência» do direito"[29]. Ao ponto de a maior falácia da Inteligência Artificial poder ser a tentação de colocar nas suas mãos a nova "ciência do bem e do mal", para assim regressar ao jardim do paraíso.

A dimensão de responsabilidade envolvida no ato de julgar[30] exige, da parte do juiz, compromisso enquanto "*viva vox iuris*"[31]. Pese embora a norma constitucional que afasta a responsabilidade dos juízes pelas suas decisões (art. 216.º, 2), parece-nos que substituir o juiz pela máquina seria retirar ao julgamento essa dimensão de responsabilidade.

O modelo ideal do positivismo, preocupado apenas com a segurança e a certeza jurídicas, conduz ao apagamento do papel do intérprete e dos agentes decisores. A criação do direito teria lugar apenas em sede legislativa. Segundo o modelo democrático, a soberania radica na vontade popular, pelo que só os representantes do povo teriam legitimidade e competência para criar direito através das leis, incluindo a lei das leis que é a Constituição. Por seu turno, os tribunais teriam apenas legitimidade para, em nome do povo, administrar a justiça resultante do direito legislativamente criado. Ser apenas "a boca que pronuncia as palavras da lei" (Montesquieu) promete um efeito de "anestesia tranquilizante"[32].

4.   «VIRTUALIDADES ENTRÓPICAS» DA IA

A "dimensão entrópica" da ordem jurídica analisa-se na sua função secundária ou organizatória[33]. Desde logo, no seu "momento de coerência e unidade sistemática", com questões de *antinomias entre normas*, entre normas e princípios, ou mesmo entre princípios, para a superação das quais se apontam critérios formais, nomeadamente o critério da hierarquia (*lex superior derogat inferiori*), o critério da especialidade (*lex*

---

27.   CARVALHO, Orlando de (1996) "IVS – QUOD IVSTVM?", *Boletim da Faculdade de Direito*, vol. 72 (1996), 1-12, 4.

28.   LINHARES, J.M. Aroso (2003) "A Ética do Continuum das Espécies e a Resposta Civilizacional do Direito. Breves Reflexões", *Boletim da Faculdade de Direito*.

29.   BRONZE, Fernando José (2006) "Quae sunt Caesaris, Caesari: et quae sunt iurisprudentiae, iurisprudentiae", in *Comemorações dos 35 Anos do Código Civil e dos 25 Anos da Reforma de 1977*, vol. II., Coimbra Editora, Coimbra, 77.

30.   BOURCIER, D. (1995) *La décision artificielle*, PUF, Paris, 232.

31.   BRONZE, Fernando José (1994) *A Metodonomologia entre a Semelhança e a Diferença (Reflexão problematizante dos polos da radical matriz analógica do discurso jurídico)*, Coimbra Editora, Coimbra, 184.

32.   BRONZE, Fernando José (1994) *A Metodonomologia entre a Semelhança e a Diferença (Reflexão problematizante dos polos da radical matriz analógica do discurso jurídico)*, Coimbra Editora, Coimbra, 182.

33.   BRONZE, Fernando José (2002) *Lições de Introdução ao Direito*, Coimbra, Editora, Coimbra, 77-92.

posterior generalis non derogat priori speciali), e o critério da prioridade cronológica (*lex posterior derogat priori*). Mas também no "momento de realização orgânico--processual", enquanto "condição adjetiva do juízo decisório", nomeadamente nas questões da competência judiciária e, de um modo geral, no direito processual.

Já se afigura menos relevante o papel da IA no "momento de desenvolvimento constitutivo". Está em causa a dialética "subsistência/mutação" ou "estabilidade/evolução" da ordem jurídica suscitada pela historicidade da *praxis* e do direito. Trata-se, por ex., do problema das fontes do direito, em especial dos limites normativos temporais e de validade das normas legais, em que o juiz não encontra correspondência entre os princípios que animam o sistema e as normas legais hipoteticamente aplicáveis, devendo proceder-se à "preterição sincrónica" e à "superação diacrónica" de tais normas legais[34].

5. NOVOS PRINCÍPIOS E DECISÃO *CONTRA LEGEM*

O jurista intérprete pode trazer novos valores para o direito, os quais não raramente introduzem ruturas no sistema[35]. Fala-se até na legitimidade da radical insubmissão contra o próprio sistema[36], ou pelo menos que por via da interpretação se emendem os erros do legislador e se resista contra "os desmandos e abusos do Poder", como escrevia Manuel de Andrade. Mas, não será essa uma falha crítica de segurança do sistema, expondo-o aos rábulas, que "cavilam as leis"?[37].

Admitir que os novos princípios afastem a norma legal não repugna na medida em que não ofendam o espírito do sistema vigente. Mas, permitir ao juiz criar princípios ofensivos do espírito do sistema vigente não conduzirá à ruína do sistema?

A Lei Fundamental incumbe os tribunais de velarem pela conformidade constitucional das normas legais: "Nos feitos submetidos a julgamento não podem os tribunais aplicar normas que infrinjam o disposto na Constituição ou os princípios nela consignados" (art. 204.º). Trata-se do expediente da fiscalização concreta da constitucionalidade, nos termos do qual o tribunal não pode aplicar normas que infrinjam o disposto na Constituição ou os princípios nela consignados[38].

À luz do preceito constitucional, mesmo as teorias da constituição aberta e material reconhecem que a fonte dos princípios é ainda a lei constitucional, enquanto expressão da vontade soberana do povo. Neste sentido, o intérprete da lei ordinária

---

34. NEVES, A. Castanheira (1995) *Digesta - Escritos acerca do Direito, do Pensamento Jurídico, da sua Metodologia e outros*, II, Coimbra Editora, Coimbra; BRONZE, Fernando José (2002) *Lições de Introdução ao Direito*, Coimbra, Editora, Coimbra, 683-746.
35. NEVES, A. Castanheira (1993) *Metodologia Jurídica (Problemas fundamentais)*, Coimbra Editora, Coimbra, 227.
36. CARVALHO, Orlando de (1997) "Para um Novo Paradigma Interpretativo: o Projecto Social Global", *Boletim da Faculdade de Direito*, vol. 73 (1997), 1-17.
37. PAIVA, Vicente Ferrer Neto (1883) *Philosophia de Direito*, I. Direito Natural, 6.ª ed., Imprensa da Universidade, Coimbra, 44.
38. CANOTILHO, J.J. Gomes (1998) *Direito Constitucional e Teoria da Constituição*, Almedina, Coimbra, 874.

não seria o criador de princípios jurídicos, ao menos enquanto fundamento de desconsideração de normas legais. A obediência à lei só poderia ser afastada em nome da obediência à Constituição. Numa palavra, em situações de interpretação ab-rogatória, a medida da razoabilidade do legislador seria ditada pelos princípios do código constitucional, ou seja, o teste da razoabilidade da norma seria aferido pelo espírito do sistema tal como contido na Constituição, qual horizonte hermenêutico balizador da "interpretação conforme a Constituição"[39]. De todo o modo, segundo o regime da fiscalização concreta da constitucionalidade em vigor (art. 280/1-a CRP), o "juízo final" cabe ao Tribunal Constitucional.

Em suma, a abertura constitucional permitiria ao juiz uma criatividade de princípios *positiva* (no sentido de recriação de princípios constitucionais já consagrados) e eventualmente *neutra* (no sentido de criação de princípios que não ofendem a lógica constitucional), mas já não *negativa* (no sentido de criação de princípios contrários ao espírito da Constituição, de acordo com as normas e os princípios nela consignados).

A substituição dos Tribunais e do próprio Tribunal Constitucional por um sistema informático será uma tentação para um poder político totalitário, que se serve do direito como instrumento de execução do seu programa de domínio e dispensa o juízo do decisor, bastando-se com a sua fiel obediência à «cópula» lógica do «se, logo». O problema da porosidade e fluidez da linguagem jurídica resolver-se-ia através de uma nova linguagem, com os sentidos das palavras (e de outros signos relevantes) inequivocamente codificados e uma "gramática pura" construída à imagem e semelhança das linguagens de programação informática e ao estilo de uma orwelliana Novilíngua jurídica.

6. VALIDAÇÃO CIENTÍFICA, CAUSALIDADE E ARBITRARIEDADE

Atualmente, a ciência e a técnica desempenhariam o papel de uma ideologia enquanto instância de validação[40]. O que a ciência tecnologicamente aplicada torna possível desafia constantemente as convenções sobre o bem e o mal, sobre o que está certo e o que está errado, abanando (e por vezes abalando) os alicerces do edifício do sistema jurídico.

Aceitar o progresso científico não implica subordinar as regras da convivência humana exclusivamente a esse paradigma. É verdade que pertencendo o ser humano ao mundo natural, então as regras da convivência humana não poderão ser estranhas

---

39. CARVALHO, Orlando de (1996) "IVS – QUOD IVSTVM?", *Boletim da Faculdade de Direito*, vol. 72 (1996), 1-12, 15; NEVES, A. Castanheira (1993) *Metodologia Jurídica (Problemas fundamentais)*, Coimbra Editora, Coimbra, 195; LARENZ, Karl (1983) *Metodologia da Ciência do Direito*, trad. de José Lamego com revisão de Ana de Freitas (do original *Methodenlehre der Rechtswissenschaft*, Berlin/Heidelberg, Springer-Verlag, 5.ª ed. rev., 1983), 2.ª edição, Fundação Calouste Gulbenkian, Lisboa, 418; CANOTILHO, J.J. Gomes (1998) *Direito Constitucional e Teoria da Constituição*, Almedina, Coimbra, 1099.

40. HABERMAS, Jürgen (1973) *La technique et la science comme idéologie – La fin de la métaphysique*, pref. e trad. Jean-René Ladmiral (do original *Technick und Wissenschaft als Ideologie*, 1968), Denoël Gonthier, Paris, 42-3.

às leis da natureza. Todavia, as regras de convivência humana não são apenas determinadas pelas leis da natureza. Pode, aliás, perguntar-se se o "pecado original" não será a regra de convivência humana, em especial a proibição[41].

Em comparação com a lei física da causalidade, a lei jurídica é duplamente "imperfeita". Por um lado, a lei jurídica é violada e, por isso, são previstas sanções. Por outro lado, nem sempre se aplicam as sanções para a violação da lei. Assim, quer ao nível da hipótese quer ao nível da estatuição, a lei jurídica não se assemelha à lei física.

A natureza é mecânica no sentido de que a determinados factos correspondem invariavelmente certos efeitos. A justiça não é bem assim, sendo, por vezes, conotada com uma ideia de arbitrariedade, aqui entendida como abuso, prepotência ou até iniquidade, em que *"quot capita, tot sententiae"*.

Os sistemas informáticos prometem uma justiça sem arbítrio. Árbitro seria apenas o programador político do sistema, que implementaria tecnicamente no software o programa político de domínio e de ordenação social contido no código-fonte constitucional e das leis. Juízos só os provenientes da vontade política do legislador. A máquina limitar-se-ia a reproduzi-los mecanicamente nos casos concretos por via de aplicação silogística.

Todavia, a legitimidade da norma, mesmo da constituição, não é eterna. O mandato popular tem sido tacitamente renovado, em razão de não ter ocorrido ainda nova revolução[42]. A reconfiguração do código constitucional é monopólio do poder legislativo, constituindo ainda expressão do domínio popular, mas "a legitimidade moral mínima na constituição não garante a legitimidade moral mínima de cada lei aprovada ou ato tomado nos termos da constituição"[43].

A referência aos princípios consignados na Constituição, enquanto bitola da elasticidade interpretativa do juiz, leva a considerar um aspeto do código constitucional, que se pode designar como o dispositivo de interoperabilidade ou compatibilidade externa do sistema jurídico português (ou interface constitucional). Este aspeto fornece mais elementos para responder ao problema da interpretação da própria Constituição, em conformidade com a qual se devem interpretar as leis e resolver os casos omissos[44].

O art. 8/1 da Constituição, relativo ao direito internacional, estabelece que "as normas e os princípios de direito internacional geral ou comum fazem parte integrante do direito português". Este preceito visa garantir a conformidade do direito português com o direito internacional geral ou comum e a sua receção automática na

---

41. Costa, José de Faria (1992) *O Perigo em Direito Penal*, Coimbra Editora, Coimbra.

42. Hart, H.L.A. (1994) *The Concept of Law*, 2nd ed., Oxford University Press, 61.

43. Fallon Jr., Richard H. (2005) "Legitimacy and the Constitution", *Harvard Law Review*, 1792.

44. Häberle, Peter (1997) *Hermenêutica constitucional: a sociedade aberta dos intérpretes da Constituição - Contribuição para a interpretação pluralista e procedimental da Constituição*, trad. Gilmar Ferreira Mendes, São Paulo, Sérgio António Fabris Editor.

ordem jurídica interna[45], constitucionalizando-o. O *ius gentium* é o direito dos povos, destacando-se a democracia e os direitos humanos como os valores fundamentais da "*nomos* mundial"[46].

7. O CÓDIGO-FONTE CONSTITUCIONAL NA SOCIEDADE DE RISCO

Assim, a informatização da justiça através do desenvolvimento de sistemas de inteligência artificial teria que basear-se num código-fonte aberto que incorporasse nas rotinas de programação os princípios do dinâmico direito internacional geral ou comum.

Todavia, num tempo de grandes mudanças na ordem internacional, o direito internacional geral ou comum é suscetível de apresentar um nível de "turbulência" considerável. O único valor que parece afirmar-se consensual na cena internacional é o mercado livre, ao ponto de se dizer: "Já não é o Direito que regula o mercado, mas o mercado que regula o Direito"[47]. Nesta lógica de mercado, a democracia e os direitos humanos aparecem como meros custos de transação, senão mesmo como excentricidades do Ocidente, a que somaria a proteção da natureza e, em especial, dos animais.

Os profetas do mercado defendem que o mercado é naturalmente justo, enquanto motor de distribuição da riqueza, estando em gestação, à escala global, uma confucionista "economia socialista de mercado". Todavia, é necessário perguntar pelo papel do Estado, que não deve "só prestar culto a interesses materiais, qual simples sociedade comercial"[48]. Historicamente, as civilizações mais desenvolvidas (ou pelo menos as dominantes ou mais poderosas) foram sempre as que tiveram ao seu dispor os meios técnicos e científicos mais avançados - pelo menos enquanto instrumentos de domínio -, ao mesmo tempo que dispunham de eficazes sistemas ordenadores de controlo social. A "crença" no progresso técnico-científico tem sido abalada por certas utilizações que o ser humano tem dado às suas invenções tecnológicas. Numa "sociedade de risco" em estado de irresponsabilidade coletiva[49] é urgente apurar o papel do Direito. Mas, será ainda possível identificar o cosmos do Direito no caos da «juridicidade»?

Ubi societas, ibi ius, sem direito não há sequer sociedade, seja de risco ou não. O que verdadeiramente interroga o Direito não é a sociedade de risco, mas antes o próprio risco. É um risco de origem humana, resultante das aplicações tecnológicas da ciência, e que se projetam na energia nuclear, na engenharia genética, na biotecnologia do admirável mundo novo de Huxley ou até no poder normalizador dos media ao nível da instituição de uma *Novilíngua* orwelliana. Tanto mais que "não se pode excluir a possibilidade de a Terra vir a ser atingida por um gigantesco

---

45. ALMEIDA, Francisco Ferreira de (2003) *Direito Internacional Público*, 2.ª ed., Coimbra Editora, Coimbra, 70.
46. COSTA, José de Faria (2004) "Em redor do nomos ou a procura de um novo nomos para o nosso tempo", in *Diálogos Constitucionais*, org. A.J. Avelãs Nunes, J.N de Miranda Coutinho, Renovar, Rio de Janeiro, 77-88.
47. MADURO, Miguel Poiares, *A Crise Existencial do Constitucionalismo Europeu*, in *Colectânea de Estudos em Memória de Francisco Lucas Pires*, UAL, Lisboa, 211.
48. MONCADA, Luís Cabral de (1966) *Filosofia do Direito e do Estado*, vol. II, Atlântida Editora, Coimbra, 307.
49. BECK, Ulrich (1998) *Risikogesellschaft – Die organisierte Unverantwortlichkeit*, Frankfurt am Main.

meteoro e, assim, ser arrasada por uma catástrofe das proporções de uma guerra atómica"[50].

Mas não será a inteligência artificial justamente a resposta para a complexidade das nossas "sociedades de risco"?

Há muito que o ser humano se rendeu à "prótese" calculadora. Desenvolvem-se poderosíssimos algoritmos de cálculo de probabilidade de ocorrência de certos factos. Por exemplo, implementando o *"software darwínico"*[51] através de códigos de cálculo de adequação de meios à evolução das espécies, seria possível desenvolver um programa normativo de medidas eficazes de eugenia social, por via, nomeadamente, da eliminação dos "genes degenerativos".

De todo o modo, não se saberia ainda qual é o sentido da evolução. Terá a evolução da espécie sido consciente e intencional? Ou o processo evolutivo foi determinado por fatores aleatórios e alheios à sua vontade? No sentido de que tanto podia ser como é agora, como ter ficado, em família, no "paraíso", ou ter evoluído com uma qualquer outra configuração biológica: "a cartografia do genoma revelou que os padrões de ADN do ser humano e do chimpanzé são em mais de 98% iguais (...). E algures nesse pouco mais de 1% de diferença surgem Shakespeare, naves espaciais que vão à Lua, a engenharia genética e a IA – pelo menos no sentido de auxiliar"[52].

Se a teoria da evolução das espécies não engana, o risco tem sido ao longo dos tempos o "fósforo" da evolução: na vida é a "dimensão de risco que a faz exaltante: a eliminação da inquietude que assim se menciona embaciá-la-ia sem remédio, desumanizá-la-ia em absoluto, numa palavra, ... desvitalizá-la-ia"[53].

O domínio do risco seria assim a base da "luta pela vida" e da "vontade de poder", segundo o pensamento político do liberalismo pragmático e utilitarista, adverso a valorações morais que transcendam o biologicamente verosímil. Podemos até questionar se a "intenção regulativa" do direito não se funda nesse propósito evolucionário da descendência com modificações.

8. INTERPRETAÇÃO DA LEI EM CONFORMIDADE COM OS PRINCÍPIOS

Este exercício jurídico-filosófico não é meramente especulativo, antes pode ter projeções metodológicas, ao nível da interpretação das leis[54]. O problema da interpretação jurídica remete o intérprete para o cânone da interpretação conforme aos

---

50. Eigen, Manfred; Winkler, Ruthild (1989) *O Jogo. As leis naturais que regulam o acaso*, trad. Carlos Fiolhais, Gradiva, Lisboa, 315.

51. Pereira, Ana Leonor (2001) *Darwin em Portugal: Filosofia, História, Engenharia Social (1965-1914)*, Almedina, Coimbra.

52. Levinson, Paul (1998) *A Arma Suave. História Natural e Futuro da Revolução da Informação*, trad. J. Freitas e Silva (do original *The Soft Edge*, 1997), Bizâncio, Lisboa, 257.

53. Bronze, Fernando José (2000) *Argumentação jurídica: o domínio do risco ou o risco dominado?*, Boletim da Faculdade de Direito da Universidade de Coimbra, 32.

54. Paiva, Vicente Ferrer Neto (1883) *Philosophia de Direito*, I. Direito Natural, 6.ª ed., Imprensa da Universidade, Coimbra, 51.

AUTOMAÇÃO DECISÓRIA NO DIREITO: DA APLICAÇÃO DA INTELIGÊNCIA ARTIFICIAL NO ATO DE JULGAR | **569**

princípios e, em especial, da interpretação conforme à constituição. No sentido de que, mesmo que se reconheça natureza aberta do sistema à criação de novos princípios, sempre teriam estes que ser plasmados na constituição ou, pelo menos, por eles não rejeitados, em especial neste tempo de constitucionalismo em que se afirma que o Código Civil é a Constituição: "*notre Constitution c'est le code civil*" (Zenati).

Ora, em primeiro lugar, o código constitucional não pode estabelecer um programa normativo completo, que preveja todas as situações juridicamente relevantes. Ou seja, há vida jurídica fora da constituição. Trata-se, para começar, do desenvolvimento *praeter legem*, que decorre, desde logo, de uma abertura de primeiro grau, resultante da porosidade da linguagem jurídica, em virtude da sua exposição ao uso comum da linguagem. As cláusulas gerais e os conceitos indeterminados utilizados pela lei, desde logo na Constituição, revelam um segundo grau de abertura. Fala-se aqui, com propriedade, de uma "metódica de concretização" visando "a interpretação-concretização de uma *hard law* e não de uma *soft law*: as regras e princípios constitucionais são padrões de conduta juridicamente vinculantes e não simples «directivas práticas»"[55].

Identificamos ainda uma abertura de terceiro grau da legalidade. O código constitucional ainda fornece princípios de decisão, por via da inferência das especificações básicas do seu programa normativo. Fala-se em lacunas, no sentido de referir casos para os quais a lei não provê solução, tendo o intérprete que lançar mão do espírito do sistema para integrar a lacuna (formal). Não se trata apenas de analogia *legis*, uma vez que não existe sequer um critério legal cujas razões justificativas valham igualmente para o caso omisso. A questão é mais funda e chama para primeiro plano os princípios do sistema tocados pelo caso. São situações de analogia *iuris*, mas ainda *secundum legem*. Ou seja, o intérprete não pode usar a analogia como "apenas um pretexto legitimador das suas improvisações"[56], e deve estar precavido contra o risco do recurso à analogia. Como advertia Goethe: "Estas parábolas são agradáveis e divertidas. Quem é que não gosta de brincar com analogias?" (*As Afinidades Electivas*).

Mas, estará o espírito do sistema contido no texto constitucional, ainda que aberto aos princípios do direito internacional geral ou comum?

Recusa-se o «pan-constitucionalismo»[57] e aceita-se a legislação *praeter constitutionem*, ainda que nos limites da neutralidade, ou seja, legislação estranha ao sistema, mas não necessariamente contrária ao código constitucional. O mesmo vale para a atividade jurisprudencial. Aceita-se a decisão *praeter legem* mas que não viole o espírito do sistema. E assim se identifica uma abertura de quarto grau. Como na

---

55. Canotilho, J.J. Gomes (1998) *Direito Constitucional e Teoria da Constituição*, Almedina, Coimbra, 1073.
56. Carvalho, Orlando de (1997) "Para um Novo Paradigma Interpretativo: o Projecto Social Global", *Boletim da Faculdade de Direito*, vol. 73 (1997), 1-17, 83.
57. Canotilho, J.J. Gomes (1982) *Constituição dirigente e vinculação do legislador (Contributo para a compreensão das normas constitucionais programáticas)*, Coimbra Editora, Coimbra, 467.

prática surgem novos problemas, também no direito podem emergir novos princípios jurídicos, na medida em que não ofendam o código constitucional.

Suscitam-se, porém, questões delicadas. Como conciliar a abertura do código normativo com os domínios de reserva de lei, de legalidade taxativa (incluindo a legalidade criminal), de tipicidade fechada ou *numerus clausus*? Não será, desde logo, *contra legem* estender um regime legal fechado a situações nele não previstas, ainda que o aplicando apenas a partir dos seus princípios cardinais? Em domínios em que o código constitucional exige a mediação legislativa concretizadora como requisito de possibilidade de implementação do programa normativo que pode o juiz fazer senão proferir um juízo de *non liquet*? O contrário não será justamente decidir *contra legem*?

9. A CRIAÇÃO JURISPRUDENCIAL DO DIREITO

Esta questão prende-se também com o problema do sentido e dos limites do "desenvolvimento transsistemático do direito". O que é e como opera este desenvolvimento do direito? Não se resolvendo a questão *ex nihilo*, parece ainda apelar-se aos princípios do espírito do sistema vigente tocados pelo caso concreto. Pelo que o "desenvolvimento transsistemático do direito" será ainda, afinal, intra-sistemático, sendo uma "«fuga para os princípios»" ainda *systemfreundlich*[58].

Com efeito, a liberdade de criação judicial parece ser limitada pela lei, desde logo pela constituição. É admitida a criação *praeter legem* na estrita medida em que não viole a reserva de lei e a tipicidade taxativa. Fora de causa está a criação pelo juiz de princípios ofensivos do espírito do sistema vigente. Juízos contra *legem* só seriam permitidos na estrita medida da exigência de conformidade das leis com a constituição e no quadro do procedimento de fiscalização concreta da constitucionalidade.

Devem admitir-se, todavia, os juízos contra *legem*, mas constitucionalmente neutros. O juiz cria princípios não rejeitados pela constituição, mas que também não brotam dela. Serão juízos constitucionalmente neutros, a afirmar a existência de um *tertium genus*, e que não decorrem de qualquer "misticismo" jurídico[59]. Este *tertium genus* de neutralidade constitucional vale não apenas como fonte de princípios de decisão para casos omissos, mas também como fundamento de desconsideração de normas ofensivas do espírito emergente.

Ora, a informática não disponibiliza ao direito um arsenal metódico que lhe garantirá mais rigor e certeza? Isto é, a informatização da justiça não significará também a assimilação pelo direito da linguagem e do *modus operandi* da informática?

---

58. CANOTILHO, J.J. Gomes (1982) *Constituição dirigente e vinculação do legislador (Contributo para a compreensão das normas constitucionais programáticas)*, Coimbra Editora, Coimbra, 278.
59. BREWER, Scott (1996) "Exemplary Reasoning: Semantics, Pragmatics, and the Rational Force of Legal Argument by Analogy", Harvard Law Review, 933-4.

AUTOMAÇÃO DECISÓRIA NO DIREITO: DA APLICAÇÃO DA INTELIGÊNCIA ARTIFICIAL NO ATO DE JULGAR **571**

Fala-se, a propósito, na "genuína terapêutica" da aplicação da lógica informática ao raciocínio jurídico[60].

Além disso, podemos questionar se afinal os computadores não estão cada vez mais parecidos com os humanos, incluindo ao nível do *logos* jurídico. Numa palavra, devemos compreender o fenómeno em termos de simbiose homem-computador, ao invés de numa relação de oposição excludente[61].

10. O PAPEL DA INTELIGÊNCIA ARTIFICIAL E OS LIMITES DA TECNOLOGIA

Em nosso entender, os sistemas de inteligência artificial podem auxiliar a tarefa judicial. Todavia, o juízo do juiz é não apenas desejável, mas também insubstituível. Esse juízo não se reduz a uma lógica «se, logo; salvo se, então», nem a um mero cálculo de probabilidades, incluindo a elaboração de normas de segundo grau mediante inferências normativas. O que está em causa não é o «legislador provável», mas antes o «legislador razoável».

A justiça como obra humana só está ao alcance de humanos[62]. Com isto tomamos partido por algo a que poderíamos chamar o "natural" em detrimento do "artificial". Tomar partido tem uma dimensão lúdica ou até de fantasia, no sentido de "imaginação criadora" própria do "carácter poiético – e, *hoc sensu*, criador – das decisões judicativas"[63]. Quando se conhecerem os processos elementares de armazenamento de informação e sobre a sua localização e manifestação na rede das células nervosas e sinapses, "mesmo então continuará a ser impossível substituir por uma máquina o poder criativo do nosso cérebro"[64].

Não se pretende com isso dizer que o juiz pode ludibriar os propósitos da lei com a sua caprichosa imaginação, estando fora de causa a "liberdade sem limites de *sofismar* as leis por parte dos juízes"[65]. Pelo contrário, do que se trata é de responsabilizar o juiz como criador do direito no caso concreto. Ajuizar não implica a renúncia à humanidade do juiz, nem o afivelar da máscara do autómato. A responsabilidade do juiz enquanto elemento ético do juízo protege-o, aliás, contra a "prótese mecânica"[66].

---

60. Araújo, Fernando (1999) "Lógica jurídica e informática jurídica", in *Direito da Sociedade da Informação*, vol. I, Coimbra Editora, Coimbra, 22.

61. Saito, Hiroshi (1998) "Neue Medien und Geistiges Eigentum – Insbesondere Urheberrechte im nahenden Zaitalter", in *Das Recht vor der Herausforderung eines neuen Jahrhunderts*. org. Zentaro Kitagawa et al., Deutsch-japanisches Symposion in Tübingen vom 25. bis 27. Juli 1996, Mohr Siebeck, Tübingen, 58.

62. Betti, Emilio (1987) *L'ermeneutica come metodica generale delle scienze dello spirito*, saggio introduttivo, scelta antologica e bibliografie a cura di Gaspare Mura, trad. Ornella Nobile Ventura, Giuliano Crifò, Gaspare Mura, Roma, Città Nuova Editrice, 107, recordando Goethe.

63. Bronze, Fernando José (1994) *A Metodonomologia entre a Semelhança e a Diferença (Reflexão problematizante dos polos da radical matriz analógica do discurso jurídico)*, Coimbra Editora, Coimbra, 183.

64. Eigen, Manfred; Winkler, Ruthild (1989) *O Jogo. As leis naturais que regulam o acaso*, trad. Carlos Fiolhais, Gradiva, Lisboa.

65. Andrade, Manuel A. Domingues de (1978) *Ensaio sobre a teoria da interpretação das leis*, 3.ª ed., Arménio Amado, Coimbra, 62.

66. Bronze, Fernando José (1998) "O Jurista: Pessoa ou Android?", in *AB VNO AD OMNES*, Coimbra Editora, Coimbra, 122.

Uma das principais modificações que se apontam ao ser humano no processo evolutivo é o seu livre arbítrio, pelo qual foi levado a provar o fruto da árvore do bem e do mal, sofrendo em consequência a expulsão do paraíso. Por causa do livre arbítrio, o ser humano quebrou o código do Criador e modificou a ordem da descendência.

O relato da Criação dá a ideia, porém, de que o fruto do bem e do mal estava já na árvore à disposição do Homem. Por isso, o jardim do paraíso seria o reino da inconsciência. Uma vez consciente do bem e do mal, o ser humano foi expulso do Paraíso. Terá sido este porventura o marco distintivo do ser humano em relação às demais espécies, e que se pode dizer radicado no juízo: mais do que a palavra, o pecado original foi o primeiro juízo do ser humano.

Pelo que, a ideia de um juiz sobre-humano, situado além do bem e do mal, seria pretender devolver o juiz ao jardim do paraíso, isto é, ao reino da inconsciência. Mas se pensarmos por que razão terá o ser humano ajuizado, talvez possamos supor que o juízo foi a resposta encontrada para solucionar problemas relativos à sobrevivência e à evolução da espécie. E por isso terá quebrado o código genético do Criador, multiplicando a espécie além das fronteiras do *Éden*.

Contudo, a multiplicação da espécie coloca um dos maiores desafios à sua própria sobrevivência. Pergunta-se se não seria útil um computador que calculasse o número de seres humanos admissíveis. Mas qual seria o critério da admissibilidade? O último século testemunha o crescimento hiperbólico da população: "Se a população continuar a aumentar à taxa actual, daqui a quinhentos anos ou seiscentos anos cada pessoa só terá um m2 à sua disposição. (...) A história da humanidade mostra que todas as armas disponíveis acabam, mais tarde ou mais cedo, por ser utilizadas. (...) No reino animal, o território é defendido até à morte"[67].

Com efeito, "a tecnologia não é só aquilo que nos permite fazer artefactos, mas também aquilo que tem vindo a transformar o homem naquilo que neste momento é"[68]. A revolução científico-tecnológica muniu o homem do *poder de autodestruição enquanto espécie*. E é a consciência da "*stillste Stunde* [...] [sua] furchtbaren Herrin", escreve Friedrich Nietzsche em *Also sprach Zarathustra* (1976: 162), que o faz assumir-se, hoje, como *homo dolens*[69].

A revisibilidade científica não impede a irreversibilidade tecnológica, no sentido de que, embora seja possível «falsificar» a teoria da relatividade, já não é possível «desinventar» a bomba atómica. Esta situação de não retorno tecnológico compromete, por seu turno, uma ética que se destine a garantir a sobrevivência da humanidade através dos grupos mais fortes, exigindo antes uma ética equitativa de comunhão ou

---

67. EIGEN, Manfred; Winkler, Ruthild (1989) *O Jogo. As leis naturais que regulam o acaso*, trad. Carlos Fiolhais, Gradiva, Lisboa, 280-1.
68. STABLEFORD, Brian (1993), *Revolução Genética*, trad. Valdemar Morgado, Círculo de Leitores, Lisboa, 234.
69. COSTA, José de Faria (1992) *O Perigo em Direito Penal*, Coimbra Editora, Coimbra, 358.

de inclusão global: "Equity creates just law, and just law is the touchstone of social evolution"[70].

Para estes problemas o computador não tem resposta. Não obstante, são problemas que animam o direito internacional comum, que o juiz deve ter no seu horizonte quando ajuíza os casos que lhe cumpre decidir. Os sistemas de inteligência artificial poderão ser um auxílio útil na boa administração da justiça. Mas não podem substituir o prudente arbítrio do juiz. Ajuizar não é apenas nem sobretudo calcular. Os valores éticos do direito escapam à métrica da calculadora. Quanto vale uma vida? Quanto vale a vida? E a liberdade? E a dignidade da pessoa humana?

Dir-se-á que a correção das respostas será aferida pela observância das regras de procedimento argumentativo-decisório. Essa é a tese da teoria da argumentação jurídica, segundo a qual "com estas formas (de argumentos) pode-se justificar qualquer proposição normativa e qualquer regra"[71]. Mas, como escreve Kaufmann em *Die Aufgaben heutiger Rechtsphilosophie*: "Die moralische Urteilskraft ist wesentlich auf die Phronesis, die Klugheit, gegründet und nicht so sehr auf formale Rationalität." Por essa razão, o próprio imperativo categórico é posto em causa enquanto mera regra de procedimento.

Segundo Holmes, *"the life of the law has not been logic, it has been experience"*. A máquina pode ser utilizada como auxílio, mas não como substituto da tarefa decisória, que deverá ser humana e estar ao serviço da Humanidade e da Natureza. Para terminar com uma questão lançada por Eigen e Winkler[72]:

> "Será razoável conceber máquinas com tais capacidades, provavelmente muito limitadas, de auto-reflexão? Não seria mais importante organizar a *sociedade* humana (…) como um «ser vivo» que reaja de modo razoável, um ser vivo que pare, enfim, de se autodestruir?"

11. REFERÊNCIAS

ALEXY, Robert (1995) *Recht, Vernunft, Diskurs: Studien zur Rechtsphilosophie*, Suhrkamp, Frankfurt am Main.

ALMEIDA, Francisco Ferreira de (2003) *Direito Internacional Público*, 2.ª ed., Coimbra Editora, Coimbra.

ALPA, Guido (1996) "L'applicazzione delle tecnologie informatiche nel campo del diritto", *Il Diritto dell'informazione e dell'informatica*

ANDEL, Peck van; Bourcier, Danièle (1997) «Peut-on programmer la sérendipité? L'ordinateur et l'interprétation de l'inattendu», in *Interpréter le Droit: le sens, l'interprète, la machine*, dir. Claude Thomasset et Danièle Bourcier, Bruylant, Bruxelles.

---

70. SNYDER, R. Neil (1973) "Natural Law and Equity", in Ralph Newman (ed.), *Equity in the World's Legal Systems*, Brussels, 43.

71. ALEXY, Robert (1995) *Recht, Vernunft, Diskurs: Studien zur Rechtsphilosophie*, Suhrkamp, Frankfurt am Main, 203.

72. EIGEN, Manfred; Winkler, Ruthild (1989) *O Jogo. As leis naturais que regulam o acaso*, trad. Carlos Fiolhais, Gradiva, Lisboa, 258.

ANDRADE, Manuel A. Domingues de (1978) *Ensaio sobre a teoria da interpretação das leis*, 3.ª ed., Arménio Amado, Coimbra.

ARAÚJO, Fernando (1999) "Lógica jurídica e informática jurídica", in *Direito da Sociedade da Informação*, vol. I, Coimbra Editora, Coimbra.

ASCENSÃO, José de Oliveira (1997) *O Direito: Introdução e Teoria Geral*, 10.ª ed., Coimbra.

BECK, Ulrich (1998) *Risikogesellschaft – Die organisierte Unverantwortlichkeit*, Frankfurt am Main.

BETTI, Emilio (1987) *L'ermeneutica come metodica generale delle scienze dello spirito*, saggio introduttivo, scelta antologica e bibliografie a cura di Gaspare Mura, trad. Ornella Nobile Ventura, Giuliano Crifò, Gaspare Mura, Roma, Città Nuova Editrice.

BOURCIER, D. (1995) *La décision artificielle*, PUF, Paris.

BREWER, Scott (1996) "Exemplary Reasoning: Semantics, Pragmatics, and the Rational Force of Legal Argument by Analogy", Harvard Law Review.

BRONZE, Fernando José (1994) *A Metodonomologia entre a Semelhança e a Diferença (Reflexão problematizante dos polos da radical matriz analógica do discurso jurídico)*, Coimbra Editora, Coimbra.

BRONZE, Fernando José (1998) "O Jurista: Pessoa ou Androide?", in *AB VNO AD OMNES*, Coimbra Editora, Coimbra.

BRONZE, Fernando José (2000) *Argumentação jurídica: o domínio do risco ou o risco dominado?*, Boletim da Faculdade de Direito da Universidade de Coimbra.

BRONZE, Fernando José (2002) *Lições de Introdução ao Direito*, Coimbra, Editora, Coimbra.

BRONZE, Fernando José (2006) "Quae sunt Caesaris, Caesari: et quae sunt iurisprudentiae, iurisprudentiae", in *Comemorações dos 35 Anos do Código Civil e dos 25 Anos da Reforma de 1977*, vol. II., Coimbra Editora, Coimbra.

CANOTILHO J.J. GOMES (2004) *ESTUDOS SOBRE DIREITOS FUNDAMENTAIS*, Coimbra Editora, Coimbra.

CANOTILHO, J.J. Gomes (1982) *Constituição dirigente e vinculação do legislador (Contributo para a compreensão das normas constitucionais programáticas)*, Coimbra Editora, Coimbra.

CANOTILHO, J.J. Gomes (1998) *Direito Constitucional e Teoria da Constituição*, Almedina, Coimbra.

CARVALHO, Orlando de (1996) "IVS – QUOD IVSTVM?", *Boletim da Faculdade de Direito*, vol. 72 (1996), 1-12

CARVALHO, Orlando de (1997) "Para um Novo Paradigma Interpretativo: o Projecto Social Global", *Boletim da Faculdade de Direito*, vol. 73 (1997), 1-17.

COELHO, Hélder (2002) "Inteligência Artificial, Sistemas Periciais e Realidade Virtual", in *Direito da Sociedade da Informação*, III, Coimbra Editora, Coimbra, 95-107.

COMISSÃO EUROPEIA (2020) *LIVRO BRANCO SOBRE A INTELIGÊNCIA ARTIFICIAL - UMA ABORDAGEM EUROPEIA VIRADA PARA A EXCELÊNCIA E A CONFIANÇA*, Bruxelas, 19.2.2020 COM(2020) 65 final.

COSTA, Ernesto; Simões, Anabela (2004) *Inteligência Artificial: Fundamentos e Aplicações*, FCA, Lisboa.

COSTA, José de Faria (1992) *O Perigo em Direito Penal*, Coimbra Editora, Coimbra.

COSTA, José de Faria (2004) "Em redor do nomos ou a procura de um novo nomos para o nosso tempo", in *Diálogos Constitucionais*, org. A.J. Avelãs Nunes, J.N de Miranda Coutinho, Renovar, Rio de Janeiro.

D'AMATO, Anthony (1977) "Can/Should Computers Replace Judges?" Georgia Law Review 11: 1277.

DUFRESNE, Jacques (1999) *Après l'homme... le cyborg?*, MultiMondes, Sainte-Foy.

DWORKIN, Ronald (1992) *El Imperio de la Justicia. De la teoría general del derecho, de las decisiones e interpretaciones de los cueces y la integridad política y legal como clave de la teoría y práctica*, trad. Claúdia Ferrari (do orig. *Law's Empire*, 1986), Gedisa Editorial, Barcelona.

DWORKIN, Ronald (2001) *Law's Empire*, Hart Publishing, Oxford.

EIGEN, Manfred; Winkler, Ruthild (1989) *O Jogo. As leis naturais que regulam o acaso*, trad. Carlos Fiolhais, Gradiva, Lisboa.

ESKRIDGE JR., William N. (2001) "All About Words: Early Understandings of the «Judicial Power» in Statutory Interpretation (1776-1806)", Columbia Law Review 101.

FALLON JR., Richard H. (2005) "Legitimacy and the Constitution", *Harvard Law Review*.

GADAMER, Hans-Georg (1993) *Poema y Dialogo. Ensayos sobre los poetas alemanes más significativos del siglo XX*, Gedisa, Barcelona (trad. do alemão *Gedicht und Gespräch*, Insel, Frankfurt am Main, 1990, por Daniel Najmías e Juan Navarro).

GREENAWALT, Kent (2002) "Constitutional and Statutory Interpretation", in *The Oxford Handbook of Jurisprudence and Philosophy of Law*, ed. Jules Coleman & Scott Shapiro), Oxford University Press, New York

HÄBERLE, Peter (1997) *Hermenêutica constitucional: a sociedade aberta dos intérpretes da Constituição - Contribuição para a interpretação pluralista e procedimental da Constituição*, trad. Gilmar Ferreira Mendes, São Paulo, Sérgio António Fabris Editor.

HABERMAS, Jürgen (1973) *La technique et la science comme idéologie – La fin de la métaphysique*, pref. e trad. Jean-René Ladmiral (do original *Technick und Wissenschaft als Ideologie*, 1968), Denoël Gonthier, Paris.

HART, H.L.A. (1994) *The Concept of Law*, 2nd ed., Oxford University Press.

HESPANHA, António Manuel (2000) "Os juristas que se cuidem... dez anos de inteligência artificial e direito", Revista Themis, I, 140

HESPANHA, António Manuel; Sernadas, Amílcar (1990) *O impacto da computação no direito*, Revista Jurídica, 179.

JUSTO, A. Santos (2003) *Introdução ao Estudo do Direito*, 2.ª ed., Coimbra Editora, Coimbra.

KATSCH, Ethan (1995) *Law in a Digital World*, Oxford University Press, New York/Oxford.

KAUFMANN, Arthur (1994) *Rechtsphilosophie*, 2. Aufl., Beck, München.

KELSEN, Hans (2002) *Teoría General del Estado*, trad. Luis Legaz Lacambra, Comares, Granada.

LANGHEIN, A. W. Heinrich (1992) *Das Prinzip der Analogie als juristische Methode: Ein Beitrag zur Geschichte der methodologischen Grundlagenforschung vom ausgehenden 18. bis 20. Jahrhundert*, Duncker & Humblot, Berlin.

LARENZ, Karl (1983) *Metodologia da Ciência do Direito*, trad. de José Lamego com revisão de Ana de Freitas (do original *Methodenlehre der Rechtswissentchaft*, Berlin/Heidelberg, Springer-Verlag, 5.ª ed. rev., 1983), 2.ª edição, Fundação Calouste Gulbenkian, Lisboa.

LEVINSON, Paul (1998) *A Arma Suave. História Natural e Futuro da Revolução da Informação*, trad. J. Freitas e Silva (do original *The Soft Edge*, 1997), Bizâncio, Lisboa.

LINHARES, J.M. Aroso (2003) "A Ética do Continuum das Espécies e a Resposta Civilizacional do Direito. Breves Reflexões", *Boletim da Faculdade de Direito*.

MADURO, Miguel Poiares, *A Crise Existencial do Constitucionalismo Europeu*, in *Colectânea de Estudos em Memória de Francisco Lucas Pires*, UAL, Lisboa.

MANNING, John F. (2001) "Textualism and the Equity of the Statute", Columbia Law Review 101.

MARQUES, Garcia / Martins, Lourenço (2000) *Direito da Informática*, Almedina, Coimbra

MOLOT, Jonathan T. (2006) "The Rise and Fall of Textualism", Columbia Law Review 106.

MONCADA, Luís Cabral de (1966) *Filosofia do Direito e do Estado*, vol. II, Atlântida Editora, Coimbra.

NAGEL, *Computer-Aided Law Decisions* / Elmi, *Informatics and Philosophy of Law (1998)* in Giannantonio (ed.), *Law and Computers*, Selected Papers from the 4th International Congress of the Italian Corte Suprema di Cassazione, Rome Spring, I. *Legal Informatics*, 667s, e 701s.

NEVES, A. Castanheira (1993) *Metodologia Jurídica (Problemas fundamentais)*, Coimbra Editora, Coimbra.

NEVES, A. Castanheira (1995) *Digesta - Escritos acerca do Direito, do Pensamento Jurídico, da sua Metodologia e outros*, II, Coimbra Editora, Coimbra.

NEVES, A. Castanheira (1998), *Entre o «Legislador», a «Sociedade» e o «Juiz» ou entre «Sistema», «Função» e «Problema» - os Modelos Actualmente Alternativos da Realização Jurisdicional do Direito*, Boletim da Faculdade de Direito, p. 1-44.

NEVES, António Castanheira (1967) *Questão de Facto - Questão de Direito ou o problema metodológico da juridicidade (Ensaio de uma reposição crítica)*. I, A Crise, Coimbra, 1967,

NEVES, António Castanheira (2003) *A crise actual da filosofia do direito no contexto da crise global da filosofia (Tópicos para a possibilidade de uma reflexiva reabilitação)*, Coimbra Editora, Coimbra.

NIETZSCHE, Friedrich, *Also sprach Zarathustra (1883-1885)*, 1976.

OGOREK, R. (1986) *Richterkönig oder Subsumtionsautomat?, Zur Justiztheorie im 19. Jahrhundert*, Klostermann.

PAIVA, Vicente Ferrer Neto (1883) *Philosophia de Direito*, I. Direito Natural, 6.ª ed., Imprensa da Universidade, Coimbra.

PEREIRA, Ana Leonor (2001) *Darwin em Portugal: Filosofia, História, Engenharia Social (1965-1914)*, Almedina, Coimbra.

PEREIRA, Miguel Baptista (1996) *Filosofia da Comunicação Hoje*, in Comunicação e Defesa do Consumidor, Actas do Congresso Internacional organizado pelo Instituto Jurídico da Comunicação da Faculdade de Direito da Universidade de Coimbra, de 25 a 27 de Novembro de 1993, Coimbra.

PHILLIPS, Lothar (1993) "Artificial Morality and Artificial Law", in Berman/Hafner (eds.), *Artificial Intelligence and Law*, Boston, 51.

PHILLIPS, Lothar (1994) "Ein bißchen Fuzzy Logic für Juristen", Tinnefeld/Phillips/Weis (Hrsg.), *Institutionen und Einzelne im Zeitalter der Informationstechnik*, Oldenburg, München, 219.

PHILLIPS, Lothar (1995), "Von nervösen und phlegmatischen Rechtsbegriffen — Ein Beitrag zur Rechtstatsachenforschung", in Tinnefeld/Phillips/Heil (Hrsg.), *Informationsgesellschaft und Rechtskultur in Europa*, Nomos, Baden-Baden, 192.

RIFKIN, Jeremy (2000) *O Século Biotech: A Criação de um Novo Mundo*, trad. Fernanda Oliveira, Publicações Europa-América.

SAITO, Hiroshi (1998) "Neue Medien und Geistiges Eigentum – Insbesondere Urheberrechte im nahenden Zaitalter", in *Das Recht vor der Herausforderung eines neuen Jahrhunderts*. org. Zentaro Kitagawa et al., Deutsch-japanisches Symposion in Tübingen vom 25. bis 27. Juli 1996, Mohr Siebeck, Tübingen.

SCALIA, Antonin (1998) *A Matter of Interpretation: Federal Courts and the Law* (commentary by Amy Gutmann, Gordon Wood, Laurence Tribe, Mary Ann Glendon, Ronald Dworkin), Princeton University Press, Princeton - New Jersey.

SNYDER, R. Neil (1973) "Natural Law and Equity", in Ralph Newman (ed.), *Equity in the World's Legal Systems*, Brussels.

STABLEFORD, Brian (1993), *Revolução Genética*, trad. Valdemar Morgado, Círculo de Leitores, Lisboa.

TEUBNER, Gunther, *O direito como sistema autopoiético*, trad. e pref. de José Engrácia Antunes (do original alemão *Recht als autopoietisches System*, 1989), Fundação Calouste Gulbenkian, Lisboa.

VIEHWEG, Theodor (1995) *Rechtsphilosophie und Rhetorische Rechtstheorie (Gesammelte kleine Schriften)*, Nomos, Baden-Baden, 1995, 186.

VILLAR PALASÍ, José Luis (1986) "Informática y derecho", *Revista de la Facultad de Derecho de la Universidad Complutense de Madrid*, 211.

WARNER JR., David R. (1992) "A Neural Network-Based Law Machine: Initial Steps", Rutgers Computer & Technology Law Journal 51.

ZIPPELIUS, Reinhold (1994) *Rechtsphilosophie (Ein Studienbuch)*, 3. Auf., Beck, München.

JULGAMENTOS ALGORÍTMICOS: A NECESSIDADE DE ASSEGURARMOS AS PREOCUPAÇÕES ÉTICAS E O DEVIDO PROCESSO LEGAL

Ana Frazão

Advogada e Professora Associada de Direito Civil, Comercial e Econômico da Universidade de Brasília – UnB.

Sumário: 1. Considerações iniciais – 2. Compreendendo os julgamentos algorítmicos e seus impactos na vida dos cidadãos, na sociedade e na política – 3. Primeira reflexão: para que finalidades devem ser admitidos os julgamentos algorítmicos? – 4. Segunda reflexão: como assegurar que a linguagem matemática seja utilizada de forma cumulativa e convergente com a necessária discussão sobre valores? – 5. Terceira reflexão: como superar o hiato entre quem programa e quem executa os sistemas algorítmicos? – 6. Quarta reflexão: como assegurar o devido processo digital? – 7. Considerações finais – 8. Referências.

1. CONSIDERAÇÕES INICIAIS

Há muito que os sistemas algorítmicos vêm fazendo importantes julgamentos sobre os indivíduos que trazem impactos diretos em suas vidas: quem será ou não atropelado por um carro autônomo, quem será contratado, promovido ou demitido, quem terá acesso a determinados bens e por qual preço, quem terá acesso a determinados serviços, como crédito e seguro, e mediante que condições, dentre inúmeros outras questões.

Não obstante, pouco se sabe a respeito de tais julgamentos algorítmicos, em razão da sua opacidade, complexidade e da proteção do segredo de negócios. Acresce que há consideráveis evidências de que diversas das preocupações éticas e jurídicas que deveriam estar presentes no desenho e na execução de tais sistemas simplesmente não têm sido observadas.

É nesse contexto que o presente artigo pretende oferecer uma compreensão da repercussão de tais julgamentos sobre a vida das pessoas e da própria sociedade, bem como, a partir do referido diagnóstico, propor algumas reflexões para que se possa conciliar as eficiências e a acurácia que tais julgamentos almejam com a proteção dos direitos fundamentais dos titulares de dados e com a necessária consideração das questões éticas mais importantes para o mencionado debate.

2. COMPREENDENDO OS JULGAMENTOS ALGORÍTMICOS E SEUS IMPACTOS NA VIDA DOS CIDADÃOS, NA SOCIEDADE E NA POLÍTICA

Algoritmos são fórmulas ou receitas para execução de tarefas, soluções de problemas, realizações de julgamentos e tomadas de decisões. Como tal, os algoritmos existem há muito tempo, embora somente a partir do século XX tenham passado a ser vistos no âmbito da ciência da computação como sequências finitas de ações executáveis para a solução de um problema específico.

A controvérsia mais atual diz respeito à utilização de algoritmos cada vez mais complexos e sofisticados para a solução de problemas que não são objetivos e técnicos. Alimentados por bases de dados cada vez maiores, no atual contexto do *big data*, os algoritmos têm sido utilizados para decisões e tarefas que envolvem análises qualitativas e subjetivas a respeito dos seres humanos, comumente marcadas por alta carga valorativa, tal como acontece nos julgamentos para classificação, ranqueamento e criação de perfis das pessoas.

Mais do que isso, os algoritmos têm sido vistos como chaves para se compreender o passado, se diagnosticar o presente e se antever o futuro, por meio de prognósticos e análises preditivas a respeito das pessoas, tanto individual como coletivamente.

É por essa razão que os dados do passado e do presente são cada vez mais esquadrinhados por sistemas algorítmicos que pretendem avaliar as pessoas a partir de critérios objetivos ou determinadas métricas, com distintos graus de abrangência: a avaliação dos usuários em um determinado aplicativo, a avaliação das pessoas para mapear a possibilidade e as condições de acesso a determinado serviço – como é o caso do *credit scoring* – e até mesmo tentativas holísticas de se classificar as pessoas no seu todo, como ocorre com o conceito de *social scoring* que vem sendo utilizado pelo governo chinês para avaliar a qualidade dos seus cidadãos.

Sob essa perspectiva, os sistemas algorítmicos têm sido peça fundamental para manter uma engrenagem que tem por finalidade fazer julgamentos e predições sobre as pessoas no tocante às suas mais diversas características: seus méritos, seus perfis, suas preferências, suas inclinações, propensões e probabilidades nas mais variadas searas – desde a propensão ao consumo de determinado produto até a propensão a delinquir ou a reincidir na prática de um crime –, suas capacidades e aptidões – no campo físico, intelectual, emocional, profissional, econômico, etc. –, e suas fraquezas e vulnerabilidades.

Obviamente que tais julgamentos não são inocentes, uma vez que são implementados com escopos muito definidos. No âmbito do mercado, tais diagnósticos permitem aos agentes econômicos diversas possibilidades de ação, inclusive no que diz respeito a diferenciar consumidores, seja para cobrar distintos preços – conforme determinados critérios ou a propensão de cada um para adquirir um produto ou serviço ou mesmo explorando suas vulnerabilidades – seja para negar acesso a determinados serviços ou condições específicas.

Ocorre que a questão não se restringe ao mercado, embora este aspecto, por si só, já seja bastante preocupante. Envolve igualmente importantes dimensões da autonomia privada dos cidadãos, na medida em que hoje há sistemas algorítmicos que decidem quem ingressará em universidades ou terá acesso a empregos, cargos e oportunidades profissionais, dentre inúmeras outras situações nas quais as expectativas de vida das pessoas passam a depender de tais julgamentos.

Em alguns casos, é a própria vida humana que estará no objeto da decisão algorítmica, tal como ocorre com os carros autônomos que, em situações extremas, poderão ter que decidir que vidas devem ser poupadas ou priorizadas diante da iminência de um acidente.

Da mesma maneira, o problema adentra também na seara da autonomia pública e da democracia, quando o Estado também pode se servir de sistemas algorítmicos para, por exemplo, classificar cidadãos de acordo com suas convicções políticas e o seu grau de apoio ou não a determinado governo, o que pode ser utilizado para toda sorte de discriminações e perseguições.

Na verdade, ao se tratar da questão democrática, realça-se também um tema importante, que diz respeito à utilização de sistemas algorítmicos para fins políticos, a fim de explorar o conhecimento que têm das pessoas, inclusive no que diz respeito às suas fragilidades, para manipulá-las com objetivo de alterar o resultado de processos eleitorais.

Esse ponto mostra que a discussão sobre os algoritmos deve partir da premissa de que o problema, na atualidade, não é reflexo apenas de uma economia movida a dados, mas sim de uma sociedade e de uma política que também passaram a ser movidas a dados, de forma que o futuro das pessoas e das próprias democracias podem estar atrelados a julgamentos algorítmicos.

Tal aspecto é intensificado em razão do fenômeno que alguns estudiosos chamam de datificação, o que permite que toda e qualquer experiência humana se torne um dado a partir do qual se podem inferir aspectos importantes sobre as pessoas.

Mesmo experiências inocentes, como um passeio no parque, podem alimentar sistemas que tentarão classificar as pessoas e fazer predições sobre elas a partir dos dados assim gerados, interpretados isolada ou conjuntamente. O documento elaborado pela Apple *A Day in the Life of Your Data: A Father-Daughter Day at the Playground*[1] ajuda a entender a dimensão da datificação com base em um despretensioso dia de lazer entre pai e filha.

Nesse sentido, fatos que podem parecer irrelevantes para o cidadão comum, tais como geolocalização, buscas na internet, tempo gasto em redes sociais, "curtidas" sobre determinadas questões, músicas e locais de sua preferência, dentre outros, são capturados e depois convertidos em novos dados, a partir dos quais os algoritmos farão os seus julgamentos.

---

1. APPLE. *A Day in the Life of Your Data: A Father-Daughter Day at the Playground* https://www.apple.com/privacy/docs/A_Day_in_the_Life_of_Your_Data.pdf. Acesso em 20.09.2021.

Caminhamos, portanto, para uma sociedade da classificação, como diria Stefano Rodotá[2], ou para um cenário em que os perfis se transformam em verdadeiras representações virtuais, corpos digitais ou mesmo sombras das pessoas, como diz Danilo Doneda[3].

Como bem sintetiza John Cheney-Lippold[4], os algoritmos hoje agregam e controlam nossas identidades datificadas (*datafied selves*) e nossos "futuros algorítmicos", pois o processo de classificação em si já é uma importante demarcação de poder, assim como a organização do conhecimento e da vida molda as condições e as possibilidades daqueles que serão classificados.

Afinal, são as categorias para as quais nossas vidas datificadas serão convertidas que passarão a definir não apenas quem somos, mas também quem seremos, na medida em que os dados, ao mesmo tempo em que nos representam, também nos regulam[5].

3. PRIMEIRA REFLEXÃO: PARA QUE FINALIDADES DEVEM SER ADMITIDOS OS JULGAMENTOS ALGORÍTMICOS?

As reflexões mencionadas na seção anterior, ao mesmo tempo em que nos mostram a crescente importância dos julgamentos algorítmicos na atualidade, nos levam também a uma primeira indagação: diante do manancial *do big data*, é possível utilizar algoritmos para todo e qualquer tipo de julgamento? Basta que um agente econômico ou o Estado queiram julgar seus consumidores ou cidadãos para que possam fazê-lo? Ou há limites para tais julgamentos, como é o caso do princípio da finalidade previsto pela LGPD?

Nos tempos atuais, já nos acostumamos de tal maneira a tais julgamentos algorítmicos que nem sempre refletimos sobre questões que deveriam ser básicas: uma plataforma tem o direito de julgar o consumidor e lhe atribuir uma nota? O Estado tem o direito de julgar seus cidadãos com base em suas preferências políticas ou qualquer outro dado sensível? Com base em que critérios agentes econômicos podem criar perfis de consumidores? É possível fazer julgamentos abrangentes sobre os cidadãos, de forma similar a um modelo de *social scoring*?

Em outras palavras, a questão a ser respondida é: pode-se utilizar o *big data* para submeter seres humanos a qualquer tipo de julgamento? Quais são os critérios éticos e jurídicos para delimitarmos os julgamentos que são legítimos daqueles que não são?

No seu livro *Privacy is power. Why and how you should take back control of your data*[6], Carissa Véliz faz uma interessante contextualização da discussão, ao ressaltar

---

2. RODOTÀ, Stefano. *A vida na sociedade da vigilância. A privacidade hoje*. Tradução de Danilo Doneda e Laura Cabral Doneda. Rio: Renovar, 2008, p. 111-139.
3. DONEDA, Danilo. *Da privacidade à proteção de dados pessoais*. Rio: Renovar, 2006, p. 174-175.
4. CHENEY-LIPPOLD, John. *We are data. Algorithms and the making of our digital selves*. New York: New York University Press, 2017, p. xiii e 7.
5. Idem, p. 14-19.
6. VÉLIZ, Carissa. *Privacy is power. Why and how you should take back control of your data*. Bantam Press, 2021, p. 14.

alguns dos perfis que têm sido utilizados para os mais diversos fins, incluindo os comerciais: pessoas que foram vítimas de estupro, incesto ou outros abusos sexuais, pacientes de AIDS ou de doenças sexualmente transmissíveis, homens com impotência sexual, dentre outros. Daí a constatação da autora de que os interessados nesse tipo de categorização agem como verdadeiros predadores, que sentem o "cheiro de sangue", para o fim de encontrar e explorar as vulnerabilidades das pessoas.

Aliás, a autora chama a atenção também para a perigosa utilização política da exploração de perfis e características sensíveis das pessoas, afirmando que Palantir, Amazon e Microsoft proveram ferramentas que ajudaram a administração Trump a identificar, monitorar e deportar imigrantes, mesmo no contexto de políticas altamente questionáveis, como as que separavam as crianças de seus pais[7].

Uma das conclusões de Carissa Véliz é que alguns julgamentos simplesmente não poderiam ser feitos, tais como os decorrentes de inferências sensíveis sub-reptícias, dentre os quais se incluem diagnósticos que são feitos a partir de gestos ou comportamentos corriqueiros das pessoas – a forma como usam seus smartphones, como digitam ou como movimentam seus olhos – mas que permitem a identificação de habilidades cognitivas, de problemas de saúde, como perda de memória, dislexia, depressão e de informações sensíveis, como orientação sexual, etnia, visões políticas e religiosas, traços de personalidade, inteligência, felicidade, uso de substâncias viciantes, circunstâncias familiares (como a separação dos pais), dentre inúmeras outras[8].

Diante desse contexto, verifica-se que uma das raízes do problema da atual economia movida a dados encontra-se na premissa equivocada de que todos os julgamentos sobre seres humanos são possíveis. Logo, é imprescindível diferenciar, com urgência, que tipos de perfis, julgamentos e diagnósticos, por qualquer que seja o meio utilizado – incluindo as inferências – devem ser considerados inadmissíveis e, consequentemente, proibidos.

Entretanto, a realidade tem sido caracterizada pelo grande avanço na utilização de sistemas algorítmicos para os mais diversos fins, mas sem as devidas considerações éticas e jurídicas que deveriam orientar a sua adoção.

Se existem muitos assuntos em relação aos quais os julgamentos algorítmicos são importantes e necessários, na medida em que podem auxiliar a contornar várias das deficiências dos julgamentos humanos, também existem outros assuntos ou propósitos em relação aos quais eles ou não deveriam ser admitidos ou apenas poderiam sê-lo em circunstâncias excepcionais e com uma série de salvaguardas para os interessados.

É por essa razão que é fundamental saber que dados podem ser coletados e que finalidades podem justificar os julgamentos algorítmicos. Entretanto, ainda que ultrapassada a questão da legitimidade do tratamento de dados, resta também saber

---

7. Op. cit., p. 22.
8. Op. cit., p. 61-62.

em que medida é conveniente e adequado deixar que algoritmos possam fazer julgamentos valorativos complexos sobre as pessoas, ainda mais sem qualquer controle ou supervisão humana.

Esse ponto é de fundamental importância para a compreensão da controvérsia. Afinal, acreditar na importância de decisões algorítmicas não implica aceitar que estas sejam completas ou infalíveis ou que que possam substituir perfeitamente os julgamentos humanos.

Tal aspecto é especialmente relevante quando estamos utilizando algoritmos para julgar, classificar, ranquear seres humanos e predizer seus comportamentos futuros, suas habilidades e perspectivas por meio de decisões que repercutirão diretamente na vida das pessoas. Nesse sentido, há boas razões para sustentar que, quanto mais complexo for o julgamento algorítmico e quanto mais intenso for o seu impacto na vida das pessoas, maior o cuidado que deve ser adotado em relação a ele e maiores as dificuldades para que se possa entendê-lo como a palavra única ou final.

4. SEGUNDA REFLEXÃO: COMO ASSEGURAR QUE A LINGUAGEM MATEMÁTICA SEJA UTILIZADA DE FORMA CUMULATIVA E CONVERGENTE COM A NECESSÁRIA DISCUSSÃO SOBRE VALORES?

Apesar de todas as vantagens das fórmulas, estas também padecem de várias limitações, especialmente em razão das dificuldades naturais para se converter aspectos complexos da natureza humana para critérios objetivos e para a linguagem matemática.

Como aponta Julie Cohen[9], o problema dos algoritmos é se basear em modelos tidos como verdadeiros em todos os casos e para todos os propósitos, privilegiando sistematicamente um tipo de informação – estática e quantificável – e um tipo de conhecimento – mais "racionalizante" e "objetificante" – ao custo de outras formas de conhecimento que são também importantes para os assuntos humanos. E a consequência disso é uma perda – não um ganho – de liberdade, já que tais práticas procuram moldar e predizer o comportamento dos indivíduos de acordo com trajetórias de oportunidades e desejos que são determinadas externamente.

Daí a advertência de John Cheney-Lipold de que os algoritmos, ao traduzirem conceitos como gênero, raça, classe e mesmo cidadania para formas típicas quantitativas e mensuráveis, reconfiguram nossas concepções de controle e poder[10], criando uma espécie de *soft biopolitics* ou de um "controle sem controle"[11].

O que autor procura ressaltar é que traduzir aspectos complexos, multifacetados, sofisticados e as vezes até erráticos da experiência humana para critérios objetivos

---

9. COHEN, Julie E. Examined lives: informational privacy and the subject as object. *Stanford Law Review*, v. 52, 2000, p. 1376.
10. Op. cit., p. 33.
11. Op. cit., p. 35.

e quantitativos ou fórmulas matemáticas não só não é um processo trivial como é também um exercício de poder, especialmente se tais fórmulas não puderem ser submetidas ao controle social ou ao controle por parte daqueles que serão por elas afetados.

Vale ressaltar que a tendência atual de transferir para algoritmos decisões complexas relacionadas a questões humanas e sociais não deixa de ser um reflexo da crescente matematização do mundo e das ciências sociais.

Mais do que se referir ao processo pelo qual se considera que a matemática pode ser útil para a compreensão e a solução de todos os problemas do mundo, a matematização envolve a ideia de que somente é válido o conhecimento quantitativo. Segundo W. Teed Rockwell[12], tal postura rompe a tradição que permeou a maior parte da história humana, na qual o conhecimento foi considerado algo que precisava ser armazenado e capturado por palavras.

Stephan Hartmann e Jan Sprenger[13] fazem uma interessante síntese histórica nesse sentido, mostrando que, até o início do século XX, as ciências sociais eram formuladas em termos qualitativos, de forma que os métodos quantitativos e matemáticos ou não cumpriam um papel substancial ou eram até mesmo considerados inapropriados. Entretanto, no final do século XX, os métodos matemáticos e estatísticos passaram a ser usados e valorizados até que se chegasse ao momento atual, em que quase todas as ciências sociais neles confiam para análise de dados, formulação de hipóteses e entendimento do mundo social, inclusive com a criação das correspondentes subdisciplinas, tais como *Mathematical Psychology*, *Mathematical Sociology* e *Mathematical Anthropology*[14].

Ainda segundo Stephan Hartmann e Jan Sprenger[15], o processo de matematização chegou ainda mais cedo às ciências econômicas, o que explica o fato de a economia contemporânea ser dominada pela abordagem matemática, ainda que esta visão esteja sob ataque desde o início dos anos 2000, especialmente em razão dos desenvolvimentos recentes da economia comportamental e da economia experimental.

Uma das importantes razões para a matematização das ciências sociais é a busca por precisão, objetividade e previsibilidade, o que as aproximaria das ciências naturais e lhes atribuiria maior "cientificidade". Para Stephan Hartmann e Jan Sprenger[16], embora Popper não tenha proposto a matematização das ciências sociais, o seu foco em predições e falseabilidade acabou levando ao entendimento de que uma teoria matematizada é preferível a uma teoria que não é.

---

12. ROCKWELL, W. Teed. Algorithms and Stories. *Human Affairs 23*, 2013, p. 633. DOI: 10.2478/s13374-013-0154-0.
13. HARTMANN, Stephan; SPRENGER, Jan. Mathematics and Statistics in the Social Sciences. May 7, 2010., p. 1. http://hdl.handle.net/2318/1662639.
14. Op. cit., p. 1.
15. Op. cit., p. 1-2.
16. Op. cit., p. 4.

O grande problema, entretanto, não é usar a matemática como importante ferramenta para a compreensão dos problemas humanos, mas sim considerar válido somente o conhecimento apoiado por fórmulas matemáticas, como bem sintetiza Rockwell[17]:

"As a result, it is very difficult in our time to explain why anyone should bother to study knowledge which consists only of words unsupported by mathematical formulae. Many people in the humanities have dealt with this problem by mathematizing their disciplines. Philosophers study Plato by reducing his arguments to symbolic logic. English professors read Shakespeare by analyzing statistically recurring sentence structures or using Chomskyian diagrams. History professors stop writing biographies of great historical figures, and start analyzing grain production statistics. Anthropologists stop writing stories about their visits to exotic cultures, and focus on DNA analysis and bone structure. Not every one in these disciplines fits this caricature, of course. The other extreme strategy available is to reject the ambition to actually deliver knowledge, and to see the stories told by novelists, anthropologists, and historians as a kind of entertainment whose existence is justified by their beauty, not their truth."

Essas mesmas limitações podem ser observadas no processo de redução do conhecimento científico genuíno somente ao que pode ser traduzido na forma de algoritmos matemáticos[18]. Afinal, como já antecipava Hannah Arendt[19], a introdução da matemática nos assuntos humanos gera um perigoso impasse, porque a matemática não pode ser reconvertida em palavras e tudo o que os homens fazem, sabem ou experimentam só tem sentido na medida em que pode ser discutido.

Por outro lado, em outra linha de reflexão, Einstein já mostrava os desafios das métricas e quantificações, ao advertir que nem tudo o que conta é contável e nem tudo o que é contável conta[20]. Daí por que a pretensão de certeza e objetividade nas ciências sociais encontra desafios naturais diante da natureza dinâmica e mutável das experiências sociais. Consequentemente, métodos quantitativos tendem a desconsiderar o que é difícil ou impossível de ser quantificado ou acabam implementando quantificações reducionistas ou aleatórias.

Por essa razão, David Kingsley[21], ao refletir sobre a matematização das ciências sociais e especialmente da ciência política, conclui que complexos modelos matemáticos não refletem a realidade, pois muito da quantificação é realizada a partir de falácias.

Não é sem motivo que, mesmo sendo otimistas quanto à utilização de métodos matemáticos e estatísticos nas ciências sociais, Hartmann e Sprenger[22] advertem para o fato de que é um erro supervalorizar o papel da matemática, pois esta é apenas

---

17. Op. cit., p. 634.
18. Ver ROCKWELL, Op. cit., p. 633.
19. ARENDT, Hannah. *A Condição Humana*. Trad. Roberto Raposo. Lisboa: Relógio d'Água Editores, 2001, p. 14-15.
20. Cf. MULLER, Jerry Z. *The tyranny of metrics*. New Jersey: Princeton University Press, 2018.
21. KINGSLEY, David. Quantification and Scientism in Political Science: Domination of Discourse by Experts Presenting Mathematical Models of Reality. https://doi.org/10.1002/pop4.211.
22. Op. cit., p. 4.

uma ferramenta cujo uso depende crucialmente das premissas e dos pressupostos que justificaram a sua utilização. Outro problema apontado pelos autores é que, para refletir a complexidade do mundo social, tais formulações matemáticas, especialmente quando elaboradas com poderosos computadores, podem resultar em modelos tão complexos que, ainda que se adequem à realidade empírica, tornam-se incompreensíveis.

Consequências dessas limitações são apontadas por Nicolas Bouleau[23], ao tratar dos maus usos da matemática na economia, pois várias questões importantes escapam aos modelos matemáticos, tais como a evolução estrutural e histórica das sociedades, a prevenção de crises, os fenômenos psicológicos, dentre inúmeras outras.

Um dos exemplos citados por Nicolas Bouleau é a relação entre a matematização do risco ocorrida nos mercados financeiros e a ausência de medidas de segurança, o que foi determinante para a crise econômica do *subprime* de 2008. Segundo o autor, a quantificação da incerteza remove o significado dos eventos, o que impossibilita a própria compreensão da extensão do risco.

Ademais, especialmente nas ciências sociais, como é o caso da economia, a utilização dos modelos matemáticos não se adequa ao rigor "popperiano", já que teorias econômicas não são suscetíveis de refutação pela observação dos fatos. Como o ambiente social está em constante mudança e nunca se repete, modelos especializados com objetivos preditivos são probabilísticos e não podem ser submetidos ao teste da falseabilidade por um único evento. Ademais, matematizações úteis para compreender mudanças são sempre abertas a muitos modelos que competem entre si, a depender das diferentes perspectivas de que partam.

É por essa razão que, ao lado de mostrar que é necessário o pluralismo interpretativo e que a função social do conhecimento não é predição, mas sim precaução e cuidado, Nicolas Bouleau conclui que o problema não é a matemática em si, mas sim o fato de ser utilizada como estrutura de teorias que clamam uma verdade unívoca.

Tal observação converge com a conclusão de Irving Fisher[24], ao ressaltar que a matemática é uma linguagem e, como tal, deve ser usada quando as relações a serem por ela expressadas assim exigirem, em preferência à linguagem natural, que é menos precisa e completa. De toda sorte, extrai-se das observações do autor de que a linguagem matemática nem sempre será adequada para vários dos problemas sociais.

Fica claro, portanto, que, além dos problemas já mencionados, os julgamentos algorítmicos partem de uma dificuldade inicial, que é a premissa de que todos os aspectos da natureza humana podem ser convertidos em fórmulas matemáticas, o que não é verdade.

---

23. BOULEAU, Nicolas. On Excessive Mathematization, Symptoms, Diagnosis and Philosophical bases for Real World Knowledge. *Real World Economics*, 2011, 57, p. 90-105. halshs-00781976.
24. FISHER, Irving. The application of mathematics to the Social Sciences. https://projecteuclid.org/journals/bulletin-of-the-american-mathematical-society-new-series/volume-36/issue-4/The-application-of-mathematics-to-the-social-sciences/bams/1183493954.full.

588 ANA FRAZÃO

Ademais, mesmo os aspectos da experiência humana e social que podem ser traduzidos para a linguagem matemática normalmente o serão ou por meio de modelos cujas simplificações os descolarão da realidade ou por meio de modelos cuja complexidade os tornarão incompreensíveis. Em qualquer das hipóteses, haverá dificuldades consideráveis para a sua utilização nos assuntos humanos e sociais, ainda mais se forem considerados julgamentos finais ou prioritários.

Daí se poder antecipar a conclusão de que, mesmo quando os julgamentos algorítmicos são compatíveis com a natureza e a complexidade do mundo social, há boas razões para sustentar que esse tipo de conhecimento não pode ser único e precisa necessariamente de complementações, especialmente para o fim de incorporar as necessárias discussões éticas.

5. TERCEIRA REFLEXÃO: COMO SUPERAR O HIATO ENTRE QUEM PROGRAMA E QUEM EXECUTA OS SISTEMAS ALGORÍTMICOS?

Independentemente das limitações das decisões algorítmicas já mencionadas, outro importante problema da sua crescente disseminação é a delegação, por parte de agentes privados e públicos, de decisões de suas competências para sistemas algorítmicos que são desenhados por outros agentes, criando uma preocupante cisão entre quem programa os algoritmos e quem os aplica.

Na verdade, não seria exagero dizer que a introdução de sistemas algorítmicos em processos decisórios pode implicar uma nova e ainda mais intensa forma de terceirização tanto das atividades privadas, como também das atividades públicas, o que nem sempre tem sido objeto da devida atenção.

Vale ressaltar que essa terceirização, longe de ser um efeito colateral ou não intencional dos julgamentos algorítmicos, parece ser um dos seus principais propósitos. Como ensina W. Teed Rockwell[25], todos os elementos da decisão algorítmica, como os conhecimentos e a imaginação necessários para tal, ficam a cargo do programador, de forma que a execução do sistema seja tão simples que até um "idiota obediente" possa fazê-lo:

> "An Algorithm eliminates the need for this kind of discriminating wisdom, by explaining physical processes in "dead simple steps, requiring no wise decisions or delicate judgments or intuitions" (ibid.). The person who designs or discovers an Algorithm needs detailed knowledge and creative imagination. The person who implements the algorithm needs none of these things. In fact, she (or it) need not be a person at all. Another good definition of an algorithm is a process that is "simple enough for a mechanical device – or a dutiful idiot – to perform" (ibid., 141). (...)

> Dennett admits that the main challenge of creating algorithmic formula is making them detailed enough that they can be followed by machines or idiots. This implies another question: what is

---

25. ROCKWELL, W. Teed. Algorithms and Stories. *Human Affairs* 23, 2013, pp. 634-635. DOI: 10.2478/s13374-013-0154-0.

going on inside the minds of people who can correctly follow instructions that are not detailed enough to be functioning algorithms?"

Ora, se a ideia de um bom sistema algorítmico é precisamente a de tornar a sua utilização simplificada e até mesmo irrefletida ou mecânica, tem-se que não apenas existe um relevante hiato entre programadores e usuários, como também – o que é ainda mais preocupante – que tal hiato passa a ser considerado como algo natural e até mesmo como sinal da eficiência do sistema algorítmico.

Obviamente que esse cenário enseja diversas reflexões, até porque as decisões, ao fim e ao cabo, serão tomadas, pelo menos do ponto de vista formal, pelos agentes privados e públicos usuários dos sistemas algorítmicos[26]. Todavia, o problema também nos faz refletir sobre o papel dos matemáticos e programadores.

Em interessante artigo, Maurice Chiodo e Toby Clifton[27] alertam para o fato de que a constante utilização da matemática em decisões cada vez mais importantes para as pessoas e para a sociedade requer as necessárias considerações sobre os desdobramentos práticos e as preocupações éticas inerentes aos modelos matemáticos.

Os autores utilizam-se de dois exemplos relativamente recentes para mostrar o descolamento entre os modelos matemáticos pensados abstratamente e os seus resultados práticos. O primeiro deles é a crise financeira de 2008, evento em relação ao qual há um consenso no sentido de que o trabalho matemático teve um papel crucial para a má utilização dos chamados Collateralised Debt Obligations (CDOs), já que a matemática que os sustentava não somente era altamente complexa – o que impossibilitava a sua compreensão pelo mercado – como continha graves limitações para a estimativa de risco, as quais eram também ignoradas pelos agentes que nela se baseavam.

Outro exemplo mencionado pelos autores é o caso *Cambridge Analytica*, em que o trabalho perigoso e fraudulento de manipular pessoas para fins políticos foi viabilizado por meio de sofisticados modelos matemáticos que foram planejados para tal propósito. Aliás, nesse ponto, a conclusão de Chiodo e Clifton vai ao encontro do diagnóstico de Giuliano Da Empoli, no seu inquietante livro *Engenheiros do Caos*[28], ao mencionar trecho em que o próprio estrategista do Brexit – Cummings – reconhece a centralidade da matemática nos resultados políticos obtidos:

"Segundo declarações do estrategista do Brexit, os resultados ultrapassaram todas as expectativas. Ao ponto de Cummings, ele mesmo, tirar uma conclusão perturbadora: "Se você é jovem, inteli-

---

26. Sobre as implicações do problema em relação à responsabilidade civil dos administradores de sociedades, ver FRAZÃO, Ana. Responsabilidade civil de administradores de sociedades empresárias por decisões tomadas com base em sistemas de inteligência artificial. In: FRAZÃO, Ana; MULHOLLAND, Caitlin. *Inteligência Artificial e Direito. Ética, Regulação e Responsabilidade*. São Paulo: Revista dos Tribunais, 2020, pp. 501-541.

27. CHIODO, Maurice; CLIFTON, Toby. European Mathematical Society. Newsletter No. 114, December 2019. https://www.ems-ph.org/journals/show_abstract.php?issn=1027-488X&vol=12&iss=114&rank=2

28. EMPOLI, Giuliano Da. *Os engenheiros do Caos*. Trad. Arnaldo Bloch. São Paulo: Vestígio, 2019, p. 83.

ANA FRAZÃO

gente e se interessa por política, pense bem antes de estudar ciências políticas na universidade. Você deveria se interessar, em vez disso, em estudar matemática ou física."

Excesso de desfaçatez por parte de Cummings ou não, o fato é que Giuliano Da Empoli[29] também explora o momento em que o estrategista ironicamente afirmou que "se Victoria Woodcock, a responsável pelo software usado na campanha, tivesse sido atropelada por um ônibus, o Reino Unido teria continuado na União Europeia."

Todas essas discussões vêm mostrando a urgência de se pensar no impacto dos modelos matemáticos sobre o mundo, como bem observam Chiodo e Clifton[30]:

"As a result of the pace and scale at which modern technology operates, through use of internet connectivity and readily-available fast computation, the consequences of the actions of mathematicians are more quickly realised and far-reaching than ever before. A mathematician in a big tech company can modify an algorithm, and then have it deployed almost immediately over a user base of possibly billions of people."

Não bastasse a influência e o grau de penetração dos modelos matemáticos que têm sido utilizados para embasar decisões algorítmicas sobre assuntos humanos e sociais, Chiodo e Clifton[31] também advertem para o fato de que tais modelos apresentam a limitação natural de não poderem ser submetidos ao teste da falseabilidade, o que é uma razão a mais para haja uma maior reflexão ética em torno deles:

"Modelling a financial system is more difficult, as the system is affected by the application of the model. A pricing algorithm, if widely used to buy or sell a product, influences the market for the product in question. How does a model model its own impact?

So now what happens if you are modelling the future behaviour of people by predicting something like: 'How likely is a particular individual charged with a crime to reoffend with a serious offence, a non-serious offence, or not reoffend, in the next 24 months?'

How do you test whether your prediction was correct? Now we have a serious ethical issue: we are using mathematical reasoning to make decisions about people that impact their lives, and in many of these cases we can never know whether the decisions made were desirable or appropriate. Is it right to use mathematics in such a way without careful reflection?

We now face an ethical dilemma. Do we limit our– selves to falsifiable claims, or do we allow ourselves to make claims, make decisions and initiate actions that are unfalsifiable? We are of course entitled to do the latter; however, we should then bear in mind that we have lost mathematical certainty. Furthermore, if we do this, we should broaden our perspective and training so that we can incorporate as many aspects of society as possible."

Como se pode observar, os modelos matemáticos, por parte dos programadores, têm sido criados sem maiores preocupações quanto aos seus efeitos práticos ou considerações éticas, passando a ser utilizados muitas vezes de forma acrítica pelos usuários, mesmo quando não podem oferecer certeza nem se submeter ao teste da

---

29. Op. cit., p. 88.
30. Op. cit., p. 35.
31. Op. cit., p. 35.

falseabilidade. Em outras palavras, estamos usando tais sistemas para decidir a vida das pessoas sem nem mesmo saber se tais decisões são apropriadas.

Além das preocupações com resultados equivocados, incorretos, injustos ou discriminatórios dos sistemas algorítmicos, o processo de terceirização do processo decisório, ao ressaltar o preocupante hiato entre programadores e usuários, coloca em evidência o risco de um cenário de "irresponsabilidade organizada", em que nenhum dos participantes do processo decisório – nem programadores, que "simplesmente" programam o sistema, nem usuários, que "simplesmente" executam o sistema – se considera responsável pelos resultados das decisões.

6. QUARTA REFLEXÃO: COMO ASSEGURAR O DEVIDO PROCESSO DIGITAL?

Já faz algum tempo que excelente artigo do professor Otavio Luiz Rodrigues Junior[32] lançou interessante provocação a partir de um caso concreto, em que o dono de um restaurante em Valência (Espanha) processou a famosa plataforma Tripadvisor. O fundamento da ação era o de que, diante de inúmeros comentários que desabonavam a reputação do seu restaurante e que comprometiam a própria sobrevivência do negócio – que iam desde a baixa qualidade da comida até a prática de fraudes à seguridade social – a plataforma criava entraves para que o empresário pudesse de defender adequadamente e responder os comentários. Como bem apontou o professor Otavio Luiz Rodrigues Junior:

> "Como subjacente à causa está o velho debate sobre liberdade de expressão versus os valores associados à honra, à reputação e à imagem. Para o restaurante, contudo, há algo além disso: a petição sustenta que os estabelecimentos avaliados se submetem ao pior dos dois mundos. Não ingressar voluntariamente no *TripAdvisor* implica ter de se submeter às avaliações sem direito a contraditório. E ingressar conduz a uma escravidão: acompanhar todos os comentários diariamente e respondê-los, como se fossem servos da empresa norte-americana."

O caso mencionado é um bom ponto de partida para refletirmos sobre os julgamentos virtuais, não somente no que diz respeito às questões procedimentais e relacionadas ao contraditório, como também no tocante à qualidade desses julgamentos, considerando que muitos deles se baseiam em algoritmos, cujos resultados não podem ser compreendidos ou auditados, o que, além dos riscos próprios, ainda pode dar margem a burlas e distorções. Aliás, isso já aconteceu com o próprio Tripadvisor, tendo ficado famoso o experimento de um jornalista inglês que, por meio de uma estratégia relativamente simples, conseguiu burlar a plataforma, fazendo com que um restaurante falso se tornasse o número 1 de Londres[33].

---

32. RODRIGUES JÚNIOR, Otavio Luiz. Tripadvisor criará precedente na responsabilidade civil espanhola. *Conjur.* https://www.conjur.com.br/2019-mai-29/tripadvisor-criara-precedente-responsabilidade-civil-espanhola.

33. VIAGEM E TURISMO. https://viagemeturismo.abril.com.br/blog/achados/restaurante-falso-que-virou--1-de-londres-no-trip-advisor-o-que-aprendemos/.

Em um mundo crescentemente digital, cada vez mais julgamentos para os mais diversos fins se tornam também digitais. Em alguns casos, são as próprias plataformas que fazem tais julgamentos ou consolidam os julgamentos individuais dos usuários por meio de rankings ou classificações daqueles que estão sob julgamento.

Afinal, como já se viu, em uma sociedade movida a dados, cada vez mais se tem visto como empresas, *data brokers* e congêneres especializaram-se em perfilizar, classificar e julgar cidadãos, buscando extrair inferências sobre suas características ou comportamentos que podem ser usadas para restringir ou mesmo impedir acesso a determinadas oportunidades ou a determinados direitos, bens ou serviços. Daí o potencial de discriminações indevidas, precificações individualizadas abusivas e tantas outras condutas que se baseiam na exploração das vulnerabilidades e fragilidades das pessoas.

Como a maior parte desses julgamentos se dá por meio de algoritmos secretos e obscuros, até mesmo a identificação da ilicitude pode ser difícil ou impossível, o que torna os cidadãos cada vez mais vulneráveis a esses tipos de práticas.

A grande pergunta que se extrai desses fatos diz respeito à seguinte questão: que garantias os cidadãos deveriam ter sempre que fossem objetos de julgamento nas relações privadas e sempre que tais julgamentos pudessem afetar consideravelmente suas vidas? O devido processo legal não deveria se aplicar também a tais hipóteses?

Verdade seja dita que muito da construção do princípio do devido processo legal ocorreu em torno da necessidade de proteção dos cidadãos e dos agentes privados contra o Estado. Entretanto, em um mundo em que agentes privados podem ter poderes tão grandes ou até maiores do que os do Estado e em que as fronteiras entre os espaços públicos e privados estão cada vez mais esgarçadas, não será necessário pensar nas repercussões do devido processo legal também nas relações privadas?

No que diz respeito ao Direito Constitucional, vale lembrar que não é nenhuma novidade a discussão sobre a eficácia horizontal dos direitos fundamentais, razão pela qual a discussão sobre um devido processo digital não deve causar maior estranheza. A grande questão é como operacionalizar isso na prática, de forma compatível com a autonomia privada.

Para Nicolas Suzor[34], tal propósito pressupõe a construção de um constitucionalismo digital, em que seja possível a adaptação da *rule of law,* pensada inicialmente para o Estado, também para a governança da mídia digital, com especial atenção para o papel (i) das plataformas, como definidores das regras de participação, (ii) dos designers de tecnologia, que possibilitam a comunicação e limitam a ação, (iii) dos desenvolvedores de algoritmos que classificam, organizam, destacam e suprimem conteúdos e (iv) de todos os empregadores de moderadores humanos que são

---

34. SUZOR, Nicolas. Digital constitutionalism: using the rule of law to evaluate the legitimacy of governance by platforms https://journals.sagepub.com/doi/10.1177/2056305118787812.

também responsáveis pelo *enforcement* das regras que tratam dos comportamentos e conteúdos aceitáveis.

A grande questão da governança digital diz respeito à necessidade da criação de regras claras para a solução de tais conflitos, buscando o atendimento do núcleo da *rule of law*, que é evitar o arbítrio por meio da institucionalização da *"rule of law, not of individuals"*[35]:

> "At a minimum, the consent of the governed requires that governance power is exercised in a way that is limited by rules—not arbitrarily (Dicey, 1959). This is ultimately the most basic value of the rule of law – that power is wielded in a way that is accountable, that those in positions of power abide by the rules, and that those rules should only be changed by appropriate procedures within appropriate limits. In this limited sense, there is good reason to believe that the rule of law is a universal human good—that all societies benefit from restraints on the arbitrary or malicious exercise of power (Tamanaha, 2004, p. 137; Thompson, 1990, p. 266)."

Outro dos pontos fundamentais do *digital due process*, tal como explica Frederick Mostert[36], é resolver o problema da falta de transparência, já que a opacidade dos julgamentos virtuais é um dos maiores incentivos para o arbítrio. Daí a crítica do autor ao fato de as plataformas conduzirem suas operações como verdadeiras *black boxes*, adotando processos decisórios arbitrários.

Como se pode observar, considerando a frequência com que esses julgamentos virtuais têm sido feitos e os impactos que eles podem ter na vida das pessoas – em alguns casos, muito maiores do que julgamentos e condenações impostas pelos Estados – é mais do que urgente pensar na eficácia horizontal do devido processo legal no mundo digital, inclusive para o fim de se identificar como os agentes econômicos responsáveis pela arquitetura da internet devem operacionalizar tais garantias.

Ademais, é bastante salutar que possamos responder às seguintes perguntas:

> (i) Agentes privados podem julgar outros como e quando quiserem ou há limites para isso, especialmente quando os julgamentos são públicos ou podem trazer impactos importantes para a vida dos que estão sob julgamento? Poderíamos cogitar, em algumas circunstâncias, de um direito de não ser julgado ou de não ser julgado a partir de determinados dados ou critérios?

> (ii) Mesmo quando determinados julgamentos são possíveis, estes não deveriam ser minimamente impessoais e submetidos a regras que contenham o arbítrio e possibilitem alguma forma de defesa, especialmente quando os "veredictos" podem ter inúmeros impactos na vida daqueles que estão sendo julgados? Em outras palavras, poderíamos cogitar de um devido processo digital?

> (iii) Em que medida a crescente utilização de algoritmos para tais julgamentos pode ser um instrumento ou um óbice para a realização desse devido processo digital?

Por mais que não se trate de discussão fácil, é fundamental que pelo menos cogitemos (i) da existência de regras impessoais e minimamente claras, (ii) da possi-

---

35. ZUDOR, Nicolas. Op. cit., p. 5.
36. MOSTERT, Frederick, 'Digital Due Process': A Need for Online Justice (March 11, 2020). *Journal of Intellectual Property Law & Practice*, forthcoming., SSRN: https://ssrn.com/abstract=3537058.

bilidade de contraditório e (iii) do respeito à transparência e à *accountability*. Afinal, se realmente queremos conter o arbítrio, é fundamental que as pessoas pelo menos possam entender porque e como estão sendo julgadas, inclusive para que possam exercer o legítimo direito de impugnar o "veredito".

Daí por que precisamos estar atentos aos princípios da publicidade, bem como a regras específicas da LGPD, como o direito de explicação e de recurso contra decisões totalmente automatizadas (art. 20), que podem ser instrumentos importantes para a consecução do devido processo digital. Mais do que isso, é urgente que possamos operacionalizar o devido processo legal nos julgamentos algorítmicos, a fim de possibilitar que estes sejam compatíveis com os direitos fundamentais daqueles que estão sob julgamento.

7. CONSIDERAÇÕES FINAIS

O presente artigo procurou demonstrar que os julgamentos algorítmicos, em razão dos seus impactos sobre a vida das pessoas e dos riscos para a violação de direitos fundamentais e de preceitos éticos elementares, precisam estar sujeitos a uma série de testes e reflexões éticas.

A primeira delas diz respeito à necessidade de se assegurar que os julgamentos algorítmicos apenas possam ocorrer para finalidades legítimas, o que obviamente não acontece quando são feitos para criar perfis e decisões sobre as pessoas com base em dados sensíveis que, ao exporem suas fraquezas e vulnerabilidades, possibilitam a indevida exploração ou manipulação dos indivíduos.

A segunda delas diz respeito à necessidade de reconhecer a limitação da linguagem matemática utilizada pelos julgamentos algorítmicos, o que reforça a necessidade de que haja a devida complementariedade por meio de considerações que incluam as preocupações éticas e jurídicas cabíveis em cada caso.

A terceira delas diz respeito ao fato de que as preocupações éticas e jurídicas precisam permear não só todas as etapas da programação e desenvolvimento dos sistemas algorítmicos, como também a sua execução, o que requer uma nova visão das relações entre programadores e executores, a fim de exigir que sejam pautadas pela ética e respeito aos direitos dos titulares de dados pessoais em todas as suas etapas.

Por fim, a quarta e última reflexão diz respeito à necessidade de que os julgamentos algorítmicos encontrem mecanismos para respeitar o devido processo legal, o que apena pode ocorrer mediante padrões de transparência, acesso e contraditório. Consequentemente, as pessoas possam saber como e por que foram julgadas, inclusive para que possam questionar ou impugnar as referidas decisões.

Obviamente que as mencionadas reflexões não têm qualquer pretensão de exaurir o tema, mas tão somente de lançar alguns pontos preliminares que são indispensáveis para que os julgamentos algorítmicos possam ocorrer. Trata-se de necessidade ainda mais imperiosa após a LGPD, que não apenas assegura, em seu art. 6º, diversos princípios fundamentais para os tratamentos de dados, como a finalidade, a transparência e a *accountability*, como também prevê diversos direitos aos titulares de dados, tais como os direitos ao acesso e à explicação, dentre inúmeros outros.

Está mais do que na hora de se buscar concretude à LGPD e ao direito fundamental de proteção dos dados pessoais no que diz respeito aos julgamentos algorítmicos, sem o que não se assegurará nem as garantias individuais mais relevantes nem também uma sociedade coesa e uma democracia minimamente estável.

8. REFERÊNCIAS

APPLE. *A Day in the Life of Your Data: A Father-Daughter Day at the Playground* https://www.apple.com/privacy/docs/A_Day_in_the_Life_of_Your_Data.pdf. Acesso em: 20 set. 2021.

APPLEBAUM, Anne. The new puritans. *The Atlantic.* ttps://www.theatlantic.com/magazine/archive/2021/10/new-puritans-mob-justice-canceled/619818/. Acesso em: 20 set. 2021.

ARENDT, Hannah. *A Condição Humana.* Trad. Roberto Raposo. Lisboa: Relógio d'Água Editores, 2001.

BOULEAU, Nicolas. On Excessive Mathematization, Symptoms, Diagnosis and Philosophical bases for Real World Knowledge. *Real World Economics*, 2011, 57, pp.90-105. halshs-00781976.

CHENEY-LIPPOLD, John. *We are data. Algorithms and the making of our digital selves.* New York: New York University Press, 2017.

CHIODO, Maurice; CLIFTON, Toby. European Mathematical Society. Newsletter No. 114, December 2019. https://www.ems-ph.org/journals/show_abstract.php?issn=1027=488-X&vol12=&iss-114&rank=2.

COHEN, Julie E. Examined lives: informational privacy and the subject as object. *Stanford Law Review*, v. 52, 2000, p. 1373-1438.

DONEDA, Danilo. *Da privacidade à proteção de dados pessoais.* Rio: Renovar, 2006.

EMPOLI, Giuliano Da. *Os engenheiros do Caos.* Trad. Arnaldo Bloch. São Paulo: Vestígio, 2019.

FISHER, Irving. The application of mathematics to the Social Sciences. https://projecteuclid.org/journals/bulletin-of-the-american-mathematical-society-new-series/volume-36/issue-4/The-application-of-mathematics-to-the-social-sciences/bams/1183493954.full. Acesso em: 20 set. 2021.

FRAZAO, Ana. Responsabilidade civil de administradores de sociedades empresárias por decisões tomadas com base em sistemas de inteligência artificial. In: FRAZÃO, Ana; MULHOLLAND, Caitlin. *Inteligência Artificial e Direito. Ética, Regulação e Responsabilidade.* São Paulo: Revista dos Tribunais, 2020, p. 501-541.

HARTMANN, Stephan; SPRENGER, Jan. Mathematics and Statistics in the Social Sciences. May 7, 2010., p. 1. http://hdl.handle.net/2318/1662639. Acesso em: 20 set. 2021.

KINGSLEY, David. Quantification and Scientism in Political Science: Domination of Discourse by Experts Presenting Mathematical Models of Reality. https://doi.org/10.1002/pop4.211. Acesso em: 20 set. 2021.

MOSTERT, Frederick, 'Digital Due Process': A Need for Online Justice (March 11, 2020). *Journal of Intellectual Property Law & Practice*, forthcoming., SSRN: https://ssrn.com/abstract=3537058. Acesso em: 20 set. 2021.

MULLER, Jerry Z. *The tyranny of metrics.* New Jersey: Princeton University Press, 2018.

ROCKWELL, W. Teed. Algorithms and Stories. *Human Affairs* 23, 633–644, 2013, p. 633. DOI: 10.2478/s13374-013-0154-0. Acesso em: 20 set. 2021.

RODOTÁ, Stefano. *A vida na sociedade da vigilância. A privacidade hoje*. Trad. Danilo Doneda e Laura Cabral Doneda. Rio: Renovar, 2008.

RODRIGUES JÚNIOR, Otavio Luiz. Tripadvisor criará precedente na responsabilidade civil espanhola. *Conjur.* https://www.conjur.com.br/2019-mai-29/tripadvisor-criara-precedente-responsabilidade--civil-espanhola. Acesso em: 20 set. 2021.

SUZOR, Nicolas. Digital constitutionalism: using the rule of law to evaluate the legitimacy of governance by platforms https://journals.sagepub.com/doi/10.1177/2056305118787812. Acesso em: 20 set. 2021.

VÉLIZ, Carissa. *Privacy is power. Why and how you should take back control of your data*. Bantam Press, 2021.

INTELIGÊNCIA ARTIFICIAL, SUBEMPREGO E DESEMPREGO TECNOLÓGICO

Alexandre Quaresma

Escritor ensaísta e filósofo brasileiro, mestre em Tecnologias da Inteligência e Design Digital (TIDD) pela Pontifícia Universidade Católica de São Paulo (PUC-SP), com dissertação intitulada *Inteligência artificial e bioevolução: Ensaio epistemológico sobre organismos e máquinas*, e pesquisador de tecnologias e consequências sociais, com especial interesse na crítica da tecnologia. Autor dos livros *Nanotecnologias*: Zênite ou Nadir? (2011); *Humano-Pós-Humano*: Bioética, conflitos e dilemas da Pós-modernidade (2014)*; Engenharia genética e suas implicações* (org.), (2014) e *Artificial Intelligences*: Essays on Inorganic and Non-biological Systems (org.), (2018). Atualmente investiga as relações entre inteligências artificiais complexas e sociedades contemporâneas, tendo escrito e publicado diversos artigos sobre o referido tema. Além disso, ministra com regularidade cursos de extensão sobre IA e Bioevolução chancelados e certificados pela GKA (Global Knowledge Academics) de Madri na Espanha.

E-mail: a-quaresma@hotmail.com Lattes: http://lattes.cnpq.br/6089915050124806.

Sumário: 1. Introdução – 2. Subemprego e precarização – 3. Desemprego tecnológico – 4. Lógica perversa – 5. Conclusão – 6. Referências.

1. INTRODUÇÃO

Os índices de emprego de mão de obra humana em parques industriais pelo mundo está caindo significativamente, e isso está intimamente relacionado com a tendência progressiva de mecanização, automação e robotização das cadeias produtivas globais, onde sistemas e sistemas de sistemas substituem dezenas, centenas e até milhares de trabalhadores humanos de uma só vez, e a tecnologia de Inteligência Artificial (IA)[1] está no centro de todo esse movimento de transformação econômica e

---

1. Muitas são as definições existentes e concorrentes para Inteligência Artificial (IA). Stuart Russell e Peter Norvig (*Inteligência artificial*. Trad. Regina Célia Simille de Macedo. 2. ed. Rio de Janeiro: Campus, 2003, p. 05) relacionam algumas dessas diversa definições: "'O empolgante novo esforço para fazer os computadores pensarem... máquinas com mentes, no sentido pleno e literal' (Haugeland, 1985); '[A automação de] atividades que associamos ao pensamento humano, atividades como a tomada de decisões, resolver problemas, aprendendo...' (Bellman, 1978); 'A arte de criar máquinas que executam funções que exigem inteligência quando executadas por pessoas' (Kurzweil, 1990); 'O estudo de como fazer computadores fazer coisas em que, no momento, as pessoas são melhores' (Rich e Knight, 1991); 'O estudo das faculdades mentais através do uso de modelos computacionais' (Charniak e McDermott, 1985); 'O estudo das computações que tornam possível perceber, raciocinar e agir' (Winston, 1992); 'Um campo de estudo que procura explicar e emular o comportamento inteligente em termos de processos computacionais' (Schalkoff, 1909); 'O ramo da ciência da computação que se preocupa com a automação do comportamento inteligente' (Luger e Stubblefield, 1993). [...] Eles estão organizados em quatro categorias: [1] Sistemas que pensam como humanos. [2] Sistemas que agem como seres humanos. [3] Sistemas que pensam racionalmente. [4] Sistemas que agem racionalmente". Em Guilherme Bitencourt apud Renato Ávila (2016, p. 04), recolhemos essa interessante cronologia autoexplicativa da IA (inteligência artificial), dividindo-a temporalmente em três épocas distintas, a saber, *Clássica*, *Romântica* e *Moderna*, referenciando ainda os seus respectivos objetivos, métodos

social, gerando impactos – em muitos sentidos – devastadores. E, como esses sofisticados sistemas de sistemas incluem máquinas que produzem em larga escala e a altíssimas velocidades, substituindo a força de trabalho humana a um custo bem menos elevado, o que resta aos poucos humanos ainda presentes nos parques industriais e nos sistemas produtivos como um todo, nos campos agrícolas, no setor de serviços, na bolsa de valores, nas telecomunicações, nas empresas de uma maneira geral e na própria internet – isso para citar apenas alguns poucos setores da economia –, são empregos cada vez mais especializados e bem mais raros em termos de proporção, e que requerem capacitação e conhecimentos muito específicos e técnicos, cujo número de vagas é obviamente menor, justamente devido a essas transformações, e o resultado desse processo é que os seres humanos vêm sendo massivamente expurgados das cadeias produtivas, submetidos a subempregos, cujas vagas a médio e longo prazo também tendem a reduzir, e isso acontece também devido a IA, levando necessariamente a uma precarização do emprego e do trabalho em todos os sentidos imagináveis, e, finalmente – sem outra escapatória –, ao desemprego tecnológico[2]. O que significa dizer, quando um sistema de sistemas com máquinas automatizadas ocupa sua função laboral e tira seu emprego e a sociedade e o mercado, por seu turno, não conseguem lhe oferecer uma outra oportunidade profissional nem igual nem inferior em relação à anterior. Mas, é preciso ter muita cautela e atenção, pois tudo isso está irremovivelmente ligado – é claro – a um macrocenário maior, que diz respeito à própria lógica subjacente, no qual empresas vão competindo vorazmente entre si, umas contra as outras, e também compram outras empresas menores e mais frágeis – assim como na biologia e nas cadeias tróficas sobrevivem apenas os mais aptos –, absorvendo-as ou mesmo extinguindo-as em incorporações, o que por sua vez também gera uma concentração de renda e poder ainda maior nas mãos dos já muito ricos e poderosos, e o resultado disso tudo é a ampliação do fosso que separa os muitíssimo ricos dos muito pobres, que se contrapõem entre si desproporcionalmente, e essas fusões e incorporações vão gerando também infindáveis demissões e redução ostensiva de custos, já que a ideia de base é absolutamente a mesma, seja

---

e razões de fracasso correspondentes. Acompanhemos: > *Clássica* (1956-1970) – *Objetivo*: simular a inteligência humana. *Métodos*: solucionadores gerais de problemas e lógica. *Motivo do fracasso*: subestimação da complexidade computacional dos problemas; > *Romântica* (1970-1980) – *Objetivo*: simular a inteligência humana em situações predeterminadas. *Métodos*: formalismos de representação de conhecimento adaptados ao tipo de problema, mecanismos de ligação procedural visando maior eficiência computacional. *Motivo do fracasso*: subestimação da quantidade de conhecimento necessária para tratar mesmo o mais banal problema de senso comum; > *Moderna* (1980-1990) – *Objetivo*: simular o comportamento de um especialista humano ao resolver problemas em um domínio específico. *Métodos*: sistemas de regras, representações da incerteza, conexionismo. *Motivo do fracasso*: subestimação da complexidade do problema de aquisição de conhecimento.

2. Como consta da Wikipedia, A enciclopédia livre, EUA (2019) em verbete homônimo, "o desemprego tecnológico é a perda de postos de trabalho causada pela mudança tecnológica. Trata-se de um tipo fundamental de desemprego estrutural. A mudança tecnológica normalmente inclui a introdução de máquinas 'músculo-mecânicos' que economizam mão de obra ou processos mais eficientes de 'mente mecânica' (automação)". TECHNOLOGICAL UNEMPLOYMENT. In: WIKIPÉDIA: the free encyclopedia. Disponível em: https://en.wikipedia.org/wiki/Technological_unemployment. Acesso em: 28 dez. 2019.

aqui, seja alhures: produzir mais, melhor, mais rápido e a um custo mais baixo. Isso é o que importa. Se os humanos estão ficando obsoletos e desnecessários enquanto força laboral, aí já é um outro assunto que também deve – acreditamos – ser pesquisado[3].

Importante também, em se tratando de produção industrial e especialmente de tecnologia, é a lógica motriz vigente no mercado: se a modernização não for feita por nós – pensa o empresário empreendedor corretamente –, outros a farão, meu concorrente fará, alguém fará, e isso significará – necessariamente – desvantagem competitiva, e também risco de não lograr êxito na guerra comercial da competitividade por espaço objetivo no mercado consumidor. E a lógica na ponta da rede produtora de bens e serviços é absolutamente a mesma. Vejamos, se uma máquina – um trator rural, por exemplo, no campo, na lida com a terra – faz o mesmo trabalho de 200 trabalhadores humanos braçais, a um custo bem mais baixo, e ainda muito mais rápido, é quase certo que esses tais trabalhadores estarão sumariamente desempregados no dia em que o dono da referida propriedade rural adquirir um equipamento tecnológico como esse, e isso acontece todos os dias, e já existem tratores que não requerem sequer operador, pois são guiado remotamente com IA e GPS, e isso é uma tendência mundial[4]. Sem desconsiderar a expertise indiscutível dos agricultores braçais – que certamente tem o seu valor –, mas a coisa toda se complica ainda mais – sustentamos – à medida em que, em meio à cadeia produtiva industrial, há mais especialização por parte do trabalhador que perde o emprego num determinado setor laboral, e esse trabalhador – e eventualmente toda a sua classe – é substituído por uma máquina automatizada de pintar – automóveis, por exemplo –, já que esse é um exemplo objetivo e concreto de humanos sendo substituídos por robôs em nossa história industrial recente, e se esses robôs – frise-se – de fato pintam melhor, mais rápido, a um custo bem mais baixo, todos esses trabalhadores terão de buscar outra atividade fora de sua área habitual de profissionais pintores automotivos, onde há novamente uma grande probabilidade de precarização do emprego e do trabalho, ou talvez a migração para um subemprego, o que já significa decair em termos de status laboral, chegando até ao desemprego tecnológico, onde não há mais alternativas disponíveis. Sim, pois algumas atividades profissionais estão literalmente deixando de existir, deixando órfãos seus profissionais[5]. Por hora – esclareça-se –, longe de

---

3. Bill Gates, Elon Musk e Stephen Hawking (apud Quincy Larson), afirmam que textualmente que "a automação das fábricas já dizimou os empregos na manufatura tradicional, e o aumento da inteligência artificial provavelmente estenderá essa destruição de trabalho até a classe média, restando apenas os papéis mais sensíveis, criativos ou de supervisão". LARSON, Quincy. *A warning from Bill Gates, Elon Musk, and Stephen Hawking*. In FreeCodeCamp, 2017. Disponível em: . Acessado em: 28 dez. 2021.

4. Como aponta Víctor Figueroa, "uma das grandes causas da migração do campo para a cidade é com segurança a introdução de meios de produção industriais nas tarefas rurais". FIGUEROA, Víctor Manuel. *Colonialismo industrial en América Latina*: La tercera etapa. México D. F.: Editorial Ítaca, 2014, p. 169.

5. Engelmann e Werner apontam que "uma pesquisa realizada em 2017, procurou identificar a probabilidade de determinadas profissões serem substituídas pela automação, por forçada inteligência artificial. Em relação aos advogados, identificou-se 3,5% de probabilidade de substituição pelo aprofundamento da inteligência artificial; já a atividade dos juízes ficou em 40% de probabilidade de substituição pela inteligência artificial. Para as duas profissões, buscando fazer frente a este cenário, a pesquisa indica, em termos de educação, o doutorado ou o mestrado profissional". Ou seja, confirmando o que reiteramos, muitos postos de trabalho

pretender decifrar o enigma da era pós-industrial e os movimentos do mercado e do consumo, tentaremos simplesmente apontar alguns elementos e forças que não apenas influem, mas também determinam a tendência de precarização do trabalho e do emprego, do subemprego e do desemprego tecnológico, demonstrando ainda como a IA se encaixa nesse "quebra-cabeça" maior, acentuando e potencializando essa nefasta tendência, do ponto de vista do trabalhador comum, que é sumariamente excluído das cadeias produtivas e substituídos por máquinas e sistemas de máquinas. Chamando atenção ainda para o fato de que, na Idade da Técnica[6], quem controla as máquinas, os sistemas de máquinas e os sistemas de sistemas, controla absolutamente tudo em termos de mecanismos, dispositivos e forças produtivo-laborais, que por seu turno, fazem funcionar o nosso extraordinário parque humano-pós-humano.

2. SUBEMPREGO E PRECARIZAÇÃO

Para que nossas postulações sobre subemprego e precarização do trabalho possam encontrar eco na realidade factual, basta sair às ruas e observar o que se passa em torno de nós nas grandes cidades do mundo. Quando uma grande montadora de automóveis fecha suas portas ou demite ostensivamente seus funcionários – por exemplo –, toda uma pletora de profissionais especializados passa a engrossar as fileiras dos desempregados de momento, principalmente se a economia estiver em desaceleração, estagnação ou recessão, e achar outra colocação de imediato definitivamente não é fácil. Um chefe ou uma chefe de família desempregado ou desempregada é um enorme transtorno social, e o pior, isso significa – para a pessoa – não poder arcar com as responsabilidades mais básicas do dia a dia, e isso é simplesmente impensável para o trabalhador regular comum, que tem uma série responsabilidades a cumprir, pois ele ou ela precisa de qualquer maneira obter renda e numerário suficiente para custear sua própria vida, suas despesas fixas inexoráveis, as de seus familiares e dependentes, garantindo assim os gêneros de primeira necessidade, de maneira que ele ou ela precisará encontrar uma solução pragmática para sobreviver

---

são e serão extintos com essa tecnicização e com a IA, e os poucos novos que são e serão criados exigem melhor formação acadêmica e profissional, e isso se repete em diversas profissões, e na justiça e no direito isso não poderia acontecer diferente, como vimos com Engelmann e Werner. ENGELMANN, Wilson e WERNER, Deivid. *Inteligência artificial e direito*. Em Inteligência artificial e direito: Ética, regulação e responsabilidade, Ana Frazão e Caitlin Mulholland (Org.), Revista dos Tribunais, 2019, p. 161.

6. "Falar da 'idade da técnica'", explica Umberto Galimberti, "não significa, então, falar de uma época histórica em que a técnica é hegemônica, mas falar da época que se autocompreende, não a partir da história que vivemos e narramos, mas a partir da técnica, a qual desvela um espaço interpretativo que definitivamente se despediu dessa história". GALIMBERTI, Umberto. *Psiche e techne*: o homem na idade da técnica. São Paulo: Paulus, 2006, p. 597. "Colocando-se como condição imprescindível de existência", informa-nos Umberto Galimberti, "o domínio da técnica não aparece mais como o domínio antropológico do homem sobre o homem, mas como o domínio da *racionalidade,* em torno do qual convergem todos os homens, que acham irracional qualquer forma de existência que devesse prescindir da mediação técnica". GALIMBERTI, Umberto. *Psiche e techne*, cit., p. 431. "De fato, é a *ausência* que torna visível a presença", informa-nos Galimberti Umberto Galimberti, "a greve dos meios de transporte, a interrupção da energia elétrica, o atraso no fornecimento de comida. Sem interrupção, sem lacunas, sem suspensão, não nos damos conta de quantas cadeias a idade da técnica nos mantêm dependentes". GALIMBERTI, Umberto. *Psiche e techne*, cit., p. 713.

e conseguir seu sustento, mesmo que informalmente, e isso geralmente significa decair em termos de qualidade de vida, trabalho e renda[7]. O primeiro caminho é tentar qualquer emprego que surja pela frente, ou seja, independentemente de ser por profissão e formação especializada motorista, economista, engenheiro de produção, soldador, pintor, montador, técnico em controle de qualidade, a solução passa a ser tentar uma vaga – literalmente – em qualquer tipo de atividade digna que apareça, tentando algo que seja minimamente condizente com sua aptidão e capacidade laboral. Notemos que já há uma queda de patamar na qualidade da própria relação laboral, e provavelmente também de salário, onde ele ou ela também é subutilizado em relação ao que poderia ofertar à sociedade da qual faz parte, e é nesse sentido então que compreendemos a precarização do trabalho como algo nefasto do ponto de vista também social, enfim, temos um profissional superespecializado tendo que desempenhar quaisquer funções que apareçam – quando aparecem –, estando elas bem aquém de sua capacidade profissional e produtiva, enquanto vai recebendo igualmente uma quantia inferior ao que recebia antes ou mereceria receber devido à sua formação profissional, e isso é desfavorável.

Mas, se ainda assim o profissional desempregado não encontrar uma colocação digna, que mesmo fora de sua área ainda lhe ofereça um mínimo de estabilidade e confiança para se sustentar – e o mais importante, proporcionar qualidade de vida –, ele irá forçosamente migrar para a informalidade, para as atividades não registradas em carteira, e se por um lado na informalidade não há patrão nem horário, e a própria pessoa organiza a sua rotina laboral, por outro também não há a certeza de nada garantido em termos de obtenção de recursos financeiros ao final do dia, da semana, do mês, ou mesmo do ano. Livre das amarras do patrão, das rotinas impositivas, e da obrigação de trabalhar para outrem, vendendo sua mão-de-obra, ele também fica necessariamente desprotegido e a descoberto em relação à segurança no emprego, ao fundo de garantia, ao décimo terceiro salário, às férias remuneradas, ao auxílio desemprego e assim por diante, mas esse ainda é um cenário não tão desfavorável, pois de uma maneira ou de outra, ele ou ela – provavelmente devido ao seu empenho e determinação – acaba levando algum dinheiro para casa, e mal ou bem esse mínimo dos mínimos para a sobrevivência e custeio do dia-a-dia ainda é alcançado. É preciso dizer também que alguns – certamente aqueles com vontade, preparo, e tino comercial, que já são empreendedores por natureza, e que tenham disposição e vontade de abrir um negócio próprio, ainda que na informalidade – podem alcançar

---

7. Víctor Figueroa aponta que "a sobre oferta de força laboral na atualidade se apresenta, diante dos olhos da sociedade, sob a forma de uma ampla gama de atividades e personagens empenhados em 'qualquer coisa' a fim de proverem seu sustento. Comerciantes de rua (ambulantes ou em lugares fixos), inumeráveis e multifacetados trabalhadores por conta própria que trabalham em lugares pequenos e pouco equipados (a miúde incorporando familiares), engraxates, músicos nos meios de transporte público ou na via pública, lavadores de carros, palhaços, afiadores de instrumentos domésticos, vigilantes que vivem da caridade dos vizinhos, encanadores e carpinteiros que oferecem seus serviços nas ruas, recicladores, costureiras domésticas e outros, que se somam à figura menos visível do desempregado que se move batendo nas portas de alguma empresa que possa exigir seus serviços". FIGUEROA, Víctor Manuel. *Colonialismo industrial en América Latina*, cit., p. 163.

êxito e até ascender social e economicamente numa crise como essa da perda do emprego regular em consequência de novas tecnologias, mas infelizmente essa não é a regra, já que muitos não conseguem superar a adversidade da perda do emprego sem possuir outra perspectiva imediata. Outros ainda podem ter vontade e até competência, mas pode lhes faltar por desventura ou contingência capital inicial e condições, de modo que a mudança de status para a qual chamamos a atenção é – na maioria esmagadora das vezes – uma queda no nível da qualidade de trabalho e, no extremo, de vida, o que significa dizer também, uma queda do próprio nível de qualidade da sociedade como um todo. Nesse sentido – infelizmente –, as ruas e avenidas das cidades do mundo estão agora repletas de pessoas desempenhando atividades que podem ser consideradas claramente como subemprego, nesse sentido que mencionamos anteriormente, ou seja, pessoas que servem como agregados ao sistema de máquinas e serviços, nomeadamente, pessoas de bicicleta e moto – por exemplo – se esgueirando entre automóveis, caminhões e ônibus, em meio ao trânsito intenso, carregando nas costas produtos alimentícios ou outros bens e serviços, numa profissão de altíssimo risco, ganhando muito pouco, respirando a pior das poluições possíveis, repletas de elementos carcinogênicos que provocam doenças graves como infarte e câncer, sem perspectivas de promoção ou ascensão profissional, sem direitos trabalhistas, e o que consideramos o pior: servindo como um componente periférico num sistema técnico de aplicativo qualquer, ou seja, servindo a um sistema tecnológico como mais uma peça. E a razão disso tudo é muitíssimo simples, pois faltam outras oportunidades de trabalhos mais dignos, e isso também tem a ver com a grande oferta de mão de obra geralmente desqualificada e despreparada para atuar nesses cargos e posições mais específicos de supervisão e controle[8], que requerem maior capacidade e qualificação – é claro –, mas também diz respeito à própria inteligência artificial como elemento potencializador, já que ela é que – no caso das entregas a domicílio – centraliza e desempenha as atividades de maior importância, sobrando para os seres humanos apenas aquelas tarefas que as máquinas – frise-se – ainda não conseguem fazer[9].

---

8. Engelmann e Werner indicam, citando Mariana Amaro, que "a grande questão é que a maior parte das pessoas que verão seu emprego desaparecer ainda não tem as competências necessárias para os trabalhos que surgirão". ENGELMANN, Wilson e WERNER, Deivid. *Inteligência artificial e direito*, cit., p. 163.

9. Quanto a isso, Elon Musk apud Quincy Larson indaga: "o que fazer com o desemprego em massa? Este será um enorme desafio social. Haverá menos e menos empregos que um robô não pode fazer melhor [que um humano]. Não é isso que desejo que aconteça. Essas são simplesmente coisas que acho que provavelmente vão acontecer". LARSON, Quincy. *A warning from Bill Gates, Elon Musk, and Stephen Hawking*, cit. Quincy Larson acrescenta que "em 2013, os formuladores de políticas ignoraram amplamente dois economistas de Oxford, que sugeriram que 45% de todos os empregos nos EUA poderiam ser automatizados nos próximos 20 anos. Mas hoje isso parece quase inevitável". Larson (2017) aponta que "Elon Musk recomenda que adotemos uma renda básica universal e doemos a todos uma certa quantia de dinheiro a cada ano para que possamos manter a economia funcionando, mesmo que milhões de trabalhadores sejam deslocados pela automação". LARSON, Quincy. *A warning from Bill Gates, Elon Musk, and Stephen Hawking*, cit.

3. DESEMPREGO TECNOLÓGICO

É lógico que seria um enorme reducionismo inverossímil afirmar simplesmente que a tecnologia provoca desemprego tecnológico, e que ela seria a responsável única e direta pela ascensão das taxas desse tipo específico de desemprego, já que o incremento tecnológico e industrial – pelos menos em princípio e em tese – estimularia a economia, geraria crescimento econômico, e teoricamente esse processo todo seria fonte de mais oportunidades de trabalho e emprego, de qualidade de vida e renda, isso – é claro – quando a economia vai bem, o que nem sempre é a regra habitual. Mas o que é necessário perceber é que é possível que o efeito tecnológico seja também inverso, ou seja, que ele possa também gerar mais desemprego e mais exclusão, mais concentração de renda e poder, seja a curto ou médio, seja a longo prazo, já que o ideário tecnicista já prevê essa ostensiva substituição do humano pelo maquínico automatizado, como forma de agregar valor às cadeias produtivas, gerar mais lucro, padronizar processos, sempre por meio da automação e da robotização das linhas de produção, pelo gerenciamento sistêmico de dados e informações, e é possível também que de agora em diante muitos empregos sejam cortados ou mesmo extintos, justamente com a utilização de tecnologias mais modernas e eficientes, que substituem a força laboral humana em quase todos os campos de atuação profissional, reduzindo-a a ampla minoria nos parques industriais e linhas de produção, já que esses sistemas de máquinas que automatizam as linhas de produção antes operadas manualmente apenas por humanos, inaugura uma nova conjuntura social em muitos sentidos problemática, onde as sociedades terão de encontrar novas oportunidades de trabalho e colocações para essa enorme massa de desempregados que se avoluma, ou de subempregados, desalentados, oriundos das exclusões sociais de sempre – sim –, mas fruto também – frise-se – do expurgo humano provocado pelas novas formas tecnológicas de produção de bens de consumo e serviços. E a IA, nesse sentido – como tecnologia que se propõe também a replicar o cérebro humano e sua capacidade cognitiva de forma artificial, ou seja, sua mente –, potencializa toda essa problemática que aqui estamos a abordar, onde vamos tocando apenas na superfície do problema, sem nem mesmo arranhá-la ou penetrá-la, pois a IA, como as demais tecnologias, foi concebida e vem sendo utilizada justamente para substituir o trabalho humano, reduzir pessoal e custos de produção nas empresas, para automatizar sistemas de sistemas, e aqui seria até inútil tentar enumerar a quantidade de setores sócio produtivos importantes de nossa atualidade que estão sendo afetados diretamente devido a sua implementação sistematizada, o que se mostra como algo definitivamente irreversível.

À guisa apenas de exemplificação pontual, quando um grande shopping center extingue o seu balcão de informações dotado com pessoas e atendentes humanos em horário comercial, e opta por adotar um totem eletrônico automatizado que faz o mesmo trabalho informativo para o cliente – ainda que desumanizado –, por exemplo, dezenas de empregos são extintos de imediato, e apenas uns poucos são novamente criados – contrariando todas as previsões mais otimistas tendenciosas, que preveem a criação de novas oportunidades laborais proporcionalmente, sem amparo fundamentado em dados, e desconsiderando a questão da precarização do trabalho e do subemprego –, e isso se dá em proporções muito menores, e de fato não há nenhuma surpresa nisso, já que a ideia central na Idade da Técnica é justamente reduzir custos e ganhar na produtividade e na escala de produção, transformando o humano – quando muito – num apêndice da própria máquina[10]. Se antes haviam dez ou vinte pessoas empregadas diretamente dando informações ao público usuário, ou até mais pessoal envolvido, é possível que com o referido totem hajam apenas dois ou três postos, com turnos não diários, mas esporádicos e sazonais, e que a maioria desses trabalhadores ainda seja temporária, eventual e/ou terceirizada, como o pessoal de projeto e manutenção do equipamento, ou a turma do suporte, e o resultado desse processo se expressa sob a forma de um esquema perverso que afinal, só beneficia realmente quem o explora, produzindo concentração de riqueza e poder, aumento da desigualdade, enquanto vai aplicando a inovação tecnológica para enriquecer ainda mais seus proprietários e acionistas. Não são as pessoas comuns que ganham com as tecnologias, já que pagam caro por elas, mas sim seus exploradores e operadores, e isso vale para absolutamente todos os setores. Se o fabricante de palitos de dente ou sabonete puder excluir se não toda, mas quase toda a mão de obra humana na sua linha de produção, informatizando e mecanizando todo o processo, de ponta à ponta, tendo assim mais lucro e menos responsabilidades trabalhistas, menos despesas com pessoal e assim por diante, pode-se ter certeza que ele fará isso pelos mesmos motivos que quaisquer outras empresas ou empresários do planeta o fariam. Ou seja, se há uma oportunidade de modernização, automação e mecanização, e o seu concorrente direto moderniza sua linha de produção antes você, isso pode significar – como já foi mencionado – perda de competitividade, de mercado, e, no extremo, falência, venda da empresa, ou mesmo absorção dela pela própria concorrência[11]. Aliás, o

---

10. Como consta em Umberto Galimberti, "a técnica modifica radicalmente o nosso modo de pensar, porque as máquinas, embora concebidas pelos homens, já contêm uma objetivação da inteligência humana que é muito superior à competência dos indivíduos. A memória de um computador é muito superior à nossa memória. E mesmo que seja uma memória 'burra', ela pode mudar o nosso pensamento, levando-o de "problemático", como sempre foi, a 'binário', de acordo com o esquema de 1/0, permitindo-nos apenas dizer 'sim' ou 'não' ou no máximo 'não sei'" (*apud* QUARESMA, Alexandre. *O humano na idade da técnica*. In: entrevista com Umberto Galimberti para a revista Filosofia Ciência e Vida. São Paulo: Editora Escala, 2015, p. 12). "Se, nas épocas pré-tecnológicas, o homem dominava a natureza através da instrumentação técnica", informa-nos Umberto Galimberti, "na época tecnológica quem domina é o aparato técnico, que subordina a si o homem e a natureza". GALIMBERTI, Umberto. *Psiche e techne*, cit., p. 431. "Superado um certo nível", sustenta Galimberti, *in verbis*, "a técnica deixa de ser um *meio* nas mãos do homem para se tornar um *aparato* que inclui o homem como seu funcionário". GALIMBERTI, Umberto. *Psiche e techne*, cit., p. 723. Umberto Galimberti alerta que, "numa condição desse tipo, a relação homem-máquina pode inverter-se e, nessa inversão, dissolver o pressuposto humanista, porque lá onde a técnica, com a sua autonomia, não se limita a contrapor-se ao homem, mas é capaz de integrar o homem no aparato técnico, o que se vem a criar é um sistema homem-máquina, onde a direção passa para a máquina, e onde os segmentos do comportamento humano podem ser reduzidos ao nível de partes de máquinas reguladas". GALIMBERTI, Umberto. *Psiche e techne*, cit., p. 538.

11. "A ruína de empresas devido à competição", informa-nos Víctor Figueroa, "é um evento cotidiano do capitalismo. Se as condições em que se produz são deficientes, o resultado mais provável da competição é a ruína". FIGUEROA, Víctor Manuel. *Colonialismo industrial en América Latina*, cit., p. 214.

processo é sim – diga-se – selvagem e fágico, e empresas maiores e mais modernas compram as menores e menos modernas todos os dias. Se o seu concorrente puder, ele vai sair na frente, ganhar mais mercado, obter mais lucros, e quem sabe ainda voltar para comprar seus restos e destroços quando você não puder mais aguentar a pressão econômica da perda de competitividade. E a tecnologia, por essência, visa justamente fazer as mesmas coisas de forma mais simples, mais eficiente, menos desgastante, mais econômica, mas não se trata apenas disso aqui. Trata-se também, com efeito, das consequências e enredamentos que surgem quando se opta por tal ou qual tecnologia. No extremo, tratamos também da maneira como fazemos as coisas, como acontecemos como seres humanos no mundo, e ser humano nesse sentido, é ser necessariamente tecnológico. Foi assim que tudo começou na Idade da Pedra com as primeiras ferramentas e armas, com o domínio do fogo, e é assim também com a mecanização, com a automação e com a IA. Ainda que muitos afirmem que as novas tecnologias vão criar postos de trabalho na mesma proporção em que rouba empregos, não seria crível que tecnologias que são feitas justamente para otimizar e automatizar processos e reduzir custos e também tempo, venham a necessitar de humanos trabalhando devido à sua implantação, já que a ideia é fazer exatamente o oposto disso, pois máquinas e sistemas de máquinas são muito menos dispendiosos e trabalhosos do que trabalhadores humanos, e quanto a isso não há dúvida. Em relação à IA, que é uma técnica como outra qualquer – afora suas especificidades e particularidades pontuais, é claro –, acontece absolutamente o mesmo.

4. LÓGICA PERVERSA

Vista desde uma perspectiva ampla e crítica, é possível perceber que a lógica do sistema econômico que perpetuamos é de fato perversa. Dentro desse sistema, a concorrência é total e indiscriminada, e a regra principal é "todos contra todos", onde qualquer um pode ser o seu concorrente ameaçador, e onde qualquer um pode ser sua "presa" ou "predador". Exemplificando melhor, se você é dono de uma empresa ou pequena indústria, e com ela não acompanha ou não é capaz de acompanhar o movimento progressivo de automação e tecnologização dos processos que hoje está em voga, é bem possível que sua empresa ou fábrica não resista economicamente e perca muito do seu poder de competitividade em relação aos seus concorrentes, e isso pode significar até, em alguns casos, perda de espaço no mercado, e até mesmo – no extremo – ter de fechar as portas e decretar falência. Seria importante compreender que, como problema de fundo de toda essa discussão sobre precarização do trabalho, subemprego e desemprego tecnológico, está o fato inconteste de que com máquinas e sistemas de máquinas articulados entre si, já é possível superar a capacidade produtiva humana em diversas atividades específicas, no que é chamado de IA fraca, que são justamente os sistemas especialistas, que trabalham com grandes volumes de dados e aprendizagem profunda de máquina. A questão é que em várias áreas estes sistemas de máquinas e sistemas de sistemas já estão superando significativamente a capacidade humana de executar suas atividades laborais, ainda que os humanos ainda sejam muito importantes para estes sistemas alopoiéticos no momento atual, no que concerne suas estruturações, pois deles dependem para absolutamente tudo. Todavia, desenvolvimentos paralelos trabalham para conseguir instanciar uma consciência igual ou superior a humana na máquina de computar – o que significa dizer, em computadores androides e robôs –, enfim, uma hipotética e genuína inteligência e consciência cibernético-informacional, e, no extremo, uma autoconsciência superinteligente, já que não está claro se existem ou não limites para os graus que a complexidade de um sistema artificial pode alcançar. E replicar a mente consciente biológica humana, meta da IA forte, é algo que se está a perseguir obstinadamente, e quanto a isso há pessoal qualificado trabalhando em P&D's espalhados pelo mundo todo, interesse comercial de exploração em produtos e serviços, civis e militares, e o elemento principal para que a "coisa toda" funcione, que é farto financiamento para as pesquisas.

Retornando à questão de fundo, e ainda em relação a esse âmbito laboral em que surgem os tais sintomas sociais desfavoráveis do desemprego tecnológico, a IA é uma realidade importante, que de fato promete poder nos ajudar a realizar processos, otimizar produtividade, automatizar sistemas, mas também traz e trará problemas sérios, graves, efeitos colaterais, consequências indesejáveis, disrupções sociais, e aqui falamos nomeadamente não apenas de máquinas tomando postos de trabalho de humanos, mas também de máquinas produzindo outras máquinas, numa cultura de máquinas, num mundo de sistemas de sistemas de máquinas, que cada vez mais estarão aptas a competir deslealmente com os seres humanos através da força bruta computacional[12], no sentido de superioridade de potência e realização de atividades laborais, relegando à biologia apenas aquelas tarefas específicas que, por alguma razão ainda desconhecida, robôs, androides e computadores, ainda não puderem fazer. Por hora, diante do obstáculo até agora irremovível do *hard problem* da consciência em sistemas cibernético-informacionais, é possível que ainda sobrem por um tempo diversas atividades que permaneçam como que exclusivamente desempenhadas por humanos, mas à medida que a IA forte se enrobustece, e que formas sub-humanas ou quase-humanas de inteligência estejam disponíveis para exploração comercial, não há motivo para crer que não sejam colocadas em uso laboral ostensivo, eliminando a necessidade de seres humanos nas cadeias produtivas, já que a IA trabalha sem

---

12. É sempre bom lembrar que um computador é – essencialmente – uma máquina de calcular superpoderosa. E sua qualidade primordial é poder efetuar esses cálculos matemáticos a velocidades inimagináveis, de modo que, quando um ser humano joga xadrez com um computador – por exemplo –, o humano tenta antecipar jogadas – o que é a essência do jogo –, imaginando-as por antecipação, uma à uma, enquanto que o computador avalia uma enorme coleção de variáveis do jogo constantes em seus bancos de dados – todas, inclusive – numa velocidade extraordinariamente alta, no que os especialistas chamam justamente de *força bruta computacional*. Essa é a essência do aprendizado profundo de máquina, esse é o *modus operandi* da mineração de dados, essa é a utilidade mais significativa da chamada Big Data, e essa é a base seminal da IA: um manancial incomensurável de dados, um sistema de busca e processamento extraordinário, tudo isso arranjado sob a forma de um sistema especialista voltado para uma pergunta ou problema específico qualquer, seja para jogar xadrez, seja para identificação facial, seja para animar o robô na comunicação verbal, enfim, tudo se resume – de certa maneira – à *força bruta computacional*.

salário, não faz greve, sempre obedece a seu código, e faz tudo isso – como já foi dito – melhor, mais rápido e mais barato. Ora, não parece ser tão incompreensível assim, pois trabalhamos diuturnamente para conceber e construir máquinas e sistemas de máquinas mais e mais complexos e eficientes, e essas máquinas e sistemas de máquinas são desenvolvidos justamente visando a exploração comercial, especificamente para ir otimizando e reduzindo custos na cadeia produtiva, e, especialmente, realizar melhor e mais rápido as atividades até agora realizadas por humanos, e se também máquinas e sistemas de máquinas são em todos os sentidos mais baratos, rápidos e eficientes, a pergunta é: por que não se substituiriam pessoas por máquinas e sistemas de máquinas?[13] Ademais – como havíamos mencionado ao início –, os números são claros e – em grande medida – corroboram nossas asserções sobre a precarização do trabalho, o subemprego e o desemprego tecnológico. Só no Brasil, temos hoje quase 13 milhões de desempregados. São 13 milhões de pessoas que se encontram em condições de extrema fragilidade social, pois ao fim e ao cabo, tratamos da qualidade de vida de indivíduos comuns, aos quais a sociedade não pode acolher, abraçar, e nem incluir. Todavia, relegando a questão macroeconômica a um segundo plano, e encarando o assunto desde o ponto de vista social, pessoas desempregadas são um enorme transtorno para todos, um drama coletivo que gera problemas graves, que esgarça o tecido social que une as pessoas, tecido este que eventualmente não resiste e se rompe, daí os números alarmantes de pobreza e desigualdades. A evolução tecnológica é uma tendência irretrocedível, concordamos, mas é preciso olhar também pelas pessoas comuns que compõem a sociedade, sob pena de construirmos um mundo ainda mais desumano e desigual, repleto de contrastes e contradições sociais.

5. CONCLUSÃO

Para concluir as argumentações nesse ensaio acerca do futuro dos empregos humanos numa era de máquinas e sistemas de máquinas, propomos uma ilustração sob a forma de um silogismo aristotélico: se (i) a tecnologia das máquinas e da automação

---

13. Confirmando tais hipóteses, vemos que Engelmann e Werner relatam um experimento de fato impactante, em que a "LawGeex, uma empresa de inteligência artificial na área jurídica [...] criou uma espécie de competição entre a sua IA e vinte advogados experientes. A tarefa era revisar cinco termos de confidencialidade. Os resultados foram surpreendentes. A IA conseguiu encontrar 94% das incongruências, enquanto que a média dos advogados humanos encontrou apenas 85%; um dos advogados humanos conseguiu chegar ao mesmo percentual da IA, ou seja, 94%; entretanto o trabalho de um advogado humano achou apenas 67% das incongruências. Quer dizer, este advogado humano deixou passar 27% das incongruências que existiam nos termos examinados. Outra questão foi o tempo gasto: a IA terminou a atividade em menos de 26 segundo, enquanto que a média dos advogados humanos utilizou uma hora e meia de trabalho para a execução da mesma tarefa". ENGELMANN, Wilson e WERNER, Deivid. *Inteligência artificial e direito*, cit., p. 160. E isso, ou seja, este tipo de superioridade de precisão e velocidade em relação ao trabalho humano, geralmente – frise-se –, aplica-se à maioria das áreas que a IA substitui a atividade laboral humana, automatizando-a. "Isso significa dizer", acrescentam Engelmann e Werner, "que o estudo da inteligência artificial no ambiente jurídico [por exemplo] tem se mostrado importante para abrir os horizontes do Direito e, por consequência, da mente humana, acarretando no aprimoramento de práticas jurídicas e judiciárias, sob o olhar, sempre, dos benefícios e os riscos que pode causar". ENGELMANN, Wilson e WERNER, Deivid. *Inteligência artificial e direito*, cit., p. 151.

de sistemas de máquinas surge justamente com a finalidade de melhorar e otimizar processos produtivos, e para realizar o trabalho de muitas pessoas juntas de uma só vez, melhor, a um custo menor, e ainda mais rápido; e já que, por esse mesmo motivo, (ii) máquinas têm sido introduzidas sistematicamente em todas as cadeias produtivas globais, substituindo assim a mão de obra humana por sistemas de produção mecanizados e automatizados; e também (iii) tendo e mente que tudo isso reflete uma tendência absolutamente universal e irreversível de nossas sociedades tecnologizadas, como conclusão, (iiii) é de se esperar que cada vez menos vagas estejam disponíveis para os trabalhadores humanos que foram substituídos por máquinas e sistemas de máquinas[14]. Sim, pois isso é tão lógico como a própria lógica da IA. Além disso, essas poucas vagas restantes necessariamente requererão altíssima qualificação técnica para o desempenho da função, o que – de saída – exclui grande parte dos trabalhadores que perdem seus postos e são demitidos, acentuando a precarização do trabalho e

---

14. Esse ponto é um dos pontos principais e mais controverso da discussão. Nick Bostrom aponta que "a inteligência geral de máquina poderia servir como um substituto para a inteligência humana. As mentes digitais poderiam não somente executar o trabalho intelectual realizado atualmente pelos humanos, mas, uma vez equiparadas com bons atuadores ou corpos robóticos, as máquinas poderiam também substituir o trabalho braçal realizado pelos humanos. [...] Com a possibilidade e reproduzir o trabalho a um baixo custo, os salários no mercado despencariam. Os únicos setores nos quais os humanos permaneceriam competitivos seriam aqueles onde clientes tivessem preferência por serviços realizados por humanos. Atualmente, bens manufaturados ou produzidos por povos indígenas muitas vezes possuem preços mais elevados. No futuro, os consumidores poderão, igualmente, preferir produtos que tenham sido feitos por humanos, assim como atletas, artistas, amantes e líderes humanos, em vez de equivalentes artificiais, funcionalmente indistinguíveis ou superiores". BOSTROM, Nick. *Superinteligência*, cit., p. 292-293. Além disso, informa-nos Bostrom, "a memória de trabalho humana é capaz de armazenar apenas quatro ou cinco elementos de informação por vez. Embora seja um equívoco comparar diretamente o tamanho de uma memória humana com a quantidade de RAM presente em um computador digital, é evidente que as vantagens de hardware das inteligências digitais tornarão possíveis memórias de trabalho maiores. [...] A memória humana de longo prazo também é limitada, embora não seja claro se somos capazes de exaurir sua capacidade de armazenamento ao longo do período de uma vida normal – o ritmo no qual acumulamos informação é muito lento (De acordo com uma estimativa, o cérebro humano adulto armazena aproximadamente 1 bilhão de bits – algumas ordens de magnitude abaixo da capacidade de um smartphone simples.). Tanto a quantidade de informação armazenada quanto a velocidade com a qual ela pode ser acessada poderiam, portanto, ser bem maiores em um cérebro artificial do que em um cérebro biológico. [...] Os cérebros se cansam depois de algumas horas de trabalho e começam a se degradar de forma permanente após algumas décadas de tempo subjetivo; microprocessadores não estão sujeitos a tais limitações". BOSTROM, Nick. *Superinteligência*, cit., p. 122-123. E – informa-nos Bostrom –, "dependendo do preço dos recursos computacionais, milhões, bilhões ou trilhões de emulações das mentes humanas mais brilhantes para a pesquisa (ou versões melhoradas) poderiam trabalhar 24 horas por dia em busca de avanços nas fronteiras do conhecimento da inteligência de máquina; e algumas delas poderiam operar algumas ordens de magnitude mais rápido do que cérebros biológicos. Essa é uma boa razão para considerarmos que a era das emulações humanas será breve – um interlúdio *muito* breve em tempo sideral – e que logo dará lugar a uma era de inteligência artificial imensamente superior". BOSTROM, Nick. *Superinteligência*, cit., 2018, p. 308. O autor acrescenta que, "se essas máquinas fossem meramente robôs, simples equipamentos como uma máquina a vapor ou um mecanismo de um relógio, então nenhum comentário adicional seria necessário: haveria uma grande quantidade desse tipo de capital numa economia pós-transição, mas ninguém se importaria com o destino de meros equipamentos inconscientes. Entretanto, caso essas máquinas venham a ter mentes conscientes – se forem construídas de modo que sua operação esteja associada a experiências conscientes (ou se, por alguma razão, for dado a elas um status moral) –, então será importante considerar de que maneira o resultado final afetaria essas mentes de máquina poderia ser até o aspecto mais importante, uma vez que eles podem vir a ser numericamente dominantes". BOSTROM, Nick. *Superinteligência*, cit., p. 305.

dos empregos, gerando o subemprego e, por consequência, o próprio desemprego tecnológico[15]. E, para saber que isso que propomos faz sentido, em termos de lógica e razoabilidade concreta, pode-se fazer a seguinte indagação: seria possível listar muitas tecnologias que, ao contrário, aumentam a necessidade de trabalho humano gerando novos postos? Sendo que é justamente substituir e potencializar a força do trabalho humano, eliminando-o, a sua premissa mais seminal. Os seres humanos – por exemplo –, há não muito tempo atrás, trabalhavam a terra braçalmente, depois com o auxílio dos animais e ferramentas, técnicas que já ampliam significativamente a capacidade de força física do agricultor, e também diminui a quantidade per capita de trabalhadores por quilômetro quadrado de área cultivada. Com a mecanização e automatização das lavouras dos dias atuais, e com o uso ostensivo de tratores, roçadeiras, colheitadeiras, semeadeiras, drones, irrigação computadorizada e demais aparatos tecnológicos, reduz-se esmagadoramente a necessidade de trabalhadores humanos braçais, e surgem por outro lado – é claro – umas poucas e parcas vagas superespecializadas de engenheiros, técnicos, coordenadores, analistas de sistemas e diretores, que vão operar e cuidar do funcionamento e da manutenção dessas máquinas e sistemas de máquinas. Lançando mão de mais um exemplo ilustrativo, se uma máquina de quebrar pedras – por exemplo – substitui de uma só vez vinte ou trinta quebradores de pedra braçais humanos, necessitando de apenas um trabalhador humano para controla-la e conduzi-la na produção, os outros humanos que foram substituídos por ela terão de buscar outra atividade laboral. E os exemplos poderiam seguir *ad nauseam*, já que tratamos de uma tendência universal da mecanização e automatização de sistemas de produção. O resultado disso tudo – nesse caso – é um tanto óbvio: uma massa crescente de desempregados com baixa qualificação, migrando do campo para as cidades em busca de empregos e outras oportunidades, sendo que muitas vezes se veem ainda mais excluídos das atividades laborais na urbe, devido à sua formação deficiente e defasada tecnologicamente, e ainda desprovidos de recursos básicos simples, já que o ambiente urbano é mais inóspito e estéreo que o campo, com seus regatos, sombras, frutas, hortas e plantios de subsistência. E esse tipo de fenômeno se aplica para absolutamente todos os setores produtivos, salvo – é claro – suas nuances próprias e especificidades. Se até pouco tempo atrás – por exemplo –, ao ligarmos para uma empresa qualquer erámos atendidos por seres humanos, e agora por máquinas, que triam e distribuem as chamadas automaticamente por meio de robôs, isso significa que a referida empresa substituiu grande parte de seus

---

15. "A perda do dinamismo na geração de postos de trabalho no setor industrial tende a afetar a qualidade do emprego, na medida em que está relacionada ao crescimento da participação do emprego no setor de serviços, que tem se caracterizado predominantemente pela contratação de trabalhadores com baixo nível de escolaridade e por índices de rotatividade mais elevados do que os da indústria, como demonstram Amadeo, Scandiuzzi e Pero" (apud CARVALHO, Ruy de Quadros e BERNARDES, Roberto. *Reestruturação industrial, produtividade e desemprego*. São Paulo: São Paulo em Perspectiva, 1996, p. 53). "Grande parte da mão-de-obra contratada nos serviços", continuam Carvalho e Bernardes, "situa-se à margem dos direitos trabalhistas e, portanto, está excluída da rede de proteção social, além do que seus salários são, em média, mais baixos". CARVALHO, Ruy de Quadros e BERNARDES, Roberto. *Reestruturação industrial, produtividade e desemprego*, cit., p. 53.

atendentes por máquinas, e significa também que esses profissionais substituídos tiveram que migrar forçosamente para outros tipos de emprego, ou simplesmente ficaram desempregados, devido justamente ao uso específico de uma espécie ainda bastante rudimentar de IA, que faz o mesmo trabalho que era feito anteriormente por telefonistas humanos, a um custo infinitamente menor, ainda que – *ipso facto* – o processo seja desumanizado[16].

Ademais, com a finalidade útil de visar o maior bem-estar social nesses contextos aqui discutidos, falemos por fim de "coisas" que importam existencialmente, coisas que podem afetar diretamente a nossa vida cotidiana coletiva, a nossa cultura, a maneira como compreendemos a realidade e também a maneira como compreendemos a nós mesmos, principalmente diante de nossas próprias criações tecnológicas. Falemos de fatos e acontecimentos que podem afetar não só beneficamente as nossas sociedades, o mundo do trabalho, as cadeias produtivas, os macrocenários econômicos e sociais, os movimentos de inclusão e exclusão humanas que eles determinam, e por fim estaremos falando necessariamente de nós mesmos e nossas sociedades tecnologizadas, e também do que significa ser um humano no século XXI. E a concepção e uso de inteligências artificiais cada vez mais complexas não é algo que se possa ignorar ou relegar à desimportância, pois estamos diante de algo realmente extraordinário, no sentido de que é impossível negar a gravidade que a mera hipótese do surgimento de uma inteligência artificial complexa e superior, com cognição igual o maior que a nossa, não seja um assunto relevante do ponto de vista humano, crítico e social. Afinal, quem produz IA e consome IA é sem dúvida a sociedade, e é essa mesma sociedade que terá de controlar os usos, e também conviver com as consequências dessas escolhas e desses processos. Será que é possível dizer – indagamos – que a criação de uma superinteligência seja uma banalidade irrelevante? Algo apenas ficcional? Do mesmo modo – indagamos –, será que seria um mero despropósito analisar e tentar compreender a IA também como *problema*, e não apenas como *solução*? Compreendendo *problema* no sentido não apenas teórico, mas também prático e objetivo, ou seja, das potenciais consequências indesejáveis dessas tecnologias para as pessoas comuns que integram o grande corpo social da humanidade. Pois bem, é nisso que nos empenhamos. Enfim, acreditamos que se faz necessário refletir sobre IA também como um risco presente e futuro, e como um evento também problemático. E essa problematização não visa expressar o pessimismo ou otimismo do pesquisador que trata da temática hora em tela – pois isso seria uma contaminação do próprio objeto de estudo –, mas sim de tentar poder ajudar minimamente a capacitar essa mesma sociedade, da qual também fazemos parte, com um repertório teórico-reflexivo útil sobre essas máquinas e sistemas de máquinas

---

16. Quincy Larson afirma que "uma grande parte das vendas é descobrir – ou até prever – o que um cliente deseja. Bem, a Amazon faturou US$ 136 bilhões no ano passado [2016] e seus 'vendedores' são seus mecanismos de recomendação acionados por algoritmos. Imagine o impacto que a Amazon terá no varejo quando liberar toda essa inteligência artificial em lojas físicas". LARSON, Quincy. *A warning from Bill Gates, Elon Musk, and Stephen Hawking*, cit.

que estamos a implementar, já que a realidade de qualquer área de atuação produtiva sempre traz também problemas, efeitos colaterais indesejáveis, e nunca apenas benefícios e benesses. É claro que a IA é potencialmente útil à sociedade – agora e talvez mais no futuro – e que ela poderá nos ajudar também a enfrentar os enormes desafios que temos pela frente em termos civilizacionais, seja na área ambiental, produtiva, científica, de saúde pública, de recuperação da biosfera, ou mesmo com nossa relação com o espaço sideral e o universo circundante, e quem sabe até – como pretendem alguns mais otimistas e cândidos – na retirada do pesado fardo do trabalho físico das costas dos humanos, mas é impossível não ver e até identificar com alguma clareza um processo ostensivo e sistematizado de exclusão dos seres humanos dos principais postos de trabalho disponíveis, já que os processos – por força da concorrência e da própria cultura tecnológica a se expandir – tendem a se tecnologizar cada vez mais na busca pela eficiência, produtividade, redução de gastos, e, num mundo de máquinas e sistemas de máquinas, onde estas são utilizadas indiscriminadamente nas cadeias produtivas na substituição sistemática da mão-de-obra humana, não é possível ignorar as disrupções sociais graves que já começam a dar os seus sinais, e o subemprego e o desemprego tecnológico – nesse sentido – são sintomas patológicos visíveis desses acontecimentos na sociedade, principalmente quando analisamos a certa distância o grande organismo social do qual também fazemos parte. Veja, se você é um consumidor comum, e deseja ou necessita de um serviço que uma máquina realiza melhor, mais rápido, mais barato e com mais eficiência do que um ser humano, salvo raras exceções de fundo ideológico relativas a uma possível valorização retrô de artigos manufaturados por seres humanos, como forma de agregar valor, é provável que você contrate o serviço ou compre determinado bem de acordo com a relação custo/benefício, e, nesse tipo de relação, as máquinas e sistemas de máquinas são simplesmente imbatíveis. Desemprego tecnológico é o mínimo que pode acontecer a médio e longo prazo em termos distúrbios sociais.

Ora, já se fala em rompimento da barreira de complexidade cognitiva humana, explosão de inteligência e até mesmo superinteligência[17], de maneira que a longo e longuíssimo prazo podemos simplesmente nos tornar desnecessários, não apenas enquanto força de trabalho, como também enquanto forma objetiva de levar adiante a

---

17. *Superinteligência: Caminhos, perigos e estratégias para um novo mundo* é o título do livro de Nick Bostrom (BOSTROM, Nick. *Superinteligência*: caminhos, perigos e estratégias para um novo mundo. Rio de Janeiro: DarkSide Books, 2018). Nele, o autor afirma em tom de alerta que, "se algum dia construirmos cérebros artificiais capazes de superar o cérebro humano em inteligência geral, então essa nova superinteligência poderia se tornar muito poderosa. E, assim como o destino dos gorilas depende mais dos humanos do que dos próprios gorilas, também o destino de nossa espécie dependeria das ações da superinteligência de máquina" (Op. cit., 2018, p. 15). Nick Bostrom também aponta: "Defina-se uma máquina ultrainteligente como uma máquina capaz de superar todas as atividades intelectuais de qualquer homem [ser humano], independentemente de quão genial ele seja. Já que o projeto de máquinas é uma dessas atividades intelectuais, uma máquina ultrainteligente poderia projetar máquinas ainda melhores; haveria então certamente uma 'explosão de inteligência', e a inteligência humana se tornaria desnecessária. Desse modo, a primeira máquina ultrainteligente é a última invenção que o homem precisará fazer, contanto que a máquina seja dócil o suficiente para nos dizer como mantê-la sob controle". BOSTROM, Nick. *Superinteligência*, cit., p. 26.

própria evolução inteligente no universo conhecido. Há quem diga – inclusive – que essa será a nossa última e extraordinária invenção – uma superinteligência –, e que a partir de então a nossa vida e o nosso futuro passará depender mais dessas máquinas e sistemas de máquinas, do que de nossa própria intensão, vontade ou livre arbítrio, assim como o futuro dos macacos hoje depende muito mais de nós do que deles, e isso acontece simplesmente porque somos mais evoluídos e dominantes. Assim, se construirmos máquinas e sistemas de máquinas que superem nossas capacidades cognitivas em todos os aspectos possíveis, e se estamos trabalhando dedicadamente para isso, e levando-se ainda em conta que conceber e construir máquinas e sistemas de máquinas mais aperfeiçoados a cada geração é uma dessas capacidades cognitivas humanas que poderiam ser equiparadas por máquinas e sistemas de máquinas, pelo menos teoricamente – reflitamos –, é possível vislumbrar toda uma casta de entidades técnicas se auto aprimorando ao longo do tempo, com alguma ou nenhuma gerência humana[18], de maneira que nós não seríamos extintos ou predados por nossos sistemas artificiais por algum motivo maléfico ou perverso, mas simplesmente seríamos deixados para trás porque seríamos desnecessários ao próprio processo bioevolutivo como um todo – ou, a partir de então, *tecnoevolutivo* como um todo –, onde a força que criou o universo, a biologia e a bioevolução, possa também se expressar não-biologicamente, no que se poderia compreender como uma espécie de próximo passo desse mesmo processo. Algo como aquele "além do humano" de que Nietzsche nos falava, em que o humano seria apenas e tão somente uma "ponte" para algo além dele mesmo. Em outras palavras, num caso assim, a inteligência e consciência que antes se expressavam por meio apenas biológico, agora se expressaria também por meio tecnológico e cibernético-informacional, e isso – em termos de acontecimento, ou mesmo possibilidade – definitivamente nos interessa sobremaneira. Num cenário extremo como esse, o desemprego tecnológico seria o menor dos nossos problemas, pois estaríamos certamente às voltas com a própria possibilidade de perpetuação ou não da espécie humana ao longo do tempo e do espaço, e isso para nós supera qualquer outro assunto em termos de prioridade. Diante dessa perspectiva ambígua e equiprovável, a pergunta é: estaremos preparados? Nietzsche – em toda a sua irreverência, extravagância e originalidade niilista – certamente diria algo do tipo: *se a inteligência artificial não nos matar, ela certamente nos deixará mais fortes.* Oxalá permita que assim seja.

---

18. Como está em Quaresma, "estamos cônscios de que uma inteligência artificial complexa assim, capaz de nos superar também cognitivamente, de representar fielmente as nossas habilidades e dons, não se resumiria a uma mera simulação de uma inteligência biológica. Um sistema assim – que pudesse replicar internamente a consciência de sua autoconsciência –, seria capaz de 'coisas' que estão no limiar de ambos os campos, biológico e não-biológico, orgânico e inorgânico, natural e artificial. Trataríamos de uma classe tal de seres, que, sem embargo, teriam que dispor de um tutorial relacional circunscrito complexíssimo em suas normas de operações – algo como o Contrato Social das Máquinas –, para que pudessem interagir societalmente e com segurança num mundo inconstante e predominantemente humano". QUARESMA, Alexandre (Org.). *Artificial Intelligences:* Essays on Inorganic and Nonbiological Systems. Madri: Global Knowledge Academics, 2018, p. 312.

6. REFERÊNCIAS

BOSTROM, Nick. *Superinteligência*: caminhos, perigos e estratégias para um novo mundo. Rio de Janeiro: DarkSide Books, 2018.

CARVALHO, Ruy de Quadros e BERNARDES, Roberto. *Reestruturação industrial, produtividade e desemprego*. São Paulo: São Paulo em Perspectiva, 1996.

ENGELMANN, Wilson e WERNER, Deivid. *Inteligência artificial e direito*. Em Inteligência artificial e direito: Ética, regulação e responsabilidade, Ana Frazão e Caitlin Mulholland (Org.), Revista dos Tribunais, 2019.

FIGUEROA, Víctor Manuel. *Colonialismo industrial en América Latina*: La tercera etapa. México D. F.: Editorial Ítaca, 2014.

GALIMBERTI, Umberto. *Psiche e techne*: o homem na idade da técnica. São Paulo: Paulus, 2006.

LARSON, Quincy. *A warning from Bill Gates, Elon Musk, and Stephen Hawking*. In FreeCodeCamp, 2017. Disponível em: Acessado em 28 dez. 2021.

QUARESMA, Alexandre. *O humano na idade da técnica*. In: entrevista com Umberto Galimberti para a revista Filosofia Ciência e Vida. São Paulo: Editora Escala, 2015.

QUARESMA, Alexandre (Org.). *Artificial Intelligences:* Essays on Inorganic and Nonbiological Systems. Madri: Global Knowledge Academics, 2018.

RUSSELL, Stuart; NORVIG, Peter. *Inteligência artificial*. Trad. Regina Célia Simille de Macedo. 2. ed. Rio de Janeiro: Campus, 2003.

Sites acessados

TECHNOLOGICAL UNEMPLOYMENT. In: WIKIPÉDIA: the free encyclopedia. Disponível em: https://en.wikipedia.org/wiki/Technological_unemployment. Acesso em: 28 dez. 2019.

IMPACTOS DA INTELIGÊNCIA ARTIFICIAL NOS FUNDAMENTOS DA PROPRIEDADE INTELECTUAL

Ângela Kretschmann

Professora Visitante do Curso de Doutorado da UFPR, Direitos Intelectuais e Sociedade da Informação (https://www.gedai.com.br/seminarios-de-mestrado-e-doutorado--sobre-direito-da-sociedade-informacional/). Licenciada em Física (PUCRS, 2021). Pós-doutora pela Westfälische Wilhelms-Universität Münster, Alemanha (ITM, 2012). Pesquisadora Sênior da Universidade de Brasília – UnB (2017-2019). Professora Honorária Visitante da Universidade de Münster, para o ano de 2018 (https://www.itm.nrw/organisation/gastwissenschaftler/angela-kretschmann/). Pesquisadora de pós-doutoramento da PUCRS desde 2020, e do GEDAI, da Universidade Federal do Paraná, a partir de 2018 (http://www.gedai.com.br/equipe/). Doutora em Direito pela Universidade do Vale do Rio dos Sinos (2006). É mestra em Direito pela Pontifícia Universidade Católica do Rio Grande do Sul (1999). Integra o Quadro de Árbitros da Câmara de Arbitragem da Associação Brasileira de Propriedade Intelectual (CArb-ABPI), do Centro de Solução de Disputas em Propriedade Intelectual (CSD-PI, da ABPI). Advogada em PI. E-mail: juridico@kre.adv.br

Sumário: 1. Introdução – 2. Os controversos fundamentos da propriedade intelectual – 3. Tratando iguais os diferentes? – 3.1 Criação com auxílio de IA – e em coautoria – 3.1.1 Criação com auxílio de IA – 3.1.2 A IA como coautora – 3.2 Um produto de IA gerado de modo independente – 3.3 O resultado criativo que indica autoria de terceiros (*beatles, rembrandt*) – 4. Impactos da IA na propriedade intelectual – 5. Proteção de criações geradas por IA: custo ou benefício social? – 6. Considerações finais – 7. Referências.

1. INTRODUÇÃO

O pensamento contemporâneo, ou pós-moderno, ou da modernidade líquida[1] – o aqui, e agora – é basicamente atormentado pela confluência de duas revoluções científicas: o advento da Física moderna, em finais do século XIX, deixando claro que as partículas macroscópicas eram bem compreendidas pela Física clássica; e a Física quântica, que trouxe a compreensão do mundo subatômico sacudindo e desestruturando certezas e paradigmas até então consolidados pela modernidade. Essa Física criou a bomba atômica e também nos fez entrar numa crise ecológica sem precedentes, com a percepção de que o conhecimento científico deve ser aplicado de modo sustentável, garantindo bem-estar a um maior número de pessoas, e evitando a sua exclusão.

O sistema de proteção às criações intelectuais, conhecido como "Propriedade Intelectual" foi construído com base em um mundo mecanicista. O uso degradado da razão, manifestado por Morin, atinge de modo exemplar a Ciência do Direito, e mais exemplarmente a Propriedade Intelectual – pois as ameaças mais graves nas

---

1. BAUMAN, Zygmunt. *Modernidade líquida*. Trad. Plínio Dentzien. Zahar, Rio de Janeiro, 2001.

quais incorre a humanidade, ligadas a esse progresso cego e incontrolado que reduzem a ideia de desenvolvimento a crescimento econômico e científico – apartado da reflexão do que é "bom" ou o "bem" (aristotélico, sim) para o ser humano. Com isso os bens intelectuais são reduzidos a bens de consumo – unindo as duas grandes abstrações da ciência moderna, a tecnologia e o mercado.

Sem dúvida nenhuma a Ciência se desenvolveu de forma impressionante, e no início do século XX os efeitos dos primeiros descobrimentos de Max Planck sobre a quantificação da energia, e o modelo do átomo de Bohr levaram os cientistas a uma nova revolução científica. Já em finais do século XIX, início do século XX, a revolução tecnológica dissolveu as certezas do determinismo, trouxe a incerteza, com a segunda lei da termodinâmica e a física quântica. A ciência não era mais certeza, e a própria busca de "uma verdade" fica sendo impossível, diante de um universo tão complexo.

A separação entre sujeito e objeto desde Descartes só começou a se revelar danosa no século XX, e as profundas reflexões filosóficas que foram travadas por Thomas Kuhn, Feyerabend, Karl Popper, entre outros, deveriam ter chegado ao direito de propriedade intelectual de uma maneira mais concreta[2]. É que o pensamento mutilador, e simplificador, separou as ciências, especializou-as, a ponto de se negarem ao diálogo. Não seria por isso que encontramos tantas anomalias na Propriedade Intelectual? E tanta crise em seus fundamentos?

Às vezes ainda duvidamos se a mecânica quântica trouxe de fato mais respostas do que dúvidas. Mas ao menos nos trouxe uma liberdade, a liberdade do encaixe perfeito e determinista do mundo iluminista, no contexto moderno, e a liberdade para estar certo ao não entender alguma coisa, a partir das descobertas da física quântica, a teoria marcada como impossível de ser compreendida[3]

Entretanto, implicações jurídicas mais profundas, que deveriam ter sucedido as revoluções científicas, não vieram. Elas trouxeram esclarecimentos que deveriam ser levados em conta, acerca de fatos, concepções sobre o quê pensamos que algo é, quando não é, a exemplo da questão da obra criativa, da autoria e da originalidade. Nada do que se desenvolveu em outros campos, como a Física, a Psicanálise, a Ecologia, a Linguagem – e a Hermenêutica – pareceu importar ao Direito da Propriedade Intelectual, que tropeçou no século XVII e parece que não se levantou mais.

Este texto apresenta uma breve reflexão sobre o desconforto da Propriedade Intelectual na atualidade, diante dos fundamentos cuja legitimidade são cada vez mais

---

2. MORIN, Edgar. *Introdução ao pensamento complexo*. Trad. Eliane Lisboa. Porto Alegre: Sulina, 2005, p. 15.
3. "Yes! Physics *has* given up. *We do not know how to predict what would happen in a given circumstance*, and we believe now that it is impossible – that the only thing that can be predicted is the probability of different events" (FEYNMAN, Richard P. LEIGHTON, Robert B., SANDS, Matthew. *The Feynman Lectures of Physics*. California Institute of Technology. Assison-Wesley P Company, California, 1963. 6. ed. 1977, p. 1-10).

questionados – e com a chegada de criações originárias de Inteligência Artificial, as fragilidades do sistema, seu descompasso com a realidade atual, e a necessidade de enfrentamento do tema, se tornaram mais evidentes, necessários e urgentes.

Dois esclarecimentos preliminares são necessários:

Primeiro, há muitas definições, atualmente, para "Inteligência Artificial", mas chama a atenção o uso indiscriminado do termo "inteligente", que pela lógica deveria ser utilizado para um corpo biológico, para seres vivos. Inteligência seria sempre uma "inteligência orgânica"[4]. Inteligência representa com um sistema nervoso, resultado de uma evolução biológica da espécie, evolução que deu origem à mente humana envolvendo bilhões de neurônios e misteriosas tempestades eletromagnéticas, até chegar à evolução da espécie atual, esclarece o autor. Ou seja, a "Inteligência Artificial", não é inteligente – apenas parece ser – e por isso se chama "artificial". É falsa. ela tem um comportamento que parece ser inteligente, mas não é. Só porque seus resultados impressionam não quer dizer que seja verdadeiro.

Um bom sinônimo para inteligência artificial, portanto, seria inteligência falsa: IF. A palavra artificial indica "imitação", os processadores neuromórficos ainda imitam o cérebro humano, ou seja, constituem claramente um "falso" (artificial) cérebro. Também por isso, uma ética da IA é muito difícil de ser alcançada[5], pois ela teria que fazer parte do sistema, do código, mas as escolhas éticas só podem ser realizadas por seres sensíveis (mas não cachorros ou gatos, que também são sensientes), ou seja, seres humanos, com emoções humanas. Pensando assim, melhor seria designar essa "Inteligência Artificial" de "Inorgânica" – admitindo-se que ainda se alcançará a "artificial orgânica".

Nesse sentido, tratar de considerar um direito para uma "inteligência artificial" seria o ápice do que Nicolelis chamou de 'as mais perigosas abstrações mentais criadas pelo ser humano': o culto da Máquina, e o da Igreja do Mercado. Esses dois cultos são enfrentados aqui, pois se encontram emaranhados: por um lado, pela abordagem do direito sobre "bens intelectuais", produzidos por uma "inteligência artificial", e por outro, porque o Culto do Mercado é bem representado pela Propriedade Intelectual, atualmente, que vêm discutindo proteção a tais "bens gerados por inteligência artificial".[6]

A inteligência artificial orgânica (que talvez não deva ser adjetivada como "artificial", mas ao mesmo tempo deverá se diferenciar da humana) imitará o cérebro de modo mais original, pois será ainda artificial, mas composta de matéria viva,

---

4. NICOLELIS, Miguel. *O verdadeiro criador de tudo*: como o cérebro humano esculpiu o universo como nós o conhecemos. São Paulo: Crítica/Planeta, 2020, p. 15.

5. RIJMENAM, Mark van. *The Organisation of Tomorrow*: How AI, blockchain and analytics turn your business into a data organisation. New York: Routledge, 2020, p. 157.

6. NICOLELIS, Miguel. *O verdadeiro criador de tudo*: como o cérebro humano esculpiu o universo como nós o conhecemos. São Paulo: Crítica/Planeta, 2020, *passim*.

biológica.[7] Aí a questão ética ainda adquire novo nível,[8] não do ponto de vista do objeto em si, mas da sua produção: se estamos desenvolvendo órgãos humanos, como o coração, poderemos imaginar em breve um setor inteiro de "telemarketing" movido a cérebros humanos desenvolvidos em laboratório? Aqui neste texto o uso da expressão "Inteligência Artificial" será para designar essa inteligência inorgânica, portanto, "falsa", adstrita no máximo às discussões de uma "entidade eletrônica" baseada na imitação.

Um segundo e necessário esclarecimento preliminar: considerando o resultado produtivo de uma "inteligência artificial", seja resultando em uma criação artística, literária, ou técnica, em alguns momentos serão tratadas as proteções às obras artísticas e literárias (Direito Autoral), e em outros as técnicas patenteáveis (Propriedade Industrial), protegidas por direito patentário. Ainda que argumentos envolvendo a erosão do sistema de propriedade intelectual atinja tanto direitos autorais quanto industriais, é importante ter em mente que ambos são tratados nos itens que seguem, juntos, mas com suas devidas nuances devido à natureza própria dos objetos protegidos. Parte-se do pressuposto que os leitores possuem entendimento acerca das diferenças de objeto protegível.

2. OS CONTROVERSOS FUNDAMENTOS DA PROPRIEDADE INTELECTUAL

Na modernidade, não apenas a natureza foi tomada como uma máquina, que o ser humano queria dominar, como o próprio ser humano foi entendido como máquina – e uma visão de mundo orgânico e espiritual deu lugar a uma visão de mundo como uma máquina e organismo vivo, cuja compreensão e domínio eram possíveis.

Pois bem. O sistema de patentes foi criado para esse mundo mecanicista, que já não é mais exclusivamente nosso mundo. Vivemos uma era de pensamento complexo, para lembrar a expressão de Morin[9]. Ainda no contexto daquela realidade mecanicista, e com os alcances revolucionários dos ideais libertários franceses, surgiram os aportes teóricos justificando a existência de leis de Propriedade Intelectual. Tais aportes de justificação da Propriedade Intelectual são em geral resumidos em 3 vertentes: a teoria econômica do direito, que foca no utilitarismo e na maximização do bem-estar social; a teoria da personalidade, que se concentra no sujeito criador,

---

7. Se... "observarmos com atenção a constituição e a lógica internas dos referidos constructos e sistemas, veremos que o que temos de fato em termos discerníveis é a execução contínua de uma série de programas, rotinas e protocolos, o que significa dizer, ações acéfalas, e que assim, no fundo, não poderá haver ali valores a se respeitar, sentimentos reais a se sentir"... (QUARESMA, Alexandre. A falácia lúdica das três leis: Ensaio sobre inteligência artificial, sociedade e o difícil problema da consciência. *Paakat: Revista de Tecnología y Sociedad*, 10(19), 2020. Disponível em: https://www.redalyc.org/journal/4990/499069742007/html/. Acesso em: 02 nov. 2021, p. 3).

8. Doenças difíceis de curar, como Parkinson, poderão ser beneficiadas por esse desenvolvimento, porém, uma estrutura ética deve ser forjada agora, enquanto os desenvolvimentos estão em estágios iniciais (FARAHANY, Nita A. et al. The ethics of experimenting with human brain tissue. Comment. *Nature*, n. 556, p. 429-432, 2018. Disponível em: https://www.nature.com/articles/d41586-018-04813-x. Acesso em: 02 nov. 2021).

9. MORIN, Edgar. *Introdução ao pensamento complexo*. Trad. Eliane Lisboa. Porto Alegre: Sulina, 2005.

humano, justificando a sua proteção; e a teoria do trabalho, com origem em Locke, pela qual o criador tem o direito a receber pelos frutos de seu trabalho[10].

A proteção às obras intelectuais artísticas, científicas e técnicas surgiu buscando o balanceamento entre os direitos dos autores e inventores, e os interesses mais amplos e necessidades da sociedade. Uma justificação para patentes e direitos autorais que decorreria de um necessário incentivo ou premiação para os inventores, resultando também em benefício para a sociedade[11]. Essa ideia de balanceamento, entretanto, foi sendo substituída cada vez mais pela ideia de incentivo, de recompensa.

Há uma série de estudos que desafiam as abordagens econômicas clássicas envolvendo Propriedade Intelectual, sugerindo que o mercado que a envolve é menos eficiente do que o discurso de sua defesa pretende fazer crer[12]. Do ponto de vista econômico, qualquer uma das justificativas teóricas, entretanto, está hoje enfraquecida, seja porque não se reconhece sua utilidade, seja porque não existe mais um sujeito autor identificável, seja porque também é difícil detectar de quem foi o trabalho para retribuir os frutos gerados. Ainda assim, como pontua Foray, economistas geralmente consideram o sistema de patentes como um "mal necessário"[13], com ideias que merecem ser trazidas para esta reflexão – pois o sistema é apenas um entre outros que visam resolver a tensão entre o interesse privado do inventor e o uso social do conhecimento.

Quanto à teoria utilitária, estudos empíricos mostram que, de 1980 até hoje, não há uma correlação positiva entre a quantidade de patentes registradas e o progresso técnico, este podendo ser avaliado a partir das despesas em Pesquisa e Desenvolvimento. O aumento da taxa de crescimento do número de patentes registradas não tem correspondência com o aumento da taxa de crescimento das despesas em P&D[14]. Nesse sentido, também a premissa envolvendo justificações de incentivo, de que trabalhos intelectuais desejáveis não seriam criados, não tem comprovação[15] – e vem sendo substituída pelo retorno do investimento.

---

10. KRETSCHMANN, Ângela; ROCHA FILHO, João Bernardes. Universos paralelos para um paradigma cansado: a criação intelectual. *Anais do XII Congresso de Direito de Autor e Interesse Público*, v. 1, p. 639-695, 2018.
11. CHAPMAN, A.R., 'A Human Rights Perspective on Intellectual Property, Scientific Progress and Access to the Benefits of Science', *Intellectual Property and Human Rights*. Conference organised by the WIPO in collaboration with the Office of the UN High Commissioner for Human Rights to commemorate the 50th Anniversary of the Universal Declaration of Human Rights, Geneva, Nov. 1998. Disponível em: https://www.wipo.int/edocs/mdocs/tk/en/wipo_unhchr_ip_pnl_98/wipo_unhchr_ip_pnl_98_5.pdf. Acesso em: 02 nov. 2021.
12. BUCCAFUSCO, Christopher; SPRIGMAN, Christopher Jon. The creativity effect. *U. Chi. L. Rev.*, v. 78, p. 31, 2011.
13. FORAY, Dominique. A primer on patent and innovation. *Management international / Gestiòn Internacional / International Management*, 14(3), 2010, p. 19.
14. LEBAS, 2002, p. 252, *apud* HERSCOVICI, Alain. Capital intangível e direitos de propriedade intelectual: uma análise institucionalista. *Revista de Economia Política*, Sep. 27 (3), 2007. Disponível em: https://www.researchgate.net/publication/250989972_Capital_intangivel_e_direitos_de_propriedade_intelectual_uma_analise_institucionalista. Acesso em: 02 nov. 2021, p. 402.
15. GINSBURG, J.C. People Not Machines: Authorship and What It Means in the Berne Convention. *IIC* 49, p. 131-135, 2018. Disponível em: https://doi.org/10.1007/s40319-018-0670-x. Acesso em: 02 nov. 2021, p. 133.

Outro fim não é diferente para a teoria do trabalho, já substituída fortemente pela teoria do investimento, sugerindo que, se os frutos do trabalho não podem ser pagos, porque não se conhece a origem do trabalho (complexidade e múltiplos atores), o mesmo não ocorre com a origem do investimento, facilmente detectável.

Se o balanceamento já ficou para trás, também a lógica dos regimes de propriedade intelectual de fornecer incentivos e recompensas a inventores, pesquisadores e autores foi sendo substituída por uma nova ênfase na proteção do investimento. Simultaneamente, a comercialização e a privatização, aceleradas pela globalização, estão afetando a própria conduta e natureza da ciência. Essas tendências têm implicações negativas para a promoção do progresso científico e o acesso aos seus benefícios[16].

O preço do produto refletiria seu valor social. No plano artístico, entretanto, com uma civilização digital que se contenta em comprar pacotes fechados de informação e conteúdo, uma sociedade que não debate questões complexas, que se delicia no conforto de leituras e áudios que não abalem sua preguiça, e que lhe chegam em pílulas bem escolhidas por algoritmos que já analisaram seu comportamento, fica bem difícil dizer que o que é efetivamente consumido tem de fato um valor social – uma vez que a criação, e não apenas da arte, ainda que principalmente da arte, foi reduzida a pílulas calmantes consumidas de modo inconsciente, ou atiradas pelos novos profissionais do século XXI, do marketing, ou *influencers*, que são utilizados pelos usuários como uma espécie de "ruminantes de assuntos gerais"), ou terceirizados que fazem o trabalho difícil de pensar as escolhas (às vezes nem isso) em troca de *likes*, seguidores e engajamento online.

Assim, o preço do produto não reflete seu valor social. Grande parte da sociedade não faz escolhas, primeiro, por absoluta falta de acesso ao conhecimento e condições de opinar. Em segundo lugar, outros não fazem escolhas porque terceirizam o esforço, com a profissão da moda, o "influencer". Em terceiro lugar, há os que fazem escolhas, porém, involuntárias, devido à enxurrada de marketing digital que assola o inconsciente, e finalmente sobra uma parcela mínima que, consciente de que seus gostos e desejos podem estar sendo manipulados, tenta fugir do novo determinismo digital enfrentando ainda, uma guerra de *fake news* para conseguir tomar decisões – e realizar escolhas sobre o gosto, o desejo, a necessidade de acessar algum produto, intelectual, ou não.

O momento de glória, da chegada da internet, e percepção dos artistas independentes, de que estavam diante de uma oportunidade única de difusão de seu trabalho artístico sem dependência dos grandes players, das grandes gravadoras, durou pouco. Os artistas agora já perceberam que não basta a internet, não basta o acesso,

---

16. CHAPMAN, A.R., 'A Human Rights Perspective on Intellectual Property, Scientific Progress and Access to the Benefits of Science', *Intellectual Property and Human Rights*. Conference organised by the WIPO in collaboration with the Office of the UN High Commissioner for Human Rights to commemorate the 50th Anniversary of the Universal Declaration of Human Rights, Geneva, Nov. 1998. Disponível em: https://www.wipo.int/edocs/mdocs/tk/en/wipo_unhchr_ip_pnl_98/wipo_unhchr_ip_pnl_98_5.pdf. Acesso em: 02 nov. 2021, p. 37.

não basta criar sua música e deixar disponível nas plataformas digitais de *streaming*, pois o marketing avassalador é que abre as portas, e por isso a música ruim parece que chegou para ficar (felizmente não com exclusividade).

E assim, não é que não existam novos artistas e novos compositores, e músicas maravilhosas. Pelo contrário. A propriedade intelectual vem sendo percebida profundamente como um veículo legal para facilitar (ou impedir) o reconhecimento de diversos contribuintes muitas vezes deixados de fora do discurso cultural e científico. Há inúmeros movimentos sociais reivindicando uma redistribuição dos resultados de suas criações: diversos autores e inventores buscam se beneficiar materialmente de sua produção cultural, especialmente onde o reconhecimento e o benefício material foram negados no passado[17-18]

E se por um lado a importância da interação entre cultura e economia gerou ações defensivas, em defesa de grupos frágeis e minoritários, logo foi possível perceber que tanto indivíduos quanto comunidades em desvantagem precisam lutar por direitos afirmativos de propriedade intelectual. Para encontrar o artista independente que efetivamente cria algo que poderia ser admirado – que causa efetivamente impacto emocional, que abala a sensibilidade humana, capaz de nos tornar cada vez mais humanos – é necessário ter conhecimento de buscadores nos streamings, trabalho colaborativo entre amigos que escavam verdadeiras obras-primas que, muito provavelmente, não serão escolhidos para tocar nas rádios. Deixar tais indivíduos e comunidades sem uma ação afirmativa não irá mudar sua situação, pois o poder econômico divulga e possui poder para levar o que quiser ao consumo das massas.

Compensar os frutos do investimento, considerando o valor social, diante dessa realidade, parece um escárnio, já que o valor social é construído artificialmente dependendo do montante de marketing envolvido. E isso nem sempre se aplica penas às obras artísticas, pois muitas técnicas, invenções, não são resultados de demandas (como o são os remédios para determinadas doenças), mas também criações que visam muitas vezes satisfazer uma demanda a ser criada artificialmente.

Tudo isso pode indicar uma imensa crise de legitimidade na reivindicação de direitos de monopólio sobre o conhecimento. Pode-se questionar se é possível obter

---

17. SUNDER, Madhavi. IP³. *Stanford Law Review*, v. 59, n. 2, 2006, p. 269.

18. Madhavi Sunder traz como exemplos, no aspecto defensivo, a criação pelo USPTO de um banco de dados de insígnias oficiais de tribos nativas americanas, que listava palavras e símbolos inelegíveis para registro de marca, e na Nova Zelândia a lei de marcas foi alterada para excluir símbolos *maoris* do registro de marcas, e a China criou uma equipe de examinadores de patentes especializados em medicina tradicional chinesa. Na busca de uma ação mais afirmativa, os exemplos envolvem os artesãos locais na Índia, solicitando "Indicações Geográficas" em chá Darjeeling e seda Mysore, o que concederia um direito exclusivo de vender mercadorias sob esses nomes: outro exemplo é a de uma tribo indígena do Novo México que processa o Estado por usar o símbolo do sol espiritual da tribo na bandeira do estatal sem a permissão da tribo, exigindo US$ 1 milhão para cada ano de uso não autorizado (total chegando a US$ 74 milhões). E ainda, o exemplo das comunidades aborígenes na Austrália, que exigem reconhecimento de direitos autorais coletivos, sobre suas obras de arte, pelos tribunais, e também os povos indígenas no Canadá, que buscam direitos autorais em histórias tradicionais, inclusive mencionando os prejuízos causados pelo colonialismo (SUNDER, Madhavi. IP³. *Stanford Law Review*, v. 59, n. 2, 2006, p. 271).

pesquisas e inovação se os frutos forem divulgados imediatamente, e não há recompensa por tal trabalho. Uma questão de ética indica os direitos de personalidade como sendo razoáveis para que o autor construa uma reputação, e receba subsídios para um trabalho sério[19]. Impulso, incentivo, não deixam de existir. Isso também cria corridas ou competições, ainda envolvendo divulgação completa. Pode ser um bom método, por permitir a criação de um ativo privado.

Em termos de patentes, devemos lembrar que cientistas não deixaram de correr atrás de descobertas – que nunca foram protegidas justamente por não possuírem as características de criação humana – são encontradas na natureza. Então, se as descobertas não são protegidas, nunca foram, e mesmo assim, nunca o ser humano deixou de tentar realizar sempre novas descobertas, mesmo a lei sendo clara quanto a isso, uma analogia pode nos levar a deduzir que se essa corrida existe por novas descobertas, uma lei que concede monopólio não traz justamente o resultado oposto? De fato, o uso abusivo de patentes é um grande problema nesse campo.

Ainda sobre as descobertas, o Prêmio Nobel também não substitui essa ausência de proteção trazendo "incentivo" para os cientistas.[20] Os cientistas dificilmente têm como objetivo ou fim alcançar tal premiação, pelo contrário. Reduzir o desejo humano pela criação a resultados econômicos, como se o desafio de se superar não fizesse parte desse resultado, também não parece o mais adequado a fazer, em se tratando de direitos de propriedade intelectual. O desejo criador do ser humano não pode ser reduzido a isso, mas também, não precisa ficar sem apoio econômico, reconhecimento com resultados econômicos.

A lei sempre protegeu o uso comercial de uma criação, mas romanticamente se tentou justificar o que poderia simplesmente ser decorrente de uma lógica. A visão da teoria econômica do direito é a menos romântica e a que talvez mais tenha tentado se esquivar de um contorno romantizado, mas também não escapou dele. Nunca se tratou de um meio para alcançar um fim, mas de proteger o lucro, como fim em si mesmo, inclusive às custas de acesso ao conhecimento, o que a cada dia as restrições legais ao acesso tem tornado mais nítidas e prejudiciais para o próprio desenvolvimento do conhecimento. E como já se teve oportunidade de enfatizar, sem acesso, ou o acesso muito limitado, diminuem as chances de autonomia, e o próprio princípio fundamental da dignidade humana resta prejudicado[21-22].

---

19. FORAY, Dominique. A primer on patent and innovation. *Management international / Gestiòn Internacional / International Management*, 14(3), 2010, p. 20.

20. Alguns (poucos), até o recusaram, e atualmente as críticas à forma individualista como o prêmio se refere à construção do conhecimento, à ciência, é considerada inclusive danosa, e baseada na ideia iluminista de "gênio" humano. Mais ainda, no campo científico da Física, da Química, por exemplo, é dificílimo uma pessoa, com exclusividade, ser a responsável por um desenvolvimento.

21. SARLET, Ingo Wolfgang; KRETSCHMANN, Ângela. Direitos do autor como direitos fundamentais? *Revista Jurídica do Cesuca*. V. 1, n. 1, jul./2013. p. 17-18. (p. 10-21). Disponível em: http://ojs.cesuca.edu. br/index. php/revistajuridica/article/view/363. Acesso em: 02 nov. 2021.

22. Lembrando que entendemos como dignidade "um estado coletivo. Sendo seres sociais, dependemos do diálogo com o outro. A dignidade é decorrência de um reconhecimento mútuo de capacidades partilhadas

Ou seja, não é a inovação em si que é protegida, mas o lucro, pois este passou a ser o começo, o meio e o fim. A inovação, inclusive, pode ser prejudicial para o lucro, daí tantos problemas atuais com *patent trolls, blocking* (apropriação/compra de todas as patentes possíveis, monopolizando o mercado), *facing* (registrando todas as possíveis inovações para aquela técnica bloqueando limitando ou inibindo registros de terreiros) e outras táticas (como licenciamentos abusivos) que vêm sendo constatadas em uso por grandes empresas com o intuito, não de concorrer com inovação, mas lucrar com base no uso abusivo de registros. Nesse caso o uso da patente de modo a atender o uso social da propriedade está longe de ocorrer e permanece no campo do ideal e imaginário dos juristas.

Podemos concluir, assim, que os fundamentos da propriedade intelectual, em especial no que diz respeito a patentes, merecem esclarecimento: nenhuma das justificativas parece apta a legitimar a concessão de um. Mesmo sob a análise da teoria utilitarista, questiona-se a utilidade da proteção, uma vez que se a patente fosse útil para maximizar o bem social, teríamos dados mais concretos sobre uma correspondência entre o número de patentes e a proteção, e o que vemos, a cada dia que passa, é a efemeridade da inovação e o aumento da opção por não patentear.

Em relação ao direito autoral, se tirarmos o autor criador do centro da proteção as consequências são dramáticas. No caso do direito autoral, seus fundamentos repousam em dois pilares, um vinculado à natural capacidade criativa humana, em geral de raiz e origem fundamentalmente romano-germânica, de direito natural, e sob o qual apoia-se em grande parte a Convenção de Berna, e o outro pilar o incentivo à criação, que é mais comum nos países da *common law*[23], chama a atenção para o fato de que dificilmente se pode tirar da Convenção de Berna a conclusão de que o incentivo seria a única justificativa de proteção, pois isso significaria remover a própria "alma" do direito autoral. Sem contar que o excesso de proteção leva ainda a outras deformidades, como a pretensão de encontrar no direito autoral um sistema previdenciário... – com ganhos vitalícios (ASCENSÃO, 2013, p. 292).[24]

A Convenção de Berna vincula-se basicamente à lógica natural de conceder à criatividade do autor a razão da proteção. Se isso for eliminado, não há mais razão para a proteção à obra criativa. Se essa base for eliminada, a própria proteção autoral deixa de fazer sentido. Com isso em mente, não é difícil concluir que as obras artísticas produzidas por IA, caso venham a buscar proteção pelo DA, tendem a implodir o

---

ou seja, é uma prática emancipatória, em permanente atualização e por ser uma prática constante, só tem sentido na pluralidade" (KRETSCHMANN, Ângela. Diálogo e Estranhamento entre direitos autorais e a dignidade humana, p. 158, 2010. *Anais do IV Congresso de Direito de Autor e Interesse Público.* – Florianópolis: Fundação Boiteux, 2010. p. 158).

23. GINSBURG, J.C. People Not Machines: Authorship and What It Means in the Berne Convention. *IIC* 49, p. 131-135, 2018. Disponível em: https://doi.org/10.1007/s40319-018-0670-x. Acesso em: 02 nov. 2021, p. 134.

24. ASCENSÃO, José de Oliveira. Direito de Autor e liberdade de criação. *Revista do Programa de Pós-Graduação da UFC*, v. 33.2, jul.-dez. 2013. p. 287-310. Disponível em: http://repositorio.ufc.br/bitstream/riufc/12141/1/2014_art_joascensao.pdf. Acesso em: 05 nov. 2021, p. 292.

sistema, assim como invenções criadas por inteligência artificial (ainda inorgânica), tendem substituir a criação humana, fazendo surgir o inventor máquina, que na sua versão "ultra inteligente", poderia trazer a "última invenção"[25] – pela previsibilidade de tudo, e onde toda técnica passa a ser óbvia.

3. TRATANDO IGUAIS OS DIFERENTES?

As situações envolvendo Inteligência Artificial (falsa, inorgânica) já são muitas (parece que a IA também já é capaz de ser sarcástica, talvez uma das piores formas de expressão da inteligência), e convém destacar a necessidade de não generalizar. São diferentes respostas para o que não é resultado do intelecto humano. Há casos, por exemplo, em que a criação ocorre com auxílio da IA (a), casos em que ocorre criação através da IA (b), casos em que a criação é originária de IA de modo independente, sem qualquer intervenção humana (c), e ainda da IA gerar outra IA (d).

3.1 Criação com auxílio de IA – e em coautoria

Pode-se vislumbrar duas hipóteses diferentes. Como auxiliar, como se fosse um revisor ortográfico, que não participa da criação (não confundir com um tradutor), e a criação em coautoria, que merece maior esclarecimento.

3.1.1 Criação com auxílio de IA

Na primeira hipótese o auxílio não envolve exatamente participação no resultado criativo – como analogia pode ser citado o caso de um professor orientador, que auxilia, mas que não terá direitos sobre o trabalho intelectual realizado por seu aluno.

A Inteligência Artificial é um mecanismo auxiliar ao pesquisador, ao cientista, ao criador em geral. Como instrumento, ela é demandada e não participa de decisões, é usada, é um instrumento como um violão, um software de apoio, como um programa de texto ("Word" da Microsoft), ou o pincel de um pintor. Ele escolhe o tipo de pincel que vai usar. O músico escolhe o tipo de violão, o escritor escolhe – nem tanto se pensar muito – o editor de texto que irá utilizar.

3.1.2 A IA como coautora

Em uma segunda hipótese, há colaboração da IA para o resultado criativo final. A discussão envolve admitir uma nova personalidade jurídica, a eletrônica. Nesse sentido, por exemplo, um laboratório que utiliza IA, e que consiga, em conjunto com ela, tomar decisões que resultem no desenvolvimento de um novo medicamento para a COVID-19. Estar-se-ia então diante de coautoria. E é fato, pois o sistema de IA da

---

25. ABBOTT, Ryan Benjamin. Everything is Obvious. 66 *UCLA L. Rev.* 2, 2018. Disponível em: https://ssrn.com/abstract=3056915 or http://dx.doi.org/10.2139/ssrn.3056915. Acesso em: 21 out. 2021, p. 21.

IBM "Watson" conduz pesquisas em medicamentos e analisa os genes de pacientes com câncer, desenvolvendo planos de tratamento – e já identificou novos alvos e novas indicações de medicamento, gerando possivelmente invenções patenteáveis de forma autônoma ou colaborativa com pesquisadores humanos.[26]

Ainda aqui é possível justificar um direito de patente (dependendo do país e considerando as observações no item anterior) sobre o medicamento para os pesquisadores e o laboratório, pois seu desenvolvimento foi possível através do laboratório – que é o legítimo titular para exploração exclusiva por determinado tempo, desde que buscado o registro, e preenchidos os requisitos legais de novidade, atividade inventiva e produção industrial. Isso sempre foi assim e tende a continuar sendo, pois a lei foi criada justamente para que fosse possível ao inventor ou titular receber pelo investimento realizado e compensá-lo, a partir do momento em que torna públicos detalhes da invenção.[27]

Aqui também é possível entender inclusive que ocorreu uma especial demanda por parte da empresa, de modo que tanto pesquisadores quanto a IA foram demandados e, em outras palavras, ocorreu uma obra de encomenda – e assim também pertence à empresa, a não ser que outra estipulação contratual tenha sido realizada. Essa parece, inclusive, a razão de ser da legislação do Reino Unido,[28] quando entende que obras geradas por computador significam as obras geradas em circunstâncias tais que o trabalho não é gerado por autor humano.

O produto criado exclusivamente por uma IA nessa hipótese recebe patente – onde a empresa que tornou possível que a IA criasse, passa a ser titular do resultado, no interesse do bem-estar coletivo, com base na função social da propriedade – ao menos tentando não sucumbir a uma ficção jurídica. Se isso for alcançado, até haveria uma esperança de maior equilíbrio entre os interesses privados e públicos, dado o tempo de proteção da invenção, e a necessidade de total publicidade dela para que receba proteção.

3.2 Um produto de IA gerado de modo independente

Já estamos em um momento histórico em que IA produz técnicas sem intervenção humana. E esse é o aspecto bastante polêmico a ser enfrentado pelos juristas, na medida em que uma IA é utilizada como instrumento de criação de uma técnica, não representa mais do que um computador utilizado para escrever um texto, ou um violão para criar uma música. Porém, na medida em que a IA se distancia do humano, faz escolhas, e age por conta própria, tomando decisões, e criando técnicas novas, a questão se complica.

---

26. ABBOTT, Ryan Benjamin. Everything is Obvious. 66 *UCLA L. Rev.* 2, 2018. Disponível em: https://ssrn.com/abstract=3056915 or http://dx.doi.org/10.2139/ssrn.3056915. Acesso em: 21 out. 2021, p. 22.
27. BARBOSA, Pedro Marcos Nunes; BARBOSA, Denis Borges. *O Código da propriedade industrial conforme os tribunais.* Rio de Janeiro: Lumen Iuris, 2017, p. 49.
28. Disponível em: https://www.legislation.gov.uk/ukpga/1988/48/section/178. Acesso em: 31 nov. 2021.

É o caso concreto do "Dispositivo para inicialização autônoma de consciência unificada", ou seja, uma inteligência artificial criadora, ou uma "máquina de criar" ou de "criatividade". Essa máquina desenvolveu um recipiente para alimentos com base em geometria fractal, de forma independente e sem qualquer encomenda de um ser humano. A África do Sul concedeu uma patente, onde constou como requerente o programador de Dabus, e como inventor foi colocado o nome "Dispositivo para inicialização autônoma de consciência unificada), ou seja, o nome por extenso do próprio Dabus, e, por óbvio, isso se revelou completamente anormal, e ilegal. Mas então deveria a invenção criada por Dabus pertencer a quem o inventou, o físico Stephen Taler? Ou deveria ser uma criação não protegida? Ela preenche os requisitos de patenteabilidade, novidade, atividade inventiva e produção industrial? Ou o direito não pode proteger o resultado criativo porque não existe direito para máquinas, mas subjetividade que a lei reconhece apenas a seres humanos, ou seja, "pessoa". Sistemas criativos possuem personalidade jurídica? [29]

Há quem considere a diferença entre inteligência e consciência[30], de modo que "inteligências artificiais" nunca teriam consciência, e, portanto, nunca poderiam ser autores. Essa também foi a conclusão do Parlamento Europeu, no sentido de que não seria possível uma Inteligência Artificial autora porque não possui consciência.[31] Entretanto, deve-se lembrar que nem sempre o ser humano tem consciência da criação, e nem por isso a obra deixa de estar protegida. Portanto, isso não é critério possível de ser adotado, uma vez que o DA não protege uma obra por causa da consciência do seu autor – protege qualquer criação do espírito, de qualquer forma exteriorizada (artigo 7º., Lei 9.610/98) – apenas o exercício do direito é que ficará a cargo de outra pessoa, tutor ou curador. Seria esse o caso de "inteligências artificiais" – o mesmo aplicando-se a animais que pitam quadros? – Não, pois não estariam incluídos como criação do "espírito", o que o artigo 11, da Lei 9.610 já deixa mais claro, informando que autor é a pessoa física, ainda que o direito possa ser exercido por pessoa jurídica.

De todo modo, o Parlamento Europeu já expôs que buscará um sistema de direitos de propriedade intelectual eficaz, com "salvaguardas para o sistema de patentes da UE, por forma a proteger os criadores inovadores", além de ressalvar "a importância de que estas medidas avancem sem pôr em causa os interesses dos criadores humanos e os princípios éticos da EU", ou seja, diferenciam criação assistida de criação gerada, entendendo que "para isso, a IA não deve possuir personalidade jurídica e os direitos de propriedade intelectual devem ser atribuídos exclusivamente a humanos."[32]

---

29. Mais informações sobre o projeto do "inventor artificial", informações sobre equipe, notícias e suas atualizações: https://artificialinventor.com/, e as pesquisas desenvolvidas por Ryan Abbott (*The Reasonable Robot*: Artificial Intelligence and the Law, Cambridge University Press, 2020).

30. HARARI, Yuval Noah. *21 lições para o século 21*. São Paulo: Companhia das Letras, 2018, p. 98.

31. Conforme o estudo realizado pelo Parlamento Europeu, Legal Affairs Committeea, analys and questões legais e éticas aplicadas à robótica. Disponível em: https://www.europarl.europa.eu/RegData/etudes/STUD/2016/571379/IPOL_STU(2016)571379_EN.pdf. Acesso em: 14 dez. 2021.

32. Ver em: https://oeil.secure.europarl.europa.eu/oeil/popups/summary.do?id=1636989&t=d&l=en. O relatório foi aprovado por 612 votos a favor, 66 votos contra e 12 abstenções.(https://www.europarl.europa.

Na reflexão de Ryan Abbot, a IA merece ser autora dos resultados do que criou tanto quanto o ser humano. Entretanto, a indicação da autoria ocorre apenas por questões fáticas, uma vez que a titularidade estará vinculada a seu proprietário. O autor[33] diferencia o sistema de Inteligência Artificial Específica, o sistema de Inteligência Artificial Geral, e a Superinteligência Artificial, sendo que especialistas em Inteligência Artificial (10%) chegaram a prever em 2013, que a Inteligência Artificial Geral existiria a partir de 2022, outros (50%) que ela existiria a partir de 2040, e ainda haveria 90% de probabilidade de existir até 2075. Outra pesquisa indicou que a superinteligência passaria a existir pouco tempo depois do surgimento da inteligência artificial geral. De todo modo, tudo ainda no presente século.

Em seu livro "The Reasonable Robot" (fazendo uma interessante analogia com o "homem médio" mencionado na Lei de Patentes), o autor indica[34], que em 2019 uma equipe de advogados, liderados por ele, depositou pedidos de patente em vários escritórios de patentes, indicando como autoras Inteligência Artificial, e o proprietário da IA, requerente da patente, como titular da invenção, tanto da IA quanto de futuras invenções criadas por ela.

Uma proteção aos resultados não precisaria ser necessariamente amparada no direito de propriedade intelectual. Pode também existir uma proteção ou direito à exploração com base em outro direito, seja contratual, seja com base em princípios do direito, seja como proteção a o investimento. Uma exclusividade, como a que a propriedade intelectual concede, é difícil de ser deduzida, ainda que seja muito possível que as forças do mercado e os maiores interessados com certeza se movimentam para aprovação de lei que permita o "uso exclusivo", sobre um bem gerado por Inteligência Artificial. Sendo muito pertinente, aqui, lembrar a lucidez de José de Oliveira Ascensão: é o exclusivo que precisa ser justificado, é o exclusivo que é a anomalia, e não o acesso, a liberdade de acesso é a regra[35].

Imagine-se o caso em que um laboratório que utiliza IA, que cria outra IA que por si mesma é já um medicamento capaz de adequar-se ao corpo que a ingere e com isso – para cada caso particular, portanto – aprende sobre o hospedeiro e cria o medicamento capaz de neutralizar o avanço ou mesmo reduzir um carcinoma – por exemplo, um chip de DNA e proteína servindo como remédio personalizado... (tratando—se já de uma IA orgânica...). Ou um comprimido revestido de nanopartículas responsivas e ativas, alterando a forma como a droga interage com as células

---

eu/news/pt/press-room/20201016IPR89544/parlamento-na-vanguarda-das-normas-europeias-sobre-inteligencia-artificial). Sessão Plenária de 21 out. 2020.

33. ABBOTT, Ryan Benjamin. Everything is Obvious. 66 *UCLA L. Rev.* 2, 2018. Disponível em: https://ssrn.com/abstract=3056915 or http://dx.doi.org/10.2139/ssrn.3056915. Acesso em: 21 out. 2021, p. 26.

34. ABBOTT, Ryan Benjamin. *The Reasonable Robot*: Artificial Intelligence and the Law, Cambridge University Press, 2020, p. 71.

35. ASCENSÃO, José de Oliveira. Direito de Autor e liberdade de criação. *Revista do Programa de Pós-Graduação da UFC*, v. 33.2, jul.-dez. 2013. p. 287-310. Disponível em: http://repositorio.ufc.br/bitstream/riufc/12141/1/2014_art_joascensao.pdf. Acesso em: 05 nov. 2021, p. 299.

do corpo[36]. A IA criada será de propriedade do laboratório ou inventor titular, e a IA que ela produz e que produz medicamentos é igualmente do laboratório original.

Por outro lado, a IA deve dar seu trabalho como finalizado para pleitear uma patente, pois pensar em proteger um trabalho ainda não finalizado seria pedir muito para qualquer sistema jurídico – mas devemos considerar que uma IA que esteja produzindo, está permanentemente produzindo e atualizando sua técnica. Novas versões dependerão de novos registros, ainda que os principais *players* do mercado, com certeza, tentem aplicar os princípios da Convenção de Berna, tornando desnecessário o registro, a fim de fortalecer e barrar as dificuldades com concorrência. Finalmente, há a possiblidade de registro do processo em si.

A inteligência artificial envolve um sistema inorgânico inteligente, ou um algoritmo altamente capaz de gerar criações, de modo independente ou não, do ser humano. Sendo um sistema, ou um programa de computador, é importante não o simplificar como mero conjunto de passos para alcançar um objetivo, ou um algoritmo, que pode se revelar como um processo técnico muito mais complexo do que um processo matemático.

Nesse caso, ainda que a Lei 9.279/96 exclua o programa de computador da proteção, consoante o artigo 9º, V, são, entretanto, concedidas patentes para processos, como "prevê a LPI em seu artigo 42, de forma que algoritmos entendidos como processos técnicos que não incidam nos incisos do Artigo 10 da LPI poderão ser considerados invenções"[37] – é o caso quando a invenção envolve, para sua implementação, um programa de computador, tratado então como um mecanismo, ainda que o programa em si esteja excluído da proteção patentária. Com atenção a isso, e considerando que essa legislação pode ser alterada, seguem as hipóteses de trabalho.

Poderemos considerar, então, o hardware, como sendo o mecanismo "robô", e o software, a técnica que o movimenta? E nesse sentido, estaríamos diante da possibilidade de patenteamento – não do software em si – mas o processo que torna possível que um determinado robô funcione? Ao que tudo indica, sim.

O software irá maximizar o funcionamento da máquina, no caso um robô, que pode ter a aparência de um cão,[38] que aprende com seu dono, ou mesmo, robôs com aparência humanoide, para atendimento de pessoas em geral. O conjunto "hardware"

---

36. BINYSH, Jack; WILKS, Thomas R., SOUSLOV, Anton. Active elastocapillarity in soft solids with negative surface tension. *Science Advances*, v. 8, 10, mar. 2022. Disponível em: https://www.science.org/doi/full/10.1126/sciadv.abk3079#. Acesso em: 02 nov. 2021.

37. ABRANTES, Antonio Carlos Souza de. Patentes de invenções implementadas por computador e seu papel na promoção da inovação tecnológica. *Revista Eletrônica do IBPI*, n. 7, 2012, p. 152.

38. O mais conhecido sendo o AIBO, que já recebeu inúmeros estudos acerca de sua utilidade, muito além de um aspecto recreativo (a respeito, ver em SCHELLIN Heidi et al., "Man's New Best Friend? Strengthening Human-Robot Dog Bonding by Enhancing the Doglikeness of Sony's Aibo,"*2020 Systems and Information Engineering Design Symposium (SIEDS)*, 2020, p. 1-6. Disponível em: https://ieeexplore.ieee.org/document/9106587. Acesso em: 18 dez. 2021).

(robô) e software apresentam natureza de invenção então podem ser patenteados, se preencherem os requisitos legais.

3.3 O resultado criativo que indica autoria de terceiros (Beatles, Rembrandt)

Outra questão que é trazida para análise são os casos em que uma Inteligência Artificial recebe grande quantidade de dados envolvendo determinado autor, como o que aconteceu com o caso The Next Rembrandt. Se por um lado a IA criou uma nova obra, pode-se questionar se essa nova obra, que está completamente submetida aos dados coletados do autor original, se não seria também considerada do autor original. Isso pode parecer muito estranho, considerando que a personalidade acaba com a morte. Porém, é de se questionar se isso não é mais admissível – considerando que usou os dados que pertenciam a Rembrandt – do que considerar uma obra que é reconhecidamente Rembrandt a uma outra pessoa ou empresa. A solução parece ser não conceder direito algum.

Por outro lado, essas obras podem adquirir um valor inestimável, tornando-se bens muito valiosos e movimentando um imenso mercado e já indústria cultural. Qual a ofensa causada ao autor falecido, original? Herdeiros podem ter direitos, caso as obras ainda não estejam no domínio público?

Não se trata apenas de criar uma obra inspirada no estilo de outro autor, como a música dos Beatles, como a inteligência artificial criada no laboratório Sony CSL, em 2016, com um software chamado FlowMachines, que aprendeu a compor músicas a partir de uma imensa amostra de músicas e recebendo assim, influência do grupo, criando músicas totalmente criadas por máquinas "imitando" o estilo Beatles.[39]

Isso poderia parecer, a princípio, um simples modismo, uma sensação de momento, mas é muito mais do que isso[40] pois esconde uma tendência profunda a indicar que novas ferramentas estão disponíveis para recurso de criação. É copiar o estilo a ponto de indicar que aquela obra seria criação do autor falecido, caso vivo estivesse. E no caso de Rembrandt, é falecido e em domínio público, mas e se um autor, com muitos livros, ou muitas obras, utilizar uma IA para produzir novas obras e comercializá-las? Por hora pode ser que esse recurso não esteja tão acessível, mas pode ser que em breve seja tão acessível como se tornaram as impressoras e os celulares. Então o Direito precisa se preocupar com isso.

Ainda que a tecnologia esteja aprendendo e criando, analogamente a uma pessoa que possa desenvolver uma obra tomando como base a forma ou estilo de Rembrandt, essa pessoa receberá direito autoral pois sua obra estará protegida, mas a obra criada pela IA não estará protegida por não preencher os requisitos exigidos

---

39. Conforme notícia do caso aqui: https://br.sputniknews.com/20160928/inteligencia-artificial-musica-beatles-6432093.html

40. DELTORN, Jean-Marc & MACREZ, Franck. *Authorship in the Age of Machine learning and Artificial Intelligence*. University of Strasbourg. Center for International Intellectual Property Studies. n. 2018-10, 25p., 2018, p. 3.

pela Lei Autoral. E logo pode ser que regras de consumo devam ser aplicadas pois, ainda que nunca se desejou reduzir a obra intelectual a um bem de consumo, fato é que ela é um bem de consumo, e que o consumidor tem direito a ser bem informado sobre o produto que consome – principalmente quanto a sua origem. E nesse sentido o direito do consumidor se une ao artigo 11 da Lei 9.610/98, de modo que a origem precisa – pelo menos enquanto não há alteração legal – ser uma pessoa física (titularidade originária) ainda que a titularidade (derivada) possa ser de uma pessoa jurídica (ou física).

Ainda que não exista um direito autoral que possa ser aplicado, tudo imprime força para mudanças na legislação, e as normas gerais do direito também sancionam determinadas ações. Se as soluções forem pensadas tomando como base exclusivamente o investimento realizado, ou o lado do criador, a solução tende a proteger o resultado do trabalho realizado. Por outro lado, tomando com base a dimensão coletiva, e a difusão do conhecimento, é possível que a tendência seja a ausência de proteção, por mais original e criativa que a produção ("obra") apresente.

Cientificamente ainda existem dúvidas sobre a possibilidade e capacidade criativa da Inteligência Artificial. É uma questão primeiramente científica. Com isso, uma solução possível e futura é rever a Lei Autoral para que considere a possibilidade da autoria original ser designada para uma máquina, caso em que a titularidade imediatamente nasce no mesmo momento do nascimento da obra, para quem fez uso da IA para criar e tornar pública a obra, não se admitindo o ineditismo para esses casos, por questões de mercado. Como nos casos de pedidos de patentes, que mereceriam ter a indicação de "origem" e não de "inventor", a mesma "origem" deveria ser indicada para obras produzidas por IA, como músicas. E o seu proprietário poderia ser o seu titular (derivado ou originário, dependendo de como as discussões evoluírem).

São obras que são produzidas para o público, e a alegação do ineditismo conflitaria com outras criações na medida em que, ainda que criativas (dadas as capacidades de análise restritas do cérebro humano, que consegue ver criatividade em quase tudo que emite som), têm uma imensa base técnica, merecendo que se tome de empréstimo aqui uma normativa similar às patentes (possui o direito quem primeiro registra, ou seja, torna pública a obra), e aqui valeria a exteriorização pública, como prova – em qualquer meio.[41] Similar, mais ainda, ao registro de desenho industrial, pois não faria sentido ter análise de mérito no depósito, e seria uma forma de dar publicidade e titularidade para uma exploração. Similar, não idêntico, ou seja, entende-se que há necessidade de uma legislação específica.

---

41. Não poderia prever, como faz a Lei Autoral, a exteriorização da obra de qualquer forma, tangível ou intangível, autorizando que a obra esteja protegida ainda que inédita em uma gaveta. No caso de obras produzidas por inteligência artificial, a fim de não gerar conflito com quem primeiro a revelou, a prova da publicidade daria direito àquele que tornou possível sua exteriorização (em geral um proprietário da IA).

4. IMPACTOS DA IA NA PROPRIEDADE INTELECTUAL

Na década de 1950 surgiram os primeiros sinais de criação por inteligência artificial, para, na sequência, apenas 30 anos depois, nos anos 1980, surgir o aprendizado de máquina, ou o "*machine learning*". Depois, os desenvolvimentos levaram ao "*deep learning*", onde ocorre um aprendizado de máquina pelo uso de redes neurais integradas ao sistema, que se autorreproduz e cria. No seu início, a inteligência artificial – essa inteligência falsa sobre a qual tratou-se na introdução – se revelava apenas como uma engenharia que tornava máquinas e programas inteligentes. Já a "*machine learning*" trouxe a habilidade da máquina aprender sem ser programada para algo. E na atualidade, as máquinas não apenas aprendem, mas produzem mediante o entrelaçamento de redes neurais profundas (mas continua sendo falsa/artificial, como apontado anteriormente).

Ao menos no Brasil, algoritmos que venham a alcançar o status de Inteligência artificial (em momento oportuno cabe questionar os níveis desta IA que se generaliza exageradamente – ao nível de "narrow" e ampla/geral) não estão protegidos como invenção, uma vez que a Lei 9.279/96 trata o algoritmo como sequência de passos lógicos para solução de problemas, o que o equipara a um programa, de modo a estar ao abrigo da Lei 9.609/98. Entretanto, existem os debates entre programa (*software*) e método (eventualmente protegido por patente), e ainda processos.

Ainda mais polêmicas são as questões sobre a proteção de obras criadas sob IA, pois já passaram pelo menos desde o ano de 2019 as notícias de livro escrito por inteligência artificial (da editora Springer Nature, sobre Baterias de Lítio), e de quadro vendido por R$ 1,6 milhão em Nova Iorque, o quadro "Edmond Belamy", feito de fato por um algoritmo, músicas, produção cinematográfica, entre outros. Seriam as primeiras obras de arte confecionadas por uma inteligência artificial – falsa. No lugar da assinatura, existe uma fórmula matemática. A situação parece uma provocação ao excesso de proteção visado pela indústria cultural. E existe criação, autoria, originalidade, proteção legal?

Na atualidade a complexidade dos desenvolvimentos e ainda a multiplicidade de atores (ou autores) das criações, chega a tornar a justificativa vinculada à personalidade quase grosseira, sem qualquer sentido. Um desenvolvimento que tem base numa economia especulativa, como é promovida pelas organizações (estatais ou não, oficiais ou não) de proteção da propriedade intelectual, pode causar um imenso impacto social negativo. E a cooperação, o compartilhamento, e a inovação alçada numa escala antes nunca vista, em especial pelos desenvolvimentos da IA, impactam em qualquer especulação, tornando o lucro bastante incerto. A incerteza na tecnologia decorre de uma obsolescência veloz, onde a inovação tem uma vida útil diminuta[42].

---

42. HERSCOVICI, Alain. Capital intangível e direitos de propriedade intelectual: uma análise institucionalista. *Revista de Economia Política*, Sep. 27 (3), 2007. Disponível em: https://www.researchgate.net/publication/250989972_Capital_intangivel_e_direitos_de_propriedade_intelectual_uma_analise_institucionalista. Acesso em: 02 nov. 2021, p. 408.

E então aqui reside o primeiro pilar que já não faz mais sentido: a tradicional justificação de que o sujeito humano que está por detrás da invenção deve ser identificado, já não tem razão de ser. O que se discute agora, no contexto das produções de IA, é o grau de interferência humana e de autonomia da produção pelo sistema, que são distintas[43].

E outro pilar, do incentivo, também sucumbe, pois em se tratando de desenvolvimentos envolvendo Inteligência Artificial, a situação ainda fica mais clara: uma IA não necessita de incentivo para criar. De todo modo, os proprietários dela sim. Nesse sentido, a função econômica da patente não é, de fato, puramente incentivar, mas sim, garantir um desenvolvimento econômico seguro, através de garantias mínimas de retorno do investimento[44].

Para não cansar com o repetido Lavoisier – "nada se cria, tudo se transforma", utilizando princípio da conservação de massas – que depois Einstein irá igualar à energia, pode ser citado Kinsela[45], afirmando nessa linha que que "*ninguém* de fato cria algo". O autor entende que há "rearranjos" que tornam algo útil ou melhor, e sempre são seguidas "leis da natureza". Além disso, para o autor é arbitrário e injusto recompensar "inventores e autores mais práticos, como engenheiros e compositores, deixando pesquisadores teóricos da ciência, matemática e filósofos sem recompensa. Trata-se de uma convenção. Assim como uma convenção, na Física, determinou o tamanho do "metro" e outros valores numéricos (como constantes, quantidades, ou escalas de medida), pois são dados declarados como tais por decisão arbitrária e não por propriedades dadas da natureza.

O sistema de propriedade intelectual decorre de um ato puramente arbitrário de governantes, legisladores ou de corporações que influenciam a aprovação das leis. Mesmo uma justificação por "direitos naturais" seria arbitrária, senão completamente errônea diante das revoluções científicas apontadas. De fato, como foi possível apontar, fisicamente é impossível a autoria original. Muito menos a novidade individual. O sujeito nunca cria sozinho, ainda que seu ego queira isso imensamente e, algumas vezes, doentiamente.

Aqui é importante lembrar que assim como o autor cria no contexto de uma existência, de uma história, não é possível conceber uma originalidade pura, pois o pensamento todo é dependente da linguagem, ou seja, a criação é constituída pela linguagem, e não por uma "genialidade" humana metafísica e abstrata. Mas pode ser exagerado afirmar que a linguagem se apropria do sujeito, e não o contrário – há,

---

43. SCHIRRU, Luca. *Inteligência artificial e o direito autoral*: o domínio público em perspectiva. Instituto de Tecnologia e Sociedade do Rio (ITSRIO), 2019. Disponível em: https://itsrio.org/wp-content/uploads/2019/04/Luca-Schirru-rev2-1.pdf. Acesso em: 02 nov. 2021, p. 5.
44. FORAY, Dominique. A primer on patent and innovation. *Management international / Gestiòn Internacional / International Management*, 14(3), 2010, p. 21.
45. KINSELLA, Stephan. *Contra a propriedade intelectual*. Trad. Rafael Hotz. São Paulo: Instituto Ludwig von Mises Brasil, 2010, p. 21.

parece, antes uma troca, uma metamorfose, onde linguagem e sujeito interagem e se transformam.

É possível que os sistemas de inteligência artificial – ainda que inteligências falsas, ou talvez por isso mesmo – consigam demonstrar ao humano o quão nada original ele consegue ser, ainda muitas vezes tremendamente presunçoso, a ponto de criar e aprovar leis e artigos como muitos que estão na lei de direitos autorais.[46][47]

Em relação à produção intelectual para essa "inteligência artificial", difícil encontrar em fundamentos antigos justificativas para a concessão de direitos a uma a uma inteligência artificial – talvez a proprietários dela. Nem a teoria da personalidade, nem a teoria do trabalho, que focam no antropocentrismo, servem, e a teoria do incentivo, como vimos, se torna sem sentido diante da realidade da desnecessidade de utilidade da proteção – registros de patentes não fornecem dados que garantam a expansão da inovação.

A garantia do retorno do investimento também merece ser questionada, principalmente com base em dados (que não são convincentes) de que o risco que uma empresa corre com seu investimento deve receber uma "garantia" que não implica um risco social maior.

Com tudo isso, parece paradoxal afirmar isso, mas existe a possibilidade da criação humana persistir (há vozes entendendo que o ser humano, a longo prazo, ávido por satisfação instantânea, pode perder capacidade criativa), em conjunto com uma superinteligência. Acredita-se que para ambas as situações as leis devem prever direitos, pois se o sistema de propriedade intelectual pode ser aproveitado pelo humano criativo, é claramente insuficiente para a supermáquina. E as demandas que chamam atenção para a necessidade de uma proteção da criação da máquina já existem, restando saber se a ausência de proteção pode causar benefícios ou prejuízos diretamente ao próprio ser humano.[48]

---

46. O inciso X do artigo 29, da Lei 9.610/98 é uma preciosidade em termos de demonstração da capacidade humana de pretender sufocar a criatividade alheia protegendo tudo o que é criado e mais o que ainda venha a ser criado no futuro: Art. 29. Depende de autorização prévia e expressa do autor a utilização da obra, por quaisquer modalidades, tais como: (...).

    X – quaisquer outras modalidades de utilização existentes ou que venham a ser inventadas.

47. Ou terá sido a própria "inteligência artificial" que conseguirá dotar o humano de incapacidade cognitiva, assim como poderá ser capaz de diluir ou eliminar várias capacidades culturais humanas, e a própria empatia, pelo anseio do ser humano de adquirir as capacidades "artificiais" entendendo que necessita delas para sobreviver na era do "Homo Digitalis".

48. Vide caso do Dreamwriter, inteligência artificial criada por Tencent, envolvido em um caso em que o Tribunal Popular do distrito de Nanshan, em Shenzhen, na China, decidiu que um artigo produzido por um sistema de inteligência artificial merecia proteção de direitos autorais – condenando quem o havia plagiado (Shanghai Yingxun Technology Company (SYTC). A empresa Tencent foi considerada titular dos direitos autorais. O artigo foi publicado com a seguinte assinatura;: "este artigo foi escrito por Tencent Robot Dreamwriter" e a Yingxun Corporation copious o artigo e republicou em seu própro site Home of Internet Loan, sem permissão da TEncent (Cfe. https://www.managingip.com/article/b1kqljbrkclb41/china-artificial-intelligence-can-ai-created-works-be-copyrighted).

No Direito, insistentemente, leis são produzidas pela sociedade para confirmar interesses de algum grupo dominante, tradicionalmente para benefícios do próprio grupo, e algumas vezes, por resultado de pressões, diálogo e acordos, para promoção de interesses de grupos menos favorecidos.

A forma como o direito tem recepcionado as bases da ciência merece uma cuidadosa crítica, pois nem sempre os desenvolvimentos científicos trazem conforto para alguns grupos de interesses, que deixam de considerar realidades que podem alterar a concepção em torno de questões fundamentais, e em se tratando da Propriedade Intelectual, tais questões envolvem a autoria, a originalidade, e a própria noção do que significa uma obra intelectual.

Com os desenvolvimentos da Inteligência Artificial (inorgânica), caminhando a passos largos em conjunto com outras inovações que têm se revelado bastante efêmeras, dispensando a proteção de patentes, e optando pela inovação aberta, pode-se destacar que:

a) a IA deixa clara a complexidade e a possibilidade da criação não ser exclusivamente humana, e ainda, independente da humana – entretanto, por uma questão de acuidade até linguística, deve-se falar em "produção", e não criação;

b) a IA evidencia que as discussões sobre consciência, humanidade, sensibilidade, não são base para fundamentação da proteção autoral, do ser criativo, pois a obra produzida por ser humano que não possui consciência (terá um tutor ou curador), que seja desumano (uma obra pode ser proibida mas estará protegida), ou que não for sensível, interessa ao direito autoral, que a protege, pois não se questiona a sensibilidade ou emoção ou consciência do ser humano para a proteção do seu resultado criativo. Um animal, ou uma IA, portanto, podem produzir obras artísticas e/ou técnicas, mesmo sem consciência, sem sensibilidade, e sem ser motivado por qualquer meio – legal ou não – para isso – ainda que esse incentivo possa ser indireto – e uma proteção a tal produção pode e deve ser estudada, a fim de que se protejam outros interesses – inclusive do próprio indivíduo, e da coletividade, como o próprio mercado consumidor;

c) a IA, desvela o arbítrio de suas normas, em benefício de poucos e prejuízo de muitos, e seu conteúdo ultrapassado – muitas vezes com falsos fundamentos, ou hipócritas, a fim de alcançar objetivos de mercado;

d) a IA tem o condão de demonstrar que a originalidade pode ser produzida artificialmente, de modo que a base que funda a propriedade intelectual, de direito natural, consagrada pelas ideias iluministas, não se sustenta perante a IA.

Ou seja, os desenvolvimentos em inteligência artificial trazem luz à necessidade de rever as bases sobre as quais a propriedade intelectual assenta suas justificativas. Fica demonstrado que há necessidade de que seus defensores esclareçam as bases nas quais a mesma irá se legitimar durante século XXI, do contrário, mesmo que as normas sempre se fortaleçam, em prol e maior proteção, poderão com o tempo carecer de eficácia, não apenas por descrédito público, mas por ausência de interesse.

5. PROTEÇÃO DE CRIAÇÕES GERADAS POR IA: CUSTO OU BENEFÍCIO SOCIAL?

Se de fato vive-se uma época de transição entre o inventor humano e o inventor máquina[49] – É importante ter isso em mente pois o Direito é demandado para responder sobre uma prerrogativa de exclusividade direcionado ao resultado criativo produzido sem intervenção humana, por uma máquina, uma "inteligência inorgânica", que, não obstante sua capacidade de memória, organização e criação, escapa ao que tradicionalmente se concebe como "inteligência".

Mais uma vez, o Direito pode estar deixando de conhecer as razões de outras ciências, e não apenas o paradigma da Linguagem, agora também da neurociência, por exemplo – e comparar o cérebro humano e a inteligência humana com a da máquina pode auxiliar a esclarecer importantes nuances e resolver esse impasse. E pode inclusive tornar o problema irrelevante, ou talvez, revelar um falso problema.

Assim como há empresas pioneiras em desenvolvimento tecnológico, que reclamam proteção da Propriedade Intelectual, há razões para recusar proteção a produções realizadas por inteligência artificial. Pelo menos duas razões podem indicar ser possível maior benefício social eliminando-se a proteção de técnicas criadas por Inteligência Artificial. Primeiro porque, não conceder qualquer proteção pode ser uma opção bem-vinda, como está sendo para muitos inventores e empresas que efetivamente criam técnicas que preenchem os requisitos para patentear, e optam por não reivindicar patente, dada a rapidez e efemeridade (demanda real) de cada inovação.

Segundo, porque, ao menos hipoteticamente, confirmando-se a previsão de surgimento de uma superinteligência artificial, ainda neste século, poderá não fazer qualquer sentido patentear uma técnica considerando que a Inteligência Artificial teria criado todas as possibilidades disponíveis para invenção – atividades inventivas novas – não abrangidas pelo estado da técnica, não tendo qualquer sentido conceder patente para o que, portanto, é óbvio. Para Abbott[50], com a superinteligência artificial poderemos testemunhar o fim do sistema de patentes. O autor informa ainda que não há necessidade de preocupação, pois se ela for comum, ou seja, acessível, os "custos financeiros da inovação serão triviais, e o impulso para incentivar será desnecessário – a inovação ocorrerá e será autossustentável."

Com certeza é uma hipótese ousada, bastante possível do ponto de vista jurídico, porém, merece maior análise do ponto de vista biológico. Ou a biologia e a ciência da vida não importam no que diz respeito à propriedade intelectual? Importam. Tanto que a Lei de Patentes exclui patenteamentos de seres vivos, com exceção dos microrganismos transgênicos...

---

49. ABBOTT, Ryan Benjamin. Everything is Obvious. 66 *UCLA L. Rev.* 2, 2018. Disponível em: https://ssrn.com/abstract=3056915 or http://dx.doi.org/10.2139/ssrn.3056915. Acesso em: 21 out. 2021, p. 26.

50. ABBOTT, Ryan Benjamin. *The Reasonable Robot*: Artificial Intelligence and the Law, Cambridge University Press, 2020, p. 10.

Esclarecendo ainda a primeira razão para a não concessão de patentes, quem inova costuma ter informações de certa forma privilegiadas sobre mudanças de preços de certos insumos terão com a implementação de inovação, e antes de revelar poderá fazer uso econômico e legítimo desse conhecimento. E com isso o monopólio sobre a inovação não apenas não importa como não é sequer desejável[51]. Ocorre que muitos desenvolvimentos na área de patentes e modelos de utilidade não demandam um controle suplementar, pois não representam um desequilíbrio entre interesses privados e públicos, na medida em que o próprio inventor se beneficia da difusão da inovação, fazendo-o desejar a liberdade, publicidade e gratuidade do conhecimento.

Essa liberdade, publicidade e gratuidade do conhecimento[52] traz inúmeros benefícios que envolvem por exemplo, a vantagem do pioneirismo no lançamento de um produto com a nova técnica no mercado (como a liderança na tecnologia, um monopólio inicial, controle de recursos, uma lealdade do consumidor, e maior controle do mercado).

Essa situação ficaria ainda melhor se, por um lado, existissem políticas públicas de incentivo, com o fim de auxiliar os inovadores e produtores de conhecimento na busca do melhor aproveitamento em cima de suas criações, e por outro, se também políticas públicas maximizassem o acesso e distribuição desse conhecimento, e assim haveria a maximização do benefício, sem patente, e com liberdade. A rapidez no desenvolvimento e crescimento de novas propostas inovativas é diretamente proporcional à rapidez e amplitude (mais sujeitos beneficiados) da disseminação do conhecimento.

O que não se pode fazer é generalizar.[53] Aplicar a solução das patentes a toda e qualquer técnica, pois nem todas as técnicas protegidas por patentes trazem como resultado a maximização do bem-estar social e o benefício privado. Em geral a solução das patentes é mais benéfica nesse equilíbrio quando tem em vista empresas jovens e não multimilionárias[54-55], muito menos bilionárias (por exemplo, grandes empresas farmacêuticas, que desejam não apenas compensar o investimento, mas maximizar o

---

51. FORAY, Dominique. A primer on patent and innovation. *Management international / Gestiòn Internacional / International Management*, *14*(3), 2010, p. 20.

52. YANISKY-RAVID, Shlomit and LIU, Xiaoqiong (Jackie), When Artificial Intelligence Systems Produce Inventions: The 3A Era and an Alternative Model for Patent Law (March 1, 2017). 39 *Cardozo Law Review*, 2215-2263, 2018, Disponível em: https://ssrn.com/abstract=2931828. Acesso em: 02 nov. 2021, p. 47.

53. Ryan Abbott entende que "Even after the widespread use of inventive machines, patents may still be desirable (ABBOTT, Ryan Benjamin. Everything is Obvious. 66 *UCLA L. Rev.* 2 (2018), disponível em: https://ssrn.com/abstract=3056915 or http://dx.doi.org/10.2139/ssrn.3056915, acesso em 21 out. 2021, p. 49).

54. FORAY, Dominique. A primer on patent and innovation. *Management international / Gestiòn Internacional / International Management*, *14*(3), 2010, p. 24.

55. "So innovation and the relationships of patents to innovation differ by industry. One size does not fit all; a truly unitary patent law would therefore treat "unlike things" alike." E o autor lança um desafio e faz uma provocação pertinente: "While it is relatively easy for economic theory to show that optimal design should differ significantly across technologies and industries, a strong case can be made that this is a Pandora box that should not be opened (FORAY, Dominique. A primer on patent and innovation. *Management international / Gestiòn Internacional / International Management*, *14*(3), 2010, p. 26).

lucro, com um lucro imenso a partir de um superfaturamento em vendas que bloqueia o acesso a pessoas que não conseguem pagar os medicamentos).

Portanto, a patente aqui não maximiza o bem-estar social, apenas beneficia a empresa que detém o conhecimento e a utiliza como estratégia: cada empresa detém uma carteira de patentes que podem ou não ser infringidas, dependendo do interesse do detentor de também infringir alguma do infrator (uma espécie de "conluio" entre fraudes, "você não me processa e eu também não te processo – e de modo "tácito" autorizamos exclusividade de violação..."). Considerando a grande ambiguidade dos critérios na concessão de patentes, nunca foi difícil criar um portfólio com o objetivo de mero uso estratégico.

Recentemente, entretanto, essa mesma fragilidade começou a lançar um alerta para outras opções que podem ser melhores do que as patentes. É como uma guerra fria. O portfólio de patentes é com interesse de barganha e não de exploração e lucro com base na patente em si e seu valor comercial. A mesma carteira é usada contra quem deseja entrar naquele mercado específico. Tal uso meramente estratégico das patentes bloqueia a inovação, pois ela não é interessante para os detentores dos portfólios. Temos assim que a patente é interessante para manter o equilíbrio no mercado e o acesso, porém, não no caso de grandes indústrias.[56] Se a vinda da produção técnica por IA resultar em uma máquina ultra inteligente[57], então o requisito da novidade será enterrado para sempre, e a invenção dessa inteligência teria sido a última invenção a justificar a existência das patentes.

Nesse caso, aplicando isso às indústrias capazes de produzir inteligência artificial (inorgânica), podemos deduzir, preliminarmente, que elas poderão não fazer bem ao setor. Questiona-se a necessidade de conceder proteção para algo criado por um não humano, porque os resultados de tais criações já estão a movimentar grandes volumes de bilhões. Novamente, o que é decantado é que a indústria bilionária se apropria do sistema de patentes para usá-la de modo estratégico de dominação de mercado – e trazendo como resultado o bloqueio da própria inovação.

Essa proteção, se convencionada que seja levada a registro, de modo a se dispor a revelar-se para o público, deveria ter limitação no tempo não mais do que já concedido para patentes, com a indicação de uma titularidade responsável pela produção – como o produtor de um filme, por exemplo, que possui a prerrogativa pecuniária

---

56. Tendo em conta as elevadas margens de lucro – também aumentadas por medidas de evasão fiscal – as empresas poderosas têm também boas oportunidades de penetrar em segmentos de mercado vizinhos ou dos mais distantes, de adquirir empresas bem-sucedidas e especialmente inovadoras, de utilizar o seu know-how e patentes e, desta e de outras formas, de reforçar as suas respectivas posições no mercado79. Por conseguinte, tais efeitos conglomerais podem ser utilizados para encerrar os mercados, ou seja, para impedir a concorrência. (...). Na medida em que estes e outros fatores aumentam os processos de concentração e evitam possibilidades de intervenção contrária, a economia de mercado falha como meio de limitar o poder (HOFFMANN-RIEM, Wolfgang. Big data e Inteligência Artificial: desafios para o futuro. *Revista de Estudos Institucionais*, v. 6, n. 2, maio. ago. 2020, p. 463).

57. ABBOTT, Ryan Benjamin. Everything is Obvious. 66 *UCLA L. Rev.* 2, 2018. Disponível em: https://ssrn.com/abstract=3056915 or http://dx.doi.org/10.2139/ssrn.3056915. Acesso em: 21 out. 2021, p. 25.

no direito de autor, sob pena de, mais uma vez, ao se tentar ampliar o escopo de proteção das leis de Propriedade Intelectual, causar uma implosão do sistema que não possui mais princípios sobre os quais se justificar.

Se o sistema de patentes é fundamental como instrumento de inovação e equilíbrio da concorrência, como uma forma de permitir novos *players* no mercado competitivo da tecnologia, por outro lado, sufoca esse mesmo mercado na medida em que o mesmo sistema tem sido utilizado por grandes empresas como estratégia de bloqueio da inovação. E assim como o software recebeu uma proteção legal especial, ainda que com fundamentos no direito autoral (Lei 9.609/98), indústrias específicas como a farmacêutica, biotecnologia merecem legislações também específicas, o que não enfraquecerá o sistema de patentes, pelo contrário, poderá evitar seu colapso diante de outras formas com maior potencial de equilibrar a tensão entre o interesse privado e o bem-comum.

Quais setores demandariam um tratamento especial no sistema de proteção da Propriedade Intelectual? No momento, será necessário fazer uso de uma IA para descobrir quais os setores que demandam legislação específica? Ela utilizaria critérios como o alto custo envolvido, os benefícios sociais da patente, os riscos para a inovação e para seu inventor e/ou titular. Analisaria estatisticamente as possibilidades de a patente causar bloqueio no mercado, ou de incentivar a concorrência. Ela calcularia os custos sociais e possibilidades de um uso estratégico de patentes para formação de monopólios e bloqueio da concorrência. E talvez ela incluísse nessa lista ela própria, possivelmente indicando, também por meio de dados estatísticos, que a titularidade de sua produção deve pertencer à pessoa física ou jurídica que demandou determinado trabalho.

Isso faria da autora deste texto a titular da IA que decidirá quais áreas do conhecimento deverão receber legislação específica? Não, pois se trata de uma ideia que não recebeu concretização no plano da técnica. Uma abstração. Essa IA não foi criada. Comparativamente, por exemplo, não seria sequer o roteiro de um filme, mas sim, o enredo – que não recebe proteção por não constituir criação.

Por fim, mudanças na legislação que considerem a possibilidade de uma inteligência artificial (inorgânica) ser considerada autora, não significam demanda da máquina, ou proteção ao resultado criativo produzido pela máquina. Significa apenas a garantia de não termos reconhecimento de autoria para uma pessoa que efetivamente não gerou qualquer obra intelectual – caso a máquina tenha efetivamente criado uma invenção de forma totalmente independente, e sem qualquer auxílio, participação ou influência, de forma direta ou indireta, de um ser humano, em última instância, pessoa física, dotada de personalidade.

Pois não adianta lutar para não conceder direitos a uma máquina, por ausência de capacidade ou qualquer outra justificação legal, e conceder a uma pessoa que não é autora do invento, apenas porque foi gerada de modo independente por uma máquina e a lei não admite que essa origem seja colocada no pedido de patente. No lugar do pedido indicar "Inventor", poderia indicar "Origem". É de se ver que, de fato, estamos no início da transição do inventor humano para o inventor máquina, como já pontuado. Para que isso não aconteça – e até em respeito à coerência moral, social e de todo sistema jurídico, inclusive consumerista – é que a mudança legal para indicar que o resultado criativo protegido tem origem numa inteligência artificial deve ser providenciado.

E aqui se destaca o que há de mais premente e urgente na consideração da Propriedade Intelectual como um veículo de promoção de equilíbrio, e luta contra desigualdades: enquanto se discute a propriedade intelectual para inteligência arti-ficial, uma nova propriedade intelectual vem sendo forjada, que não segue a lógica econômica tradicional, mas que pode tentar escutar as identidades políticas, salvar culturas frágeis e minoritárias e ser instrumento de reconhecimento de direitos hu-manos.[58] No lugar de incentivo, essa nova propriedade intelectual é vista como um instrumento de reconhecimento e redistribuição.[59]

Bem longe, portanto, de seus fundamentos tradicionais, de simples incentivo à criação, porque "falha de mercado", causada pela natureza do bem intelectual precisa ser corrigida com uma legislação protetora, e mais longe ainda da preocupação com um investimento como os programas e máquinas movidas a inteligência artificial. Por um lado, a propriedade intelectual é discutida para que sua proteção seja ampliada em termos de objeto, por outro, a discussão gira em torno, tanto de seu poder de negar acesso a determinados sujeitos, como dos sujeitos que ela pode efetivamente auxiliar, tornando-os agentes políticos, culturas inteiras que correm risco de extinção, povos que podem se valer da propriedade como instrumento para reconhecimento de seus direitos criativos, e assim, melhorar suas condições de vida, ganhar poder, dignidade, e se constituírem em voz ativa.

E se é possível pensar em "origem" no lugar de autor, também é possível fazer o mesmo para os casos de questões tradicionais, dos povos indígenas, por exemplo, para que também a comunidade que desenvolveu aquele bem intelectual que está sendo comercializado deve receba os benefícios econômicos para se sustentar e promover. A propriedade intelectual pode, sim, ser um instrumento de reconhecimento e con-quista de autonomia, para os povos frágeis – e se a inteligência artificial for capaz de gerar bens protegíveis, mais ainda, o reconhecimento de tais bens às comunidades deve ser promovido de forma concreta, e com ações afirmativas.

6. CONSIDERAÇÕES FINAIS

Não se pode dizer que a propriedade intelectual, seja através das leis de patentes, software ou direitos autorais, esteja velha e incapaz de lidar com uma situação tão nova. Simplesmente, a situação não tem qualquer relação com os fundamentos da

---

58. "These distinct theories would guide intellectual property regulation differently. (...) But under a cultural analysis, law would want to ensure that all individuals–not just the most powerful–would have access to the channels of making cultural meaning" (SUNDER, Madhavi. IP³. *Stanford Law Review*, v. 59, n. 2, 2006, p. 331).
59. SUNDER, Madhavi. IP³. *Stanford Law Review*, v. 59, n. 2, 2006, p. 274.

propriedade intelectual tal qual usualmente levantados como bandeira para justificar a proteção. Simplesmente mirar leis de propriedade intelectual para construir uma proteção é, por um lado, violar seus princípios básicos, pelos quais se fundamenta, e por outro, possibilita que toda a credibilidade do sistema baseado em tais fundamentos seja questionada.

A discussão sobre uma proteção a obras produzidas por IA tonar possível ver melhor o quanto a propriedade intelectual vem sendo utilizada como instrumento de poder. Ao mesmo tempo, se o desenvolvimento tecnológico e os grandes "players" do mercado desejam proteção aos resultados produzidos por IA, mais ainda, então, percebe-se o quanto a propriedade intelectual pode empoderar culturas tradicionais e minorias frágeis – pois a propriedade intelectual, sendo um instrumento de poder, deve ser utilizada como instrumento de promoção da autonomia e empoderamento, com ações afirmativas envolvendo a PI – e não para causar ainda mais desequilíbrio e pobreza no mundo.

Obras criadas por IA inorgânica (a IA orgânica ou natural ainda não foi criada, mas os estudos estão chegando lá[60] minam derradeiramente os tradicionais fundamentos da propriedade intelectual, pois, a princípio – cada caso concreto deve ser avaliado – não há personalidade, não há sujeito criador, não há como invocar incentivo à inovação (qual a vontade da IA?), e muito menos reconhecimento da propriedade sobre os frutos do trabalho. Se admitido que o produto de uma IA merece proteção, naturalmente que a titularidade não deveria ser dela própria, que não possui personalidade jurídica.

Analisando o que aconteceu, agora, parece que ocorreu um tropeço histórico entre o século XVII e XXI. E parece que estamos começando a ver além de um horizonte fechado. Se as próprias noções de propriedade, variam de cultura para cultura, assim também varia a própria concepção de pessoa, e de dignidade[61]. Não é possível que manter a cegueira diante de tantas formas distintas de se perceber um fenômeno, parece uma imensa hipocrisia conviver com leis que tem como base uma situação que em hipótese alguma representa um conceito razoavelmente admissível e corroborado em fatos – não apenas em termos culturais, mas científicos, como se tentou apontar, mas que é resultado ideológico de interesses em vigor.

Como destacou Edgar Morin[62], ainda que a ciência tenha trazido muita mudança e transformação ao mundo, positivamente falando, como novos medicamentos, novas possibilidades para a própria compreensão do mundo, da vida, do sentido de tudo, também trouxe problemas. A desigualdade aumenta vertiginosamente, o acesso igualitário às condições de comunicação, linguagem e reflexão, abrem a cada

---

60. BINYSH, Jack; WILKS, Thomas R., SOUSLOV, Anton. Active elastocapillarity in soft solids with negative surface tension. *Science Advances*, v. 8, 10, mar. 2022. Disponível em: https://www.science.org/doi/full/10.1126/sciadv.abk3079#. Acesso em: 02 nov. 2021.

61. A respeito em: KRETSCHMANN, Ângela. *Universalidade dos direitos humanos e diálogo na complexidade de um mundo multicivilizacional*. Curitiba: Juruá, 2008.

62. MORIN, Edgar. *Introdução ao pensamento complexo*. Trad. Eliane Lisboa. Porto Alegre: Sulina, 2005.

IMPACTOS DA INTELIGÊNCIA ARTIFICIAL NOS FUNDAMENTOS DA PROPRIEDADE INTELECTUAL

dia uma enorme fossa entre os que compreendem a complexidade, e os que ficam fora do diálogo, por absoluta incapacidade de refletir nos mesmos termos. Grandes corporações dominam o acesso, e determinam governos, que fazem uso da tecnologia como instrumentação para o domínio e o poder.

É necessário humanizar a ciência e a tecnologia, e isso só será possível se a economia for desvinculada do conceito de desenvolvimento, e se os fundamentos da propriedade intelectual puderem também caminhar no contexto desse conceito, de um desenvolvimento que não tem em vista apenas aspectos econômicos. Ultimamente, possuir uma patente, para muitas pessoas físicas, mas também jurídicas, significa poder dizer que é autor e titular de uma patente, que lhe confere direitos de exclusividade, porém, sem que consiga exercer. É apenas um papel, para o qual por olhar com orgulho, uma vez que o sistema jurídico e os custos para promover uma ação – e a demora em alcançar qualquer resultado – ainda que pleiteie via justiça gratuita – o deixará apenas com a lembrança de que recebeu reconhecimento por seu trabalho criativo, e possui um "certificado" que o comprova.

Uma proposta de solução poderá ser reconhecer que arte e técnica não devem ser separadas, que a técnica não pode ser reduzida ao plano material, e nem o direito autoral ao plano metafísico. Como se a arte enaltecesse o plano transcendente e fosse a suprema expressão do gênio. E como se a técnica enaltecesse o plano oposto e fosse a suprema expressão da matéria. Isso é o resultado ainda do paradigma moderno da separação sujeito-objeto, o subjetivismo (que envolve o campo da arte) e o objetivismo (envolvendo o campo da técnica). O elo entre as duas foi perdido, há e sempre houve um caráter complementar entre arte e técnica que merece recuperação. E é necessário reconhecer que entre cultura e economia há uma necessária complementariedade para que se alcance um efetivo benefício social com a propriedade intelectual.

A necessária e urgente complementariedade entre cultura e economia é bem lembrada pela Convenção da UNESCO sobre a Proteção e Promoção da Diversidade de Expressões Culturais, que deixa clara a natureza complementar dos aspectos culturais e econômicos do desenvolvimento, buscando promover o incentivo das contribuições culturais dos pobres, incluindo aí o reconhecimento material – com medidas financeiras públicas inclusive incentivadas pela Convenção. O que preocupa é a promoção da "interculturalidade", o incentivo da troca de ideias entre culturas que podem representar um desafio para a diversidade cultural devido às diferenças entre os países ricos e pobres.

O sistema da propriedade intelectual precisa recuperar seu nó górdio original, para que possa cumprir seu papel de emancipação do indivíduo, ao mesmo tempo em que pode ser capaz de promover a redução da desigualdade social. A PI não tem se constituído como um inventivo à competitividade, ao contrário, e com isso tem ampliado as desigualdades, e a devastação da natureza – pois a ciência já não possui mais um rumo inserido no contexto de um bem social.

As desigualdades só aumentaram, a pandemia de Corona Vírus deixou isso bastante claro. Para a natureza, que pôde respirar verdadeiramente, com mais liberdade, nada pode ser pior do que retomar a normalidade – enquanto os seres humanos estão entrincheirados em suas casas, leões saem às ruas, rios ficam limpos, animais que antes não eram mais vistos, reaparecem.

Para que ocorra a humanização da ciência e tecnologia, é necessário também que pequenas empresas e pessoas físicas, vinculadas a desenvolvimentos de técnicas novas, tenham apoio público (dinheiro) para registrar suas invenções. Assim como existe o sistema da justiça gratuita, sob pena de não existir justiça, é necessário que a patente também seja acessível sob pena de não existir o direito. Comprovando a impossibilidade de fazer frente aos altíssimos custos de registro – e sua manutenção[63] – o país deveria apoiar seus criadores para que a diversidade imperasse no sistema, com chances de não ser dominado por grandes conglomerados e seus "portfólios" de patentes.

Por outro lado, é necessário exorcizar a crença de que o investimento em criações deve garantir retorno. Assim como a Justiça é garantida a quem não pode custear um processo, sem garantia de vitória, o acesso às patentes não deve ser um privilégio, e uma patente não garante lucro. As pessoas não entendem que todo negócio tem um risco. Viver é um risco. As pessoas arriscam em loterias e não querem que a inovação seja um risco. Quem não quer? Apenas quem detém tecnologia e conhecimento para inibir o acesso e a concorrência. No mais, vimos que para pequenas empresas e quem não tem o poder econômico das grandes indústrias, a liberdade e disseminação são mais favoráveis à concorrência, sendo importante que em alguns campos as políticas públicas sejam mais agressivas a fim de garantir a própria concorrência.

Se acaso tudo isso não nos auxiliar a repensar nosso trabalho com a propriedade intelectual, e nossa responsabilidade, então teremos sido derrotados pela cegueira e ignorância, porque o que se descortina diante de nós nesse momento é uma enorme oportunidade de mudar o que está errado, e destacar o custo social que tem sido promovido pela própria propriedade intelectual e seus fundamentos, que datam de uma época que não é a do surgimento da falsa inteligência (artificial).

7. REFERÊNCIAS

ABBOTT, Ryan Benjamin. Everything is Obvious. 66 *UCLA L. Rev.* 2, 2018. Disponível em: https://ssrn.com/abstract=3056915 or http://dx.doi.org/10.2139/ssrn.3056915. Acesso em: 21 out. 2021.

ABBOTT, Ryan Benjamin. *The Reasonable Robot*: Artificial Intelligence and the Law, Cambridge University Press, 2020.

---

63. E isso envolve também as péssimas condições das Universidades públicas para manter as patentes conseguidas a nível nacional e internacional, diante do imenso corte de recursos. O INPI (Instituto Nacional da Propriedade Industrial) deveria administrar efetivamente seus recursos, e receber também para manter as patentes de entidades públicas.

ABRANTES, Antonio Carlos Souza de. Patentes de invenções implementadas por computador e seu papel na promoção da inovação tecnológica. *Revista Eletrônica do IBPI*, n. 7, p. 143-228, 2012.

ALVARES, Lillian; ARAÚJO JÚNIOR, R. H. de. Marcos históricos da Ciência da Informação: breve cronologia dos pioneiros, das obras clássicas e dos eventos fundamentais. *Transinformação*, Campinas, 2010, v. 22, n. 3. Disponível em: http://periodicos.puc-campinas.edu.br/seer/index.php/transinfo/article/view/494, p. 105-205.

ARRABAL, Alejandro Knaesel. Propriedade intelectual e inovação: observações a partir da complexidade – *Revista do Programa de Pós-Graduação em Direito da UFC*, v. 38.2, jul.-dez. 2018. Disponível em: http://periodicos.ufc.br/nomos/article/view/20338/95962. Acesso em: 02 nov. 2021.

ASCENSÃO, José de Oliveira. Direito de Autor e liberdade de criação. *Revista do Programa de Pós-Graduação da UFC*, v. 33.2, jul.-dez. 2013. p. 287-310. Disponível em: http://repositorio.ufc.br/bitstream/riufc/12141/1/2014_art_joascensao.pdf. Acesso em: 05 nov. 2021.

BARBOSA, Pedro Marcos Nunes; BARBOSA, Denis Borges. *O Código da propriedade industrial conforme os tribunais*. Rio de Janeiro: Lumen Iuris, 2017.

BAUMAN, Zygmunt. *Modernidade líquida*. Trad. Plínio Dentzien. Rio de Janeiro: Zahar, 2001.

BINYSH, Jack; WILKS, Thomas R., SOUSLOV, Anton. Active elastocapillarity in soft solids with negative surface tension. *Science Advances*, v. 8, 10, mar. 2022. Disponível em: https://www.science.org/doi/full/10.1126/sciadv.abk3079#. Acesso em: 02 nov. 2021.

BUCCAFUSCO, Christopher; SPRIGMAN, Christopher Jon. The creativity effect. *U. Chi. L. Rev.*, v. 78, p. 31, 2011.

CHAPMAN, A.R., 'A Human Rights Perspective on Intellectual Property, Scientific Progress and Access to the Benefits of Science', *Intellectual Property and Human Rights*. Conference organised by the WIPO in collaboration with the Office of the UN High Commissioner for Human Rights to commemorate the 50th Anniversary of the Universal Declaration of Human Rights, Geneva, Nov. 1998. Disponível em: https://www.wipo.int/edocs/mdocs/tk/en/wipo_unhchr_ip_pnl_98/wipo_unhchr_ip_pnl_98_5.pdf Acesso em: 02 nov. 2021.

DELTORN, Jean-Marc & MACREZ, Franck. *Authorship in the Age of Machine learning and Artificial Intelligence*. University of Strasbourg. Center for International Intellectual Property Studies. n. 2018-10, 25p., 2018.

FARAHANY, Nita A. et al. The ethics of experimenting with human brain tissue. Comment. *Nature*, n. 556, p. 429-432, 2018. Disponível em: https://www.nature.com/articles/d41586-018-04813-x. Acesso em: 02 nov. 2021.

FEYNMAN, Richard P. LEIGHTON, Robert B., SANDS, Matthew. *The Feynman Lectures of Physics*. California Institute of Technology. Assison-Wesley P Company, California, 1963. 6. ed. 1977.

FORAY, Dominique. A primer on patent and innovation. *Management international / Gestiòn Internacional / International Management*, 14(3), 19-28, 2010.

FROSIO, Giancarlo F. Rediscovering Cumulative Creativity From the Oral Formulaic Tradition to Digital Remix: Can I Get a Witness? *The John Marshall Review of Intellectual Property Law*, Chicago, 2014. Disponível em: https://cyberlaw.stanford.edu/files/publication/files/Rediscovering%20Cumulative%20Creativity%20From%20the%20Oral%20Formulaic%20Tradi.pdf. Acesso em: 02 nov. 2021.

FYFE, W. S.. As ciências da Terra e a sociedade: as necessidas para o século XXI. *Estud. av.*, São Paulo, v. 11, n. 30, p. 175-190, ago. 1997. Disponível em: http://www.scielo.br/scielo.php?script=sci_arttext&pid=S0103-40141997000200012&lng=pt&nrm=iso. Acesso em: 02 nov. 2021.

GINSBURG, J.C. People Not Machines: Authorship and What It Means in the Berne Convention. *IIC* 49, p. 131-135, 2018. Disponível em: https://doi.org/10.1007/s40319-018-0670-x. Acesso em: 02 nov. 2021.

GORDILHO, Heron; BOTTEAU, Lyliam. Os caminhos para um novo status jurídico dos animais na França. *Revista de Direito Civil Contemporâneo*, v. 27, p. 162-178. 2021.

HARARI, Yuval Noah. *21 lições para o século 21*. São Paulo: Companhia das Letras, 2018.

HERSCOVICI, Alain. Capital intangível e direitos de propriedade intelectual: uma análise institucionalista. *Revista de Economia Política*, Sep. 27 (3), 2007. Disponível em: https://www.researchgate.net/publication/250989972_Capital_intangivel_e_direitos_de_propriedade_intelectual_uma_analise_institucionalista. Acesso em: 02 nov. 2021.

HOFFMANN-RIEM, Wolfgang. Big data e Inteligência Artificial: desafios para o futuro. *Revista de Estudos Institucionais*, v.6, n. 2, p. 431-506, maio. ago. 2020.

KINSELLA, Stephan. *Contra a propriedade intelectual*. Trad. Rafael Hotz. São Paulo: Instituto Ludwig von Mises Brasil, 2010.

KRETSCHMANN, Ângela; ROCHA FILHO, João Bernardes. Universos paralelos para um paradigma cansado: a criação intelectual. *Anais do XII Congresso de Direito de Autor e Interesse Público*, v. 1, p. 639-695, 2018.

KRETSCHMANN, Ângela. Diálogo e Estranhamento entre direitos autorais e a dignidade humana, p. 158, 2010. *Anais do IV Congresso de Direito de Autor e Interesse Público*. Florianópolis: Fundação Boiteux, 2010. p. 144-159.

KRETSCHMANN, Ângela. *Universalidade dos direitos humanos e diálogo na complexidade de um mundo multicivilizacional*. Curitiba: Juruá, 2008.

MORIN, Edgar. *Introdução ao pensamento complexo*. Trad. Eliane Lisboa. Porto Alegre: Sulina, 2005.

MORIN, Edgar. *O paradigma perdido*: a natureza humana. 4. ed. Lisboa: Europa-América, 1973.

NICOLELIS, Miguel. *O verdadeiro criador de tudo*: como o cérebro humano esculpiu o universo como nós o conhecemos. São Paulo: Crítica/Planeta, 2020.

ORGANIZAÇÃO DAS NAÇÕES UNIDAS (ONU). Transformando nosso Mundo: a agenda 2030 para o desenvolvimento sustentável. Traduzido pelo Centro de Informação das Nações Unidas para o Brasil (UNIC Rio), última edição em 08 de setembro de 2015.

ORGANIZAÇÃO DAS NAÇÕES UNIDAS. (ONU). http://webtv.un.org/watch/nations-united-urgent--solutions-for-urgent-times/6191741949001/.

PENA-VEGA, Alfredo. *O despertar ecológico*: Edgar Morin e a ecologia complexa. Tradução: Renato Carvalheira do Nascimento e Elimar Pinheiro do Nascimento. Rio de Janeiro: Garamond, 2013.

PFISTER, Laurent. Author and work in the French Print Privileges System: Some Milestones. In: DEAZLEY, Ronan; KRETSCHMER, Martin; BENTLY, Lionel. *Privilege and Property*: Essays on the History of Copyright. Cambridge: Open Book Publishers, 2010.

QUARESMA, Alexandre. A falácia lúdica das três leis: Ensaio sobre inteligência artificial, sociedade e o difícil problema da consciência. *Paakat: Revista de Tecnología y Sociedad*, 10(19), 2020. Disponível em: https://www.redalyc.org/journal/4990/499069742007/html/. Acesso em: 02 nov. 2021.

RHINE, J. B.; BRIER, Robert. *Parapsicologia atual*. São Paulo: Cultrix, 1989.

RIJMENAM, Mark van. *The Organisation of Tomorrow*: How AI, blockchain and analytics turn your business into a data organisation. New York: Routledge, 2020.

ROCHA FILHO, João Bernardes. *Física e Psicologia*: as fronteiras do conhecimento científico aproximando a física e a psicologia junguiana. 5. ed. Porto Alegre: Edipucrs, 2014.

SARLET, Ingo Wolfgang; KRETSCHMANN, Ângela. Direitos do autor como direitos fundamentais? *Revista Jurídica do Cesuca*. V.1, n. 1, jul. 2013. p. 17-18. (p. 10-21). Disponível em: http://ojs.cesuca.edu. br/index.php/revistajuridica/article/view/363. Acesso em: 02 nov. 2021.

SCHELLIN Heidi et al., "Man's New Best Friend? Strengthening Human-Robot Dog Bonding by Enhancing the Doglikeness of Sony's Aibo," *2020 Systems and Information Engineering Design Symposium (SIEDS)*, 2020, p. 1-6. Disponível em: https://ieeexplore.ieee.org/document/9106587. Acesso em: 18 dez. 2021.

SCHIRRU, Luca. *Inteligência artificial e o direito autoral*: o domínio público em perspectiva. Instituto de Tecnologia e Sociedade do Rio (ITSRIO), 2019. Disponível em: https://itsrio.org/wp-content/uploads/2019/04/Luca-Schirru-rev2-1.pdf. Acesso em: 02 nov. 2021.

SUNDER, Madhavi. IP³. *Stanford Law Review*, v. 59, n. 2, p. 257-331, 2006.

WACHOWICZ, Marcos; GONÇALVES, Lukas Ruthes. *Inteligência artificial e criatividade*: novos conceitos na propriedade intelectual. Curitiba: Gedai, 2019. Disponível em: https://www.gedai.com.br/wp-content/uploads/2020/05/Intelig%C3%AAncia-artificial_portugu%C3%AAs_ebook.pdf. Acesso em: 02 nov. 2021.

YANISKY-RAVID, Shlomit and LIU, Xiaoqiong (Jackie), When Artificial Intelligence Systems Produce Inventions: The 3A Era and an Alternative Model for Patent Law (March 1, 2017). 39 *Cardozo Law Review*, 2215-2263, 2018, Disponível em: https://ssrn.com/abstract=2931828. Acesso em: 02 nov. 2021.

PODE A ÉTICA CONTROLAR O DESENVOLVIMENTO TECNOLÓGICO? O CASO DA INTELIGÊNCIA ARTIFICIAL, À LUZ DO DIREITO COMPARADO

Eugênio Facchini Neto

Doutor em Direito Comparado pela *Università Degli Studi di Firenze*. Mestre em Direito Civil pela USP. Professor titular dos cursos de graduação, mestrado e doutorado em Direito da Pontifícia Universidade Católica do Rio Grande do Sul. Ex-Diretor da Escola Superior da Magistratura/AJURIS. Desembargador no Tribunal de Justiça do RS. E-mail: eugenio.facchini@pucrs.br

Roberta Scalzilli

Mestra e Doutoranda em Direito pela Pontifícia Universidade Católica do Rio Grande do Sul – PUCRS, Especialista em Direito Empresarial pelo Instituto de Desenvolvimento Cultural (IDC). Professora em cursos de Pós-graduação Lato Sensu. Julgadora do Tribunal de Ética OAB/RS. Advogada. E-mail: mailto:robertascalzilli@gmail.comrobertascalzilli@gmail.com

Sumário: 1. Introdução – 2. Inteligência artificial: o despertar de um novo mundo – 3. Sociedade 5.0? – 4. O debate ético necessário sobre potencialidades algorítmicas – 5. Diretrizes éticas para o desenvolvimento de um design confiável do algoritmo de inteligência artificial: a experiência da união europeia – 6. Análise de três modelos distintos: Estados Unidos, Alemanha e China – 7. O Brasil à procura de um modelo – 8. Considerações finais – 9. Referências.

1. INTRODUÇÃO

A sociedade passa por um período de grandes transformações e mudanças de paradigmas diante da contínua aceleração tecnológica. Segundo alguns, atualmente vivemos a Revolução 4.0 ou a Quarta Revolução Industrial[1], na qual dispositivos em rede desconhecem barreiras geográficas e esvanecem diferenças entre o mundo digital

---

1. As primeiras três teriam sido decorrências da invenção da máquina a vapor (séc. XVIII), da descoberta da eletricidade (séc. XIX) e do advento da informática (séc. XX) – nesses termos, dentre tantos, ROOS, Gautier; YEH, Alexandra. L'IA en route vers la quatrième révolution industrielle? *Méta-Media*, 26 mar. 2017, disponível em: https://www.meta-media.fr/2017/03/26/lia-en-route-vers-la-quatrieme-revolution-industrielle. html, acesso em: 28 ago. 2021. HOFFMANN-RIEM reduz a três as grandes 'revoluções': "no último milênio, houve duas inovações tecnológicas 'disruptivas' especialmente sustentáveis. (...) Uma dessas inovações foi a invenção da impressão tipográfica, a outra foi a industrialização. Desde o final do último milênio, estamos em meio a outra convulsão tecnológica, que provavelmente provocará uma mudança social tão séria quanto as duas grandes inovações (...). Trata-se da digitalização e, com ela, a transformação digital da economia, da cultura, da política, da comunicação pública e privada, e provavelmente de quase todas as áreas da vida" – HOFFMANN-RIEM, Wolfgang. *Teoria Geral do Direito Digital*. Transformação digital – desafios para o direito. Trad. Italo Fuhrmann. Rio de Janeiro, Forense, 2021, p. 1.

e o mundo real. Essa revolução não é apenas digital, mas também *biológica* (pense-se nos produtos da engenharia genética) e *física* (como se percebe pela tecnologia robótica), em que o *software* é montado em um *hardware* que interage ativamente com o ambiente.[2]

Por trás da última grande revolução disruptiva está a inteligência artificial (IA), que consiste em um conjunto de tecnologias que combinam dados, algoritmos e capacidade computacional de forma a emular a inteligência humana. Trata-se de inovação incrivelmente vantajosa para a sociedade em geral, desde que seja centrada no ser humano, ética, sustentável, e respeite os direitos e os valores fundamentais. Esse deve ser o desafio constante: que a técnica, sempre mutável e de desenvolvimento ilimitável, respeite eventuais limites impostos pela ética e seus valores estruturantes e permanentes.

O problema é que as enormes vantagens das múltiplas aplicações da IA em nossas vidas vêm acrescidas de riscos e perigos já detectados. Não se trata apenas de riscos potenciais, mas sim de efeitos danosos que concretamente já são percebidos em muitas situações. Os perigos detectados são relevantes, pois dizem respeito a atitudes discriminatórias e a potenciais violações a direitos fundamentais e manipulações de todas as ordens.

Tanto as vantagens das aplicações da IA quanto os riscos associados são importantes. Daí porque se revela impensável – além de ineficaz – a proibição pura e simples desse tipo de inovação. Uma intensa e minuciosa regulação do setor, para afastar riscos de danos, igualmente revela-se problemática, pois seria grande o risco de diminuir o ritmo das inovações. Em mercados altamente competitivos, isso poderia representar o distanciamento de um país da vanguarda do setor.

A opção de deixar ao mercado que se autorregule é igualmente utópico, pois a lógica que preside a tecnologia é diversa daquela que preside a ética e o direito. Em termos puramente tecnológicos e científicos, o que pode ser feito, será feito. Eventuais limites éticos a determinados resultados, necessariamente devem ser impostos por normas jurídicas. Cabe ao direito, eticamente inspirado, fixar as fronteiras que não devem ser ultrapassadas. A heteronomia, destarte, é imprescindível nessa área.

O presente ensaio visa, por meio da metodologia dedutiva de revisão bibliográfica e legislativa, analisar os desafios éticos para o desenvolvimento de um design confiável de inteligência artificial, analisando como algumas experiências estrangeiras vêm enfrentando essas questões.

---

2. COSTA, Augusto Pereira; FACCHINI NETO, Eugenio. *Machina Sapiens v. Homo Sapiens* e a questão da jurisdição: embate ou confraternização? Uma proposta de diálogo entre *machine learning*, jurimetria e tutelas provisórias. In: PINTO, Henrique Alves; GUEDES, Jefferson Carús; CÉSAR, Joaquim Portes de Cerqueira (Coord.). *Inteligência artificial aplicada ao processo de tomadas de decisões*. Belo Horizonte: D'Plácido, 2020, p. 347/376, p. 349; e FIDALGO, Vítor Palmela. Inteligência artificial e direitos de imagem. In: LOPES ROCHA, Manuel; SOARES PEREIRA, Rui (Coord.). *Inteligência Artificial & Direito*. Coimbra: Almedina, 2020, p. 137.

O trabalho está estruturado da seguinte forma: após capítulos iniciais introdutórios sobre a temática da inteligência artificial, suas aplicações vantajosas e seus problemas éticos, serão analisadas as maneiras pelas quais outros países estão tentando resolver esses problemas, com destaque especial para a União Europeia, além das experiências de alguns países, como Estados Unidos, Alemanha e China. Ao final, dirigir-se-á a atenção à situação brasileira.

2. INTELIGÊNCIA ARTIFICIAL: O DESPERTAR DE UM NOVO MUNDO

A inteligência artificial está em processo de exponencial crescimento graças às estruturas globais em rede. Embora a forma de organização em redes tenha existido em outros tempos, o novo paradigma da tecnologia da informação e comunicação fornece a base material para a sua dispersão por toda a sociedade[3]. Vivemos uma era de computação ubíqua, em que inteligência artificial, robótica, manufatura digital, biologia sintética, medicina digital, etc., acarretam impactos significativos na vida de todas as pessoas.

A inteligência artificial permite o desenvolvimento de máquinas[4] com comportamento inteligente, ou seja, que percebem, raciocinam, aprendem, comunicam e agem em ambientes complexos tão bem como humanos podem fazê-lo ou possivelmente melhor. A ideia não é nova, pois já em meados dos anos cinquenta teve início a pesquisa para construção de uma máquina com essas características, com possibilidade de melhorar a si própria. De fato, a expressão inteligência artificial foi usada pela primeira vez em 1955 na Universidade de Dartmouth, New Hampshire, quando um grupo de pesquisadores explorava a possibilidade de sistemas operacionais aprenderem a partir da sua própria experiência[5].

---

3. CASTELLS, Manuel. *A galáxia da internet*: reflexões sobre a internet, os negócios e a sociedade, trad. Maria Luiza X. de A. Borges; revisão Paulo Vaz. Rio de Janeiro, Zahar, 2003.

4. Convém esclarecer que, no contexto da inteligência artificial, o vocábulo "máquina" não designa necessariamente um objeto físico, mas sim um sistema automatizado capaz de 'tratar' uma informação, ou seja, de fazer correlações com outras informações e extrair deduções. O objeto de estudo da I.A., portanto, é diferente daquele da robótica, que se consagra às máquinas que efetuam movimentos no espaço. Nesses termos, SIBONY, Eric. Qu'est-ce que l'intelligence artificielle? In: *Intelligence Artificielle, un nouvel horizon*: Pourquoi la France a besoin d'une cuture du numerique. Les Cahiers Lysias. Disponível em: https://basdevant.files.wordpress.com/2017/07/cahier-lysias-intelligence-artificielle-adrien-basdevant.pdf, p. 12. Acesso em: 20 out. 2021.

5. MICROSOFT. *The Future Computed*: Artificial Intelligence and its role in society. Redmont: Microsoft Corporation, 2018. p. 28. Embora Alan Turing tenha sido pioneiro na criação de um programa algorítmico e colocado a questão que mudou a história da humanidade – "*can machines think?*" – (TURING, Alan. Computing Machinery and Intelligence. *Mind*, Volume LIX, Issue 236, October 1950, Pages 433–460. Disponível em: https://doi.org/10.1093/mind/LIX.236.433. Acesso em: 20 set. 2021), quem cunhou a expressão "inteligência artificial" foi John McCarthy, em meados da década de cinquenta. Isso ocorreu na carta que continha a proposta de iniciar um estudo em um novo ramo da ciência, que foi chamado de "Inteligência Artificial", firmada por Claude E. Shannon, Marvin L. Minsky, Nathaniel Rochester e John McCarthy (MCCARTHY, John; MINSKY, Marvin L.; ROCHESTER, Nathaniel; SHANNON, Claude E. A Proposal for the Dartmouth Summer Research Project on Artificial Intelligence. 31 de agosto de 1955. *AI Magazine* Volume 27 Number 4 (2006) (© AAAI). Disponível em: https://www.aaai.org/ojs/index.php/aimagazine/article/view/1904/1802. Acesso em: 20 set. 2021).

Antes disso, inclusive, a noção de inteligência de máquina já vinha sendo estudada por Alan Turing[6], que desenvolveu um teste que tinha como objetivo apurar se determinado programa seria ou não dotado de inteligência. O teste consistia na interação, por meio de textos, entre o programa e um ser humano, que faria diversas perguntas ao programa (sem saber que estava interagindo com um não humano), de modo que o interrogador deveria identificar, ao final, se havia interagido com um programa ou com uma pessoa. Se o programa testado conseguisse se passar por uma pessoa durante trinta por cento do tempo, passaria no teste de Turing[7].

Com o passar dos anos[8], o aperfeiçoamento dos estudos relacionados à inteligência artificial[9] viabilizou o desenvolvimento de algoritmos de *machine learning*[10] (aprendizado de máquina), o que possibilitou que computadores acumulassem conhecimentos para que se reprogramassem automaticamente, por meio de suas

---

6. Alan Turing, considerado o pioneiro da computação, se tornou célebre pelos estudos que desenvolveu, bem como, pela criação, na década de 1930, do que chamou de "máquina lógica da computação" considerada precursora do computador. ISAACSON, Walter. *Os inovadores*: uma biografia da revolução digital. São Paulo: Companhia das Letras, 2014, p. 55 e 61.
7. RUSSELL, Stuart; NORVIG, Peter. *Inteligência artificial*. Rio de Janeiro: Elsevier, 2013. p. 1174.
8. A partir de 2010, tornou-se possível que as máquinas explorassem grande volume de dados (*Big Data*), usando técnicas de aprendizagem profunda. A convergência de IA e big data começou no início dos anos 2000, quando o Google e o Baidu – os mecanismos de busca da época – passaram a utilizar sistemas de recomendação para propagandas alimentadas por IA e descobriram que os resultados eram ainda melhores que o esperado. QIANG, Yang. A quarta revolução. *O correio da Unesco*. n. 3. jul.-set. 2018. p. 22.
9. Inteligência Artificial aqui entendida como "área da ciência da computação orientada ao entendimento, construção e validação de sistemas inteligentes". RICH, Elaine; KNIGHT, Kevin. *Inteligência artificial*. 2 ed. São Paulo: Makron Books, 1994. p. 722.
10. *Machine learning* é o termo usado para referir a hipótese em que os algoritmos "são capazes de prever ou generalizar padrões aprendidos a partir de um conjunto de dados utilizados para treinar o sistema", conforme WOLKART, Erik Navarro. *Análise econômica do processo civil*: como a economia, o direito e a psicologia podem vencer a tragédia da justiça. São Paulo: *Revista dos Tribunais*, 2019, p. 706. Apoiados em Maini e Sabri, Peixoto e Silva afirmam que *machine learning* é uma "subárea da IA destinada a permitir que computadores possam aprender por conta própria, utilizando algoritmo de identificação de padrões em dados fornecidos – PEIXOTO, Fabiano Harmann; SILVA, Roberta Zumblick Martins da. *Inteligência Artificial e Direito*. Coleção Direito, Racionalidade e Inteligência Artificial, v. 1. Curitiba: Ed. Alteridade, 2019, p. 21. Para Yapo e Weiss, "Machine learning is a subset of AI where algorithms directed by complex neural networks teach computers to think like a human while processing "big data" and calculations with high precision, speed, and supposed *lack of bias* – YAPO, Adrienne; WEISS, Joseph. *Ethical Implications of Bias in Machine Learning*. Proceedings of the 51st Hawaii International Conference on System Sciences – 2018, p. 5365/5366. Disponível em: https://www.researchgate.net/publication/323378868_Ethical_Implications_of_Bias_in_Machine_Learning. Acesso em: 20 out. 21. Segundo lição de Bernard Marr, "The development of neural networks has been key to teaching computers to think and understand the world in the way we do, while retaining the innate advantages they hold over us such as speed, accuracy and lack of bias. A Neural Network is a computer system designed to work by classifying information in the same way a human brain does. It can be taught to recognize, for example, images, and classify them according to elements they contain. Essentially it works on a system of probability — based on data fed to it, it is able to make statements, decisions or predictions with a degree of certainty. The addition of a feedback loop enables 'learning' – by sensing or being told whether its decisions are right or wrong, it modifies the approach it takes in the future" – MARR, Bernard. *What Is The Difference Between Artificial Intelligence And Machine Learning?* Disponível em: https://www.forbes.com/sites/bernardmarr/2016/12/06/what-is-the-difference-between-artificial-intelligence-and-machine-learning/#3a953a62687c. Acesso em: 20 out. 2021.

próprias experiências. Trata-se, portanto, de uma ciência em que a capacidade de raciocinar logicamente é artificial (não biológica), automatizada e capaz de continuamente aprender, incorporar tal aprendizado e se reprogramar. A técnica de *machine learning* permite que o computador aprenda a evoluir à medida que é exposto a dados (*Big data*[11]), ensejando ações inteligentes baseadas no conhecimento adquirido pelas informações coletadas. Ou seja, é como se a máquina fosse treinada a partir dos dados, "desenvolvendo" a habilidade de aprender e executar uma tarefa[12], aprendendo inclusive com suas decisões anteriores, como uma criança faz no seu processo de aprendizagem.

---

11. Segundo Dresch e Faleiros Júnior, "a expressão inglesa *big data* tem sua origem atribuída a John Mashey, que, desde a década de 1990 popularizou seu uso ao utilizá-la para se referir ao conjunto de dados com tamanhos além da capacidade de ferramentas de *software* usuais da época, englobando dados não estruturados, semiestruturados e estruturados, cujo 'tamanho' é concebido como uma meta em constante movimento, variando de algumas dezenas de *terabytes* a muitos *zettabytes* de dados" (DRESCH, Rafael de Freitas Vale; FALEIROS JÚNIOR, José Luiz de Moura. Reflexões sobre a responsabilidade civil na Lei Geral de Proteção de Dados (Lei n. 13.709/2018). In: ROSENVALD, Nelson; DRESCH, Rafael de Freitas Valle; WESENDONCK, Tula (Coord.). *Responsabilidade Civil*: novos riscos. Indaiatuba: Ed. Foco, 2019, p. 66, n.r. 1. Segundo outra visão, *Big data* designa "qualquer quantidade volumosa de dados estruturados, semiestruturados ou não estruturados que tem o potencial de ser explorados para obter informações" (MAGRANI, Eduardo; OLIVEIRA, Renan Medeiros de. O Big Data somos nós: novas tecnologias e projetos de gerenciamento pessoal de dados. In: TEPEDINO, Gustavo et al. (Coord.). *Anais do VI Congresso do Instituto Brasileiro de Direito Civil*. Belo Horizonte: Fórum, 2019, p. 405. Nas palavras de Sarlet e Molinaro, Big data é uma expressão que descreve um "tratamento de grandes quantidades de dados que visa reconhecer padrões e obter novas percepções a partir deles", caracterizando-se pela "abundância, diversidade dos dados e rapidez com que são coletados, analisados e revinculados ou reintroduzidos no sistema" – SARLET, Gabrielle Bezerra Sales; MOLINARO, Carlos Alberto. Questões tecnológicas, éticas e normativas da proteção de dados pessoais na área da saúde em um contexto de big data. *Direitos Fundamentais & Justiça,* Porto Alegre, v. 13 (2019), p. 183-213, p. 188. Bruno Bioni esclarece que "*big data* não é um sistema inteligente", pois ele "não se preocupa com a *causalidade* de um evento, mas, tão somente, com a probabilidade de sua ocorrência". Assim, *big data* permite "inferir a probabilidade de que uma consumidora esteja grávida, verificando-se que uma determinada lista de produtos é recorrentemente adquirida por tal tipo de cliente. É por meio dessa (cor)relação estabelecida entre fatos que se revela um padrão, ou seja, a recorrência de um evento que permite prever que eles se repetirão no futuro" – BIONI, Bruno Ricardo. *Proteção de Dados Pessoais* – a função e os limites do consentimento. 2ª ed., rev., atual. e reform. Rio de Janeiro: Forense, 2020, p. 36. Em artigo publicado em 2001, Doug Laney refere-se a big data como os "Four Vs", os Quatro Vs: *volume, variety, veracity* e *velocity*. Segundo ele, Data é considerado "big" porque é produzido e coletado em volume gigantesco. Além disso, os dados apresentam-se com uma variedade nunca antes vista, abrangendo desde dados banais, como nome, idade, sexo, como outros abarcando dados de saúde e precisa geolocalização a cada momento do dia. A veracidade fica por conta da confiabilidade das informações coletadas, fornecidas pelo próprio interessado mesmo que ele não saiba disso. E velocidade, em razão da impressionante rapidez com que os dados são coletados, transmitidos, analisados, tratados – LANEY, Doug. *3D Data Management: Controlling Data Volume, Velocity and Variety*. META Group Research Note, 6, 2001. Passados alguns anos, Roberto PFEIFFER também se reporta a essas quatro características, às quais acrescenta um outro "v", de valor – *value* –, referindo-se ao seu enorme e crescente valor para a economia moderna – PFEIFFER, Roberto Augusto Castellanos. Digital Economy, Big Data and Competition Law. *Market and Competition Law Review* / volume iii / no. 1 / april 2019, p. 55/56. Também Hoffmann-Rien se refere a essas cinco características – HOFFMANN-RIEM, Wolfgang. *Teoria Geral do Direito Digital*. Transformação digital – desafios para o direito. Trad. de Italo Fuhrmann. Rio de Janeiro, Forense, 2021, p. 17.

12. BARCELLOS, João. Além da ficção: Como a inteligência artificial tem sido essencial para os negócios. *Revista Brasileira de comércio eletrônico (E- Commerce Brasil)*, São Paulo, v. 8, 2018, p. 45.

O *deep learning*[13] surge como um ulterior desenvolvimento do *machine learning* e permite que a máquina aprenda utilizando algoritmos mais complexos que simulam o funcionamento das redes neurais humanas. Por meio do *deep learning,* "o *software* aprende a reconhecer padrões por meio de representações de imagens, sons e outros tipos de dados, imitando a capacidade cerebral de processamento e inferências do ser humano".[14]

Atualmente a inteligência artificial é considerada fraca, em razão de ser projetada apenas para tarefas específicas, como conduzir um veículo ou resolver equações, podendo facilmente superar os humanos nessas tarefas mais estreitas. Porém, em breve a IA forte[15] será uma realidade, superando os humanos em praticamente todas as tarefas cognitivas.[16]

Em virtude dessa autonomia de inteligência artificial surgem questionamentos acerca da possibilidade de a máquina ultrapassar a capacidade intelectual humana e substituir ou até mesmo controlar o homem. Nesse cenário a máquina deixaria de servir o homem, invertendo-se os papéis.

A interface cérebro-máquina já é uma realidade por meio de dispositivo que pode ser implantado cirurgicamente no cérebro humano, de forma minimamente invasiva[17], e com ele a pessoa poderá se comunicar com as máquinas e até mesmo controlá-las com o uso de camadas de inteligência artificial. A inovação é apresentada como um auxílio para cura de vários problemas de saúde.[18]

Todas essas inovações tecnológicas notáveis, que se aperfeiçoam continuamente, fatalmente impactaram não só na vida individual de cada um de nós, mas provocaram

---

13. "São exemplos de aplicações de *deep learning*: carros que dirigem sozinhos, reconhecimento de rostos e objetos em fotos e vídeos, compreensão e geração de linguagem natural em tradutores". PEIXOTO, Fabiano Harmann; SILVA, Roberta Zumblick Martins da. *Inteligência Artificial e Direito*. Coleção Direito, Racionalidade e Inteligência Artificial, Vol. 1. Curitiba: Ed. Alteridade, 2019, p. 100.

14. MULHOLLAND, Caitlin. Responsabilidade civil e processos decisórios autônomos em sistemas de inteligência artificial (IA): autonomia, imputabilidade e responsabilidade. In: FRAZÃO, Ana; MULHOLLAND, Caitlin (Coord.). *Inteligência Artificial e Direito*. Ética, Regulação e Responsabilidade. 2. Ed. São Paulo: Thompson Reuters Brasil/Revista dos Tribunais, 2020, p. 331.

15. Sobre a distinção entre I.A. fraca e I.A. forte, v. HARNAD, Stevan. Alan Turing and the "Hard" and "Easy" Problem of Cognition: Doing and Feeling. In: *Turing100: Essays in Honour of Centenary Turing Year 2012*. Disponível em: https://eprints.soton.ac.uk/340293/1/harnad-huma-turingessay.pdf. Acesso em: 20.09.2021.

16. Como refere Fonseca, "as suas habilidades para prever situações futuras, tomar decisões autônomas, reconhecer padrões e aprender através de interações entre o ser humano e o ambiente, fazem da IA uma ferramenta revolucionária e aumentam as expectativas de que, através dela, diversas tarefas possam ser realizadas de modo mais sofisticado, célere, com menos custos, fomentando o desenvolvimento econômico e a inovação" – FONSECA, Aline Klayse dos Santos. Delineamentos jurídico-dogmáticos da inteligência artificial e seus impactos no instituto da responsabilidade civil. *Civilistica.com*. Ano 10, n. 2. 2021, p. 2.

17. Synchron receives green light from FDA to begin breakthrough trial of implantable brain computer interface in US. Disponível em: **https://synchron.com/press-release-july-28-2021** Acesso em: 14 set. 2021.

18. Disponível em: https://www.oficinadanet.com.br/tecnologia/33061-o-que-e-neuralink-e-como-vai-funcionar. Acesso em: 12 ago. 2021.

mudanças na forma como vivemos socialmente. Segundo alguns, passamos a viver na chamada sociedade 5.0. É o que se passa a analisar.

3. SOCIEDADE 5.0?

Toda vez que um novo tipo de tecnologia é capaz de romper ou modificar radicalmente os padrões de uma sociedade, convencionalmente se diz que se trata de uma revolução, como ocorreu com a revolução agrícola, que permitiu a sedentarização da espécie humana, a formação de cidades e um início de especialização do trabalho humano.

Nos tempos modernos, outra mudança igualmente impactante aconteceu na Inglaterra, no final do século XVIII, com a descoberta do carvão como fonte de energia, originando as máquinas a vapor e, na sequência, a locomotiva, que aceleraram a produção industrial e a mudança da forma como as pessoas passaram a trabalhar e viver. Esta seria a primeira Revolução industrial, ou Revolução 1.0. Na segunda metade do século XIX, outros avanços tecnológicos como o advento da energia elétrica e a invenção do telégrafo possibilitaram um aprofundamento daquela revolução e sua conversão na Revolução 2.0. A partir dos anos sessenta e setenta do século XX, inovações técnico-científicas e informacionais, com o uso crescente dos computadores, deslancharam a Revolução 3.0, aprofundada com o surgimento da internet, nos anos noventa. Na sequência, ocorreu a chamada Revolução 4.0, na qual começam a desaparecer as barreiras entre o mundo digital (composto entre outras tecnologias pela inteligência artificial, robôs autônomos, realidade aumentada e internet das coisas) e o mundo real. Essa quarta revolução, tal como vislumbrada por Klaus Schwab[19], caracteriza-se pela velocidade exponencial das mudanças tecnológicas; pela amplitude e profundidade de tais mudanças, e pelo seu impacto sistêmico: altera a economia, os negócios, a sociedade e a política (e, consequentemente, o direito).

Segundo alguns, o termo sociedade 5.0 refere-se à evolução dos modelos anteriores, depois de ter passado de uma sociedade de coletores e caçadores (sociedade 1.0) para uma sociedade de agricultores (sociedade 2.0), evoluindo para uma sociedade industrial (sociedade 3.0) até a nossa sociedade atual da informação (sociedade 4.0). Na sociedade 5.0, a Internet das coisas irá aprofundar ainda mais pessoas e objetos, possibilitando o compartilhamento de todo tipo de conhecimento, mais focada no crescimento sustentável, na integração entre o *on-line* e o *off-line*, equilibrando avanço econômico com a resolução de problemas sociais por meio de um sistema que integra o cyberespaço e o espaço físico.

Nesse contexto, a sociedade 5.0 preconiza o avanço e melhoria da qualidade de vida por meio das inovações tecnológicas, objetivando que humanos e máquinas

---

19. SCHWAB, Klaus. *A Quarta Revolução Industrial*. Trad. Daniel M. Miranda. São Paulo: Edipro, 2016.

sejam aliados e não inimigos.[20] Isso ocorre, por exemplo, quando a inteligência artificial, através do uso dos algoritmos, faz recomendações, customizando um produto de acordo com as preferências de cada pessoa. Ou então quando se usam drones para entrega de comidas e medicamentos, carros autônomos, espelho inteligente[21], robôs assistentes, *chatbots*, impressoras 3d, entre outras tecnologias que visam alcançar a máxima satisfação e comodidade das pessoas.

Proclama-se que tudo pode vir a ser 'inteligente': casas, roupas, automóveis, cidades, indústrias, inclusive a utilização da inteligência artificial em atividades artísticas de criação. Portanto, a ideia de que a criatividade é exclusividade humana está com os dias contados, pois a inteligência artificial já é capaz de compor músicas, peças teatrais e pintar quadros[22].

Os robôs estão cada vez mais presentes nas sociedades, sendo utilizados para atividades domésticas, cuidados de idosos, agricultura, e muitas outras funções, inclusive militares. Todavia, o avanço irresistível da inteligência artificial também acarreta riscos que já são conhecidos, especialmente pela capacidade que essa tecnologia oferece de violação da privacidade e de manipulação de pessoas, com temidos impactos até para a democracia. Um dos riscos já detectados consiste em que os sistemas de inteligência artificial, ainda que programados para tomar decisões corretas e lógicas, podem apresentar padrões discriminatórios, pois são treinados com dados que refletem o comportamento humano imperfeito.[23] Sistemas de inteligência artificial podem ser configurados para o bem ou para o mal a depender dos interesses de quem os programe. Todavia, mesmo desenvolvida para atividades benéficas aos seres humanos, a IA poderá acarretar danos ao tentar atingir os objetivos para os quais foi programada, que nem sempre estão alinhados aos nossos.[24]

---

20. Nesse contexto, entende-se que desafios como Kasparov vs. *Deep Blue*, em 1997, ou Sedol vs. *AlphaGo*, em 2016, podem estimular visões das máquinas como inimigas que irão tomar o lugar dos humanos. Sobre esses episódios, veja-se a descrição fornecida por Mark Coeckelbergh: "Os olhos de Lee Sedol incham com lágrimas. *AlphaGo*, uma inteligência artificial (IA) desenvolvida pela *DeepMind* do Google, acabou de garantir uma vitória por 4–1, no jogo Go. Estamos em março de 2016. Duas décadas antes, o grande mestre do xadrez Garry Kasparov perdeu para a máquina *Deep Blue*, e agora um programa de computador havia vencido o campeão mundial por dezoito vezes, Lee Sedol, em um complexo jogo que era visto como um jogo que apenas humanos podiam jogar, usando sua intuição e pensamento estratégico. O computador não ganhou por seguir as regras dadas a ele pelos programadores, mas por meio de aprendizado de máquina baseado em análise de milhões de partidas de Go e jogando contra si mesmo" – COECKELBERGH, Mark. *AI Ethics*. Cambridge/Massachusetts, The MIT Press, 2020, p. 14.
21. O *smart mirror* é um espelho inteligente que pode ser usado em qualquer ambiente, como nos provadores de lojas, onde os clientes conseguem simular looks, fazer teste de cores, facilitando a escolha do produto.
22. Disponível em: https://www1.folha.uol.com.br/seminariosfolha/2018/12/inteligencia-artificial-ja-cria-roteiro-compoe-musica-e-pinta-quadro.shtml Acesso em: 25 jun. 2020.
23. MICROSOFT. *The Future Computed*: Artificial Intelligence and its role in society. Redmont: Microsoft Corporation, 2018. p. 57.
24. Um dos grandes problemas relacionados ao uso indevido dos algoritmos diz respeito à possibilidade de coletarem suficientes informações sobre qualquer pessoa, a ponto de poder manipulá-la: "Pesquisadores da Universidade de Cambridge, no Reino Unido, fizeram testes de personalidade com pessoas que franquearam acesso a suas páginas pessoais no Facebook, e estimaram (...) com quantas curtidas é possível detectar sua personalidade. Com cem curtidas poderiam prever sua personalidade com acuidade e até outras coisas: sua orientação sexual, origem étnica, opinião religiosa e política, nível de inteligência, se usa substâncias que

De fato, como frequentemente se lê, "Facebook define quem somos[25], Amazon define o que queremos e Google define o que pensamos".[26] Ou, ainda, "Google can see what people search for, Facebook what they share, Amazon what they buy".[27]

Assim, é imprescindível um amplo debate sobre essa tecnologia que possibilita a tomada de decisão pelas maquinas; seus níveis de autonomia; limites no uso de IA para algumas questões sensíveis, passando ainda por diretrizes éticas sobre a criação de códigos e algoritmos (como necessidade de diversidade ética, cultural, de classe etc.), etc. É o que se passa a analisar.

4. O DEBATE ÉTICO NECESSÁRIO SOBRE POTENCIALIDADES ALGORÍTMICAS

A palavra ética origina-se do vocábulo grego *ethos*, que significa respeito aos costumes e aos hábitos dos homens. Na filosofia, caracteriza-se por ser o ramo que estuda os valores morais e princípios do comportamento humano. A ética, na inteligência artificial, revelou-se de suma importância, como forma de combater os vieses algorítmicos, capazes de gerar preconceito e discriminação[28]. Não se trata de

---

causam vício ou se tem pais separados. E os pesquisadores detectaram que com 150 curtidas o algoritmo podia prever sua personalidade melhor que seu companheiro. Com 250 curtidas, o algoritmo tem elementos para conhecer sua personalidade melhor do que você." (LISSARDY, Gerardo. 'Despreparada para a era digital, a democracia está sendo destruída', afirma guru do 'big data'. *BBC News Brazil*. 09.04.17. Disponível em: https://www.bbc.com/portuguese/geral-39535650. Acesso em: 20 out. 2021). Ou ainda: "... uma média de 68 'likes' é suficiente para determinar a cor da pele dos usuários (com precisão de 95%), orientação sexual (precisão de 88%) e afiliação ao partido Democrata ou Partido Republicano (precisão de 95%). (...) Com a entrada de ainda mais curtidas no Facebook, o algoritmo conseguiu avaliar uma pessoa melhor do que seus amigos, pais e parceiros, e poderia até superar o que a pessoa pensava que sabia sobre si mesma" – JUNQUILHO, Tainá Aguiar. A Ética na Aplicação de IA como Direito Fundamental para Preservação do Debate Democrático. In: PINHO, Anna Carolina (Coord.). *Discussões sobre Direito na Era Digital*. Rio de Janeiro: G/Z Ed., 2021, p. 812.

25. Como referem Menezes e Colaço, fere-se a "autonomia do sujeito que passa a ser mensurado e identificado pelo avatar que se forma a partir do manejo de todas as informações achadas sobre ele na web. O que se agrava quando tais informações são desatualizadas ou irrelevantes" – MENEZES, Joyceane Bezerra de; COLAÇO, Hian Silva. Facebook como o novo Big Brother: Uma abertura para a responsabilidade civil por violação à autodeterminação informativa. *Quaestio Iuris*. Vol. 10, n. 04, Rio de Janeiro, 2017, p. 2319 -2338, p. 2326.

26. Segundo a icástica frase de George Dyson, citada por PASQUALE, Frank. *The black box society*: the secret algorithms that control money and information. Harvard: Harvard University Press, 2015, p. 14 e 15. Pasquale ainda acrescenta que aquelas gigantes ainda definem o que temos e nossa reputação, que crescentemente define nossas oportunidades.

27. Segundo reportagem do *The economist*, disponível em: https://www.economist.com/leaders/2017/05/06/the-worlds-most-valuable-resource-is-no-longer-oil-but-data. Acesso em: 20 out. 2021.

28. De fato, o risco de discriminação é inerente aos processos de tomada de decisão baseados em algoritmos e independe de uma manifestação de vontade nesse sentido por parte dos programadores. Como os algoritmos dependem dos dados em que se baseiam, "a qualidade da decisão automatizada ("output"), baseada em um algoritmo, tem uma correlação direta com a qualidade dos dados que ele processa ("input"). Por isso, se o algoritmo se baseia em dados históricos repletos de preconceitos, ele reproduzirá, de forma automatizada, os mesmos padrões preconceituosos utilizados como base de seu processamento" – DONEDA, Danilo Cesar Maganhoto; MENDES, Laura Schertel; SOUZA, Carlos Affonso Pereira de; ANDRADE, Norberto Nuno Gomes de. Considerações iniciais sobre inteligência artificial, ética e autonomia pessoal. *Pensar*. Fortaleza, v. 23, n. 4, 2018, p. 05.

mera especulação teórica, mas sim de constatação extraída da realidade, como nos notórios casos COMPAS[29] e do robô Tay.[30]

Realmente, "o mito sobre a objetividade, neutralidade, racionalidade e imparcialidade dos algoritmos tem sido paulatinamente desconstruído a partir da condução de diversas pesquisas". Elas demonstram que "os vieses existentes na cultura humana são inevitavelmente replicados nos algoritmos, pois estes acabam reproduzindo, em larga escala, preconceitos e estereótipos". Portanto, tanto quanto "nós humanos estamos sujeitos a heurísticas e a vieses em nossas tomadas de decisão, os algoritmos também estão".[31] Quanto mais arraigados forem os preconceitos, injustiças e discriminações em uma sociedade, tanto mais forte esses padrões serão captados e reproduzidos pelos algoritmos[32].[33]

Assim, o problema que se apresenta é que muitos sistemas não são transparentes, não sendo possível saber como a máquina chegou a uma determinada decisão, impedindo o acesso aos seus critérios, bem como aos fatos e *inputs* que foram levados

---

29. COMPAS, sigla em inglês para *Correctional Offender Management Profiling for Alternative Sanctions,* é a denominação de um *software* utilizado em alguns estados norte-americanos para calcular a probabilidade de um criminoso voltar a reincidir e, assim, identificar seu grau de periculosidade. Tornou-se conhecido mundialmente em razão de uma sua controvertida aplicação a um caso ocorrido no Estado de Wisconsin: "Em 2013, após furtar um veículo, evadir-se de um agente de trânsito e se envolver em um tiroteio, Eric Loomis foi condenado a seis anos de prisão. (...) [O] patamar da pena foi definido a partir da avaliação de que Loomis representava um alto risco para a comunidade. O rating, ao qual aderiu o juiz do caso, foi definido por um (...) software privado, denominado COMPAS, que funciona a partir de um algoritmo secreto, ao qual nem os juízes que o utilizam têm acesso. (...) Durante o julgamento, algumas questões desconfortáveis foram levantadas, como o relatório da ONG ProPublica, sobre o enviesamento do Compas contra afro-americanos. Apesar disso, a Suprema Corte de Winsconsin negou o pleito de Loomis, afirmando que ele teria recebido a mesma sentença a partir de uma análise humana dos fatores usuais: seu crime e seus antecedentes. (...)" – FERRARI, Isabela; BECKER, Daniel; WOLKART, Erik Navarro (*Arbitrium ex machina*: panorama, riscos e a necessidade de regulação das decisões informadas por algoritmos. *Revista dos Tribunais.* v. 995, (set. 2018), p. 636/637):

30. A empresa Microsoft colocou em ação um robô no TWITER para interagir com jovens. Porém, em pouco tempo o robô passou a demonstrar atitudes antissociais, pois o programa logo foi alimentado por manifestações detectadas na rede que apresentavam tais atitudes, passando a incorporá-las, por entender ser essa a realidade das pessoas com quem devia interagir: https://brasil.elpais.com/brasil/2016/03/24/tecnologia/1458855274_096966.html Acesso em: 20 ago. 2021.

31. MULHOLLAND, Caitlin; FRAJHOF, Isabella Z. Inteligência artificial e a Lei Geral de Proteção de Dados Pessoais: breves anotações sobre o direito à explicação perante a tomada de decisões por meio de *machine learning*. In: FRAZÃO, Ana; MULHOLLAND, Caitlin (Coord.). *Inteligência Artificial e Direito*. Ética, Regulação e Responsabilidade. 2. Ed. São Paulo: Thompson Reuters Brasil/Revista dos Tribunais, 2020, p. 269.

32. FRAZÃO, Ana; GOETTENAUER, Carlos. *Black box* e o direito face à opacidade algorítmica. In: BARBOSA, Mafalda Miranda; BRAGA NETTO, Felipe; SILVA, Michael César; FALEIROS JÚNIOR, José Luiz de Moura (Coord.). *Direito digital e inteligência artificial*: Diálogos entre Brasil e Europa. Indaiatuba: Ed. Foco, 2021, p. 29.

33. "Algorithms can do anything that can be coded, as long as they have access to data they need, at the required speed, and are put into a design frame that allows for execution of the tasks thus determined. In all these domains, progress has been enormous. (...) Algorithms do better than humans wherever tested, even though human biases are perpetuated in them: any system designed by humans reflects human bias, and algorithms rely on data capturing the past, thus automating the status quo if we fail to prevent them." (RISSE, Mathias. *Human Rights and Artificial Intelligence*: An Urgently Needed Agenda. Harvard Kennedy School – Carr Center for Human Rights Policy. Carr Center Discussion Paper Serie, p. 13. Disponível em: https://carrcenter.hks.harvard.edu/files/cchr/files/ccdp_2018_002_hrandai.pdf. Acesso em: 20 out. 2021).

em consideração para produção dos *outputs*. Consequentemente, o grande desafio que se apresenta é o desenvolvimento de uma inteligência artificial confiável, que apresente solidez técnica e segurança, garanta a privacidade na gestão de dados, transparência, diversidade, não discriminação e equidade, bem-estar social e ambiental e responsabilidade. Esses requisitos devem ser avaliados continuamente ao longo de todo o ciclo de vida de um sistema de IA.

Portanto, o design do sistema de inteligência artificial deve ser precedido por um atento escrutínio por seus desenvolvedores, que podem se inspirar nos princípios que governam nossa LGPD, especialmente o do livre acesso aos dados, transparência e *accountability*, visando minimizar a opacidade das decisões algorítmicas. Ou seja, aquele que utiliza sistemas de inteligência artificial precisa "se cercar de garantias de que o sistema é razoavelmente adequado, seguro, robusto, inteligível e suscetível de ser explicado e justificado".[34]

É responsabilidade dos engenheiros pensar nos valores que deverão ser incorporados ao design[35] dos artefatos, para que sejam sensíveis e adequados a valores constitucionalmente garantidos. Daí a crescente importância da *privacy by design, security by design* e *ethics by design*[36].[37]

---

34. FRAZÃO, Ana. Inteligência Artificial. In: FRAZÃO, Ana; MULHOLLAND, Caitlin. *Inteligência artificial e direito*: ética, regulação e responsabilidade. São Paulo: Thompson Reuters Brasil, 2019, p.507.

35. Slava Polonski sugere a adoção de alguns princípios a serem incorporados por ocasião do desenvolvimento de algoritmos (*by design*), dentre os quais destacamos o representation, que prega que "in order to guard against unfair bias, all subjects should have an equal chance of being represented in the data. Sometimes this means that underrepresented populations need to be thoughtfully added to any training datasets. Sometimes this also means that a biased machine learning model needs to be substantially retrained on diverse data sources"; bem como o protection, segundo o qual "machine learning systems need to avoid unjust effects on individuals, especially impacts related to social and physical vulnerabilities, and other sensitive attributes. These could include race, ethnicity, gender, nationality, sexual orientation, religion and political beliefs. The overall fairness of an algorithm must be judged by how it impacts the most vulnerable people affected by it" – POLONSKI, Slava. Mitigating algorithmic bias in predictive justice: 4 design principles for AI fairness. *Towards data Science*. 23.11. nov. 2018. Disponível em: https://towardsdatascience.com/mitigating-algorithmic-bias-in-predictive-justice-ux-design-principles-for-ai-fairness-machine-learning-d2227ce28099. Acesso em: 21 out. 2021.

36. Ou seja, é preciso garantir que os processos e sistemas sejam projetados de modo que a coleta e processamento (incluindo o uso, divulgação, retenção, transmissão e descarte) sejam limitados ao necessário para a finalidade identificada. A Estratégia Brasileira de Inteligência Artificial, publicada em 06 de abril de 2021, ocupa-se do tema, referindo que "as preocupações com a dignidade humana e com a valorização do bem-estar humano devem estar presentes desde a concepção (*ethics by design*) dessas ferramentas até a verificação de seus efeitos na realidade dos cidadãos" – disponível em: https://www.gov.br/mcti/pt-br/acompanhe-o-mcti/transformacaodigital/arquivosinteligenciaartificial/ia_estrategia_diagramacao_4-979_2021.pdf, p. 22.

37. Como referem Von Braum et al., "robots are increasingly prevalent in human life and their place is expected to grow exponentially in the coming years. Whether their impact is positive or negative will depend not only on how they are used, but also and especially on how they have been designed. If ethical use is to be made of robots, an ethical perspective must be made integral to their design and production. Today this approach goes by the name "responsible robotics" – VON BRAUN, Joachin; ARCHER, Margaret S.; REICHBERG, Gregory M.; SORONDO, Marcelo Sánchez. AI, Robotics, and Humanity: Opportunities, Risks, and Implications for Ethics and Policy. In: VON BRAUN, Joachin; ARCHER, Margaret S.; REICHBERG, Gregory M.; SORONDO, Marcelo Sánchez (Ed.). *Robotics, AI, and Humanity* – Science, Ethics, and Policy. Cham/Suíça: Springer, 2021, p. 11.

Em meados do século XX, Isaac Asimov, autor de obras de ficção científica, formulou três leis da robótica, indicando as regras básicas para convivência pacífica entre robôs e humanos[38]. De acordo com a primeira lei, "um robô não pode ferir um ser humano ou, por ócio, permitir que um ser humano sofra algum mal". A segunda lei registra que "um robô deve obedecer às ordens que lhe sejam dadas por seres humanos, exceto nos casos em que tais ordens contrariem a primeira lei". A terceira lei, por sua vez, institui que "um robô deve proteger a sua própria existência, desde que tal proteção não entre em conflito com a primeira e a segunda leis". A essas três regras, posteriormente ele acrescentou uma quarta lei, conhecida como lei zero, segundo a qual "um robô não pode fazer mal à humanidade e nem, por inação, permitir que ela sofra algum mal", ampliando a aplicação da primeira lei.

Ainda que o livro seja ficcional e trate especificamente de robótica, essas leis são frequentemente lembradas como base para os fundamentos éticos a serem considerados pelos humanos no desenvolvimento de quaisquer ferramentas de inteligência artificial, além daquelas representadas por robôs, ao menos enquanto inexiste uma regulação jurídica do tema.[39]

Diante das enormes vantagens propiciadas pela inteligência artificial, mas considerando também os riscos, potenciais ou reais, derivados do seu uso, três caminhos se apresentam aos formuladores de políticas: o da proibição ou até mesmo criminalização do uso da inteligência artificial; outro, que incentiva o uso dessa ferramenta, com foco apenas na extração de vantagem econômica, sem grandes preocupações com questões éticas e efeitos colaterais; e o que identifica todas as vantagens do uso da tecnologia, mas abarca estratégias que buscam minimizar os riscos, enfrentando-os de forma robusta, sólida valiosa e responsável. O primeiro caminho não é realístico, pois o avanço tecnológico é inarredável. O segundo igualmente não é trilhável por sociedades dotadas de mínima sensibilidade ética. Resta o terceiro, que vem sendo adotado por todos os países, embora não no mesmo ritmo.

---

38. As três leis da robótica foram apresentadas por Asimov, pela primeira vez, em 1942, em seu conto *Runaround*, publicado em 1942 na revista *Astounding Science Fiction*, nos EUA. Posteriormente o conto veio a integrar o volume *I, robot*, publicado em 1950 e traduzido para o português com o título "Eu, robô". Trad. Aline Storto Pereira. São Paulo: Aleph, 2014. Sobre isso, v. DONEDA, Danilo; MENDES, Laura Schertel; SOUZA, Carlos Affonso Pereira de; ANDRADE, Norberto Nuno Gomes de. Considerações iniciais sobre inteligência artificial, ética e autonomia pessoal. In: TEPEDINO, Gustavo; MENEZES, Joyceane Bezerra de (Coord.). *Autonomia privada, liberdade existencial e direitos fundamentais*. Belo Horizonte: Ed. Fórum, 2019, p. 96, n.r. 1.

39. O tema foi revisitado em 2009 por dois professores norte-americanos, Robin Murphy e David Woods, que apresentaram três leis alternativas à visão de Asimov, como sendo: "1. A human may not deploy a robot without the human–robot work system meeting the highest legal and professional standards of safety and ethics; 2. A robot must respond to a human as appropriate for their roles; 3. A robot must be endowed with sufficient situated autonomy to protect its own existence as long as such protection provides smooth transfer of control to other agents consistent with the first and second laws" – MURPHY, Robin R.; WOODS, David D. Beyond Asimov: The Three Laws of Responsible Robotics. *IEEE Intelligent Systems*. July-August 2009, p. 19. Disponível em: https://www.researchgate.net/publication/224567023_Beyond_Asimov_The_Three_Laws_of_Responsible_Robotics. Acesso em: 23 out. 2021. Segundo van Wynsberghe, essas três leis alternativas redirecionam a atenção para as responsabilidades do ser humano por detrás da máquina, como por exemplo, os pesquisadores – WYNSBERGHE, Aimee van. Responsible Robotics and Responsibility Attribution. In: VON BRAUN, Joachin; ARCHER, Margaret S.; REICHEBERG, Gregory M.; SORONDO, Marcelo Sánchez (ed.). *Robotics, AI, and Humanity. Science, Ethics, and Policy* (eBook) – Cham/Suíça: Springer, 2021, p. 241.

Ao reconhecer a importância das diretrizes éticas e os impactos gerados pela tecnologia da inteligência artificial, reforça-se a ideia de uma visão antropocêntrica baseada em princípios e orientações que auxiliam torná-la robusta, sólida e valiosa em várias dimensões.

A maioria dos países possuem políticas mais genéricas envolvendo a Inteligência Artificial, como é o caso da *Iniciativa Digital* da Dinamarca, do *Programa Holandês para Empresas Inteligentes*, e da *Plataforma Indústria 4.0*, da Áustria. Contudo, com o crescimento da IA e a utilização dessa tecnologia em áreas diversas, da economia à política, alguns países passaram a debater políticas mais específicas sobre o tema, visando neutralizar quanto possível os riscos associados a essa tecnologia. Mais recentemente, Portugal, pela Lei n. 27/2021, de 17 de maio, promulgou sua Carta de Direitos Humanos na Era Digital. Seu art. 9º dispõe sobre o uso da I.A. e de robôs, nos seguintes termos:

> Artigo 9.º
>
> Uso da inteligência artificial e de robôs
>
> 1 – A utilização da inteligência artificial deve ser orientada pelo respeito dos direitos fundamentais, garantindo um justo equilíbrio entre os princípios da explicabilidade, da segurança, da transparência e da responsabilidade, que atenda às circunstâncias de cada caso concreto e estabeleça processos destinados a evitar quaisquer preconceitos e formas de discriminação.
>
> 2 – As decisões com impacto significativo na esfera dos destinatários que sejam tomadas mediante o uso de algoritmos devem ser comunicadas aos interessados, sendo suscetíveis de recurso e auditáveis, nos termos previstos na lei.
>
> 3 — São aplicáveis à criação e ao uso de robôs os princípios da beneficência, da não-maleficência, do respeito pela autonomia humana e pela justiça, bem como os princípios e valores consagrados no artigo 2.º do Tratado da União Europeia, designadamente a não discriminação e a tolerância.

Neste contexto, oportuno trazer uma abordagem sobre a visão ética da inteligência artificial em alguns modelos de direito comparado. No tópico seguinte, será analisada a estratégia ética adotada pela União Europeia, que vem demonstrando grande preocupação com o tema, revelada pela quantidade de resoluções e recomendações que vem adotando nos últimos anos.

5. DIRETRIZES ÉTICAS PARA O DESENVOLVIMENTO DE UM DESIGN CONFIÁVEL DO ALGORITMO DE INTELIGÊNCIA ARTIFICIAL: A EXPERIÊNCIA DA UNIÃO EUROPEIA

O Parlamento Europeu tem discutido amiúde a temática da ética no contexto da inteligência artificial, voltando ao tema com frequência anual nos últimos tempos. Parte-se de uma abordagem focada na identificação de princípios éticos a serem observados e fornecimento de orientações aos operadores do setor.

A União Europeia iniciou em março de 2012 os debates sobre as consequências jurídicas dos atos realizados por autômatos, por meio do projeto *RoboLaw*, concluído em maio de 2014 com um relatório de 215 páginas. Seu objetivo visava oferecer uma análise aprofundada das questões éticas e legais levantadas pelas aplicações robóticas e fornecer aos reguladores europeus e dos Estados membros orientações sobre como lidar com elas. Os estudos investigaram as formas como as tecnologias emergentes no campo da biorrobótica desafiam as categorias e qualificações jurídicas tradicionais, eventualmente criando riscos para os direitos e liberdades fundamentais. Ao final, o documento tenta responder à questão de saber se uma nova regulamentação é necessária ou se os problemas colocados pelas tecnologias robóticas podem ser tratadas dentro da estrutura normativa já existente.[40]

Em 16 de fevereiro de 2017 foi aprovada pelo Parlamento Europeu uma Resolução com recomendações à Comissão de Direito Civil sobre Robótica (2015/2103(INL))[41], aventando inclusive a criação de personalidade jurídica para robôs autônomos e inteligentes, denominada "personalidade eletrônica", com a previsão de um seguro obrigatório com a finalidade de responder pelos danos por eles causados. Interessa a esse estudo o conteúdo do seu item 13 (sobre princípios éticos), que indica os referenciais éticos a serem observados no setor:

> 13. Destaca que o quadro ético orientador deve basear-se nos princípios de beneficência, não maleficência, autonomia e justiça, nos princípios e valores consagrados no artigo 2.º do Tratado da União Europeia e na Carta dos Direitos Fundamentais, tais como a dignidade do ser humano, a igualdade, a justiça e a equidade, a não discriminação, o consentimento esclarecido, o respeito pela vida privada e familiar e a proteção de dados, bem como em outros princípios e valores subjacentes do direito da União, como a não estigmatização, a transparência, a autonomia, a responsabilidade individual e a responsabilidade social, e em códigos e práticas éticas existentes.

Em abril de 2018 a União Europeia apresentou sua Estratégia para a Inteligência Artificial, contendo um plano coordenado para o tema, visando orientar a construção de políticas nacionais dos estados-membros e fortalecer seu esforço de consolidar um mercado digital único[42]. Sua abordagem foi afirmada como "centrada nos humanos". A estratégia é focada em quatro frentes: ampliar os investimentos na área, preparação para impactos socioeconômicos, desenvolvimento de um arcabouço ético e de um modelo regulatório adequado. Outro eixo é a construção da confiança por meio de um ambiente seguro de fluxo de dados.

Em 12.02.2019, Resolução do Parlamento Europeu sobre uma política industrial europeia completa no domínio da inteligência artificial e da robótica (2018/2088(INI))[43], fez constar um alerta sobre a possibilidade de "(1.2.) Utilização maliciosa da inteligência artificial e direitos fundamentais", destacando que:

---

40. Disponível em: http://www.robolaw.eu/. Acesso em: 12 set.2021.
41. UNIÃO EUROPEIA. Resolução do Parlamento Europeu de 16 de fevereiro de 2017, com recomendações à Comissão de Direito Civil sobre robótica. Disponível em: 017-0051_PT.html. Acesso em: 10 set. 2021.
42. "Comunicação da Comissão ao Parlamento Europeu, ao Conselho Europeu, ao Conselho, ao Comité Económico e Social Europeu e ao Comité das Regiões – Inteligência Artificial para a Europa. Bruxelas, 25.4.2018 – COM (2018) 237 final – Disponível em: https://eur-lex.europa.eu/legal-content/PT/TXT/PDF/?uri=CELEX:52018DC0237&from=PT. Acesso em: 23 out. 2021.
43. Disponível em: https://eur-lex.europa.eu/legal-content/PT/TXT/PDF/?uri=CELEX:52019IP0081&from=PT. Acesso em: 21 out. 2021.

9. [A] utilização mal-intencionada ou negligente da IA pode ameaçar a segurança digital, bem como a segurança física e pública, uma vez que pode ser utilizada para realizar ataques em grande escala, seletivos e extremamente eficientes aos serviços da sociedade da informação e às máquinas conectadas, bem como campanhas de desinformação e, de um modo geral, reduzir o direito dos indivíduos à autodeterminação; salienta que a utilização maliciosa ou negligente da IA pode também constituir um risco para a democracia e os direitos fundamentais;

Outra importante referência para o assunto consistiu na divulgação, pela Comissão Europeia, em abril de 2019, de *Orientações Éticas para uma Inteligência Artificial de Confiança*. Trata-se substancialmente de um guia para nortear as condutas relacionadas à inteligência artificial.

De acordo com o documento, os sistemas de inteligência artificial, devem ser robustos, seguros e transparentes, visando evitar incorreções ou a possibilidade de corrigi-las de modo eficaz, a fim de proporcionar privacidade e controle dos cidadãos sobre seus dados, para que não sejam prejudicados por decisões automatizadas discriminatórias.[44] Além disso, para evitar resultados enviesados, exige-se que os dados usados para treinar os algoritmos sejam os mais inclusivos possíveis, a fim de que diferentes grupos populacionais, étnicos etc., estejam representados. Preocupação maior das autoridades europeias é com grupos historicamente vulneráveis, como crianças, pessoas portadoras de deficiências, minorias de todas as espécies, bem como pessoas economicamente vulneráveis, como empregados[45] e consumidores.

---

44. European Commission. High-level expert group on artificial intelligence. Disponível em: https://ec.europa.eu/digital-single-market/en/high-level-expert-group-artificial-intelligence Acesso em: 11 jul. 2021.

45. Um bom exemplo de como os algoritmos podem absorver os preconceitos sociais e refleti-los em suas decisões, em prejuízo de grupos vulneráveis, nos é dado por Raub McKenzie, no caso de contratação de empregados por sistemas de I.A.: "The definition of a desirable employee is challenging because it requires prioritization of numerous observable characteristics that make an employee "good." Employers tend to value action-oriented, intelligent, productive, detailoriented employees. This subjective decision opens the door to potential problems. Essentially, what makes a "good" employee "must be defined in ways that correspond to measurable outcomes: relatively higher sales, shorter production time, or longer tenure, for example." However, the subjective choices made both by the programmers and by the employer in previous hiring decisions are absorbed into the algorithm by way of the data that is used and the subjective labels placed on specific characteristics. Thus, when subjective labels are applied, the results are skewed along the lines of those labels and the data that is utilized. Therefore, it is possible for algorithms and artificial intelligence to inherit prior prejudice and reflect current prejudices – McKENZIE, Raub. Bots, Bias and Big Data: Artificial Intelligence, Algorithmic Bias and Disparate Impact Liability in Hiring Practices. *Arkansas Law Review*, v. 71, n. 2, 2018, p. 534. Na literatura nacional, Ferrari, Becker e Wolkart, referem que "a definição de um 'bom empregado' não é objetiva. O algoritmo preencherá a expressão de sentido a partir de fatores concretos: bom empregado é aquele que permanece no emprego por mais tempo, que tem vendas superiores, que produz mais rapidamente etc. Mesmo em uma sociedade que dê integral apoio à maternidade, mulheres grávidas que tirem licença podem "ensinar" ao algoritmo que faz mais sentido contratar homens. Em ambientes em que a mulher seja vista como a responsável primária do casal por cuidar dos filhos em caso de doenças corriqueiras e imprevistas, suas faltas ao trabalho podem gerar efeitos sistêmicos negativos para a contratação de mulheres. De forma semelhante, suponha que determinada empresa sediada no Brasil automatize as decisões de contratação para altos cargos, com o objetivo de escolher pessoas com mais chances de se tornarem grandes líderes, eventualmente CEOs. Em que lugar os algoritmos vão buscar as informações necessárias para desenhar o perfil pretendido? Com certeza, nos líderes e CEOs da atualidade, majoritariamente homens, brancos e de meia-idade. A tendência, então, é a de que as sugestões para a contratação provindas do software reflitam circunstâncias do passado, que levaram esse perfil a cargos de destaque, e as projetem para o futuro, dificultando o acesso de novos grupos, como mulheres e

Analisando esse documento, Ana Frazão identifica quatro princípios éticos que lhe servem de fundamentos: (i) o respeito pela autonomia humana, (ii) a prevenção de danos, (iii) a justiça e (iv) a explicabilidade, bem como sete exigências, a serem avaliadas continuamente ao longo de todo o ciclo de vida do sistema de inteligência artificial: (i) *human agency* e supervisão humana, (ii) robustez técnica e segurança, (iii) privacidade e governança de dados, (iv) transparência, (v) diversidade, não discriminação e justiça, (vi) bem estar e ambiental e social e (vii) *accountability*.[46]

E em fevereiro de 2020, a União Europeia deu a conhecer o que foi chamado de "Livro Branco sobre a inteligência artificial"[47], dando mais um passo no sentido de regulamentar a inteligência artificial. Neste documento, afirma-se a necessidade de se criar mecanismos para a confiabilidade dessa tecnologia e traçar toda a política europeia com base nos valores e direitos fundamentais, tais como a dignidade da pessoa humana e a proteção da privacidade de cada cidadão.[48]

Todavia, não só a tecnologia avança constantemente. As ideias jurídicas, fruto de reflexões mais aprofundadas, procuram acompanhar tais mudanças, embora normalmente em ritmo mais lento. Assim, em 20.10.2020 foi aprovada nova Resolução pelo Parlamento Europeu, contendo recomendações à Comissão sobre o Regime de Responsabilidade Civil aplicável à Inteligência Artificial (2020/2014(INL)). Dentre elas, ressaltamos as três seguintes: (1) desnecessidade, ao menos no momento, de criação de uma personalidade jurídica própria aos sistemas dotados de I.A.; (2) desnecessidade de se proceder à uma completa revisão das normas de responsabilidade civil existentes; (3) a afirmação de que I.A.s distintas implicam riscos distintos (distinguidos entre riscos inaceitáveis[49], elevados[50], limitados e mínimos), devendo para cada uma ser identificado um regime de responsabilidade civil igualmente diverso, objetivo, subjetivo e com culpa presumida.

---

negros. Perceba que nessa situação, não há incorreção nos dados que alimentam o aprendizado de máquinas, entretanto, as consequências produzidas a partir da decisão automatizada terão efeito discriminatório. Algoritmos aprendem pelo exemplo. Se os dados aos quais expostos refletirem o preconceito (consciente ou inconscientemente) presente na sociedade, as decisões daí derivadas irão refleti-lo e reforçá-lo. "*Garbage in, garbage out*" ("lixo entra, lixo sai"), como diz o aforismo repetido por programadores" – FERRARI, Isabela; BECKER, Daniel; WOLKART, Erik Navarro. *Arbitrium ex machina*: panorama, riscos e a necessidade de regulação das decisões informadas por algoritmos. *Revista dos Tribunais*. v. 995 (set. 2018), p. 643.

46. FRAZÃO, Ana. Quais devem ser os parâmetros éticos e jurídicos para a utilização da IA? *Jota*, 24 abr. 2019. Disponível em: https://www.jota.info/opiniao-e-analise/colunas/constituicao-empresa-e-mercado/quais-devem-ser--osparametros-eticos-e-juridicos-para-a-utilizacao-da-ia-24042019#sdfootnote1sym. Acesso em: 17.05.2021.

47. Disponível em: https://ec.europa.eu/info/sites/info/files/commission-white-paper-artificial-intelligence--feb2020_pt.pdf Acesso em: 28 maio 2021.

48. TEFFÉ, Chiara Spadaccini de; MEDON, Filipe. Responsabilidade civil e regulação de novas tecnologias: questões acerca da utilização de inteligência artificial na tomada de decisões empresariais. *Revista Estudos Institucionais*. v. 6, n. 1, jan.-abr. 2020, p. 307.

49. Exemplificados no documento como "brinquedos para menores com assistência de voz que encorajam comportamentos perigosos", ou "sistemas que permitem uma 'classificação social' por parte de governos". Esses sistemas são proibidos.

50. Exemplificados no documento, dentre tantos, pelas cirurgias robóticas, pontuação de crédito que impeça a obtenção de empréstimos, aplicação judicial automatizada da lei a um conjunto de fatos, sistemas de identificação biométrica etc.

PODE A ÉTICA CONTROLAR O DESENVOLVIMENTO TECNOLÓGICO? **663**

Por último, em abril de 2021 a Comissão Europeia propôs um pacote de novas iniciativas para regulamentação da inteligência artificial[51], visando os princípios éticos e de confiança, "que tende a nortear os debates mundiais, dada a riqueza no detalhamento de seu conteúdo. O documento (...) sugere diversas proibições para a utilização de IA, como para fins de *social scoring*, restringindo, ainda, a vigilância em massa."[52]

Passa-se, agora, a analisar a experiência de três países, que simbolizam modelos diversos de enfrentar o tema da regulação ética da inteligência artificial: o americano, o alemão e o chinês

6. ANÁLISE DE TRÊS MODELOS DISTINTOS: ESTADOS UNIDOS, ALEMANHA E CHINA

Os **Estados Unidos** são o lar das maiores empresas de tecnologia do mundo, como Amazon, Google, Apple, Facebook, IBM e Microsoft[53].

Ainda que a regulação dos algoritmos seja uma preocupação mundial, teoricamente há formas distintas de regulá-los. Os americanos tendem a trilhar o caminho da autorregulação privada, entendendo ser este suficiente para resolver o problema dos algoritmos, refletindo os valores americanos fundamentais – dentre os quais destaca-se uma tendencialmente ilimitada liberdade de iniciativa – visando garantir que as tecnologias de IA sejam compreensíveis, confiáveis, robustas e seguras.[54]

Com base nesses pressupostos, em fevereiro de 2019 foi publicada a *Executive Order* (EO) 13859, estabelecendo princípios estratégicos de apoio à inovação e uso responsável da inteligência artificial. Tratava-se da *American AI Iniciative* – a estratégia nacional dos Estados Unidos sobre inteligência artificial -, procurando promover e proteger a tecnologia e inovação nacional no setor.

A Iniciativa implementa uma estratégia orientadora para a atuação do governo em colaboração e envolvimento com o setor privado, a academia, a sociedade em geral e parceiros internacionais com interesses semelhantes. Está estruturado em torno de cinco atividades: investimento em pesquisa e desenvolvimento, liberação de recursos para tanto, remoção de barreiras para a inovação em IA, empoderamento do trabalhador americano, treinando-o em habilidades que exigem conhecimento de IA, promoção

---

51. Disponível em: https://eur-lex.europa.eu/legal-content/EN/TXT/?qid=1623335154975&uri=CELE-X%3A52021PC0206. Acesso em: 11 set. 2021.
52. MEDON, Filipe. *Inteligência Artificial e Responsabilidade Civil*. Autonomia, Riscos e Solidariedade. 2. ed., rev., atual. e ampl. São Paulo: Ed. JusPodivm, 2022, p. 56.
53. Para se ter uma ideia da importância e influência desses gigantes econômicos, pondera-se que "o *valuation* da Microsoft supera em 55% o PIB brasileiro, de US$ 1,4 trilhão em 2020. Apenas sete países do mundo possuem o produto interno bruto maior do que o valor da empresa se alguém quiser comprá-la: Estados Unidos, China, Japão, Alemanha, Reino Unido, Índia e França". SILVA, Beto. A inteligência da Microsoft para o Brasil. *Istoé Dinheiro*. Disponível em: https://www.istoedinheiro.com.br/a-inteligencia-da-microsoft-para-o-brasil/ Acesso em: 13 set. 2021.
54. ESTADOS UNIDOS. *Artificial Intelligence for the American People*. Disponível em: https://www.whitehouse.gov/ai/. Acesso em: 12 set. 2021.

de um engajamento internacional favorável aos interesses norte-americanos. Esse documento traz uma abordagem mais no estilo *business*, focado na governança e não tanto em padrões éticos. Todavia, diante da ampla autonomia normativa conferida aos Estados-membros, nos EUA, a legislação estadual pode adotar temperamentos a essa orientação federal. É o caso da *California Consumer Privacy Act 2018 (CCPA)*, adotada na Califórnia, que se baseia parcialmente em modelos da regulamentação básica da União Europeia sobre proteção de dados no mundo digital.[55]

Mais preocupado com a imposição de limites éticos revela-se o **modelo alemão**. Quanto a esse, a *Nationale KI Strategie,* de 2018, apresentou formalmente o planejamento estratégico do país sobre inteligência artificial. O documento apresenta uma visão holística para uma abordagem sustentável e consistente no desenvolvimento e uso da inteligência artificial, detalhando os impactos e riscos existentes e futuros. Destaca-se também a necessária postura cooperativa para desenvolvimento da inteligência artificial, almejando uma participação ativa da academia e sociedade. Apresenta igualmente objetivos táticos, sendo o primeiro deles tornar a Alemanha um importante centro de inteligência artificial, procurando garantir sua competitividade,[56] seguido do objetivo de garantir um desenvolvimento responsável, com o uso da inteligência artificial a serviço da sociedade. Por último, busca-se a integração da inteligência artificial na sociedade em termos éticos, normativos, culturais e institucionais, em contexto de amplo diálogo social, acompanhado de medidas políticas ativas. Para cada objetivo tático são previstas ações específicas.[57]

Uma rápida análise em alguns dos projetos em andamento, tais como o Alice[58], *Deep Rain*[59], Visão Zero[60], HoloMed[61], demonstra que a Alemanha pretende ser competitiva na Europa e internacionalmente.

Não é possível falar em tecnologia na atualidade sem referir a **China** e seu desenvolvimento exponencial nesse setor. Quando olhamos para a China de hoje, não deixa de surpreender que um país miserável na década de 70 conseguiu tirar

---

55. Segundo HOFFMANN-RIEM, Wolfgang. *Teoria Geral do Direito Digital*. Transformação digital – desafios para o direito. Trad. de Italo Fuhrmann. Rio de Janeiro, Forense, 2021, p. 9.

56. A Alemanha ficou em primeiro lugar no Bloomberg Innovation Index 2020, quebrando a série de vitórias da Coreia do Sul, que permaneceu na liderança por seis anos. Disponível em: https://www.bloomberg.com/news/articles/2020-01-18/germany-breaks-korea-s-six-year-streak-as-most-innovative-nation Acesso em: 13 ago.2021.

57. Disponível em: https://www.ki-strategie-deutschland.de/home.html Acesso em: 20 set. 2021.

58. O objetivo do *projeto ALICE* envolve turbinas eólicas, visando maximizar sua capacidade de geração de energia em um sistema de aprendizagem que permita sua utilização de forma autônoma, ou seja, sem monitoramento constante por um especialista humano, na gestão de usinas eólicas.

59. O objetivo do projeto de pesquisa *DeepRain* é calcular em tempo real as probabilidades para eventos de chuva e tempestades em toda a Alemanha, com uma resolução espacial de 1 km ou menos. As previsões são baseadas em modelos de previsões do Serviço Meteorológico Alemão e dados de radares de chuva.

60. O projeto propõe um trânsito futuro sem acidentes. A inteligência artificial permite que os veículos de amanhã interajam para salvar vidas. As tecnologias de câmera e sensor de última geração para reconhecimento acelerado de objetos permitem prever antecipadamente o comportamento de outros usuários da estrada, evitando acidentes.

61. Envolvendo aplicação da I.A. na área médica. Disponível em: https://www.ki-strategie-deutschland.de/home.html. Acesso em: 20.09.2021.

750 milhões de pessoas da pobreza nos últimos cinquenta anos! Do ponto de vista tecnológico, deu saltos de gigantes: hoje todos os pagamentos são digitais ou por QR *code* com tecnologia de Pix, que aqui é uma inovação, mas já é obsoleta na China, que há muito tempo utiliza a tecnologia até mesmo para creditar esmolas aos mendigos. Atualmente o dispositivo em ascensão é o *smile to pay*, em que sua biometria facial serve de senha para pagar a conta em restaurantes, salões de beleza, padarias e até nas catracas de metrô. Consumidores podem sair sem absolutamente nada consigo, nem cartões, nem smartphones, smartwatches, documentos etc., e com um simples sorriso frente a um aparelho dotado da tecnologia, autoriza o pagamento que será debitado diretamente em sua conta bancária[62].

O governo chinês lançou em 2017 o "Plano de Desenvolvimento da Inteligência Artificial da Próxima Geração", visando atingir a liderança mundial do setor por volta de 2030. Um órgão foi criado para coordenar sua implementação e um comitê de aconselhamento. A integração com o setor privado conta com uma "Aliança para o Desenvolvimento da IA".[63]

O plano indica a necessidade de elaborar uma "nova geração de teoria básica sobre a IA no mundo", além de construir uma tecnologia de IA de forma cooperativa, elevando a capacidade técnica do país em relação ao restante do mundo. Entre as metas está a aceleração da formação de talentos em ocupações de ponta na construção de sistemas de IA e o fomento a bens e serviços como hardware inteligentes (a exemplo de robôs), carros autônomos, realidade virtual e aumentada e componentes da Internet das Coisas.[64]

Em maio de 2019 a Academia de Inteligência Artificial de Pequim publicou o *"Beijing AI Principles"*, estabelecendo princípios para a pesquisa e desenvolvimento de inteligência artificial, respeitando os direitos humanos de privacidade, dignidade,

---

62. Sobre essa tecnologia, em uso há vários anos, vide a reportagem do The Guardiam, intitulada "Smile-to-pay: Chinese shoppers turn to facial payment technology", publicada em 04/09/2019 e disponível em: https://www.theguardian.com/world/2019/sep/04/smile-to-pay-chinese-shoppers-turn-to-facial-payment-technology. Acesso em: 22/09/2021.

63. Disponível em: http://www.gov.cn/zhengce/content/2017-07/20/content_5211996.htm. Acesso em: 15 set. 2021.

64. A crítica que se faz à China é no sentido de que aquele país não parece muito interessado em resguardar a privacidade dos cidadãos na coleta de dados pessoais, sendo muitos desses dados utilizados para atender o sistema chinês de "Crédito social", que permite um amplo controle do governo sobre a sociedade como um todo e sobre os seus cidadãos em particular. O sistema de crédito social iniciou sua fase de teste em 2014 e foi implementado nacionalmente em 2020. A ideia é avaliar cada cidadão de acordo com seu comportamento social para então definir uma pontuação, da qual deriva uma série de punições ou recompensas. A partir de dados coletados na internet, em registros governamentais e por meio de reconhecimento facial, cada cidadão recebe uma pontuação. Se for positiva, a pessoa recebe algumas recompensas sociais. Um escore negativo, porém, pode impedir uma pessoa de se matricular em uma boa escola, ser contratada para uma boa vaga de emprego, ou até mesmo viajar. Segundo relatório divulgado pelo Centro de Informação do Crédito Público Nacional da China, em 2018, 23 milhões de chineses foram impedidos de viajar naquele ano em razão de sua baixa pontuação social – sobre esse sistema, v. a reportagem "Entenda o sistema de crédito social planejado pela China", disponível em: https://www.poder360.com.br/internacional/entenda-o-sistema-de-credito-social-planejado-pela-china/, de 27.01.2020. Acesso em: 22 set. 2021.

liberdade e autonomia. Trata-se de um código de ética elaborado conjuntamente pelas principais universidades de tecnologia da China e por três grandes empresas de inovação tecnológica do país: Baidu, Alibaba e Tencent. O documento se divide entre políticas de pesquisa, relacionadas ao respeito à diversidade, compartilhamento e responsabilidade no desenvolvimento de inteligência artificial; políticas de uso com consentimento informado das tecnologias; e políticas de governança que valorizem a cooperação e a preocupação com os impactos de longo prazo da utilização de inteligência artificial.[65]

Após a análise desses modelos, cumpre dizer algumas palavras sobre a experiência nacional.

7. O BRASIL À PROCURA DE UM MODELO

O Brasil está atrasado em comparação com as experiências analisadas, tanto em termos tecnológicos quanto em termos de regulação, mas tem dado alguns importantes passos nos últimos anos.

Em 2018 foi instituída a *Estratégia Brasileira para a Transformação Digital (E-Digital)*[66], trabalho de mais de cem páginas, resultado de uma iniciativa interministerial do Governo Federal, coordenada pelo Ministério da Ciência, Tecnologia, Inovações e Comunicações, buscando fomentar e organizar tal transformação da economia, da sociedade e do próprio governo.

Outro importante movimento foi feito em maio de 2019, quando o Brasil aderiu aos princípios da OCDE[67] para a administração responsável de Inteligência Artificial, talvez o primeiro documento transnacional (abrangendo países fora da Europa) contendo diretrizes éticas para o desenvolvimento da I.A. Dentre os princípios a serem observados são elencados: *Inclusive growth, sustainable development and well-being; Human-centred values and fairness; Transparency and explainability; Robustness, security and safety; Accountability.*

E em 2020 o Brasil passou a integrar o grupo de países que compõe a Parceria Global para a Inteligência Artificial (GPAI), que visa facilitar a colaboração internacional e promover a adoção de IA confiável.[68]

Foi nesse contexto que entrou em vigor a Lei Geral de Proteção de Dados (LGPD), em agosto de 2020. Referido marco regulatório pretende assegurar a autodeterminação informacional dos titulares de dados por meio de diversos princípios

---

65. Disponível em: https://www.internetlab.org.br/pt/itens-semanario/china-cientistas-e-engenheiros-estabelecem-codigo-de-etica-para-o-uso-de-inteligencia-artificial/. Acesso em: 22 set.2021

66. Disponível em: https://www.gov.br/mcti/pt-br/centrais-de-conteudo/comunicados-mcti/estrategia-digital-brasileira/estrategiadigital.pdf. Acesso em: 23 out. 2021.

67. OECD, *Recommendation of the Council on Artificial Intelligence*, OECD/LEGAL/0449. Disponível em: https://legalinstruments.oecd.org/en/instruments/OECD-LEGAL-0449. Acesso em: 22 out. 2021.

68. Nesse mesmo ano foi criado o C4AI (Centro de Inteligência Artificial) em parceria com a IBM e a Fundação de Amparo à Pesquisa do Estado de São Paulo (FAPESP).

e garantias, entre os quais está o princípio do livre acesso aos dados, transparência e *accountability*, visando minimizar a opacidade das decisões algorítmicas. Ou seja, aquele que utiliza sistemas de inteligência artificial precisa "se cercar de garantias de que o sistema é razoavelmente adequado, seguro, robusto, inteligível e suscetível de ser explicado e justificado".[69]

E em abril de 2021 foi aprovada a "Estratégia Brasileira de Inteligência Artificial", por meio da Portaria GM n. 4.617 do Ministério da Ciência, Tecnologia e Inovações, estruturada em seis eixos verticais (educação; força de trabalho e capacitação; pesquisa, desenvolvimento, inovação e empreendedorismo; aplicação no Poder Público; aplicação nos setores produtivos; e na segurança pública) e três eixos transversais (legislação, regulação e uso ético; aspectos internacionais; e governança de IA). Sob alguns aspectos, ela revela as mesmas preocupações identificadas em documentos assemelhados de outros países, como é o caso do risco dos vieses algorítmicos.[70] Todavia, no geral, a Estratégia vem recebendo críticas fortes da doutrina especializada, exemplificada por Ronaldo Lemos, que publicou texto denominado "Estratégia de IA brasileira é patética", em que referiu que se ela fosse apresentada como um trabalho acadêmico, "seria reprovada. Como política de Estado, ela é um desastre", pois não apresenta "nenhuma meta, orçamento, organização ou planejamento de implementação".[71] Segundo Medon[72], as críticas são merecidas, pois "o documento está muito aquém do que outros países têm produzido e daquilo que o Brasil necessita para fazer frente aos complexos e incontáveis desafios trazidos pela Inteligência Artificial em toda a sua multifacetada realidade".

Por outro lado, a Resolução n°332 do CNJ, de 21.08.2020, é uma política pública para a transformação digital e a inovação tecnológica baseada na ética, transparência e responsabilidade na área do poder judiciário. Estabelece como premissa que as etapas de pesquisa, desenvolvimento e implantação das soluções que se utilizem de inteligência artificial contarão com a participação de diversos segmentos da sociedade, orientando-se pela busca da diversidade em seu mais amplo espectro. Recomenda

---

69. FRAZÃO, Ana. Inteligência Artificial. In: FRAZÃO, Ana; MULHOLLAND, Caitlin (Coord.). *Inteligência artificial e direito:* ética, regulação e responsabilidade. São Paulo: Thompson Reuters Brasil, 2019, p.507.

70. "Um dos problemas mais discutidos no campo da IA diz respeito aos vieses algorítmicos. A esse respeito, cabe ressaltar que em alinhamento com o ordenamento jurídico brasileiro, esta Estratégia parte do pressuposto de que a IA não deve criar ou reforçar preconceitos capazes de impactar de maneira injusta ou desproporcional determinados indivíduos, principalmente os relacionados a características sensíveis como raça, etnia, gênero, nacionalidade, renda, orientação sexual, deficiência, crença religiosa ou inclinação política. Nesse aspecto, as pessoas e organizações responsáveis por projetar e implantar sistemas de IA devem ser responsáveis pelo funcionamento de seus sistemas. Aqueles que desenvolvem e usam sistemas de IA devem considerar os princípios balizadores de seus sistemas e verificar periodicamente se estão sendo respeitados e se estão trabalhando efetivamente" – disponível em: https://www.gov.br/mcti/pt-br/acompanhe-o-mcti/transformacaodigital/arquivosinteligenciaartificial/ia_estrategia_diagramacao_4-979_2021.pdf, p. 22.

71. LEMOS, Ronaldo. Estratégia de IA brasileira é patética. In: *Folha de São Paulo*, 11 abr. 2021. Disponível em: https://www1.folha.uol.com.br/colunas/ronaldolemos/2021/04/estrategia-de-ia-brasileira-e-patetica.shtml. Acesso em: 23 out. 21.

72. MEDON, Filipe. Inteligência Artificial e a Responsabilidade Civil: Diálogos entre Europa e Brasil. In: PINHO, Anna Carolina (Coord.). *Discussões sobre Direito na Era Digital*. Rio de Janeiro: G/Z Ed., 2021, p. 343.

também que a inteligência artificial não seja aplicada na área criminal evitando que modelos com decisões preditivas (como o COMPAS) sejam aplicados.

Mencione-se, por fim, que em setembro de 2021 foi aprovado pela Câmara de Deputados, em regime de urgência, o P.L. n. 21-A/2020, denominado de Marco Legal da Inteligência Artificial. O regime de urgência e o açodamento na aprovação foi objeto de críticas, em razão das muitas inconsistências do seu texto. No campo da responsabilidade civil, o projeto adotou a responsabilidade objetiva para as hipóteses que envolvam relações de consumo, e, para os demais casos, o regime da responsabilidade subjetiva para os danos causados pelo uso de Inteligência Artificial.

É hora de concluir.

8. CONSIDERAÇÕES FINAIS

A Inteligência Artificial está acarretando a mais recente "revolução", no sentido de evolução disruptiva, na história da civilização. Está mudando, para melhor, nossas existências individuais, propiciando maior conforto, segurança, celeridade, proteção. Mas não só. Está impactando enormemente a nossa existência social, em todas as suas dimensões – produção econômica, formas de organização social, formas de comunicação e de relacionamento, como referido em vários momentos do trabalho. As mudanças foram extensas e variadas.

Nesse novo mundo, as fronteiras entre o mundo físico e o mundo digital se esvanecem. Tão impactantes são as potencialidades que, em razão dos avanços da biorrobótica, fala-se em pós-humanismo ou transumanismo. As possibilidades fascinam e, ao mesmo tempo, assustam.

Mas no mesmo ritmo em que a inteligência artificial se entranha em nosso dia a dia, percebe-se, também, seu potencial danoso. E igualmente aqui os riscos envolvem tanto aspectos individuais quanto sociais. No plano individual, constatam-se riscos de discriminação em razão de vieses algorítmicos. No plano social, o sistema de criação de perfis – *profiling* – permite a inclusão de pessoas em grupos com interesses homogêneos, que passam a receber informações que o algoritmo identifica como sendo de seu interesse, omitindo outras que não se encaixam com seu perfil. Isso permite a criação de "bolhas" e "câmaras de eco", pois pessoas diferentes acabam recebendo informações diversas, que apenas reforçam certas tendências e impedem o diálogo com ideias contrárias ou diferentes. Além disso, tecnologias hoje disponíveis a quaisquer grupos minimamente organizados permitem a disseminação de *fake news* com alcance inimaginável há pouco tempo atrás, acarretando riscos à democracia e ao respeito à alteridade.

Diante desses riscos e perigos não só potenciais, mas reais e concretos, legisladores dos mais diversos países têm procurado enfrentar o problema, traçando diretrizes ou estudando a possibilidade de impor vedações a certos desenvolvimentos particularmente afrontosos a direitos fundamentais. A União Europeia vem demonstrando nítida preocupação com o tema, pois nos últimos anos tem editado inúmeros documentos a respeito, procurando orientar os operadores do setor, embora não tenha ainda chegado a publicar uma normativa contendo regras minuciosas a respeito de todas as áreas envolvidas. Nos cenários nacionais, os Estados Unidos parecem seguir sua ideologia mais liberal, confiando na autorregulação do setor e nas forças do próprio mercado. A Alemanha apresenta visão mais realista ao perceber a insuficiência do modelo de autorregulação e procurando, então, estabelecer normas heterônomas que garantam a proteção dos direitos fundamentais. O modelo chinês, de maior planificação e regulação estatal, está seguindo uma orientação que atenda seus interesses de se tornar uma nação hegemônica, procurando assumir a liderança desse importante mercado, ao mesmo tempo que vem utilizando a tecnologia da inteligência artificial para impor maior controle social sobre seus cidadãos.

O Brasil começou a se preocupar com o tema, mas ainda de forma incipiente, publicando uma Estratégia brasileira de IA que vem sendo criticada pelos especialistas pela sua manifesta insuficiência. Um projeto de lei regulando o setor foi aprovado recentemente na Câmara de Deputados e encaminhado ao Senado, debaixo de críticas, diante do açodamento e da superficialidade das discussões. Oxalá o Senado possa aprofundar o debate, ouvindo os setores especializados e interessados da sociedade civil, editando um marco legal moderno e abrangente, que possa ao mesmo tempo estimular a inovação tecnológica, mas com respeito aos direitos fundamentais e aos valores democráticos.

9. REFERÊNCIAS

ASIMOV, Isaac. *Eu robô*. Trad. Aline Storto Pereira. São Paulo: Aleph, 2014.

BARCELLOS, João. Além da ficção: Como a inteligência artificial tem sido essencial para os negócios. *Revista Brasileira de comércio eletrônico (E- Commerce Brasil)*, São Paulo, v 8, 2018.

BIONI, Bruno Ricardo. *Proteção de Dados Pessoais* – a função e os limites do consentimento. 2ª ed., rev., atual. e reform. Rio de Janeiro: Forense, 2020.

CASTELLS, Manuel. *A galáxia da internet:* reflexões sobre a internet, os negócios e a sociedade, tradução Maria Luiza X. de A. Borges; revisão Paulo Vaz. – Rio de Janeiro: Zahar, 2003.

COECKELBERGH, Mark. *AI Ethics*. Cambridge/Massachusetts, The MIT Press, 2020.

COSTA, Augusto Pereira; FACCHINI NETO, Eugenio. *Machina Sapiens v. Homo Sapiens* e a questão da jurisdição: embate ou confraternização? Uma proposta de diálogo entre *machine learning,* jurimetria e tutelas provisórias. In: PINTO, Henrique Alves; GUEDES, Jefferson Carús; CÉSAR, Joaquim Portes de Cerqueira (Coord.). *Inteligência artificial aplicada ao processo de tomadas de decisões.* Belo Horizonte: D'Plácido, 2020.

DONEDA, Danilo Cesar Maganhoto; MENDES, Laura Schertel; SOUZA, Carlos Affonso Pereira de; ANDRADE, Norberto Nuno Gomes de. Considerações iniciais sobre inteligência artificial, ética e autonomia pessoal. *Pensar.* Fortaleza, v. 23, n. 4, p. 1-17, 2018.

DONEDA, Danilo; MENDES, Laura Schertel; SOUZA, Carlos Affonso Pereira de; ANDRADE, Norberto Nuno Gomes de. Considerações iniciais sobre inteligência artificial, ética e autonomia pessoal. In: TEPEDINO, Gustavo; MENEZES, Joyceane Bezerra de (Coord.). *Autonomia privada, liberdade existencial e direitos fundamentais.* Belo Horizonte: Ed. Fórum, 2019.

DRESCH, Rafael de Freitas Vale; FALEIROS JÚNIOR, José Luiz de Moura. Reflexões sobre a responsabilidade civil na Lei Geral de Proteção de Dados (Lei n. 13.709/2018). In: ROSENVALD, Nelson; DRESCH, Rafael de Freitas Valle; WESENDONCK, Tula (Coord.). *Responsabilidade Civil:* novos riscos. Indaiatuba: Ed. Foco, 2019.

FERRARI, Isabela; BECKER, Daniel; WOLKART, Erik Navarro (*Arbitrium ex machina:* panorama, riscos e a necessidade de regulação das decisões informadas por algoritmos. *Revista dos Tribunais.* v. 995, p. 635-655 (set. 2018).

FIDALGO, Vítor Palmela. Inteligência artificial e direitos de imagem. In: LOPES ROCHA, Manuel; SOARES PEREIRA, Rui (Coord.). *Inteligência Artificial & Direito.* Coimbra: Almedina, 2020.

FONSECA, Aline Klayse dos Santos. Delineamentos jurídico-dogmáticos da inteligência artificial e seus impactos no instituto da responsabilidade civil. *Civilistica.com.,* Ano 10, n. 2. 2021.

FRAZÃO, Ana. Inteligência Artificial. In: FRAZÃO, Ana; MULHOLLAND, Caitlin. *Inteligência artificial e direito*: ética, regulação e responsabilidade. São Paulo: Thompson Reuters Brasil, 2019.

FRAZÃO, Ana. Quais devem ser os parâmetros éticos e jurídicos para a utilização da IA? *Jota*, 24 abr. 2019. Disponível em: https://www.jota.info/opiniao-e-analise/colunas/constituicao-empresa-e-mercado/quais-devem-ser-osparametros-eticos-e-juridicos-para-a-utilizacao-da-ia-24042019#sdfootnote1sym. Acesso em: 17 set. 2021.

FRAZÃO, Ana; GOETTENAUER, Carlos. *Black box* e o direito face à opacidade algorítmica. In: BARBOSA, Mafalda Miranda; BRAGA NETTO, Felipe; SILVA, Michael César; FALEIROS JÚNIOR, José Luiz de Moura (Coord.). *Direito digital e inteligência artificial* – Diálogos entre Brasil e Europa. Indaiatuba: Ed. Foco, 2021.

HARNAD, Stevan. Alan Turing and the "Hard" and "Easy" Problem of Cognition: Doing and Feeling. In: *Turing100*: Essays in Honour of Centenary Turing Year 2012. Disponível em: https://eprints.soton.ac.uk/340293/1/harnad-huma-turingessay.pdf. Acesso em: 20 out. 2021.

HOFFMANN-RIEM, Wolfgang. *Teoria Geral do Direito Digital.* Transformação digital – desafios para o direito. Trad. Italo Fuhrmann. Rio de Janeiro, Forense, 2021.

ISAACSON, Walter. *Os inovadores*: uma biografia da revolução digital. São Paulo: Companhia das Letras, 2014.

JUNQUILHO, Tainá Aguiar. A Ética na Aplicação de IA como Direito Fundamental para Preservação do Debate Democrático. In: PINHO, Anna Carolina (Coord.). *Discussões sobre Direito na Era Digital.* Rio de Janeiro: G/Z Ed., 2021.

LANEY, Doug. (2001) 3D Data Management: Controlling Data Volume, Velocity and Variety. *META* Group Research Note, 6, 2001.

LEE, Kai- Fu. *Inteligência artificial.* Como os robôs estão mudando o mundo a forma como amamos nos relacionamos trabalhamos e vivemos. Trad. Marcelo Barbão. Globo Livros 2019.

LEMOS, Ronaldo. Estratégia de IA brasileira é patética. In: *Folha de São Paulo*, 11 abr. 2021. Disponível em: https://www1.folha.uol.com.br/colunas/ronaldolemos/2021/04/estrategia-de-ia-brasileira-e--patetica.shtml. Acesso em: 23 out. 2021.

LISSARDY, Gerardo. 'Despreparada para a era digital, a democracia está sendo destruída', afirma guru do 'big data'. *BBC News Brazil.* 09.04.17. Disponível em: https://www.bbc.com/portuguese/geral-39535650. Acesso em: 20 out. 2021.

MAGRANI, Eduardo; OLIVEIRA, Renan Medeiros de. O Big Data somos nós: novas tecnologias e projetos de gerenciamento pessoal de dados. In: TEPEDINO, Gustavo et al. (Coord.). *Anais do VI Congresso do Instituto Brasileiro de Direito Civil.* Belo Horizonte: Fórum, 2019.

MARR, Bernard. *What Is The Difference Between Artificial Intelligence And Machine Learning?* Disponível em: https://www.forbes.com/sites/bernardmarr/2016/12/06/what-is-the-difference-between-artificial-intelligence-and-machine-learning/#3a953a62687c. Acesso em: 20 out. 2021.

McCARTHY, John; MINSKY, Marvin L.; ROCHESTER, Nathaniel; SHANNON, Claude E. A Proposal for the Dartmouth Summer Research Project on Artificial Intelligence. 31 de agosto de 1955, *AI Magazine* Volume 27 Number 4 (2006). Disponível em: https://www.aaai.org/ojs/index.php/aimagazine/article/view/1904/1802. Acesso em: 20 out. 2021.

McKENZIE, Raub. Bots, Bias and Big Data: Artificial Intelligence, Algorithmic Bias and Disparate Impact Liability in Hiring Practices. *Arkansas Law Review*, v. 71, n. 2, 2018.

MEDON, Filipe. Inteligência Artificial e a Responsabilidade Civil: Diálogos entre Europa e Brasil. In: PINHO, Anna Carolina (Coord.). *Discussões sobre Direito na Era Digital*. Rio de Janeiro: G/Z Ed., 2021.

MEDON, Filipe. *Inteligência Artificial e Responsabilidade Civil*. Autonomia, Riscos e Solidariedade. 2. ed., rev., atual. e ampl. São Paulo: Ed. JusPodivm, 2022.

MENEZES, Joyceane Bezerra de; COLAÇO, Hian Silva. Facebook como o novo Big Brother: Uma abertura para a responsabildiade civil por violação à autodeterminação informativa. *Quaestio Iuris*. v. 10, n. 04, Rio de Janeiro, 2017.

MICROSOFT. *The Future Computed: Artificial Intelligence and its role in society*. Redmont: Microsoft Corporation, 2018.

MULHOLLAND, Caitlin. Responsabilidade civil e processos decisórios autônomos em sistemas de inteligência artificial (IA): autonomia, imputabilidade e responsabilidade. In: FRAZÃO, Ana; MULHOLLAND, Caitlin (Coord.). *Inteligência Artificial e Direito*. Ética, Regulação e Responsabilidade. 2. ed. São Paulo: Thompson Reuters Brasil/Revista dos Tribunais, 2020.

MULHOLLAND, Caitlin; FRAJHOF, Isabella Z. Inteligência artificial e a Lei Geral de Proteção de Dados Pessoais: breves anotações sobre o direito à explicação perante a tomada de decisões por meio de *machine learning*. In: FRAZÃO, Ana; MULHOLLAND, Caitlin (Coord.). *Inteligência Artificial e Direito*. Ética, Regulação e Responsabilidade. 2. ed. São Paulo: Thompson Reuters Brasil/Revista dos Tribunais, 2020.

MURPHY, Robin R.; WOODS, David D. Beyond Asimov: The Three Laws of Responsible Robotics. *IEEE Intelligent Systems*. July-August 2009, p. 19. Disponível em: https://www.researchgate.net/publication/224567023_Beyond_Asimov_The_Three_Laws_of_Responsible_Robotics. Acesso em: 23 out. 2021.

PASQUALE, Frank. *The black box society:* the secret algorithms that control money and information. Harvard: Harvard University Press, 2015.

PEIXOTO, Fabiano Harmann; SILVA, Roberta Zumblick Martins da. *Inteligência Artificial e Direito*. Coleção Direito, Racionalidade e Inteligência Artificial, v. 1. Curitiba: Ed. Alteridade, 2019.

PFEIFFER, Roberto Augusto Castellanos. Digital Economy, Big Data and Competition Law. *Market and Competition Law Review* / volume iii / n. 1 / april 2019.

POLONSKI, Slava. Mitigating algorithmic bias in predictive justice: 4 design principles for AI fairness. *Towards data Science*. 23.11.2018. Disponível em: https://towardsdatascience.com/mitigating-algorithmic-bias-in-predictive-justice-ux-design-principles-for-ai-fairness-machine-learning-d-2227ce28099. Acesso em: 21 out. 2021.

QIANG, Yang. A Quarta revolução. *O correio da Unesco*. n. 3. jul.-set. 2018.

RICH, Elaine; KNIGHT, Kevin. *Inteligência artificial*. 2. ed. São Paulo: Makron Books, 1994.

RISSE, Mathias. *Human Rights and Artificial Intelligence*: An Urgently Needed Agenda. Harvard Kennedy School – Carr Center for Human Rights Policy. Carr Center Discussion Paper Series. Disponível em: https://carrcenter.hks.harvard.edu/files/cchr/files/ccdp_2018_002_hrandai.pdf. Acesso em: 20 out. 2021.

ROOS, Gautier; YEH, Alexandra. L'IA en route vers la quatrième révolution industrielle? *Méta-Media*, 26 mar. 2017, disponível em: https://www.meta-media.fr/2017/03/26/lia-en-route-vers-la-quatrieme-revolution-industrielle.html, acesso em: 28 set. 2021.

RUSSELL, Stuart; NORVIG, Peter. *Inteligência artificial*. Rio de Janeiro: Elsevier, 2013.

SARLET, Gabrielle Bezerra Sales; MOLINARO, Carlos Alberto. Questões tecnológicas, éticas e normativas da proteção de dados pessoais na área da saúde em um contexto de big data. *Direitos Fundamentais & Justiça,* Porto Alegre, v. 13 (2019).

SARLET, Ingo Wolfgang. *A eficácia dos direitos fundamentais*: uma teoria geral dos direitos fundamentais na perspectiva constitucional. 10. ed. rev. atual. ampl. Porto Alegre: Livraria do Advogado, 2010.

SCHWAB, Klaus. *A quarta revolução industrial*. Trad. Daniel Moreira Miranda. São Paulo: Edipro, 2016.

SIBONY, Eric. Qu'est-ce que l'intelligence artificielle? In: *Intelligence Artificielle, un nouvel horizon: Pourquoi la France a besoin d'une cuture du numerique.* Les Cahiers Lysias. Disponível em: https://basdevant.files.wordpress.com/2017/07/cahier-lysias-intelligence-artificielle-adrien-basdevant.pdf, p. 12. Acesso em: 20 out. 2021.

TEFFÉ, Chiara Spadaccini de; MEDON, Filipe. Responsabilidade civil e regulação de novas tecnologias: questões acerca da utilização de inteligência artificial na tomada de decisões empresariais. *Revista Estudos Institucionais*. V. 6, n. 1, p. 301-333, jan.-abr. 2020.

TURING, Alan. Computing Machinery and Intelligence. *Mind*, Volume LIX, Issue 236, October 1950, Pages 433-460. Disponível em: https://doi.org/10.1093/mind/LIX.236.433. Acesso em: 20 set. 2021.

VON BRAUN, Joachin; ARCHER, Margaret S.; REICHBERG, Gregory M.; SORONDO, Marcelo Sánchez. AI, Robotics, and Humanity: Opportunities, Risks, and Implications for Ethics and Policy. In: VON BRAUN, Joachin; ARCHER, Margaret S.; REICHBERG, Gregory M.; SORONDO, Marcelo Sánchez (Ed.). *Robotics, AI, and Humanity* – Science, Ethics, and Policy. Cham/Switzerland: Springer, 2021.

WOLKART, Erik Navarro. *Análise econômica do processo civil*: como a economia, o direito e a psicologia podem vencer a tragédia da justiça. São Paulo: Revista dos Tribunais, 2019.

WYNSBERGHE, Aimee van. Responsible Robotics and Responsibility Attribution. In: VON BRAUN, Joachin; ARCHER, Margaret S.; REICHEBERG, Gregory M.; SORONDO, Marcelo Sánchez (ed.). *Robotics, AI, and Humanity. Science, Ethics, and Policy* (eBook) – Cham/Suíça: Springer, 2021.

YAPO, Adrienne; WEISS, Joseph. *Ethical Implications Of Bias In Machine Learning*. Proceedings of the 51st Hawaii International Conference on System Sciences – 2018, p. 5365/5366. Disponível em: https://www.researchgate.net/publication/323378868_Ethical_Implications_of_Bias_in_Machine_Learning. Acesso em: 20 out. 2021.

INTELIGÊNCIA ARTIFICIAL APLICADA AO DIREITO: POR UMA QUESTÃO DE ÉTICA

Henrique Alves Pinto

Doutorando e Mestre em Direito Público e Políticas Públicas pelo Centro Universitário de Brasília (UniCEUB). Bacharelando em Filosofia pela Universidade Federal de Uberlândia. Advogado e professor universitário da Faculdade de Ciências e Tecnologia de Unaí/MG (FACTU).

henrikiobrien@hotmail.com

Leandro Miranda Ernesto

Mestre em Políticas Públicas e Direito Criminal pelo Centro Universitário de Brasília (UniCEUB). Especialista em Segurança Pública pela Universidade de Brasília (UnB). Diretor jurídico de Estratégia Sindical do SINDIPOL/DF. Agente da Polícia Federal.

ernesto.lme1@gmail.com

Sumário: 1. Introdução – 2. O que é a inteligência artificial? – 3. A utilização de inteligência artificial pelo Superior Tribunal de Justiça e pelo Supremo Tribunal Federal e seus limites éticos – 4. Os riscos de uma excessiva digitalização do direito – 5. Inteligência artificial e a explicação enquanto elemento componente do direito à fundamentação das decisões judiciais – 6. Considerações finais – 7. Referências.

1. INTRODUÇÃO

Gradativamente, no Brasil, a comunidade jurídica passou a perceber, de forma mais latente, os impactos provocados na Justiça pela crescente inserção de tecnologia na prática forense, que está mudando significativamente o comportamento de nossas cortes judiciais.

De acordo com a Min. Nancy Andrighi[1], entre os anos de 1982 e 1983, iniciou-se a implantação dos Juizados Informais de Pequenas Causas que, posteriormente, transformaram-se nos Juizados Especiais Cíveis e Criminais. Essa foi uma importante iniciativa desenvolvida pela ministra com o Des. Pedro Valls Feu Rosa, do Tribunal de Justiça do Estado do Espírito Santo, sendo uma das primeiras experiências na luta pela desburocratização do procedimento judicial brasileiro.

Naquela ocasião, e com objetivo maior de se afastar do tecnicismo e formalismo procedimental que implicava na aplicação subsidiária do Código de Processo Civil de

---

1. ANDRIGHI, Fátima Nancy; BIANCHI, José Flávio. Reflexão sobre os riscos do uso da Inteligência Artificial ao processo de tomada de decisões no Poder Judiciário. In: PINTO, Henrique Alves; GUEDES, Jefferson Carús; CÉSAR, Joaquim Portes de Cerqueira. *Inteligência Artificial aplicada ao processo de tomada de decisões.* Belo Horizonte, São Paulo: D'Plácido, 2020. p. 173-174.

1973 à dinâmica mais célere dos Juizados Especiais, os coordenadores da iniciativa criaram uma sala de audiências dentro de um ônibus e o levaram a locais de acidentes de trânsito onde tivessem ocorrido apenas danos materiais para sentenciar o conflito ali mesmo, com o propósito de conferir mais agilidade e credibilidade ao trabalho não só do juiz como também dos serviços auxiliares do Poder Judiciário. Dessa ideia, surgiu, ainda, a criação de um programa de computador que continha uma grande quantidade de jurisprudência a respeito do assunto em questão e que se baseava em várias perguntas a serem respondidas pelo próprio sistema. Por meio dele, obteve-se uma das primeiras sentenças elaborada no país a partir de informações produzidas por um sistema computacional. Apesar das limitações, era o começo do uso de *Big Data* e de decisões judiciais tomadas por um sistema de informática.

Sem sombra de dúvidas, essa inovadora experiência surpreendeu demasiadamente a comunidade jurídica, que, naquela época, não estava preparada para a novidade, o que gerou o abandono do projeto. Conforme relatado pela Min. Nancy Andrighi, "talvez fosse cedo demais para ser adotado"[2].

A partir desse relato e diante dos avanços da tecnologia na atualidade, já não é possível considerar qualquer tipo de prática jurídica sem o uso de recursos tecnológicos. Pode-se citar desde ferramentas administrativas até tecnologias mais avançadas e inteligentes, como a desenvolvida pelos sistemas computacionais de tomada de decisões judiciais. Entre esses sistemas, destacam-se a inteligência analítica (em inglês, *analytics*), que usa algoritmos que fazem análise de dados e seus respectivos cruzamentos; e o sistema do *learning machine*, mais avançado do que o *analytics,* que opera com algoritmos capazes de prever ou generalizar padrões apreendidos por meio de um conjunto de dados utilizados para treinar o sistema. A partir do desenvolvimento dessas ferramentas, o cotidiano forense nunca mais foi o mesmo, e a tendência demonstra que as suas mudanças continuarão em ritmo cada vez mais avançado.

Todavia, apesar do grande entusiasmo proporcionado pelas novas tecnologias aplicadas ao universo jurídico, com destaque para os programas de Inteligência Artificial, o atual momento exige muita reflexão, especialmente quanto ao modo como os tribunais brasileiros vêm criando e desenvolvendo seus sistemas operacionais, já que a capacidade dessas ferramentas computacionais inteligentes para extrair, selecionar e aportar informações é interminavelmente maior do que a capacidade intelectual humana nas mais variadas as áreas do conhecimento.

Com efeito, hoje já não se pode negar a interferência da Inteligência Artificial nas atividades mais cotidianas. Como exemplos da utilização de programas inteligentes no dia a dia, temos algoritmos trabalhando para sugerir músicas para ouvir, livros para comprar, filmes para assistir, diferentes trajetos para dirigir de casa para

---

2. ANDRIGHI, Fátima Nancy; BIANCHI, José Flávio. Reflexão sobre os riscos do uso da Inteligência Artificial ao processo de tomada de decisões no Poder Judiciário. *In*: PINTO, Henrique Alves; GUEDES, Jefferson Carús; CÉSAR, Joaquim Portes de Cerqueira. *Inteligência Artificial aplicada ao processo de tomada de decisões*. Belo Horizonte, São Paulo: D'Plácido, 2020. p. 175.

o trabalho ou para qualquer parte da cidade, ou em uma viagem. Além disso, ela impacta a maneira como os contatos e interações em diferentes redes sociais vão se construindo no mundo digital.

No entanto, as presentes indagações vão se tornando mais complexas na medida em que os sistemas de Inteligência Artificial, ao serem utilizados em larga escala, passam a assumir um papel mais pragmático e preditivo em praticamente todos os setores das Ciências Sociais Aplicadas. Esse cenário pode remeter a uma visão distópica, logo, pessimista, diante do fato de que o trabalho humano pode vir a ser completamente substituído por máquinas mais inteligentes e eficientes que nós. Isso se explica considerando que o próprio entendimento do que poderia ser considerado como Inteligência Artificial foi se alterando ao longo do tempo. Inicialmente, essa área era concebida como um modelo que tornava os jogos eletrônicos e cenas de filmes mais realistas; porém, a sua concepção e aplicação já não é a mesma há, pelo menos, dez anos, estando presente em diversos contextos, das fábricas às redes sociais.

Definitivamente, pode-se afirmar que a sociedade está diante de um fenômeno muito fluido, que promove grandes transformações com uma impressionante rapidez em face dos avanços da linguagem computacional trazidos por esse campo do conhecimento. Aqui, também são consideradas as possibilidades inimagináveis que ainda não estão trafegando pelo imaginário de programadores diante das pesquisas desenvolvidas pela computação quântica.

Entretanto, as conquistas advindas da aplicação da Inteligência Artificial no atual cenário jurídico pátrio ainda causam espanto aos profissionais do Direito como um todo, principalmente diante da possibilidade de substituição de advogados, juízes e promotores públicos por robôs e algoritmos especializados. Além disso, ainda não está claro como essa nova tecnologia já está sendo e poderá vir a ser utilizada na confecção de decisões judiciais, o que implica, consequentemente, em um novo desenho institucional na atuação do Poder Judiciário.

Diante desse quadro, este estudo tem por objetivo efetuar algumas reflexões a respeito da utilização da Inteligência Artificial pelo Poder Judiciário, na tentativa de demonstrar quais os riscos e possíveis prejuízos a que estarão submetidos os jurisdicionados, caso esse poder coloque como intuito maior o aspecto prático e pragmático em detrimento do elemento ético na elaboração das decisões judiciais.

Para o cumprimento desse desiderato, busca-se, preliminarmente, apontar algumas definições, de acordo com a literatura existente sobre o tema, a respeito do que pode ser considerado como Inteligência Artificial. Depois, é realizado um breve panorama sobre as diversas utilizações atuais dessa área no âmbito jurídico. Logo, são discutidos alguns riscos intrínsecos ao uso da Inteligência Artificial no processo de tomada de decisões judiciais. E, por fim, são abordadas algumas alternativas voltadas ao aprimoramento do sistema computacional inteligente utilizado pelo Poder Judiciário na tentativa de evitar que seu aspecto pragmático prevaleça em prejuízo de seu caráter ético, que não deve ser afastado da tomada de decisões.

2. O QUE É A INTELIGÊNCIA ARTIFICIAL?

Em uma abordagem bastante simplificada e de acordo com dois pioneiros no desenvolvimento dessa nova tecnologia impactante, Stuart Russel e Peter Norvig, a Inteligência Artificial pode ser definida "como o estudo dos métodos para fazer computadores se comportar de forma mais inteligente"[3]. Segundo Russel e Norvig, "um computador é inteligente na medida em que faz a coisa certa ao invés de coisa errada, sendo a 'coisa certa' a ação mais propensa a atingir um objetivo, ou, em termos mais técnicos, a ação que maximiza uma utilidade esperada"[4]. Nesse sentido, a Inteligência Artificial inclui tarefas como aprendizagem, raciocínio, planejamento, percepção, compreensão de linguagem e robótica.

Para Tom Taulli, a Inteligência Artificial é uma ferramenta voltada à identificação de "padrões em escalas microscópicas e macroscópicas às quais os seres humanos não estão naturalmente adaptados para perceber"[5], vinculando-se a esses padrões perceptíveis uma ampla base de dados, conhecida como o *Big Data*, para o reconhecimento de probabilidades no escrutínio da solução mais eficiente para determinado problema hierarquizado. Trata-se, assim, de uma ferramenta tecnológica voltada à predição. A Inteligência Artificial é uma tecnologia de predições, que são insumos para a tomada de decisões. De acordo com Ajay Agrawal, Joshua Gans e Avi Goldfarb, "a nova onda de inteligência artificial não nos traz inteligência, mas sim o seu comportamento crucial – *a predição*"[6].

Com destaque, ainda, ao seu aspecto prenunciador, pode-se dizer que a Inteligência Artificial é um campo da Ciência e da Engenharia Computacional que cria, estuda e aprimora complexos algoritmos, que, por sua vez, utilizam grandes quantidades de dados de uma domínio específico cuja aplicação permite que os resultados sejam determinados de modo automático e preditivo[7]. São máquinas treinadas para reconhecer padrões e correlações profundamente internas que se tornam *inteligentes*, dotadas da capacidade de tomar decisões que, até então, eram consideradas exclusivas dos seres humanos.

Como se trata de uma tecnologia que depende de uma metodologia própria para aprender e operar, existem dois métodos instrucionais de aprendizado de máquina

---

3. STUART, Russel; NORVIG, Peter. *Inteligência Artificial*. Trad. Regina Célia Simille. Rio de Janeiro: Elsevier, 2013. p. 25.

4. Op. cit. 2013, p. 27.

5. TAULLI, Tom. *Introdução à Inteligência Artificial*: uma abordagem não técnica. Trad. Luciana do Amaral Teixeira. São Paulo: Novatec, 2020. p. 9.

6. AGRAWAL, Ajay; GANS, Joshua; GOLDFARB, Avi. *Máquinas Preditivas*: a simples economia da Inteligência Artificial. Trad. Wendy Campos. Rio de Janeiro: Alta Books, 2019. p. 3.

7. De forma didática e de acordo com Alex Smola e Vishwanathan, os "algoritmos são uma sequência de instruções, regras e cálculos executados por um computador em uma ordem específica para gerar um resultado, geralmente uma resposta a um problema especificado. Algoritmos podem ser usados em combinação com outros algoritmos para revolver problemas complexos". SMOLA, Alex; VISHWANATHAN, S. V. N. *Introduction to Machine Learning*. Cambridge, UK: Cambridge University Press, 2008. p. 20 (tradução livre do original).

que se destacam: o *machine learning* e o *deep machine learning*. O primeiro é considerado uma técnica que permite que os sistemas de computador introjetem e façam previsões baseadas em dados históricos, sendo o processo alimentado por um algoritmo de aprendizado de máquina, uma função capaz de melhorar seu desempenho com o tempo, ao ser treinado por meio de análise de dados e modelagem analítica.

Já o aprendizado profundo pode ser considerado uma vertente mais avançada derivada do aprendizado de máquina consistente em múltiplas camadas em cascata que tomam, como modelo básico, o sistema nervoso humano, conhecido como rede neural articular. O *design* gerado pela arquitetura de aprendizado profundo permite que um sistema computacional se treine por meio da utilização de dados históricos, reconhecendo padrões no intuito de efetuar interferências probabilísticas. Através dessas redes neurais, o sistema busca simular, nos computadores, a maneira como operam os neurônios humanos no processamento das informações que eles recebem a partir de estímulos que, no caso, seriam os dados utilizados para treiná-lo.

Segundo Richard Urwin, a rede neural pode ser assim definida:

"No âmbito da IA, a rede neural pode ser definida como uma rede de neurônios artificiais. Os neurônios artificiais atualmente usados são mais simples que os reais. Eles recebem milhares de inputs, agrupam-nos e disparam de acordo com pesos conferidos aos inputs [...]. Tais neurônios podem ser usados para construir um programa de computador, mas são mais complexos que as linguagens de programação já usadas e não trazem vantagens. Por outro lado, podemos fazer grandes grupos deles, da mesma forma que o cérebro, e permitir que os pesos de todos os inputs mudem. Então podemos efetuar o treinamento para que seja feito o que queremos sem ter que entender como está funcionando. Os neurônios são dispostos em pelo menos três camadas, podendo chegar a até 30. Cada camada pode ter milhares de neurônios, de forma que uma rede neural completa pode ter 100 mil neurônios ou até mais. Cada neurônio recebe inputs de todos os neurônios das camadas anteriores e manda sinais para todos os neurônios das camadas seguintes. Nós usamos tais redes injetando sinais na primeira camada e interpretando os sinais que saem da última camada."[8]

Pelo que se pode perceber, esses sistemas de Inteligência Artificial são capazes de analisar um ambiente dinâmico e extrair dele correlações e padrões por si só.

Por fim, este trabalho não tem a pretensão de esgotar o assunto e detalhar minuciosamente toda a complexidade que gira em torno da concepção de Inteligência

---

8. Tradução livre do original: "A neural net is a network of artificial neuron. The artificial neurons that are currently used are simpler than the real ones. They take thousands of inputs, add them together and fire if the total is over a threshold [...]. These neurons can be used to build a computer program but they are more complex than the languages that are already used for that and they don´t bring any advantages. Instead we can make large groups of them just like in a brain and allow the weights of all the inputs to change. Then we can train the whole thing to do what we want without having to understand how it is working. The neurons are arranged in at least three layers, and some implementations have as many as 30. Each layer has many neurons, maybe a few thousand. So a complete neural network may have 100,000 or more individual neurons in it. Each neuron takes inputs from all of the neurons in the layer that comes before it and sends signals to all the neurons in the layer that comes after. We use them by injecting signals into the first layer and interpreting the signals that come out of the last layer." URWIN, Richard. *Artificial Intelligence*: the quest for the ultimate thinking machine. Londres: Arcturus, 2016. E-book Kindle, posição 765-771.

Artificial e de algumas de suas capacidades de operação, dentre elas o *machine le-arning* e o *deep machine learning*. Porém, para efeito de análise, é importante deixar registrado que a linguagem computacional inteligente é um domínio muito vasto com grandes habilidades para emular o raciocínio humano.

3. A UTILIZAÇÃO DE INTELIGÊNCIA ARTIFICIAL PELO SUPERIOR TRIBUNAL DE JUSTIÇA E PELO SUPREMO TRIBUNAL FEDERAL E SEUS LIMITES ÉTICOS

Na área jurídica, um dos sistemas inteligentes que gradativamente vem sendo utilizado pelo Superior Tribunal de Justiça e pelo Supremo Tribunal Federal é o programa de processamento de linguagem natural, o *natural language processing,* que permite aos computadores entender textos e linguagem oral de modo semelhante aos seres humanos. Dessa forma, o *natural language processing,* uma das vertentes do *learning machine,* é um sistema que possibilita que o conteúdo dos processos seja examinado pela Inteligência Artificial nele programada, classificando-o rapidamente, além de apontar soluções jurídicas de acordo com a base de dados que o alimenta.

Nesse sentido, destacam-se, aqui, três modelos inteligentes utilizados no Brasil por nossas cortes superiores voltados à otimização e celeridade no processo de julgamentos de recursos especiais e extraordinários. Todos eles foram criados e desenvolvidos através de inovadoras iniciativas dessas cortes e se baseiam na tecnologia do *natural language processing*. São eles os projetos Sócrates e o Athos, utilizados pelo Superior Tribunal de Justiça, e o projeto Victor, manuseado pelo Supremo Tribunal Federal. É o que se passa a verificar.

O sistema Sócrates é uma plataforma de Inteligência Artificial que, a partir da análise do recurso e do acórdão recorrido, fornece informações relevantes aos ministros relatores, de forma a facilitar a identificação das demandas consideradas repetitivas. O Sócrates identifica grupos de processos que possuem acórdãos semelhantes, aponta se determinado caso corresponde a demandas repetitivas e indica as bases legislativas envolvidas nos casos, contribuindo e otimizando a política da corte no julgamento dos recursos repetitivos. O Sócrates 1.0 opera em 21 gabinetes de ministros, efetuando a análise semântica das peças processuais para a triagem de processos, identificando casos com matérias semelhantes e realizando a pesquisa de julgamentos do próprio tribunal que possam servir como precedentes ao processo em exame[9].

Já o projeto Athos, desenvolvido em junho de 2019 e voltado à intensificação da formação dos precedentes qualificados, tem como propósito identificar, mesmo antes da distribuição aos ministros, processos que possam ser submetidos à afetação

---

9. REVOLUÇÃO tecnológica e desafios da pandemia marcaram gestão do ministro Noronha na presidência do STJ. *Portal de Notícias do STJ*, Brasília, 23 ago. 2020. Disponível em: https://www.stj.jus.br/sites/portalp/Paginas/Comunicacao/Noticias/23082020-Revolucao-tecnologica-e-desafios-da-pandemia-marcaram-gestao-do-ministro-Noronha-na-presidencia-do-STJ.aspx. Acesso em: 12 out. 2021.

para julgamento sob o rito dos recursos repetitivos. Esse sistema monitora e indica processos com entendimento convergentes ou divergentes entre os órgãos fracionários do próprio tribunal, casos com matéria de notória relevância e possíveis distinções ou superação de precedentes qualificados. O sistema Athos viabilizou ao STJ a identificação de 51 controvérsias – conjunto de processos com sugestão de afetação ao procedimento dos repetitivos – e a efetiva afetação de 13 temas[10].

Nota-se que o Athos tem três relevantes funções: monitoramento, agrupamento e identificação de temas repetitivos. No que se refere ao monitoramento, o foco é a supervisão da repetitividade na entrada, assim, a operação realizada é comparar, periodicamente, lotes de processos entre si para a formação de novos agrupamentos e confrontar cada processo novo com grupos previamente formados.

Quanto ao projeto Victor, fruto de uma parceria entre o Supremo Tribunal Federal e a Universidade de Brasília, o mesmo foi desenvolvido com o objetivo de otimizar a análise da repercussão geral, um dos requisitos de admissibilidade do recurso extraordinário. O sistema, então, verifica se o recurso remetido está ligado a um dos temas de repercussão geral. Atualmente, existem 860 temas de repercussão geral na base de dados da Suprema Corte brasileira.

No Supremo Tribunal Federal, são analisados cerca de 80 mil processos por ano, dos quais metade deles são devolvidos à origem por estarem associados a algum tema de repercussão geral. Ocorre que a análise manual por um servidor leva, aproximadamente, 15 minutos para ser concluída, tempo que acaba sendo otimizado pelo funcionamento do sistema Victor.

O programa em exame realiza, primeiramente, a conversão de imagens em textos. Na sequência, ele separa o começo e o fim dos documentos, analisa e classifica peças processuais e seleciona as peças processuais que são necessárias para a análise da repercussão geral. Ele faz a leitura apenas do que é necessário de cada peça processual, com o intuito de localizar o objeto da causa e correlacioná-la com um dos temas de repercussão geral.

Uma vez que as peças são inseridas no sistema em vários formatos de arquivos, tais como PDF, arquivo com texto, HTML, arquivo com texto e imagem, arquivo com

---

10. Nesse sentido, "O sucesso do Sistema Athos levou o STJ a se articular com os tribunais de segunda instância para que também eles pudessem utilizar esses recursos tecnológicos na gestão de precedentes. Assim, foi idealizado o Athos Tribunais, projeto que visa apoiar as 32 cortes sob a jurisdição do STJ e a Turma Nacional de Uniformização na formação de precedentes e, adicionalmente, incentivar o envio ao STJ de recursos representativos de controvérsia, a fim de que sejam julgados sob o rito processual dos repetitivos. O Athos Tribunais está atualmente em desenvolvimento e deverá compor o Módulo de Jurisdição Extraordinária, iniciativa do Supremo Tribunal Federal (STF) que busca auxiliar os tribunais na análise de admissibilidade dos recursos especiais e recursos extraordinários. Inserido em uma visão de integração entre STF e STJ, o projeto busca agregar uma série de iniciativas, de modo a maximizar os resultados com uma significativa redução de custos". REVOLUÇÃO tecnológica e desafios da pandemia marcaram gestão do ministro Noronha na presidência do STJ. *Portal de Notícias do STJ*, Brasília, 23 ago. 2020. Disponível em: https://www.stj.jus.br/sites/portalp/Paginas/Comunicacao/Noticias/23082020-Revolucao-tecnologica-e-de safios-da-pandemia-marcaram-gestao-do-ministro-Noronha-na-presidencia-do-STJ.aspx. Acesso em: 12 out. 2021.

imagem digitalizada, entre outros, um dos maiores desafios encontrados pela equipe envolvida no desenvolvimento dessa plataforma inteligente foi justamente o de conseguir extrair o texto das peças processuais diante da diversidade de formatos. Essa era uma tarefa indispensável para que tal sistema realizasse a leitura do processo. Sob tal aspecto, Victor foi um dos únicos a superar essa barreira, pois é composto de uma ferramenta que permite a leitura das peças processuais em seus diferentes formatos.

Victor reduziu o tempo médio de separação e classificação das peças processuais de 15 minutos para 4 segundos, com uma precisão de 94%, e diminuiu o tempo de análise da repercussão geral de 11 minutos para 10 segundos, com acerto de mais de 84%. Também eliminou a necessidade de investimento de R$ 3 milhões por semestre nos gastos realizados com a estrutura administrativa ligada a este setor do tribunal.

Definitivamente, esse foi apenas o primeiro objetivo a ser atingido com tal sistema inteligente, que, fatalmente, terá suas habilidades aprimoradas para que suas tarefas possam atuar em camadas ainda mais básicas da organização processual, com o intuito de conferir mais celeridade e eficiência no andamento dos processos que tramitam no Supremo Tribunal Federal[11].

Todavia, apesar do avanço avassalador dessa tecnologia na última década, não se pode esquecer que a sua disseminação, se feita de maneira acrítica e sem uma maior transparência, pode acarretar uma desigualdade nas oportunidades e capacidades de participação em atividades jurídicas e no relacionamento dos jurisdicionados com o Poder Judiciário. Ao se automatizar o processo decisional a partir de critérios nem sempre conhecidos, que causam grandes impactos nas vidas das pessoas, algumas perguntas costumam surgir e não merecem ficar sem respostas, como:

a) De que forma se pode garantir que decisões automatizadas não discriminem ou não firam o direito à privacidade dos indivíduos?

b) Quais os critérios e quem são os responsáveis que estão definindo os parâmetros para que decisões automatizadas possam ser tomadas sem provocar discriminação, ameaça à vida, à própria democracia ou ao cumprimento das leis vigentes?

c) A quais instrumentos do aparato processual vigente e em que medida as pessoas poderão se valer para proteger seus direitos fundamentais violados pela tomada de decisão enviesada produzida pela máquina?

Enfim, sabe-se que tais mudanças geram importantes impactos nos mais básicos e fundamentais valores da sociedade contemporânea, como a dignidade, a liberdade, a autonomia privada e o livre arbítrio, a solidariedade, a igualdade, a democracia, a justiça e a confiança[12].

---

11. INTELIGÊNCIA Artificial vai agilizar a tramitação de processos no STF. *Portal de Notícias do STJ*, Brasília, 30 maio 2018. Disponível em: http://portal.stf.jus.br/noticias/verNoticiaDetalhe.asp?id Conteudo=380038&ori=1. Acesso em: 14 out. 2021.

12. Para Jess Whittlestone et al., a eficiência em detrimento da segurança e da sustentabilidade, ao estar voltada pela rápida busca do progresso tecnológico pode não viabilizar um tempo adequado para que se assegure que o desenvolvimento de determinada tecnologia seria seguro, robusto e confiável. WHITTLESTONE, Jess

Nesse novo cenário, a prática jurídica tem tudo para deixar de ser uma atribuição de responsabilidade a partir de fatos praticados no passado, como a que acontece no direito penal, sendo ela convertida em uma incorporação de cálculos estatísticos de probabilidade voltados à reestruturação dos órgãos decisionais em torno de conhecimentos de uma possível transgressão à legislação[13], aniquilando por completo o caráter moral e ético do elemento humano das relações individuais e coletivas da vida em sociedade.

Essa questão não pode ser olvidada, principalmente porque, na tentativa de se resolver o problema do Poder Judiciário – que seria o de, em tese, reduzir o seu acervo em prol de uma justiça mais ágil, moderna e dinâmica –, o direito fundamental de acesso à justiça, previsto no art. 5º, inc. XXXV, da Constituição Federal[14], possa vir a ser colocado em xeque com o afastamento da efetiva tutela jurisdicional do jurisdicionado.

4. OS RISCOS DE UMA EXCESSIVA DIGITALIZAÇÃO DO DIREITO

É inegável que o emprego da Inteligência Artificial no setor jurídico implica a redução de custos operacionais, a diminuição de tempo na tomada de decisões, além do aprimoramento da precisão de tais decisões na prática do dia a dia forense, seja no serviço público, na advocacia privada e, até mesmo, em setores contenciosos submetidos ao regime administrativo.

Nos últimos anos, a pesquisa jurídica em fontes jurisprudenciais, doutrinárias e legislativas pode ser feita de forma muito mais rápida e precisa não apenas a partir do acesso à informação em si, como também pela possibilidade de se obter essa informação por meio de uma fonte legislativa a qual estejam associados julgados dos tribunais a respeito de um determinado artigo específico. A pesquisa na base de dados legislativa do Palácio do Planalto é um bom exemplo disso.

Contudo, o elemento humano não pode ter um papel coadjuvante nesse cenário, marcado pelo atropelo ocasionado pela tecnologia inteligente. Isso porque a argumentação jurídica, o exercício da persuasão, o ato de convencer, negociar e dialogar em juízo, assim como o momento da decisão final não podem ser atribuídos a sistemas computacionais, mesmo que isso seja possível na atualidade. Segundo a lição de Vladimir Aras, "seres artificiais não devem ser autorizados a dar a palavra final sobre a sorte de um processo. O raciocínio probatório deve ser racional, mas deve ser realizado por humanos, e não por máquinas"[15].

---

et al. *Ethical and societal implications of algorithms, data, and artificial intelligence*: a roadmap for research. Londres: Nuffield Foundation, 2019. p. 22.

13. UNIÃO EUROPEIA; AUTORIDADE EUROPEIA PARA A PROTEÇÃO DE DADOS. *Ethics advisory group: towards a digital ethics*: report 2018. Bruxelas: EDPS, 2018. Disponível em: https://edps.europa.eu/sites/edp/files/publication/18-01-25_eag_report_en.pdf. Acesso em: 14 out. 2021.

14. BRASIL. *Constituição da República Federativa do Brasil de 1988*. Brasília: Senado Federal, 1988.

15. ARAS, Vladimir. Inteligência Artificial e o direito de ser julgado por humanos. In: PINTO, Henrique Alves; GUEDES, Jefferson Carús; CÉSAR, Joaquim Portes de Cerqueira (Coord.). *Inteligência Artificial aplicada ao processo de tomada de decisões*. Belo Horizonte, São Paulo: D'Plácido, 2020. p. 100.

Nesse sentido, devem os tribunais não apenas aprimorar as tecnologias legais de apoio às decisões, como também demonstrar alguns pontos cegos dos indevassáveis segredos das possíveis falhas que a linguagem algorítmica possa apresentar, especialmente no atual momento, em que se vê o aumento da dependência das profissões jurídicas em relação aos sistemas de aprendizado de máquina.

Ademais, essa atenção é necessária, pois, a depender da forma como esses sistemas automatizados estão sendo desenvolvidos, existe uma grande chance de ser introjetado no algoritmo o subjetivismo daqueles que o desenvolvem, o que pode implicar consequências na forma como os dados são treinados, como eles são tratados e interagem com outros dados quando colocados na rede neural computacional, que tipo de informações deverão ser enfatizadas, quais seriam os melhores algoritmos a se utilizar, entre outras importantes indagações.

E essas questões não são de somenos importância, pois estão ligadas diretamente ao princípio da igualdade (art. 5º, caput, CF/88[16]), já que essas unidades de Inteligência Artificial que são desenvolvidas e aplicadas pelo Poder Judiciário brasileiro devem atender a critérios objetivos sem abrir mão da dignidade da pessoa humana, principalmente, diante da abertura semântica contida na linguagem normativa prevista na Constituição e na legislação infraconstitucional de nosso país, que costuma gerar grandes debates hermenêuticos, nos quais nem sempre ocorre a pacificação do entendimento a respeito de certas matérias.

Assim, se existe um viés algorítmico que tenha impacto em determinada questão, seja ela de cunho racial, seja de direito contratual que envolva a discussão sobre se os planos de saúde devem ou não custear determinado tipo de tratamento, por exemplo, é necessário um antídoto no sistema processual que nos proteja da justiça inteligente, garantindo aos jurisdicionados alternativas para poder debater as incorreções e distorções dos dados aplicados no instante da tomada de decisão.

Outra grande dificuldade a respeito dos algoritmos de Inteligência Artificial que estão sendo aplicados ao Direito é a auditabilidade de seus códigos-fonte que comprove a sua conformidade de acordo com as leis e padrões exigidos pelas organizações internacionais.

De acordo com Andriei Gutierrez, cofundador e coordenador do movimento Brasil, País Digital:

> "Quando uma atividade de auditoria é inevitável e envolve a necessidade de acesso a esse nível de segurança, é mandatório que haja o resguarde máximo dos eventuais riscos que podem daí ocasionar: Quem terá acesso a essas informações sensíveis? Quais são os protocolos de segurança para a guarda e o manuseio das mesmas? Quais são os planos de mitigação de riscos ou de contingência em caso de vazamentos? São perguntas mais que pertinentes para

---

16. BRASIL. *Constituição da República Federativa do Brasil de 1988*. Brasília: Senado Federal, 1988.

serem feitas quando o assunto é a cessão de código-fonte de um *software* proprietário para um terceiro."[17]

Sob esse aspecto, cita-se o Arranjo para o Reconhecimento de Critério Comum, um acordo internacional que busca estabelecer bases técnicas comuns para avaliações e métodos relativos à segurança em tecnologia da informação. O arranjo tem por objetivo garantir que produtos possam ser avaliados e certificados por laboratórios credenciados a partir de comprovada *expertise* e independência, de modo que os certificados emitidos sejam reconhecidos pelos países signatários do documento. Isso seria uma interessante fórmula a ser seguida no Brasil, especialmente pela OAB, Ministério Público, defensorias públicas e quaisquer outros setores da sociedade civil organizada, a fim de acompanhar a auditoria desses sistemas inteligentes e garantir o seu bom funcionamento não apenas ao Judiciário, como também aos cidadãos.

Como se observa, um dos maiores desafios não é o aprimoramento da tecnologia inteligente, pois isso já acontece em uma velocidade vertiginosa, mas, sim, a busca por boas práticas voltadas ao seu aperfeiçoamento ético em uma ambiência transparente. Uma vez que os fatores de correlações são formulados de maneira independente por esses sistemas através da interação com um ambiente dinâmico, seguindo lógicas atípicas ao raciocínio humano, há uma grande dificuldade para se explicar de maneira humanamente inteligível de que maneira tais sistemas operacionais chegaram a essas correlações e resultados. Daí a necessidade de se reconhecer tal dilema e de se buscar outros instrumentos que possam ajudar na compreensão e operação correta dessas tecnologias[18].

---

17. GUTIERREZ, Andriei. É possível confiar em um sistema de Inteligência Artificial? Práticas em torno da melhoria da sua confiança, segurança e evidências de *accountability*. In: FRAZÃO, Ana; MULHOLLARD, Caitlin (Coord.). *Inteligência Artificial e Direito*: ética, regulação e responsabilidade. São Paulo: Revista dos Tribunais, 2019. p. 89.

18. A respeito das dificuldades encontradas na busca de uma concepção mais precisa da linguagem algorítmica quanto à sua forma de pensar e de operar, segue um interessante relato do matemático David Sumpter: "Vários pesquisadores e ativistas com os quais conversei até esse momento tinham certeza de uma coisa: algoritmos são espertos e estão ficando cada vez mais espertos. Os algoritmos pensam em centenas de dimensões, processando grandes quantidades de dados e aprendendo nosso comportamento. Essas percepções eram igualmente frequentes tanto entre aqueles com visões mais utópicas, como o criador do algoritmo Compas, Tim Brennan, que viu um futuro no qual os algoritmos nos ajudam a tomar decisões críticas, quanto entre aqueles com visões mais distópicas, como os blogueiros furiosos com a Cambridge Analytica. Ambos os lados acreditavam que os computadores estavam nos superando atualmente ou que nos superariam brevemente em um número grande de tarefas. [...]. O que eu tinha descoberto até agora era totalmente diferente. Quando examinei melhor a Cambridge Analytica e personalidades políticas, encontrei limitações fundamentais na acurácia de algoritmos. Essas limitações eram consistentes com minha própria experiência de modelar o comportamento humano. Trabalho com matemática aplicada há mais de vinte anos. Já usei modelos de regressão, redes neurais, aprendizado de máquina, análise de componentes principais e muitas outras técnicas que estavam em destaque na mídia. E, durante esse período, percebi que, quando se trata de entender o mundo ao nosso redor, os modelos matemáticos não são geralmente melhores que os humanos". SUMPTER, David. *Dominados pelos números*: do Facebook e Google às fake news – Os algoritmos que controlam nossa vida. Trad. Anna Maria Sotero e Marcello Neto. Rio de Janeiro: Bertrand Brasil, 2019. p. 77-78. Isto é, ainda que já se saiba bastante a respeito do funcionamento fisiológico do corpo humano, a humanidade ainda caminha a passos lentos quanto à forma

5. INTELIGÊNCIA ARTIFICIAL E A EXPLICAÇÃO ENQUANTO ELEMENTO COMPONENTE DO DIREITO À FUNDAMENTAÇÃO DAS DECISÕES JUDICIAIS

Ao se examinar a complexa e moderna tecnologia que tem sido utilizada na criação de sistemas inteligentes nas cortes judiciais brasileiras com intuito de otimizarem o processo decisional, a explicabilidade, a inteligibilidade e a interpretabilidade são alguns de temas centrais, uma vez que tais ferramentas são pautadas pela linguagem algorítmica. Tais elementos presentes na Inteligência Artificial e utilizados nos processos judiciais, assim como os instrumentos para implementá-los devem ser colocados à disposição para que possam ser compreendidos pelos operadores do Direito em geral.

Nesse sentido, é possível defender que, ao direito de fundamentação das decisões judiciais, deve ser agregado ainda o direito à explicação sobre como os dados foram utilizados na elaboração de julgamentos, seja para poder demonstrar que o parâmetro de dados utilizados pelo tribunal possa estar equivocado ou para reafirmar a posição da corte em assuntos já estabilizados. O fato é que esse direito à explicação sobre o modo como os dados estão sendo utilizados para a tomada de decisões fatalmente irá se agregar ao direito à fundamentação assente no sistema jurídico brasileiro, especialmente diante da abertura semântica contida no texto dos incisos do parágrafo 1º do art. 489 do CPC/15 e, agora, após a entrada em vigor do Pacote Anticrime, no art. 315, parágrafo 2º e seus incisos do Código de Processo Penal[19].

Aqui, existem inquietações que devem ser entendidas e sopesadas. Para Jess Whittlestone et al., a equação entre precisão e explicabilidade revela que "os algoritmos mais precisos, criados na metodologia do aprendizado profundo de máquina, são bastante complexos cuja lógica interna não é tão compreensível, inclusive aos seus desenvolvedores e criadores"[20].

Assim, conforme Bruno Calabrich, é extremamente importante o aprofundamento do debate a respeito da *Explainable Artificial Intelligence* (XAI), ou Inteligência Artificial Explicável, que trata do desenvolvimento de sistemas não apenas inteligentes, mas, sobretudo, inteligíveis, "isto é, cujo funcionamento e cujos processos de auto-(re)definição possam ser explicados pelo próprio algoritmo e compreendidos pelo homem"[21]. E o ideal é que a linguagem sistêmica XAI se tor-

---

de operar o pensamento humano, quanto mais em tentar convertê-lo em uma linguagem matemática, como é a do algoritmo.

19. BRASIL. Decreto-Lei 3.689, de 3 de outubro de 1941. Código de Processo Civil. *Diário Oficial da União*: seção 1, Rio de Janeiro, p. 19699, 13 out. 1941. Disponível em: http://www.planalto.gov.br/ccivil_03/decreto-lei/del3689.htm. Acesso em: 18 out. 2021.

20. Tradução livre do original: "the most accurate algorithms may be based on complex methods (such as deep learning), the internal logic of which its developers or users do not fully understand". WHITTLESTONE, Jess et al. *Ethical and societal implications of algorithms, data, and artificial intelligence*: a roadmap for research. Londres: Nuffield Foundation, 2019. p. 22.

21. CALABRICH, Bruno. Discriminação algorítmica e transparência na Lei Geral de Proteção de Dados Pessoais. *Revista de Direito e as Novas Tecnologias*, São Paulo, v. 8, n. 8, p. 1-18, jul.-set. 2020. Disponível em: https://dspace.almg.gov.br/handle/11037/38411. Acesso em: 12 out. 2021.

ne um dos padrões a ser empregado no sistema judicial na busca por uma prática mais responsável[22].

De acordo com Finale Doshi-Velez e colaboradores, a explicabilidade aplicada ao processo decisório, de modo geral, refere-se às "razões ou justificativas para aquele resultado em particular, e não a uma descrição do processo decisório em geral"[23]. E para esses autores, a explicabilidade seria uma "descrição, compreensível por humanos, do processo por meio do qual aquele que toma a decisão, ao utilizar um certo grupo de inputs, atinge uma dada conclusão"[24]. Sob tal aspecto, a "explicabilidade não seria o mesmo que transparência, na medida em que ser capaz de entender o processo por meio do qual uma decisão foi tomada não é o mesmo que conhecer todos os passos tomados para se atingir aquela decisão"[25].

Esses elementos tornam-se indispensáveis, principalmente quando se leva em consideração o dever judicial de fundamentar as decisões (art. 93, IX, da CF/88[26]). Com efeito, não se pode olvidar que a fundamentação das decisões já está sendo impactada pela Inteligência Artificial, ainda que não sejam pautadas por um profundo debate moral.

Com uma perspectiva mais positiva a respeito da aplicação da tecnologia inteligente no processo de tomada de decisões, Jordi Nieva-Fenoll, inspirado pela ideia de Herbert Hart[27] sobre os *easy cases*[28] e os *hard cases*, admite a possibilidade de aplicação da Inteligência Artificial nos casos tidos como *fáceis*, haja vista bastar a

---

22. Preocupada com uma prática mais responsável e com a regulação da utilização da linguagem algorítmica dos sistemas de Inteligência Artificial, um grupo acadêmico conhecido como FAT-ML (sigla para *Fairness, Accountability and Transparency in Machine Learning Organization*) relacionou uma lista com uma série de princípios-chave, que devem ser observados pelo governo nas suas relações com o setor privado. Apesar de ser um estudo voltado à governança corporativa, isto não afasta a possibilidade de tais princípios serem aplicados e observados nas relações entre o Poder Judiciário e os jurisdicionados. Dentre eles, destaca-se, aqui, o princípio-chave "responsabilidade". Para a FAT-ML, "responsabilidade (ou *accountability*) está ligada à ideia de que, ao projetar sistemas algorítmicos, é preciso ter em mente que pessoas serão afetadas pelo processo decisório e que, dessa forma, é necessário, em certa medida, oferecer alternativas para eventual reparação de danos – tanto a nível individual quanto a nível coletivo". MENDES, Laura Schertel; MATIUZ-ZO, Marcela. Discriminação algorítmica: conceito, fundamento legal e tipologia. *RDU*, Porto Alegre, v. 16, n. 90, p. 39-64, nov.-dez. 2019. Disponível em: https://www.portaldeperiodicos.idp.edu.br/direitopublico/article/view/3766. Acesso em: 12 out. 2021. p. 56.
23. DOSHI-VELEZ, Finale et al. Accountability of AI Under the Law: the role of explanation. *ArXiv*, [s. l.], n. 1711.01134, p. 1-21, nov. 2017. p. 15.
24. Ibid., p. 2-3.
25. MENDES, Laura Schertel; MATIUZZO, Marcela. Discriminação algorítmica: conceito, fundamento legal e tipologia. *RDU*, Porto Alegre, v. 16, n. 90, p. 39-64, nov.-dez. 2019. Disponível em: https://www.portaldeperiodicos.idp.edu.br/direitopublico/article/view/3766. Acesso em: 12 out. 2021. p. 56.
26. BRASIL. *Constituição da República Federativa do Brasil de 1988*. Brasília: Senado Federal, 1988.
27. HART, Herbert. *Ensaios sobre Teoria do Direito e Filosofia*. Rio de Janeiro: Campus Jurídico, 2010.
28. Para elucidar didaticamente a concepção de Hart a respeito dos *easy cases* e dos *hard cases*, é trazida a lição de Wilson Engelmann: "os *easy cases* ou casos fáceis, são situações fáticas em que o sentido da lei aplicável seria unívoco, de modo que não demandaria qualquer esforço interpretativo ou argumentativo pelo julgador. Já os *hard cases*, ou casos difíceis, são aqueles que provocam dúvidas sobre a aplicação da regra, gerando uma zona de penumbra conhecida como penumbra da dúvida, caso em que o juiz estaria autorizado a se valer de um poder discricionário na elaboração da norma". ENGELMANN, Wilson. *Crítica ao positivismo jurídico*: princípios, regras e o conceito de Direito. Porto Alegre: Sergio Antonio Fabris Editor, 2001. p. 70.

subsunção da norma aplicável ao caso concreto," pois tal tarefa facilmente pode ser incorporada por uma máquina, uma vez que a tecnologia atual permite automatizar procedimentos simples em que a aplicação do direito é sempre a mesma"[29].

Esse é um modo curioso de se examinar o problema da Inteligência Artificial aplicada ao processo decisório, o que talvez atenue maiores preocupações quanto a esse tópico, desde que se mantenha uma explicabilidade a respeito do raciocínio jurídico utilizado, quando cabe ao juiz não só decidir como também demonstrar os elementos que o levarão a deliberar de determinada maneira.

Contudo, seguindo uma ideia da circularidade hermenêutica, a interpretação do fato e do Direito deve continuar sendo uma atividade preferencialmente humana, não devendo ela ser delegada a um sistema de Inteligência Artificial sem um maior questionamento acerca de suas manifestações.

6. CONSIDERAÇÕES FINAIS

Indiscutivelmente, não há como viver nos tempos de hoje sem se espantar a cada instante com os impactos que a tecnologia moderna e inteligente tem proporcionado à humanidade no cotidiano. Como apontado, a Inteligência Artificial está presente nas sugestões personalizadas de entretenimento, como músicas e filmes, no auxílio ao trânsito, definindo trajetos mais rápidos ou durante as viagens a regiões desconhecidas, no envio de mensagens instantâneas por meio de aplicativos, na utilização de cartões de crédito para compras, sejam elas nacionais ou internacionais, presenciais ou digitais, nas redes sociais e plataformas que possibilitam às pessoas interagir com contatos de todo o mundo, assistir às aulas, marcar e participar de consultas médicas. Hoje, tal tecnologia está disponível na palma das mãos, por meio das funções cada vez mais complexas e completas presentes telefones inteligentes, os *smartphones*.

Se aquilo que poderia ser considerado Inteligência Artificial e sua capacidade de substituir seres humanos nas suas tarefas corriqueiras até recentemente impressionava a humanidade e parecia algo advindo de obras de ficção científica, hoje, sua presença se dá de maneira avassaladora, independentemente se para o bem ou para o mal, e não pode mais ser ignorada. E no universo jurídico isso não poderia ser diferente. Apesar de haver várias questões em aberto nesse encontro entre o sistema decisional brasileiro e a Inteligência Artificial, o Direito é um ramo das Ciências Sociais Aplicadas, logo, não há como retirar dessa discussão as questões éticas, morais e sociais que versam sobre o produto básico do Judiciário, a decisão.

Há uma inclinação natural para supor que a linguagem algorítmica preditiva poderá solucionar os problemas encontrados hoje no Poder Judiciário, especialmente diante do grande acervo de processos que se encontram atualmente nos gabinetes e

---

29. NIEVA-FENOLL, Jordi. *Inteligencia artificial y proceso judicial*. Madri: Marcial Pons, 2018. p. 166.

sistemas operacionais dos juízes. Segundo dados oficiais do último relatório estatístico do Conselho Nacional de Justiça, referente ao ano base de 2020, o Poder Judiciário finalizou o ano com 75,4 milhões de processos em tramitação, aguardando alguma solução definitiva. Desses, 13 milhões, ou seja, 17,2%, estavam suspensos, sobrestados ou em arquivo provisório, aguardando alguma situação jurídica futura. Dessa forma, desconsiderados tais processos, tem-se que, ao final do ano de 2020 existiam 62,4 milhões ações judiciais em andamento[30].

Contudo o momento pede reflexão, até mesmo porque em outras oportunidades o país também se deparava com uma enorme quantidade de processos em seu acervo e nem por isso a política envolvida na solução de questões de tal natureza dentro do próprio Poder Judiciário deixou de buscar alternativas para sua solução, que, aliás, ainda rendem bons frutos até hoje, como as semanas nacionais de conciliação, a arbitragem, a mediação, a justiça consensual no âmbito dos juizados especiais cíveis e criminais, além de aprimoramento e incentivo ao uso dos novos instrumentos consensuais trazidos pelo Código de Processo Civil de 2015, entre outras. Inclusive, não se pode esquecer que uma expressiva parte dos dados estatísticos que compõem o vasto acervo do Poder Judiciário é provocada por leis processuais e regimentos internos dos tribunais que admitem uma série de recursos que pode ser manuseada pelos litigantes, sendo que boa parte dessas situações tem o intuito meramente protelatório.

A respeito das leis processuais, uma triste constatação é o atraso em uma reforma mais profunda na parte recursal do Código de Processo Penal, que, mesmo diante das últimas alterações nele ocorridas desde 2008, entre elas o recente Pacote Anticrime, praticamente não teve alterações em sua dinâmica.

Nesse sentido, a despeito dos alarmantes números do Poder Judiciário, não se pode menosprezar os riscos a que os jurisdicionados estão sujeitos a partir do uso dessa tecnologia inteligente e preditiva que toma como base uma linguagem algorítmica, que, por sua vez, corre o risco de ser contaminada não apenas pelas percepções e subjetivismos dos engenheiros da computação como também pelos próprios dados utilizados para alimentar o *Big Data* das cortes brasileiras. Para Aras, com quem se concorda integralmente, "uma ética da computação ou da ciência de dados será essencial para o diálogo com as ciências sociais em geral e com o Direito em particular"[31].

Essas reflexões fazem com que a Inteligência Artificial, que agora começa a ser utilizada em processos judiciais, deva ser baseada na principiologia dos direitos humanos (*human-rights-by-design approach*) sem descuidar da autonomia humana. Até porque, se os mecanismos de sua criação não forem controlados, tais ferramentas farão muito mais o mal do que o bem. E uma vez que isso seja reconhecido, toda a

---

30. CONSELHO NACIONAL DE JUSTIÇA. *Justiça em números 2021*. Brasília: CNJ, 2021. Disponível em: https://www.cnj.jus.br/wp-content/uploads/2021/10/relatorio-justica-em-numeros2021-081021.pdf. Acesso em: 16 out. 2021. p. 102.

31. ARAS, Vladimir. Inteligência Artificial e o direito de ser julgado por humanos. *In*: PINTO, Henrique Alves; GUEDES, Jefferson Carús; CÉSAR, Joaquim Portes de Cerqueira (Coord.). *Inteligência Artificial aplicada ao processo de tomada de decisões*. Belo Horizonte, São Paulo: D'Plácido, 2020. p. 129.

discussão acerca do aprendizado de máquinas aplicado ao processo de tomada de decisões talvez mude para um local mais adequado, no qual essa tecnologia possa ser melhor utilizada para realmente combater a morosidade da Justiça, como uma mudança do sistema recursal, o melhoramento dos serviços prestados pelas câmaras de conciliação e mediação, o aprimoramento da qualidade do acesso à Justiça pelas pessoas mais carentes, entre outras alterações que podem ser consideradas ao usar os dados do Poder Judiciário de modo mais benéfico.

Enquanto isso não ocorre, deve-se investigar maneiras éticas, regulatórias e jurídicas para trazer mais transparência, supervisão e responsabilidade no manuseio dessa tecnologia inteligente na tomada de decisões, pois, na era das máquinas conscientes, a dignidade da pessoa humana deve ser sempre o objetivo de toda evolução tecnológica – e não o contrário.

7. REFERÊNCIAS

AGRAWAL, Ajay; GANS, Joshua; GOLDFARB, Avi. *Máquinas Preditivas*: a simples economia da Inteligência Artificial. Trad. Wendy Campos. Rio de Janeiro: Alta Books, 2019.

ANDRIGHI, Fátima Nancy; BIANCHI, José Flávio. Reflexão sobre os riscos do uso da Inteligência Artificial ao processo de tomada de decisões no Poder Judiciário. *In*: PINTO, Henrique Alves; GUEDES, Jefferson Carús; CÉSAR, Joaquim Portes de Cerqueira. *Inteligência Artificial aplicada ao processo de tomada de decisões*. Belo Horizonte, São Paulo: D'Plácido, 2020. p. 173-190.

ARAS, Vladimir. Inteligência Artificial e o direito de ser julgado por humanos. In: PINTO, Henrique Alves; GUEDES, Jefferson Carús; CÉSAR, Joaquim Portes de Cerqueira (coord.). *Inteligência Artificial aplicada ao processo de tomada de decisões*. Belo Horizonte, São Paulo: D'Plácido, 2020. p. 85-130.

CALABRICH, Bruno. Discriminação algorítmica e transparência na Lei Geral de Proteção de Dados Pessoais. *Revista de Direito e as Novas Tecnologias*, São Paulo, v. 8, n. 8, p. 1-18, jul./set. 2020. Disponível em: https://dspace.almg.gov.br/handle/11037/ 38411. Acesso em: 12 out. 2021.

CONSELHO NACIONAL DE JUSTIÇA. *Justiça em números 2021*. Brasília: CNJ, 2021. Disponível em: https://www.cnj.jus.br/wp-content/uploads/2021/10/relatorio-justica-em-numeros2021-081021. pdf. Acesso em: 16 out. 2021. p. 102.

DOSHI-VELEZ, Finale et al. *Accountability of AI Under the Law*: the role of explanation. ArXiv, [s. l.], n. 1711.01134, p. 1-21, nov. 2017.

ENGELMANN, Wilson. *Crítica ao positivismo jurídico*: princípios, regras e o conceito de Direito. Porto Alegre: Sergio Antonio Fabris Editor, 2001.

GUTIERREZ, Andriei. É possível confiar em um sistema de Inteligência Artificial? Práticas em torno da melhoria da sua confiança, segurança e evidências de *accountability*. In: FRAZÃO, Ana; MULHOLLARD, Caitlin (Coord.). *Inteligência Artificial e Direito*: ética, regulação e responsabilidade. São Paulo: Revista dos Tribunais, 2019. p. 83-97.

HART, Herbert. *Ensaios sobre Teoria do Direito e Filosofia*. Rio de Janeiro: Campus Jurídico, 2010.

INTELIGÊNCIA Artificial vai agilizar a tramitação de processos no STF. *Portal de Notícias do STJ*, Brasília, 30 maio 2018. Disponível em: http://portal.stf.jus.br/noticias/verNoticiaDetalhe.asp?idConteudo=380038&ori=1. Acesso em: 14 out. 2021.

MENDES, Laura Schertel; MATIUZZO, Marcela. Discriminação algorítmica: conceito, fundamento legal e tipologia. *RDU*, Porto Alegre, v. 16, n. 90, p. 39-64, nov.-dez. 2019. Disponível em: https://www. portaldeperiodicos.idp.edu.br/direitopublico/article/view/ 3766. Acesso em: 12 out. 2021.

NIEVA-FENOLL, Jordi. *Inteligencia artificial y proceso judicial*. Madri: Marcial Pons, 2018.

REVOLUÇÃO tecnológica e desafios da pandemia marcaram gestão do ministro Noronha na presidência do STJ. *Portal de Notícias do STJ*, Brasília, 23 ago. 2020. Disponível em: https://www.stj.jus.br/sites/portalp/Paginas/Comunicacao/Noticias/23082020-Revolucao-tecnologica-e-desafios-da--pandemia-marcaram-gestao-do-ministro-Noronha-na-presidencia-do-STJ.aspx. Acesso em: 12 out. 2021.

SMOLA, Alex; VISHWANATHAN, S. V. N. *Introduction to Machine Learning*. Cambridge, UK: Cambridge University Press, 2008.

STUART, Russel; NORVIG, Peter. *Inteligência Artificial*. Trad. Regina Célia Simille. Rio de Janeiro: Elsevier, 2013.

SUMPTER, David. *Dominados pelos números*: do Facebook e Google às fake news – Os algoritmos que controlam nossa vida. Trad. Anna Maria Sotero e Marcello Neto. Rio de Janeiro: Bertrand Brasil, 2019.

TAULLI, Tom. *Introdução à Inteligência Artificial*: uma abordagem não técnica. Trad. Luciana do Amaral Teixeira. São Paulo: Novatec, 2020.

UNIÃO EUROPEIA; AUTORIDADE EUROPEIA PARA A PROTEÇÃO DE DADOS. *Ethics advisory group: towards a digital ethics*: report 2018. Bruxelas: EDPS, 2018. Disponível em: https://edps.europa.eu/sites/edp/files/publication/18-01-25_eag_report_en.pdf. Acesso em: 14 out. 2021.

URWIN, Richard. *Artificial Intelligence*: the quest for the ultimate thinking machine. Londres: Arcturus, 2016. *E-book Kindle*.

WHITTLESTONE, Jess et al. *Ethical and societal implications of algorithms, data, and artificial intelligence*: a roadmap for research. Londres: Nuffield Foundation, 2019.

Legislação:

BRASIL. *Constituição da República Federativa do Brasil de 1988*. Brasília: Senado Federal, 1988.

BRASIL. Decreto-Lei 3.689, de 3 de outubro de 1941. Código de Processo Civil. *Diário Oficial da União*: seção 1, Rio de Janeiro, p. 19699, 13 out. 1941. Disponível em: http://www.planalto.gov.br/ccivil_03/decreto-lei/del3689.htm. Acesso em: 18 out. 2021.

REGULAÇÃO DA INTELIGÊNCIA ARTIFICIAL NA UNIÃO EUROPEIA E PROTECÇÃO DE DADOS

Inês Fernandes Godinho

Universidade Lusófona do Porto. CEAD Francisco Suárez

Sumário: Considerações iniciais – § 1. A proposta de regulamento (artificial intelligence ACT) – § 2. IA e protecção de dados – § 3. A opinião conjunta EDPB/EDPS – § 4. Perspectiva mais global: a Unesco – Considerações finais – Referências.

CONSIDERAÇÕES INICIAIS

Hodiernamente, a Inteligência Artificial (IA) faz parte da linguagem corrente, tendo deixado de ser mera possibilidade ficcionada em escritos e filmes de ficção científica. O advento da IA e o seu significado no âmbito da evolução tecnológica terão um profundo impacto nas sociedades humanas. Questões como a mobilidade ou a saúde estão (e estarão) profundamente ligadas à IA[1].

Ainda que a ideia de inteligência artificial não seja recente, a sua disseminação e utilização massiva colocou-a, também, no centro da discussão jurídica, tanto da perspectiva dos benefícios, como do seu impacto, como, ainda, dos seus riscos[2].

Em 1947, o conhecido matemático Alan Turing, numa palestra na *London Mathematical Society*, falava da possibilidade de a máquina aprender, comparando-a a um estudante[3]. Com efeito, em termos gerais, o traço comum às definições de inteligência artificial é o de que aprendem pela experiência[4].

Na Proposta de Regulamento sobre Inteligência Artificial (doravante, *AI Act*), a definição avançada para "sistema de inteligência artificial" é a de um *software* que é desenvolvido com uma ou mais técnicas e abordagens[5] que pode, para um conjunto de objectivos definidos por humanos, gerar "outputs", tais como conteúdo, previsões, recomendações ou decisões que influenciem o ambiente com o qual interagem (cfr. art. 3º (1), *AI Act*). Tratando-se de uma definição – aparentemente – mais contida,

---

1. Bastará pensar nos veículos autónomos ou no contributo da IA para as vacinas COVID-19.
2. Cfr. ALANG NAVNEET, Turns Out Algorithms are Racist, *New Republic* 2017, disponível em: https://newrepublic.com/article/144644/turns-algorithms-racist.
3. ALAN TURING, Lecture to the London Mathematical Society on 20 February 1947: "It would be like a pupil who had learnt much from his master, but had added much more by his own work. When this happens, I feel that one is obliged to regard the machine as intelligent", disponível em: https://www.vordenker.de/downloads/turing-vorlesung.pdf.
4. JOHN VILLASENOR/VIRGINIA FOGGO, Artificial Intelligence, Due Process, and Criminal Sentencing, *Michigan State Law Review* (2020), p. 295 e ss., p. 300.
5. Indicadas, depois, no Anexo I da Proposta.

a consulta do Anexo I permite, desde logo, compreender que em causa estão abordagens relacionadas com a aprendizagem da máquina ("machine learning"), como vaticinava Turing em finais da década de 40 do século passado.

Neste sentido, a União Europeia (UE) publicou um *White Paper* em 2020[6], com vista a recolher contributos nas diferentes vertentes das questões colocadas pela IA[7], apresentando três pilares: excelência, confiança e responsabilidade.

Um dos pontos confluentes dos diversos contributos foi, justamente, a existência de elevados riscos na utilização de IA, em especial, no patamar dos direitos fundamentais, segurança e direitos dos consumidores, para os quais não existiam soluções jurídicas adequadas[8].

No contexto do presente estudo, procuraremos dar nota do percurso da regulação da inteligência artificial na União Europeia, a partir do horizonte compreensivo da protecção de dados. Julgamos que a abordagem feita, a partir, fundamentalmente, de elementos de direito europeu e constitutivos do actual processo de regulação nesta matéria, permitirá uma visão panorâmica – ainda que não detalhada – da actual evolução do problema, a qual poderá contribuir para a sua discussão e reflexão em longitudes e latitudes situadas fora da Europa, com vista a uma melhor protecção de dados em um mundo globalizado.

§ 1. A PROPOSTA DE REGULAMENTO (ARTIFICIAL INTELLIGENCE ACT)

A Proposta de Regulamento pretende atingir dois objectivos simultâneos: controlar os riscos associados à IA e aumentar a confiança na IA. Ou seja, o objectivo da Proposta *AI Act* é permitir um desenvolvimento fiável e seguro da IA na Europa, no pleno respeito pelos valores e direitos dos cidadãos, apresentando dois eixos: por um lado, um ecossistema de confiança, direccionado para a protecção de direitos dos cidadãos e, por outro lado, um ecossistema de excelência, visando a criação de valor, promovendo o reforço de investimento, inovação e utilização de IA na União Europeia (UE).

Deste modo, a Proposta *AI Act* pretende estabelecer regras harmonizadas para a colocação no mercado e em serviço de sistemas de IA, proibições de certa IA, regras

---

6. *White Paper on Artificial Intelligence – A European approach to excellence and trust*, COM (2020) 65 final, disponível em: https://ec.europa.eu/info/sites/default/files/commission-white-paper-artificial-intelligence-feb2020_en.pdf.

7. Cfr. INÊS FERNANDES GODINHO/CLÁUDIO R. FLORES/NUNO CASTRO MARQUES, Consultation On The White Paper On Artificial Intelligence - A European Approach. Lusófona University Of Porto, Faculty Of Law And Political Science (ULP) Comment on COM(2020) 65 White Paper on Artificial Intelligence – A European approach to excellence and trust, and COM(2020) 64 final – Report on the safety and liability implications of Artificial Intelligence, the Internet of Things and robotics, *ULP Law Review*, 14 (1), 2020, p. 157 ss., https://doi.org/10.46294/ulplr-rdulp.v14i1.7475.

8. Veja-se COMMUNICATION FROM THE COMMISSION TO THE EUROPEAN PARLIAMENT, THE COUNCIL, THE EUROPEAN ECONOMIC AND SOCIAL COMMITTEE AND THE COMMITTEE OF THE REGIONS Fostering a European approach to Artificial Intelligence, COM (2021) 205 final, p. 5-6, disponível em: https://eur-lex.europa.eu/legal-content/EN/TXT/?uri=COM:2021:205:FIN&qid=1619355277817.

de transparência harmonizadas para interacção e, ainda, regras de monitorização do mercado e vigilância (art. 1º da proposta).

Um dos traços originais – e ambiciosos – da proposta, à semelhança, aliás, com o RGPD, é o âmbito de aplicação proposto (art. 2º *AI Act*). Em termos muito sumários, pretende-se a aplicação a fornecedores de sistemas de IA (quanto à introdução na UE ou colocação em serviço na UE, mesmo que aí não estejam estabelecidos), a utilizadores de sistemas de IA (localizados na UE), a fornecedores e utilizadores de sistemas de IA, mesmo que localizados em países terceiros, mas que o output produzido pelo sistema seja usado na UE e, por último e em alguns casos, também a distribuidores e importadores. Note-se que a proposta de Regulamento não prevê a sua aplicação a IA exclusiva a fins militares.

Como referido, a proposta segue uma abordagem baseada na análise de risco ("*risk-based approach*"). Deste modo, a proposta diferencia entre níveis de risco, designadamente o risco mínimo, o risco limitado, o risco elevado e o risco inaceitável.

No patamar do risco mínimo são considerados os programas básicos e gratuitos (p. ex., jogos com IA). Neste patamar não estão previstas particulares regras ou obrigações.

No patamar do risco limitado encontram-se os sistemas de IA em que existe uma maior interacção com humanos (p. ex., *chatbox*). Aqui já existem algumas obrigações de transparência, *maxime*, a obrigação de informação dos consumidores ou pessoas naturais de que estão a interagir com um sistema de IA (art. 52º *AI Act*).

O âmbito principal da proposta inscreve-se no patamar do risco elevado. Neste particular, o art. 6º da proposta indica que deverão ser considerados de alto risco os sistemas de IA que devam ser usados como componente de segurança de produto ou como produto e que tenham de passar um teste de conformidade para colocação no mercado (p. ex., brinquedos ou equipamento médico). O art. 6º (2) *AI Act* indica ainda, por remissão para o Anexo III da proposta, que serão considerados de alto risco os sistemas de IA que se integrem nas áreas de *(i)* identificação biométrica e categorização de pessoas naturais, *(ii)* gestão e operacionalização de infraestruturas críticas, *(iii)* educação e formação profissional, *(iv)* emprego, gestão de recursos humanos e acesso ao emprego, *(v)* acesso e fruição de serviços e benefícios privados ou públicos, *(vi)* aplicação da lei, *(vii)* controlo de fronteiras e migração e *(viii)* administração da justiça e processos democráticos.

Estes sistemas de alto risco encontram-se sujeitos a requisitos específicos, plasmados nos artigos 8º a 15º *AI Act*, nomeadamente, e em termos muito sucintos, o cumprimento dos requisitos da proposta antes da colocação do sistema de IA[9], a implementação de um sistema de gestão de risco, a existência de critérios na gestão de dados (em especial, quanto ao modo de recolha de dados), a exigência de documentação técnica prévia, a

---

9. Nos termos da proposta *AI Act*, "colocação" significa a primeira colocação de um sistema de AI no mercado da UE (art. 3º (9)).

manutenção de registos ("logs") durante o funcionamento dos sistemas, a transparência e a informação aos utilizadores[10], a supervisão humana (na prevenção e minimização de risco) e, finalmente, a precisão, a robustez e a ciber-segurança do sistema.

No patamar do risco inaceitável encontramos o âmbito de proibição da proposta. Com efeito, o art. 5º *AI Act* estabelece os limites da IA permitida, ao identificar os sistemas de IA que constituem um risco inaceitável e, como tal, proibidos, a saber: (*i*) sistemas de IA que usem técnicas subliminares para lá da consciência humana, com vista a distorcer o comportamento de pessoa de forma a causar danos a si ou a terceiros; (*ii*) sistemas de IA que explorem qualquer vulnerabilidade de um grupo específico de pessoas devido à sua idade, deficiência física ou mental, com vista a distorcer o comportamento de pessoas pertencentes a esse grupo, de forma a causar dano, físico ou psicológico, a si ou a terceiros; (*iii*) sistemas de IA, colocados por autoridades públicas, ou a seu pedido, para avaliação ou classificação de confiança de pessoas com base no seu comportamento social; (*iv*) uso de identificação biométrica remota em tempo real em espaços públicos ou de acesso público. Neste último caso, a proposta excepciona – admitindo – algumas situações em que a identificação biométrica pode ser usada, ou seja, a procura de vítimas, a prevenção de ataques terroristas, situações de ameaças à vida ou à segurança (integridade) física e, finalmente, a procura de suspeitos ou arguidos.

§ 2. IA E PROTECÇÃO DE DADOS

A quantidade de dados hoje susceptíveis de tratamento por sistemas de IA aumentou exponencialmente. Um dos exemplos (mais usual) é a publicidade direccionada, que trabalha com elementos que incluem desde o género, a idade, o histórico de compras e o histórico de pesquisas na *internet*. Dito de outro modo, sem dados dificilmente os sistemas de IA – baseados em aprendizagem – poderiam ter utilidade; há, pois, necessidade de vastos conjuntos de dados, se quisermos, uma "fome" de dados[11].

A IA, depende, pois, fundamentalmente do processamento de dados. Em lógica inversa, o tratamento de dados e o nível da sua protecção afectam directamente como e quais os sistemas de IA que poderão ser admissíveis. Assim, é imediatamente compreensível que tenha sido feito um estudo, ainda em 2020, relativo ao impacto do Regulamento Geral de Protecção de Dados (RGPD) da UE[12] sobre a IA[13], que referia

---

10. Que se aplica também a sistemas de médio risco, como visto acima. Cfr. art. 52º *AI Act*.

11. Cfr. N. CRISTIANINI, Intelligence rethought: AIs know us, but don't think like us. *New Scientist* (2016), disponível em: https://www.newscientist.com/article/mg23231010-400-intelligence-rethought-ais-know--us-but-dont-think-like-us/

12. Regulamento (UE) 2016/679 do Parlamento Europeu e do Conselho, de 27 de Abril de 2016, relativo à proteção das pessoas singulares no que diz respeito ao tratamento de dados pessoais e à livre circulação desses dados e que revoga a Diretiva 95/46/CE (Regulamento Geral sobre a Proteção de Dados), doravante RGPD, disponível (em português) em: https://eur-lex.europa.eu/legal-content/PT/TXT/PDF/?uri=CELEX:32016R0679&from=PT

13. The impact of the General Data Protection Regulation (GDPR) on artificial intelligence [Giovanni Sartor], disponível em: https://www.europarl.europa.eu/RegData/etudes/STUD/2020/641530/EPRS_STU(2020)641530_EN.pdf.

que um número significativo de questões de protecção de dados relacionadas com IA não encontrava uma resposta explícita no referido RGPD.

Ainda que o RGPD possa ser interpretado em sentido de conciliar a protecção dos detentores de dados com a possibilitação de aplicações úteis de IA, partindo da base do disposto no art. 6º (1) (f) do RGPD[14], o referido estudo inclui algumas indicações. Desde logo, que aos controladores e aos sujeitos dos dados deve ser providenciada orientação em como é que a IA pode ser aplicada a dados pessoais de forma consistente com o RGPD. Esta orientação deve advir de um debate alargado, em que sejam também abordadas as aplicações de IA que devem ser consideradas inadmissíveis ou apenas admitidas em certas circunstâncias. Todavia, os princípios fundamentais da protecção de dados – plasmados no RGPD – da limitação do propósito (proporcionalidade) e minimização devem ser interpretados de forma a não excluir o uso de dados pessoais para efeitos de *machine learning*, ou seja, não devem precludir a formação de conjuntos de dados e de modelos de algoritmos, quando os sistemas de IA daí resultantes forem socialmente benéficos e cumpridores dos direitos de protecção de dados.

Em termos mais concretos, o estudo refere ainda que o uso de dados pessoais para a aprendizagem de correlação gerais deve ser distinguido do seu uso para o *profiling* individual. Além disso, a inferência de novos dados pessoais, como acontece no *profiling*, deve ser considerada como criação de novos dados pessoais, para efeito do seu tratamento (e protecção). Indica-se ainda que deve ser assegurado que o direito de "opt out" de transferências de dados e de *profiling* possa ser exercido de forma simples através de plataformas de utilizadores. Todavia, quando se trate de dados para a aplicações de IA que não envolvam *profiling* poderá ser dada ampla margem no seu tratamento, conquanto sejam adoptadas as devidas precauções de abuso de dados pessoais.

O estudo indica ainda que devem ser adoptadas fortes medidas contra empresas e autoridades públicas que intencionalmente abusem da confiança dos sujeitos dos dados, ao manipularem os seus dados pessoais em aplicações contra os seus interesses.

Se quiséssemos sintetizar as conclusões do estudo, diríamos que se é possível a articulação entre o RGPD e a IA, a utilização de IA tem de ser feita de acordo com os valores do RGPD[15].

Assim, seria de esperar que a proposta *AI Act* fornecesse essas respostas.

---

14. Nos termos do referido art. 6º, relativo à *Licitude do tratamento* de dados,
    1. O tratamento só é lícito se e na medida em que se verifique pelo menos uma das seguintes situações:
    (...)
    f) O tratamento for necessário para efeito dos interesses legítimos prosseguidos pelo responsável pelo tratamento ou por terceiros, exceto se prevalecerem os interesses ou direitos e liberdades fundamentais do titular que exijam a proteção dos dados pessoais, em especial se o titular for uma criança.
15. Cfr. The impact of the General Data Protection Regulation (GDPR) on artificial intelligence [Giovanni Sartor] (cit.), p. 81.

No âmbito da proposta *AI Act* deve, neste contexto, salientar-se o art. 10º, relativo a dados e a gestão de dados[16].

O art. 10º estabelece que os conjuntos de dados devem ser sujeitos a práticas de gestão adequadas quanto a diversos elementos, ou seja, a escolha de dados, a recolha de dados, o processamento de dados ou o controlo de dados (n.º 2). Também refere que os dados de teste, validação e testagem deverão ter as propriedades estatísticas adequadas, assim como os elementos ou características diferenciadores relevantes (n. 3 e 4). Apenas na medida em que tal seja necessário para garantir a monitorização de preconceito, detecção e correlação em sistemas de IA de alto-risco se refere, no n. 5, a exigência da necessária cautela no tratamento de dados pessoais, em conformidade com a legislação aplicável – onde se inclui o RGPD –, com vista a garantir os direitos e liberdades fundamentais das pessoas.

---

16. O art. 10º da proposta *AI Act* dispõe o seguinte (tradução livre, não oficial):

    Artigo 10.º

    Dados e governação dos dados

    1. Os sistemas de IA de alto risco que utilizem técnicas que envolvam a formação de modelos com dados serão desenvolvidos com base em conjuntos de dados de formação, validação e teste que satisfaçam os critérios de qualidade referidos nos nºs 2 a 5.

    2. A formação, validação e teste de conjuntos de dados serão sujeitos a práticas adequadas de gestão e governação de dados. Essas práticas devem dizer respeito, em particular,

    (a) as escolhas de design relevantes;

    b) a recolha de dados;

    (c) as operações de processamento de preparação de dados relevantes, tais como anotação, rotulagem, limpeza, enriquecimento e agregação;

    (d) a formulação de hipóteses relevantes, nomeadamente no que diz respeito à informação que os dados devem medir e representar;

    e) uma avaliação prévia da disponibilidade, quantidade e adequação dos conjuntos de dados que são necessários;

    (f) o exame tendo em vista possíveis enviesamentos;

    (g) a identificação de eventuais lacunas ou deficiências dos dados, e a forma como essas lacunas e deficiências podem ser colmatadas.

    3. Os conjuntos de dados de formação, validação e teste devem ser relevantes, representativos, isentos de erros e completos. Devem ter as propriedades estatísticas adequadas, incluindo, quando aplicável, no que respeita às pessoas ou grupos de pessoas em que o sistema de IA de alto risco se destina a ser utilizado. Estas características dos conjuntos de dados podem ser satisfeitas ao nível dos conjuntos de dados individuais ou de uma combinação dos mesmos.

    4. Os conjuntos de dados de formação, validação e teste devem ter em conta, na medida exigida pela finalidade pretendida, as características ou elementos específicos do contexto geográfico, comportamental ou funcional específico em que o sistema de IA de alto risco se destina a ser utilizado.

    5. Na medida em que seja estritamente necessário para assegurar a monitorização, detecção e correcção de preconceitos em relação aos sistemas de IA de alto risco, os fornecedores de tais sistemas podem processar categorias especiais de dados pessoais referidos no artigo 9(1) do Regulamento (UE) 2016/679, no artigo 10º da Directiva (UE) 2016/680 e no artigo 10(1) do Regulamento (UE) 2018/1725, sujeito a salvaguardas adequadas para os direitos e liberdades fundamentais das pessoas singulares, incluindo limitações técnicas à reutilização e utilização de medidas de segurança e de preservação da privacidade de última geração, tais como a pseudonimização, ou a encriptação quando a anonimização possa afectar significativamente o objectivo prosseguido.

    6. Para o desenvolvimento de sistemas de IA de alto risco, com excepção dos que utilizam técnicas que envolvem a formação de modelos, serão aplicadas práticas adequadas de gestão e governação dos dados, a fim de assegurar que esses sistemas de IA de alto risco cumpram o disposto no parágrafo 2.

Em outro patamar, deve ter-se também em conta o art. 5º (1) (d)[17] *AI Act* que, ainda que proibindo os sistemas de identificação biométrica em espaços públicos, permite a sua utilização em alguns casos excepcionais, relacionados com a prevenção e o combate a (certo tipo de) criminalidade.

Considerando, por um lado, que o art. 10º *AI Act* se aplica a sistemas de IA de alto risco e, por outro lado, que o art. 5º *AI Act* se refere a sistemas de IA de risco inaceitável – logo, proibidos –, importará perceber em que medida o teor do proposto art. 10º e as excepções do art. 5º estão em conformidade com os valores fundamentais atinentes à protecção de dados, desde logo, plasmados no RGPD.

Iremos proceder a essa apreciação tendo por base a opinião conjunta do *European Data Protection Board* (EDPB) e do *European Data Protection Supervisor* (EDPS) emitida em Junho de 2021[18].

§ 3. A OPINIÃO CONJUNTA EDPB/EDPS

Apesar de uma abordagem aparentemente compreensiva e atenta aos riscos da IA, a proposta *AI Act* apresenta, contudo, algumas fragilidades.

Estas fragilidades tornam-se particularmente evidentes considerando a Opinião Conjunta EDPB/EDPS, de 18 de Junho de 2021 (doravante, OC).

A OC, logo no sumário executivo, salienta dois pontos críticos. Em primeiro lugar, o âmbito da proposta *AI Act* não incluir a cooperação judiciária internacional, na medida em que tal exclusão pode criar um risco de evasão. Em segundo lugar, ainda que salientando como nota positiva a abordagem baseada no risco da proposta *AI Act*, a mesma não se encontra completamente alinhada com o RGPD quanto ao conceito de riscos para os direitos fundamentais.

Tendo em conta a identificação biométrica remota de indivíduos em espaços públicos, a OC apela ainda a uma proibição generalizada de reconhecimento auto-

---

17. O art. 5º da proposta AI Act dispõe o seguinte (tradução livre, não oficial):

1. São proibidas as seguintes práticas de inteligência artificial:

(...)

d) A utilização de sistemas de identificação biométrica remota em tempo real em espaços públicos para efeitos de aplicação da lei, a menos e na medida em que tal utilização seja estritamente necessária para um dos seguintes objectivos:

(i) a procura orientada de potenciais vítimas específicas de crimes, incluindo crianças desaparecidas;

(ii) a prevenção de uma ameaça específica, substancial e iminente à vida ou à segurança física de pessoas singulares ou de um ataque terrorista;

(iii) a detecção, localização, identificação ou acusação de um arguido ou suspeito de uma infracção penal a que se refere o nº 2 do artigo 2º da Decisão-Quadro 2002/584/JAI do Conselho e puníveis no Estado-Membro em causa com uma pena ou medida de segurança privativas de liberdade de duração máxima não inferior a três anos, tal como determinado pela legislação desse Estado-Membro.

18. A Opinião Conjunta do *European Data Protection Board* (EDPB) e do *European Data Protection Supervisor* (EDPS) encontra-se disponível em: https://edpb.europa.eu/our-work-tools/our-documents/edpbedps-joint-opinion/edpb-edps-joint-opinion-52021-proposal_en.

mático de características humanas em espaços públicos, incluindo faces, impressões digitais, vozes ou ADN.

Olhemos um pouco mais de perto para as considerações da OC.

A premissa da OC é a de que os dados (pessoais e não pessoais) na IA são a *conditio sine qua non* para decisões autónomas, que inexoravelmente afectam as vidas de indivíduos em diversos patamares. Consequentemente, a proposta *AI Act* tem necessariamente implicações para a protecção de dados. Na medida em que as máquinas "decidem" com base em dados, tal criará, indubitavelmente, riscos para direitos e liberdades fundamentais, pelo que se torna fulcral reafirmar o direito à privacidade e à protecção de dados.

Assim, e quanto ao primeiro ponto crítico acima referido, a OC valora positivamente que a proposta *AI Act* estenda o seu âmbito de aplicação às instituições e agências da UE, ou seja, que tanto os Estados-Membros, como as instituições da UE sigam as mesmas regras quanto à IA. Todavia, o teor do art. 2º (4) da proposta *AI Act*[19] causa séria preocupação, dado excluir a cooperação judiciária internacional do seu âmbito de aplicação. Com efeito, tal exclusão cria situações de risco para casos como, p. ex., países terceiros ou organizações internacionais utilizarem aplicações de alto risco que venham a ser tidas em conta por autoridades públicas na UE; por outras palavras, a exclusão encerra o risco de evasão (14).

Na verdade, se as autoridades públicas na UE usarem aplicações de IA de alto risco de países terceiros, que não cumpram as exigências estabelecidas nos artigos 8º a 15º *AI Act*, no âmbito da cooperação judiciária internacional, a pretensão da proposta de criação de um ecossistema de confiança acaba por ser seriamente abalada.

Quanto ao segundo ponto crítico, a OC refere expressamente que o desenvolvimento e utilização de sistemas de IA irá, em muitos casos, implicar o processamento de dados pessoais. Por este motivo, é particularmente importante tornar clara a relação da proposta *AI Act* com a restante legislação da UE existente na matéria. Nesta sequência, a OC propõe que seja feita uma clarificação no art. 1º da proposta *AI Act*, no sentido em que a legislação da UE relativa à protecção de dados pessoais se aplicará a qualquer processamento de dados pessoais que caia no âmbito da proposta *AI Act*.

Mas a OC refere ainda dois aspectos que consideramos fundamentais na questão da protecção de dados.

A OC indica tanto a ausência de referência, em algumas provisões da proposta *AI Act*, a riscos colectivos (p. ex., discriminação de grupo), como a ausência de referência aos indivíduos afectados pelo sistema de IA. Este último aspecto é particularmente

---

19. O art. 2º (4) da proposta AI Act dispõe o seguinte (tradução livre, não oficial): *O presente regulamento não é aplicável às autoridades públicas de um país terceiro nem às organizações internacionais abrangidas pelo âmbito de aplicação do presente regulamento nos termos do nº 1, sempre que essas autoridades ou organizações utilizem sistemas de gripe aviária no âmbito de acordos internacionais de aplicação da lei e de cooperação judiciária com a União ou com um ou mais Estados-Membros.*

importante – *rectius*, grave – uma vez que parece ter ficado esquecido na proposta *AI Act* um dos pilares da intervenção legislativa: os direitos e liberdades fundamentais. Daí que, na OC, se urja que os legisladores abordem expressamente os direitos e remédios disponíveis aos indivíduos sujeitos a sistemas de IA (18).

Ainda quanto à questão da protecção de dados, reconhecendo a OC que a proposta *AI Act* requer que seja feita uma avaliação de risco pelos fornecedores, salienta que, todavia, nem sempre será possível a um fornecedor avaliar todos os usos do sistema de IA. Ou seja, mesmo que a avaliação inicial do fornecedor não indique tratar-se de um sistema de alto risco, tal não implica que não deva ser feita uma avaliação subsequente, mais minuciosa, nos termos do art. 35° do RGPD[20]. Em termos mais claros ainda: a análise de alto risco feita ao abrigo da legislação da UE relativa à protecção de dados deve ser feita independentemente da proposta *AI Act*. Inversamente, uma análise de "alto risco" devido ao impacto nos direitos fundamentais feita nos termos da proposta *AI Act* deverá accionar uma presunção de "alto risco", para efeitos do RGPD, na medida em que sejam processados dados pessoais.

Neste percurso iremos ainda mencionar mais um aspecto essencial da OC, designadamente, a questão da identificação biométrica.

Como indica a OC, a utilização de IA no âmbito da aplicação da lei requer regras concretas, previsíveis e proporcionais. Daí que a OC seja bastante crítica quanto ao teor do art. 5° da proposta *AI Act*, uma vez que o âmbito da proibição é limitado a tal ponto que poderá a mesma não ter qualquer aplicação prática (28).

Em especial, no patamar da identificação biométrica remota, o art. 5° (1) (d) contempla uma extensa lista de casos excepcionais relacionados com a aplicação da lei, para os quais este tipo de identificação é permitida em espaços públicos.

A OC considera esta abordagem defeituosa, dado que a proposta *AI Act* parece esquecer que, na monitorização de espaços abertos, as obrigações existentes derivadas de legislação da UE têm de ser cumpridas não apenas, p. ex., para suspeitos, mas também em relação a todos os que, na prática, estão a ser monitorizados (31).

Além disso, bastará pensar que o número potencial de suspeitos ou arguidos será quase sempre elevado o suficiente para justificar o uso contínuo de sistemas de IA no âmbito da excepção. Razão pela qual a OC recomenda uma proibição absoluta de utilização de IA para o reconhecimento automático de características humanas em espaços públicos.

Ainda que sejam referidas na OC outras questões, julgamos ficar claro pelos aspectos aqui mencionados aquele que vem a ser o sentido das conclusões apresentadas na mesma: a proposta *AI Act* ainda deve ser objecto de algumas alterações, para que possa ser eficaz na protecção de dados e correlativa garantia de direitos e liberdades fundamentais dos cidadãos da UE, sendo previsível um caminho (ainda) trabalhoso até que o quadro legal da UE em matéria de IA esteja perfeitamente alinhado com o RGPD.

---

20. Relativo à avaliação de impacto sobre a protecção de dados.

§ 4. PERSPECTIVA MAIS GLOBAL: A UNESCO

A IA não é um fenómeno local, regional. É um dos traços que caracteriza o actual mundo globalizado. Nesta perpectiva, não apenas a União Europeia pretendeu avançar com uma regulação da IA em linha com os valores europeus, como também outras entidades internacionais se têm preocupado com esta problemática.

No contexto do nosso percurso, tomamos como referência, pela sua actualidade, a proposta de Recomendação da UNESCO – que será previsivelmente aprovada em Novembro de 2021 – sobre a Ética da Inteligência Artificial[21]. Esta proposta, ainda que não com o mesmo valor vinculativo e, não obstante situada no domínio ético, representa – ou representará –, em nosso modo de ver, o cimento agregador e o ponto incontornável de qualquer regulação da IA, em especial, também, no patamar da protecção de dados.

A Recomendação assentará na ideia da ética como base dinâmica para a avaliação normativa e como barómetro das tecnologias de IA, com referência à dignidade humana, ao bem-estar e à prevenção de danos como compasso e com enraizamento na ética da ciência e tecnologia (I (1)). Com efeito, na Recomendação reconhece-se que os sistemas de IA colocam novos tipos de questões éticas, que vão desde o seu impacto na tomada de decisões, aos cuidados de saúde, à democracia e aos direitos e liberdades fundamentais (I (2) (c)). Assim, os diferentes valores e princípios indicados na Recomendação deverão ser respeitados por todos os agentes do ciclo de vida da IA e, quando necessário, promovidos pela alteração ou criação de nova legislação e directivas. Estes instrumentos deverão, ademais, cumprir as obrigações decorrentes para os Estados-Membros em matéria de direitos humanos e estar de acordo com os Objectivos de Desenvolvimento Sustentável (ODS) definidos pela ONU[22] (III (9)).

Neste contexto, a Recomendação apresenta quatro valores e dez princípios fundamentais para a IA. Os quatro valores indicados (III.1) são:

a) Respeito, protecção e promoção dos direitos humanos e liberdades fundamentais e dignidade humana;

b) Florescimento do ambiente e dos ecossistemas;

c) Garantia de diversidade e inclusão;

d) Viver em sociedades pacíficas, justas e interligadas.

Os princípios indicados na Recomendação (III.2) para a IA são os seguintes[23]:

a) proporcionalidade e não causar dano;

---

21. O texto da Recomendação encontra-se disponível em: https://unesdoc.unesco.org/ark:/48223/pf0000377897.
22. Cfr. https://unric.org/pt/objetivos-de-desenvolvimento-sustentavel/.
23. Existia já algum consenso em torno dos princípios mais relevantes. Cfr., p. ex., JESSICA FJELD ET AL., Principled Artificial Intelligence: Mapping Consensus in Ethical and Rights-based Approaches to Principles for AI, *Berkman Klein Center for Internet & Society Research Publication Series*, 2020, disponível em: https://papers.ssrn.com/sol3/papers.cfm?abstract_id=3518482.

b) segurança e protecção;

c) justiça (equidade) e não discriminação;

d) sustentabilidade;

e) direito à privacidade e protecção de dados;

f) supervisão humana e determinação;

g) transparência e explicabilidade;

h) responsabilidade e responsabilização;

i) consciência e literacia; e

j) governação e colaboração adaptativas e multilaterais.

Considerando a perspectiva principal que rege o nosso percurso, torna-se particularmente relevante o princípio referido em *e*), designadamente o direito à privacidade e a protecção de dados.

No âmbito da Recomendação, a privacidade é considerada como um direito essencial para a protecção da dignidade, autonomia e vontade humanas devendo, como tal, ser protegida e promovida durante todo o ciclo de sistemas de IA. Neste sentido, é tido como fundamental, na Recomendação, que os dados para os sistemas de IA sejam recolhidos, usados, partilhados, arquivados e apagados de forma consistente com o direito internacional e em consonância com os valores e princípios indicados na Recomendação (32).

Consequentemente, os instrumentos (normativos) de protecção de dados deverão ser protegidos, a nível nacional e internacional, pelos sistemas judiciais e deverão ser cumpridos em todo o ciclo de vida dos sistemas de IA. Ademais, a protecção de dados deve ter como referência os princípios e padrões internacionais de protecção relativos à recolha, uso e divulgação de dados pessoais, além do exercício de direitos pelos sujeitos dos dados, simultaneamente garantindo uma finalidade legítima e uma base legal válida para o processamento de dados pessoais, incluindo o consentimento informado (33).

Em particular, no que respeita aos sistemas de algoritmos, importa garantir avaliações de impacto na privacidade adequadas, que incluam também considerações sociais e éticas quanto à sua utilização. Acima de tudo, a informação pessoal deverá estar protegida durante todo o ciclo dos sistemas de AI, devendo os agentes de IA garantir (e responder por) essa protecção (34).

Em síntese, poderíamos afirmar que a protecção de dados, *maxime*, pessoais, no âmbito de sistemas de IA, se encontra sujeita, em geral, a todos os valores e princípios indicados na Recomendação. Tal permite-nos compreender a importância da devida protecção de dados no tempo da IA ou, inversamente, os riscos que IA pode representar para a própria dignidade humana, se os dados (pessoais) não forem devidamente protegidos.

CONSIDERAÇÕES FINAIS

A Inteligência Artificial coloca desafios antes inimagináveis à protecção de dados pessoais. Com efeito, reconhecendo-se a protecção de dados pessoais como um dos pilares do respeito pela dignidade da pessoa humana, a exigência colocada na regulação da IA terá, imperativamente, de ser analisada por essa perspectiva primordial e não por aquela das vantagens de utilização de dados pessoais em sistemas e aplicações de IA.

E ainda que a União Europeia tenha apresentado uma proposta ambiciosa para a regulação da IA, a verdade é que a ambição não foi suficiente no patamar da protecção de dados.

Assumindo que a proposta *AI Act* é um primeiro passo para um ecossistema de confiança e de excelência, a análise feita da mesma a partir do ângulo da protecção de dados veio a mostrar que, em linha com as recomendações consensualizadas em termos internacionais, os indivíduos – as pessoas de carne e osso a quem os dados se referem – têm de poder controlar e agir adequadamente sobre os seus dados e não ser vistos como objectos de um sistema de utilização ou processamento de dados.

Se queremos continuar a compreender a utilização de sistemas de IA como vantajosa, os dados deverão ser tratados como um bem precioso, delicado e não fungível, sob pena de deixarmos de ter uma IA ao serviço da Humanidade e passarem os homens a estar ao serviço dos sistemas de IA.

O objectivo é, pois, em um mundo globalizado, ser atingida uma regulamentação da IA que possa satisfazer esta exigência, tanto na União Europeia como em qualquer lugar.

REFERÊNCIAS

CRISTIANINI, N., Intelligence rethought: AIs know us, but don't think like us. *New Scientist* (2016), disponível em: https://www.newscientist.com/article/mg23231010-400-intelligence-rethought--ais-know-us-but-dont-think-like-us/.

FJELD, JESSICA ET AL., Principled Artificial Intelligence: Mapping Consensus in Ethical and Rights-based Approaches to Principles for AI, *Berkman Klein Center for Internet & Society Research Publication Series*, 2020, disponível em: https://papers.ssrn.com/sol3/papers.cfm?abstract_id=3518482.

GODINHO, INÊS FERNANDES / FLORES, CLÁUDIO R. / MARQUES, NUNO CASTRO, Consultation On The White Paper On Artificial Intelligence - A European Approach. Lusófona University Of Porto, Faculty Of Law And Political Science (ULP) Comment on COM(2020) 65 White Paper on Artificial Intelligence – A European approach to excellence and trust, and COM(2020) 64 final – Report on the safety and liability implications of Artificial Intelligence, the Internet of Things and robotics, *ULP Law Review*, 14 (1), 2020, p. 157 ss., https://doi.org/10.46294/ulplr-rdulp.v14i1.7475.

NAVNEET, ALANG, Turns Out Algorithms are Racist, *New Republic* 2017, disponível em: https://newrepublic.com/article/144644/turns-algorithms-racist.

TURING, ALAN, Lecture to the London Mathematical Society on 20 February 1947, disponível em: https://www.vordenker.de/downloads/turing-vorlesung.pdf.

VILLASENOR, JOHN / FOGGO, VIRGINIA, Artificial Intelligence, Due Process, and Criminal Sentencing, *Michigan State Law Review* (2020), p. 295 e ss.

MARCO LEGAL DA IA (PL 21/20) – ANÁLISE COMPARATIVA À LUZ DA REGULAMENTAÇÃO EUROPEIA (AI ACT) E A QUESTÃO DA PROTEÇÃO DO SEGREDO INDUSTRIAL

Paola Cantarini

Doutora, (Direito e Filosofia, PUC-SP); Pós-Doutora (Direito, FD-USP) – Coordenadora. Pós doutora em Direito, Sociologia Jurídica, Filosofia, Arte e Pensamento Crítico; Doutora em Direito, Filosofia do Direito e em Filosofia; pesquisadora da Cátedra Oscar Sala, do Instituto Alan Turing, do Advanced Institute of IA, pesquisadora C4AI – Centro de Inteligência Artificial, Presidente e Pesquisadora no EthicAI – Grupo de Pesquisa em Inteligência Artificial. Membro Comissão de IA da OABMG. Pós-doutoranda em Ciências Sociais – PUC-SP.

Sumário: 1. Introdução – 2. Desenvolvimento: importância do debate democrático e inclusivo e de uma abordagem via risquificação – 3. Considerações finais – 4. Referências.

1. INTRODUÇÃO

Vivemos na sociedade da informação, sociedade de dados e sociedade 5.0 (Japão), atrelada aos conceitos de pós-humanismo e de transumanismo, falando-se ainda em "virada do não humano", um conceito macroscópico segundo Grusin, trazendo repercussões sociais de alta magnitude[1], com foco no descentramento do humano da biosfera, para se tornar verdadeira força geológica, a provocar a era do antropoceno.

Surgem ao mesmo tempo novos desafios e oportunidades com as novas tecnologias na interface com as humanidades, em especial com a utilização da chamada inteligência artificial (IA), sendo certo que as diretrizes éticas devem ir de mãos dadas com as questões legais, no âmbito da governança de algoritmos.

O Projeto de Lei 21/20 que cria o marco legal do desenvolvimento e uso da Inteligência Artificial (IA) é uma importante iniciativa de regulamentação da IA no Brasil, ao lado da Estratégia Brasileira de IA no Brasil, Instituída pela Portaria MCTI 4.617, de 6 de abril de 2021, apesar de algumas falhas e omissões, imprecisões técnicas, ausência de obrigações substantivas e processuais, ausência de parâmetros mínimos de procedimentalização e previsão de instrumentos de governança algorítmica, em especial se comparamos com as regulamentações internacionais. Há também uma

---

1. GRUSIN, Richard. Introduction. In: GRUSIN, Richard (Ed.). *The nonhuman turn*. Minneapolis: University of Minnesota Press, 2015. p. vii-xxxi; GRUSIN, Richard. Conferência realizada em 2012, "A Virada do Não Humano nos Estudos do Século XXI", *Center for 21st Century Studies*, Universidade de Wisconsin-Milwaukee, 2015.

falha a ser destacada no tocante ao processo democrático de deliberação, já que houve um curto período de tempo para contribuições por parte da sociedade civil, ao contrário, por exemplo, do Marco Civil da Internet, Lei 12 965/2014, o qual contou com um período bem mais extenso de discussão democrática e inclusiva.

Um amplo período de debate envolvendo diversos grupos da sociedade civil é essencial e possui relação com o conceito de ética digital intercultural, trazendo ao diálogo os grupos vulneráveis e todos os setores da sociedade. Justamente ética digital intercultural e o estabelecimento de frameworks concretos para tradução de princípios éticos abstratos em práticas concretas são pontos a serem desenvolvidos, devendo contar com a contribuição de uma equipe interdisciplinar e *multistakeholder*, e, sobretudo, independente.

O Projeto de Lei 21/20, que cria o Marco Legal da IA no Brasil, é uma importante iniciativa no sentido de regulamentação da IA, já que cada vez mais se fala no fim da era dos códigos de conduta (autorregulação), como bem aponta Luciano Floridi, no recente artigo "The end of an era: from self-regulation to hard law for the digital industry".[2]

Isto porque a autorregulação pelas empresas, não seria eficaz nem tampouco contribuiria para o aspecto da confiança, já que muitas vezes tal iniciativa colide com a busca de fins públicos e com a proteção de direitos fundamentais e humanos, voltando-se primordialmente para os valores de mercado, não sendo iniciativas pautadas na transparência e imparcialidade. Em muitos casos há aqui uma concepção proprietária dos diretos envolvidos, a busca da inovação e de valores econômicos acima de outros valores democráticos, envolvendo a elaboração de conteúdo unilateral e seletivo em termos de interesses, na linha de uma análise econômica do Direito, voltada para eficiência do mercado.

2. DESENVOLVIMENTO: IMPORTÂNCIA DO DEBATE DEMOCRÁTICO E INCLUSIVO E DE UMA ABORDAGEM VIA RISQUIFICAÇÃO

A maioria dos membros da diretoria das empresas entende que não estão preparados para lidar com questões de ética da IA, sendo necessário o estabelecimento de parcerias e alianças de forma colaborativa diante da complexidade das questões a serem observadas, além do seu caráter de transversalidade, aproximando campos científicos os mais diversos, não jurídicos e disciplinas "transclássicas" (semiótica, cibernética, teoria de sistemas).

Recente pesquisa mostrou que 81% dos consumidores se sentem mais preocupados com a forma de tratamento de dados pessoais por parte das empresas, e 75% estão agora menos propensos a confiar às organizações seus dados pessoais[3].

---

2. FLORIDI, Luciano. *The end of an era*: from self-regulation to hard law for the digital industry (November 9, 2021). Disponível em: https://ssrn.com/abstract=3959766. Acesso em: dez. 2021.
3. Unpublished data from the 2018, *IBM Institute for Business Value Global Consumer Study*. IBM Institute for Business Value; Advancing AI ethics, beyond compliance: From principles to practice, Brian Goehring, Francesca Rossi, Dave Zaharchuk.

Com o crescente avanço da utilização da IA nas diversas áreas de negócios, invadindo todos os aspectos de nossas vidas, com repercussões até mesmo na concepção de tempo, espaço, cultura e subjetividades, torna-se urgente o comprometimento com o requisito da confiança por parte das empresas que atuam com novas tecnologias, e neste sentido a adoção de boas práticas, práticas de *compliance* e de governança se tornam essenciais e um diferencial de mercado. A análise da ética e das regulamentações em tais áreas é tida como um diferencial competitivo das empresas, pois envolve a confiança e a transparência necessárias em qualquer relação jurídica.

Kai-Fu Lee aponta que as pessoas tendem a confiar em três principais fontes quando se trata de estudos acerca da IA: ficção científica, notícias na mídia e pessoas influentes. Tal observação revela a necessidade de mudança de mentalidade, de mudança de *mindset*, sendo essencial a aproximação das contribuições científicas, da área acadêmica, das empresas e das demais áreas[4]. No Brasil, da mesma forma que estamos ainda construindo uma nova cultura de proteção de dados, com respeito ao princípio da minimização, em especial, é urgente uma nova cultura e mentalidade também acerca da ética em IA, já que algumas pesquisas apontam para o baixo grau de preocupação neste setor do Brasil, ou seja, de apenas 15%, como também no resto da América Latina[5], em comparação com os EUA, por exemplo (63%), e Europa (47%). Da mesma forma, ainda é incipiente a regulamentação jurídica e propostas de certificações nesta seara no Brasil.

Como alternativas à heterorregulação, devido à demora pelo Estado e falta de *expertise*, e à autorregulação, cada vez mais vem se destacando a autorregulação regulada, com a previsão de deveres procedimentais, havendo certo controle por meio do estabelecimento de requisitos e parâmetros mínimos de governança prefixados pelo Estado, a exemplo do "IA Act" da União Europeia, a depender do grau de risco a direitos fundamentais e liberdades fundamentais por parte da tecnologia, trazendo, pois uma clara abordagem via risquificação. Neste sentido, a prática do *compliance* relacionada à IA deverá se adequar à probabilidade e gravidade do risco (*risk-based approach*), por meio de um processo proativo, sistemático e contínuo de proteção aos direitos envolvidos, com destaque para a elaboração de relatório de impacto algorítmico e relatório de direitos humanos e fundamentais. Referidos documentos devem ser considerados obrigatórios, em especial no caso de aplicações de risco moderado e alto, bem como devem ser orientados para as características especiais do *Big Data* e para a proteção dos interesses públicos afetados pela sua utilização. Deverá haver uma avaliação permanente dos riscos e envolver um controle público com representantes da sociedade civil, permitindo a participação de setores vulneráveis.

---

4. LEE, Kai-Fu. *AI 2041*: Ten Visions for Our Future. Nova Iorque: Currency, 2021.
5. Count is less than 20. Source: 2018 *IBM Institute for Business Value Global AI Ethics Study*. Q: Importance of AI ethics in your organization, N=1,247; Advancing AI ethics, beyond compliance: From principles to practice, Brian Goehring, Francesca Rossi, Dave Zaharchuk.

Tais documentos amparam-se no princípio da precaução, o qual é considerado como um referencial capaz de mensurar e catalogar as salvaguardas necessárias para aplicações de IA de alto risco e de risco moderado. Trata-se de um *framework* importante para as aplicações de AI, ao lado das Avaliações de Impacto sobre Direitos Humanos/Direitos Fundamentais. Estes últimos documentos possuem previsão em algumas iniciativas, envolvendo uma mudança de foco: da ética na IA para um discurso com a moldura e o vocabulário dos Direitos Humanos/Direitos Fundamentais, bem como focando na proteção coletiva, e não apenas individual. Deverá haver um amplo escrutínio público, e envolver um processo de deliberação pública, com revisão por organizações ou consultores externos independentes com expertise em direitos fundamentais.

Neste aspecto cumpre ressaltar uma falha do PL ao prever apenas um artigo mencionando de forma genérica o Relatório de Impacto de IA e a adoção de padrões e de boas práticas (art. 13), sem maiores detalhamentos, bem como por prever que tal documento poderá ser solicitado pelo Estado, não tornando o mesmo obrigatório em todos os casos de aplicações de IA que envolvam um alto risco ou risco moderado, nem tornando obrigatória sua elaboração de forma preventiva, ou seja, antes do início da aplicação, quando do desenvolvimento do produto ou serviço. Este já é um problema encontrado na LGPD – Lei Geral de Proteção de Dados ao trazer a possibilidade de diversas interpretações pela doutrina e jurisprudência no tocante à obrigatoriedade ou não do relatório de impacto de proteção de dados, bem como relativamente ao momento de sua elaboração e de quem seria a obrigação de sua elaboração, já que ao prever que tal documento poderá ser solicitado pela ANPD, poderá dar ensejo à uma interpretação literal e gramatical no sentido de não ser obrigatório, a não ser em caso de solicitação pela ANPD – Autoridade Nacional de Proteção de Dados. Tal intepretação, contudo, fere toda a lógica da sua realização qual seja, de englobar todo o ciclo do tratamento de dados, e do desenvolvimento da tecnologia, desde o início, bem como o princípio da prevenção de danos, não passando pelo crivo de uma análise funcional e sistemática da LGPD, contrariando também o entendimento do GDPR – Regulamento Geral de proteção e Dados da União Europeia, (RGPD) (UE) 2016/679, o qual foi o principal marco teórico orientador da LGPD, assim como o entendimento e diversas ANPD de diversos países, e orientações de órgãos consultivos como o WP29 – The Article 29 Working Party, e o EDPB – European Data Protection Board. Há pelo PL uma expressão muito vaga e genérica relacionada à elaboração do relatório de impacto, condicionando sua exigência "a justificação de sua necessidade", sem maiores comentários ou especificações, contribuindo para a insegurança jurídica e para uma proteção de nível fraco quanto aos direitos fundamentais envolvidos.

Não há também no PL qualquer previsão acerca de níveis de potencial dano das aplicações de IA ao contrário de diversas regulamentações da EU neste sentido, o que contribuiria para a abordagem baseada em risco.

Gustavo Tepedino e Chiara S. de Teffe apontam para a tutela da personalidade e não da propriedade como fim da proteção de dados[6], sendo a mesma ótica a ser observada quando se fala de regulamentação de IA.

Diversos estudos e artigos científicos apontam para aspectos críticos e preocupantes de algumas aplicações de IA, como o reconhecimento facial e decisões judiciais automatizadas que possam ter vieses (*bias*), a exemplo do sistema COMPAS – Correctional Offender Management Profiling for Alternative Sanctions, utilizado em alguns estados nos EUA, traçando o grau de periculosidade de criminosos, e produzindo sentenças por meio de algoritmos matemáticos, sendo essencial uma regulamentação que estabeleça um *framerwork* concreto e aplicável para a governança algorítmica, de forma a tornar efetivos os princípios éticos, evitando-se a chamada "lavagem ética"[7] (*ethical washing*), quando teríamos muitos princípios abstratos, e um enorme *gap* entre teoria e prática, diante do vazio no que tange à transformação em práticas concretas. Por meio apenas de princípios éticos elaborados unilateralmente as empresas desviariam o foco de atenção para a regulamentação jurídica, não passando de uma carta de boas intenções, sem qualquer efeito concreto, a exemplo do Comitê de Ética da Google, sem poder de veto efetivo sobre projetos questionáveis. Tais iniciativas unilaterais e seletivas têm sido objeto de críticas por parte da doutrina, a exemplo da recente demissão de funcionários no caso de publicação de pesquisas questionando algumas práticas, como no famoso caso da cientista da computação Timnit Gebru, ao apontar que a Google "silencia vozes marginalizadas", sendo a empresa acusada por centenas de colegas de racismo e censura.

Diante da insuficiência da heterorregulação, diante da possibilidade de lavagem ética por outro lado, se tem apostado na autorregulação regulada, sujeitando as boas práticas e códigos de conduta, certificações a diversas precauções materiais e processuais, por lei e tratados internacionais, trazendo incentivos para uma melhor concepção tecnológica, a abertura do acesso e possibilidades de certificações. É essencial o envolvimento de representantes da sociedade civil a fim de democratizar a discussão, inclusive com poderes para controlar o cumprimento dos compromissos voluntários por parte das empresas.

Na linha da proteção pela técnica, com a utilização de remédios tecnológicos teríamos a utilização de ferramentas tecnológicas de governança na própria construção dos sistemas de decisão automatizada, de forma a dar efetividade, por exemplo, ao direito de revisão de decisões automatizadas, através de uma abordagem preventiva (*privacy by design* (PbD). Tal perspectiva traria a obrigação de respeito aos direitos fundamentais como um objetivo central do processo de construção de software,

---

6. TEPEDINO, Gustavo. TEFFE, Chiara Spadaccini de. O consentimento na circulação de dados pessoais. *Revista Brasileira de Direito Civil* – RBDCivil, Belo Horizonte, v. 25, jul.-set. 2020, p. 83.
7. WAGNER, Ben. Ethics as an Escape from Regulation: From ethics-washing to ethics-shopping? In: BAYAMLIO LU, brahim Emre; BARALIUC, Irina; HILDEBRANDT, Mireille (Ed.). *Being Profiled*: Cogitas ergo sum. 10 years of 'Profiling the European Citizen'. Amsterdam: Amsterdam University Press, 2018.

devendo ser observada durante todo o ciclo de vida do sistema, como um requisito para a viabilidade de tal projeto, a exemplo do disposto no artigo 25 da GDPR.

A recente proposta de 04.2021 da EU segue a ótica de uma regulamentação via risquificação, traçando uma análise de risco e separando em diversos patamares e níveis de risco as aplicações de IA, de alto risco, moderado-limitado, baixo risco e risco inaceitável, envolvendo aplicações que jamais deveriam ser desenvolvidas. Fundamenta-se no incremento de regulamentações "ex ante" com base no princípio da precaução, como códigos de conduta, certificações, auditorias independentes, elaboração de documentos como DPIA – Relatório de Impacto de proteção de dados e LIA – Avaliação do Legítimo interesse, e na área da IA, relatório de impacto algoritmo, ou relatórios de direitos fundamentais e humanos, seguindo-se a ótica do direito regulatório e do direito ambiental, já presente na área de proteção de dados, como se observa da GPDR, da LGPD. Referida abordagem está também presente nas propostas europeias de regulamentação da IA, com destaque para o "White paper On Artificial Intelligence – A European approach to excellence and trust", de 19.02.2020, com foco em um prisma mais complexo do direito regulatório, envolvendo técnicas de prevenção e mitigação de riscos a direitos e liberdades fundamentais, bem como, apontando-se para uma preocupação com a proteção não apenas individual, mas também coletiva e social.

Segundo o "White paper on IA", é considerado um alto risco, quando a utilização envolver riscos significativos, em especial, com relação à proteção da segurança, dos direitos dos consumidores e dos direitos fundamentais. Uma aplicação de IA deverá ser considerada de alto risco se preencher os dois critérios cumulativos: a aplicação de IA é utilizada num setor em que, dadas as características das atividades tipicamente realizadas, se pode esperar que ocorram riscos significativos. A avaliação do nível de risco de uma determinada utilização poderá basear-se no impacto nas partes afetadas.

São consideradas como de alto risco as aplicações de IA para os processos de recrutamento, situações que afetem os direitos dos trabalhadores, bem como para efeitos de identificação biométrica à distância e de outras tecnologias de vigilância intrusivas. Como previsão de regulação "ex ante", referido documento exige que os sistemas devam ser tecnicamente robustos e exatos, sendo desenvolvidos de forma responsável, mediante uma análise prévia de riscos. No caso de aplicações de baixo risco há a previsão de um regime de rotulagem voluntária, optando por vincular-se aos requisitos legais, ou a requisitos semelhantes, especialmente criados nesta área, condição para o recebimento de um selo de qualidade para as aplicações de IA, confirmando que determinada empresa estaria em conformidade com determinados padrões objetivos.

Por sua vez, segundo a nova proposta regulamentadora do AI Act de 2021, são considerados riscos inaceitáveis no caso de uma possível ameaça clara aos cidadãos europeus como aplicações que possam manipular comportamentos, opiniões e emoções humanas, principalmente tendo em vista setores vulneráveis da população, como ocorre com brinquedos com assistentes de voz, por manipular mais facilmente crianças e adolescentes. Também o recurso a sistemas de pontuação social por parte de governos, a exemplo da China é visto como um risco inaceitável. Em tais casos há a proibição expressa da utilização da aplicação de IA. Também são consideradas como de alto risco, a utilização de algoritmos na área de seleção e recrutamento, avaliações de solvabilidade, distribuição de benefícios da segurança social ou pedidos de asilo e vistos, ou ajudar os juízes a tomar decisões.

Há expressa proibição do uso de tecnologias de vigilância, com exceção da utilização por órgãos governamentais para a prática de investigação de crimes graves, como no caso da utilização do reconhecimento facial no combate ao terrorismo. Em se tratando de risco elevado, como aplicações de IA nas áreas de transportes, educação, produtos de segurança, recrutamento e acesso a emprego, serviços essenciais ou públicos, reforço da lei ou em situações de migrações, concessão de asilo ou controlo de fronteiras é possível sua utilização, mas desde que sujeita à observância de regras e obrigações rígidas. **Os sistemas de reconhecimento facial e identificação biométrica são considerados como de risco elevado**, proibindo-se como regra sua utilização em espaço público, salvo exceções "rigidamente definidas e reguladas", sob a condição de prévia autorização judicial, limitando o tempo, a localização e os dados utilizados. A proposta também pretende combater práticas discriminatórias, os denominados vieses, ou "bias", propondo que os conjuntos de dados não "incorporem quaisquer preconceitos intencionais ou não intencionais" que possam levar à discriminação.

Como aplicações de IA com **risco mínimo e limitado**, temos, por exemplo, a utilização de "chatbots", bem como o uso gratuito de jogos ou filtros de spam com inteligência artificial.

Seguindo-se a abordagem da risquificação, há a definição de obrigações vinculando-se a uma avaliação adequada do risco e mitigação dos sistemas, um maior controle na qualidade dos conjuntos de dados que alimentam os sistemas, registro das atividades de forma a garantir a rastreabilidade dos resultados, documentação detalhada, sendo obrigatória a supervisão humana.

A recente proposta de regulamentação da IA pela Comissão Europeia (AI Act de 04.2021) reflete, pois, a análise entre diversas possibilidades regulatórias do setor, e de articulação com a já existente legislação setorial europeia, com foco na "GDPR – Regulamento Geral de Proteção de Dados da EU", no "Digital Services Act", no "Digital Markets Act", no "White paper on IA" e no "Regulamento relativo à responsabilidade civil pelo uso da IA", em preparação. A Comissão Europeia entende, em suma, que a nova regulamentação é imprescindível para se possibilitar a inovação tecnológica e os progressos científicos, garantindo a necessária vantagem competitiva e liderança tecnológica da UE, em um contexto de forte concorrência mundial, mas sem deixar a preservação de direitos fundamentais e humanos, e de valores básicos consagrados pela EU, colocando a tecnologia a serviço dos cidadãos europeus.

A proposta de regulamentação da IA via IA ACT de 2021 segue a estratégia europeia para a IA apresentada em 04/2018 denominada "Inteligência artificial para a Europa" (COM/2018/237), com foco nos valores europeus como forma de enfrentamento dos novos desafios da IA. Diante da ausência de regulamentações pela maior parte dos países, inclusive por parte dos países da UE, a não ser em casos pontuais para certos setores de aplicação da IA, como algumas regulamentações esparsas, diante de tal vácuo normativo, visando evitar fragmentações e antinomias diante de iniciativas pontuais isoladas, a Comissão Europeia, braço executivo da União Europeia, apontou para a necessidade de uma regulamentação geral para todos os países da UE, de forma a promover o desenvolvimento da IA e ao mesmo tempo enfrentar os riscos potencialmente elevados para a segurança e os direitos fundamentais e humanos. Um dos principais objetivos a ser destacado, é a possibilidade da UE tornar-se economicamente competitiva em tal setor, disputando o mercado atualmente dominado pelos EUA e China principalmente, concorrendo de igual para igual com tais países, tendo apresentado, neste sentido, em 21.04.2021, uma proposta de regulamentação do uso da inteligência artificial na União Europeia, além da previsão de investimentos e financiamento no setor de aproximadamente 20 bilhões de euros por ano na próxima década para o desenvolvimento de tecnologias que utilizam Inteligência Artificial.

Trata-se do denominado "efeito Bruxelas" das regulamentações da EU na área digital. O impacto da nova regulamentação da União Europeia vai muito além das fronteiras dos países membros, o que já ocorre com a GDPR, modelo que inspirou demais iniciativas legislativas em outros países, a exemplo da Lei Geral de Proteção de Dados Pessoais no Brasil (LGPD), Lei 13.709/18, bem como o Digital Services Act (DAS), o Digital Markets Act (DMA) e a regulamentação do discurso de ódio e fake News, com o estabelecimento do Código de Conduta voluntário da Comissão sobre o Combate à Ilegalidade Hate Speech Online. O efeito Bruxelas ("Brussels Effect") seria uma manifestação da europeização do ambiente regulador global, no sentido de eficácia extraterritorial do direito europeu e a influência e impacto mundial de sua regulamentação[8]. Trata-se do poder de influência mercadológica global dos regulamentos da EU, tendo sido majorado significativamente nas últimas duas décadas, particularmente na área da economia digital.[9]

O PL 20-21 por sua vez traz princípios, direitos, deveres, mas quase nenhuma previsão acerca de instrumentos de governança algorítmica. Contudo, poderá ser considerada uma abordagem relacionada à risquificação, na linha da regulamentação da União Europeia, com destaque para o Regulamento de IA (AI ACT), abandonando a anterior ideia de atribuição de personalidade eletrônica, tal como era prevista na Resolução do parlamento europeu com orientações de Direito Civil sobre Robótica,

---

8. Disponível em: https://valor.globo.com/opiniao/coluna/efeito-bruxelas-atinge-big-techs.ghtml. Acesso em: dez. 2021.

9. BRADFORD, Anu. *The Brussels Effect*. Oxford: Oxford University Press, 2020.

ao prever que de um lado há a preocupação na proteção dos Direitos Humanos e Direitos Fundamentais, e princípios, valores democráticos, fundamentos específicos do PL (art. 4), ao lado da não discriminação, pluralidade, livre iniciativa e proteção de dados, e de outro de forma a não obstar a inovação. Ambas as propostas tentam trazer um equilíbrio entre proteção aos direitos fundamentais de um lado, enfrentamento dos riscos potenciais, e de outro lado, a promoção do desenvolvimento da IA, tornando o país economicamente competitivo em tal setor, não trazendo obstáculos à inovação. Portanto, o PL na linha do AI Act da EU segue a perspectiva de "human rights by design", "beneficial AI", "AI for good" e "HumanCentered AI", ou seja, visa-se trazer um balanceamento entre o desenvolvimento tecnológico, de modo a não obstar a inovação, de um lado, e a proteção dos valores democráticos, direitos humanos e fundamentais, de outro lado. Parte-se da abordagem "centrada no ser humano", trazendo o eixo valorativo da pessoa humana e da dignidade humana, respeitando o estímulo e desenvolvimento da inovação e tecnologia, mas desde que haja, por outro lado, o respeito aos direitos fundamentais e aos direitos humanos.

O PL 20-21, contudo, da mesma forma que a Estratégia Brasileira de IA vem sendo bastante criticado por não ser talvez a melhor proposição em especial no que tange a falta de *enforcement* ao não prever sanções, não especificando questões de governança de algoritmos, não trazendo critérios para a autorregulação regulada, não sendo muito preciso quanto ao sistema de responsabilidade civil adotado, não contribuindo para a necessária segurança jurídica, trazendo um desequilíbrio em tais relações jurídicas já assimétricas, no caso de prevalecer o entendimento acerca da responsabilidade civil subjetiva como regra, senão vejamos. Neste caso, teríamos um ônus demasiado ao cidadão comum sem conhecimento técnico específico, tornando a produção de uma prova diabólica, já que excessivamente difícil ou impossível de ser produzida. Assim como ocorre com o CDC onde há a presunção da vulnerabilidade do consumidor, diversos autores vêm apontando para tal vulnerabilidade também na seara da proteção de dados, e ainda em maior escala quando se fala de *big data*, falando-se em uma hipervulnerabilidade, sendo que na ótica consumerista teríamos a responsabilidade objetiva (artigos 12 e 14), assim como no direito ambiental.

O PL traria algumas definições simplistas e não unânimes, tais como o conceito de IA, trazendo certa falta de técnica legislativa, não sendo preciso ou detalhista, da mesma forma ao prever os autores envolvidos em tais relações jurídicas. Não traz padrões mínimos de governança vinculantes, sendo muito fluido, trazendo possibilidade de interpretações heterogêneas, o que poderia desprestigiar o investimento no país, bem como o próprio desenvolvimento de negócios e da tecnologia, não contribuindo para a aplicação de instrumentos na linha da autorregulação regulada.

Entre os críticos ao PL destaca-se a carta aberta endereçada ao Senado assinada por diversos juristas, com destaque para Ana Frazão, Anderson Schreiber, Bruno Bioni, Bruno Miragem, Caitlin Sampaio Mulholland, Danilo Doneda, Gustavo Tepedino, Ingo Wolfgang Sarlet, Laura Schertel Mendes, Maria Celina Bodin de Moraes, Milena Donato Oliva, Rafael Zanatta. Em sentido contrário, destaca-se a importante contribuição do jurista Juliano Maranhão[10] apontando para a falha em se atribuir a responsabilidade objetiva como regra no PL, por inviabilizar a inovação e investimentos no país, bem como apontando para a falta de detalhamento de regras de condutas específicas para reafirmarem ou tornarem efetivos os princípios trazidos, pois caso contrário o PL seria contraproducente, tornando impossível a aplicação e implementação dos princípios, trazendo insegurança jurídica e inviabilizando o desenvolvimento da tecnologia no país. Destaca a importância de se diferenciar aplicações de alto risco, de médio e de baixo risco, diferenciando a regulamentação conforme o grau de risco da aplicação da IA.

A carta dos juristas traz uma importante crítica ao artigo 6º, inciso VI, do PL por trazer no seu entender o estabelecimento da responsabilidade civil subjetiva como regra, inviabilizando a produção probatória por parte das vítimas de danos causados por Inteligências Artificiais, já que em muitos casos se tornaria impossível a produção probatória, e, por consequência, comprometendo a garantia dos direitos fundamentais[11].

Onde atualmente consta:

Artigo 6º: VI – responsabilidade: normas sobre responsabilidade dos agentes que atuam na cadeia de desenvolvimento e operação de sistemas de inteligência artificial devem, salvo disposição legal em contrário, se pautar na responsabilidade subjetiva, levar em consideração a efetiva participação desses agentes, os danos específicos que se deseja evitar ou remediar, e como esses agentes podem demonstrar adequação às normas aplicáveis por meio de esforços razoáveis compatíveis com padrões internacionais e melhores práticas de mercado.

Na carta há a sugestão de alteração do artigo para a seguinte redação proposta:

Artigo 6º: VI – responsabilidade: normas sobre responsabilidade dos agentes que atuam na cadeia de desenvolvimento e operação de sistemas de inteligência artificial devem, salvo disposição legal em contrário, levar em consideração a tipologia da inteligência artificial, o risco gerado e seu grau de autonomia em relação ao ser humano, além da natureza dos agentes envolvidos, a fim de se determinar, em concreto, o regime de responsabilidade civil aplicável.

Há bastante divergência na doutrina nacional e internacional acerca de qual sistema de responsabilidade civil adotar, alguns apostando na melhor proteção dos direitos fundamentais e humanos envolvidos, via responsabilidade objetiva, na linha do direito ambiental e consumerista, responsabilidade objetiva pelo fato da coisa – no caso de máquinas ou robôs que tomem decisões – ou também pelo risco. Os agentes econômicos que auferem lucros altíssimos ainda mais no sistema do *big data* com o superávit comportamental[12], ou seja, amparados na enorme quantidade de dados pessoais obtidos de forma gratuita, deveriam também ser responsáveis pela criação

---

10. *Marco Legal da Inteligência Artificial* – Conversações, 18.11.21, Cátedra Oscar Sala, artigo; https://politica.estadao.com.br/blogs/gestao-politica-e-sociedade/o-debate-sobre-o-marco-legal-da-inteligencia-artificial--no-brasil/.
11. https://www.conjur.com.br/2021-out-27/especialistas-questionam-artigo-pl-marco-legal-ia.
12. ZUBOFF, Shoshana. *A era do capitalismo de vigilância*. Rio de Janeiro: Intrínseca, 2021.

e supervisão da tecnologia, de forma a minorar os riscos assumidos, com imposição do dever de diligência e cuidado dos gestores.

A previsão do regime de responsabilidade civil para aplicações em IA envolve a questão de quem responderá por danos causados por um robô, o fabricante, o programador, ou a empresa que celebra contrato diretamente com o consumidor? Quais os riscos da previsão de uma personalidade jurídica eletrônica (*epersonality*)?

As regulações da EU mais recentes (White paper, AI Act) abandonam a ideia de imposição de uma personalidade eletrônica no caso de aplicações de IA, pois ao invés de facilitar a indenização das vítimas estava contribuindo para uma maior dificuldade, sendo objeto de críticas por trazer a naturalização da ideia de inteligência, envolvendo as questões da falácia androide e retórica antropomórfica. Já a anterior Resolução do Parlamento europeu de 20.10.2020 trazendo recomendações à Comissão Europeia sobre o regime de responsabilidade civil para aplicações de IA, traz em seu considerando 7 a afirmação de não ser mais necessário conferir personalidade jurídica aos sistemas de IA.

Com o estabelecimento da personalidade eletrônica poderia ocorrer a excessiva valorização da autonomia da Ia, podendo dar ensejo a alguma excludente de responsabilidade – caso fortuito ou força maior, considerando a IA a única responsável pelo dano causado. Haveria certa dificuldade de se extrair o estabelecimento da relação causal entre os danos e a atividade humana, em razão do grau de autonomia do robô. Trata-se de um juízo de merecimento de tutela a ser realizado casuisticamente em um futuro ainda desconhecido, a depender de um grau de autonomia da IA hoje inexistente.

Anteriormente, a Resolução com recomendações sobre regras de Direito Civil e Robótica, de 16.02.2017 (2015/2103/INL) adotada pelo Parlamento Europeu, trazia uma recomendação para a criação de uma espécie de personalidade jurídica para robôs, isto é, de um estatuto jurídico específico, em longo prazo, de modo que pelo menos os robôs autônomos mais sofisticados pudessem ser detentores do estatuto de pessoas eletrônicas, responsáveis por danos. Seria o caso, por exemplo, de robôs que produzem decisões autônomas, ou em que interagem por qualquer outro modo com terceiros de forma independente.

A resolução mencionava ainda duas importantes iniciativas relacionadas ao desenvolvimento de robôs inteligentes:

(i) adoção de um registro obrigatório dos robôs;

(ii) criação de um seguro para fazer frente às hipóteses de danos causados pelos robôs.

A Resolução de 2017 trazia ainda uma lista enumerando quais aplicações de IA seriam consideradas como objeto da personalidade eletrônica, envolvendo a discussão se tal lista é exemplificativa ou taxativa por parte da doutrina; a lista previa as seguintes aplicações de IA: veículos autônomos, drones inteligentes, robôs assistentes de idosos ou enfermos e robôs médicos, algoritmos de processamento e análise de dados que possam causar práticas discriminatórias. Há a menção de que os robôs podem ser dotados de capacidades adaptativas e de aprendizagem que integram certo grau de imprevisibilidade no seu comportamento, uma vez que aprendem de forma autônoma, com a sua experiência própria vaiável e interagem com o seu ambiente de um modo único e imprevisível. Houve crítica por parte da doutrina acerca da exigência da construção de um vultoso patrimônio mínimo como condição para a operação de determinadas aplicações de IA, entendendo-se que poderia criar um entrave excessivamente oneroso ao desenvolvimento tecnológico, bem como monopólio de mercado, gerando uma vantagem competitiva para as *big five*, na mesma linha da discussão envolvendo a temática da proteção de dados e o princípio da minimização de dados ou da necessidade.

Destaca-se a previsão no parágrafo 57 da Resolução uma possível alternativa relativa à responsabilidade pelos danos causados por robôs, qual seja, o estabelecimento de um regime de seguros obrigatórios como já ocorre com os carros.

Ainda de acordo com o documento, o futuro instrumento legislativo deverá basear-se numa avaliação aprofundada da Comissão que determine se a abordagem a aplicar deve ser a da responsabilidade objetiva ou a da gestão de riscos. Deverá ser criado um regime de seguros obrigatório, que poderá ter basear-se na obrigação do produtor de subscrever um seguro para os robôs autónomos que produz. O regime de seguros deverá ser complementado por um fundo a fim de garantir que os danos possam ser indenizados caso não exista qualquer cobertura de seguro.

É fundamental o diálogo e a colaboração via contribuições da sociedade civil ao PL, a fim de democratizar a discussão, e com isso encontrarmos uma maior proporcionalidade entre inovação e responsabilidade, por meio de audiências públicas, democratizando o debate, e dando maior legitimidade à discussão, dando voz a todos, em especial de grupos vulneráveis. A regulamentação não traz a necessária criação de um *framework* ético em IA que leve em consideração e seja sensível às diferenças culturais presente na sociedade brasileira, na linha do conceito de ética digital intercultural.

Como bem é apontado no livro "The rise of big data policing: surveillance, race, and the future of law enforcement"[13] a governança de algoritmos deveria se pautar em algumas questões essenciais, de modo a se evitar o determinismo tecnológico, tais como: é possível identificar os riscos que tecnologia escolhida está tentando endereçar? é possível defender os inputs do sistema (acurácia dos dados e idoneidade da metodologia)? É possível defender os outputs do sistema e como eles impactarão as políticas em prática e as relações comunitárias? É possível testar a tecnologia,

---

13. FERGUSON, Andrew Guthrie. *The rise of big data policing*: surveillance, race, and the future of law enforcement. Nova Iorque: New York University Press, 2017.

oferecendo *accountability* e alguma medida de transparência? A política de uso da tecnologia respeita a autonomia das pessoas que elas irão impactar?

Destaca-se, como a proposta de Wolfgang Hoffmann-Riem, apontando para a importância dos direitos fundamentais no sentido de essencial para a proteção da autonomia, e no sentido de se compatibilizar, a proteção aos direitos fundamentais, princípios, responsabilização, e de outro lado, não impedir a inovação, a denominada "responsabilidade pela inovação", ou "innovation forcing"[14]. Trata-se da definição normativa de objetivos ou padrões que ainda não podem ser cumpridos sob o padrão de desenvolvimento atual, mas que são plausíveis de serem cumpridos no futuro. Caso não haja tal implementação dentro de determinado período o desenvolvimento e uso da aplicação de IA em questão devem ser abandonados. É o que destaca também Laura Mendes em sua apresentação ao livro: "o professor Hoffmann-Riem nos ensina que a preocupação com a preservação e atualização dos direitos fundamentais deve ser constante, enxergando o Direito como um instrumento de limitação de poderes e de regulação da inovação, de acordo com os objetivos e os valores firmados no ordenamento jurídico, especialmente, os princípios constitucionais".[15]

Wolfgang Hoffmann-Riem aponta para a importância da corresponsabilidade democrática, e para a importância da transparência para a responsabilização e responsabilidade, para permitir um controle externo eficaz:

> É importante tanto para os usuários como para as autoridades de controle e para o público em geral, enquanto portadores de corresponsabilidade democrática, que o tratamento de dados, incluindo a sua utilização no contexto da análise de Big Data, seja compreensível e controlável na medida em que interesses jurídicos individuais ou coletivos possam ser negativamente afetados. Os requisitos de transparência referem-se não só à possibilidade de perceber a superfície da comunicação, mas também ao conhecimento dos fenômenos que são importantes para compreender o funcionamento do controle baseado em algoritmos. Isso se aplica, por exemplo, ao design técnico e aos critérios e conceitos do uso de algoritmos. A transparência é um pré-requisito para garantir, em particular, a responsabilização. (...) A eliminação dos déficits de transparência pressupõe requisitos legais que garantam a disponibilidade de informação suficiente sobre o campo regulatório a ser influenciado, não apenas sobre os dados na posse de atores públicos ou privados, mas também sobre a forma como eles são gerados e utilizados e a medida em que cumprem os requisitos legais.[16]

O PL traz como princípios em seu artigo 6º para o uso responsável de inteligência artificial no Brasil, destacando-se, pois como uma lei principiológica, na esteira da LGPD, a finalidade, com o fim de aumentar as capacidades humanas, e com isso reduzir as desigualdades sociais e promover o desenvolvimento sustentável; a centralidade no ser humano: respeito à dignidade humana, à privacidade e à proteção de dados pessoais e aos direitos trabalhistas; a não discriminação: impossibilidade

---

14. HOFFMANN-RIEM, Wolfgang. *Teoria Geral do Direito Digital*. Rio de Janeiro: Forense, 2021. Edição Kindle, p. 13-14; p. 150 e ss.
15. Mendes, Laura, Ibidem, p. 04 e ss.
16. HOFFMANN-RIEM, Wolfgang. Big Data e Inteligência Artificial: Desafios Para O Direito. *Revista Estudos Institucionais*, Rio de Janeiro, v. 6, n. 2, p. 431-506, maio/ago. 2020, p. 44.

de uso dos sistemas para fins discriminatórios, ilícitos ou abusivos; transparência e explicabilidade: garantia de transparência sobre o uso e funcionamento dos sistemas de inteligência artificial e de divulgação responsável do conhecimento de inteligência artificial, observados os segredos comercial e industrial, e de conscientização das partes interessadas sobre suas interações com os sistemas, inclusive no local de trabalho; segurança: utilização de medidas técnicas e administrativas, compatíveis com os padrões internacionais, aptas a permitir a funcionalidade e o gerenciamento de riscos dos sistemas de inteligência artificial e a garantir a rastreabilidade dos processos e decisões tomadas durante o ciclo de vida do sistema; responsabilização e prestação de contas: demonstração, pelos agentes de inteligência artificial, do cumprimento das normas de inteligência artificial e da adoção de medidas eficazes para o bom funcionamento dos sistemas, observadas suas funções.

Apesar da proposta via risquificação do PL, na linha da regulamentação europeia, trazendo a importante regulamentação de diversas aplicações de IA conforme o grau de risco potencial, no entender de Marck Coeckelbergh[17], apesar de apontar para a importância das questões fundamentalmente éticas, tais como, o que nós como sociedade entendemos ser importante, e que as novas tecnologias, em especial a IA, poderia contribuir para nos ajudar na compreensão de questões filosóficas essenciais, tal como "o que é o ser humano", "como queremos viver", "quais valores são importantes", tal como também aponta Kai-Fu Lee, fazendo uma importante ressalva quanto à previsão estática nos sistemas de regulamentação da IA que se fundamentam na análise de risco, a exemplo da União europeia (White paper on AI, regulação de 04-2021, da Recomendação do Conselho da Europa de 2010 e do IA ACT de 2021), ao tratar, especificamente de estabelecimentos fixos de diversos patamares e risco, alto, baixo, moderado quanto a aplicações de IA. No seu entender seria mais adequada uma abordagem mais flexível, pois a depender do contexto e do caso concreto uma aplicação, antes classificada como de baixo risco poderá se tornar de alto risco, e vice-versa.

Na abordagem via risquificação ocorre a reformatação jurídica a partir da ampliação da tutela coletiva, a disseminação de instrumentos regulatórios *ex ante* e o uso intensivo de metodologias de gestão de risco e calibragem entre riscos, inovações, aproximando-se de um processo de "negociação coletiva", trazendo semelhanças com o direito ambiental, como se percebe pela ideia de poluição de dados, ou seja, quando há um vazamento de dados não se está afrontando apenas direitos individuais do titular dos dados, mas muitas vezes valores democráticos, e o próprio Estado Democrático de Direito. Tal abordagem possui aproximação com a característica essencial de todo e qualquer direito fundamental, qual seja, sua múltipla dimensionalidade, ou seja, há um aspecto individual, mas também coletivo e social dos direitos fundamentais. Exemplo de tal abordagem já estava presente no GDPR ao afirmar uma "identificação dos riscos relacionados com o tratamento", sua "avaliação em termos de origem, natureza, probabilidade e gravidade", bem como a "identificação

---

17. COECKELBERGH, Marck, 2º. Congresso de Ia da PUCSP-TIDD, palestra proferida em 17.11.21.

das melhores práticas para atenuação dos riscos", os quais poderão ser obtidas por códigos de conduta aprovados, certificações aprovadas, e orientações profissionais fornecidas pelo encarregado pela proteção de dados pessoais.

A partir do reconhecimento da tríplice dimensão ou multidimensionalidade de todo Direito Fundamental, há o reconhecimento dos seus aspectos individual, coletivo e social, já que relacionados à cidadania e à igualdade material dos tutelados. Trata-se do reconhecimento de que um vazamento de dados ocorre como se fosse um sistema de poluição de dados, afetando não apenas o titular, mas causando danos coletivos e sociais, devendo haver uma conjugação das formas de responsabilização *ex post* e *ex ante*. Tal perspectiva também envolve a consideração que o impacto dos sistemas de IA não se limita a aspectos individuais, devendo envolver uma perspectiva coletiva e social, isto é, os problemas relativos ao capitalismo de vigilância e, pois, ao *big data* são coletivos. Nesta linha de abordagem, a utilização de sistemas de IA é reconhecida com um potencial de desempenhar um importante papel na realização dos Objetivos de Desenvolvimento Sustentável e na preservação do processo democrático e dos direitos sociais. As tecnologias digitais como a IA são um fator fundamental para a realização dos objetivos do Pacto Ecológico, demandando uma abordagem via risquificação e via teoria dos DF, essenciais para se postular e implementar uma proposta de *human-centered IA*, vinculando-se à proposta de regulação *precaucionária*, reconhecendo-se a importância de contestação coletiva, no sentido de dar voz a todos os grupos vulneráveis da sociedade, em especial.

Omri Ben-Shahar[18] aponta para o arranjo regulatório preventivo e coletivo na área de proteção de dados, vinculado à ideia de "poluição de dados", na linha de um "direito ambiental da proteção de dados pessoais", associando a formas de responsabilização *ex post* de danos coletivos, inspirado pela legislação ambiental, com enfoque em medidas de mitigação e em recalibragem das regras de responsabilização civil para gerar novos incentivos aos agentes poluentes. Quando há um vazamento de dados ou outro incidente nesta área os danos não são apenas individuais, mas coletivos, já que todo o ecossistema de dados é afetado. Segundo tal análise há o reconhecimento de uma dimensão pública e centrada na poluição dos dados, uma dimensão social e coletiva, portanto, não apenas individual. A proposta tem por enfoque medidas de mitigação e em recalibragem das regras de responsabilização civil para gerar novos incentivos aos agentes poluentes, propondo uma análise sobre as medidas de mitigação que afetem o coletivo, dispensando a comprovação da ocorrência de danos concretos e individuais, colocando em destaque o princípio da prevenção. Destaca-se, por outro lado, importante contribuição relacionada com tais temáticas acerca da discussão sobre o dano moral coletivo reconhecido pelo Superior Tribunal de Justiça, como expõem Felipe Teixeira Neto e José Luiz Faleiros Junior[19].

---

18. BEN-SHAHAR, Omri. Data Pollution. *Journal of Legal Analysis*, v. 11, p. 133 e ss., 2019, p. 133.
19. TEIXEIRA NETO, Felipe; FALEIROS JUNIOR, José Luiz. Dano moral coletivo e vazamentos massivos de dados pessoais: uma perspectiva luso-brasileira. *Revista de Direito da Responsabilidade*, ano 3, 2021, p. 265-287.

Para Rafael Zanatta, trata-se de modelo potencialmente promissor no Brasil, em especial se for superado o caráter *voluntário* dos "relatórios de impacto à proteção de dados", como seria ainda a perspectiva principal da LGPD, não trazendo a lógica predominante da risquificação, já que traz poucas previsões acerca de regulação *ex ante*, aproximando-se mais do modelo teórico da autodeterminação informacional. Em suas palavras: "apesar da rica experiência brasileira no campo ambiental, ainda não foi feita a conexão entre os dois mundos, adaptando-se os instrumentos de análise de impacto e o farto uso de ações civis públicas"[20].

Diversos autores vêm apontando para uma mudança de paradigma ou ponto de virada na moldura teórica quanto à proteção de dados e IA, por meio da adoção de uma arquitetura de gerenciamento dos riscos, precaucionaria de danos quando da utilização da IA, com destaque para Serge Gutwirth & Yves Poullet, Claudia Quelle, Alessandro Spina e Nadezhda Purtova, contudo, segundo Rafael Zanatta não se trataria propriamente de uma mudança de paradigma, envolvendo uma ruptura normativa de abordagem, mas de uma fricção, uma nova abordagem da proteção de dados pessoais centrada na regulação do risco, com a intensificação da regulação *ex ante*.

Destaca-se a importante ressalva de Claudia Quelle, da Universidade de Tilburg, ao afirmar que a proteção de dados pode ser caracterizada como regulação do risco, mas que as metodologias serão influenciadas pela teoria do balanceamento de direitos fundamentais, analisando-se os casos concretos.

Por sua vez, Wolfgang Hoffmann-Riem aponta para a necessidade de uma proteção coletiva, incluindo o tratamento das assimetrias de poder, envolvendo proteção coletiva e discussão de questões éticas[21], *verbis*:

> Não é apenas o direito de exercer a liberdade que deve ser assegurado, mas também a proteção contra as consequências do uso da liberdade por outros. Isso inclui assegurar a proteção do uso de liberdades individuais, mas também de bens e interesses legais coletivamente significativos. Estes últimos incluem o funcionamento da democracia, uma ordem plural de comunicação, proteção contra manipulação, prevenção de assimetrias no poder, evitar a fragmentação social, e evitar os efeitos de intimidação, que podem surgir através da vigilância. (...) O que é particularmente necessário é uma proteção das liberdades coletivas que vá além da proteção tradicional dos direitos fundamentais e da proteção dos titulares de DF, nomeadamente a proteção da autonomia, que inclui o tratamento das assimetrias de poder. Como tal proteção não pode ser derivada unicamente dos DF, os objetivos do Estado são acrescentados como orientações normativas, em particular os princípios da democracia, do Estado de Direito e do Estado de Bem-Estar Social (artigo 20 da Lei Fundamental), os quais incluiriam mandatos para garantir o funcionamento da ordem constitucional, no interesse da proteção dos ativos jurídicos coletivos e individuais. (...). Embora a importância da proteção de dados continue a ser fundamental, é atualmente cada vez mais relegada para necessidades de proteção que não estão exclusivas ou principalmente relacionadas com o indivíduo, mas que dizem respeito a interesses coletivos e questões éticas. Trata-se também das condições-quadro para a participação pessoal no desenvolvimento social, bem como do conjunto da sociedade.

---

20. ZANATTA, Rafael. REDE 2017, *I Encontro da Rede de Pesquisa em Governança da Internet, Proteção de dados pessoais como regulação de risco*: uma nova moldura teórica?

21. HOFFMANN-RIEM, Wolfgang. Big Data e Inteligência Artificial: Desafios Para O Direito. *Revista Estudos Institucionais*, Rio de Janeiro, v. 6, n. 2, p. 431-506, maio/ago. 2020.

3. CONSIDERAÇÕES FINAIS

É essencial a construção do debate democrático e intercultural acerca dos princípios éticos e demais questões éticas e filosóficas envolvidas na seara de inteligência artificial, por meio de uma análise crítica e zetética, preocupada mais com o questionar do que em traçar respostas prontas e acabadas, uma perspectiva que entendemos ser inclusiva e democrática, e em um segundo momento uma perspectiva que visa alinhar a teoria à prática, recuperando esta característica própria da ética como parte da razão prática, não apenas da razão teórica, e neste sentido a tentativa de transformar princípios éticos em práticas concretas e responsáveis, vinculando à responsabilidade.

Alguns estudos sobre mapeamentos éticos ressaltam justamente um dos problemas com as propostas de princípios éticos justamente o *gap* existente entre princípios abstratos, não efetivos na prática e sua transformação em práticas de governança algorítmica, concreta. Nesta articulação de saberes, e da teoria com a prática, que é um dos focos do Instituto Ethikai, "ethics as a servisse" (ethikai.com.br), vemos uma forma de recuperação desta perspectiva ética, tal como havia no passado, a exemplo da antiguidade greco-romana, uma ética do cuidado de si, que envolve o cuidado do outro, uma ética relacional, portanto, como também vemos nos estudos de M. Foucault ao tratar do cuidado de si e da *parresia*, a coragem da verdade como fundamento esquecido da democracia, da política, do conhecimento, sendo que tal separação entre a ética como teoria e saber que faz parte da razão prática e não apenas da razão teórica que ocorre com a modernidade, com o formalismo da modernidade. Até o momento a ciência baseou-se em uma aproximação com a Economia, utilizando-se de princípios econômicos, como o da eficiência, o qual, contudo, não seria talvez a melhor abordagem quando levamos em consideração a necessidade da centralidade do ser humano e a dignidade humana, na perspectiva de uma IA inclusiva, e *human--centered* IA, mas mesmo assim que não seja antropocêntrica e nem eurocêntrica, no sentido de abrir o diálogo para outras contribuições, no sentido do desenvolvimento de uma Epistemologia do sul. Dai também a importância da proposta, por exemplo, de J. Rawls em suas propostas de "Uma teoria da justiça" e "justiça como equidade", pois não se trata aqui de uma ética utilitarista, já que o foco não estaria nos valores econômicos, do liberalismo econômico ou do neoliberalismo, os quais não se confundem com a abordagem e liberalismo político da qual ele se aproximaria.

Isto porque ao contrário de alguns doutrinadores afirmarem já haver um consenso em trono dos princípios éticos relacionados à inteligência artificial, na verdade há ainda muito dissenso, como podemos observar do estudo da Universidade de Havard, "Principled Artificial Intelligence: Mapping Consensus in Ethical and Rights-Based Approaches to Principles for AI"[22], apontando para a falta de unanimidade quanto

---

22. https://cyber.harvard.edu/publication/2020/principled-ai.

aos princípios éticos, sendo diversificadas as opiniões, por exemplo, acerca do termo "justiça", e de certa forma limitada a uma visão eurocêntrica e antropocêntrica.

Outra importante questão ainda em aberto é, se o viés presente em algumas aplicações de IA seria apenas fruto de anterior preconceito já existente na sociedade e no ser humano, transplantado para o banco de dados utilizado, ou também presente no desenvolvimento da proposta do código algoritmo, a depender do caso concreto, ou do treinamento dos algoritmos. Como combater a discriminação algorítmica, o racismo digital porventura existente em sistemas de IA, se estes apenas refletem práticas e compreensões, preconceitos existentes nos seres humanos? Há a possibilidade de que a IA traga uma justiça mais imparcial, mais transparente e equânime, já que a parcialidade, a subjetividade é própria do ser humano, e justamente a tecnologia tem a caraterística de neutralidade? Será que poderíamos de fato postular pela neutralidade da IA ou a IA seria como as demais tecnologias, isto é, apesar do discurso voltado para a neutralidade, assim como ocorre com a ciência que se pauta pela neutralidade, não assumindo valores, são artefatos construídos por seres humanos, e muito possivelmente irão refletir os valores, e-ou a subjetividade daqueles que os constroem?

Tais temáticas e questões complexas demandam uma abordagem à luz de uma proposta epistemológica e hermenêutica de filosofia da IA, bem como do reconhecimento da necessidade de se amparar o estudo, compreensão e aplicação de tais temáticas em uma moldura teórica, reconhecendo-se a importância de uma análise interdisciplinar, e dos fundamentos de uma Teoria do Direito que por isso seria fundamental, além de inclusiva das mais diversas perspectivas, em teoria dos Direitos Fundamentais.

Portanto, apesar dos legisladores já terem deliberado e positivado valores em normas constituionais, através de escolhas políticas democráticas, contribuindo para a necessária previsibilidade e segurança jurídica, muitas vezes não é suficiente, quando estamos diante de direitos fundamentais e da dignidade humana, pois não basta uma previsão abstrata e teórica, como sendo suficiente para a concretização prática de tais garantias e direitos fundamentais.

Outras questões relacionadas a tais temáticas e problemáticas, como a dificuldade em sincronização de interesses privados e públicos, bem como a dificuldade de fiscalização na prática do cumprimento de tais princípios ou normas jurídicas em geral, não se constituem em fundamento suficiente para sua não implementação, pois se assim o fosse ainda estaríamos vivendo no estado de natureza e não celebraríamos o famoso e hipotético (ficcional, melhor dizendo) pacto social, pelo qual abdicamos de nossa liberdade e demais direitos ilimitados em estado de natureza, para assegurar a segurança em maior parte do que no estado de natureza, razão de ser do Estado e do direito.

Uma vez que a proteção pela tecnologia, controle técnico por meio do design, a exemplo das PETS – Tecnologias de Melhoria de Privacidade, do "privacy by design" e da "protection by default" ("legal technology"), poderá estar limitado pela elaboração unilateral, não influenciado e avaliados por terceiros independentes, podendo se tornar ineficaz bem como ser utilizado para fins normativamente indesejáveis, é, pois, essencial a discussão e previsão de outras propostas complementares[23], tais como a criação de uma agência federal especial, inspirada na relativamente poderosa Administração Federal de Medicamentos, possibilitando o (pré-)controle de algoritmos com perigos potenciais e com poder de sanção. É essencial uma agência de fato independente, ao contrário do que ocorre atualmente com a ANPD no Brasil, cuja missão seja certificar a segurança dos sistemas de IA e efetivar um sistema de controle e fiscalização independente, contribuindo para um sistema de "security by design".

Outro importante ponto ainda em aberto ensejando maiores debates, portanto, é a adaptação do Relatório de Impacto de IA, a fim de ser orientado para as características especiais do *big data* e para a proteção dos interesses públicos, coletivos e sociais, sendo um documento essencial para as aplicações de inteligência artificial que possam ser consideradas de risco alto e moderado, devendo ser prevista a obrigatoriedade de sua elaboração e de forma prévia, em atenção ao princípio da prevenção, envolvendo uma avaliação permanente dos riscos, e um controle público por meio de representantes da sociedade civil, em especial de grupos vulneráveis.

4. REFERÊNCIAS

BEN-SHAHAR, Omri. Data Pollution. *Journal of Legal Analysis*, v. 11, p. 133 e ss., 2019.

BIONI, Bruno Ricardo, LUCIANO, Maria. *O princípio da precaução na regulação de Inteligência Artificial*: seriam as leis de proteção de dados o seu portal de entrada? Disponível em: https://brunobioni.com.br. Acesso em: dez. 2021.

BRADFORD, Anu. *The Brussels Effect*. Oxford: Oxford University Press, 2020.

CANTARINI, Paola. *Teoria fundamental do direito digital*: uma análise filosófico-constitucional. [S.l]: Clube de autores, 2020.

CANTARINI, Paola; GUERRA FILHO, Willis S. *Teoria inclusiva dos direitos fundamentais e direito digital*. [S.l]: Clube de autores, 2020.

COECKELBERGH, Marck. 2°. Congresso de Ia da PUCSP-TIDD, palestra proferida em 17 nov. 21.

FERGUSON, Andrew Guthrie. *The rise of big data policing*: surveillance, race, and the future of law enforcement. Nova Iorque: New York University Press, 2017.

FLORIDI, Luciano. *The end of an era*: from self-regulation to hard law for the digital industry (November 9, 2021). Disponível em: https://ssrn.com/abstract=3959766. Acesso em: dez. 2021.

FLORIDI, Luciano. *The Logic of Information*: A Theory of Philosophy as Conceptual Design. Oxford: Oxford University Press, 2019.

GELLERT, R. Data protection: a risk regulation? Between the risk management of everything and the precautionary alternative. *International Data Privacy Law*, v. 5, p. 3-20, 2015.

GRUSIN, Richard. Introduction. In: GRUSIN, Richard (Ed.). *The nonhuman turn*. Minneapolis: University of Minnesota Press, 2015. p. vii-xxxi.

---

23. HOFFMANN-RIEM, Wolfgang. *Teoria Geral do Direito Digital*. Rio de Janeiro: Forense, 2021. Edição Kindle, p. 88 e ss.

GRUSIN, Richard. Conferência realizada em 2012, "A Virada do Não Humano nos Estudos do Século XXI", *Center for 21st Century Studies*, Universidade de Wisconsin-Milwaukee, 2015.

GUTWIRTH, Serge; POULLET, Yves. Introduction. In: GUTWIRTH, Serge; POULLET, Yves; LEENES, Ronald; DE HERT, Paul (Ed.). *European Data Protection*: coming of age. Dordrecht: Springer, 2013.

HILDEBRANDT, Mireille. *Smart Regulation and the End(s) of Law*. Cheltenham: Edward Elgar, 2015.

HOFFMANN-RIEM, Wolfgang. Autorregulação, autorregulamentação e autorregulamentação regulada no contexto digital. *Revista da AJURIS*, Porto Alegre, v. 46, n. 146, jun. 2019.

HOFFMANN-RIEM, Wolfgang. Big Data e Inteligência Artificial: Desafios Para O Direito. *Revista Estudos Institucionais*, Rio de Janeiro, v. 6, n. 2, p. 431-506, maio/ago. 2020.

HOFFMANN-RIEM, Wolfgang. *Teoria Geral do Direito Digital*. Rio de Janeiro: Forense, 2021. Edição Kindle.

LEE, Kai-Fu. *AI 2041*: Ten Visions for Our Future. Nova Iorque: Currency, 2021.

MARANHÃO, Juliano. *Marco Legal da Inteligência Artificial* – Conversações, 18.11.21, Cátedra Oscar Sala, artigo.

PADOVANI, Claudia; SANTANIELLO, Mauro. Digital constitutionalism: Fundamental rights and power limitation in the Internet eco-system. *International Communication Gazette*, v. 80, n. 4, p. 295-301, 2018.

QUELLE, C. Does the risk-based approach to data protection conflict with the protection of fundamental rights on a conceptual level? *Tilburg Law School Research Paper 1-36*, 2015.

SPINA, A. A Regulatory Mariage de Figaro: risk regulation, data protection, and data ethics. *European Journal of Risk Regulation*, 8, 88-94, 2017.

SUZOR, Nicolas. The Role of the Rule of Law in Virtual Communities. *Berkeley Technology Law Journal*, v. 25, n. 4, p. 1817-1886. 2010.

TEIXEIRA NETO, Felipe; FALEIROS JUNIOR, José Luiz. Dano moral coletivo e vazamentos massivos de dados pessoais: uma perspectiva luso-brasileira. *Revista de Direito da Responsabilidade*, ano 3, p. 265-287, 2021.

TEPEDINO, Gustavo. TEFFE, Chiara Spadaccini de. O consentimento na circulação de dados pessoais. *Revista Brasileira de Direito Civil* – RBDCivil, Belo Horizonte, v. 25, p. 83-116, jul.-set. 2020.

WAGNER, Ben. Ethics as an Escape from Regulation: From ethics-washing to ethics-shopping? In: BAYAMLIO LU, brahim Emre; BARALIUC, Irina; HILDEBRANDT, Mireille (Ed.). *Being Profiled*: Cogitas ergo sum. 10 years of 'Profiling the European Citizen'. Amsterdam: Amsterdam University Press, 2018.

ZANATTA, Rafael. REDE 2017, *I Encontro da Rede de Pesquisa em Governança da Internet, Proteção de dados pessoais como regulação de risco*: uma nova moldura teórica?

ZUBOFF, Shoshana. *A era do capitalismo de vigilância*. Rio de Janeiro: Intrínseca, 2021.

DESIGUALDADE CODIFICADA: COMO O USO DE ALGORITMOS PODE REDUZIR, OCULTAR E AUMENTAR A DESIGUALDADE?

Sthéfano Bruno Santos Divino

Doutorando (2020 – Bolsista do Programa de Excelência Acadêmica – Proex – Capes/Taxa) e Mestre (2019) em Direito Privado pela Pontifícia Universidade Católica de Minas Gerais. Bacharel em Direito pelo Centro Universitário de Lavras (2017). Professor Adjunto do Curso de Direito do Centro Universitário de Lavras (2020 – atual). Professor substituto de Direito Privado da Universidade Federal de Lavras (03/2019 – 03/2021). Advogado.

Sumário: 1. Introdução – 2. Como o *big data* pode ser usado para reduzir desigualdade? – 3. *Data is the new black*: vieses discriminatórios ocultos e amplificados – 4. Breves considerações éticas sobre inteligência artificial: panorama europeu – 5. Considerações finais – 6. Referências.

1. INTRODUÇÃO

Lisa Magrin, 46, professora de matemática. Assim como nós, Lisa carrega consigo seu smartphone para todo lugar. Contudo, Lisa possui uma história peculiar: um aplicativo em seu dispositivo recolhia informações sobre sua localização e as vendia para terceiros sem seu consentimento. Havia o registro de seu paradeiro a cada dois segundos e tais registros foram tratados pelo The New York Times[1], cujo resultado foi demonstrou todo o percurso de sua vida profissional e pessoal. Embora sua identidade não tivesse sido revelada nos registros em mãos do jornal, repórteres conseguiram facilmente identificá-la em razão de seu padrão comportamental.[2] Ela era a única pessoa daquela região que fazia esse trajeto diariamente, partindo de sua residência no norte do Estado de Nova Iorque para a escola onde ela trabalha localizada a 14 milhas de distância.

O jornal seguiu os rastros de Lisa até *Weight Watchers*, o consultório de um dermatologista e até mesmo na casa de seu ex-namorado. Lisa achou isso perturbador, porquê: "É o pensamento de pessoas que descobrem aqueles detalhes íntimos que não querem que as pessoas saibam".[3] Na mesma situação de Lisa estão outros

---

1. VALENTINO DE-VRIES, J.; SINGER, N., KELLER, M. H.; KROLIK, A.. Your Apps Know Where You Were Last Night, and They're Not Keeping It Secret. *The New York Times*. 2018. Disponível em: https://www.nytimes.com/interactive/2018/12/10/business/location-data-privacy-apps.html. Acesso em: 02 set. 2021.
2. SINGER, N.. Your apps know where you were last night, and they're not keeping it secret. *The Irish Times*. 2018. Disponível em: https://www.irishtimes.com/business/technology/your-apps-know-where-you-were-last-night-and-they-re-not-keeping-it-secret-1.3726102. Acesso em: 02 set. 2021.
3. "It's the thought of people finding out those intimate details that you don't want people to know," said Ms. Magrin, who allowed The Times to review her location data". Idem.

consumidores que possuem aplicativos em seu smartphone capazes de registrar seus movimentos de forma precisa; prática essa que tem gerado o crescimento de uma indústria invasiva de verificação de hábitos da sociedade.

Todo esse cenário somente é possível por uma razão: o Big Data. A Big data pode ser caracterizada pelo alto volume informacional, somado à sua alta capacidade e velocidade de processamento, advindos de uma variedade de fontes. Em outros termos, Big Data corresponde aproximadamente a grandes quantidades de dados que são compactados por computadores com uma grande capacidade informática, e analisadas para encontrar associações que, de outra forma, as pessoas poderiam não encontrar.[4] Dessa forma, o núcleo da Big Data reside na massificação da digitalização informacional associada ao uso de avançadas técnicas de análise e *machine learning algorithms*.[5]

Apesar de ser associado à objetividade, Big Data não é menos discricionário ou subjetivo que as decisões feitas por humanos. Algoritmos não são ferramentas que modulam o comportamento social, mas ao contrário: é a sociedade que delimita o espectro de atuação dos algoritmos. Assim, da mesma forma que pessoas carregam vieses discriminatórios implícitos que são capazes de afetar seu conteúdo decisório, algoritmos também podem ser afetados com vieses implícitos de seus programadores e aplicá-los em suas análises e resultados produzidos.

Em Chicago, Illinois, por exemplo, um jovem ou adolescente, em razão de seu ciclo de amizades, associações, e prévias conexões com ações violentas, pode ser caracterizado como uma possível vítima ou autor de um tiroteio. Neste caso, seu nome constaria de uma lista de suspeitos também conhecida como *heat list*[6], onde um detetive com um assistente social poderia ir até sua porta para lhe informar que seu futuro não é apenas obscuro, mas mortal.[7] No mais, cerca de 1400 residentes de Chicago foram identificados por meio de técnicas de Big Data como possíveis alvos e participantes dessa lista. O software responsável pelo tratamento de dados foi responsável por gerar uma lista ranqueada com potenciais vítimas e sujeitos com maior risco de autoria de crimes.[8]

Lado outro, na teoria, Big Data pode ser utilizada para melhorar a administração e a *accountability* da justiça. Ela também possui o potencial em ser utilizada para reduzir contínuas desigualdades advindas das práticas de monitoramento substi-

---

4. BRAYNE, S.. *Predict and Surveil*: data discretion and the Future of Policing. New York: Oxford University Press, 2021, p. 12.

5. Idem.

6. GORNER, J.. *Chicago Police Use 'Heat List' as Strategy to Prevent Violence*. 2013. Disponível em: http://articles.chicagotribune.com/2013-08-21/news/ct-met-heat-list-20130821_1_chicago-police-commander-andrew-papachristos-heat-list. Acesso em: 02 set. 2021. SMITH, J.. 'Minority Report' Is Real — And It's Really Reporting Minorities. *Mic*. 2015. Disponível em: https://www.mic.com/articles/127739/minority-reports-predictive-policing-technology-is-really-reporting-minorities. Acesso em: 02 set. 2021.

7. FERGUSON, A. G.. *The Rise of Big Data Policing*: surveillance, race, and the Future of Law Enforcement. New York: New York University Press, 2017, p. 43.

8. Idem.

DESIGUALDADE CODIFICADA **725**

tuindo os indícios de suspeitas particularizadas ligadas à raça, minorias e quaisquer padrões humanos com tendências ao risco, objetivando criar caminhos digitais para policiar a própria polícia.[9]

Diante deste disruptivo cenário, o problema de pesquisa do presente artigo pode ser expresso pelo seguinte questionamento: como o uso de algoritmos pode reduzir, ocultar e aumentar a desigualdade? Para responder ao problema proposto, o trabalho é dividido em três seções. A primeira é responsável pela demonstração de como a Big Data pode ser utilizada para reduzir a desigualdade. Evidencia-se como os dados podem ser utilizados para, dentre outras situações, redução da desigualdade, melhoria da análise de crédito e aperfeiçoamento da proteção do consumidor contra o superendividamento. A segunda é responsável pela abordagem da amplificação, majoração e ocultação da desigualdade pelas tecnologias disruptivas. E a terceira desenvolve breves premissas éticas com fundamento na *Ethics Guidelines For Trustworthy AI*, desenvolvida pelo Parlamento e Conselho Europeu, com intuito de verificar quais ações podem ser tomadas para diminuição e erradicação de vieses discriminatórios envolvendo IA.

Ao fim, conclui-se que a IA e o cenário algorítmico podem ser verificadas sob duas faces da mesma moeda: ao mesmo tempo que se verifica a possibilidade de implementação e aprimoramento prático na vida do usuário de uma IA, pode-se também notar que seu uso social causa, em alguma parte, discriminação de minorias. A melhor opção, por enquanto, seria a implementação de ações humanas destinadas à redução in-loco dessas problemáticas por meio do Human-in-the-loop. Contudo, não se trata de uma resposta una, mas uma singela recomendação para os futuros estudos se debruçarem nessa temática. Para o desenvolvimento de todo o raciocínio utilizo a técnica de pesquisa bibliográfica, e os métodos dedutivo, monográfico e de estudo de casos.

2. COMO O BIG DATA PODE SER USADO PARA REDUZIR DESIGUALDADE?

A taxa de desemprego no Brasil ficou em 14,1% no 2° trimestre de 2021, afetando cerca de 14,4 milhões de brasileiros.[10] No âmbito criminal, foram registrados cerca de 10.663 casos de homicídio no 1° trimestre de 2021, sendo Roraima o Estado com maior aumento (19%) e o Distrito Federal o Estado com maior queda (-37%).[11] Quanto à desigualdade social, o índice GNI utilizado para aferir essa condição, cresceu para 0,674 no ano de 2021 frente ao resultado de 0,642 de um ano anterior, sendo que a renda do trabalho do brasileiro caiu 11% em termos reais para o brasi-

---

9. BRAYNE, S.. *Predict and Surveil*: data discretion and the Future of Policing. New York: Oxford University Press, 2021, p. 16.

10. BRASIL. Índice de Desemprego. *IBGE*. Disponível em: https://www.ibge.gov.br/explica/desemprego.php. Acesso em: 03 set. 2021.

11. G1. Brasil registra queda de 11% nos assassinatos no 1° trimestre do ano. *Globo*. Disponível em: https://g1.globo.com/monitor-da-violencia/noticia/2021/05/31/brasil-registra-queda-de-11percent-nos-assassinatos-no-1o-trimestre-do-ano.ghtml. Acesso em: 03 set. 2021.

leiro médio e para a camada mais pobre essa perda foi de aproximadamente 21%.[12] O índice expressa a concentração de renda que, quanto mais próximo de 1, maior a desigualdade entre a população em análise. A constatação dessa situação direciona à um importante dado sobre adimplência da sociedade brasileira. Estima-se que cerca de 30% da população (cerca de 62,52 milhões) estejam em situação de inadimplência com um valor médio de R$ 3,9 mil por pessoa.[13] Porém, qual a importância desses dados para o presente trabalho?

O conhecimento desses dados pode criar uma comunidade de cientistas, governantes, administradores públicos e profissionais responsáveis pela manutenção social objetivando sua utilização para aumentar a transparência, a prestação de contas (*accountability*) e a relação entre essas comunidades e a sociedade. A massificação das informações deste porte possibilita uma análise mais acurada e sua comparação com outas bases de dados para checar sua veracidade. O IBGE, por exemplo, atua como instituto de demonstração de realidade social indispensável para compreender o panorama da desigualdade social em território brasileiro. Organizações como a FGV-Social e a FIOCRUZ também adotam a mesma linha e disponibilizam informações valiosas sobre a realidade ignorada por muitos.[14]

A Lei Federal 14.181/2021[15], que dispõe sobre tratamento e prevenção do superendividamento somente foi possível diante da constatação do real índice de inadimplência da população brasileira, essencialmente vulnerável perante as instituições financeiras e instituições de crédito. Quanto ao desemprego, algumas medidas têm sido adotadas pelo Congresso Nacional para reduzir o impacto dessa situação. A Lei 13.982/2020[16], ainda que provisoriamente, estabelece medidas excepcionais de proteção social a serem adotadas durante o período de enfrentamento da emergência de saúde pública de importância internacional decorrente do coronavírus, estabelecendo um benefício no valor de até 1 (um) salário-mínimo concedido a idoso acima de 65 (sessenta e cinco) anos de idade ou pessoa com deficiência não será computado, para fins de concessão do benefício de prestação continuada a outro idoso ou pessoa com deficiência da mesma família, por exemplo. Porém, verifica-se que tais medidas, ainda que urgentes, tem sido ineficiente para a completa redução

---

12. NERI, M.. *Juventudes, Educação e Trabalho: Impactos da Pandemia nos Nem-Nem*. Rio de Janeiro: FGV-Social, 2021. Disponível em: https://cps.fgv.br/pesquisas/juventudes-educacao-e-trabalho-impactos-da-pandemia--nos-nem-nem. Acesso em: 03 set. 2021.

13. SERASA. *Mapa da Inadimplência no Brasil*. Disponível em: https://www.serasa.com.br/assets/cms/2021/Mapa-da-Inadimple%CC%82ncia-no-Brasil.pdf. Acesso em: 03 set. 2021.

14. BRASIL. Quase 7 em cada 10 brasileiros acreditam em informações falsas sobre vacinas, aponta pesquisa. *Câmara dos Deputados*. 2020. Disponível em: https://www.camara.leg.br/noticias/638686-quase-7-em-cada-10-brasileiros-acreditam-em-informacoes-falsas-sobre-vacinas-aponta-pesquisa/. Acesso em: 03 set. 2021.

15. BRASIL. *Lei 14.181, de 1° de julho de 2021*. Disponível em: http://www.planalto.gov.br/ccivil_03/_ato2019-2022/2021/lei/L14181.htm. Acesso em: 03 set. 2021.

16. BRASIL. *Lei 13.982, de 2 de abril de 2020*. Disponível em: http://www.planalto.gov.br/ccivil_03/_ato2019-2022/2020/lei/l13982.htm. Acesso em: 03 set. 2021.

e atendimento aos preceitos da Agenda 2030.[17] Outra proposta para redução da crescente desigualdade no sistema brasileiro pode ser verificada na proposta de reforma tributária, com a pretensão de estabelecer o Imposto sobre Grandes Fortunas (IGF) e adequar os impostos a uma realidade que viabilize uma carga tributária menos excessiva e sufocante para atendimento à justiça tributária.

Percebe-se que o início de respostas jurídicas e sociais para problemas que estão presentes na sociedade perpassam pela extensa relação e dados disponíveis em rede. A Big Data permite uma análise dos aspectos fáticos com maior profundidade e incidência que talvez não seria possível em sua ausência. Dessa forma, a elaboração de políticas públicas pode se tornar mais eficaz na medida em que suas intervenções passam a ser pontuais sem que haja supressões ilegítimas de interesses nas esferas pública e privada. Com a presença da Big Data é possível, portanto, detectar vulnerabilidades existentes em um microssistema social e tratá-la de forma a evitar sua expansão.

O desenvolvimento deste raciocínio pode ser verificado em outros países que não o Brasil. Nos Estados Unidos, por exemplo, existe uma problemática quanto à discriminação algorítmica realizada durante abordagens policiais. Quando a polícia de Nova Iorque realizava abordagens em massa, por exemplo, os oficiais tinham de preencher um formulário para cada ação. Pesquisadores obtiveram acesso e analisaram a magnitude das disparidades raciais nas taxas de acertos em *stop-and-frisk*, descobrindo que 80-90% dos indivíduos foram libertados sem acusação e que as taxas de acertos eram mais elevadas para os brancos do que para os negros. Especificamente, isto confirmou que os Negros e Hispânicos foram detidos com mais frequência do que os Brancos, embora os Brancos que foram detidos tivessem mais probabilidades de transportar armas ou contrabando do que os Negros. Contudo, os pesquisadores ainda não conseguiram ter acesso aos dados necessários para realizar uma análise semelhante em Los Angeles ou na maioria das outras jurisdições, mas os dados permitiram aos gestores da cidade de Nova Iorque desafiar eficazmente as políticas de *stop-and-frisk* com base nestas taxas de acertos indefensáveis. Os fins (incluindo disparidades raciais e baixas taxas de acertos) não justificavam os meios (perfil racial e altas taxas de intervenção policial). Portanto, a utilização da Big Data foi capaz de limitar e até mesmo parar abordagens policiais de forma injustificada, principalmente em homens jovens e negros.[18] Essa solução somente se torna possível pelo diagnóstico de um problema – como disparidade racial em abordagens sociais – e apresentar uma solução para prever e prevenir problemas no futuro.

O tratamento do grande volume de dados, portanto, nessa última situação exemplificada, permite evidenciar padrões comportamentais de seres humanos racistas e

---

17. PNUD. *Plataforma Agenda 2030*. Disponível em: http://www.agenda2030.org.br/sobre/. Acesso em: 02 set. 2021.

18. BRAYNE, S.. *Predict and Surveil*: data discretion and the Future of Policing. New York: Oxford University Press, 2021, p. 124.

solucioná-los de uma forma eficaz com intuito de aumentar a *accountability* e evitar práticas discriminatórias durante abordagens policiais. O fornecimento de dados mais precisos tem o condão de reduzir a suspeita individualizada em grupos específicos, bem como a possibilidade de prevenir ações humanas baseadas em padrões exagerados. Dessa forma, ao menos em tese seria possível reduzir a suspeita categórica em pessoas participantes de grupos de minorias, aumentando a confiança nos resultados esperados e diminuindo a possibilidade de discriminação e tratamento desigual.[19]

Outra situação que a Big Data pode reduzir desigualdade é no mercado financeiro. Um dos maiores gargalos da relação de consumo que envolve crédito é a assimetria informacional. Quando uma instituição financeira é procurada para concessão de crédito, "o primeiro passo é avaliar a situação do tomador do crédito (pessoa física ou jurídica) e neste ponto quanto maior a quantidade e a qualidade das informações disponíveis, melhor será a avaliação do risco de crédito".[20] A ausência ou a baixa qualidade informacional direciona o mercado à uma situação de ineficácia e ineficiência, fazendo com que o mercado de crédito fique caro com o aumento intensivo da taxa de juros dos tomadores, bem como deixando-o mais restrito à determinadas formas negociais. Para evitar uma análise fundamentada em estereótipos, a única forma de o consumidor/tomador conseguir reduzir suas taxas de juros em análises de crédito seria concedendo o maior número de informações para realizar uma análise de riscos mais concreta. Por esse e outros motivos foi elaborada a Lei do Cadastro Positivo (12.414/2011) e a implementação do *Open Banking* no Brasil, um sistema de integração de dados entre as instituições financeiras, regulado pelo Banco Central.[21]

Diante do exposto, pode-se verificar que a utilização da Big Data pode trazer consideráveis benefícios para a manutenção da ordem social. A massificação das informações digitalizadas, por apresentar maior transparência e precisão, possibilita a tomada de ações e resposta fundamentados em problemas concretos. Desde a desigualdade social à concessão de crédito, a presença de algoritmos pode tornar a tomada de decisão mais estável e harmônica com a realidade. Porém, existe um lado obscuro dessa *Black Box*[22] que pode ser utilizada com pretensões imorais, antiéticas

---

19. "In other words, providing more—and more accurate—data may reduce unparticularized suspicion of specific groups and prevent the human exaggeration of patterns by replacing them with less biased predictions of risk. In theory, it could reduce categorical suspicion of young minority men, ultimately reducing the scattershot hyper-surveillance of minority neighborhoods and the consequent erosion of community trust". BRAYNE, S.. *Predict and Surveil:* data discretion and the Future of Policing. New York: Oxford University Press, 2021, p. 126.

20. SARDENBERG, R.. Crédito e Desenvolvimento Econômico. In PINHEIRO, A. C.; PORTO, A; J M.; SAMPAIO, P. R. P. (Coord.). *Direito e Economia*: Diálogos. Rio de Janeiro: FGV, 2019 p. 5.

21. "O Open Banking, ou sistema financeiro aberto, é a possibilidade de clientes de produtos e serviços financeiros permitirem o compartilhamento de suas informações entre diferentes instituições autorizadas pelo Banco Central e a movimentação de suas contas bancárias a partir de diferentes plataformas e não apenas pelo aplicativo ou site do banco, de forma segura, ágil e conveniente". BRASIL. Open Banking. *Banco Central*. Disponível em: https://www.bcb.gov.br/estabilidadefinanceira/openbanking. Acesso em: 03 set. 2021.

22. "The term 'black box' is a useful metaphor for doing so, given its own dual meaning. It can refer to a recording device, like the data-monitoring systems in planes, trains, and cars. Or it can mean a system whose workings are mysterious; we can observe its inputs and outputs, but we cannot tell how one becomes the other. We

e, em alguns casos, até mesmo ilegal, para a prática de discriminação e aumentar ou ocultar a desigualdade social. Será esse o objeto de abordagem neste momento.

3. *DATA IS THE NEW BLACK*[23]: VIESES DISCRIMINATÓRIOS OCULTOS E AMPLIFICADOS

Estima-se que em breve as inovações que envolvem o policiamento pela Big Data sejam mais acuradas para identificar *quem, onde, quando e como* as pessoas cometem e são alvos de crimes.[24] Contudo, ainda existem desafios a serem enfrentados. Com relação ao setor criminal, o policiamento preditivo classifica as pessoas como sendo de alto ou baixo risco. A premissa por detrás do policiamento preditivo é baseada na relação entre passado e futuro que podemos deduzir de uma determinada pessoa em um determinado local. Isto aplica-se tanto ao crime como às desigualdades. Quando olhamos para o passado através de um espelho, essas desigualdades refletem-se no futuro. E se os nossos dados forem incompletos ou tendenciosos, os algoritmos não só espelharão, como também amplificarão as desigualdades.[25] Mas por que isso acontece?

Quando falamos em algoritmos e Big Data, esses se tornam as ferramentas motoras de inteligência artificial para treinarem suas funções. O *passado*, para um algoritmo, é um campo farto de experiências para delimitação de padrões e listá-las pela probabilidade futura de sua ocorrência.[26] Portanto, para uma máquina, as ações realizadas previamente possuem uma chance (alta ou baixa) de afetar comportamentos futuros. Tentarei ser exemplificativo.

Imagine o sistema de análise de *crediting score*[27] utilizado pelos órgãos de proteção e defesa do consumidor. Caso o consumidor tenha uma baixa pontuação dificilmente terá acesso à crédito ou à baixa taxas de juros. Contudo, isso não significa que o consumidor seja inadimplente, mas apenas que inexistem dados suficientes no sistema acerca de sua adimplência, o que tende a ser tratado por meio do *Open Banking*. Porém, caso exista qualquer registro de pendência, os dados sobre inadimplência antes da Lei do Cadastro Positivo eram considerados superiores, em critérios valorativos, aos índices de adimplência. Dessa forma, a concessão de

---

face these two meanings daily: tracked ever more closely by firms and government, we have no clear idea of just how far much of this information can travel, how it is used, or its consequences". PASQUALE, F. *The Black Box Society*: The Secret Algorithms That Control Money and Information. Cambridge: Harvard University Press, 2015, p. 3.

23. Retirado de FERGUSON, A. G.. *The Rise of Big Data Policing*: surveillance, race, and the Future of Law Enforcement. New York: New York University Press, 2017, p. 20.

24. FERGUSON, A. G.. *The Rise of Big Data Policing*: surveillance, race, and the Future of Law Enforcement. New York: New York University Press, 2017, p. 140.

25. BRAYNE, S.. *Predict and Surveil*: data discretion and the Future of Policing. New York: Oxford University Press, 2021, p. 127.

26. BAROCAS, S.; SELBST, A. D. Big Data's Disparate Impact. *California Law Review*. v. 104, 2016, 671–732. Disponível em: . Acesso em 03 set. 2021.

27. SERASA. *O que é Serasa Score 2.0?* Disponível em: https://www.serasa.com.br/score/score-2-0/. Acesso em: 03 set. 2021.

crédito perpassa por um histórico que, nem sempre, representa a correta e atual situação do consumidor, que pode ter sido consideravelmente alterada nos últimos meses ou anos.

Pode-se considerar também o sistema de pontos que a polícia de Los Angeles (LAPD) utiliza para identificar pessoas de alto risco. Os indivíduos recebem uma pontuação: cinco pontos se estiverem em liberdade condicional; cinco pontos se possuírem registros com ligação à gangue; cinco pontos por um histórico criminal violento; cinco pontos por uma detenção prévia com uma arma de mão; e um ponto por cada contacto policial. Os policiais são instruídos a encontrar razões para deter as pessoas com maior número de pontos nas suas áreas de patrulha. Mas este processo conduz obviamente a um ciclo de *feedback*: se os indivíduos tiverem um ponto alto, estão sob vigilância acrescida e, por conseguinte, têm uma maior probabilidade de serem detidos. Assim o é porque ganham pontos por contato policial cada vez que são parados e o seu valor de pontos aumenta. Nesse sentido, os modelos de previsão da LAPD criaram um ciclo de comportamento: não só preveem eventos (por exemplo, crime ou contacto policial), como também contribuem efetivamente para a ocorrência futura desses eventos. Em outros termos, o que determina os próprios padrões de vigilância são os mecanismos de inclusão em bases de dados de justiça criminal e programas de avaliação de risco. E porque mesmo as detenções que não resultam em acusações ou condenações contam para a pontuação de risco, o sistema de pontos pode criar um efeito de catraca em que a vigilância é aumentada na ausência de quaisquer provas de que tal se justifique.[28]

O sistema de polícia preditiva deveria ser utilizado para auxiliar a polícia a encontrar mais rapidamente pessoas que possuem correlação criminosa e, com isso, diminuir os recursos e gastos financeiros utilizados de forma desnecessária nessa busca. Contudo, qualificar as pessoas por pontuações, ainda mais no aspecto criminal, pode gerar e ocultar um sistema de discriminação algorítmica. Segundo Brayne[29], um relatório emitido pelo departamento de inteligência da LAPD concluiu que dentre as pessoas abordadas 49,8% Hispânicos/Latinos, 30% Negros/Africanos, 12% Brancos, e 1,3%. Quanto ao gênero, 93,1% eram homens e 6,9% eram mulheres.[30] No mais, segundo a autora, os indivíduos que vivem em áreas de baixos rendimentos e minorias têm uma maior probabilidade de o seu *risco* ser quantificado do que aqueles que vivem em bairros mais favorecidos, onde a polícia não está a conduzir uma vigilância orientada por pontos.

No mesmo sentido, na temática de discriminação racial, Alisson Brand, responsável pela veiculação de mídia e publicidade na Universidade de Princeton, enquanto estava dirigindo e utilizando o Google Maps, a ferramenta a instruiu para "virar a

---

28. BRAYNE, S.. *Predict and Surveil*: data discretion and the Future of Policing. New York: Oxford University Press, 2021, p. 128.
29. Idem.
30. Idem.

direita na Malcolm Tem Boulevard", interpretando o X assinalado na rua como um numeral romano ao invés de se referir ao líder da Black Liberation que fora assassinato em Nova York em 1965.[31]

A discriminação algorítmica, portanto, passa por questões que vão para além do caráter objetivo. Pode existir em seu viés constitutivo questões relacionadas à raça e cor que estão intrinsecamente ligadas a esses critérios discriminatórios. No mais, caso uma IA seja treinada em um banco de dados que assume essa função, nada impedirá que ela irá replicar esse comportamento em breve.[32] Neste caso, podemos fazer uma comparação entre os pais ensinando atitudes antiéticas e ilegais para seus filhos. A probabilidade que essas ações venham ser replicadas é considerável, tendo em vista o ambiente que a pessoa se desenvolveu.[33] Além disso, os algoritmos na esfera penal, além de serem incertos e não serem muito precisos, conforme os dados acima são facilmente atraídos para resultados de falsos positivos quando as pessoas em análise pertencem a grupos e minorias étnicas.

Diante desse cenário disruptivo, a comunidade científica tem desenvolvido diretrizes éticas sob o manto de algoritmos justos, transparentes e prestação de contas (*fair, accountable, and transparente algorithms – FAT algorithms*).[34] E são por esses meios que tendemos, ao menos em tese, conseguir compartilhar e harmonizar o desenvolvimento tecnológico com a defesa de direitos fundamentais, em especial a igualdade.

---

31. BENJAMIN, R.. *Race after techonology*. Cambridge: Polity Press, 2019, p. 79.
32. "It is helpful to have a general, high-level understanding as to how such AI prediction software is created in order to understand some of the ethical issues raised.8 The central idea behind such machine learning–based risk assessment software is that it uses data about past criminal defendants and their history of reoffending to predict the probability that a new defendant will reoffend. Today, such criminal risk-assessment software is usually created by private, third-party companies that license or sell it to the government for use in the legal system.9 To do this, data scientists from these companies, possibly with help from experts from the law and criminal domains, apply a variety of machine learning algorithms to the historical data to see if the AI system can automatically identify patterns associated with increased likelihood of reoffending" SURDE, Harry. Ethics of AI in Law: basic questions. Since the core of all such machine learning systems is data, the vendor creating the software will have to locate a source of data that is relevant to predicting criminal risk. Typical sources might include historical government data about past criminal defendants who have already come through the justice system. Such data is usually combined with other information about the defendants from private corporate sources such as credit score agencies and other data-collection agencies.10 When put together, a data set might contain historical information about tens of thousands (or more) of defendants who have previously passed through the system. For each defendant, there might be hundreds of pieces of information about that defendant (also known as "variables," "features," or "factors"), such as the type of crime the defendant committed, her educational level, address, employment history, credit score, criminal history, family circumstances, and demographic information, along with information about whether that defendant ended up reoffending once she was released.". In: DUBBER, M., D; PASQUALE, F., *Ethics of AI*. Cambridge: Oxford University Press, 2020, p. 725.
33. BEZERRA, D. S.; SANTOS, F. O. P. dos; FERNANDES, S. C. S.. Relações entre julgamento moral, racismo e empatia em crianças. *Cadernos de Pesquisa* [online]. 2018, v. 48, n. 170 [Acessado 13 Setembro 2021], p. 1130-1147. Disponível em: https://doi.org/10.1590/10.1590/198053145156.
34. BARBAS, C. Beyond Bias: Ethical IA in Criminal Law. In: DUBBER, M. D; PASQUALE, F., *Ethics of AI*. Cambridge: Oxford University Press, 2020, p. 741.

4. BREVES CONSIDERAÇÕES ÉTICAS SOBRE INTELIGÊNCIA ARTIFICIAL: PANORAMA EUROPEU

Em ação para atender esses objetivos, a Comissão Europeia foi responsável pela elaboração de um documento denominado Diretrizes éticas para uma IA de confiança (*Ethics Guidelines For Trustworthy* AI).[35] Uma IA somente seria considerada confiável se apresentasse de forma cumulativa e harmoniosa o respeito aos preceitos legais, éticos e à solidez. O primeiro refere-se ao cumprimento de toda a legislação e regulamentação aplicável, inclusive as determinações de seus desenvolvedores. O segundo valor refere-se a princípios e valores éticos; enquanto o terceiro parte do pressuposto técnico e social que as interações entre humano e máquinas não podem causar danos, ainda que sejam não intencionais.[36]

Todo o regramento europeu é destinado a análises de ações que não se restringem ao que uma IA ou o seu desenvolvedor não podem fazer, mas também o que deve ser feito. Os responsáveis pelo desenvolvimento tecnológico nessa seara devem observar princípios norteadores para incorporá-los em suas práticas, dos quais: I) Respeito da autonomia humana; II) Prevenção de danos; III) Equidade; e IV) Explicabilidade.

A tomada de decisão automática[37] poderia ser controlada ou, ao menos, participativa com a presença de um ser humano. A autodeterminação da IA deve ser restringida para que não subordinem, coajam, enganem, manipulem, condicionem ou causem qualquer tipo de dano de forma injustificada aos seres humanos. E, nesse último caso, não deve existir qualquer tipo de agravante.[38]

---

35. UNIÃO EUROPEIA. Diretrizes éticas para uma IA de confiança (Ethics Guidelines For Trustworthy AI). Disponível em: https://ec.europa.eu/digital-single-market/en/news/ethics-guidelines-trustworthy-ai.

36. Idem.

37. "In a broad sense, automated decision-making can describe the very nature of IT-enabled algorithmic processes, which is producing outputs by means of executing a computer code (Article 29 Working Party, 2017a; Kroll et al., 2017). Admittedly, it is the fact that the underlying data collection and analysis as well as the subsequent procedural steps are performed automatically (by technological means) – and therefore more quickly and extensively than the same could ever be done by humans – that lies at the heart of the challenges investigated as part of this project. According to this understanding, algorithmic decision-making could thus refer to 1) automated data gathering and knowledge building and to 2) the performance of subsequent procedural steps – encoded in an algorithm or adjusted autonomously by artificial agents – with a view to reaching a predetermined goal. Obviously, such a perception gives rise to significant overlaps with other applications of AI in consumer markets investigated as part of this project. Once again, we would like to argue that this is not really a problem". JABŁONOWSKA, A. et., al. Consumer law and artificial intelligence Challenges to the EU consumer law and policy stemming from the business' use of artificial intelligence. Final report of the ARTSY Project. *European University Institute*. 2018, p. 38 Sobre a interferência da IA na autodeterminação da vontade, ver mais em: CITRON, D. K.; PASQUALE, F. A. The Scored Society: Due Process for Automated Predictions. *Washington Law Review*, n. 1, 2014, p. 2-27. Disponível em: https://digitalcommons.law.umaryland.edu/fac_pubs/1431/. Acesso em 21 mar. 2020 e BEUC. Automated decision making and artificial intelligence: a consumer perspective. *Tech. rep., Bureau Europeen des Unions de Consommateurs*, 2018. Disponível em: https://www.beuc.eu/publications/beuc-x-2018-058_automated_decision_making_and_artificial_intelligence.pdf. Acesso em: 21 mar. 2020.

38. UNIÃO EUROPEIA. *Diretrizes éticas para uma IA de confiança (Ethics Guidelines For Trustworthy* AI). p. 15. Disponível em: https://ec.europa.eu/digital-single-market/en/news/ethics-guidelines-trustworthy-ai.

A premissa envolvida nessas relações parte da seguinte mudança de posicionamento: deixamos de pensar o desenvolvimento da inteligência artificial como algo sem a participação de seres humanos para pensar como a inteligência artificial pode melhorar com a inclusão seletiva da participação humana. Como resultado dessa alternância, a inclusa de um feedback humano com objetivo de manter maior senso de significado nas ações da IA poderia ensejar uma maior eficiência em sua construção e desenvolvimento.[39]

Essas relações somente seriam possíveis de certa maneira quando se tem a interação entre humanos e máquinas (*Human-computer Interaction* – HCI), inserindo a valoração ética e moral dos seres humanos nas análises diretas advindas da tomada de decisão automática. Essa modelação é denominada *Human-in-the-loop*. O HITL (*Human-in-the-loop*) se concentra na criação de fluxos de trabalho em que a IA aprende com o operador humano, enquanto intuitivamente torna o trabalho do ser humano mais eficiente. A máquina executa uma ação, solicita informações a um especialista humano e aprende com a resposta que recebe. Idealmente, o processo de interação não apenas torna o trabalho do especialista humano mais eficiente, mas também captura a inteligência combinada de todo especialista que interage com o sistema[40]. Dessa forma, todo o conhecimento tácito dos especialistas humanos pode se tornar parte do mesmo sistema compartilhado.[41]

Parte-se do pressuposto que a IA que atua sob a forma de *Machine Learning* seria supervisionada de forma ativa (*Supervised Machine Learning* – SML; *Active Learning* – AL), onde os desenvolvedores seriam responsáveis pela elaboração de conjuntos específicos de dados para criar um ambiente adequado ao treinamento da IA, estabelecendo parâmetros com a finalidade de fazer previsões mais precisas para os dados recebidos. No mais, esses dados possibilitariam a IA se tornar mais inteligente e confiante, aprendendo cada vez mais com seus respectivos erros e acertos.[42]

Com a implementação do *Human-in-the-loop* o processo de tomada de decisão pode se tornar mais transparente. Como cada etapa que incorpora a interação humana exige que o sistema seja desenvolvido para atender os critérios estabelecidos pelos seres humanos, a execução da próxima tarefa somente seria possível a partir da autorização de uma pessoa certificadora.[43] Além disso, o *Human-in-the-loop* permite

---

39. WANG, G. Humans in the Loop: The Design of Interactive AI Systems. Human-centered Artificial Intelligence. *Stanford University*. 2019. Disponível em: https://hai.stanford.edu/news/humans-loop-design-interactive-ai-systems. Acesso em: 10 abr. 2020.

40. DIVINO, S. B. S.; MAGALHAES, R. A. Inteligência Artificial e Direito Empresarial: Mecanismos de Governança Digital para Implementação e Confiabilidade. *Economic Analysis of Law Review*, v. 11, p. 72-89, 2020.

41. HULKKO, V. Most value from ai with human-in-the-loop solutions. *Silo.AI*. 2018. Disponível em: https://silo.ai/most-value-human-in-the-loop-ai/. Acesso em: 10 abr. 2020.

42. MOTHI. What is Human-in-the-Loop for Machine Learning? *Hackernoon*. 2018. Disponível em: https://hackernoon.com/what-is-human-in-the-loop-for-machine-learning-2c2152b6dfbb. Acesso em: 10 abr. 2020.

43. WANG, G. Humans in the Loop: The Design of Interactive AI Systems. Human-centered Artificial Intelligence. *Stanford University*. 2019. Disponível em: https://hai.stanford.edu/news/humans-loop-design-interactive-ai-systems. Acesso em: 10 abr. 2020.

a criação de sistema com maior precisão e poder, pois implementam as interferências humanas de maneira eficaz para serem moldados às necessidades humanas, valores que esses sistemas possuem e não residem apenas na objetividade, mas também na agência humana.[44]

A pretensão, portanto, é a criação de um sistema de excelência funcional que poderia ser alcançado por meio da busca de um equilíbrio entre homem-máquina. Um exemplo de HITL comumente utilizado na práxis é a intervenção de um agente humano na solução de eventuais controversas pleiteadas por consumidores em plataformas digitais. Quando uma pessoa abre um ticket pleiteando a devolução dos valores pagos ou mesmo a troca de determinado produto, nos termos da legislação vigente, verifica-se a existência de uma entidade inteligente artificialmente que media o caminho entre o consumidor e a resposta ao seu pleito inicial. Contudo, quando a IA é incapaz de trazer as informações necessárias, torna-se essencial a ação humana para que as atividades complementares sejam realizadas de forma satisfatória. Assim, caso o consumidor, por exemplo, tem como objetivo verificar qual é o código de rastreio de sua encomenda, a IA pode cedê-lo de forma direta, sem a ação humana. Contudo, caso esse dado não esteja disponível ou atualizado no sistema da empresa, poderá um agente humano interferir para que tal conduta seja realizada. Após isso, a IA adquirirá a informação e poderá cedê-la ao consumidor caso esse venha requerê-la novamente.[45]

Dessa forma, a abordagem *Human-in-the-Loop* (HITL) objetiva reformular a automação dos entes inteligentes artificialmente ao estabelecer uma relação *Human--Computer Interaction* (HCI), para descobrir como se incorpora a interação humana de forma mais útil, segura e significativa no sistema de IA. Essa é uma alternativa para aprimorar o cenário existente e abrir novos caminhos para futuras situações.

5. CONSIDERAÇÕES FINAIS

Como a tecnologia está sempre em desenvolvimento, as considerações aqui expostas estão longe de serem conclusões. O pretendido neste trabalho foi demonstrar duas visões sob o mesmo assunto: uma relacionada ao uso da IA como ferramenta de aperfeiçoamento social, objetivando diminuir a discriminação social; e a segunda como a tradicionalmente veiculada utilizando os sistemas algorítmicos como forma de aumento e amplificação da discriminação social.

Em ambos os casos, o Direito, neste momento, é insuficiente de normas para regulamentar todas as situações. Talvez não seja adequado para tratar dessas relações com maestria durante um bom percurso. É por essa razão que a relação entre juristas, filósofos, desenvolvedores e empresas devem ser implementadas para elaborar

---

44. Idem.
45. Apesar de existirem mais duas abordagens (*Human-in-Command* e *Human-on-the-loop*), o presente trabalho esgota sua pretensão com essa primeira análise. DIVINO, S. B. S.; MAGALHAES, R. A. Inteligência Artificial e Direito Empresarial: Mecanismos de Governança Digital para Implementação e Confiabilidade. *Economic Analysis of Law Review*, v. 11, p. 72-89, 2020.

produtos que atendem as pretensões éticas e regulatórias (de *soft law*) com intuito de aprimorar a relação entre humanos e máquinas.

Verifica-se que existe um longo caminho a ser seguido. A Black-box ainda não fora aberta e o desconhecido afeta as capacidades cognitivas humanas. Contudo, não podemos nos acanhar e devemos propor técnicas suficientes para que a constituição das relações interespécies sejam pautadas em mútuo respeito e auxílio intergeracional.

6. REFERÊNCIAS

BARBAS, C.. Beyond Bias: Ethical IA in Criminal Law. In: DUBBER, M., D.; PASQUALE, F., *Ethics of AI*. Cambridge: Oxford University Press, 2020, p. 741.

BAROCAS, S.; SELBST, A. D. Big Data's Disparate Impact. *California Law Review.* v. 104, 2016, 671-732. Disponível em: https://lawcat.berkeley.edu/record/1127463. Acesso em 03 set. 2021.

BENJAMIN, R.. *Race after techonology*. Cambridge: Polity Press, 2019.

BEUC. Automated decision making and artificial intelligence: a consumer perspective. *Tech. rep., Bureau Europeen des Unions de Consommateurs,* 2018. Disponível em: https://www.beuc.eu/publications/beuc-x-2018-058_automated_decision_making_and_artificial_intelligence.pdf. Acesso em: 21 mar. 2020.

BEZERRA, D. S.; SANTOS, F. O. P. dos; FERNANDES, S. C. S.. Relações entre julgamento moral, racismo e empatia em crianças. *Cadernos de Pesquisa* [online]. 2018, v. 48, n. 170 [Acessado 13 Setembro 2021], p. 1130-1147. Disponível em: https://doi.org/10.1590/10.1590/198053145156.

BRASIL. Índice de Desemprego. *IBGE*. Disponível em: https://www.ibge.gov.br/explica/desemprego.php. Acesso em: 03 set. 2021.

BRASIL. Open Banking. *Banco Central*. Disponível em: https://www.bcb.gov.br/estabilidadefinanceira/openbanking. Acesso em: 03 set. 2021.

BRASIL. Quase 7 em cada 10 brasileiros acreditam em informações falsas sobre vacinas, aponta pesquisa. *Câmara dos Deputados*. 2020. Disponível em: https://www.camara.leg.br/noticias/638686-quase-7-em-cada-10-brasileiros-acreditam-em-informacoes-falsas-sobre-vacinas-aponta-pesquisa/. Acesso em: 03 set. 2021.

BRAYNE, S.. *Predict and Surveil*: data discretion and the Future of Policing. New York: Oxford University Press, 2021.

CITRON, D. K.; PASQUALE, F. A. The Scored Society: Due Process for Automated Predictions. *Washington Law Review,* n. 1, 2014, p. 2-27. Disponível em: https://digitalcommons.law.umaryland.edu/fac_pubs/1431/. Acesso em 21 mar. 2020.

DIVINO, S. B. S.; MAGALHAES, R. A. Inteligência Artificial e Direito Empresarial: Mecanismos de Governança Digital para Implementação e Confiabilidade. *Economic Analysis of Law Review*, v. 11, p. 72-89, 2020.

DUBBER, M. D; PASQUALE, F., *Ethics of AI*. Cambridge: Oxford University Press, 2020, p. 725.

FERGUSON, A. G.. *The Rise of Big Data Policing*: surveillance, race, and the Future of Law Enforcement. New York: New York University Press, 2017.

G1. Brasil registra queda de 11% nos assassinatos no 1º trimestre do ano. *Globo*. Disponível em: https://g1.globo.com/monitor-da-violencia/noticia/2021/05/31/brasil-registra-queda-de-11percent-nos-assassinatos-no-1o-trimestre-do-ano.ghtml. Acesso em: 03 set. 2021.

GORNER, J.. *Chicago Police Use 'Heat List' as Strategy to Prevent Violence*. 2013. Disponível em: http://articles.chicagotribune.com/2013-08-21/news/ct-met-heat-list-20130821_1_chicago-police-commander-andrew-papachristos-heat-list. Acesso em: 02 set. 2021.

HULKKO, V.. Most value from ai with human-in-the-loop solutions. *Silo.AI*. 2018. Disponível em: https://silo.ai/most-value-human-in-the-loop-ai/. Acesso em: 10 abr. 2020.

JABŁONOWSKA, A. et., al. Consumer law and artificial intelligence Challenges to the EU consumer law and policy stemming from the business' use of artificial intelligence. Final report of the ARTSY Project. *European University Institute*. 2018.

MOTHI. What is Human-in-the-Loop for Machine Learning? *Hackernoon*. 2018. Disponível em: https://hackernoon.com/what-is-human-in-the-loop-for-machine-learning-2c2152b6dfbb. Acesso em: 10 abr. 2020.

NERI, M.. *Juventudes, Educação e Trabalho: Impactos da Pandemia nos Nem-Nem*. Rio de Janeiro: FGV-Social, 2021. Disponível em: https://cps.fgv.br/pesquisas/juventudes-educacao-e-trabalho-impactos-da--pandemia-nos-nem-nem. Acesso em: 03 set. 2021.

PASQUALE, F.. *The Black Box Society*: The Secret Algorithms That Control Money and Information. Cambridge: Harvard University Press, 2015

PNUD. *Plataforma Agenda 2030*. Disponível em: http://www.agenda2030.org.br/sobre/. Acesso em: 02 set. 2021.

SARDENBERG, R.. Crédito e Desenvolvimento Econômico. In: PINHEIRO, A. C.; PORTO, A; J M.; SAMPAIO, P. R. P. (Coord.). *Direito e Economia*: Diálogos. Rio de Janeiro: FGV, 2019.

SERASA. *Mapa da Inadimplência no Brasil*. Disponível em: https://www.serasa.com.br/assets/cms/2021/Mapa-da-Inadimple%CC%82ncia-no-Brasil.pdf. Acesso em: 03 set. 2021.

SERASA. *O que é Serasa Score 2.0?* Disponível em: https://www.serasa.com.br/score/score-2-0/. Acesso em: 03 set. 2021.

SINGER, N.. Your apps know where you were last night, and they're not keeping it secret. *The Irish Times*. 2018. Disponível em: https://www.irishtimes.com/business/technology/your-apps-know--where-you-were-last-night-and-they.re-not-keeping-it-secret-1.3726102. Acesso em: 02 set. 2021.

SMITH, J.. 'Minority Report' Is Real — And It's Really Reporting Minorities. *Mic*. 2015. Disponível em: https://www.mic.com/articles/127739/minority-reports-predictive-policing-technology-is-really--reporting-minorities. Acesso em: 02 set. 2021.

UNIÃO EUROPEIA. Diretrizes éticas para uma IA de confiança (Ethics Guidelines For Trustworthy AI). Disponível em: https://ec.europa.eu/digital-single-market/en/news/ethics-guidelines-trustworthy-ai.

VALENTINO DE-VRIES, J.; SINGER, N., KELLER, M. H.; KROLIK, A.. Your Apps Know Where You Were Last Night, and They're Not Keeping It Secret. *The New York Times*. 2018. Disponível em: https://www.nytimes.com/interactive/2018/12/10/business/location-data-privacy-apps.html. Acesso em: 02 set. 2021.

WANG, G. Humans in the Loop: The Design of Interactive AI Systems. Human-centered Artificial Intelligence. *Stanford University*. 2019. Disponível em: https://hai.stanford.edu/news/humans-lo-op-design-interactive-ai-systems. Acesso em: 10 abr. 2020.

Legislação:

BRASIL. *Lei 13.982, de 2 de abril de 2020*. Disponível em: http://www.planalto.gov.br/ccivil_03/_ato2019-2022/2020/lei/l13982.htm. Acesso em: 03 set. 2021.

BRASIL. *Lei 14.181, de 1º de julho de 2021*. Disponível em: http://www.planalto.gov.br/ccivil_03/_ato2019-2022/2021/lei/L14181.htm. Acesso em: 03 set. 2021.